Enzyklopädie der Rechts- und Staatswissenschaft

Begründet von
F. von Liszt und W. Kaskel

Herausgegeben von
H. Honsell und P. Lerche

Abteilung Rechtswissenschaft

Jan Dirk Harke

Besonderes Schuldrecht

Springer

Professor Dr. Jan Dirk Harke
Ordinarius für Bürgerliches Recht,
Römisches Recht und Historische Rechtsvergleichung
an der Universität Würzburg
Richter am Oberlandesgericht Nürnberg
Domerschulstraße 16
97070 Würzburg
Deutschland
harke@jura.uni-wuerzburg.de

ISSN 0172-8520

ISBN 978-3-642-20648-1 e-ISBN 978-3-642-20649-8

DOI 10.1007/978-3-642-20649-8

Springer Heidelberg Dordrecht London New York

Die Deutsche Nationalbibliothek verzeichnet diese Publikation in der Deutschen Nationalbibliografie; detaillierte bibliografische Daten sind im Internet über http://dnb.d-nb.de abrufbar.

Einbandentwurf: WMXDesign GmbH, Heidelberg

Gedruckt auf säurefreiem Papier

Springer ist Teil der Fachverlagsgruppe Springer Science+Business Media (www.springer.com)

Luis Kasimir und Nuno Daniel

Inhaltsverzeichnis

2. Kapitel: Austausch durch Überlassung von Arbeitskraft und Gegenständen

Verzeichnis abgekürzt zitierter Literatur

Canaris, Handelsrecht, 24. Aufl., München 2006

Flume, Allgemeiner Teil des Bürgerlichen Rechts, Bd. 1, Teil 1: Die Personengesellschaft, Enzyklopädie der Rechts- und Staatswissenschaft, Berlin/Heidelberg 1977

Flume, Allgemeiner Teil des Bürgerlichen Rechts, Bd. 2: Das Rechtsgeschäft, Enzyklopädie der Rechts- und Staatswissenschaft, 4. Aufl., Berlin/Heidelberg 1992

Grunewald, Gesellschaftsrecht, 7. Auflage, Tübingen 2008

Grunewald, Kaufrecht, Handbuch des Schuldrechts, Tübingen 2006

Harke, Allgemeines Schuldrecht, Enzyklopädie der Staats- und Rechtswissenschaft, Berlin/Heidelberg 2010

Harke, Römisches Recht, München 2008

Honsell/Mayer-Maly/Selb, Römisches Recht, Enzyklopädie der Rechts- und Staatswissenschaft, 4. Aufl., Berlin/Heidelberg 1987

Hromadka/Maschmann, Arbeitsrecht, Bd. 1: Individualarbeitsrecht, Berlin/Heidelberg 2008

Hueck/Windbichler, Gesellschaftsrecht, 22. Aufl., München 2009

Larenz/Canaris, Lehrbuch des Schuldrechts, Bd. II/2: Besonderer Teil/2. Halbbd., 13. Aufl., München 1994

Looschelders, Schuldrecht. Besonderer Teil, 5. Aufl., Köln 2010

Medicus/Lorenz, Schuldrecht II. Besonderer Teil, 15. Aufl., München 2010

Oetker/Maultzsch, Vertragliche Schuldverhältnisse, 3. Aufl., Berlin/Heidelberg 2007

Preis, Arbeitsrecht: Individualarbeitsrecht, 3. Aufl., Köln 2009

Riesenhuber, Europäisches Arbeitsrecht, Heidelberg 2009

Reuter/Martinek, Ungerechtfertigte Bereicherung, Handbuch des Schuldrechts, Tübingen 1983

K. Schmidt, Gesellschaftsrecht, 4. Aufl., Köln 2002

K. Schmidt, Handelsrecht, 5. Aufl., Köln 1999

Wandt, Versicherungsrecht, 5. Aufl., Köln 2010

Wiedemann, Gesellschaftsrecht, Bd. 2: Recht der Personengesellschaften, München 2004

Zimmermann, The Law of Obligations, Kapstadt 1990

Zöllner/Loritz/Hergenröder, Arbeitsrecht, 6. Aufl., München 2008

Einleitung: Ein System des besonderen Schuldrechts?

1 Über den mit „einzelne Schuldverhältnisse" betitelten **achten Abschnitt** im zweiten Buch des **BGB** geht das Rechtsgebiet des besonderen Schuldrechts einerseits hinaus; andererseits bleibt es hinter ihm zurück: Weiter reicht es insofern, als einzelne Schuldverträge sowie die wichtigsten Tatbestände der Gefährdungshaftung in anderen Gesetzen geregelt sind, insbesondere in arbeitsrechtlichen Spezialgesetzen, im Gesetz über den Versicherungsvertrag (VVG) und im HGB, das ein eigenes Buch über Handelsgeschäfte enthält. Enger als der entsprechende Abschnitt des BGB ist das besondere Schuldrecht insofern, als einige der dort normierten Institute zum Wertpapier- oder zum allgemeinen Schuldrecht gehören: Die Bestimmungen über die Anweisung (§§ 783 ff. BGB) und die Schuldverschreibung auf den Inhaber (§§ 793 ff.) sind wertpapierrechtlichen Charakters, die Vorschriften über Leibrente, Bürgschaft, Vergleich, Schuldversprechen, Schuldanerkenntnis und Vorlegung von Sachen sind Teil des allgemeinen Schuldrechts: Die Regeln über die Leibrente (§§ 759 ff. BGB) gelten dem Inhalt einer Rentenschuld und der Form ihrer Begründung, ohne dass der Kontext des Rentenversprechens eine Rolle spielte. Dasselbe gilt für Schuldversprechen und Schuldanerkenntnis (§§ 780 f. BGB), die jeden beliebigen Inhalt haben und in jedem beliebigen Zusammenhang übernommen werden können. Ebenso wie der nur fragmentarisch geregelte Vergleich (§§ 779, 782 BGB) sind sie mit dem Erlass (§ 398 BGB) vergleichbare Institute, indem sie gewissermaßen sein Gegenstück bilden. Kontextneutral ist ferner auch der Anspruch auf Vorlegung von Sachen (§§ 809 ff. BGB), der mit den Ansprüchen auf Auskunft und Rechenschaft (§§ 260 f. BGB) zusammenhängt. Die Bürgschaft (§§ 765 ff. BGB) bildet als universal einsetzbare Personalsicherheit schließlich eine Form der Drittbeteiligung am Schuldverhältnis und ist ebenso wie Schuldbeitritt und Garantie zusammen mit der Gesamtschuld zu behandeln.[1]

2 Auch wenn man das Rechtsgebiet des besonderen Schuldrechts in Abweichung von der Systematik des BGB bestimmt, nimmt es sich auf den ersten Blick dennoch als ein Sammelsurium verschiedenartigster Schuldbeziehungen aus, die höchstens einer **äußeren Gliederung** zugänglich sind. Diese kann zunächst danach erfolgen, dass man die Delikts- und Gefährdungshaftung zusammen mit den Verpflichtungen aus Geschäftsführung ohne Auftrag und ungerechtfertigter Bereicherung zu den gesetzlichen Schuldverhältnissen zusammenfasst. In einem nächsten Schritt kann man

---

[1] Während ich dies in meinem Buch über das allgemeine Schuldrecht (Rn. 470 ff.) auch schon getan habe, werde ich in gleicher Weise mit den übrigen genannten Instituten verfahren, sofern ich Möglichkeit zur Bearbeitung einer Neuauflage erhalten sollte.

dann die Schuldverträge in solche über Sachlieferungen, Sachüberlassungen und Tätigkeiten einteilen. Die Absonderung der gesetzlichen Schuldverhältnisse bleibt jedoch deshalb folgenlos, weil Geschäftsführung ohne Auftrag und ungerechtfertigte Bereicherung anders die Tatbestände der Delikts- und Gefährdungshaftung in erster Linie Leistungs- und nicht Schadensersatzpflichten hervorbringen.[2] Und die Einteilung der Schuldverträge nach dem äußeren Gegenstand der vertragstypischen Pflicht führt zur Versammlung völlig ungleichartiger Verträge: Kauf- und Werkvertrag, die einem weitgehend einheitlichen Regelungsmodell folgen, fallen so in verschiedene Kategorien; und Werk- und Dienstvertrag, die als erfolgsbezogenes Schuldverhältnis einerseits und als erfolgsunabhängige Schuldbeziehung andererseits kaum etwas gemein haben, finden sich gemeinsam in der Gruppe der Verträge über Tätigkeiten wieder. Diese ist ohnehin ein reichlich amorphes Gebilde weil sie auch den Auftrag und die entgeltliche Geschäftsführung einschließen müsste. Erscheint deren Zusammenfassung noch vertretbar, kann es im Übrigen vielleicht noch im Fall von Darlehen und Verwahrung, ansonsten aber kaum befriedigen, wenn man entgeltliche und unentgeltliche Schuldbeziehungen einer Kategorie zuschlägt: Zwar teilen sich Kaufvertrag und Schenkung, Miete und Leihe in dieselbe vertragstypische Leistungspflicht. Der Unterschied in der Pflichtenstruktur variiert jedoch gerade in Abhängigkeit davon, ob eine Austauschbeziehung oder eine unentgeltliche Leistung vorliegt.

3 Dass die äußere Systematisierung der Schuldverhältnisse nicht zu überzeugenden Resultaten führt, gäbe keinen Anlass zu Versuchen ihrer Überwindung, wenn man von einem Primat der ökonomischen Realität ausginge und unterstellte, dass sich Vertragsarten stets allein in der Lebenswirklichkeit bilden und vom Recht nur rezipiert werden. Dies trifft in vielerlei Hinsicht und insbesondere bei der Ausbildung von Geschäftsdetails, nicht aber in der grundlegenden Typenbildung zu, bei der sich die Praxis gerade auf die Rechtsordnung verlässt und auch verlassen können muss. Die Privatrechtsordnung ist aber wiederum nicht zufällig durch Kodifikation entstanden, sondern das Ergebnis eines Entwicklungsprozesses, der im antiken Rom seinen Ausgang nahm. Verfolgt man ihn zurück, lassen sich die einzelnen Schuldverhältnisse des geltenden Rechts in einer Weise einteilen, die ihrer **Pflichtenstruktur** entspricht. Damit ist zwar kein praktischer Leitfaden für die Auswahl unter mehreren in Betracht kommenden Vertragsarten in einer bestimmten Verhandlungssituation, wohl aber ein Erkenntnisgewinn für die Einsicht in die Struktur der Schuldbeziehung geschaffen, der sich auch beim Umgang mit den gesetzlichen Schuldtypen bewährt:

4 Das geltende Schuldrecht beruht im Wesentlichen auf dem **System** der **Konsensualverträge**, die in Rom im dritten oder zweiten Jahrhundert v. Chr. als Klagegründe anerkannt und dem Gebot der guten Treue (*bona fides*) unterworfen wurden.[3] Der entscheidende Fortschritt, den diese Verträge brachten, lag weder in der Form- noch in der Gestaltungsfreiheit, über die man schon vorher verfügte, weil man jede erdenkliche Leistung zum Gegenstand eines abstrakten Schuldverspre-

---

[2] Vgl. *Harke*, Allgemeines Schuldrecht, Rn. 18 f.

[3] Hierzu schon *Harke*, Allgemeines Schuldrecht, Rn. 48.

chens, der sogenannten Stipulation, machen konnte, deren Abschlussform schlicht in Frage und Antwort bestand und daher überaus einfach einzuhalten war. Von der Stipulation unterschieden sich die Konsensualverträge vielmehr in erster Linie dadurch, dass die Parteien die voneinander erwarteten Leistungen nicht zum Gegenstand eines vollstreckungsfähigen Geschäftswortlauts machen mussten, sondern sich auf die Auswahl des Vertragsgegenstands beschränken und alles Weitere der richterlichen Beurteilung nach dem Maßstab der guten Treue überlassen konnten. Um den Kreis der Verträge abzudecken, die von der an Geldwirtschaft und Rechtsleben teilhabenden Elite eingegangen wurde, schaffte man vier Vertragsarten, von denen je zwei auf Austausch- und Geschäftsführungsvereinbarungen entfielen:

Die **Austauschverträge** waren auf zwei ungleiche Vertragsarten verteilt: Auf **5** der einen Seite stand der Kaufvertrag (*emptio venditio*), der als die seit jeher wichtigste Austauschvereinbarung einen eigenen, eng definierten Vertragstyp bildete, der durch die Verpflichtungen zur Übergabe der Kaufsache und zur Zahlung des Kaufpreises definiert war. Auf der anderen Seite stand die Verdingung (*locatio conductio*), die kein Vertragstyp im eigentlichen Sinne, sondern ein Sammelbecken für alle Vereinbarungen über den Austausch einer Sachleistung gegen Geld war, die nicht unter die Definition des Kaufvertrags passten. Um der Varianz der zur Verdingung zählenden Verträge Rechnung zu tragen, unterschieden die römischen Juristen später zwischen dem Werkvertrag (*locatio conductio operis*), der auf die Herstellung eines bestimmten Erfolgs, insbesondere einen Transport oder die Errichtung eines Gebäudes, gerichtet war, und drei Formen von Überlassungsvereinbarungen: Dem Werkvertrag völlig unähnlich war der Dienstvertrag (*locatio conductio operarum*), bei der sich die Leistung des einen Teils darauf beschränkte, seine Arbeitskraft für eine Tätigkeit zur Verfügung zu stellen, die ihm der andere anwies. Zwischen Dienst- und Werkvertrag stand der Mietvertrag (*locatio conductio rei*). Er verpflichtete die eine Seite zur Überlassung einer Sache und zu einem Dauererfolg, indem er die Sache, wollte er dafür den Mietzins beanspruchen, in einem nutzungstauglichen Zustand halten musste. Eine Abwandlung dieses Vertrags war der Pachtvertrag, mit dem landwirtschaftlich genutzte Güter und Grundstücke überlassen wurden. Er verpflichtete den Pächter außer zur Pachtzahlung auch zur Nutzung der Pachtsache und sorgte im Gegenzug für eine Beteiligung des Verpächters am Nutzungsergebnis, indem er sich eine Reduktion der Pacht gefallen lassen musste, wenn der Ernteerfolg unter dem zu erwartenden Durchschnitt lag.

Die **Geschäftsführungsverhältnisse** kamen ursprünglich ebenfalls in zwei **6** Vertragsvarianten vor und wurden später um eine unfreiwillig begründete Schuldbeziehung ergänzt: Für die fremdnützige Geschäftsbesorgung stand der Auftrag (*mandatum*) zur Verfügung, für die gemeinnützige die Gesellschaft (*societas*). Beide zusammen deckten den Kreis nicht auf Leistungsaustausch gerichteten Geschäfte vollständig ab, zumal andere freigiebige Vereinbarungen den Römern der klassischen Zeit nicht als regelrechte Schuldverträge galten: Die Schenkung war ein reines Rechtsgrundgeschäft, das die Rückforderung einer unentgeltlich zugewandten Sache ausschloss. Darlehen, Leihe und Verwahrung waren als Realverträge auf die bloße Rückgewähr einer überlassenen Sache oder einer Menge von Sachen gerichtet und dienten schlicht dazu, einer ungerechtfertigten Bereicherung ihres Besitzers zu wehren. Dementsprechend war auch die Klage, die aus einem unentgeltlichen Darlehen erwuchs, mit derjenigen identisch, die einer Bereicherung durch rechtsgrundlose Leistung oder rechtswidrigen Eingriff entsprang. Zu den beiden vertraglichen Geschäftsführungsverhältnissen des Auftrags und der Gesellschaft kam jedoch später die Geschäftsbesorgung ohne Auftrag (*negotiorum gestio*) hinzu, mit der man die unvereinbarte fremdnützige Geschäftsführung erfasste. Dieses Rechtsinstitut war zunächst für die Fälle gedacht, in denen jemand die Geschäfte eines anderen mit der Absicht führte, diesem zu helfen. Später machte man hieraus ein Instrument zur Abschöpfung von Vermögensvorteilen, die jemand durch den Eingriff in die Rechtssphäre eines anderen vorsätzlich oder unabsichtlich für sich oder für den anderen geschaffen hatte.

7 Baut man auf dem römischen Fundament auf, das vielen der heutigen Arten von Schuldverhältnissen zugrunde liegt, kann man diese in Kategorien mit gemeinsamen Strukturmerkmalen zusammenfassen: Während auf der einen Seite das Bereicherungsrecht und die Deliktshaftung samt der Gefährdungshaftung stehen, zerfallen die übrigen Schuldverhältnisse in drei Gruppen. Die erste umfasst alle diejenigen Austauschverträge, die auf die Herstellung eines **einmaligen Leistungserfolgs** gerichtet sind. Ihr Protoyp ist der Kaufvertrag (§§ 433 ff. BGB), der nach wie vor vergleichsweise eng definiert und auf die dauerhafte Überlassung einer Sache oder eines anderen Gegenstands gegen Geld angelegt ist. Ihm zur Seite steht der Werkvertrag (§§ 631 ff. BGB), dem nach dem Vorbild der römischen Verdingung eine Komplementärfunktion zukommt, indem er alle Vereinbarungen über punktuelle Leistungen abdeckt, die aus dem Begriff des Kaufvertrags herausfallen. Einige von ihnen haben eine besondere Regelung außerhalb des BGB gefunden, der Warentransport im HGB (§§ 407 ff.), die Personenbeförderung im europäischen Verordnungsrecht. Andere sind schon im BGB gesondert, weil sie vom Leitbild des Werkvertrags erheblich abweichen: der Reisevertrag (§§ 651a ff. BGB), indem er das werkvertragliche Regelungsmuster mit mietvertraglichen Elementen verbindet, der Maklervertrag (§§ 652 ff. BGB), indem er ohne Anspruch auf die vertragstypische Leistung auskommt. Weitere Verträge über die Herstellung eines punktuellen Leistungserfolgs sind Spekulationsverträge, zum einen Termingeschäfte, zum anderen die im VVG geregelten Versicherungsverträge, bei denen die vertragstypische Leistung jeweils nicht von vornherein feststeht, sondern nach Grund oder Höhe bedingt ist.

8 Die zweite Gruppe von Schuldverhältnissen schließt die übrigen in der römischen Verdingung versammelten Austauschvereinbarungen ein. Ihr Kennzeichen ist, dass die vertragstypische Leistung durch **Überlassung** erbracht wird. Beim Dienst- und Arbeitsvertrag (§§ 611 ff. BGB) ist es die Arbeitskraft und beim Miet- und Pachtvertrag (§§ 535 ff. BGB) ein Gegenstand, die der eine Vertragspartner dem anderen gegen Entgelt zur Verfügung stellt. Während Dienst- und Arbeitsvertrag ohne Erfolgsbezug sind, schulden Vermieter und Verpächter immerhin die Tauglichkeit der Mietsache zu der angestrebten Nutzung als einen Dauererfolg. Noch weiter geht die Verpflichtung eines Verpächters beim Landpachtvertrag (§§ 585 ff. BGB) und vergleichbaren Verträgen wie dem Franchising, bei denen der Verpächter im Gegenzug zur Nutzungspflicht des Pächters auch am Nutzungserfolg

beteiligt ist. Zu einer Kombination von Dienst- und Sachüberlassung, allerdings nur bei einer der beiden Vertragsparteien, kommt es auch bei der Verwahrung (§§ 688 ff. BGB), die ebenfalls aus der römischen Verdingung hervorgegangen ist und den Verwahrer dazu verpflichtet, eine Sache zu verstauen und dafür zu sorgen, dass sie keinen Schaden nimmt. Als weiterer Überlassungsvertrag kommt das Darlehen (§§ 488 ff. BGB) hinzu, das in Rom zumindest dann, wenn es entgeltlich sein sollte, gar kein eigenständiger Vertragstyp war, sondern mit Hilfe der Stipulation bewältigt wurde. Von den aus der Verdingung hervorgegangenen Austauschverträgen unterscheidet es sich in nicht unerheblicher Weise dadurch, dass die Überlassung der Darlehensvaluta an den Darlehensnehmer zwar Ziel des Vertrags, aber nicht Gegenstand der vertragstypischen Leistungspflicht ist, die sich auf die Auszahlung der Darlehensvaluta beschränkt. Dem Recht des Darlehensvertrags unterliegt auch das Finanzierungsleasing, bei dem es sich um eine Art des Kreditgeschäfts handelt.

Zur dritten Gruppe gehören schließlich die **Geschäftsführungsverhältnisse** 9
und sonstige **unentgeltliche** Schuldbeziehungen wie Schenkung (§§ 516 ff. BGB), Leihe (§§ 598 ff. BGB), freigiebige Verwahrung und Darlehen, die in Rom noch keine regelrechten Schuldverträge darstellten. Den Kern dieser Gruppe bilden der Auftrag (§§ 662 ff. BGB) als Verpflichtung zu fremdnütziger Geschäftsbesorgung sowie die Gesellschaft (§§ 705 ff. BGB) als Verbindung zu gemeinnütziger Geschäftsführung. Ihr ist im heutigen Schuldrecht die Gemeinschaft nach Bruchteilen (§§ 741 ff. BGB) angenähert, die im römischen Recht noch völlig andersartig war. Das Recht des Auftrags hat über seinen eigentlichen Anwendungsbereich hinaus erhebliche Bedeutung erlangt. Dass es im System der römischen Konsensualverträge dazu gedacht war, vielfältige unentgeltliche Rechtsbeziehungen zu erfassen, hat sich in einem hohen Abstraktionsniveau seiner Regelung niedergeschlagen. Sie macht den Auftrag heute zu einem vielfältig einsetzbaren Instrument, das nicht nur bei der schon im römischen Recht entwickelten Figur der Geschäftsführung ohne Auftrag (§§ 677 ff. BGB), sondern in Ergänzung von Dienst- oder Werkvertragsrecht auch in den Fällen einer entgeltlichen Geschäftsbesorgung (§ 675 BGB) zur Anwendung kommt. Handelsrechtlich vertypte Formen dieser Geschäftsführungsverträge sind die Handelsvertretung (§§ 84 ff. HGB) und das Kommissionsgeschäft (§§ 383 ff. HGB); im BGB finden sich mittlerweile eingehende Bestimmungen zu Zahlungsdiensten, mit denen Banken ein Geschäft ihrer Kunden führen (§§ 675c ff. BGB).

1. Kapitel: Austausch durch einmalige Leistung

§ 1 Kaufvertrag

1. Eigenart und Arten

a) Die Struktur des Kaufvertrags

Der praktisch bedeutsamste unter den Schuldverträgen des geltenden Rechts war nicht von vornherein als reines Verpflichtungsgeschäft konzipiert, sondern ist hierzu im Laufe einer Entwicklung geworden, die zumindest in Deutschland erst in jüngster Zeit ihren vorläufigen Abschluss gefunden hat: Der römische Kaufvertrag, die *emptio venditio*,[1] gehörte zwar zu den Konsensualverträgen, bei denen schon die bloße Einigung der Parteien deren Verpflichtung zeitigte.[2] Schlechthin galt dies jedoch nur für die eher unspezifische Pflicht des Käufers zur Zahlung des Kaufpreises, die regelrecht geschuldet und durch Übereignung von Geldzeichen erfolgte. Die Leistung des Verkäufers, die dem Kaufvertrag ihr Gepräge gibt, war dagegen Objekt einer gewöhnlichen Verpflichtung nur insoweit, als der Verkäufer dem Käufer die Kaufsache übergeben musste. Die mit dieser Übergabe angestrebte Rechtswirkung des Eigentumsübergangs, die den römischen Juristen durchaus als Ziel des Kaufvertrags galt,[3] war jedoch ebenso wenig geschuldet wie die Mangelfreiheit der Kaufsache. Beide waren vielmehr der Sanktion mit Hilfe Garantieversprechen überlassen, die zunächst wirklich abgegeben werden mussten, später unterstellt wurden. Der Grund für dieses aus heutiger Sicht seltsam anmutende Konzept des Kaufvertrags lag in seiner Verhaftung in der ursprünglichen Struktur des Austauschs von Kaufsache und Kaufpreis: Sie geschah am Anfang in Form eines Handgeschäfts, bei dem beide Seiten ihre Leistungen sofort erbrachten und die Bedeutung ihrer Einigung darauf beschränkt war, einen Rechtsgrund für den Verbleib von Kaufsache und Kaufpreis bei ihrem jeweiligen Empfänger zu schaffen. Als man hieraus ein Distanzgeschäft machte, setzte man das Instrument der Verpflichtung nur für die Zahlung des Kaufpreises und die Übergabe der Kaufsache ein, weil man den Kaufvertrag, der **ursprünglichen Konzeption des Eigentums** folgend,[4] zunächst nur als Mittel betrachtete, um dem Käufer ein relativ besseres Recht an der Kaufsache zu geben, als es der Verkäufer hatte. 10

Die Verschaffung einer Rechtsposition mit Wirkung gegenüber Dritten wurde nicht mehr als Teil des Kaufvertrags selbst begriffen, sondern musste sich der Käu- 11

---

[1] Hierzu *Honsell/Mayer-Maly/Selb*, Römisches Recht, S. 304 ff., *Zimmermann*, Law of Obligations, S. 230 ff., *Harke*, Römisches Recht, Rn. 8.1 ff.

[2] S. o. Rn. 4 f.

[3] D 18.1.80.3 Lab 5 post a Iav epit.

[4] Vgl. *Harke*, Römisches Recht, Rn. 13.1 ff.

fer dadurch ertrotzen, dass er dem Verkäufer ein **Garantieversprechen** abnahm, das diesen für den Fall der **Entwehrung** der Kaufsache durch einen Dritten zu einer Geldleistung verpflichtete.[5] Diese entsprach entweder dem Interesse des Käufers am Verbleib der Kaufsache in seinen Händen oder dem Ein- oder Vielfachen des Kaufpreises. Typischerweise war das Versprechen auf den doppelten Betrag gerichtet, mit dessen Leistung man die Sanktion eines Diebstahls nachahmte, weil man den Verkäufer, der dem Käufer das Eigentum an der Kaufsache nicht verschaffen konnte, so ansah, als hätte er einen Diebstahl am Kaufpreis verübt. Die Abgabe solcher Garantieversprechen wurde derart üblich, dass die römischen Juristen des zweiten Jahrhunderts dem Käufer einen Anspruch auf ihren Abschluss[6] und, wenn ihm die Kaufsache schon von einem Dritten abgenommen worden war, auf Zahlung des Betrags gaben, den er aufgrund des Garantieversprechens vom Verkäufer erhalten hätte[7]. Der Hochklassiker Julian ging noch einen Schritt weiter und versetzte den Tatbestand der Garantieversprechen in das kaufrechtliche Synallagma, indem er dem Käufer, der die Kaufsache verloren hatte, auch dann, wenn die Voraussetzungen der Garantieverpflichtung nicht gegeben waren, zumindest die Rückforderung des Kaufpreises gestattete.[8] War der Kaufvertrag damit um den Verbleib der Kaufsache beim Käufer als eine vom Verkäufer zu erbringende Leistung angereichert, erkannte man fortan keinen Bedarf mehr für die Einführung einer Übereignungspflicht.[9]

---

5 Vgl. *Honsell/Mayer-Maly/Selb*, Römisches Recht, S. 311 ff., *Zimmermann*, Law of Obligations, S. 293 ff., *Harke*, *Römisches Recht*, Rn. 8.14 ff.

6 D 21.1.31.20 Ulp 1 ed aed cur: *Quia adsidua est duplae stipulatio, idcirco placuit etiam ex empto agi posse, si duplam venditor mancipii non caveat: ea enim, quae sunt moris et consuetudinis, in bonae fidei iudiciis debent venire.* („Da die Stipulation des doppelten Kaufpreises ständig vorgenommen wird, ist die Ansicht herrschend, dass auch aus dem Kauf geklagt werden könne, falls der Verkäufer eines Sklaven diese Stipulation nicht geleistet hat. Was Sitte und Brauch entspricht, ist nämlich von den auf die gute Treue gerichteten Klagen umfasst.")

7 PS 2.17.2.

8 D 30.84.5 Iul 33 dig, D 19.1.11.18 Ulp 32 ed.

9 Daher konnte der Käufer das Interesse am Eigentumserwerb auch nur ganz ausnahmsweise kraft einer besonderen Garantiehaftung verlangen, die dem Verkäufer infolge seiner Arglist auferlegt wurde (hierzu *Harke*, Allgemeines Schuldrecht, Rn. 227); vgl. D 19.1.30.1 Afr 8 quaest: *Si sciens alienam rem ignoranti mihi vendideris, etiam priusquam evincatur utiliter me ex empto acturum putavit in id, quanti mea intersit meam esse factam: quamvis enim alioquin verum sit venditorem hactenus teneri, ut rem emptori habere liceat, non etiam ut eius faciat, quia tamen dolum malum abesse praestare debeat, teneri eum, qui sciens alienam, non suam ignoranti vendidit: id est maxime, si manumissuro vel pignori daturo vendiderit.* („Hast du mir, als ich gutgläubig war, wissentlich eine fremde Sache verkauft, so kann ich, wie er [Julian] glaubt, noch bevor mir die Sache entwehrt wird, mit Erfolg die Kaufklage darauf erheben, was mein Interesse ausmacht, dass die Sache zu meinem Eigentum wird. Obwohl nämlich wahr sei, dass der Verkäufer nur dafür einzustehen habe, dass der Käufer die Sache in ungestörtem Besitz behält, und nicht auch dafür, dass er sie zum Eigentum des Käufers macht, hafte derjenige, der wissentlich eine fremde und nicht eine eigene Sache einem Gutgläubigen verkauft hat, weil er zu gewährleisten habe, dass keine Arglist im Spiel sei. Dies gilt insbesondere dann, wenn er einen Sklaven verkauft hat, den der Käufer freilassen oder verpfänden will.")

12 Die Folgen dieser Abstinenz machten den römischen Kauf zu einem für spätere Juristen kaum nachvollziehbaren Gebilde: Da seine Verpflichtungsstruktur eben nach wie vor nicht auf die Verschaffung von Eigentum als dinglichem Recht, sondern auf die bessere Berechtigung des Käufers gegenüber dem Verkäufer angelegt war, hatte sich diese Leistung des Verkäufers schon durch den Akt des Vertragsschlusses erledigt, mit dem diese bessere Berechtigung erreicht war. Dementsprechend wurde die Kaufsache ab diesem Moment im Verhältnis der Vertragsparteien untereinander auch schon dem Vermögen zugerechnet. Von den Konsequenzen dieses Atavismus, den man „Barkauf-" oder „**Veräußerungscharakter**" nennt, sprangen vor allem das Fehlen eines Gattungskaufs und die Zuweisung der Preisgefahr an den Käufer (*periculum emptoris*) ins Auge: Da der Verkäufer seine Übereignungsleistung schon mit dem Vertragsschluss erbrachte, musste sie schon zu diesem Zeitpunkt individuell und nicht etwa nur der Gattung nach bestimmt sein. Und der Käufer blieb auch dann zur Zahlung des Kaufpreises verpflichtet, wenn die Kaufsache nach Vertragsschluss, aber noch vor ihrer Übergabe zufällig untergegangen war. Gemildert wurde diese Gefahrverteilung zumindest in klassischer Zeit durch eine korrespondierende Verschärfung der Haftung des Verkäufers: Weil er die Kaufsache ab Vertragsschluss nicht mehr wie ihr Eigentümer, sondern wie ein Fremder besaß, der sie zum eigenen Vorteil in den Händen hatte, traf ihn ebenso wie einen Entleiher die Pflicht zur Bewachung (*custodia*) der Sache, die eine Einstandspflicht in allen Fällen niederen Zufalls begründete und die Gefahrtragung des Käufers praktisch auf die Fälle höherer Gewalt wie Krieg oder Naturkatastrophen beschränkte[10]. Da diese weitgehende Haftung in der byzantinischen Kodifikation des römischen Rechts in eine Verschuldenshaftung umgedeutet und so in ihrem Garantiecharakter unkenntlich gemacht wurde, war die Gefahrbelastung des Käufers seit dem Mittelalter weder einzusehen noch als gerecht zu empfinden, zumal sie ohnehin nur für den Stück- und nicht mehr für den mittlerweile zugelassenen Gattungskauf gelten konnte.

13 Nach der Vorgabe der Naturrechtslehre[11] wurde das römische Kaufvertragsregime in den Naturrechtsgesetzbüchern durch zwei verschiedene Modelle abgelöst, in denen **Eigentumserwerb** und **Gefahrübergang synchronisiert** sind: Im französischen *Code civil* (Art. 1138, 1583) verdinglichte man das Verfügungs-

[10] Vgl. *Harke*, Allgemeines Schuldrecht, Rn. 231 Fn. 126.

[11] Vgl. *Grotius*, *De Jure Belli ac Pacis*, 2.12.15: *De venditione et emptione notandum etiam sine traditione, ipso contractus momento, transferri dominum posse, atque id esse simplicissimum. ... Quod si actum sit ne statim dominium transeat, obligabitur venditor ad dandum dominium, atque interim res erit commodo et periculo venditoris: quare ... quod res periculo est emtoris et ut fructus ad eum pertineant, antequam dominium transeat, commenta sunt juris civilis, quod nec ubique observatur: ...* („Zu den Kaufverträgen ist festzuhalten, dass das Eigentum auch ohne Übergabe in dem Moment des Vertragsschlusses übertragen werden kann, und dies sehr einfach. … Ist aber vereinbart, dass das Eigentum nicht sofort übergehen soll, wird der Verkäufer dazu verpflichtet, das Eigentum zu übertragen, und in der Zwischenzeit sind Gefahr und Nutzen dem Verkäufer zugewiesen. Daher ist es eine bloße Erfindung des römischen Rechts, dass Gefahr und Nutzen der Sache dem Käufer noch vor dem Eigentum zugewiesen sein sollen; und es wird auch keineswegs überall beachtet …")

element des Kaufs und sprach ihm ebenso wie anderen Verträgen, aus denen eine Lieferpflicht folgt, im Fall der Speziesschuld eine eigentumsübertragende Wirkung zu. Der Käufer war so nicht nur von vornherein gefahrbelastet, sondern auch Rechtsinhaber. Das Gegenmodell des preußischen ALR (§ 95 I 11) und österreichischen ABGB (§§ 1049, 1064) bestand darin, den Gefahrübergang zugunsten des Käufers auf den Moment der Übergabe zu verschieben, in dem nach beiden Gesetzen auch das Eigentum an einer beweglichen Sache auf den Käufer übergehen soll (§§ 1 I 10 ALR, 380, 424 f. ABGB). Während das schweizerische Recht trotz gleichartigen Eigentumsübertragungsmodus wieder zum römischen Prinzip der Gefahrzuweisung an den Käufer zurückgekehrt ist (Art. 185 OR), folgt das BGB (§ 446) der Lösung von ALR und ABGB, obwohl es selbst für den Eigentumsübergang außer der Übergabe noch den Abschluss eines dinglichen Vertrags fordert (§ 929 BGB), der entsprechend dem Abstraktionsprinzip[12] in seiner Wirksamkeit von dem zugrunde liegenden Kaufvertrag unabhängig ist. Diese Abkoppelung des dinglichen Rechtswechsels vom schuldrechtlichen Geschäft markiert einen Höhepunkt in der Entwicklung des Kaufvertrags, der nun in jeder Hinsicht ein reines Verpflichtungsgeschäft und sogar der mittelbaren Wirkung beraubt ist, die er für den Eigentumsübergang in den Ländern hat, die dem Traditionsprinzip preußischen und österreichischen Musters folgen.

14 Die Überwindung des Barkaufprinzips und die Umgestaltung des Kaufvertrags zu einem durchgängigen Verpflichtungsgeschäft mussten zwangsläufig zu einer Revision des Regimes führen, mit dem der Verbleib der Kaufsache beim Käufer sichergestellt wird: Den Platz der besonderen Garantieversprechen, die im längst überwundenen archaischen Eigentumsbegriff wurzelten, musste die Verpflichtung des Verkäufers einnehmen, dem Käufer eine gegenüber Dritten wirksame Rechtsposition zu verschaffen. Wiederum nach dem Vorbild der Naturrechtslehre[13] statuierte das preußische ALR (§ 135 I 11) eine solche **Übereignungspflicht** und prägte damit auch die Lösung des schweizerischen OR (Art. 184) und des BGB (§ 433 Abs. 1 S. 1). Die Sanktion der Nichterfüllung dieser Pflicht fiel in diesen Gesetzen jedoch verschieden aus: Während das ALR (§ 155 I 11) den Verkäufer einer verschuldensabhängigen Haftung unterwarf, wie sie auch an die Verletzung anderer Leistungspflichten geknüpft war, übernahmen das schweizerische OR (Art. 192 ff.) und das BGB von 1900 (§ 440 a. f.) ebenso wie der französische *Code civil* (Art. 1626 ff.) das alte römische Schema einer an die Entwehrung der Kaufsache geknüpften Garantiehaftung. Da es der Integration der Eigentumsverschaffung in das Pflichtenprogramm des Kaufvertrags widersprach, wurde es in Deutschland als Fremdkörper empfunden[14] und im Zuge der Schuldrechtsreform von 2002 durch ein weitgehend dem allgemeinen Leistungsstörungsrecht angepasstes Konzept der Mängelhaftung ersetzt, das dem Verschuldensprinzip unterliegt (§§ 435 ff. BGB).

15 Entwickelt wurde das neue Regime freilich nicht für die Pflicht zur Rechtsverschaffung, sondern für die **Sachmängelhaftung**, die sich im klassischen römischen

[12] Hierzu *Harke*, Allgemeines Schuldrecht, Rn. 9.
[13] Vgl. *Grotius* (Fn. 11) a. a. O.
[14] Vgl. *Harke*, Allgemeines Schuldrecht, Rn. 231.

Recht zunächst ebenfalls weitgehend jenseits des eigentlichen Kaufvertrags vollzog: Als ein auf den bloßen Austausch von Kaufsache und Kaufpreis gerichteter Vertrag sperrte er sich sowohl in seiner ursprünglichen Form als Handgeschäft als auch in seiner späteren Gestalt als ein dem Barkaufprinzip folgendes Distanzgeschäft einer Ausdehnung der Verkäuferpflicht auf die Mängelfreiheit der Kaufsache. Anders als im Fall der Rechtsmängelhaftung wurde aber nicht nur eine arglistige Täuschung des Käufers[15], sondern auch eine vom Verkäufer gegebene Zusage über die Beschaffenheit der Kaufsache unmittelbar durch einen mit der Kaufklage selbst zu verfolgenden Anspruch des Käufers auf Schadensersatz sanktioniert. Diese Garantiehaftung bot den frühklassischen Juristen den Ansatzpunkt für einen weitergehenden Käuferschutz, indem sie außer den ausdrücklich zugesagten auch die Eigenschaften der Kaufsache als zugesichert gelten ließen, von deren Vorliegen der Käufer selbstverständlich ausgehen durfte.[16] Für die Fortentwicklung dieses Konzepts sorgte wiederum der Hochklassiker Julian, der die Verpflichtung des gutgläubigen Verkäufers, der den Fehler der Kaufsache selbst nicht kannte, auf die Rückerstattung des Betrags begrenzte, um den der Kaufpreis bei beiderseitiger Kenntnis des Sachmangels niedriger ausgefallen wäre.[17] Obwohl er den Anspruch des Käufers damit im Ergebnis reduzierte, löste er ihn doch zugleich von der Konstruktion einer stillschweigenden Zusicherung. Das Vorhandensein selbstverständlich vorausgesetzter Eigenschaften der Kaufsache war damit Teil der Verkäuferpflicht geworden.

Statt von Julians weitsichtiger Entscheidung nahm die künftige Entwicklung der **16**
Sachmängelhaftung ihren Ausgang jedoch von den Rechtsbehelfen, die neben den Klagen aus dem Kaufvertrag von den für die Marktgerichtsbarkeit zuständigen kurulischen Ädilen gewährt wurden. Sie gestanden demjenigen, der auf dem öffentlichen Markt einen an Krankheit oder Charakterschwäche leidenden Sklaven oder ein krankes Zugtier erworben hatte, ohne Rücksicht auf Kenntnis oder Verschulden des Verkäufers das Recht zu, von diesem innerhalb eines halben Jahres ab dem Ver-

[15] Hierzu *Harke*, Allgemeines Schuldrecht, Rn. 227.

[16] Vgl. D 19.1.6.4 Pomp 9 Sab.

[17] Vgl. D 19.1.13pr. Ulp 32 ed: *Iulianus libro quinto decimo inter eum, qui sciens quid aut ignorans vendidit, differentiam facit in condemnatione ex empto: ait enim, qui pecus morbosum aut tignum vitiosum vendidit, si quidem ignorans fecit, id tantum ex empto actione praestaturum, quanto minoris essem empturus, si id ita esse scissem: si vero sciens reticuit et emptorem decepit, omnia detrimenta, quae ex ea emptione emptor traxerit, praestaturum ei: sive igitur aedes vitio tigni corruerunt, aedium aestimationem, sive pecora contagione morbosi pecoris perierunt, quod interfuit [idonea venisse] <id non evenisse> erit praestandum.* („Julian macht im 15. Buch seiner Digesten einen Unterschied in der Verurteilung aus der Kaufklage zwischen demjenigen, der eine Sache in Kenntnis ihres Mangels verkauft hat, und demjenigen, der sie unwissentlich verkauft hat. Er sagt nämlich, dass, wer krankes Vieh oder einen mangelhaften Balken verkauft hat, falls er es unwissentlich getan hat, aus der Kaufklage nur soviel leisten müsse, um wie viel ich die Sache billiger gekauft hätte, wenn ich von ihrem Zustand gewusst hätte; wenn er den Mangel dagegen wissentlich verschwiegen und den Käufer getäuscht hat, müsse er diesem den gesamten Schaden ersetzen, den der Käufer aus dem Kauf erleidet, sei es den Wert des Hauses, wenn es infolge des mangelhaften Balkens eingestürzt ist, sei es das Interesse daran, dass anderes Vieh nicht wegen Ansteckung mit dem kranken eingegangen wäre.")

tragsschluss mit der Wandlungsklage (*actio redhibitoria*) die Rückabwicklung des Vertrags zu begehren. Binnen Jahresfrist konnte er ferner eine Klage auf Erstattung des mangelbedingten Minderwerts (*actio quanti minoris*) erheben. Wahrscheinlich bestand dieser in der Differenz zwischen dem Preis der Kaufsache und ihrem Wert, so dass der Käufer zumindest rechnerisch so gestellt wurde, als hätte er das für ihn nachteilige Geschäft nicht abgeschlossen. Nachdem die **Wandlungs-** und die **Minderungsklage** im byzantinischen Recht auf alle Arten von Kaufverträgen ausgedehnt worden waren, deutete man sie in der Gemeinrechtslehre als Ausprägungen der allgemeinen Käuferklage und entwickelte die Vorstellung, dass ihr die Pflicht des Verkäufers zur mangelfreien Leistung zugrunde liege.[18] Dieser Einsicht folgend, statuierten das preußische ALR (§§ 323, 331 I 5) und das österreichische ABGB (§ 932 a. f.) einen der Wandlung und Minderung vorgeschalteten Anspruch des Käufers auf **Fehlerbeseitigung**, mit dem das Prinzip der Naturalerfüllung umgesetzt wurde. Hinter diesen Stand fielen sowohl das schweizerische OR als auch das BGB von 1900 wieder zurück, indem sie den Käufer beim Stückkauf auf Wandlung und Minderung (Art. 205 OR, § 462 BGB a. f.), beim Gattungskauf auf Wandlung, Minderung und die Ersatzlieferung einer mangelfreien Sache (Art. 206 OR, § 480 BGB a. f.) beschränkten und ein Schadensersatzrecht nur für den Fall der Arglist des Verkäufers vorsahen (§ 463 BGB a. f.).

17 In Deutschland wurde dieses unzeitgemäße Regime durch die Schuldrechtsreform von 2002 beseitigt, die im Kaufrecht den Vorgaben der Verbrauchsgüterkaufrichtlinie (1999/44/EG) gehorchte und zu einer weitgehenden **Integration** der Mängelhaftung in das **allgemeine Leistungsstörungsrecht** nach dem Vorbild des UN-Kaufrechts (Art. 46 ff.) geführt hat: Der Käufer hat nun einen regelrechten Anspruch auf Überlassung einer mangelfreien Kaufsache (§ 433 Abs. 1 S. 2 BGB), den er nach Übergabe der Kaufsache in Gestalt von Nachbesserung oder Nachlieferung durchsetzen kann und grundsätzlich auch geltend machen muss, bevor er von den Sekundärrechtsbehelfen Gebrauch machen kann.[19] Erst wenn die Nacherfüllung trotz Fristsetzung ausbleibt, einem Leistungshindernis begegnet oder sich als untunlich erweist, ist der Käufer zu Rücktritt oder Minderung sowie zum Schadensersatz statt der Leistung berechtigt. Die Minderung besteht anders als bei der entsprechenden ädilizischen Klage in einer verhältnismäßigen Herabsetzung des Kaufpreises (§ 441 BGB), wie sie schon im klassischen römischen Recht durch Julian als Ziel der allgemeinen Käuferklage etabliert war. Im Rücktrittsrecht (§§ 323, 326 BGB) hat das Institut der Wandlungsklage eine vertragstypenübergreifende Gestalt angenommen.[20] Und die Schadensersatzpflicht des Verkäufers knüpft nicht mehr an eine Zusicherung des Verkäufers oder seine Arglist, sondern an die allgemeinen Kriterien an, ob er den Leistungsausfall zu vertreten hat (§§ 276, 281, 283 BGB) oder ihn bei Vertragsschluss hätte vorhersehen können (§ 311a Abs. 2 BGB).

---

[18] *Donellus*, *Commentarii de Jure Civili*, 13.3.1, 6.

[19] Dieses so gewährleistete Recht der „zweiten Andienung“, das jenseits des Sachmängelregimes seit Einführung der Naturalvollstreckung selbstverständlich war, hat ebenso wie diese die Funktion, den Vertrag zu erhalten und durchzuführen; vgl. *Schroeter*, Das Recht zur zweiten Andienung im System des Schuldrechts, AcP 207 (2007) 28, 36 ff.

[20] Vgl. *Harke*, Allgemeines Schuldrecht, Rn. 109 ff.

b) Das Kaufrecht

aa) Regelungsebenen

Wegen seiner Anbindung an die Verbrauchsgüterkaufrichtlinie, die einen gemeinschaftsweiten Mindeststandard an Verbraucherschutz beim Kauf sachmangelhafter Waren sicherstellen will, ist das Kaufrecht des BGB in weiten Teilen insofern zwingend, als es bei einem Verbrauchervertrag über eine bewegliche Sache nicht wirksam zum Nachteil des Verbrauchers abbedungen werden kann: § 475 Abs. 1 BGB bestimmt für den in § 474 Abs. 1 BGB definierten **Verbrauchsgüterkauf**, dass sich der unternehmerisch tätige Verkäufer auf eine vor Mitteilung eines Mangels getroffene Vereinbarung nicht berufen kann, die zum Nachteil des Verbrauchers von den einschlägigen Vorschriften über die Mängelhaftung abweicht.[21] Dies bedeutet, dass der Vertrag trotz seiner teilweisen Nichtigkeit wirksam und Grundlage für die gesetzlich vorgegebenen Käuferansprüche ist. Eine Ausnahme bilden die Regelung der Verjährung, die gemäß § 475 Abs. 2 BGB zumindest beim Verkauf gebrauchter Sachen abgekürzt werden kann, sowie das Schadensersatzrecht des Käufers, dessen Modifikation nach § 475 Abs. 3 BGB nur den ohnehin geltenden Schranken des Rechts der vorformulierten Geschäftsbedingungen unterliegen soll. Von den allgemeinen Vorschriften abweichende Regeln für den Verbrauchsgüterkauf enthalten die §§ 474 ff. BGB dagegen nur wenige, unter denen die wichtigste die Beweislastumkehr für das Vorhandensein eines innerhalb von sechs Monaten aufgetretenen Mangels im Zeitpunkt des Gefahrübergangs[22] ist. An die Einordnung eines Vertrags als Verbrauchsgüterkauf knüpfen aber auch Bestimmungen für den vorgeschalteten Vertrag zwischen dem unternehmerisch tätigen Verkäufer und seinem Lieferanten sowie die weiteren Verträge in der Lieferkette über neu hergestellte Kaufsachen an. Als reine Unternehmerverträge unterliegen sie eigentlich nicht den für Verbraucherverträge bestehenden Gestaltungsschranken. Um die wirtschaftlichen Folgen eines Mangels nach Möglichkeit dort eintreten zu lassen, wo der Fehler der Kaufsache entstanden ist, erklärt aber § 478 Abs. 4 BGB auch hier das allgemeine Kaufrecht zugunsten des Käufers insoweit für unabdingbar, als er keinen gleichwertigen Ausgleich für seine Mängelrechte erhält. Um dem Verkäufer eine Regressfalle zu ersparen, ist ihm die Geltendmachung seiner Mängelrechte sogar durch die übrigen Bestimmungen von §§ 478 und 479 BGB erheblich erleichtert.[23] Während die gemeinschaftsweite Privilegierung des Verbrauchers dem Ziel der Marktintegration dient[24] und daher nicht zu beanstanden ist, erweckt die damit einhergehende Begünstigung des Rückgriffs insofern Bedenken, als das mit ihr verfolgte Ziel generell und keineswegs nur dann erstrebenswert erscheint, wenn die Absatzkette in einen Verbrauchsgüterkaufvertrag mündet. Auf andere Fälle lassen sich die Vorschriften über den Lieferantenkauf aber bestenfalls dann analog anwenden, wenn zumindest **18**

---

[21] Dies sieht auch der Entwurf eines Gemeinsamen Referenzrahmens vor; vgl. Art. IV.A – 2:309, 4:101 DCFR.

[22] S. u. Rn. 51.

[23] S. u. Rn. 70 ff.

[24] Vgl. *Harke*, Allgemeines Schuldrecht, Rn. 54.

beabsichtigt ist, dass die Kaufsache schließlich zum Gegenstand eines Verbrauchsgüterkaufs wird.[25]

19 Nur den allgemeinen Schranken des Verbots gesetz- und sittenwidriger Verträge sowie dem Regime für vorformulierte Geschäftsbedingungen sind Kaufverträge unterworfen, die Verbraucher untereinander eingehen und die zwischen Unternehmern ohne Bezug auf einen Verbrauchsgüterkauf abgeschlossen werden, ferner alle Verträge, deren Gegenstand keine bewegliche Sache ist. Hier gelten jeweils nur die Bestimmungen des allgemeinen Kaufrechts in §§ 433 bis 453 BGB, und zwar, soweit sie nicht ausnahmsweise ein spezielles Klauselverbot enthalten, als **dispositives Gesetzesrecht**. Ergänzt werden sie durch die Bestimmungen über den Handelskauf in §§ 373 ff. HGB, die dann zum Zuge kommen, wenn eine oder beide Parteien Kaufleute im Sinne der §§ 1 ff. HGB sind. Sowohl diese als auch die Vorschriften des BGB machen das gesetzliche Leitbild aus, das Grundlage der Inhaltskontrolle vorformulierter Geschäftsbedingungen nach § 307 BGB ist. Sie geht in ihren Wirkungen insoweit über das von § 475 BGB für Verbrauchsgüterkaufverträge statuierte Verbot hinaus, als dieses die teilweise Aufrechterhaltung einer unzulässigen Vereinbarung gestattet,[26] während für vorformulierte Geschäftsbedingungen das flankierende Verbot einer geltungserhaltenden Reduktion gilt[27]. Es passt nicht auf einen Verstoß gegen § 475 Abs. 1 BGB durch Individualvereinbarung, weil hier nicht der besonderen Gefahr zu wehren ist, dass der Verwender vorformulierter Klauseln darauf spekuliert, dass diese, wenn sie ihren Abschreckungszweck verfehlen, doch noch auf das zulässige Maß gestutzt werden.

bb) Der Verbrauchsgüterkauf

20 Den Verbrauchsgüterkauf, für den das allgemeine Kaufrecht zugunsten des Käufers weitgehend zwingend ist und der auch auf die vorgeschalteten Lieferantenverträge ausstrahlt, definiert § 474 Abs. 1 S. 1 BGB als einen Vertrag über eine bewegliche Sache, bei dem auf Verkäuferseite ein Unternehmer, auf Käuferseite ein Verbraucher beteiligt ist. S. 2 der Vorschrift macht eine Ausnahme für Verträge über gebrauchte Sachen, die in einer öffentlichen Versteigerung verkauft werden. Hierunter sind nur Versteigerungen im Sinne von § 383 Abs. 3 S. 1 BGB zu verstehen,[28] bei denen wegen der öffentlichen Bestellung des Versteigerers eine besondere Gewähr für ihre ordnungsgemäße Durchführung besteht.[29] Entsprechend der Zwecksetzung sowohl des nationalen als auch des europäischen Verbraucherschutzrechts, die beide an den typischerweise gegebenen Unterschied in Erfahrung und Rationalität beim

---

[25] Richtig *Tröger*, Voraussetzungen des Verkäuferregresses im BGB, AcP 204 (2004) 115, 121 ff.

[26] MünchKomm/*Lorenz* § 475 BGB Rn. 24, Soergel/*Wertenbruch* § 475 Rn. 104.

[27] Hierzu *Harke*, Allgemeines Schuldrecht, Rn. 70.

[28] BGH, NJW 2006, 613, 614.

[29] Dass hier stets die von § 474 Abs. 1 S. 2 BGB geforderte Teilnahmemöglichkeit besteht, ist für das Verständnis dieser Vorschrift irrelevant, weil der entsprechende Passus aus Art. 1 Abs. 3 der Verbrauchsgüterkaufrichtlinie übernommen wurde, die gemäß ihrem Art. 8 Abs. 2 einem höheren Verbraucherschutzniveau auf nationaler Ebene nicht entgegensteht; vgl. BGH, NJW 2006, 613, 614 f.

Geschäftsschluss anknüpfen, sind die Unternehmer- und **Verbrauchereigenschaft** grundsätzlich **objektiv** und nicht etwa danach zu bestimmen, wie sich der Vertragspartner aus dem Empfängerhorizont des jeweils anderen ausnimmt.[30] Dies bedeutet, dass ein Verkäufer, der gegenüber einem Verbraucher als Unternehmer auftritt oder erscheint, in Wahrheit aber selbst Verbraucher ist, nicht den strengeren Bestimmungen der §§ 474 ff. BGB unterliegt, also insbesondere durch Vertrag seine Mängelhaftung wirksam einschränken kann. Da ein schutzwürdiges Vertrauen des Käufers auf die Ungültigkeit der getroffenen Vereinbarung kaum denkbar ist und sich auch die Fehlannahme einer Beweislastumkehr für die Existenz des Mangels bei Gefahrübergang gemäß § 476 BGB schwerlich zur Grundlage eines Schadensersatzrechts machen lässt, kommt eine Haftung des als Verkäufer auftretenden „Scheinunternehmers“ wegen vorvertraglichen Fehlverhaltens gemäß §§ 241 Abs. 2, 280 Abs. 1, 311 Abs. 2 BGB in dieser Konstellation praktisch nicht Betracht.

Anders verhält es sich im umgekehrten Fall, dass der Verbraucher, der den An- **21**
schein vermittelt, Unternehmer zu sein, als Käufer auftritt. Zwar gilt auch hier der Grundsatz der objektiven Bestimmung der Verbrauchereigenschaft, und dass jemand den Schutz der Bestimmungen über den Verbrauchsgüterkauf und insbesondere seine hiernach unabdingbaren Mängelansprüche nicht schon deshalb verliert, weil er aus Sicht des Verkäufers als Unternehmer erscheint. Geriert er sich als solcher, kann er sich aber durchaus wie ein Unternehmer behandeln lassen müssen.[31] Für den BGH[32] folgt dies aus dem Verbot der unzulässigen Rechtsausübung, das dem „**Scheinunternehmer**“ auf **Käuferseite** einen Widerspruch zu seinem eigenen vorangegangenem Verhalten verbiete. Besser als der Rückgriff auf dieses veraltete Instrument[33] ist es, den Käufer, der sich wie ein Unternehmer verhält, nach §§ 241 Abs. 2, 280 Abs. 1, 311 Abs. 2 BGB wegen seines vorvertraglichen Fehlverhaltens für den Schaden einstehen zu lassen, der dem Verkäufer daraus entstanden ist, dass er die Verbrauchereigenschaft seines Gegenüber verkannt hat. Ist der Verkäufer deshalb einem Anspruch ausgesetzt, den er durch wirksame Vertragsgestaltung vermieden hätte, kann er dies im Wege der aus dem Schadensersatzrecht folgenden Abwehreinrede gegen den Anspruch des Käufers einwenden. Diese Lösung verdient den Vorzug, weil dem „Scheinunternehmer“ wegen der objektiven Bestimmung seiner wahren Eigenschaft nicht der Widerspruch zu seinem Verhalten bei Vertrags-

---

[30] MünchKomm/*Lorenz* § 474 BGB Rn. 23; ebenso *Herresthal*, Scheinunternehmer und Scheinverbraucher, JZ 2006, 695, 697 ff., der allerdings eine Ausnahme für „potentiell unternehmerisch Tätige“ machen will. Für eine Bestimmung nach dem Empfängerhorizont dagegen Soergel/*Wertenbruch* § 474 Rn. 14 und Palandt/*Ellenberger* § 13 Rn. 4, der sich zu Unrecht auf BGH, NJW 2008, 435, 436 beruft, wo nur klargestellt ist, dass es für Geschäfte, die im Übergang von der Verbraucher- zur Unternehmereigenschaft abgeschlossen werden, statt auf die innere Absicht des werdenden Unternehmers auf den objektiven Zweck des Geschäfts ankommt. Ausdrücklich offen lässt die Frage nach dem Modus der Bestimmung der Verbrauchereigenschaft BGH, NJW 2005, 1045.

[31] Anders *Schürnbrand*, Zwingender Verbraucherschutz und das Verbot der unzulässigen Rechtsausübung, JZ 2009, 133, 137, der den Vergleich zum Minderjährigenschutz zieht, allerdings einen Vorbehalt zugunsten der Deliktshaftung wegen Vorsatzes machen will.

[32] BGH, NJW 2005, 1045 f.

[33] Hierzu *Harke*, Allgemeines Schuldrecht, Rn. 341.

schluss, vielmehr die hier bewirkte Täuschung seines Vertragspartners zum Vorwurf gereicht.[34] Die hieran geknüpfte Haftung begegnet auch vom Standpunkt des Europarechts keinen Bedenken; denn ebenso wie der Einwand der unzulässigen Rechtsausübung[35] hat sie ihre Grundlage in dem auf europäischer Ebene anerkannten Grundsatz von Treu und Glauben[36].

22 Die objektive Bestimmung der Unternehmer- und Verbrauchereigenschaft ist auch für die Beurteilung der Drei-Personen-Konstellation ausschlaggebend, in der auf Verkäuferseite ein Unternehmer als Vertreter für einen Verbraucher auftritt. Hier stellt sich in besonderer Form die im Zwei-Personen-Verhältnis eher leicht zu beantwortende Frage, ob ein Anwendungsfall des **Umgehungsverbots** gemäß § 475 Abs. 1 S. 2 BGB vorliegt, das sich gegen Vereinbarungen richtet, mit denen das nach S. 1 der Vorschrift beim Verbrauchsgüterkauf zwingende Kaufrecht ausgehebelt wird. Die Antwort richtet sich danach, wer im Innenverhältnis von vertretendem Unternehmer und vertretenem Verbraucher das wirtschaftliche Risiko des Geschäfts zu tragen hat:[37] Ist es der Verbraucher, den die Last der Mängelhaftung treffen soll, gilt das Verbot verkäuferfreundlicher Vereinbarungen nicht; ist es der Unternehmer, der trotz seiner formalen Stellung als Vertreter aufgrund des Innenverhältnisses zum Verkäufer von dem Kaufvertrag eigentlich betroffen sein soll, gilt zugunsten des Käufers das Klauselverbot des § 475 Abs. 1 Abs. 1 S. 1 BGB.[38] Entgegen der Ansicht des BGH[39] bedeutet dies aber nicht, dass sich der als Vertreter aufgetretene Unternehmer wie der Vertragspartner des Verbrauchers behandeln lassen muss und diesem einstandspflichtig wird.[40] Die Verteilung der Parteirollen und der damit verbundenen Risiken bleibt vielmehr so, wie sie von den auf Verkäuferseite stehenden Personen beabsichtigt wurde. Hat dies zur Folge, dass sich ein Verbraucher die Ungültigkeit einer Vertragsbestimmung entgegenhalten lassen muss, die er ohne Einschaltung des Unternehmers wirksam hätte vereinbaren können, liegt hierin kein Widerspruch zum Zweck der Regeln über den Verbrauchsgüterkauf; denn diese sind auf den Schutz des Käufers und nicht etwa auf die Privilegierung oder Benachteiligung von bestimmten Verkäuferkreisen angelegt.[41]

---

[34] Dies habe ich früher verkannt, als ich mich um die Einordnung des Falles zu den Konstellationen der Verwirkung bemühte; vgl. *Harke*, Allgemeines Schuldrecht, Rn. 343.

[35] Hierzu BGH, NJW 2005, 1045, 1046 f.

[36] Vgl. etwa EuGH, 2009, 3015, 3016.

[37] BGH, NJW 2007, 1039, 1040. Anders *Maultzsch*, Agenturgeschäfte im Gebrauchtwagenhandel und Gesetzesumgehung, ZGS 2005, 175, 177 f., der die Haftung des Unternehmers nach § 311 Abs. 3 BGB für ausreichend hält.

[38] Dass es auf das dem Käufer nicht erkennbare Innenverhältnis ankommt, ist entgegen *Grunewald*, Kaufrecht, Rn. 3.32 keineswegs misslich, weil ja auch die persönlichen Voraussetzungen des Verbrauchgüterkaufrechts objektiv und nicht nach dem von Käufer oder Verkäufer vermittelten Erscheinungsbild festgestellt werden.

[39] BGH, NJW 2007, 759, 760 f.

[40] Insoweit richtig *Looschelders*, Schuldrecht BT, Rn. 268, der allerdings auch den Unternehmer kraft des Verbots widersprüchlichen Verhaltens zur Haftung heranziehen will.

[41] Richtig MünchKomm/*Lorenz* § 475 BGB Rn. 36. Gegen die Unterstellung eines Scheingeschäfts im Verhältnis zum Verbraucher und die Annahme eines verdeckten Geschäfts zum Unternehmer auch Palandt/*Weidenkaff* § 475 Rn. 6. Offen in der Konstruktionsfrage BGH, NJW 2007, 759, 760.

cc) *Geltungsbereich des Kaufrechts*

Den Kernbereich des Kaufrechts machen seit jeher und auch gemäß der Beschreibung des Kaufvertrags in § 433 Abs. 1 S. 1 BGB Vereinbarungen aus, deren Ziel die Übertragung des Eigentums an einer beweglichen oder unbeweglichen Sache ist. Schon in Rom wurden jedoch auch Verträge über den Erwerb von Forderungen und Erbschaften, also einer Gesamtheit von Sachen und Rechten, abgeschlossen und mit Hilfe des Kaufrechts bewältigt. Heute dehnt § 453 Abs. 1 BGB dessen Anwendungsbereich noch weiter, nämlich auf sämtliche **Rechte** und **„sonstige" Gegenstände**, aus. Unter den Begriff des Rechts fallen außer Forderungen auch Mitgliedschaften an Gemeinschaften und Gesellschaften, ferner die ohnehin eigentumsähnlichen Immaterialgüter- und Anwartschaftsrechte. Zu den „sonstigen" Gegenständen gehören vor allem Unternehmen, die ein Inbegriff von Sachen und Rechten sowie der sich hieraus ergebenden und im *good will* verkörperten Erwerbschancen sind[42]. Das Objekt des Kaufvertrags geht in diesem Fall über die Gegenstände hinaus, die seine Basis bilden und beim sogenannten *share deal* in der Mehrheit der Gesellschaftsanteile[43], beim *asset deal* in der Gesamtheit der zu dem Unternehmen gehörenden Sachen und Rechte bestehen. Während diese nach dem klassischen Muster des Kaufvertrags durch Übereignung oder Abtretung erworben werden können, fehlt es beim Unternehmen selbst an einem vergleichbaren Übertragungsakt, so dass die Leistung des Verkäufers darin liegt, dem Käufer die materielle oder rechtliche Grundlage für die Erwerbschancen zu überlassen und sich fortan ihrer Nutzung zu enthalten. 23

Ganz **ohne Verfügungsakt** vollzieht sich die Durchführung von Verträgen über unkörperliche, aber körperähnliche Gegenstände wie Elektrizität und Fernwärme, deren Erwerb sich nicht anders als der von Wasser oder Gas nach Kaufrecht vollzieht,[44] ferner die Veräußerung von Immaterialgütern, die rechtsähnlich, aber wie etwa eine bloße Information oder eine Idee nicht zu einer Rechtsposition verfestigt sind. Auch sie können ihren Träger nach Kaufrecht wechseln,[45] wobei den Platz der Übereignung die Mitteilung der erforderlichen Daten durch den Veräußerer und, wenn dies zu ihrer Verwertung erforderlich ist, auch dessen zukünftige Abstinenz von ihrer Nutzung einnimmt. Entweder allein auf diese Weise oder in Kombination mit einer Sachübereignung oder Rechtsübertragung, vor allem in Form eines urheberrechtlichen Nutzungsrechts, geschieht auch der Erwerb von Software, die ebenfalls zum Gegenstand eines Kaufvertrags taugt.[46] Es wäre zwar mit der ambivalen- 24

---

[42] BGH, NJW 1988, 1668, 1669.

[43] Hierbei genügt, dass die Anteile dem Käufer die unternehmerische Leitung ermöglichen; vgl. *Thiessen*, Unternehmenskauf und Bürgerliches Gesetzbuch, Berlin 2005, S. 206 ff., PWW/*Schmidt* § 453 Rn. 28. Für eine nahezu ausschließliche Beteiligung des Käufers als Voraussetzung des Unternehmenskaufs dagegen zu Unrecht MünchKomm/*Westermann* § 453 BGB Rn. 24 und Bamberger/Roth/*Faust* § 453 Rn. 32.

[44] Vgl. die Begründung des Entwurfs für das Schuldrechtsmodernisierungsgesetz, BT-Drucks. 14/6040, S. 242.

[45] Vgl. die Begründung des Entwurfs für das Schuldrechtsmodernisierungsgesetz, BT-Drucks. 14/6040, S. 208, 242.

[46] BGH, NJW 1997, 2043, 2045.

ten Formulierung von § 453 Abs. 1 BGB durchaus vereinbar, aber dennoch überaus künstlich, nähme man Verträge über diese Objekte als lediglich „kaufähnliche“ Vereinbarungen vom Begriff des Kaufvertrags aus, um für diesen die Verkäuferpflicht zu Übereignung oder Abtretung als prägendes Merkmal zu retten. Wie die Entwicklung des Kaufrechts zeigt,[47] ist der Kaufvertrag älter als die heute gängige Vorstellung vom Eigentum als eines absoluten Rechts und seiner Übertragung; und auch nachdem sich diese herausgebildet hat, war die Eigentumsverschaffung zunächst keineswegs die vornehme Käuferpflicht. Stattdessen begnügte man sich über 1600 Jahre mit der Pflicht des Verkäufers, den Verbleib der Kaufsache beim Käufer sicherzustellen. Ist sie dem Konzept einer Übereignungs- oder Abtretungspflicht bei der Veräußerung von Sachen oder Rechten auch unterlegen, darf diese deshalb doch nicht als konstitutives Merkmal des Kaufs gelten. Bei nicht rechtlich übertragbaren Gegenständen kann sie daher ohne Weiteres durch die alte Pflicht zur Sicherstellung des Verbleibs beim Käufer ersetzt werden.

25 Gehört die Übereignung oder sonstige Rechtsübertragung nicht zwingend zum Pflichtenprogramm des Kaufvertrags, gibt es auch keinen Grund für die Ablehnung eines reinen „Besitzkaufs“, bei dem der Veräußerer dem Erwerber gegen Entgelt für immer den Besitz an einer Sache überlässt.[48] Ebenso wie schon in Rom[49] ist eine solche Vereinbarung auch heute nur bei ungeklärter Eigentumslage und zur Vermeidung eines hierüber ausgetragenen Rechtsstreits denkbar. Ergibt sich deshalb auch in der Praxis kaum Streit über sie, bietet die Beurteilung des Besitzkaufs doch eine Entscheidungshilfe für die Behandlung von **Werklieferungsverträgen** über bewegliche Sachen. Seit der Schuldrechtsreform unterliegen sie gemäß § 651 BGB durchgängig dem Kaufrecht, das nur im Fall unvertretbarer Sachen um einige zentrale Vorschriften des Werkvertragsrechts, ansonsten bloß um den Rechtsgedanken von § 645 BGB[50] ergänzt wird. Auslöser für diese Zuordnung, die die alte Anknüpfung nach der Herkunft der für die Werkerrichtung nötigen Materialien abgelöst hat, ist Art. 1 Abs. 4 der Verbrauchsgüterkaufrichtlinie. Er lässt als Kaufverträge auch Vereinbarungen über die Lieferung herzustellender oder zu erzeugender Verbrauchsgüter gelten.[51] Dementsprechend unterliegen die hierzu zählenden Verträge, wenn sie zwischen einem Unternehmer auf Auftragnehmer- und einem Verbraucher auf Auftraggeberseite abgeschlossen werden, auch den Bestimmungen über den Verbrauchsgüterkauf, so dass eine vertragliche Vereinbarung über die Geltung des Werkvertragsrechts nur in den von § 475 BGB gesetzten Grenzen Wirksamkeit erlangen kann. Da das BGB und die Verbrauchsgüterkaufrichtlinie im Gegensatz zum UN-Kaufrecht (Art. 3 Abs. 1) keinen Vorbehalt für Verträge machen, bei denen der

---

47 S. o. Rn. 10 ff.

48 Anders MünchKomm/*Westermann* § 453 BGB Rn. 8, Bamberger/Roth/*Faust* § 453 Rn. 2, Palandt/*Weidenkaff* § 453 Rn. 4 mit der, für sich genommen, zwar richtigen, aber unzureichenden Begründung, der Besitz sei kein Recht; er ist eben ein „sonstiger Gegenstand“.

49 D 18.1.34.4 Paul 33 ed.

50 S. u. Rn. 105.

51 Enger ist die entsprechende Bestimmung im Entwurf eines Gemeinsamen Referenzrahmens, die verlangt, dass sich der Produzent zur Übertragung des Eigentums an den herzustellenden oder zu erzeugenden beweglichen Sachen verpflichtet; vgl. Art. IV.A. – 1:102 DCFR.

Auftraggeber das Material oder zumindest einen wesentlichen Teil hiervon zu stellen hat, sind von § 651 BGB auch Verträge erfasst, bei denen das herzustellende Werk von vornherein im Eigentum des Auftraggebers steht, der nach herkömmlicher Deutung von § 950 Abs. 1 BGB Hersteller der aus seinem Stoff gewonnenen Sache und damit auch ihr Eigentümer ist[52]. Statt diese Beurteilung der dinglichen Rechtslage zu ändern und den Auftragnehmer als Hersteller anzusehen,[53] ist es einfacher und besser, das Kaufrecht in der für „sonstige Gegenstände" geltenden Form anzuwenden und den Auftragnehmer zur bloßen Lieferung der hergestellten oder erzeugten Sachen zu verpflichten,[54] zumal die Kaufvorschriften der Vereinbarung eines Pfandrechts nach dem Vorbild des Werkunternehmerpfandrechts gemäß § 647 BGB[55] nicht entgegenstehen, der Auftragnehmer zu seiner Sicherung also nicht notwendig eines Eigentumsvorbehalts bedarf.[56]

Ist die Eigentumsübertragung kein wesentliches Element des Kaufvertrags, **26**
kann es hierauf entgegen der vom BGH zum alten Recht geprägten Formel[57] auch nicht mehr bei der **Abgrenzung** der kaufrechtlich zu beurteilenden Werklieferungs- von den **reinen Werkverträgen** ankommen.[58] Über sie entscheidet nun allein, ob der Schwerpunkt des Vertrags auf der Lieferung einer beweglichen Sache oder ihrer Montage beim Auftraggeber liegt, wobei in erster Linie das Wertverhältnis zwischen diesen beiden Leistungen entscheidet[59]. Dies gilt nicht nur für die Abgrenzung beim Umgang mit beweglichen Sachen, sondern auch dann, wenn bewegliche Sachen mit einem Grundstück verbunden werden sollen, das aus dem Anwendungsbereich von § 651 BGB von vornherein ausscheidet. Statt der geplanten Dauer der Verbindung, die nur über die sachenrechtliche Zuordnung zu wesentlichen oder Scheinbestandteilen entscheidet,[60] gibt hier ebenfalls das Verhältnis von Lieferung und Montage den Ausschlag, so dass ein Fertighaus Gegenstand eines reinen Werkvertrags,[61] ein nur auf ein Fundament zu setzendes Mobilheim dagegen Objekt eines kaufähnlichen Werklieferungsvertrags ist[62]. Bei Baustoffen, für die § 651 BGB in vollem Umfang Geltung beansprucht,[63] muss das für die Schwerpunktbestimmung

---

52 BGHZ 14, 114, 117.

53 So *Hagen*, Der neue Warenlieferungsvertrag – ein unbequemer Kauf, JZ 2004, 713, 716 ff., *Röthel*, Herstellungsverträge und Eigentumsordnung – §§ 651, 950 BGB nach der Schuldrechtsreform, NJW 2005, 625, 627 ff.

54 Ebenso MünchKomm/*Füller* § 950 BGB Rn. 21 und wohl auch *Schuhmann*, Werkvertrag oder Kaufvertrag? – § 651 BGB im Lichte der Verbrauchsgüterkaufrichtlinie, ZGS 2005, 250, 255.

55 S. u. Rn. 120.

56 Dies glaubt aber *Röthel*, NJW 2005, 625, 627.

57 BGH, NJW 1998, 3197, 3198, NJW-RR 2004, 850, 1205 f.

58 Anders MünchKomm/*Busche* § 651 BGB Rn. 4, Palandt/*Sprau* § 651 Rn. 2.

59 Insoweit richtig BGH, NJW-RR 2004, 850.

60 MünchKomm/*Busche* § 651 BGB Rn. 9, Palandt/*Sprau* § 651 Rn. 2.

61 BGH, NJW 2006, 904, 905, 2115.

62 BGH, NJW-RR 2004, 1205 f.

63 BGH, NJW 2009, 2877, 2878 f. Anders zu Unrecht etwa MünchKomm/*Busche* § 651 BGB Rn. 10, der Bauelemente generell vom Begriff der beweglichen Sachen ausnehmen will, weil damit nur Waren zum Verbrauch gemeint seien (ähnlich PWW/*Leupertz* § 651 Rn. 9).

wesentliche Wertverhältnis in Bezug auf die Gesamtheit der Baumaterialien und nicht mit Blick auf das einzelne Bauelement ermittelt werden. Kommt man auf diese Weise zu dem Ergebnis, dass wegen Übergewichts der Montageleistung ein reiner Werkvertrag vorliegt, verstößt dies nicht gegen die Vorgaben der Verbrauchsgüterkaufrichtlinie, die zwar einen gemeinschaftsweiten Mindeststandard für den Verbraucherschutz herbeiführen soll, dies jedoch begrenzt auf Verträge über die „Lieferung" beweglicher Sachen, die den eigentlichen Kaufverträgen wegen ihrer Ähnlichkeit auch im UN-Kaufrecht gleichgestellt sind. Ebenso wie dieses ausdrücklich solche Verträge ausnimmt, bei denen der überwiegende Teil der Leistungen einer Partei in Dienstleistungen besteht (Art. 3 Abs. 2 CISG), fallen diese auch nicht unter die Verbrauchsgüterkaufrichtlinie; und wegen der Einheitlichkeit des hergestellten Werks kommt hier ausnahmsweise auch keine parallele Anwendung von halbzwingendem Kaufrecht und dispositiven Werkvertragsrecht nach der Kombinationsmethode[64] in Betracht. Dasselbe gilt für Verträge, bei denen die Leistung des Auftragnehmers primär geistig ist und erst in zweiter Linie in der Lieferung ihres körperlichen Trägers besteht.[65]

c) Besondere Arten des Vertragsschlusses

aa) Kauf auf Probe

27 Von den drei im BGB geregelten besonderen Erscheinungsformen des Kaufs, die sich von einem gewöhnlichen Kaufvertrag durch die Art und Weise ihres Zustandekommens unterscheiden, bereitet der Kauf auf Probe die geringsten Regelungsprobleme. § 454 Abs. 1 BGB definiert ihn als Kauf unter Vorbehalt der Billigung des Kaufgegenstands durch den Käufer und bestimmt zugleich, dass er im Zweifel ein aufschiebend bedingter Kaufvertrag, also nicht unter einer auflösenden Bedingung oder Vereinbarung einer Rücktrittsbefugnis des Käufers geschlossen ist. Um dem Verkäufer keinen zu langen Schwebezustand zuzumuten, gestattet ihm § 455 S. 1 BGB, dem Käufer, wenn für die Billigung kein Zeitraum vereinbart worden ist, eine angemessene Frist zu setzen, in der sie erklärt werden muss. Der Kauf auf Probe geht nicht zwangsläufig mit einer Übergabe der Kaufsache an den Käufer einher, sondern verpflichtet den Verkäufer nach § 454 Abs. 2 BGB nur dazu, dem Käufer die Untersuchung der Kaufsache zu gestatten. Ist ihm aber, wie häufig, die Kaufsache übergeben worden, kommt seinem Schweigen bis zum Ablauf der vereinbarten oder vom Verkäufer gesetzten Frist entgegen den allgemeinen Regeln der Rechtsgeschäftslehre gemäß § 455 S. 2 BGB die Bedeutung einer positiven Erklärung seiner Billigung zu. Eine Anfechtung wegen Erklärungs- oder Inhaltsirrtums nach § 119 Abs. 1 BGB kommt nicht in Betracht.[66] Mit ihr würde nämlich der Sinn der gesetzlich angeordneten Fiktion untergraben, die auf der Erwägung beruht, dass dem Käufer durch den Besitz der Kaufsache hinreichend vor Augen geführt wird,

---

[64] Hierzu *Harke*, Allgemeines Schuldrecht, Rn. 51.

[65] Vgl. *Metzger*, Der neue § 651 BGB, AcP 204 (2004) 231, 247 ff.

[66] MünchKomm/*Westermann* § 455 Rn. 3, Bamberger/Roth/*Faust* § 455 Rn. 4; anders Soergel/*Wertenbruch* § 455 Rn. 6, der nur die Berufung auf den Rechtsirrtum über die Bedeutung des Schweigens für ausgeschlossen hält.

dass er den Verkäufer nicht unbegrenzt im Unklaren über die Vertragsgeltung lassen kann.

bb) Wiederkauf und -verkauf, Vorkauf

Ein bedingter Kaufvertrag liegt auch bei einer **Wiederkaufs- oder -verkaufsabrede** vor.[67] Sie gibt dem Käufer oder Verkäufer das Gestaltungsrecht, einseitig einen schon bedingt abgeschlossenen Vertrag in Kraft zu setzen, mit dem ein vorangehender Kaufvertrag rückgängig gemacht wird: Bei Vereinbarung eines Wiederkaufs ist der Verkäufer befugt, den Kaufgegenstand zurückzuerwerben, bei einer Wiederverkaufsabrede der Käufer, seine Rücknahme durch den Verkäufer zu erzwingen. Im BGB geregelt ist nur der Wiederkauf. Die ihm geltenden Bestimmungen sind nur teilweise auch auf den Wiederverkauf anzuwenden, der in der Praxis häufiger, und zwar vor allem in Gestalt eines Rückgaberechts für den Händler gegenüber seinem Lieferanten, vorkommt. Gleichermaßen für Wiederkauf und -verkauf gilt die Bestimmung des § 456 BGB, der in seinem Abs. 1 die Vertragsentstehung durch einseitigen Gestaltungsakt[68] innerhalb der vereinbarten, ansonsten der von § 462 BGB vorgesehenen Ausschlussfristen von 30 Jahren bei Grundstücken sowie drei Jahren bei beweglichen Sachen festlegt.[69] Hier wie dort anwendbar ist auch § 456 Abs. 1 BGB, der die Formfreiheit der Gestaltungserklärung festlegt und auf der Erwägung beruht, dass schon die Wiederkaufs- oder -verkaufsabrede in der Form getroffen werden muss, die für einen unbedingten Vertrag mit entsprechendem Inhalt vorgeschriebenen ist.[70] Da das Ziel von Wiederkauf oder -verkauf darin liegt, den ursprünglichen Kaufvertrag rückgängig zu machen, sieht § 456 Abs. 2 BGB schließlich vor, dass der Preis des Wiedererwerbs im Zweifel gleich dem des ursprünglichen Kaufvertrags ist. Hiermit korrespondieren §§ 457 Abs. 2 S. 1 und 458 BGB, die dem Wiederverkäufer die Haftung für eine verschuldete Verschlechterung, die Wesensveränderung oder Belastung des Kaufgegenstands zuweisen und damit gewährleisten, dass dessen Beschaffenheit grundsätzlich so, wie beim ursprünglichen Kaufvertrag vereinbart, sein soll. Während sich dieser Rechtsgedanke wiederum ohne Weiteres auch auf den Wiederverkauf erstrecken lässt,[71] enthält § 457 Abs. 2 S. 2 BGB eine nur auf den Wiederkauf passende Privilegierung des Wiederverkäufers:[72] Da dieser durch den zum Vorteil seines Vertragspartners gemachten Vorbehalt einer erheblichen Unsicherheit über den Verbleib der Kaufsache in seinen Händen ausgesetzt ist, wirken sich weder eine 28

[67] BGH, NJW 2000, 1332.

[68] Vorgaben für den Fall, dass mehrere zum Wiederkauf oder -verkauf berechtigt sind, macht § 461 BGB.

[69] Dies erzwingt die Abgrenzung von den Vereinbarungen, durch die lediglich ein Anspruch auf Abschluss eines gegenläufigen Kaufvertrags begründet wird; vgl. zum Fall eines Rückkaufs BGH, NJW 1999, 941.

[70] BGH, NJW 2000, 1332 f.

[71] Ebenso für § 458 BGB Soergel/*Wertenbruch* § 458 Rn. 8 gegen § 458 BGB MünchKomm/*Westermann* § 458 BGB Rn. 3. Anders für § 457 BGB dagegen BGH, NJW 1999, 941, 942.

[72] Insoweit richtig BGH, NJW 1999, 941, 942. Vgl. auch *Stoppel*, Das System des Wiederverkaufsrechts, JZ 2007, 218, 227 ff.

unverschuldete Verschlechterung der Kaufsache noch ihre unwesentliche Veränderung zu seinen Lasten aus, so dass der Wiederkäufer sie hinnehmen muss und deshalb noch nicht einmal den Kaufpreis mindern kann, der sich nach dem ursprünglichen Kaufvertrag ja auf eine in jeder Hinsicht unbeeinträchtigte Kaufsache bezog. Anders verhält es sich mit Veränderungen der Kaufsache nach Ausübung des Wiederkaufsrechts, für die der Wiederverkäufer auch beim Wiederkauf nach allgemeinen Regeln einzustehen hat. Um eine Bereicherung des Wiederkäufers zu vermeiden, ordnet § 459 BGB an, dass er Ersatz für Verwendungen zu leisten hat, soweit der Wert des Kaufgegenstands dadurch erhöht ist, und dass der Wiederverkäufer eine Einrichtung, mit der er die Sache versehen hat, wegnehmen darf. Ob dies auch für den Wiederverkauf gilt, ist eine Frage der Vertragsauslegung im Einzelfall: Allgemein lässt sich nicht unterstellen, dass der Wiederkäufer seinem Vertragspartner durch Abschluss der Wiederverkaufsvereinbarung das Recht zum Verwendungsersatz einräumen wollte. Dagegen kann man § 460 BGB, der für den Wiederkauf zum Schätzwert eine Haftung des Wiederverkäufers ebenso ausschließt wie dessen Verwendungsersatzpflicht, durchaus auch auf den Wiederverkauf anwenden. Ist der ursprüngliche Kaufvertrag noch nicht vollständig abgewickelt, bevor es zur Ausübung von Wiederkaufs- oder -verkaufsrecht kommt, begründet dieses lediglich einen Einwand gegen die Verpflichtung aus dem ursprünglichen Vertrag, der keineswegs aufgehoben ist und wieder durchgeführt werden muss, wenn der Wiederkauf oder -verkauf, etwa durch Ausübung eines hierauf bezogenen Rücktrittsrechts, beseitigt worden ist.[73]

29 Von erheblicher praktischer Bedeutung vor allem im Grundstücksverkehr ist das **Vorkaufsrecht**, das gemäß §§ 463 f. BGB ebenfalls zur Vertragsbindung durch formfreien Gestaltungsakt führt. Dieser setzt zu seiner Wirksamkeit jedoch voraus, dass der Vorkaufsverpflichtete mit einem Dritten einen Kaufvertrag abgeschlossen hat, den der Vorkaufsberechtigte übernehmen kann und muss.[74] Auf diese Weise sichern sich insbesondere Mieter, Nachbarn und Erben gegen einen Wechsel in der Person eines Grundstückseigentümers.[75] Anders als beim dinglichen Vorkaufsrecht, das nach seiner Eintragung im Grundbuch gemäß § 1098 Abs. 2 BGB Drittwirkung wie eine Vormerkung entfaltet, richtet sich das bloß schuldrechtliche Vorkaufsrecht nur gegen den Verkäufer und berührt weder dessen Möglichkeit zur Eigentumsübertragung noch den Vertrag zwischen ihm und dem Dritten.[76] Hat der Verkäufer

---

[73] BGH, NJW 2000, 1332, 1333.

[74] Die Deutung des so zustande gekommenen Vertrags als eines doppelt bedingten Kaufvertrags schließt nicht aus, dass das Vorkaufs- als Gestaltungsrecht zu verstehen ist; vgl. MünchKomm/*Westermann* § 463 BGB Rn. 7, Staudinger/*Mader* (2004) vor § 463 Rn. 30 und *Schurig*, Das Vorkaufsrecht im Privatrecht, Berlin 1975, S. 66 ff., der sich allerdings gegen die Annahme eines bedingten Vertragsschlusses und für die Annahme eines einseitigen, bedingten Vertragsangebots des Verkäufers ausspricht. Für die Konstruktion als bedingter Kauf ist dagegen auch Soergel/*Wertenbruch* § 463 Rn. 13.

[75] Ein gesetzliches Vorkaufsrecht sehen § 577 BGB für Mieter bei der Begründung von Wohnungseigentum (s. u. Rn. 344) und § 2034 BGB für die Mitglieder einer Erbengemeinschaft beim Verkauf eines Erbteils vor.

[76] Beim Erbteilskauf kann das Vorkaufsrecht gemäß § 2035 BGB dagegen auch nach der Rechtsübertragung gegenüber dem Käufer ausgeübt werden.

es unterlassen, seine Verpflichtung gegenüber dem Dritten von der Nichtausübung des Vorkaufsrechts abhängig zu machen, sieht er sich bei dessen Ausübung zwei Ansprüchen gleichen Inhalts ausgesetzt, von denen er nur einen erfüllen kann und der andere dann zwangsläufig zum Auslöser seiner Haftung wird. Für die Ausübung des Vorkaufsrechts,[77] das nach § 473 BGB im Zweifel unübertragbar und nur, wenn es auf bestimmte Zeit eingeräumt wird, vererblich ist, räumt § 469 Abs. 2 BGB dem Vorkaufsberechtigten bei Grundstücken eine Frist von zwei Monaten, im Übrigen einen Zeitraum von einer Woche ein. Er beginnt mit der Mitteilung über den Drittverkauf, zu der gemäß Abs. 1 der Vorschrift nur der Verkäufer verpflichtet, der Drittkäufer aber ebenfalls berechtigt ist. Durch die nachträgliche Aufhebung des Drittvertrags wird der einmal eingetretene Vorkaufsfall nicht beseitigt.[78]

Dem Versuch einer **Umgehung** des Vorkaufsrechts durch geschickte Vertrags- 30
gestaltung mit dem Dritten wehren § 465 BGB, der Auflösungs- und Rücktrittsvorbehalte für den Fall der Ausübung des Vorkaufsrechts gegenüber dessen Inhaber für relativ unwirksam erklärt, sowie eine materielle Betrachtungsweise.[79] Sie sorgt dafür, dass sich das Vorkaufsrecht auf alle Verträge einschließlich der Erbverträge[80] erstreckt,[81] die funktionell einem Kaufvertrag gleichkommen und die der Vorkaufsberechtigte übernehmen kann,[82] ohne dass die Durchführung des Vertrags beeinträchtigt wäre.[83] Für Nebenleistungen, die der Vorkaufsberechtigte nicht selbst bewirken kann, sieht § 466 BGB vor, dass er sie durch eine Geldleistung ersetzen kann oder gar nicht erst zu ihr verpflichtet ist, falls ihm ihre Erfüllung nicht möglich ist, der Vertrag mit dem Dritten aber auch ohne sie geschlossen worden wäre.[84] Erstreckt sich der Vertrag mit dem Dritten auch auf andere Kaufsachen, sind diese nach § 467 BGB, sofern sie nicht ohne Nachteil für den Verkäufer gesondert werden können, auf dessen Verlangen als mitverkauft anzusehen und andernfalls in der Weise zu berücksichtigen, dass der Vorkaufsberechtigte von dem mit dem Dritten vereinbarten Gesamtpreis nur den Anteil entrichten muss, der auf den Gegenstand des Vorkaufsrechts entfällt. Im Übrigen gilt, dass der Vorkaufsberechtigte nur an die Bestimmungen des eigentlichen Kaufvertrags, nicht auch an Vereinbarungen zwischen Verkäufer und Drittem gebunden ist, die außerhalb des Austauschverhältnisses stehen.[85] Dieses erstreckt sich freilich auch auf eine schon verdiente Makler-

---

77 Für den Fall, dass es mehrere Vorkaufsberechtigte gibt, gilt hierbei § 472 BGB.

78 BGH, NJW 2010, 3774, 3775.

79 BGH, NJW 1992, 236, 237; 1998, 2136, 2137.

80 BGH, NJW 1998, 2136, 2137.

81 Für den Verkauf an gesetzliche Erben zur Vorwegnahme ihres künftigen Erbrechts sieht § 470 BGB allerdings eine Ausnahme vor.

82 Ausgenommen sind nach § 471 BGB jedoch alle Verkäufe im Rahmen der Zwangsvollstreckung oder eines Insolvenzverfahrens.

83 BGH, NJW 1992, 236, 237. Enger will das Vorkaufsrecht *Schermaier*, Die Umgehung des Vorkaufsrechts durch „kaufähnliche Verträge", AcP 196 (1996) 256, 266 ff. handhaben, indem er auf Seiten des Vorkaufsverpflichteten ein subjektives Element zur Feststellung eines Umgehungstatbestands fordert.

84 Dagegen kann er sich auf eine mit dem Drittkäufer vereinbarte Stundung des Kaufpreises gemäß § 468 BGB nur berufen, wenn er dem Verkäufer Sicherheit leistet.

85 BGH, NJW 1980, 2304, 2305.

provision, die dem Drittkäufer im Rahmen einer sogenannten Maklerklausel auferlegt wird.[86]

cc) Teilzeit-Wohnrechteverträge

31 Nicht an die Modalität der Vertragsbindung, sondern an den Gegenstand des Kaufvertrags knüpfen die besonderen Vorschriften über den Abschluss von Teilzeit-Wohnrechteverträgen an, die das BGB in Umsetzung der einschlägigen Richtlinie (1994/47/EG) enthält.[87] Nach der Definition des § 481 BGB sind Teilzeit-Wohnrechteverträge Vereinbarungen zwischen einem Unternehmer und einem Verbraucher über die zu einem Gesamtpreis erfolgende, also nicht nach Zeitabschnitten vergütete,[88] Verschaffung eines Rechts zur Nutzung eines bestimmten Wohngebäudes oder eines Teils hiervon oder des Rechts zur Nutzung eines Wohngebäudes oder Teils aus einem Bestand von Gebäuden für einen gewissen oder noch zu bestimmenden Zeitraum innerhalb eines Jahres, wenn der Vertrag eine Laufzeit von mindestens drei Jahren hat. Dem Kaufrecht unterfällt ein solcher Vertrag, wenn das Wohnrecht dinglicher oder vereinsrechtlicher Natur ist, insbesondere wenn es sich durch den Erwerb von Miteigentum oder der Mitgliedschaft in einem Verband vollzieht, dem das Wohngebäude gehört.[89] Ist das Wohnrecht schuldrechtlicher Art, kommen zwar die Vorschriften der §§ 481 ff. BGB zum Zuge; ansonsten gilt aber nicht Kauf-, sondern Mietrecht.[90]

32 Nach § 482 BGB unterliegt der Unternehmer, der den Abschluss eines Teilzeit-Wohnrechtevertrags anbietet, der vorvertraglichen Pflicht zur Erstellung und Übergabe eines **Prospekts** mit bestimmten, durch Rechtsverordnung vorgegebenen Angaben, der gemäß § 483 Abs. 1 BGB in einer der Herkunft des Verbrauchers angepassten Sprache verfasst sein muss.[91] Dasselbe gilt für den Vertrag selbst, der nach § 484 BGB zudem der **Schriftform** bedarf, sofern nicht eine strengere Form, insbesondere die der notariellen Beurkundung gemäß § 311b Abs. 1 BGB, vorgeschrieben ist.[92] Die Angaben, die der Unternehmer in dem Prospekt gemacht hat, werden mangels abweichender Vereinbarung automatisch Gegenstand des Vertrags. Nach § 485 BGB steht dem Verbraucher ein Widerrufsrecht zu. Die hierfür gemäß § 355 Abs. 2 BGB geltende Frist von zwei Wochen wird auf einen Monat verlängert, wenn der Prospekt nicht übergeben oder nicht in der richtigen Sprache abgefasst war. Sie beginnt zudem nicht eher zu laufen, als der Verbraucher sämtliche der in

---

86 BGH, NJW 1996, 654, 655, NJW-RR 2007, 563, 564.

87 Sie ist inhaltlich modifiziert und in ihrem Anwendungsbereich erweitert durch die bis Februar 2011 umzusetzende Richtlinie 2008/122/EG.

88 Wohl aber in Raten; vgl. MünchKomm/*Franzen* § 481 BGB Rn. 33.

89 Für das Miteigentum ebenso MünchKomm/*Franzen* § 481 BGB Rn. 10; einen gemischten Vertrag nimmt dagegen Staudinger/*Martinek* (2004) vor § 481 Rn. 15, § 481 Rn. 2 an.

90 Für die Annahme eines gemischten Vertrags plädieren dagegen MünchKomm/*Franzen* § 481 BGB Rn. 5 und Staudinger/*Martinek* (2004) vor § 481 Rn. 10, 12.

91 Hieran kann eine Haftung wegen vorvertraglichen Fehlverhaltens nach §§ 241 Abs. 2, 280 Abs. 1, 311 Abs. 1 BGB anknüpfen; vgl. MünchKomm/*Franzen* § 481 BGB Rn. 15 und Staudinger/*Martinek* (2004) vor § 482 Rn. 4, § 485 Rn. 33.

92 Dass der explizite Ausschluss der elektronischen Form gemeinschaftsrechtswidrig ist, glaubt MünchKomm/*Franzen* § 484 BGB Rn. 6.

dem Prospekt zu machenden Angaben mindestens nachträglich im Wege einer schriftlichen Mitteilung erhalten hat. Entgegen der Regel von §§ 357 Abs. 1 S. 1, 346 Abs. 2 Nr. 1 BGB[93] ist der Verbraucher im Fall des Widerrufs eines Teilzeit-Wohnrechtevertrags nicht zum Wertersatz für geleistete Dienste oder die Nutzung der schon überlassenen Wohneinheit verpflichtet. Außerdem hat der Unternehmer dem Verbraucher die Kosten einer notariellen Beurkundung zu erstatten, falls diese erforderlich war. Obwohl der Vertrag vor dem Widerruf des Verbrauchers eigentlich schon wirksam und Grundlage für die durch ihn begründeten Pflichten der Parteien ist, besteht nach § 486 BGB ein Verbot für die Forderung und den Empfang von Zahlungen des Verbrauchers vor Ablauf der Widerrufsfrist. Sind diese gleichwohl vereinbart, berührt dies die Wirksamkeit des Vertrags aber nicht.[94] Die Bestimmungen der §§ 481 ff. BGB können gemäß § 487 BGB nicht zum Nachteil des Verbrauchers abbedungen werden und sind mit einem Umgehungsverbot bewehrt.

2. Die Verpflichtungen zu Lieferung und Abnahme

a) Verschaffung und Entgegennahme des Kaufgegenstands

Die Verpflichtung des Verkäufers zur dauerhaften Überlassung des Kaufgegen- **33**
stands, deren konkrete Gestalt vom Vertragsobjekt abhängt,[95] konkretisiert § 433 Abs. 1 S. 1 BGB für den Sachkauf in der Weise, dass der Verkäufer Übergabe und Übereignung der Kaufsache schuldet. Beim Rechtskauf ist der Verkäufer eigentlich nur zur Abtretung des verkauften Rechts, daneben allerdings zumindest aufgrund von § 402 BGB auch zur Auslieferung der Urkunden verpflichtet, mit denen sich die Existenz des Rechts nachweisen lässt. Nach der Regel des § 269 BGB ist die Lieferpflicht im Zweifel keine Bring-, sondern eine Hol- und allenfalls Schickschuld, die am Verkäufersitz zu erfüllen ist und bei der es durch Bereitstellung oder Absendung einer vom Verkäufer ausgesuchten Kaufsache schon zur Konkretisierung einer Gattungsschuld gemäß § 243 Abs. 2 BGB kommt.[96] Erfüllt ist die Verpflichtung zur **Übergabe** mangels abweichender Vereinbarung freilich erst durch Verschaffung des Besitzes[97] an der Kaufsache, die Verpflichtung zur **Übereignung** erst mit dem Eigentumserwerb des Käufers.[98] Zwar soll ein Grundstücksverkäufer nach einer vom BGH geprägten Formel nur die Handlungen schulden, die für die Umschreibung des Eigentums erforderlich sind, und nicht deren Erfolg.[99] Gemeint

[93] Hierzu *Harke*, Allgemeines Schuldrecht, Rn. 90, 118 f.

[94] BGH, NJW-RR 2005, 780, 781.

[95] S. o. Rn. 24.

[96] BGH, NJW 2003, 3341 f.

[97] Er muss regelmäßig unmittelbar sein; vgl. *Grunewald*, Kaufrecht, Rn. 6.1, *Medicus/Lorenz*, Schuldrecht BT, Rn. 26, *Oetker/Maultzsch*, Vertragliche Schuldverhältnisse, Rn. 2.39, MünchKomm/*Westermann* § 433 BGB Rn. 52, Staudinger/*Beckmann* (2004) § 433 Rn. 69, Bamberger/Roth/*Faust* § 433 Rn. 58.

[98] Dieser muss freilich nicht unmittelbar vom Verkäufer bewirkt werden (vgl. *Grunewald*, Kaufrecht, Rn. 6.5) und kann auch kraft Gesetzes, etwa durch Verbindung nach §§ 946 f. BGB eintreten (vgl. *Oetker/Maultzsch*, Vertragliche Schuldverhältnisse, Rn. 2.38).

[99] BGH, NJW 2007, 3777, 3779.

ist damit jedoch lediglich, dass die bloße Nichterfüllung der Eigentumsverschaffungspflicht noch nicht zwangsläufig eine Pflichtverletzung des Verkäufers bedeutet, der nur haftet, wenn ihm das Ausbleiben des Leistungserfolgs oder gemäß §§ 283 oder 311a BGB ein Leistungshindernis zur Last fällt. Dass der Verkäufer dem Käufer zur Herbeiführung des Eigentumswechsels selbst verpflichtet ist, gilt für den Grundstückskauf nicht weniger als für andere Sachkaufverträge. Der Käufer eines Grundstücks muss allerdings gemäß § 448 Abs. 2 BGB für die Kosten der Beurkundung von Kaufvertrag und Auflassung sowie der Eintragung in das Grundbuch aufkommen, während den Käufer einer beweglichen Sache nach Abs. 1 derselben Vorschrift nur die Kosten ihrer Versendung an einen anderen als den Erfüllungsort treffen; die Kosten der einfachen Übergabe trägt der Verkäufer. Für die Nichterfüllung einer Lieferpflicht aus einem Fixhandelskauf sieht § 376 Abs. 1 HGB vor, dass der Käufer schon bei Verzug des Verkäufers und damit ohne Fristsetzung zu Rücktritt oder Schadensersatz statt der Leistung verpflichtet ist, während der Lieferanspruch nur bei einer sofortigen Anzeige gegenüber dem Verkäufer fortbesteht.[100]

34 Gleich in mehrfacher Hinsicht schwierig ist die **Abgrenzung** der Lieferpflicht von der Verpflichtung zur mangelfreien Leistung: Überträgt der Verkäufer dem Käufer nicht das Eigentum an der Kaufsache, kann dies einerseits eine Verletzung seiner Übereignungspflicht, andererseits ein Verstoß gegen die aus § 433 Abs. 1 S. 2 BGB resultierende Pflicht sein, dem Käufer die Sache frei von **Rechtsmängeln** zu verschaffen. Ein Unterschied besteht vor allem bei der Verjährung, die für die Übereignungspflicht nach allgemeinen Regeln, beim Verkauf einer beweglichen Sache gemäß § 195 BGB also nach drei, beim Verkauf eines Grundstücks gemäß § 196 BGB nach zehn Jahren eintritt. Die Pflicht zur Nacherfüllung beim Rechtsmangel verjährt § 438 Abs. 1 Nr. 1 BGB zufolge dagegen erst nach 30 Jahren, wenn gemäß § 197 Abs. 1 Nr. 1 BGB auch Herausgabeansprüche aus dinglichen Rechten undurchsetzbar werden. Da es keine Rolle spielen kann, ob der Rechtsmangel in einem beschränkten dinglichen Recht eines Dritten oder in dessen Eigentum besteht, müssen die Bestimmungen über die Rechtsmängelhaftung grundsätzlich auch dann gelten, wenn der Verkäufer dem Käufer kein Eigentum an der Kaufsache verschafft hat.[101] Gleichwohl hat der BGH Recht, wenn er in dem Fall, dass der Vollzug eines Grundstückskaufvertrags steckenbleibt, keinen Rechtsmangel, sondern eine Nichterfüllung der Übereignungspflicht annimmt.[102] Die Anpassung der Verjährungsfrist

---

[100] Für eine teleologische Reduktion dieser Vorschrift auf den Fall eines beiderseitigen Handelsgeschäfts tritt *Herresthal*, Der Anwendungsbereich der Regeln über den Fixhandelskauf, ZIP 2006, 883, 889 f. ein. Für eine Beschränkung des Anwendungsbereichs der Vorschrift kraft Vertragsauslegung *Canaris*, Schuldrechtsmodernisierung, Handelskauf und Kommission, in: Dauner-Lieb u. a. (Hg.), Festschrift für Konzen, Tübingen 2006, S. 43, 47 ff. der den Schwerpunkt der Bestimmung durch die Schuldrechtsreform auf den Vorbehalt des Erfüllungsanspruchs verlagert und sie deshalb zur schuldnerschützenden Regelung mutiert sieht.

[101] Für eine analoge Anwendung von § 438 BGB auf die Pflicht zur Eigentumsverschaffung daher *Looschelders*, Schuldrecht BT, Rn. 79, *Medicus/Lorenz*, Schuldrecht BT, Rn. 117 und Bamberger/Roth/*Faust* § 435 Rn. 15.

[102] BGH, NJW 2007, 3777, 3779.

für die Rechtsmängelhaftung an die des dinglichen Herausgabeanspruchs soll dem Käufer das Risiko abnehmen, dass er nach Erhalt der Kaufsache, als deren Eigentümer er sich wähnt, unerwartet mit dem Herausgabeverlangen eines Dritten konfrontiert wird. Diese Gefahr besteht nicht, wenn der Ausfall der Eigentumsverschaffung offen zutage liegt, weil der Verkäufer sie schon äußerlich nicht bewirkt hat oder nicht bewirken kann, bei beweglichen Sachen also schon die Übergabe, bei Grundstücken bereits die Eintragung des Käufers in das Grundbuch ausbleibt. Hier ist die Nichterfüllung der Übereignungspflicht evident, so dass es für den Käufer hinnehmbar ist, dass sie nur binnen kürzerer Zeit nach allgemeinen Regeln sanktioniert werden kann.

Das für die Unterscheidung zwischen Übereignungspflicht und Rechtsmängel- **35**
haftung maßgebliche Kriterium, ob die Nichterfüllung offen oder verdeckt erfolgt, bewährt sich auch bei der **Abgrenzung** der Lieferpflicht von der **Sachmängelhaftung**. Sie wird dadurch erschwert, dass § 434 Abs. 3 BGB einem Sachmangel die Lieferung einer anderen als der geschuldeten Sache sowie die Lieferung einer zu geringen Menge gleichstellt. Diese Bestimmung gilt nicht für den Gattungs-, sondern auch für den Stückkauf,[103] obwohl hier kaum Probleme in der Abgrenzung zwischen Falsch- oder Minderlieferung zur fehlerhaften Leistung vorkommen.[104] Ist diese Unterscheidung, die beim Gattungskauf vor der Schuldrechtsreform im Einzelfall erhebliche Schwierigkeiten bereitete, entbehrlich geworden, bedeutet dies freilich noch nicht, dass jegliche Form der Falsch- oder Minderlieferung als Sachmangel zu behandeln ist:[105] Liefert der Verkäufer eine Sache, die für den Käufer offensichtlich nicht die Kaufsache ist oder einer anderen Gattung angehört, liegt das Angebot zu einer Leistung an Erfüllungs Statt gemäß § 364 Abs. 1 BGB vor. Dieses bleibt, wenn es vom Käufer nicht angenommen wird, ohne Wirkung auf die Lieferpflicht des Verkäufers[106] und berechtigt diesen zur Kondiktion des gelieferten Ge-

---

[103] *Grunewald*, Kaufrecht, Rn. 7.34, *Looschelders*, Schuldrecht BT, Rn. 71, *Medicus/Lorenz*, Schuldrecht BT, Rn. 96, *Tiedtke/Schmitt*, Die Falschlieferung durch den Verkäufer, JZ 2004, 1092 ff., Staudinger/*Matusche-Beckmann* (2004) § 434 Rn. 115, Bamberger/Roth/*Faust* § 434 Rn. 107. Für eine Ausnahme des sogenannten Identitäts-*aliud* dagegen *Canaris*, Die Neuregelung des Leistungsstörungs- und des Kaufrechts – Grundstrukturen und Problemschwerpunkte, in: Lorenz (Hg.) Karlsruher Forum 2002, Karlsruhe 2003, S. 5, 68 ff. *Thier*, *Aliud*- und *Minus*-Lieferungen im neuen Kaufrecht, AcP 203 (2003) 399, 403 ff.

[104] Und sie führt auch hier zur Verdrängung des Bereicherungsrechts, das nicht neben dem vertraglichen Mängelregime eingreift; vgl. *Wiese*, Der Rückgewähranspruch des Verkäufers bei *aliud*- und sonstigen mangelhaften Leistungen, AcP 206 (2006) 902, 936 ff. Anders *Oetker/Maultzsch*, Vertragliche Schuldverhältnisse, Rn. 2.165 ff., die aber den Bereicherungsanspruch für subsidiär halten, wenn dem Käufer ein Recht zur Minderung oder zur Nachbesserung zusteht.

[105] Allerdings auch die Lieferung einer höherwertigen Sache, die, wenn sie der Käufer als Erfüllungsleistung annimmt, nur dann zurückverlangt werden kann, wenn der Verkäufer die auf sie gerichtete Tilgungsbestimmung anficht; vgl. *Tiedtke/Schmitt*, JZ 2004, 1092, 1097 f., Bamberger/Roth/*Faust* § 437 Rn. 206.

[106] Daher besteht die Gefahr einer „Flucht des Verkäufers in die Nacherfüllung", der *Oechsler*, Praktische Anwendungsprobleme des Nacherfüllungsanspruchs, NJW 2004, 1825, 1827 ff. mit dem Einwand des Rechtsmissbrauchs wehren will, praktisch nicht.

genstands.[107] Liefert der Verkäufer einzelne von mehreren ungleichartigen Kaufsachen nicht oder offen eine zu geringe Menge gleichartiger Kaufsachen, stellt dies eine Teilleistung nach § 266 BGB dar,[108] die, wenn sie vom Käufer angenommen wird, bloß zu einer Reduktion seines ursprünglichen Lieferanspruchs führt.[109] Die ansonsten eingreifende Gleichstellung mit der Sachmängelhaftung beschränkt sich nicht auf das eigentliche Kaufrecht, sondern auch auf die hierin in Bezug genommenen Bestimmungen über Rücktritt und Schadensersatz statt der Leistung in §§ 281, 283, 323 und 326 BGB, so dass die Lieferung einer zu geringen Menge auch hier als Schlecht- und nicht etwa als Teilleistung anzusehen ist.[110]

36 Der Lieferpflicht des Verkäufers korrespondiert die Verpflichtung des Käufers zur **Annahme der Kaufsache**. Sie ist weder einfache Obliegenheit noch eine durch bloßen Abwehranspruch sanktionierte Rücksichtspflicht, sondern gemäß § 433 Abs. 2 BGB regelrechte Leistungspflicht,[111] also durch Erfüllungsanspruch zu verfolgen und Grundlage für einen mit seinem Annahmeverzug einhergehenden Schuldnerverzug des Käufers. Unter den Voraussetzungen der §§ 281, 323 BGB begründet sie auch ein Recht des Verkäufers zum Schadensersatz statt der Leistung oder zum Rücktritt vom Kaufvertrag. Für die Hinterlegung oder Versteigerung der Kaufsache, die sich grundsätzlich nach §§ 372 ff. BGB richtet, enthält § 373 HGB besondere Bestimmungen für den Handelskauf. Soll sich der Käufer nach Vertragsschluss noch über Umfang und Gestalt der Kaufsache äußern, trifft ihn außer der Abnahmepflicht noch eine ihr vorgelagerte Abrufpflicht. Dass auch sie eine Leistungspflicht des Käufers ist,[112] schreibt § 375 Abs. 1 HGB für den Handelskauf vor, gilt aber auch für andere Kaufverträge, für die sich ein Erst-recht-Schluss aus § 433 Abs. 2 BGB ziehen lässt: Schuldet der Käufer schon die Abnahme der Kaufsache, ist er zwangsläufig auch dazu verpflichtet, die eine Lieferung und Abnahme erst ermöglichende Spezifikation vorzunehmen. Nicht auf andere Kaufverträge zu übertragen ist dagegen die von § 375 Abs. 2 HGB für den Handelskauf vorgesehene Sanktion durch den Übergang des Bestimmungsrechts auf den Verkäufer, der bei Verzug des Käufers die Spezifikation selbst vorneh-

[107] Dagegen kann die in § 378 HGB a. f. vorgesehene Unterscheidung zwischen genehmigungsfähigen und nicht genehmigungsfähigen Abweichungen nach der Schuldrechtsreform keine Geltung mehr beanspruchen, weil sie gerade beseitigt werden sollte; vgl. die Begründung zum Entwurf des Schuldrechtsmodernisierungsgesetzes, BT-Drucks. 14/6040, S. 216. Anders *Altmeppen/Reichard*, Die *aliud*-Lieferung beim Kauf, in: Baums u. a. (Hg.), Festschrift für Huber, Tübingen 2006, S. 73, 90 ff.

[108] *Looschelders*, Schuldrecht BT, Rn. 76, *Medicus/Lorenz*, Schuldrecht BT, Rn. 99, *Fikentscher/Heinemann*, Schuldrecht, Rn. 849, MünchKomm/*Westermann* § 434 BGB Rn. 42, Bamberger/Roth/*Faust* § 434 Rn. 113.

[109] Anders Anw/*Büdenbender* § 434 BGB Rn. 78, der auch in diesem Fall § 434 Abs. 3 BGB zur Anwendung bringen will.

[110] Richtig *Oetker/Maultzsch*, Vertragliche Schuldverhältnisse, Rn. 2.175, Bamberger/Roth/*Faust* § 434 Rn. 115, Anw/*Büdenbender* § 434 BGB Rn. 83. Anders *Grigoleit/Riehm*, Grenzen der Gleichstellung von Zuwenig-Lieferung und Sachmangel, ZGS 2002, 115 ff., *Thier*, AcP 203 (2003) 399, 425 ff.

[111] Ebenso im Entwurf eines Gemeinsamen Referenzrahmens; vgl. Art. IV.A. – 3:101 Buchst. b, 3:104 DCFR.

[112] Anders MünchKomm/*Westermann* § 433 BGB Rn. 81.

men und sie für den Käufer verbindlich machen kann, indem er ihm eine Frist zur Vornahme einer anderweitigen Bestimmung setzt. Auch jenseits des Handelskaufs gilt dagegen, dass der Verkäufer nach den Vorgaben der §§ 281, 323 BGB Schadensersatz statt der Leistung verlangen und vom Kaufvertrag zurücktreten kann.[113]

b) Eigentumsvorbehalt

Da der Verkäufer zur Lieferung der Kaufsache nicht unbedingt, sondern nur gegen Zahlung des Kaufpreises verpflichtet ist, entspricht es dem allgemeinen Pflichtenprogramm des Kaufvertrags, wenn der Verkäufer die Kaufsache dem Käufer mit der Maßgabe überlässt, dass das Eigentum an ihr erst in dem Moment übergehen soll, in dem der Kaufpreis bezahlt ist. Im römischen Recht[114] verstand sich dies noch von selbst, so dass der Käufer das Eigentum an der Kaufsache nur dann sofort erwarb, wenn der Verkäufer den Kaufpreis oder eine entsprechende Sicherheit schon erhalten oder wenn er dem Käufer den Kaufpreis darlehensweise gestundet hatte.[115] Nach der Rezeption des römischen Rechts kehrte sich dieser Mechanismus um, indem man in der Vereinbarung eines nach der Sachübergabe liegenden Zahlungstermins automatisch ein Darlehen des Verkäufers an den Käufer erkannte, der damit unmittelbar das Eigentum an der Kaufsache erwarb. Gesetzesform hat diese Vorstellung im österreichischen ABGB (§ 1063) angenommen, das mit der Unterstellung eines Kreditkaufs den Verkäufer, der einen Eigentumsverlust vor Kaufpreiszahlung vermeiden will, zum ausdrücklichen Vorbehalt seines Eigentums zwingt. Während ihm nach dem preußischen ALR (§ 266 I 11) nur auflösende Wirkung zukam, hat er nach § 449 Abs. 1 BGB beim Kauf beweglicher Sachen im Zweifel die Bedeutung einer **aufschiebenden Bedingung** für die Übereignung. 37

Durch § 449 Abs. 1 BGB nicht ausgeschlossen, aber selten und durch den Zweifelssatz regelmäßig verdrängt sind sowohl die käuferfreundliche Konstruktion des 38

[113] *Rieble/Gutfried*, Spezifikationskauf und BGB-Schuldrecht, JZ 2008, 593, 599 bemängeln, dass hier anders als nach allgemeinem Schuldrecht ein Verzug des Schuldners und damit auch dessen Verschulden für den Rücktritt gefordert ist; durchaus nicht zu Unrecht schlagen sie daher vor, den Verweis auf § 323 BGB als eine die Erwähnung des Schuldnerverzugs verdrängende Rechtsgrundverweisung zu verstehen.

[114] Hierzu *Harke*, Römisches Recht, Rn. 15.18 ff.

[115] Vgl. IJ 2.1.41: *Sed si quidem ex causa donationis aut dotis aut qualibet alia ex causa tradantur, sine dubio transferentur: venditae vero et traditae non aliter emptori adquiruntur, quam si is venditori pretium solverit vel alio modo ei satisfecerit, veluti expromissore aut pignore dato. quod cavetur quidem etiam lege duodecim tabularum: tamen recte dicitur et iure gentium, id est iure naturali, id effici. sed et si is qui vendidit fidem emptoris secutus fuerit, dicendum est, statim rem emptoris fieri.* („Werden Sachen aufgrund einer Schenkung oder zur Bestellung einer Mitgift oder aus irgendeinem anderen Grund übergeben, geht das Eigentum an ihnen zweifellos sofort über. Die Sachen aber, die verkauft und übergeben sind, werden vom Käufer erst dann erworben, wenn er dem Verkäufer den Kaufpreis gezahlt oder ihm auf andere Weise wie zum Beispiel mit Hilfe eines Schuldübernehmers oder durch Pfandbestellung Sicherheit geleistet hat. Dies wird sogar im Zwölftafelgesetz festgelegt, gilt aber, wie man zu Recht annimmt, schon aufgrund des Völkergemeinrechts, also nach Naturrecht. Lässt aber derjenige, der verkauft, dem Käufer den Kaufpreis wie bei einem Darlehen nach, ist zu sagen, dass die Sache sofort zum Eigentum des Käufers wird.“)

Eigentumsvorbehalts als auflösende Bedingung als auch die für den Verkäufer vorteilhafte Variante, dass sogar die dingliche Einigung auf den Moment der Kaufpreiszahlung aufgeschoben sein soll. In vorformulierten Geschäftsbedingungen, die von der jeweils begünstigten Seite eingebracht werden, scheitern beide Abweichungen vom gesetzlichen Leitbild des § 449 Abs. 1 BGB am allgemeinen Benachteiligungsverbot des § 307 BGB, und zwar auch bei Verträgen zwischen Unternehmern. Dasselbe gilt für einen sogenannten weitergeleiteten Eigentumsvorbehalt, mit dem der Verkäufer den Käufer verpflichtet, die Sache nur unter Vorbehalt des Verkäufereigentums zu veräußern, wenn die Weiterveräußerung der Sache absehbar oder sogar Vertragsinhalt geworden ist.[116] Ein erweiterter oder Kontokorrentvorbehalt, bei dem das Eigentum erst mit Erfüllung sämtlicher Forderungen des Verkäufers übergehen soll, hat dagegen im Verkehr zwischen Unternehmern Bestand[117] und ist nur dann unwirksam, wenn er gegenüber einem Verbraucher als Käufer gemacht wird[118]. Der Dritt- oder Konzernvorbehalt, durch den der Verkäufer den Eigentumsübergang von der Erfüllung von Forderungen aus Kaufverträgen mit unbeteiligten Dritten, insbesondere mit ihm verbundenen Unternehmen, abhängig macht, ist dagegen aufgrund des speziellen Klauselverbots in § 449 Abs. 3 BGB stets unwirksam. Er kann aber, sofern er nicht durch vorformulierte Geschäftsbedingung erfolgt, im Wege geltungserhaltender Reduktion der einschlägigen Klausel einen Eigentumsvorbehalt für verkäufereigene Forderungen selbst begründen.[119] Ohne Weiteres zulässig ist dagegen der nur bei Verträgen zwischen Unternehmern übliche verlängerte Eigentumsvorbehalt, mit dem der Verkäufer dem Käufer die Weiterveräußerung oder Verarbeitung der Kaufsache unter Sicherheitsabtretung der auf diese Weise erworbenen Forderungen gegen seine Abnehmer gestattet.[120] Kollidiert dieser verlängerte oder ein erweiterter Eigentumsvorbehalt mit einer hierauf gerichteten Abwehrklausel des Käufers, setzt sich zumindest der einfache Eigentumsvorbehalt durch,[121] weil dieser der Verpflichtung des Verkäufers zur Leistung Zug um Zug entspricht.[122] Aus demselben Grund ist auch ein Eigentumsvorbehalt wirksam, den der Verkäufer, der nicht zur Vorleistung verpflichtet ist, ohne vorherige Regelung im Kaufvertrag erstmals bei der Übereignung macht.[123] Und ein erweiterter Eigentumsvorbehalt, bei dem das Eigentum an der Kaufsache nicht allein um des korrespondierenden Kaufpreisanspruchs halber, sondern wegen anderer Forderungen einbehalten wird, unterliegt den Regeln über die Sicherungstreuhand, führt also

[116] BGH, NJW 1991, 2285, 2286.

[117] BGH, NJW 1994, 1154.

[118] Offen BGH, NJW 2001, 292, 297.

[119] So im Grundsatz richtig BGH, NJW 2008, 1803, 1804, wo jedoch verkannt ist, dass die Konzernvorbehaltsklausel, wenn sie zugleich vorformulierte Geschäftsbedingung ist, darüber hinaus noch gegen das Verbot des § 307 BGB verstößt und aus diesem Grund nicht geltungserhaltend reduziert werden kann.

[120] Vgl. *Harke*, Allgemeines Schuldrecht, Rn. 412 f.

[121] BGH, NJW 1988, 1774, 1776.

[122] Vgl. *Harke*, Allgemeines Schuldrecht, Rn. 68 Fn. 110.

[123] Richtig Staudinger/*Beckmann* (2004) § 433 Rn. 78 und Bamberger/Roth/*Faust* § 449 Rn. 14. Anders zu Unrecht für den sogenannten „vertragswidrigen Eigentumsvorbehalt“ MünchKomm/*Westermann* § 449 BGB Rn. 18, Palandt/*Weidenkaff* § 449 Rn. 11.

insbesondere zu einem Freigabeanspruch[124] des Käufers wegen eines reduzierten Sicherungsinteresse des Verkäufers.[125]

Ist der Eigentumsvorbehalt Mittel zur Sicherung des Anspruchs des Verkäufers auf Zahlung des Kaufpreises und seiner Funktion nach damit ein besitzloses Pfandrecht, entsteht durch die aufschiebend bedingte Übereignung zugleich eine **dingliche Rechtsposition** für den **Käufer**, mit der sein Recht auf Verschaffung des Eigentums an der Kaufsache gewährleistet wird: Gegenüber dem Verkäufer ist er schon durch den Kaufvertrag selbst hinreichend gesichert, weil er nach § 433 Abs. 1 S. 1 BGB ein relatives Recht zum Besitz der Kaufsache hat. Mit ihm kann er sich nicht nur einem Herausgabeanspruch des Verkäufers widersetzen, sondern es auch aktiv geltend machen, ohne dass er sich bis zur Zahlung des Kaufpreises die Einrede des nichterfüllten Vertrags entgegenhalten lassen müsste. Verlustig geht er dieses Besitzrechts nicht schon aufgrund des bloßen Zahlungsverzugs, sondern gemäß § 449 Abs. 2 BGB erst mit dem Rücktritt des Verkäufers, der gemäß § 216 Abs. 2 S. 2 BGB allerdings wirksam auch noch nach Eintritt der Verjährung des Anspruchs auf Kaufpreiszahlung erklärt werden kann. Eine Abweichung von dieser Regelung zugunsten des Verkäufers ist zwar grundsätzlich möglich, verstößt aber, wenn sie durch vorformulierte Geschäftsbedingungen erfolgt, zumindest bei Verbraucherverträgen gegen das Benachteiligungsverbot des § 307 BGB.[126] Das Besitzrecht des Käufers wirkt nach § 986 Abs. 2 BGB auch gegenüber einem Dritten, wenn der Verkäufer diesem das Eigentum an der Kaufsache gemäß § 931 BGB durch Abtretung seines Herausgabeanspruchs gegen den Käufer übertragen hat. Aktiv kann sich der Käufer des Dritten, wenn dieser in den Besitz der Sache gelangt, allerdings nur noch im Fall einer verbotenen Eigenmacht im Wege des Besitzschutzes erwehren. Gegenüber anderen Personen, die das Eigentum an der Sache überhaupt nicht oder jedenfalls nicht nach § 931 BGB erworben haben, bietet ihm der Kaufvertrag keinerlei Schutz, obwohl seine Aussicht auf den Eigentumserwerb durchaus drittbeständig ist: Gemäß § 161 Abs. 1 S. 1 BGB setzt sich sein Eigentum, wenn es durch Zahlung des Kaufpreises zur Entstehung gelangt, gegenüber dem von Zwischenerwerbern durch; und ein nach Abs. 3 der Vorschrift zugelassener gutgläubiger Erwerb des Vorrangs durch den Dritten scheitert nach dem Rechtsgedanken von § 936 Abs. 3 BGB jedenfalls dann, wenn der Käufer den unmittelbaren Besitz der Kaufsache hat. Verfügt der Käufer daher über eine Rechtsposition mit Wirkung gegenüber Dritten und hängt diese bei der Kollision mit Zwischenverfügungen vom Besitz der Kaufsache ab, liegt es nahe, das Recht des Käufers an der Kaufsache zu einer dinglichen Rechtsposition zu verdichten, die dem Käufer ein Besitzrecht gegenüber jedermann gewährt, das sowohl passiv im Wege der Einwendung nach § 986 Abs. 1 S. 1 BGB 39

[124] Hierzu *Harke*, Allgemeines Schuldrecht, Rn. 374.

[125] Richtig *Bülow*, Treuhänderischer erweiterter Eigentumsvorbehalt, ZIP 2004, 2420, 2421 f., *ders.*, Der Eigentumsvorbehalt als Treuhandgeschäft, WM 2007, 429 ff. gegen *Berger*, Erweiterter Eigentumsvorbehalt und Freigabe von Sicherheiten, ZIP 2004, 1073, 1075 ff. Entgegen *Bülow* ist der einfache Eigentumsvorbehalt aber kein Treuhandgeschäft und eine Haftung des Verkäufers wegen einer Beeinträchtigung der Rechtsstellung des Käufers allein durch den Kauvertrag begründet.

[126] BGH, NJW-RR 2008, 818, 821.

als auch aktiv durch einen Herausgabeanspruch in Analogie zu § 985 BGB geltend gemacht werden kann und schließlich sogar deliktsrechtlich als absolutes Recht gemäß § 823 Abs. 1 BGB geschützt ist[127].

40 Dieses sogenannte Anwartschaftsrecht[128] des Käufers ähnelt zwar dem Eigentum, ist anders als dieses jedoch **kein abstraktes Recht**, das unabhängig vom zugrundeliegenden Kaufvertrag bestünde und daher auch wie Eigentum gutgläubig erworben werden könnte. Zwar ist sein Erwerb vom nichtberechtigten Scheineigentümer denkbar, weil für den so vorbereiteten Eigentumserwerb nach § 932 Abs. 1 S. 1 BGB der gute Glaube des Erwerbers nur im Zeitpunkt von Einigung und Übergabe erforderlich und bei Bedingungseintritt entbehrlich ist.[129] Ein Erwerb vom scheinbaren Inhaber eines Anwartschaftsrechts, der sich nur als solcher und nicht als Eigentümer der Sache ausgibt, ist jedoch ebenso ausgeschlossen wie ein gutgläubiger Erwerb „der Höhe nach“, mit dem der Erwerber die Möglichkeit erhielte, durch Zahlung des von ihm als Restschuld vorgestellten Betrags den Eigentumsübergang auf sich zu bewirken. Die Bedingung, unter der die in ihrer Wirkung aufgeschobene Übereignung der Kaufsache erfolgt, lautet nämlich nicht, dass eine bestimmte Summe an eine bestimmte Person zu zahlen ist, sondern sie besteht, wie zumindest die Formulierung von § 449 Abs. 3 BGB auch erkennen lässt, darin, dass eine wirklich existierende Kaufpreisforderung erfüllt wird. Der Verkäufer will durch den Eigentumsvorbehalt nicht nur die Zahlung eines Betrags, sondern sicherstellen, dass der Kaufvertrag durchgeführt wird. Ist dieser unwirksam, möchte er das Eigentum an der Kaufsache überhaupt nicht aufgeben, so dass in diesem Fall auch kein Anwartschaftsrecht entsteht. Ist dieses also keineswegs abstrakt, sondern durch die Bedingung für den Eigentumsübergang an den Kaufvertrag gebunden,[130] ist sein Erwerb, auch sein gutgläubiger, überhaupt nur in dem Fall denkbar, dass der Kaufvertrag besteht und das Anwartschaftsrecht auch wirksam entstanden ist. Da der Besitz der Sache hierfür völlig unergiebig ist, kann dieser anders als beim Eigentum, dessen Existenz außer im Ausnahmefall der herrenlosen Sachen nie in Frage steht, keinen hinreichenden Rechtsschein begründen, der den gutgläubigen Erwerb des Anwartschaftsrechts zu tragen vermöchte. Ist er schon nicht möglich, spricht mehr dafür, das Anwartschaftsrecht entsprechend seiner Funktion, den Anspruch des Käufers auf Eigentumsverschaffung zu sichern, wie ein Pfandrecht zu behandeln, also im Fall der Weiterveräußerung statt durch Einigung und Übergabe gemäß § 929 BGB vielmehr in Analogie zu § 1250 Abs. 1 BGB mit der Übertragung dieser Forderung übergehen zu lassen. Ihre stillschweigende Abtretung muss man ohnehin unterstellen, wenn der Käufer, der wegen eines Eigentumsvorbehalts des Verkäufers noch nicht zum Eigentümer der Kaufsache geworden ist, über diese verfügt.

---

[127] S. u. Rn. 545.

[128] Gegen seine Anerkennung wendet sich *Mülbert*, Das inexistente Anwartschaftsrecht und seine Alternativen, AcP 202 (2002) 912, 934 ff., der dem Käufer stattdessen ein „zeitlich segmentiertes Rechtepartikel“ zusprechen will.

[129] BGH, NJW 1953, 1099 f.

[130] Richtig BGH, NJW 1980, 175, 176.

c) *Gefahr- und Lastentragung*

Die kaufrechtliche **Gefahrverteilung** konserviert noch die Erinnerung an das Übereignungsregime, wie es vor dem BGB bestand: Nach der Grundregel des § 326 Abs. 1 BGB dürfte die Preisgefahr eigentlich nicht eher auf den Käufer übergehen, als der Verkäufer nicht in vollem Umfang seiner Verpflichtung zur Verschaffung von Besitz und Eigentum gerecht worden ist. Vor Einführung des Abstraktionsprinzips fiel dieser Moment mit dem der Übergabe der Kaufsache zusammen. Dass dieser gemäß § 446 S. 1 BGB nach wie vor genügt, um den Gefahrübergang auf den Käufer auszulösen, beruht auf der Erwägung, dass der Verkäufer die Preisgefahr nur so lange tragen soll, wie sich die Kaufsache auch in seinem Einflussbereich befindet. Ist sie schon in den Händen des Käufers, aber noch nicht zu dessen Eigentum geworden, wäre es ungerecht, die Regel des § 326 Abs. 1 BGB anzuwenden, weil der Verkäufer das Risiko, das er trüge, nicht mehr abschirmen könnte. Der von § 446 BGB vorgesehene Gefahrwechsel mit der Übergabe findet sich daher auch im übereignungsrechtlich neutralen UN-Kaufrecht (Art. 69 Abs. 1); und er ist hier ebenso wie im deutschen Recht um einen Vorbehalt für den Fall des Annahmeverzugs ergänzt,[131] der sich nur auf die Übergabe der Kaufsache beziehen und nicht auch ihre Übereignung betreffen muss. Unabhängig vom Eigentumsübergang, der durch einen Eigentumsvorbehalt häufig auf den Moment der Kaufpreiszahlung aufgeschoben ist, ist der Käufer also immer schon dann unbedingt zur Zahlung des Kaufpreises verpflichtet, wenn er den unmittelbaren Besitz[132] der Kaufsache erlangt oder das Angebot zu seiner Übertragung nicht angenommen hat. Dies gilt nicht nur für eine von außen bewirkte Beschädigung oder Zerstörung der Kaufsache, sondern auch für Störungen, die von ihr selbst ausgehen.[133] Wird die Kaufsache im Zuge der Mängelbeseitigung durch den Verkäufer beschädigt, fällt dies ebenfalls in den Risikobereich des Käufers, solange die Nachbesserung dadurch nicht beeinträchtigt wird.[134] 41

Auf demselben Prinzip wie der Gefahrwechsel kraft Übergabe beruht seine Vorverlagerung beim **Versendungskauf**, für den § 447 Abs. 1 BGB wiederum in Übereinstimmung mit dem UN-Kaufrecht (Art. 67 Abs. 1) vorsieht,[135] dass den Käufer die Preisgefahr schon ab dem Moment trifft, in dem der Verkäufer die Kaufsache an die Transportperson übergeben hat.[136] An das hierfür nach deutschem Recht erforderliche Versendungsverlangen des Käufers sind keine zu hohen Anforderungen zu stellen.[137] Der Transport der Sache kann auch schon im Vertragsangebot des Ver- 42

---

[131] Ebenso der Entwurf eines Gemeinsamen Referenzrahmens; vgl. Art. IV.A. – 5:103 Abs. 2 DCFR.

[132] BGH, NJW 1996, 586, 587.

[133] BGH, NJW 1998, 3273.

[134] *S. Lorenz/Bauer*, Rücktritt und Minderung bei erfolgreicher Nacherfüllung?, in: Baetge u. a. (Hg.), Die richtige Ordnung. Festschrift für Kropholler, Tübingen 2008, S. 59, 63 ff.

[135] Ebenso der Entwurf eines Gemeinsamen Referenzrahmens; vgl. Art. IV.A. – 5:202 DCFR.

[136] Anders MünchKomm/*Westermann* § 447 BGB Rn. 2 und Anw/*Büdenbender* § 447 BGB Rn. 6, 8, die den Grund der Gefahrzuweisung an den Käufer in der durch den Transport hervorgerufenen Risikoerhöhung sehen. Nach *Oetker/Maultzsch*, Vertragliche Schuldverhältnisse, Rn. 2.403 soll dagegen entscheidend sein, dass der Verkäufer den Transport zu einem anderen als dem Ort der Leistungshandlungen nicht schuldet.

[137] Richtig *Oetker/Maultzsch*, Vertragliche Schuldverhältnisse, Rn. 2.398.

käufers enthalten und durch einfache Zustimmung des Käufers oder dadurch zum Inhalt des Vertrags geworden sein, dass sich die Parteien auf die Lieferung einer schon „rollenden" Ware geeinigt haben. Zwar vermisst der BGH in letzterem Fall ein vorangehendes Versendungsverlangen des Käufers.[138] Da die Fortsetzung des Transports jedoch seine Billigung findet und die Ware nicht in den Einflussbereich des Verkäufers zurückkehrt, sollte man die Gefahr unter diesen Umständen nach dem Vorbild der entsprechenden Regelung des UN-Kaufrechts (Art. 68 S. 1)[139] schon mit dem Vertragsschluss übergehen lassen.[140] Voraussetzung für die Annahme eines Versendungskaufs ist freilich stets, dass mit der einschlägigen Parteivereinbarung keine Bringschuld des Verkäufers begründet wird. Ist dies selbst im Versandhandel mit Verbrauchern im Zweifel nicht der Fall,[141] gilt hier und für andere Verbraucherverträge jedoch, dass die Versendung der Kaufsache in aller Regel vom Unternehmer als Geschäftsmodalität vorgegeben und vom Verkäufer lediglich akzeptiert wird. Da es unter diesen Umständen der Verkehrserwartung entspricht, dass die Sache auf Gefahr des Verkäufers versendet wird,[142] erklärt § 474 Abs. 2 BGB die Bestimmung des § 447 BGB beim Verbrauchsgüterkauf für unanwendbar, so dass es bei § 446 S. 1 BGB und einem Gefahrwechsel bei Besitzerwerb des Käufers bleibt.[143] Reflektiert diese Regelung ebenso wie die Vorverlagerung des Gefahrübergangs beim Versendungskauf zwischen Unternehmern und Verbrauchern untereinander bloß die mutmaßliche Absicht der Parteien, ist sie in gleicher Weise wie § 447 BGB abdingbar und nicht vom Verbot abweichender Vereinbarungen in § 475 Abs. 1 BGB erfasst,[144] dem sie im Gesetzestext auch vorangeht.[145] Gleichwohl prägt sie das Leitbild der Gefahrtragung beim Verbrauchsgüterkauf und kann daher durch vorformulierte Geschäftsbedingungen nicht ohne Verstoß gegen das Benachteiligungsverbot des § 307 BGB außer Kraft gesetzt werden.

43 Wo die Gefahrzuweisung an den Käufer gemäß § 447 BGB kraft individueller Vereinbarung oder bei Verträgen zwischen Unternehmern oder Verbrauchern untereinander zum Zuge kommt, erstreckt sie sich auch auf den Transport der Kaufsache durch **eigene Leute** des Verkäufers.[146] Sind diese sachgerecht mit der Kauf-

---

[138] BGH, NJW 1968, 1569, 1570.

[139] Ebenso der Entwurf eines Gemeinsamen Referenzrahmens; vgl. Art. IV.A. – 5:203 DCFR.

[140] So zumindest für den Fall, dass die rollende Ware umgelenkt wird, auch Bamberger/Roth/*Faust* § 447 Rn. 19.

[141] *Grunewald*, Kaufrecht, Rn. 5.2, 17.

[142] Vgl. die Begründung für den Entwurf des Schuldrechtsmodernisierungsgesetzes, BT-Drucks. 14/6040, S. 244.

[143] Dies gilt auch nach dem Entwurf eines Gemeinsamen Referenzrahmens; vgl. Art. IV.A. – 5:103 Abs. 1, 3 DCFR.

[144] Richtig MünchKomm/*Lorenz* § 474 BGB Rn. 32, § 475 BGB Rn. 5, Bamberger/Roth/*Faust* § 475 Rn. 5. Anders Staudinger/*Matusche-Beckmann* (2004) § 474 Rn. 65, Soergel/*Wertenbruch* § 475 Rn. 61, Anw/*Büdenbender* § 474 BGB Rn. 11.

[145] Anders ist dies nach dem Entwurf eines Gemeinsamen Referenzrahmens; vgl. Art. IV.A. – 5:103 Abs. 4 DCFR.

[146] Ebenso *Grunewald*, Kaufrecht, Rn. 47, *Medicus/Lorenz*, Schuldrecht BT, Rn. 57, *Fikentscher/Heinemann*, Schuldrecht, Rn. 825, MünchKomm/*Westermann* § 447 BGB Rn. 16, Staudinger/*Matusche-Beckmann* (2004) § 439 Rn. 30, Bamberger/Roth/*Faust* § 447 Rn. 9, Anw/*Büdenbender* § 447 BGB Rn. 8, PWW/*Schmidt* § 447 Rn. 11.

sache umgegangen und haben daher nicht die Gefährdungshaftung nach § 278 BGB ausgelöst[147],[148] gibt es keinen Grund, dem Verkäufer wegen einer zufällig eingetretenen Beschädigung der Kaufsache ganz oder teilweise den Anspruch auf den Kaufpreis zu versagen.[149] Denn ebenso wie bei der Versendung mit Hilfe einer selbständigen Transportperson gilt, dass die Kaufsache, soweit der Verkäufer ihr Schicksal nicht durch seine Erfüllungsgehilfen steuern kann, den Einflussbereich des Verkäufers verlässt und es daher ungerecht wäre, ihn weiterhin mit der Preisgefahr zu belasten. Da die Versendung in jeder Hinsicht der Übergabe gleichsteht, gilt § 447 BGB zudem ebenso wie die Regel des § 446 S. 1 BGB für jede Art von Beschädigungsrisiko und nicht nur für spezifische Transportgefahren.[150]

Dem Muster der Gefahrtragung folgt zwangsläufig auch die Zuweisung der **Nutzungen** und der mit der Kaufsache verbundenen **Lasten**. Denn wer das Risiko des Untergangs oder der Verschlechterung der Kaufsache trägt, muss auch in den Genuss der zeitgleich entstehenden Vorteile kommen; und wer diese beanspruchen kann, muss auch die synchron anfallenden Lasten tragen. Die Nutzungen umfassen nach § 100 BGB die Gebrauchsvorteile und die in § 99 BGB definierten Früchte, zu denen außer den Sachfrüchten auch Rechtsfrüchte in Gestalt von Zinsen sowie beim Unternehmenskauf der Unternehmensgewinn, als mittelbare Früchte auch die kraft eines Miet- oder Pachtverhältnisses mit einem Grundstück erzielten Erträge gehören. Die Verteilung richtet sich nach § 101 BGB, so dass es bei Sachfrüchten auf die Trennung, bei anderen Früchten wie etwa dem Darlehenszins auf die Fälligkeit und bei regelmäßig wiederkehrenden Erträgen wie etwa Miet- oder Pachtzins oder Unternehmensgewinn darauf ankommt, inwieweit sich ein Zeitabschnitt, für den Zins oder Gewinn geschuldet sind, auf die Zeit vor oder nach dem Gefahrübergang verteilt. Der Verkäufer, der dem Käufer danach zur Erstattung von Früchten verpflichtet ist, kann hiervon gemäß § 102 BGB die zur Gewinnung im Rahmen einer **44**

---

[147] Diese Haftung trifft ihn nicht etwa wegen der Integration des Transports in seine Leistungspflicht, sondern weil er mit dem Kaufgegenstand sorgfältig umzugehen hat; vgl. *Looschelders*, Schuldrecht BT, Rn. 196, *Oetker/Maultzsch*, Vertragliche Schuldverhältnisse, Rn. 2.406.

[148] Eine direkte Haftung trifft ihn, wie § 447 Abs. 2 BGB ausdrücklich feststellt, wenn er ohne dringenden Grund von einer Anweisung des Käufers über die Art der Versendung abweicht.

[149] Bamberger/Roth/*Faust* § 447 Rn. 26 will statt auf § 278 BGB auf die Haftungsregeln für einen Spediteur zurückgreifen. Nach MünchKomm/*Westermann* § 447 BGB Rn. 16 soll § 447 BGB sogar die Haftung für Erfüllungsgehilfen gemäß § 278 BGB ausschließen.

[150] Richtig *Medicus/Lorenz*, Schuldrecht BT, Rn. 56, *Oetker/Maultzsch*, Vertragliche Schuldverhältnisse, Rn. 2.406, Staudinger/*Matusche-Beckmann* (2004) § 447 Rn. 17, MünchKomm/*Westermann* § 447 BGB Rn. 19, Bamberger/Roth/*Faust* § 447 Rn. 21. Anders *Fikentscher/Heinemann*, Schuldrecht, Rn. 825 und Palandt/*Weidenkaff* § 447 Rn. 15 f., der sich zu Unrecht auf BGH, NJW 1968, 1929, 1930 beruft, wo es um den Fall geht, dass der Verkäufer den beim Transport eingetretenen Schaden an der Kaufsache zu vertreten hat. Auch die Entscheidung in RGZ 93, 330, 332 lässt sich nicht für die Beschränkung auf reine Transportgefahren anführen; zwar verweist das RG auf Art. 345 ADHGB, verneint die Gefahrtragung des Käufers jedoch, weil das Leistungshindernis in diesem Fall vom Verkäufer zu vertreten war. Ähnlich verhält es sich mit der Entscheidung in RGZ 106, 17 f., in der das RG zu Unrecht zwischen Gefahrtragung und Unmöglichkeit unterscheiden will, dann aber nur ein vorübergehendes Leistungshindernis annimmt.

ordentlichen Wirtschaft erforderlichen Kosten absetzen, sofern diese wie beim Unternehmensgewinn nicht schon von vornherein abgezogen sind. Für die Lasten, die wie etwa Grundschuldzinsen privatrechtlich oder wie die Grundsteuer öffentlich-rechtlicher Natur sein können, gilt nach § 103 BGB, dass sie, wenn sie regelmäßig wiederkehren, ebenfalls nach dem Verhältnis der vor und nach dem Gefahrübergang abgelaufenen Zeit aufzuteilen, ansonsten von dem zu tragen sind, der die Gefahr in dem Moment trägt, in dem sie fällig werden. Hiervon macht § 436 Abs. 1 BGB beim Grundstückskauf eine Ausnahme für Erschließungs- und andere Anliegerbeiträge, deren Verteilung unter den Vertragsparteien sich danach richtet, ob die Maßnahme, für die sie erhoben werden, bis zum Tage des Vertragsschlusses oder danach bautechnisch begonnen worden ist. Mit dieser doppelten Verschiebung, einerseits der Vorverlagerung von der Fälligkeit der Beiträge auf die auslösende Maßnahme, andererseits vom Gefahrübergang auf den Moment des Vertragsschlusses soll den Parteien die Vertragsgestaltung erleichtert werden, weil die Entstehung der Beitragspflicht, um noch den Verkäufer zu treffen, nicht mehr der zufälligen Entwicklung bis zum Gefahrübergang überlassen ist, sondern schon bei Eingehung des Vertrags absehbar sein muss.[151]

3. Die Verpflichtung zur mangelfreien Leistung

a) Mangelbegriff und Ausschlusstatbestände

aa) Sachmängel

45 Noch unter Geltung des BGB von 1900 bereitete der Rechtswissenschaft die Vorstellung Schwierigkeiten, eine individuell bestimmte Kaufsache könne deshalb mangelhaft sein, weil ihr eine Eigenschaft fehlte oder zukam, die sie nach dem Kaufvertrag haben oder gerade nicht haben sollte. Da man die wirkliche mit der normativen Individualisierung der Kaufsache verwechselte, erschien der Wunsch, eine von den Parteien ausgesuchte Sache solle anders sein, als sie tatsächlich war, so lange als irrelevant, bis sich der sogenannte **subjektive Fehlerbegriff** etablierte, demzufolge ein Mangel der Kaufsache schon dadurch konstituiert wird, dass sie der Parteivereinbarung widerspricht.[152] Durchgesetzt hat sich diese Vorstellung im Text des UN-Kaufrechts, das den Verkäufer zur Lieferung einer Ware in vertragsgemäßer Qualität und, falls es an einer besonderen Vereinbarung der Parteien fehlen sollte, zur Lieferung einer Ware verpflichtet, die sich für die Zwecke eignet, zu denen sie gewöhnlich oder wie bei Vertragsschluss vorausgesetzt verwendet werden soll oder die einem dem Käufer als Probe oder Muster vorgelegten Stück entspricht (Art. 35 Abs. 1, 2 CISG). Während die Verbrauchsgüterkaufrichtlinie diese Qualitätsanforderungen in ihrem Art. 2 Abs. 2 zur Grundlage für die „Vermutung" der Vertragsmäßigkeit der Ware gemacht hat, verwendet das BGB sie zur Definition der Sachmängelfreiheit. Gemäß § 434 Abs. 1 BGB richtet sie sich in erster Linie nach der Vereinbarung der Parteien über die Beschaffenheit der Kaufsache, mangels einer

---

[151] Vgl. die Begründung zum Entwurf des Schuldrechtsmodernisierungsgesetzes, BT-Drucks. 14/6040, S. 218 f.

[152] Maßgebend hiefür war die Schrift von *Flume*, Eigenschaftsirrtum und Kauf, Münster 1948.

solchen nach der für den Vertrag vorausgesetzten Verwendung der Kaufsache und schließlich nach ihrer Eignung für die gewöhnliche Verwendung, die bei Sachen der gleichen Art üblich und vom Käufer zu erwarten ist. Diese Staffelung widerspricht nicht der Kumulation der Qualitätsanforderungen in der Verbrauchsgüterkaufrichtlinie;[153] denn auch für sie gilt, dass der privatautonomen Bestimmung der Sachbeschaffenheit durch Parteivereinbarung oder Angabe des Verwendungszwecks der Vorrang vor dem Auffangkriterium des gewöhnlichen Qualitätsstandards zukommen muss.[154] Allerdings gebietet die Anhäufung der Qualitätsmerkmale in der Richtlinie im Fall des Verbrauchsgüterkaufs eine gewisse Zurückhaltung bei der Auslegung eines Vertrags mit einer Beschaffenheitsvereinbarung, die hinter dem gewöhnlichen Qualitätsmaßstab zurückbleibt, und die Vermutung, dass mit ihr im Zweifel nicht die Haftung des Verkäufers für die Tauglichkeit der Kaufsache zum gewöhnlichen Verwendungszweck eingeschränkt werden soll.[155]

Zum Gegenstand der **Beschaffenheitsvereinbarung** taugen nach einer vom 46
BGH[156] schon für das frühere Kaufrecht geprägten und noch heute verwendbaren Formel alle wirtschaftlichen und rechtlichen Eigenheiten der Kaufsache einschließlich ihrer Bezüge zur Umwelt, die eine Verbindung zum tatsächlichen Zustand der Sache haben und für ihre Brauchbarkeit oder ihren Wert von Bedeutung sind[157].[158] Dementsprechend sind es auch bei Kaufsachen im eigentlichen Sinn nicht nur körperliche Eigenschaften, deren Existenz oder Fehlen einen Sachmangel begründet.[159] Dies gilt zum Beispiel für bestimmte Erwartungen an die Ertragsfähigkeit, die beim Unternehmenskauf regelmäßig in Form der Zusage bestimmter betriebswirtschaft-

[153] Diese findet sich auch im Entwurf eines Gemeinsamen Referenzrahmens; vgl. Art. IV.A. – 2:302 Buchst. a – c DCFR.

[154] Für den entscheidenden Fall eines Widerspruchs von individuell bestimmter und gewöhnlicher Verwendbarkeit sieht dies Bamberger/Roth/*Faust* § 433 Rn. 49 ebenso.

[155] Richtig *Schulte-Nölke*, Anforderungen an haftungseinschränkende Beschaffenheitsvereinbarungen beim Verbrauchsgüterkauf, ZGS 2003, 184, 186 ff. Ähnlich *Schinkels*, Zum Vorrang der nach dem Vertrag vorausgesetzten Verwendung (§ 434 Abs. 1 S. 2 Nr. 1 BGB) vor damit unvereinbaren Beschaffenheitsangaben, ZGS 2004, 226, 230 und *Unberath*, Die richtlinienkonforme Auslegung am Beispiel der Kaufrechtsrichtlinie, ZEuP 2005, 5, 13 ff.

[156] BGH, NJW 1998, 534 f.

[157] Für die Übertragung auf das neue Recht auch *Looschelders*, Schuldrecht BT, Rn. 37. Anders Anw/*Büdenbender* § 434 BGB Rn. 11, 13, der den Begriff der Beschaffenheit auf die der Kaufsache unmittelbar anhängenden Eigenschaften begrenzen, zugleich aber seine Abänderung durch Parteivereinbarung gestatten will. – Für eine Differenzierung danach, ob der Störfaktor aus dem Sphäre des Verkäufer kommt, spricht sich *Canaris* (Fn. 103), S. 60, 63 ff. aus.

[158] Nicht mehr aktuell ist dagegen das zusätzliche Kriterium, dass die Eigenschaft der Kaufsache auf gewisse Dauer anhaften soll; vgl. *Looschelders*, Schuldrecht BT, Rn. 43, Staudinger/*Matusche-Beckmann* (2004) § 434 Rn. 46, Bamberger/Roth/*Faust* § 434 Rn. 24, PWW/*Schmidt* § 434 Rn. 23 und *Eidenmüller*, Rechtskauf und Unternehmenskauf, ZGS 2002, 291, 295.

[159] Richtig *Häublein*, Der Beschaffenheitsbegriff und seine Bedeutung für das Verhältnis der Haftung aus *culpa in contrahendo* zum Kaufrecht, NJW 2003, 388, 389 f., *Ch. Berger*, Der Beschaffenheitsbegriff des § 434 Abs. 1 BGB, JZ 2004, 275, 278 ff. Anders *Grigoleit/Herresthal*, Grundlagen der Sachmängelhaftung im Kaufrecht, JZ 2003, 118, 124 f., *Oetker/Maultzsch*, Vertragliche Schuldverhältnisse, Rn. 2.52, *Bamberger/Roth/Faust* § 434 Rn. 23.

licher Daten Eingang in eine Beschaffenheitsvereinbarung findet.[160] Auch bei einer Sache, insbesondere bei einem Grundstück, dessen Ertragsfähigkeit sich aus den hierfür abgeschlossenen Mietverträgen ergibt, kann die Ertragsfähigkeit Gegenstand einer Beschaffenheitsvereinbarung sein,[161] die dann nicht eingehalten ist, wenn die unterstellten Mietverträge nicht oder nicht wirksam geschlossen sind oder sich praktisch nicht durchsetzen lassen[162]. Weitere Beispiele für unkörperliche Eigenschaften, die einen Sachmangel bedeuten, sind ein nach § 912 BGB zu duldender Überbau von einem Nachbargrundstück,[163] das Fehlen einer Baugenehmigung[164] oder die mangelnde Echtheit eines Kunstwerks[165]. Auch der Verdacht eines schwerwiegenden Fehlers kann selbst einen Sachmangel der Kaufsache darstellen.[166]

47 Für die Vereinbarung der Beschaffenheit gelten die allgemeinen Regeln über den Vertragsschluss. Schon ihnen und nicht erst der auf Art. 2 Abs. 5 der Verbrauchsgüterkaufrichtlinie beruhenden Bestimmung des § 434 Abs. 2 BGB lässt sich entnehmen, dass ein Fehler der Montage oder einer Anleitung zur Selbstmontage einen Sachmangel darstellt,[167] wenn die Montage oder ihre Anleitung von den Parteien zum Gegenstand der Verkäuferpflicht gemacht worden ist[168].[169] Die allgemeine **Rechtsgeschäftslehre** sorgt zudem dafür, dass auch der im UN-Kaufrecht und in der Verbrauchsgüterkaufrichtlinie eigens erwähnte Fall der Vorlage einer Probe oder eines Musters erfasst ist: Hat der Verkäufer dem Käufer ein Stück zur Ansicht gegeben, dem die Kaufsache entsprechen soll, sind die Eigenschaften dieses Stücks so automatisch zum Gegenstand einer entsprechenden stillschweigenden Beschaffenheitsvereinbarung geworden.[170] Macht der Verkäufer Angaben, für die

---

[160] Hier kann die Sachmängelhaftung nach der Schuldrechtsreform nicht mehr an dem früher vom BGH verwendeten Argument scheitern, die für die Ertragsfähigkeit des Unternehmens bestimmenden Faktoren hafteten diesem nicht auf Dauer an; vgl. MünchKomm/*Westermann* § 453 BGB Rn. 25 f., 31 (s. u. Rn. 82).

[161] BGH, NJW 1998, 534, 535. Anders *Grunewald*, Kaufrecht, Rn. 7.8.

[162] BGH, NJW 1992, 2564, 2565.

[163] BGH, NJW 1981, 1362, 1363.

[164] BGH, NJW 1998, 535, 536.

[165] BGH, NJW 1992, 2103, 2104.

[166] BGH, NJW 2003, 772. Anders *Grunewald*, Der Verdacht als Mangel, in: Dauner-Lieb u. a. (Hg.), Festschrift für Konzen, Tübingen 2006, S. 131, 134 ff. (vgl. auch *dies.*, Kaufrecht, Rn. 7.7).

[167] Entsprechende Qualitätsanforderungen sind auch im Entwurf eines Gemeinsamen Referenzrahmens gesondert aufgeführt, wobei die fehlerhafte Montage aber nur beim Verbrauchervertrag als Mangel der Sache gelten soll; vgl. Art. IV.A. – 2:302 Buchst. e, 2:304 DCFR.

[168] Die Bedeutung der Vorschrift besteht daher darin, die Annahme eines Mangels auszuschließen, wenn die Montage trotz fehlerhafter Anleitung gelingt; vgl. Staudinger/*Matusche-Beckmann* (2004) § 434 Rn. 99 und Bamberger/Roth/*Faust* § 434 Rn. 94, der deshalb völlig zu Recht den Sinn der Bestimmung in Frage stellt.

[169] Dasselbe gilt natürlich für eine mangelhafte Bedienungsanleitung, wenn die Kaufsache ohne sie nicht genutzt werden kann; vgl. MünchKomm/*Westermann* § 434 BGB Rn. 36. Die Ausschlussregel des § 434 Abs. 2 BGB gilt hier nicht; vgl. Bamberger/Roth/*Faust* § 434 Rn. 96; anders *Oetker/Maultzsch*, Vertragliche Schuldverhältnisse, Rn. 2.83.

[170] Vgl. die Begründung für den Entwurf des Schuldrechtsmodernisierungsgesetzes, BT-Drucks. 14/6040, S. 212.

er sich auf eine andere Quelle wie etwa den Vorbesitzer der Sache beruft, sollen sie nach Ansicht des BGH dagegen nicht zum Teil einer Beschaffenheitsvereinbarung werden, sondern einfache Wissenserklärungen bleiben, für deren Richtigkeit den Verkäufer eine Haftung wegen vorvertraglichen Fehlverhaltens nach §§ 241 Abs. 2, 280 Abs. 1, 311 Abs. 2 treffen kann.[171] Diese Lösung ist richtig und wahrt dem Verkäufer den nötigen Spielraum, dem Käufer zur Erleichterung seiner Kaufentscheidung Informationen zu geben, ohne hierfür im Rahmen der Mängelhaftung einstehen zu müssen. Beim Verbrauchsgüterkauf verstößt sie auch nicht gegen die einschlägige Richtlinie: Zwar nennt deren Art. 2 Abs. 2 Buchst. a als Kriterium für die Vertragsgemäßheit einer Ware, dass sie der vom Verkäufer gegebenen Beschreibung entspricht. Diese Beschreibung, die nach deutschem Recht zumindest durch das konkludente Einverständnis des Käufers zum Vertragsinhalt werden kann,[172] ist durch den Hinweis auf die Quelle der Information jedoch derart eingeschränkt, dass sie sich auf deren richtige Weitergabe beschränkt und nicht der Beschaffenheit der Kaufsache gilt.

Um eine nach dem Vertrag **vorausgesetzte Verwendung**, zu der sich die Kaufsache gemäß § 434 Abs. 1 S. 2 Nr. 1 BGB mangels konkreter Beschaffenheitsvereinbarung eignen muss, geht es, wenn der Käufer den Verkäufer über den von ihm geplanten Einsatz der Kaufsache unterrichtet und der Verkäufer ihre Tauglichkeit hierzu nicht ausdrücklich in Abrede stellt. Äußert er sich positiv zur Eignung der Kaufsache, fällt dies zwar unter den einschlägigen Art. 2 Abs. 2 Buchst. b der Verbrauchsgüterkaufrichtlinie, der eine Zustimmung des Verkäufers zu dem vom Käufer mitgeteilten Verwendungszweck fordert; nach deutschem Recht liegt in diesem Fall jedoch schon eine Beschaffenheitsvereinbarung vor, weil der Einsatzzweck durch die Billigung des Verkäufers zum Gegenstand einer individuellen Vereinbarung geworden ist, die für eine Verwendungsvoraussetzung gerade nicht erforderlich ist[173]. Macht der Käufer keine konkreten Angaben zu der von ihm geplanten Verwendung der Kaufsache, sondern kann der Verkäufer sich diese aus der Art der Sache oder der Person des Käufers erschließen, liegt ebenfalls kein Fall des § 434 Abs. 1 S. 2 Nr. 1 BGB vor. Denn die Struktur der Sache und die Zuordnung des Käufers zu einem bestimmten Verkehrskreis sind lediglich Kriterien für die Bestimmung des **gewöhnlichen Verwendungszwecks**, der nach Nr. 2 derselben Vor- **48**

[171] BGH, NJW 2008, 1517.

[172] Dass in der Vertragskonstruktion kein Verstoß gegen die Vorgabe der Richtlinie liegt, stellt MünchKomm/*Westermann* § 434 BGB Rn. 6 heraus.

[173] Richtig *Schinkels*, ZGS 2004, 226, 228, Anw/*Büdenbender* § 434 BGB Rn. 21, 26 und PWW/*Schmidt* § 434 Rn. 40 f., der hierin eine Aufwertung der Geschäftsgrundlage zum Tatbestand der Mängelhaftung erkennt. Anders *Grigoleit/Herresthal*, Die Beschaffenheitsvereinbarung und ihre Typisierungen, JZ 2003, 233, 234 f., *Looschelders*, Schuldrecht BT, Rn. 47, *Oetker/Maultzsch*, Vertragliche Schuldverhältnisse, Rn. 2.58, Bamberger/Roth/*Faust* § 434 Rn. 50 und wohl auch Staudinger/*Matusche-Beckmann* (2004) § 434 Rn. 64 unter Hinweis auf eine mögliche Formpflicht, die jedoch auch für die Bestimmung des gewöhnlichen Verwendungszwecks nicht erforderlich ist. Dass regelmäßig eine konkludente Beschaffenheitsvereinbarung vorliegt, glaubt *Grunewald*, Kaufrecht, Rn. 7.12. Offen ist die Begründung zum Entwurf des Schuldrechtsmodernisierungsgesetzes, BT-Drucks. 14/6040, S. 213.

schrift mangels einer speziell vorausgesetzten Eignung entscheidet. Ergeben sich keine Besonderheiten aus der Zugehörigkeit des Käufers zu einer bestimmten Kundengruppe, entsprechen die Anforderungen, die an die Eignung der Kaufsache für die gewöhnliche Verwendung zu stellen sind, der im nationalen Gesetzestext und in Art. 2 Abs. 2 Buchst. d der Richtlinie genannten Beschaffenheit, die bei Sachen der gleichen Art üblich ist und die der Käufer nach der Art der Kaufsache erwarten kann. Wie die Kombination dieser beiden Kriterien zeigt, kommt es auf die nach der Geschäftserfahrung objektiv berechtigte Vorstellung, nicht auf die tatsächliche Erwartung des individuellen Käufers an.[174] Soll sie eine Rolle spielen, muss sie dem Verkäufer gegenüber zum Ausdruck gebracht werden und wird dann zum Gegenstand einer Beschaffenheitsvereinbarung oder zumindest einer vom Verkäufer unwidersprochenen hingenommenen Darstellung des konkreten Verwendungszwecks. Der Vergleich mit anderen Sachen gleicher Art ist nicht auf die Produkte desselben Herstellers beschränkt, sondern kann sich auf Sachen anderer Produzenten von vergleichbarer Art und ähnlichem Preis beziehen.[175]

49 Angaben des Herstellers oder seiner Gehilfen binden den Verkäufer ebenso wie eigene Äußerungen, wenn sie öffentlich und insbesondere in der **Werbung** erfolgt sind. Gemäß § 434 Abs. 1 S. 3 BGB, der wiederum auf Art. 2 Abs. 2 Buchst. d der Verbrauchsgüterkaufrichtlinie zurückgeht,[176] gelten sie dann als übliche Beschaffenheit der Kaufsache, falls der Verkäufer nicht nachweisen kann, dass er sie weder kannte noch kennen musste oder sie zum Zeitpunkt des Vertragsschlusses bereits berichtigt, also in einer für den Käufer zugänglichen Weise korrigiert[177],[178] oder aus anderen Gründen ohne Einfluss auf seine Entscheidung zur Vertragsbindung waren. Die Verpflichtung des Verkäufers durch Angaben des Herstellers oder seiner Gehilfen ist deshalb nicht unbillig, weil er durch dessen Werbung ja eine Absatzförderung erfährt[179] und nach §§ 478 f. BGB zumindest im Fall des Verbrauchsgüterkaufs auch der Rückgriff entlang der Lieferkette bis hin zum Hersteller erleichtert ist.

---

[174] BGH, NJW 2007, 1351, 1353; 2009, 2807, 2808.

[175] Bamberger/Roth/*Faust* § 434 Rn. 59 f., Palandt/*Weidenkaff* § 434 Rn. 29, PWW/*Schmidt* § 434 Rn. 48.

[176] Eine entsprechende Regelung enthält der Entwurf eines Gemeinsamen Referenzrahmens; vgl. Art. IV.A. – 2:303 DCFR.

[177] Das bloße Nachschieben einer richtigen Information reicht hierfür nicht; vgl. *Grigoleit/Herresthal*, JZ 2003, 233, 238, *Medicus/Lorenz*, Schuldrecht BT, Rn. 89, Bamberger/Roth/*Faust* § 433 Rn. 86, Anw/*Büdenbender* § 434 BGB Rn. 49; anders PWW/*Schmidt* § 434 Rn. 61; differenzierend *Alexander*, Die Entlastung des Verkäufers gemäß § 434 Abs. 1 S. 3 BGB, WM 2005, 2311, 2313, der einen Hinweis auf die frühere Fehlinformation nur unter dem Gesichtspunkt der Gleichwertigkeit der Richtigstellung verlangt.

[178] Eine wirkliche Kenntnis des Käufers von der Berichtigung ist nicht erforderlich, weil es sonst immer auch an der Kausalität zwischen Werbeangabe und Entscheidung zum Vertragsschluss fehlte und die Mängelhaftung dann nach der letzten Variante von § 434 Abs. 1 S. 3 BGB ausgeschlossen wäre; vgl. *Grunewald*, Kaufrecht, Rn. 7.23, *Oetker/Maultzsch*, Vertragliche Schuldverhältnisse, Rn. 2.72, MünchKomm/*Westermann* § 433 BGB Rn. 28, Bamberger/Roth/*Faust* § 433 Rn. 86, Anw/*Büdenbender* § 434 BGB Rn. 50.

[179] Vgl. die Begründung zum Entwurf des Schuldrechtsmodernisierungsgesetzes, BT-Drucks. 14/6040, S. 214.

Maßgeblicher Zeitpunkt für die Feststellung, ob die Kaufsache einen Sachmangel aufweist, ist nach § 434 Abs. 1 S. 1 BGB ebenso wie im UN-Kaufrecht (Art. 36 Abs. 1) der Moment des **Gefahrübergangs** für die Verpflichtung zur Lieferung der Kaufsache.[180] Dass Art. 3 Abs. 1 der Verbrauchsgüterkaufrichtlinie den Zeitpunkt der Lieferung für entscheidend erklärt, ist unschädlich, da § 447 BGB, der den Gefahrübergang auf den Moment der Übergabe an eine Transportperson verschiebt, für den Verbrauchsgüterkauf gemäß § 474 Abs. 2 S. 2 BGB nicht gilt. Anders als bei der Bestimmung des Gefahrübergangs für die Lieferung der Kaufsache[181] ist diese Ausschlussnorm aber bei der Sachmängelhaftung nicht abdingbar und das Verbot des § 475 Abs. 1 BGB richtlinienkonform so auszulegen, dass es auch Vereinbarungen erfasst, mit denen zum Nachteil des Käufers der für die Beurteilung der Mangelfreiheit maßgebliche Zeitpunkt vorverlegt wird. Ob ein Sachmangel schon im Moment des Gefahrübergangs vorliegt, ist nicht bezogen auf den konkreten Defekt festzustellen, der später zutage tritt; es genügt, wenn die Ursache für diesen Fehler schon bei Gefahrübergang vorhanden und die Kaufsache deshalb vertragswidrig beschaffen war.[182] 50

Dieser großzügige Maßstab ist entgegen der Ansicht des BGH auch bei der Frage anzulegen, ob dem Käufer eine **Beweiserleichterung** für die Existenz des Mangels im Zeitpunkt des Gefahrübergangs zugute kommt. Nach der Grundregel des § 363 BGB hat er eigentlich den vollen Nachweis dafür zu erbringen, dass eine von ihm angenommene Kaufsache bei ihrer Übergabe mit einem Sachmangel behaftet war.[183] Für den Verbrauchsgüterkauf gilt jedoch § 476 BGB, der auf Art. 5 Abs. 3 der Verbrauchsgüterkaufrichtlinie zurückgeht und vorschreibt, dass ein binnen sechs Monaten nach Gefahrübergang aufgetretener Mangel als von vornherein vorhanden vermutet und der Verkäufer mit dem Nachweis des Gegenteils belastet wird, sofern dies nicht mit der Art der Sache oder des Mangels unvereinbar ist.[184] Der BGH will diese Vermutung dadurch entwerten, dass er sie allein auf den Zeitpunkt der Existenz des konkret aufgetretenen Mangels bezieht und dem Käufer nicht zuteil werden lässt, wenn nicht der Mangel selbst, sondern schon seine Ursache bei Gefahrübergang vorgelegen haben könnte.[185] Diese Abweichung von der Definition des Mangels ist inkonsequent und verfehlt den Gesetzeszweck von § 476 BGB, den Käufer, der eine binnen sechs Monaten als mangelhaft erkannte Sache erworben hat, so zu stellen, als sei deren Fehlerhaftigkeit bei Gefahrübergang erwiesen. Immerhin versteht der BGH die Beweislastumkehr allerdings zu Recht so, dass der Verkäufer zu seiner Entlastung den Nachweis führen muss, dass 51

[180] Ebenso der Entwurf eines Gemeinsamen Referenzrahmens; vgl. Art. IV.A. – 2:308 Abs. 1 DCFR.

[181] S. o. Rn. 42.

[182] BGH, NJW 2006, 434, 435.

[183] BGH, NJW 2005, 434, 435 f.; 2009, 1341, 1342.

[184] Dies sieht auch der Entwurf eines Gemeinsamen Referenzrahmens vor; vgl. Art. IV.A. – 2:308 Abs. 2 DCFR.

[185] BGH, NJW 2004, 2299; 2007, 2621, 2622. Kritik hieran üben zu Recht MünchKomm/*Lorenz* § 476 BGB Rn. 4 (vgl. auch *Medicus/Lorenz*, Schuldrecht BT, Rn. 244) und Bamberger/Roth/*Faust* § 476 Rn. 9 ff.

ein Mangel auf eine unsachgemäße Behandlung des Käufers zurückzuführen ist;[186] und er will von dem Ausnahmefall einer mit der Art der Sache oder des Mangels unvereinbaren Beweislastumkehr nicht schon deshalb ausgehen, weil die Sache schon beim Verkauf gebraucht war[187] oder der Mangel von solcher Art ist, dass er jederzeit auftreten kann[188]. Ließe man das eine oder andere genügen, liefe die Beweislastumkehr nämlich weitgehend leer, weil der Verkäufer sie schon durch den Nachweis der bloßen Möglichkeit außer Kraft setzen könnte, dass die Kaufsache bei Gefahrübergang fehlerfrei war.[189] Mit der Art des Mangels unvereinbar ist die Vermutung des Fehlers im Zeitpunkt des Gefahrübergangs freilich in dem Fall, dass er so offensichtlich ist, dass er dem Käufer auch ohne eigene Sachkunde oder Einschaltung eines Sachverständigen ohne Weiteres hätte auffallen müssen. Zwar lässt sich auch unter diesen Umständen davon sprechen, dass sich der Mangel binnen sechs Monaten nach Gefahrübergang gezeigt hat; die widerspruchslose Entgegennahme der Kaufsache trotz offenbaren Mangels macht die Vermutung seiner Existenz im Zeitpunkt des Gefahrübergangs jedoch sinnwidrig.[190] Auf den Lieferantenkauf über eine neu hergestellte Sache, die dann zum Gegenstand eines Verbrauchsgüterkaufs wird, wirkt die Vermutung des § 476 BGB nach § 478 Abs. 3 BGB in der Weise zurück, dass beim Auftreten eines Fehlers innerhalb von sechs Monaten nach dem Zeitpunkt des Gefahrübergangs auf den Verbraucher nicht nur ihre Mangelhaftigkeit in diesem Moment, sondern auch in dem Zeitpunkt vermutet wird, in dem die Gefahr von dem Lieferanten auf den Verkäufer überging. Ohne diese Ergänzung der Vermutung wäre das von Art. 4 der Verbrauchsgüterkaufrichtlinie vorgeschriebene Regressrecht des Verkäufers praktisch sehr stark eingeschränkt, weil sich der Nachweis der Fehlerhaftigkeit bei Vollzug des Lieferantenkaufs wegen des mitunter erheblichen Zeitablaufs nur schwer führen ließe.

52 Noch weiter als die Beweislastumkehr gemäß § 476 BGB geht eine vom Verkäufer freiwillig übernommene **Haltbarkeitsgarantie**, wie sie § 443 BGB erwähnt. Der Regelungsgehalt dieser Vorschrift beschränkt sich nicht auf die überaus banale und eines Gesetzestextes kaum würdige Feststellung, dass eine Garantie, die von dem Verkäufer oder einem Dritten, insbesondere dem Hersteller oder Importeur der Kaufsache, übernommen wird, den Garantieanspruch des Käufers zu den in der Garantie festgelegten Bedingungen auslöst.[191] Wichtiger als diese Selbstverständlichkeit ist der Hinweis, dass die Garantie die gesetzlichen Ansprüche des Käufers unberührt lässt, und dies beim Verbrauchsgüterkauf gemäß § 475 Abs. 1 BGB sogar

[186] BGH, NJW 2005, 3490, 3492; 2007, 2621, 2622 f.

[187] BGH, NJW 2005, 3490, 3492.

[188] BGH, NJW 2005, 3490, 3492; 2007, 2621, 2623.

[189] Nicht den vollen Gegenbeweis, sondern nur den Beweis des ersten Anscheins will dem Verkäufer in dieser Hinsicht *Maultzsch*, Der Ausschluss der Beweislastumkehr gemäß § 476 BGB a. E., NJW 2006, 3091, 3094 ff. zumuten; dagegen MünchKomm/*Lorenz* § 476 BGB Rn. 15.

[190] BGH, NJW 2005, 3490, 3492.

[191] Dagegen enthält der Entwurf eines Gemeinsamen Referenzrahmens eine Reihe dispositiver Vorschriften über den Inhalt der Garantie; vgl. Art. IV.A. – 6:101 ff. DCFR.

ohne Möglichkeit einer verkäuferfreundlichen Abweichung.[192] Eigenständige Bedeutung hat § 443 BGB zudem insofern, als er in seinem Abs. 2 für die in Abs. 1 definierte Haltbarkeitsgarantie vermutet, dass ein während der Geltungsdauer aufgetretener Sachmangel die Rechte aus der Garantie auslöst. Diese Vermutung zwingt den Verkäufer zu dem Nachweis, dass sich die Garantie ebenso wie die gesetzlichen Rechtsbehelfe nur auf solche Mängel bezieht, die bei Gefahrübergang vorlagen und nicht auch dann eingreift, wenn der Mangel oder seine Ursache erweislich später aufgetreten ist. Dieser zweite Garantieinhalt, den das UN-Kaufrecht (Art. 36 Abs. 2) positiv feststellt, ist vorgegeben, der Verkäufer beweispflichtig für seine Behauptung, die Haltbarkeitsgarantie erstrecke sich wie das gesetzliche Sachmängelrecht nur auf bei Gefahrübergang vorhandene Sachmängel.[193] Etwaige Unklarheiten in dieser Frage hat der Garantiegeber beim Verbrauchsgüterkauf gemäß § 477 BGB ebenso zu vermeiden wie ungenügende Angaben zur Konkurrenz mit den gesetzlichen Rechtsbehelfen und zu den Modalitäten der Ausübung des Garantieanspruchs. Falls es dem Garantiegeber trotz eines Verstoßes gegen diese Pflicht ausnahmsweise dennoch gelingen sollte, die Vermutung des § 443 Abs. 2 BGB zu widerlegen, kann der Käufer ihn trotzdem wegen Verletzung der gesetzlich festgelegten Aufklärungspflichten auf Schadensersatz nach § 280 Abs. 1 BGB in Anspruch nehmen und so sein Interesse geltend machen, das er daran hat, nicht auf den von ihm unterstellten Sinn der Garantie vertraut zu haben.

bb) Rechtsmängel

Anders als die Verpflichtung zur Herstellung von Sachmängelfreiheit ist die Pflicht **53**
zur Beseitigung von Rechtsmängeln nicht auf einen bestimmten Verwendungszweck der Kaufsache bezogen, sondern umfassend, weil dem Käufer die Sache ja im Regelfall auch zu vollem Recht gehören soll.[194] Entscheidender **Zeitpunkt** für die **Beurteilung**, ob ein Rechtsmangel vorliegt, ist zudem statt des Gefahrübergangs der Moment, in dem die Lieferpflicht des Verkäufers erfüllt ist, beim Sachkauf also grundsätzlich der Zeitpunkt, in dem der Käufer das Eigentum an der Kaufsache erwirbt oder hätte erwerben sollen.[195] Dies ergibt sich zwar nicht aus dem Wortlaut des einschlägigen § 435 BGB, wohl aber aus der Natur der Sache: Lässt sich eine sichere Aussage über das Vorliegen eines Sachmangels häufig erst in dem

---

[192] Nach deutschem Recht ist dies nicht wie in der Verbrauchsgüterkaufrichtlinie durch die Garantiedefinition des Art. 1 Abs. 2 Buchst. e, f auf solche Konstellationen begrenzt, in denen die Garantie „ohne Aufpreis" gewährt wird. Zum einen findet die Übernahme einer Garantie stets Eingang in die Kalkulation des Kaufpreises; zum anderen ist nicht einzusehen, warum der Erhalt der gesetzlichen Mängelrechte nur bei scheinbar kostenlosen und nicht auch bei solchen Garantien gelten soll, für die der Verkäufer oder ein Dritter ein gesondert ausgewiesenes Entgelt verlangt; vgl. MünchKomm/*Westermann* § 443 BGB Rn. 5.

[193] Für innerhalb der Garantiefrist auftretende Mängel laufen dann ab ihrer Entdeckung im Zweifel die Verjährungsfristen des § 438 Abs. 1 BGB; vgl. *Oetker/Maultzsch*, Vertragliche Schuldverhältnisse, Rn. 2.364.

[194] Vgl. die Begründung zum Entwurf des Schuldrechtsmodernisierungsgesetzes, die sich mit dem abweichenden Ansatz in Art. 41 des UN-Kaufrechts auseinandersetzt, BT-Drucks. 14/6040, S. 218.

[195] BGH, NJW 1991, 915, 916.

Moment machen, in dem sich die Kaufsache nach Erfüllung der Übergabepflicht bei dem Käufer befindet, kann man die Frage, ob ein Kaufgegenstand mit einem Rechtsmangel behaftet ist, endgültig erst in dem Moment beantworten, in dem der Gegenstand dem Käufer zu vollem Rechte zustehen sollte.[196] Kann der Verkäufer den Käufer gar nicht erst zum Inhaber des Gegenstands machen, liegt ein Rechtsmangel nur bei fehlender Offenkundigkeit des Leistungsdefizits, ansonsten schon ein Verstoß gegen die Lieferpflicht vor.[197]

54 Wird der Käufer zum Inhaber des Kaufgegenstands, treten Rechtsmängel beim **Sachkauf** vor allem in Gestalt beschränkter dinglicher Rechte, im Fall eines Immobilienkaufs wegen des gesetzlichen Vertragseintritts in ein Miet- oder Pachtverhältnis (§ 566 BGB) auch in Form schuldrechtlicher Verpflichtungen auf, die mit dem Eigentumserwerb verbunden sind[198]. Denkbar sind daneben öffentlich-rechtliche Belastungen, wie sie sich etwa aus der Sozialbindung von Wohnraum[199] oder aus einer polizeilichen Beschlagnahme[200] ergeben. Von der Rechtsmängelhaftung ausgenommen sind dagegen beim Grundstückskauf Erschließungs- und sonstige Anliegerbeiträge, die nach § 436 Abs. 1 BGB den Käufer treffen, sowie gemäß Abs. 2 der Vorschrift auch generell öffentliche Abgaben und öffentliche Lasten, die nicht in das Grundbuch eingetragen werden können. Hierunter fallen nur öffentlich-rechtliche Leistungspflichten, die aus dem Grundstück zu erfüllen sind und den Verbleib des Eigentums beim Käufer voraussetzen, nicht dagegen die Befugnis zur Entziehung des Eigentums durch Enteignung, die einen Rechtsmangel bedeutet.[201] – Beim **Rechtskauf** kommen Rechtsmängel in Form von rechtshindernden und -vernichtetenden Einwendungen sowie in Gestalt von Leistungsverweigerungsrechten des Schuldners vor. Die Bonität des Schuldners stellt dagegen nur dann einen Mangel des verkauften Rechts dar, wenn sie zum Gegenstand einer besonderen Beschaffenheitsvereinbarung gemacht worden ist,[202] wie sie nach § 434 Abs. 1 S. 1 BGB ohne Weiteres auch für andere als körperliche Eigenschaften getroffen werden kann und daher in gleicher Weise beim Rechtskauf möglich ist. Hat der Verkäufer danach für die Bonität des Schuldners einzustehen, hat er in der Regel auch eine Garantie für die Erfüllung der verkauften Forderung abgegeben, weil die Zusage der Leistungsfähigkeit des Schuldners sonst in allen Fällen wertlos wäre, in denen der Verkäufer keinen beherrschenden Einfluss auf den Schuldner ausübt.

---

196 Richtig Bamberger/Roth/*Faust* § 435 Rn. 5. Anders MünchKomm/*Westermann* § 435 BGB Rn. 6, der meint, bei Vereinbarung eines Eigentumsvorbehalts lasse sich ein Rechtsmangel schon vorher feststellen, wenn bereits das Anwartschaftsrecht mit einem Rechtsmangel behaftet ist. Hier gilt aber nicht weniger als in den anderen Fällen, dass der Verkäufer diesen Rechtsmangel noch bis zum entscheidenden Moment des Eigentumsübergangs beseitigen kann und darf.

197 S. o. Rn. 34.

198 BGH, NJW 1992, 905; 1998, 534, 535.

199 BGH, NJW 2000, 1256.

200 BGH, NJW 2004, 1802 f.

201 BGH, NJW 1983, 275.

202 MünchKomm/*Westermann* § 453 BGB Rn. 11.

cc) Ausschlussgründe

Verhindern lässt sich die Haftung des Verkäufers wegen eines Mangels der Kaufsache zunächst einmal durch einen umfassenden **Haftungsausschluss**. Er kommt etwa in Form der Klausel: „wie die Sache steht und liegt", vor und erstreckt sich dann auf alle, auch verdeckte Mängel der Sache. Oder er erfolgt in Gestalt des Zusatzes: „wie besichtigt", und erfasst dann alle Mängel, die der Käufer im Rahmen einer ihm zumutbaren Prüfung ohne Hinzuziehung eines Sachverständigen erkennen kann;[203] eine solche Vereinbarung bezieht sich im Zweifel aber nur auf die bei Vertragsschluss schon vorhandenen Fehler und nicht auf solche Sachmängel, die bis zum Gefahrübergang entstehen.[204] Trifft ein umfassender Haftungsausschluss mit einer Beschaffenheitsvereinbarung zusammen, ist er im Zweifel so zu verstehen, dass er sich bloß auf andere als die vereinbarten Eigenschaften, also nur auf die nach § 434 Abs. 1 S. 2 BGB maßgebliche Eignung der Kaufsache für die bei Vertragsschluss vorausgesetzte oder gewöhnliche Verwendung, erstreckt.[205] Steht dagegen fest, dass er ungeachtet einer Beschaffenheitsvereinbarung sämtliche Mängel erfassen soll, gilt die Kollisionsregel des § 444 BGB, derzufolge der Verkäufer sich nur dann nicht auf den Haftungsausschluss berufen kann, wenn er eine Garantie für die Beschaffenheit der Sache abgegeben hat. Von einer solchen kann man dann ausgehen, wenn der Verkäufer die Gewähr für das Vorhandensein einer bestimmten Beschaffenheit der Kaufsache übernimmt und seine Bereitschaft zu erkennen gibt, für alle Folgen des Fehlens dieser Beschaffenheit einzustehen.[206] Dagegen liegt in der bloßen Angabe, keine versteckten Mängel der Sache zu kennen, lediglich eine schlichte Beteuerung der Redlichkeit des Verkäufers[207]. Ist er tatsächlich unredlich, weil er dem Käufer einen Mangel des Kaufgegenstands arglistig verschweigt, ist der Haftungsausschluss gemäß § 444 BGB gleichfalls wirkungslos. Die Arglist des Verkäufers setzt nicht sein Wissen von der Pflicht zur Information des Käufers über den Mangel, sondern lediglich voraus, dass er die Umstände kennt, aus denen sich der Fehler ergibt.[208] Außer durch bewusst unrichtige Angaben kann sich der Verkäufer den Vorwurf der Arglist auch dadurch einhandeln, dass er ohne tatsächliche Grundlage Angaben „ins Blaue hinein" macht, die geeignet sind, den Kaufentschluss seines Vertragspartners zu beeinflussen.[209] Der Käufer kann dann ohne Rücksicht auf den Haftungsausschluss die Rechte geltend machen, die sich für ihn nach dem Gesetz aus dem Mangel ergeben. Von vornherein und ohne Rücksicht auf Arglist oder Garantie des Verkäufers unwirksam ist ein umfassender Haftungsaus- 55

---

[203] Bei dem Zusatz „unter Ausschluss jeglicher Gewährleistung" erfasst er auch verborgene Mängel; vgl. BGH, NJW 1979, 1886, 1887. Auch ohne diesen Zusatz soll dies nach Staudinger/*Matusche-Beckmann* (2004) § 444 Rn. 16 gelten.

[204] BGH, NJW 2003, 1316 f.

[205] BGH, NJW 2007, 1346, 1349. Anders *Gsell*, „Einfache" Beschaffenheitsvereinbarung und Haftungsausschluss beim Kauf einer gebrauchten Sache, in: H.-G. Ernst u. a. (Hg.), Festschrift für Eggert, Köln 2008, S. 1, 4 ff.

[206] BGH, NJW 2007, 1346, 1348.

[207] BGH, NJW-RR 2003, 989 f.

[208] BGH, NJW 2007, 835, 836.

[209] BGH, NJW 1981, 1441, 1442.

schluss nach § 475 Abs. 1 BGB beim Verbrauchsgüterkauf; und auch bei Verträgen zwischen Unternehmern oder Verbrauchern untereinander ist er kaum anders als in Gestalt einer Individualvereinbarung gültig, weil er sonst gegen das spezielle Klauselverbot des § 309 Nr. 8 Buchst. b Doppelbuchst. aa BGB oder das allgemeine Benachteiligungsverbot des § 307 BGB verstößt.[210] Eine Ausnahme bildet der gesetzlich vorgeschriebene Haftungsausschluss bei Pfandversteigerungen, der nach § 445 BGB nur im Fall von Arglist oder Beschaffenheitsgarantie scheitert und zumindest dann, wenn es um eine gebrauchte Kaufsache geht, gemäß § 474 Abs. 1 S. 2 BGB auch nicht den Beschränkungen des Verbrauchsgüterkaufrechts unterliegt.

56 Wie ein Haftungsausschluss wirkt nach § 442 Abs. 1 S. 2 BGB die **grobfahrlässige Unkenntnis** des Käufers vom Mangel, die ihm seine Rechte ebenfalls nur im Fall von Arglist oder Garantie belässt, während er ihrer bei positiver **Kenntnis des Mangels** gemäß S. 1 der Vorschrift sogar unbedingt verlustig geht.[211] Entscheidender Zeitpunkt ist jeweils der Moment des Vertragsschlusses, in dem man vom Käufer nur ganz ausnahmsweise schon eine Untersuchung der Kaufsache und erst recht nicht die Hinzuziehung eines Sachverständigen erwarten kann. Kann dem Käufer daher allenfalls wegen seiner überlegenen Sachkunde oder einer vorangehenden Warnung durch den Verkäufer der Vorwurf grober Fahrlässigkeit gemacht werden, erlangt er beim Grundstückskauf doch zwangsläufig stets Kenntnis von den im Grundbuch eingetragenen Rechten. § 442 Abs. 2 BGB nimmt sie daher vom Haftungsausschluss aus und verpflichtet den Verkäufer zu ihrer Beseitigung, sofern der Käufer sie nicht nach der Parteivereinbarung im Einzelfall übernehmen soll. Der ansonsten eingreifende Ausschluss der Mängelhaftung wegen Kenntnis oder grobfahrlässiger Unkenntnis eines Mangels lässt sich als besondere Erscheinungsform einer Rechtsverwirkung[212], besser noch mit Hilfe der Rechtsgeschäftslehre erklären[213]:[214] Wer den Mangel eines Kaufgegenstands kennt, darf die auf den Vertragsschluss gerichtete Erklärung des Verkäufers nicht so verstehen, als würden ihm damit Rechte wegen dieses Mangels eingeräumt; und wer einen Mangel nur aufgrund von grober Fahrlässigkeit verkennt, darf eine entsprechende Erwartung an die Erklärung des Verkäufers nur dann stellen, wenn dieser ihm durch seine Garantie Grund für Nachlässigkeit geboten oder wegen seiner Arglist selbst kein schutzwürdiges Interesse an der objektiv gebotenen Beschränkung seiner Mängelhaftung hat. Dass Kenntnis und grobfahrlässige Unkenntnis des Käufers als Ausschlusstatbe-

---

[210] S. u. Rn. 65.

[211] Nach Art. 2 Abs. 3 der Verbrauchsgüterkaufrichtlinie schadet dem Käufer seine grobfahrlässige Unkenntnis unbedingt. Dasselbe sieht der Entwurf eines Gemeinsamen Referenzrahmens vor; vgl. Art. IV.A. – 2:307 DCFR.

[212] So etwa Staudinger/*Matusche-Beckmann* (2004) § 442 Rn. 1, MünchKomm/*Westermann* § 442 BGB Rn. 1. Kritisch hierzu Bamberger/Roth/*Faust* § 442 Rn. 2, der den Sinn von § 442 BGB im Anschluss an *Köhler*, Zur Funktion und Reichweite der gesetzlichen Gewährleistungsausschlüsse, JZ 1989, 761, 762 f. darin erkennt, dem Käufer einen Anreiz zu geben, Mängel aufzudecken, damit so unnötige Streitigkeiten vermieden werden. Dass der Haftungsausschluss als Reflex eine verhaltenssteuernde Wirkung hat, ist jedoch kein Spezifikum dieses Tatbestands und daher auch kein passendes Deutungsmuster.

[213] Zum Verhältnis beider vgl. *Harke*, Allgemeines Schuldrecht, Rn. 341 f.

[214] Anders Anw/*Büdenbender* § 442 BGB Rn. 4.

stände erscheinen, hat seinen Grund darin, dass sie als Ausnahmefälle von der Regel der vollen Haftung des Verkäufers auch dessen Beweislast unterliegen sollen. Eine Unterrichtung des Käufers über bekannte Mängel, die die Rechtsfolge des § 442 BGB auslöst, verstößt beim Verbrauchsgüterkauf ebenso wenig wie eine einschränkende Beschaffenheitsvereinbarung gegen das in § 475 Abs. 1 BGB vorgesehene Verbot abweichender Vereinbarungen.[215]

Schon nach dem Gesetzeswortlaut als Rechtsgeschäft zu verstehen ist der Haf- **57**
tungsausschluss wegen **unterlassener Mängelrüge** im Handelsverkehr nach § 377 HGB. Anders als sein Pendant im UN-Kaufrecht (Art. 38 f.), das dem Käufer die baldige Untersuchung und die Mitteilung eines Mangels binnen angemessener Frist vorschreibt, zwingt die deutsche Regelung den Käufer außer zur zügigen Untersuchung der Kaufsache zur unverzüglichen Rüge eines bei der Untersuchung erkennbaren oder später aufgetretenen Mangels.[216] Derart verschärfte Anforderungen lassen sich nicht an einen Verbraucher stellen, für den Art. 5 Abs. 2 der Verbrauchsgüterkaufrichtlinie allenfalls eine Anzeigefrist von zwei Monaten zulässt, die in Deutschland nicht in das nationale Recht umgesetzt worden ist. § 377 HGB gilt hier nur für beiderseitige Handelsgeschäfte, unter diesen Umständen aber, wie § 478 Abs. 6 BGB klarstellt, auch für den einem Verbrauchsgüterkauf vorgeschalteten Lieferantenkaufvertrag. Bei diesem ist zwar nach Art. 4 der Verbrauchsgüterkaufrichtlinie der Käufer, der nach dem Weiterverkauf der Sache an einen Verbraucher seinen Lieferanten in Regress nimmt, zu privilegieren; die Ausgestaltung des Rückgriffs ist jedoch dem nationalen Recht überlassen. Da die Rügelast in Deutschland Teil des Handelsrechts ist, kann sie auch an die hier eröffnete Möglichkeit anknüpfen, dem Schweigen einer Partei die Bedeutung einer Erklärung beizumessen: Gemäß § 377 Abs. 2 und 3 HGB gilt eine Ware bei unterlassener oder nicht rechtzeitiger Anzeige als genehmigt, die Mängelhaftung also aufgrund einer entsprechenden Verzichtserklärung als ausgeschlossen.[217] Grund für diese Fiktion ist das Interesse des Handelsverkehrs an einer raschen Abwicklung von Umsatzgeschäften, bei denen der Verkäufer die rasche Erklärung des Käufers über den Zustand der Kaufsache erwarten kann.[218] Dieses Interesse besteht nicht bei der stets virulenten Haftung wegen Verletzung der Rücksichtspflicht nach §§ 241 Abs. 2, 280 Abs. 1 BGB, so dass sich die Rügelast hierauf auch bei einem Zusammenhang mit einem Mangel der Kaufsache nicht erstreckt.[219] Da der Wunsch des einzelnen Verkäufers nach Rechtssicherheit zudem nicht schutzwürdig ist, wenn er den Mangel arglistig verschwiegen hat, ist die Genehmigungsfiktion gemäß § 377 Abs. 5 BGB unter diesen Umständen ebenfalls ausgeschlossen. Eine Verschärfung der Rügelast durch ihre Erstreckung

[215] MünchKomm/*Lorenz* § 475 BGB Rn. 9, Soergel/*Wertenbruch* § 475 Rn. 45.

[216] Dies gilt auch nach dem Entwurf eines Gemeinsamen Referenzrahmens; vgl. Art. IV.A. – 4:301 DCFR.

[217] Entgegen *Canaris*, Handelsrecht, Rn. 29.44 handelt es sich dabei nicht um eine verjährungsähnliche Regelung, sondern entsprechend dem Gesetzeswortlaut um die Unterstellung einer vom Vertragspartner zu erwartenden Erklärung.

[218] BGH, NJW 1976, 1353. Zur Zielsetzung des Gesetzgebers des ADHGB im Einzelnen *Niedrig*, Die Mängelrüge. Historische und teleologische Untersuchungen zu § 377 HGB, Paderborn u. a. 1994, S. 90 ff.

[219] BGH, NJW 1976, 1353. Anders *Niedrig* (Fn. 218), S. 165 ff.

auf sämtliche, auch durch eine Untersuchung nicht zu erkennende Mängel, kommt einem umfassenden Ausschluss der Mängelhaftung gleich und kann daher durch vorformulierte Geschäftsbedingung ohne Verstoß gegen § 307 BGB ebenso wenig vereinbart werden[220] wie der Ausschluss der Rügelast, der auch offene Mängel betrifft und dann gegen das gesetzliche Leitbild des Handelskaufs verstößt[221].

58 Als Anknüpfungspunkte hat die Rügelast einerseits gemäß § 377 Abs. 1 HGB die Untersuchung der Kaufsache im ordentlichen Geschäftsgang, indem sie sich sich zunächst einmal auf alle hierbei erkennbaren Mängel erstreckt, andererseits nach Abs. 3 der Vorschrift das spätere Auftreten eines Mangels.[222] Um die Rüge vorzunehmen, braucht der Käufer die Sache nicht zu untersuchen, sondern kann auch aufgrund eines bloßen Verdachts tätig werden.[223] Die dem Käufer zur Aufgabe gemachte **Untersuchung** gibt lediglich vor, wann er den Mangel rügen muss:[224] Wäre er bei ihr erkennbar gewesen, muss die Rüge unverzüglich nach Ablauf des für die Untersuchung erforderlichen Zeitraums erfolgen, ansonsten erst unverzüglich nach Auftreten des Mangels. Die Reichweite der Untersuchung, die gemäß § 377 Abs. 1 HGB im ordnungsgemäßem Geschäftsgang tunlich sein muss, hängt von der Art der Kaufsache, dem für sie nötigen Aufwand[225] und dem durch einen Mangel drohenden Schaden ab: Je größer dieser ist, desto gründlicher muss der Käufer die Ware, und zwar bei fehlender eigener Sachkunde notfalls auch unter Heranziehung eines Sachverständigen,[226] untersuchen, sofern dieser Aufwand nicht wiederum im Missverhältnis zum Wert der Ware steht. Bei komplexeren Maschinen ist in der Regel ein Probebetrieb erforderlich, aber auch ausreichend;[227] bei der Lieferung einer Menge von Sachen kann sich der Käufer auf Stichproben beschränken;[228] und bei der Lieferung von Massenware zum sofortigen Weiterverkauf in Originalverpackung braucht der Käufer die Sache überhaupt nicht zu untersuchen, sondern darf die Mängelanzeige durch den Abnehmer abwarten[229].[230] Hat der Ver-

---

[220] BGH, NJW 1992, 575, 576.

[221] BGH, NJW 1991, 2633, 2634.

[222] Dies gilt auch für Rechtsmängel; vgl. *Canaris*, Handelsrecht, Rn. 29.52 f., der zu Unrecht für eine Ausnahme entsprechend § 438 Abs. 1 Nr. 1 Buchst. a BGB bei Herausgabeansprüchen eintritt.

[223] Ebenroth/Boujong/Joost/Strohn/*Müller* § 377 Rn. 40, Oetker/*Koch* § 377 Rn. 33, Baumbach/*Hopt* § 377 Rn. 20.

[224] Richtig *Canaris*, Handelsrecht, Rn. 29.60.

[225] BGH, NJW 1977, 1150.

[226] MünchKomm/Grunewald § 377 HGB Rn. 38, Oetker/*Koch* § 377 Rn. 40, Baumbach/*Hopt* § 377 Rn. 28.

[227] BGH, NJW 1977, 1150, 1151.

[228] Ebenroth/Boujong/Joost/Strohn/*Müller* § 377 Rn. 55, Baumbach/*Hopt* § 377 Rn. 27.

[229] *Lange*, Die Untersuchungs- und Rügeobliegenheit beim Streckengeschäft, JZ 2008, 661, 666 f., *Canaris*, Handelsrecht, Rn. 29.62, *Grunewald*, Kaufrecht, Rn. 10.92, Ebenroth/Boujong/Joost/Strohn/*Müller* § 377 Rn. 63. Ebenso mit Bezug auf die Frage, ob sich ein Händler im Verhältnis zum Endabnehmer den Vorwurf des Verschuldens gefallen lassen muss, auch die Begründung zum Entwurf des Schuldrechtsmodernisierungsgesetzes, BT-Drucks. 14/6040, S. 210. Anders Oetker/*Koch* § 377 Rn. 54 f.

[230] *Canaris*, Handelsrecht, Rn. 29.62 will den Zwischenhändler von einer nachträglichen Rüge ausnehmen, wenn er seinerseits wegen einer verspäteter Rüge des Endabnehmers diesem

käufer eine Beratungspflicht übernommen, entfällt insoweit die Untersuchungspflicht des Käufers.[231] Der Zeitraum, innerhalb dessen die Untersuchung durchzuführen ist und mit dessen Ablauf die Rügefrist einsetzt, beginnt mit der Ablieferung der Kaufsache, die beim Versendungskauf schon dann gegeben ist, wenn die Sache dem Käufer nach Ankunft am Bestimmungsort so zur Verfügung steht, dass er sie untersuchen kann.[232] Innerhalb welcher Zeit die Untersuchung erfolgt sein muss, richtet sich wiederum nach der Art der Ware: Ist sie verderblich, muss die Untersuchung sofort, also binnen Stunden, erfolgen; handelt es sich um eine komplizierte Maschine, kann die Untersuchung Monate andauern.

Variabel ist auch die **eigentliche Rügefrist**, für die mit dem Kriterium, dass die Mitteilung „unverzüglich" erfolgen muss, ein flexibler Maßstab gegeben ist, der bei einfachen Mängeln zur sofortigen Nachricht, bei schwieriger zu beurteilenden Fehlern zur Mitteilung binnen Tagen oder Wochen zwingt. Gewahrt wird die Frist nach § 377 Abs. 4 HGB durch die rechtzeitige Absendung der Anzeige, die deren Zugang jedoch nicht entbehrlich macht.[233] Den Verkäufer, der durch die Anzeigepflicht in seinem individuellen Abwicklungsinteresse geschützt wird, trifft damit zwar die Verspätungs-, nicht jedoch die Verlustgefahr.[234] Inhaltlich muss die Rüge so spezifiziert sein, dass sie Art und Ausmaß des Mangels erkennen lässt und dem Verkäufer die Vorbereitung einer Nacherfüllung eröffnet. Ist diese vorgenommen, aber fehlgeschlagen, muss der Käufer zur Wahrung seiner Rechte die Fortexistenz des Mangels zum Gegenstand einer erneuten Anzeige machen. 59

b) Die Nacherfüllung

aa) Anspruch auf Nachbesserung und Nachlieferung

Primäre Rechtsfolge eines Sach- oder Rechtsmangels ist nach § 437 Nr. 1 BGB ein Anspruch auf Nacherfüllung. Gemäß § 439 Abs. 1 BGB hat sie nach Wahl des Käufers durch Nachbesserung, also Beseitigung des Mangels an der schon gelieferten Sache, oder Nachlieferung, also ihren Austausch durch eine mangelfreie Sache, zu erfolgen. Diese beiden Varianten der Nacherfüllung, die anders als Rücktritt (§ 323 Abs. 5 S. 2 BGB) und Schadensersatz statt der ganzen Leistung (§ 281 Abs. 1 S. 3 BGB) auch wegen eines nur unerheblichen Mangels verlangt werden kann, sind dem Käufer nicht nur beim Gattungs-, sondern auch beim Stückkauf eröffnet, wenn die Kaufsache wie etwa ein unbesehen gekaufter Gebrauchtwagen austauschbar ist.[235] Dass der Käufer über die Art der Nacherfüllung entscheiden darf, liegt daran, 60

gegenüber freigeworden ist. Gegen eine solche Ausdehnung von § 377 HGB ist *W.-H. Roth*, Die Rügelast des § 377 HGB bei mehrstufigen Verkaufsketten, in: Heldrich u. a. (Hg.), Festschrift für Canaris, München 2007, Bd. 2, S. 365, 372 ff.

[231] *Stoppel*, Untersuchungspflichten auf Verkäuferseite im Zusammenspiel mit Untersuchungsobliegenheiten auf Käuferseite, ZGS 2006, 49, 53 ff.

[232] BGH, NJW 1985, 1333, 1334.

[233] BGH, NJW 1987, 2235, 2236. Anders *Niedrig* (Fn. 218), S. 101 ff.

[234] *Canaris*, Handelsrecht, Rn. 29.69 weist auf die abweichende Vorstellung des ursprünglichen HGB-Gesetzgebers hin und sieht diese wegen der Veränderung der Kommunikationstechnik durch einen Wandel der Normsituation obsolet geworden.

[235] BGH, NJW 2006, 2839, 2840 ff. Anders Bamberger/Roth/*Faust* § 439 Rn. 27.

dass die Leistung eines Verkäufers häufig weniger komplex als etwa die eines Werkunternehmers ist, so dass ihm anders als diesem auch das Wahlrecht des Käufers zugemutet werden kann. Nachbesserung und Nachlieferung stehen aber nicht im Verhältnis der Wahlschuld gemäß § 262 BGB zueinander;[236] und es besteht weder Anlass, die Entscheidungsbefugnis in dem Fall, dass der Käufer sich nicht äußert, analog § 264 Abs. 2 BGB nach erfolgloser Fristsetzung auf den Verkäufer übergehen zu lassen,[237] noch muss man dem Verkäufer unter diesen Umständen den Einwand der unzulässigen Rechtsausübung zugestehen[238]. Zwar existiert im Anspruch auf Nacherfüllung das ursprüngliche Recht des Käufers auf mangelfreie Leistung gemäß § 433 Abs. 1 S. 2 BGB fort. Mit der Lieferung einer fehlerhaften Sache hat sich dieses jedoch, wenn sowohl Nachbesserung als auch Nachlieferung denkbar sind, zu einem **verhaltenen Anspruch** gewandelt,[239] dessen Geltendmachung von der Auswahl des Käufers abhängt. Bevor er sie getroffen hat, kann er sein Recht dem Verkäufer nicht im Wege der Einrede des nichterfüllten Vertrags entgegenhalten und ist daher unbedingt zur Zahlung des Kaufpreises verpflichtet. Hat er sich einmal für eine Art der Nacherfüllung entschieden, ist er bis zum Eintritt eines Leistungshindernisses an diese Wahl gebunden, weil er mit ihr von seiner Gestaltungsbefugnis über sein Nacherfüllungsrecht Gebrauch gemacht hat.[240] Die Arbeit aufzunehmen braucht der Verkäufer freilich erst, wenn der Käufer ihm Gelegenheit gegeben hat, die verkaufte Sache auf den behaupteten Mangel und die Möglichkeit seiner Beseitigung zu überprüfen.[241]

61 Die Frage, ob die Nacherfüllung nach der Regel des § 269 Abs. 1 BGB am Sitz des Verkäufers oder dort zu erfolgen hat, wo sich die Kaufsache bestimmungsgemäß befindet[242], ist deshalb bedeutungslos, weil der Verkäufer gemäß § 439 Abs. 2 BGB ohnehin dazu verpflichtet ist, die zur Nacherfüllung erforderlichen **Aufwendungen** einschließlich der Transport- und Wegekosten zu tragen. Hat der Käufer solche Aufwendungen übernommen, insbesondere indem er die mangelhafte Sache zum Sitz des Verkäufers gebracht, eine mangelfreie Sache hier abgeholt oder die Ursache eines Fehlers durch einen Sachverständigen hat ermitteln lassen[243], kann er sie gemäß

---

[236] So aber *Büdenbender*, Der Nacherfüllungsanspruch des Käufers – Wahlschuld oder elektive Konkurrenz?, AcP 205 (2005) 386, 403 ff. (vgl. auch Anw/*Büdenbender* § 434 BGB Rn. 17 ff.).

[237] So aber Palandt/*Heinrichs* § 262 Rn. 6; dagegen unter Verweis auf die Verbrauchsgüterkaufrichtlinie MünchKomm/*Westermann* § 439 BGB Rn. 5.

[238] So *Oetker/Maultzsch*, Vertragliche Schuldverhältnisse, Rn. 2.198, MünchKomm/*Westermann* § 439 BGB Rn. 5, Palandt/*Weidenkaff* § 439 Rn. 5.

[239] Richtig Bamberger/Roth/*Faust* § 439 Rn. 11.

[240] Anders *Fikentscher/Heinemann*, Schuldrecht, Rn. 858, MünchKomm/*Westermann* § 439 BGB Rn. 4, Bamberger/Roth/*Faust* § 439 Rn. 10 und PWW/*Schmidt* § 439 Rn. 20, die auf die Regeln über das widersprüchliche Verhalten zurückgreifen wollen, die jedoch kaum andere Ergebnisse zeitigen.

[241] BGH, NJW 2010, 1448 f.

[242] Hierfür sind MünchKomm/*Westermann* § 439 BGB Rn. 7, Bamberger/Roth/*Faust* § 439 Rn. 13. Zum Werkvertrag ebenso BGH, NJW-RR 2008, 724, 725. Dagegen *Unberath/Cziupka*, Der Leistungsort der Nacherfüllung, JZ 2008, 867, 868 ff., die auf den Charakter des Nacherfüllungsrechts als Primäranspruch rekurrieren.

[243] BGH, NJW 1991, 1604, 1607.

§ 256 BGB ersetzt verlangen.[244] Dies gilt jedoch nicht für die Kosten einer Selbstbeseitigung des Mangels, die grundsätzlich nur im Rahmen eines Anspruchs auf Schadensersatz statt der Leistung gemäß § 281 Abs. 1 S. 1 BGB, also erst nach vorangehender Fristsetzung, zu erstatten sind. Der so statuierte Vorrang der Nacherfüllung unterliegt entgegen der Ansicht des BGH[245] allerdings deshalb einer immanenten Beschränkung, weil der Verkäufer, der wegen einer Vereitelung der Nacherfüllung durch die Selbstbeseitigung des Käufers gemäß § 326 Abs. 2 BGB seinen Anspruch auf den Kaufpreis behält, sich hierauf gemäß S. 2 dieser Vorschrift auch ersparte Aufwendungen anrechnen lassen muss.[246] Ebenfalls dem Aufwendungsersatzrecht nach § 439 Abs. 2 BGB entzogen und zudem exklusiv dem Schadensersatzrecht überlassen sind Schäden, die durch den Mangel der Kaufsache an anderen Gegenständen des Käufervermögens entstanden sind; im Rahmen der Nacherfüllung kann daher nur Beseitigung der sogenannten „weiterfressenden" Mängel verlangt werden, die darin bestehen, dass sich ein Mangel an der Kaufsache selbst vertieft, indem er bislang nicht betroffene Teile beeinträchtigt[247]. Ist die Kaufsache in eine andere Sache eingebaut worden, kann der Käufer, wenn ihm der Verkäufer nicht zum Schadensersatz verpflichtet ist, schließlich auch nicht den Einbau der ersatzweise gelieferten Sache verlangen; denn der Nacherfüllungsanspruch geht nicht über den ursprünglichen Erfüllungsanspruch hinaus, und Art. 3 Abs. 4 der Verbrauchsgüterkaufrichtlinie, der § 439 Abs. 2 BGB zugrunde liegt, deckt ebenfalls nur die Kosten der Herstellung des vertragsgemäßen Zustands ab, zu dem mangels Vereinbarung einer Montagepflicht nur die Lieferung, nicht auch der Einbau der Kaufsache gehört[248]. Daher ist der Verkäufer auch nicht verpflichtet, Veränderungen, die der Käufer an der Kaufsache selbst vorgenommen hat, zu bewahren oder wiederherzustellen.[249]

Schwieriger zu beurteilen ist die Frage, ob der zur Nachlieferung verpflichtete Verkäufer für den Ausbau oder die Demontage der mangelhaften Kaufsache zu sorgen hat. Nach deutschem Recht kann sich ein solcher Anspruch jenseits des Falls einer fehlerhaften Montageanleitung, in dem die Mangelbeseitigung zwangsläufig auch die Demontage umfasst,[250] nicht aus § 439 Abs. 2 BGB, sondern allenfalls aus 62

[244] Anders *Hellwege*, Die Rechtsfolge des § 439 Abs. 2 BGB, AcP 206 (2006) 136, 139, der in der Vorschrift keine Anspruchsgrundlage, sondern eine reine Kostenzuordnungsnorm erkennt.

[245] BGH, NJW 2005, 1348, 1349 f.; 2006, 988, 989.

[246] Richtig *S. Lorenz*, Selbstvornahme der Mängelbeseitigung im Kaufrecht, NJW 2003, 1417 ff. (vgl. auch *Medicus/Lorenz*, Schuldrecht BT, Rn. 140 ff.) , *Herresthal/Riehm*, Die eigenmächtige Selbstvornahme im allgemeinen und besonderen Leistungsstörungsrecht, NJW 2005, 1457 ff., Soergel/*Gsell* § 326 Rn. 81. Anders zu Unrecht noch *Harke*, Allgemeines Schuldrecht, Rn. 252.

[247] Insoweit richtig Staudinger/*Matusche-Beckmann* (2004) § 439 Rn. 11 ff. und Bamberger/Roth/*Faust* § 439 Rn. 15.

[248] BGH, NJW 2008, 2837, 2838 ff. Anders *Witt*, Ausbau und Einbau im Rahmen der kaufrechtlichen Mangelgewährleistung, ZGS 2008, 369, 371 ff., Bamberger/Roth/*Faust* § 439 Rn. 18.

[249] Anders Bamberger/Roth/*Faust* § 439 Rn. 18, der hier den eigentlich nur beim Schadensersatzrecht relevanten hypothetischen Kausalverlauf berücksichtigen will.

[250] Hierzu *Haedicke*, Die Mangelbeseitigungspflicht des Verkäufers bei fehlerhafter Montageanleitung, ZGS 2006, 55 ff.

der in Abs. 4 derselben Vorschrift statuierten Pflicht des Käufers zur **Rückgewähr der mangelhaften Sache** nach den Vorschriften über den Rücktritt (§§ 346 ff. BGB) ergeben. Zwar geht mit ihr grundsätzlich kein gegenläufiger Anspruch auf Rücknahme der erbrachten Leistung einher;[251] ein solcher kann sich jedoch im Einzelfall als Abwehranspruch ergeben, wenn der Gläubiger des Rückgewähranspruchs durch die unterlassene Rücknahme gegen seine Rücksichtspflicht aus § 241 Abs. 2 BGB verstoßen und sich daher nach § 280 Abs. 1 BGB schadensersatzpflichtig machen würde.[252] Im Fall des Einbaus einer mangelhaften Kaufsache entfallen nach §§ 346 Abs. 2 S. 1 Nr. 2, Abs. 3 S. 1 Nr. 1 BGB jedoch schon die Rückgewährsowie eine sie ergänzende Wertersatzpflicht des Käufers, so dass von vornherein kein Raum für eine korrespondierende Rücknahmepflicht des Verkäufers ist.[253] Ergeben kann sie sich für den Verbrauchsgüterkauf allein aus Art. 3 Abs. 3 der Verbrauchsgüterkaufrichtlinie, der den Verkäufer zu einer unentgeltlichen Ersatzlieferung ohne erhebliche Unannehmlichkeiten für den Verbraucher verpflichtet, bei der die Art und der Verwendungszweck des Verbrauchsgutes zu berücksichtigen sind. Da der Zweck von Baustoffen gerade ihr Einbau ist, spricht einiges dafür, dass der auf Nachlieferung in Anspruch genommene Verkäufer auch zur Beseitigung der vertragswidrigen Ware verpflichtet ist, um Platz für die mangelfreie Ersatzsache zu schaffen.[254] In das deutsche Recht umsetzen lässt sich eine solche Pflicht des Verkäufers durch ein erweitertes Verständnis von § 439 Abs. 4 BGB, indem man ihm in den Fällen, in denen der Käufer durch den Verbleib der mangelhaften Kaufsache bei ihm besonders belastet wird, nicht nur ein Recht, sondern auch ein Pflicht des Verkäufers zur Rücknahme entnimmt. Dass der Käufer sie bis zu dieser aufzubewahren hat, sieht § 379 Abs. 1 HGB speziell für den Handelskauf vor, gilt aber auch im Übrigen, und zwar kraft der gegenläufigen Pflicht des Käufers zur Rücksichtnahme auf die Interessen des Verkäufers gemäß § 241 Abs. 2 BGB.

63 Für eine vergleichbare richtlinienkonforme Auslegung wäre, wenn man nur von § 439 BGB ausgeht, auch Raum in der nun von § 474 Abs. 2 S. 1 BGB geregelten Frage gewesen, ob der Käufer nach Ersatzlieferung zum Wertersatz für **Nutzungen** verpflichtet ist, die er aus der mangelhaften Sache gezogen hat. Nach Ansicht des EuGH verstößt eine solche Verpflichtung des Käufers ebenfalls gegen das Gebot einer unentgeltlichen und ohne Unannehmlichkeiten zu gewährenden Nachlieferung, das auch nicht dadurch eingeschränkt werden dürfe, dass man dem Käufer eine von der Geltendmachung seines Rechts abschreckende Ersatzleistung auferlegt.[255] Geltung hätte man dieser Vorgabe schon durch ein einschränkendes Verständnis von § 439 Abs. 4 BGB verschaffen können, dessen Verweis auf §§ 346 ff. BGB sich problemlos auf die Rückgabepflicht selbst beschränken lässt. So wäre auch für Ver-

---

[251] Anders *Looschelders*, Schuldrecht BT, Rn. 90, Staudinger/*Matusche-Beckmann* (2004) § 439 Rn. 54 f., Bamberger/Roth/*Faust* § 439 Rn. 32, Anw/*Büdenbender* § 439 BGB Rn. 27 und *Grunewald*, Kaufrecht, Rn. 9.54, die jedoch eine Pflicht zur Demontage ablehnt. Eine solche bejaht vorbehaltlos PWW/*Schmidt* § 439 Rn. 14.

[252] *Harke*, Allgemeines Schuldrecht, Rn. 117.

[253] BGH, NJW 2009, 1660, 1662 f.

[254] BGH, NJW 2009, 1660, 1662.

[255] EuGH, NJW 2008, 1433, 1434.

träge zwischen Unternehmern und Verbrauchern untereinander ein sachgerechtes Ergebnis erzielt worden; denn die Pflicht zur Nutzungsherausgabe oder zum Wertersatz ist auch hier fehl am Platz, weil ihr anders als im Fall eines Rücktritts kein gegenläufiger Anspruch für die andere Leistung korrespondiert,[256] der Verkäufer also nicht zur Verzinsung des bis zur Nacherfüllung noch zu Unrecht empfangenen Kaufpreises verpflichtet ist.[257] Durch die Neufassung von § 474 BGB, die den Gegenschluss für nicht dem Verbrauchsgüterkaufrecht unterfallende Verträge erzwingt, ist ein solcher Weg jedoch verbaut. Die Pflicht des Käufers zum Wertersatz für Nutzungen ist nur noch insoweit beschränkt, als der Gebrauchswert einer fehlerhaften Sache durch deren Mangel reduziert ist.

Der Anspruch des Käufers auf Nacherfüllung unterliegt nicht der regelmäßigen **64**
Verjährung, die nach § 199 Abs. 1 BGB mit Kenntnis oder grob fahrlässiger Unkenntnis von der Anspruchsentstehung beginnt. Um das Vertrauen des Verkäufers auf Bestand und Durchführung des nur wegen eines Mangels noch unvollendeten Kaufvertrags zu schützen, ordnet § 438 Abs. 2 BGB einen objektiven Beginn der Verjährungsfrist mit Übergabe oder Ablieferung der Kaufsache an. Zudem beträgt die Verjährungsfrist nach Abs. 1 Nr. 3 derselben Vorschrift im Allgemeinen zwei Jahre und liegt damit unter der dreijährigen Regelfrist von § 195 BGB. Sie übersteigt sie freilich im Fall von Bauwerken oder hierfür verwendeten Baumaterialien[258], bei denen sie sich nach § 438 Abs. 1 Nr. 2 BGB auf fünf Jahre beläuft. Noch länger ist sie im Fall von Rechtsmängeln, die in dinglichen Herausgabeansprüchen eines Dritten oder sonstigen Rechten bestehen, wenn diese im Grundbuch eingetragen sind. Die hierfür von § 438 Abs. 1 Nr. 1 BGB vorgesehene Frist von 30 Jahren entspricht derjenigen, die § 197 Abs. 1 Nr. 1 BGB für die dinglichen Herausgabeansprüche selbst anordnet, die den Mangel ausmachen.[259] Ist der Verkäufer in seinem Vertrauen auf die Abwicklung des Kaufvertrags nicht schutzwürdig, weil er den Mangel arglistig verschwiegen hat, gilt nach § 438 Abs. 3 BGB die regelmäßige Verjährungsfrist mit subjektivem Verjährungsbeginn. Sie unterliegt jedoch einer Ablaufhemmung, so dass sie nicht vor den objektiv einsetzenden Fristen von fünf und zwei Jahren vollendet sein kann. Der hierfür bei Grundstücken maßgebliche Moment der Übergabe ist erst mit der Verschaffung unmittelbaren Besitzes, nicht schon mit der Begründung eines Besitzmittlungsverhältnisses gekommen,[260] der bei beweglichen Sachen entscheidende Zeitpunkt der Ablieferung ist abhängig vom

---

[256] Dass der Nutzungsersatz deshalb beim Rücktritt auch vor dem Hintergrund des Europarechts unproblematisch ist, nimmt BGH, NJW 2010, 148, 149 zu Recht an.

[257] Vgl. *Gsell*, Nutzungsentschädigung bei kaufrechtlicher Nacherfüllung, NJW 2003, 1969, 1970 ff., die allerdings für eine Vorteilsabschöpfung unter dem schadensersatzrechtlichen Gesichtspunkt „neu für alt" eintritt.

[258] Diese müssen innerhalb der Frist von zwei Jahren für den Bau verwendet worden sein, weil sonst die Frist nach § 438 Abs. 1 Nr. 3 BGB einschlägig und abgelaufen ist; vgl. Staudinger/*Matusche-Beckmann* (2004) § 438 Rn. 39, Bamberger/Roth/*Faust* § 438 Rn. 26.

[259] Bei der angestrebten Harmonisierung der beiden Fristen (vgl. die Begründung für den Entwurf des Schuldrechtsmodernisierungsgesetzes, BT-Drucks. 14/6040, S. 227) hat man allerdings die Anrechnung der Verjährung während des Besitzes des Rechtsvorgängers (§ 198 BGB) übersehen; vgl. Bamberger/Roth/*Faust* § 438 Rn. 12.

[260] BGH, NJW 1996, 586, 587.

Leistungsort: Beim Versendungskauf beginnt die Verjährungs- ebenso wie die Untersuchungsfrist beim Handelskauf[261] schon dann, wenn die Kaufsache, ohne dem Käufer wirklich übergeben zu sein, doch so zur Verfügung steht, dass er sie untersuchen kann.[262] Bei einer Holschuld des Käufers besteht die Ablieferung dagegen in der Übergabe an den Käufer, weil sie erst in diesem Moment den Machtbereich des Verkäufers verlässt und der Käufer die Möglichkeit gewinnt, sie allein zu untersuchen.[263] Dies gilt auch, wenn der Käufer vorher in Annahmeverzug gerät; denn der Verjährungsbeginn gehört nicht zu den Rechtsfolgen des Annahmeverzugs.[264] Muss die Kaufsache montiert werden, beginnt die Verjährung erst mit Fertigstellung der Montage durch den Verkäufer oder, wenn der Käufer die Sache selbst montieren soll, ab dem Moment, zu dem er die Montage hätte vornehmen können.[265]

65 Der Anspruch auf Nacherfüllung ist beim Verbrauchsgüterkauf nach § 475 Abs. 1 und 2 BGB nur insoweit einer **vertraglichen Modifikation** zulasten des Käufers zugänglich, als die Verjährungsfrist bei Baustoffen, für die sie nach § 438 Abs. 1 Nr. 2 Buchst. b BGB eigentlich fünf Jahre beträgt, auf zwei Jahre, im Übrigen bei allen beweglichen Sachen, wenn sie gebraucht sind, auf ein Jahr verkürzt werden kann.[266] Für Verträge über neu hergestellte Sachen zwischen Verbrauchern untereinander gilt nach § 309 Nr. 8 Buchst. b Doppelbuchst. ff BGB das Verbot, die Verjährung durch vorformulierte Geschäftsbedingung des Verkäufers bei Baustoffen auf weniger als zwei Jahre, ansonsten auf weniger als ein Jahr, jeweils gerechnet vom gesetzlichen Verjährungsbeginn, zu reduzieren. Entsprechendes gilt aufgrund des allgemeinen Benachteiligungsverbots des § 307 BGB auch bei Verträgen zwischen Unternehmern.[267] Eine durch vorformulierte Geschäftsbedingungen des Käufers ausbedungene Verlängerung der Verjährungsfrist von zwei auf drei Jahre ist noch zulässig, ihre Ausdehnung auf zehn Jahre dagegen nicht mehr wirksam.[268] Eine Beschränkung des Nacherfüllungsanspruchs selbst stößt jenseits des Verbraucherkreditrechts auf weitere Klauselverbote in § 309 Nr. 8 Buchst. b BGB. Beim Vertrag über neu hergestellte Sachen wehren sie einer Pflicht zur Anzeige nicht offensichtlicher Mängel in kürzerer als der zulässigen Verjährungsfrist (Doppelbuchst. ee), der Bedingung vollständiger oder unangemessen hoher Kaufpreiszahlung (Doppelbuchst. dd) sowie der Überwälzung der vom Verkäufer gemäß § 439 Abs. 2 BGB zu tragenden Nacherfüllungskosten (Doppelbuchst. cc). Während die beiden zuletzt genannten Klauseln auch im Verkehr zwischen Unternehmern am allgemeinen Benachteiligungsverbot des § 307 BGB scheitern, ist die Vereinbarung einer kurzen Frist zur Mängelanzeige wegen der gesetzlichen Vorgabe von § 377 HGB hier grundsätzlich zulässig.

---

[261] S. o. Rn. 58.
[262] BGH, NJW 1985, 1333, 1334.
[263] BGH, NJW 1995, 3381, 3382.
[264] BGH, NJW 1995, 3381, 3383.
[265] Anders offenbar MünchKomm/*Westermann* § 438 BGB Rn. 27.
[266] Wobei die Unterscheidung zwischen neuen und gebrauchten Sachen der Parteivereinbarung entzogen ist; vgl. BGH, NJW 2007, 674, 677.
[267] BGH, NJW 1993, 2054, 2055.
[268] BGH, NJW 2006, 47 f., 50.

bb) Verweigerungsrechte von Käufer und Verkäufer

Ob der Nacherfüllung ein **Leistungshindernis** entgegensteht, das den Anspruch des Käufers gemäß § 275 BGB ausschließt oder undurchsetzbar macht, ist für beide Arten der Nacherfüllung gesondert festzustellen. Völlig scheidet sie erst dann aus, wenn sowohl Nachbesserung als auch Nachlieferung durch ein Leistungshindernis blockiert sind. Der durch § 275 Abs. 2 BGB eröffnete Einwand eines groben Missverhältnisses von Schuldneraufwand und Gläubigerinteresse, der im Regelfall durch ein über das Verhältnis von 1:2 hinausgehendes Ungleichgewicht von Leistung und Gegenleistung begründet wird,[269] ist bei der Nacherfüllung mit Bezug auf den vollen Kaufpreis und nicht etwa in der Weise zu beurteilen, dass nur der Teil des Kaufpreises in Ansatz gebracht wird, der der mangelbedingten Funktionsstörung entspricht. Lässt sich dieser schon im Einzelfall nur schwer ermitteln, würde man, wenn man von ihm ausgeht, zumindest im Fall der Nachlieferung ohne Regressmöglichkeit auch in aller Regel zu dem Ergebnis kommen, dass der Verkäufer zur Verweigerung der Leistung berechtigt ist. Anders verhält es sich, wenn man den Preis der Kaufsache insgesamt zugrunde legt: Das Doppelte dieses Betrags überschreiten die Nachlieferungskosten dann normalerweise nur in dem Ausnahmefall, dass der Verkäufer die Kaufsache unter den eigenen Gestehungskosten verkauft hat. 66

Ist der Einwand eines groben Missverhältnisses von Schuldneraufwand und Leistungsinteresse demnach nur selten begründet, gesteht § 439 Abs. 3 BGB dem Verkäufer jedoch, gewissermaßen als Pendant zum Wahlrecht des Käufers, ein besonderes Leistungsverweigerungsrecht zu, falls eine Art der Nacherfüllung mit **unverhältnismäßigen Kosten** verbunden ist. Hierbei sollen der Wert der Sache, die Bedeutung des Mangels und die Frage zu berücksichtigen sein, inwieweit das Interesse des Käufers durch die andere Art der Nacherfüllung befriedigt werden kann. Steht weder Nachbesserung noch Nachlieferung ein Leistungshindernis entgegen, kann man einen Vergleich zwischen den jeweils anfallenden Kosten ziehen und die Grenze, ab der ein Verkäufer das Wahlrecht des Käufers beschränken darf, ebenso wie im Schadensersatzrecht für die Auswahl zwischen Reparatur und Ersatzbeschaffung[270] ziehen:[271] Die vom Käufer bevorzugte Art der Nacherfüllung darf im Regelfall bis zu 30 % mehr kosten als die andere; ist sie teurer, kann der Verkäufer den Käufer auf die andere Art der Nacherfüllung verweisen.[272] Das Leistungsverweigerungsrecht ist freilich nicht auf solche Fälle relativer Unverhältnismäßigkeit beschränkt, sondern kann auch für beide Arten der Nacherfüllung oder dann gelten, wenn eine von ihnen von vornherein an einem Leistungshindernis scheitert. Ob unverhältnismäßige Kosten entstehen, lässt sich unter diesen Umständen nur absolut, also ebenso wie bei § 275 Abs. 2 BGB durch den Abgleich von Gläubigerinteresse 67

---

[269] Vgl. *Harke*, Allgemeines Schuldrecht, Rn. 216 f.

[270] Vgl. *Harke*, Allgemeines Schuldrecht, Rn. 295, 300.

[271] Vorsichtiger MünchKomm/*Westermann* § 439 BGB Rn. 20, 24.

[272] Für geringere Sätze *Kirsten*, Die Unverhältnismäßigkeit der Nacherfüllung im Kaufrecht, ZGS 2005, 66, 71 ff. (20 %), *Grunewald*, Kaufrecht, Rn. 9.49 (10-20 %) und PWW/*Schmidt* § 439 Rn. 30 (5-10 %). Für eine Staffelung nach dem Grad des Verschuldens Bamberger/Roth/*Faust* § 439 Rn. 49. Gegen die Orientierung an Prozentsätzen schlechthin Staudinger/*Matusche-Beckmann* (2004) § 439 Rn. 43 und Anw/*Büdenbender* § 439 BGB Rn. 36.

und Schuldneraufwand bestimmen, wobei der Maßstab allerdings zugunsten des Verkäufers verschoben sein muss,[273] das Verweigerungsrecht also spätestens bei einer Überschreitung des Kaufpreises um 150 % einsetzt. Lässt sich ein solches Privileg des Verkäufers noch als Ausgleich zum Wahlrecht des Käufers rechtfertigen, ist hierfür zumindest beim Verbrauchsgüterkauf kein Platz; denn § 439 Abs. 3 BGB ist insoweit nach Maßgabe des Europarechts zu reduzieren: Gemäß Art. 3 Abs. 3 der Verbrauchsgüterkaufrichtlinie soll das Verweigerungsrecht des Verkäufers nur bestehen, wenn eine der beiden Arten der Nacherfüllung „verglichen mit der alternativen Abhilfemöglichkeit" unverhältnismäßig ist. Demnach kann der Verkäufer eine Art der Nacherfüllung nicht schlechthin, sondern nur dann ablehnen, wenn noch eine andere Möglichkeit der Nacherfüllung offen steht. Da sich § 439 Abs. 3 BGB im Gegensatz zu der auf Ausnahmefälle begrenzten Norm des § 275 Abs. 2 BGB auch nicht unter den in der Richtlinie genannten Tatbestand der Unmöglichkeit der Nacherfüllung subsumieren lässt,[274] ist die Vorschrift beim Verbrauchsgüterkauf richtlinienkonform auf die Konstellation zu beschränken, dass eine der beiden Nacherfüllungsvarianten unverhältnismäßige Kosten im Vergleich zu der anderen verursacht[275].[276]

68 Da die Nacherfüllung nicht nur die Pflicht, sondern auch das Recht des Verkäufers ist, indem sie den Zugang des Käufers zu den Sekundärrechtsbehelfen sperrt, kann dieser sie erst ablehnen, wenn die Voraussetzungen für Rücktritt, Minderung oder Schadensersatz statt der Leistung vorliegen und er von diesen Rechten Gebrauch macht. Regelvoraussetzung ist nach §§ 281 Abs. 1 und 323 Abs. 1 BGB eine erfolglos gebliebene Fristsetzung, die jedoch bei einem Leistungshindernis (§§ 283, 326 Abs. 5 BGB) und in den von §§ 281 Abs. 2 und 323 Abs. 2 BGB genannten Fällen entbehrlich ist, in denen der Gläubiger das Interesse an der Leistung verloren hat. § 440 S. 1 BGB ergänzt diese Konstellationen für die Mängelhaftung um eine Verweigerung beider Arten der Nacherfüllung gemäß § 439 Abs. 3 BGB sowie eine dem Käufer unzumutbare oder fehlgeschlagene Nacherfüllung. Während der Vorbehalt für eine unzumutbare Nacherfüllung nicht über die allgemeinen Bestimmungen der §§ 281 Abs. 2 und 323 Abs. 2 BGB hinausgeht, die insbesondere einen Vertrauensverlust wegen einer vom Verkäufer verübten arglistigen Täuschung abdecken,[277] hat der Fall der **fehlgeschlagenen Nacherfüllung** eigenständige Bedeutung. § 440 S. 2 BGB konkretisiert ihn im Wege einer Vermutung, dass die Nacherfüllung dann als fehlgeschlagen gilt, wenn der Verkäufer zwei erfolglose Versuche hierzu unternommen hat, sei es, dass derselbe Mangel nach wie vor vorhanden ist, sei es, dass die Versuche zu einem neuen Mangel geführt haben. Kann der Verkäufer die so begrün-

---

[273] So ausdrücklich die Begründung zum Entwurf des Schuldrechtsmodernisierungsgesetzes, BT-Drucks. 14/6040, S. 232.

[274] Staudinger/*Matusche-Beckmann* (2004) § 439 Rn. 41. Anders *Unberath*, ZEuP 2005, 5, 22 ff., MünchKomm/*Lorenz* vor § 474 BGB Rn. 18, PWW/*Schmidt* § 439 Rn. 29. Offen BGH, NJW 2009, 1660, 1662.

[275] Im Ergebnis ebenso Bamberger/Roth/*Faust* § 439 Rn. 41, 53, der zu diesem Ergebnis freilich durch Auslegung gelangen und eine absolute Unverhältnismäßigkeit nur bei Unmöglichkeit annehmen will.

[276] Dass dies auch jenseits des Verbrauchsgüterkaufs gelten soll, meinen Staudinger/*Matusche-Beckmann* (2004) § 439 Rn. 41 und Bamberger/Roth/*Faust* § 439 Rn. 54.

[277] BGH, NJW 2007, 835, 837; 2008, 1371, 1372 f.

dete Vermutung des Fehlschlagens nicht dadurch widerlegen, dass die Art der Sache oder des Mangels oder andere Umstände die Nacherfüllung besonders schwierig machen,[278] kann der Käufer von den Sekundärrechtsbehelfen Gebrauch machen, ohne den Wegfall seines Interesses an der Nacherfüllung dartun zu müssen. Dasselbe gilt, allerdings beschränkt auf Rücktritt und Minderung, beim Verbrauchsgüterkauf, wenn der Verkäufer, ohne dass der Käufer eine Frist gesetzt hätte, dem Nacherfüllungsverlangen nicht in angemessener Zeit nachkommt. Zwar widerspricht die Zulassung von Rücktritt oder Minderung in diesem Fall dem Grundsatz des § 323 Abs. 1 BGB, wonach eine dem Schuldner zur Erfüllung gewährte Nachfrist nicht automatisch läuft, sondern vom Gläubiger gesetzt werden muss. Art. 3 Abs. 5 der Verbrauchsgüterkaufrichtlinie sieht als Voraussetzung für das Recht zur Vertragsauflösung oder Minderung jedoch nur das Ausbleiben einer Abhilfeleistung innerhalb angemessener Frist vor, der zwar ein Nacherfüllungsverlangen, jedoch keine Fristsetzung vorangehen muss.[279] Der nationale Gesetzgeber hat die Richtlinie zwar anders verstanden, mit § 440 BGB jedoch vorsorglich eine Bestimmung geschaffen, durch die sich eine richtlinienkonforme Anwendung des deutschen Rechts erreichen lässt.[280]

---

[278] Vgl. BGH, NJW 2007, 504, 505.

[279] Dagegen genügt es für das Rücktritts- und Minderungsrecht grundsätzlich noch nicht, dass die Nacherfüllung mit Belästigungen für den Verbraucher verbunden war. Zwar gesteht Art. 3 Abs. 5 der Richtlinie dem Verbraucher die Auflösungs- und Minderungsbefugnis auch dann zu, wenn die vom Verkäufer geschaffene Abhilfe nicht ohne erhebliche Unannehmlichkeiten für den Verbraucher war. Damit ist jedoch nur gemeint, dass keine regelrechte Abhilfe vorlag, die gemäß Abs. 3 der Bestimmung ohne erhebliche Unannehmlichkeiten für den Verbraucher erfolgen muss. Bei der Übersetzung in das nationale Recht kommt man also entsprechend der Vorstellung des deutschen Gesetzgebers (vgl. die Begründung zum Entwurf des Schuldrechtsmodernisierungsgesetzes, BT-Drucks. 14/6040, S. 223; ebenso PWW/Schmidt § 441 Rn. 4) mit dem Ausbleiben der Nacherfüllung aus. Und für Fälle besonderer Beeinträchtigung des Käufers steht noch das Rücktrittsrecht wegen Verletzung einer Rücksichtspflicht gemäß § 324 BGB zur Verfügung; vgl. *Unberath*, ZEuP 2005, 5, 26 f. Anders MünchKomm/*Lorenz* vor § 474 BGB Rn. 21, der der Richtlinie ein Rücktritts- und Minderungsrecht wegen bloßer Unannehmlichkeiten entnimmt, und Bamberger/Roth/*Faust* § 441 Rn. 30, der dem Käufer durch die Richtlinie auch bei vollständiger Nacherfüllung einen Ausgleich von Unannehmlichkeiten im Wege der Minderung zugestanden sieht; beide erkennen im geltenden deutschen Recht aber keinen hinreichenden Anknüpfungspunkt für die Umsetzung dieser Richtlinienvorgabe; ebenso im Ergebnis *Herresthal*, Die Grenzen der richtlinienkonformen Rechtsfortbildung im Kaufrecht, WM 2007, 1354, 1358 ff., der eine der Korrektur durch Rechtsfortbildung unzugängliche Wertungsentscheidung des deutschen Gesetzgebers ausmacht.

[280] Vgl. die Begründung für den Entwurf des Schuldrechtsmodernisierungsgesetzes, BT-Drucks. 14/6040, S. 222. Ebenso *Looschelders*, Schuldrecht BT, Rn. 104. Anders *Oetker/Maultzsch*, Vertragliche Schuldverhältnisse, Rn. 2.245, *Grunewald*, Kaufrecht, Rn. 9.63, MünchKomm/*Lorenz* vor § 474 BGB Rn. 20 und Bamberger/Roth/*Faust* § 437 Rn. 19, die auf § 323 Abs. 2 Nr. 3 BGB zurückgreifen wollen, dessen Verständnis sich aber anders als das von § 440 BGB nicht auf den Kaufvertrag begrenzen lässt. Für eine richtlinienkonforme Reduktion von § 323 BGB dagegen PWW/*Schmidt* § 437 Rn. 23; kritisch hierzu *Unberath*, ZEuP 2005, 5, 29 ff. Palandt/*Weidenkaff* § 439 Rn. 7 sieht das Problem wohl nicht zu Unrecht durch die von BGH, NJW 2009, 3153, 3154 anerkannte Möglichkeit einer Fristsetzung durch Aufforderung zur umgehenden Leistung (hierzu *Harke*, Allgemeines Schuldrecht, Rn. 175) entschärft.

69 Einer besonderen Darlegung des Interessewegfalls bedarf es nach § 478 Abs. 1 BGB auch nicht für den **Rückgriff** des Verkäufers einer neu hergestellten Sache gegenüber seinem **Lieferanten**, wenn er die Kaufsache im Rahmen eines Verbrauchsgüterkaufs weiterveräußert hat und zurücknehmen muss oder der Käufer den Kaufpreis gemindert hat. In dieser Konstellation ist der Wegfall des Interesses an der Nacherfüllung freilich die Regel[281] und eine Nachlieferung oder Nachbesserung, sofern sie denn überhaupt noch möglich sein sollte, nur in dem Ausnahmefall noch von Wert, dass der Unternehmer die nachgebesserte Kaufsache selbst oder ein Ersatzstück zur Erfüllung des Vertrags mit dem Verbraucher oder einem Dritten einsetzen kann.

cc) Aufwendungsersatz beim Lieferantenkauf

70 Ist die Nacherfüllung durch einen Lieferanten für den Verkäufer, der dem Nacherfüllungsverlangen des Käufers schon nachgekommen ist, nur selten von Wert, bleibt sein Interesse an der Abwälzung der Mangelfolgen auf den Lieferanten auch bei Rücktritt und Minderung insoweit unbefriedigt, als ihm zur Erfüllung des Nachbesserungs- oder Nachlieferungsverlangens des Käufers besondere Kosten entstanden sind. Zwar sind diese von einer etwaigen Schadensersatzpflicht des Lieferanten abgedeckt; sie ist jedoch durch den Nachweis mangelnden Verschuldens ausgeschlossen, den der Lieferant leicht führen kann, indem er dartut, dass der Mangel der Sache für ihn nicht erkennbar gewesen und er auch bei der Erfüllung der gegen ihn gerichteten Mängelrechte nicht in Verzug gekommen ist. Damit der Verkäufer unter diesen Umständen nicht endgültig mit den Kosten der Nacherfüllung belastet bleibt, bestimmt § 478 Abs. 2 BGB für den Lieferantenkauf, der einem Verbrauchsgüterkauf vorgeschaltet ist, dass der Verkäufer die zur Nacherfüllung gegenüber dem Verbraucher getätigten Aufwendungen vom Lieferanten ersetzt verlangen kann. Hierzu zählen auch Gemeinkosten wie Personalkosten, sofern sie sich der Nacherfüllung zuordnen lassen[282] und solche Aufwendungen, die der Käufer aufgrund einer erst im Nachhinein als falsch entlarvten Prognose über ihren Nutzen oder ihre Verhältnismäßigkeit getätigt hat[283]. Der Ersatzanspruch ist ebenso wenig wie der Nacherfüllungsanspruch an das Verschulden des Lieferanten gebunden, setzt aber naturgemäß voraus, dass die Kaufsache schon in dem Moment mangelhaft war, in dem die Gefahr vom Lieferanten auf den Verkäufer wechselte. Als Ausnahme vom Verbot der Selbstvornahme im Kaufrecht und Alternative zur Nacherfüllung schließt die Erfüllung des Aufwendungsersatzanspruchs zumindest dann, wenn er auf einer erfolgreichen Nacherfüllung gegenüber dem Verbraucher beruht, die Sekundärrechtsbehelfe, also Rücktritt, Minderung und Schadensersatz, gegenüber dem Lieferanten aus.[284] Zwar unterliegt der Aufwendungsersatzanspruch ebenso wie die Nacherfüllung zu-

---

[281] Da er es nicht durchgängig ist, will *Salewski*, Das Verhältnis von § 478 Abs. 1 und 2 BGB, ZGS 2008, 212 ff. die Vorschrift des § 478 Abs. 1 BGB teleologisch reduzieren und den Fall der Nachlieferung an den Verbraucher unter Rücknahme der fehlerhaften Kaufsache hiervon ausnehmen.

[282] MünchKomm/*Lorenz* § 478 BGB Rn. 29a, Soergel/*Wertenbruch* § 478 Rn. 121. Zurückhaltender Bamberger/Roth/*Faust* § 478 Rn. 24. Anders PWW/*Schmidt* § 478 Rn. 17.

[283] MünchKomm/*Lorenz* § 478 BGB Rn. 31, Soergel/*Wertenbruch* § 478 Rn. 126.

[284] MünchKomm/*Lorenz* § 478 BGB Rn. 34, Bamberger/Roth/*Faust* § 478 Rn. 29.

mindest theoretisch dem Leistungsverweigerungsrecht wegen Unverhältnismäßigkeit gemäß § 439 Abs. 3 BGB. Ist dieses wegen richtlinienkonformer Reduktion der Vorschrift beim Verbrauchsgüterkauf aber nur im Fall relativer Unverhältnismäßigkeit eröffnet und nicht auch dafür zuständig, dass der Verkäufer die Nacherfüllung schlechthin verweigern darf, kann es auch beim Aufwendungsersatzrecht aus einem dem Verbrauchsgüterkauf vorgeschalteten Lieferantenkauf keine Rolle spielen. Andernfalls würde das Regelungsziel von § 478 Abs. 2 BGB und des zugrunde liegenden Art. 4 der Verbrauchsgüterkaufrichtline verfehlt, die Lasten aus der Haftung für die vertragsgemäße Beschaffenheit eines Verbrauchsguts entlang der Vertragskette bis zum ersten Verkäufer oder Hersteller hin abzuwälzen. Hat der Verkäufer bei der Erfüllung der Ansprüche des Käufers übermäßigen Aufwand getrieben, indem er seinerseits auf die Einrede relativer Unverhältnismäßigkeit verzichtet hat, mindert dies seinen Ersatzanspruch jedoch schon automatisch, weil dieser nur die Aufwendungen abdeckt, die der Verkäufer im Verhältnis zum Käufer „zu tragen hatte", also zur Erfüllung eines durchsetzbaren Anspruchs des Käufers machen musste.[285]

Auch die **Verjährung** des Aufwendungsersatzanspruchs entspricht der des 71
Rechts auf Nacherfüllung, setzt also gemäß § 479 Abs. 1 BGB grundsätzlich zwei Jahre nach Ablieferung der Sache durch den Lieferanten beim Verkäufer ein. Um dem Verkäufer eine Regressfalle durch Zeitablauf zu ersparen, ordnet Abs. 2 der Vorschrift jedoch eine Ablaufhemmung an, die erst zwei Monate nach der Erfüllung der Ansprüche des Verbrauchers, jedoch spätestens fünf Jahre nach der Ablieferung der Sache beim Verkäufer, endet. Dies gilt auch dann, wenn der Verbrauchsgüterkauf über die Sache erst nach Eintritt der gewöhnlichen Verjährung abgeschlossen worden ist,[286] entgegen dem überschießenden Wortlaut der Vorschrift jedoch nicht mehr, wenn der Unternehmer ihrerseits verjährte Mängelansprüche des Verbrauchers erfüllt hat, ohne sich auf sein Leistungsverweigerungsrecht zu berufen[287].

Seinem Zweck entsprechend ist der Aufwendungsersatzanspruch **nicht ohne** 72
Weiteres abdingbar, allerdings auch nicht in gleicher Weise zwingend wie die Mängelrechte des Käufers: Nach § 478 Abs. 4 BGB kann sich der Lieferant auf eine vor Mitteilung eines Mangels getroffene Vereinbarung, durch die zu seinen Gunsten vom allgemeinen Mängelregime und von den Bestimmungen der §§ 478 und 479 BGB abgewichen wird, nicht berufen, wenn dem Verkäufer nicht ein gleichwertiger Ausgleich eingeräumt wird. Als Pauschallösung ist dieser Ausgleich nur in Form einer Erfüllungsübernahme des Lieferanten zur Befriedigung aller Mängelansprüche des Verbrauchers,[288] ansonsten bloß in Gestalt eines Preisvorteils denkbar, durch den die Nachteile, die den Verkäufer durch die Mängelhaftung gegenüber den Ver-

---

[285] Vgl. die Begründung zum Entwurf des Schuldrechtsmodernisierungsgesetzes, BT-Drucks. 14/6040, S. 249.

[286] MünchKomm/*Lorenz* § 479 BGB Rn. 11, Soergel/*Wertenbruch* § 479 Rn. 48 ff., Bamberger/Roth/*Faust* § 479 Rn. 6; anders AnwK/*Büdenbender* § 479 Rn. 14.

[287] MünchKomm/*Lorenz* § 479 BGB Rn. 13 f., Bamberger/Roth/*Faust* § 478 Rn. 12, PWW/*Schmidt* § 479 Rn. 6, *Grunewald*, Kaufrecht, Rn. 12.27. Im Ergebnis ebenso Soergel/*Wertenbruch* § 479 Rn. 56, der jedoch zu Unrecht meint, dies ergebe sich schon aus dem Wortlaut von § 479 BGB.

[288] Nicht dagegen umgekehrt durch Abtretung von Ansprüchen gegen die eigenen Lieferanten des Verkäufers; vgl. *Grunewald*, Kaufrecht, Rn. 12.19.

brauchern treffen, über die Gesamtzahl der umgesetzten Waren gerechnet, kompensiert werden. Da dies im Vorhinein kaum feststellbar ist, lässt sich ein Verstoß gegen § 478 Abs. 4 BGB allenfalls dadurch vermeiden, dass der Lieferant dem Verkäufer mängelfallzahlabhängige Vergünstigungen gewährt. Auch hier stellt sich jedoch das Problem, dass sich die im Einzelfall erforderlichen Aufwendungen nur schwer vorhersagen und daher kaum je vorweg in der Weise ausgleichen lassen, dass der Verkäufer einen wirklich „gleichwertigen" Ersatz für seinen gesetzlichen Anspruch erhält. Will man sich bei der Feststellung der Äquivalenz nicht mit einer Prognose aus der Sicht *ex ante* begnügen, ist den Anforderungen, die § 478 Abs. 4 BGB an eine individuelle Regelung des Regresses stellt, praktisch nicht genüge zu tun.

c) Sekundär- und konkurrierende Rechtsbehelfe

aa) Rücktritt und Minderung

73 Das Rücktrittsrecht, das in der kaufrechtlichen Wandelungsklage gerade Vorläufer und Vorbild hatte,[289] ist dem Käufer in den von §§ 323, 326 Abs. 5 BGB genannten Fällen, also vor allem nach erfolgloser Fristsetzung oder bei Unmöglichkeit der Nacherfüllung, eröffnet. Es besteht außerdem gemäß § 440 BGB bei Verweigerung der Nacherfüllung wegen Unverhältnismäßigkeit und ihres Fehlschlagens, während für den einem Verbrauchsgüterkaufvertrag vorgeschalteten Lieferantenkauf nach § 478 Abs. 1 BGB die Rücknahme der Kaufsache oder die Minderung des Kaufpreises[290] im Verhältnis zum Verbraucher genügt[291]. Die **Minderung** unterliegt gemäß § 441 Abs. 1 BGB grundsätzlich denselben Voraussetzungen wie der Rücktritt, ist aber anders als dieser (§ 323 Abs. 5 S. 2 BGB) auch dann zulässig, wenn der Mangel der Kaufsache eine nur unerhebliche Verletzung der Verkäuferpflichten darstellt. Gerade in den Fällen, in denen das Käuferinteresse nicht so schwer beeinträchtigt ist, dass nur eine Auflösung des Vertrags in Betracht kommt, bietet die Minderung dem Käufer überhaupt eine ernstzunehmende Alternative zum Rücktrittsrecht. Da sie ebenso wenig wie dieser Schadensersatzfunktion hat, sorgt sie nicht für eine Kompensation des Interesses, das der Käufer an der Erlangung einer mangelfreien Sache hat. Zwar geht auch sie von der Bestimmung des Minderwerts aus, den die Kaufsache wegen des Mangels hat. Ins Verhältnis zum Wert der Kaufsache im fehlerfreien Zustand gesetzt, gibt er gemäß § 441 Abs. 3 S. 1 BGB jedoch lediglich an, zu welchem Anteil der Kaufpreis herabzusetzen ist. So bleibt das von den Parteien selbst festgelegte Verhältnis von Leistung und Gegenleistung unangetastet; und es wird nur der Teil des Kaufpreises abgezogen, den der Verkäufer wegen des mangelbedingten Ausfalls der eigenen Leistung zu Unrecht beansprucht. Die Ermittlung dieses Betrags leidet nicht nur unter der Schwierigkeit, dass sich der mangelbedingte Minderwert, für sich genommen, schwer angeben lässt; sie wird darüber hinaus dadurch verkompliziert, dass maßgeblicher Zeitpunkt für die Bemessung des Kaufpreises und seiner Reduktion nur der Moment des Vertragsschlusses sein kann. Um

---

[289] S. o. Rn. 16.

[290] Ihr ist die Leistung eines sogenannten „kleinen Schadensersatzes" an den Verbraucher gleichzustellen; vgl. MünchKomm/*Lorenz* § 478 BGB Rn. 18, Soergel/*Wertenbruch* § 478 Rn. 64, Bamberger/Roth/*Faust* § 478 Rn. 20.

[291] S. o. Rn. 69.

diese Unwägbarkeiten aufzufangen, lässt § 441 Abs. 3 S. 2 BGB ausdrücklich eine Schätzung des Minderungsbetrags zu.

Nicht anders als der Rücktritt ist die Minderung ein Gestaltungsrecht, das durch Erklärung, bei einer Mehrheit von Käufern oder Verkäufern gemäß § 441 Abs. 2 BGB nur durch und gegen alle, ausgeübt werden kann. Ist der Nacherfüllungsanspruch **verjährt**, ist die Erklärung des Rücktritts oder der Minderung gemäß §§ 218 Abs. 1 S. 1, 438 Abs. 5 BGB eigentlich wirkungslos. § 438 Abs. 4 BGB gestattet dem Käufer gleichwohl, die Zahlung eines noch nicht entrichteten Kaufpreises ebenso zu verweigern, wie er dies bei einem wirksamen Rücktritt dürfte. Die Vorschrift erlaubt dem Verkäufer aber auch, dann seinerseits vom Vertrag zurückzutreten und so einen Anspruch auf Rückgewähr der mangelhaften Kaufsache zu erlangen. Bei der Minderung besteht das Verweigerungsrecht nach der beschränkten Verweisung in § 438 Abs. 5 BGB dagegen ohne Gegenrecht des Verkäufers. Für den Rückgewähranspruch, der gemäß § 441 Abs. 4 BGB auch im Fall der Minderung den Vorschriften über die Rückgewähr nach Rücktritt unterliegt, gilt die allgemeine Verjährungsfrist des § 195 BGB und nicht etwa das Verjährungsregime für die Nacherfüllung (§ 438 BGB), das weder direkt noch analog anwendbar ist.[292] Ein **vertraglicher Ausschluss** von Rücktritt oder Minderung ist beim Verbrauchsgüterkauf gemäß § 475 Abs. 1 BGB in jeder Form, beim vorgeschalteten Lieferantenkauf gemäß § 478 Abs. 4 BGB nur gegen Gewährung eines gleichwertigen Ersatzes[293], ansonsten zumindest in Gestalt einer vorformulierten Geschäftsbedingung unwirksam: § 309 Nr. 8 Buchst. a Doppelbuchst. bb BGB, der einen Ausschluss von Minderung und Rücktritt für unwirksam erklärt, gilt nicht nur für Verbraucherverträge, sondern im Rahmen des Benachteiligungsverbots gemäß § 307 BGB seinem Rechtsgedanken nach auch im Verkehr von Unternehmern[294] oder Verbrauchern untereinander. 74

bb) Schadensersatz

Der vollständige Ausgleich des Mangelminderwerts, den der Käufer mit Hilfe der Minderung nur bei Identität von Preis und Wert der Kaufsache erreichen kann, ist Gegenstand des Anspruchs auf **Schadensersatz statt der Leistung**. Er steht dem Käufer gemäß §§ 281, 283, 440, 478 BGB unter denselben Voraussetzungen wie der Rücktritt zu,[295] wenn dem Verkäufer zudem Verschulden zur Last fällt oder er 75

[292] BGH, NJW 2007, 674, 677. Anders *Peters*, Verjährungsfristen bei Minderung und mangelbedingtem Rücktritt, NJW 2008, 119, 120 ff.

[293] S. o. Rn. 72

[294] BGH, NJW 1993, 2436, 2438; 1994, 1004, 1005.

[295] Beim Lieferantenkauf ist er, wenn er gemäß § 478 Abs. 1 BGB ohne Fristsetzung geltend gemacht wird, entgegen *Oetker/Maultzsch*, Vertragliche Schuldverhältnisse, Rn. 2.577 f. und *Böhle*, Die teleologische Reduktion der §§ 478 Abs. 1 und 3, 479 Abs. 2 S. 1 BGB auf das Regressinteresse, WM 2004, 1616 ff. nicht etwa auf das „Regressinteresse" zu beschränken, das der Käufer daran hat, die im Verhältnis zum Verbraucher getätigten Aufwendungen ersetzt zu erhalten; vgl. MünchKomm/*Lorenz* § 478 BGB Rn. 22, Soergel/*Wertenbruch* § 478 Rn. 97, PWW/*Schmidt* § 478 Rn. 24 und Bamberger/Roth/*Faust* § 478 Rn. 16, der eine Reduktion des Privilegs auf das Regressinteresse allerdings in rechtspolitischer Hinsicht für wünschenswert hält. Gegen ein einschränkendes Verständnis von § 478 BGB insgesamt *Lepsius*, Obliegenheiten *versus* unternehmerische Dispositionsfreiheit, AcP 207 (2007) 340, 347 ff.

eine Beschaffenheitsgarantie gemäß § 443 Abs. 1 BGB übernommen hat, die auch die Zusage einer unbedingten Einstandspflicht bedeutet[296]. Anknüpfungspunkt für die Feststellung des Verschuldens ist der Ausfall der Nacherfüllung: Ist der Verkäufer dafür verantwortlich, dass sie nicht innerhalb der vom Verkäufer gesetzten Nachfrist oder bis zu dem Zeitpunkt erfolgt, ab dem der Käufer auch ohne Fristsetzung Schadensersatz verlangen kann, haftet der Verkäufer nach § 281 Abs. 1 S. 1 BGB. Hat er durch sein Verhalten ein Leistungshindernis geschaffen oder nicht verhindert, ist er nach § 283 BGB verpflichtet; und hat er es unterlassen, den Käufer über ein schon bei Vertragsschluss bestehendes oder drohendes Leistungshindernis, insbesondere über einen erkennbar nicht wettzumachenden Mangel, zu unterrichten, trifft ihn die Haftung aus § 311a Abs. 2 BGB. Diese ist auch begründet, wenn der Verkäufer den Käufer nicht informiert hat, obwohl für ihn schon bei Abschluss des Kaufvertrags absehbar war, dass beide Arten der Nacherfüllung gemäß § 439 Abs. 3 BGB an ihrer Unverhältnismäßigkeit scheitern. Der deshalb oder nach den allgemeinen Regeln zu leistende Schadensersatz statt der Leistung deckt das gesamte Interesse des Käufers an einer gelungenen Nacherfüllung einschließlich der Nachteile ab, die dem Käufer dadurch entstanden sind, dass der Mangel der Kaufsache nach dem Zeitpunkt, zu dem er hätte behoben sein müssen, zu Schäden an anderen Gegenständen des Käufervermögens geführt hat.

76 Die Schäden, die eine mangelhafte Kaufsache an anderen Rechtsgütern des Käufers hervorruft, können auch unter einem anderen Gesichtspunkt, nämlich deshalb zu ersetzen sein, weil der Verkäufer bei Lieferung der Kaufsache deren Mangel kannte oder hätte erkennen können. In diesem Fall macht er sich einer Verletzung der **Rücksichtspflicht** aus § 241 Abs. 2 BGB schuldig, die dem Verkäufer verbietet, den Käufer in Kontakt mit der fehlerhaften Kaufsache geraten zu lassen. Während diese Haftung anders als die Pflicht zum Schadensersatz statt der Leistung nicht die Vorteile abdeckt, die dem Käufer wegen der verspäteten oder verhinderten Nacherfüllung entgangen sind, tritt sie bei den mangelbedingt entstandenen Schäden an anderen Gegenständen in Konkurrenz zur Haftung nach §§ 281, 283 und 311a BGB und bietet dem Käufer einen zweiten Ansatzpunkt für sein Verlangen zum Ersatz von Mangelfolgeschäden.[297] Da der Haftungsgrund und damit auch der dem Verkäufer zu machende Verschuldensvorwurf differieren, dürfen beide Arten der Schadensersatzpflicht nicht verwechselt werden.[298] Ohne dass dies in § 437 BGB Erwähnung gefunden hätte, kann die Verletzung der Rücksichtspflicht gemäß § 282 BGB jedoch auch selbst zur Grundlage eines Anspruchs auf Schadensersatz statt der Leistung werden, wenn dem Käufer die Leistung des Verkäufers deshalb nicht mehr zuzumuten ist.[299]

77 Folgen die Verpflichtung zum Schadensersatz statt der Leistung und die Haftung wegen Verletzung der Rücksichtspflicht beim Kaufrecht weitgehend allgemei-

---

[296] BGH, NJW 2007, 1346, 1348.

[297] Vgl. hierzu auch *Harke*, Allgemeines Schuldrecht, Rn. 276.

[298] So aber anscheinend bei BGH, NJW 2008, 2837, 2840, wo die Verpflichtung zum Schadensersatz statt der Leistung in Form der Erstattung von Einbaukosten von der Erkennbarkeit des Mangels bei Lieferung abhängig gemacht wird.

[299] Bamberger/Roth/*Faust* § 437 Rn. 124.

nen Regeln, gilt etwas Besonderes für den **Schadensersatz wegen Verzögerung** der mangelfreien Leistung. § 286 BGB, der die Voraussetzungen des Verzugs benennt, fehlt in der Aufzählung der Anspruchsgrundlagen für den Schadensersatz in § 437 Nr. 3 BGB. Dies ist kein Zufall, sondern entspricht der Absicht des Gesetzgebers[300] und dem objektiven Plan der kaufrechtlichen Mängelhaftung, die eine Schadensersatzpflicht bei Lieferung einer mangelhaften Kaufsache ausnahmsweise schon vor Eintritt der gewöhnlichen Verzugsvoraussetzungen zeitigt. Nicht entscheidend ist hierfür allerdings der vom BGH herausgestellte Gesichtspunkt, dass der Käufer mit einer mangelhaften Kaufsache in gefährlicher Weise in die Gütersphäre des Gläubigers eindringt[301]. Hiermit ist nur die *ratio* der Haftung für eine Verletzung der Rücksichtspflicht aufgedeckt, den Käufer nicht mit einer mangelhaften Kaufsache in Kontakt kommen zu lassen. Diese umfasst den Schaden, der durch den Fehler der Kaufsache an anderen Gegenständen des Käufervermögens entsteht, nicht aber den Verspätungsschaden, den der Käufer dadurch erleidet, dass er zunächst nur eine mangelbehaftete Sache erhält. Nach allgemeinem Schuldrecht ist dieser Schaden, sofern nicht die Voraussetzungen für den Schadensersatz statt der Leistung vorliegen,[302] nur gemäß §§ 280 Abs. 2, 286 BGB, also vor allem bei einem fest bestimmten Leistungstermin oder nach einer Mahnung, zu ersetzen. Bei Lieferung einer mangelhaften Kaufsache ist er dagegen ohne Weiteres gemäß § 280 Abs. 1 BGB zu ersetzen,[303] und zwar sogar dann, wenn der Verkäufer sie gemäß § 271 Abs. 2 BGB vorzeitig bewirkt hat und deshalb noch gar kein Verzug eintreten kann. Denn § 434 Abs. 1 S. 1 BGB bestimmt als Termin für die Einhaltung der Pflicht zur sachmangelfreien Leistung den Zeitpunkt des Gefahrübergangs;[304] und die Haftung für Rechtsmängel gemäß § 435 ist zwangsläufig auf den Moment bezogen, in dem sich der Eigentumserwerb des Käufers vollziehen soll[305]. Bei Lieferung einer mangelhaften Kaufsache liegt so stets eine verzugsähnliche Konstellation vor, die in gleicher Weise den Ersatz des Verzögerungsschadens gebietet, wie er sonst gemäß §§ 280 Abs. 2, 286 BGB stattfände. Der Käufer gewinnt durch die Lieferung der fehlerhaften Sache den unzutreffenden Eindruck, der Verkäufer hätte bereits

---

300 Vgl. die Begründung zum Entwurf des Schuldrechtsmodernisierungsgesetzes, BT-Drucks. 14/6040, S. 225, wo freilich der kaum überzeugende Versuch unternommen wird, den durch die mangelhafte Lieferung hervorgerufenen Ausfallschaden von den Nachteilen zu sondern, die durch die Verzögerung der Nacherfüllung eintreten. Praktisch relevant soll dies vor allem für Rechtsverfolgungskosten werden, deren Ersatz man dem Käufer bei Anerkennung einer Verzögerungshaftung aus § 280 Abs. 1 BGB aber nur insoweit versagen kann, als die mangelhafte Leistung selbst noch keine aufwendige Rechtsverfolgung, sondern lediglich ein einfaches Nacherfüllungsverlangen erforderlich macht.

301 BGH, NJW 2009, 2674, 2676.

302 Zur Abgrenzung vom Verzugsschadensersatz *Harke*, Allgemeines Schuldrecht, Rn. 277.

303 So zumindest im Ergebnis richtig BGH, NJW 2009, 2674, 2675 f. Anders *Oetker/Maultzsch*, Vertragliche Schuldverhältnisse, Rn. 2.270, Staudinger/*Matusche-Beckmann* (2004) § 437 Rn. 54, PWW/*Schmidt* § 437 Rn. 32.

304 Der Entwurf eines Gemeinsamen Referenzrahmens lässt bei einer vorzeitigen Lieferung ausdrücklich eine Mängelbeseitigung zu, behält dem Käufer aber auch ein Schadensersatzrecht vor; vgl. Art. IV.A. – 2:203 DCFR.

305 S. o. Rn. 53.

seine Pflichten erfüllt; und der Verkäufer mahnt sich durch die Lieferung gewissermaßen selbst, weil er mit ihr vorgibt, eine mangelfreie Leistung erbracht zu haben. Dementsprechend kommt es für den Ersatz des Verzögerungsschadens ebenso wie bei der Haftung für den Verstoß gegen die Pflicht, den Käufer nicht in Kontakt mit einer mangelhaften Kaufsache kommen zu lassen, allein darauf an, ob der Verkäufer den Mangel der Kaufsache bei der Lieferung erkannt hat oder zumindest hätte erkennen können.

78 Die **Verjährung** der Ansprüche auf Schadensersatz statt der Leistung und auf Ersatz des Verzögerungsschadens entspricht gemäß §§ 438 Abs. 1, 437 Nr. 3 BGB der des Nacherfüllungsanspruchs, setzt also im Regelfall zwei Jahre nach der Ablieferung oder Übergabe der Sache, bei Bauleistungen nach fünf Jahren und bei der Belastung mit dinglichen oder im Grundbuch eingetragenen Rechten nach 30 Jahren ein. Dasselbe gilt außer für den Aufwendungsersatzanspruch gemäß § 284 BGB und das in § 437 BGB nicht genannte Recht auf Herausgabe des stellvertretenden *commodum* gemäß § 285 BGB[306] auch für Schadensersatzansprüche gemäß §§ 241 Abs. 2, 280 Abs. 1 BGB wegen Verletzung der Rücksichtspflicht, den Käufer nicht mit einer mangelhaften Kaufsache in Berührung kommen zu lassen.[307] Beruht die Verpflichtung des Verkäufers nicht auf seinem Verschulden, sondern auf einer Beschaffenheits- oder Haltbarkeitsgarantie gemäß § 443 Abs. 1 BGB, gilt hierfür im Zweifel die allgemeine Verjährungsfrist des § 195 BGB.[308]

79 Ein **vertraglicher Ausschluss** des Schadensersatzrechts ist nach §§ 475 Abs. 3, 478 Abs. 4 S. 3 BGB sogar beim Verbrauchsgüterkauf und dem ihm vorgelagerten Lieferantenkauf möglich. Er scheitert aber, wenn er durch vorformulierte Geschäftsbedingung vorgenommen wird, an den hierfür einschlägigen Bestimmungen: Nach dem speziellen Klauselverbot des § 309 Nr. 7 BGB ist jede Beschränkung der Haftung für grobes Verschulden oder die Verletzung von Leben, Körper und Gesundheit unwirksam; und aufgrund des allgemeinen Benachteiligungsverbots von § 307 BGB lässt sich die Haftung für Kardinalpflichten nicht wirksam ausschließen[309].[310] Da die Verpflichtung des Verkäufers zur mangelfreien Leistung und auch die sie begleitende Rücksichtspflicht hierzu zählen, kommt im Rahmen vorformulierter Geschäftsbedingungen allenfalls eine Begrenzung der Schadensersatzpflicht, etwa in Form einer Beschränkung auf den vorhersehbaren Schaden, in Betracht, von der freilich wiederum die in § 309 Nr. 7 BGB genannten Fälle ausgenommen werden müssen.

---

[306] Staudinger/*Matusche-Beckmann* (2004) § 438 Rn. 139, Bamberger/Roth/*Faust* § 437 Rn. 156, Anw/*Büdenbender* § 437 BGB Rn. 122; anders *v. Olshausen*, Voraussetzungen und Verjährung des Anspruchs auf ein stellvertretendes *commodum* bei Sachmängeln, ZGS 2002, 194, 197 f.

[307] Vgl. *Harke*, Allgemeines Schuldrecht, Rn. 278, MünchKomm/*Westermann* § 438 BGB Rn. 10.

[308] Da der Zeitraum, für den die Haltbarkeitsgarantie gilt, keine Verjährungsfrist ist, kann er auch ohne Verstoß gegen § 202 Abs. 2 BGB über 30 Jahre hinaus erstreckt werden; vgl. BGH, NJW 2008, 2995, 2996.

[309] Vgl. *Harke*, Allgemeines Schuldrecht, Rn. 183.

[310] Kritik hieran übt mit speziellem Bezug auf das Kaufrecht *Tettinger*, Zu den Freizeichnungsmöglichkeiten des Verkäufers einer mangelhaften Sache, AcP 205 (2005) 1, 12 ff.

cc) Verhältnis zu anderen Rechtsbehelfen

Die Frage, wie sich die Mängelhaftung zum **allgemeinen Leistungsstörungsrecht** **80** verhält, wurde vor der Schuldrechtsreform bei Sachmängeln gemeinhin durch eine zeitliche Abgrenzung beantwortet: Bis zum Gefahrübergang galt das allgemeine, ab dann das besondere Regime der kaufrechtlichen Sachmängelhaftung. Diese Lösung lässt sich nicht ohne Weiteres auf das neue Recht übertragen, dessen Kennzeichen ja gerade die Vereinheitlichung von Sachmängelhaftung und allgemeinem Leistungsstörungsrecht ist. Sie hat aber auch hier noch den richtigen Kern, dass die Nacherfüllung nach Wahl des Käufers überhaupt erst ab Lieferung der Kaufsache denkbar ist, während die Art und Weise, in der die Verpflichtung zur sachmangelfreien Leistung erstmalig erfüllt werden soll, ganz dem Verkäufer überlassen bleibt: Der Käufer darf eine mangelhafte Kaufsache zwar zurückweisen, ohne in Annahmeverzug zu geraten, dem Verkäufer aber nicht vorschreiben, wie dieser den Mangel abstellt. Daher sind die Regeln über die Nachbesserung und Nachlieferung vor Feststellung des Mangelfalles in dem hierfür maßgebenden Moment des Gefahrübergangs oder des Eigentumserwerbs[311] grundsätzlich unanwendbar.[312] Eine Ausnahme bildet die Befugnis des Verkäufers zur Leistungsverweigerung wegen unverhältnismäßiger Kosten gemäß § 439 Abs. 3 BGB. Als Mittel zur Beschränkung des Mangelbeseitigungsanspruchs auf eine Art der Nacherfüllung ist es zwar ebenfalls erst dann sinnvoll, wenn dem Käufer überhaupt das Wahlrecht zwischen Nachbesserung und Nachlieferung zusteht. Zumindest jenseits des Verbrauchsgüterkaufs und des ihm vorgeschalteten Lieferantenkaufs kann der Verkäufer es jedoch auch dazu einsetzen, die Nacherfüllung schlechthin wegen unverhältnismäßig hoher Kosten abzulehnen.[313] Da das Leistungsverweigerungsrecht aus § 439 Abs. 3 BGB insoweit dieselbe Wirkung wie die Einreden aus § 275 Abs. 2 und 3 BGB hat, muss es ebenso wie diese unabhängig vom Gefahrübergang oder Eigentumserwerb ab dem Moment zustehen, ab dem seine Voraussetzungen vorliegen.[314] Andernfalls zwänge man den Verkäufer, den Mangel zunächst zu verheimlichen, um den Gefahrübergang oder Eigentumserwerb herbeizuführen, um dann von seinem Verweigerungsrecht Gebrauch zu machen. Umgekehrt muss dem Käufer, sobald wegen dieses Leistungsverweigerungsrechts gemäß § 440 BGB oder nach den allgemeinen Vorschriften die Voraussetzungen des Rücktritts gegeben sind, auch schon vor Gefahrübergang oder Eigentumserwerb das Recht zur Minderung des Kaufpreises gemäß § 441 BGB

[311] Für den Zeitpunkt der Annahme als Erfüllung gemäß § 363 BGB dagegen *Oetker/Maultzsch*, Vertragliche Schuldverhältnisse, Rn. 2.146 ff. und Bamberger/Roth/*Faust* § 437 Rn. 6. Insgesamt anders *Hofmann/Pammler*, Die Rechte des Käufers vor Übergabe bei unbehebbarem Mangel des Kaufgegenstands, ZGS 2004, 91 ff.

[312] Dagegen kann man sie analog anwenden, wenn die Kaufsache nach Gefahrübergang in einer vom Verkäufer zu vertretenden Weise beeinträchtigt wird; vgl. *Klinck*, Die Haftung des Verkäufers für eine Beschädigung der Sache nach Gefahrübergang, ZGS 2008, 217 ff.

[313] S. o. Rn. 67.

[314] Anders *Maultzsch*, Zum zeitlichen Anwendungsbereich der kauf- und werkvertraglichen Mängelrechte am Beispiel der §§ 439 Abs. 2, 635 Abs. 3 BGB, ZGS 2003, 411 ff. (vgl. auch *Oetker/Maultzsch*, Vertragliche Schuldverhältnisse, Rn. 2.146, 218), Bamberger/Roth/*Faust* § 433 Rn. 43.

eröffnet sein, das als Alternative zum Rücktrittsrecht ebenso wenig wie dieses an die Entstehung des Nacherfüllungsanspruchs geknüpft sein kann. Dasselbe gilt schließlich für die Bestimmungen über eine Garantie des Verkäufers (§ 443 BGB) und den Haftungsausschluss durch Vereinbarung (§ 444 BGB) sowie die Kenntnis des Käufers (§ 442 BGB), die gleichfalls nicht von der Existenz des Nacherfüllungsrechts abhängen und schon auf die Verpflichtung des Verkäufers zur erstmaligen mangelfreien Leistung passen.[315]

81 Das Problem, in welchem Verhältnis die kaufrechtliche Mängelhaftung zur **Anfechtung** eines Vertrags wegen Irrtums steht, lässt sich leicht bewältigen, wenn man den Irrtum über wesentliche Eigenschaften im Sinne von § 119 Abs. 2 BGB nicht als Tatsachenirrtum, sondern als Unterfall eines Inhaltsirrtums nach Abs. 1 dieser Vorschrift begreift.[316] Dann ist das Anfechtungsrecht nur eröffnet, wenn einer der Vertragspartner einer Fehlvorstellung darüber unterlegen ist, welche Beschaffenheit der Kaufsache zum Gegenstand des Vertrags gemacht worden ist; und die Frage, inwieweit die tatsächliche Beschaffenheit der Kaufsache von der vereinbarten abweicht, unterliegt allein den Regeln der Sachmängelhaftung. Auch wenn § 119 Abs. 2 BGB damit streng genommen überflüssig ist, entbehrt er dennoch nicht eines vernünftigen Regelungsgehalts, weil er der früher gerade im Kaufrecht virulenten Fehleinschätzung vorbeugt, eine Sache könne nicht mit anderen Eigenschaften gewollt sein, als sie wirklich hat.[317] Versteht man den Eigenschaftsirrtum dagegen mit der Rechtsprechung als Fehlvorstellung über tatsächliche Eigenschaften der Kaufsache, kann man ihn nur mit Hilfe der Subsidiaritätsregel eliminieren, wonach das spezielle Regime der Mängelhaftung die Irrtumsanfechtung verdrängt, soweit es um Eigenschaften der Kaufsache geht, die Mängelrechte auslösen könnten.[318] Diese Regel muss schon vor Gefahrübergang oder Eigentumserwerb[319] und auch dann gelten, wenn die Mängelrechte gerade vertraglich ausgeschlossen sind[320]. Zudem muss man das Anfechtungsrecht nicht nur für den Käufer ausschließen, sondern auch dem Verkäufer verwehren, sich durch eine Irrtumsanfechtung den Ansprüchen des Käufers zu entziehen.[321] Anders verhält es sich bei der Anfechtung wegen arglistiger Täu-

---

[315] Für § 442 BGB ebenso *Oetker/Maultzsch*, Vertragliche Schuldverhältnisse, Rn. 2.97, Bamberger/Roth/*Faust* § 433 Rn. 43.

[316] Hierfür *Harke*, Irrtum über wesentliche Eigenschaften, Berlin 2003.

[317] S. o. Rn. 45.

[318] Vgl. BGH, NJW 1981, 224, 225; 1988, 2597, 2598. Anders Bamberger/Roth/*Faust* § 437 Rn. 182 f. und *Schur*, Eigenschaftsirrtum und Neuregelung des Kaufrechts, AcP 204 (2004) 883, 897 ff., der nur einen Vorrang des Nacherfüllungsanspruchs anerkennen will.

[319] Vgl. die Begründung für den Entwurf des Schuldrechtsmodernisierungsgesetzes, BT-Drucks. 14/6040, S. 210. Ebenso *P. Huber*, Die Konkurrenz von Irrtumsanfechtung und Sachmängelhaftung im neuen Schuldrecht, in: Häuser u. a. (Hg.), Festschrift für Hadding, Berlin 2004, S. 104, 116 ff., *Fikentscher/Heinemann*, Schuldrecht, Rn. 896, *Oetker/Maultzsch*, Vertragliche Schuldverhältnisse, Rn. 2.318, Staudinger/*Matusche-Beckmann* (2004) § 437 Rn. 27, Anw/*Büdenbender* § 437 BGB Rn. 105, PWW/*Schmidt* § 437 Rn. 69. Anders *Grunewald*, Kaufrecht, Rn. 9.16 und MünchKomm/*Westermann* § 437 BGB Rn. 53, der die Irrtumsanfechtung vor Gefahrübergang nur dann ausschließen will, wenn eine Nacherfüllung ausscheidet.

[320] BGH, NJW-RR 2008, 222, 223.

[321] BGH, NJW 1988, 2597, 2598.

schung gemäß § 123 BGB. Mit ihr erkennt das Gesetz alle Fehlvorstellungen einschließlich der nach § 119 BGB allenfalls subsidiär relevanten Tatsachenirrtümer unter der Voraussetzung an, dass der Vertragspartner oder ein Dritter, dessen Verhalten er sich wegen seiner Kenntnis oder fahrlässigen Unkenntnis zurechnen lassen muss, vorsätzlich falsche Angaben gemacht hat. Da dem Opfer der Täuschung die Bindung an den Vertragspartner deshalb nicht zumutbar ist, kann er sich stets alternativ zur Ausübung seiner Mängelrechte gegen sie entscheiden und den Vertrag anfechten.

Die unterschiedliche Handhabung von Irrtums- und Arglistanfechtung gibt auch **82** einen differenzierten Umgang mit der **Haftung für vorvertragliches Fehlverhalten** nach §§ 241 Abs. 2, 280 Abs. 1, 311 Abs. 2 BGB vor: Als Teil der allgemeinen Rücksichtspflicht ist diese zwar nicht zuständig, wenn die Erwartung des Käufers an die Beschaffenheit der Kaufsache schon Gegenstand der Leistungspflicht des Verkäufers gemäß § 433 Abs. 1 S. 2 BGB ist,[322] so dass auch vor Gefahrübergang und sogar beim Unternehmenskauf kein Ausweichen auf das Institut der *culpa in contrahendo* mehr nötig oder möglich ist.[323] Anders liegt es in dem Fall, dass die vorvertragliche Pflichtverletzung gerade zum Ausfall einer Beschaffenheitsvereinbarung geführt hat.[324] Diese Konstellation ist freilich eher theoretischer Natur, weil sich das maßgebliche Verhalten des Verkäufers in der Regel als konkludente Zustimmung zum Vorschlag des Käufers für eine bestimmte Beschaffenheitsvereinbarung deuten lässt. Damit kein Widerspruch zur unbeschränkten Zulassung der Arglistanfechtung entsteht, ist eine Haftung wegen vorvertraglicher Informationspflichtverletzung aber ausnahmsweise neben den Mängelrechten begründet,[325] wenn dem Verkäufer der Vorwurf einer arglistigen Täuschung gemacht werden kann.[326]

Eröffnet die arglistige Täuschung häufig zugleich das Schadensersatzrecht nach **83** § 826 BGB, kommt es zur Konkurrenz mit einer **deliktischen Haftung** wegen

---

[322] Vgl. *Harke*, Allgemeines Schuldrecht, Rn. 288.

[323] Hiergegen wendet sich ausdrücklich die Begründung zum Entwurf des Schuldrechtsmodernisierungsgesetzes, BT-Drucks. 14/6040, S. 242. Ebenso *Thiessen* (Fn. 43), S. 430 ff., *Canaris*, Leistungsstörungen und Gewährleistung beim Unternehmenskauf nach der Reform des deutschen Schuldrechts, in: Stathopoulos u. a. (Hg.), Festschrift für Georgiades, Athen u. a. 2005, S. 71, 83 ff., *Medicus/Lorenz*, Schuldrecht BT, Rn. 377, *Fikentscher/Heinemann*, Schuldrecht, Rn. 900, PWW/*Schmidt* § 437 Rn. 73. In der Tendenz gleich Staudinger/*Beckmann* (2004) § 453 Rn. 30 f. und Anw/*Büdenbender* Anhang zu §§ 433-480 BGB Rn. 76 ff. Für ein Nebeneinander von Mängelhaftung und Verpflichtung aus *culpa in contrahendo* dagegen *Häublein*, NJW 2003, 388, 391 ff., Bamberger/Roth/*Faust* § 437 Rn. 190 und MünchKomm/*Westermann* § 437 BGB Rn. 58 f., der der Haftung für vorvertragliches Fehlverhalten beim Unternehmenskauf sogar ihre frühere Bedeutung lassen will; vgl. § 453 Rn. 21, 26. Auch *Grigoleit/Herresthal*, JZ 2003, 118, 125 ff. setzen der Sachmängelhaftung beim Unternehmenskauf wegen der Bindung des Beschaffenheitsbegriffs an physische Merkmale der Kaufsache enge Grenzen. *S. Lorenz*, Der Unternehmenskauf nach der Schuldrechtsreform, in: ders. u. a. (Hg.), Festschrift für Heldrich, München 2005, S. 305, 318 ff. sieht für die Haftung wegen *culpa in contrahendo* durch die Enge des Beschaffenheitsbegriffs ebenfalls noch Raum.

[324] *Canaris* (Fn. 323), S. 89 f., *Thiessen* (Fn. 43), S. 432 ff.

[325] *Looschelders*, Schuldrecht BT, Rn. 178.

[326] So im Ergebnis richtig BGH, NJW 2009, 2120, 2122.

Eigentumsverletzung gemäß § 823 Abs. 1 BGB naturgemäß nur selten. Denn der Käufer einer mangelhaften Kaufsache hat von vornherein schon beeinträchtigtes Eigentum erlangt, das bloß dadurch weiter verletzt werden kann, dass der auf einen abgrenzbaren Teil der Sache beschränkte Mangel andere Teile infiziert, die zunächst unversehrt in das Eigentum des Geschädigten gelangt sind.[327] Hat der Käufer wegen eines Eigentumsvorbehalts des Verkäufers kein Eigentum, sondern nur ein Anwartschaftsrecht an der Kaufsache erworben, gilt hierfür dasselbe. Die Unterscheidung zwischen ursprünglich auf die gesamte Sache bezogenen und einem solchen Mangel, der sich auf einen Teil der Sache beschränkt und sich erst nach Erwerb des Eigentums oder Anwartschaftsrechts „weiterfrisst", lässt sich im Einzelfall freilich nicht immer scharf treffen.[328] Ist schon der Begriff des Sachmangels weit, nämlich so zu verstehen, dass es genügt, wenn die Ursache für den Defekt im Zeitpunkt des Gefahrübergangs vorhanden ist,[329] muss man bei der Annahme eines auf einen Teil der Sache beschränkten Mangels dementsprechend zurückhaltend sein und eine Verpflichtung des Verkäufers nach Deliktsrecht nur dort anerkennen, wo sich die Kaufsache ohne Weiteres in selbständig nutzbare Sachen zerlegen lässt.[330] Erkennt man deshalb eine deliktische Ersatzpflicht des Verkäufers an, liegt hierin kein Verstoß gegen den kaufrechtlichen Grundsatz des Nacherfüllungsvorrangs. Denn Ziel der Deliktshaftung ist eben nicht die Mangelfreiheit der Kaufsache, sondern nur die Beseitigung oder Kompensation der durch den Mangel hervorgerufenen weiteren Schäden an der Sache. Sie entsprechen den Schäden an anderen Rechtsgütern des Käufers, für die der Verkäufer auch nach §§ 241 Abs. 2, 280 Abs. 1 BGB einstandspflichtig ist, wenn er den Käufer schuldhaft mit einer mangelhaften Kaufsache in Kontakt gebracht hat[331]. Anders als diese unterliegt die Deliktshaftung aber nicht der Verjährung nach § 438 BGB.[332]

---

[327] BGH, NJW 2001, 1346, 1347 f. Anders *Tettinger*, Wer frisst wen? Weiterfresser *versus* Nacherfüllung, JZ 2006, 641, 647 ff., der auch im Fall eines um sich greifenden Mangels nur das Erfüllungsinteresse des Käufers und nicht sein deliktsrechtlich geschütztes Integritätsinteresse berührt sieht; ebenso *Oetker/Maultzsch*, Vertragliche Schuldverhältnisse, Rn. 2.346.

[328] Kritisch zur Gewährung von Deliktsansprüchen wegen eines Sachmangels schlechthin daher *Medicus/Lorenz*, Schuldrecht BT, Rn. 282 und MünchKomm/*Westermann* § 434 BGB Rn. 62. Für eine Ausdehnung der Deliktshaftung auf die Fälle einer Störung der Verwendbarkeit dagegen *Koch*, „Mängelbeseitigungsansprüche" nach den Grundsätzen der Produzenten-/Produkthaftung, AcP 203 (2003) 603, 622 ff.

[329] S. o. Rn. 50.

[330] Ganz anders und viel weitergehend *Gsell*, Substanzverletzung und Herstellung, Tübingen 2003, S. 230 ff., die den Anknüpfungspunkt der deliktischen Haftung für „weiterfressende" Mängel in einem Verstoß gegen die Instruktionspflicht des Verkäufers erkennt.

[331] S. o. Rn. 76.

[332] Ebenso *Canaris* (Fn. 323), S. 96 ff., der dies jedoch auch für die Haftung nach § 280 Abs. 1 BGB annimmt.

§ 2 Werkvertrag

1. Struktur und Geltungsbereich des Werkvertragsrechts

Der Begriff des Werkvertrags umfasst jegliche entgeltliche Herstellung eines körperlichen und unkörperlichen Leistungserfolgs, sofern dieser nicht dem Kaufrecht unterfällt. Dass er sich damit auf so verschiedene Geschäfte wie Bau- und Transportverträge, Internet-Provider-Geschäfte[1] und Gutachtenaufträge erstreckt, ist kein Zufall, sondern entspricht dem ursprünglichen Konzept des Vorgängerinstituts, der römischen Verdingung (*locatio conductio*). Sie schloss außer der nun Werkvertrag genannten Austauschvereinbarung auch Dienst-, Miet- und Pachtverträge ein und war nicht nur insgesamt, sondern auch in ihren Unterarten ein umfassendes Gebilde: Die *locatio conductio operis*[2], aus der der heutige Werkvertrag hervorgegangen ist, deckte alle Austauschleistungen ab, die nicht in einer Überlassung von Diensten oder Gegenständen bestanden, vielmehr wie der Kaufvertrag auf einen spezifischen Erfolg gerichtet waren, aber aus seinem Begriff heraus fielen. So umfasste sie jede nach ihrem Resultat in Geld zu vergütende Arbeit, die sich nicht im Austausch von Sache und Preis erschöpfte. Dass der zur Werkherstellung verpflichtete Teil Übernehmer (*conductor*), sein Auftraggeber der „Überlassende" (*locator*) genannt wurde, zeigt, dass das Urbild des Werkvertrags freilich durch die Ausführung einer Tätigkeit des Unternehmers an einer Sache des Bestellers wie etwa ihre Beförderung, Reinigung oder Reparatur geprägt war. Die klassischen römischen Juristen erkannten jedoch, dass der zur Überlassung verpflichtete Vertragspartner eigentlich der Unternehmer war, dessen Arbeitsergebnis der Besteller übernahm.[3] 84

Für die Entgegennahme der Leistung des Unternehmers gab es in Rom keine besonderen Regeln außer beim Bauvertrag, wo eine Abnahme (*adprobatio*) der Kaufsache durch den Besteller üblich war. Mit ihr wurde das Werk des Unternehmers gebilligt, der Besteller mit allen Einwänden gegen das Werk ausgeschlossen, die nicht auf einer arglistigen Täuschung durch den Unternehmer beruhten. Stand damit fest, dass der Unternehmer die ihm obliegende Leistung richtig und vollständig erbracht hatte, war auch sein Vergütungsanspruch fortan beständig, die **Lohngefahr** auf den Besteller übergegangen.[4] Damit er deshalb nicht die Abnahme hinauszögerte, stellte man ihr den Annahmeverzug des Bestellers gleich;[5] und manche Juristen ließen die Gefahr schon mit der Vollendung des Werks auf den Besteller übergehen[6]. Dass der Werkunternehmer den Lohn aber anders als ein Dienstverpflichteter nicht ohne Weiteres, sondern nur in Abhängigkeit von einem bestimmten Arbeitserfolg beanspruchen konnte, war freilich eine Einsicht, die nach der Rezeption des römischen 85

---

1 Hierzu BGH, NJW 2010, 1449, 1450 ff.

2 Zu ihr *Honsell/Mayer-Maly/Selb*, Römisches Recht, S. 328 ff., *Zimmermann*, Law of Obligations, S. 393 ff., *Harke*, Römisches Recht, Rn. 9.21 ff.

3 D 19.2.22.2 Paul 34 ed.

4 D 19.2.62 Lab 1 pith.

5 D 19.2.36 Flor 7 inst.

6 D 19.2.37pr. Iav 8 Cass.

Rechts verloren ging: Auf der Grundlage der Entscheidung eines römischen Juristen zu einem teilweise fertig gestellten Werk stellte die Gemeinrechtswissenschaft den Satz auf, der Besteller müsse schon vor Vollendung des Werks stets die Gefahr seines zufälligen Untergangs tragen.[7] Die Naturrechtslehre kam zu demselben Ergebnis, indem sie Werkunternehmer und Dienstverpflichteten gleichermaßen als Arbeitsmittel in den Händen ihres Vertragspartners deutete.[8] Die Naturrechtsgesetzbücher bürdeten dem Werkunternehmer dagegen nach römischem Vorbild wieder die Lohngefahr bis zur Vollendung oder Abnahme des Werks auf, machten aber eine Ausnahme für den Fall, dass das Werk vorher infolge eines Mangels des vom Besteller gelieferten Stoffs beeinträchtigt wurde (§§ 939, 959 f. I 11 ALR, 1155 ABGB a. f. = § 1168a ABGB n. f., Art. 1790 CC). Demselben Muster folgen das schweizerische OR (Art. 376) und das BGB, das die Abnahme und den Annahmeverzug des Bestellers als Anknüpfungspunkte für den Gefahrwechsel benennt (§ 644 Abs. 1) und dem Besteller das Risiko zuweist, das sich aus dem Mangel eines von ihm gelieferten Stoffs ergibt (§ 645).

86 Die wieder in das Zentrum des Gefahrtragungsregimes gerückte Abnahme macht das BGB (§ 640 Abs. 1) anders als die früheren Gesetze zum Gegenstand einer regelrechten Pflicht des Bestellers, dem jedoch ebenso wie im schweizerischen OR (Art. 377) das Recht zur **freien Kündigung** des Werkvertrags zusteht (§ 649 BGB).[9] Mit ihr kann er sich jederzeit der weiteren Durchführung des Vertrags entziehen, so dass sich seine Verpflichtung für die noch nicht ausgeführten Teile des Werks auf die Entrichtung der vereinbarten Vergütung beschränkt. Dieses Kündigungsrecht, das gewissermaßen im Gegenzug zur Abnahmepflicht eingeräumt ist, entspricht durchaus der Natur des Werkvertrags: Da er im Austausch von Sach- und Geldleistung besteht, schützt er das Interesse des Unternehmers am Vollzug des Geschäfts auch nur in Ansehung der Geldleistung, zumal die Entgegennahme der Sachleistung deren Gläubiger regelmäßig stärker belastet als beim Kaufvertrag.[10]

87 Unterscheidet das Recht zur freien Kündigung Werk- und Kaufvertrag ganz erheblich, sind beide doch durch ein nahezu einheitliches Regime der **Mängelhaftung** verbunden. Der Grundstein hierfür wurde in den deutschsprachigen Naturrechtsgesetzbüchern gelegt, in denen man den nun in Natur durchsetzbaren Anspruch auf Werkherstellung mit den kaufrechtlichen Rechtsbehelfen des Rücktritts und der Minderung kombinierte: Während das preußische ALR (§§ 317 ff. I 5) eine für alle Verträge einschließlich des Werkvertrags geltende Sequenz von Nachbesserung, Rücktritt oder Minderung und Schadensersatz vorschrieb, enthielt das ABGB (§ 1153 a. f.) eine speziell für den Werkvertrag vorgesehene Regelung, derzufolge der Rücktritt bei wesentlichen Mängeln erklärt, die Nachbesserung bei weniger er-

---

7 *Donellus*, *Commentarii de jure civili*, 13.9.14.

8 *Wolff*, *Jus naturae*, 4.1276.

9 Dies sieht auch der Entwurf eines Gemeinsamen Referenzrahmens vor; vgl. Art. IV.C. – 2:111 Abs. 1 DCFR.

10 Der Gesetzgeber von 1900 drückte dies so aus, dass der Besteller „wenn nicht allein, so doch vorzugsweise" ein Interesse an der Ausführung des Werks habe; vgl. Mot., Mugdan, Bd. 2, S. 281.

heblichen Fehlern verlangt werden konnte. Mit dieser Ausweitung der Mängelhaftung musste die haftungsausschließenden Wirkung der Abnahme entfallen, wie sie im Anschluss an das römische Recht noch der französische *Code civil* (Art. 1792) vorsieht. Das schweizerische OR (Art. 370) erstreckt sie lediglich auf erkennbare Mängel des Werks; und das BGB lässt sie nur noch bei Fehlern eintreten, von denen der Besteller weiß (§ 640 Abs. 2). Während sich das schweizerische Gesetzbuch beim Aufbau der Mängelrechte dem Modell des ABGB anschloss (Art. 368 OR), folgte schon das BGB von 1900 dem Vorbild des ALR und sah für den Werkvertrag von vornherein die erst 2002 auch im Kaufrecht etablierte Kombination von Nacherfüllung, Rücktritt und Minderung sowie Schadensersatz vor.[11] Im Zuge der Schuldrechtsreform wurde sie an die Parallelvorschriften für den Kaufvertrag angeglichen (§§ 633 ff. BGB). Von ihnen unterscheidet sich das Werkvertragsrecht im Wesentlichen dadurch, dass sich der Werkunternehmer im Gegensatz zum Verkäufer die Art der Nacherfüllung aussuchen kann, ferner durch das Recht des Bestellers zur Selbstvornahme, das anders als ein Schadensersatzanspruch wegen unterbliebener Mängelbeseitigung kein Verschulden, sondern nur den Ablauf einer Nachfrist voraussetzt. Dieser Unterschied ist freilich eher theoretischer Natur, weil der Werkunternehmer das Ausbleiben einer Nacherfüllung, der keine Hindernisse entgegenstehen, kaum je entschuldigen kann. Grund für die Privilegierung des Werkbestellers gegenüber dem Käufer ist das besondere Interesse am Abschluss des schon begonnenen Werks, das typischerweise schwerer wiegt als das des Käufers an der Nacherfüllung wegen eines Fehlers der Kaufsache. Ebenso wie im Recht zur freien Kündigung manifestiert sich hier die erweiterte Dispositionsfreiheit des Bestellers als Abnehmer einer regelmäßig individuell auf seine Bedürfnisse zugeschnittenen Leistung.

Von der Lieferpflicht des Käufers unterscheidet sich die vom Werkunternehmer zu erbringende Leistung zumindest in den wirtschaftlich bedeutenden Fällen regelmäßig durch ihre **größere Komplexität**, die sich insbesondere in einer langen Herstellungsdauer und der Bindung an die Mitwirkung des Bestellers niederschlägt: Zwar ist die Werkleistung ebenso wie die Lieferung beim Kaufvertrag auf einmal zu bewirken, der Werkvertrag also kein Dauervertrag; das Werk soll jedoch typischerweise erst nach Vertragsschluss und unter Beteiligung des Bestellers ausgeführt werden. Der Besteller ist deshalb zwar nicht regelrecht zur Mitwirkung an der Werkerrichtung verpflichtet, zumal er sich ja sogar seiner Abnahmepflicht durch die freie Kündigung jederzeit entziehen kann. Der Unternehmer hat aber über die gewöhnlichen Folgen des Annahmeverzugs hinausgehende Befugnisse einschließlich eines eigenen Kündigungsrechts (§§ 642 f. BGB). Außerdem ist der Besteller für eine Behinderung der Werkleistung durch Mängel des von ihm gelieferten Stoffes oder seiner eigenen Anweisungen in der Weise verantwortlich, dass der Unternehmer trotz Scheitern seiner Leistung zu einer teilweisen Vergütung berechtigt ist (§ 645 BGB). Diese Regeln sowie die Bestimmung über die freie Kündigung sind nach § 651 Abs. 1 S. 3 BGB auch auf die eigentlich dem Kaufrecht unterfallenden Verträge über die Lieferung herzustellender oder zu erzeugender beweglicher Sa- 88

[11] Diese gilt nun auch im reformierten ABGB; vgl. dessen §§ 1167, 932.

chen[12] anzuwenden, sofern diese nicht vertretbar im Sinne von § 91 BGB, also im Verkehr gewöhnlich nach Zahl, Maß oder Gewicht bestimmt, sind. Betroffen sind demnach Sachlieferungen, die auf den Käufer individuell zugeschnitten und daher einer Werkleistung ähnlich sind.

89 Beim Werklieferungsvertrag über eine nicht vertretbare Sache kann es auch zu dem für den Werkvertrag charakteristischen **Spannungsverhältnis** zwischen **Leistungsziel** und **Leistungsbeschreibung** kommen: Das vom Unternehmer zu leistende Werk ist in der Regel sowohl nach seiner Funktion als auch der Art seiner Ausführung bestimmt; und nicht selten stellt sich während seiner Errichtung heraus, dass sich die erwartete Funktion mit der vorgesehenen Art der Ausführung nicht erreichen lässt. Liegt so strenggenommen eine Unmöglichkeit der Unternehmerleistung im Sinne von § 275 Abs. 1 BGB vor, sind die hieran geknüpften Rechtsfolgen doch in aller Regel schon deshalb unpassend, weil die Parteien bei Vertragsschluss mit einer Anpassung der Leistungsbeschreibung an das Leistungsziel rechnen oder zumindest redlicherweise rechnen müssen. Der Konflikt zwischen beiden Vorgaben ist daher im Zweifelsfall in der Weise aufzulösen, dass sich das Leistungsziel durchsetzt, der Besteller dem Unternehmer aber für einen über die Leistungsbeschreibung hinausgehenden Mehraufwand ausgleichspflichtig ist. Stellt sich die Diskrepanz zum Leistungsziel schon während der erstmaligen Herstellung des Werks heraus, kann der Unternehmer zusätzlichen Lohn beanspruchen;[13] tritt sie erst im Zuge der Nacherfüllung wegen eines Werkmangels hervor, ist der Besteller verpflichtet, die Kosten zu tragen, die er bei einer zutreffenden Leistungsbeschreibung von vornherein hätte übernehmen müssen[14].

90 Während Transportverträge im Wesentlichen außerhalb des BGB, nämlich im HGB, Spezialgesetzen und europäischen Verordnungen geregelt wird, ist das Werkvertragsrecht des BGB mit seiner Konzentration auf die aus dem Bauvertrag stammende Abnahme auf Bauwerke zugeschnitten.[15] Gerade hier werden seine Vorschriften aber heute durch die **Vertragsordnung** für **Bauleistungen** (VOB Teil B) verdrängt. Gemeinsam mit der Vergabeordnung für Bauleistungen (VOB Teil A) wird sie vom Deutschen Vergabe- und Vertragsausschuss für Bauleistungen erarbeitet, der sich aus Vertretern der Bauindustrie und der öffentlichen Auftraggeber zusammensetzt. Eigentlicher Anwendungsbereich der VOB/B sind die von der öffentlichen Hand vergebenen Bauaufträge. Als Musterordnung eines Bauvertrags wird von ihr jedoch auch bei anderen Bauvorhaben regelmäßig Gebrauch gemacht; und das BGB sanktioniert diese Übung durch eine Ausnahme der VOB/B von der Kontrolle vorformulierter Geschäftsbedingungen: Ist sie als Ganzes, also ohne inhaltliche Abweichungen in ergänzenden Vereinbarungen oder Klauselwerken vereinbart, findet das in § 307 BGB statuierte Verbot benachteiligender Klauseln ge-

---

[12] S. o. Rn. 25.

[13] S. u. Rn. 100.

[14] S. u. Rn. 108.

[15] Dagegen enthält der Entwurf des Gemeinsamen Referenzrahmen außer einem allgemeinen Teil (IV.C – 1, 2) gesonderte Vorschriften für Bauverträge (IV.C – 3), Verarbeitung (IV.C – 4) und Gestaltung (IV.C – 6), von denen die über Bauverträge und Verarbeitung aber weitgehend übereinstimmen.

mäß § 310 Abs. 1 S. 3 BGB keine Anwendung, falls der Vertragspartner des VOB-Verwenders ein Unternehmer oder eine juristische Person des öffentlichen Rechts ist. Mit diesem Privileg, das die Entscheidung für die VOB/B als abschließende Gesamtregelung des Bauvertrags fördert, erlangt sie, obwohl ihrer Natur nach nur Sammlung allgemeiner Geschäftsbedingungen, eine quasigesetzliche Stellung und tritt in Konkurrenz zum Werkvertragsrecht des BGB, das durch sie in der Praxis ohnehin weitgehend verdrängt wird. Dies gilt nicht nur für einfache Bauverträge zwischen Bauherrn und Bauhandwerkern, sondern auch für komplexere Projekte, bei denen als Bauunternehmer ein Generalüber- oder unternehmer auftritt, der die Bauleistungen überhaupt nicht oder nur teilweise selbst erbringt und sie im Übrigen durch Subunternehmer ausführen lässt. Einer Klauselkontrolle sind die Bestimmungen der VOB/B, wenn diese als Ganzes vereinbart ist, nur noch in den Fällen unterworfen, in denen sie von einem Bauunternehmen gegenüber einem Verbraucher als Bauherrn verwendet werden. Dass hier das Privileg des § 310 Abs. 1 S. 3 BGB weder direkt noch mittelbar gilt, liegt daran, dass die Interessen nicht unternehmerisch tätiger Auftraggeber mangels ihrer Beteiligung am Vergabe- und Vertragsausschuss bei der Erarbeitung der Vertragsordnung keine hinreichende Berücksichtigung finden.[16]

Bedeutung erlangt die Inhaltskontrolle der Regeln der VOB/B bei Verbraucherverträgen freilich weniger bei den Bauverträgen im engeren Sinne, die auf der Seite des Bauherrn von Architekten vorbereitet und häufig so vorgeschlagen werden, dass die Einbeziehung der VOB/B vom Verbraucher ausgeht. Relevant wird die Inhaltskontrolle dagegen bei **Bauträgerverträgen**, die ein Verbraucher mit einem Unternehmer eingeht, von dem er sowohl ein Grundstück kauft als auch das darauf zu errichtende Bauwerk ausführen lässt. Verträge dieser Art unterfallen sowohl dem Kaufrecht, das für die Verpflichtung des Bauträgers zur Übereignung des Grundstücks gilt, als auch dem Regime des Werkvertrags, das auf die Pflicht zur Errichtung des Bauwerks Anwendung findet, und zwar auch dann, wenn das Bauwerk bei der Veräußerung des Grundstücks schon errichtet ist.[17] Vor der Schuldrechtsreform war die Aufspaltung in Kauf- und Werkvertrag schon deshalb geboten, weil das Kaufrecht keinen Anspruch auf Nacherfüllung vorsah. Auch nachdem dieser eingeführt und die kaufrechtliche der werkvertraglichen Mängelhaftung angeglichen ist, sollte es jedoch bei der Zuordnung der Bauleistung zum Werkvertragsrecht bleiben;[18] denn mit dem Wahlrecht des Unternehmers bei der Art der Nacherfüllung und dem Recht des Bestellers auf freie Kündigung und Selbstvornahme passt es nach wie vor besser auf eine Bauleistung und hält auch den sachnäheren Maßstab für die Inhaltskontrolle der zumeist vereinbarten VOB/B bereit. **91**

---

[16] BGH, WM 2008, 1936, 1939 f.

[17] BGH, NJW 2006, 214; 2007, 3275, 3276 (zum alten Recht).

[18] So in der Tendenz auch BGH, NJW 2007, 3275, 3276; anders *Medicus/Lorenz*, Schuldrecht BT, Rn. 696, *Fikentscher/Heinemann*, Schuldrecht, Rn. 1227, MünchKomm/*Busche* § 631 BGB Rn. 227 und Staudinger/*Peters/Jacoby* (2008) § 651 Rn. 7.

2. Das allgemeine Werk- und das Bauvertragsrecht

a) *Herstellung, Abnahme und Vergütung der Werkleistung*

aa) *Die Verpflichtung zu Werkherstellung und -abnahme*

92 Als eine für ganz unterschiedliche Vertragsgegenstände geltende Regelung muss sich das Werkvertragsrecht des BGB einer näheren Bestimmung über den Inhalt der in § 631 BGB statuierten **Herstellungspflicht** des Unternehmers enthalten.[19] Nähere Vorgaben finden sich für den Bauvertrag in der VOB/B: Ihr § 1 erklärt in Abs. 1 die Allgemeinen Technischen Vertragsbedingungen (VOB/C) zum Vertragsbestandteil und stellt unter Abs. 2 eine Rangfolge der einschlägigen Regelungswerke auf. Anders als nach allgemeinem Werkvertragsrecht ist dem Besteller nach § 1 Abs. 3 und 4 VOB/B auch die Befugnis zur Änderung des vertraglichen Werks und seiner Ergänzung um zusätzliche Leistungen vorbehalten, es sei denn, dass der Betrieb des Unternehmers hierauf nicht eingerichtet ist.[20] Außerhalb des Anwendungsbereichs der VOB/B kann man ein solches Änderungsrecht des Bestellers ohne besondere Vereinbarung nur ausnahmsweise annehmen, wenn sich die gewünschte Änderung oder Ergänzung im Rahmen dessen hält, was zur Erreichung des ursprünglich festgelegten Leistungsziels erforderlich ist.[21] Während der Unternehmer nach BGB die Herstellung des Werks als reinen Erfolg und daher auch nicht in persönlicher Ausführung schuldet[22],[23] ist er gemäß § 4 Abs. 8 Nr. 1 VOB/B dazu verpflichtet, die Leistung im eigenen Betrieb auszuführen, und kann sie nur mit Zustimmung des Bestellers oder dann weitervergeben, wenn sein Betrieb auf eine bestimmte Leistung nicht eingerichtet ist.

93 Zur **Leistungszeit**, die mangels vertraglicher Vereinbarung im Allgemeinen gemäß § 242 BGB nur insoweit bestimmt ist, als der Unternehmer bei aufwändigen Leistungen mit seiner Arbeit alsbald nach Vertragsschluss beginnen und sie in angemessener Zeit zügig zu Ende zu führen hat,[24] enthält die VOB/B ebenfalls eine

---

[19] Es enthält im Gegensatz zum Entwurf eines Gemeinsamen Referenzrahmens (vgl. Art. IV.C. – 2:102 DCFR) auch keine Bestimmung über vorvertragliche Informationspflichten, die der Sanktion durch die allgemeinen Bestimmungen über die *culpa in contrahendo* überlassen sind.

[20] Beschränkt durch die Rücksicht auf die Interessen des Unternehmers ist ein solches Änderungsrecht auch im Entwurf eines Gemeinsamen Referenzrahmens vorgesehen; vgl. Art. IV.C. – 2:109 DCFR.

[21] Vgl. Staudinger/*Peters/Jacoby* (2008) § 633 Rn. 12, 14.

[22] Richtig Bamberger/Roth/*Voit* § 631 Rn. 45, AnwK/*Raab* § 631 BGB Rn. 24 f., die sich allerdings zu Recht gegen die Möglichkeit einer regelrechten Substitution aussprechen, wie sie für den Auftrag in § 664 BGB vorgesehen ist. Anders *Wertenbruch*, Die Anwendung des § 275 BGB auf Betriebsstörungen beim Werkvertrag, ZGS 2003, 53, 54 ff. und Staudinger/*Peters/Jacoby* (2008) § 631 Rn. 35, die in § 4 Abs. 8 Nr. 1 VOB/B nur die Klarstellung eines auch sonst geltenden Rechtsprinzips erkennen und den Unternehmer weder für berechtigt noch für verpflichtet halten, einen Subunternehmer einzuschalten.

[23] Der Entwurf eines Gemeinsamen Referenzrahmens stellt dies ausdrücklich fest; vgl. Art. IV.C. – 2:104 Abs. 1, 2.

[24] BGH, NJW-RR 2001, 806; 2004, 209, 210.

eingehende Regelung: Nach § 5 Abs. 2 S. 2 hat der Unternehmer, wenn kein Termin für den Beginn der Bauarbeiten vorgesehen ist, diese binnen 12 Werktagen nach Aufforderung durch den Besteller aufzunehmen. Damit die Ausführungszeit gemäß § 6 Abs. 2 Nr. 1 VOB/B wegen eines dem Risikobereich des Bestellers zuzurechnenden Umstands, eines Arbeitskampfes oder höherer Gewalt verlängert wird, muss der Unternehmer dem Besteller die Behinderung nach § 6 Abs. 1 VOB/B unverzüglich schriftlich anzeigen, es sei denn, dass sie dem Besteller offenkundig schon bekannt ist. Hat der Besteller die Behinderung zu vertreten, ist er gemäß § 6 Abs. 6 VOB/B zum Schadensersatz verpflichtet, hat aber anders als nach dem Verzugsregime des BGB (§§ 280 Abs. 2, 286 BGB) einen entgangenen Gewinn des Unternehmers nur dann zu ersetzen, wenn ihm der Vorwurf des Vorsatzes oder grober Fahrlässigkeit gemacht werden kann. Dasselbe gilt für den Unternehmer, wenn er für eine Behinderung verantwortlich ist oder, ohne dass ein Hindernis vorliegt, die Ausführung verzögert und dem Besteller daher gemäß §§ 5 Abs. 4, 6 Abs. 6 VOB/B haftbar ist. Der Besteller kann dem Unternehmer jedoch nach § 8 Abs. 3 VOB/B eine Frist setzen, ihm nach deren erfolglosem Ablauf den Auftrag entziehen und Ersatz der Kosten für die weitere Ausführung der Leistung durch einen anderen Unternehmer verlangen[25].[26]

Obwohl die Herstellung des vereinbarten Werks in aller Regel nicht ohne die **Mitwirkung des Bestellers** möglich ist, der das Substrat oder den Plan für die Leistung des Unternehmers liefern muss, hat dieser im Grundsatz keinen Anspruch auf die Mitwirkung des Bestellers. Nach dem Vorbild der allgemeinen Regeln über den Gläubigerverzug (§§ 293 ff. BGB)[27] ist die Mitwirkung des Bestellers nur Auslöser für eine besondere Entschädigungspflicht gemäß § 642 BGB, die den durch die unterlassene Mitwirkung entstandenen Mehraufwand, nicht jedoch entgangenen Gewinn und Wagnis abdeckt[28].[29] Da aber schon die Abnahme des Werks selbst nach § 640 Abs. 1 BGB Gegenstand einer Leistungspflicht des Bestellers ist, kann man, wo sie eingreift, häufig davon ausgehen, dass auch seine Mitwirkung bei der Werkherstellung durch konkludente Vereinbarung zu einer Leistungspflicht erhoben ist.[30] Den Besteller trifft dann eine umfassende Pflicht zum Ersatz des Ver- 94

[25] Hierin liegt ein gegenständlich beschränktes Schadensersatzrecht des Bestellers; vgl. Staudinger/*Peters/Jacoby* (2008) § 649 Rn. 82. Der in § 8 Abs. 3 Nr. 2 S. 1 VOB/B angebrachte Hinweis auf weitere Schadensersatzansprüche des Bestellers begründet diese nicht, sondern lässt sie nur fortbestehen; zweifelnd dagegen Staudinger/*Peters/Jacoby* (2008) § 649 Rn. 86, die nur annehmen wollen, dass die Beschränkungen des § 6 Abs. 6 VOB/B erhalten bleiben.

[26] Bei einer Unterbrechung von mehr als drei Monaten kann dagegen jede Seite den Vertrag gemäß § 6 Abs. 7 VOB/B ohne weitere Voraussetzung kündigen.

[27] Hierzu *Harke*, Allgemeines Schuldrecht, Rn. 200 f.

[28] BGH, NJW 2000, 1336, 1338.

[29] Obwohl er kein Schadensersatzanspruch ist, kann er entgegen Staudinger/*Peters/Jacoby* (2008) § 642 Rn. 24 doch auch nicht als Vergütungsanspruch angesehen werden. Für die Qualifikation als Abfindung tritt AnwK/*Raab* § 642 BGB Rn. 13 ein.

[30] Hierzu BGH, NJW 2009, 582, 586. Dass an die Begründung einer Mitwirkungspflicht strenge Anforderungen zu stellen sind, meinen Staudinger/*Peters/Jacoby* (2008) § 642 Rn. 31.

zugsschadens gemäß §§ 280 Abs. 2, 286 BGB oder zum Schadensersatz statt der Leistung nach § 281 BGB, die beide auch den entgangenen Gewinn einschließen.[31] Daneben steht dem Unternehmer das Recht zu, den Vertrag wegen unterlassener Mitwirkung des Bestellers zu kündigen. Anders als nach den allgemeinen Regeln über Rücktritt und Kündigung hat dies gemäß § 643 BGB in der Weise zu geschehen, dass der Unternehmer die Kündigung bereits bei der Bestimmung der Nachfrist zur Mitwirkung ausspricht. Verstreicht sie fruchtlos, wird der Vertrag dann automatisch aufgehoben. Das entsprechende Kündigungsrecht des Bauunternehmers gemäß § 9 VOB/B kann dagegen erst nach Ablauf einer von ihm gesetzten Nachfrist ausgeübt werden. Die vom Besteller beim Bauvertrag zu erbringenden Mitwirkungshandlungen werden zudem von §§ 3 Abs. 1 und 4 Abs. 1 Nr. 1 VOB/B in der Weise konkretisiert, dass der Besteller dem Unternehmer die nötigen Ausführungsunterlagen zu überlassen und für die Einhaltung der allgemeinen Ordnung auf der Baustelle zu sorgen hat. Zur Überwachung des Unternehmers ist der Besteller dagegen gemäß § 4 Abs. 1 Nr. 2 VOB/B lediglich berechtigt, nicht aber verpflichtet, so dass dem Besteller auch beim Bauvertrag aus der mangelnden Beaufsichtigung des Unternehmers keine Nachteile erwachsen. Daher kann ihm auch die Nachlässigkeit eines von ihm mit der Bauüberwachung beauftragten Architekten weder zur Begründung einer eigenen Haftung über § 278 BGB noch als Mitverschulden nach § 254 BGB zugerechnet werden[32]. Anders verhält es sich mit der Koordination der einzelnen Werkleistungen, wenn der Besteller mehrere Bauunternehmer beauftragt hat. Können auch die Vorunternehmer im Verhältnis zu ihren Nachfolgern mangels einer entsprechenden Einstandsabsicht des Bestellers nicht als dessen Erfüllungsgehilfen gelten, ist ihm doch ein Verschulden des mit der Bauleitung betrauten Architekten zuzurechnen,[33] sei es, dass so die Schadensersatzpflicht eines Unternehmers wegen Mitverschuldens reduziert wird, sei es, dass der Besteller wegen Verletzung der Pflicht zur Baukoordination selbst schadensersatzpflichtig ist.

95 Die von § 640 Abs. 1 BGB statuierte Verpflichtung des Bestellers zur **Abnahme**[34] gilt nur bei körperlichen Werkleistungen, die der Besteller als solche entgegennehmen kann. Da § 646 BGB die Abnahmewirkungen an die bloße Vollendung des Werks knüpft, wenn die Abnahme nach der Beschaffenheit des Werks ausgeschlossen ist, kann sie sich nicht in der stets und auch bei unkörperlichen Leistungen möglichen Billigung der Werkleistung erschöpfen, sondern muss im Empfang eines körperlichen Werks bestehen und ausscheiden, wenn die Leistung

---

[31] Im Entwurf eines Gemeinsamen Referenzrahmens ist dies als Regelfolge der Verletzung der Mitwirkungspflicht vorgesehen; vgl. Art. IV.C. – 2:103 Abs. 1, 3 DCFR. Für den Bauvertrag ist diese Pflicht in der Weise konkretisiert, dass der Besteller dem Unternehmer den Zugang zum Baugelände zu ver- und die von ihm zu liefernden Materialien zu beschaffen hat; vgl. IV.C. – 3:102 DCFR.

[32] BGH, NJW-RR 2002, 1175 f.

[33] BGH, NJW 2000, 1336, 1337.

[34] In Gestalt eines Anspruchs auf Übernahme sieht sie auch der Entwurf eines Gemeinsamen Referenzrahmens für den Bau- und Verarbeitungsvertrag vor; vgl. Art. IV.C. – 3:106 Abs. 1, 4:105 Abs. 1 DCFR.

des Unternehmers in einem Transport oder in einem anderen unkörperlichen Werk besteht.[35] Ist die Abnahme geschuldet, beschränkt sie sich dagegen nicht auf die Entgegennahme der Werkleistung, sondern umfasst ihre Akzeptanz als in der Hauptsache vertragsgemäß. Diese Erklärung muss aber wiederum nicht ausdrücklich erfolgen, sondern kann auch stillschweigend, insbesondere durch die Weiterveräußerung des Werks oder seines Substrats[36] oder deren Ingebrauchnahme, abgegeben werden. Für den Bauvertrag sieht § 12 Abs. 5 Nr. 2 VOB/B vor, dass die Abnahme nach Ablauf von sechs Werktagen ab dem Zeitpunkt als erfolgt gilt, zu dem das Bauwerk oder ein Teil hiervon seiner Bestimmung gemäß und nicht nur zur Weiterführung des Baus in Benutzung genommen sind. Wo diese Regelung, die im Verbrauchervertrag gegen das Klauselverbot in § 308 Nr. 5 BGB verstößt, nicht eingreift, bleibt die Möglichkeit einer stillschweigenden Abnahme durch Ingebrauchnahme. Diese setzt aber voraus, dass bereits eine angemessene Nutzungszeit abgelaufen ist.[37] Strengere Anforderungen an die Unterstellung einer konkludenten Abnahme sind bei lediglich teilweise ausgeführten Leistungen[38] sowie dann zu stellen, wenn die Parteien eine förmliche Abnahme vereinbart haben und diese Absprache erst durch einen mindestens stillschweigend zu schließenden Aufhebungsvertrag beseitigt werden muss[39]. – Der **Anspruch** des **Unternehmers** auf Abnahme, der nach § 12 Abs. 1 VOB/B binnen 12 Werktagen zu erfüllen ist, kann zwar theoretisch selbständig geltend gemacht werden. Dem Unternehmer ist jedoch schon dadurch geholfen, dass er dem Besteller gemäß § 640 Abs. 1 S. 3 BGB eine angemessene Frist setzt, deren Ablauf der Abnahme gleichsteht. Beim Bauvertrag tritt dieselbe Rechtswirkung auch dann ein, wenn der Unternehmer auf ein Abnahmeverlangen verzichtet und sich mit einer Fertigstellungsanzeige begnügt, auf deren Zugang gemäß § 12 Abs. 5 Nr. 1 VOB/B die Abnahme nach Ablauf von 12 Werktagen fingiert wird. Nicht gangbar ist dieser Weg für den Unternehmer nur dann, wenn er gemäß § 12 Abs. 2 VOB/B die im BGB nicht vorgesehene Abnahme in sich abgeschlossener Teile der Werkleistung oder nach Abs. 3 der Vorschrift eine förmliche Abnahme verlangt, über die in gemeinsamer Verhandlung ein Protokoll zu erstellen ist. Jenseits von Fristsetzung und Fertigstellungsanzeige findet keine Fiktion der Abnahme statt. Insbesondere genügt hierfür nicht ihre ernsthafte und endgültige Verweigerung durch den Besteller, die zwar einzelne Rechtsfolgen der Abnahme auslösen, diese aber nicht schlechthin ersetzen kann.[40] Die Pflicht des Bestellers zur Abnahme des Werks ist für den Werkvertrag charakteristisch und ebenso wenig wie die Abnahmefiktion nach § 640 Abs. 1 S. 3 BGB durch vorformulierte Geschäftsbedingung einzuschränken.[41]

---

35 BGH, NJW-RR 1989, 160, 162. Anders *Oetker/Maultzsch*, Vertragliche Schuldverhältnisse, Rn. 8.204 f., Staudinger/*Peters/Jacoby* (2008) § 640 Rn. 6, § 646 Rn. 7 ff. und Bamberger/Roth/*Voit* § 640 Rn. 18, die auf die körperliche Hinnahme als Element der Abnahme verzichten wollen.

36 BGH, NJW-RR 1996, 883, 884.

37 BGH, NJW 1985, 731, 732.

38 BGH, NJW 1994, 1276, 1278.

39 BGH, NJW 2001, 818, 821.

40 MünchKomm/*Busche* § 640 BGB Rn. 27, Palandt/*Sprau* § 640 Rn. 10.

41 PWW/*Leupertz* § 640 Rn. 7.

96 Den Pflichten des Bestellers zu Mitwirkung und Abnahme korrespondiert sein **freies Kündigungsrecht**, das § 649 S. 1 BGB für den Werkvertrag im Allgemeinen und § 8 Abs. 1 Nr. 1 VOB/B für den gesamten Bauvertrag und § 2 Abs. 4 VOB/B als Teilkündigungsrecht für einzelne Leistungen vorsehen. Mit der Kündigung, die bis zur Vollendung des Werks erklärt werden kann,[42] erlöschen die Verpflichtung des Unternehmers zur Fortführung seiner Leistung und die auf den noch ausgeführten Leistungsteil bezogenen Mitwirkungs- und Abnahmepflichten des Bestellers. Erhalten bleiben die Pflichten der Parteien im Hinblick auf die schon hergestellten Werkteile sowie der Vergütungsanspruch des Unternehmers für die gesamte Leistung.[43] Nach § 649 S. 2 BGB und der hierauf verweisenden Bestimmung des § 8 Abs. 1 Nr. 2 VOB/B muss er sich aber die Aufwendungen anrechnen lassen, die er durch die Aufhebung des Vertrags erspart, also die vermiedenen Herstellungskosten und die variablen, projektbezogenen Gemeinkosten,[44] sowie den Ertrag, den er durch anderweitigen Einsatz seiner Arbeitskraft erlangt oder um den er sich durch böswillige Untätigkeit bringt.[45] Zwar ist der Besteller in diesem Punkt beweispflichtig; den Unternehmer trifft jedoch eine Darlegungslast, der er mitunter nur schwer nachkommen kann. Um ihm die damit verbundenen Schwierigkeiten zu ersparen, gilt nach § 649 S. 3 BGB die Vermutung, dass sich die für den noch nicht ausgeführten Teil der Leistung maßgebliche Differenz zwischen Vertragspreis und abzusetzender Ersparnis und anderweitigem Erwerb auf 5 % des für den noch nicht erbrachten Leistungsteil vereinbarten Preises beläuft. Da der Unternehmer für den schon ausgeführten Teil die volle Vergütung beanspruchen kann, ist der Preis aufzuspalten, bei Vereinbarung eines Pauschalpreises nach dem Gewicht, das dem jeweiligen Leistungsteil im Rahmen der Gesamtleistung zukommt[46]. Eine über die Vermutung von § 649 S. 3 BGB hinausgehende Pauschalierung ist bis zu der durch § 309 Nr. 5 BGB für Schadensersatzansprüche gezogenen Grenze möglich und kann durchaus bis zu 10 % der vereinbarten Vergütung gehen.[47] In Analogie zu § 649 S. 2 BGB kann der Unternehmer darüber hinaus in die Berechnung die Mehrkosten einstellen, die ihm durch die Auflösung des Vertrags entstehen.[48] Will der Besteller wegen einer Pflichtverletzung des Unternehmers nach § 8 Abs. 3 VOB/B außerordentlich kündigen, ist seine Erklärung, falls kein hinreichender Kündigungsgrund vorliegt, im Zweifel als freie Kündigung zu verstehen, weil mit ihr ebenfalls die durch die au-

[42] Nicht etwa bis zur Abnahme, weil mit der Vollendung ja schon ein durchsetzbarer Anspruch auf Abnahme besteht; vgl. MünchKomm/*Busche* § 649 BGB Rn. 11.

[43] Im Entwurf eines Gemeinsamen Referenzrahmens tritt an seine Stelle ein Schadensersatzanspruch des Unternehmers; vgl. Art. IV.C. – 2:111 Abs. 4 DCFR.

[44] BGH, NJW 2000, 653, 654.

[45] Trotz dieser Modifikationen ist der Anspruch aus § 649 S. 2 BGB entgegen Staudinger/*Peters/Jacoby* (2008) § 645 Rn. 34 kein Schadensersatzanspruch und auch nicht schadensersatzähnlich.

[46] BGH, NJW 2001, 521.

[47] BGH, NJW 2006, 2551, 2552. Anders Staudinger/*Peters/Jacoby* (2008) § 649 Rn. 39, die einen Verstoß gegen § 309 Nr. 12 BGB annehmen; die Änderung der Beweislast ist jedoch die zwangsläufige Folge einer nach § 309 Nr. 5 BGB zulässigen Pauschalierung.

[48] *Oetker/Maultzsch*, Vertragliche Schuldverhältnisse, Rn. 8.265, Staudinger/*Peters/Jacoby* (2008) § 649 Rn. 53.

ßerordentliche Kündigung angestrebte Rechtssicherheit eintritt und der Besteller, der grundlos kündigt, ohnehin den Werklohn zu entrichten hat.[49] Ein vertraglicher Ausschluss des Rechts zur freien Kündigung ist möglich, eine vorformulierte Klausel mit diesem Inhalt jedoch wegen Verstoßes gegen das gesetzliche Leitbild nach § 307 BGB unwirksam und eine Individualvereinbarung nicht ohne Weiteres schon deshalb zu unterstellen, weil die Leistung des Unternehmers Pilotcharakter hat oder ein Referenzobjekt sein soll[50]. Das Kündigungsrecht kann aber als ausgeschlossen gelten, wenn der Besteller zur Mitwirkung bei der Werkerrichtung über § 642 BGB hinaus regelrecht verpflichtet ist.[51]

Ob dem Besteller außer dem freien auch ein außerordentliches **Kündigungsrecht** aus **wichtigem Grund** zusteht, ist eine eher begriffliche Frage, weil der Unternehmer jedenfalls ein entsprechendes Rücktrittsrecht hat. Die VOB/B sieht in § 8 Abs. 3 für bestimmte Pflichtverletzungen des Unternehmers[52] das Recht des Bestellers zur Entziehung des Auftrags vor; und die Rechtsprechung nimmt darüber hinaus ein außerordentliches Kündigungsrecht des Bestellers in dem Fall an, dass Vertragsverletzungen des Unternehmers von solchem Gewicht vorliegen oder sicher bevorstehen, dass sie eine Fortsetzung des Vertrags für den Besteller unzumutbar machen.[53] Rechtsfolge ist der Wegfall des Anspruchs auf Vergütung der noch nicht ausgeführten Teile des Werks. Die bereits erbrachten Leistungen sind dagegen in der Regel zu vergüten und nur ausnahmsweise dann nicht entgeltpflichtig, wenn sie für den Besteller unbrauchbar sind.[54] Dieses Ergebnis lässt sich nicht durch einen Analogieschluss zu § 314 BGB erreichen,[55] der als Vorschrift für Dauerverträge konzipiert und daher auch seinem Rechtsgedanken nach nicht auf den zu einem einmaligen Leistungsaustausch führenden Werkvertrag anwendbar ist.[56] Auch § 649 BGB taugt nicht als gesetzliche Basis für das Recht des Bestellers zur außerordentlichen Kündigung,[57] weil sich dieses durch den Wegfall des Vergütungsanspruchs eben ganz erheblich von der freien Kündigung unterscheidet. Dass der Besteller den Vertrag wegen einer Pflichtverletzung des Unternehmers und umgekehrt dieser wegen einer solchen des Unternehmers auflösen kann, ergibt sich aber ohne Weiteres aus §§ 323 ff. BGB, die außer einem Rücktritt vom gesamten Vertrag auch einen Teilrücktritt zulassen, der die wechselseitigen Leistungspflichten insoweit bestehen lässt, als der Vertrag schon durchgeführt ist. Nur dem Namen nach besteht ein Unterschied zur Kündigung aus wichtigem Grund, die § 314 BGB bloß in ihren 97

49 BGH, NJW 2003, 3474, 3475. Anders Staudinger/*Peters/Jacoby* (2008) § 649 Rn. 19.

50 Vgl. MünchKomm/*Busche* § 649 BGB Rn. 5 und *Bitter/Rauhut*, Vertragsdurchführungspflicht des Werkbestellers?, JZ 2007, 964, 968 ff., die als Anhaltspunkt für einen Kündigungsausschluss ein Zugeständnis des Unternehmers bei der Festlegung der Vergütung, etwa die Vereinbarung eines Selbstkostenpreises, fordern.

51 Bamberger/Roth/*Voit* § 649 Rn. 29.

52 S. u. Rn. 118.

53 BGH, NJW 2003, 1600, 1601.

54 BGH, NJW 1997, 3017, 3018.

55 So aber MünchKomm/*Busche* § 649 BGB Rn. 31.

56 Insoweit richtig Bamberger/Roth/*Voit* § 645 Rn. 21.

57 Anders Bamberger/Roth/*Voit* § 649 Rn. 21, PWW/*Leupertz* § 649 Rn. 18.

Wirkungen und nicht in ihren Voraussetzungen beschreibt, welche wiederum den §§ 323 ff. BGB entnommen werden müssen[58]. Diese erstrecken sich gleichermaßen auf den Verstoß gegen Leistungs- und die Verletzung von Rücksichtspflichten; sie decken damit alle für die vorzeitige Auflösung des Werkvertrags relevanten Fälle wie etwa den Verzug mit Ausführungsfristen oder die Leistungsverweigerung ab.

bb) Die Vergütungspflicht

98 Haben sich die Parteien auf das vom Unternehmer zu errichtende Werk verständigt, die hierfür geschuldete Geldleistung aber offen gelassen, kommt statt des von §§ 315 f. BGB vorgesehenen einseitigen Bestimmungsrechts zunächst § 632 Abs. 2 BGB zum Zuge, der den Besteller zur Entrichtung einer Taxe und, wenn eine solche nicht besteht, zur Zahlung der üblichen Vergütung verpflichtet. Eine Taxe ergibt sich vor allem aus einschlägigen Gebührenordnungen wie etwa der Honorarordnung für Architekten und Ingenieure (HOAI). Diese sieht für die Leistungen im Bereich der Flächen-, Objekt- und Fachplanung Rahmengebühren vor, damit einerseits eine übermäßige Steigerung der Baukosten, andererseits ein ruinöser Wettbewerb vermieden wird. Dass der Empfänger einer Werkleistung diese überhaupt zu vergüten hat und nicht etwa unentgeltlich erhält, ist Gegenstand der Vermutung des § 632 Abs. 1 BGB, die zwar die Erteilung des Auftrags zur Werkleistung voraussetzt,[59] diese aber auch genügen lässt, wenn die Herstellung des Werks nur gegen eine Vergütung zu erwarten ist. Hat der Unternehmer vor dem Vertragsschluss vereinbarungsgemäß die vom Besteller zu tragenden Kosten veranschlagt, kann er hierfür gemäß § 632 Abs. 3 BGB im Zweifel keine besondere Vergütung verlangen, ist aber an den Kostenanschlag auch nicht gebunden: Nach § 650 Abs. 2 BGB ist er lediglich gehalten, eine wesentliche Kostenüberschreitung, sobald sie zu erwarten steht, dem Besteller anzuzeigen; und gemäß Abs. 1 der Vorschrift muss er sich gefallen lassen, bei einer deshalb erklärten Kündigung des Bestellers statt der nach § 649 BGB eigentlich geschuldeten vollen Vergütung nur den Lohn für die bereits geleistete Arbeit sowie Ersatz der darin nicht enthaltenen Aufwendungen verlangen.

99 Für die Vereinbarung der Vergütung jenseits von Vergütungsordnungen gibt es zwei Grundmodelle: Entweder die Parteien einigen sich darauf, dass der Unternehmer nach dem Maß des Werks oder seiner Arbeit vergütet wird; oder sie legen eine feste Summe als pauschalen Lohn für das Werk fest. Im ersten Fall eines sogenannten **Einheitspreises** kann sich die Vergütung entweder nach dem Ergebnis richten, so dass über den Lohn das Aufmaß des Werks entscheidet; oder es entscheidet die Menge der eingesetzten Materialien und der aufgewendeten Arbeitszeit wie etwa beim Stundenlohnvertrag nach § 15 VOB/B. Hier wie dort liegt das Risiko, dass das Werk oder der Arbeitsaufwand größer als erwartet ist, beim Besteller, der einen entsprechend höheren Lohn zahlen muss, jedoch einen gegenläufigen Schadensersatzanspruch hat, wenn der Unternehmer gegen seine Nebenpflicht verstoßen hat, sei-

[58] Vgl. *Harke*, Allgemeines Schuldrecht, Rn. 128.
[59] BGH, NJW 1999, 3554, 3555.

nen Betrieb wirtschaftlich und daher so führen, dass er keinen unnötigen Aufwand betreibt[60]. Da der Umfang der Leistung nicht nur für den Endbetrag, sondern auch schon für die Einheitspreise selbst von Bedeutung ist, wird regelmäßig eine Schwelle für Mengenerhöhungen vereinbart, ab der eine Anpassung des Einheitspreises durch Vertragsänderung[61] verlangt werden kann. Nach § 2 Abs. 3 VOB/B liegt sie bei 10 % des ursprünglichen Mengenansatzes: Wird diese Grenze nach oben überschritten, kann der Besteller eine Herabsetzung des Einheitspreises verlangen; wird sie nach unten durchbrochen, kann der Unternehmer seine Erhöhung verlangen, damit die in dem ursprünglichen Einheitspreis enthaltenen Gemeinkosten ausgeglichen werden. Als Konsequenz aus der Befugnis des Bestellers zur Änderung des Bauentwurfs (§ 1 Abs. 3 VOB/B) sieht § 2 Abs. 5 VOB/B ferner ein Recht der hieran interessierten Partei vor, in diesem Fall die Bildung eines neuen Preises unter Berücksichtigung sämtlicher Mehr- oder Minderkosten[62] zu verlangen.[63] Außerdem korrespondiert mit dem Recht des Bestellers, vom Unternehmer erforderliche Zusatzleistungen zu verlangen (§ 1 Abs. 4 VOB/B), gemäß § 2 Abs. 6 VOB/B ein Recht des Unternehmers auf zusätzliche Vergütung, wenn er dies vor Ausführung der zusätzlichen Leistung angekündigt hat[64].[65]

Diese beiden Anpassungsmechanismen nach § 2 Abs. 5 und 6 VOB/B gelten ge- 100
mäß Abs. 7 Nr. 2 der Vorschrift auch bei Vereinbarung eines **Pauschalpreises**. Wie Nr. 1 S. 1 derselben Bestimmung ausdrücklich feststellt, bleibt dieser grundsätzlich unverändert und sorgt so dafür, dass der Besteller die Gefahr eines unter den Erwartungen gebliebenen Aufwands, der Unternehmer das Risiko trägt, dass der tatsächliche Aufwand über der Prognose bei Vertragsschluss liegt.[66] Ist das vom Unternehmer zu errichtende Werk nur als Ziel formuliert, liegt ein sogenannter Glo-

[60] BGH, NJW 2009, 3426, 3427 (für den Stundenlohnvertrag).

[61] BGH, NJW-RR 2005, 1041, 1042.

[62] Und nicht etwa nur unter Rücksicht auf einzelne Positionen; vgl. BGH, NJW 2010, 227, 231.

[63] Dies gilt zumindest in Analogie zu § 2 Abs. 5 VOB/B auch bei einer Verzögerung der Bauausführung durch ein verlängertes Vergabeverfahren; vgl. BGH, NJW 2009, 2443, 2447 (s. auch BGH, NJW 2010, 519, 520 zur bloßen Verzögerung des Zuschlagstermins). – Die Übernahme von Leistungen durch den Besteller führt dagegen nach § 2 Abs. 4 in Verbindung mit § 8 Abs. 1 Nr. 2 VOB/B nur zu einer Anrechung ersparter Aufwendungen oder anderweitigen Erwerbs.

[64] Die Ankündigung ist entsprechend ihrer Warnfunktion für den Besteller entbehrlich, wenn für diesen die Pflicht zur Zusatzvergütung nicht zweifelhaft sein konnte; vgl. BGH, NJW 1996, 2158, 2159. Dass die fehlende Ankündigung den Anspruch überhaupt nicht ausschließt, behaupten Staudinger/*Peters/Jacoby* (2008) § 632 Rn. 88 f., die nur eine Haftung des Unternehmers wegen Verstoßes gegen eine vertragliche Nebenpflicht annehmen.

[65] Etwas anderes gilt nach § 2 Abs. 8 Nr. 2 VOB/B für nachträglich anerkannte oder notwendige und unverzüglich angezeigte Arbeiten. Das Anzeigeerfordernis besteht nach § 2 Abs. 9 VOB/B generell nicht bei Zeichnungen, Berechnungen und anderen Unterlagen, während für eine Stundenlohnvergütung nach § 2 Abs. 10 VOB/B sogar eine vorherige Vereinbarung nötig ist.

[66] Eine als Pauschalpreisvertrag bezeichnete Vereinbarung wird nicht schon dadurch zu einem versteckten Einheitspreisvertrag, dass der Unternehmer keine Mengenermittlungsangaben erhalten hat, denn die Parteien können auch nicht zu übersehende Risiken eingehen; vgl. PWW/*Leupertz* § 631 Rn. 40.

balpauschalpreis vor, der einer Anpassung bloß nach den allgemeinen Regeln über den Aus- oder Wegfall der Geschäftsgrundlage gemäß § 313 BGB (§ 2 Abs. 7 Nr. 1 S. 2 VOB/B) zugänglich ist.[67] Anders verhält es sich beim sogenannten Detailpauschalpreisvertrag, der zwar ebenfalls eine pauschale Vergütung vorsieht, das vom Unternehmer herzustellende Werk aber im Einzelnen beschreibt. Weicht die ausgeführte Leistung von dieser Beschreibung nicht nur unerheblich ab, ist trotz Einhaltung des ursprünglichen Leistungsziels die Gültigkeit des Pauschalpreises in Frage gestellt. Denn die Leistung des Unternehmers ist ungeachtet seiner Verpflichtung auf ein bestimmtes Ergebnis in ihrem Umfang durch die schon vorhandene Planung festgelegt.[68] Abweichungen hiervon bedeuten daher regelmäßig eine Änderung des Bauentwurfs im Sinne von § 2 Abs. 5 VOB/B oder eine zusätzliche Leistung gemäß § 2 Abs. 6 VOB/B und lösen einen Anspruch des Bestellers oder Unternehmers auf Preisanpassung oder zusätzliche Vergütung aus.[69] Zu demselben Ergebnis gelangt man nach BGB, indem man in der einverständlichen Abweichung vom ursprünglich ausgemachten Leistungsprogramm eine Vertragsänderung sieht,[70] die mangels abweichender Vereinbarung mit einer Preisanpassung einhergeht, für die im Fall einer Erweiterung des Leistungsumfangs § 632 Abs. 2 BGB gilt.[71]

101 Unabhängig von der Art, in der die Vergütung des Unternehmers bemessen ist, gilt, dass der hierauf gerichtete Anspruch des Unternehmers, obwohl schon mit Vertragsschluss entstanden,[72] bei körperlichen Werken gemäß § 641 Abs. 1 BGB erst mit ihrer Abnahme, bei unkörperlichen Werken nach § 646 BGB mit ihrer Vollendung **fällig** wird.[73] Dieses Erfordernis, das an die Verpflichtung des Unternehmers zur Herstellung eines bestimmten Erfolgs anknüpft, besteht nicht nur bei ordentlich durchgeführten Verträgen, sondern auch dann, wenn sie durch Kündigung vorzeitig beendet worden sind.[74] Nach § 641 Abs. 2 BGB stehen der Abnahme in einer Leistungskette jedoch die Zahlung einer Vergütung durch den Auftraggeber des Bestellers oder die Abnahme des Werks durch diesen sowie eine fruchtlose Fristsetzung zur Auskunft über diese Umstände durch den Unternehmer an den Besteller gleich. Dies gilt schon bei einer Teilidentität der Leistungen[75] und auch dann, wenn der

---

[67] Hierzu *Harke*, Allgemeines Schuldrecht, Rn. 100 ff. Die Rechtsprechung lässt beim VOB-Vertrag allerdings, wenn auch ohne Festlegung auf eine starre Grenze, eine Anpassung schon bei Mengenabweichungen von etwa 20 % zu; vgl. BGH, NJW 2004, 502, 505.

[68] BGH, NJW 2008, 2106, 2108.

[69] Die einschlägige Verweisungsnorm des § 2 Abs. 7 Nr. 2 VOB/B gilt nur für den Detail-, nicht auch für den Globalpauschalpreisvertrag; vgl. MünchKomm/*Busche* § 631 BGB Rn. 176.

[70] Ähnlich PWW/*Leupertz* § 631 Rn. 2.

[71] Im Grundsatz richtig BGH, NJW-RR 2002, 740, 742, der allerdings einen „erheblichen" Leistungsüberschuss verlangt.

[72] BGH, NJW 2002, 2640 f.

[73] Die übliche Bezeichnung „Vorleistung" verdient es dann, wenn man das Gewicht auf die Verpflichtung zur Herstellung des Werks, und nicht auch, wenn man von der Zug um Zug zu erbringenden Ablieferung ausgeht; vgl. Staudinger/*Peters/Jacoby* (2008) § 641 Rn. 3.

[74] BGH, NJW 2006, 2475, 2476.

[75] MünchKomm/*Busche* § 641 BGB Rn. 21.

Dritte die Vergütung teilweise nach § 641 Abs. 3 BGB zur Mängelbeseitigung einbehält, weil dies die Abnahme der Leistung des Bestellers nicht in Frage stellt.[76] Es gilt ferner bei Abschlagszahlungen,[77] die der Besteller von seinem Auftraggeber ja auch nur für schon ausgeführte Leistungen beanspruchen kann. In der Anknüpfung an die Bezahlung des Bestellers durch seinen Auftraggeber liegt keine Durchbrechung der Relativität des Schuldverhältnisses;[78] vielmehr wird durch die Anordnung der Fälligkeit lediglich vermieden, dass der Unternehmer zum Opfer einer treuwidrigen Berufung des Bestellers auf die fehlende Abnahme wird. Darüber hinaus soll die Fälligkeit des Vergütungsanspruchs nach Ansicht des BGH auch dann eintreten, wenn der Besteller die Abnahme ohne hinreichenden Grund endgültig verweigert.[79] Für diese Ausnahmen vom Abnahmeerfordernis besteht wegen der von § 640 Abs. 1 S. 3 BGB eröffneten Befugnis des Unternehmers, sämtliche Abnahmewirkungen durch Fristsetzung herbeizuführen, kein Bedarf und mangels einer Bestimmung über deren Entbehrlichkeit wegen Abnahmeverweigerung auch kein Raum.[80] Anders liegt der Fall, dass der Besteller grundlos eine zur Werkerstellung erforderliche Mitwirkungshandlung verweigert. Da sie nicht durch Fristsetzung ersetzt werden kann, ist es gerechtfertigt, den Unternehmer nach dem Rechtsgedanken von § 326 Abs. 2 BGB[81] trotz fehlender Abnahme zur Forderung der vereinbarten Vergütung zuzulassen.

Haben die Parteien die Fälligkeit des Werklohnanspruchs außer an die Abnahme auch noch an die Erteilung einer prüffähigen **Schlussrechnung** durch den Unternehmer gebunden, gilt dieses Erfordernis ebenfalls nicht nur bei einer planmäßigen Durchführung des Vertrags, sondern auch bei seiner vorzeitigen Beendigung durch Kündigung.[82] § 15 Abs. 1 HOAI bindet die Fälligkeit des Architektenhonorars schon gesetzlich an die Erteilung einer prüffähigen Schlussrechnung,[83] zu der lediglich die mangelfreie Leistungserbringung, nicht auch die Abnahme des Architektenwerks durch den Auftraggeber hinzutreten muss.[84] Für den Bauvertrag schreibt § 14 VOB/B zusätzlich zur Abnahme eine prüfbare Abrechnung der Leistungen innerhalb einer Frist vor, die 12 Werktage bei einer Bauzeit von bis zu drei Monaten beträgt und sich für jede weiteren drei Monate um sechs Werktage verlängert.[85] Der Anspruch auf die Vergütung des Werks durch Schlusszahlung wird gemäß § 16 Abs. 3 Nr. 1 VOB/B nach Prüfung der Schlussrechnung, spätestens nach Ablauf von zwei Monaten ab deren Zugang, fällig, wobei der Besteller sich nicht mehr auf die **102**

[76] PWW/*Leupertz* § 641 Rn. 14.
[77] Bamberger/Roth/*Voit* § 641 Rn. 20.
[78] So aber MünchKomm/*Busche* § 641 BGB Rn. 18.
[79] BGH, NJW 2008, 511, 514 f.
[80] Anders Bamberger/Roth/*Voit* § 641 Rn. 5, PWW/*Leupertz* § 641 Rn. 8.
[81] Offen insoweit BGH, NJW 2005, 1650, 1651.
[82] BGH, NJW 2000, 653.
[83] Der Einwand mangelnder Prüffähigkeit setzt freilich die Benennung konkreter Defizite der Rechnung voraus; vgl. BGH, NJW-RR 2010, 1176, 1177.
[84] BGH, NJW-RR 1986, 1279.
[85] Nach Abs. 4 der Vorschrift kann der Besteller nach erfolgloser Fristsetzung selbst auf Kosten des Unternehmers eine prüfbare Rechnung aufstellen.

mangelnde Prüffähigkeit der Rechnung berufen kann, wenn er diese nicht innerhalb derselben Frist unter Angaben von Gründen geltend macht. Die auf die Schlussrechnung erfolgte Schlusszahlung oder ihre endgültige schriftliche Verweigerung[86] schließen nach § 16 Abs. 3 Nr. 2 und 3 VOB/B eine Nachforderung des Unternehmers aus, wenn er auf diese Wirkung vom Besteller hingewiesen worden ist.[87] Darüber hinaus hat man, wie von der Rechtsprechung zumindest im Fall des Architektenvertrags anerkannt,[88] eine Selbstbindung des Unternehmers durch seine Schlussrechnung anzunehmen,[89] die eine Nachforderung nur unter den Voraussetzungen einer Irrtumsanfechtung zulässt. Muss der Unternehmer mangels entsprechender Vereinbarung keine Schlussrechnung erteilen, bleibt sie ihm bei komplexer Preisgestaltung dennoch nicht erspart, weil die Verzögerung der Zahlung dem Besteller nicht zum Vorwurf des Verzugs gereicht, solange er den Umfang seiner Leistungspflicht nicht überblicken kann.[90]

103 Während Vorauszahlungen auf den Werklohn im BGB überhaupt nicht vorgesehen und durch § 16 Abs. 2 Nr. 1 VOB/B von einer besonderen Vereinbarung der Parteien abhängig gemacht und einer Verzinsungspflicht unterworfen sind, ist der Besteller zur Verringerung des Unternehmerrisikos ohne Weiteres zu **Abschlagszahlungen** verpflichtet. Nach § 632a Abs. 1 BGB und § 16 Abs. 1 Nr. 1 VOB/B kann der Unternehmer sie bei Vorlage einer nachvollziehbaren Aufstellung für schon erbrachte Leistungen oder die Lieferung von Stoffen oder Bauteilen verlangen, soweit dem Besteller hierdurch ein Wertzuwachs entstanden ist.[91] Da mit den Abschlagszahlungen das Interesse des Unternehmers an der vertraglich vereinbarten Vergütung vorläufig befriedigt werden soll, ist für die Höhe der Abschlagszahlung nicht der tatsächlich erzielte Wertgewinn, sondern der Betrag maßgebend, mit dem die Parteien die erbrachte Leistung bei der Bestimmung der Vergütung angesetzt haben.[92] Verweigern kann der Besteller die Abschlagszahlungen, wie der Umkehrschluss aus § 632a Abs. 1 S. 2 BGB ergibt, nur, falls die ausgeführten Leistungen mit wesentlichen Mängeln behaftet sind, die ihn gemäß § 640 Abs. 1 BGB auch zur Verweigerung der Abnahme der Gesamtleistung berechtigten. Im Übrigen steht dem Besteller ein Zurückbehaltungsrecht in doppelter Höhe der Mangelbeseitigungskosten zu, wie es § 641 Abs. 3 BGB für den Lohnanspruch nach Abnahme vorsieht. Beides ist keineswegs selbstverständlich, weil der Unternehmer die Mängelfreiheit des Werks eigentlich erst im Moment der Abnahme herstellen

---

[86] Entgegen dem Wortlaut der VOB/B muss sie nicht unter Hinweis auf schon geleistete Zahlungen erfolgen; vgl. Staudinger/*Peters/Jacoby* (2008) § 641 Rn. 93.

[87] Dieses Ergebnis folgt unmittelbar aus der einschlägigen Bestimmung der VOB/B und muss entgegen Staudinger/*Peters/Jacoby* (2008) § 641 Rn. 97 nicht erst unter Rückgriff auf die Figur der Verwirkung erreicht werden.

[88] BGH, NJW 1997, 2329, 2331, NJW-RR 2009, 598, 600 f.

[89] Richtig Staudinger/*Peters/Jacoby* (2008) § 632 Rn. 124.

[90] PWW/*Leupertz* § 641 Rn. 2.

[91] Dem Architekten gesteht § 15 Abs. 2 HOAI ein Recht auf Abschlagszahlungen für nachgewiesene Leistungen in angemessenen Abständen zu.

[92] MünchKomm/*Busche* § 632a BGB Rn. 9, PWW/*Leupertz* § 632a Rn. 9; ähnlich Staudinger/*Peters/Jacoby* (2008) § 632a Rn. 7 und AnwK/*Raab* § 632a BGB Rn. 17.

muss[93] und ein Mangel der bisherigen Werkleistung ohnehin den Wertzuwachs und damit auch die Höhe der Abschlagsforderung herabsetzt. Für Verträge, durch die sich ein Bauträger sowohl zur Übertragung von Grundstückseigentum als auch zur Errichtung oder zum Umbau eines Hauses oder vergleichbaren Bauwerks verpflichtet, gilt nach § 1 der von § 632a Abs. 2 BGB in Bezug genommenen HausbauVO die Bestimmung des § 3 der Makler- und BauträgerVO, die eine erste Anzahlung nach Sicherstellung des lastenfreien Grunderwerbs und bis zu sieben Abschlagsforderungen in Quoten des vereinbarten Preises gestattet und diese jeweils an die Erreichung eines bestimmten Bautenstands knüpft. Sind diese Vorgaben nicht eingehalten, kann der Bauträger überhaupt keine Abschlagszahlungen, sondern nur Vergütung nach Abnahme gemäß § 641 Abs. 1 BGB fordern.[94] Für Bauverträge mit Verbrauchern sieht § 632a Abs. 3 BGB deren Schutz durch eine vom Unternehmer zu bestellende Sicherheit in Höhe von 5 % des Vergütungsanspruchs vor. Als Recht auf eine Anzahlung kann der Anspruch auf Abschlagszahlung stets nur bis zum Eintritt der Voraussetzungen für den endgültigen Werklohn erhoben werden und ist ausgeschlossen, sobald das Werk abgenommen und, soweit dies erforderlich ist, auch eine Schlussrechnung erteilt ist.[95] Leistet der Besteller die vorher geschuldeten Abschlagszahlungen bei Fälligkeit nicht, kann der Unternehmer beim gewöhnlichen Werkvertrag unter Berufung auf die Einrede des nichterfüllten Vertrags aus § 320 BGB unmittelbar seine Arbeiten einstellen, während er nach § 16 Abs. 5 Nr. 5 VOB/B erst eine angemessene Nachfrist setzen muss, die ihm auch das Recht zur Kündigung gemäß § 9 VOB/B gibt.

cc) Lohngefahr

Die **Abnahme** eines körperlichen Werks oder die Vollendung einer unkörperlichen Leistung lösen nicht nur die Fälligkeit des Vergütungsanspruchs aus, sondern markieren nach §§ 644 Abs. 1 S. 1, 646 BGB auch den Moment, in dem die Lohngefahr auf den Besteller übergeht: Da der Unternehmer seine Leistung, wie im Fall der Abnahme vom Besteller eigens anerkannt, im Wesentlichen erbracht hat, lassen ein zufälliger Untergang oder eine zufällige Verschlechterung des Werks seinen Lohnanspruch fortan unberührt. Der Unternehmer schuldet auch keine Neuherstellung, falls diese möglich ist.[96] Dies gilt allerdings nur, sofern das Werk nicht mangelhaft ist, weil der Besteller andernfalls die Rückabwicklung des Vertrags verlangen kann. Ist das Werk mangelfrei oder nur mit unwesentlichen Mängeln behaftet, derenthalben die Abnahme nach § 640 Abs. 1 S. 2 BGB nicht verweigert werden darf, kann der Unternehmer nach S. 3 derselben Vorschrift die Wirkung der Abnahme durch Fristsetzung herbeiführen. Die Gefahr geht jedoch in aller Regel schon vorher ge- **104**

---

[93] Hierauf weist PWW/*Leupertz* § 632a Rn. 7 hin.

[94] BGH, NJW 2007, 1947, 1949.

[95] BGH, NJW-RR 2004, 957, 958, NJW 2010, 227, 229.

[96] *Oetker/Maultzsch*, Vertragliche Schuldverhältnisse, Rn. 8.200, MünchKomm/*Busche* § 640 BGB Rn. 10, Staudinger/*Peters/Jacoby* (2008) § 644 Rn. 12, Bamberger/Roth/*Voit* § 644 Rn. 14 und AnwK/*Raab* § 644 BGB Rn. 2, 6. Für eine Anwendung der allgemeinen Regeln über die Gattungsschuld dagegen *Veelken*, Zur Dogmatik der Gefahrtragung beim Werkvertrag, Baden-Baden 1989, S. 47 ff., 96 f.

mäß § 644 Abs. 1 S. 2 BGB dadurch über, dass der Besteller das Angebot des Unternehmers zur Abnahme des Werks nicht annimmt und so nach §§ 293 ff. BGB in Gläubigerverzug gerät;[97] oder der Gefahrwechsel setzt schon gemäß §§ 644 Abs. 2, 447 BGB durch die auf Wunsch des Bestellers erfolgte Versendung des Werks ein.[98] Beim Bauvertrag nach VOB/B ist die Abnahme für den Gefahrübergang gemäß § 12 Abs. 6 VOB/B zwar unumgänglich, wird jedoch nach Abs. 5 derselben Bestimmung infolge von Fertigstellungsanzeige oder Benutzung der Leistung fingiert[99].

105 Eine Gefahrzuweisung an den Besteller **vor der Abnahme** oder den ihr gleichgestellten Tatbeständen ordnet § 645 Abs. 1 BGB für den Fall an, dass ein Mangel des vom Besteller gelieferten Stoffs oder eine von ihm erteilte Anweisung für die Ausführung des Werks dessen Untergang oder seine Verschlechterung bewirkt[100]:[101] Trifft den Unternehmer kein Verschulden, weil er weder gegen seine Pflicht zur Prüfung von Stoff und Anweisung noch die Pflicht zur Information des Bestellers verstoßen hat, kann er, ohne zur erneuten Herstellung des Werks verpflichtet zu sein,[102] eine Vergütung für den bereits erbrachten Teil seiner Tätigkeit sowie Ersatz der hierin nicht inbegriffenen Vergütung verlangen.[103] Der Besteller, den dieses Risiko unabhängig von seinem eigenen Verschulden allein wegen der Zurechnung eines Stoffmangels oder einer Fehlanweisung zu seinem Gefahrenbereich trifft, trägt insoweit also nicht die volle Lohngefahr, sondern lediglich das Risiko, dass die bis zum Schadensfall erbrachte Arbeit und die bis dahin getätigten Aufwendungen nutzlos waren. Diese Regelung, die einen Kompromiss zwischen rigider Gefahrzuweisung an den Unternehmer und voller Gefahrüberwälzung auf den Besteller darstellt, ist entsprechend auf andere Konstellationen anwendbar, in

---

[97] Zum selben Ergebnis führen die einschlägigen Bestimmungen über den Bauvertrag im Entwurf eines Gemeinsamen Referenzrahmens, die den Unternehmer bei einer Zerstörung des Werks nach dem Zeitpunkt, zu dem es vollendet ist oder hätte abgenommen werden müssen, von der Verpflichtung zur Neuherstellung entlasten und ihm zugleich den Anspruch auf die Vergütung wahren; vgl. Art. IV.C. – 3:108 Abs. 2, 5 DCFR. Dem deutschen Recht noch näher steht die Vorschrift über den Verarbeitungsvertrag, bei dem der Gefahrwechsel mit dem Abnahmeverlangen des Unternehmers eintritt; vgl. Art. IV.C. – 4:107 Abs. 2 DCFR.

[98] Zum Versendungskauf s. o. Rn. 42 f.

[99] S. o. Rn. 95.

[100] Entgegen *Oetker/Maultzsch*, Vertragliche Schuldverhältnisse, Rn. 8.216 gilt dies nicht nur für nachträgliche bindende Anweisungen, sondern auch für von vornherein geäußerte oder solche nachträglichen unverbindlichen Wünsche des Bestellers, mit denen sich der Unternehmer mindestens durch ihre Befolgung einverstanden erklärt hat; vgl. Bamberger/Roth/*Voit* § 645 Rn. 10. Durch seine Verpflichtung auf einen Leistungserfolg übernimmt der Unternehmer ebenso wenig das Risiko fehlerhafter Anweisungen wie die Gefahren, die ein unbrauchbarer Stoff mit sich bringt.

[101] Im Entwurf eines Gemeinsamen Referenzrahmens findet sich eine vergleichbare Regelung nur für Anweisungen des Bestellers; vgl. Art. IV.C. – 2:107 DCFR.

[102] *Oetker/Maultzsch*, Vertragliche Schuldverhältnisse, Rn. 8.213; anders Staudinger/*Peters/Jacoby* (2008) § 645 Rn. 6 und AnwK/*Raab* § 645 BGB Rn. 8.

[103] Es geht nicht um den Werkerfolg; vgl. *Oetker/Maultzsch*, Vertragliche Schuldverhältnisse, Rn. 8.222.

denen die Leistung des Unternehmers durch Umstände beeinträchtigt wird, die in der Person des Bestellers liegen, auf seine Handlungen[104] oder das Leistungssubstrat zurückgehen[105]. Denn hier gilt ebenso wie bei Stoffmangel oder fehlerhafter Anweisung, dass das Risiko, das sich im Untergang oder in der Verschlechterung des Werks verwirklicht hat, dem Gefahrenbereich des Bestellers zuzuordnen ist. Hierzu können auch die politischen Verhältnisse am Leistungsort gehören, wenn der Besteller ihnen nähersteht als der Unternehmer,[106] und entgegen der Ansicht des BGH[107] auch ein an demselben Vorhaben tätiger Parallelunternehmer[108]. Ist dieser auch nicht Erfüllungsgehilfe des Bestellers und dieser daher auch nicht für ihn haftbar,[109] sind die von ihm erbrachten Leistungen doch gleichsam der Stoff, an dem ein anderer Unternehmer sein Werk ausführen soll.

Für die von einem anderen Auftragnehmer ausgehenden Risiken hat der Besteller auch nicht bei einem VOB-Vertrag einzustehen, obwohl § 7 Abs. 1 VOB/B dem Unternehmer einen Anspruch auf eine dem Leistungsstand entsprechende Vergütung in allen Fällen von **höherer Gewalt**, Krieg, Aufruhr oder anderer objektiv unabwendbarer Umstände einräumt, die durchaus innerbetrieblicher Art sein können[110]. Fallen damit auch Umstände jenseits des dem Besteller zuzurechnen Gefahrenkreises in sein Lohnrisiko, genügt für die Annahme eines unabwendbaren Umstands freilich noch nicht, dass er für den Unternehmer unvorhersehbar oder mit wirtschaftlich erträglichen Maßnahmen nicht abzuwenden war. Ein dem Risikobereich des Bestellers zuzuweisendes Ereignis liegt vielmehr erst dann vor, wenn nach menschlicher Einsicht und Erfahrung das Ereignis oder seine Auswirkungen trotz Anwendung wirtschaftlich erträglicher Mittel durch die äußerste Sorgfalt nicht zu verhüten oder in seinen Wirkungen bis auf ein erträgliches Maß unschädlich zu machen sind.[111] Gleichwohl verstößt § 7 Abs. 1 VOB/B wegen einer zu weitgehenden Abweichung vom gesetzlichen Leitbild der §§ 644 f. BGB gegen das Benachteiligungsverbot des § 307 BGB und ist, wenn er gegenüber einem Verbraucher auf Bestellerseite eingesetzt wird, wirkungslos. 106

[104] BGH, NJW 1997, 3018, 3019; 1998, 456, 457. Weitergehend *Koller*, Die Risikozurechnung bei Vertragsstörungen in Austauschverträgen, München 1979, S. 245 ff., der eine Befreiung des Unternehmers bei allen Umständen vorschlägt, die der Sphäre des Bestellers angehören und die er zumindest ebenso wie der Unternehmer zu beherrschen vermag. Zur Sphärentheorie vgl. auch *Harke*, Allgemeines Schuldrecht, Rn. 252.

[105] Für eine solchermaßen „eingeschränkte Sphärentheorie“ *Köhler*, Unmöglichkeit und Geschäftsgrundlage bei Zweckstörungen im Schuldverhältnis, München 1971, S. 39 ff.

[106] BGH, NJW 1982, 1458, 1459. Kritisch hierzu MünchKomm/*Busche* § 645 Rn. 18 und Bamberger/Roth/*Voit* § 645 Rn. 22, die den Boden von § 645 BGB in diesem Fall verlassen sehen. Für nicht verallgemeinerungsfähig halten die Entscheidung auch Staudinger/*Peters/Jacoby* (2008) § 645 Rn. 42 und AnwK/*Raab* § 645 BGB Rn. 23.

[107] BGH, NJW 1981, 391, 392.

[108] Richtig Bamberger/Roth/*Voit* § 645 Rn. 8.

[109] S. o. Rn. 94.

[110] MünchKomm/*Busche* § 644 BGB Rn. 17.

[111] BGH, NJW 1981, 391, 393.

b) *Mängelhaftung*

aa) Sach- und Rechtsmängel

107 Ebenso wie im Kaufrecht erstreckt sich die Mängelhaftung auch beim Werkvertrag gemäß § 633 BGB gleichermaßen auf Sach- und Rechtsmängel. Anders als beim Kaufvertrag kommen Rechtsmängel jedoch selten und weniger in Gestalt dinglicher Fremdberechtigung als vielmehr in Form von Ansprüchen Dritter wegen der Verletzung eines Immaterialgüterrechts vor.[112] Der Schwerpunkt des Werkvertragsrechts liegt bei Sachmängeln. Deren Definition in § 633 Abs. 2 BGB entspricht derjenigen, die § 434 Abs. 1 BGB für den Kaufvertrag bereithält[113]:[114] Der Besteller kann zunächst die vereinbarte Beschaffenheit, ansonsten verlangen, dass sich das Werk für die nach dem Vertrag vorausgesetzte, im Übrigen für die gewöhnliche Verwendung eignet und eine Beschaffenheit aufweist, die bei Werken der gleichen Art üblich und zu erwarten ist.[115] Dass die Leistung des Unternehmers den anerkannten Regeln der Technik entsprechen muss, gilt nicht erst als übliche Beschaffenheit, sondern, wie § 13 Abs. 1 S. 1 VOB/B eigens herausstellt,[116] als stillschweigend vereinbart.[117] Treten eine ausdrückliche Beschaffenheitsvereinbarung und die Regeln der Technik in Konflikt, indem der Unternehmer eine Leistung erbringt, die zwar nicht den Vorgaben des Bestellers entspricht, aber technisch überlegen ist, geht jedoch die explizite Beschaffenheitsvereinbarung den nur stillschweigend einbezogenen Regeln der Technik vor, so dass der Besteller trotz technisch einwandfreier Herstellung die ausgemachte Art der Ausführung verlangen kann.[118] Der für die Beurteilung der Mangelfreiheit maßgebliche Zeitpunkt ist wie im Kaufrecht (§ 434 Abs. 1 S. 1 BGB) der Moment des Gefahrübergangs. Dies gilt nicht nur für den wirklichen Zustand des Werks, sondern auch für seine Sollbeschaffenheit,[119] so dass ein nach Vertragsschluss

---

[112] Hierzu BGH, NJW-RR 2003, 1285.

[113] Zudem enthält die Vorschrift die § 434 Abs. 3 BGB entsprechende Gleichstellung einer Falschherstellung oder eines Mengenfehlers, die im Werkvertragsrecht jedoch nicht dieselbe Bedeutung wie im Kaufrecht erlangen.

[114] Auch im Entwurf eines Gemeinsamen Referenzrahmens stimmt die entsprechende Vorschrift über den Bauvertrag insofern mit der Regelung des Kaufvertrags (Art. IV.A. – 2:302 DCFR) überein, als die Eignung des Werks zum gewöhnlichen Verwendungszweck zusätzlich zur vereinbarten Tauglichkeit verlangt werden kann; vgl. Art. IV.C. – 3:104 Abs. 2 DCFR.

[115] Dass die von § 434 Abs. 1 S. 3 BGB angeordnete Bindung des Verkäufers an die Werbeäußerung keine Entsprechung im Recht des Werkvertrags hat und entgegen Staudinger/*Peters/Jacoby* (2008) § 633 Rn. 177, Bamberger/Roth/*Voit* § 633 Rn. 7 auch nicht hierauf zu übertragen ist, liegt daran, dass die Objekte eines Werkvertrags nicht in vergleichbarer Weise Gegenstand der Werbung sind; vgl. die Begründung zum Entwurf des Schuldrechtsmodernisierungsgesetzes, BT-Drucks. 14/6040, S. 261. Dies schließt aber keineswegs aus, dass eine vom Unternehmer selbst gemachte Werbeangabe zur Grundlage einer stillschweigenden Beschaffenheitsvereinbarung wird; vgl. *Looschelders*, Schuldrecht BT, Rn. 668, AnwK/*Raab* § 633 BGB Rn. 31.

[116] Dass diese Vorschrift über den Geltungsbereich der VOB/B hinaus zu verallgemeinern ist, nehmen Staudinger/*Peters/Jacoby* (2008) § 633 Rn. 177 zu Recht an.

[117] BGH, NJW 1998, 2814, 2815.

[118] BGH, NJW 2002, 3543, 3544.

[119] BGH, NJW 1998, 2814, 2815.

eingetretener Wandel in den anerkannten Regeln der Technik den Unternehmer zu einer anderen als der ursprünglich geplanten Ausführung des Werks verpflichtet.

Das für den Werkvertrag charakteristische **Spannungsverhältnis** zwischen den Vorgaben für **Leistungsziel** und **-ausführung**[120] ist bei der Mängelhaftung in der Weise aufzulösen, dass sich die Beschreibung des Leistungszieles durchsetzt, der Unternehmer aber ebenso wie bei der Anpassung eines Pauschalpreises[121] einen Ausgleich für Arbeiten beanspruchen kann, die zur Erreichung der Zielvorgabe erforderlich, bei Vertragsschluss aber nicht geplant waren:[122] Hält der Unternehmer zwar die anerkannten Regeln der Technik und die Leistungsbeschreibung ein, verfehlt aber die als Leistungsziel festgelegte Funktion des Werks, liegt ein Sachmangel vor.[123] Den hieraus entspringenden Mängelrechten des Bestellers steht jedoch ein Anspruch des Unternehmers auf zusätzliche Vergütung für den in der Leistungsbeschreibung noch nicht berücksichtigten Mehraufwand entgegen.[124] Der Vorrang der Funktionsvereinbarung sorgt auch dafür, dass ein Werk, obwohl es den Vorgaben für seine Errichtung entspricht, allein deshalb als mangelhaft gilt, weil es eine geringere als die geplante Haltbarkeit oder Nutzungsdauer hat oder höhere Betriebs- oder Instandhaltungskosten verursacht, als nach der Parteivereinbarung oder dem üblichen Standard zu erwarten ist.[125] 108

Einen **Ausschluss** der Mängelhaftung[126] sieht § 640 Abs. 2 BGB im Gegensatz zur Parallelvorschrift im Kaufrecht (§ 442 BGB) nicht schon bei grobfahrlässiger Unkenntnis des Bestellers, sondern nur für den Fall vor, dass er den Mangel bei der Abnahme positiv kennt und gleichwohl keinen Vorbehalt macht.[127] Zudem erstreckt sich sein hierdurch bewirkter Rechtsverlust nur auf den Nacherfüllungsanspruch 109

---

120 S. o. Rn. 89.

121 S. o. Rn. 100.

122 Anders PWW/*Leupertz* § 633 Rn. 21, der die Leistungsbeschreibung als vereinbarte Beschaffenheit, das Leistungsziel als vertraglich vorausgesetzten Verwendungszweck deuten und die Verpflichtung des Unternehmers zur Nacherfüllung daraus herleiten will, dass beide kumulativ erfüllt sein müssen. So lässt sich freilich nicht die Pflicht des Bestellers zur Übernahme der sogenannten „Sowieso"-Kosten begründen.

123 BGH, NJW 2006, 3413, 3414; 2008, 511, 512 f.

124 BGH, NJW 2008, 511, 513.

125 BGH, NJW 2003, 1188, 1189.

126 Erfolgt er vertraglich, steht er ebenso wie beim Kauf (§ 444 BGB) unter dem Vorbehalt mangelnder Arglist oder Garantie des Unternehmens. Früher kam er vor allem in Gestalt der Subsidiaritätsklausel in einem Bauträgervertrag vor, der den Bauherrn bei der Geltendmachung seiner Mängelrechte zunächst an die vom Bauträger eingeschalteten Subunternehmer verwies. Diese Klausel wurde von der Rechtsprechung zunächst für wirksam gehalten, wenn sie weder von dem Bauherrn die gerichtliche Verfolgung der abgetretenen Ansprüche verlangte noch ihm auf Grund ihrer sprachlichen Fassung den Eindruck vermittelte, er müsse die anderen am Bau Beteiligten gerichtlich ohne Erfolg in Anspruch genommen haben, bevor der Bauträger haftet. Inzwischen hält der BGH die Klausel zu Recht für unwirksam gemäß § 307 BGB, weil sie gegen den Sinn des Bauträgervertrags verstößt, nämlich dem Bauherrn nur einen Kontrahenten gegenüberzustellen, an den er sich in allen Fragen wenden kann, vgl. BGH, NJW 2002, 2470, 2471 f.

127 Ohne jede Auswirkung auf die Mängelhaftung bleibt die Abnahme beim Bau- und Verarbeitungsvertrag nach dem Entwurf eines Gemeinsamen Referenzrahmens; vgl. Art. IV.C. – 3:106 Abs. 2, 4:105 Abs. 3 DCFR.

sowie seine Rechte zu Selbstvornahme, Rücktritt und Minderung, nicht dagegen auf die in § 634 Nr. 4 BGB genannten Schadensersatzansprüche.[128] Diese können im Einzelfall zum selben Ziel führen, sind aber nur dann gegeben, wenn der Unternehmer sich nicht vom Vorwurf des Verschuldens entlasten kann.[129] Anders als § 442 BGB lässt sich § 640 Abs. 2 BGB nicht als Regel für die Beschaffenheitsvereinbarung deuten, die eine Kenntnis des Bestellers im Zeitpunkt des Vertragsschlusses und damit in einem Moment erforderte, in dem das Werk normalerweise noch gar nicht existiert. Stattdessen muss man den Rechtsverlust wegen Kenntnis bei Abnahme als Folge eines vom Gesetz unterstellten Verzichts des Bestellers verstehen, der sich, dem mutmaßlichen Willen des Bestellers entsprechend, nicht auf sein Schadensersatzrecht erstreckt.[130] Der Rechtsverlust kann daher auch nur bei einer wirklichen[131] oder gemäß § 12 Abs. 5 Nr. 1 und 2 VOB/B fingierten Abnahme,[132] nicht dagegen eintreten, wenn es nach § 646 BGB auf die Vollendung eines unkörperlichen Werks ankommt. Auch die Ausübung des Kündigungsrechts nach § 649 BGB oder § 8 Abs. 1 VOB/B führt nicht zum Verlust der Mängelrechte, weil die Kündigung nur für die Zukunft wirkt und die Verpflichtung des Unternehmers zur mangelfreien Errichtung des ausgeführten Werkteils unberührt lässt.[133] Nach dem Rechtsgedanken der für die Gefahrtragung geltenden Bestimmung des § 645 BGB ist der Unternehmer aber von der Haftung für Mängel frei, wenn diese auf eine Vorgabe des Bestellers oder die Beschaffenheit des von ihm gelieferten Stoffs zurückgehen.[134] Hierzu zählen auch Vorleistungen anderer Unternehmer, für die der Besteller dem Unternehmer zwar nicht haftbar ist,[135] die aber doch in seinen Risikobereich fallen.[136] Voraussetzung ist freilich, dass den Unternehmer selbst kein Verschulden trifft und er seiner in § 13 Abs. 3 VOB/B ausdrücklich genannten Pflicht zur Prüfung der Bestelleranweisung, des Stoffs oder der Vorleistung und zum Hinweis auf mangelrelevante Auffälligkeiten (§ 4 Abs. 3 VOB/B) nachgekommen ist.[137]

---

[128] Spätestens seit der Schuldrechtsreform kann man dies nicht mehr einem Redaktionsversehen des Gesetzgebers zuschreiben, wie dies noch *Wilhelm*, Mängelhaftung und Kenntnis des Gläubigers vom Mangel, JZ 1982, 488, 490 ff. will; vgl. MünchKomm/*Busche* § 640 BGB Rn. 34, Bamberger/Roth/*Voit* § 640 Rn. 41.

[129] Obwohl der Schadensersatzanspruch in diesem Fall isoliert und ohne vorgelagertes Nacherfüllungsrecht besteht, gilt auch hier das Erfordernis einer Fristsetzung, weil der Unternehmer sonst sein Recht zur zweiten Andienung verlöre; vgl. *Looschelders*, Schuldrecht BT, Rn. 698, Staudinger/*Peters/Jacoby* (2008) § 640 Rn. 65, AnwK/*Raab* § 640 BGB Rn. 45.

[130] Dass hinter der Annahme eines stillschweigenden Verzichts das Ziel einer beschleunigten Mängelbeseitigung steht, schließt sie entgegen *Köhler*, Zur Funktion und Reichweite der gesetzlichen Gewährleistungsausschlüsse, JZ 1989, 761, 772 nicht schon als solche aus.

[131] Und sei es einer konkludenten Abnahme; vgl. BGH, NJW-RR 2010, 748, 749 f.

[132] Im Fall der Fristsetzung nach § 640 Abs. 1 S. 3 BGB kann der Rechtsverlust nach Abs. 2 der Vorschrift schon wegen des exklusiven Verweises auf Abs. 1 S. 1 keine Anwendung finden; vgl. Bamberger/Roth/*Voit* § 640 Rn. 35, PWW/*Leupertz* § 640 Rn. 1.

[133] BGH, NJW-RR 2001, 383.

[134] BGH, NJW 2008, 511, 513.

[135] S. o. Rn. 94

[136] BGH, NJW 2008, 511, 513.

[137] Diese Regelung ist über die VOB/B hinaus zu verallgemeinern; vgl. Staudinger/*Peters/Jacoby* (2008) § 631 Rn. 49, § 633 Rn. 63.

bb) Nacherfüllung und Selbstvornahme

Dem Besteller steht zunächst gemäß § 633 Abs. 1 BGB ein Anspruch auf Errichtung eines mängelfreien Werks zu. Mit der Abnahme oder Vollendung des Werks wandelt sich dieser in einen Anspruch auf Nacherfüllung wegen eines bestimmten Mangels. Der Unternehmer darf ihm gemäß § 635 Abs. 1 BGB nach seiner Wahl durch Mangelbeseitigung oder Neuherstellung des Werks Genüge tun, wobei er aber nach Abs. 2 der Vorschrift in jedem Fall die erforderlichen Aufwendungen, insbesondere Transport-, Wege-, Arbeits- und Materialkosten zu tragen hat. Der Besteller, der sich bei der Geltendmachung seines Anspruchs damit begnügen kann, die Symptome des Werkfehlers zu beschreiben, und keine Ursachen erforschen oder angeben muss,[138] kann eine bestimmte Art der Nacherfüllung nur verlangen, wenn der Mangel bloß auf diese Weise zu beseitigen ist.[139] Verweigern kann der Besteller die Abnahme gemäß § 640 Abs. 1 S. 2 BGB und § 12 Abs. 3 VOB/B nur wegen wesentlicher Mängel.[140] Sind die Mängel unwesentlich, verkennt der Besteller zunächst wesentliche Mängel oder entschließt er sich gleichwohl zur Abnahme, kann er gemäß § 641 Abs. 3 BGB einen angemessenen **Teil** der **Vergütung zurückbehalten**,[141] der in der Regel im Doppelten der für die Mängelbeseitigung erforderlichen Kosten besteht. So wird der Besteller einerseits davor bewahrt, die mit der Abnahme eigentlich fällig gewordene Vergütung ohne entsprechende Gegenleistung entrichten zu müssen; andererseits soll er durch den Zuschlag von 100 % auf die zu erwartenden Mängelbeseitigungskosten auch Druck auf den Unternehmer ausüben können, die von diesem geschuldete Nacherfüllung zu erlangen.[142] Das Zurückbehaltungsrecht besteht auch, wenn der Besteller nach der Parteivereinbarung zur Sicherung seiner Mängelansprüche im Allgemeinen zum Einbehalt eines Teils der Vergütung berechtigt ist.[143] Ist das vom Unternehmer herzustellende Werk unkörperlich und daher keiner Abnahme zugänglich, stellt sich die Frage, ab wann eine Vollendung des Werks anzunehmen ist, die der Abnahme gleichsteht. Dass ein Mangel des Werks seiner Vollendung nicht schlechthin entgegensteht, zeigt der in § 646 BGB angebrachte Verweis auf die Verjährungsregelung des § 634a BGB, der ja die Existenz eines Mangels voraussetzt.[144] In Anlehnung an die Regelung der Abnahmepflicht in § 640 Abs. 1 BGB muss man daher auch bei unkörperlichen Werken zwischen wesentlichen und unwesentlichen Mängeln unterscheiden: Während jene die Vollendung ausschließen, wird sie durch unwesentliche Mängel, die bei abnahmefähigen Werken dem Besteller keine Befugnis zur Verweigerung der Abnahme geben, nicht berührt. In diesem Fall ist der Werklohnanspruch fällig, der Besteller aber gemäß § 641 Abs. 3 BGB zum Einbehalt in doppelter Höhe der Mangelbeseitigungskosten befugt. **110**

---

138 BGH, NJW 2009, 354, 355.

139 BGH, NJW-RR 1997, 1106.

140 Anders ist dies nach dem Entwurf eines Gemeinsamen Referenzrahmens für den Bau- und Verarbeitungsvertrag; vgl. Art. IV.C. – 3:106 Abs. 1, 4:105 Abs. 1 DCFR.

141 Dies sieht auch der Entwurf eines Gemeinsamen Referenzrahmens für den Bau- und Verarbeitungsvertrag vor; vgl. Art. IV.C. – 3:107 Abs. 2, 4:106 Abs. 2 DCFR.

142 BT-Drucks. 14/1246, S. 7.

143 MünchKomm/*Busche* § 641 BGB Rn. 33.

144 MünchKomm/*Busche* § 646 BGB Rn. 3.

111 Umgekehrt steht dem zur Nacherfüllung verpflichteten Unternehmer ein Zurückbehaltungsrecht wegen der Kosten zu, die der Besteller wegen der eigenen Mitwirkung an der Entstehung des Mangels selbst tragen muss[145] oder mit denen er einen durch die Nacherfüllung erlangten Mehrwert auszugleichen hat[146]. Dieser kann zum einen in Form der sogenannten „**Sowieso-Kosten**" bei einer Diskrepanz von Leistungsziel und -beschreibung entstehen,[147] wenn der Besteller die geschuldete Funktion des Werks nur gegen zusätzliche Vergütung für die in der Leistungsbeschreibung nicht enthaltenen Arbeiten verlangen kann.[148] Zum anderen kann sich das Ausgleichsrecht daraus ergeben, dass der Besteller durch die Nacherfüllung wegen eines vergleichsweise spät aufgetretenen Mangels ein Werk von längerer Nutzungsdauer erhält, für das ein Abzug „neu für alt" zu machen ist.[149] Das hieraus entspringende Zurückbehaltungsrecht macht den Anspruch auf Wertersatz für die vom Besteller aus dem Werk bis zur Nacherfüllung gezogenen Nutzungen entbehrlich, den § 635 Abs. 4 BGB zusammen mit einem Anspruch auf Rückgewähr des ursprünglichen Werks für den Fall der Neuherstellung durch Verweisung auf § 346 BGB vorsieht. Dieser Wertersatzanspruch unterliegt denselben Bedenken wie die parallele Verpflichtung des Käufers bei der Nacherfüllung durch Neulieferung (§ 439 Abs. 4 BGB),[150] ist aber wegen der Neufassung von § 474 Abs. 2 BGB beim Werkvertrag leider ebenso wenig wie im Kaufrecht im Wege der Interpretation zu beseitigen.[151]

112 **Ausgeschlossen** ist der Anspruch auf **Nacherfüllung** nach den allgemeinen Regeln des § 275 BGB im Fall ihrer Unmöglichkeit, Unverhältnismäßigkeit oder Unzumutbarkeit. Unmöglich ist die Nacherfüllung dann, wenn der Mangel durch die technisch und rechtlich möglichen Maßnahmen nicht behoben werden kann oder wenn die zur Beseitigung der Mangelfolgen geeignete Maßnahme die Grundsubstanz oder die Konzeption des Werks nicht unwesentlich verändern würde.[152] Ist nur die Mangelbeseitigung unmöglich, verliert der Unternehmer zwar eigentlich sein Wahlrecht; dem verbliebenen Anspruch des Bestellers auf Neuherstellung des Werks kann er jedoch häufig ein Leistungsverweigerungsrecht wegen Unverhältnismäßigkeit entgegenhalten. Ist die hierfür erforderliche Schwelle gemäß § 275 Abs. 2 BGB auch erst dann überschritten, wenn der Herstellungsaufwand die Vergütung um 100 % übersteigt,[153] stellt das spezielle Leistungsverweigerungsrecht des § 635 Abs. 3 BGB geringere Anforderungen. Da das Wahlrecht zwischen den beiden Arten der Nacherfüllung grundsätzlich dem Unternehmer zusteht, besteht das Verweigerungsrecht anders als sein Pendant im Kaufrecht (§ 439 Abs. 3

---

[145] BGH, NJW 1999, 416, 417.

[146] Hier erlangt der Unternehmer einen Anspruch auf zusätzliche Vergütung; vgl. Staudinger/*Peters/Jacoby* (2008) § 634 Rn. 24.

[147] S. o. Rn. 108.

[148] BGH, NJW 1998, 3707, 3708.

[149] BGH, NJW 2002, 141, 142.

[150] MünchKomm/*Busche* § 635 Rn. 50.

[151] S. o. Rn. 63.

[152] BGH, NJW 2001, 1642, 1644.

[153] Hierzu *Harke*, Allgemeines Schuldrecht, Rn. 216 f.

BGB)[154] stets absolut, also nicht nur dann, wenn sich eine Art der Nacherfüllung im Verhältnis zur anderen als übermäßig beschwerlich erweist. Der Unternehmer kann auch beide Arten der Nacherfüllung verweigern, wenn sie sich im Verhältnis zu dem in Geld ausgedrückten Interesse des Bestellers an der Mangelfreiheit als zu teuer herausstellen. Nach dem Vorbild der Praxis im Schadensersatzrecht ist hiervon regelmäßig schon dann auszugehen, wenn die Kosten der Nacherfüllung die durch den Mangel bedingte Wertminderung des Werks um 30 % überschreiten.[155] Auf das Verschulden des Unternehmers, das im Rahmen von § 275 Abs. 2 BGB zur Erhöhung der Schwelle für die Annahme eines groben Missverhältnisses führen kann, kommt es dabei nicht an.[156] Von vornherein auf die Mangelbeseitigung beschränkt ist der Nacherfüllungsanspruch des Bestellers beim Vertrag nach VOB/B, deren § 4 Abs. 7 einen reinen Mangelbeseitigungsanspruch schon für die Zeit vor der Abnahme des Werks vorsieht.[157]

Die Ausschlussgründe, denen der Anspruch auf Nacherfüllung unterliegt, gelten **113** auch für das Recht des Bestellers auf **Selbstvornahme**, das § 637 Abs. 1 BGB vorsieht, falls der Unternehmer die Nacherfüllung nicht zu Recht verweigert. Die Voraussetzungen dieses Rechts entsprechen im Wesentlichen denen des Rücktritts: Der Besteller muss zunächst den Ablauf einer dem Unternehmer gesetzten, angemessenen Nachfrist abwarten, falls diese nicht nach § 637 Abs. 2 BGB in den von §§ 323 Abs. 2 und 636 BGB genannten Fällen entbehrlich ist, in denen auch der Rücktritt keiner vorangehenden Fristsetzung bedarf. Auf ein Verschulden des Unternehmers kommt es ebenso wenig wie beim Rücktritt an. Die rechtmäßige Selbstvornahme löst einen Aufwendungsersatzanspruch des Bestellers aus, dessen Vorwirkung in einem Recht auf Vorschuss gemäß § 637 Abs. 3 BGB besteht. Anders als bei der Geldleistung auf einen Schadensersatzanspruch steht die Verwendung des für die Selbstvornahme vereinnahmten Vorschusses aber nicht in der Dispositionsfreiheit des Geschädigten. Vielmehr hat er den Betrag, den er nur erlangt, um die eigentlich vom Unternehmer geschuldete Nacherfüllung zu bewirken, bestimmungsgemäß zu verwenden und nach Vornahme der Arbeiten insoweit zurückzuerstatten, als er die tatsächlich angefallenen Kosten übersteigt. Lässt der Besteller die Mängelbeseitigung nicht innerhalb angemessener Frist vornehmen, hat er den Vorschuss sogar in voller Höhe zurückzuerstatten.[158] Der Vorschussanspruch ist von vornherein ausgeschlossen, wenn der Besteller seiner nicht bedarf, weil er durch einen Einbehalt schon hinreichend ausgestattet ist.[159] Bei einem VOB-Vertrag beschränkt sich das Recht des Bestellers zur Selbstvornahme ebenso wie die Nacherfüllungspflicht des

[154] S. o. Rn. 67.

[155] In der Tendenz ebenso MünchKomm/*Busche* § 635 Rn. 38. Anders Staudinger/*Peters/Jacoby* (2008) § 635 Rn. 13, AnwK/*Raab* § 635 BGB Rn. 38.

[156] MünchKomm/*Busche* § 635 Rn. 38. Wiederum anders Staudinger/*Peters/Jacoby* (2008) § 635 Rn. 13.

[157] Anders als im Entwurf eines Gemeinsamen Referenzrahmens (vgl. Art. IV.C. – 2:110 Abs. 1 DCFR) ist dies jedoch nur ein Recht und keine Pflicht des Bestellers.

[158] BGH, NJW 2010, 1192, 1194.

[159] Richtig PWW/*Leupertz*§ 637 Rn. 10 in Anknüpfung an die Rechtsprechung zum alten Schuldrecht.

Unternehmers gemäß § 13 Abs. 5 Nr. 2 VOB/B auf die Mangelbeseitigung; der Besteller kann das Werk also nur nachbessern und nicht neu herstellen lassen.

114 Die **Verjährung** der Ansprüche auf Nacherfüllung oder Aufwendungsersatz für Selbstvornahme unterliegt den allgemeinen Regeln nur im Fall eines unkörperlichen Werks. Hat der Unternehmer eine Sache herzustellen, zu warten oder zu verändern, gilt nach § 634a Abs. 1 Nr. 1 BGB ebenso wie für die Mängelhaftung im Kaufrecht (§ 438 Abs. 1 Nr. 3 BGB) eine zweijährige Frist, die gemäß Abs. 2 derselben Vorschrift nicht in Abhängigkeit von der Kenntnis oder dem Kennenmüssen des Bestellers, sondern objektiv mit der wirklichen oder fingierten Abnahme beginnt.[160] Wiederum in Übereinstimmung mit dem Kaufrecht (§ 438 Abs. 1 Nr. 2 BGB) verlängert sich diese Frist nach § 634a Abs. 1 Nr. 2 BGB auf fünf Jahre, wenn der Unternehmer ein Bauwerk auszuführen hatte. Hierunter ist nicht nur die Errichtung eines Baus im Ganzen, sondern auch die Herstellung einzelner Bauteile oder -glieder zu verstehen, und zwar selbst dann, wenn diese nicht äußerlich als abgrenzbare Teile in Erscheinung treten.[161] Denn auch unter diesen Umständen gilt, dass ein Mangel des Werks anders als im Normalfall einer beweglichen Sache erst vergleichsweise spät auftreten kann, ohne deshalb von geringerer Wirkung auf die regelmäßig langfristig angelegte Nutzung des Werks zu sein. Der Bauwerks- und sonstigen Sachleistung ist jeweils die eigentlich unkörperliche Planungs- oder Überwachungsleistung, insbesondere die Arbeit eines Architekten oder Ingenieurs, gleichgestellt, die sich in dem körperlichen Werk niederschlägt. Hier tritt an die Stelle der Abnahme als Auslöser der Verjährung gemäß § 646 BGB die Vollendung des Werks. Für den Fall, dass der Unternehmer einen Mangel seines Werks arglistig verschweigt, sieht § 634a Abs. 3 BGB auch bei körperlichen und den hierauf gerichteten Planungs- und Überwachungsleistungen eine Verjährung in der regelmäßigen Frist mit subjektivem Beginn vor, die jedoch nicht vor Ablauf der objektiv einsetzenden Verjährung nach Abs. 1 der Vorschrift eintritt. Dem Fall der Arglist stellt die Rechtsprechung ein Organisationsverschulden des Unternehmers gleich, der einen Fehler des Werks nur wegen der ungenügenden Kontrolle der Werkherstellung durch einen Subunternehmer verkennt.[162] Während die für Bauwerke vorgesehene Verjährungsfrist durch vorformulierte Geschäftsbedingungen gemäß § 309 Nr. 8 Buchst. b Doppelbuchst. ff BGB zumindest in Verbraucherverträgen nicht unterschritten werden darf, ist hier eine Verkürzung der Verjährungsfrist für sonstige Werkleistung auf bis zu ein Jahr ab dem gesetzlichen Verjährungsbeginn möglich, der bei körperlichen Leistungen mit der Abnahme, ansonsten mit der Kenntnis oder grob fahrlässigen Unkenntnis des Bestellers eintritt. Das Verbot der Unterschreitung der fünfjährigen Verjährungsfrist bei Bauwerken trifft vor allem einen Verbrauchervertrag, für den auf Betreiben des Unternehmers die Geltung der VOB/B

---

160 Für die von BGH, NJW-RR 1998, 1027, 1028 noch angenommene Gleichstellung einer endgültigen Erfüllungsverweigerung des Unternehmers besteht wegen der durch § 640 Abs. 1 S. 2 BGB eröffneten Möglichkeit zur Herbeiführung der Abnahmewirkung durch Fristsetzung weder Bedarf noch Raum; s. o. Rn. 101. Anders Staudinger/*Peters/Jacoby* (2008) § 634a Rn. 39, Bamberger/Roth/*Voit* § 634a Rn. 16, AnwK/*Raab* § 634a BGB Rn. 33.

161 BGH, NJW-RR 2003, 1320.

162 BGH, NJW 2008, 145, 146; 2009, 582, 583 f.

vereinbart wurde. Diese sieht nämlich in ihrem § 13 Abs. 4 Nr. 1 eine vierjährige Frist für Bauwerke vor, die nach Nr. 3 auch schon mit der Teilabnahme in sich abgeschlossener Leistungsteile beginnen kann. Gemäß § 13 Abs. 5 Nr. 1 S. 2 VOB/B lösen ein schriftliches Verlangen und die Abnahme einer Mangelbeseitigungsleistung jedoch eine weitere Verjährungsfrist von zwei Jahren aus, die nicht vor der allgemeinen Frist abläuft. Dies bedeutet, dass sich die Verjährungsfrist durch ein innerhalb von vier Jahren nach Abnahme gestelltes Mangelbeseitigungsverlangen oder eine Nachbesserung des Unternehmers auf bis nahezu sechs Jahre verlängern lässt. Gleichwohl ist die Bestimmung, wenn die VOB/B vom Unternehmer eingeführt worden ist, wegen der möglichen Unterschreitung der fünfjährigen Mindestfrist in Verbraucherverträgen wirkungslos.

cc) Andere Rechtsbehelfe

Hat der Besteller dem Unternehmer erfolglos eine Nachfrist zur Nacherfüllung gesetzt oder ist diese entbehrlich, insbesondere gemäß § 636 wegen eines Verweigerungsrechts des Unternehmers, Fehlschlagens der Nacherfüllung[163] oder ihrer Unzumutbarkeit, kann der Besteller vom Vertrag **zurücktreten** oder die Vergütung **mindern**. Für den Bauvertrag sieht § 13 Abs. 6 VOB/B nur ein Minderungsrecht des Bestellers vor. Da es bei völlig untauglichen Leistungen durchaus zu einem vollständigen Wegfall des Vergütungsanspruchs führen kann, deckt es das ausnahmsweise auch beim Bauvertrag auftretende Bedürfnis nach einem Rücktritt weitgehend ab.[164] Anders als das Minderungsrecht nach BGB ist sein Pendant nach VOB/B jedoch nicht schon aufgrund fruchtloser Fristsetzung oder wegen eines überwiegenden Interesses des Bestellers an der Minderung, sondern nur bei Unmöglichkeit der Mängelbeseitigung oder einer Leistungsverweigerung des Unternehmers wegen unverhältnismäßigen Aufwands zuständig. Liegen diese Voraussetzungen nicht vor, ist der Besteller auf die Geltendmachung seines Mangelbeseitigungsanspruchs oder auf die Selbstvornahme beschränkt. Während der Ausschluss des Rücktrittsrechts bei Bauleistungen wegen des in § 309 Nr. 8 Buchst. b Doppelbuchst. bb BGB angebrachten Vorbehalts für Bauleistungen nicht zu beanstanden ist, lässt sich die Erschwerung des Zugangs zur Minderung nicht mit § 307 BGB in Einklang bringen, so dass sie einer gesonderten Inhaltskontrolle beim Verbrauchervertrag nicht standhält. Ebenso wie im Kaufrecht (§ 441 BGB) ist die Minderung auch beim Werkvertrag im Gegensatz zum Rücktritt gemäß § 638 Abs. 1 S. 2 BGB selbst bei unerheblichen Fehlern eröffnet und führt nach Abs. 4 der Vorschrift zu einem Rückgewähranspruch nach Rücktrittsrecht. Zudem erfolgt die Minderung gemäß § 638 Abs. 3 BGB ebenfalls durch Herabsetzung der Vergütung in dem Verhältnis, in dem der Wert des Werks in mangelhaftem Zustand zu dem Wert im Fall der Mangelfreiheit steht. Nimmt die Rechtsprechung an, die Minderung bemesse sich außer bei Ausschluss der Nacherfüllung nach den Mangelbeseitigungskosten,[165] ist dies im Grundsatz stets falsch, im praktischen Ergebnis aber zuweilen richtig, wenn der Fehler des Werks zu einem Wertverlust exakt in Höhe der Man- **115**

[163] Zur Parallelvorschrift beim Kaufvertrag (§ 440) s. o. Rn. 68.
[164] MünchKomm/*Busche* § 634 BGB Rn. 33.
[165] BGH, NJW 2003, 1188, 1189.

gelbeseitigungskosten führt. Denkbar ist dies, wenn man von dem Veräußerungswert des Werks ausgeht, den ein Abnehmer des Bestellers automatisch um die Kosten der Beseitigung des Fehlers reduzieren wird. In diesem Fall kann man ein Minderungsrecht entgegen der Ansicht der Rechtsprechung allerdings auch dann bejahen, wenn die Mangelbeseitigung wegen ihrer Unverhältnismäßigkeit vom Unternehmer zu Recht verweigert wird. Sinkt der Veräußerungswert dagegen nicht automatisch um die Mangelbeseitigungskosten, lässt sich der Minderwert auch nicht ohne Weiteres mit den Mangelbeseitigungskosten gleichsetzen, weil der Besteller sonst den für die Selbstvornahme erforderlichen Vorschuss erhielte, ohne aber wie nach § 637 BGB zu dessen bestimmungsgemäßer Verwendung verpflichtet zu sein. Eine solche Dispositionsfreiheit steht ihm nur im Rahmen eines Schadensersatzanspruchs zu, der anders als das Recht zu Selbstvornahme oder Minderung aber vom Verschulden des Unternehmers abhängt.

116 Grundlage dieses **Schadensersatzrechts** sind nach § 634 Nr. 4 BGB die durch § 636 BGB ergänzten Bestimmungen des allgemeinen Schuldrechts. Auch bei der werkvertraglichen Mängelhaftung kommt es demnach auf die Unterscheidung zwischen dem Schadensersatz statt der Leistung gemäß §§ 281, 283, 311a Abs. 2 BGB und dem einfachen Schadensersatz nach § 280 Abs. 1 BGB an.[166] Während jener an die Verletzung der Leistungspflicht durch die Verzögerung der Nacherfüllung, die Herbeiführung eines Leistungshindernisses oder die mangelnde Information hierüber anknüpft, gibt es für das Schadensersatzrecht aus § 280 Abs. 1 BGB zwei verschiedene Anknüpfungspunkte: zum einen die Verletzung der Rücksichtspflicht, den Besteller nicht mit einem Werk in Kontakt kommen zu lassen, das wegen seines Mangels gefährlich ist; zum anderen die Pflicht des Unternehmers, die Mangelfreiheit schon bei der Abnahme zu gewährleisten, woraus sich wie beim Kaufvertrag[167] unmittelbar eine Pflicht zum Ersatz des Verzögerungsschadens ergibt.[168] Das Verschulden des Werkunternehmers folgt in beiden Fällen im Gegensatz zum Schadensersatz statt der Leistung nicht aus der Verzögerung oder Vereitelung der Nacherfüllung, sondern daraus, dass der Unternehmer den Mangel des hergestellten Werks kannte oder hätte erkennen müssen. Für den nur im Rahmen des Schadensersatzes statt der Leistung anzusetzenden Minderwert der Werkleistung selbst nimmt der BGH unter Berufung auf den Rechtsgedanken der Vorteilsausgleichung an, dass der in eine Leistungskette eingebundene Besteller insoweit keinen Ersatz verlangen kann, als er von seinem eigenen Auftraggeber nicht mehr in Anspruch genommen werden kann.[169] Dies verstößt nur dann nicht gegen die durch § 249 Abs. 2 BGB eröffnete Dispositionsfreiheit[170] des Schadensersatzgläubigers,[171] wenn eine Naturalrestitution durch Mangelbeseitigung oder Neuherstellung des Werks ausgeschlossen ist, weil der Besteller das Werk seinem Auftraggeber endgültig überlassen hat. Das Schadensersatzrecht beschränkt sich in diesem Fall auf die

[166] Hierzu s. o. Rn. 76 und *Harke*, Allgemeines Schuldrecht, Rn. 276 ff.
[167] S. o. Rn. 77.
[168] Palandt/*Sprau* vor § 634 Rn. 8.
[169] BGH, NJW 2007, 2695, 2696 f.
[170] Hierzu *Harke*, Allgemeines Schuldrecht, Rn. 297 f.
[171] Einen solchen Verstoß nimmt generell MünchKomm/*Busche* § 634 BGB Rn. 46 an.

Konsequenzen, die der Mangel für das Vermögen des Bestellers hat und die nicht erst unter dem Gesichtspunkt der Vorteilsausgleichung, sondern schon nach der gebotenen Differenzbetrachtung durch die weitere Verwendung der Werkleistung bestimmt sind: Wird sie vom Auftraggeber des Bestellers nicht beanstandet, ist diesem insoweit auch kein Schaden entstanden, dessen Kompensation er verlangen könnte.

Eine äußere **Begrenzung** erfährt das **Schadensersatzrecht** des Bestellers hingegen durch § 13 Abs. 7 VOB/B, der eine unbegrenzte Haftung nach der Vorgabe des Klauselverbots von § 309 Nr. 7 BGB nur bei grobem Verschulden oder der Verletzung von Leben, Körper oder Gesundheit und im Übrigen eine auf den Schaden an der baulichen Anlage selbst beschränkte Schadensersatzpflicht des Unternehmers vorsieht, die zudem auf einen wesentlichen und die Gebrauchsfähigkeit erheblich beeinträchtigenden Mangel zurückgehen muss. Ein darüber hinausgehender Schaden soll nur bei einem Verstoß gegen die anerkannten Regeln der Technik, einem Fehlen der vertraglich vereinbarten Beschaffenheit sowie dann ersetzbar sein, wenn er durch eine Haftpflichtversicherung zu tarifmäßigen Prämien gedeckt ist oder hätte gedeckt werden können. Diesen Einschränkungen, die bei der Verwendung der VOB/B gegenüber einem Verbraucher nicht der Inhaltskontrolle nach § 307 BGB standhalten,[172] unterliegen außer Schäden am sonstigen Eigentum des Bestellers vor allem die Einbußen, die der Besteller dadurch erleidet, dass er die Werkleistung nicht wie geplant für sich selbst oder als Werkleistung gegenüber seinem Auftraggeber verwenden kann.[173] **117**

Das Regime der Mängelhaftung nach §§ 634 ff. BGB kann grundsätzlich frühestens mit der Vollendung der Leistung des Unternehmers einsetzen, weil vorher noch kein Werk existiert, an dem sich Mängel feststellen ließen; und der Besteller hat bis dahin nur den nach **allgemeinem Leistungsstörungsrecht** zu beurteilenden Anspruch auf mangelfreie Werkerrichtung gemäß § 633 Abs. 1 BGB. Da der Unternehmer aber anders als ein Verkäufer[174] stets selbst darüber entscheiden kann, ob er einen Fehler seiner Leistung durch Mangelbeseitigung oder Neuherstellung abstellt, besteht auch bei körperlichen Werken kein Anlass, die Geltung der Regeln über die Mängelhaftung wie im Kaufrecht erst mit der Abnahme einsetzen zu lassen.[175] Sogar noch vor der Vollendung des Werks kann der Besteller die Mängelrechte, insbesondere das Recht zu Selbstvornahme oder Minderung geltend machen, wenn der Mangel wegen eines bereits abzusehenden Ausschlusses des späteren Nacherfüllungsanspruchs gemäß § 275 BGB unvermeidlich oder wie etwa im Fall einer unberechtigten Leistungsverweigerung sicher ist, dass der Unternehmer ihn, obwohl er dazu verpflichtet ist, nicht beheben wird.[176] Umgekehrt steht dem Unternehmer **118**

---

172 Staudinger/*Peters/Jacoby* (2008) Anh. I zu § 638 Rn. 39.

173 Anders offenbar Staudinger/*Peters/Jacoby* (2008) § 634 Rn. 45, die auch einen Mietausfall als Schaden an der baulichen Anlage ansehen.

174 S. o. Rn. 60, 80.

175 So aber *Oetker/Maultzsch*, Vertragliche Schuldverhältnisse, Rn. 8.65, Staudinger/*Peters/Jacoby* (2008) § 634 Rn. 11, Bamberger/Roth/*Voit* § 634 Rn. 2, AnwK/*Raab* § 634 BGB Rn. 28, Palandt/*Sprau* vor § 633 Rn. 7. Ähnlich MünchKomm/*Busche* § 634 Rn. 3, der nach dem Moment der Werkherstellung abgrenzen will.

176 Ähnlich PWW/*Leupertz* § 633 Rn. 6 f. Anders Bamberger/Roth/*Voit* § 634 Rn. 3.

die Einrede, die er nach § 635 Abs. 3 BGB wegen unverhältnismäßiger Kosten der Nacherfüllung hat, auch schon ab dem Moment zu, in dem erkennbar wird, dass die mangelfreie Werkerrichtung zu einem Missverhältnis zwischen Aufwand und Resultat führt.[177] Eine spezielle Regelung für die Mängelbeseitigung vor der Abnahme enthält die VOB/B: Ihr § 4 Abs. 7 verpflichtet den Unternehmer zur Ersetzung solcher Leistungen, die schon während der Ausführung als mangelhaft erkannt werden, und räumt dem Besteller, wenn der Unternehmer den Mangel zu vertreten hat, auch ein Schadensersatzrecht ein. Darüber hinaus kann er dem Unternehmer angemessene Frist mit der Erklärung setzen, dass er dem Unternehmer im Falle ihres fruchtlosen Ablaufs den Auftrag entziehe. Nach § 8 Abs. 3 Nr. 2 S. 1 VOB/B ist er dann berechtigt, den noch nicht vollendeten Teil der Leistung durch einen anderen Unternehmer ausführen zu lassen. Obwohl die VOB/B keine Bestimmung über die Entbehrlichkeit der Fristsetzung enthält, ist diese für die Entziehung des Auftrags nicht erforderlich, wenn der Unternehmer die Mängelbeseitigung ernsthaft und endgültig verweigert. Denn in diesem Fall besteht nicht die durch das Fristsetzungserfordernis abgeschirmte Gefahr, dass es zu einem Nebeneinander des ursprünglichen Auftragnehmers mit dem Drittunternehmer kommt.[178]

119 Während es zu einer Konkurrenz zwischen Mängelhaftung und Anfechtung wegen Eigenschaftsirrtums nach § 119 Abs. 2 BGB regelmäßig schon wegen der fehlenden Existenz des Werks bei Vertragsschlusses nicht kommen kann, gilt für das Verhältnis zur Haftung wegen **vorvertraglichen Fehlverhaltens** nichts anderes als beim Kaufvertrag[179], nämlich dass die Haftung für *culpa in contrahendo* den Rechtsbehelfen, die aus der Leistungspflicht zur mangelfreien Leistung entspringen, nachgeordnet ist.[180] Im Gegensatz zum Kaufvertrag ist beim Werkvertrag zudem der Überschneidungsbereich von Mängelhaftung und Verpflichtung aus **unerlaubter Handlung** wegen Eigentumsverletzung geringer.[181] Zwar ist diese auch hier nur dann ausgeschlossen, wenn der Mangel mit dem als Rechtsverletzung gerügten Unwert identisch ist. Die mangelhafte Werkleistung manifestiert sich jedoch gerade in der Beeinträchtigung des Eigentums, das durch die Werkleistung verändert werden soll.[182] Daher kommt eine deliktische Schadensersatzpflicht bloß bei einer weitergehenden Substanzverletzung in Betracht, steht hier aber ebenso wenig wie beim Kaufvertrag in Widerspruch zum vertraglichen Mängelregime, weil sie eben nicht auf die Herstellung eines mangelfreien Werks, sondern auf Restitution oder Kompensation wegen der sonstigen Beeinträchtigung des Bestellereigentums gerichtet ist.[183]

---

[177] Palandt/*Sprau* vor § 633 Rn. 7. Anders *Oetker/Maultzsch*, Vertragliche Schuldverhältnisse, Rn. 8.99, Bamberger/Roth/*Voit* § 634 Rn. 3, AnwK/*Raab* § 631 BGB Rn. 30.

[178] BGH, NJW 2000, 2997, 2998; 2009, 354, 355.

[179] S. o. Rn. 83.

[180] *Oetker/Maultzsch*, Vertragliche Schuldverhältnisse, Rn. 8.165, MünchKomm/*Busche* § 634 BGB Rn. 6.

[181] Schlechthin verneint wird ein solcher von *Oetker/Maultzsch*, Vertragliche Schuldverhältnisse, Rn. 8.171, 173.

[182] BGH, NJW 2005, 1423, 1425 f.

[183] Insoweit richtig *Gsell*, Substanzverletzung und Herstellung, Tübingen 2003, S. 337 ff., die jedoch für eine weitere Ausdehnung des Deliktsschutzes eintritt.

c) Sicherheiten

Der erst nach Abnahme zur Vergütung verpflichtete Besteller bedarf einer Sicherheit für seinen Anspruch auf Werkherstellung nur insoweit, als er einen Nachteil durch den Ausfall des Unternehmers und die dadurch erforderliche Neuvergabe des Auftrags oder durch das Ausbleiben der Mängelbeseitigung nach Entrichtung der Vergütung erleidet. Beiden Gefahren wird bei größeren Aufträgen und Bauvorhaben regelmäßig durch einen Sicherheitseinbehalt oder die Stellung einer Vertragserfüllungs- oder Gewährleistungsbürgschaft gewehrt, wie sie § 17 Abs. 2 VOB/B erwähnt.[184] Ausgeprägter ist das Sicherungsbedürfnis des Unternehmers, das auch durch das Recht auf Abschlagszahlungen für schon erbrachte Leistungen nach § 632a BGB nur gemindert und nicht beseitigt wird. Das BGB sieht daher verschiedene Instrumente von unterschiedlicher Effektivität vor, mit denen während der Zeit der Werkerrichtung der Anspruch des Unternehmers auf die vereinbarte Vergütung besichert wird. Automatisch geschieht dies durch das **Pfandrecht**, das § 647 BGB dem Unternehmer an den von ihm hergestellten oder ausgebesserten beweglichen Sachen des Bestellers einräumt. Der hierfür erforderliche Besitzerwerb kann auch durch Erlangung des mittelbaren Besitzes erfolgen, und begründet ein Pfandrecht außer an den im Eigentum des Bestellers stehenden Sachen auch an seinem Anwartschaftsrecht,[185] das ihm an der Sache eines Dritten zusteht[186]. Ob man bei fehlendem Eigentum des Bestellers auch einen gutgläubigen Erwerb des Werkunternehmerpfandrechts zulässt,[187] hängt davon ab, ob man es als gesetzliche Konsequenz aus dem Abschluss des Werkvertrags oder als das Ergebnis einer vom Gesetz für den Regelfall angeordneten Verpfändungsvereinbarung begreift. Nur im ersten Fall erlauben § 1257 BGB, der die Bestimmungen der §§ 1204 ff. BGB auf kraft Gesetzes schon entstandene Pfandrechte für anwendbar erklärt, und § 366 Abs. 3 HGB, der einen gutgläubigen Erwerb gesetzlicher Pfandrechte bei bestimmten Handelsgeschäften vorsieht, einen Gegenschluss darauf, dass das Werkunternehmerpfandrecht gerade nicht gutgläubig erworben werden kann. Anders verhält es sich, wenn man in § 647 BGB eine Regel des dispositiven Vertragsrechts erkennt, die den Parteien mangels abweichender Vereinbarung den Abschluss eines Pfandvertrags unterstellt.[188] Hierfür spricht zwar nicht die Entstehungsgeschichte des Werkunternehmerpfandrechts,[189] wohl aber der im BGB ge- 120

[184] Zum Verhältnis beider Sicherungsrechte und ihrer Vereinbarung durch vorformulierte Geschäftsbedingungen BGH, NJW 2009, 3422 ff.

[185] *Oetker/Maultzsch*, Vertragliche Schuldverhältnisse, Rn. 8.243, MünchKomm/*Busche* § 647 BGB Rn. 9.

[186] BGH, NJW 1961, 499.

[187] Hierfür zu Recht *Medicus/Lorenz*, Schuldrecht BT, Rn. 724.

[188] Dann muss man auch nicht mit *Oetker/Maultzsch*, Vertragliche Schuldverhältnisse, Rn. 8.247 annehmen, ein durch vorformulierte Geschäftsbedingungen vereinbartes Pfandrecht sei nach § 138 Abs. 1 BGB unwirksam, weil es von vornherein nur für den Fall gedacht ist, dass die zur Bearbeitung überlassene Sache nicht dem Besteller gehört. Der BGH, der einen gutgläubigen Erwerb des gesetzlichen Werkunternehmerpfandrechts ebenfalls ablehnt, hat keine Bedenken gegen die Gültigkeit einer solchen Klausel; vgl. BGH, NJW 1977, 1240.

[189] Dies macht *Henke*, Gutgläubiger Erwerb gesetzlicher Besitzpfandrechte?, AcP 161 (1962) 20 ff. nicht zu Unrecht geltend.

gebene Zusammenhang mit den übrigen Sicherheiten, auf deren Bestellung der Unternehmer lediglich einen Anspruch hat. Zudem entkommt man bei Zulassung eines gutgläubigen Erwerbs den Schwierigkeiten, die die vom BGH[190] gewählte Alternativlösung über ein Verwendungsersatzrecht nach §§ 994 ff. BGB bereitet: Sie begegnet im Einzelfall nicht nur häufig dem Einwand, der Unternehmer sei bei Ausführung seiner Werkleistung berechtigter Besitzer, der Anwendungsbereich der Vorschriften über das Eigentümer-Besitzer-Verhältnis also gar nicht eröffnet gewesen.[191] Außerdem stößt sie noch auf das generelle Problem, dass nicht der bloß mit der Ausführung betraute Werkunternehmer, sondern der Besteller als eigentlicher Urheber der Verwendung anzusehen ist.

121 Als Pendant zum Pfandrecht an beweglichen Sachen sieht § 648 BGB einen Anspruch auf Einräumung einer Sicherungshypothek für die Vergütung der schon geleisteten Arbeit an einem Bauwerk vor.[192] Dieser Anspruch kann zwar gemäß §§ 883 Abs. 1 S. 2, 885 Abs. 1 BGB auch vor Vollendung des Bauwerks und ohne Mitwirkung des Bestellers im Wege einer einstweiligen Verfügung durch Vormerkung gesichert werden; er bietet dem Unternehmer aber dennoch keine wirkungsvolle Sicherheit. Denn zum einen ist der Besteller des Bauwerks nicht zwangsläufig mit dem Grundstückseigentümer identisch; und ein Durchgriff gegen diesen ist nur ausnahmsweise, etwa in dem Fall zulässig, dass der Grundstückseigentümer Bauleistungen durch eine von ihm beherrschte Gesellschaft in Auftrag geben lässt.[193] Zum anderen ist das Grundstück, auf dem das Bauwerk errichtet werden soll, in aller Regel schon zuvor zugunsten von Darlehensgebern belastet, mit deren Krediten der Bau finanziert werden soll. Wegen dieser Schwächen erfolgt die **Bauhandwerkersicherung** in aller Regel durch Sicherheitsleistung in Form einer Garantie oder eines Zahlungsversprechens durch ein Kreditinstitut oder einen Kreditversicherer. Mit ihnen wird gewöhnlich der Anspruch auf Sicherheitsleistung erfüllt, den § 648a BGB dem Unternehmer eines Bauwerks, einer Außenanlage oder eines Teils zwingend gegen einen Besteller einräumt, der nicht die öffentliche Hand oder eine natürliche Person ist, die ein Einfamilienhaus errichten lässt. Dieser Anspruch steht auch einem Subunternehmer zu, der nicht vom Grundstückseigentümer beauftragt worden ist; und er kann nicht durch Abtretung der Werklohnforderung des Bestellers gegen seinen Auftraggeber und hieran geknüpfte Bürgschaftsansprüche erfüllt werden, weil dem Unternehmer so die Einwendungen aus dem Rechtsverhältnis zwischen dem Besteller und seinem Auftraggeber entgegengehalten werden können[194]. Nach § 648a Abs. 1 S. 2 BGB ist der Anspruch auf die Bestellung der Sicherheit weder durch einen gegenläufigen Erfüllungsanspruch noch durch die Abnahme

---

[190] BGH, NJW 1961, 499, 500; 1983, 2140, 2141.

[191] Hierüber setzt sich BGH, NJW 1961, 499, 501 mit dem fragwürdigen Argument hinweg, der zunächst berechtigte Besitzer dürfe nicht schlechter als ein von vornherein unberechtigter stehen.

[192] Entgegen dem Wortlaut von § 648 BGB gilt dies nicht nur für einen Bauunternehmer im eigentlichen Sinn, sondern auch für einen Architekten, dessen Leistung sich in dem Bauwerk niederschlägt; vgl. BGH, NJW 1969, 419.

[193] BGH, NJW 1988, 255, 256 f.

[194] BGH, NJW-RR 2006, 28, 29.

der Werkleistung ausgeschlossen. Dies bedeutet, dass die Sicherheit auch vor der im Anschluss an die Abnahme zu erbringenden Mängelbeseitigung verlangt werden kann, obwohl dem Vergütungsanspruch des Unternehmers hier noch das Zurückbehaltungsrecht aus § 640 Abs. 3 BGB entgegensteht. Statt den Anspruch auf Stellung der Sicherheit durchzusetzen, kann der Unternehmer auch nach § 648a Abs. 5 BGB dem Besteller eine angemessene Frist setzen und nach deren fruchtlosem Verstreichen den Vertrag kündigen. Wie bei der freien Kündigung des Bestellers gemäß § 649 BGB kann er dann die vereinbarte Vergütung unter Abzug ersparter Aufwendungen und anderweitigen Erwerbs, bei noch nicht ausgeführten Werken oder Werkteilen also im Zweifel 5 % der ausgemachten Vergütung, verlangen.

3. Besondere und verselbständigte Werkverträge

a) Transportverträge

aa) Frachtvertrag

(1) Vertragscharakter und Gefahrtragung

Die Beförderung von Sachen ist schon vor Erlass des BGB von 1900 zum Gegenstand einer speziellen Regelung im HGB geworden, dessen einschlägige Vorschriften im Zuge der Transportrechtsreform von 1998 an die Bestimmungen des internationalen Übereinkommens über den Beförderungsvertrag im Straßengüterverkehr (CMR) angeglichen wurden. Nach § 407 Abs. 3 HGB gelten sie für jede Beförderung mit Ausnahme der Hochseebeförderung und bereits dann, wenn der Frachtführer, ohne Kaufmann zu sein, ein gewerbliches Unternehmen betreibt. Vom allgemeinen Werkvertragsrecht des BGB unterscheiden sich die Vorschriften über das Frachtgeschäft[195] vor allem dadurch, dass sie einer Regelung für Mängel der Beförderungsleistung entbehren. Eine solche wäre keineswegs denkunmöglich, weil sich die verspätete Beförderung durchaus als mangelhafte Leistung des Frachtführers begreifen ließe, die zu einer Reduktion seines Vergütungsanspruchs führt. Statt einer solchen Minderung sieht das Gesetz jedoch nur eine Schadensersatzverpflichtung für Verspätung vor. Auf ihrer und der Regelung der praktisch sehr relevanten Haftung für Verlust oder Beschädigung des Frachtguts liegt der Schwerpunkt der Vorschriften über den Frachtvertrag. Vom allgemeinen Werkvertragsrecht unterscheiden sie sich im Übrigen durch eine veränderte Verteilung der Preisgefahr sowie durch eine Regelung über die Beteiligung Dritter am Vertragsverhältnis: Anders als nach §§ 631 ff. BGB bewirkt die Einschaltung eines Subunternehmers, dass dieser in direkte Beziehung zum Absender tritt (§ 437 HGB). Ist dies auch noch nicht unumgänglich, kommt die Regelung des Frachtvertrags doch kaum ohne eine Bestimmung über die Rechte des Empfängers aus, der dem Frachtführer in den meisten Fällen als weiterer Beteiligter des Transportvorgangs gegenübertritt. Wird durch seine Einbeziehung in den Frachtvertrag (§ 421 HGB) auch die Stellung des Frachtführers erschwert, ist die Tendenz der Vorschriften über den Frachtvertrag ansonsten überwiegend **absenderfeindlich**. Der Frachtführer wird insbesondere 122

[195] Sie werden in §§ 451 ff. HGB durch Bestimmungen über die Beförderung von Umzugsgut im Rahmen eines Umzugsvertrags ergänzt.

durch eine ihm günstige Gefahrverteilung nach Sphären sowie durch Haftungsbegrenzungen privilegiert und hierin noch zusätzlich dadurch geschützt, dass eine Abweichung von den Haftungsbestimmungen nur durch Individualvereinbarung möglich ist (§ 449 Abs. 2 HGB).[196] Eine weitergehende Einschränkung der Rechtsstellung des Absenders ist allerdings ebenfalls ausgeschlossen, wenn er Verbraucher ist (§ 449 Abs. 1 HGB).

123 Als Leistungspflichten der Parteien eines Frachtvertrags nennt § 407 HGB die Beförderung des Guts zum Bestimmungsort und seine Ablieferung an den Empfänger sowie die Entrichtung der vereinbarten **Vergütung**, der sogenannten Fracht. Sie ist nach § 420 Abs. 1 HGB bei Ablieferung des Guts zu zahlen, mit der die Werkleistung des Frachtführers vollendet ist. Um das mit seiner Leistungspflicht verbundene Risiko zu mindern, gesteht ihm § 441 Abs. 1 HGB ein Pfandrecht an dem Frachtgut zu, das gemäß § 366 Abs. 3 HGB auch dann, wenn es im Eigentum eines Dritten steht, im guten Glauben des Frachtführers an die Verfügungsbefugnis des Absenders erworben werden kann. Gemäß § 418 Abs. 1 HGB bleibt der Absender ebenso wie ein Besteller beim VOB-Vertrag zu Weisungen an den Unternehmer befugt, muss sich aber einen Anspruch des Frachtführers auf Aufwendungsersatz und eine angemessene Zusatzvergütung gefallen lassen.[197] Nicht anders als der Besteller eines gewöhnlichen Werks hat auch der Absender nach § 415 HGB grundsätzlich das Recht, den Frachtvertrag jederzeit zu **kündigen**; und der Frachtführer ist wie andere Unternehmer in diesem Fall berechtigt, die vereinbarte Vergütung unter Abzug ersparter Aufwendungen und anderweitigen Erwerbs zu verlangen.[198] Während jedoch nach § 649 S. 3 BGB nur die Vermutung besteht, dass diese Differenz bei nicht ausgeführten Leistungen oder Leistungsteilen 5 % der hierauf entfallenden Vergütung ausmacht, kann der Frachtführer gemäß § 415 Abs. 2 S. 1 Nr. 2 HGB alternativ ein Drittel der Fracht, die sogenannte Fautfracht, verlangen.[199] Da sie als Schadensersatz nicht nur außerordentlich hoch wäre, sondern zudem dem Gegenbeweis entzogen ist, dass der Frachtführer tatsächlich einen geringeren Schaden hatte, handelt es sich bei ihr um eine gesetzlich angeordnete Vertragsstrafe, mit der das freie Kündigungsrecht des Absenders praktisch erheblich erschwert wird.[200]

---

[196] Berechtigte Kritik hieran übt *Basedow*, Hundert Jahre Transportrecht, ZHR 161 (1997) 186, 210 f., der eine Minderung des Anreizes zur Schadensprävention auf Seiten der Frachtführer befürchtet.

[197] Dies entspricht Art. 12 Abs. 1, 16 Abs. 1 CMR.

[198] Für die einer Teilkündigung gleichkommende Forderung des Absenders nach Beförderung einer unvollständigen Ladung sieht § 416 HGB einen Anspruch auf die vereinbarte Fracht für die vollständige Ladung zu, der insoweit zu kürzen ist, als der Frachtführer eine Fracht für die anderweitige Nutzung des Laderaums erlangt.

[199] Dieselben Rechte hat der Frachtführer gemäß § 417 Abs. 1, 2 HGB, wenn er selbst kündigt, nachdem eine dem Absender zur Verladung gesetzte Frist fruchtlos verstrichen ist. Auch hierin liegt eine Privilegierung des Frachtführers gegenüber anderen Unternehmern, denen bei ausgebliebener Mitwirkung des Bestellers gemäß §§ 642 f. BGB nur ein Kündigungs- und ein vom Verzug des Bestellers abhängiges Entschädigungsrecht zusteht.

[200] Der Gesetzgeber beschränkt sich auf die Feststellung, die Fautfracht sei weder Leistungsentgelt noch Kündigungsentschädigung; vgl. die Begründung des Regierungsentwurfs zum Transportrechtsreformgesetz, BT-Drucks. 13/8445, S. 45.

Auch die Befugnis zur außerordentlichen Kündigung, die eigentlich unter den Voraussetzungen der §§ 323 ff. BGB möglich ist, erschwert § 415 Abs. 2 S. 2 HGB dadurch, dass er den Anspruch auf die Fautfracht oder die Vergütung für eine aus Sicht des Absenders sinnlos erbrachte Beförderungsleistung nur dann entfallen lässt, wenn die Kündigung auf Umständen beruht, die der Risikosphäre des Frachtführers zuzurechnen sind. Hierzu rechnen außer Umständen, die er zu vertreten hat, solche, die verkehrsbezogen und damit in seinen Aufgabenbereich fallen,[201] nicht jedoch die klassischen Fälle der höheren Gewalt, die der weder Frachtführer noch Absender zurechenbaren neutralen Sphäre angehören.[202] Dies bedeutet, dass entgegen dem Rechtsgedanken von §§ 323, 326 BGB vielfältige zufällige Störungen den Anspruch des Frachtführers auf die vereinbarte oder die Fautfracht unberührt lassen.

Der Kündigungsregelung entspricht die **Gefahrverteilung** beim Frachtvertrag: **124**
Nach § 420 Abs. 2 HGB gebührt dem Frachtführer bei Eintritt eines Beförderungs- oder Ablieferungshindernisses die anteilige Fracht für den ausgeführten Teil der Beförderungsleistung, sofern das Hindernis nicht dem Risikobereich des Frachtführers zuzuordnen ist. Die Abweichung vom Rechtsgedanken des § 645 BGB, der den Bestand des Vergütungsanspruchs für eine schon erbrachte Werkleistung umgekehrt davon abhängig macht, dass eine Störung dem Gefahrenbereich des Bestellers zuzurechnen ist, lässt sich kaum damit rechtfertigen, dass beim Frachtvertrag der Eintritt von Erfüllungshindernissen besonders wahrscheinlich ist.[203] Stattdessen kann man sie lediglich als Ausdruck der rechtspolitischen Grundentscheidung für eine weitgehende Privilegierung des Frachtführers hinnehmen. Diese geht freilich nicht so weit, dass er wegen einer Erschwerung der Beförderung ohne Weiteres eine Erhöhung der Fracht verlangen könnte. Vielmehr räumt ihm § 420 Abs. 3 HGB einen Anspruch auf zusätzliche Vergütung nicht schon bei neutralen Störungen der Beförderungsleistung, sondern nur für den Fall ein, dass eine Verzögerung dem Risikobereich des Absenders zuzurechnen ist, also in dessen Organisationsgebiet fällt[204]. Dies gilt jedoch nur für reine Transporterschwernisse, während eine Verzögerung der Be- oder Entladung nach § 412 Abs. 3 HGB als Ausgleich für die damit verbundene Wartezeit automatisch einen Anspruch auf angemessene Vergütung, das sogenannte Standgeld, auslöst.

(2) Haftung von Frachtführer und Absender

Die für eine Schlechterfüllung der **Frachtführerpflicht** vorgesehene Haftung we- **125**
gen Verspätung setzt gemäß § 425 Abs. 1 HGB bei einer Überschreitung der Lieferfrist ein, die mangels vertraglicher Vereinbarung nach § 423 HGB derjenigen

201 MünchKomm/*Czerwenka* § 412 HGB Rn. 44.

202 Der Gesetzgeber ging dagegen davon aus, dass sich ein Umstand stets der Sphäre einer der Vertragsparteien zurechnen lässt; vgl. die Begründung des Regierungsentwurfs zum Transportrechtsreformgesetz, BT-Drucks. 13/8445, S. 41 f. Für die schon logisch kaum zu leugnende Existenz der neutralen Sphäre dagegen zu Recht *Canaris*, Handelsrecht, Rn. 31.52, 55, MünchKomm/*Czerwenka* § 412 HGB Rn. 43.

203 *Canaris*, Handelsrecht, Rn. 31.51.

204 MünchKomm/*Czerwenka* § 420 HGB Rn. 23.

entspricht, die einem sorgfältigen Frachtführer im Einzelfall vernünftigerweise zuzumuten ist[205]. Die Haftung wegen Beschädigung des Frachtguts wird dadurch erschwert, dass nach § 438 Abs. 1, 2 HGB eine Vermutung für die Ablieferung im vertragsgemäßen Zustand besteht, wenn ein äußerlich erkennbarer Schaden nicht sofort bei Ablieferung, ein anderer Schaden nicht innerhalb von weiteren sieben Tagen angezeigt wird.[206] Dasselbe gilt für die Haftung wegen des Verlustes des Frachtguts, die freilich nach § 424 Abs. 1 HGB dadurch erleichtert ist, dass ein Verlust unterstellt wird, falls das Frachtgut den Empfänger nicht innerhalb eines Zeitraums erreicht, der der doppelten Lieferfrist entspricht und mindestens 20, bei grenzüberschreitendem Transport 30 Tage beträgt. Für alle drei Arten der Schadensersatzpflicht gilt zudem ein strengerer als der gewöhnliche Haftungsmaßstab: Weniger relevant ist dabei, dass der Frachtführer nicht bloß für Erfüllungsgehilfen, sondern nach § 428 S. 1 HGB für alle seine „Leute" einzustehen hat. Während dieser Begriff früher über den seinerzeit enger verstandenen Begriff des Erfüllungsgehilfen[207] hinausging, sind beide heute weitgehend identisch.[208] Wichtiger ist, dass der Frachtführer, um seiner Haftung zu entgehen, nicht lediglich gemäß § 276 Abs. 2 BGB die Einhaltung der im Verkehr erforderlichen Sorgfalt, sondern gemäß § 426 HGB nachzuweisen hat, dass er und seine Leute den zur Verspätung, Verlust oder Beschädigung führenden Umstand auch bei Anwendung größter Sorgfalt nicht hätte vermeiden können.[209] Trotz dieser Verschärfung ist die Einstandspflicht des Frachtführers eine Verschuldenshaftung,[210] ihre Begrenzung daher auch anders als bei der gesetzlichen Gefährdungshaftung[211] nicht etwa auf summenmäßig festgelegte Höchstbeträge, sondern in Abhängigkeit vom Vertragsvolumen begrenzt: Die Haftung wegen Verspätung ist nach § 431 Abs. 3 HGB auf den dreifachen Betrag der Fracht beschränkt,[212] die Haftung wegen des Verlustes oder der Beschädigung gemäß Abs. 1 und 2 der Vorschrift auf 8,33 Sonderziehungsrechte des Internationalen Währungsfonds pro Kilogramm des Rohgewichts

---

[205] Dies entspricht Art. 19 CMR.

[206] Eine entsprechende Regelung enthält Art. 30 Abs. 1 CMR.

[207] Hierzu *Harke*, Allgemeines Schuldrecht, Rn. 243 f.

[208] *K. Schmidt*, Handelsrecht, S. 926; anders MünchKomm/*Czerwenka* § 428 HGB Rn. 2. Erst recht bedeutungslos ist die zweite Variante von § 428 HGB, der insoweit Art. 3 CMR nachempfunden ist und Personen einschließt, deren sich der Frachtführer bei Ausführung der Beförderung bedient.

[209] Diese Regelung entspricht Art. 17 Abs. 2 CMR, die in Abs. 3 um die Vorschrift ergänzt wird, dass sich der Frachtführer nicht unter Berufung auf einen Mangel des Fahrzeugs oder das Verschulden eines Fahrzeugvermieters entschuldigen kann.

[210] Richtig *Basedow*, Der Transportvertrag, Tübingen 1987, S. 394 ff. und MünchKomm/*Herber* § 426 HGB Rn. 4. Anders *Canaris*, Handelsrecht, Rn. 31.15 f., 19 f, der in der vom Frachtführer geschuldeten Sorgfalt die eines „idealen" Frachtführers sieht und eine Parallele zur Entlastung nach § 7 Abs. 2 a. f. StVG zieht, zugleich aber anders als etwa Oetker/*Paschke* §§ 425 Rn. 6, 426 Rn. 1 auch keine Gefährdungs-, sondern eine Obhutshaftung wie bei Gastwirten nach § 701 BGB (s. u. Rn. 573 ff.) annimmt.

[211] S. u. Rn. 579, 581 ff.

[212] Nach § 433 HGB gilt dies auch für die Haftung für sonstige Pflichtverletzungen, die nicht in der Verspätung der Ablieferung, dem Verlust oder der Beschädigung des Guts bestehen.

der Sendung,[213] soweit diese verloren oder entwertet ist.[214] Nach § 435 HGB gelten diese Beschränkungen ausnahmsweise dann nicht, wenn der Schaden auf den Vorsatz des Frachtführers oder seiner Leute oder deren leichtfertiges Verhalten im Bewusstsein der Schadenswahrscheinlichkeit zurückgeht.[215] Die Schwelle für die umfassende Haftung des Frachtführers ist damit erst bei einer bewussten Fahrlässigkeit erreicht, die jedoch auch in einer allgemeinen Entscheidung wie der zum Verzicht auf Ein- und Ausgangskontrollen des Transportguts liegen kann[216]. In diesem Fall verlängert sich auch die in § 439 HGB auf ein Jahr festgelegte und mit tatsächlicher oder hypothetischer Ablieferung beginnende Verjährungsfrist auf drei Jahre.[217] Ansprüche wegen Verspätung der Ablieferung erlöschen gemäß § 438 Abs. 3 HGB schon vorher, wenn der Empfänger dem Frachtführer die Überschreitung der Lieferfrist nicht innerhalb von 21 Tagen anzeigt.[218] Nach § 434 HGB gelten alle diese Beschränkungen auch für deliktische Ansprüche,[219] die der Absender oder Empfänger oder Dritte gegen den Frachtführer haben[220].[221] Eine Ausnahme gilt nur dann, wenn der Dritte der Beförderung nicht zugestimmt und der Frachtführer dies fahrlässig verkannt hat[222] oder das Gut abhanden gekommen ist.

Die Verpackung oder Verladung der Ware, die in § 427 Abs. 1 HGB neben an- **126**
deren Gefahren als spezielle Ausschlussgründe der Haftung erscheinen, sind nach § 414 Abs. 1 S. 1 HGB auch Anknüpfungspunkte für eine **Einstandspflicht des Absenders.**[223] Sie kann zudem durch die Unrichtigkeit oder Unvollständigkeit der

[213] In dieser von Art. 23 Abs. 3, Art. 25 CMR vorgegebenen Anknüpfung an das Gewicht erkennt *Canaris*, Handelsrecht, Rn. 31.39 wegen des fehlenden Zusammenhangs zum Wert des Guts einen Verstoß gegen das Gleichbehandlungsgebot des Art. 3 GG. Dem lässt sich jedoch mit dem Argument begegnen, dass der Wert des Guts für den Frachtführer nicht ohne Weiteres erkennbar ist; vgl. MünchKomm/*Herber* § 420 HGB Rn. 3, Oetker/*Paschke* § 431 Rn. 1. Kritik könnte die Regelung dagegen wegen ihrer der fehlenden Präventionswirkung verdienen; vgl. *Basedow* (Fn. 210), S. 487 ff.

[214] Diese Beschränkung kann nach § 449 Abs. 2 S. 2 HGB in gewissen Grenzen ausnahmsweise auch durch vorformulierte Geschäftsbedingung abgeändert werden.

[215] Art. 29 CMR verlangt ein Verhalten, das nach dem Recht des angerufenen Gerichts dem Vorsatz gleichsteht. Damit ist auf die grobe Fahrlässigkeit als vorsatzähnliches Verhalten verwiesen; vgl. *Harke*, Allgemeines Schuldrecht, Rn. 232, 235.

[216] BGH, NJW 2004, 2445, 2446.

[217] Die Fristen entsprechen den in Art. 32 Abs. 1 CMR aufgeführten.

[218] Dies entspricht Art. 30 Abs. 3 CMR.

[219] Entgegen *Canaris*, Handelsrecht, Rn. 31.26 liegt hierin kein Systembruch, weil die Einstandspflicht des Frachtführers eben eine Verschuldenshaftung ist und die Haftungshöchstsummen, die gewöhnlich nur bei verschuldensunabhängiger Haftung eingreifen, nicht wie bei der Gefährdungshaftung in absoluten Beträgen, sondern in Abhängigkeit vom Vertragsvolumen festgesetzt sind.

[220] Und zwar auch wegen der Folgeschäden, nicht nur wegen des Verlusts oder der Beschädigung selbst; vgl. BGH, NJW 2007, 58, 59.

[221] Einen Verstoß gegen Art. 3 und 14 GG erkennt hierin wiederum *Canaris*, Handelsrecht, Rn. 31.40; anders sieht dies Oetker/*Paschke* § 434 Rn. 2.

[222] Entgegen *Canaris*, Handelsrecht, Rn. 31.32 ist damit auch der Fall abgedeckt, dass der Frachtführer den Absender zu Unrecht für den Eigentümer des Guts gehalten hat.

[223] Sie orientiert sich an Art. 7 Abs. 1, 10 CMR.

Angaben in einem Frachtbrief oder einem Begleitpapier sowie durch die unterlassene Mitteilung über die Gefährlichkeit eines Guts ausgelöst werden. Im Gegensatz zu der lediglich in ihrem Maßstab verschärften Haftung des Frachtführers ist die Schadensersatzpflicht des Bestellers regelrecht verschuldensunabhängig. Sie bleibt einem Verbraucher daher gemäß § 414 Abs. 3 HGB erspart und unterliegt nach Abs. 1 S. 2 der Vorschrift denselben Höchstgrenzen wie die Haftung des Frachtführers für den Verlust oder die Beschädigung des Guts.

(3) Drittbeteiligung

127 Um die Ansprüche gegen den Frachtführer demjenigen an die Hand zu geben, der sie am leichtesten geltend machen kann, erklärt § 421 Abs. 1 HGB den **Empfänger** für berechtigt, nach der Ankunft des Guts an der Ablieferungsstelle von dem Frachtführer seine Herausgabe zu verlangen und Ansprüche wegen der Verspätung, des Verlusts oder der Beschädigung des Guts geltend zu machen.[224] Hiermit ist klargestellt, dass und wie der Frachtvertrag eine Wirkung zugunsten des Empfängers zeitigt[225]. Während der Ablieferungsanspruch für Absender und Empfänger gleichermaßen auf die Herausgabe an diesen gerichtet ist, konkurriert beider Zuständigkeit für die Schadensersatzansprüche, die jeweils im eigenen Namen und fremden Interesse geltend gemacht werden können[226]. Zum Schutz des Frachtführers ist daher eine Gesamtgläubigerschaft anzunehmen, so dass der Frachtführer durch die Leistung an Absender oder Empfänger gegenüber beiden Berechtigten nach §§ 429 Abs. 3, 422 Abs. 1 S. 1 BGB frei wird.[227] Das Weisungsrecht des Absenders geht dagegen gemäß § 418 Abs. 2 HGB mit der Ankunft des Guts an der Ablieferungsstelle vollständig auf den Empfänger über.[228] Macht er von seinem Recht, die Ablieferung zu verlangen, Gebrauch, wird er auch zum Schuldner des Anspruchs auf die Fracht, und zwar nicht nur für die im Gegenzug zu nachträglichen Weisungen zu leistende Zusatzvergütung, sondern gemäß § 421 Abs. 2 HGB auch für die ursprünglich vereinbarte Fracht. Da der Frachtführer das Gut nur gegen ihre Zahlung abliefern muss und er diesen Einwand ohnehin auch dem Empfänger entgegenhalten kann, ist dessen gesetzlich angeordnete Schuldmitübernahme nicht schon aus der Verdopplung der Zuständigkeit für den Herausgabeanspruchs, sondern damit zu erklären, dass der Frachtführer mit der Ablieferung des Guts sein hieran nach § 441 HGB bestehendes Pfandrecht verliert.[229] Dieses wird dadurch ersetzt, dass er mit

[224] Eine entsprechende Regelung findet sich in Art. 13 CMR.

[225] Richtig *Canaris*, Handelsrecht, Rn. 31.60, *K. Schmidt*, Handelsrecht, S. 922 und MünchKomm/*Czerwenka* § 421 HGB Rn. 1; anders *Becker*, Der Geltendmachung von Ersatzansprüchen gegen den Frachtführer gemäß § 421 Abs. 1 S. 2 HGB, AcP 202 (2002) 722, 727 ff., der einen Vertrag mit Schutzwirkung zugunsten Dritter annimmt; durch diesen werden jedoch keine Leistungspflichten gegenüber dem Dritten begründet; vgl. *Harke*, Allgemeines Schuldrecht, Rn. 434.

[226] Hierin liegt die gesetzliche Anordnung einer Schadensliquidation im Drittinteresse, die im Übrigen überflüssig ist; vgl. *Harke*, Allgemeines Schuldrecht, Rn. 439 ff.

[227] Vgl. *Harke*, Allgemeines Schuldrecht, Rn. 466.

[228] Nach Art. 12 Abs. 2 CMR kommt es dagegen auf die Übergabe der zweiten Ausfertigung des Frachtbriefs an den Empfänger an.

[229] Richtig *Canaris*, Handelsrecht, Rn. 31.63.

der Verpflichtung des Empfängers einen zusätzlichen Anspruch gegen denjenigen erhält, bei dem sich das Gut nun befindet und dessen Vermögen dadurch im Regelfall auch erhöht wird.

Den umgekehrten Fall einer Verdopplung auf der Seite des Frachtführers sieht das Gesetz für die Ausführung der Beförderung durch einen **Subunternehmer** des Frachtführers vor: Nach § 437 Abs. 1, 2 HGB ist er Absender und Empfänger gleichermaßen, wenn auch nicht zur Ablieferung, so doch zum Schadensersatz wegen der Verspätung, des Verlusts oder der Beschädigung des Guts verpflichtet und kann beiden nur die Einwendungen entgegenhalten, die dem Hauptfrachtführer zustehen, nicht auch die, die er selbst gegen diesen hat. Da sich die Verpflichtung des ausführenden Frachtführers auf Schadensersatz beschränkt, liegt in diesem Fall keine eigentliche Schuldmitübernahme[230] und kein Vertrag zugunsten Dritter, sondern ein solcher mit Schutzwirkung zugunsten der Vertragspartner des Hauptfrachtführers vor.[231] Die von diesem selbst verursachten Schäden sind dabei zwangsläufig von der Schutzwirkung ausgenommen.[232] **128**

bb) Speditionsvertrag

Durch den Speditionsvertrag, den das HGB im Anschluss an das Frachtgeschäft regelt, verpflichtet sich der Spediteur die Versendung eines Guts zu besorgen, nämlich, wie in § 454 Abs. 1 und 2 HGB beschrieben, Weg und Art des Transports sowie den Frachtführer auszusuchen, mit ihm und einem Versicherungsunternehmen einen Vertrag zu schließen sowie sicherzustellen, dass der Versender etwaige Schadensersatzansprüche durchsetzen kann. Obwohl diese Tätigkeit einer Geschäftsbesorgung ähnelt und, wie § 454 Abs. 3 HGB klarstellt, durchaus auch die Stellvertretung des Versenders beim Vertragsschluss mit dem Frachtführer oder dem Versicherungsunternehmen einschließen kann, ist sie doch auf einen werkvertraglichen Erfolg bezogen.[233] Dieser besteht anders als beim Frachtvertrag allerdings nicht in dem Transport des Guts zum Empfänger, sondern darin, die Beförderung des Guts in Gang zu setzen. Dementsprechend wird der Anspruch des Spediteurs auf die vereinbarte Vergütung gemäß § 456 HGB auch schon mit der Übergabe des Guts an den Frachtführer oder Verfrachter fällig. Und das besondere Haftungsregime des Frachtvertrags, das nach § 461 Abs. 1 HGB auch für das Speditionsgeschäft gilt, beschränkt sich auf die Beschädigung oder den Verlust des Guts, während die Verspätung des Transports zum Empfänger, wie Abs. 2 der Bestimmung klarstellt, nur indirekt eine Ersatzpflicht des Spediteurs auslöst, wenn ihm eine Verletzung seiner Pflicht zur Organisation der Beförderung vorgeworfen **129**

---

[230] So aber der Gesetzgeber ausweislich der Begründung des Regierungsentwurfs zum Transportrechtsreformgesetz, BT-Drucks. 13/8445, S. 74.

[231] Richtig *Canaris*, Handelsrecht, Rn. 31.44. Ähnlich MünchKomm/*Herber* § 437 HGB Rn. 14 und Oetker/*Paschke* § 437 Rn. 2, die eine quasivertragliche Haftung annehmen. Für entbehrlich hält eine Einordnung dagegen *G. Wagner*, Die Haftung des ausführenden Frachtführers nach § 437 HGB, ZHR 163 (1997) 679, 694 ff.

[232] Ebenso *Canaris*, Handelsrecht, Rn. 31.45, *G. Wagner*, ZHR 163 (1997) 679, 698 ff., MünchKomm/*Herber* § 437 HGB Rn. 14.

[233] *Canaris*, Handelsrecht, Rn. 31.70, MünchKomm/*Bydlinski* § 453 HGB Rn. 20.

werden kann. Hierfür unterliegt er nicht dem strengen Haftungsmaßstab des § 426 HGB, sondern haftet nur für die Sorgfalt eines ordentlichen Kaufmanns.[234] Etwas anderes gilt, wenn der Spediteur bei der Spedition zu festen Kosten gemäß § 459 HGB als Vergütung einen Betrag erhalten soll, der die Kosten der Beförderung deckt, ferner dann, wenn er von seinem Selbsteintrittsrecht nach § 458 HGB Gebrauch macht und die Beförderung selbst ausführt, und schließlich, wenn er das Gut gemäß § 460 HGB in einer Sammelladung versendet. In allen drei Fällen übernimmt der Spediteur die Verantwortung für den Transporterfolg, so dass er auch die Rechte und Pflichten eines Frachtführers hat. Bei Selbsteintritt und Sammelladung bedeutet dies, dass er neben seiner Vergütung für die Speditionsleistung auch einen Anspruch auf die Fracht erlangt.

cc) Personenbeförderung

130 Das Regime der Personenbeförderung, das im Grundsatz ebenfalls dem Werkvertragsrecht des BGB unterfällt, ist im Fernreiseverkehr mit Eisenbahn oder Flugzeug durch europäische Verordnungen bestimmt und in seiner **Struktur gespalten**: Zwar ist der Beförderung mit beiden Transportmitteln gemein, dass sie für die Verkehrsunternehmen eine verschuldensunabhängige, in ihrer Höhe begrenzte Unfallhaftung auslöst. Ferner bestehen im Fall der Verspätung oder des Ausfalls der Beförderungsleistung ähnliche Ansprüche der Fahrgäste auf Ersatzbeförderung und Betreuung sowie eine Pflicht zur Rückerstattung des Fahrpreises, wenn sich der Fahrgast gegen die Beförderung entscheidet. Neben dieser Verpflichtung, die einer Rückgewährpflicht nach Rücktritt gleichkommt, gibt es jedoch unterschiedliche Mechanismen zum Ausgleich einer einfachen Verspätung: Während bei der Beförderung mit Eisenbahnen unbedingt eine nach Verspätungszeiten gestaffelte Geldleistung in Höhe einer Quote des Fahrpreises zu erbringen ist, sind Luftfahrtunternehmen zu einem Ausgleich in Form fester Pauschalsummen verpflichtet, die sich außer nach dem Ausmaß der Verspätung nach der Beförderungsdistanz richten und nur dann geschuldet sind, wenn sich das Unternehmen nicht durch Berufung auf außergewöhnliche Hindernisse entlasten kann. Diese Leistungen stellen gesetzlich angeordnete Vertragsstrafen dar, mit denen dem Fahrgast der Nachweis eines individuell entstandenen Schadens erspart wird. Die Personenbeförderung im Luftverkehr folgt damit dem Modell des Frachtvertrags, bei dem die Verspätung ebenfalls nicht als Mangel der Beförderungsleistung und Ansatzpunkt für eine Minderung des Fahrpreises gilt, sondern nur Auslöser eines Schadensersatzanspruchs wegen Verzögerung ist. Daher ist es durchaus konsequent, wenn der BGH im Fall einer Flugverspätung auch die Minderung eines Flugpreises nach allgemeinem Werkvertragsrecht ablehnt.[235] Dieses Ergebnis lässt sich zwar nicht auf die Erwägung stützen, die Verspätung berühre die Qualität der Beförderungsleistung nicht;[236] denn das Recht der Personenbeförderung im Eisenbahnverkehr zeigt ja gerade, dass die Verspätung am Ankunftsort durchaus als Mangel der Beförderungsleistung angesehen und zum

[234] Nach § 463 HGB gelten für ihn auch in diesem Fall aber die kurzen Verjährungsfristen des § 439 HGB.

[235] BGH NJW 2009, 2743, 2744.

[236] So MünchKomm/*Tonner* nach § 651 BGB Rn. 31.

Ansatzpunkt für eine anteilige Rückerstattung des Fahrpreises gemacht werden kann. Ausgeschlossen ist die Minderung im Luftverkehr vielmehr nur nach dem Rechtsgedanken der einschlägigen Verordnung, während sie im Eisenbahnverkehr sogar gesetzlich vorgeschrieben ist. Verborgen ist dieser fundamentale Unterschied jeweils in einer komplizierten Detailregelung, die sich aus dem Zusammenspiel von nationalem Recht, der jeweiligen Verordnung und internationalen Übereinkommen ergibt, auf die hierin verwiesen wird:

Eisenbahnverkehrsunternehmern, die nach § 10 AEG ein Kontrahierungs- **131**
zwang zum Abschluss eines Vertrags über die Personenbeförderung trifft, unterliegen der Verordnung Nr. 1371/2007/EG über die Rechte und Pflichten der Fahrgäste im Eisenbahnverkehr. Nach deren Art. 16 Buchst. a kann ein Fahrgast bei einer absehbaren Verspätung von 60 Minuten von dem Eisenbahnunternehmen die Erstattung des Fahrpreises für den nicht durchgeführten Teil der Beförderungsleistung sowie auch für den durchgeführten Teil verlangen, falls dieser sinnlos geworden ist. Entscheidet er sich dagegen gemäß Buchst. b und c der Vorschrift für eine Weiterreise zum Zielort mit geänderter Streckenführung bei nächster Gelegenheit oder zu einem späteren Zeitpunkt, kann er daneben noch nach Art. 17 Abs. 1 der VO eine sogenannte „Fahrpreisentschädigung" verlangen, die bei einer Verspätung von 60 bis 119 Minuten 25 % und im Fall einer darüber hinausgehenden Verspätung 50 % des Fahrpreises beträgt. Für die Haftung des Eisenbahnunternehmens wegen Verspätungen und Zugausfällen gelten nach Art. 15 die auszugsweise zum Anhang der Verordnung gemachten einheitlichen Rechtsvorschriften über die internationale Eisenbahnbeförderung (CIV) gemäß dem Übereinkommen über den internationalen Eisenbahnverkehr (COTIF). Nach deren Art. 32 besteht eine Schadensersatzpflicht des Eisenbahnunternehmens, wenn eine Reise wegen Ausfall, Verspätung oder Versäumung eines Anschlusses nicht am selben Tag fortgesetzt werden kann oder eine Fortsetzung unzumutbar wäre. Der Anspruch erstreckt sich auf die Übernachtungs- und Benachrichtigungskosten. Er steht unter dem Vorbehalt, dass sich das Eisenbahnunternehmen nicht durch den Nachweis entlasten kann, dass die Verzögerung auf einen betriebsfremden Ereignis mit nicht abzuwendenden Folgen, dem Verschulden des Reisenden oder dem nicht abwendbaren Verhalten eines Dritten beruht. Diese Einschränkung besteht nicht für den Anspruch auf Hilfeleistung, den Art. 18 Abs. 2 der Verordnung für den Fall einer Verspätung von mehr als 60 Minuten vorsieht. Auch er umfasst außer der Verpflegung der Fahrgäste deren Unterbringung, wenn eine Übernachtung erforderlich ist. Dagegen sieht die ergänzende nationale Vorschrift in § 17 der Eisenbahn-Verkehrsordnung eine der CIV-Bestimmung nachempfundene Entlastungsmöglichkeit für den bei einer Verspätung von 20 Minuten einsetzenden Anspruch auf Beförderung mit einem anderen Zug und das Recht zur Benutzung eines anderen Verkehrsmittels vor, das bei Benutzung der letzten fahrplanmäßigen Verbindung oder einer geplanten Ankunftszeit zwischen 0.00 und 5.00 Uhr und einer Verspätung von mindestens 60 Minuten eingreift. Der hieran geknüpfte Anspruch auf Aufwendungsersatz ist in seiner Höhe auf € 80 beschränkt.

Luftfahrtunternehmen, die nach § 21 Abs. 2 S. 3 des Luftverkehrsgesetzes **132**
ebenfalls einem Kontrahierungszwang für die Personenbeförderung im Linienver-

kehr unterliegen, treffen im Fall einer Leistungsstörung die Verpflichtungen aus der Verordnung Nr. 261/2004/EG über eine gemeinsame Regelung für Ausgleichs- und Unterstützungsleistungen für Fluggäste im Fall der Nichtbeförderung und bei Annullierung oder großer Verspätung von Flügen.[237] Verweigert das Luftfahrtunternehmen einem Reisenden die Beförderung oder muss es sich eine durch Umbuchung erfolgte Verweigerung durch einen Reiseveranstalter zurechnen lassen[238], ist es infolge der Verweisung in Art. 4 Abs. 3 auf Art. 8 Abs. 1 Buchst. a der Verordnung zur Erstattung des Flugpreises für nicht oder sinnlos zurückgelegte Flugstrecken verpflichtet. Der Fluggast kann sich auch gemäß Buchst. b und c der Vorschrift für eine anderweitige Beförderung zum frühestmöglichen oder einem späteren Zeitpunkt nach seiner Wahl entscheiden. Sowohl bei Flugpreiserstattung als auch bei anderweitiger Beförderung hat der Fluggast einen sogenannten **Ausgleichsanspruch** nach Art. 7 der Verordnung. Er besteht in festen Beträge zwischen € 125 und € 600, die nach der durch den Flug zu überbrückenden Entfernung sowie der Verspätung bei anderweitiger Beförderung gestaffelt sind. Außerdem hat der Fluggast gemäß Art. 9 der Verordnung Anspruch auf Betreuungsleistungen, insbesondere Verpflegung und Unterbringung. Entziehen kann sich das Luftfahrtunternehmen diesen Verpflichtungen, indem es nachweist, dass die Verweigerung der Beförderung keine Nichtbeförderung im Sinne von Art. 2 Buchst. j der Verordnung darstellt, weil die Verweigerung auf vertretbaren Gründen, insbesondere Beförderungshindernissen in der Person des Fluggastes, beruhte. Leichter gelingt die Entlastung bei einer Annullierung, also der Nichtdurchführung eines geplanten Flugs, für den mindestens ein Platz reserviert war (Art. 2 Buchst. l der Verordnung). Hier ist das Luftfahrtunternehmen zwar zur Flugpreiserstattung und zur anderweitigen Beförderung nach Art. 8 der Verordnung sowie zu Betreuungsleistungen gemäß deren Art. 9 verpflichtet. Der Ausgleichsanspruch nach Art. 7 der Verordnung ist jedoch gemäß Art. 5 Abs. 3 ausgeschlossen, wenn die Annullierung auf außergewöhnliche, unvermeidliche Umstände zurückgeht. Hierzu zählen freilich nicht technische Probleme, deren Behebung Teil des gewöhnlichen Betriebs eines Luftfahrtunternehmens sind.[239] Darüber hinaus ist eine Ausgleichsleistung nach Abs. 1 Buchst. c der Vorschrift ausgeschlossen, wenn die Annullierung dem Fluggast mindestens zwei Wochen vor der geplanten Abflugszeit oder später, aber unter Angebot einer adäquaten anderweitigen Beförderung mitgeteilt wird. Bei einer mindestens eine Woche vor der Abflugzeit erfolgten Mitteilung darf die Abflugzeit hierbei zwei Stunden früher, die Ankunftszeit vier Stunden später liegen, bei einer späteren Mitteilung die Abflugzeit eine Stunde früher, die Ankunftszeit zwei Stunden später. Keinen Ausgleichsanspruch sieht die Verordnung dagegen für eine bloße Flugverspätung vor, die nach Art. 6 der Verordnung nur den spätestens mit vier Stunden einsetzenden Anspruch auf Betreuungsleistungen und ab fünf Stunden auch einen Anspruch auf Flugpreiserstattung auslöst. Auch bei einer erheblichen Verschiebung

[237] Schuldner dieser Ansprüche ist das ausführende Luftfahrtunternehmen, im Fall des Code-Sharing also das Unternehmen, das den Flug tatsächlich durchführt; vgl. BGH, NJW 2010, 1522, 1523 ff.

[238] Hierzu BGH, NJW 2009, 285, 286 f.

[239] EuGH, NJW 2009, 347, 348 f.; 2010, 43, 47, BGH, NJW 2010, 1070, 1071.

schlägt eine Verspätung nicht in eine Annullierung um, sofern der Flug nicht durch einen anderen ersetzt, sondern entsprechend der ursprünglichen Planung durchgeführt wird.[240] Bei einer Verzögerung, die den für die kurzfristige Annullierung in Art. 5 Abs. 1 Buchst. c der Verordnung festgelegten Wert von drei Stunden übersteigt, muss die Verspätung jedoch in ihren Rechtsfolgen einer Annullierung gleichgestellt werden und ebenfalls Ausgleichsansprüche auslösen, sofern sich das Luftfahrtunternehmen nicht durch den Nachweis außergewöhnlicher Umstände entlasten kann.[241] Andernfalls käme es zu einer nicht zu rechtfertigenden Ungleichbehandlung zwischen Fluggästen, deren Flug verspätet ist, und solchen, die wegen Annullierung ihres Flugs eine anderweitige Beförderungsmöglichkeit angeboten bekommen.

Eine regelrechte **Schadensersatzpflicht**, die sowohl bei Flugausfall als auch bei Flugverspätung eingreift, trifft das Luftfahrtunternehmen nach den Bestimmung des Montrealer Übereinkommens, das gemäß Art. 3 Abs. 1 der Verordnung Nr. 2027/1997/EG in der Fassung der VO Nr. 889/2002/EG für den Gemeinschafts- und damit auch für den deutschen Inlandsflugverkehr gilt. Art. 19, 22 Abs. 1, 5 des Montrealer Übereinkommens sehen für jeden Fall der Flugverzögerung einen Anspruch auf Schadensersatz vor, der jedoch außer im Fall von Vorsatz oder Leichtfertigkeit auf den Betrag von 4.150 Sonderziehungsrechten des Internationalen Währungsfonds begrenzt ist[242] und unter dem Vorbehalt steht, dass das Luftfahrtunternehmen nicht nachweist, dass seine Leute alle Maßnahmen zur Schadensvermeidung getroffen haben oder nicht treffen konnten.[243] Nach Art. 29 des Übereinkommens gelten diese Einschränkungen auch für andere Schadensersatzansprüche und damit ebenfalls für den Anspruch auf Ersatz des Verzugsschadens aus §§ 280 Abs. 2, 286 BGB. Ausgleichszahlungen nach der FluggastrechteVO Nr. 261/2004 sind jedoch gemäß deren Art. 12 Abs. 1 S. 2 auf Schadensersatzansprüche anzurechnen. 133

Die **Unfallhaftung** eines Eisenbahnunternehmens richtet sich gemäß Art. 11 der EG-VO über die Rechte von Eisenbahnfahrgästen wiederum nach den einheitlichen Rechtsvorschriften über die internationale Eisenbahnbeförderung. Deren Art. 26 ff. sehen eine Schadensersatzpflicht des Eisenbahnunternehmens für den Tod oder die Körperverletzung eines Reisenden durch einen im Zusammenhang mit dem Eisenbahnbetrieb stehenden Unfall im Eisenbahnwagen oder bei Ein- oder Ausstieg vor. Diese Haftung ist keinem Entlastungsbeweis zugänglich, deckt aber nur die Kosten von Überführung und Heilbehandlung sowie die materiellen Vermögensnachteile ab, die dem Reisenden infolge von Arbeitsunfähigkeit oder Vermehrung seiner Bedürfnisse entstehen. Weiter reicht die Schadensersatzpflicht nach dem nationalen Haftpflichtgesetz, dessen § 1 ebenfalls eine Gefährdungshaftung für alle bei dem Betrieb einer Schienenbahn vorkommenden Fälle von Tötung, Körper- und Ge- 134

---

240 EuGH, NJW 2010, 43, 44 f.

241 EuGH, NJW 2010, 43, 45 f., BGH, NJW 2010, 2281, 2282.

242 Dies gilt auch für die Entschädigung wegen immaterieller Nachteile; vgl. EuGH, NJW 2010, 2113, 2114 f.

243 Dasselbe gilt nach § 46 LuftVG, der dem kraft Verordnung geltenden Montrealer Übereinkommen jedoch nachgeordnet ist.

sundheitsverletzungen vorsieht.[244] Ausgeschlossen ist die Haftung allerdings durch den Nachweis höherer Gewalt, begrenzt ist sie gemäß § 9 desselben Gesetzes auf den Kapitalbetrag von € 600.000 oder eine Geldrente von jährlich € 36.000. Für Luftfahrtunternehmen ordnet Art. 17 Abs. 1 des Montrealer Übereinkommens eine strikte Haftung für Tod oder Körperverletzung durch einen Unfall an Bord oder bei Ein- oder Ausstieg aus dem Luftfahrzeug an, die jedoch gemäß Art. 21 Abs. 2 des Übereinkommens auf 100.000 Sonderziehungsrechte begrenzt ist, wenn das Luftfahrtunternehmen nachweist, dass der Schaden nicht auf der Fahrlässigkeit seiner Leute beruht.[245] Eine Schadensersatzpflicht aus § 280 Abs. 1 BGB oder § 823 Abs. 1 BGB ist daher trotz des von Art. 29 des Übereinkommens angeordneten Vorrangs seiner Bestimmungen keinen Beschränkungen ausgesetzt, da sie jeweils ein Verschulden des Luftfahrtunternehmens oder seiner Erfüllungsgehilfen voraussetzt.

b) Reisevertrag

aa) Die Verpflichtung auf den Reisenutzen und ihre Begründung

135 Während der Vertrag über die Personenbeförderung auf einen punktuell zu erzielenden Erfolg gerichtet und damit zweifellos ein Werkvertrag ist, wird die andere Hauptleistung, die es üblicherweise zu einer Reise bedarf, im Rahmen eines Mietvertrags erbracht: Die Übernachtung in einem Hotel oder in einer Ferienwohnung setzt nicht nur deren einfache Bereitstellung voraus, sondern ist Gegenstand einer dauernden Verpflichtung zur Sachüberlassung, die freilich mit der Überlassung von Diensten und auch werkvertraglichen Leistungen wie etwa der Verpflegung zu einem typengemischten Vertrag verbunden sein kann. Werden Personenbeförderung und Übernachtung nicht einzeln von verschiedenen Vertragspartnern eines Reisenden, sondern gemeinsam im Zuge einer Pauschalreise von demselben Veranstalter angeboten, kommt dagegen ein Vertrag zustande, der nicht in einer einfachen Verbindung werk-, miet- und dienstvertraglicher Elemente besteht, sondern in dem der werkvertragliche Charakter dominiert: Die Reise wird als Ganzes zum Gegenstand einer Erfolgspflicht, die auf die Herstellung eines **einheitlichen Nutzens** für den Reisenden gerichtet ist. Da dieser Nutzen nicht zu einem bestimmten Zeitpunkt gewährleistet sein muss, sondern ein für die gesamte Reisezeit herzustellender Erfolg ist,[246] unterscheidet sich der Vertrag über eine Pauschalreise dennoch hinreichend von einem gewöhnlichen Werkvertrag,[247] um seine eigenständige Regelung zu rechtfertigen. In sie müssen außer dem werkvertraglichen Regime die mietvertragliche Minderung nach Zeitabschnitten und die mangelbedingte Vertragsauflösung mit Wirkung für die Zukunft Eingang finden. Der deutsche Gesetzgeber hat sie in Übernahme der älteren Reisevertragsrechtsprechung des BGH noch vor Erlass der

---

[244] S. u. Rn. 577 ff.

[245] Dasselbe ordnet § 45 LuftVG an, der dem kraft Verordnung geltenden Montrealer Übereinkommen jedoch nachgeordnet ist.

[246] Dies und nicht etwa schon die Ausrichtung auf den Reisenutzen macht entgegen MünchKomm/*Tonner* vor § 651a BGB Rn. 19 die entscheidende Differenz zum eigentlich Werkvertrag aus.

[247] Man kann ihn trotzdem mit Erman/*Seiler* vor § 651a Rn. 4 einen Unterfall des Werkvertrags nennen.

einschlägigen Verbraucherschutzrichtlinie (1990/314/EWG) in den §§ 651a ff. BGB getroffen und dann an die europäischen Vorgaben angepasst.

Nach § 651m BGB ist das Reisevertragsrecht zum Schutz des Reisenden halb- 136
zwingend[248] und gilt gemäß § 651a BGB für alle Verträge, mit denen sich jemand gegenüber einem Reisenden dazu verpflichtet, gegen Entgelt eine **Gesamtheit von Reiseleistungen** zu erbringen.[249] Voraussetzung ist damit mindestens die auch von Art. 2 Abs. 1 der Richtlinie geforderte Kombination zweier Leistungen. Diese bestehen typischerweise, aber keineswegs notwendig in der Verbindung von Beförderung und Unterbringung, können aber auch wie etwa bei etwa bei den sogenannten „Kaffeefahrten" in der Kombination von Beförderungs- und Verpflegungsleistung liegen. Keine Gesamtheit von Reiseleistungen liegt vor, wenn jemand außer einer einzelnen Leistung nur noch eine oder mehrere unbedeutende Nebenleistungen erbringen soll.[250] Der Fall ist dies etwa bei einer Hotelunterkunft, wenn die Verpflegung in Form der Halb- oder Vollpension nur Anhängsel der Unterbringung und keinen ins Gewicht fallenden eigenständigen Nutzen darstellt.[251] Die Kombination der Reiseleistung muss keineswegs schon von vornherein die Gestalt eines einheitlichen Angebots haben; vielmehr genügt, dass sie dadurch erfolgt, dass der Vertragspartner des Reisenden die Reiseleistungen auf Wunsch des Verbrauchers zusammenstellt,[252] sofern sie dadurch zum Bestandteil eines einheitlichen Reiseerfolgs werden. Da dieser ausnahmsweise auch bei der Verpflichtung zur Erbringung einer einzelnen Reiseleistung übernommen sein kann, ist das Reisevertragsrecht in Einzelfällen auch analog auf solche Verträge anzuwenden, mit denen jemand wie etwa bei Überlassung einer entsprechend beworbenen Ferienwohnung einen durch die Einzelleistung erzielten, besonderen Reisenutzen zusagt.[253]

Die Verpflichtung auf einen Reisenutzen unterscheidet den Reisevertrag nicht 137
nur von Verträgen über einzelne Reiseleistungen, sondern auch von der Reisevermittlung, die weder eine Pflicht zur Herstellung der Vertragsbeziehung mit den Schuldnern der einzelnen Reiseleistungen noch eine Pflicht zur Erbringung dieser selbst begründet.[254] Lässt sich den Umständen des Vertragsschlusses entneh-

---

[248] Dies beruht auf Art. 5 Abs. 3 der Pauschalreiserichtlinie.

[249] Für Gastschulaufenthalte, bei denen der Reiseveranstalter auch die Verpflichtung zur Beaufsichtigung des Gastschülers und zur Ermöglichung des Schulbesuchs übernimmt, gilt die Sonderregelung des § 651l BGB.

[250] BGH, NJW 1992, 3158, 3159.

[251] Durchaus zu Recht differenzierend in diesem Punkt MünchKomm/*Tonner* § 651a BGB Rn. 25 und Staudinger/*Eckert* (2003) § 651a Rn. 16.

[252] EuGH, EuZW 2002, 402 f.

[253] BGH, NJW 1995, 2629, 2630. Anders Staudinger/*Eckert* (2003) § 651a Rn. 28 und Erman/*Seiler* vor § 651 Rn. 8, die die Voraussetzungen für einen Analogieschlusses unter Berufung auf die Absicht des Gesetzgebers in Abrede stellen.

[254] Als Handelsvertreter verfügt der Reisevermittler in der Regel über eine hinreichende Empfangsvollmacht, um Erklärungen des Reisenden entgegenzunehmen, die den Inhalt des Vertrags mit dem Reiseveranstalter ausmachen; vgl. BGH, NJW 1982, 377. Nach § 651k Abs. 4 S. 2 BGB gilt der Reisevermittler zudem als zur Empfangnahme von Zahlungen auf den Reisespreis befugt, wenn er den Sicherungsschein übergibt, der Voraussetzung für die Fälligkeit des Anspruchs auf den Reisepreis ist; s. u. Rn. 138.

men,[255] dass eine solche Verpflichtung übernommen wird, kommt der Erklärung, nur Verträge vermitteln zu wollen, nach § 651a Abs. 2 BGB jedoch keine Bedeutung zu.[256] Der Widerspruch in der Äußerung des Anbieters bewirkt also nicht etwa die Nichtigkeit seiner Erklärung, sondern wird zugunsten des Reisenden in der Weise aufgelöst, dass der Anbieter als **Reiseveranstalter** gilt, der zur Erbringung der Gesamtheit der Reiseleistungen selbst verpflichtet ist.[257] Anders als nach der auf Verbraucherverträge zugeschnittenen Definition in Art. 2 der Richtlinie muss der Reiseveranstalter nach deutschem Recht nicht gewerbsmäßig handeln;[258] und der **Reisende** braucht kein Verbraucher, die Reise nicht touristisch[259] zu sein. Der Reisende muss auch nicht etwa selbst die Reiseleistungen in Anspruch nehmen, sondern kann die Reise auch oder allein für andere Reiseteilnehmer buchen,[260] für die der Reisevertrag die Wirkung eines Vertrags zugunsten Dritter entfaltet[261]. Denselben Effekt haben die Verträge, die der Reiseveranstalter mit den in § 651a Abs. 2 BGB erwähnten **Leistungsträgern** abschließt, welche die einzelnen Reiseleistungen ausführen sollen:[262] Die Leistungsträger sind einerseits Erfüllungsgehilfen des Reiseveranstalters, für die ihn die Gefährdungshaftung nach § 278 BGB trifft. Andererseits sind sie dem Reisenden in aller Regel selbst zur Erbringung der Reiseleistung verpflichtet, weil ihr Vertrag mit dem Reiseveranstalter ein Vertrag zugunsten des Reisenden ist.[263] Entgegen § 334 BGB können sie sich dabei auch nicht auf die ihnen im Verhältnis zum Reiseveranstalter zustehenden Einwendungen berufen. Da der Reisende keinen Einblick in die Rechtsbeziehung zwischen dem Reiseveranstalter und dem Leistungsträger, er aber im Regelfall den Reisepreis schon entrichtet hat, ist der Vertrag zwischen Leistungsträger und Reiseveranstalter im Zweifel so auszulegen, dass dem Leistungsträger das Recht zum Rekurs auf die Einwendungen gegen den Reiseveranstalter verwehrt ist.[264]

138 Nach § 651a Abs. 3 BGB hat der Reiseveranstalter dem Reisenden bei oder unverzüglich nach Vertragsschluss eine **Reisebestätigung** auszustellen. § 6 BGB-

---

[255] Hierüber entscheidet die Sicht eines durchschnittlichen Reisekunden; vgl. BGH, NJW 2000, 1639, 1640.

[256] Eine hierauf gestützte Anfechtung gemäß § 119 Abs. 1 BGB liefe dem Zweck der Vorschrift zuwider und kommt daher nicht in Betracht; vgl. *Neuner*, Der Reisevermittlungsvertrag, AcP 193 (1993) 1, 13 ff.

[257] Entgegen *Oetker/Maultzsch*, Vertragliche Schuldverhältnisse, Rn. 9.16, MünchKomm/*Tonner* § 651a BGB Rn. 90 handelt es sich hierbei nicht um eine Ausprägung des Verbots widersprüchlichen Verhaltens, sondern um eine gesetzliche Sonderregelung für den Fall einer perplexen Erklärung.

[258] MünchKomm/*Tonner* § 651a BGB Rn. 8.

[259] MünchKomm/*Tonner* § 651a BGB Rn. 16.

[260] BGH, NJW 1989, 2750, 2751; 2002, 2238, 2239.

[261] *Oetker/Maultzsch*, Vertragliche Schuldverhältnisse, Rn. 9.27, MünchKomm/*Tonner* § 651a BGB Rn. 9.

[262] Ist die Einschaltung von Leistungsträgern auch typisch, stellt es den Charakter des Reisevertrags doch keineswegs in Frage, wenn der Reiseveranstalter sämtliche Reiseleistungen selbst erbringt; vgl. BGH, NJW 2000, 1639, 1640.

[263] BGH, NJW 1985, 1457. Anders Staudinger/*Eckert* (2003) § 651a Rn. 56.

[264] BGH, NJW 1985, 1457, 1458.

InfoV bestimmt deren Inhalt,[265] den der Reiseveranstalter allerdings mit Ausnahme der Angabe des Reisepreises und der Zahlungsmodalitäten durch den Verweis auf einen von ihm herausgegebenen und dem Reisenden zur Verfügung gestellten Prospekt ersetzen kann, der die erforderlichen Angaben enthält. Bedient sich der Reiseveranstalter eines solchen Prospekts, unterliegt dieser zudem den inhaltlichen Vorgaben gemäß § 4 BGB-InfoV[266] und muss insbesondere auch Angaben zu Pass- und Visumserfordernissen sowie zu gesundheitspolizeilichen Formalitäten enthalten. Gibt der Reiseveranstalter keinen Prospekt heraus, muss er gemäß § 5 BGB-InfoV den Reisenden noch vor Abgabe seiner Willenserklärung über diese Punkte gesondert unterrichten.[267] Verlangt der Reiseveranstalter entgegen dem Rechtsgedanken der §§ 641 Abs. 1, 646 BGB noch vor Vollendung der Reise oder wie regelmäßig sogar noch vor ihrem Antritt eine Vorauszahlung des Reisespreises,[268] kann er diesen gemäß § 651k Abs. 4 BGB nur beanspruchen, wenn er dem Reisenden einen **Sicherungsschein** übergeben hat, mit dem Versicherungsunternehmen oder Kreditinstitute, die sogenannten Kundengeldabsicherer, dem Reisenden bei Ausfall der Reiseleistung infolge von Zahlungsunfähigkeit oder der Eröffnung des Insolvenzverfahrens über das Vermögen des Reiseveranstalters einen unmittelbaren Anspruch auf Rückerstattung des Reisepreises und den Ersatz notwendiger Zusatzaufwendungen einräumen. Diese auf Art. 7 der Pauschalreiserichtlinie[269] zurückgehende Regelung gilt zwar auch dann, wenn der Reisende kein Verbraucher ist, nach § 651k Abs. 6 BGB aber nicht, wenn der Reiseveranstalter nur gelegentlich und außerhalb seiner gewerblichen Tätigkeit Reisen veranstaltet oder wenn die Reise nicht länger als 24 Stunden dauert und keine Übernachtung einschließt sowie nicht mehr als € 75 kostet und damit aus der Definition der Pauschalreise in Art. 2 Abs. 1 der Richtlinie heraus fällt.

Für den vertraglichen Vorbehalt zur **Änderung** des **Reisepreises** oder der **Reiseleistung** enthält das Reisevertragsrecht besondere Regeln, die die Inhaltskontrolle §§ 309 Nr. 1 und 307 BGB[270] ergänzen: Die Erhöhung des Reisepreises ist nach § 651a Abs. 4 BGB nur bis zum Beginn des 20. Tages vor Reisebeginn und bloß dann möglich, wenn der Reisevertrag genaue Angaben zur Berechnung des neuen Preises enthält und sich dieser so auf eine Erhöhung der Beförderungskosten, der Abgaben für bestimmte Leistungen, der Hafen- oder Flughafengebühren oder der Wechselkurse zurückführen lässt. Art. 4 Abs. 4 der Pauschalreiserichtlinie, auf dem diese Bestimmung beruht, verlangt zudem, dass die entsprechende Anpassungsklausel außer für eine Erhöhung des Reisespreises bei einer Änderung der **139**

[265] Grundlage hierfür ist Art. 4 Abs. 1 Buchst. b der Pauschalreiserichtlinie.

[266] Sie gehen auf Art. 3 Abs. 2 der Pauschalreiserichtlinie zurück.

[267] Dies sieht auch Art. 4 Abs. 1 Buchst. a der Pauschalreiserichtlinie vor.

[268] Zur Gültigkeit entsprechender Klauseln vor dem Hintergrund des Klauselverbots von § 309 Nr. 2 Buchst. a BGB BGH, NJW 2006, 3134 f.

[269] Hiergegen verstößt die in § 651k Abs. 2 BGB vorgesehene Möglichkeit zur Begrenzung der Haftung des Kundengeldabsicherers auf 110 Mio. €; vgl. MünchKomm/*Tonner* § 651k BGB Rn. 20 und Staudinger/*Eckert* (2003) § 651k Rn. 5 unter Berufung auf EuGH, EuZW 1999, 468, 472.

[270] BGH, NJW 2003, 507, 508 f.

maßgeblichen Faktoren auch für eine Preissenkung sorgt. Dieses Kriterium, das im deutschen Recht auch bei der Inhaltskontrolle von vorformulierten Preisanpassungsklauseln gilt,[271] ist bei der richtlinienkonformen Anwendung von § 651a Abs. 4 BGB auf Verbraucherverträge ebenfalls zu berücksichtigen.[272] Erweist sich eine Preiserhöhung danach als zulässig, hat der Reiseveranstalter gemäß Abs. 5 der Vorschrift von seinem Anpassungsrecht unverzüglich Gebrauch zu machen, sobald er von dem Änderungsgrund erfahren hat; und der Reisende kann bei einer Erhöhung des Reisepreises um mehr als 5 % vom Vertrag zurücktreten oder zu dem ursprünglich vereinbarten Preis die Teilnahme an einer gleichwertigen anderen Reise verlangen. Dasselbe gilt, wenn der Reiseveranstalter von seiner Befugnis Gebrauch macht, eine wesentliche Reiseleistung zu ändern oder die Reise, insbesondere wegen Unterschreitung der erforderlichen Mindestteilnehmerzahl, abzusagen.[273]

bb) Die Störung der Reiseleistung

140 Die §§ 651c ff. BGB enthalten Regeln für den Fall, dass die Leistung des Reiseveranstalters mangelhaft ist. Von den entsprechenden Vorschriften des Kauf- und Werkvertragsrechts unterscheidet sich das Regime des Reisevertrags nur oberflächlich durch die abweichende Definition des **Reisemangels** in § 651c Abs. 1 BGB, die noch in der Tradition des Mangelbegriffs für Kauf- und Werkvertrag im BGB von 1900 steht: Der Reiseveranstalter soll die Reise so erbringen, dass sie die zugesicherten Eigenschaften aufweist und nicht mit Fehlern behaftet ist, die den Wert oder die Tauglichkeit der Reise zu dem gewöhnlich oder nach dem Vertrag vorausgesetzten Nutzen aufheben oder mindern. Während die Eigenschaftszusicherung gleichbedeutend mit einer Garantie[274] und im Reisevertragsrecht überaus selten ist, muss man den Begriff des tauglichkeitsrelevanten Fehlers im Lichte des neuen Mangelbegriffs von §§ 434 Abs. 1 und 633 Abs. 2 BGB,[275] also in der Weise verstehen, dass der Reiseveranstalter die Reise zunächst in vereinbarter Beschaffenheit und im Übrigen so zu erbringen hat, dass sie den nach dem Vertrag vorausgesetzten, ansonsten den üblichen Nutzen erbringt, der bei Reisen derselben Art üblich und von dem Reisenden zu erwarten ist. Entscheidend für die Feststellung einer Abweichung von der vereinbarten Beschaffenheit ist in aller Regel der Reiseprospekt, an dessen Angaben der Reiseveranstalter nach § 4 Abs. 2 S. 1 BGB-InfoV gebunden ist. Dies gilt nicht nur für die konkrete Beschreibung der Reise, sondern auch für allgemeine Anpreisungen, etwa der Landschaft oder der Wasserqualität, so dass auch ein den Reisenden enttäuschendes Erscheinungsbild der Umwelt eine Abweichung von der vertraglich vereinbarten Reisebeschaffenheit darstellen kann.

---

[271] Vgl. *Harke*, Allgemeines Schuldrecht, Rn. 96.

[272] Anders MünchKomm/*Tonner* § 651a BGB Rn. 107, der es erst bei der Inhaltskontrolle nach § 307 BGB zum Zuge kommen lassen will.

[273] Diese Regelung beruht auf Art. 4 Abs. 6 der Pauchalreiserichtlinie, die das Änderungsrecht des Reiseveranstalters aber nicht auf diesen Fall beschränkt; vgl. Staudinger/*Eckert* (2003) § 651a Rn. 174.

[274] *Oetker/Maultzsch*, Vertragliche Schuldverhältnisse, Rn. 9.34.

[275] *Oetker/Maultzsch*, Vertragliche Schuldverhältnisse, Rn. 9.32 f.; ähnlich MünchKomm/*Tonner* § 651c BGB Rn. 6.

Zu den Umständen, die die **gewöhnliche Beschaffenheit** der Reise beeinträchtigen, gehören der Verlust oder die Verspätung des Gepäcks, dessen pünktlichen Transport der Reisende erwarten darf, sowie die eigene Verspätung, die im Reisevertragsrecht anders als beim Luftbeförderungsvertrag[276] einen Mangel darstellt[277]. Voraussetzung ist freilich, dass die Verspätung einen gewissen Rahmen überschreitet, innerhalb dessen sie noch eine einfache Unannehmlichkeit bedeutet, die vom Reisenden im Reiseverkehr ebenso wie vergleichbare Beeinträchtigungen bei der Unterbringung am Reiseort hinzunehmen ist.[278] Die gewöhnliche Beschaffenheit der Reiseleistung ist ferner nicht eingehalten, wenn der Reisende einen Unfall erleidet, weil der Leistungsträger seiner Verkehrssicherungspflicht für die von dem Reisenden genutzten Einrichtungen nicht nachgekommen ist. Die korrespondierende Pflicht des Reiseveranstalters zu Obhut und Fürsorge für den Reisenden ist nicht nur Rücksichtspflicht nach § 241 Abs. 2 BGB, sondern zugleich Teil der Leistungspflicht zur Reiseleitung.[279] Als Verpflichtung auf einen Reisenutzen schließt diese nämlich eine gefahrlose Beförderung und einen sicheren Aufenthalt am Reiseort ein, sofern der Reiseveranstalter und seine Leistungsträger hierauf Einfluss nehmen können und sich nicht ein Risiko verwirklicht, das wie etwa die Gefahr eines Diebstahls oder eines Unfalls im öffentlichen Verkehrsraum jenseits der Reiseleistung liegt.[280] Die Eigenart der Leistung des Reiseveranstalters bedingt zudem die Erweiterung des Mangelbegriffs auf die sonst eher dem allgemeinen Leistungsstörungsrecht überlassene Konstellation des vollständigen Leistungsausfalls, sei es, dass die Reiseleistung einem Leistungshindernis begegnet, sei es, dass der Reiseveranstalter sie ohne ein solches verweigert.[281] Auch in diesen Fällen ist nämlich der Reisenutzen betroffen, der als einheitliches Leistungsziel einer Aufspaltung von Nicht- und Schlechtleistung im Wege steht. Aus demselben Grund kommt auch keine zeitliche Differenzierung nach dem Moment des Reiseantritt in Betracht;[282] denn mit ihm ist der Reisenutzen noch in keiner Weise, auch nicht teilweise erreicht, sondern allenfalls die Voraussetzung dafür geschaffen, dass er überhaupt eintreten kann. 141

Der Nacherfüllung bei Kauf- und Werkvertrag entspricht im Reisevertragsrecht die **Abhilfe**, zu der ein Reiseveranstalter nach § 651c Abs. 2 BGB verpflichtet ist 142

---

[276] S. o. Rn. 130.

[277] MünchKomm/*Tonner* § 651c BGB Rn. 37.

[278] MünchKomm/*Tonner* § 651c BGB Rn. 12.

[279] Im Ergebnis ebenso BGH, NJW 2007, 2549, 2551.

[280] Der von BGH, NJW 2005, 1420, 1422 verwendete Begriff des „allgemeinen Lebensrisikos", der schon im Schadensersatzrecht keinen Erkenntnisgewinn bringt (vgl. *Harke*, Allgemeines Schuldrecht, Rn. 305) eignet sich auch in diesem Zusammenhang nicht als Entscheidungsgrundlage, sondern beschreibt nur das Ergebnis, zu dem man aufgrund anderer Erwägungen gelangt; vgl. MünchKomm/*Tonner* § 651c BGB Rn. 17; anders Erman/*Seiler* § 651c Rn. 2a.

[281] BGH, NJW 2005, 1047, 1048; anders Staudinger/*Eckert* (2003) vor § 651c Rn. 18, der sich auf das Gesetzgebungsverfahren beruft.

[282] Hierfür sind *Oetker/Maultzsch*, Vertragliche Schuldverhältnisse, Rn. 9.45, die das Mängelrecht erst ab dem Reiseantritt eingreifen lassen wollen, weil hiermit ein vertrauensschaffender Leistungstransfer erfolge.

und die er ebenso wie ein Verkäufer oder Werkunternehmer wegen unverhältnismäßigen Aufwands ablehnen kann. Die Voraussetzungen dieses Leistungsverweigerungsrechts sind freilich kaum je gegeben, ohne dass nicht auch ein Leistungshindernis nach § 275 Abs. 1 BGB vorliegt, das die Reiseleistung wie etwa eine Naturkatastrophe oder ein Bürgerkrieg schlechthin ausschließt. Im Übrigen ist eine Ersatzleistung, wenn sie möglich ist, in aller Regel auch erschwinglich. Ob sie eine hinreichende Abhilfe darstellt, richtet sich danach, was die Reiseleistung aus Sicht des Reisenden prägt. Geht es etwa um den Mangel einer Hotelunterkunft, besteht die Abhilfe in der Unterbringung in einem Hotel derselben Kategorie in demselben Ort.[283] Bleibt die Abhilfe innerhalb einer vom Reisenden gesetzten angemessenen Frist aus, ist er ebenso wie der Besteller eines Werks gemäß § 651c Abs. 3 BGB zur Selbstvornahme berechtigt und kann deshalb in Analogie zu § 637 Abs. 3 BGB auch einen Vorschuss auf den vom Reiseveranstalter zu leistenden Aufwendungsersatz verlangen[284]. Die Länge der zu setzenden Frist hängt von dem Gewicht des Mangels ab, über den nicht zuletzt die Dauer der Reise bestimmt: Je kürzer sie ist, desto eher hat der Reiseveranstalter Abhilfe zu schaffen, um den Nutzen der gesamten Reise noch zu wahren.

143 Unabhängig vom Erfolg der Abhilfe tritt nach § 651d Abs. 1 BGB für die Dauer des Mangels automatisch eine **Minderung** des **Reisepreises** ein, die sich nach dem Verhältnis des Werts der fehlerbehafteten Reise zu ihrem Wert im mangelfreiem Zustand richtet.[285] Die zeitanteilige Reduktion der Gegenleistung ist ein mietvertragliches Element im Recht des Reisevertrags, das allerdings zwangsläufig unter dem Einfluss der werkvertraglichen Verpflichtung des Reiseveranstalters auf Herstellung des Reisenutzens steht: Ist der Mangel wie etwa ein vom Leistungsträger verursachter Unfall des Reisenden von der Art, dass er den Erholungswert der Reise insgesamt aufhebt, mindert sich der Reisepreis nicht nur für die Zeit nach dem Eintritt des Mangels, sondern auch für die Zeit davor,[286] weil der mit ihr vorläufig erzielte Erfolg wieder beseitigt ist. Dies gilt sogar, wenn sich ein Unfall erst nach Abschluss der eigentlichen Erholungsphase auf der Rückreise ereignet hat, sofern die Reise dadurch gänzlich entwertet wird.[287] Die Minderung, die bei der üblichen Vorauszahlung des Reisepreises kraft der Verweisung auf § 638 Abs. 4 BGB zu einem Rückgewähranspruch nach Rücktrittsrecht führt, ist gemäß § 651d Abs. 2 ausgeschlossen, wenn der Reisenden es schuldhaft unterlassen hat, den Mangel dem Reiseveranstalter anzuzeigen.[288] Auch diese Regelung entstammt dem Mietrecht und ist ebenso wie die ihr zum Vorbild dienende Regelung des § 536c Abs. 2 S. 2 Nr. 1 BGB so zu handhaben, dass dem Anzeigepflichtigen der Mangel der Anzeige nur insoweit zum Nachteil gereicht, als der andere Teil dadurch an einer Abhilfe gehindert war. Dementsprechend tritt eine Minderung auch ohne Mängelanzeige ein,

[283] MünchKomm/*Tonner* § 651c BGB Rn. 51.

[284] *Oetker/Maultzsch*, Vertragliche Schuldverhältnisse, Rn. 9.59, MünchKomm/*Tonner* § 651c BGB Rn. 68, Staudinger/*Eckert* (2003) § 651c Rn. 173, Erman/*Seiler* § 651c Rn. 12.

[285] Sie ist etwas umständlich auch in Art. 4 Abs. 7 der Pauschalreiserichtlinie beschrieben.

[286] BGH, NJW 2000, 1188, 1191.

[287] BGH, NJW 2008, 2775, 2776.

[288] Dieses Anzeigeerfordernis ist auch in Art. 5 Abs. 4 der Pauschalreiserichtlinie vorgesehen.

wenn der Reiseveranstalter den Mangel schon kennt[289] oder eine Abhilfe überhaupt nicht möglich ist[290]. Das erforderliche Verschulden des Reisenden liegt nicht vor, wenn der Reiseveranstalter es entgegen § 8 Abs. 1 Nr. 3 BGB-InfoV unterlassen hat, dem Reisenden Kontaktdaten für die Bewältigung seiner Schwierigkeiten vor Ort zu geben, oder den Reisenden unter Verstoß gegen § 6 Abs. 2 Nr. 7 BGB-InfoV nicht über die Anzeigepflicht belehrt hat.[291]

Die Ansprüche auf Aufwendungsersatz wegen Selbstabhilfe und Rückgewähr des Reisepreises nach Minderung unterliegen nicht nur der Verjährung, die nach § 651g Abs. 2 BGB mit Ablauf von zwei Jahren seit dem planmäßigen Ende der Reise eintritt. Sie fallen schon vorher weg, wenn der Reisende die in Abs. 1 der Vorschrift für ihre Geltendmachung vorgesehene **Ausschlussfrist** von einem Monat nicht eingehalten hat. Grund für diese Restriktion ist der Charakter des Reisevertrags als Massengeschäft, bei dem sich der Reiseveranstalter im Regelfall abwechselnder Leistungsträger bedient. Deshalb kann er häufig nur innerhalb kurzer Zeit die Berechtigung eines vom Reisenden erhobenen Mängelanspruchs überprüfen[292] und für einen Regressanspruch gegen den Leistungsträger Beweissicherung betreiben[293]. Die Ausschlussfrist wird nicht schon durch ein Abhilfeverlangen des Reisenden gemäß § 651c Abs. 2 BGB gewahrt,[294] das einen anderen Zweck hat, nämlich dem Reiseveranstalter die Beseitigung eines Reisemangels ermöglichen soll. Die von § 651g Abs. 1 BGB geforderte Geltendmachung des Anspruchs auf Aufwendungsersatz oder Rückgewähr wegen Minderung kann aber auch schon parallel zum Abhilfeverlangen noch während der Reise erfolgen. Sie muss nicht erst danach geschehen, weil der Reiseveranstalter die Berechtigung der Ansprüche des Reisenden bei einer Anzeige vor Ort nicht schlechter, sondern sogar noch besser überprüfen kann.[295] Wegen der Kürze der Ausschlussfrist braucht die Erklärung gegenüber dem Reiseveranstalter in dem häufigen Fall, dass ein Reisender die Ansprüche für andere Reiseteilnehmer geltend macht, entgegen der Regel des § 174 BGB nicht von einer Originalvollmachtsurkunde begleitet zu sein. Im Übrigen kann der Reisende die Geltendmachung noch nachholen, wenn er ohne eigenes Verschulden an der Einhaltung der Frist verhindert war. Dies gilt insbesondere in den Fällen, dass sich ein Spätschaden aus einem die Reiseleistung beeinträchtigenden Unfall erst nachträglich herausstellt[296] oder dass der Reiseveranstalter seiner Pflicht zur Belehrung über die Ausschlussfrist gemäß § 6 Abs. 2 Nr. 8 BGB-InfoV nicht nachgekommen ist[297]. Wird das Fristversäumnis hierdurch auch entschuldigt, muss der Reisende, wenn er den Verlust seiner Ansprüche vermeiden will, die Erklärung doch 144

---

[289] *Oetker/Maultzsch*, Vertragliche Schuldverhältnisse, Rn. 9.50, Palandt/*Sprau* § 651d Rn. 4.

[290] BGH, NJW 1985, 132, 134.

[291] Richtig MünchKomm/*Tonner* § 651d BGB Rn. 13, der die Rechtsprechung zur Versäumung der Ausschlussfrist nach § 651g (s. u. Rn. 144) für übertragbar hält.

[292] BGH, NJW 2001, 289, 291.

[293] BGH, NJW 2009, 2811, 2812.

[294] BGH, NJW 1988, 488, 489

[295] BGH, NJW 1988, 488, 489 f.

[296] BGH, NJW 2007, 2549, 2552 f.

[297] BGH, NJW 2007, 2549, 2552; 2009, 2811, 2812.

unverzüglich nachholen, sobald er von der Ausschlussfrist oder dem Schaden erfährt; denn auch nach Ablauf der Frist besteht das schützenswerte Interesse des Reiseveranstalters daran, das Begehren des Reisenden möglichst rasch zu überprüfen und sich auf den Regress gegen den Leistungsträger einzustellen.[298]

cc) Rücktritt, Kündigung und Schadensersatz

145 Ebenso wie der Besteller eines Werks hat auch ein Reisender das aus § 649 BGB folgende Recht zur freien Kündigung,[299] das den Anspruch auf die Gegenleistung unberührt lässt und nur zur Anrechnung ersparter Aufwendungen und anderweitigen Erwerbs verpflichtet. Relevant wird dieses Kündigungsrecht allerdings nur im Fall des Abbruchs einer schon begonnenen Reise, weil § 651i BGB bis zum Antritt der Reise ein **Rücktrittsrecht** vorsieht, das für den Reisenden günstiger ist. Macht er hiervon ausdrücklich oder auch nur stillschweigend durch fehlenden Reiseantritt[300] Gebrauch, verliert der Reiseveranstalter den Anspruch auf den Reisepreis und kann lediglich eine angemessene Entschädigung verlangen, die sich aus der Differenz des Reisepreises und der ersparten Aufwendungen sowie seines anderweitigen Erwerbs ergibt. Stimmt die Berechnung auch mit der überein, die nach § 649 BGB erforderlich ist, sorgt § 651i Abs. 2 BGB doch für eine Verkehrung der Darlegungslast: Während die Ersparnis und der anderweitige Erwerb bei der freien Kündigung vom Reisenden nachgewiesen werden müssen, unterliegen sie nach dessen Rücktritt der Darlegungs- und Beweislast des Reiseveranstalters, der die Voraussetzungen seines Entschädigungsanspruchs dartun muss. In der Praxis erleichtert er sich diese Aufgabe freilich durch die Vereinbarung einer sogenannten Stornogebühr, die in Abhängigkeit von der zeitlichen Distanz zum Reisebeginn ansteigende Prozentsätze des Reisepreises als Entschädigung vorsieht. Dieses Vorgehen ist nach § 651i Abs. 3 BGB grundsätzlich zulässig, aber an der gewöhnlichen Aufwandsersparnis und dem üblichen anderweitigen Erwerb zu orientieren. Zudem muss dem Reisenden nach dem auf vorformulierte Geschäftsbedingung anwendbaren § 309 Nr. 5 Buchst. b BGB[301] die Möglichkeit zum Gegenbeweis eröffnet werden, dass die Differenz zwischen dem Reisepreis und der Aufwandsersparnis sowie dem anderweitigen Erwerb in Wirklichkeit geringer ist.

146 Ohne Entschädigungsleistung kann sich der Reisende der Durchführung des Vertrags nur dadurch entziehen, dass er gemäß § 651b Abs. 1 S. 1 BGB verlangt, dass statt seiner ein Dritter in die Rechte und Pflichten aus dem Reisevertrag eintritt. Dieses auf Art. 4 Abs. 3 der Pauschalreiserichtlinie zurückgehende Recht zum **Vertragseintritt** mutet das Gesetz dem Reiseveranstalter deshalb zu, weil dieser in aller Regel kein Interesse an der Person des Reisenden, sondern nur am Erhalt des Reisepreises hat, für den ihm der Reisende gemäß § 651b Abs. 2 BGB jedoch ebenso wie für etwaige durch den Wechsel entstehenden Mehrkosten als Gesamtschuldner neben dem Eintretenden haftet. Dieser kann den Vertrag nur dann nicht übernehmen, wenn er den Reiseerfordernissen nicht genügt oder aus anderen Gründen nicht an der

---

[298] BGH, NJW 2004, 3178, 3180; 2007, 2549, 2552.
[299] MünchKomm/*Tonner* § 651i BGB Rn. 6.
[300] MünchKomm/*Tonner* § 651i BGB Rn. 9, Staudinger/*Eckert* (2003) § 651i Rn. 17.
[301] BGH, NJW-RR 1990, 114, 115. Anders Staudinger/*Eckert* (2003) § 651i Rn. 26.

Reise teilnehmen kann; unter diesen Umständen ist der Reiseveranstalter berechtigt, dem Eintritt des Dritten zu widersprechen. Diese Regelung ist auf die Auswechslung eines Reiseteilnehmers, der nicht selbst Reisender, sondern nur Drittbegünstigter des Reisevertrags mit dem Reisenden ist, entsprechend anzuwenden.[302]

Ist die Reiseleistung mit einem **Mangel** behaftet, kann der Reisende den Vertrag **147** nach § 651e Abs. 1, 2 BGB **kündigen**, wenn der Mangel erheblich ist[303] und der Reisende fruchtlos eine angemessene Frist zur Abhilfe gesetzt hat oder eine solche wegen der Unmöglichkeit oder Verweigerung der Abhilfe oder deshalb entbehrlich ist, weil die sofortige Kündigung durch ein besonderes Interesse des Reisenden gerechtfertigt ist. Ob ein Mangel erheblich ist, lässt sich am einfachsten an der Quote ablesen, um die sich der Reisepreis für einen bestimmten Zeitraum mindert;[304] denn sie gibt ja gerade an, um wie viel der Reisenutzen sinkt. Ist er auf 50 % oder weniger reduziert, lässt sich im Regelfall auch ein erheblicher Reisemangel annehmen, der den Reisenden zur Kündigung berechtigt.[305] Liegt der verbleibende Reisenutzen über 50 %, kommt eine Kündigung dagegen nur ausnahmsweise in Betracht. Das Interesse des Reiseveranstalters an der weiteren Durchführung des Vertrags wiegt schwer, weil er durch seine Auflösung nach Reiseantritt vor größere Schwierigkeiten gestellt ist als sein Vertragspartner. Der Reiseveranstalter verliert nämlich nicht nur gemäß § 651e Abs. 3 S. 1 den Anspruch auf den vereinbarten Reisepreis, sondern muss nach Abs. 4 der Vorschrift auf seine Kosten auch die zur Vertragsabwicklung notwendigen Maßnahmen treffen, insbesondere den Reisenden vorzeitig und unverzüglich[306] zurückbefördern. Dem mietvertraglichen Ursprung des Kündigungsrechts entsprechend, erhält er nach § 651e Abs. 3 S. 2, 3 BGB allerdings eine Gegenleistung für die schon erbrachten und bis zum Reiseende noch zu erbringenden Leistungen. Zwar spricht das Gesetz hier von „Entschädigung"; aus dem Verweis auf § 638 Abs. 3, der die Berechnung der Minderung beim Werkvertrag vorgibt, folgt jedoch, dass diese Leistung eine Teilvergütung für den durchgeführten Teil des Vertrags darstellt[307].[308] Dementsprechend kommen als Grundlage für den

---

[302] Staudinger/*Eckert* (2003) § 651b Rn. 6.

[303] Der zweite Kündigungstatbestand, den § 651e Abs. 1 S. 2 BGB damit umschreibt, dass die Reise infolge eines Mangels für den Reisenden aus einem wichtigen, für den Reiseveranstalter erkennbaren Grund unzumutbar wird, ist nur ein Unterfall des erheblichen Mangels, der ohnehin subjektiv zu bestimmen ist; vgl. *Oetker/Maultzsch*, Vertragliche Schuldverhältnisse, Rn. 9.61; vorsichtiger Staudinger/*Eckert* (2003) § 651e Rn. 21 f., der aber auch keiner Möglichkeit zur scharfen Abgrenzung zwischen den beiden Tatbeständen des § 651e Abs. 1 BGB sieht. Anders Medicus/Lorenz, Schuldrecht BT, Rn. 832, MünchKomm/*Tonner* § 651e BGB Rn. 10 ff., die die Unzumutbarkeit im Sinne eines individuellen Defekts verstehen, der nur den Reisenden selbst trifft.

[304] Anders Staudinger/*Eckert* (2003) § 651e Rn. 17.

[305] MünchKomm/*Tonner* § 651e BGB Rn. 8; ähnlich PWW/*Deppenkemper* § 651e Rn. 5. Für eine Grenze von 20 % dagegen *Fikentscher/Heinemann*, Schuldrecht, Rn. 1237.

[306] MünchKomm/*Tonner* § 651e BGB Rn. 22.

[307] Richtig Staudinger/*Eckert* (2003) § 651e Rn. 39.

[308] Eine vertragliche Pauschalierung ist hier anders als bei der Entschädigung nach § 651i BGB nicht möglich, da sie gegen das Verbot abweichender Vereinbarungen zulasten des Reisenden gemäß § 651m BGB verstößt; vgl. MünchKomm/*Tonner* § 651e BGB Rn. 20.

Anspruch nur solche Leistungen des Reiseveranstalters in Betracht, die schon gegenüber dem Reisenden erbracht worden sind, und nicht etwa Zahlungen, die der Reiseveranstalter an Leistungsträger erbracht hat, ohne dass der Reisende in den Genuss der entsprechenden Leistung gekommen wäre.

148 Entgehen kann der Reiseveranstalter zumindest einem Teil der durch die mangelbedingte Vertragsauflösung entstehenden Nachteile, wenn er selbst den Vertrag gemäß § 651j BGB wegen Beeinträchtigung der Reise durch **höhere Gewalt** kündigt oder nachweist, dass die wegen eines Reisemangels ausgesprochene Kündigung des Reisenden nur als solche wegen höherer Gewalt nach dieser Vorschrift gelten kann. Unter diesen Umständen darf sich der Reisende gegenüber dem Vergütungsanspruch des Reiseveranstalters für schon erbrachte oder noch zu erbringende Leistungen nicht darauf berufen, dass diese für ihn kein Interesse haben; die Mehrkosten für die Rückbeförderung des Reisenden werden geteilt; und alle sonstigen Mehrkosten fallen dem Reisenden zur Last. Um diese Rechtsfolgen auszulösen, muss der Reiseveranstalter freilich nicht nur fehlendes eigenes Verschulden, sondern auch nachweisen, dass die Reise durch ein Ereignis beeinträchtigt ist, das für ihn unvorhersehbar war, nicht im betrieblichen Zusammenhang stand und sogar durch die äußerste Sorgfalt nicht abzuwenden war[309].[310] Gelingt ihm dieser Nachweis, kann der Reiseveranstalter auch schon vor Auftreten eines Reisemangels und hiervon unabhängig wegen Erschwerung der Reise kündigen. Für den Reisenden ist das Kündigungsrecht nach § 651j BGB lediglich vor Reiseantritt von Wert, wenn die Reise durch höhere Gewalt gefährdet wird. Hierzu bedarf es nicht etwa einer überwiegenden Wahrscheinlichkeit, dass die Reise infolge höherer Gewalt gestört wird; es reicht eine erhebliche Wahrscheinlichkeit, die spätestens bei einem Risiko von 1:4 gegeben ist.[311]

149 Beruht die Störung der Reiseleistung nicht auf höherer Gewalt und liegt sogar ein Verschulden des Reiseveranstalters oder der ihm als Erfüllungsgehilfen dienenden Leistungsträger vor, kann der Reisende neben der Kündigung und Minderung des Reisespreises **Schadensersatz** verlangen, den § 651f Abs. 1 BGB in Anknüpfung an die Terminologie des BGB von 1900 noch „Schadensersatz wegen Nichterfüllung" nennt. Der Unterschied zum Schadensersatz statt der Leistung gemäß §§ 281 ff. BGB ist aber nicht nur begrifflicher Natur, vielmehr dadurch begründet, dass das von einer Fristsetzung unabhängige[312] Schadensersatzrecht nach § 651f BGB jede Folge einer Leistungsstörung umfasst und die im Kauf- und Werkvertragsrecht[313] nötige Differenzierung zwischen Schadensersatz statt der Leistung und

[309] BGH, NJW 1987, 1938, 1939.

[310] Die Definition der höheren Gewalt in Art. 4 Abs. 6 der Pauschalreiserichtlinie ist weiter, weil sie keine betriebsinternen Ereignisse ausschließt. Dies ist unschädlich, da die Richtlinie nur das Kündigungsrecht des Reiseveranstalters beim Verbrauchervertrag regelt und das nationale Recht gemäß Art. 8 der Richtlinie einen über sie hinausgehenden Verbraucherschutzstandard vorsehen kann; vgl. MünchKomm/*Tonner* § 651j BGB Rn. 9, Staudinger/*Eckert* (2003) § 651j Rn. 16.

[311] BGH, NJW 2002, 3700, 3701.

[312] Dies bestreiten *Fikentscher/Heinemann*, Schuldrecht, Rn. 1240, die für eine analoge Anwendung von § 651e Abs. 2 BGB eintreten.

[313] S. o. Rn. 76, 116.

wegen Verletzung der Rücksichtspflicht entbehrlich macht[314]. Das Verschulden des Reiseveranstalters kann sich entweder auf die Herbeiführung des Reisemangels oder darauf beziehen, dass der Reiseveranstalter den Reisenden nicht auf eine unvermeidliche Störung der Reiseleistung hingewiesen hat, obwohl sie bereits bei Vertragsschluss absehbar gewesen ist. Diese Haftung, mit der ein eigentlich dem Institut der *culpa in contrahendo* zugewiesenes Fehlverhalten sanktioniert wird, ergibt sich aus dem Rechtsgedanken von § 311a Abs. 2 BGB und ist bei Verbraucherverträgen schon deshalb geboten, weil die ausführliche Definition des Verschuldens, die Art. 5 Abs. 2 der Pauschalreiserichtlinie enthält, auch die Fälle einschließt, in denen ein Umstand höherer Gewalt oder das Versäumnis eines Dritten vorhersehbar waren.[315] Sowohl der einen als auch der anderen Konstellation lässt sich der Fall zuordnen, dass der Reisende die Reise nicht antreten kann, weil der Reiseveranstalter ihn entgegen § 5 BGB-InfoV nicht vor Vertragsschluss über eine einschlägige Pass- oder Visumpflicht oder gesundheitspolizeiliche Formalitäten belehrt hat:[316] Hätte der Reisende die Reisevoraussetzungen bei ordnungsgemäßer Aufklärung erfüllt, hat der Reiseveranstalter den Ausfall der Reiseleistung ohne Weiteres nach § 276 BGB zu vertreten; hätte der Reisende auch bei gehöriger Belehrung nicht reisen können, weil ihm die Einreise in das Land des Reiseziels unter allen Umständen verwehrt worden wäre, ist der Reiseveranstalter in Analogie zu § 311a Abs. 2 BGB gleichwohl zum Schadensersatz statt der Leistung und nicht etwa nur zum Ersatz des Vertrauensinteresses verpflichtet. Neben dieser Haftung für anfängliche Leistungshindernisse kommt eine Gefährdungshaftung nach dem Rechtsgedanken von § 536a Abs. 1 BGB in Betracht, falls eine dem Reisenden überlassene Sache, insbesondere eine Ferienwohnung, ein Hotelzimmer oder Hoteleinrichtungen, schon bei Vertragsschluss einen Fehler hatte, der den Reisenutzen beeinträchtigt und daher auch einen Reisemangel bedeutet. Da der Reisevertrag ohnehin mietvertragliche Elemente aufweist und die werkvertragliche Verpflichtung des Reiseveranstalters auf den Reisenutzen dem Regelungsziel von § 536a Abs. 1 BGB nicht widerstrebt, den Mieter in besonderer Weise vor den Gefahren einer Sachüberlassung zu schützen, ist die Vorschrift auf den Reisevertrag entsprechend anwendbar.[317]

Gemäß § 651f Abs. 2 BGB kann der zum Schadensersatz berechtigte Reisende **150** auch eine Entschädigung in Geld für nutzlos aufgewendete Urlausbszeit, also den **entgangenen Reisenutzen**,[318] verlangen. Hierin liegt eine gesetzliche Durchbrechung des auch sonst weitgehend obsoleten § 253 Abs. 1 BGB, der eine Kompensation immaterieller Nachteile ausschließt.[319] Dass dieses Prinzip auf den Reisevertrag keine Anwendung finden kann, ist deshalb evident, weil der vom Reiseveranstalter als Erfolg geschuldete Reisenutzen gerade einen immateriellen Vorteil bedeutet, der Ver-

---

[314] *Looschelders*, Schuldrecht BT, Rn. 752.

[315] Entgegen BGH, NJW 2005, 418, 419 f. entspricht das Verschuldenskriterium der Richtlinie daher keineswegs dem Maßstab des Vertretenmüssens gemäß § 276 BGB.

[316] BGH, NJW 1985, 1165.

[317] Anders *Oetker/Maultzsch*, Vertragliche Schuldverhältnisse, Rn. 9.68, Staudinger/*Eckert* (2003) vor § 651c Rn. 32.

[318] So im Ergebnis zu Recht BGH, NJW 2007, 1047, 1049.

[319] Hierzu *Harke*, Allgemeines Schuldrecht, Rn. 328 ff.

zicht auf eine Entschädigung demnach die verschuldete Verfehlung des Vertragszwecks sanktionslos ließe. Daher ist auch die in § 651f Abs. 2 BGB vorgesehene Einschränkung der Entschädigung auf die Fälle einer Vereitelung oder erheblichen Beeinträchtigung der Reise unangebracht. Zumindest auf den Verbrauchervertrag darf sie ohnehin keine Anwendung finden, weil Art. 5 Abs. 2 der Pauschalreiserichtlinie, der eine Entschädigung für die nutzlose Urlaubszeit des Reisenden vorgibt,[320] keine vergleichbare Einschränkung enthält.[321] In den wenigen Fällen, in denen sie doch gilt, muss man das Merkmal der erheblichen Beeinträchtigung so wie die entsprechende Kündigungsvoraussetzung in § 651e Abs. 1 BGB verstehen[322] und erst ab einer Minderungsquote von 50 % bejahen.[323] Für die Bemessung der Entschädigung kommt es nicht darauf an, ob und welches Einkommen der Reisende erzielt und wie er die restliche Urlaubszeit nach einem Reiseabbruch verbracht hat. Der entgangene Reisenutzen ist vielmehr in erster Linie anhand des Reisepreises zu bestimmen, in der die Wertschätzung des Erholungswerts der Reise zum Ausdruck kommt.[324]

151 Der Schadensersatz- und Entschädigungsanspruch gemäß § 651f BGB unterliegt nicht nur dem **Ausschluss** wegen verspäteter Geltendmachung nach § 651g BGB[325], sondern ist ebenso wie die Minderung schon insoweit gesperrt, als der Reisende den maßgeblichen Mangel der Reiseleistung schuldhaft nicht angezeigt hat.[326] Zwar fehlt es an einer ausdrücklichen Bestimmung in § 651f BGB; die entsprechende Regelung für die Minderung in § 651d Abs. 2 BGB ist jedoch ebenso wie ihr mietvertragliches Vorbild in § 536c Abs. 2 BGB so zu verstehen, dass sie außer der Minderung auch den Schadensersatzanspruch erfasst. Darüber hinaus kann die Haftung des Reiseveranstalters gemäß § 651h Abs. 1 BGB durch Vereinbarung auf den dreifachen Reisepreis beschränkt werden, sofern es nicht um einen Körperschaden geht und sich allenfalls der Leistungsträger, nicht aber auch der Reiseveranstalter den Vorwurf des Vorsatzes oder der groben Fahrlässigkeit gefallen lassen muss.[327] Als Spezialregelung für den Reisevertrag setzt sich diese Regelung gegenüber dem Klauselverbot des § 309 Nr. 7 BGB durch,[328] das eine Freizeichnung für grob fahrlässig verursachte Schäden durch vorformulierte Geschäftsbedingung auch für die Gehilfenhaftung untersagt. Der Grund für die Abweichung vom allgemeinen Regime vorformulierter Vertragsbedingungen liegt darin, dass der Reiseveranstalter seine Leistungsträger regelmäßig schlechter kontrollieren kann als andere Schuldner ihre Erfüllungsgehilfen.[329] Dies schließt freilich eine deliktische

---

[320] EuGH, NJW 2002, 1255 f.

[321] Vgl. MünchKomm/*Tonner* § 651f BGB Rn. 52.

[322] S. o. Rn. 147.

[323] MünchKomm/*Tonner* § 651f BGB Rn. 49, PWW/*Deppenkemper* § 651f Rn. 9

[324] BGH, NJW 2005, 1047, 1049 f.

[325] S. o. Rn. 144.

[326] BGH, NJW 1985, 132 f. Anders MünchKomm/*Tonner* § 651f BGB Rn. 28 und Staudinger/*Eckert* (2003) § 651f Rn. 9 f., die in der unterlassenen Anzeige nur einen Anknüpfungspunkt für den Einwand des Mitverschuldens gemäß § 254 BGB erkennen wollen.

[327] Dies geht auf Art. 5 Abs. 2 der Pauschalreiserichtlinie zurück.

[328] BGH, NJW 1992, 3158, 3161.

[329] Dementsprechend ist auch eine Ausnahme für den Fall zu machen, dass der Leistungsträger mit dem Reiseveranstalter institutionell verflochten ist; vgl. MünchKomm/*Tonner* § 651h BGB Rn. 10, Staudinger/*Eckert* (2003) § 651h Rn. 29.

Haftung wegen eigenen Auswahl- oder Organisationsverschuldens[330] nicht aus, für die auch die von § 651h BGB zugelassene Haftungsbeschränkung nicht gilt[331].[332] Die Deliktshaftung unterliegt zudem weder der gesetzlichen Ausschlussfrist gemäß § 651g Abs. 1 BGB, noch kann diese auf sie durch vorformulierte Geschäftsbedingung erstreckt werden.[333] Ebenso verhält es sich mit der in § 651h Abs. 2 BGB vorgesehenen Ausdehnung einer Haftungsbeschränkung kraft internationalen Übereinkommens:[334] Begrenzt sie eine Haftpflicht des Leistungsträgers, kann sich auch der Reiseveranstalter auf sie berufen, damit er für den Leistungsträger nicht schärfer als dieser selbst haftet. Erfassen solche Haftungsbeschränkungen wie die zugunsten eines Luftfahrtunternehmens gemäß Art. 21 f., 29 des Montrealer Übereinkommens[335] auch dessen deliktische Haftung, gilt dies gleichwohl nicht für die Haftung des Reiseveranstalters wegen eigenen Auswahl- oder Organisationsverschuldens.

c) *Maklervertrag*

aa) *Die Maklerleistung und ihre Vergütung*

Beim Maklervertrag, der zwar älter als der Reisevertrag ist, sich aber auch nicht über **152**
das 19. Jahrhundert hinaus zurückverfolgen lässt, stehen sich als Leistung des Maklers die Vermittlung oder der Nachweis einer Gelegenheit zum Vertragsabschluss und als Leistung des Maklerkunden die im Erfolgsfall zu entrichtende Provision gegenüber. Der Grund, aus dem dieser eigentlich ohne Weiteres unter den Begriff des Werkvertrags fallende Austausch[336] nicht unter das Werkvertragsrecht fällt, sondern einer Sonderregelung bedarf, liegt in der **fehlenden Verpflichtung** des Maklers zu der von ihm zu erbringenden Leistung: Zwar trifft den Maklerkunden nach Abschluss des vermittelten oder nachgewiesenen Vertrags gemäß § 652 Abs. 1 S. 1 BGB die Pflicht zur Entrichtung des Maklerlohns. Der Makler erbringt seine Leistung, die Ziel des Maklervertrags ist und seinen Lohnanspruch auslöst, jedoch ohne zugrunde liegende Verpflichtung. Die Herbeiführung des vom Maklerkunden gewünschten Vertragsschlusses taugt von vornherein nicht zum Gegenstand eines in Natur durchsetzbaren Erfüllungsanspruchs. Aber auch als Anknüpfungspunkt seiner

[330] BGH, NJW 2000, 1188, 1190.

[331] BGH, NJW 1987, 1931, 1937.

[332] Dass sie deshalb leerläuft, lässt sich entgegen *Oetker/Maultzsch*, Vertragliche Schuldverhältnisse, Rn. 9.90, MünchKomm/*Tonner* § 651c BGB Rn. 13 nicht behaupten, weil gerade der entgangene Reisenutzen deliktsrechtlich nicht geschützt ist.

[333] BGH, NJW 2004, 3777, 3778.

[334] Auch diese Beschränkung ist nach Art. 5 Abs. 2 der Pauschalreiserichtlinie zulässig.

[335] S. o. Rn. 133 f.

[336] So im Ergebnis richtig Staudinger/*Peters/Jacoby* (2008) § 631 Rn. 69, die als den vom Makler herzustellenden Erfolg allerdings nur den Nachweis der Abschlussmöglichkeit ansehen wollen. Anders Staudinger/*Reuter* (2003) vor § 652 Rn. 4, der sich zwar zu Recht gegen die Einordnung als Geschäftsbesorgungsvertrag wendet, allerdings einen Vergleich zum weniger passenden Vertragstyp des Kaufvertrags ziehen will. So wäre Gegenstand der Maklerleistung aber die bloße Information oder Abschlussgelegenheit, deren Verschaffung jedoch gerade noch nicht den Anspruch auf den Maklerlohn begründet.

Haftung scheidet sie im Normalfall aus, weil man sonst auch den Maklerkunden zum Abschluss eines vermittelten oder nachgewiesenen Vertrags verpflichten oder ihn mit den Sanktionen belegen müsste, die einen Werkbesteller wegen mangelnder Mitwirkung bei der Vertragsdurchführung treffen. Der Maklerkunde will und soll jedoch frei in seiner Entscheidung sein, ob er die sich ihm bietende Gelegenheit zum Vertragsschluss auch nutzt.[337] Ihm soll weder verwehrt sein, eine selbst geschaffene oder erkannte Gelegenheit zum Geschäftsabschluss wahrzunehmen,[338] noch soll er sich auch nur darum bemühen müssen, die Wirksamkeitsvoraussetzungen für den über den Makler zustande gekommenen Vertrag herzustellen.[339] Dementsprechend kann auch den Makler keine Verpflichtung zur erfolgreichen Herbeiführung des Vertragsschlusses treffen. Nichts anderes gilt, wenn sich der Makler gegen das Risiko einer fruchtlosen Nachweis- oder Vermittlungstätigkeit gemäß § 652 Abs. 2 BGB durch die Vereinbarung eines Aufwendungsersatzrechts absichert. Denn der hieraus resultierende Anspruch, der zumindest durch vorformulierte Geschäftsbedingung nicht als Quote vom Preis oder Gegenstandswert festgelegt und so zu einer erfolgsunabhängigen Provision gemacht werden kann,[340] fällt eben nur dann an, wenn der Makler auch eine Tätigkeit für seinen Kunden entfaltet. Eine regelrechte Verpflichtung hierzu kann ihn nur ausnahmsweise dann treffen, wenn er einen Alleinauftrag erhält,[341] der bewirkt, dass er die Provision unter allen Umständen erhält.[342] Die im Gegenzug übernommene Maklerpflicht ist dann allerdings auch keineswegs nur auf die Entfaltung einer Tätigkeit,[343] sondern auf den Abschluss des Hauptvertrags gerichtet, eine Haftung des Maklers freilich davon abhängig, dass der Maklerkunde dartun kann, gerade wegen des Verhaltens des Maklers einen sonst abgeschlossenen Hauptvertrag versäumt zu haben.[344]

153 Der **Abschluss** des **Maklervertrags** kann, wie § 653 BGB klarstellt, stillschweigend und ohne spezielle Provisionsvereinbarung zum üblichen Lohn erfolgen.[345] Wegen der häufigen Doppeltätigkeit eines Maklers für beide Partner des zu vermittelnden oder nachzuweisenden Vertrags ist ein Vertragsschluss aber nicht ohne Wei-

---

[337] Vgl. BGH, NJW 1967, 1225 f., NJW-RR 2003, 699, 700.

[338] BGH, NJW 1961, 307.

[339] BGH, NJW-RR 1991, 1073.

[340] BGH, NJW 1987, 1634, 1636.

[341] Dieser kann einfach oder in der Weise qualifiziert sein, dass dem Maklerkunden auch der Abschluss eines Eigengeschäfts über den Vertragsgegenstand verwehrt und er verpflichtet ist, ihm selbst bekannt gewordene Interessenten an den Makler zu verweisen. Bei einem Verstoß gegen diese Pflicht entsteht die Maklerprovision entsprechend § 326 Abs. 2 BGB; vgl. MünchKomm/*Roth* § 652 BGB Rn. 239.

[342] BGH, NJW 1966, 1405, 1406, NJW-RR 1987, 944.

[343] So aber *Looschelders*, Schuldrecht BT, Rn. 775, MünchKomm/*Roth* § 652 BGB Rn. 229 und Erman/*Werner* § 652 Rn. 28.

[344] Anders Staudinger/*Reuter* (2003) §§ 652 f. Rn. 237, der eine Pflicht zur Tätigkeit nach pflichtgemäßem Ermessen annimmt, die sich nicht nur einer Naturalvollstreckung, sondern auch ihrer indirekten Durchsetzung im Wege einer Haftung weitgehend entzieht.

[345] Dagegen findet § 354 HGB wegen des fehlenden Geschäftsbesorgungscharakters des Vertrags keine Anwendung; vgl. Staudinger/*Reuter* (2003) vor § 652 Rn. 7, §§ 652 f. Rn. 62; im Ergebnis ebenso MünchKomm/*Roth* § 652 BGB Rn. 82.

teres anzunehmen: Wer sich an einen Makler wendet und, ohne einen eigenen Suchauftrag zu erteilen,[346] nach Angeboten fragt, die dieser bewirbt, geht so noch nicht konkludent eine Maklervereinbarung ein, weil er davon ausgehen kann, dass der Makler bereits von den Anbietern der beworbenen Objekte beauftragt worden ist.[347] Ist der Antrag des Maklers zum Abschluss eines Vertrags zunächst an der Weigerung des Interessenten gescheitert, geht er aber später doch auf die von diesem beworbenen Angebote ein, liegt hierin nur dann ein stillschweigender Vertragsschluss, wenn der Makler für seine Tätigkeit ausdrücklich eine Provision verlangt, weil der Interessent ansonsten auch hier unterstellen darf, dass der Makler nur für die Anbieter tätig werden will.[348] Schließlich liegt auch bei einer sogenannten Maklerklausel, mit der ein Grundstückskäufer als Teil seiner Pflicht zur Kaufpreiszahlung die Verpflichtung des Verkäufers zur Zahlung der Provision an den von diesem beauftragten Makler übernimmt, bloß ein Vertrag zugunsten Dritter vor, durch den der Makler einen Anspruch gegen den Käufer erwirbt, ohne zugleich dessen Vertragspartner zu werden.[349] Ist er es aus anderem Grund geworden, tritt der Anspruch aus dem Vertrag zugunsten Dritter zu der schon bestehenden Provisionspflicht aus dem Maklervertrag hinzu,[350] wobei jedoch die Maklerklausel so zu verstehen ist, dass der Makler die Provision insgesamt nur einmal und nicht doppelt erlangen soll.

Für die Entstehung des Provisionsanspruchs genügt es, dass sich der **Abschluss** **154**
des **Hauptvertrags** als Ergebnis der Maklertätigkeit darstellt. Dies setzt zum einen die Kausalität der Maklerleistung und ferner voraus, dass diese für den Vertragsschluss wesentlich und dieser nicht nur zufällige Folge der Maklertätigkeit ist.[351] Der Makler muss seinen Lohn also auch „verdienen"[352], indem er den Kontakt zu einem abschlussbereiten und abschlussbefugten[353] Verhandlungspartner hergestellt oder auf diesen eingewirkt hat und deshalb der Vertrag zustande kommt. Dies schließt nicht aus, dass derselbe Hauptvertrag die Provisionsansprüche mehrerer Makler und sogar gegen denselben Auftraggeber auslöst, wenn er mehrere Vermittlungsmakler eingeschaltet hat oder ein Makler nur die Gelegenheit zum Vertragsschluss nachweisen, der andere auch vermitteln sollte und vermittelt hat.[354] Für den bloßen Nachweis einer Gelegenheit zum Vertragsschluss kann gegen denselben Auftraggeber allerdings nur ein Makler einen Provisionsanspruch erwerben, weil

---

[346] Hierzu BGH, NJW-RR 2010, 257.

[347] BGH, NJW 2005, 3779, 3780.

[348] BGH, NJW 2002, 1945, 1946.

[349] Die Haftung des Maklers gegenüber dem Käufer richtet sich in diesem Fall nicht nach dem Recht des Maklervertrags, sondern nach den Regeln über die Haftung wegen *culpa in contrahendo* gemäß §§ 241 Abs. 2, 311 Abs. 2 BGB; vgl. BGH, NJW 2005, 3778.

[350] BGH, NJW 1998, 1552.

[351] BGH, NJW 1999, 1255, 1256 f.; 2008, 651 f.

[352] MünchKomm/*Roth* § 652 BGB Rn. 103

[353] Hierzu BGH, NJW 2005, 753, 754.

[354] *Oetker/Maultzsch*, Vertragliche Schuldverhältnisse, Rn. 10.26, Staudinger/*Reuter* (2003) §§ 652 f. Rn. 136 gegen *Knütel*, Die Provisionsteilung bei Mitwirkung mehrerer Makler oder Handelsvertreter, ZHR 144 (1980) 289, 319 ff., der eine Provisionsteilung vorschlägt, dabei aber die Anforderungen an den Nachweis einer Abschlussgelegenheit überspannt, indem er sie nur dann annimmt, wenn keine Vermittlungstätigkeit mehr erforderlich ist.

mit dem erstmaligen Nachweis im Verhältnis zu dem anderen Makler eine sogenannte Vorkenntnis des Auftraggebers besteht:[355] Da dieser von der Möglichkeit des Vertragsschlusses bereits weiß, kann der erneute Nachweis durch den anderen Makler hierfür nicht mehr kausal sein, so dass dieser eine Provision nur noch dadurch verdienen kann, dass er auftragsgemäß vermittelt und diese Vermittlungstätigkeit auch für den Vertragsschluss ursächlich wird[356]. Eine sogenannte Vorkenntnisklausel, derzufolge eine Gelegenheit zum Vertragsschluss dem Maklerkunden mangels eines abweichenden Hinweises als unbekannt gilt, kann zwar durch Individualvereinbarung in den Maklervertrag aufgenommen werden, ist aber unwirksam, wenn sie als vorformulierte Geschäftsbedingung auf den Makler zurückgeht.[357] Kann der Makler wegen der Vorkenntnis seines Kunden keinen Lohn beanspruchen, kann ihm gegen diesen jedoch im Einzelfall ein Schadensersatzspruch wegen Verletzung der Rücksichtspflicht nach §§ 241 Abs. 2, 280 Abs. 1 BGB zustehen, weil der Kunde ihn durch ungenügende Unterrichtung über seinen Kenntnisstand zu nutzlosen Aufwendungen veranlasst hat.[358]

155 Liegt zwischen dem Nachweis der Abschlussgelegenheit und dem Zustandekommen des Hauptvertrags ein erheblicher **zeitlicher Abstand** oder sind die Verhandlungen zwischen den Parteien des Hauptvertrags unterbrochen worden, schließt dies einen Ursachenzusammenhang zwischen Nachweis und Vertragsschluss nicht aus,[359] sofern nicht der Vertragspartner des Hauptvertrags seine Bereitschaft zum Vertragsschuss zwischenzeitlich völlig aufgibt und es dann unter veränderten Umständen doch noch dazu kommt.[360] Eine Vermutung für die Kausalität von Maklertätigkeit und Vertragsschluss besteht freilich nur, wenn der Hauptvertrag innerhalb eines angemessenen Zeitraums von etwa vier bis sechs Monaten seit dem Nachweis zustande kommt.[361] Unterscheidet sich der abgeschlossene Hauptvertrag von dem, für den der Makler den Nachweis erbracht hat, steht dies dem Anspruch auf die Maklerprovision dann nicht entgegen, wenn der Verträge wirtschaftlich gleichwertig sind. Der Fall ist dies etwa, wenn lediglich der Preis von dem ursprünglich anvisierten Ziel abweicht oder wenn sich die rechtliche Konstruktion des Vertrags verändert, indem etwa ein Unternehmenskauf statt in der Form eines Beteiligungserwerbs durch Übernahme des Gesellschaftsvermögens oder umgekehrt erfolgt[362]. Eine **wirtschaftliche Kongruenz** liegt auch vor, wenn statt des Maklerkunden ein anderer den Vertrag schließt, mit dem der Maklerkunde familiär

---

[355] Sind zwei Vermittlungsmakler tätig geworden, können dagegen beide in voller Höhe provisionsberechtigt sein, sofern sich ihre Tätigkeit nur in dem Abschluss des Hauptvertrags ausgewirkt hat; anders *Knütel*, ZHR 144 (1980) 289, 311 ff., Staudinger/*Reuter* (2003) §§ 652 f. Rn. 138, die einen Analogieschluss zu der nicht passenden Regelung für die Auslobung in § 660 BGB ziehen wollen.

[356] *Oetker/Maultzsch*, Vertragliche Schuldverhältnisse, Rn. 10.26.

[357] Palandt/*Sprau* § 652 Rn. 67.

[358] Staudinger/*Reuter* (2003) §§ 652 f. Rn. 32.

[359] BGH, NJW-RR 1996, 691.

[360] BGH, NJW 1999, 1255, 1256; 2008, 651 f. Kritisch zur Rechtsprechung in diesen Konstellationen MünchKomm/*Roth* § 652 BGB Rn. 98.

[361] BGH, NJW 2008, 651.

[362] BGH, NJW 2005, 753, 755.

oder gesellschaftsrechtlich fest verbunden ist,[363] oder wenn der Maklerkunde zusammen mit einem Dritten Miteigentum erwirbt, während er ursprünglich Alleineigentum erlangen wollte.[364] Umgekehrt kann eine Verflechtung des Maklers mit dem Vertragspartner des Hauptvertrags seinen Provisionsanspruch ausschließen. Zwar ist die Maklertätigkeit in diesem Fall für den Abschluss des Vertrags kausal geworden, dieser begründet bei wirtschaftlicher Betrachtung aber keine Rechtsbeziehung mit einem vom Makler verschiedenen Dritten,[365] gegenüber dem der Makler die Interessen seines Kunden wahrnehmen könnte[366].[367] Die Verflechtung des Maklers mit dem Vertragspartner kann entweder direkt durch eine gesellschaftsrechtliche Beteiligung[368] oder indirekt dadurch bestehen, dass der Makler wegen einer zu erwartenden Gewinnbeteiligung das Interesse des Dritten wahrnimmt und deshalb in einen typisierbaren Interessenkonflikt gerät[369]. Ist dem Maklerkunden die Verflechtung bekannt, kann dies freilich schon gegen die Annahme eines Maklervertrags und dafür sprechen, dass die vereinbarte Provision ein verschleierter Teil des aus dem Hauptvertrag an den Vertragspartner zu leistenden Kaufpreises sein sollte.[370]

Da für die Entstehung des Provisionsanspruchs der Vertragsschluss genügt, ist **156** das weitere **Schicksal** des **Hauptvertrags** für die Vergütung des Maklers grundsätzlich irrelevant. Wird der Vertrag durch Eintritt einer auflösenden Bedingung oder einverständlich aufgehoben oder scheitert seine Durchführung an einer Leistungsstörung, bleibt der Provisionsanspruch des Maklers gleichwohl bestehen.[371] Dies gilt sogar im Fall eines anfänglichen unbehebbaren Mangels des Vertragsgegenstands, weil dieser nichts daran ändert, dass der Hauptvertrag auf einen mangelfreien Gegenstand gerichtet ist und damit dem Maklerauftrag entspricht.[372] Eine Ausnahme ist dagegen zu machen, wenn eine Partei des Hauptvertrags von einem Rücktritts- oder Kündigungsrecht Gebrauch gemacht hat, während sie auch zur Anfechtung we-

---

363 BGH, NJW 1997, 3311, NJW-RR 2004, 851, 852.

364 BGH, NJW 2008, 651, 652.

365 *Oetker/Maultzsch*, Vertragliche Schuldverhältnisse, Rn. 10.20.

366 Dies hält BGH, NJW-RR 2003, 1428 für entscheidend.

367 Dagegen ist die Verflechtung von Makler und Maklerkunden unschädlich; vgl. BGH, WM 1976, 1334 f.

368 BGH, NJW 2009, 1809, 1810.

369 BGH, NJW 1998, 1552, 1553, NJW-RR 2003, 1428; anders Staudinger/*Reuter* (2003) §§ 652 f. Rn. 143, der darauf verweist, dass das Interesse des Maklers an der Provision stets die Gefahr birgt, dass der Makler nicht im besten Interesse seines Kunden tätig wird.

370 BGH, NJW 2009, 1199 f.

371 BGH, NJW 2009, 2810.

372 Anders *Altmeppen*, Provisionsansprüche bei Vertragsauflösung, Bielefeld 1986, S. 63 ff., 79 ff. und Staudinger/*Reuter* (2003) § 652 f. Rn. 77; wie hier grundsätzlich *Würdinger*, Verdeckte wirtschaftliche Gleichwertigkeit im Maklerrecht, NZM 2005, 327, 328 f. und MünchKomm/*Roth* § 652 BGB Rn. 171, die freilich ebenso wie PWW/*Fehrenbacher* § 652 Rn. 48 eine Ausnahme für den Fall eines Mangels machen wollen, für den der Vertragspartner des Hauptvertrags nicht gemäß § 311a Abs. 2 BGB einzustehen hat. Der Ausfall der Haftung berührt jedoch nicht die Bestimmung des Vertragsgegenstands, der in einem mangelfreien Objekt besteht und dessen tatsächliche Verfehlung in den Risikobereich des Maklerkunden fällt.

gen arglistiger Täuschung berechtigt gewesen wäre.[373] Denn die Anfechtung hätte nach § 142 Abs. 1 BGB Rückwirkung gehabt, so dass der Vertrag gar nicht zustande gekommen und die Maklerprovision ausgefallen wäre.[374] Dies gilt nicht nur für eine Täuschung durch die andere Partei, sondern auch, wenn die Anfechtung durch den Vertragspartner erfolgt und auf einer Täuschung durch den Maklerkunden beruht, weil dieser dem Makler gegenüber weder zum Abschluss des Hauptvertrags noch dazu verpflichtet ist, dessen Bestand nicht zu gefährden.[375] Entscheidet sich eine Seite des Hauptvertrags hier wie dort statt für die Anfechtung für die Auflösung des Vertrags, ist diese Entscheidung zufällig und führt ebenfalls zum Wegfall des Provisionsanspruchs, solange sie nicht zugleich mit der Abwicklung im Rahmen eines Schadensersatzanspruchs ihr positives Interesse an der Vertragsdurchführung geltend macht.[376] Da sie in diesem Fall gerade von dem Vertragsschluss profitieren will, kann das alternativ zuständige Anfechtungsrecht auch nicht dem Anspruch des Maklers auf die vereinbarte Provision entgegenhalten werden. Diese fällt aber aus, wenn eine der Parteien des Hauptvertrags von einem ihr unbedingt, aber befristet eingeräumten Rücktrittsrecht Gebrauch macht.[377] Zwar ist der Vertrag, formal gesehen, auch hier zustande gekommen; seine Geltung ist aber gleichsam unter die aufschiebende Bedingung gestellt, dass der rücktrittsberechtigte Vertragspartner nicht von seiner Auflösungsbefugnis Gebrauch gemacht. Bei einem regelrecht aufschiebend bedingten Vertrag gilt schon nach § 652 Abs. 1 S. 2 BGB, dass der Maklerlohn erst mit dem Eintritt der Bedingung verdient ist.[378] Diese Vorschrift kommt unmittelbar zur Anwendung, wenn der Hauptvertrag unter dem Vorbehalt steht, dass ein zum Vorkauf Berechtigter sein Recht nicht ausübt.[379] Ist der Vertrag dagegen ohne Rücksicht auf das Vorkaufsrecht abgeschlossen, bedeutet seine Ausübung lediglich eine Leistungsstörung, die den Anspruch des Maklers auf die Provision unberührt lässt.[380] Eine Maklerklausel, derzufolge der Vertragspartner des Hauptvertrags die eigentlich vom Maklerkunden geschuldete Provision zu entrichten hat, bindet freilich auch den Vorkaufsberechtigten.[381]

bb) Strafe für Untreue

157 Trifft den Makler keine Verpflichtung zur Herbeiführung des vom Kunden gewünschten Vertragsschlusses, kann dies nicht ohne Auswirkung auf die Beurteilung und Sanktion seines Verhaltens bleiben. Da ihm weder der Ausfall des Hauptvertrags noch seine mangelnde Bemühung hierum zum Vorwurf gereicht, kann er eine Pflichtverletzung gegenüber seinem Kunden nur dadurch begehen, dass er diesen

---

[373] BGH, NJW 2001, 966, 967.
[374] BGH, NJW 1982, 2662, 2663.
[375] Richtig Staudinger/*Reuter* (2003) §§ 652 f. Rn. 87, 94 gegen *Altmeppen* (Fn. 704), S. 20 ff.
[376] BGH, NJW 2009, 2810, 2811.
[377] BGH, NJW 1997, 1583; 2009, 2810.
[378] Ein unbefristetes Rücktrittsrecht steht dagegen einer auflösenden Bedingung gleich, so dass die Maklerprovision anfällt; vgl. Staudinger/*Reuter* (2003) §§ 652 f. Rn. 102.
[379] BGH, NJW 1999, 2271.
[380] MünchKomm/*Roth* § 652 BGB Rn. 168, Staudinger/*Reuter* (2003) §§ 652 f. Rn. 108.
[381] S. o. Rn. 30.

hintergeht. Und dies kann wiederum nur in der Weise geschehen, dass er das Kundeninteresse vorsätzlich oder zumindest leichtfertig vernachlässigt; denn eine auf einfacher Fahrlässigkeit beruhende Rücksichtslosigkeit gegenüber seinem Kunden unterscheidet sich nicht wesentlich von der bloßen Untätigkeit des Maklers, die mangels Leistungspflicht gerade keine Rechtsfolgen auslöst. Muss sich der Makler den Vorwurf einer vorsätzlichen oder grob fahrlässigen Hintergehung seines Kunden gefallen lassen, bliebe dieses Verhalten, wenn man es einer Sanktion mit Hilfe eines Schadensersatzanspruchs überlässt, aber regelmäßig folgenlos, weil dem Kunden gerade wegen des Mangels seiner eigenen Verpflichtung zum Vertragsschluss in aller Regel der Nachweis misslingt, dass er durch das Verhalten des Maklers einen Schaden erlitten hat. Daher unterwirft § 654 BGB im Fall einer verbotenen Doppeltätigkeit einer besonderen Sanktion in Gestalt der Verwirkung seiner Ansprüche auf Maklerlohn und Aufwendungsersatz. Da diese Rechtswirkung unabhängig davon eintritt, ob der Kunde durch die verdeckte Doppeltätigkeit des Maklers einen Schaden erlitten hat,[382] hat sie den Charakter einer Strafe[383].[384] Ebenso wie andere Erscheinungsformen der Privatstrafe[385] steht sie im Dienst des **Gleichbehandlungsgebots** und soll einer Privilegierung desjenigen Schädigers wehren, der nur einen immateriellen oder einen materiell nicht fassbaren Nachteil herbeigeführt hat. Gäbe es die Sanktion des § 654 BGB nicht, könnte ein Makler seine Kunden weitgehend gefahrlos hintergehen und erhielte bei Abschluss des Hauptvertrags gleichwohl eine Vergütung für seine treuwidrige Tätigkeit. Da es dies auch nach Zahlung der Provision zu vermeiden gilt, kann sich der Maklerkunde, wenn er die Machenschaften des Maklers erst später entdeckt, entgegen der Ansicht des BGH[386] hier ebenfalls noch auf die Verwirkung des Provisionsanspruchs berufen und seine Leistung nach § 812 Abs. 1 S. 1 Alt. 1 BGB zurückfordern.

Der Zusammenhang zwischen der Eigenart des Maklervertrags und dem besonderen Sanktionsmechanismus des § 654 BGB gebietet ungeachtet des Strafcharakters dieser Vorschrift deren großzügige und sogar **entsprechende Anwendung** auf vergleichbare Fälle einer schwerwiegenden, nämlich vorsätzlichen oder leichtfertigen Verletzung der Treuepflicht des Maklers gegenüber seinem Kunden.[387] Denn auch hier gilt, dass der konkurrierende Schadensersatzanspruch des Maklerkunden mangels Möglichkeit des Schadensnachweises regelmäßig leerläuft.[388] Zu einer **158**

---

[382] BGH, NJW 1962, 734 f., NJW-RR 1990, 372.

[383] BGH, NJW-RR 2005, 1423. Entgegen MünchKomm/*Roth* § 654 BGB Rn. 1 steht dieser Strafcharakter nicht im Gegensatz zu der Auffassung, § 654 BGB ordne eine Verwirkung an; vgl. Erman/*Werner* § 652 Rn. 63.

[384] Anders Staudinger/*Reuter* (2003) § 654 Rn. 1, der in der verbotenen Doppeltätigkeit den Grund dafür erkennt, dass der Makler eine um die Provision für die Gegenseite überhöhte und damit inadäquate Geschäftsgelegenheit nachgewiesen oder vermittelt hat. Dies mag zwar häufig zutreffen, spiegelt sich im Tatbestand von § 654 BGB aber nicht wider und begründet die deshalb angeordnete Rechtsfolge nicht.

[385] Hierzu *Harke*, Allgemeines Schuldrecht, Rn. 329, 332, 334.

[386] BGH, NJW 1985, 45.

[387] BGH, NJW-RR 2005, 1423.

[388] Die Existenz des Schadensersatzanspruchs ist daher entgegen MünchKomm/*Roth* § 652 BGB Rn. 3 auch kein Argument gegen die Analogie.

Verwirkung von Lohn- oder Aufwendungsersatzanspruch führt daher nicht nur die Aufnahme einer nach dem Vertrag ausgeschlossenen Doppeltätigkeit, sondern auch die Benachteiligung einer Seite bei einer grundsätzlich erlaubten Doppeltätigkeit: Ist sie dem Makler von beiden Parteien des Hauptvertrags gestattet und auch für den jeweils anderen erkennbar, genügt sie selbst noch nicht, um die Verwirkung des Lohnanspruchs begründen.[389] Den Makler trifft aber die Pflicht zu strenger Unparteilichkeit;[390] und die Verletzung dieser Pflicht ist nicht weniger sanktionswürdig als die Aufnahme einer von vornherein verbotenen Doppeltätigkeit. Dasselbe gilt, wenn der Makler bei seinem Kunden durch Verwendung eines unwirksamen Vertragsformulars den falschen Eindruck erweckt, er sei zum Abschluss des Hauptvertrags oder gar zur Zahlung einer erfolgsunabhängigen Provision verpflichtet.[391] Denn so beraubt er den Kunden seiner den Maklervertrag kennzeichnenden Entschließungsfreiheit und erweist sich damit der so erschlichenen Provision als ebenso unwürdig wie im Fall einer unzulässigen oder in verbotener Weise ausgeübten Doppeltätigkeit.[392]

159 Zwar lässt sich der Rechtsgedanke von § 654 BGB nicht ohne Weiteres umkehren und in der Weise auf den **Maklerkunden** anwenden, dass dieser im Fall einer **Pflichtverletzung** gegenüber dem Makler auch dann zur Zahlung der Provision verpflichtet ist, wenn es nicht zum Abschluss des Hauptvertrags kommt. Denn den Maklerkunden trifft anders als den Makler eben keine besondere Pflicht zur Wahrnehmung der Interessen seines Vertragspartners.[393] Es ist jedoch nicht zu beanstanden, wenn sich der Makler vertraglich, und zwar auch durch vorformulierte Geschäftsbedingungen, für den Fall absichert, dass der Kunde die durch den Nachweis erlangten Informationen an einen Dritten weitergibt, der dann den Hauptvertrag abschließt.[394] Der Makler steht in diesem Fall nämlich vor derselben Schwierigkeit, vor der sein Auftraggeber bei einer Treuwidrigkeit des Maklers steht; denn er kann kaum je nachweisen, dass ihm durch die Weitergabe der Informationen eine ansonsten sicher verdiente Provision entgangen ist.

cc) Besondere Maklerverträge

160 Es gibt zahlreiche besondere Bestimmungen für bestimmte Zweige des Maklergewerbes. Vergleichsweise allgemein sind die Vorschriften über den **Handelsmakler**, die nach § 93 HGB für die Vermittlung von Verträgen über den Erwerb von Waren oder Wertpapieren, die Güterbeförderung sowie andere Gegenstände des Handelsverkehrs, nicht aber für die Vermittlung von Immobiliengeschäften, gelten. Die Tä-

---

[389] BGH, NJW-RR 2000, 1502, 1503; 2003, 991. Anders MünchKomm/*Roth* § 654 BGB Rn. 9, der nicht nur die Erkennbarkeit der Doppeltätigkeit, sondern auch ihre individualvertragliche Gestattung fordert.

[390] BGH, NJW 1968, 150, 151; 2004, 154, 157.

[391] BGH, NJW 1981, 280, NJW-RR 1992, 817, 818.

[392] Dies lässt sich ansonsten nicht schon deshalb behaupten, weil sich der Makler unzulässiger Geschäftsbedingungen bedient; vgl. BGH, NJW-RR 2005, 1423.

[393] *Oetker/Maultzsch*, Vertragliche Schuldverhältnisse, Rn. 10.36, MünchKomm/*Roth* § 654 BGB Rn. 27.

[394] BGH, NJW 1987, 2431 f.

tigkeit des Handelsmaklers ist hier von vornherein auf die unparteiische Wahrnehmung der Interessen beider Seiten gerichtet. Sie ist dementsprechend nach § 98 HGB Auslöser einer Haftung und Vertragsbindung[395] im Verhältnis zu beiden Parteien und gemäß § 99 HGB im Zweifel auch von den beiden Partnern des zustande gekommenen Hauptvertrags je zur Hälfte zu vergüten. Gemäß § 95 HGB kann eine Partei den Hauptvertrag schon ohne Kenntnis ihres Vertragspartners dadurch eingehen, dass sie die vom Handelsmakler zu erstellende Schlussnote über das zu vermittelnde Geschäft annimmt, obwohl sich der Makler die Bezeichnung der anderen Partei vorbehalten hat. Bleibt diese aus oder kann der Kunde begründete Einwendungen gegen die vom Makler bezeichnete Partei erheben, ist der Makler selbst zur Erfüllung des Geschäfts verpflichtet. Diese Lösung entspricht derjenigen, die § 179 Abs. 1 BGB für den Vertreter ohne Vertretungsmacht vorsieht, so dass es naheliegt, die Annahme der Schlussnote über eine noch zu bezeichnende Partei als Vollmacht zum Vertragsschluss, die begründeten Einwendung gegen die benannte Person als Einschränkung der Vollmacht anzusehen.[396]

Vom Leitbild des Handelsmaklers wesentlich verschieden ist der **Versicherungsmakler**. Seine Tätigkeit ist Gegenstand einer Regelung im VVG, das ihn in § 60 zur Auswahl einer hinreichend großen Zahl von Versicherungsangeboten, in §§ 61 f. in ähnlicher Form wie einen Versicherer (§ 6) zur Beratung sowie deren Dokumentation verpflichtet und hierfür gemäß § 63 auch haftbar macht. Den Versicherungsmakler treffen diese Pflichten nicht etwa als Repräsentant des Versicherers, von dem der Makler allerdings üblicherweise seine Provision erhält und kraft eines entsprechenden Handelsbrauchs auch ohne vorangehende Vereinbarung beanspruchen kann.[397] Vielmehr steht der Versicherungsmakler trotz dieser Verbindung zum Versicherer im Lager des Versicherungsnehmers,[398] von dem er den Auftrag zu Nachweis oder Vermittlung eines Versicherungsvertrags erhält. Dementsprechend wird sein Wissen regelmäßig auch nicht dem Versicherer zugerechnet.[399] 161

Eine vergleichbare Stellung wie der Versicherungsvermittler hat derjenige, der **Verbraucherdarlehen** vermittelt. Unterfällt der Darlehensvertrag, auf den sich die Tätigkeit des Vermittlers richtet, dem Verbraucherkreditrecht, trifft den Vermittler nach § 655a Abs. 2 BGB die vorvertragliche Informationspflicht, die gemäß § 491a BGB auch dem Darlehensgeber obliegt. Außerdem schuldet der Darlehensvermittler dem Verbraucher eine besondere Unterrichtung nach Art. 247 § 13 EGBGB, in der insbesondere eine etwaige Vergütung durch den Darlehensgeber, die Höhe einer von dem Verbraucher verlangten Vergütung sowie der erhobenen Nebenentgelte, letztere zumindest in Gestalt eines Höchstbetrags angegeben, sind. Die Erfüllung dieser besonderen Informationspflicht ist nach § 655b BGB ebenso wie die Einhaltung der Schriftform Voraussetzung der Vertragswirksamkeit. Die Vergütung ist gemäß § 655c BGB erst geschuldet, wenn das Darlehen ausgezahlt ist und der 162

395 Anders *Canaris*, Handelsrecht, Rn. 19.26, der eine Dritthaftung wegen Verletzung der Rücksichtspflicht aus § 311 Abs. 3 BGB annimmt.

396 Richtig *Canaris*, Handelsrecht, Rn. 19.18 ff.

397 BGH, NJW 2005, 1357, 1358.

398 BGH, NJW 1985, 2595.

399 BGH, NJW-RR 2000, 316, 317.

Darlehensvertrag vom Verbraucher auch nicht mehr widerrufen werden kann; dient der vermittelte Vertrag der Umschuldung, ist der die Vergütungspflicht auslösende Erfolg zudem erst dann eingetreten, wenn sich der effektive Jahreszins im Verhältnis zu dem abgelösten Darlehen nicht erhöht hat. Ebenso wie das Verbraucherkreditrecht (§§ 511 f. BGB) sind auch die Vorschriften über die Darlehensvermittlung nach § 655e BGB zugunsten des Verbrauchers halbzwingend und ebenfalls auf Verträge mit Existenzgründern anwendbar, wenn der Nettodarlehensbetrag nicht € 75.000 übersteigt.

163 Richtet sich die Tätigkeit des Maklers auf den Nachweis oder die Vermittlung von Mietverträgen über Wohnraum, unterliegt sie den besonderen Bestimmungen des Gesetzes zur Regelung der **Wohnungsvermittlung** (WoVermRG). Sein § 2 Abs. 2 ergänzt den schon nach allgemeinem Maklerrecht geltenden Ausschluss des Provisionsanspruchs wegen Identität oder Verflechtung des Maklers mit dem Partner des Hauptvertrags um die Konstellation, dass der Makler Verwalter der zum Gegenstand des Hauptvertrags gemachten Wohnung ist oder eine Beteiligung von Makler oder Verwalter am Unternehmen des jeweils anderen vorliegt. Außerdem kann keine Provision für die Fortsetzung, Verlängerung oder Erneuerung eines schon bestehenden Mietverhältnisses oder die Begründung eines Mietverhältnisses über öffentlich geförderten Wohnraum verlangt werden. Die Provision des Wohnungsvermittlers ist im Verhältnis zum Wohnungssuchenden nach § 3 Abs. 2 WoVermRG in ihrem Nettobetrag auf zwei Monatsmieten begrenzt. Eine darüber hinausgehende Zahlung kann der Wohnungssuchende gemäß § 5 Abs. 1 WoVermRG zurückfordern, ohne dass ihm die Kondiktionssperre nach § 817 S. 2 BGB entgegensteht.

164 Die **Arbeitsvermittlung** erfolgt zwar im Grundsatz im Rahmen eines Maklervertrags nach § 652 BGB, ist aber durch die Sonderregelung zur Arbeitsförderung im SGB III geprägt, die dem Schutz der Arbeitssuchenden dient und der Beteiligung der Agentur für Arbeit Rechnung trägt: Nach § 421g SGB III[400] ist diese dem Arbeitssuchenden unter bestimmten Umständen zur Erteilung eines Vermittlungsgutscheins verpflichtet, mit sich die Agentur für Arbeit bei Vermittlung einer sozialversicherungspflichtigen Beschäftigung verpflichtet, dem Arbeitsvermittler die hierfür geschuldete Vergütung zu zahlen. Dieser Anspruch gegen die Agentur für Arbeit ist öffentlich-rechtlicher Natur,[401] gibt aber gemäß § 296 Abs. 3 SGB III auch vor, bis zu welcher Höhe eine Vergütung mit dem Arbeitssuchenden in dem gemäß Abs. 1 der Bestimmung schriftlich abzuschließenden Vermittlungsvertrag wirksam vereinbart werden kann. Der Vergütungsanspruch gegen den Arbeitssuchenden ist im Übrigen nach Abs. 4 S. 2 der Vorschrift so lange gestundet, bis die Agentur für Arbeit ihrer Zahlungspflicht aus dem Vermittlungsgutschein nachgekommen ist. Anders als ein gewöhnlicher Makler ist der Arbeitsvermittler wegen der öffentlich-rechtlichen Pflicht des Arbeitssuchenden zur Mitwirkung bei der Begründung eines Arbeitsverhältnisses auch zur Arbeitsvermittlung verpflichtet. Nach § 296 Abs. 2

---

[400] Die Regelung gilt, wenn auch schon mehrfach verlängert, so doch nach wie vor nur probehalber bis Ende 2011.

[401] BSG, NJW 2007, 1902, 1903.

SGB III darf er ferner keine Vorschusszahlungen und gemäß § 296a SGB III überhaupt keine Leistungen von dem Arbeitssuchenden bei der Vermittlung eines Ausbildungsvertrags entgegennehmen. Nicht den Beschränkungen des Arbeitsförderungsrechts unterliegt die Vermittlung von freien Dienstverträgen, für die § 655 BGB nach dem Vorbild der für die Vertragsstrafe geltenden Regelung des § 343 BGB das Recht des Maklerkunden auf gerichtliche Herabsetzung einer unverhältnismäßig hohen und noch nicht entrichteten Vergütung vorsieht.[402]

Die bei der Arbeitsvermittlung unzulässige Leistung von Vorschüssen ist geradezu das Merkmal der **Ehevermittlung**, für die § 656 Abs. 1 BGB bestimmt, dass ein Maklerlohn zwar vom Makler nicht beansprucht, nach seiner Leistung aber auch nicht zurückgefordert werden kann. Grund für diese Beschränkung des Maklers auf eine Naturalobligation[403] war für den Gesetzgeber von 1900 noch die Unanständigkeit der Ehevermittlung.[404] Heute ist sie deshalb gerechtfertigt, weil das Intimleben der Ehegatten nicht zum Gegenstand eines Prozesses über die Maklervergütung gemacht werden soll.[405] Dieser Rechtsgedanke lässt sich auf einen Vertrag übertragen, durch den Partnerschaftsvermittlung ohne das Ziel eines Eheschlusses erfolgen soll,[406] sowie auf Dienstverträge über die Ehe- oder Partnerschaftsvermittlung, mit denen jemand eine vom Erfolg seiner Vermittlungstätigkeit unabhängige Vergütung beansprucht[407].[408] Wie sich aus § 656 Abs. 2 BGB ergibt, liegt eine kondiktionsfeste Leistung des Maklerlohns nur im Fall einer effektiven Zahlung, nicht dagegen bei der bloßen Eingehung einer weiteren Verbindlichkeit vor. Dies gilt nicht nur im Zwei-, sondern auch im Dreipersonenverhältnis, wenn der Maklerkunde einen mit dem Heiratsvermittlungsvertrag nach § 358 BGB verbundenen Darlehensvertrag eingeht, der dem Einwendungsdurchgriff nach § 359 BGB unterliegt.[409] 165

[402] Diese Vorschrift ist nicht analog auf sämtliche Maklerverträge anwendbar; vgl. Staudinger/*Reuter* (2003) § 655 Rn. 12. Für eine analoge Anwendung auf andere Makleralleinaufträge immerhin MünchKomm/*Roth* § 654 BGB Rn. 9.

[403] Hierzu *Harke*, Allgemeines Schuldrecht, Rn. 10.

[404] Vgl. Prot., Mugdan, Bd. 2, S. 1292 f.

[405] BVerfG, NJW 1966, 1211, BGH, NJW 1990, 2550, 2551, NJW-RR 2004, 778, 779. Für obsolet halten § 656 BGB dagegen *Looschelders*, Schuldrecht BT, Rn. 781 und *Fikentscher/Heinemann*, Schuldrecht, Rn. 1292.

[406] BGH, NJW 1990, 2550, 2551, NJW-RR 2004, 778, 779. Dass sich hieran durch die Schuldrechtsreform nichts geändert hat, nehmen *Oetker/Maultzsch*, Vertragliche Schuldverhältnisse, Rn. 10.49 zu Recht an.

[407] BGH, NJW 1990, 2550, 2551, NJW-RR 2004, 778, 779.

[408] Diese Verträge sind, ohne dass sich dies durch vorformulierte Geschäftsbedingung ändern ließe, stets nach § 627 Abs. 1 BGB fristlos wegen Vertrauensverlustes kündbar; vgl. BGH, NJW 2010, 150, 151 f.

[409] Diese Vorschrift ist, wie *Fikentscher/Heinemann*, Schuldrecht, Rn. 1292 zu Recht annehmen, direkt anwendbar. Für eine analoge Anwendung von § 656 BGB auf den Darlehensvertrag dagegen MünchKomm/*Roth* § 656 BGB Rn. 33, Staudinger/*Reuter* (2003) § 656 Rn. 18, Erman/*Werner* § 656 Rn. 10.

§ 3 Risikoverträge

1. Termingeschäft, Spiel und Wette

166 Den meisten Austauschgeschäften ist die Spekulation eines oder beider Vertragspartner inhärent, die Gegenleistung günstiger oder zu einem geringeren Aufwand als sonst oder in Zukunft zu erlangen und so einen besonderen Geschäftsvorteil zu erzielen. Diese Spekulation ist jedoch nicht Gegenstand des Vertrags, der auf den bloßen Austausch von Sach- und Geldleistungen gerichtet ist. Zum Vertragsinhalt wird sie erst dort, wo die Leistung einer oder beider Seiten variabel und von der künftigen Entwicklung oder der Feststellung einer ungewissen Tatsache abhängig ist. Hier lässt sich der besondere Geschäftsnutzen aus dem Vertrag selbst und nicht erst durch Abgleich mit anderen möglichen Geschäften beurteilen: Lag eine Partei mit ihrer Einschätzung richtig, erhält sie von ihrem Vertragspartner eine Leistung, für die sie keine oder nur eine verhältnismäßig geringe Gegenleistung erbringen muss; lag sie falsch, kehrt sich das Verhältnis zu ihren Ungunsten um. Diese Geschäfte sind auch dann, wenn der unterlegene Vertragspartner überhaupt keine Leistung erhält, Austauschverträge, freilich solche, bei denen das Recht auf die Leistung einer oder beider Seiten nach Grund und Höhe unter einer Bedingung steht. Das BGB nennt derlei Verträge nur in Gestalt von **Spiel** und **Wette** und ordnet in § 762 Abs. 1 für beide an, dass mangels einer staatlichen Genehmigung gemäß § 763 BGB[1] sowohl eine Verbindlichkeit als auch die Rückforderung einer schon erbrachten Leistung ausgeschlossen ist. Für den Gesetzgeber von 1900 dienten beide Rechtsfolgen dazu, eine rechtliche Auseinandersetzung über Spiel- und Wettschulden zu vermeiden.[2] Dieses Anliegen ist auch dann noch aktuell, wenn man das mit der Unverbindlichkeit von Spiel und Wette verfolgte Ziel nun zuvörderst darin sieht, den Gefahren des Spiels, insbesondere der Spielsucht und einem deshalb übereilten Vertragsschluss, zu wehren[3]. Auch in diesem Fall kann man das Schuldverhältnis durchaus als wirksam ansehen und muss der Ausschluss der Rückforderung keineswegs auf den Rechtsgedanken von § 814 BGB zurückgeführt werden, wonach derjenige, der freiwillig eine Nichtschuld erfüllt, keine Rückerstattung verlangen kann.[4] Es wäre der Eindämmung der Spielsucht nämlich durchaus nicht förderlich, wenn für den hiervon gefährdeten Teil die Möglichkeit bestünde, eine schon erbrachte Leistung von seinem Spiel- oder Wettpartner mit der Behauptung zurückzuerlangen, er habe den Mangel seiner Verpflichtung verkannt. Daher ist die Anerkennung des zugrundeliegenden Schuldverhältnisses und der mit ihr bewirkte vollständige Ausschluss von Ansprüchen auf Leistung oder Rückgewähr ein proba-

---

1 Diese Vorschrift ist auf alle Fälle eines staatlichen genehmigten Spiels oder einer Wette und nicht nur auf Lotterie- und Ausspielverträge im eigentlichen Sinn anzuwenden; vgl. BGH, NJW 1999, 54, 55.

2 Mot., Mugdan, Bd. 2, S. 360.

3 Vgl. *Henssler*, Risiko als Vertragsgegenstand, Tübingen 1994, S. 431 f., *Schulze*, Die Naturalobligation, Tübingen 2008, S. 523 f.

4 So aber *Henssler* (Fn. 3), S. 434 ff.; MünchKomm/*Habersack* § 763 BGB Rn. 3; dagegen richtig *Schulze* (Fn. 3), S. 522 ff.

tes Mittel zur Abwehr der Gefahren, die von Spiel und Wette ausgehen. Dies gilt freilich nur, soweit der Spiel- oder Wettcharakter selbst betroffen ist, und steht einer Kondiktion wegen einer sich aus anderen Gründen ergebenden Sittenwidrigkeit des Vertrags nicht entgegen.[5]

Ein Spielelement lässt sich auch den **Termingeschäften** nicht absprechen. Im BGB waren sie früher Spiel und Wette gleichgestellt; heute sind sie durch § 37e WpHG von der der Regelung des § 762 BGB generell ausgenommen, wenn sie als Finanztermingeschäfte mit einem Vertragspartner eingegangen werden, der sie gewerbsmäßig abschließt oder vermittelt. Finanztermingeschäfte sind Optionsscheine und Derivate im Sinne von § 2 Abs. 2 WpHG,[6] also vor allem Warentermingeschäfte und zeitlich verzögert zu erfüllende Fest- oder Optionsgeschäfte, deren Wert von dem Wert eines Finanzinstruments abhängt. Die direkte oder mittelbare Bindung an einen Börsen- oder Marktpreis führt zu einer Hebelwirkung,[7] die das Finanztermingeschäft auch dann kennzeichnet, wenn es nicht bloße Wette, sondern durch Lieferung zu erfüllen und daher formal ein Kauf ist. Termingeschäfte dieser Art können volkswirtschaftlich sinnvoll sein, indem sie zur Absicherung von Kursrisiken eingesetzt werden; sie können aber auch zum bloßen Spiel dienen,[8] bei dem auf Marktschwankungen gewettet wird[9]. Da zwar die Spekulation selbst, nicht aber der mit ihr verfolgte Zweck Vertragsgegenstand sind, kommt statt der von § 762 BGB angeordneten Unverbindlichkeit nur ein Schutz unerfahrener Vertragspartner durch Information in Betracht.[10] Während diese früher Voraussetzung für die Verbindlichkeit des Geschäfts war,[11] ist sie heute Gegenstand einer Informationspflicht von Wertpapierdienstleistungsunternehmen gegenüber ihren Kunden gemäß § 31 WpHG. Die an ihre Verletzung geknüpfte Schadensersatzpflicht bietet hinreichenden Schutz im Fall eines übereilten Vertragsschlusses, so dass zumindest das Individualinteresse der Anleger keinen Grund mehr bietet, Finanztermingeschäfte ebenso wie Spiel und Wette in ihrer Wirksamkeit zu beschränken. 167

2. Versicherungsverträge im Allgemeinen

a) *Das Vertragskonzept*

Was bei Termingeschäften nur als möglicher Sinn erscheint, ist bei den Versicherungsverträgen Vertragsgegenstand: die Abschirmung einer Vertragspartei gegen ein Risiko, dessen Verwirklichung die andere zu einer Geldleistung, sei es in Form eines vorher festgelegten Betrags, sei es in Gestalt von Schadensersatz, verpflichtet. 168

---

5 BGH, NJW 2006, 45, 46.

6 Zu den Begriffen *Casper*, Das neue Recht der Termingeschäfte, WM 2003, 161, 163 ff.

7 *Casper*, Der Optionsvertrag, Tübingen 2005, S. 313 ff.

8 BGH, NJW 2000, 359, 360. Vgl. auch die Begründung zum Entwurf des vierten Finanzmarktförderungsgesetzes, BT-Drucks. 14/8017, S. 131.

9 BGH, NJW 2002, 892, 893.

10 Eine Grenze ist erst erreicht, wenn dem Geschäft schon die objektive Eignung zur Kurssicherung fehlt, was jedoch kaum je der Fall ist; vgl. *Casper*, WM 2003, 161, 163.

11 Vgl. die Bestimmungen über die Börsentermingeschäftsfähigkeit in §§ 50 ff. BörsG a. f. Sie galten dem Gesetzgeber als zu kompliziert und international unüblich; vgl. die Begründung des Entwurfs des vierten Finanzmarktförderungsgesetzes, BT-Drucks. 14/8017, S. 64.

Diese **Geldzahlung** macht die **Leistung** des **Versicherers** aus, die der Versicherungsnehmer im Wege eines Erfüllungsanspruchs verfolgen und erlangen kann. Ist der Versicherer zu ihr mangels Eintritt des Versicherungsfalls nicht verpflichtet, bedeutet dies aber nicht, dass der Versicherungsnehmer die im Gegenzug gezahlte Versicherungsprämie ohne Äquivalent und Rechtsgrund geleistet hätte. Der Ausfall der Leistungspflicht des Versicherers ist von den Parteien von vornherein einkalkuliert, ja im Regelfall sogar erwünscht. Und dass die Leistungspflicht durch den Eintritt des Versicherungsfalls bedingt oder befristet ist, bedeutet nicht, dass auch die Verpflichtung des Versicherungsnehmers zur Prämienzahlung unter einem Vorbehalt stünde. Die Versicherungsprämie ist die Gegenleistung für eine bedingte oder befristete Geldleistung des Versicherers und dementsprechend nicht für diese selbst, sondern für die Zeit zu zahlen, in der der Versicherer bei Eintritt des Versicherungsfalls zur Leistung verpflichtet wäre. Deshalb besteht die Verpflichtung des Versicherers aber nicht, wie von der sogenannten „Gefahrtragungstheorie" behauptet, in der Übernahme des versicherten Risikos[12] und auch nicht, wie von der „Geschäftsbesorgungstheorie" geltend gemacht,[13] in der Organisation der Gefahrengemeinschaft der Versicherungsnehmer. In Ansehung der Leistung des Versicherers ist der Versicherungsvertrag auch strukturell kein Dauerschuldverhältnis,[14] sondern auf die bei Eintritt des Versicherungsfalls zu erbringende Geldleistung gerichtet,[15] die normalerweise einmalig und nur ausnahmsweise, etwa im Fall einer Lebensversicherung, dauerhaft zu erbringen ist. Da die Leistung des Versicherers, indem sie von Eintritt oder Zeitpunkt des Versicherungsfalles abhängt, bloß denkbar oder zumindest in ihrem Inhalt variabel ist, wird die Prämie stets schon für das schiere Potential der Versicherungsleistung und nach dem Maß der Wahrscheinlichkeit ihres Anfalls oder ihrer Erhöhung in Entsprechung zum Zeitraum der Versicherung entrichtet.

169 Die fehlende Wägbarkeit der vom Versicherer geschuldeten Leistung und die Möglichkeit ihrer Beeinflussung durch den Versicherungsnehmer sind für vielfältige Besonderheiten des Versicherungsvertrags verantwortlich, die sich schon in seiner ursprünglich durch allgemeine Versicherungsbedingungen geprägten Gestalt und deren Rezeption durch das Gesetz herausgebildet haben. Obwohl erst 2008 in völlig neugefasster Form in Kraft getreten, kennzeichnet das geltende VVG ebenso wie seinen Vorgänger von 1908 und die erste Kodifikation des Versicherungsvertrags im preußischen ALR (§§ 1934 ff. II 8) immer noch dasselbe **alte Sanktionssystem** für einen Pflichtverstoß des Versicherungsnehmers, das auch schon die frü-

---

[12] So etwa *Reichert-Facilides*, Zur Konkretisierung der Gefahrtragungsschuld des Versicherers, in: Baumann u. a. (Hg.), Festschrift für Sieg, Karlsruhe 1976, S. 421 ff. , Bruck/Möller/*Möller* (8. Aufl.) § 1 Anm. 42. Dass der Versicherer eine der Geldleistung vorgelagerte Sicherungsleistung schuldet, glaubt Bruck/Möller/*Baumann* § 1 Rn. 31 ff.; hiergegen zu Recht Langheid/Wandt/*Looschelders* § 1 Rn. 42.

[13] So *Schünemann*, Rechtsnatur und Pflichtenstruktur des Versicherungsvertrags, JZ 1995, 430, 432 ff.

[14] So aber Langheid/Wandt/*Looschelders* § 1 Rn. 74.

[15] Richtig *Schmidt-Rimpler*, Die Gegenseitigkeit bei einseitig verpflichtenden Verträgen, Stuttgart 1968, S. 65 ff., *Dreher*, Die Versicherung als Rechtsprodukt, Tübingen 1991, S. 89 ff.

heren Versicherungsbedingungen enthielten; und es findet sich sogar in den von der Projektgruppe „*Restatement of European Insurance Contract Law*" vorgelegten Grundregeln des europäischen Versicherungsvertragsrechts (PEICL):

Die Leistungspflicht des Versicherungsnehmers zur Zahlung der vereinbarten Prämie wäre, wenn man sie als gewöhnliche Pflicht zur Geldzahlung behandelte, im Fall ihrer Verletzung eigentlich dem Regime des Schuldnerverzugs sowie den Bestimmungen über Rücktritt und Schadensersatz nach §§ 323, 281 BGB unterworfen. Solange der Versicherer von seinem Rücktrittsrecht keinen Gebrauch machte, käme der Versicherungsnehmer weiterhin in den Genuss des Vorteils, den schon die potentielle Verpflichtung des Versicherers bedeutet. Da er diesen Vorteil ohne Eintritt des Versicherungsfalls nicht hinreichend zu spüren bekommt, ist seine Bereitschaft zur nachträglichen Erbringung der von ihm geschuldeten Leistung aber im Vergleich mit anderen Verträgen typischerweise ebenso geringer wie seine Einsicht darin, dass er Wertersatz für die bis zur Vertragsauflösung potentiell erbrachte Leistung des Versicherers schuldet. Diese Probleme bewältigt das Versicherungsvertragsrecht mit Hilfe eines Schemas, das weitgehend dem der alten **Realverträge** entspricht: Sowohl nach deutschem Recht als auch nach den Grundregeln des europäischen Vertragsrechts wird Versicherer automatisch leistungsfrei (§ 37 Abs. 2 VVG) oder kann sich diese Rechtsfolge zumindest ausbedingen (Art. 5:101 PEICL), wenn die vom Versicherungsnehmer zu leistende Erst- oder Einmalprämie nicht rechtzeitig gezahlt wird. Zwar steht diese Rechtsfolge unter der Bedingung einer entsprechenden Belehrung des Versicherungsnehmers und nach deutschem Recht auch unter dem Vorbehalt eines Verschuldens des Versicherungsnehmers. Für den Normalfall einer gehörigen Belehrung durch den Versicherer und eines Verschuldens des Versicherungsnehmers bedeutet sie aber, dass die Leistungspflicht des Versicherers außer vom Vertragsschluss noch von der Leistung des Versicherungsnehmers abhängig ist, der sich, um den gewünschten Versicherungsschutz nicht zu verlieren, keine Säumnis mit der Erst- oder Einmalprämie erlauben darf. **170**

Eigenartig ist beim Versicherungsvertrag ferner die Sanktion der Pflicht des Versicherungsnehmers zur Rücksicht auf seinen Vertragspartner. Nach allgemeinem Schuldrecht ist sie außer durch ein Rücktrittsrecht gemäß § 324 BGB und ein Recht auf Schadensersatz statt der Leistung nach § 282 BGB in erster Linie durch einen Anspruch auf Ersatz des durch die Pflichtverletzung entstandenen Schadens gemäß § 280 Abs. 1 BGB bewehrt. Im Versicherungsvertragsrecht ist die Rücksichtspflicht dagegen bloße **Obliegenheit** des **Versicherungsnehmers**; und ihre Verletzung löst neben einem Rücktritts- oder Kündigungsrecht des Versicherers wiederum vor allem dessen Leistungsfreiheit aus. Für das deutsche Versicherungsvertragsrechts ergibt sich dies im Kern aus § 28 VVG, der eine allgemeine Regelung für die Verletzung einer vertraglichen Obliegenheit durch den Versicherungsnehmer enthält und auch das Grundgerüst für die andernorts im VVG geregelten Rechtsfolgen eines Verstoßes gegen gesetzliche Obliegenheiten bildet. Die hierin vorgesehene Verwirkung des Leistungsanspruchs gegen den Versicherer bedeutet eine Vertragsstrafe, deren Verfall im VVG aber seit der Reform von 2008 weitgehend im Einklang mit den Grundregeln des europäischen Versicherungsrechts (Art. 4:102 f.) in doppelter Hinsicht erschwert ist: Zum einen tritt die Leistungsfrei- **171** heit gemäß § 28 Abs. 3 VVG außer bei Arglist des Versicherungsnehmers insoweit nicht ein, als die Obliegenheitsverletzung weder den Versicherungsfall ausgelöst noch seine Feststellung oder die der Leistungspflicht des Versicherers beeinträchtigt hat. Zum anderen setzt die als Einrede wirkende[16] Leistungsfreiheit nach Abs. 2 der Vorschrift den Vorsatz des Versicherungsnehmers voraus, während seine grobe Fahrlässigkeit den Versicherer nur zu einer anteiligen Kürzung seiner Leistung entsprechend der Schwere der Schuld des Versicherungsnehmers berechtigt[17]. Diese Kürzung kann durchaus bis auf 0 gehen,[18] setzt aber stets den Nachweis des Verschuldensgrads durch den Versicherer voraus,[19] der sich nicht schon dadurch erledigt, dass dem Versicherungsnehmer der Nachweis misslingt, dass er nicht grob fahrlässig gegen seine Obliegenheit verstoßen hat.[20] Denn dieser Nachweis betrifft das Kürzungsrecht nur dem Grunde nach und nicht auch in seinem Umfang.

172 Die Einschränkung der Sanktion von Obliegenheitsverletzungen auf den Fall grober Fahrlässigkeit beruht zum einen auf dem Leistungsversprechen des Versicherers, der dem Versicherungsnehmer Schutz vor dem Versicherungsfall zusagt und so eine Erwartung weckt, die nicht durch einen leicht bewirkten Wegfall seiner Leistungspflicht enttäuscht werden darf.[21] Zum anderen zeigt sich in der Anknüpfung an das grobe Verschulden des Versicherungsnehmers der nach wie vor virulente **Strafgedanke** bei der Sanktion einer Obliegenheitsverletzung: Zwar ist sie durch das Erfordernis einer Kausalität zum Versicherungsfall oder der Erschwerung seiner Feststellung durchaus in die Nähe der Schadensersatzpflicht nach § 280 Abs. 1 BGB gerückt; und die Leistungsfreiheit des Versicherers entspricht häufig dem Ergebnis, zum dem auch eine Verpflichtung des Versicherungsnehmers zur Naturalrestitution führte.[22] Gleichwohl lässt sich die Schematisierung der Rechtsfolge in Form der Leistungsfreiheit des Versicherers nach wie vor nur mit Hilfe des traditionellen Verwirkungsgedankens erklären;[23] und allein mit ihm lässt sich auch die mangelnde Rücksicht auf den fehlenden Ursachenzusammenhang im Fall der

---

16 BGH, NJW 2005, 1185, 1186.

17 Art. 4:103 Abs. 1 PEICL sieht dagegen auch bei grober Fahrlässigkeit eine Leistungsfreiheit des Versicherers vor, verlangt aber, dass der Versicherungsnehmer gegen seine Obliegenheit zumindest im Bewusstsein einer Schadenswahrscheinlichkeit verstoßen hat.

18 *Looschelders*, Schuldhafte Herbeiführung des Versicherungsfalls nach der VVG-Reform, VersR 2008, 1, 6.

19 Vgl. die Begründung des Regierungsentwurfs für das Gesetz zur Reform des Versicherungsvertragsgesetzes, BT- Drucks. 16/3945, S. 69.

20 Anders *Pohlmann*, Beweislast für das Verschulden des Versicherungsnehmers bei Obliegenheitsverletzungen, VersR 2008, 437, 441, die die Beweisbelastung des Versicherungsnehmers auf den Verschuldensgrad erstrecken will; hiergegen und gegen eine „Einsatzquote" von 50 % auch Bruck/Möller/*Matusche-Beckmann* § 28 Rn. 192, 219. Der vom Versicherer zu führende Nachweis wird jedoch zwangsläufig dadurch erleichtert, dass die objektive Obliegenheitsverletzung schon einen gewissen Schweregrad des Verschuldens mit sich bringt, den der Versicherer nicht mehr gesondert darzulegen braucht; vgl. *Wandt*, Versicherungsvertragsrecht, Rn. 616 sowie Langheid/Wandt/*Wandt* § 28 Rn. 264.

21 Vgl. *Wandt*, Versicherungsvertragsrecht, Rn. 587.

22 Dies macht Bruck/Möller/*Matusche-Beckmann* § 28 Rn. 46 geltend.

23 Dagegen entspricht die Umkehr der Beweislast für das Verschulden, wie *Looschelders*, VersR 2008, 1, 4 f. geltend macht, durchaus dem Muster des § 280 Abs. 1 BGB.

Arglist begreifen, in dem der Versicherungsnehmer, wenn auch nicht unbedingt mit Bereicherungsabsicht,[24] so doch mit Schädigungsvorsatz,[25] handelt. Dem Strafzweck gehorcht ferner die Quotelung bei grober Fahrlässigkeit, die anders als die Kürzung wegen Mitverschuldens nach § 254 BGB nicht am Verursachungsbeitrag, sondern an der Schwere des Verschuldens ausgerichtet ist. Bestehen die Rechtsfolgen einer Obliegenheitsverletzung damit nach wie vor in einer Privatstrafe[26], lässt sich dies ebenso wie die Leistungsfreiheit bei Verzug mit der Erst- oder Einmalprämie zwanglos aus der Eigenart der Leistung des Versicherers erklären.[27] Dieser hat zwar umfassenden Schutz des Versicherungsnehmers vor den versicherten Gefahren versprochen, ist aber auf besonderen Schutz vor Manipulationen oder riskantem Verhalten seines Vertragspartners angewiesen. Dieses Risiko übersteigt die gewöhnliche Gefahr eines Fehlverhaltens des Vertragspartners erheblich und kann durch einen Schadensersatzanspruch, der den Versicherer zum positiven Nachweis der Kausalität von Pflichtverletzung und Schaden zwänge, nicht aufgefangen werden.[28]

Nicht aus dem Strafgedanken zu erklären ist lediglich die in §§ 19 ff. VVG vorgesehene Sanktion der **vorvertraglichen Anzeigepflicht** des Versicherungsnehmers, die schon vor dem Vertragsschluss und der von ihm bewirkten Bindung an dessen Strafregime besteht. Da die korrekte Anzeige der risikorelevanten Umstände für die Bestimmung der Leistungspflicht des Versicherers von ausschlaggebender Bedeutung ist, lässt sich die bei einer Anzeigepflichtverletzung einsetzende Leistungsfreiheit des Versicherers hier ebenso wie die Schadensersatzpflicht für ein anfängliches Leistungshindernis gemäß § 311a Abs. 2 BGB als Ergebnis einer Garantiehaftung deuten:[29] Dem Versicherungsnehmer wird als Folge seiner vorvertraglichen Rücksichtslosigkeit auferlegt, dafür Gewähr zu leisten, dass die von ihm nicht oder unrichtig angezeigten Umstände keine Leistungspflicht des Versicherers auslösen, deren angemessene Definition die Einhaltung der vorvertraglichen Anzeigepflicht voraussetzt. 173

Die Vorschriften des deutschen Versicherungsvertragsrechts sind zum überwiegenden Teil **halbzwingend**, können vertraglich also nur zugunsten, nicht auch zum Nachteil des Versicherungsnehmers modifiziert werden.[30] Dies gilt nicht nur für die Vorschriften über die vorvertragliche Beratung und Information des Versicherungs- 174

---

[24] BGH, NJW 2009, 1036, 1037

[25] Bruck/Möller/*Matusche-Beckmann* § 28 Rn. 158; vgl. auch BGH, NJW 2007, 2041, 2042.

[26] Anders zu Unrecht Langheid/Wandt/*Wandt* vor § 28 Rn. 24. Entgegen *Looschelders*, VersR 2008, 1, 6 f. sind der Sanktion einer Obliegenheitsverletzung daher Billigkeitserwägungen wie etwa die Rücksicht auf die Vermögensverhältnisse des Versicherungsnehmers keineswegs fremd, mangels gesetzlicher Fixierung aber auch nicht angebracht.

[27] Aus diesem Grund ist auch die Zusammenfassung der versicherungsvertraglichen Obliegenheiten mit dem Annahmeverzug (§§ 293 ff. BGB) und dem Mitverschulden (§ 254 BGB) von geringem dogmatischen Wert; vgl. *Harke*, Allgemeines Schuldrecht, Rn. 201, 320.

[28] Es besteht daher auch kein Anlass, an eine Obliegenheitsverletzung zusätzlich zur gesetzlich vorgesehenen Sanktion eine Schadensersatzpflicht zu knüpfen; vgl. Langheid/Wandt/*Wandt* vor § 28 Rn. 17.

[29] Vgl. *Harke*, Versicherungsvertragliche Anzeigepflicht und Garantiehaftung, ZVersWiss 2006, 391, 404 ff.

nehmers und sein Widerrufsrecht (§§ 18, 66 VVG), die als Mittel zum Schutz vor einem übereilten Vertragsschluss selbstverständlich keiner Einschränkung zugänglich sind. Es betrifft auch die Vorschriften über den Prämienverzug (§ 42 VVG), die Regelung der gesetzlichen Obliegenheiten und die Rahmenbestimmungen zu vertraglichen Obliegenheiten (§§ 32, 87 VVG).[31] Umgehen kann es der Versicherer freilich dadurch, dass er ein Verhalten, das einen Obliegenheitsverstoß bedeuten könnte, zum Risikoausschlusstatbestand deklariert. Da dieser als Teil der Beschreibung seiner Leistungspflicht grundsätzlich keinen gesetzlichen Vorgaben unterliegt, fehlt es nicht an Versuchen, ihn von der vertraglichen Regelung einer Obliegenheit zu unterscheiden. Der BGH greift dabei auf die Formel zurück, eine Risikobeschränkung führe zu einem Ausschnitt aus der Deckung des versicherten Risikos, während bei einer Obliegenheitsverletzung ein eigentlich bestehender Versicherungsschutz wegen nachlässigen Verhaltens des Versicherungsnehmers wieder entzogen werde.[32] Wird so auch treffend die Wirkungsweise von Risikoausschluss und Obliegenheit dargestellt, ist hiermit für die Unterscheidung beider Tatbestände doch noch nichts gewonnen. Nichts anderes gilt eine Differenzierung nach dem Zweck der einschlägigen Vertragsbestimmung, die etwa in der Weise erfolgen kann, dass man als Kennzeichen einer Obliegenheit die Gefahrverwaltung[33] oder das Ziel der Verhaltenssteuerung[34] ansieht, während Risikoausschlüsse den Versicherer ausschließlich vor seiner Leistungspflicht bewahren sollen. Einer solchen Unterscheidung steht entgegen, dass die maßgebliche Sanktion eines Fehlverhaltens auch bei Obliegenheiten gerade in der Leistungsfreiheit des Versicherers besteht, die ebenfalls die Folge eines Risikoausschlusses ist und keine Differenzierung nach ihrem weitergehenden Zweck zulässt. Daher bleibt nichts anderes übrig, als die Unterscheidung zwischen Risikoausschluss und Obliegenheit nach ihrer Bezeichnung im Vertrag zu treffen:[35] Ist eine Verhaltensvorgabe für den Versicherungsnehmer ausdrücklich Obliegenheit genannt oder einem Regime ähnlich dem des § 28 VVG unterworfen, liegt eine Obliegenheit vor, ansonsten ein Risikoausschluss, der zwar den halbzwingenden Bestimmungen des VVG entzogen, im Gegensatz zur Vereinbarung einer Obliegenheit aber zumindest eng auszulegen ist[36].

---

[30] Ausgenommen von den Beschränkungen der Vertragsfreiheit sind nach § 210 VVG die Versicherung von Großrisiken sowie die laufende Versicherung.

[31] Dass daneben kein Raum für eine Inhaltskontrolle nach dem Recht der vorformulierten Geschäftsbedingungen ist, glaubt *Werber*, Halbzwingende Vorschriften des neuen VVG und Inhaltskontrolle, VersR 2010, 1253, 1256 ff.

[32] BGH, NJW-RR 2006, 394, 396; 2008, 1107.

[33] So Bruck/Möller/*Matusche-Beckmann* § 28 Rn. 27.

[34] So *Hähnchen*, Obliegenheiten und Nebenpflichten, Tübingen 2010, S. 297. Ähnlich *Looschelders*, VersR 2008, 1, 4, der danach unterscheiden will, ob die Verhaltensanforderung an den Versicherungsnehmer nur im Hinblick auf den Versicherungsfall oder auch unabhängig davon besteht.

[35] Richtig Langheid/Wandt/*Wandt* § 28 Rn. 70.

[36] BGH, NJW-RR 2000, 1341, 1342.

b) Der Abschluss des Versicherungsvertrags

aa) Vorvertragliche Pflichten des Versicherers und das Widerrufsrecht des Versicherungsnehmers

Der Versicherungsvertrag zählt zu den Verträgen, für die das Gesetz den Schutz eines Vertragspartners durch dessen Widerrufsrecht sowie die Verpflichtung des anderen Teils zu eingehender vorvertraglicher Information vorsieht. Anders als bei anderen Verträgen besteht die Informationspflicht des Versicherers nicht nur im Verhältnis zu Verbrauchern, sondern gegenüber allen Versicherungsnehmern, die auch dann ein Widerrufsrecht haben, wenn sei keine Verbraucher sind. Nur soweit sie es sind, besteht für das nationale Recht allerdings ein gemeinschaftsrechtlicher Anknüpfungspunkt für die Informationspflicht und das Widerrufsrecht, und zwar unter anderem in Gestalt der Richtlinie über den Fernabsatz von Finanzdienstleistungen (2002/65/EG) sowie in der Lebensversicherungsrichtlinie (2002/83/EG).[37] Die dem Versicherungsnehmer zu gebenden **Informationen** sind in einer aufgrund von § 7 Abs. 2 VVG erlassenen VVG-InfoV aufgeführt. Gemäß § 7 Abs. 1 S. 1 VVG sind sie zusammen mit den vom Versicherer entworfenen Vertragsbestimmungen einschließlich seiner allgemeinen Versicherungsbedingungen rechtzeitig vor Abgabe der Vertragserklärung des Versicherungsnehmers klar und verständlich formuliert in Textform mitzuteilen. Eine unverzügliche nachträgliche Information genügt nach S. 2 der Vorschrift lediglich im Fernabsatz oder bei einem ausdrücklich, gesondert und schriftlich erklärten Verzicht des Versicherungsnehmers.[38] Da dieser Verzicht weder in der Richtlinie über den Fernabsatz von Finanzdienstleistungen noch in der Lebensversicherungsrichtlinie vorgesehen ist, bleibt er im Anwendungsbereich beider Richtlinien freilich wirkungslos.[39] Zudem erstreckt er sich nicht auf die Versicherungsbedingungen, deren Einbeziehung nach den allgemeinen Regeln über vorformulierte Geschäftsbedingungen zu beurteilen ist und zumindest bei Verbrauchern nicht ohne entsprechenden Hinweis und die Verschaffung einer Möglichkeit zur Kenntnisnahme gemäß § 305 Abs. 2 BGB auskommt. **175**

Unberührt von einem Verzicht des Versicherungsnehmers auf die vorvertragliche Information bleibt auch die Widerrufsfrist, die nach § 8 Abs. 1 VVG zwei Wochen beträgt und gemäß Abs. 2 der Vorschrift erst zu laufen beginnt, wenn der Versicherungsnehmer außer seiner Belehrung über sein **Widerrufsrecht** die vorgeschriebenen Informationen, die Vertragsbestimmungen einschließlich der allgemeinen Versicherungsbedingungen sowie den Versicherungsschein erhalten hat.[40] Hinzu kommt nach § 8 Abs. 4 VVG im elektronischen Geschäftsverkehr die Erfüllung der Pflichten gemäß § 312e Abs. 1 S. 1 BGB. Der Widerruf, für den es bei Ver- **176**

---

[37] Diesen nachgebildet ist auch Art. 2:201 der Grundregeln des europäischen Versicherungsvertragsrechts.

[38] Dies schließt eine Vorformulierung durch den Versicherer nicht aus; vgl. *Wandt*, Versicherungsvertragsrecht, Rn. 285.

[39] Langheid/Wandt/*Armbrüster* § 7 Rn. 83.

[40] Indem es das Widerrufsrecht an den Zugang des Versicherungsscheins knüpft, verstößt das deutsche Gesetz, wenn auch in praktisch kaum relevanter Form, gegen Art. 6 Abs. 1 S. 2 der Richtlinie über den Fernabsatz von Finanzdienstleistungen; vgl. *Wandt*, Versicherungsvertragsrecht, Rn. 304.

letzung der Informationspflichten durch den Versicherer keine Maximalfrist gibt, führt nach §§ 357 Abs. 1 S. 1, 346 Abs. 1 BGB zum Wegfall der gegenseitigen Leistungspflichten und einer Rückgewährverpflichtung. Eine Rückzahlung der Prämie hat jedoch nach § 9 S. 1 VVG bei Gewährung von Versicherungsschutz vor Ablauf der Widerrufsfrist bei entsprechendem Hinweis durch den Versicherer nur insoweit zu erfolgen, als die Prämie auf einen Zeitraum nach dem Zugang der Widerrufserklärung entfällt.[41] Ist der Versicherer durch einen davor eingetretenen Versicherungsfall leistungspflichtig geworden, bleibt diese Leistungspflicht bestehen; und der Versicherungsnehmer braucht eine schon empfangene Zahlung des Versicherers nicht zurückzuerstatten.

177 Ausgenommen vom Widerrufsrecht sind nach § 8 Abs. 3 VVG unter anderem Versicherungsverträge mit einer Laufzeit von weniger als einem Monat sowie Versicherungsverträge über **vorläufige Deckung**, mit denen der Versicherer einstweiligen Versicherungsschutz bis zum Abschluss eines Hauptvertrags übernimmt. Hier kann, wenn kein Fernabsatzvertrag vorliegt, gemäß § 49 Abs. 1 VVG auch vereinbart werden, dass die Informationen nach § 7 VVG dem Versicherungsnehmer nur auf Anforderung zu geben sind; und gemäß § 49 Abs. 2 VVG werden die vom Versicherer üblicherweise verwendeten Versicherungsbedingungen auch ohne ihre Übermittlung oder auch nur einen Hinweis auf sie Vertragsbestandteil.

178 Außer durch die Kombination von Informationspflicht und Widerrufsrecht wird der Versicherungsnehmer noch durch die vorvertragliche Pflicht des Versicherers zur **Beratung** und ihrer Dokumentation geschützt. Diese Pflicht entspricht derjenigen, die in der Richtlinie über Versicherungsvermittlung (2002/92/EG) Versicherungsmaklern und -vertretern auferlegt ist. Nach § 6 Abs. 1 S. 1 VVG hat aber schon der Versicherer selbst, sofern hierfür im Einzelfall Anlass besteht, den Versicherungsnehmer nach seinen Wünschen und Bedürfnissen zu befragen und, wenn dies nicht außer Verhältnis zur Prämienhöhe steht, zu beraten und den erteilten Rat zu begründen. Gemäß Abs. 2 der Vorschrift müssen Ratserteilung und Begründung in Textform vor Abschluss des Vertrags stattfinden; mündlich können sie nur bei einem Vertrag über vorläufige Deckung oder auf einen entsprechenden Wunsch des Versicherungsnehmers erfolgen und sind dann unverzüglich nachzuholen.[42] Außerdem hat der Versicherer gemäß § 6 Abs. 1 S. 2 VVG Befragung, Beratung und Begründung zu dokumentieren, wobei die Übermittlung der Dokumentation dem Vertragsschluss auch nachfolgen kann[43]. Zum wirksamen Verzicht auf Beratung und Dokumentation ist nach § 6 Abs. 3 VVG eine gesonderte schriftliche Erklärung unter ausdrücklichem Hinweis auf die dem Versicherungsnehmer daraus erwachsenden Nachteile erforderlich. Diese betreffen die Sanktion einer Verletzung der Beratungs- und Dokumentationspflicht, deren Missachtung zwar die Wirksamkeit des

---

[41] Die Vorschrift des § 9 VVG begegnet in ihren Einzelheiten Zweifeln an ihrer Konformität mit der Richtlinie über den Fernabsatz von Finanzdienstleistungen; vgl. *Wandt/Ganster*, Die Rechtsfolgen des Widerrufs eines Versicherungsvertrags gemäß § 9 VVG 2008, VersR 2008, 425 ff. und *Wandt*, Versicherungsvertragsrecht, Rn. 321 ff.

[42] Die Ausnahme des Falls, dass kein Vertrag zustande kommt, ist sachgerecht, die einer Pflichtversicherung dagegen zweifelhaft; vgl. *Wandt*, Versicherungsvertragsrecht, Rn. 272 f.

[43] *Wandt*, Versicherungsvertragsrecht, Rn. 270 f.

Vertragsschlusses unberührt lässt, gemäß § 6 Abs. 5 VVG aber einen Schadensersatzanspruch gegen den Versicherer auslöst. Er kann sowohl auf die Beseitigung der Vertragsbindung als auch darauf gerichtet sein, dem Versicherungsnehmer die Deckung zu gewähren, die er bei ordnungsgemäßer Beratung erlangt hätte. Dieser Anspruch entsteht auch, wenn der Versicherer nach Vertragsschluss gegen seine aus Abs. 4 folgende Pflicht zu anlassbezogener Nachfrage und Beratung verstößt.

Neben den vorvertraglichen Pflichten, die das VVG dem Versicherer auferlegt, **179**
gewinnt beim Versicherungsvertrag das **Diskriminierungsverbot** des AGG gesteigerte Bedeutung: Die Sanktion, die es wegen einer persönlichkeitsverletzenden Ungleichbehandlung vorsieht, trifft Schuldverträge, soweit es um eine Differenzierung wegen des Geschlechts, der Religion, der Behinderung, des Alters oder der sexuellen Identität geht, gewöhnlich nur bei Massengeschäften. Versicherungsverträge unterliegen ihr nach § 19 Abs. 1 Nr. 2 AGG dagegen unbedingt, können aber gemäß § 20 Abs. 2 AGG abgesehen von Schwanger- und Mutterschaft unter Ungleichbehandlung wegen des Geschlechts eingegangen werden, wenn dieses bei einer Risikobewertung aufgrund genauer versicherungsmathematischer und statistischer Daten ein bestimmender Faktor ist.[44] Geringer ist die Hürde bei einer Differenzierung nach Religion, Behinderung, Alter oder sexueller Identität, die lediglich den anerkannten Prinzipien risikoadäquater Kalkulation entsprechen muss. Ohne Einschränkung verboten ist daher lediglich eine Ungleichbehandlung aus Gründen der Rasse oder der ethnischen Herkunft, die nach § 19 Abs. 2 AGG schlechthin unzulässig und auch keiner Rechtfertigung durch Versicherungsmathematik oder Statistik zugänglich ist.[45]

bb) Hergang des Vertragsschlusses und Drittbeteiligung

180 Da die Pflicht des Versicherers zur Information und Mitteilung der Versicherungsbedingungen gemäß § 7 Abs. 1 VVG rechtzeitig vor Abgabe der Vertragserklärung des Versicherungsnehmers zu erfüllen ist, scheidet nun das früher praktizierte Vertragsschlussverfahren aus, bei dem der Versicherungsnehmer einen Antrag stellt, der von dem Versicherer durch Übermittlung des Versicherungsscheins samt der Vertragsbedingungen und der vorgeschriebenen Information angenommen wird. Die gemeinsame Überlassung dieser Dokumente mit der Erklärung des Versicherers kann jetzt nur noch in der Weise erfolgen, dass der Versicherer in Reaktion auf eine *invitatio ad offerendum* ein entsprechendes Angebot zum Vertragsschluss abgibt, das dann vom Versicherungsnehmer erst später angenommen wird. Eine andere Möglichkeit des Vertragsschlusses besteht darin, dass der Versicherer zunächst die Informationen und Vertragsbedingungen übermittelt, dann den Antrag des Versicherungsnehmers entgegennimmt und durch Übersendung des Versicherungsscheins annimmt. Vor allem hier erlangt der **Versicherungsschein**, zu dessen Erteilung der Versicherer nach § 3 Abs. 1 VVG verpflichtet ist, Bedeutung für die Bestimmung des Vertragsinhalts: Weicht sein Inhalt vom Antrag des Versicherungsnehmers oder von der wirklich getroffenen Vereinbarung ab, gilt die Abweichung gemäß § 5 Abs. 1 VVG als vom Versicherungsnehmer genehmigt, wenn die-

---

[44] Dies entspricht Art. 1:207 Abs. 1 der Grundregeln des europäischen Versicherungsvertragsrechts.

[45] Ebenso Art. 1:207 Abs. 2 der Grundregeln des europäischen Versicherungsvertragsrechts.

ser nicht innerhalb eines Monats nach Zugang des Versicherungsscheins in Textform widerspricht.[46] Voraussetzung für diese Wirkung, die der eines kaufmännischen Bestätigungsschreibens ähnelt und von der allgemeinen Rechtsgeschäftslehre des BGB divergiert, ist nach § 5 Abs. 2 VVG ein auffälliger Hinweis des Versicherers auf die Abweichung von der Erklärung des Versicherungsnehmers und zu den Konsequenzen des fehlenden Widerspruchs. Unterbleibt er, ist dies unschädlich, wenn es um eine dem Versicherungsnehmer günstige Abweichung geht.[47] Im Übrigen kommt der Vertrag gemäß § 5 Abs. 3 VVG mit dem Inhalt zustande, den er nach der Erklärung des Versicherungsnehmers hat.[48]

181 Für die Wirksamkeit der Parteierklärungen und die Zurechnung von Wissen kommt es auf Seiten des Versicherers vor allem auf den **Versicherungsvertreter** an. In Umsetzung der Richtlinie über Versicherungsvermittlung unterwerfen ihn die §§ 61 ff. VVG einer eigenen Beratungs-, Dokumentations- und Schadensersatzpflicht, wie sie nach § 6 VVG den Versicherer trifft. Darüber hinaus ist er durch § 69 Abs. 1 VVG mit einer Vollmacht zur Entgegennahme von Erklärungen des Versicherungsnehmers ausgestattet, die nach § 72 VVG nicht durch allgemeine Versicherungsbedingungen ausgeschlossen werden kann; und gemäß § 70 VVG steht seine Kenntnis stets der des Versicherers gleich, sofern er sein Wissen nicht außerhalb seiner Tätigkeit und ohne Zusammenhang mit dem betroffenen Versicherungsvertrag erlangt hat.[49] Auf Seiten des Versicherungsnehmers kommt es zu einer Zurechnung von Wissen vor allem bei Einschaltung eines Versicherungsmaklers, der, obwohl er seine Provision vom Versicherer erhält, dennoch im Lager des Versicherungsnehmers steht.[50] Im Übrigen sollte die Zurechnung von Wissen, Erklärungen und Verhalten beim Vertragsschluss sowie die Frage, ob der Versicherungsnehmer seinen Obliegenheiten nachgekommen ist, nach den allgemeinen Vorschriften der §§ 166, 278 BGB und nicht mit Hilfe des in der Rechtsprechung noch verwendeten Kriteriums erfolgen, ob jemand „**Repräsentant**" des Versicherungsnehmers ist.[51]

---

[46] Diese Genehmigungsfiktion findet keine Anwendung auf eine bloße Abweichung von der *invitatio* des Versicherungsnehmers; vgl. Langheid/Wandt/*Armbrüster* § 5 Rn. 7.

[47] Im Ergebnis ebenso, allerdings unter Rückgriff auf den Einwand der unzulässigen Rechtsausübung Langheid/Wandt/*Armbrüster* § 5 Rn. 29.

[48] Eine entsprechende Regelung enthalten die Grundregeln des europäischen Versicherungsvertragsrechts; vgl. Art. 2:502 PEICL.

[49] Nicht erst diese Neuregelung des Rechts der Versicherungsvertreter im VVG von 2008, sondern schon die frühere „Auge-und-Ohr"-Rechtsprechung hat die Figur der sogenannten Erfüllungshaftung obsolet gemacht, mit der ein Versicherer für die von seinem Vertreter geweckten Erwartungen des Versicherungsnehmers einzustehen hatte; vgl. *Harke*, ZVersWiss 2006, 391, 413 ff. Dass sie jedenfalls nach der Reform des VVG keinen Bestand mehr haben kann, glauben auch *E. Lorenz*, Die „gewohnheitsrechtliche" Erfüllungshaftung des Versicherers im bisherigen und im zukünftigen Versicherungsvertragsgesetz, in: Heldrich u. a. (Hg.), Festschrift für Canaris, München 2007, Bd. 1, S. 757, 772 ff., *Wandt*, Versicherungsrecht, Rn. 410, Langheid/Wandt/*Armbrüster* § 6 Rn. 334 und Langheid/Wandt/*Reiff* § 6 Rn. 79 f.

[50] S. o. Rn. 161.

[51] Richtig Bruck/Möller/*Matusche-Beckmann* § 28 Rn. 81; anders Langheid/Wandt/*Wandt* vor § 28 Rn. 19, § 28 Rn. 111 und Langheid/Wandt/*Looschelders* § 81 Rn. 106 ff.; offen ist der Gesetzgeber; vgl. Begründung des Regierungsentwurfs für das Gesetz zur Reform des Versicherungsvertragsgesetzes, BT- Drucks. 16/3945, S. 79.

Zwar führt es häufig zum selben Ergebnis, weil als Repräsentant nicht nur gilt, wer zur Verwaltung des Versicherungsvertrags befugt ist.[52] Gleichwohl ist der Begriff enger als der des Erfüllungsgehilfen; denn als Repräsentant kann nur gelten, wer ermächtigt ist, selbständig in einem nicht ganz unbedeutenden Umfang für den Versicherungsnehmer die Risikoverwaltung zu betreiben.[53] Das mit der Repräsentantenhaftung verfolgte Ziel, dem Versicherungsnehmer zu verwehren, sich durch Einschaltung eines Dritten zu entlasten,[54] gebietet eine darüber hinausgehende Zurechnung, wie sie durch die Gefährdungshaftung für Erfüllungsgehilfen nach § 278 BGB erfolgt.

Eine weitergehende Zurechnung von Wissen und Verhalten eines Dritten findet **182**
bei der **Versicherung für fremde Rechnung** statt.[55] Sie ist ein Vertrag zugunsten Dritter und unterliegt den hierfür geltenden Bestimmungen der §§ 328 ff. BGB sowie der besonderen Regelung der §§ 43 ff. VVG. Diese lassen eine Drittversicherung auch ohne Benennung des Dritten (§ 43 Abs. 1) und sogar für Rechnung „wen es angeht" zu, wenn die Person des Dritten unbestimmt bleiben soll (§ 47). Für die Abgrenzung zur Stellvertretung besteht nach § 43 Abs. 2 VVG eine Vermutung gegen die Vertretung und für den Vertrag zugunsten Dritter. Dessen Stellung ist allerdings durch § 44 Abs. 2 VVG in der Weise eingeschränkt, das er seinen Anspruch gegen den Versicherer nur dann gerichtlich geltend machen oder darüber verfügen kann, wenn er im Besitz des Versicherungsscheins ist; und die Übermittlung des Versicherungsscheins kann nach Abs. 1 S. 2 der Vorschrift nur der Versicherungsnehmer verlangen. Gemäß § 45 VVG kann dieser zudem über die Rechte des Versicherten aus dem Versicherungsvertrag verfügen kann und ist, solange er noch im Besitz des Versicherungsscheins ist, auch ohne Zustimmung des Versicherten zur Annahme der Leistung des Versicherers befugt.[56] Auf diese Weise wird der Versicherer geschützt, der sich bei seiner Leistung auf den Besitz des Versicherungsscheins verlassen kann. Zugleich erlangt der Versicherungsnehmer ein Mittel zur Durchsetzung seiner etwaigen Rechte gegen den Versicherten, weil er diesem den Versicherungsschein, wie § 46 S. 1 VVG ausdrücklich sagt, nur gegen Erfüllung seiner Ansprüche gegen den Versicherten herausgeben muss. Dessen Kenntnis und Verhalten muss der Versicherungsnehmer nach § 47 VVG freilich gegen sich gelten lassen, es sei denn, dem Versicherten ist eine rechtzeitige Benachrichtigung des Versicherungsnehmers nicht möglich oder zumutbar oder der Vertrag ist ohne Wissen und Auftrag des Versicherten geschlossen und der Versicherungsnehmer hat dies bei Vertragsschluss angezeigt.

---

[52] BGH, NJW 1993, 1862, 1864.

[53] BGH, NJW 1993, 1862, 1864.

[54] *Wandt*, Versicherungsrecht, Rn. 636.

[55] Die Zurechnung greift nicht bei einer Versicherung ein, die wie die auf Halter, Fahrer und Beifahrer erstreckte Kraftfahrzeug-Haftpflichtversicherung eine kombinierte Eigen- und Fremdversicherung ist; vgl. *Wandt*, Versicherungsrecht, Rn. 707.

[56] Eine Pflicht des Versicherers zur Leistung an den Versicherungsnehmer besteht nach § 45 Abs. 3 VVG freilich nur bei Zustimmung des Versicherten.

cc) Die Anzeigepflicht des Versicherungsnehmers

183 Um das übernommene Risiko richtig einzuschätzen und die Prämie zu kalkulieren, kann sich der Versicherer zwar auf die zur Statistik gewordene Lebenserfahrung stützen. Vom individuellen Fall bleibt er damit aber noch so weit entfernt, dass die Gefahr besteht, dass die Prämie unangemessen hoch oder niedrig und deswegen für Versicherungsnehmer oder Versicherer unwirtschaftlich ausfällt. Die Information über die Faktoren, die für die Risikobemessung im Einzelfall wesentlich sind, ist daher gleichermaßen Grundlage und Fehlerquelle für die Festlegung der beiderseitigen Leistungen. Da der Versicherer in aller Regel besser beurteilen kann, welche Informationen für die Beurteilung der Gefahr relevant sind, beschränkt § 19 Abs. 1 VVG ebenso wie die entsprechende Bestimmung der Grundregeln des europäischen Versicherungsvertragsrechts (Art. 1:101 Abs. 1) die vorvertragliche Anzeigepflicht des Versicherungsnehmers auf solche Umstände, nach denen der Versicherer bis zum Zustandekommen des Vertrags in Textform gefragt hat.[57] Die Fehleinschätzung von Umständen, nach denen sich der Versicherer nicht oder in anderer Form erkundigt hat, kann dem Versicherungsnehmer nur dann zum Nachteil gereichen, wenn ihm der Vorwurf einer arglistigen Täuschung gemacht werden kann und der Versicherer deshalb über das ihm von § 123 BGB eingeräumte und in § 22 VVG vorbehaltene Recht zur Anfechtung verfügt.[58] Eine entsprechende Aufklärungspflicht, die das Schweigen des Versicherungsnehmers zur Täuschung werden lässt, kann man bei nicht erfragten Umständen aber bloß im Fall stark individualisierter Vereinbarungen, nicht dagegen bei Standardversicherungsverträgen annehmen.[59]

184 Ebenso wie das Anfechtungsrecht greift auch die Anzeigepflicht nur bei Umständen ein, die dem Versicherungsnehmer bekannt sind. Fahrlässig verkannte Umstände lösen im deutschen Versicherungsrecht anders als nach den der Grundregeln des europäischen Versicherungsvertragsrechts (Art. 2:101 Abs. 2) keine Rechtsfolgen aus und fallen damit in den Risikobereich des Versicherers, auf dessen Leistungspflicht der Versicherungsnehmer andernfalls auch kaum vertrauen dürfte. Wegen der Beschränkung auf bekannte Umstände reduziert sich das Verschuldenserfordernis im Wesentlichen auf das Problem, ob der Versicherungsnehmer die Frage des Versicherers richtig verstanden hat oder, ohne sich den Vorwurf grober Fahrlässigkeit gefallen lassen zu müssen, anders hätte verstehen und zum Anlass für die korrekte Anzeige des ihm bekannten Umstand nehmen müssen. Kann er den Nachweis führen, dass die Fehl- oder Falschanzeige weder auf seinen Vorsatz noch auf seine grobe Fahrlässigkeit zurückgeht, darf der Versicherer, wenn der Umstand,

---

[57] Die Antwort des Versicherungsnehmers kann dagegen auch mündlich erfolgen; vgl. Bruck/Möller/*Rolfs* § 19 Rn. 80.

[58] Anders zu Unrecht *Schäfers*, Das Verhältnis der vorvertraglichen Anzeigepflicht (§§ 19 ff. VVG) zur *culpa in contahendo*, VersR 2010, 301, 304 ff., der eine Haftung für *culpa in contrahendo* gemäß §§ 241 Abs. 2, 280 Abs. 1, 311 Abs. 2 BGB, aber mit den Rechtsfolgen des § 19 VVG, für den Fall befürwortet, dass der Versicherer schuldlos gegen seine Nachfrageobliegenheit verstoßen hat, indem er einen atypischen Umstand aufgrund einer durchschnittlich sorgsamen Risikoprüfung verkannt hat.

[59] *Brand*, Grenzen der vorvertraglichen Anzeigepflichten des Versicherungsnehmers, VersR 2009, 715, 721

wie regelmäßig zu unterstellen ist,[60] für seine Entscheidung zum Vertragsschluss erheblich war, den Vertrag nach § 19 Abs. 3 VVG mit einmonatiger Frist **kündigen**, bleibt aber für einen vorher eingetretenen Versicherungsfall leistungspflichtig. War der Verstoß gegen die Anzeigepflicht nicht für die Entscheidung des Versicherers zum Vertragsschluss ursächlich, ist sein Kündigungsrecht nach Abs. 4 der Vorschrift ausgeschlossen, der Versicherer auf das Recht beschränkt, mit Wirkung für die Zukunft eine Anpassung des Vertrags, insbesondere eine Erhöhung der Prämie oder einen Ausschluss des Versicherungsschutzes für den nicht oder falsch angezeigten Umstand, zu verlangen. Der Versicherungsnehmer kann den Versicherungsvertrag gemäß § 19 Abs. 6 VVG bei einem Risikoausschluss unbedingt, bei einer Prämienerhöhung ab deren Steigerung um mehr als 10 % innerhalb eines Monats seit der Mitteilung des Versicherers über die Vertragsänderung kündigen. Das Recht des Versicherers zu Kündigung oder Vertragsanpassung ist nach § 19 Abs. 5 S. 2 VVG ausgeschlossen, wenn der Versicherer auf anderem Wege von dem nicht oder unrichtig angezeigten Umstand erfahren hat.[61] Dies gilt vor allem bei einer Mitteilung an den Versicherungsvertreter, dessen Kenntnis dem Versicherer gemäß § 70 VVG zugerechnet wird. Dem Wissen des Versicherers von dem gefahrerheblichen Umstand muss man im Wege der Analo-gie den in den der Grundregeln des europäischen Versicherungsvertragsrechts (Art. 2:102 Buchst. a) eigens geregelten Fall gleichstellen, dass der Versicherer trotz offensichtlich lückenhafter oder widersprüchlicher Angaben des Versicherungsnehmers von einer weiteren Nachfrage abgesehen hat.[62] Hat der Versicherer unter diesen Umständen auch keine positive Kenntnis von dem nicht oder unrichtig angezeigten Umstand, musste sich dieser ihm doch geradezu aufdrängen, so dass er des Schutzes von § 19 VVG nicht bedarf.

Gelingt dem Versicherungsnehmer die Entlastung vom Vorwurf des Vorsatzes **185**
oder der groben Fahrlässigkeit nicht, ist der Versicherer gemäß Abs. 2 der Vorschrift zum **Rücktritt** berechtigt, was nach § 21 Abs. 2 S. 1 VVG zur Folge hat, dass er trotz Eintritt des Versicherungsfalls nicht zur Leistung verpflichtet ist, es sei denn, der maßgebliche Umstand war weder für Eintritt oder Feststellung der Leistungspflicht noch für die Feststellung ihres Umfangs ursächlich. Da er nach § 39 Abs. 1 S. 2 VVG gleichwohl die Prämie bis zur Wirksamkeit seiner Rücktrittserklärung beanspruchen kann, bewirkt der Rücktritt nicht etwa die vollständige Rückabwicklung des Vertrags, sondern dass dieser bis zur Rücktrittserklärung in modifizierter Form durchgeführt wird:[63] Dem Versicherungsnehmer, der grob fahr-

[60] Vgl. die Begründung des Regierungsentwurfs für das Gesetz zur Reform des Versicherungsvertragsgesetzes, BT- Drucks. 16/3945, S. 64.

[61] Einen strengeren Maßstab legen hier ebenso wie beim Versicherungsnehmer die Grundregeln des europäischen Versicherungsvertragsrechts an, die schon eine fahrlässige Unkenntnis des Versicherers genügen lassen; vgl. Art. 2:103 Buchst. d PEICL.

[62] So im Ergebnis ebenfalls BGH, NJW-RR 2008, 979, 980, allerdings unter unnötigem Rückgriff auf den Einwand unzulässiger Rechtsausübung. Zur Kritik an dem vom BGH geprägten Begriff einer „Nachfrageobliegenheit" Bruck/Möller/*Rolfs* § 19 Rn. 92.

[63] Und nicht etwa *ex tunc* beseitigt wird, wie der Gesetzgeber meint; vgl. die Begründung des Regierungsentwurfs für das Gesetz zur Reform des Versicherungsvertragsgesetzes, BT-Drucks. 16/3945, S. 65.

lässig gegen seine vorvertragliche Anzeigepflicht verstoßen hat, wird die Garantie auferlegt, dass der nicht oder falsch angezeigte Umstand aus der Leistungspflicht des Versicherers heraus fällt. Kann dem Versicherungsnehmer der Vorwurf gemacht werden, dass er die Anzeigepflicht arglistig, also mindestens in Kenntnis der möglichen Folgen seines Verhaltens, verletzt hat, ist der Versicherer gemäß § 21 Abs. 2 S. 2 VVG sogar völlig leistungsfrei, die Prämie demnach ohne jegliche Gegenleistung geschuldet. Dasselbe gilt im Fall der Anfechtung wegen arglistiger Täuschung, die die Leistungspflicht des Versicherers völlig, gemäß § 39 Abs. 1 S. 2 VVG aber nicht seinen Anspruch auf die bis zur Wirksamkeit der Anfechtungserklärung zu zahlende Prämie beseitigt. Kann der Versicherer nicht anfechten, wird sein Auflösungsrecht nach § 19 Abs. 4 VVG wiederum durch eine Befugnis zur Vertragsanpassung beschränkt, falls er den Vertrag auch bei gehöriger Anzeige abgeschlossen hätte. Wegen des Verschuldens des Versicherungsnehmers kann die Anpassung in diesem Fall allerdings rückwirkend verlangt werden; und der Versicherungsnehmer kann ihr nicht durch eine Kündigung begegnen. Freilich ist bei einem rückwirkenden Risikoausschluss zur Vermeidung eines Widerspruchs zur Rücktrittsregelung des § 21 Abs. 2 VVG diese Bestimmung analog anzuwenden, so dass der Versicherer bei mangelnder Kausalität der Anzeigepflichtverletzung zum Versicherungsfall zur Leistung verpflichtet bleibt.[64] Wiederum sind nach § 19 Abs. 5 S. 2 VVG die Rechte zu Vertragsauflösung und -anpassung ausgeschlossen, wenn der Versicherer über den nicht oder falsch angezeigten Umstand aus anderer Quelle, vor allem durch Mitteilung an den Versicherungsvertreter, unterrichtet worden ist.

186 Das Kündigungs-, Rücktritts- und Anpassungsrecht des Versicherers ist nach § 19 Abs. 5 S. 1 VVG **ausgeschlossen**, wenn er den Versicherungsnehmer hierüber nicht noch vor Vertragsschluss durch gesonderte Mitteilung in Textform unterrichtet hat. Folgt sie der Antwort des Versicherungsnehmers auf die Fragen über gefahrerhebliche Umstände zeitlich nach, muss sich aus ihr ergeben, dass sie sich auf die schon beantworteten Fragen bezieht.[65] Erfährt der Versicherer von dem Verstoß gegen die Anzeigepflicht, kann er das ihm deshalb zustehende Recht gemäß § 21 Abs. 1 VVG nur durch schriftliche und begründete Erklärung innerhalb eines Monats ab dem Zeitpunkt ausüben, in dem er von der Verletzung der Anzeigepflicht erfährt. Dies führt dazu, dass er, um der Entlastung des Versicherungsnehmers vom Vorwurf des Vorsatzes oder groben Fahrlässigkeit sowie dem Nachweis mangelnder Kausalität zum Vertragsschluss vorzubeugen, stets neben dem Rücktritt von vornherein auch hilfsweise die Kündigung erklären und höchst hilfsweise eine Anpassung des Vertrags verlangen muss.[66] Unabhängig von seiner Kenntnis erlöschen die Rechte des Versicherers gemäß § 21 Abs. 3 VVG spätestens nach fünf Jahren, im Fall von Vorsatz oder grober Fahrlässigkeit nach zehn Jahren. Auch wenn diese Fristen verstrichen sind, kann der Versicherer sich auf seine Rechte aber noch für vorher eingetretene Versicherungsfälle berufen, damit der Versicherungsnehmer

---

64 Bruck/Möller/*Rolfs* § 21 Rn. 32; anders Langheid/Wandt/*Muschner* § 21 Rn. 49.

65 Richtig *Wandt*, Versicherungsrecht, Rn. 810.

66 *Wandt*, Versicherungsrecht, Rn. 813.

die Rechte des Versicherers nicht durch die verzögerte Geltendmachung des Versicherungsfalls umgehen kann.

c) Vertragsdurchführung

aa) Leistungspflichten von Versicherer und Versicherungsnehmer

Die Leistungspflicht des Versicherers entsteht, wenn der Versicherungsfall innerhalb des versicherten Zeitraums, der sogenannten materiellen **Versicherungsdauer**, eintritt. Gemäß § 10 VVG setzt sie mangels abweichender Vereinbarung zugleich mit der sogenannten formellen Versicherungsdauer, nämlich mit dem Beginn des Tages ein, an dem der Versicherungsvertrag geschlossen wird. Neben formeller und materieller gibt es noch die „technische" Versicherungsdauer, die jedoch fiktiv ist und nur ausdrückt, dass der Versicherungsnehmer, um in den Genuss eines Tarifvorteils zu kommen, eine Prämie für einen bereits vergangenen Zeitraum leistet, für den er aber keinen Versicherungsschutz genießt. Anders verhält es sich bei der in § 2 VVG zugelassenen Rückwärtsversicherung, bei der regelrechter Versicherungsschutz für einen vor dem Zeitpunkt des Vertragsschlusses liegenden Zeitraum gewährt wird. Noch bevor der Versicherungsschutz einsetzt, erhält der Versicherungsnehmer regelmäßig eine vorläufige Deckung des versicherten Risikos. Nach § 49 Abs. 1 VVG ist sie Gegenstand eines vom Hauptvertrag gesonderten Versicherungsvertrags, der gemäß § 52 Abs. 1 S. 1 VVG spätestens in dem Zeitpunkt endet, zu dem ein gleichartiger Versicherungsschutz aufgrund des Haupt- oder eines weiteren Vertrags über vorläufige Deckung beginnt, und zwar nach Abs. 2 der Vorschrift auch dann, wenn dieser Vertrag mit einem anderen Versicherer geschlossen wird. Im Übrigen hat jede Partei eines Vertrags über vorläufige Deckung gemäß § 52 Abs. 3 VVG das Recht zur fristlosen Kündigung, die, wenn sie vom Versicherer ausgesprochen wird, freilich erst nach Ablauf von zwei Wochen seit ihrem Zugang wirksam wird. Für den Hauptvertrag mit unbestimmter Laufzeit sieht § 11 VVG in seinen Abs. 2 und 3 ein Kündigungsrecht vor, das mit einer im Rahmen von ein bis drei Monaten festzulegenden Frist mit Wirkung zum Schluss einer Versicherungsperiode auszuüben ist, welche nach § 12 VVG im Zweifel ein Jahr beträgt. Auf das Kündigungsrecht kann bis zur Dauer von zwei Jahren verzichtet werden, so dass der Vertrag zum Ablauf von drei Jahren gekündigt werden kann. Dem entspricht es, dass bei einem Vertrag, der für die Dauer von mehr als drei Jahren geschlossen ist, nach § 11 Abs. 4 VVG zumindest der Versicherungsnehmer zum Schluss des dritten und jedes darauf folgenden Jahres mit einer Frist von drei Monaten kündigen kann. Bei Vereinbarung einer mangels Kündigung automatisch verlängerten Vertragsdauer darf sich die Verlängerung gemäß § 11 Abs. 1 VVG auf nicht mehr als ein Jahr erstrecken. Für die Schadensversicherung sieht § 92 VVG vor, dass das Versicherungsverhältnis außerdem nach Eintritt des Versicherungsfalls und binnen eines Monats nach Abschluss der Verhandlungen über die Entschädigung gekündigt werden kann, durch den Versicherer mit Wirkung zum Ablauf eines weiteren Monats, durch den Versicherungsnehmer nicht für einen späteren Zeitpunkt als den Schluss der laufenden Versicherungsperiode. Grund für dieses auch als zulässiger Klauselinhalt in den Grundregeln des europäischen Versicherungsvertragsrechts (Art. 2:604) vorgesehene Kündigungsrecht ist, dass sich beide Parteien nach dem 187

Versicherungsfall und seiner Bewältigung besser einschätzen können, so dass ihnen Gelegenheit gegeben werden soll, ihren Entschluss zur Vertragsbindung zu überdenken.

188 Die bei Eintritt des Versicherungsfalls zu erbringende **Leistung** des **Versicherers** besteht bei der Summenversicherung in der Zahlung der Versicherungssumme, bei der Schadensversicherung im Ausgleich des Schadens, der gewöhnlich durch Geldleistung, bei der Haftpflichtversicherung durch Freistellung vom Anspruch des Geschädigten oder in der Abwehr der unberechtigten Forderung eines nur vermeintlich Geschädigten erfolgt. Eine Geldleistung des Versicherers ist nach § 14 Abs. 1 VVG fällig, wenn die Feststellung des Versicherungsfalles und die für den Umfang der Leistungspflicht notwendigen Erhebungen abgeschlossen sind.[67] Der Umfang des Schadens bestimmt das versicherte Interesse, nämlich den Versicherungswert, der nach § 88 VVG bei der Sachversicherung in den Kosten für die Wiederbeschaffung oder Wiederherstellung der versicherten Sache in neuwertigem Zustand unter Abzug des so entstandenen Mehrwerts („neu für alt") besteht. Die Versicherungssumme gibt den Höchstbetrag der Leistungspflicht des Versicherers an und entspricht der Einschätzung des Versicherungswerts durch Parteien bei Vertragsschluss. Weicht sie erheblich von dem wirklichen Versicherungswert ab, kommt es zu einer Anpassung des Vertrags: Bei einer erheblichen Unterversicherung muss der Versicherer, der eine im Verhältnis zum drohenden Schaden zu geringe Prämie erhalten hat, seine Leistung gemäß § 75 VVG auch nur in dem Verhältnis erbringen, in dem die Versicherungssumme zu dem wirklichen Versicherungswert steht, einen Teilschaden also nach der Quote ersetzen, die sich aus der Division von Versicherungssumme und Versicherungswert ergibt.[68] Bei der erheblichen Überversicherung können beide Vertragsparteien nach § 74 Abs. 1 VVG eine gleichmäßige Herabsetzung von Versicherungssumme und Prämie verlangen;[69] und gemäß § 76 VVG verliert in diesem Fall auch die Vereinbarung einer Taxe ihre Gültigkeit. Mit ihr können die Parteien sich die konkrete Feststellung des Versicherungswerts ersparen und so dafür sorgen können, dass der Versicherungsnehmer mehr erhält, als sein tatsächlicher Schaden ausmacht. Eine solche Überkompensation ist durchaus mit dem Zweck der Schadensversicherung vereinbar,[70] weil diese allein an das Leistungsversprechen des Versicherers anknüpft und nicht den für das Schadensersatzrecht geltenden Regeln unterliegt. Die Erheblichkeitsgrenze, der die Vertragsanpassung wegen Über- oder Unterversicherung und die Vereinbarung einer Taxe unterliegen, ist in allen drei Fällen einheitlich zu ziehen[71] und im Regelfall bei einer Abweichung von der Versicherungssumme um 10 % erreicht[72].

---

[67] Dauern die Erhebungen mehr als einen Monat ab der Anzeige des Versicherungsfalls, kann der Versicherungsnehmer nach § 14 Abs. 2 VVG Abschlagszahlungen verlangen.

[68] Dies sehen auch die Grundregeln des europäischen Versicherungsvertragsrechts vor; vgl. Art. 8:102 Abs. 2 PEICL.

[69] Eine entsprechende Vorschrift findet sich auch in den Grundregeln des europäischen Versicherungsvertragsrechts; vgl. Art. 8:103 Abs. 1 PEICL.

[70] BGH, NJW 2001, 3539, 3540.

[71] Vgl. die Begründung des Regierungsentwurfs für das Gesetz zur Reform des Versicherungsvertragsgesetzes, BT- Drucks. 16/3945, S. 78

[72] BGH, NJW 2001, 3539, 3540.

Begründet eine Überversicherung nur ein Recht der Vertragsparteien zur Vertragsanpassung, führt der völlige Ausfall des versicherten Interesses, mit dem die Leistung des Versicherers unmöglich wird, bei der Schadensversicherung zu einem automatischen Ausschluss des **Prämienanspruchs**: Fehlt das Interesse von vornherein, ist der Versicherungsnehmer nach § 80 Abs. 1 VVG von der Pflicht zur Zahlung der Prämie befreit, der Versicherer auf die Forderung einer angemessenen Geschäftsgebühr beschränkt[73].[74] Für die Rückwärtsversicherung, bei der die Parteien gerade mit dem Ausfall des versicherten Interesses rechnen und der Versicherungsnehmer nur gegen die Ungewissheit hierüber geschützt sein will, gilt dies nach § 2 Abs. 2 S. 1 VVG allerdings nur in dem Fall, dass der Versicherer den Mangel des Versicherungsfalls bei Vertragsschluss kannte.[75] Fällt das Interesse nach dem Beginn der Versicherung weg, kann der Versicherer gemäß § 80 Abs. 2 VVG eine Prämie nur in der Höhe verlangen, in der sie bei Abschluss einer Versicherung bis zum Zeitpunkt der Kenntnis des Versicherers vom Interessewegfall vereinbart worden wäre.[76] Diese Regeln modifizieren das allgemeine Leistungsstörungsregime des § 326 Abs. 1 BGB, der für den Fall vollständiger oder teilweiser Unmöglichkeit einer Leistung einen korrespondierenden Aus- oder Wegfall des Anspruchs auf die Gegenleistung vorsieht. Die automatische Minderung der Prämie, die § 80 Abs. 2 VVG für den Fall einer zeitlichen Teilunmöglichkeit der Leistung des Versicherers anordnet, passt eigentlich auch auf die Überversicherung als sachliche Teilunmöglichkeit der Versichererleistung; sie widerspräche jedoch dem Interesse der Parteien an der Vorhersehbarkeit ihrer Leistungen: Sowohl der Versicherer als auch der Versicherungsnehmer möchten aufgrund der Versicherungssumme die Gegenleistung im Voraus kalkulieren können, so dass die Ausrichtung am wirklichen Versicherungswert nur bei einer erheblichen Abweichung in Betracht kommt und der Initiative einer der Vertragsparteien überlassen bleiben muss. Eine Ausnahme gilt bei der vom Versicherungsnehmer in betrügerischer Absicht abgeschlossene Überversicherung, für die § 74 Abs. 2 VVG die Rechtsfolgen eines Fehlen eines versicherten Interesses (§ 80 Abs. 3 VVG), nämlich die Nichtigkeit des Vertrags und einen Verfall der Prämien anordnet, welche bis zum Eintritt der Kenntnis des Versicherers von dem Nichtigkeitsgrund zu leisten sind.[77] Der betrügerische Versicherungsnehmer wird hier regelrecht bestraft.[78] 189

[73] Dies sehen auch die Grundregeln des europäischen Versicherungsvertragsrechts vor; vgl. Art. 12:101 Abs. 1 PEICL.

[74] Diese Bestimmung ist auch dann nicht analog auf eine Summenversicherung anwendbar, wenn diese ein Schadensersatzinteresse befriedigt; vgl. BGH, NJW 1990, 2807, 2808.

[75] Die umgekehrte Rechtsfolge einer Leistungsfreiheit des Versicherers sieht S. 1 der Vorschrift für den spiegelbildlichen Fall vor, dass der Versicherungsnehmer vom Eintritt des Versicherungsfalls weiß.

[76] Die Grundregeln des europäischen Versicherungsvertragsrechts sehen für diesen Fall eine Vertragsbeendigung vor; vgl. Art. 12:101 Abs. 2 PEICL.

[77] Eine vergleichbare Regelung für die Mehrfachversicherung (s. u. Rn. 196) enthält § 78 Abs. 3 VVG.

[78] Der Gesetzgeber bekennt sich zu dieser Straffunktion, indem er den Prämienverfall mit „Präventivgründen" rechtfertigt; vgl. die Begründung des Regierungsentwurfs für das Gesetz zur Reform des Versicherungsvertragsgesetzes, BT- Drucks. 16/3945, S. 79.

190 Bei der Wirkung eines Verstoßes gegen die Prämienzahlungspflicht auf die Leistungspflicht des Versicherers weicht das Versicherungsvertragsrecht noch stärker von den allgemeinen Regeln ab, indem es eine drastische Sanktion für die Säumnis bei der Zahlung einer Erst- oder Einmalprämie vorsieht. Gemäß § 33 Abs. 1 VVG wird diese nach Ablauf von zwei Wochen seit Zugang des Versicherungsscheins fällig, wenn im Normalfall auch die Widerrufsfrist für den Versicherungsnehmer endet[79]. Wird die **Erst**- oder **Einmalprämie** nicht rechtzeitig bezahlt, steht dem Versicherer nicht nur gemäß § 37 Abs. 1 VVG unmittelbar und ohne die Voraussetzung einer Fristsetzung ein Rücktrittsrecht zu, das der Versicherungsnehmer nur durch den selten zu führenden Beweis mangelnden Vertretenmüssens beseitigen kann. Nach Abs. 2 der Vorschrift ist der Versicherer vorbehaltlich des Nachweises fehlenden Verschuldens durch den Versicherungsnehmer auch leistungsfrei, wenn die Prämie bei Eintritt des Versicherungsfalls noch nicht gezahlt ist und der Versicherer den Versicherungsnehmer auf diese Rechtsfolge durch gesonderte Mitteilung oder einen auffälligen Hinweis im Versicherungsschein aufmerksam gemacht hat. Trotz eines nach § 10 VVG schon mit dem Vertragsschluss eintretenden Beginns der Versicherung ist die Leistungspflicht des Versicherers also wie bei einem Realvertrag durch die Vorleistung des Versicherungsnehmers bedingt, falls nicht eine sogenannte „deckende Stundung" vereinbart, der Versicherungsschutz also ausnahmsweise vor der Zahlung der Erst- oder Einmalprämie zu gewähren ist.[80] Damit der Versicherer seine Leistungsfreiheit nicht ohne hinreichende Warnung des Versicherungsnehmers erreichen kann, muss man dem Erfordernis einer gesonderten Belehrung auch den nach § 37 Abs. 1 VVG möglichen Rücktritt unterwerfen, der ebenfalls zur Leistungsfreiheit des Versicherers führt.[81] Eine Beschränkung der Wirkung des Rücktritts auf künftige Versicherungsfälle kommt dagegen nicht in Betracht, weil der Versicherer gemäß § 39 Abs. 1 S. 3 VVG nach seinem Rücktritt statt einer Prämie nur eine angemessene Geschäftsgebühr zum Ausgleich des entstandenen Verwaltungsaufwands verlangen kann. Beim Vertrag über vorläufige Deckung gilt das Regime des Verzugs mit einer Erst- oder Einmalprämie nicht automatisch, sondern gemäß § 51 Abs. 1 VVG nur kraft besonderer Vereinbarung, die ebenfalls einer gesonderten Mitteilung oder eines auffälligen Hinweises im Versicherungsschein bedarf. Ein Verzug des Versicherungsnehmers mit der für den Hauptvertrag zu leistenden Prämie führt nach § 52 Abs. 1 S. 2 VVG auch zum Ende des Vertrags über die vorläufige Deckung.

191 Dem allgemeinen Leistungsstörungsrecht näher stehen wiederum die Regeln über die Verzögerung der Zahlung einer **Folgeprämie**. Hier tritt die Leistungsfreiheit des Versicherers nach § 38 Abs. 2 VVG erst mit fruchtlosem Ablauf einer

---

[79] Vgl. die Begründung des Regierungsentwurfs für das Gesetz zur Reform des Versicherungsvertragsgesetzes, BT- Drucks. 16/3945, S. 70. Diese Verknüpfung rechtfertigt noch keine korrigierende Anwendung von § 33 Abs. 1 mit dem Ziel, die Fälligkeit stets erst mit dem Ablauf der Widerrufsfrist eintreten zu lassen; vgl. *Wandt*, Versicherungsrecht, Rn. 503.

[80] Eine solche deckende Stundung überwindet nur die Leistungsfreiheit, beseitigt aber weder das Rücktrittsrecht nach § 37 Abs. 1 VVG noch macht sie die Erst- zu einer Folgeprämie; vgl. *Wandt*, Versicherungsrecht, Rn. 528.

[81] Vgl. *Wandt*, Versicherungsrecht, Rn. 518.

Nachfrist ein, die gemäß Abs. 1 der Vorschrift mindestens zwei Wochen betragen muss und vom Versicherer in Textform unter Auflistung von Prämienrückstand, Zinsen und Kosten sowie unter Hinweis auf die Rechtsfolgen der weiteren Nichtzahlung gesetzt werden muss. Wie bei der Erstprämie setzt die Leistungsfreiheit des Versicherers ein Verschulden des Versicherungsnehmers voraus, der sich im Verzug befinden muss. Dasselbe gilt für das mit Fristablauf einsetzende Kündigungsrecht nach § 38 Abs. 3 VVG, das vom Versicherer schon bedingt mit der Fristsetzung ausgeübt werden kann, aber wieder wegfällt, wenn der Versicherungsnehmer innerhalb eines Monats nach Erklärung der Kündigung oder Fristablauf zahlt. Bleibt die Kündigung wirksam, steht dem Versicherer die Prämie gemäß § 39 Abs. 1 S. 1 VVG nur für den Zeitraum zu, in dem Versicherungsschutz bestand, also bis zum Ablauf der Nachfrist[82].

bb) Riskantes Verhalten des Versicherungsnehmers

Damit das Verhältnis von Versicherungsprämie und versichertem Risiko auch nach **192**
Vertragsschluss gewahrt bleibt, sieht § 41 VVG für den Fall, dass ein gefahrsteigernder Umstand nachträglich wegfällt, schlicht ein Recht des Versicherungsnehmers auf Herabsetzung der Prämie vor. An eine **nachträgliche Erhöhung** der Gefahr durch den Versicherungsnehmer oder ihre unterbliebene Mitteilung an den Versicherer knüpft das VVG dagegen ein komplexeres Programm von Rechtsfolgen, die als zulässiger Inhalt einer Vertragsbestimmung auch in den Grundregeln des europäischen Versicherungsvertragsrechts (Art. 4:203 f.) beschrieben und den Konsequenzen eines Verstoßes gegen die vorvertragliche Anzeigepflicht ähnlich sind: Ist die Gefahrerhöhung[83] nicht nur unerheblich oder als von vornherein mitversichert anzusehen und daher gemäß § 27 VVG zu vernachlässigen,[84] begründet sie nicht nur ein Recht des Versicherers zur Kündigung oder Vertragsanpassung, sondern stellt ihn auch leistungsfrei. Dem Versicherungsnehmer wird also wie bei der Verletzung seiner vorvertraglichen Anzeigepflicht wiederum die Garantie auferlegt, dass der Umstand, auf den sich sein Fehlverhalten bezieht, keine Leistungspflicht des Versicherers auslöst. Anknüpfungspunkt sind zum einen der Verstoß gegen die in § 23 Abs. 1 VVG normierte Pflicht, die Gefahr des Versicherungsfalls nicht selbst zu steigern oder ihre Erhöhung zu gestatten, zum anderen die Verletzung der in Abs. 3 der Vorschrift genannten Pflicht, eine nicht selbst geschaffene oder gestattete Gefahrerhöhung dem Versicherer unverzüglich anzuzeigen.[85] Hier wie dort führt der Pflichtverstoß des Versicherungsnehmers gemäß § 26 Abs. 1 und 2 VVG zur Leistungsfreiheit des Versicherers, wenn der Versicherungsnehmer

---

[82] Zweifelnd insoweit offenbar *Wandt*, Versicherungsrecht, Rn. 521.

[83] Sie wird beim Zusammenspiel mehrerer Faktoren nach deren Gesamtergebnis beurteilt; vgl. BGH, NJW-RR 2004, 1476, 1477.

[84] Dies gilt etwa für bloß vorübergehende Gefahrsteigerungen; vgl. *Wandt*, Versicherungsrecht, Rn. 829 f.; anders Bruck/Möller/*Matusche-Beckmann* § 27 Rn. 4, die schon das Vorliegen einer Gefahrerhöhung an das Erfordernis ihrer Dauerhaftigkeit bindet.

[85] Der gleichbehandelte dritte Tatbestand: die selbst unbewusst herbeigeführte oder gestattete und nachträglich erkannte Gefahrerhöhung (§ 23 Abs. 2 VVG), spielt daneben praktisch kaum eine Rolle.

vorsätzlich gehandelt hat; und im Fall seiner groben Fahrlässigkeit begründet er ein Kürzungsrecht nach dem Maß des Verschuldens. Hat der Versicherungsnehmer die Gefahrerhöhung nicht selbst bewirkt, sondern bloß gegen seine Anzeigepflicht verstoßen, muss der Versicherungsfall, für den der Versicherer von seiner Leistungspflicht befreit ist, zudem später als einen Monat nach dem Zeitpunkt eingetreten sein, zu dem die Anzeige hätte zugegangen sein müssen. Die Leistungsfreiheit ist darüber hinaus nach § 26 Abs. 3 VVG dadurch bedingt, dass dem Versicherungsnehmer der Nachweis mangelnder Kausalität zwischen Gefahrerhöhung und Eintritt des Versicherungsfalls oder Umfang der Leistungspflicht misslingt, und setzt ferner voraus, dass der Versicherer rechtzeitig von seinem Kündigungsrecht Gebrauch macht. Dieses steht ihm gemäß § 24 Abs. 1 VVG bei einer vom Versicherungsnehmer selbst herbeigeführten oder gestatteten Gefahrerhöhung schon bei leichter Fahrlässigkeit des Versicherungsnehmers zu[86] und ist nach Abs. 3 der Vorschrift innerhalb eines Monats ab Kenntnis des Versicherers von der Gefahrerhöhung auszuüben. Im gesetzlich vermuteten Fall von Vorsatz und grober Fahrlässigkeit wirkt die Kündigung sofort, bei leichter Fahrlässigkeit des Versicherungsnehmers nach einem Monat.[87] Diese Kündigungsfrist gilt gemäß § 24 Abs. 2 VVG stets für die Kündigung wegen Verletzung der Anzeigepflicht, die, obwohl es das Gesetz nicht ausdrücklich sagt, ebenfalls mindestens leichte Fahrlässigkeit des Versicherungsnehmers voraussetzt[88]. Statt zu kündigen, kann der Versicherungsnehmer gemäß § 25 VVG innerhalb der Frist, die ihm für die Ausübung der Kündigung zur Verfügung steht, auch eine Erhöhung der Prämie verlangen oder die erhöhte Gefahr aus seiner Leistungspflicht ausschließen.[89] Dass die Leistungsfreiheit des Versicherers, sofern sie sich nicht schon aus diesem Risikoausschluss ergibt,[90] nur bei einer rechtzeitigen Kündigung des Versicherungsvertrags besteht, liegt daran, dass der Versicherer, wenn er ganz untätig bleibt, die erhöhte Gefahr stillschweigend und, wenn er die Prämie anpasst, sogar ausdrücklich als das von ihm zu tragende Risiko akzeptiert.

193 Eine pflichtwidrig herbeigeführte Gefahrerhöhung, die im Eintritt des Versicherungsfalls mündet, erfüllt neben den Tatbeständen der §§ 23 ff. VVG in aller Regel auch den des § 81 VVG. Er schließt die Leistungspflicht des Versicherers bei der Schadensversicherung aus, falls der Versicherungsnehmer den **Versicherungsfall**

---

86 Für den Gesetzgeber ist diese Abweichung von den allgemeinen Regeln über Obliegenheiten durch den Charakter der Gefahrerhöhung als Dauerverstoß gerechtfertigt; vgl. die Begründung des Regierungsentwurfs für das Gesetz zur Reform des Versicherungsvertragsgesetzes, BT- Drucks. 16/3945, S. 67.

87 Entscheidend für den Grad des Verschuldens ist dabei vor allem die Frage, ob der Versicherungsnehmer einen Umstand als gefahrrelevant wahrgenommen hat oder hätte wahrnehmen müssen.

88 *Wandt*, Versicherungsrecht, Rn. 842, 844, Langheid/Wandt/*Wrabetz/Reusch* § 24 Rn. 11.

89 Dies berechtigt wiederum den Versicherungsnehmer zur Kündigung, und zwar beim Risikoausschluss unbedingt, bei der Prämienerhöhung ab deren Steigerung um mehr als 10 %.

90 Dieser wirkt nach dem Wortlaut des Gesetzes zwar ab Gefahrerhöhung, kann aber nicht vor dem Moment gelten, ab dem Leistungsfreiheit nach § 26 VVG besteht; vgl. *Wandt*, Versicherungsrecht, Rn. 859.

vorsätzlich, also unter Inkaufnahme des Schadens oder zumindest des leistungsbegründenden Umstands,[91] **herbeigeführt** hat. Hat er lediglich grob fahrlässig gehandelt, ist der Versicherer zur Kürzung seiner Leistung nach dem Maß des Verschuldens berechtigt. Diese Einschränkung des Versicherungsschutzes, die in ähnlicher Weise auch in den Grundregeln des europäischen Versicherungsvertragsrechts vorgesehen (Art. 9:101)[92] ist, wird im Gegensatz zur Sanktion der Gefahrerhöhung nicht als Folge einer Obliegenheitsverletzung, sondern als immanente Schranke des Leistungsversprechens des Versicherers angesehen. Denn es ist selbstverständlich, dass sich dieser für den Fall einer Herbeiführung des Versicherungsfalls durch den Versicherungsnehmer gar nicht erst verbindlich machen will. Dem Versicherer obliegt aber außer dem Nachweis der Kausalität auch der eines Verschuldens des Versicherungsnehmers, weil die Leistungsfreiheit wegen Herbeiführung des Versicherungsfalls nicht an ein bestimmtes Fehlverhalten wie die Gefahrerhöhung oder ihre Nichtanzeige anknüpft, die bereits ein grobes Verschulden des Versicherungsnehmers indiziert. Hat der Versicherer trotz Kenntnis einer vorangegangenen Gefahrerhöhung davon abgesehen, den Versicherungsvertrag zu kündigen, verliert er wegen der stillschweigenden Akzeptanz der Gefahrenlage und einer damit verbundenen Erweiterung seiner Leistungspflicht freilich die Möglichkeit, sich auf die Herbeiführung des Versicherungsfalls durch den Versicherungsnehmer zu berufen. Ließe man diesen Einwand zu, bestünde ein Wertungswiderspruch zum Regime der Gefahrerhöhung, die folgenlos bleibt, wenn der Versicherer nicht durch Kündigung oder Vertragsanpassung reagiert.

Anders als die Herbeiführung des Versicherungsfalls ist die Pflicht des Versi- 194
cherungsnehmers zur **Abwendung** oder **Minderung** des Schadens sowie zur Einholung und Befolgung von Weisungen des Versicherers zu beurteilen. Während sie in den Grundregeln des europäischen Versicherungsvertragsrechts keine besondere Erwähnung findet und hier deshalb nur als Unterfall der Herbeiführung des Versicherungsfalls behandelt werden kann, erklärt § 82 VVG sie ausdrücklich zur Obliegenheit des Versicherungsnehmers und bürdet ihm den Beweis dafür auf, dass er sie nicht grob fahrlässig verletzt hat. Kann er ihn nicht führen, ist der Versicherer entsprechend der Schwere des Verschuldens zur Kürzung seiner Leistung berechtigt; gelingt ihm sogar der Nachweis des Vorsatzes, ist er völlig leistungsfrei. Der Nachweis fehlender Kausalität zwischen der Pflichtverletzung und Leistungspflicht des Versicherers obliegt wiederum dem Versicherungsnehmer und ist im Fall seiner Arglist ausgeschlossen. Als Pendant zu seinen Obliegenheiten steht dem Versicherungsnehmer gemäß § 83 VVG ein Anspruch auf Aufwendungsersatz zu,[93] den der Versicherer bei einem relevanten Fehlverhalten des Versicherungsnehmers im selben Umfang wie seine eigene Leistung kürzen kann. Bei einer Sachversicherung be-

---

[91] Langheid/Wandt/*Looschelders* § 81 Rn. 64.

[92] Hier ist allerdings für die Leistungsfreiheit grobe und bewusste Fahrlässigkeit gefordert, aber auch ausreichend und die Möglichkeit einer Vertragsbestimmung über die Kürzung nach der Schwere des Verschuldens sogar bei einfach fahrlässiger Herbeiführung des Versicherungsfalls eröffnet.

[93] Einen solchen sehen auch die Grundregeln des europäischen Versicherungsvertragsrechts vor; vgl. Art. 9:102 PEICL.

steht der Ersatzanspruch gemäß § 90 VVG auch schon für Aufwendungen, die Versicherungsnehmer tätigt, um einen unmittelbar bevorstehenden Versicherungsfall abzuwenden oder in seinen Auswirkungen zu mindern. Eine entsprechende vorbeugende Rettungsobliegenheit des Versicherungsnehmers, an die auch die Sanktion von Leistungsfreiheit oder -kürzung geknüpft wäre, hat der Gesetzgeber dagegen bewusst nicht statuiert, da er eine zu große Belastung des Versicherungsnehmers fürchtete.[94] Sanktioniert wird die grob fahrlässige Abstinenz von Maßnahmen der Schadensabwehr freilich noch als Herbeiführung des Versicherungsfalls nach § 81 Abs. 2 VVG, wenn auch mit einer dem Versicherungsnehmer günstigeren Beweislastverteilung.[95]

195 Nach § 30 Abs. 1 VVG trifft den Versicherungsnehmer sowohl bei einer Schadens- als auch bei einer Summenversicherung die Pflicht zur unverzüglichen **Anzeige** des **Versicherungsfalls**. Bei der Versicherung auf fremde Rechnung trifft sie auch den Drittversicherten. Während der Gesetzgeber den Dritten deshalb zum Schadensersatz verpflichtet sieht, erschien ihm eine Regelung der Rechtsfolgen für den Versicherungsnehmer selbst entbehrlich, weil diese ohnehin in den Versicherungsbestimmungen erfolge.[96] Aus § 30 Abs. 2 VVG, der von der möglichen Vereinbarung einer Leistungsfreiheit den Fall ausnimmt, dass der Versicherer auf andere Weise Kenntnis von dem Eintritt des Versicherungsfalls erlangt hat, lässt sich daher entnehmen, dass der Verstoß gegen die Anzeigepflicht durch den Versicherungsnehmer nach dem Gesetz folgenlos und der Sanktion durch Parteivereinbarung überlassen ist.[97] Dasselbe gilt für die Pflicht des Versicherungsnehmers zur Auskunft über die für die Leistungspflicht relevanten Umstände des Versicherungsfalls nach § 31 VVG[98].[99]

cc) Übergang von Schadensersatzanspruch und Versicherungsverhältnis

196 Da die Schadensversicherung dazu dient, dem Versicherungsnehmer das Risiko eines Schadens sowohl dem Grunde nach als auch in seiner Höhe abzunehmen, darf der Versicherungsnehmer durch sie allenfalls als Folge eines entsprechenden Leistungsversprechens des Versicherers, nicht aber aus Zufall mehr erhalten, als zum Ausgleich des Schadens erforderlich ist. Für den Fall einer Mehrfachversicherung ordnet § 78 VVG daher an, dass die Versicherer als Gesamtschuldner verpflichtet sind, der Versicherungsnehmer sie also zwar einzeln jeweils bis zur vereinbarten Höchstsumme, insgesamt aber nur bis zur Höhe des Schadens in Anspruch nehmen

---

94 Vgl. die Begründung des Regierungsentwurfs für das Gesetz zur Reform des Versicherungsvertragsgesetzes, BT- Drucks. 16/3945, S. 82 f.

95 *Looschelders*, Rettungsobliegenheit des Versicherungsnehmers und Ersatz der Rettungskosten nach dem neuen VVG, in: Ahrens u. a. (Hg.), Medizin und Haftung. Festschrift für Deutsch, Berlin u. a. 2009, S. 835, 839 ff.

96 Vgl. die Begründung des Regierungsentwurfs für das Gesetz zur Reform des Versicherungsvertragsgesetzes, BT- Drucks. 16/3945, S. 70.

97 Langheid/Wandt/*Wandt* § 30 Rn. 8.

98 Langheid/Wandt/*Wandt* § 31 Rn. 11.

99 In den Grundregeln des europäischen Versicherungsvertragsrechts ist sie dagegen auch ohne besondere Vereinbarung durch die Leistungsfreiheit und ein Kürzungsrecht sanktioniert; vgl. Art. 8:104 PEICL

kann[100].[101] Ist für den Schaden ein Dritter verantwortlich, geht der gegen ihn gerichtete Anspruch nach § 86 Abs. 1 S. 1 VVG auf den Versicherer über, soweit dieser dem Versicherungsnehmer den Schaden wirklich ersetzt.[102] Ohne diese Bestimmung, die sich auch in den Grundregeln des europäischen Versicherungsvertragsrechts (Art. 10:101 Abs. 1) findet, könnte der Versicherungsnehmer zusätzlich zur Leistung des Versicherers auch noch Ersatz von dem Schädiger verlangen, dessen Haftpflicht durch die Versicherung nicht im Wege des Vorteilsausgleichs eingeschränkt ist.[103] Der **gesetzliche Forderungsübergang**, durch den der Ersatzanspruch gegen den Schädiger auf den Versicherer umgelenkt wird und von dem die Gesamtheit der Versicherungsnehmer wieder bei der Kalkulation der Prämie profitiert, kann im Rahmen der Zwangsvollstreckung nach § 86 Abs. 1 S. 2 VVG jedoch nicht zum Nachteil des Versicherungsnehmers geltend gemacht werden; und im Fall einer bloß anteiligen Haftung und eines nur teilweisen Versicherungsschutzes beschränkt er sich auf den Betrag, um den sich beide überschneiden: Da der Versicherungsnehmer von Versicherer und Schädiger gleichermaßen die Erfüllung seines Ersatzinteresses verlangen kann, behält er seinen Ersatzanspruch gegen den Schädiger in Höhe des durch die Leistung des Versicherers nicht abgedeckten Schadensbetrags.[104] Damit der Versicherungsnehmer in seinem Ersatzinteresse schließlich auch nicht indirekt beeinträchtigt wird, sieht § 86 Abs. 3 VVG vor, dass der Versicherer den Forderungsübergang nicht geltend machen kann, wenn der Schädiger mit dem Versicherungsnehmer bei Eintritt des Schadens in häuslicher Gemeinschaft lebt[105] und den Schaden auch nicht vorsätzlich verursacht hat.[106] Zwar kann man diese Vorschrift nicht im Wege der Analogie auf eine nach Eintritt des Versicherungsfalls begründete Gemeinschaft anwenden,[107] weil diese dann ja in Kenntnis der Belastung mit dem Regressrecht des Versicherers eingegangen wurde. Nach dem Vorbild von § 86 Abs. 3 VVG lässt sich jedoch im Wege der ergänzenden Vertragsauslegung ein stillschweigender Regressverzicht des Versicherers durch Ver-

[100] Eine entsprechende Vorschrift enthalten auch die Grundregeln des europäischen Versicherungsvertragsrechts; vgl. Art. 8:104 PEICL.

[101] Für eine vom Versicherungsnehmer unabsichtlich herbeigeführte oder zufällig durch eine Reduktion des Versicherungswerts entstandene Mehrfachversicherung sieht § 79 VVG ein Recht des Versicherungsnehmers zur Herabsetzung von Versicherungssumme und Prämie vor.

[102] Dies gilt nicht analog für die Summenversicherung, die eben nicht auf den Ausgleich eines Schadens ausgerichtet ist; vgl. BGH, NJW-RR 2001, 1467, 1469 und Langheid/Wandt/*Möller/Segger* § 86 Rn. 47 ff.

[103] Vgl. *Harke*, Allgemeines Schuldrecht, Rn. 310.

[104] BGH, NJW 2010, 677 f., Für die Fortgeltung dieser sogenannten „Differenztheorie" unter dem neuen VVG *Wandt*, Versicherungsrecht, Rn. 978, Bruck/Möller/*Voit* § 82 Rn. 112 ff.; dagegen Langheid/Wandt/*Möller/Segger* § 86 Rn. 132 ff.

[105] Dies lässt sich nur bei einer auf Dauer angelegten Wohnungsgemeinschaft annehmen; vgl. *Wandt*, Versicherungsrecht, Rn. 992.

[106] Die Grundregeln des europäischen Versicherungsvertragsrechts erstrecken den Ausschluss des Rückgriffs auf alle Personen, die zu dem Versicherungsnehmer in einer sozialen Beziehung stehen, sehen jedoch auch eine Ausnahme für den Fall einer grob und bewusst fahrlässig herbeigeführten Schädigung vor; vgl. Art. 10:101 Abs. 3 PEICL.

[107] *Wandt*, Versicherungsrecht, Rn. 994, Langheid/Wandt/*Möller/Segger* § 86 Rn. 190 f.

trag zugunsten Dritter[108] zumindest in anderen Fällen unterstellen, in denen sein Rückgriff den Versicherungsnehmer beeinträchtigte. Prominentes Beispiel ist die Konstellation, dass der Schaden an einem versicherten Gebäude durch dessen Mieter verursacht wurde. Da seine Inanspruchnahme durch den Gebäudeversicherer das Verhältnis zum Vermieter belasten würde, ist dem mit diesem abgeschlossenen Versicherungsvertrag ein konkludenter Regressverzicht zugunsten des Mieters zu entnehmen.[109] Dieser kann freilich nicht weiterreichen als die Leistungspflicht des Versicherers gegenüber dem Vermieter, gilt also nach dem Rechtsgedanken von § 81 VVG nicht, wenn der Mieter den Versicherungsfall vorsätzlich herbeigeführt hat, und nur teilweise, wenn er sich grob fahrlässig verhalten hat.

197 Steht dem Versicherer wegen des Forderungsübergangs ein durchsetzbarer Anspruch gegen den Schädiger zu, bedeutet dies, dass sich seine Leistung, wirtschaftlich gesehen, auf die Übernahme des Insolvenzrisikos des Schädigers beschränkt. Damit diese Rechtsposition nicht vereitelt wird, obliegt es dem Versicherungsnehmer nach § 86 Abs. 2 VVG seine **Rechte** zu **wahren** und bei ihrer Durchsetzung durch den Versicherer **mitzuwirken**. Die vorsätzliche Verletzung dieser Pflicht befreit den dadurch geschädigten Versicherer, ihre grob fahrlässige Missachtung berechtigt ihn zur Leistungskürzung nach dem Maß des Verschuldens. Während die grobe Fahrlässigkeit des Versicherungsnehmers vermutet wird, hat der Versicherer aber stets die Kausalität der Pflichtverletzung zum Ausfall des Regresses nachzuweisen. Hat der Versicherungsnehmer den Regress vor Eintritt des Versicherungsfalls durch einen antezipierten Haftungsverzicht vereitelt, kommt eine Beschränkung der Leistungspflicht des Versicherers in Analogie zu § 86 Abs. 2 VVG nur in Betracht, wenn von dem Versicherungsnehmer die Rücksicht auf das Regressinteresse des Versicherers zu erwarten war. Dies ist noch nicht bei üblichen Haftungsausschlussklauseln der Fall, wohl aber dann, wenn der Versicherungsnehmer gegenüber dem Schädiger in ungewöhnlicher Weise auf seine Rechte verzichtet hat, insbesondere indem er ihn von vornherein für eine Haftung wegen grober Fahrlässigkeit freigestellt hat.[110]

198 Bei der Sachversicherung müsste die **Veräußerung** der **versicherten Sache**, mit der der Versicherungsnehmer des Risikos ihrer Beschädigung ledig wird, nach der Regel des § 80 Abs. 2 VVG eigentlich zu einem Verlust des Prämienanspruchs ab dem Zeitpunkt führen, zu dem der Versicherer von dem Wegfall des Interesses beim Versicherungsnehmer erfährt. Statt an einer solchen Frustration des Vertrags ist dem Versicherer in aller Regel an einer Fortführung des Versicherungsverhältnisses mit dem Erwerber und diesem am Erhalt des Versicherungsschutzes gelegen. § 95 Abs. 1 VVG trägt diesem mutmaßlichen Willen Rechung und ordnet daher

---

[108] Vgl. *Harke*, Allgemeines Schuldrecht, Rn. 428.

[109] BGH, NJW 2001, 1353, 1354; 2006, 3707, 3708. Entgegen Langheid/Wandt/*Möller/Segger* § 86 Rn. 218 bedeutet es keinen Einwand gegen diese Lösung, dass die Versicherungsprämie zuweilen nicht auf den Mieter umgelegt wird und das Verhältnis zwischen ihm und dem Mieter ohnehin belastet sein kann; beides stellt nämlich nicht in Frage, dass der Vermieter bei Abschluss der Versicherung in aller Regel ein Interesse an einem unbelasteten Mietverhältnis und damit an einer Erstreckung des Versicherungsschutzes auf den Mieter hat.

[110] BGH, NJW 1956, 1915, 1917. Vgl. auch Langheid/Wandt/*Möller/Segger* § 86 Rn. 270 f.

im Gegensatz zu den Grundregeln des europäischen Versicherungsvertragsrechts (Art. 12:102) auch ohne entsprechende Vereinbarung der Parteien den gesetzlichen Übergang des Versicherungsverhältnisses auf den Sacherwerber mit Vollendung des Übereignungstatbestands[111] an. Nach § 96 VVG sind sowohl der Erwerber als auch Versicherer aber zur Kündigung des Vertrags binnen einer Frist von einem Monat ab Kenntnis von dem Sacherwerb berechtigt. Macht eine der beiden Seiten hiervon Gebrauch, entsteht für den Erwerber keine Pflicht zur Prämienzahlung; ansonsten haftet er gemäß § 95 Abs. 2 VVG zusammen mit dem Veräußerer als Gesamtschuldner für die Prämie, die auf die beim Vertragseintritt laufende Versicherungsperiode entfällt. Nach § 95 Abs. 3 VVG braucht der Versicherer den Übergang des Vertragsverhältnisses erst ab Kenntnis gegen sich gelten zu lassen; und gemäß § 97 Abs. 1 VVG trifft Erwerber und Veräußerer die Pflicht, die Veräußerung der versicherten Sache unverzüglich anzuzeigen. Ein Verstoß gegen diese Pflicht wird mit einer Leistungsfreiheit des Versicherers für den Fall sanktioniert, dass er den mit dem Veräußerer bestehenden Vertrag mit dem Erwerber nicht geschlossen hätte und der Versicherungsfall später als einen Monat nach dem Zeitpunkt eintritt, in dem die Anzeige der Veräußerung hätte erfolgen müssen. Das Gesetz unterstellt so gewissermaßen, dass der Versicherer den Vertrag bei gehöriger Anzeige gekündigt hätte, und bürdet dem Versicherungsnehmer den Nachweis von Anhaltspunkten für das Gegenteil auf, indem es die Leistungsfreiheit nach § 97 Abs. 2 VVG entfallen lässt, wenn dem Versicherer die Veräußerung bekannt oder bei Eintritt des Versicherungsfalls die Kündigungsfrist abgelaufen war und der Versicherer nicht gekündigt hat. Auch wenn dieser Nachweis nicht geführt werden kann, soll der Versicherer nach der Vorstellung des Gesetzgebers dann zur Leistung verpflichtet bleiben, wenn seine Leistungsfreiheit außer Verhältnis zur Anzeigepflichtverletzung stünde.[112] Auf diese Weise erlangt das im Gesetz eigentlich nicht vorgesehene Verschuldenskriterium Bedeutung; und es liegt nahe, die Leistungsfreiheit des Versicherers nach dem Vorbild der Sanktion anderer Obliegenheiten dann entfallen zu lassen, wenn sich sowohl Veräußerer als auch Erwerber vom Vorwurf der groben Fahrlässigkeit entlasten können.

3. Einzelne Versicherungsverträge

a) Haftpflichtversicherung

aa) Schutz des Versicherungsnehmers

Die Haftpflichtversicherung ist eine besondere Form der Schadensversicherung und 199
nach § 100 VVG auf die durch **Freistellung** oder **Forderungsabwehr** zu bewirkende Befreiung des Versicherungsnehmers von wirklicher oder vermeintlicher Haftung gegenüber Dritten gerichtet. Diese Leistung wird in der Praxis durch Versicherungsbedingungen in der Weise konkretisiert, dass nur solche Ansprüche er-

---

[111] BGH, NJW 1987, 2238; anders Bruck/Möller/*Staudinger* § 95 Rn. 40 ff.

[112] Vgl. die Begründung des Regierungsentwurfs für das Gesetz zur Reform des Versicherungsvertragsgesetzes, BT- Drucks. 16/3945, S. 85. Zurückhaltend Langheid/Wandt/*Reusch* § 97 Rn. 42 ff.

fasst sind, die „gesetzlich“, also unabhängig vom Willen der beteiligten Parteien,[113] entstehen. Sie erstreckt sich damit nicht auf die Schadensersatzpflicht, die aus der Verletzung einer vertraglichen Leistungspflicht entsteht. Die Einbeziehung der Abwehr unbegründeter Ansprüche in die Leistungspflicht des Versicherers nimmt dem Versicherungsnehmer von vornherein das Risiko ab, im Verhältnis zum Geschädigten als ersatzpflichtig, gegenüber dem Versicherer aber als haftungsfrei zu gelten: Der Versicherer, der die Haftung des Versicherungsnehmers bestreitet, muss diesen Standpunkt auch gegenüber dem Anspruchsteller behaupten und den Versicherungsnehmer so auch von einer nur scheinbaren Verpflichtung befreien. Dementsprechend hat er die Kosten des Rechtsschutzes nach § 101 VVG auch dann zu tragen, wenn sie nutzlos aufgewendet wurden und zusammen mit den Aufwendungen für die Freistellung die Versicherungssumme überschreiten, durch die die Leistungspflicht des Versicherers eigentlich begrenzt ist. Obwohl das Haftpflichtverhältnis zwischen dem Versicherungsnehmer und dem geschädigten Dritten eigentlich von dem Deckungsverhältnis zum Versicherer zu trennen und dieser auch nach Prozessrecht nicht an die Entscheidung eines Rechtsstreits im Haftpflichtverhältnis gebunden ist, besteht eine solche Bindungswirkung doch aufgrund des Leistungsversprechens des Versicherers, der mit der Alternativleistung: Freistellung oder Abwehr, für einen umfassenden Schutz des Versicherungsnehmers sorgen muss. Daher hat er alle für die Deckungsfrage relevanten Feststellungen des Haftpflichtprozesses gegen sich gelten zu lassen.[114]

200 Da die Haftpflichtversicherung dem Versicherungsnehmer die Haftungslast möglichst umfassend abnehmen soll, sieht § 103 VVG unter Abweichung von § 81 VVG auch vor, dass der Versicherer seiner Leistungspflicht nur den Einwand einer **vorsätzlichen Herbeiführung** des Versicherungsfalls entgegensetzen kann, wobei sich der Vorsatz des Versicherungsnehmers sogar auf den eingetretenen Schaden selbst beziehen muss. Auch die Pflicht zur Vermeidung oder Anzeige einer Gefahrerhöhung (§ 23 VVG) ist in ihrem Tatbestand oder ihren Rechtsfolgen häufig durch Versicherungsbedingungen eingeschränkt. Der Versicherungsnehmer ist aber nach § 104 VVG zur Anzeige der haftpflichtbegründenden Umstände oder der Erhebung des Anspruchs durch den Dritten binnen einer Woche, im Fall einer gerichtlichen Geltendmachung sogar zur unverzüglichen Anzeige verpflichtet. Die Rechtsfolgen eines Verstoßes gegen diese Pflicht sind freilich einer Regelung durch Versicherungsbedingungen in dem von § 28 VVG gesetzten Rahmen überlassen.

bb) Schutz des geschädigten Dritten

201 Die Haftpflichtversicherung hat nicht nur insoweit Drittwirkung, als sie gemäß § 102 Abs. 1 VVG als Versicherung für ein Unternehmen auch zugunsten der Angestellten als Versicherung für fremde Rechnung gilt und gemäß Abs. 2 der Vorschrift im Fall der Veräußerung oder Überlassung des Unternehmens nach dem Vorbild der Sachversicherung (§ 95 VVG) auf den Erwerber oder Übernehmer übergeht. Zu dieser Drittwirkung auf der Versichertenseite tritt die häufig missver-

[113] BGH, NJW 2000, 1194, 1195.
[114] BGH, NJW 2006, 289, 291.

ständlich „Sozialbindung" genannte Schutzfunktion für den geschädigten Dritten, der den Versicherungsnehmer in Anspruch nimmt.[115] Zwar kann sich der Versicherer gemäß § 105 VVG nicht für den Fall von seiner Leistungspflicht freizeichnen, dass der Versicherungsnehmer den Dritten befriedigt hat, sondern muss hier die Versicherungsleistung als Geldzahlung an den Versicherungsnehmer erbringen.[116] Der Versicherungsnehmer kann dies jedoch nicht vor der Befriedigung des Geschädigten verlangen, so dass dieser nicht Gefahr läuft, dass der Versicherungsnehmer die Leistung des Versicherers zweckwidrig einsetzt und sich dann als insolvent erweist. Als Freistellungsanspruch kann das Recht auf die Versicherungsleistung zudem nicht an einen anderen als den Geschädigten abgetreten werden, weil dies mit einer nach § 399 BGB verbotenen Veränderung seines Inhalts einherginge.[117] Anderen Verfügungen des Versicherungsnehmers wehrt das relative Verbot des § 108 VVG, der sie dem Geschädigten gegenüber für unwirksam erklärt.[118] So ist sichergestellt, dass dieser mangels freiwilliger Leistung des Versicherungsnehmers im Zuge der Einzelvollstreckung auf dessen Anspruch gegen den Versicherer zugreifen kann. Im Fall einer Insolvenz des Versicherungsnehmers ist er durch das von § 110 VVG gewährte Recht auf abgesonderte Befriedigung geschützt.

cc) Pflichtversicherung

Ist der Versicherungsnehmer gesetzlich zum Abschluss der Haftpflichtversicherung **202**
verpflichtet, ist der **Schutz** des geschädigten **Dritten**, in dessen Interesse die Versicherungspflicht besteht, noch **gesteigert**: Nach § 117 Abs. 1 VVG kann sich der Versicherer gegenüber dem Dritten nicht darauf berufen, dass er von seiner Verpflichtung zur Leistung frei ist. Dies gilt für alle Fälle der Verletzung einer Obliegenheit oder der Prämienzahlungspflicht, nicht aber für die vorsätzliche Herbeiführung des Schadens durch den Versicherungsnehmer gemäß § 103 VVG, die von vornherein vom Versicherungsschutz ausgenommen ist.[119] Damit der Versicherer den Einwendungsausschluss nicht durch Anfechtung, Rücktritt oder Kündigung unterlaufen kann, sieht § 117 Abs. 2 S. 1 VVG zudem vor, dass der Aus- oder Wegfall des Versicherungsverhältnisses gegenüber dem Geschädigten erst nach Ablauf eines Monats ab dem Moment wirkt, in dem der Versicherer den Mangel des Versicherungsverhältnisses der zuständigen Stelle angezeigt hat. Diese hat dann hinreichend Zeit, für eine Einstellung der versicherungspflichtigen Tätigkeit zu sorgen und zu vermeiden, dass diese ohne Versicherungsschutz ausgeübt wird. Sowohl

---

[115] BGH, NJW-RR 2001, 316.

[116] Das durch § 105 VVG ebenfalls ausgesprochene Verbot einer Klausel, wonach der Versicherungsnehmer den Anspruch des Dritten nicht anerkennen darf, beeinträchtigt den Versicherer dagegen nicht unerheblich, weil er sich so nicht dagegen schützen kann, von dem Versicherungsnehmer an der erfolgreichen der Abwehr eines unbegründeten Anspruchs gehindert zu werden.

[117] Vgl. *Harke*, Allgemeines Schuldrecht, Rn. 409.

[118] Die Bestimmung untersagt zugleich einen mit dem Versicherer durch dessen allgemeine Versicherungsbedingungen vereinbarten Ausschluss der Abtretung des Leistungsanspruchs an den Geschädigten.

[119] Dass dies nicht mit den Kraftfahrzeug-Haftpflicht-Richtlinien der EG vereinbar ist, macht *Looschelders*, VersR 2008, 1, 3 geltend.

diese sogenannte Nachhaftung als auch der Einwendungsausschluss bei Leistungsfreiheit gelten nicht uneingeschränkt, sondern nach § 117 Abs. 3 S. 1 VVG nur im Rahmen der vorgeschriebenen Mindestversicherungssummen, die gemäß § 114 Abs. 1 VVG € 250.000 je Versicherungsfall und € 1 Mio. für alle Versicherungsfälle pro Jahr betragen. Außerdem ist die Verpflichtung des eigentlich leistungsfreien Versicherers insofern nur subsidiär, als er nach § 117 Abs. 3 S. 2 VVG einwenden kann, dass der Geschädigte Ersatz seines Schadens durch einen anderen Schadensversicherer oder von einem Sozialversicherungsträger erlangt hat. Überhaupt keine Außenwirkung, und zwar auch nicht im Verhältnis zu einer mitversicherten Person, hat dagegen nach § 114 Abs. 2 S. 2 VVG die Vereinbarung eines Selbstbehalts, in dessen Höhe ein Schaden vom Versicherungsnehmer zu tragen und vom Versicherungsschutz ausgenommen ist. Außerdem kann der Versicherer gemäß § 121 VVG entgegen der Regel des § 35 VVG nicht mit einem Prämienanspruch gegen den Versicherungsnehmer aufrechnen. Alle diese Privilegien, die der geschädigte Dritte im Unterschied zum Versicherungsnehmer hat, sind zwangsweise grundsätzlich erst dann durchsetzbar, wenn er sich den Anspruch des Versicherungsnehmers hat abtreten oder im Wege der Zwangsvollstreckung überweisen lassen. Ein Direktanspruch des Geschädigten gegen den Versicherer besteht nach § 115 Abs. 1 S. 1 Nr. 2 und 3 VVG nur im Fall der Insolvenz des Versicherungsnehmers, oder wenn dessen Aufenthaltsort unbekannt ist. Im Verhältnis zum Geschädigten ist der Versicherer dann statt zur Freistellung von vornherein zur Geldleistung und als Gesamtschuldner neben dem Versicherungsnehmer verpflichtet, wobei über den Ausgleich im Innenverhältnis gemäß § 116 Abs. 1 VVG der Bestand und die Reichweite des Versicherungsschutzes entscheidet.[120] Auf den Direktanspruch des Dritten erstreckt sich nach § 115 Abs. 2 VVG auch die Verjährungsregelung, die für den Schadensersatzanspruch gegen den Versicherungsnehmer gilt. Dieser geht, sofern kein Direktanspruch und damit auch kein Gesamtschuldverhältnis besteht, gemäß § 117 Abs. 5 VVG nach Befriedigung des Dritten auf den Versicherer über, damit er seine Leistungsfreiheit zumindest im Verhältnis zum Versicherungsnehmer geltend machen kann.

203 Der besondere Schutz, den der **Geschädigte** im Fall einer Pflichtversicherung genießt, geht mit seiner Belastung durch eine **Obliegenheit** zur Anzeige des Versicherungsfalls einher: Nach § 119 VVG hat er den Versicherer in Textform binnen zwei Wochen nach Kenntniserlangung über das Schadensereignis und unverzüglich über eine Klage gegen den Versicherungsnehmer zu unterrichten sowie außerdem die zur Feststellung von Schadensereignis und Schaden erforderlichen Auskünfte zu erteilen. Verletzt der Geschädigte schuldhaft entweder seine Auskunfts- oder die Pflicht zur Anzeige einer gerichtlichen Geltendmachung seines Anspruchs gegen den Versicherungsnehmer, wird der Versicherer gemäß § 120 VVG ihm gegenüber in Höhe des hierdurch bewirkten Nachteils frei. Zwar ist diese Rechtsfolge von einem ausdrücklichen Hinweis in Textform abhängig, der in aller Regel auch bewirkt, dass der Geschädigte bei der Verletzung der Anzeige- oder Auskunftspflicht vor-

[120] In Durchbrechung von § 425 Abs. 2 BGB sieht § 124 VVG für dieses Gesamtschuldverhältnis eine Rechtskrafterstreckung vor.

sätzlich oder wenigstens grob fahrlässig handelt. Zumindest theoretisch ist jedoch der Fall denkbar, dass der Dritte einfach fahrlässig gehandelt und dadurch seine Rechte gegenüber dem Versicherer verwirkt hat, gleichwohl aber dessen Leistung erhält, weil der Versicherungsnehmer seiner aus § 104 VVG folgenden Anzeigepflicht ohne grobe Fahrlässigkeit nicht nachgekommen und der Versicherer deshalb ihm gegenüber zur Leistung verpflichtet bleibt. Der gebotene Rückgriff des Versicherers gegen den Geschädigten kann unter diesen Umständen nur im Wege eines Schadensersatzanspruchs des Versicherers erfolgen,[121] der die Freistellungspflicht gegenüber dem Versicherungsnehmer unberührt lässt.

Die Pflicht zum Abschluss einer Haftpflichtversicherung, die nach § 113 VVG **204**
mit einem im Inland zum Geschäftsbetrieb befugten Versicherungsunternehmen einzugehen ist, knüpft an eine gefährliche Tätigkeit an. Diese kann beruflicher Art sein wie die der Rechtsanwälte (§ 51 BRAO), aber auch im Halten einer gefährlichen Sache wie etwa eines Kraftfahrzeugs bestehen. Der hierfür nach § 1 des Pflichtversicherungsgesetzes (PflVG) geltenden Versicherungspflicht korrespondiert ein Kontrahierungszwang des Versicherers, der den Abschluss einer **Kraftfahrzeug-Haftpflichtversicherung** nach § 5 Abs. 4 PflVG nur dann ablehnen darf, wenn ihr sein Geschäftsplan im Wege steht oder sich der Versicherungsnehmer bereits einer Pflichtverletzung gegenüber dem Versicherer schuldig gemacht hat. Wegen dieses Kontrahierungszwangs gilt ein Antrag des Versicherungsnehmers nach Abs. 3 der Vorschrift auch als angenommen, wenn der Versicherer nicht rechtzeitig widerspricht. Der Mindestinhalt der Versicherung ist in der Verordnung über den Versicherungsschutz in der Kraftfahrzeug-Haftpflichtversicherung (KfzPflVV) geregelt, ihre Mindesthöhe in der Anlage zu § 4 Abs. 2 PflVG, die § 114 Abs. 1 VVG vorgeht. §§ 5 und 6 KfzPflVV begrenzen den Kreis der Obliegenheiten, die dem Versicherungsnehmer vor und nach dem Eintritt des Versicherungsfalls auferlegt werden könnten, und sehen Höchstgrenzen für die Leistungsfreiheit des Versicherers vor.[122] Als Versicherung über eine gefahrbringende Sache geht die Kraftfahrzeug-Haftpflichtversicherung gemäß § 122 VVG entsprechend den Regeln über die Veräußerung einer gefährdeten Sache (§§ 95 ff. VVG) auf den Erwerber über, wobei der Abschluss einer neuen Versicherung durch diesen nach § 3b PflVG als Kündigung gemäß § 96 Abs. 2 VVG gilt. Der geschädigte Dritte hat bei der Kraftfahrzeug-Haftpflichtversicherung nach § 115 Abs. 1 S. 1 Nr. 1 VVG von vornherein einen Direktanspruch gegen den Versicherer und darf gemäß § 3 S. 1 PflVG entgegen der Regel des § 117 Abs. 3 S. 2 VVG nicht auf die Leistung eines anderen Schadensversicherers oder Sozialversicherungsträger verwiesen werden. Bei der Kraftfahrzeug-Haftpflichtversicherung erlangt zudem die Vorschrift des § 123 VVG Bedeutung, die für die Versicherung für fremde Rechnung vorschreibt, dass die Leistungsfreiheit des Versicherers dem Versicherten nur dann entgegengehalten

---

[121] Vgl. *Wandt*, Versicherungsrecht, Rn. 1093.

[122] Diese Grenzen dürfen nicht mit der bei grober Fahrlässigkeit nach § 28 Abs. 2 S. 2 VVG erlaubten Quotelung so gekoppelt werden, dass der Versicherer nur zu einer Quote des Höchstbetrags frei wird; Ausgangspunkt der Quotelung ist vielmehr der Gesamtschaden; und die sich danach ergebende Leistungsfreiheit des Versicherers ist durch die Höchstgrenzen nach §§ 5 f. KfzPflVV beschränkt; vgl. *Wandt*, Versicherungsrecht, Rn. 1119.

werden kann, wenn die zur Leistungsfreiheit führenden Umstände in seiner Person vorliegen oder er sie kannte oder bloß aus grober Fahrlässigkeit verkannte. Dies gilt nur unter der Voraussetzung, dass der Versicherte gegenüber dem Versicherer zur selbständigen Geltendmachung seiner Rechte aus dem Versicherungsvertrag befugt ist, was nach § 44 Abs. 2 VVG im Allgemeinen nicht der Fall ist,[123] bei der Kraftfahrzeug-Haftpflichtversicherung aber in § 2 Abs. 3 KfzPflVV für die Mitversicherten, insbesondere Halter, Eigentümer, Fahrer und Beifahrer des Fahrzeugs, angeordnet wird. Umgekehrt kann der Versicherungsnehmer seinen Versicherungsschutz durch deren Verhalten nur dann verlieren, wenn sie seine Repräsentanten oder Erfüllungsgehilfen[124] sind. Nach § 5 Abs. 2 KfzPflVV sind zudem der unberechtigte Fahrzeuggebrauch, das Fahren ohne Fahrerlaubnis oder die Trunkenheitsfahrt bloß dem Versicherungsnehmer, Halter oder Fahrer zuzurechnen, der sie selbst begangen oder ermöglicht hat und durch sie nicht selbst als Fahrzeuginsasse geschädigt worden ist.

b) Lebensversicherung

205 Die Lebensversicherung ist eine Summenversicherung und kommt in den Grundformen der Risikolebens- oder Todesfallversicherung und der kapitalbildenden Lebensversicherung vor. Bei der zur Hinterbliebenenversorgung gedachten Risikolebensversicherung ist die Leistungspflicht des Versicherers schon dem Grunde nach ungewiss und an den Tod der versicherten Person innerhalb eines bestimmten Zeitraums gebunden ist. Bei der kapitalbildenden Lebensversicherung, die sowohl der Hinterbliebenen- als auch der Altersversorgung dient, ist die Leistungspflicht des Versicherers gewiss, weil die Versicherungssumme sowohl beim Tod der versicherten Person als auch dann gezahlt werden muss, wenn sie einen bestimmten Ablauftermin noch erlebt. Die Versicherungsleistung besteht hier wie dort entweder in der Zahlung einer einmaligen Kapitalleistung oder einer Rente, die lebenslänglich oder für einen bestimmten Zeitraum zu leisten ist. Steht die Leistung des Versicherers bei der kapitalbildenden Lebensversicherung auch von vornherein fest, eignet ihr doch ein spekulativer Charakter, weil einerseits die Gegenleistung des Versicherungsnehmers von seiner Lebensspanne abhängt, andererseits die Leistung des Versicherers auch in dem Fall, dass sie an den Versicherungsnehmer selbst erbracht werden muss, variabel ist. Dies gilt nicht erst deshalb, weil die Leistung des Versicherers vertraglich an den von ihm erzielten oder durchschnittlichen Anlageerfolg geknüpft ist. Sie ist schon kraft Gesetzes variabel, weil der Versicherungsnehmer kraft der Eigentumsgarantie des Art. 14 GG[125] am unternehmerischen **Ergebnis** des **Versicherers teilnimmt**: § 153 Abs. 1 VVG gewährt ihm eine Beteiligung an dem vom Versicherer gemäß seinem Jahresabschluss erzielten Überschuss sowie an den Bewertungsreserven, die dadurch entstehen, dass der Buchwert eines Anlagegegenstands von dessen aktuellem Wert abweicht. Nach Abs. 2 und 3 der Vorschrift sind Überschuss und Bewertungsreserven in einem verursachungsorientierten Verfahren dem einzelnen Lebensversicherungsvertrag zuzuordnen. Die

[123] S. o. Rn. 182.
[124] S. o. Rn. 181.
[125] BVerfG, NJW 2005, 2376, 2378 ff.

zur Beteiligung der Versicherungsnehmer bestimmten Beträge sind in einer durch Verordnung aufgrund von § 81c VAG festgelegten Mindesthöhe gemäß § 56a VAG in eine Rückstellung für die Beitragsrückerstattung einzustellen. Der für die Beteiligung an den Bewertungsreserven ermittelte Betrag ist dem Versicherungsnehmer zur Hälfte auszuzahlen; die andere Hälfte steht dem Versicherer als Risikopuffer für Schwankungen des Kapitalmarkts zu[126]. Nicht nur wegen dieser Ergebnisbeteiligung, sondern auch im Übrigen besteht beim Lebensversicherungsvertrag eingehender Regelungsbedarf für die Bestimmung der Leistung des Lebensversicherers. Dieser ist gemäß § 164 VVG ausnahmsweise befugt, eine Klausel in seinen allgemeinen Versicherungsbedingungen, die durch höchstrichterliche Entscheidung oder bestandskräftigen Verwaltungsakt der Aufsichtsbehörde für unwirksam erklärt worden ist, einseitig durch eine andere Bestimmung zu ersetzen, falls der Vertrag auf andere Weise nicht oder nur unter Inkaufnahme einer unzumutbaren Härte für eine Vertragspartei fortgeführt werden könnte. Zu einer solchen **Bedingungsanpassung** kann der Versicherer zumindest als Teil der Rücksichtspflicht gegenüber dem Versicherungsnehmer gemäß § 241 Abs. 2 BGB auch verpflichtet und wegen unterbliebener Vertragsanpassung deshalb haftbar sein.[127]

Die Versorgungsfunktion der Lebensversicherung bewirkt, dass sie noch stärker 206
als andere Versicherungen auf **Drittbeteiligung** ausgelegt ist: Zum einen muss die versicherte Person nicht der Versicherungsnehmer sein; die Versicherung kann auch nach § 150 VVG auf einen anderen genommen werden, der dem Vertragsschluss jedoch zustimmen muss, wenn die Leistung die gewöhnlichen Beerdigungskosten übersteigt und die Versicherung auch keine Kollektivversicherung ist, die ein Arbeitgeber zur betrieblichen Altersversorgung auf seine Angestellten nimmt. Zum anderen erfolgt die Leistung des Versicherers im Todesfall zwangsläufig an einen Hinterbliebenen, der nur zufällig auch der Erbe des Versicherungsnehmers, ansonsten durch den Versicherungsvertrag als Vertrag zugunsten Dritter begünstigt ist. Nach § 159 VVG darf der Versicherungsnehmer ohne Zustimmung des Versicherers einen Dritten auf Widerruf oder unwiderruflich zum Bezugsberechtigten benennen. Behält er sich den Widerruf vor, erwirbt der Dritte das Recht auf die Leistung des Versicherers erst mit dem Eintritt des Versicherungsfalls. Ist er unwiderruflich bezeichnet, erwirbt er das Recht auf die Leistung des Versicherers sofort. Zwar kann der Versicherungsnehmer die Versicherung noch kündigen; die sich hieraus ergebenden Ansprüche stehen jedoch dem Dritten zu. Im Fall einer unwiderruflichen Bezugsberechtigung scheidet eine nachträgliche Abtretung des Anspruchs auf die Versichererleistung, wie sie insbesondere zur Sicherung eines Gläubigers vorgenommen wird, aus. Bei einer widerruflichen Bezugsberechtigung ist eine Sicherungszession denkbar, bewirkt aber noch keine Aufhebung der Bezugsberechtigung, die ja für den Fall der Rückgewähr des Anspruchs an den Versiche-

---

[126] Vgl. die Begründung des Regierungsentwurfs für das Gesetz zur Reform des Versicherungsvertragsgesetzes, BT- Drucks. 16/3945, S. 97.

[127] Richtig im Ergebnis *Kolhosser*, Auslegung des § 172 VVG, VersR 2003, 807, 811; anders *Wandt*, Versicherungsrecht, Rn. 1268, der eine im Wege ergänzender Vertragsauslegung zu sanktionierende Obliegenheit des Versicherers annimmt.

rungsnehmer erhalten bleiben soll; die Bezugsberechtigung tritt vielmehr bloß hinter das Forderungsrecht des Sicherungsnehmers zurück.[128]

207 Da die Lebensversicherung als Instrument der Hinterbliebenen- und Altersversorgung für die Lebensplanung des Versicherungsnehmers von erheblicher Bedeutung ist, unterliegen Abschluss und Durchführung des Vertrags besonderen Vorschriften, die den **Versicherungsnehmer** in seiner **Dispositionsfreiheit** schützen: § 2 der VVG-InfoV verpflichtet den Versicherer zu besonderen Angaben, die die Kalkulation der Prämie transparent machen sollen. § 152 VVG verlängert die von § 8 Abs. 1 VVG eigentlich auf zwei Wochen begrenzte Widerrufsfrist des Versicherungsnehmer auf 30 Tage und erstreckt die korrespondierende Frist zur Zahlung der ersten oder Einmalprämie auf denselben Zeitraum. Gemäß § 165 VVG kann der Versicherungsnehmer nach Erreichen einer vereinbarten Mindestleistung während der gesamten Laufzeit des Vertrags für den Schluss einer Versicherungsperiode die Umwandlung der Versicherung in eine prämienfreie Versicherung verlangen; in diesem Fall gilt der Rückkaufwert der Versicherung als Einmalprämie, auf deren Grundlage die Leistung des Versicherers neu berechnet wird. Der Versicherungsnehmer kann auch die Auszahlung dieses Rückkaufwerts erwirken. Anders als der Versicherer, dem wegen der Versorgungsfunktion der Lebensversicherung kein ordentliches Kündigungsrecht, sondern nach § 163 VVG nur die Befugnis zur Anpassung des Vertrags durch Prämien- oder Leistungsänderung zusteht, hat der Versicherungsnehmer nach § 168 Abs. 1 VVG das Recht, das Versicherungsverhältnis jederzeit für den Schluss der laufenden Versicherungsperiode zu kündigen. Bei der kapitalbildenden Lebensversicherung führt dies gemäß § 169 Abs. 1 VVG zu einem Anspruch auf Zahlung des Rückkaufwerts, der nach Abs. 3 der Bestimmung in dem Deckungskapital besteht, das nach anerkannten Regeln der Versicherungsmathematik mit den Rechnungsgrundlagen der Prämienkalkulation zu berechnen ist. Damit auch bei einer frühen Kündigung des Versicherungsverhältnisses ein Mindestbetrag vorhanden ist, sind die Abschluss- und Vertriebskosten des Versicherers gleichmäßig auf die ersten fünf Versicherungsjahre zu verteilen. Sie können gemäß Abs. 5 auch keinen Eingang in einen Stornoabzug finden, den sich der Versicherer in bezifferter und angemessener Höhe ausbedingen kann. Nach § 169 Abs. 2 VVG ist der Rückkaufwert aber insofern von der Auszahlung ausgenommen, als er den Betrag der Leistung übersteigt, die der Versicherer bei Eintritt des Versicherungsfalls im Zeitpunkt der Kündigung, also beim Tod der versicherten Person, zu erbringen hätte; der Überschuss ist für eine prämienfreie Versicherung zu verwenden.

208 Wegen der besonderen Bedeutung, die der Lebensversicherung für die Versorgung des Versicherungsnehmers oder seiner Familie zukommen, sind auch die Konsequenzen gemildert, die an einen **Pflichtverstoß** des **Versicherungsnehmers** geknüpft sind: Hat er seine vorvertragliche Anzeigepflicht verletzt, indem er sein Alter unrichtig angegeben hat, führt dies nach § 157 VVG lediglich zu einer Anpassung der Leistung des Versicherers in dem Verhältnis, in dem die vereinbarte zu der bei richtiger Altersangabe zu leistende Prämie steht. Zudem gelten als Gefahrerhöhung abweichend von § 23 VVG gemäß § 158 Abs. 1 VVG nur solche Umstände, die durch

[128] BGH, NJW 1990, 256 f.

eine Textform abgeschlossene Vereinbarung ausdrücklich benannt sind. Die Herbeiführung des Versicherungsfalls durch Tötung der versicherten Person führt nach § 162 Abs. 1 VVG nur dann ohne zeitliche Begrenzung zur Leistungsfreiheit des Versicherers, wenn die Versicherung für den Fall des Todes eines anderen genommen ist und der Versicherungsnehmer ihn vorsätzlich und widerrechtlich getötet hat.[129] Dagegen bleibt die Leistungspflicht des Versicherers bei einer auf den Versicherungsnehmer genommenen Lebensversicherung nach § 161 Abs. 1 VVG erhalten, wenn seine Selbsttötung nicht innerhalb von drei Jahren ab Vertragsschluss erfolgt. Damit dem Versicherungsnehmer trotz einer von ihm begangenen Pflichtverletzung das mit seinen Prämien bereits gebildete Kapital zugute kommt, führt die außerordentliche Kündigung des Versicherers nach § 166 Abs. 1 VVG bloß zur Umwandlung der Versicherung in eine prämienfreie Versicherung; und an die Stelle der Leistungsfreiheit wegen Verzugs mit einer Folgeprämie tritt gemäß Abs. 2 der Vorschrift eine Leistungspflicht, wie sie bei Umwandlung in eine prämienfreie Versicherung bestünde. Rücktritt oder Anfechtung des Versicherers führen dagegen nach § 169 Abs. 1 VVG zu seiner Verpflichtung zur Auszahlung des Rückkaufwerts.

c) Krankenversicherung

Die Krankenversicherung ist **Schadensversicherung**, wenn sie als Krankheitskos- 209
tenversicherung gemäß § 192 Abs. 1 VVG auf Erstattung der Kosten für medizinisch notwendige Heilbehandlung, Schwangerschaft und Vorsorgeuntersuchungen gerichtet ist. Sie kann aber auch eine **Summenversicherung** in Gestalt der Krankenhaus- oder Krankentagegeldversicherung sein, bei der den Versicherer nach § 192 Abs. 4 und 5 VVG die Pflicht trifft, einen bestimmten Tagessatz während stationärer Behandlung oder sonstiger Krankheit zu leisten. Zwar dient die Krankenhaustagegeldversicherung dem Ausgleich für die Mehraufwendungen, die der Versicherungsnehmer durch den Krankenhausaufenthalt hat; und die Krankentagegeldversicherung soll den Verdienstausfall durch Krankheit wettmachen. Diese Ziele liegen jedoch schon jenseits des Vertragsinhalts, der eben nicht den Schadensausgleich, sondern die Leistung einer bestimmten Summe vorsieht. Nach dem Vorbild der Krankenversicherung kommt auch die Pflegeversicherung gemäß § 192 Abs. 6 VVG sowohl in Gestalt der Schadensversicherung vor, mit der die Kosten der Pflegebedürftigkeit abgedeckt werden, als auch in Form einer Summenversicherung, bei der ein vereinbartes Pflegetagegeld zu entrichten ist. Die Erstattungsleistung ist nach § 192 Abs. 2 VVG auf Aufwendungen begrenzt, die nicht im Missverhältnis zu der auslösenden Krankheit stehen, und kann bei einem anderweitigen Erstattungsrecht aufgrund des Bereicherungsverbots des § 200 VVG so gekürzt werden, dass der Versicherungsnehmer insgesamt nicht mehr erhält, als er selbst aufgewendet hat.[130] Die Erstattungsleistung kann gemäß § 192 Abs. 3 VVG durch

---

[129] Bei der Tötung durch einen Bezugsberechtigten fällt nach § 162 Abs. 2 VVG nur dessen Bezeichnung weg.

[130] Beschränkt sich der Wortlaut des Gesetzes auch auf die Statuierung des Bereicherungsverbots, lässt sich dies doch sinnvoll nur als Anordnung eines exklusiven Kürzungsrechts für den Versicherer und nicht in der Weise begreifen, dass alle Erstattungsverpflichteten ihre Leistung anteilig reduzieren können; vgl. *Wandt*, Versicherungsrecht, Rn. 1339.

eine direkte Abrechnung mit dem Erbringer der medizinischen Leistung ersetzt und um Beratungsleistungen oder wie bei der Haftpflichtversicherung um die Abwehr unberechtigter Ansprüche von Erbringern medizinischer Leistungen sowie die Unterstützung bei der Geltendmachung von Ansprüchen wegen fehlerhafter Behandlung ergänzt werden. Wie die Lebensversicherung kann auch die Krankenversicherung gemäß § 193 Abs. 1 VVG auf einen Dritten genommen werden, der dann die versicherte Person ist und im Fall des Todes oder der Kündigung des Versicherungsnehmers nach § 207 Abs. 1 und 2 VVG das Recht zum Eintritt in den Versicherungsvertrag hat.

210 Eine Besonderheit der Krankenversicherung ist ihre **Verknüpfung** mit der **gesetzlichen Kranken-** und **Pflegeversicherung** im Sozialversicherungssystem. Dies gilt nicht nur für die private Pflegepflichtversicherung, die zwar als privatrechtlicher Vertrag mit einem Krankenversicherer abzuschließen, aber nahezu durchgängig sozialrechtlich im SGB XI geregelt und auch der Sozialgerichtsbarkeit unterworfen ist. Auch die dem Privatrecht angehörende Regelung der Krankenversicherung hat starke Bezüge zum Recht der Sozialversicherung. So gibt es besondere Vorschriften für die substitutive Krankenversicherung, bei der die Leistungspflicht des Versicherers ganz oder teilweise dem im gesetzlichen Sozialversicherungssystem vorgesehenen Krankenversicherungsschutz entspricht. Ihr weitgehend gleichgestellt ist die nicht substitutive Krankenversicherung, wenn sie, wie für die substitutive Krankenversicherung durch § 12 VAG vorgeschrieben, nach Art der Lebensversicherung, also unter Bildung von Rückstellung für das erhöhte Krankheitsrisiko im Alter, betrieben wird. Die Prämienkalkulation unterliegt gemäß § 203 Abs. 1 S. 1 VVG detaillierten Vorgaben gemäß §§ 12 ff. VAG und der auf Grundlage dieser Vorschriften ergangenen Verordnungen. Noch enger ist die Verbindung mit der gesetzlichen Krankenversicherung bei der Pflichtkrankheitskostenversicherung zum Basistarif, die § 193 Abs. 3 VVG allen Personen auferlegt, die nicht in der gesetzlichen Krankenversicherung versicherungspflichtig sind, und für die Abs. 5 der Vorschrift einen korrespondierenden Kontrahierungszwang der Krankenversicherer vorsieht. Der Basistarif muss nach § 12 Abs. 1a VAG Versicherungsschutz wie in der gesetzlichen Krankenversicherung zu einer Prämie bieten, die gemäß Abs. 1c der Vorschrift den Höchstbeitrag zur gesetzlichen Krankenversicherung nicht übersteigen darf. Wie bei dieser sind Risikozuschläge bei der Pflichtversicherung im Basistarif gemäß § 203 Abs. 1 S. 3 VVG ausgeschlossen, so dass der Versicherer keine Möglichkeit zur Angleichung von Prämie und individuellem Risiko hat, das hohe Einzelfallrisiko also im Ergebnis von der Gemeinschaft der Versicherten getragen werden muss.[131] Der gesetzlichen Krankenversicherung nachgebildet ist auch der Direktanspruch, den der Erbringer einer medizinischen Leistung gemäß § 192 Abs. 7 VVG gegen den Versicherer als Gesamtschuldner neben dem Versicherungsnehmer hat. Alle Kranken- und Pflegeversicherungsverträge sind schließlich gemäß § 205 Abs. 2 VVG bei Eintritt einer gesetzlichen Versicherungspflicht innerhalb der drei darauf folgenden Monate rückwirkend kündbar.

---

[131] Hieran ändert nichts, dass gemäß § 12g VAG ein Ausgleichssystem zwischengeschaltet ist, durch das die aus der Pflichtversicherung zum Basistarif übernommenen Lasten auf alle Versicherungsunternehmen gleichmäßig verteilt werden.

Da der Versicherer mit dem Abschluss der Krankenversicherung **umfassenden Schutz** des Versicherungsnehmers vor den finanziellen Risiken von Krankheit oder Pflegebedürftigkeit übernimmt, sind seine Möglichkeiten zur Beseitigung seiner Leistungspflicht stark eingeschränkt: Im Fall einer vom Versicherungsnehmer nicht zu vertretenden Anzeigepflichtverletzung nach § 194 Abs. 1 S. 2 VVG ist ihm die Anpassung des Versicherungsvertrags gemäß § 19 Abs. 4 VVG verwehrt; und die Frist für die Ausübung der aus einer zu vertretenden Anzeigepflichtverletzung erwachsenden Rechte ist auf drei Jahre verkürzt. Zum Schutz des Versicherers vor dem Abschluss einer Versicherung unmittelbar vor einer kostspieligen Behandlung des Versicherungsnehmers wird jedoch häufig vereinbart, dass die Leistungspflicht des Versicherers erst nach Ablauf einer Wartezeit einsetzt, für die § 197 VVG Höchstgrenzen von drei und acht Monaten für die Kranken- und drei Jahren für die Pflegeversicherung festlegt. Die Vorschriften über die Gefahrerhöhung sind nach § 194 Abs. 1 S. 2 VVG überhaupt nicht anzuwenden, so dass der Versicherungsnehmer nicht Gefahr läuft, wegen der Verschlechterung seines Gesundheitszustands nach Vertragsschluss den Versicherungsschutz zu verlieren. Eine Herbeiführung des Versicherungsfalls schadet ihm gemäß § 201 VVG nur bei Vorsatz. Die substitutive Krankenversicherung und nach Art einer Lebensversicherung betriebene nicht substitutive Krankenversicherung können gemäß § 195 Abs. 1 VVG nur unbefristet abgeschlossen werden; und die substitutive Krankenversicherung kann nach § 206 Abs. 1 S. 2 VVG durch den Versicherer nicht ordentlich gekündigt werden. Bei der Krankenpflichtversicherung im Basistarif ist nach S. 1 der Vorschrift sogar jede Kündigung des Versicherers ausgeschlossen; und der Versicherer kann sich eines Verzugs des Versicherungsnehmers mit der Prämienzahlung nur gemäß § 193 Abs. 6 VVG durch die Feststellung eines Ruhens des Versicherungsverhältnisses erwehren, das ihn aber nicht von der Erstattungspflicht für die Behandlung akuter Erkrankungen und Schmerzzustände sowie bei Schwangerschaft oder Mutterschaft entbindet. **211**

Zum Ausgleich für die strenge Bindung an den Versicherungsvertrag steht dem Versicherer nach § 203 Abs. 2 und 3 VVG ein Recht zur **Anpassung** der **Prämie** wegen nicht nur vorübergehender Veränderungen der für die Prämienkalkulation maßgeblichen Rechnungsgrundlagen oder, wenn die Krankenversicherung nach Art einer Lebensversicherung betrieben wird, auch wegen einer anhaltenden Veränderung der Verhältnisse des Gesundheitswesens zu. Unter dieser Voraussetzung, die noch nicht bei einer für den Versicherer ungünstigen Auslegung einer Klausel gegeben ist,[132] kann der Versicherer auch eine Anpassung seiner allgemeinen Versicherungsbedingungen oder seiner Tarifbestimmungen vornehmen. Dieses einseitige Vertragsanpassungsrecht ist wie bei der Lebensversicherung[133] dadurch bedingt, dass es wegen der Komplexität der Prämienkalkulation einer detaillierten Parteivereinbarung bedarf. **212**

Ebenso bei der Lebensversicherung wird auch die **Dispositionsfreiheit** des **Versicherungsnehmers** bei der Krankenversicherung in besonderer Weise geschützt: Nach § 204 Abs. 1 S. 1 Nr. 1 VVG hat er, um einer Verteuerung der Prämie in sei- **213**

---

[132] BGH, NJW 2008, 1160, 1161.

[133] S. o. Rn. 205.

nem Tarif zu entgehen, das Recht zum Wechsel in einen anderen Tarif mit gleichartigem Versicherungsschutz unter Wahrung der Altersrückstellung und seiner schon erworbenen Rechte, insbesondere seiner bisherigen Risikoeinstufung. Dem Versicherungsnehmer steht zudem nach § 205 Abs. 1 VVG das Recht zur ordentlichen Kündigung zum Ende eines jeden Jahres zu; und bei der substitutiven Krankenversicherung kann er nach § 204 Abs. 1 S. 1 Nr. 2 VVG die Übertragung der kalkulierten Altersrückstellung auf einen neuen Krankenversicherer in Höhe des Teils der Versicherung verlangen, der dem Basistarif entspricht. Schließlich kann er bei einer nach der Art der Lebensversicherung betriebenen Krankenversicherung gemäß § 204 Abs. 4 VVG den gekündigten Versicherungsvertrag in Form einer Anwartschaftsversicherung fortführen, die keine Leistungspflicht des Versicherers begründet, ihn aber zum Neuabschluss einer regelrechten Krankenversicherung unter Wahrung der bisher erworbenen Position des Versicherungsnehmers verpflichtet.

2. Kapitel: Austausch durch Überlassung von Arbeitskraft und Gegenständen

§ 4 Arbeits- und Dienstvertrag

1. Arbeits- und Dienstverhältnis

a) Dienstvertrag und Arbeitnehmerschutz

Bei oberflächlicher Betrachtung nimmt sich das heutige Regime des Arbeitsvertrags 214 als Instrument des **Arbeitnehmerschutzes** aus. Dass es dem Ausgleich der Interessen von Arbeitnehmer und Arbeitgeber dient, scheint durch den bloßen Vergleich mit dem Recht anderer Schuldverträge widerlegt: Zwar ist auch diesen das im AGG umgesetzte Gebot der Gleichbehandlung bei Abschluss und Durchführung eines Vertrags nicht fremd. Die Auflösung des Vertragsverhältnisses steht jedoch bei Dauerverträgen generell im Belieben beider Vertragsparteien und ist nur von der Einhaltung einer Kündigungsfrist abhängig. Beim Arbeitsvertrag genießt der Arbeitnehmer dagegen regelmäßig Kündigungsschutz, so dass der Arbeitgeber nicht nur für die vorzeitige Beendigung des Vertragsverhältnisses, sondern auch für seine ordentliche Auflösung einer besonderen, sozialen Rechtfertigung bedarf (§ 1 KSchG) und diese auch nicht ohne Weiteres durch die Befristung des Arbeitsverhältnisses umgehen kann (§ 14 TzBfG). Außerdem bleibt das Arbeitsverhältnis anders als andere Verträge nicht stets mit dem ursprünglichen Vertragspartner bestehen, sondern geht, sofern der Arbeitnehmer nicht widerspricht, bei einer Veräußerung oder Überlassung des Betriebs mit diesem auf seinen Übernehmer über (§ 613a BGB). Der Schutz, den der Arbeitnehmer im Arbeitsverhältnis genießt, lässt sich zwar insoweit mit den allgemeinen Regeln in Einklang bringen, als der Arbeitgeber ihn vor Gefahren schützen muss, die von den Arbeitsbedingungen ausgehen. Entgegen der Regel des § 326 Abs. 1 BGB behält der Arbeitnehmer aber seinen Lohnanspruch auch dann, wenn er seine Arbeitsleistung wegen Krankheit nicht erbringen kann (§ 3 EFZG); und er hat im Unterschied zu anderen Vertragspartnern nicht, wie von § 276 Abs. 1 BGB vorgeschrieben, für jede Art von Fahrlässigkeit einzustehen, sondern ist dem Arbeitgeber unbedingt nur für Vorsatz und grobe Fahrlässigkeit, gar nicht für leichte Fahrlässigkeit und im Übrigen nur unter Abwägung der für und gegen seine Einstandspflicht sprechenden Umstände haftbar. Bei der Lohnfortzahlung übernimmt das Arbeitsverhältnis also die Aufgabe einer Kranken-, bei der Haftungsbeschränkung die einer Haftpflichtversicherung für den Arbeitnehmer.

Diese Privilegien, die ein Äquivalent nur in den Mechanismen zum Schutz eines 215 Wohnungsmieters finden, werden dem Arbeitnehmer nicht etwa deshalb zuteil, weil er dem Arbeitgeber an Wirtschaftsmacht unterlegen wäre[1].[2] Zwar trifft dies häufig zu, liefert jedoch nur eine Begründung dafür, dass sich die Arbeitsvertragsbedingungen nicht ausschließlich aus dem Gesetz oder Arbeitsvertrag, sondern auch aus Tarifverträgen ergeben können, die Gewerkschaften und Arbeitgeberverbände in Ausübung ihrer durch Art. 9 GG geschützten Koalitionsfreiheit abgeschlossen haben. Die von § 4 TVG angeordnete normative Wirkung dieser Vereinbarungen unter den Tarifvertragsparteien und ihren Mitgliedern erlaubt es den Arbeitnehmern, als Gruppe gegenüber den Arbeitgebern oder ihrer Vereinigung aufzutreten und Forderungen durchzusetzen, die ein einzelner Arbeitnehmer nicht mit Erfolgsaussicht erheben könnte. So entsteht auf einer kollektiven Ebene die tatsächliche Vertragsfreiheit, an der es im Verhältnis zwischen einem einzelnen Arbeitgeber und einem einzelnen Arbeitnehmer wegen der ungleichen Verteilung der Verhandlungsmacht im Regelfall fehlt. Praktisch fast ebenso wichtig wie diese ursprüngliche Funktion der **Tarifbindung** ist heute freilich die mit ihr einhergehende Vereinfachung der Verhandlungssituation, die nicht nur den Arbeitnehmern, sondern auch den Arbeitgebern zugute kommt:[3] Eine Änderung der vertraglichen Bedingungen muss nicht von und mit allen betroffenen Vertragspartnern vereinbart werden, sondern kann im kleinen Kreis mit unmittelbarer Wirkung für alle tarifgebundenen Arbeitnehmer und Arbeitgeber und mittelbar noch mit Wirkung für die Mehrheit der übrigen Arbeitnehmer beschlossen werden, deren Arbeitsbedingungen durch Vertrag an das Tarifergebnis geknüpft sind. Dass die Tarifbindung gleichwohl in rechtlicher Hinsicht noch ein Instrument des Arbeitnehmerschutzes ist, zeigt sich daran, dass von den Bestimmungen des Tarifvertrags gemäß § 4 Abs. 3 TVG nur einseitig, nämlich bloß zugunsten des Arbeitnehmers, abgewichen werden kann.

216 Den Schutz, den der Arbeitnehmer durch die Erschwerung der ordentlichen Kündigung für den Arbeitgeber und die Bindung seines Arbeitsverhältnisses an den Betrieb genießt, kann man durchaus in Beziehung zur Tarifbindung setzen und als ihren Flankenschutz ansehen, weil er ihre Umgehung durch Auflösung der Arbeitsverhältnisse verhindert. Daneben haben Kündigungsschutz und Übergang des Arbeitsverhältnisses mit dem Betrieb aber einen weitergehenden Sinn, den sie mit der Entgeltfortzahlung im Krankheitsfall und der Beschränkung der Arbeitnehmerhaftung teilen: Für den durchschnittlichen Arbeitnehmer bildet das Arbeitsverhältnis die **Grundlage** seiner **wirtschaftlichen** und **sozialen Existenz**, weil er mit dem Einkommen, das er durch seine Arbeit erzielt, seinen und häufig auch den Lebensunterhalt seiner Familie verdient. Dies rechtfertigt es, den Fortbestand des Arbeits-

---

[1] So aber etwa *Gamillscheg*, Zivilrechtliche Denkformen und die Entwicklung des Individualarbeitsrechts, AcP 176 (1976) 197, 205 f. Dagegen *Zöllner*, Privatautonomie und Arbeitsverhältnis, AcP 176 (1976) 222, 229 ff., der schon den Befund des wirtschaftlichen Ungleichgewichts in Frage stellt.

[2] Und erst recht nicht mehr deshalb, weil der Arbeitgeber dem Arbeitnehmer durch das Eigentum an den Produktionsmitteln überlegen ist; vgl. *Zöllner/Loritz/Hergenröder*, Arbeitsrecht. S. 3.

[3] Sie führt gleichsam zu einer ausnahmsweise erwünschten Kartellwirkung auf dem Arbeitsmarkt; vgl. *Zöllner/Loritz/Hergenröder*, Arbeitsrecht. S. 3.

verhältnisses und seinen Erhalt in dem Betrieb zu sichern, auf den es ausgerichtet ist. Und es gibt auch den Ausschlag dafür, dass das Arbeitseinkommen nicht schon aufgrund einer nur vorübergehenden Erkrankung wegfällt oder dadurch aufgezehrt wird, dass der Arbeitnehmer sich im Zuge seiner Tätigkeit einer Haftung gegenüber dem Arbeitgeber oder Dritten aussetzt, die seinen Lohn leicht bei weitem übersteigen kann. Könnte dem Arbeitnehmer das Arbeitsverhältnis leichter genommen oder verleidet werden, verlöre er außer dem Arbeitseinkommen ein wesentliches Mittel zur Entfaltung seiner Persönlichkeit.[4] Denn in einer auf Unterhaltssicherung durch Arbeit eingerichteten Gesellschaft ist die Arbeitstätigkeit wesentlicher Faktor der Persönlichkeitsbildung und hat daher schon als solche und unabhängig vom Ziel der wirtschaftlichen Existenzsicherung durch Einkommen einen Eigenwert.

Dass ein einzelner Vertrag die Grundlage von Wirtschafts- und Sozialexistenz schafft, ist freilich noch kein exklusives Merkmal des Arbeitsvertrags, sondern auch in anderen Fällen wie etwa bei Organen juristischer Personen und selbständigen Handelsvertretern sowie zuweilen auch bei Freiberuflern denkbar. Gleichwohl wäre es wegen der Freiheit, die sie alle bei ihrer Tätigkeit genießen und für die sie sich entschieden haben, ihrem jeweiligen Vertragspartner keineswegs zumutbar, dass sie in gleicher Weise wie ein Arbeitnehmer geschützt werden. Was die Einschränkung der Befugnisse des Arbeitgebers und den korrespondierenden Vorzug des Arbeitnehmers erzwingt, ist dessen **Unterwerfung** unter die **soziale Gewalt** des **Arbeitgebers**: Zwar ist das Arbeits- kein Gemeinschaftsverhältnis personenrechtlicher Art.[5] Mit Abschluss des Arbeitsvertrags begibt sich der Arbeitnehmer aber doch schuldrechtlich in die Herrschaft des Arbeitgebers, indem dieser nicht nur wie andere Vertragspartner ein Recht auf Leistung erwirbt, sondern wegen der Eigenart der vom Arbeitnehmer geschuldeten Leistung automatisch auch über Lebensablauf 217

4 Dementsprechend ist auch der verfassungsrechtliche Ansatzpunkt für den Bestandsschutz des Arbeitsverhältnisses nicht die Berufsfreiheit gemäß Art. 12 GG, sondern das durch Art. 1 Abs. 1, 2 Abs. 1 GG geschützte Persönlichkeitsrecht des Arbeitnehmers; vgl. *Franzen*, Das Persönlichkeitsrecht des Arbeitnehmers als Grundlage des arbeitsrechtlichen Kündigungsschutzes, in: Krause/Schwarze (Hg.), Festschrift für Otto, Berlin 2008, S. 70, 74 ff.

5 Vgl. *Schwerdtner*, Fürsorgetheorie und Entgelttheorie im Recht der Arbeitsbedingungen, Heidelberg 1970, S. 66 ff., *Otto*, Personale Freiheit und soziale Bindung, München 1978, S. 131 ff., Staudinger/*Richardi* (2005) vor § 611 Rn. 478 ff. gegen die im Ansatz auf *Otto von Gierke* zurückgehende Fehldeutung des Arbeitsvertrags als Nachfolger feudalistischer Rechtsinstitute (zu ihrem Entwicklungszusammenhang im 20. Jh. *Annuß*, Der Arbeitsvertrag als Grundlage des Arbeitsverhältnis, ZfA 2004, 283 ff.). In ihrer Tradition steht die Lehre vom Arbeitsverhältnis als Gemeinschaftsverhältnis, wie sie von *G. Hueck*, Der Grundsatz der gleichmäßigen Behandlung im Privatrecht, München 1958, S. 233 ff. und *Wiedemann*, Das Arbeitsverhältnis als Austausch- und Gemeinschaftsverhältnis, Karlsruhe 1966, S. 33 ff. vertreten wird. Mit der Herausbildung einer umfassenden Rücksichtspflicht unter Vertragspartnern, wie sie jetzt in § 241 Abs. 2 BGB kodifiziert ist, hat sich ein wesentliches Anliegen dieser Theorie vom Gemeinschaftsverhältnis erübrigt, das in der Ableitung umfassender Treuepflichten bestand; vgl. *Boemke*, Schuldvertrag und Arbeitsverhältnis, München 1999, S. 383 ff. und MünchKomm/*Müller-Glöge* § 611 BGB Rn. 985. Auch für die Begründung von Pflichten unter Arbeitskollegen bedarf es nicht des Gemeinschaftsgedankens, sondern allein der Figur des Vertrags mit Schutzwirkung zugunsten Dritter; vgl. *Riesenhuber*, Die Rechtsbeziehungen zwischen Nebenparteien, Berlin 1997, S. 123 ff., 153 ff.

und Lebensführung des Arbeitnehmers mitbestimmt.[6] Will dieser nicht vertragsbrüchig werden, muss er sich im Gegensatz zu einem Werkunternehmer oder freien Dienstleister gefallen lassen, dass der Arbeitgeber ihm vorgibt, wann und wo er sich aufzuhalten hat, um seine Arbeitsleistung zu erbringen.[7] Diese weitgehende Herrschaftsmacht über eine Person, die im sonstigen Vertragsrecht kein Äquivalent findet, gestattet es ausnahmsweise, in besonderer Weise auf die wirtschaftliche und soziale Bedeutung eines Vertrags für einen Kontrahenten Rücksicht zu nehmen, die im Übrigen weitgehend jenseits der Regelungsziele des Vertragsrechts liegt. Das Recht des Arbeitsvertrags ist daher keineswegs unausgewogen, weil mit den Instrumenten zum Schutz des Arbeitnehmers nur das Gegengewicht zu einem in der Natur des Vertrags wurzelnden Herrschaftsrecht geschaffen wird, das erfahrungsgemäß auch mit einem sozialen Schutzbedürfnis des Vertragspartners einhergeht: Wer sich der Herrschaft eines anderen über die eigene Arbeitskraft unterwirft, ist typischerweise auch auf das so erzielte Einkommen zur Sicherung seiner Wirtschafts- und Sozialexistenz angewiesen. Wer dagegen sein Arbeitsleben eigenbestimmt gestaltet, ist gewöhnlich nicht in gleichem Maße an das Vertragsverhältnis mit einem Auftraggeber gebunden.

218 Die besondere Schutzaufgabe, die das heutige Arbeitsrecht erfüllen muss, stellt sich nur in einer Gesellschaft, in der die Mehrheit oder zumindest ein großer Teil der am Rechtsleben beteiligten Bevölkerung auf Einkommen durch unselbständige Arbeit angewiesen ist. Völlig anders verhielt es sich im antiken Rom, woher das Recht des **Dienstvertrags** stammt, das dem Arbeitsrecht auch heute noch das Grundgerüst liefert. Als besondere Ausprägung der umfassenden Vertragsart der Verdingung (*locatio conductio*) war der Dienstvertrag (*locatio conductio operarum*)[8] von geringer praktischer Bedeutung und daher auch für die Juristen nur wenig interessant. Einfache Arbeiter gingen in Rom zwar Dienstverträge ein, verfügten aber nicht über die Mittel, sich eine Prozessführung leisten zu können. Und die einträglichen Tätigkeiten fielen aus dem Begriff des Dienstvertrags heraus. Denn sie wurden entweder wie insbesondere Verwaltungsaufgaben von Sklaven erledigt, die über keine Rechtspersönlichkeit verfügten und daher ihrem Gewalthaber auch nicht durch Vertrag verbunden waren; oder sie gehörten wie die Tätigkeit der Architekten, Ärzte und Anwälte zu den „freien Künsten" (*artes liberales*), die aus Anstandsgefühl ebenfalls ohne Vertragsbindung und gegen freiwillig zu entrichtendes Honorar ausgeübt wurden. Immerhin haben die römischen Juristen jedoch ein Wesensmerkmal des Dienstvertrags herausgearbeitet, das auch heute noch für das Dienst- und Ar-

---

6 Ähnlich *Maschmann*, Arbeitsverträge und Verträge mit Selbständigen, Berlin 2001, S. 162 ff., der im Arbeitsvertrag die vertragliche Anerkennung eines Über- und Unterordnungsverhältnisses und der Leistungsmacht des Arbeitgebers sieht, sowie *Schwarze*, Arbeitnehmerbegriff und Vertragstheorie, ZfA 2005, 81, 88 ff., der als hervorragendes Merkmal des Arbeitnehmers den von diesem geübten Freiheitsverzicht ansieht.

7 Darin liegt, wie *Ballerstedt*, Das Problem einer Dogmatik des Arbeitsrechts, RdA 1976, 5, 8 zutreffend feststellt, ein Freiheitsverlust, der durch die Vergütung nicht vollständig ausgeglichen werden kann.

8 Hierzu *Honsell/Mayer-Maly/Selb*, Römisches Recht, S. 327 f., *Zimmermann*, Law of Obligations, S. 384 ff., *Harke*, Römisches Recht, Rn. 9.17 ff.

beitsrecht bestimmend ist und entgegen dem ersten Anschein nichts mit dem Arbeitnehmerschutz moderner Prägung zu tun hat: Da der Dienstverpflichtete seine Vergütung nicht für ein bestimmtes Arbeitsergebnis, sondern schon deshalb erhält, weil er dem Dienstberechtigten seine Arbeitskraft nach dessen Weisung zur Verfügung stellt, hängt sein Lohnanspruch nicht davon, ob die Arbeitskraft auch tatsächlich ausgenutzt wird. Bietet der Dienstverpflichtete seine Leistung an, bleibt der Dienstberechtigte demnach auch dann zur Zahlung der vereinbarten Vergütung verpflichtet, wenn er die Arbeitskraft nicht gebrauchen kann und sie deshalb brachliegen lässt.[9] Das Risiko, dass er sie aus wirtschaftlichen Gründen, insbesondere wegen der Entwicklung des von ihm geführten Betriebs, oder auch nur aus zufälliger persönlicher Verhinderung an der Erteilung der erforderlichen Weisungen nicht verwenden kann, trifft allein ihn und nicht den Dienstverpflichteten.

Diese fundamentale Regel von der Gefahrtragung des Arbeitgebers, die in Mittelalter und Naturrechtslehre verlorenging und sich auch noch nicht im preußischen ALR (§ 917 I 11) wiederfand, kehrte erstmals ansatzweise im österreichischen ABGB (§ 1155) zurück und fand dann in alter Form Eingang in das schweizerische OR (Art. 332 a. f. = Art. 324 n. f.) und das BGB (§ 615). Schon in seiner Fassung von 1900 verpflichtete es den Dienstberechtigten zudem dazu, den Dienstverpflichteten vor Gefahren für seine Gesundheit zu bewahren (§ 618 BGB). Zu dieser Verpflichtung, die ebenfalls mit der ursprünglichen Struktur des Dienstvertrags zu vereinbaren und nur Ausprägung des Gebots der Rücksicht auf den Vertragspartner ist, kam als erstes Element des modernen Arbeitnehmerschutzes die Pflicht zur Lohnfortzahlung im Krankheitsfall oder einem sonstigen in seiner Personen liegenden Grund für die Verhinderung zur Dienstleistung (§ 616 BGB).[10] Nachdem sich der Arbeitsvertrag emanzipiert hat und Gegenstand einer Reihe besonderer Regelungen in BGB und Spezialgesetzen geworden ist, gilt das hergebrachte Recht des Dienstvertrags heute insbesondere für die Tätigkeiten, die ursprünglich von ihm ausgenommen waren, nämlich die der freien Berufe. 219

b) Begriff und Rechtsquellen des Arbeitsvertrags

Liegt der Grund für die Vorzüge, die der Arbeitnehmer genießt, in der überragenden Bedeutung des Arbeitsverhältnisses für seine wirtschaftliche und soziale Existenz, muss diese im Grundsatz auch die Abgrenzung von freiem Dienst- und Arbeitsvertrag steuern. Über die Zuordnung darf freilich nicht die wirtschaftliche Gesamtsituation des Dienstverpflichteten entscheiden, die auch von anderen Faktoren als 220

---

[9] D 19.2.38pr. Paul sing reg; D 19.2.19.9 Ulp 32 ed: *Cum quidam exceptor operas suas locasset, deinde is qui eas conduxerat decessisset, imperator Antoninus cum divo Severo rescripsit ad libellum exceptoris in haec verba: ‚Cum per te non stetisse proponas, quo minus locatas operas Antonio Aquilae solveres, si eodem anno mercedes ab alio non accepisti, fidem contractus impleri aequum est.'* („Als jemand sich als Schreiber verdungen hatte und sein Auftraggeber gestorben war, gab der Kaiser Antoninus Caracalla zusammen mit dem göttlichen Kaiser Septimius Severus auf die Eingabe des Schreibers folgenden Bescheid: ‚Hat es, wie du vorträgst, nicht an dir gelegen, dass du deine Dienste dem Antonius Aquila nicht geleistet hast, und hast du in diesem Jahr auch von keinem anderen Lohn erhalten, ist es gerecht, wenn der Vertrag eingehalten wird.'")

[10] Ebenso das schweizerische OR (Art. 335 a. f. = Art. 324a n. f.).

dem Einkommen aus Berufstätigkeit bestimmt ist und als Anknüpfungspunkt für die Anwendung des Arbeitsrechts nicht herangezogen werden könnte, ohne eine erhebliche Rechtsunsicherheit zu schaffen. Gibt über die Anwendung des Arbeitsrechts daher der **Charakter** der **Tätigkeit** den Ausschlag, bleibt der Arbeitnehmerschutz zwangsläufig nicht auf diejenigen beschränkt, die seiner auch wirklich bedürfen; vielmehr kommt er allen zugute, die typischerweise darauf angewiesen sind, weil die Tätigkeit, die sie für den Dienstberechtigten ausüben, im Regelfall auch die Existenzgrundlage eines solchermaßen Dienstverpflichteten bildet. Die Grenzlinie zwischen freiem Dienst- und Arbeitsvertrag muss daher so verlaufen, dass auf der einen Seite die Dienstverpflichtungen stehen, die gewöhnlich nur gegenüber einem einzigen Dienstberechtigten übernommen werden, und auf der anderen Seite die Tätigkeiten, die im Regelfall von verschiedenen Dienstberechtigten in Auftrag gegeben werden und bei denen der Wegfall eines von ihnen normalerweise nicht die Existenzgrundlage des Dienstverpflichteten gefährdet. Auf diese Weise scheiden aus dem Anwendungsbereich des Arbeitsrechts im Normalfall die Verträge mit Freiberuflern aus, weil es zu deren Berufsbild gehört, Dienstleistungen für eine Vielzahl von Auftraggebern zu erbringen. Dasselbe gilt für die Anbieter von Unterrichtsleistungen, die sich ebenfalls typischerweise nicht nur einem Vertragspartner verbindlich machen.

221 Nicht ohne Weiteres vom Arbeitsrecht ausgenommen wären nach dem Kriterium der Auftraggeberbindung dagegen die Organe von Kapitalgesellschaften, die normalerweise ebenfalls nur einen Vertragspartner in Gestalt der von ihnen vertretenen Gesellschaft haben. Da sie mit dem Einkommen aus dem Dienstverhältnis im Regelfall auch ihren Lebensunterhalt bestreiten, widerspricht ihre Zuordnung zur Gruppe der Arbeitnehmer eigentlich auch nicht der Funktion des Arbeitsrechts, denjenigen Teil zu schützen, für den das Arbeitsverhältnis die wirtschaftliche und soziale Existenzgrundlage bietet. Ein Grund, aus dem man sie trotzdem im Regelfall nicht zu den Arbeitnehmern zählen darf, ist organisationsrechtlicher Natur: Zählten auch die Organe einer juristischen Person zu ihren Arbeitnehmern, verfügte sie über niemanden, der sie gegenüber den Arbeitnehmern vertreten könnte, ohne zugleich selbst hierzu zu gehören.[11] Die juristische Person wäre daher daran gehindert, unbeeinflusst ihre Arbeitgeberrolle wahrzunehmen. Wichtiger und entscheidend ist, dass es bei Organen von Kapitalgesellschaften regelmäßig an der Unterwerfung unter die **soziale Gewalt** des Arbeitgebers fehlt,[12] die das Interesse des Arbeitnehmers an der Erhaltung seiner Existenzgrundlage gegenüber dem Arbeitgeber erst schutzwürdig macht.

222 Wo diese Gewalt einsetzt, gibt die gesetzliche Regelung des Rechts der selbständigen Handelsvertreter vor.[13] Nach § 84 Abs. 1 S. 2 HGB entscheidet über seinen Anwendungsbereich das Kriterium der **Gestaltungsfreiheit**: Kann der Handelsvertreter die Art und Weise seiner Tätigkeit im Wesentlichen frei und insbesondere

[11] BAG, NJW 1995, 675, 676.

[12] Da dies nur die Regel und zuweilen anders ist, kann der Vertrag mit einem Geschäftsführer im Einzelfall freilich durchaus dem materiellen Arbeitsrecht unterliegen; vgl. BAG, NJW 2009, 2078, 2079.

[13] Richtig *Preis*, Arbeitsrecht, S. 64.

seine Arbeitszeit bestimmen,[14] ist er selbständiger Gewerbetreibender, ansonsten Arbeitnehmer des Unternehmers, für den er Geschäfte vermittelt oder abschließt. Dieses Kriterium bewährt sich auch jenseits des Handelsvertreterrechts bei allen anderen Arten von Dienstleistungen und sogar dann, wenn es darum geht zu beurteilen, ob Arbeitsrecht auf einen Vertrag anzuwenden ist, der formal einer anderen Kategorie wie etwa dem Werkvertrag oder Franchising zugehört. In allen diesen Situation stellt sich ebenfalls die für das Handelsvertreterrecht gesetzlich beantwortete Frage, ob jemand seinem Vertragspartner als selbständiger Unternehmer oder als Angestellter gegenübertritt; und sie lässt sich ebenso wie dort danach entscheiden, ob er seine Tätigkeit frei gestalten und vor allem selbst über seine Arbeitszeit entscheiden kann. Kann er es, liegt ein freier Dienst-, ein Werk- oder Franchisevertrag vor. Wird ihm die Gestaltung seiner Tätigkeit durch den Vertragspartner vorgeschrieben, ist seine Arbeit fremdbestimmt und Gegenstand eines Arbeitsverhältnisses.[15] Außer durch § 84 HGB ist diese Unterscheidung noch mittelbar durch die Definition der arbeitnehmerähnlichen Personen[16] in § 12a Abs. 1 Nr. 1 TVG vorgegeben. Sie erfasst alle Personen, die wirtschaftlich abhängig, also auf die Einkünfte aus der Tätigkeit für den Vertragspartner zur Sicherung ihrer Existenzgrundlage angewiesen,[17] und ebenso sozial schutzwürdig wie ein Arbeitnehmer sind. Damit ist indirekt gesagt, dass es für die Arbeitnehmereigenschaft selbst nicht auf die wirtschaftliche Abhängigkeit,[18] sondern allein auf die Art der Tätigkeit ankommt, die sich wiederum nur danach beurteilen lässt, wie viel Gestaltungsspielraum dem Dienstverpflichteten eingeräumt ist.[19]

Die Kehrseite der mangelnden Gestaltungsfreiheit des Arbeitnehmers ist das **Weisungsrecht** des Arbeitgebers. Es gilt zuweilen als Folge, zuweilen als Voraussetzung[20] der Eingliederung des Arbeitnehmers in die Arbeitsorganisation des Arbeitgebers.[21] Versteht man es richtig, ist das Weisungsrecht des Arbeitgebers nur ein Synonym für die Fremdbestimmung der Tätigkeit des Arbeitnehmers und seine Einbindung in den vom Arbeitgeber organisierten Arbeitsprozess. Es unterscheidet sich nicht nur graduell, sondern qualitativ von dem allgemeinen Weisungsrecht, das **223**

---

14 Zu den Grenzen des Bestimmungsrechts im Einzelfall BAG, NJW 2010 2455, 2456 f.

15 BAG, NZA 1992, 1125, 1126, AP Nr. 117 zu § 611 BGB Abhängigkeit

16 Hierzu *Hromadka*, Arbeitnehmerähnliche Personen – Rechtsgeschichtliche, dogmatische und rechtspolitische Überlegungen, NZA 1997, 1249 ff.

17 BAG, NJW 2003, 3365, 3366; 2007, 1709, 1710.

18 BAG, NZA 1992, 1125, 1126.

19 Daher lässt sich die von *Wank*, Arbeitnehmer und Selbständige, München 1988, S. 125 ff. vorgeschlagene Ableitung der Arbeitnehmerschaft aus der fehlenden Übernahme unternehmerischen Risikos (für sie ebenfalls *C. Weber*, Das aufgespaltene Arbeitsverhältnis, Berlin 1992, S. 257 ff.; und ähnlich im Ausgangspunkt auch *Brammsen*, Der Arbeitnehmerbegriff – Versuch einer einheitlichen Neubestimmung, RdA 2010, 267, 271 ff.) zumindest nicht mit dem aktuellen Gesetzesstand in Einklang bringen; vgl. *Hromadka*, NZA 1997, 569, 576, MünchKomm/*Müller-Glöge* § 611 BGB Rn. 171, ErfK/*Preis* § 611 BGB Rn. 58 und Erman/*Edenfeld* § 611 Rn. 58.

20 *Hromadka/Maschmann*, Arbeitsrecht, Bd. 1, Rn. 1.23 ff.

21 Für völlig unaussagekräftig halten das Merkmal der Eingliederung deshalb *Zöllner/Loritz/Hergenröder*, Arbeitsrecht. S. 41.

den meisten Dienst- und Werkverträgen inhärent, aber keineswegs unentbehrlich ist.[22] Dieses allgemeine Weisungsrecht ist fachlicher Natur und dient allein der Konkretisierung der Wünsche des Auftraggebers. Sind diese, wenn einmal geäußert, auch für freie Dienstverpflichtete verbindlich, gibt es umgekehrt Arbeitnehmer, denen der Arbeitgeber mangels fachlicher Kompetenz gar keine inhaltlichen Weisungen zu erteilen vermag. Gleichwohl unterliegen auch diese Arbeitnehmer dem arbeitsrechtlichen Weisungsrecht, das ihre Person betrifft und mit dem der Arbeitgeber ihnen vorschreiben kann, wo und wann sie ihre Arbeitsleistung zu erbringen haben. Zu unspezifisch ist daher die vom BAG gewöhnlich gebrauchte Formel, ein Arbeitgeber könne dem Arbeitnehmer Weisungen zu „Inhalt, Durchführung, Zeit, Dauer und Ort der Tätigkeit" geben.[23] Verständlich und sinnvoll wird das Weisungsrecht als Merkmal des Arbeitsverhältnisses erst in Kombination mit dem Kriterium der Eingliederung in die fremde Arbeitsorganisation[24] oder mit dem gleichbedeutenden Merkmal der „persönlichen Abhängigkeit"[25], das die Befugnis des Arbeitgebers zum Eingriff in Lebensablauf und Lebensführung des Arbeitnehmers beschreibt.[26]

224 Das moderne Arbeitsrecht ist jünger als das BGB und hat seinen Weg nur teilweise in das Gesetzbuch gefunden. Mit den Vorschriften über den Dienstvertrag hält dieses nur einen dünnen Rahmen für die Regelung des Arbeitsverhältnisses bereit, während der überwiegende Teil der arbeitsrechtlichen Bestimmungen auf **Spezialgesetze** verteilt ist, die einzelnen Bereichen des Arbeitsrechts wie dem Kündigungsschutz (KSchG), der Befristung von Arbeitsverhältnissen (TzBfG) der Freistellung zum Erholungsurlaub (BUrlG) oder der Entgeltfortzahlung im Krankheitsfall (EFZG) gelten. Daneben finden sich arbeitsrechtliche Bestimmungen in den Vorschriften des HGB über den Handlungsgehilfen (§§ 59 ff.) und im AGG, das dem Arbeitsverhältnis einen eigenen Abschnitt (§§ 6 ff.) widmet. Diese Bestimmungen sind nahezu durchweg halbzwingend in dem Sinne, dass von ihnen grundsätzlich nicht zum Nachteil des Arbeitnehmers abgewichen werden kann. Eine Ausnahme besteht zuweilen für Bestimmungen in **Tarifverträgen** und **Betriebsvereinbarungen**, mit denen die Tarifautonomie und die betriebliche Mitbestimmung verwirklicht werden. Sie stehen im Rang unter dem Gesetzesrecht, haben aber ebenfalls normative Kraft, indem sie unmittelbar und zwingend zwischen den Tarifgebundenen oder dem Arbeitgeber und den Arbeitnehmern desselben mitbestimmten Betriebs gelten (§§ 4 Abs. 1 S. 1 TVG, 77 Abs. 4 S. 1 BetrVG). Im Verhältnis zwischen Tarifvertrag und Betriebsvereinbarung kommt jenem der Vorrang

---

[22] Es geht also, wie *Hromadka/Maschmann*, Arbeitsrecht, Bd. 1, Rn. 1.29 herausstellen, bei der Unterscheidung zu anderen Vertragsverhältnissen nicht um das Ob, sondern die Art der Weisungsbefugnis.

[23] BAG, NJW 2003, 3365, 3366.

[24] BAG, NJW 2003, 3365, 3366, AP Nr. 118, 121 zu § 611 BGB Abhängigkeit.

[25] BAG, NJW 2003, 3365, 3366, AP Nr. 117, 118, 121 zu § 611 BGB Abhängigkeit.

[26] Gegen einen einheitlichen Arbeitnehmerbegriff und für eine Differenzierung nach dem Ziel der jeweils einschlägigen Regelung dagegen Staudinger/*Richardi* (2005) vor § 611 Rn. 163 f. Für eine Abstufung der arbeitsrechtlichen Normen nach ihrem Zweck *Hromadka*, Arbeitnehmerbegriff und Arbeitsrecht, NZA 1997, 569, 577 ff.

zu, so dass ohne eine entsprechende Öffnungsklausel im Tarifvertrag Betriebsvereinbarungen nicht über Arbeitsentgelte oder sonstige Arbeitsbedingungen geschlossen werden können, die durch Tarifvertrag geregelt sind oder üblicherweise geregelt werden (§ 77 Abs. 3 BetrVG). Im einzelnen Arbeitsvertrag kann von den Bestimmungen eines Tarifvertrags dagegen wiederum nur zugunsten des Arbeitnehmers (§ 4 Abs. 3 TVG), von den Vorschriften einer Betriebsvereinbarung, durch die der Arbeitnehmer Rechte erwirbt, zu dessen Nachteil bloß mit Zustimmung des Betriebsrats (§ 77 Abs. 4 S. 2 BetrVG) abgewichen werden.

Im Übrigen unterliegen die Bestimmungen eines Arbeitsvertrags, wie § 310 **225**
Abs. 4 S. 2 BGB ausdrücklich feststellt, den Bestimmungen über **vorformulierte Geschäftsbedingungen** in §§ 305 ff. BGB mit Ausnahme der Vorschriften über deren Einbeziehung in den Vertrag. Da es für die Verbrauchereigenschaft nicht auf einen konsumtiven Zweck des Vertrags, sondern nur darauf ankommt, dass eine Person nicht als Unternehmer im Sinne von § 14 BGB tätig wird, ist auch ein Arbeitnehmer als Verbraucher anzusehen,[27] so dass die Inhaltskontrolle nicht nur aufgrund der Generalklausel des § 307 BGB, sondern auch anhand der speziellen Klauselverbote der §§ 308 f. BGB erfolgt und gemäß § 310 Abs. 3 Nr. 2 BGB nicht bloß allgemeine Geschäftsbedingungen, sondern alle vom Arbeitgeber gestellten Vertragsbedingungen erfasst.[28] Allerdings sind dabei nach § 310 Abs. 4 S. 2 BGB die im Arbeitsrecht geltenden Besonderheiten zu berücksichtigen. Dies bedeutet zum einen, dass Klauseln, die im allgemeinen Rechtsverkehr unwirksam wären, wegen einer bestehenden Geschäftspraxis bei Arbeitsverträgen gültig sind. Zum anderen ermöglicht dieser Vorbehalt, die Inhaltskontrolle nicht an den nach § 307 Abs. 2 Nr. 1 BGB relevanten Grundgedanken der gesetzlichen Regelung, sondern an richterrechtlich herausgebildeten Prinzipien zu orientieren. Ob hierfür noch Bedarf besteht, ist freilich eher zweifelhaft. Mögen die in der arbeitsgerichtlichen Rechtsprechung entwickelten Regeln auch früher einmal rechtsfortbildenden Charakter gehabt haben, ist die gesetzliche Regelungsdichte im Arbeitsrecht doch inzwischen kaum geringer als in anderen Bereichen des Schuldrechts, so dass sich die von der Rechtsprechung aufgestellten Sätze hier wie dort regelmäßig als Ausprägungen eines gesetzlichen Grundgedankens verstehen lassen.

c) Das Rahmenrecht des Dienstvertrags

aa) Die Dienstleistung und ihre Vergütung

Nicht nur bei Arbeits-, auch bei freien Dienstverträgen ist die **Pflicht** zur **Dienstleistung** in besonderer Weise mit der Person des Verpflichteten verknüpft. Da sie nicht **226**
auf ein Produkt gerichtet ist, sondern in der Überlassung von Arbeitskraft selbst besteht, ist ihre Erfüllung in aller Regel mit der Unterordnung der Person des Verpflichteten oder seiner Angestellten unter die Weisungsbefugnis des Dienstberech-

[27] BAG, NJW 2005, 3305, 3308 f., NZA 2009, 370, 373.

[28] Die Qualifikation des Arbeitnehmers als Verbraucher führt dagegen nicht dazu, dass im Arbeitsrecht auch die Widerrufsrechte gelten, wie sie sich aus dem Abschluss eines Geschäfts in einer Haustürsituation ergeben; vgl. BAG, NJW 2004, 2401, 2404 f.; 2006, 938, 941.

tigten verbunden, der zumindest das Ziel der Leistung vorgibt.[29] Eine solche Unterordnung kann nur freiwillig erfolgen und von der Rechtsordnung nicht erzwungen werden. Daher bestimmt § 888 Abs. 3 ZPO, dass eine Verurteilung zur Leistung von nicht vertretbaren Diensten aus einem Dienstvertrag anders als ein Urteil zu sonstigen Handlungen weder durch Zwangsgeld noch durch Zwangshaft vollstreckt werden kann. Der Dienstberechtigte hat zwar durchaus einen Anspruch auf die Dienste, den er sich auch titulieren lassen kann. Er ist jedoch auf die Durchsetzung seines aus der Nichterfüllung der Dienstpflicht entspringenden Schadensersatzanspruchs beschränkt.[30] Nicht vertretbar sind Dienste, die der Dienstverpflichtete in Person zu leisten hat. Nach § 613 S. 1 BGB stellen sie den Regelfall, übertragbare Dienstleistungen die Ausnahme dar.[31] Ohne besondere Vereinbarung dürfen natürliche Personen die von ihnen versprochenen Dienste daher nicht durch andere ausführen lassen und allenfalls nachgeordnete Aufgaben delegieren[32]; und auch bei der Dienstverpflichtung von Gesellschaften ist eine Erfüllung im Zweifel nur durch deren Angestellte, nicht auch durch Subunternehmer möglich. Daher gilt für sie ebenfalls die Bestimmung des § 613 S. 2 BGB, derzufolge der Anspruch des Dienstberechtigten auf die Dienstleistung im Zweifel auch nicht übertragbar ist. Diese Beschränkung ist das Komplementärstück zur höchstpersönlichen Bindung des Dienstverpflichteten und soll ihn davor bewahren, sich den Weisungen einer anderen Person unterwerfen zu müssen als derjenigen, der er diese Befugnis durch Vertrag eingeräumt hat.

227 Dass sich der Dienstberechtigte den Weisungen des Dienstverpflichteten nicht nur unterwerfen muss, sondern regelmäßig auch unterordnen will, betrifft einen anderen Aspekt des Persönlichkeitsbezugs der Dienstleistung: In einer Gesellschaft, die auf Unterhaltssicherung durch Berufstätigkeit angelegt ist, stellt diese ein wesentliches Moment der durch Art. 1 und 2 GG geschützten Persönlichkeitsentwicklung dar. Daher kann den Dienstberechtigten, obwohl er nach der Regelung des BGB zur Ausnutzung der Arbeitskraft des Dienstverpflichteten nur berechtigt und nicht auch verpflichtet ist, zumindest von Verfassungs wegen eine **Beschäftigungspflicht** treffen, mit der das ideelle Interesse des Dienstverpflichteten an der Berufstätigkeit oder sein materielles an Erhaltung und Weiterbildung seiner beruflichen Fähigkeiten befriedigt wird.[33] Das BAG nimmt eine solche Beschäftigungspflicht

---

[29] Dies stellt zu Recht *Tillmanns*, Strukturfragen des Dienstvertrags, Tübingen 2007, S. 19 ff. heraus, die von der Machtausübung und dem Steuerungsrecht des Auftraggebers als Pendant zum Erfolgsversprechen beim Werkvertrag spricht.

[30] Anders *Stoffels*, Der Vertragsbruch des Arbeitnehmers, Heidelberg 1994, S. 65 ff. und *Zöllner/Loritz/Hergenröder*, Arbeitsrecht, S. 151, die für austauschbare Arbeitsleistungen eine Vollstreckung nach § 887 ZPO befürworten.

[31] Den Schluss aus dieser Vorschrift auf das Vollstreckungsrecht bekämpft *Stoffels* (Fn. 30), S. 66, der ihr den zwangsvollstreckungsrechtlichen Regelungsgehalt und den Bezug zur Gläubigerperspektive abspricht.

[32] BGH, NJW 2008, 987.

[33] Diese Pflicht ist eine Leistungspflicht; vgl. ErfK/*Preis* § 611 BGB Rn. 564, 614; anders zu Unrecht *Oetker/Maultzsch*, Vertragliche Schuldverhältnisse, Rn. 7.101 und MünchKomm/*Müller-Glöge* § 611 BGB Rn. 973.

zu Recht für Arbeitsverhältnisse an,[34] weil diese für die Arbeitnehmer gewöhnlich die Grundlage der Sozialexistenz schlechthin und damit auch den Schwerpunkt ihrer Persönlichkeitsentwicklung durch Beschäftigung bilden.[35] Bei einem freien Dienstvertrag kann man eine Beschäftigungspflicht nur in dem Fall annehmen, dass der Dienstverpflichtete von seiner Tätigkeit für den Dienstberechtigten insoweit wie ein Arbeitnehmer betroffen ist. Dies gilt etwa für die Organe juristischer Personen, sofern der Dienst für diese ebenfalls ihre gesamte Berufstätigkeit ausmacht, nicht jedoch für Freiberufler, die nicht angestellt und daher regelmäßig für mehrere Auftraggeber tätig sind.

Auch wenn keine Beschäftigungspflicht besteht, hat der Dienstberechtigte die **228** Voraussetzungen für eine gefahrlose Tätigkeit zu schaffen, indem er seiner **Schutzpflicht** gerecht wird: Nach § 618 Abs. 1 BGB hat der Dienstberechtigte Räume, Vorrichtungen oder Gerätschaften, die von ihm zu stellen sind, so einzurichten und zu unterhalten und die Dienstleistung derart zu regeln, dass der Dienstverpflichtete, soweit es die Natur der Dienste zulässt, gegen Gefahren für Leben und Gesundheit geschützt ist. Während die zusätzlichen Pflichten zur Krankenfürsorge (§ 617 BGB) und Versorgung mit angemessenem Wohn- und Schlafraum sowie Verpflegung (§ 618 Abs. 2 BGB) auf die Fälle begrenzt sind, in denen der Dienstverpflichtete in die häusliche Gemeinschaft aufgenommen und daher in aller Regel auch Arbeitnehmer ist, gilt die Pflicht zur Abwehr von Gefahren für Leben und Gesundheit generell und für jeden Dienstvertrag. Konkretisiert wird sie durch öffentlich-rechtliche Arbeitsschutzvorschriften, die nicht nur für Arbeitnehmer, sondern für alle Beschäftigten und damit gemäß § 2 Abs. 2 Nr. 3 ArbSchG insbesondere auch für arbeitnehmerähnliche Personen gelten. Als Teil der allgemeinen Pflicht zur Verhütung von Gesundheitsschäden für den Dienstverpflichteten treffen sie den Dienstberechtigten darüber hinaus auch gegenüber Dienstverpflichteten, die weder Arbeitnehmer noch arbeitnehmerähnlich sind. Denn diese können nicht minder erwarten, dass die Erfüllung ihrer Dienstverpflichtung keine vermeidbaren Gefahren für ihre Gesundheit mit sich bringt. Und ebenso wie bei Arbeitnehmern und arbeitnehmerähnlichen Dienstverpflichteten ist die Pflicht zu Schutzmaßnahmen auch in ihrem Fall keine bloße Rücksichts-, sondern selbständig durchsetzbare Leistungspflicht des Dienstberechtigten,[36] der sie im Gegenzug zur Unterwerfung des Dienstverpflichteten unter seine Weisungsbefugnis übernimmt.

Die **Vergütung** der Dienstleistung muss sich keineswegs am Arbeitsaufwand **229** orientieren, sondern kann auch von dem Erfolg abhängig gemacht werden, den der Dienstverpflichtete erzielt. Freilich ist die Bindung der Vergütung an einen einzelnen Erfolg ein Indiz dafür, dass der Erfolg auch versprochen, der Vertrag mithin nicht Dienst-, sondern Werkvertrag ist. Haben die Parteien die Frage der Vergütung

---

[34] BAG (GS), NJW 1985, 2968, 2969 f. Anders zu Unrecht etwa *H. Weber/J. A. Weber*, Zur Dogmatik eines allgemeinen Beschäftigungsanspruchs im Arbeitsverhältnis, RdA 2007, 344, 350 ff. die den Arbeitnehmer durch die Pflicht des Arbeitgebers zur Zahlung der vereinbarten Vergütung nach § 615 BGB (s. u. Rn. 230 ff.) hinreichend geschützt sehen.

[35] Anders Staudinger/*Richardi* (2005) § 611 Rn. 906, der in der Beschäftigungspflicht bloß eine notwendige Ergänzung des Kündigungsschutzes sieht.

[36] *Oetker/Maultzsch*, Vertragliche Schuldverhältnisse, Rn. 7.99.

ungeregelt gelassen, gilt § 612 BGB, der in Parallele zur einschlägigen Regelung beim Werkvertrag (§ 632 BGB) vorsieht, dass eine Vergütung als stillschweigend vereinbart gilt, wenn die Leistung nach den Umständen nur gegen Vergütung zu erwarten ist. Außerdem bindet er den Lohn mangels besonderer Vereinbarung in seiner Höhe an eine Taxe, ansonsten an die übliche Vergütung. Eine Taxe geben vor allem die Gebührenordnungen für dienstvertraglich tätige Freiberufler wie Ärzte (GOÄ) und Rechtsanwälte (RVG) vor. Die übliche Vergütung kann insbesondere in gewöhnlich vereinbarten Tages- oder Stundensätzen liegen. Fällig wird die Vergütung gemäß § 614 BGB nach Abschluss der Leistung des Dienstverpflichteten oder mit Ablauf der Zeitabschnitte, nach denen sie bemessen ist.

bb) Gefahrtragung und Haftung

(1) Annahmeverzug des Dienstberechtigten

230 Ist die vom Dienstverpflichteten geschuldete Leistung an die Erteilung von Weisungen durch den Dienstberechtigten gebunden, kann man hieraus durchaus schließen, der Dienstverpflichtete erfülle seine Leistungspflicht schon mit dem bloßen Angebot seiner Dienste und nicht erst dann, wenn er auf Weisung des Dienstberechtigten auch tätig wird.[37] Praktische Konsequenzen ergeben sich hieraus jedoch nicht, denn die wesentliche Rechtsfolge: die Wahrung des Lohnanspruchs, ist in § 615 S. 1 und 2 BGB eigens festgestellt: Kommt der Dienstberechtigte mit der Annahme der Dienste in Gläubigerverzug, kann der Dienstverpflichtete, ohne zur Nachleistung verpflichtet zu sein, die vereinbarte Vergütung verlangen und muss sich lediglich anrechnen lassen, was er wegen des Ausfalls seiner Leistung erspart oder durch anderweitigen Einsatz seiner Arbeitskraft erwirbt oder zu erwerben böswillig unterlässt.[38] Diese Bestimmung geht insofern über § 326 Abs. 2 BGB hinaus, als der Fortbestand der Entgeltpflicht trotz Ausfalls der Leistung nicht daran geknüpft ist, dass dieser ein **Leistungshindernis** entgegensteht. Und auch wenn das Leistungshindernis auf der fehlenden Annahme des Gläubigers beruht, gilt § 615 BGB, damit es anders als nach § 326 Abs. 2 BGB nicht auf die Verantwortlichkeit des Gläubigers, sondern auf seinen bloßen Verzug ankommt. In diesem zweiten Fall, in dem man § 615 BGB entweder analog anwendet oder in seinem Rechtsgedanken bei der Entscheidung nach § 326 Abs. 2 BGB berücksichtigt,[39] hat die Vorschrift den größeren Anwendungsbereich. Denn die Pflicht zur Dienstleistung ist, nimmt man die Gesamtzahl der Arbeits- und Dienstverträge, in aller Regel für eine bestimmte Arbeitszeit vereinbart und damit eine absolute Fixschuld. Wird ihre Erfüllung deshalb in-

---

[37] Anders *Oetker/Maultzsch*, Vertragliche Schuldverhältnisse, Rn. 7.31 f., MünchKomm/*Müller-Glöge* § 611 BGB Rn. 5.

[38] Es versteht sich von selbst, dass der Anspruch des Dienstberechtigten ein Lohn- und kein Schadensersatzanspruch ist; vgl. BAG, NZA 2003, 973, 975.

[39] Dies erübrigt sich freilich, wenn man mit *Picker*, Betriebsrisikolehre und Arbeitskampf, JZ 1979, 285, 293, (vgl. auch *dens*., Annahmeverzug und Vergütungsgefahr im Dienstvertragsrecht, JZ 1985, 693, 698 ff.), Staudinger/*Richardi* (2005) § 615 Rn. 34 ff., MünchKomm/*Henssler* § 615 BGB Rn. 8, ErfK/*Preis* § 615 BGB Rn. 7, Erman/*Belling* § 615 Rn. 24 und AnwK/*Franzen* § 615 BGB Rn. 5 in jedem Annahmeverzug des Dienstberechtigten die Unmöglichkeit der Leistung des Dienstverpflichteten sieht.

folge der Weigerung des Gläubigers mit Ablauf des jeweiligen Zeitabschnitts nach § 275 Abs. 1 BGB unmöglich,[40] liegt kein Gläubigerverzugs vor; die *ratio* des § 615 S. 1 BGB trifft jedoch auch auf diesen Fall zu, zumal der Dienstverpflichtete ja auch bei einem Annahmeverzug des Dienstberechtigten gerade nicht zur Nachleistung verpflichtet sein soll. Mit dieser schon in Rom geltenden[41] Regel zieht das Gesetz die Konsequenz daraus, dass der Dienstvertrag zur bloßen Überlassung von Arbeitskraft verpflichtet, über deren Verwendung allein der Dienstberechtigte bestimmt.[42]

Dieser für alle Dienstverträge und unabhängig vom Ziel des Arbeitnehmer- 231
schutzes geltenden Grundregel lässt sich schon entnehmen, was der im Zuge der Schuldrechtsreform eingefügte § 615 S. 3 BGB andeutet, nämlich dass der Arbeitgeber das sogenannte **Betriebsrisiko** trägt. Die gesetzliche Formulierung, dass die Rechtsfolgen der ersten beiden Sätze der Vorschrift auch dann gelten, wenn der Arbeitgeber das Risiko des Arbeitsausfalls trägt, ist freilich tautologisch und damit wertlos;[43] denn das Risiko, an dessen Zuweisung die Vorschrift anknüpft, liegt ja gerade im Fortbestand des Lohnanspruchs, den sie wiederum anordnet. Aber auch die vom Gesetzgeber beabsichtigte Aussage, ein Arbeitgeber trage das Betriebsrisiko,[44] ist überflüssig, weil sie sich schon aus § 326 Abs. 2 BGB und den ersten beiden Sätzen von § 615 BGB ergibt:[45] Jeglicher Ausfall der Dienstleistung, der darauf zurückgeht, dass der Dienstberechtigte die vom Dienstverpflichteten angebotene Leistung nicht annimmt, trifft den Dienstberechtigten, ohne dass es auf die Ursache seines Gläubigerverzugs oder der mangels Annahme eingetretenen Leistungsunmöglichkeit ankäme.[46] Die Gefahr, dass eine Arbeitsleistung infolge einer Störung des Betriebs selbst oder der Marktlage nicht erbracht werden kann, ist dem Arbeitgeber daher automatisch kraft allgemeinen Dienstvertragsrechts und entgegen dem Eindruck, den § 615 S. 3 BGB erweckt, nicht etwa wegen der Besonderheiten des Arbeitsvertrags zugewiesen[47].[48] Für diesen gilt vielmehr gerade umge-

[40] Hierzu *Harke*, Allgemeines Schuldrecht, Rn. 222.

[41] S. o. Rn. 218.

[42] Dementsprechend darf man ihr entgegen Erman/*Belling* § 615 Rn. 1 keinen sozialen Schutzzweck attestieren.

[43] Vgl. *Picker*, Die Lohngefahrtragung im Dienst- und Arbeitsvertrag nach der Schuldrechtsreform, in: Baums u. a. (Hg.), Festschrift für Huber, Tübingen 2006, S. 497, 533 ff.

[44] Vgl. BAG, NJW 2008, 3803, 3804.

[45] Richtig *Zöllner/Loritz/Hergenröder*, Arbeitsrecht, S. 225 und Erman/*Belling* § 615 Rn. 61. Die Unrichtigkeit der Betriebsrisikolehre des BAG erweist *Picker*, JZ 1979, 285, 292 f.; gegen sie wenden sich auch Staudinger/*Richardi* (2005) § 615 Rn. 23 ff., 192 ff. und *Preis*, Arbeitsrecht, S. 570

[46] *Picker*, JZ 1979, 285, 292; 1985, 693, 704 f. nennt dies die Substratsgefahrtragung, die dem Dienstverpflichteten obliegt. Ebenso Staudinger/*Richardi* (2005) § 615 Rn. 195 und MünchKomm/*Henssler* § 615 BGB Rn. 100.

[47] So etwa noch *Kalb*, Rechtsgrundlage und Reichweite der Betriebsrisikolehre, Berlin 1977, S. 95 ff.

[48] Die von BAG, NJW 1973, 342, 343 erwogene Ausnahme von der Entgeltfortzahlung im Fall der Existenzgefährdung des Dienstberechtigten beruht, in der Terminologie des BGB von 2002 gesprochen, auf der Rücksichtspflicht gemäß § 241 Abs. 2 BGB und ist daher entgegen Staudinger/*Richardi* § 615 Rn. 214, ErfK/*Preis* § 611 BGB Rn. 127 im Grundsatz durchaus denkbar, praktisch jedoch kaum gegeben; vgl. MünchKomm/*Henssler* § 615 BGB Rn. 98.

kehrt im Fall des Arbeitskampfs eine Ausnahme von der Risikozuweisung an den Arbeitgeber.[49]

232 Während sich die Bedeutung von § 615 BGB bei Freiberuflern, die nur auf Anforderung durch den Dienstberechtigten und ansonsten für einen anderen Auftraggeber arbeiten, in Grenzen hält, ist die Vorschrift außer bei Arbeitsverträgen für diejenigen Dienstverpflichtungen relevant, die wie in einem typischen Arbeitsverhältnis für eine gewisse Dauer in vorgegebenen Zeitabschnitten erfüllt werden. Der Fall ist dies insbesondere bei Organen juristischer Personen, bei denen sich die Frage eines Fortbestands der Vergütungspflicht nicht anders als für Arbeitnehmer vor allem bei einer **unberechtigten Kündigung** durch den Dienstberechtigten stellt. Da er mit ihr zugleich erklärt, dass er die Leistung des Dienstverpflichteten ab dem Zeitpunkt der vermeintlichen Wirksamkeit der Kündigung nicht mehr annehmen werde, genügt hier nach § 295 BGB ein wörtliches Angebot des Dienstverpflichteten, um den Annahmeverzug zu begründen und nach dem Rechtsgedanken von § 615 BGB seine Rechtsfolgen auch bei Annahmeunmöglichkeit eintreten zu lassen. Für dieses wörtliche Angebot genügt in aller Regel schon der Widerspruch des Gekündigten gegen die Kündigung.[50] Sogar dieser ist entbehrlich, wenn der Dienstberechtigte zugleich mit der Kündigung zu erkennen gibt, dass er keinesfalls zur Entgegennahme der Dienstleistung mehr bereit ist.[51] In diesen Fällen, in denen die Annahmeverweigerung des Dienstberechtigten gleichsam sein letztes Wort ist, liegt eine der Erfüllungsverweigerung beim Schuldnerverzug vergleichbare Konstellation vor, so dass in Analogie zu dessen Regime auch das der Mahnung des säumigen Schuldners äquivalente Angebot an den Gläubiger überflüssig ist.[52] Schon nach § 296 BGB gilt dies bei einer vom Gläubiger zu einer kalendermäßig bestimmten Zeit vorzunehmen Handlung, wozu bei Dienst- und Arbeitsverträgen vor allem die Überlassung eines Arbeitsplatzes gehört: Stellt der Dienstberechtigte ihn nicht zur Verfügung, greifen die Rechtsfolgen von § 615 BGB ebenfalls ohne wörtliches Angebot durch den Dienstverpflichteten und dessen Widerspruch gegen die Kündigung ein.[53] Dasselbe gilt im Fall einer von den Parteien getroffenen Freistellungsvereinbarung, die allein die Pflicht des Dienstverpflichteten zur Dienstleistung und nicht die Vergütungspflicht des Dienstberechtigten beseitigt.[54] Zur Anwendung von § 615 BGB jenseits der Konstellation einer unwirksamen Kündigung kann es dadurch kommen, dass der Dienstberechtigte die Annahme der Dienste zwar nicht schlechthin ablehnt, aber weniger Dienstleistung annimmt, als nach dem Dienstvertrag geschuldet ist. Hier ist der Lohnanspruch des Dienstverpflichteten teils regulär, teils durch den Annahmeverzug des Dienstberechtigten begründet.[55] Zur Fortzahlung der Vergütung kann ein Schadensersatzanspruch des

---

[49] Hierzu s. u. Rn. 288.

[50] BAG, NJW 2006, 3453, 3455.

[51] BGH, NJW 2001, 287, 288, BAG, NJW 2006, 3453, 3455.

[52] Vgl. *Harke*, Allgemeines Schuldrecht, Rn. 203.

[53] BAG, NJW 2007, 250, 255, NZA 2010, 1295, 1298. Anders *Zöllner/Loritz/Hergenröder*, Arbeitsrecht, S. 222.

[54] BAG, NJW 2008, 1550, 1551.

[55] BAG, NJW 2003, 3219, 3220.

Dienstberechtigten hinzukommen, wenn diesen aus Rücksicht auf die Persönlichkeit des Dienstverpflichten eine Beschäftigungspflicht trifft, sei es, dass ihre Verletzung zu einer materiellen Einbuße, etwa in Gestalt eines in Geld messbaren Ansehensverlustes, geführt hat, sei es, dass sie einen immateriellen Nachteil bewirkt hat, der wegen des Verstoßes gegen sein Persönlichkeitsrecht eine Entschädigung in Analogie zu § 253 Abs. 2 BGB nach sich zieht[56].

Beenden kann der Dienstberechtigte den Gläubigerverzug nur durch die Erklärung seiner Bereitschaft zur Annahme der nach dem Dienstvertrag geschuldeten Dienstleistung. Nicht ausreichend ist dagegen das Angebot einer sogenannten **Prozessbeschäftigung**, also einer vorübergehenden Tätigkeit bis zum Abschluss der gerichtlichen Auseinandersetzung über die Wirksamkeit der Kündigung.[57] Die im Rahmen der Prozessbeschäftigung zu erbringende Tätigkeit ist nämlich nicht mit der Dienstleistung identisch, die nach dem unwirksam beendeten Dienstvertrag selbst zu erbringen war.[58] Dem Dienstverpflichteten, der sich nicht auf das Angebot der Prozessbeschäftigung einlässt, kann das so ausgeschlagene Einkommen freilich als böswillig unterlassener Erwerb angerechnet werden, wenn die Prozessbeschäftigung im Wesentlichen seiner eigentlich geschuldeten Tätigkeit entspricht und ihm daher zumutbar ist. Wegen der Möglichkeit zur Prozessbeschäftigung ist es dem Dienstberechtigten umgekehrt verwehrt, sich zur Reduktion des Lohnanspruchs darauf zu berufen, der Dienstverpflichtete habe sich nicht über die Bundesagentur für Arbeit in ein neues Beschäftigungsverhältnis vermitteln lassen.[59] **233**

(2) Vorübergehende Verhinderung des Dienstverpflichteten

Nicht mehr aus der Natur des Dienstvertrags, sondern nur als Schutzvorschrift für den Dienstverpflichteten zu erklären ist die weitere Gefahrtragungsregel des § 616 BGB, der dem Dienstberechtigten die Fortzahlung der Vergütung bei einer vorübergehenden unverschuldeten Verhinderung des Dienstverpflichteten zur Aufgabe macht. Auch hiervon sind wiederum weniger die in unregelmäßigem Einsatz tätigen Freiberufler als vielmehr Dienstverpflichte betroffen, die ihre Dienstleistung wie die Organe juristischer Personen ähnlich einem Arbeitnehmer über eine gewisse Dauer in festgelegten Zeitabschnitten erbringen. Dass sie nicht durch eine vorübergehende Verhinderung wegen Krankheit oder vergleichbarer Umstände ihres Lohnanspruchs verlustig gehen sollen, ist ebenso wie die im EFZG geregelte Entgeltfortzahlung beim Arbeitsverhältnis der Rücksicht auf die wirtschaftliche Bedeutung geschuldet, die das Einkommen aus dem Dienstvertrag typischerweise für die Lebensführung des Dienstverpflichteten hat. Damit ihm wegen eines kurzeitigen Ausfalls seiner Leistung nicht die wirtschaftliche Existenzgrundlage genommen und so schließlich auch die weitere Durchführung des Dienstvertrags beein- **234**

---

[56] Hierzu *Harke*, Allgemeines Schuldrecht, Rn. 336.

[57] Der hierüber abgeschlossene Vertrag bedarf nach § 14 Abs. 4 TzBfG der Schriftform und gilt ansonsten gemäß § 16 TzBfG als auf unbestimmte Zeit abgeschlossen (s. u. Rn. 266); vgl. BAG, NJW 2004, 3586 ff.

[58] BAG, NJW 2004, 316; 2006, 1020, 1021.

[59] BAG, NJW 2001, 243 f.

trächtigt wird,[60] ist dem Dienstberechtigten gewissermaßen eine **Versicherung** des Dienstverpflichteten gegen das Risiko vorübergehender Hinderungsgründe auferlegt,[61] wobei dieser sich freilich Ersatzleistungen einer gesetzlichen Kranken- oder Unfallversicherung anrechnen lassen muss.

235 Das die Pflicht zur Lohnfortzahlung auslösende **Ereignis** muss den Arbeitnehmer in seiner Person, also nicht wie etwa Verkehrsbehinderungen die Allgemeinheit treffen. Neben der eigenen Krankheit des Dienstverpflichteten sind es vor allem die Krankheit oder der Tod naher Angehöriger,[62] die Niederkunft von Ehefrau oder Lebensgefährtin sowie besondere Familien- oder religiöse Feiern[63], die eine persönliche Verhinderung des Dienstverpflichteten im Sinne von § 616 BGB auslösen. Die Einschränkung, dass die Dienstverhinderung **nicht** selbst **verschuldet** sein darf, betrifft vor allem den Fall der Krankheit und ist hier einschränkend zu verstehen. Entgegen der Ansicht der Rechtsprechung folgt dies nicht etwa daraus, dass bei der Verursachung einer Krankheit ein Verschulden des Dienstverpflichteten gegen sich selbst vorläge:[64] Da ihn eine regelrechte Verpflichtung zur Dienstleistung trifft, bedeutet auch die Herbeiführung eines Hinderungsgrunds ein gewöhnliches Verschulden gegenüber dem Dienstberechtigten, das eigentlich dem Maßstab des § 276 BGB unterläge. Dass dieser dennoch nicht zur Anwendung kommen kann, lässt sich der Bestimmung über die Pflicht zur Krankenfürsorge in § 617 Abs. 1 BGB entnehmen. Sie ist nur dann ausgeschlossen, wenn der Verpflichtete seine Krankheit vorsätzlich oder grob fahrlässig herbeigeführt. Ist im Fall leichter Fahrlässigkeit des Dienstverpflichteten schon eine Pflicht zur Krankenfürsorge begründet, darf nichts anderes für die Lohnfortzahlung gelten. Da der Dienstverpflichtete nicht ein Produkt, sondern sich selbst überlässt, muss der Dienstberechtigte hinnehmen, dass die Arbeitskraft in dem Maße ausfällt, wie sie nach der Lebenserfahrung durch sozial nicht unübliche Selbstgefährdung beeinträchtigt werden kann. Überschreitet die Dienstverhinderung den Zeitraum, der noch als verhältnismäßig nicht erheblich anzusehen ist,[65] entfällt die Lohnfortzahlung entgegen der Ansicht der Rechtsprechung[66] nicht völlig,

---

[60] Der Gesetzgeber des BGB von 1900 schuf § 616 BGB aus „sozialpolitischen" und Gründen der „Humanität"; vgl. die Begründung der ersten BGB-Kommission, Mot., Mugdan, Bd. 2, S. 258.

[61] Für eine Erklärung von § 616 BGB aus dem Grundsatz: *minima non curat praetor*, dagegen Staudinger/*Oetker* (2002) § 616 Rn. 15 ff., der jedoch den Nachweis schuldig bleibt, dass diese Regel im geltenden Recht noch Bedeutung hat.

[62] Der Kreis dieser Personen ist nicht nach dem Kriterium rechtlicher Beistandspflicht, sondern danach zu bestimmen, wie eng der Dienstverpflichtete und sein Angehöriger tatsächlich verbunden sind, so dass hierunter entgegen Staudinger/*Oetker* (2002) § 616 Rn. 57 auch Partner nichtehelicher Lebensgemeinschaften fallen.

[63] Anders insoweit *Zöllner/Loritz/Hergenröder*, Arbeitsrecht, S. 219.

[64] So etwa BAG, NJW 1988, 1546, 1547.

[65] Er liegt im Regelfall sicher deutlich unter der für die Entgeltfortzahlung bei Arbeitsverhältnissen maßgeblichen Zeitspanne von sechs Wochen; vgl. Staudinger/*Oetker* (2002) § 616 Rn. 97 ff., Erman/*Belling* § 616 Rn. 50 und MünchKomm/*Henssler* § 616 BGB Rn. 60, der in sechs Wochen die absolute Höchstgrenze der Lohnfortzahlung erkennt. Für eine Orientierung an diesem Zeitraum im Fall der Krankheit des Dienstverpflichteten dagegen ErfK/*Preis* § 616 BGB Rn. 10a.

[66] BAG, NJW 1960, 741, 742 f.

sondern nur für den Zeitraum, der den Rahmen der unerheblichen Verhinderung überschreitet.[67] Zwar ist § 616 BGB eine Ausnahme zur allgemeinen Gefahrtragungsregel des § 326 BGB, deshalb jedoch nicht eng auszulegen. Denn das Ziel der Ausnahme: der sozial motivierte Schutz des Dienstverpflichteten vor den Folgen einer kurzfristigen Verhinderung an der Arbeitsleistung, erheischt die Geltung der Vorschrift nicht minder in den Fällen, in denen das Hindernis länger andauert. Auch hier erfolgt die Lohnfortzahlung freilich nur vorübergehend, also bis zu dem Moment, bis zu dem sie dem Dienstberechtigten zumutbar ist.[68]

(3) Haftung des Dienstverpflichteten

Die Bedeutung der Haftung des Dienstverpflichteten geht über die anderer Sachleis- **236**
tungsschuldner hinaus. Sie befriedigt nämlich nicht lediglich das Interesse des Dienstberechtigten daran, dass er durch den Ausfall oder einen Mangel der Dienstleistung keinen weitergehenden Schaden erleidet. Daneben hat sie auch die **Funktion**, die bei auf Erfolg gerichteten Leistungen dem Regime der Gefahrtragung und insbesondere dem Institut der **Minderung** zukommt: Bleibt eine Leistung in ihrer Qualität hinter dem vertraglich festgelegten Standard zurück, kann ihr Gläubiger nach §§ 441, 638 BGB die von ihm selbst zu erbringende Gegenleistung in dem Umfang verweigern, indem sich der mangelbedingte Minderwert zum Wert der Gesamtleistung verhält.[69] Gerade mit Rücksicht auf Dienst- und Arbeitsverträge hat der Gesetzgeber davon abgesehen, diese Rechtsfolge in § 326 Abs. 1 BGB allgemein für nicht vertragsgemäße Leistungen vorzuschreiben;[70] und er hat damit die richtige Konsequenz aus der Eigenart des Dienstvertrags gezogen. Hat der Dienstverpflichtete seine Leistung in Person zu erbringen, ist diese durch die Eigenart des Dienstverpflichteten, also durch seine Leistungsfähigkeit und nicht durch einen objektiven Maßstab, bestimmt. Ist die Vergütung nicht an das Arbeitsergebnis gebunden, profitiert der Dienstberechtigte, ohne einen Lohnzuschlag entrichten zu müssen, von einer überdurchschnittlichen Leistung des Dienstverpflichteten; und er kann ihm wegen einer unterdurchschnittlichen Leistung auch nicht vorwerfen, die Leistungspflicht verletzt zu haben, und aus diesem Grund die Vergütung mindern.[71] Denkbar ist dies allenfalls bei automatisch und ohne Personeneinsatz zu erbringenden Diensten, bei denen jedoch regelmäßig auch ein gewisser Dauererfolg versprochen und deshalb ein Werkvertrag gegeben ist[72] oder mit einem Leistungsdefizit

---

[67] Richtig *Zöllner/Loritz/Hergenröder*, Arbeitsrecht, S. 220.

[68] Rechtfertigen ließe sich der völlige Entfall der Vergütungspflicht bei längerer Verhinderung allerdings mit der Erwägung, § 616 BGB beruhe auf dem Grundsatz: *minima non curat praetor*; konsequent daher Staudinger/*Oetker* (2002) § 616 Rn. 92.

[69] Vgl. *Harke*, Allgemeines Schuldrecht, Rn. 260.

[70] Vgl. die Begründung des Schuldrechtsmodernisierungsgesetzes, BT-Drucks. 14/6040, S. 223. Über diese Entscheidung setzen sich ohne zureichenden Grund *Oetker/Maultzsch*, Vertragliche Schuldverhältnisse, Rn. 7.67 und Erman/*Edenfeld* § 611 Rn. 408 hinweg, die für eine analoge Anwendung von §§ 326 Abs. 1 S. 1, 441 Abs. 3 BGB eintreten; dagegen spricht sich auch *Looschelders*, Schuldrecht BT, Rn. 582 aus.

[71] BAG, NJW 2004, 2545, 2546. Anders *Oetker/Maultzsch*, Vertragliche Schuldverhältnisse, Rn. 7.47 f.

[72] Vgl. zu den Providerverträgen BGH, NJW 2010, 1449, 1450 ff..

zugleich eine Teilleistung vorliegt, für die § 326 Abs. 1 S. 1 BGB die Minderung zulässt.[73] Beim Dienstvertrag mit persönlicher Leistungspflicht kommt eine Teilleistung dagegen nur in Gestalt völliger Nichtleistung des Dienstverpflichteten in bestimmter Hinsicht oder in einem bestimmten Zeitabschnitt vor. Und eine Schlechtleistung begründet Rechtsfolgen nur dann, wenn der Dienstberechtigte dem Dienstverpflichteten einen konkreten Sorgfaltsverstoß nachweisen kann, der ihn nach § 280 Abs. 1 BGB zum Schadensersatz zwingt.

237 Die Haftung des Dienstverpflichteten gemäß § 280 Abs. 1 BGB umfasst außer Schäden an Rechtsgütern des Dienstberechtigten dessen entgangenen Gewinn sowie den Aufwand, der dem Dienstberechtigten durch die Nachholung oder Ersetzung der Dienstleistung entsteht.[74] Sie führt, wenn der Dienstberechtigte sein Schadensersatzrecht dem Lohnanspruch des Dienstverpflichteten entgegenhält, im praktischen Ergebnis zu einer Reduktion der Vergütung, die allerdings eben den Nachweis der Sorgfaltspflichtverletzung voraussetzt. Direkt lässt sich eine Herabsetzung der Vergütung oder ihr vollständiger Ausschluss nur bei schwerwiegenden Pflichtverletzungen in Anlehnung an den Rechtsgedanken von § 654 BGB erreichen, der für den untreuen Makler eine Strafe in Form der **Verwirkung** seines **Lohnanspruchs** vorsieht.[75] Ist hierfür beim Makler die Schwierigkeit des Schadensnachweises ausschlaggebend, rechtfertigt die Anwendung der Vorschrift auf den Dienstvertrag das Fehlen eines Gefahrtragungsregimes für Mängel. – Eine Beschränkung der Haftung des Dienstverpflichteten, wie sie beim Arbeitsvertrag angenommen wird,[76] kommt beim freien Dienstvertrag nicht in Betracht. Denn die Haftungsreduktion knüpft gerade an das für den Arbeitsvertrag charakteristische besondere Weisungsrecht des Arbeitgebers und die damit verbundene Eingliederung in die Arbeitsorganisation des Arbeitgebers an.[77]

cc) Das Ende des Dienstvertrags

(1) Vorübergehende Wirksamkeit fehlerhafter Dienstverhältnisse

238 Leidet der Dienstvertrag von vornherein an einem Wirksamkeitsmangel, führt dies grundsätzlich ebenso wie bei anderen Verträgen dazu, dass der Leistungsaustausch,

---

[73] Hieran will *Tillmanns* (Fn. 29), S. 222 ff., 414 ff. anknüpfen, die eine Minderung wegen Teilleistung dann für möglich hält, wenn die Tätigkeit des Dienstverpflichteten nicht geeignet ist, die ihr zugedachte Funktion zu erfüllen. So reichert *Tillmanns* die Dienstpflicht jedoch mit einem Erfolgselement an und nähert sie zu weit der Leistungspflicht des Werkunternehmers an.

[74] Dementsprechend gibt es auch kaum Fälle, in denen dem Dienstberechtigten kein Schaden entsteht, so dass sich hieraus entgegen Erman/*Edenfeld* § 611 Rn. 408 auch kein Argument für ein Recht zur Minderung herleiten lässt.

[75] BGH, NJW 2004, 2817.

[76] S. u. Rn. 289 ff.

[77] Ebenso im Ergebnis *Oetker/Maultzsch*, Vertragliche Schuldverhältnisse, Rn. 7.71, *Joussen*, Der persönliche Anwendungsbereich der Arbeitnehmerhaftung, RdA 2006, 129, 133 ff. Anders zumindest im Grundsatz *Waltermann*, Risikozuweisung nach den Grundsätzen der beschränkten Arbeitnehmerhaftung, RdA 2005, 98, 100 ff., der die Haftungsbeschränkung immer dann zum Zuge kommen lassen will, wenn sich im Einzelfall eine Regelungslücke sowie ein Zurechnungsgrund für ein besonderes Risiko feststellen lassen.

soweit er schon durchgeführt worden ist, rückgängig gemacht werden muss. Eine Ausnahme macht die Rechtsprechung bei Organen juristischer Personen, für die sie in Anlehnung an das Regime des Arbeitsvertrags die Existenz eines sogenannten **fehlerhaften Dienstverhältnisses** annimmt, das bis zu dem Moment wirksam bleibt, in dem sich eine Seite auf die Unwirksamkeit des Dienstvertrags beruft.[78] Der Grund hierfür ist weniger, dass die Arbeitsleistung schon dem Vermögen des Arbeitgebers inkorporiert ist[79] und ihre Rückabwicklung nach Bereicherungsrecht beim Dienstvertrag auf Schwierigkeiten stößt:[80] Da die Leistung des Dienstverpflichteten nicht an Qualitätsstandards gemessen wird, sondern schon mit Vornahme der Dienste als erbracht gelten kann, wäre für sie in aller Regel gemäß § 818 Abs. 2 BGB Wertersatz in Höhe der vereinbarten Vergütung zu leisten und diese, wenn sie schon gezahlt worden ist, im Ergebnis daher nicht zurückzuerstatten. Der entscheidende Vorteil, den die Anerkennung eines fehlerhaften Dienstverhältnisses als einstweilen wirksam bringt, liegt darin, dass bereits erbrachte Nebenleistungen beständig sind und auch eine vertragliche Haftung des Dienstverpflichteten eingreift. Andernfalls müsste, obwohl Dienstleistung und Vergütung praktisch irreversibel ausgetauscht worden sind, der Dienstverpflichtete der Lohnfortzahlung nach § 616 BGB, einer etwa erwirtschaften Altersvorsorge und der Haftung des Dienstberechtigten für die Verletzung der Leistungspflicht zu Schutzmaßnahmen gemäß § 618 BGB entbehren; und der Dienstberechtigte könnte den Dienstverpflichteten nicht wegen einer Verletzung seiner Dienstpflicht in Anspruch nehmen. Zwar trifft die Parteien eines fehlerhaften Vertragsverhältnisses nach §§ 311 Abs. 2, 241 Abs. 2 BGB eine Haftung für Verstöße gegen die Pflicht zur gegenseitigen Rücksicht auf die Rechtsgüter und Interessen des anderen Teils. Diese Haftung kann jedoch allenfalls die Pflicht des Dienstberechtigten zu Schutzmaßnahmen und die Haftung für die Verletzung von Rechtsgütern des Dienstberechtigten ersetzen. Sie ist aber nicht geeignet, einen Schadensersatzanspruch wegen entgangenen Gewinns und des Aufwands für eine Nachholung mangelhaft erbrachter Dienste zu begründen,[81] so dass die vorübergehende Wirksamkeit des fehlerhaften Dienstverhältnisses nicht zuletzt im schutzwürdigen Interesse des Dienstberechtigten liegt.[82] Daher sollte seine Anerkennung nicht nur bei Arbeitsverträgen und den Anstellungsverträgen der Organe juristischer Personen sowie anderer arbeitnehmerähnlich tätiger Dienstverpflichteter erfolgen. Vielmehr sind die Regeln über das fehlerhafte Dienstverhältnis auf alle Dienstverträge auszudehnen, weil stets gilt, dass die Vergütung schon wegen der erfolgten Dienstleistung nicht oder bestenfalls in geringem

---

[78] BGH, NJW 2000, 2983.

[79] So aber Staudinger/*Richardi* (2005) § 611 Rn. 238.

[80] So aber *Zöllner/Loritz/Hergenröder*, Arbeitsrecht, S. 130, *Preis*, Arbeitsrecht, S. 294, *Hromadka/Maschmann*, Arbeitsrecht, Bd. 1, Rn. 5.143, AnwK/*Franzen* § 611 BGB Rn. 57.

[81] Ihrer müssen die Parteien auch entbehren, wenn man das fehlerhafte Arbeitsverhältnis mit *Boemke* (Fn. 5), S. 480 ff. als bloßes Erfüllungsverhältnis gelten lässt, aus dem keine Leistungs-, sondern nur Schutzpflichten folgen.

[82] In diese Richtung geht auch die Argumentation in BGH, NJW 1964, 1367, wo allerdings auch auf die angeblichen Schwierigkeiten der bereicherungsrechtlichen Rückabwicklung hingewiesen wird.

Umfang zurückgezahlt werden muss und insbesondere der Dienstberechtigte im Fall einer mangelhaften Dienstleistung weitgehend schutzlos wäre.[83] Eine Ausnahme ist freilich sowohl bei Arbeits- als auch bei freien Dienstverträgen in dem Fall zu machen, dass das Gesetz die Nichtigkeit des Vertrags zur General- und Spezialprävention anordnet, weil die Annahme vorläufiger Vertragswirksamkeit dann dem Ziel des Geschäftsverbots zuwiderliefe[84].[85]

(2) Ordentliche Beendigung

239 Ist der Dienstvertrag wirksam begründet, endet er gemäß § 620 BGB mit dem Ablauf seiner ausdrücklich oder konkludent vereinbarten Dauer oder durch Kündigung. sofern er nicht nach § 625 BGB durch Fortsetzung der Dienstleistung mit Wissen des Dienstverpflichteten und ohne dessen ausdrücklichen Widerspruch[86] als auf unbestimmte Zeit verlängert gilt.[87] Eine konkludent **vereinbarte Vertragsdauer** liegt zum Beispiel vor, wenn der Dienstverpflichtete für eine bestimmte Aufgabe engagiert worden ist, mit deren Erledigung dann automatisch auch das Dienstverhältnis endet. Für die ordentliche **Kündigung**, derer es mangels Festlegung einer bestimmten Vertragslaufzeit bedarf, bestimmt § 621 Abs. 1 BGB in seinen Nr. 1 bis 4 Fristen, die sich an der Einteilung einer nach Zeitabschnitten zu entrichtenden Vergütung orientieren und von einem Tag bei täglicher Vergütung bis sechs Wochen bei vierteljährlicher Vergütung reichen. Nach Ansicht der Rechtsprechung gilt diese Regelung nicht für Organe juristischer Personen, die dem auf Arbeitsverhältnisse zugeschnittenen § 622 Abs. 1 BGB und damit einer Kündigungsfrist von vier Wochen zum 15. oder Ende eines Monats unterliegen sollen.[88] Gibt hierfür den Ausschlag, dass die Organe juristischer Personen im Regelfall ebenso wie Arbeit-

---

[83] Dass kein Grund besteht, an die Arbeitnehmereigenschaft anzuknüpfen, meint auch Staudinger/*Richardi* (2005) § 611 Rn. 237. Anders *Oetker/Maultzsch*, Vertragliche Schuldverhältnisse, Rn. 7.31 f., die die Anerkennung des fehlerhaften Dienstverhältnisses auf die organisatorische Einbindung des Dienstverpflichteten zurückführen und daher nur bei Organen und arbeitnehmerähnlichen Personen für angebracht halten.

[84] BAG, NZA 2005, 1409, 1410.

[85] Entgegen MünchKomm/*Müller-Glöge* § 611 BGB Rn. 638 lässt sich diese Einschränkung nicht zu dem Satz verallgemeinern, die Anerkennung des fehlerhaften Arbeitsverhältnisses sei nur für gutgläubige Vertragspartner gedacht.

[86] Dieser kann schon vor Beendigung des Dienstverhältnisses wirksam erklärt werden; vgl. BAG, NJW 2001, 532.

[87] Zur Vermeidung von Rechtsunsicherheit sieht das Gesetz hier die Fiktion eines konkludenten Vertragsschlusses vor (vgl. BAG, NZA 2004, 255, 256), in der man auch den Gegenstand einer unwiderleglichen Vermutung sehen kann (vgl. Staudinger/*Preis* (2002) § 625 Rn. 7; anders MünchKomm/*Henssler* § 625 BGB Rn. 1). Voraussetzung ist hier wie dort, dass die Vertragspartner geschäftsfähig sind und sich daher wirksam über die Verlängerung des Vertrags hätten einigen können. Eine Anfechtung wegen mangelnden Erklärungsbewusstseins oder eines Rechtsirrtums über die Folgen der faktischen Fortsetzung liefe dagegen dem Zweck von § 625 BGB zuwider; vgl. MünchKomm/*Henssler* § 625 BGB Rn. 12 und Staudinger/*Preis* (2002) § 625 Rn. 13.

[88] BGH, NJW 1987, 2073, 2074. Darüber hinaus kann die ordentliche Kündigung auch vertraglich dem arbeitsrechtlichen Erfordernis sozialer Rechtfertigung unterworfen werden; vgl. BGH, NJW 2010, 2343, 2344.

nehmer ihre gesamte Arbeitskraft für die Erfüllung ihrer Dienstpflicht aufwenden und daher auf das so erzielte Einkommen angewiesen sind, muss man ihnen freilich auch die Verlängerung der Kündigungsfrist nach der Dauer der Betriebszugehörigkeit gemäß § 622 Abs. 2 BGB zugestehen.[89] Ist die Vergütung nicht nach Zeitabschnitten bemessen, kann die ordentliche Kündigung nach § 621 Nr. 5 BGB grundsätzlich mit sofortiger Wirkung erfolgen; bei Dienstverhältnissen, die die Erwerbstätigkeit des Verpflichteten vollständig oder hauptsächlich in Anspruch nehmen, besteht jedoch eine Kündigungsfrist von zwei Wochen. Bedient sich der Dienstverpflichtete zur Regelung der Vertragsdauer vorformulierter Geschäftsbedingungen, ist § 309 Nr. 9 BGB zu beachten, der zum Schutz des Dienstberechtigten eine längere Laufzeit als zwei Jahre sowie eine automatische Verlängerung des Vertragsverhältnisses über ein Jahr hinaus sowie eine längere Kündigungsfrist als drei Monate verbietet. Zugunsten des Dienstverpflichteten und auch für Individualvereinbarungen gilt § 624 BGB, der ihm bei Verträgen über die Lebenszeit einer Person oder bei einer Vertragsdauer von mehr als fünf Jahren ein Kündigungsrecht nach Ablauf dieser Zeit mit einer Frist von sechs Monaten einräumt. – Als Folge der Beendigung des Dienstvertrags treffen den Dienstberechtigten die in §§ 629 f. BGB statuierten Pflichten, den Dienstverpflichteten für eine angemessene Zeit zum Aufsuchen eines anderen Dienstverhältnisses von der Dienstleistung freizustellen und ihm ein **Zeugnis** auszustellen. Beides hat in erster Linie Bedeutung für Arbeitsverträge und bei freien Dienstverträgen nur für diejenigen Dienstverpflichteten, die ähnlich einem Arbeitnehmer für einen einzelnen Dienstverpflichteten tätig sind. Während sie nur ein einfaches Zeugnis über das Dienstverhältnis und deren Dauer verlangen können, ist einem Arbeitnehmer gemäß § 109 Abs. 1 GewO auf Verlangen ein qualifiziertes Zeugnis auszustellen, das sich auf die Leistung und das Verhalten des Arbeitnehmers erstreckt. Auch für freie Dienstverträge gilt kraft der allgemeinen Rücksichtspflicht das in § 109 Abs. 2 GewO eigens normierte Gebot einer klaren und verständlichen Sprache und der Vermeidung codierter Formulierungen, die eine andere Aussage treffen, als auf den ersten Blick zu vermuten ist. Bedient sich der Dienstberechtigte, wie in der Praxis der Arbeitsverhältnisse üblich, eines Beurteilungssystems mit vorgefertigten Formulierungen, die als Ausdruck einer Notenvergabe angesehen werden, ist die Schlussnote entscheidend, die dem Leser zuerst ins Auge fällt.[90] Trifft sie nicht zu, kann der Dienstverpflichtete die Erstellung eines Zeugnisses verlangen, das seine Leistung richtig wiedergibt.

(3) Außerordentliche Kündigung aus wichtigem Grund

Das Recht zur außerordentlichen Kündigung, die von der Einhaltung einer Kündigungsfrist entbindet, steht nach § 626 Abs. 1 BGB beiden Seiten unter der Voraussetzung eines wichtigen Grundes zu. Dessen Definition stimmt nahezu mit der allgemeinen des § 314 Abs. 1 BGB überein und erfasst alle Fälle, in denen dem Kündigenden die Fortsetzung des Vertragsverhältnisses unter Berücksichtigung aller Umstände des Einzelfalls und Abwägung der beiderseitigen Interessen nicht bis **240**

---

[89] Richtig ErfK/*Müller-Glöge* § 622 BGB Rn. 7.

[90] BAG, NJW 2004, 2770, 2771.

zum Ablauf der Vertragsdauer oder der Frist für die ordentliche Kündigung zugemutet werden kann. Ebenso wie bei § 314 BGB gilt auch für die Kündigung nach § 626 BGB, dass sie außer im Fall eines Aus- oder Wegfalls der Geschäftsgrundlage gemäß § 313 BGB dann zulässig ist, wenn ein **Rücktrittstatbestand** erfüllt ist,[91] der Kündigungsgegner also entweder gemäß §§ 323 Abs. 5 S. 2, 326 Abs. 5 BGB in nicht nur unerheblicher Weise seiner Leistungspflicht nicht nachgekommen oder, wie von § 324 BGB gefordert, gegen seine Pflicht zur Rücksicht auf den anderen Teil in einer Weise verstoßen hat, dass dem Kündigenden die weitere Vertragsbindung unzumutbar ist.[92] Obwohl § 626 BGB hierzu schweigt, bedarf auch die Kündigung eines Dienstvertrags nach der allgemeinen Bestimmung des § 314 Abs. 2 S. 1 BGB einer vorangehenden **Fristsetzung** zur Abhilfe eines dauernden Leistungsdefizits oder einer Abmahnung im Fall punktueller Pflichtverletzungen. Eine nicht unbedeutende Ausnahme macht die Rechtsprechung freilich für die Organe einer juristischen Person. Da sie Arbeitgeberfunktion wahrnehmen[93] und sich deshalb über ihre eigenen Pflichten und die Tragweite von Pflichtverletzungen im Klaren sein müssten[94], seien in ihrem Fall besondere Umstände gegeben, die eine Abmahnung nach §§ 314 Abs. 2 S. 2, 323 Abs. 2 Nr. 3 BGB entbehrlich machen.[95] Dies kann bei besonders gravierenden Pflichtverletzungen zutreffen, wenn sie auf eine rechtsfeindliche Gesinnung des Organs schließen lassen, ist aber unangebracht bei leichten Verstößen, insbesondere solchen, die nicht im Zusammenhang mit der Wahrnehmung der Arbeitgeberrolle erfolgen. Ein Verschulden des pflichtwidrig handelnden Vertragspartners liegt in aller Regel vor, ist aber ebenso wie beim Rücktritt nach §§ 323 ff. BGB grundsätzlich nicht erforderlich[96].[97] Bei der Beurteilung, ob der Verstoß gegen die Rücksichtnahmepflicht die Vertragsbindung für den Vertragspartner unzumutbar macht, kann der Grad des Verschuldens[98] freilich ebenso eine Rolle spielen wie die bisherige Dauer des Dienstverhältnisses[99], die das Vertrauen auf seinen weiteren Bestand begründet.

241 Das Erfordernis einer Pflichtverletzung schließt eine außerordentliche Kündigung aus rein betrieblichen Gründen[100] ebenso aus wie in aller Regel auch die außerordentliche **Druckkündigung**, mit der sich der Dienstberechtigte dem Drängen Dritter auf Entlassung des Dienstverpflichteten beugt, ohne dass dieser selbst durch

---

[91] Vgl. *Harke*, Allgemeines Schuldrecht, Rn. 128.

[92] Hierfür genügt noch nicht, dass der Dienstverpflichtete einen weiteren Dienstvertrag abgeschlossen hat, ohne dass dieser bereits zu einem Defizit in der Erfüllung des bisherigen Vertrags geführt hätte; vgl. BAG, NJW 2010, 955, 956.

[93] BGH, NJW-RR 2002, 173 f.

[94] BGH, NJW 2000, 1638. 1639.

[95] BGH, NJW-RR 2007, 1520 f.

[96] Richtig, allerdings mit Bezug auf die verhaltensbedingte Kündigung nach dem KSchG (s. u. Rn. 247), *Kaiser*, Verschuldensunabhängige verhaltensbedingte Kündigung, in: Krause/ Schwarze (Hg.), Festschrift für Otto, Berlin 2008, S. 173, 179 ff.

[97] Und erst recht kein Vorsatz, den MünchKomm/*Henssler* § 626 BGB Rn. 149 für die Kündigung wegen Schlechtleistung fordert.

[98] BAG, NZA 2006, 491, 493.

[99] BAG, NZA 2006, 1033, 1034.

[100] Vgl. MünchKomm/*Henssler* § 626 Rn. 108 ff.

sein Verhalten einen Kündigungsgrund geschaffen hätte.[101] Denkbar ist eine solche fristlose Druckkündigung nur ganz ausnahmsweise, wenn das Verlangen der Dritten zur Entlassung des Dienstverpflichteten zu einer Störung der Geschäftsgrundlage nach § 313 BGB wird, weil es die Arbeitsleistung des Dienstverpflichteten wertlos macht und nicht in den Risikobereich des Dienstberechtigten fällt. Gänzlich unzulässig ist dagegen eine außerordentliche **Verdachtskündigung**, wie sie das BAG in ständiger Rechtsprechung[102] gestattet, wenn das Dienstverhältnis durch die große Wahrscheinlichkeit[103] einer schwerwiegenden Pflichtverletzung erheblich belastet ist und der Dienstberechtigte alle zumutbaren Anstrengungen zur Aufklärung des Sachverhalts unternommen, insbesondere den Dienstverpflichteten angehört, hat[104].[105] Drängt sich der Verdacht nach der Lebenserfahrung im Einzelfall derart auf, dass kaum ein vernünftiger Zweifel am Vorkommen der Pflichtverletzung besteht, kann man dies zur Grundlage eines Anscheinsbeweises machen und dem Dienstverpflichteten seine Entkräftung abverlangen. Der durch den Verdacht ausgelöste Vertrauensverlust darf aber nicht materiellrechtlich an die Stelle der Pflichtverletzung treten, die eine fristlose Kündigung allein zu rechtfertigen vermag und bloß unter den Voraussetzungen des § 627 BGB entbehrlich ist. Diese Vorschrift erlaubt ausnahmsweise eine fristlose Kündigung eines Dienstverhältnisses ohne wichtigen Grund, wenn der Verpflichtete Dienste höherer Art zu leisten hat, die aufgrund besonderen Vertrauens übernommen werden. Hier ist es der bloße **Vertrauensverlust**, der zur Kündigung berechtigt, aber auch dann nicht ausreicht, wenn das Dienstverhältnis wie etwa im Fall des Organs einer juristischen Person dauernd[106] und zu festen Bezügen begründet ist, also Vertrauen auf die Existenzsicherung des Dienstverpflichteten schafft[107].

Die außerordentliche Kündigung ist an die Einhaltung einer **Ausübungsfrist** gebunden. Nutzt der zur Kündigung berechtigte Vertragspartner sie nicht, gibt er damit zu erkennen, dass der Kündigungsgrund für ihn nicht schwer genug wiegt, um das Vertragsverhältnis aufzulösen; und der andere Teil darf darauf vertrauen, dass es ungeachtet des Kündigungsgrundes weiter besteht. Während nach der allgemeinen Bestimmung des § 314 Abs. 3 BGB die Kündigung innerhalb eines angemessenen Zeitraums erklärt werden muss, beträgt die Ausübungsfrist beim Dienstvertrag nach § 626 Abs. 2 BGB exakt zwei Wochen und beginnt mit dem Zeitpunkt, in dem der Kündigungsberechtigte von den für die Kündigung maßgebenden Tatsachen Kenntnis erlangt. Bei einer andauernden Pflichtverletzung, insbesondere der Untä- **242**

[101] Zur ordentlichen Druckkündigung s. u. Rn. 251.

[102] Vgl. etwa BAG, NZA 2009, 604, 605 f., 1136, 1142.

[103] BAG, NJW 2008, 1097, 1099.

[104] BAG, NJW 2008, 1097, 1099, NZA 2009, 1136, 1142.

[105] Erkennt man eine solche Kündigung an, muss man dem verdächtigten Dienstverpflichteten im Fall der Beseitigung des Verdachts zumindest einen Anspruch auf Wiedereinstellung zugestehen (vgl. ErfK/*Preis* § 611 BGB Rn. 325), mit dem die Rücksichtnahmepflicht gemäß § 241 Abs. 2 BGB ausnahmsweise in Gestalt eines Abwehranspruchs sanktioniert wird (s. u. Rn. 246).

[106] Nämlich für zwei Jahre oder mindestens für ein Jahr mit begründeter Verlängerungsaussicht; vgl. BGH, NJW-RR 199, 374, BAG, NJW 2006, 3453, 3455.

[107] BAG, NJW 2006, 3453, 3455.

tigkeit des Dienstverpflichtteten, kommt es dabei nicht auf die Kenntnis ihres Anfangs, sondern auf den gesamten Vorgang an, so dass die Zwei-Wochen-Frist nicht vor Ende der Pflichtverletzung zu laufen beginnen kann.[108] Zwar schadet dem Kündigungsberechtigten seine grob fahrlässige Unkenntnis von dem Kündigungsgrund noch nicht;[109] Ermittlungen zu dessen Feststellung darf er jedoch nur im vernünftigen Rahmen anstellen[110] und nicht dazu ausnutzen, sich die Kündigungsmöglichkeit unnötig lange zu erhalten. So hat er den Kündigungsgegner im Normalfall binnen Wochenfrist anzuhören[111] und gibt, wenn er dies unterlässt, zu erkennen, dass er entweder nicht von einem Kündigungsgrund ausgeht oder über ihn schon hinreichend unterrichtet ist. Wartet er zur Klärung seines bloßen Verdachts zulässigerweise den Verlauf eines gegen den Kündigungsgegner geführten Strafverfahrens ab, kann nicht zu jedem beliebigen Zeitpunkt, sondern nur innerhalb einer zweiwöchigen Frist ab einer verfahrensprägenden Entscheidung wie etwa der Erhebung der öffentlichen Klage oder der Eröffnung des Hauptverfahrens kündigen.[112] Dass der Kündigende gemäß § 626 Abs. 2 S. 2 BGB auf Verlangen des Kündigungsgegners den Kündigungsgrund unverzüglich schriftlich mitzuteilen hat, schließt nicht aus, dass er sich später zur Rechtfertigung der Kündigung noch auf andere Gründe beruft, sofern die Zwei-Wochen-Frist hierfür noch nicht abgelaufen ist.[113]

243 Insbesondere wenn das Dienstverhältnis durch Kündigung oder nachträgliche Vereinbarung aufgelöst wird, kann es dazu kommen, dass es inmitten eines laufenden Zeitabschnitts endet, für den eine Vergütungseinheit vereinbart ist. Hier greift § 628 Abs. 1 S. 1 BGB ein, der bestimmt, dass die **Vergütung** teilweise zu leisten ist. Dies gilt nicht nur bei einer nach Zeitabschnitten, sondern auch für eine pauschal als Entgelt für die gesamte Dienstleistung vereinbarte Vergütung.[114] Eine Ausnahme ist nach § 628 Abs. 1 S. 2 BGB zu machen, wenn der Dienstverpflichtete die Kündigung des Dienstberechtigten durch sein vertragswidriges Verhalten, also schuldhaft,[115] provoziert oder er selbst gekündigt hat, ohne dem Dienstberechtigten Verschulden vorwerfen zu können. Unter diesen Umständen steht ihm keine Vergütung zu, falls seine bisherigen Leistungen für den Dienstberechtigten kein Interesse haben. Außerdem hat er ebenso wie der Dienstverpflichtete, der wegen einer schuldhaften Pflichtverletzung des Dienstberechtigten kündigt, nach § 628 Abs. 2 BGB Anspruch auf Ersatz des **Schadens**, der ihm durch die Auflösung des Dienstverhältnisses entsteht.[116] Begehrt der Dienstver-

[108] BGH, NJW 2005, 3069, 3070.
[109] BAG, NZA 2006, 101, 103; 2007, 744, 746.
[110] BAG, NZA 2006, 101, 103; 2007, 744, 746.
[111] BAG, NZA 2006, 1211, 1214.
[112] BAG, NZA 2006, 101, 103.
[113] BGH, NJW 2004, 1528, 1529; 2005, 3069, 3070.
[114] BGH, NJW 2005, 2142, 2143.
[115] BAG, NJW 2002, 1593, 1594, NZA 2009, 547, 550.
[116] Dieser Anspruch wird noch nicht dadurch begründet, dass die Bestellung zum Organ einer juristischen Person widerrufen wird; vgl. BGH, NJW 2003, 351. Eine Haftung der juristischen Person kann sich gleichwohl daraus ergeben, dass diese aus dem Dienstvertrag zur Bestellung des Dienstverpflichteten zum Geschäftsführer oder Vorstand vertraglich verpflichtet war; vgl. BAG, NJW 2003, 1323, 1325.

pflichtete auf diese Weise die Kompensation seines Vergütungsausfalls, kann er dies freilich nur für die Zeit bis zum Ablauf der Frist, die von dem anderen Teil für eine ordentliche Kündigung des Dienstverhältnisses einzuhalten gewesen wäre.[117]

2. Schutz des Arbeitsverhältnisses

a) Schutz vor Kündigung

aa) Das Erfordernis „sozialer Rechtfertigung"

(1) Struktur des allgemeinen Kündigungsschutzes

Kern des Arbeitnehmerschutzes ist der Bestandsschutz des Arbeitsverhältnisses; **244**
und dessen Herzstück ist wiederum das Erfordernis einer sozialen Rechtfertigung der ordentlichen Kündigung. Zeichnet diese eigentlich aus, dass sie im Gegensatz zur außerordentlichen Kündigung keines Grundes bedarf und nur an die Wahrung einer Kündigungsfrist gebunden ist, unterwirft § 1 KSchG sie einem Begründungszwang, sofern sie vom Arbeitgeber zur Beendigung des Arbeitsverhältnisses eingesetzt wird: Will er den Arbeitsvertrag wirksam beenden, muss er sich und notfalls das Arbeitsgericht davon überzeugen, dass die Kündigung wegen der mangelnden Eignung des Arbeitnehmers für die von ihm erwartete Arbeitsleistung oder zur Umsetzung seiner unternehmerischen Dispositionen unabwendbar ist.[118] In diesem zweiten Fall muss er zudem dartun, dass der Kündigungsgegner unter mehreren in Betracht kommenden Arbeitnehmern auch richtig ausgesucht worden ist. Anders als das nicht zur Subsumtion gedachte Schlagwort der „sozialen Rechtfertigung" vermuten lässt, greift der gesetzlich gewährte Kündigungsschutz demnach keineswegs in die unternehmerische Planungsfreiheit ein.[119] Statt dessen bindet er lediglich die hierauf beruhende Entscheidung zur Kündigung des einzelnen Arbeitnehmers an das Gebot der Verhältnismäßigkeit und verlangt, dass die Kündigung zur Erreichung der vom Unternehmer verfolgten Ziele auch erforderlich

---

[117] BGH, NJW 1993, 1386, 1387, BAG, NJW 2002, 1593, 1597.

[118] Man kann die Gründe für die Rechtfertigung einer ordentlichen Kündigung unter dem Oberbegriff der Störung des Arbeitsverhältnisses zusammenfassen (vgl. ErfK/*Oetker* § 1 KSchG Rn. 71), ohne dass dadurch aber viel gewonnen wäre: Auf der einen Seite steht eine Störung der Leistungs- oder Rücksichtnahmepflicht des Arbeitnehmers, auf der anderen Seite der von der Durchführung des Arbeitsverhältnisses unabhängige Wunsch des Arbeitgebers nach Vertragsbeendigung. Entgegen Staudinger/*Preis* (2002) § 626 Rn. 100 ff. bietet sich daher auch nicht die Übertragung der Systematik des KSchG auf die außerordentliche Kündigung an, weil diese eben nicht aus betrieblichen Gründen möglich ist.

[119] Anders *Preis*, Prinzipien des Kündigungsrechts bei Arbeitsverhältnissen, München 1987, S. 215 ff., 414, der im Rahmen der Beurteilung einer Kündigung auf ihre Erforderlichkeit auch die Prüfung verlangt, ob der unternehmerische Zweck durch andere Organisationsmaßnahmen ersetzt werden könnte, und *Annuß*, Betriebsbedingte Kündigung und arbeitsvertragliche Bindung, Köln 2004, S. 101 ff., der auch die unternehmerische Entscheidung der Kontrolle unterstellen, dem Arbeitgeber aber einen Beurteilungsspielraum in der Frage zugestehen will, wie er sein unternehmerisches Interesse befriedigen möchte.

und nicht unangemessen ist.[120] Regelrecht „sozial“ ist dabei allein das Verbot ungenügender sozialer Auswahl, das sich jedoch materiell in der Benachteiligung eines Arbeitnehmers zugunsten eines anderen auswirkt. Der Zwang zu sozialer Rechtfertigung bedeutet für den Arbeitgeber daher in erster Linie eine rein **verfahrensmäßige Belastung**, weshalb es auch keineswegs systemfremd, sondern im gesetzlichen Kündigungsregime geradezu angelegt ist, dass der Kündigungsschutz dem Arbeitnehmer im praktischen Regelfall durch eine Abfindung „abgekauft“ wird.

245 Trotz seines Charakters als nur formelles Kündigungshindernis gilt der Kündigungsschutz nicht schlechthin, sondern wird dem Arbeitgeber erst ab einer gewissen **Größe** des **Betriebs** und einer bestimmten **Dauer** der **Beschäftigung** des Arbeitnehmers zugemutet, ab der dieser stärker auf den Bestand seines Arbeitsverhältnisses vertrauen darf: Gemäß § 23 Abs. 1 S. 2 KSchG setzt der Kündigungsschutz erst ein, wenn in dem Betrieb in der Regel mehr als fünf schon Ende 2003 beschäftige Arbeitnehmer oder mehr als zehn danach eingestellte Arbeitnehmer vorhanden sind. Hierbei wird der gekündigte Arbeitnehmer auch dann mitgerechnet, wenn sein Arbeitsplatz wegfallen soll; denn andernfalls wäre der Kündigungsschutz sowohl bei einer Stilllegung als auch bei der Verkleinerung eines Betriebs bis zu den genannten Schwellenwerten ausgeschlossen und stünde damit zur Disposition des Arbeitgebers.[121] Damit der Arbeitnehmer in den Genuss des Kündigungsschutzes kommt, muss sein Arbeitsverhältnis zudem gemäß § 1 Abs. 1 KSchG schon mindestens sechs Monate bestanden haben. Hierbei kommt es nicht auf den Termin an, zu dem die Kündigung wirksam werden soll, sondern auf den Zeitpunkt des Zugangs der Kündigungserklärung. Ausbildungszeiten sind bei der Berechnung der Beschäftigungsdauer freilich einzubeziehen.[122]

246 Maßgeblicher Zeitpunkt für die **Beurteilung** der Rechtfertigung einer Kündigung und insbesondere der Richtigkeit der ihr zugrunde liegenden Prognose über die künftige Entwicklung des Arbeitnehmers oder seines Betriebs ist der Moment der **Kündigungserklärung**. Erweist sich die hier korrekt getroffene Einschätzung im Nachhinein als falsch, ändert dies nichts an der Wirksamkeit der Kündigung. Fallen ihre Voraussetzungen noch vor Ablauf der Kündigungsfrist weg, insbesondere weil ein zur Stilllegung vorgesehener Betrieb von einem Erwerber übernommen wird, unterliegt der Arbeitgeber jedoch nach Ansicht der Rechtsprechung einer **Verpflichtung** zum Abschluss eines **neuen Arbeitsvertrags** mit dem gekündigten Arbeitnehmer, wenn ihm die erneute Begründung des Arbeitsverhältnisses zumutbar ist.[123] Herleiten lässt sich dieser Kontrahierungszwang des Arbeitgebers aus der Pflicht zur Rücksicht auf die Interessen des Arbeitnehmers gemäß § 241 Abs. 2 BGB, der bei Wegfall eines Kündigungsgrundes ausnahmsweise einen Abwehr-

---

[120] Dass hier nur die Kriterien der Geeignetheit und Erforderlichkeit zu beachten sind und nicht die Verhältnismäßigkeit im engeren Sinne, meint *Preis* (Fn. 119), S. 213 ff., 305 f. Ebenso für die betriebsbedingte Kündigung *Walker*, Die freie Unternehmerentscheidung im Arbeitsrecht, ZfA 2004, 501, 522.

[121] BAG, NJW 2004, 1818, 1819.

[122] BAG, NZA 2000, 529, 530.

[123] BAG, NJW 1997, 2257, 2258 f., NZA 2008, 357, 359. Anders *Annuß* (Fn. 119), S. 378 ff.

anspruch als Vorwirkung des Schadensersatzrechts[124] zeitigt.[125] Der so gewährleistete Schutz hängt nicht davon ab, ob der Arbeitgeber den Bestand des Kündigungsgrunds wie etwa beim Betriebsübergang in der Hand hat.[126] Der Wiedereinstellungsanspruch gilt daher auch für die personen- oder verhaltensbedingte Kündigung, sofern ihre Voraussetzungen vor dem Kündigungstermin wegfallen.[127] Die besondere Rücksicht auf den Arbeitnehmer, die dem Arbeitgeber das Risiko eines Prognosefehlers aufbürdet, endet freilich in dem Moment, in dem das Arbeitsverhältnis endet, so dass ein danach eintretender Wegfall des Kündigungsgrundes grundsätzlich keine Wiedereinstellungspflicht auslösen kann.[128]

(2) Personen- und verhaltensbedingte Kündigung

Die Gründe, die nach § 1 Abs. 2 S. 1 KSchG die ordentliche Kündigung eines Ar- **247**
beitnehmers zu rechtfertigen vermögen, liegen entweder in betrieblichen Erfordernissen oder in Person oder Verhalten des Arbeitnehmers. Während es dort um den Wegfall des vom Arbeitnehmer besetzten Arbeitsplatzes geht, ist für die personen- oder verhaltensbedingte Kündigung entscheidend, dass der Arbeitnehmer den Arbeitsplatz nicht ausfüllen kann, sei es, dass er hieran durch einen seine Person betreffenden Umstand, insbesondere seine Erkrankung, gehindert ist, sei es, dass er sich ohne einen solchen Hinderungsgrund den Vorwurf einer Pflichtverletzung oder einfach nur die Verfehlung des vom Arbeitgeber berechtigterweise erwarteten Leistungsniveaus vorhalten lassen muss.[129] Da die Leistungspflicht des Arbeitnehmers ebenso wie die anderer Dienstberechtigter an seine Leistungsfähigkeit gebunden ist und daher nicht an einem objektiven Maßstab gemessen wird,[130] bedeutet eine unterdurchschnittliche Leistung, für sich genommen, zwar keinen Pflichtverstoß, aber doch einen Grund zur ordentlichen verhaltensbedingten Kündigung, wenn der Ar-

---

[124] Zum Kontrahierungszwang aufgrund von § 241 Abs. 2 BGB allgemein *Harke*, Allgemeines Schuldrecht, Rn. 44.

[125] Nach *Raab*, Der Wiedereinstellungsanspruch des Arbeitnehmers bei Wegfall des Kündigungsgrundes, RdA 2000, 147, 152 handelt es sich hingegen um eine systemimmanente Rechtsfortbildung zur Gewährleistung des Zwecks des KSchG in einer Regelungslücke.

[126] Dass die Wirkung der Kündigung so eingeschränkt wird, ist eine typische Folge der Anwendung von § 241 Abs. 2 BGB und daher entgegen *Kaiser*, Wegfall des Kündigungsgrundes – Weder Unwirksamkeit der Kündigung noch Wiedereinstellungsanspruch, ZfA 2000, 205, 225 kein Grund, die Existenz des Wiedereinstellungsanspruchs in Zweifel zu ziehen.

[127] MünchKomm/*Hergenröder* § 1 KSchG Rn. 129, ErfK/*Preis* § 611 BGB Rn. 325.

[128] Eine Ausnahme macht die Rechtsprechung beim Betriebsübergang, wenn dieser erst nach Ablauf der Kündigungsfrist stattfindet, die Weiterbeschäftigungsmöglichkeit jedoch schon vorher entsteht; vgl. BAG, NZA 2008, 357, 359, NJW 2009, 391, 395. Vehikel für die Begründung der Wiedereinstellungspflicht kann auch in diesem Fall nur die Rücksichtnahmepflicht aus § 241 Abs. 2 BGB sein, die man beim Betriebsübergang ausnahmsweise als gesteigert ansehen kann, so dass sich auch ihr zeitlicher Anwendungsbereich über den gewöhnlichen Rahmen hinaus erstreckt.

[129] BAG, NZA 2009, 894, 895.

[130] S. o. Rn. 236.

beitgeber in seiner berechtigten Erwartung enttäuscht wird, für die gezahlte Vergütung eine angemessene Leistung zu erhalten.[131]

248 Sowohl bei der personen- als auch bei der verhaltensbedingten Kündigung bedarf es einer **Prognose** über die weitere Entwicklung, die zu dem Ergebnis führt, dass die betrieblichen Interessen durch die Weiterbeschäftigung des Arbeitnehmers wahrscheinlich erheblich beeinträchtigt werden.[132] Bei der personenbedingten Kündigung wegen Krankheit kann die Prognose über den künftigen Gesundheitszustand aufgrund bisheriger krankheitsbedingter Fehlzeiten angestellt werden, es sei denn, die früheren Erkrankungen sind bekanntermaßen ausgeheilt und auch nicht Zeichen für eine besondere Krankheitsanfälligkeit.[133] Die durch den zu erwartenden Arbeitsausfall hervorgerufene Störung des Betriebs kann dabei durchaus auch in Kosten für die Entgeltfortzahlung bestehen, sofern diese den Zeitraum von sechs Wochen pro Jahr übersteigen.[134] Bei der verhaltensbedingten ordentlichen Kündigung fällt die Prognose in aller Regel nur dann zulasten des Arbeitnehmers aus, wenn der Arbeitgeber ihn im Wege einer Abmahnung darauf hingewiesen hat, dass er das Verhalten des Arbeitnehmers zum Gegenstand einer Kündigung machen wird, falls er es nicht ändert.[135] Auf diese Weise erhält die Prognose über die künftige Entwicklung des Arbeitsverhältnisses eine objektive Grundlage.[136] Dies gilt auch dann, wenn die Abmahnung formal unwirksam ist oder der Arbeitgeber statt ihrer unmittelbar eine unwirksame Kündigung ausgesprochen hat, weil der Arbeitnehmer auch durch sie hinreichend gewarnt wird.[137] Entbehrlich ist eine Abmahnung, wenn eine Änderung des Verhaltens des Arbeitnehmers nicht zu erwarten oder eine von ihm begangene Pflichtverletzung so schwer ist, dass dem Arbeitnehmer schon vor ihr erkennbar sein musste, dass der Arbeitgeber sie nicht hinnehmen würde.[138] Hat er sich trotzdem für sie entschieden, lässt dies den Schluss zu, dass von ihm auch in Zukunft kein ordnungsgemäßes Verhalten zu erwarten ist. Reagiert der Arbeitgeber auf ein solches Verhalten statt mit sofortiger Kündigung gleichwohl mit einer Abmahnung, bekundet er mit dieser freilich umgekehrt den konkludenten Verzicht auf eine Kündigung wegen des zum Gegenstand der Mahnung gemachten Verhal-

---

[131] BAG, NJW 2004, 2545, 2548. Für eine Anknüpfung der Kündigung an die Regeln über den Aus- oder Wegfall der Geschäftsgrundlage deshalb *Greiner*, Störungen des Austauch- und Äquivalenzverhältnisses als Kündigungstatbestand, RdA 2007, 22, 26 ff. Diese würden freilich frühestens bei einem Missverhältnis von 1:2 eingreifen (vgl. *Harke*, Allgemeines Schuldrecht, Rn. 102 ff.) und beschränkten das Kündigungsrecht des Arbeitgebers über die Maßen, zumal sogar die außerordentliche Kündigung schon dann zuständig ist, wenn einer der Störungstatbestände der §§ 323 ff. BGB erfüllt ist; s. o. Rn. 240.

[132] Zum sogenannten Prognoseprinzip im Kündigungsrecht allgemein *Preis* (Fn. 119), S. 322 fff.

[133] BAG, NZA 2006, 655, 656 f.

[134] BAG, NZA 2008, 593 f.

[135] Da das Abmahnungserfordernis nur das von § 1 Abs. 2 KSchG vorgegebene Gebot der Verhältnismäßigkeit konkretisiert, gilt es jenseits des Geltungsbereichs des Kündigungsschutzes für eine ordentliche Kündigung nicht; vgl. BAG, NZA 2009, 1260, 1263 f.

[136] BAG, NZA 2006, 980, 984, NJW 2010, 1398, 1399.

[137] BAG, NZA 2009, 894, 895.

[138] BAG, NZA 2006, 980, 984.

tens[139] und muss abwarten, bis ein künftiges oder ein früheres, aber später entdecktes[140] Fehlverhalten erneut Anlass für eine negative Prognose bietet. Keinen Grund für eine verhaltensbedingte ordentliche Kündigung bildet der bloße Verdacht eines Fehlverhaltens des Arbeitnehmers, der auch nicht geeignet ist, eine außerordentliche Kündigung zu rechtfertigen.[141]

Liegt mit der negativen Prognose ein hinreichender Anlass für die Beendigung 249
des Arbeitsverhältnisses vor, muss seine Kündigung **verhältnismäßig**, also zur Beseitigung des Missstands erforderlich sein und sich auch bei einer Abwägung der Interessen von Arbeitgeber und Arbeitnehmer als angemessen erweisen. Dabei sind bereits Kriterien zu berücksichtigen, die nach dem Wortlaut von § 1 KSchG anderen gesetzlichen Tatbeständen anzugehören scheinen: Teil der Prüfung, ob die Person oder das Verhalten des Arbeitnehmers die Kündigung nötig machen, ist die Frage, ob der Arbeitnehmer auf andere Weise im Betrieb oder Unternehmen des Arbeitgebers weiterbeschäftigt werden kann.[142] Zwar nennt § 1 Abs. 2 S. 2 KSchG die Weiterbeschäftigung an einem anderen Arbeitsplatz als ein Kriterium, das die Kündigung im Fall eines Widerspruchs des Betriebsrats sozial ungerechtfertigt macht. Die Rücksicht auf eine mögliche Weiterbeschäftigung an einem anderen Arbeitsplatz kann jedoch nicht von Existenz oder Verhalten des Betriebsrats abhängen, sondern ist schon deshalb geboten, weil sie Teil der Frage ist, ob die Kündigung notwendig ist. Dasselbe gilt für die in S. 3 der Vorschrift genannte Weiterbeschäftigung des Arbeitnehmers nach dessen Zustimmung zu zumutbaren Umschulungs- oder Fortbildungsmaßnahmen oder zu schlechteren Arbeitsbedingungen. Auch wenn er diese Zustimmung noch nicht erklärt, aber nicht endgültig verweigert hat, muss der Arbeitgeber versuchen, sie im Wege einer Änderungskündigung zu erwirken, die gegenüber einer Beendigungskündigung das mildere Mittel ist.[143] Die Rücksicht auf andere Beschäftigungsmöglichkeiten gilt freilich im Grundsatz nur bei freien Arbeitsplätzen; ist ein in Betracht kommender Arbeitsplatz schon besetzt, schließt dies die Erforderlichkeit der Kündigung nur dann aus, wenn der Arbeitgeber sich der Möglichkeit zur Besetzung mit dem Kündigungsgegner gerade im Zusammenhang mit der Kündigung begeben hat, er also zugleich mit der Auflösung des Arbeitsverhältnisses einen freien Arbeitsplatz besetzt hat, auf dem der Kündigungsgegner hätte weiterbeschäftigt werden können.[144] Der freie Arbeitsplatz kann sich, da das Kündigungsschutzrecht ausweislich der Formulierung von § 1 Abs. 1 und Abs. 2 S. 2 Nr. 1 KSchG nicht nur betriebs-, sondern unternehmensbezogen ist, auch in einem anderen Betrieb desselben Unternehmens befinden.[145] Dass für den Arbeitnehmer ein Arbeitsplatz in einem anderen Unternehmen vorhanden ist, das zu demsel-

[139] BAG, NZA 2008, 1243, 1245, NJW 2010, 1398, 1399 f.
[140] Vgl. BAG, NJW 2010, 1398, 1400.
[141] S. o. Rn. 241.
[142] BAG, NZA 2006, 665, 667, NJW 2007, 3148, 3149.
[143] BAG, NZA 2005, 1289, 1291 ff. Anders *Annuß*, Der Vorrang der Änderungs- vor der Beendigungskündigung, NZA 2005, 443, 444 ff., der ein solches Stufenverhältnis nicht im Gesetz angelegt sieht.
[144] BAG, NZA 2008, 1180, 1181.
[145] BAG, NZA 1985, 489, 491.

ben Konzern wie der Arbeitgeber gehört,[146] begründet eine Möglichkeit zur Weiterbeschäftigung dagegen nur in dem Ausnahmefall, dass sich eine entsprechende Pflicht des Arbeitgebers aus dem Arbeitsvertrag ergibt oder die Umsetzung im Konzern einer schon geübten Praxis entspricht und vom Arbeitgeber wegen seines Einflusses auf das andere Unternehmen auch zu erreichen ist.[147] Bei der Prüfung, ob die Kündigung unter Abwägung der Interessen von Arbeitgeber und Arbeitnehmer angemessen erscheint, sind, auch ohne dass das Gesetz dies ausdrücklich sagt, die Kriterien einzubeziehen, die § 1 Abs. 3 KSchG für die soziale Auswahl bei der betriebsbedingten Kündigung aufführt, also die Dauer der Betriebszugehörigkeit, das Lebensalter, die Unterhaltspflichten und eine Schwerbehinderung des Arbeitnehmers.[148] Anders als bei der sozialen Auswahl ist in diesem Rahmen allerdings kein Vergleich zwischen dem Kündigungsgegner und anderen Arbeitnehmern anzustellen.

(3) Betriebsbedingte Kündigung

250 Die bei der personen- und verhaltensbedingten Kündigung im Rahmen der Verhältnismäßigkeitsprüfung zu untersuchende Frage einer andersartigen Weiterbeschäftigung ist untrennbar mit dem eigentlichen Kündigungsgrund verwoben, wenn die ordentliche Kündigung durch betriebliche Erfordernisse, also dadurch gerechtfertigt werden soll, dass **kein Beschäftigungsbedarf** mehr besteht. Dieser fehlt nur dann, wenn der vom Arbeitnehmer bislang besetzte Arbeitsplatz ersatzlos wegfällt und der Arbeitnehmer fortan auch nicht auf einem anderen freien Arbeitsplatz in demselben Betrieb beschäftigt werden kann.[149] Auch hier bedarf es wiederum einer negativen Prognose, diesmal bezogen auf die Beschäftigungsmöglichkeit des Arbeitnehmers, sowie der Feststellung, dass die Kündigung wegen Fehlens dieser Beschäftigungsmöglichkeit erforderlich und nicht unangemessen ist.[150]

251 Wird so auch die Entscheidung zur Abschaffung des Arbeitsverhältnisses selbst überprüft, ist die ihr zugrunde liegende **unternehmerische Entscheidung** dagegen kontrollfrei und darf nicht auf ihren Sinn überprüft werden, und zwar auch nicht unter dem Gesichtspunkt, mit wie vielen Arbeitskräften der Arbeitgeber eine ihm ge-

---

[146] Ob hierdurch das Kündigungsrisiko steigt, erscheint zweifelhaft. Jedenfalls gibt es keinen hinreichenden Anlass für eine Kompensation dieser Gefahr durch Anerkennung eines Weiterbeschäftigungsrechts im Konzern; vgl. *Windbichler*, Arbeitsrecht im Konzern, München 1989, S. 261; anders *Henssler*, Arbeitsrecht im Konzern, Berlin 1983, S. 138 ff.

[147] BAG, NJW 2008, 3309, 3310. Für einen Weiterbeschäftigungsanspruch bei Eingliederung der anderen Gesellschaft wie ein unselbständiger Betrieb in den Konzern *Henssler* (Fn. 146), S. 133 ff.

[148] BAG, NZA 2000, 768, 771 f.; kritisch hierzu für die verhaltensbedingte Kündigung ErfK/*Oetker* § 1 KSchG Rn. 203.

[149] Anders *Annuß* (Fn. 119), S. 118, der die Frage einer anderweitigen Beschäftigungsmöglichkeit der Dringlichkeitsprüfung vorgelagert hält.

[150] Dass eine Interessenabwägung neben der Prüfung des dringlichen betrieblichen Erfordernisses unzulässig ist, meint *Preis* (Fn. 119), S. 194 ff., 401 f., der von einer Untersuchung der Verhältnismäßigkeit im engeren Sinne im Kündigungsrecht ohnehin ganz absehen will (s. o. Fn. 119). Für die betriebsbedingte Kündigung folgt ihm *Feuerborn*, Sachliche Gründe im Arbeitsrecht, München 2003, S. 215 ff.

stellte Arbeitsaufgabe erledigen will[151]. Der gerichtlichen Nachprüfung unterliegt die betriebliche Planung des Arbeitgebers nur insofern, als sie überhaupt vorhanden sein muss und sich nicht auf die Entscheidung zum Abbau eines oder mehrerer Arbeitsplatzes beschränken darf.[152] Der Fall ist dies außer beim Fehlen jeglichen unternehmerischen Konzepts auch dann, wenn es offenbar unsachlich oder willkürlich ist,[153] so dass es sich praktisch auf den isolierten Willen zur Beseitigung des Arbeitsplatzes reduziert. Beschränkt sich der Entschluss des Arbeitgebers schlicht darauf, Personalkosten einzusparen, unterscheidet er sich ebenfalls kaum noch von der Entscheidung zur Beseitigung des einzelnen Arbeitsplatzes[154] und erheischt daher zumindest eine Plausibilitätskontrolle dergestalt, dass der Arbeitgeber die Existenz eines über die schlichte Stellenstreichung hinausgehenden Konzepts darzulegen hat[155].[156] Hält er dieser stand oder bleibt er wegen der Existenz einer weitergehenden Planung ungeprüft, darf er im Rahmen der Untersuchung, ob die Kündigung verhältnismäßig ist, auch nicht mehr dadurch in Frage gestellt werden, dass man Kurzarbeit als Alternative zur Kündigung erwägt. Denn die Entscheidung für die Kurzarbeit gehört zur unternehmerischen Disposition selbst und nicht mehr zu ihrer Umsetzung durch Kündigung.[157] Die einzige Konstellation, in der die bloße Entscheidung zur Kündigung eines bestimmten Arbeitnehmers schon für sich genommen eine betriebsbedingte Kündigung zu tragen vermag, ist der Fall einer sogenannten Druckkündigung, bei der sich der Arbeitgeber dem Drängen Dritter zur Entlassung des Arbeitnehmers beugt. Kommt mangels eines Fehlverhaltens auch keine außerordentliche oder verhaltensbedingte ordentliche Kündigung in Betracht,[158] kann der Wunsch anderer Arbeitnehmer oder Kunden des Arbeitgebers den Betrieb doch so belasten, dass er, wenn er schon alles unternommen hat, um den Missstand auf andere Weise zu beseitigen, ausnahmsweise zur betriebsbedingten Kündigung des unbeliebten Arbeitnehmers befugt ist.[159]

Beruht eine Kündigung auf dringenden betrieblichen Erfordernissen und ist sie **252**
deshalb eigentlich nicht zu beanstanden, kann sie noch daran scheitern, dass der Ar-

---

151 BAG, NZA 2006, 207, 208; 2007, 139, 140.

152 Nach *Annuß* (Fn. 119), S. 124 muss ein Konzernbezug, der auch bei der Frage der Möglichkeit zur Weiterbeschäftigung unberücksichtigt bleibt (s. o. Rn. 249), für die Begründung eines betrieblichen Erfordernisses außer Betracht bleiben. Nimmt man im Gegensatz zu *Annuß* (s. o. Fn. 119) an, dass die unternehmerische Planung selbst kontrollfrei bleibt, kann man das Konzerninteresse jedoch nicht aus dem Kreis der zu tolerierenden unternehmerischen Entscheidungen ausscheiden; vgl. *Windbichler* (Fn. 146), S. 258 f.

153 BAG, NZA 2007, 139, 140, NJW 2008, 3308, 3309 f.

154 In diese Richtung geht auch BAG, NZA 2007, 139, 140.

155 BAG, NJW 2010, 1161, 1163 (für die Änderungskündigung).

156 Weitergehend *M. Roth*, Die betriebsbedingte Kündigung zwischen freier Unternehmerentscheidung und Arbeitnehmerschutz, ZIP 2009, 1845, 1850 f., der das bloße Ziel der Gewinnsteigerung nicht genügen lassen will, sofern das Unternehmen bereits einen angemessenen Gewinn abwirft.

157 Ebenso im Ergebnis MünchKomm/*Hergenröder* § 1 KSchG Rn. 300.

158 Für eine Einordnung der Druckkündigung als personenbedingte Kündigung dagegen MünchKomm/*Hergenröder* § 1 KSchG Rn. 246, ErfK/*Oetker* § 1 KSchG Rn. 184.

159 BAG, NZA 1987, 21, 22.

beitgeber seine gesetzliche Pflicht zur **sozialen Auswahl** verletzt hat:[160] Gemäß § 1 Abs. 3 S. 1 KSchG ist eine Kündigung auch dann sozial ungerechtfertigt, wenn der Arbeitgeber bei seiner Entscheidung die Dauer der Betriebszugehörigkeit, das Lebensalter, die Unterhaltspflichten oder eine Schwerbehinderung des ausgewählten Arbeitnehmers nicht oder nicht hinreichend beachtet hat. Während mit der Rücksicht auf die Betriebszugehörigkeit die Betriebstreue belohnt[161] und mit Lebensalter und Behinderungsgrad mangelnden Chancen auf dem Arbeitsmarkt[162] Rechnung getragen wird, geht es beim Kriterium der Unterhaltspflicht darum, ob von dem mit der Kündigung wegfallenden Einkommen außer dem Arbeitnehmer noch weitere Personen abhängig sind. Die Pflicht zur sozialen Auswahl setzt voraus, dass der Arbeitgeber überhaupt eine Wahlmöglichkeit hat, weil außer dem Kündigungsgegner noch andere Arbeitnehmer in demselben Betrieb[163] vorhanden sind, durch deren Kündigung der dringende betriebliche Bedarf gedeckt werden konnte. Dabei sind nur ordentlich kündbare und nicht solche Arbeitnehmer einzubeziehen, deren Arbeitsverhältnisse kraft individueller vertraglicher Regelung oder durch Tarifvertrag einem Kündigungsverbot unterliegen.[164] Zwar wirken solche Vereinbarungen zulasten der anderen Arbeitnehmer; diese Drittwirkung ist der sozialen Auswahl jedoch inhärent, weil sie gerade auf den Vorzug des einen Arbeitnehmers vor dem anderen gerichtet ist und auf die Ausgestaltung vorhandener Arbeitsverträge nicht minder Rücksicht nehmen muss wie auf deren Bestand. Nach § 1 Abs. 3 S. 2 KSchG sind von der sozialen Auswahl aber diejenigen Arbeitnehmer ausgenommen, an deren Weiterbeschäftigung ein berechtigtes betriebliches Interesse besteht, insbesondere wegen ihrer besonderen Kenntnisse, Fähigkeiten oder Leistungen, oder weil der Fortbestand ihres Arbeitsverhältnisses eine ausgewogene Personalstruktur des Betriebs sichert. So ist gewährleistet, dass der Arbeitgeber nicht auf besonders qualifizierte Arbeitnehmer verzichten muss, um die Arbeitsverhältnisse der geringer qualifizierten zu erhalten; und es ist auch sichergestellt, dass er keine Überalterung der Belegschaft hinnehmen muss, zu der es käme, wenn er stets den älteren Arbeitnehmern den Vorzug vor den jüngeren geben müsste. Während die Ausnahme besonders qualifizierter Arbeitnehmer zu deren individuellem Ausschluss aus dem Auswahlverfahren führt, kann die Rücksicht auf die Personalstruktur des Betriebs

---

160 Zur Sozialauswahl darf es erst kommen, wenn für die Kündigung des einzelnen Arbeitnehmers das dringliche betriebliche Erfordernis bejaht ist; vgl. *Annuß* (Fn. 119), S. 208 ff.

161 ErfK/*Oetker* § 1 KschG Rn. 331.

162 Diese Gesichtspunkte sind aber mangels Arbeitsplatzbezugs nicht schon, für sich genommen, bei der Sozialauswahl zu berücksichtigen; vgl. *Annuß* (Fn. 119), S. 197.

163 BAG, NZA 2008, 33, 34. Anders *Preis*, Legitimation und Grenzen des Betriebsbegriffs im Arbeitsrecht, RdA 2000, 257, 276, der alle vergleichbaren Tätigkeitsbereiche des Unternehmens einbeziehen will. Hiergegen ist sogar *Joost*, Betrieb und Unternehmen als Grundbegriffe im Arbeitsrecht, München 1988, S. 361 ff., der den Betrieb im Übrigen durchaus als unternehmerischen Tätigkeitsbereich definieren will.

164 *Annuß* (Fn. 119), S. 219 ff., MünchKomm/*Hergenröder* § 1 KSchG Rn. 352; anders *Rieble*, Arbeitsmarkt und Wettbewerb, Heidelberg u. a. 1996, Rn. 1033 und *Oetker*, Arbeitsrechtlicher Kündigungsschutz und Tarifautonomie, ZfA 2001, 287, 311 ff. (vgl. auch ErfK/*Oetker* § 1 KSchG Rn. 312).

durch die Bildung von Altersgruppen erfolgen.[165] Ist auf diese Weise die maßgebliche Gruppe der für die Kündigung in Betracht kommenden Arbeitnehmer bestimmt, kann die Entscheidung zwischen ihren Mitgliedern, wie in der Praxis üblich, nach einem Punktesystem erfolgen, in dem den einzelnen Arbeitgebern nach dem Maß, in dem sie die Kriterien der Betriebszugehörigkeit, des Lebensalters, der Unterhaltspflichten und der Schwerbehinderung erfüllen, Sozialpunkte zugeteilt werden, deren Summe einen Abgleich der Arbeitnehmer in ihrer sozialen Schutzwürdigkeit insgesamt erlaubt.

Zwar ist die Liste der in § 1 Abs. 3 KSchG genannten Kriterien abschließend.[166] **253**
Bei der endgültigen Entscheidung sind aber noch die **Diskriminierungsverbote** in §§ 1 ff. AGG zu beachten,[167] die Teil der Prüfung der Sozialwidrigkeit einer Kündigung sind.[168] Zwar sollen Kündigungen gemäß § 2 Abs. 4 AGG nur den Kündigungsschutzbestimmungen unterliegen; damit ist jedoch bloß die verfahrensrechtliche Seite des Kündigungsschutzes und nicht etwa gemeint, dass die Diskriminierungsverbote des AGG entgegen Abs. 1 Nr. 2 der Vorschrift nicht auf Kündigungen angewandt werden dürften.[169] Das Verbot der Alterdiskriminierung führt dabei nicht dazu, dass die vom KSchG für die soziale Auswahl vorgegebenen Kriterien zu vernachlässigen wären. Zwar sind sie auf die Privilegierung älterer Arbeitnehmer angelegt, denen es schwerer fällt, eine neue Beschäftigung zu finden; dies ist jedoch ein legitimes Ziel,[170] die Differenzierung nach dem Alter ein zu seiner Erreichung erforderliches und angemessenes Mittel, so dass die Ungleichbehandlung älterer und jüngerer Arbeitnehmer nach § 10 AGG gerechtfertigt ist.[171]

bb) Kündigungsverfahren und Kündigungsschutzprozess

Die **Fristen**, die bei der ordentlichen Kündigung durch Arbeitgeber oder Arbeitneh- **254**
mer einzuhalten sind, ergeben sich aus § 622 BGB. Nach Abs. 1 der Vorschrift kann ein Arbeitsverhältnis zunächst mit einer Frist von vier Wochen zum 15. oder Ende eines Kalendermonats gekündigt werden. Gemäß Abs. 2 ist eine Kündigung nach zweijähriger Dauer des Arbeitsverhältnisses für den Arbeitgeber nur noch zum Monatsende möglich, und die Frist steigt für ihn mit der Fortdauer des Arbeitsverhältnisses stufenweise auf bis zu sieben Monate. In die Berechnung der Beschäftigungsdauer wird die Zeit eines Ausbildungsverhältnisses einbezogen.[172] Dass nach § 622 Abs. 2 S. 2 BGB aber diejenigen Zeiten unberücksichtigt bleiben sollen, die der Arbeitnehmer vor Vollendung seines 25. Lebensjahres beschäftigt war, bedeutet einen

---

[165] BAG, NZA 2005, 877, 878.
[166] BAG, NZA 2008, 33, 38.
[167] Mit ihnen verstärkt sich der von *Otto* (Fn. 5), S. 97 f. schon in den eigentlichen Bestimmungen des Kündigungsschutzrechts beobachtete Trend zur Entpersonalisierung der Personalentscheidung.
[168] BAG, NZA 2009, 361, 363.
[169] BAG, NZA 2009, 361, 363 f.
[170] EuGH, NJW 2010, 427, 428.
[171] BAG, NZA 2009, 361, 365 f. Anders *Kaiser/Dahm*, Sozialauswahl ohne Lebensalter!, NZA 2010, 473 ff.
[172] BAG, NZA 2004, 205, 207.

Verstoß gegen das in der Gleichbehandlungsrichtlinie (2000/78/EG) und im AGG vorgesehene Verbot der Altersdiskriminierung. Zwar stellt die zugrunde liegende Überlegung des deutschen Gesetzgebers, jüngere Arbeitnehmer seien auf dem Arbeitsmarkt leichter zu vermitteln als ältere, durchaus einen sachlichen Grund für eine Ungleichbehandlung dar; der Ausschluss der Beschäftigungszeiten bis zur Vollendung des 25. Lebensjahres trifft jedoch jüngere und ältere Arbeitnehmer gleichermaßen, so dass er zur Umsetzung des Differenzierungskriteriums nicht taugt.[173] Da der Gleichbehandlungsgrundsatz in der Gleichbehandlungsrichtlinie nur konkretisiert und nicht konstituiert wird, liegt kein einfacher Fall von Richtlinienwidrigkeit, sondern ein Verstoß gegen Primärrecht vor, der § 622 Abs. 2 S. 2 BGB ohne Weiteres unanwendbar macht.[174]

255 Eine **vertragliche Modifikation** der Kündigungsfristen ist nur in dem von § 622 Abs. 3 bis 6 BGB abgesteckten Rahmen möglich: Allgemein gilt, dass keine längeren Fristen für die Kündigung durch den Arbeitnehmer als für die Kündigung durch den Arbeitgeber vereinbart werden können. Eine Verkürzung der Fristen ist grundsätzlich nur durch Tarifvertrag möglich und gilt dann auch für nicht tarifgebundene Parteien eines Arbeitsvertrags, wenn sie sich den Bestimmungen des Tarifvertrags unterworfen haben. Individualvertraglich können kürzere Kündigungsfristen nur durch die Vereinbarung einer Probezeit sowie bei der Einstellung einer Aushilfe bis zu drei Monaten und in Kleinbetrieben mit bis zu 20 regelmäßigen Beschäftigten bestimmt werden. Während die Probezeit nicht länger als sechs Monate dauern darf, innerhalb deren die Kündigungsfrist zwei Wochen beträgt, gilt die Ausnahme für Aushilfen und Kleinbetriebe nur für die in § 622 Abs. 1 BGB festgelegte Basisfrist von vier Wochen und nicht auch für die Verlängerungen gemäß Abs. 2. Da der Zeitraum von vier Wochen auch bei Kleinbetrieben nicht unterschritten werden darf, beschränkt sich die Erleichterung für sie darauf, dass der Arbeitgeber nicht an den 15. oder das Ende eines Kalendermonats als Kündigungstermine gebunden ist.

256 Anders als beim freien Dienstvertrag unterliegt die **Kündigungserklärung** nach § 623 BGB der Schriftform, bedarf aber trotz des Zwangs zu sozialer Rechtfertigung nach § 1 KSchG keiner Begründung. Der Arbeitgeber hat jedoch gemäß § 102 Abs. 1 BetrVG den Betriebsrat anzuhören und ihm die Gründe für die Kündigung mitzuteilen. Verstößt er hiergegen, macht dies die Kündigung unwirksam. Bei einer Massenentlassung hat der Arbeitgeber gemäß § 17 KSchG weitergehende Auskunftspflichten gegenüber dem Betriebsrat und muss Anzeige bei der Agentur für Arbeit erstatten. Nach § 18 Abs. 1 KSchG erlangen die Kündigungen Wirksamkeit nur mit deren Zustimmung, ansonsten mit Ablauf von einem Monat ab Eingang der Anzeige. Da Entlassung im Sinne der zugrunde liegenden Massenentlassungsrichtlinie (1998/59/EG) nicht die Beendigung des Arbeitsverhältnisses, sondern die Kündigungserklärung selbst ist,[175] bedeutet dies, dass für sämtliche Kündigungen unabhängig von der jeweils einschlägigen Kündigungsfrist eine Mindestfrist von ei-

---

173 EuGH, NJW 2010, 427, 428 f.

174 EuGH, NJW 2010, 427, 429 ff.

175 EuGH, NJW 2005, 1099, 1100.

nem Monat ab Anzeige gilt, vor deren Ablauf sie ohne Zustimmung der Bundesagentur keine Wirkung entfalten können.[176]

Ist der Arbeitnehmer der Auffassung, dass eine vom Arbeitgeber ausgesprochene Kündigung sozial ungerechtfertigt im Sinne von § 1 KSchG ist, kann er, sofern er nicht leitender Angestellter ist und damit unter die Ausnahmebestimmung des § 14 Abs. 2 KSchG fällt, nach § 3 KSchG Einspruch beim Betriebsrat einlegen und diesen so zu dem Versuch einer Verständigung mit dem Arbeitgeber veranlassen. Wichtiger als dieses Instrument ist die **Kündigungsschutzklage** auf Feststellung der Unwirksamkeit der Kündigung. Sie hat der Arbeitnehmer gemäß § 4 KSchG binnen drei Wochen nach Zugang der Kündigungserklärung beim Arbeitsgericht zu erheben. Lässt der Arbeitnehmer diese Frist ungenutzt verstreichen, gilt die Kündigung nach § 7 KSchG als wirksam. Auf diese Weise kann nicht nur ihre mangelnde soziale Rechtfertigung, sondern, abgesehen von ihrer unwirksamen Erklärung, auch ein anderer Mangel der Kündigung bis hin zu einer unrichtig berechneten Kündigungsfrist[177] geheilt werden. Und dies gilt nicht nur, wenn die Kündigung ordentlich und damit dem Verbot fehlender sozialer Rechtfertigung unterworfen ist, sondern, wie sich aus § 13 Abs. 1 KSchG ergibt, auch im Fall einer außerordentlichen Kündigung. Steht ein Arbeitnehmer damit auch schlechter als andere Dienstverpflichtete, ist die Bündelung seiner Einwendungen im kurzfristig zu betreibenden Kündigungsschutzverfahren doch aus praktischen Gründen dringend geboten: Besteht der vom Arbeitnehmer behauptete sonstige Wirksamkeitsmangel der Kündigung nicht oder fehlt es an dem wichtigen Grund für eine außerordentliche Kündigung, dreht sich die Auseinandersetzung schließlich doch um die fehlende soziale Rechtfertigung, über die im Rahmen des zügig einzuleitenden Kündigungsschutzverfahrens entschieden werden soll. Da dieses auch der richtige Ort für die Auseinandersetzung darüber ist, ob der Arbeitnehmer überhaupt Kündigungsschutz genießt, gelten die von § 4 KSchG vorgesehene Klagefrist und die nach § 7 KSchG eintretende Wirksamkeitsfiktion auch, wenn das Verbot fehlender sozialer Rechtfertigung mangels hinreichender Beschäftigungsdauer oder Betriebsgröße nicht eingreift.[178] 257

Im Fall einer **Änderungskündigung** soll es dem Arbeitnehmer erspart bleiben, das Angebot des Arbeitgebers zur Fortsetzung des Arbeitsvertrags unter anderen Bedingungen auszuschlagen, um sich den Kündigungsschutz zu erhalten. Gemäß § 2 KSchG kann er daher das mit der Kündigung verbundene Angebot zur Vertragsänderung entgegen der Regel des § 150 Abs. 2 BGB innerhalb von drei Wochen nach Zugang der Kündigung unter dem Vorbehalt annehmen, dass die vom Arbeitgeber im Wege der Kündigung verlangte Änderung nicht sozial ungerechtfertigt ist. Erhebt er erfolgreich Kündigungsschutzklage, stellt das Gericht gemäß § 8 KSchG die Unwirksamkeit der Vertragsänderung fest. Sieht er von der Erhebung der Kündigungsschutzklage ab, ist die Vertragsänderung gemäß § 7 KSchG ohne den vom Arbeitnehmer erklärten Vorbehalt wirksam. 258

---

[176] Dagegen führt die Vorschrift nicht dazu, dass die Kündigungsfrist um einen Monat verlängert wird; vgl. BAG, NZA 2009, 1013, 1015 f.

[177] BAG, NJW 2010, 3740, 3741 ff.

[178] BAG, NJW 2007, 2717.

259 Um seine **Weiterbeschäftigung** während des Kündigungsschutzprozesses zu erreichen, kann sich der Arbeitnehmer zum einen auf § 102 Abs. 5 BetrVG berufen, der den Arbeitgeber zur Weiterbeschäftigung bei unveränderten Arbeitsbedingungen verpflichtet, wenn der Arbeitnehmer Kündigungsschutzklage erhoben und der Betriebsrat einer Kündigung gemäß Abs. 3 der Vorschrift wegen mangelnder sozialer Auswahl, Verstoßes gegen eine Auswahlrichtlinie oder anderweitiger Beschäftigungsmöglichkeit widersprochen hat. Daneben kann er aber auch sein allgemeines Recht auf Beschäftigung[179] geltend machen, das nach Ansicht des BAG im Fall einer Kündigung jedoch nur dann durchsetzbar sein soll, wenn diese offensichtlich ungerechtfertigt ist oder der Arbeitnehmer in der ersten Instanz des Kündigungsschutzprozesses bereits obsiegt hat. Andernfalls müsse sein Interesse an der Weiterbeschäftigung dem Interesse des Arbeitgebers daran weichen, dass durch die Fortsetzung der Beschäftigung kein faktisches Arbeitsverhältnis entsteht, das sich nur schwer rückabwickeln und die Kündigungsgründe verblassen lasse.[180] Dieses Interesse des Arbeitgebers bildet jedoch keine tragfähige Grundlage für die Einschränkung des Beschäftigungsanspruchs des Arbeitnehmers, der nicht aus Abwägung, sondern aus dem Arbeitsvertrag entsteht[181] und sich ebenso wenig wie andere Ansprüche des Arbeitnehmers durch eine unwirksame Kündigung beseitigen lässt, nur weil deren Rechtswidrigkeit nicht offensichtlich ist.

260 Ist dem Arbeitnehmer statt an einer Weiterbeschäftigung an einer Beendigung des Arbeitsverhältnisses gelegen, kann er, wenn ihm dessen Fortsetzung nicht zumutbar ist, nach § 9 KSchG im Kündigungsschutzprozess seine Auflösung und die Verurteilung des Arbeitgebers zur Zahlung einer angemessenen **Abfindung** beantragen. Dasselbe Recht steht dem Arbeitgeber zu, wenn die von ihm erklärte Kündigung zwar unwirksam, eine weitere den Betriebszwecken dienliche Zusammenarbeit mit dem Arbeitnehmer aber nicht zu erwarten ist. Bei leitenden Angestellten, die zur selbständigen Einstellung oder Entlassung von Arbeitnehmern berechtigt sind, bedarf es dieses Grundes gemäß § 14 Abs. 2 S. 2 KSchG nicht, so dass der Arbeitgeber das Arbeitsverhältnis mit ihnen unbedingt auflösen kann und sich bei Unwirksamkeit seiner Kündigung nur die Verurteilung zu einer angemessenen Abfindung gefallen lassen muss. Die Höhe der Abfindung richtet sich nach § 10 KSchG, der in Abhängigkeit von dem Alter des Arbeitnehmers und der Dauer des Arbeitsverhältnisses eine Verurteilung bis zu einem Betrag in Höhe von 18 Monatsverdiensten zulässt. Geringer fällt der Abfindungsanspruch aus, den der Arbeitnehmer dadurch erwirbt, dass er entsprechend einem Hinweis des Arbeitgebers in der Kündigungserklärung davon absieht, Kündigungsschutzklage gegen eine ausdrücklich als betriebsbedingt bezeichnete Kündigung zu erheben. Nach § 1a KSchG steht ihm in diesem Fall ein Anspruch auf Zahlung eines Betrags in Höhe eines halben Monatsverdienstes pro Jahr der Dauer des Arbeitsverhältnisses zu.

cc) Besonderer Kündigungsschutz

261 Einen über das allgemeine Verbot mangelnder sozialer Rechtfertigung hinausgehenden Kündigungsschutz sieht das **Gesetz** für besondere Gruppen von Arbeitneh-

[179] S. o. Rn. 232 f.
[180] BAG, NJW 1985, 2968, 2972 f.
[181] S. o. Rn. 227.

mern, insbesondere für Betriebsräte sowie für Schwangere, Arbeitnehmer in Elternzeit und Schwerbehinderte vor: Um die Unabhängigkeit des Betriebsrats zu sichern, verbietet § 15 Abs. 1 KSchG die ordentliche Kündigung eines seiner Mitglieder für die Dauer seines Amtes und ein weiteres Jahr nach seiner Beendigung. Ähnliches gilt nach Abs. 3 der Vorschrift für die Mitglieder des Wahlvorstands für die Betriebsratswahl sowie für Bewerber vom Zeitpunkt ihrer Be- oder Aufstellung bis zur Bekanntgabe des Wahlergebnisses. Eine Ausnahme vom Kündigungsschutz gilt gemäß Abs. 4 der Bestimmung im Fall einer Betriebsstilllegung. Von vornherein nicht vom Kündigungsschutz für Betriebsratsmitglieder erfasst ist die außerordentliche Kündigung. Sie bedarf jedoch nach § 103 BetrVG der Zustimmung des Betriebsrats, die wiederum nur durch die Entscheidung des Arbeitsgerichts ersetzt werden kann. Ein vollständiges Kündigungsverbot, das auch die außerordentliche Kündigung einschließt, gilt nach § 9 MuSchG für Schwangere und Mütter bis zum Ablauf von vier Monaten nach der Entbindung. Allenfalls in besonderen Fällen kann ihr Arbeitsverhältnis aus Gründen, die nicht mit Schwanger- oder Mutterschaft in Beziehung stehen, mit Zustimmung der für den Arbeitsschutz zuständigen Behörde gekündigt werden. Dasselbe gilt nach § 18 BEEG für Arbeitnehmer, die Elternzeit in Anspruch nehmen, ab dem Zeitpunkt, in dem sie Elternzeit begehren, bis zu deren Ende. Weniger weit geht der Kündigungsschutz für Schwerbehinderte, deren Kündigung nach § 85 SGB IX lediglich an die Zustimmung des Integrationsamtes gebunden ist und diese Zustimmung gemäß § 89 SGB IX bei Betriebsstilllegungen und im Übrigen in Abhängigkeit von der Zahl der weiterhin beschäftigten Schwerbehinderten und der Sicherung eines anderen Arbeitsplatzes für den Gekündigten erfährt.

Ein besonderer Kündigungsschutz **kraft Vereinbarung** kann sich sowohl aus Tarifverträgen als auch aus dem einzelnen Arbeitsvertrag ergeben. Ist dem Arbeitgeber hierdurch die ordentliche Kündigung des Arbeitnehmers verwehrt, kann dies nicht ohne Einfluss auf sein Recht zur Kündigung aus wichtigem Grund nach § 626 BGB bleiben: Kann er das Arbeitsverhältnis nicht ordentlich kündigen, müsste für sein Recht zur außerordentlichen Kündigung eigentlich den Ausschlag geben, ob ihm die Fortsetzung des Arbeitsverhältnisses bis zum Ende des Zeitraums, für den die ordentliche Kündigung ausgeschlossen ist, oder gar, wenn er gänzlich unkündbar ist, bis zum Ruhestand des Arbeitnehmers zumutbar ist. Da sich diese Frage viel eher verneinen lässt als die Frage danach, ob der Arbeitgeber die Einhaltung des nächsten Kündigungstermins hinzunehmen hat, stünde ein Arbeitnehmer unter besonderem Kündigungsschutz in dieser Hinsicht schlechter als ein Arbeitnehmer mit ordentlich kündbarem Arbeitsverhältnis. Daher muss der Arbeitgeber als milderes Mittel gegenüber der fristlosen Auflösung des Vertragsverhältnisses eine Kündigung mit Auslauffrist erwägen, die der Frist für die ordentliche Kündigung entspricht. Eine fristlose Kündigung ist erst dann möglich, wenn vom Arbeitgeber noch nicht einmal erwartet werden kann, dass er das Arbeitsverhältnis bis zum Ende einer solchen Auslauffrist fortsetzt.[182] In der vorgeschalteten fristgerechten Kündigung ist freilich keine Spielart der außerordentlichen, sondern eine ordentliche Kündi- 262

[182] BAG, NZA 2007, 1287, 1280 f.

gung zu sehen, die von dem Kündigungsverbot wegen des Zusammenhangs mit der außerordentlichen Kündigung stillschweigend ausgenommen ist.[183]

b) Schutz vor Befristung

263 Der Schutz des Arbeitnehmers vor Kündigung bedarf zwangsläufig einer Flankierung durch den Schutz vor Befristung. Andernfalls könnte sich ein Arbeitgeber dem Zwang zur sozialen Rechtfertigung seiner Kündigung einfach dadurch entziehen, dass er den Arbeitnehmer einmal oder mehrfach hintereinander befristet einstellt und das Arbeitsverhältnis dann statt durch Kündigung gemäß § 620 Abs. 1 BGB mit Zeitablauf enden lässt. Dies zu vereiteln ist anders als der Kündigungsschutz selbst auch zum Gegenstand einer Richtlinie (1999/70/EG) geworden, mit der eine Vereinbarung der europäischen Sozialpartner über Maßnahmen zur Vermeidung des Missbrauchs sogenannter Kettenverträge zur Umgehung des Kündigungsschutzes umgesetzt wird.[184] Um ihm auf nationaler Ebene zu wehren, hätte es nahegelegen, eine Befristung in den nach § 23 KSchG vom Kündigungsschutz ausgenommenen Kleinbetrieben und ansonsten höchstens für sechs Monate zuzulassen, wenn auch die Wartezeit abläuft, nach der ein unbefristet beschäftigter Arbeitnehmer gemäß § 1 Abs. 1 KSchG Kündigungsschutz genießt. Statt hierfür hat sich der deutsche Gesetzgeber bei der Umsetzung der Befristungsrichtlinie im TzBfG für eine **eigenständige Regelung** entschieden, die zwar in ihrer allgemeinen Zielsetzung noch mit dem Kündigungsschutzrecht zusammenhängt, nicht jedoch in ihren Einzelheiten mit ihm synchronisiert und daher auch nicht entsprechend auszulegen oder anzuwenden ist.[185] Daher greifen die vorgesehenen Beschränkungen für eine Befristung von Arbeitsverhältnissen auch dann ein, wenn ein Kündigungsschutz wegen der geringen Größe des Betriebs oder der kurzen Dauer des Arbeitsverhältnisses nicht in Betracht kommt. Und umgekehrt ist eine Befristung auch in einer Konstellation zulässig, in der bei einem vergleichbaren unbefristeten Arbeitsverhältnis schon Kündigungsschutz bestünde.

264 Die Eigenständigkeit des Befristungsregimes zeigt sich vor allem darin, dass die Höchstfrist, bis zu der ein befristetes Arbeitsverhältnis allgemein und **ohne** besonderen **Grund** eingegangen werden kann, nicht nur sechs Monate, sondern mangels abweichender Regelung im Tarifvertrag gemäß § 14 Abs. 2 TzBfG zwei Jahre beträgt. Dieser Zeitraum kann von vornherein vorgesehen oder in der Weise ausgeschöpft werden, dass ein auf kürzere Frist angelegtes Arbeitsverhältnis bis zu dreimal verlängert wird. Eine grundlose Befristung ist aber unzulässig, wenn zwischen den Parteien des Arbeitsvertrags bereits früher ein befristetes oder unbefristetes Arbeitsverhältnis bestand. Mit dieser Einschränkung sollen Befristungsketten vermieden werden, mit denen der Arbeitgeber durch geringfügige Unterbrechung der Beschäftigung und Neuabschluss befristeter Verträge den Kündigungsschutz umgeht. Da sich nur schwer entscheiden lässt, ob im Einzelfall wirklich der Kündigungs-

---

[183] Richtig *Annuß* (Fn. 119), S. 159 ff. Ähnlich *Hromadka/Maschmann*, Arbeitsrecht, Bd. 1, Rn. 10.113, die einen Wegfall der Geschäftsgrundlage für das Kündigungsverbot annehmen.

[184] Hierzu eingehend *Riesenhuber*, Europäisches Arbeitsrecht, Rn. 17.1 ff.

[185] BAG, NZA 2005, 218, 219.

schutz unterlaufen werden soll oder nicht, greift das Verbot einer Befristung bei Vorbeschäftigung jedoch auch dann ein, wenn die vorangegangene Beschäftigung in erheblichem zeitlichen Abstand erfolgte. Eine teleologische Reduktion der Vorschrift auf die Fälle, in denen eine echte Gefahr der Kettenbefristung besteht, widerspräche dem eigenständigen Charakter des Befristungsregimes, das zwar durch den Kündigungsschutz motiviert, in seiner Ausgestaltung aber nicht an diesen angelehnt ist.[186]

Über die allgemeine Höchstfrist von zwei Jahren hinaus gestattet § 14 Abs. 2a TzBfG zur Erleichterung der Unternehmensgründung die Befristung eines Arbeitsvertrags in den ersten vier Jahren nach der Gründung eines Unternehmens bis zur Höchstdauer von vier Jahren. Zur Förderung der Beschäftigung älterer Arbeitnehmer können diese, wenn sie das 52. Lebensjahr vollendet haben und schon mindestens vier Monate beschäftigungslos waren, gemäß Abs. 3 der Vorschrift ohne Weiteres auf bis zu fünf Jahre begrenzt eingestellt werden. Im Übrigen bedarf die Befristung eines Arbeitsvertrags eines **sachlichen Grunds**, den § 14 Abs. 1 TzBfG in Form eines Beispielskatalogs näher bestimmt. Die Liste beginnt mit einem nur vorübergehenden Bedarf an Arbeitsleistung, der im Zeitpunkt des Vertragsschlusses die Prognose voraussetzt, dass bei Vertragsende für die Arbeitskraft des befristet eingestellten Arbeitnehmers kein Bedarf mehr besteht. Dies kann bei einem nur kurzzeitigen Arbeitsbedarf oder deshalb der Fall sein, weil sich langfristig eine Reduktion des ständigen Arbeitsbedarfs wegen technischer Vereinfachungen oder einer Betriebsstilllegung abzeichnet.[187] Dagegen genügt nicht die Absicht zur künftigen Einstellung von Leiharbeitern, weil der Arbeitsbedarf in diesem Fall durchaus besteht, nur anders gedeckt werden soll.[188] Weitere Befristungsgründe sind die Übernahme eines Arbeitnehmers im Anschluss an eine Ausbildung oder ein Studium, seine Erprobung sowie die Vertretung einer Stammkraft. Dass die Befristung mit dem Ziel der Erprobung des Arbeitnehmers erfolgt, wird freilich durch eine übermäßig lange Dauer der Erprobungszeit widerlegt, die nach dem Rechtsgedanken der Bestimmung über die Wartezeit beim Kündigungsschutz (§ 1 Abs. 3 KSchG) sechs Monate nicht überschreiten darf.[189] Die Vertretung einer Stammkraft setzt eine Prognose über deren Rückkehr, aber nicht notwendig auch für deren Zeitpunkt voraus[190] und kann wegen der arbeitsrechtlichen Weisungsbefugnis des Arbeitgebers durchaus in einer Beschäftigung mit anderen Aufgaben als den von der Stammkraft früher erfüllten bestehen[191]. Der Vertretung einer Stammkraft steht als ein unbenannter Befristungsgrund die ersatzweise Beschäftigung für einen ehemaligen Arbeitnehmer gleich, dem der Arbeitgeber eine Wiedereinstellungszusage gegeben hat.[192] Die in § 14 Abs. 1 Nr. 4 TzBfG genannte Eigenart der Tätigkeit kann eine Befristung etwa im Bereich von Wissenschaft und Medien rechtfertigen, weil 265

[186] BAG, NZA 2005, 218, 220.
[187] BAG, NZA 2009, 723, 725.
[188] BAG, NZA 2007, 566, 569; 2009, 723, 725.
[189] BAG, NZA 2010, 1293, 1294 f.
[190] BAG, NJW 2009, 3180, 3181.
[191] BAG, NJW 2009, 3180, 3181.
[192] BAG, NJW 2010, 3675, 3676 f.

hier eine stete Innovation gewünscht ist.[193] Als Befristungsgrund, der gemäß § 14 Abs. 1 Nr. 6 TzBfG in der Person des Arbeitnehmers liegt, kommt vor allem dessen dürftige soziale Stellung in Betracht: Hat sie erst den Ausschlag dafür gegeben, überhaupt einen Arbeitsvertrag abzuschließen, den der Arbeitgeber mit einem gewöhnlichen Arbeitnehmer gleicher Qualifikation nicht eingegangen wäre, darf dieser Vertrag auch befristet eingegangen werden.[194]

266 Während der Arbeitsvertrag grundsätzlich keinem Formzwang unterliegt, bedarf die Vereinbarung über seine Befristung, da sie funktional einem nach § 623 BGB formpflichtigen Auflösungsvertrag entspricht, zur Warnung des Arbeitnehmers gemäß § 14 Abs. 4 TzBfG der Schriftform. Diese beschränkt sich freilich auf die reine Befristungsabrede und erstreckt sich nicht auf einen etwa erforderlichen Sachgrund für die Befristung.[195] Über ihn muss sogar im Fall einer Einstellung zur Erprobung nicht einmal eine Einigung zwischen den Parteien vorliegen[196]. Ist die Schriftform nicht eingehalten oder die Befristung materiell unzulässig, führt dies nicht zur Unwirksamkeit des Arbeitsvertrags, an dessen Bestand der zu schützende Arbeitnehmer ja gerade interessiert ist. Statt dessen gilt der Arbeitsvertrag nach § 16 TzBfG als **auf unbestimmte Zeit** geschlossen und muss durch ordentliche Kündigung beendet werden. Haben sich die Parteien nicht gemäß § 15 Abs. 3 TzBfG durch Individualvereinbarung darauf verständigt, dass der Arbeitvertrag schon vor dem unwirksam vereinbarten Endtermin ordentlich gekündigt werden kann, und gilt dies auch nicht kraft Tarifvertrags, kann die Kündigung durch den Arbeitgeber aber erstmals zu dem vermeintlichen Vertragsende erfolgen, es sei denn, die Befristungsvereinbarung scheitert lediglich am Mangel der Schriftform. Um die Unwirksamkeit der Befristung geltend zu machen, muss der Arbeitnehmer nach § 17 TzBfG binnen drei Wochen ab dem vermeintlichen Ende des Arbeitsverhältnisses eine Feststellungsklage erheben, die der Kündigungsschutzklage entspricht und deren Ausbleiben zu der Fiktion führt, dass die Befristungsvereinbarung von vornherein wirksam war.[197]

c) Schutz beim Betriebsübergang

aa) Der Zusammenhang mit dem Kündigungsschutz

267 Außer seiner Umgehung durch Befristung von Arbeitsverträgen erwächst dem Kündigungsschutz eine weitere Gefahr durch eine Betriebsveräußerung oder -überlassung: Verbliebe der frühere Betriebsinhaber unter diesen Umständen weiterhin in der Arbeitgeberrolle, könnte er sich auf den Wegfall des Betriebs und der in ihm vorhandenen Arbeitsplätze berufen und so ohne Weiteres die Kündigung sämtlicher Arbeitsverträge aus dringenden betrieblichen Erfordernissen gemäß § 1 Abs. 2 KSchG

[193] BAG, NZA 2007, 147, 148 f.; 2009, 795, 796.

[194] BAG, NZA 2009, 727 f.

[195] BAG, NZA 2007, 34, 35.

[196] BAG, NZA 2004, 1333, 1334 f.

[197] Die Regeln der §§ 624 f. BGB über ein Sonderkündigungsrecht des lebenslang oder über fünf Jahre hinaus Dienstverpflichteten und über die stillschweigende Verlängerung auf unbestimmte Zeit durch Fortsetzung der Dienstleistung nach Vertragsende sind für das befristete Arbeitsverhältnis in § 15 Abs. 4 und 5 TzBfG wiederholt.

rechtfertigen, zumal seine unternehmerische Entscheidung zur Veräußerung oder Überlassung des Betriebs ohnehin keiner Kontrolle zugänglich wäre. Zwar ließe sich im Einzelfall noch die Frage stellen, ob der Betriebsübergang zur Umgehung des Kündigungsschutzes missbraucht worden ist. Der Arbeitnehmer hat jedoch auch in anderen Fällen ein schutzwürdiges Interesse daran, dass sein Arbeitgeber auch Inhaber des Betriebs oder Betriebsteils ist, in dem sein Arbeitsplatz liegt, so dass er einerseits seiner Beschäftigungspflicht nachkommen, andererseits die Kündigung nur mit dem tatsächlichen Wegfall des einzelnen Arbeitsplatzes oder des ganzen Betriebs rechtfertigen kann. Das Mittel, mit dem diesem Interesse schon seit 1972 im deutschen und seit 1977 im Richtlinienrecht Genüge getan wird, ist der Übergang der Arbeitsverhältnisse mit dem zugehörigen Betrieb oder Betriebsteil auf seinen Übernehmer, den § 613a Abs. 1 S. 1 BGB und Art. 3 Abs. 1 der mittlerweile geltenden Betriebsübergangsrichtlinie (2001/23/EG)[198] gleichermaßen vorsehen.[199] Ebenso wie die Regelung befristeter Arbeitsverträge geht auch die Überleitung des Arbeitsverhältnisses beim Betriebsübergang schon wegen ihres europarechtlichen Hintergrunds über den Kündigungsschutz hinaus und greift bei allen Arbeitsverhältnissen, auch solchen in Kleinbetrieben und mit einer Beschäftigungsdauer von weniger als sechs Monaten, ein. Der grundlegende Zusammenhang mit dem Kündigungsschutz verbietet allerdings die Überleitung der Dienstverhältnisse von Organen juristischer Personen[200] oder von Arbeitnehmern im Ruhestand[201], die über keinen Arbeitsplatz mehr verfügen.

bb) Betriebsübergang als Tatbestand

Der für die Überleitung der Arbeitsverhältnisse maßgebliche Tatbestand lässt sich in zwei Elemente: den Betrieb und seinen Übergang, zerlegen.[202] Beide müssen aber aus der Perspektive der Veräußerung oder Überlassung betrachtet werden, so dass nicht das Unternehmen des bisherigen Arbeitgebers isoliert auf vorhandene Betriebe oder Betriebsteile abgesucht, sondern von vornherein gefragt werden muss, ob das, was der Übernehmer erlangt, in der Arbeitsorganisation des bisherigen Arbeitgebers einen Betrieb oder Betriebsteil ausmachte. Ist diese Frage zu bejahen, hat man sich der Arbeitsorganisation des Erwerbers zuzuwenden und zu prüfen, ob der Betrieb oder Betriebsteil auch regelrecht übergeht, indem der Übernehmer ihn fortführt und als Teil seiner eigenen Organisationsstruktur erhält. Ein **Betrieb** ist nach der Definition des EuGH eine wirtschaftliche Einheit, die sich nicht auf die Ausführung eines einzelnen Vorhabens beschränkt, sondern als organisatorische Gesamt- 268

[198] Hierzu eingehend *Riesenhuber*, Europäisches Arbeitsrecht, Rn. 24.1 ff.

[199] Die Überleitung eines Arbeitsverhältnisses sieht ferner § 10 Abs. 1 AÜG für den Fall vor, dass ein Arbeitsverleiher nicht über die erforderliche Erlaubnis verfügt oder sie nachträglich verliert. Dass in diesem Fall kraft Gesetzes ein Vertrag zwischen dem Leiharbeitnehmer und dem Entleiher zustande kommt, sichert die Effektivität der Erlaubnispflicht, ohne dem Arbeitnehmer sein Arbeitsverhältnis zu nehmen.

[200] BGH, NJW 2003, 2473, 2475.

[201] BAG, NZA 2004, 848, 850.

[202] Dass der Betriebsbegriff hier unnötig ist, glaubt *Joost* (Fn. 163), S. 384 ff., der den Übergang des Arbeitsverhältnisses an den Übergang der Unternehmerfunktion knüpfen will.

heit von Personen und Sachen zu einer auf Dauer angelegten wirtschaftlichen Tätigkeit mit eigener Zielsetzung besteht.[203] Ein Betriebsteil, dessen Übergang dem eines Betriebs gleichsteht, ist dementsprechend eine organisatorische Untereinheit, mit der innerhalb des betrieblichen Gesamtzwecks ein Teilzweck verfolgt wird,[204] der auch in einer bloßen Hilfsfunktion wie etwa der Verpflegung des Personals oder der Reinigung der Arbeitsräume bestehen kann[205]. Um diese Definitionen handhabbar zu machen, hat der EuGH einen nicht abschließenden Katalog von Umständen entwickelt, die bei der Beurteilung, ob ein Betrieb oder Betriebsteil übergeht, Berücksichtigung finden sollen. Hierzu gehören die Art des Betriebs, die materiellen und immateriellen Betriebsmittel, die Organisation, die Betriebstätigkeit, das Schicksal der Hauptbelegschaft, die Kunden- und Lieferantenbeziehungen sowie die Dauer der Unterbrechung seiner Tätigkeit.[206] Das BAG nennt daneben noch die Betriebsmethoden sowie die Identität der Führungskräfte.[207]

269 Statt von dieser ungeordneten Reihung auszugehen, ist es besser, wenn man Organisation und Unterbrechungsdauer als Kriterien für die Fortführung des Betriebs zunächst beiseite lässt und bei der Beurteilung der Betriebsidentität die verbleibenden Eigenschaften in drei Kategorien einteilt: das Personal einschließlich der Führungskräfte, die körperlichen und die unkörperlichen Betriebsmittel, zu denen das vorhandene *know-how*, die Betriebsorganisation und -methoden, der Lieferanten- und Kundenstamm gehören. Bei Handels- und freiberuflichen Betrieben liegt das Schwergewicht der Wertschöpfung häufig auf diesen immateriellen Betriebsmitteln,[208] so dass mit ihrer Übernahme unabhängig vom Schicksal des Personals oder der materiellen Betriebsmittel schon regelmäßig ein Betriebs- oder Betriebsteilübergang vorliegt. Damit man von einer wirtschaftlichen Einheit ausgehen kann, ist freilich stets die Übernahme einer Kombination immaterieller Betriebsmittel nötig, während die bloße Nutzung von Betriebsmethoden oder die isolierte Übertragung des Kundenstamms nicht ausreicht[209]. Im produzierenden Gewerbe einschließlich der Gastronomie kommt es für die Erfüllung einer Betriebsaufgabe dagegen im Regelfall auf Räume und Maschinen an, so dass für die Annahme eines Betriebsübergangs vor allem ihre Übernahme und weniger der Verbleib des Personals oder der immateriellen Betriebsmittel entscheidet.[210] In anderen Branchen wie etwa bei Reinigungsbetrieben steht wiederum die menschliche Arbeitskraft im Vordergrund, so dass ein Betrieb schon durch die organisierte Gesamtheit der Arbeitnehmer konstituiert wird.[211] Den Ausschlag für die Bejahung der Betriebseigenschaft gibt hier, ob

---

[203] EuGH, NJW 2004, 45, 46; 2007, 3195, 3196; vgl. auch BAG, NZA 2009, 485, 487.

[204] BAG, NZA 2009, 144, 146; 2010, 1689, 1690.

[205] BAG, NZA 2009, 485, 488.

[206] EuGH, NJW 2004, 45, 46; 2006, 889, 890; vgl. auch BAG, NZA 2009, 144, 146, 485, 487. Grundlegend anders *Joost* (Fn. 163), S. 378 ff., der den Übergang von Betriebsmitteln für entbehrlich hält.

[207] BAG, NZA 2007, 1431, 1432; 2009, 905, 906.

[208] BAG, NZA NZA 2006, 668, 670; 2009, 905, 907.

[209] BAG, NZA 2009, 485, 488.

[210] EuGH, NJW 2004, 45, 47, BAG, NZA 2007, 1431, 1433; 2009, 905, 907.

[211] EuGH, NJW 2007, 3195, 3196 f.

ein nach Zahl oder Qualifikation maßgeblicher Teil des Personals einen neuen Arbeitgeber gefunden hat[212].[213] Von vornherein ausgeschlossen ist der Übergang eines Betriebs schließlich im Fall einer sogenannten Funktionsnachfolge, bei der ohne die Übernahme von Personal oder Betriebsmitteln lediglich die Tätigkeit, die der bisherige Arbeitgeber übernommen hat, von einem anderen Unternehmer durchgeführt wird.[214]

Steht fest, dass ein Betrieb oder Betriebsteil von dem bisherigen Arbeitgeber zu **270**
einem anderen Unternehmer gelangt ist, kann die Annahme eines Betriebsübergangs noch daran scheitern, dass er nicht **fortgeführt**, sondern zerlegt wird, indem die Organisation aufgelöst, das Personal oder die Betriebsmittel aufgespalten und anderweitig eingesetzt werden. In diesem Fall liegt eine bloße Betriebsstilllegung durch den früheren Betriebsinhaber vor, der seine Arbeitgeberrolle nicht an den Übernehmer des Betriebs abgibt.[215] Hierfür genügt freilich noch nicht, dass der Übernehmer einzelne Aufgaben, die früher in dem Betrieb oder Betriebsteil erfüllt worden sind, an andere Unternehmensbereiche oder unternehmensfremde Auftragnehmer vergibt und dadurch einzelne Arbeitsplätze wegfallen.[216] Auch eine weitergehende Änderung der Organisationsstruktur schadet so lange nicht, wie ein Zusammenhang zwischen dem übernommenen Personal oder den Betriebsmitteln bestehen bleibt, der es erlaubt, sie so wie der bisherige Arbeitgeber zu nutzen.[217] Ausgeschlossen ist ein Betriebsübergang erst dann, wenn die übernommenen Arbeitnehmer oder Betriebsmittel in eine völlig andere Organisationsstruktur integriert werden.[218] Dem vom EuGH verwendeten Kriterium, ob und wie lange der Betrieb unterbrochen wird,[219] darf dagegen überhaupt keine Bedeutung zukommen, weil eine zeitliche Diskontinuität generell nicht geeignet ist, den organisatorischen Fortbestand der wirtschaftlichen Einheit in Frage zu stellen.[220]

Irrelevant ist ebenfalls, auf welcher vertraglichen Rechtsgrundlage die Fort- **271**
existenz des Betriebs oder Betriebsteils im Unternehmen des Übernehmers beruht. Sie kann sowohl auf eine dauerhafte Übertragung als auch auf eine zeitweise Überlassung, vor allem im Wege der Betriebspacht, gerichtet sein und kommt daher auch ohne die Absicht zur Übertragung des Eigentums an den Betriebsmitteln aus[221]. Zudem muss sie nicht in einem Vertrag zwischen dem bisherigen Arbeitgeber und dem

---

[212] EuGH, NJW 2004, 45, 46, BAG, NZA 2009, 144, 146, 485, 488.

[213] Entgegen ErfK/*Preis* § 613a BGB Rn. 39 lässt sich dies nicht mit dem Argument in Frage stellen, der Erwerber hätte es so selbst in der Hand, den Betriebsübergang herbeizuführen oder zu vermeiden. Zum einen hat er dies ohnehin, und zwar auch bei betriebsmittelintensiven Betrieben; zum anderen kann die Übernahme der Arbeitnehmer nur dort den Ausschlag geben, wo sie auch den Schwerpunkt des Betriebs darstellen.

[214] BAG, NZA 2009, 144, 146, 905, 906 f.

[215] BAG, NZA 2009, 485, 487.

[216] BAG, NJW 2009, 391, 395.

[217] EuGH, NJW 2009, 2029, 2031, BAG, NZA 2009, 905, 907, NJW 2010, 1689, 1691.

[218] BAG, NZA 2009, 144, 147.

[219] EuGH, NJW 2004, 45, 46, 2006, 889, 890.

[220] Richtig Staudinger/*Annuß* (2005) § 613a Rn. 68; anders MünchKomm/*Müller-Glöge* § 613a BGB Rn. 53.

[221] EuGH, NJW 2004, 45, 47; 2006, 889, 890.

Übernehmer bestehen. Daher kommt es auch zu einem Betriebsübergang zwischen zwei aufeinanderfolgenden Pächtern, die vertragliche Beziehungen nicht untereinander, sondern jeweils nur zu dem Verpächter unterhalten.[222] Wie an diesem Fall deutlich wird, kommt es noch nicht einmal auf die Existenz einer Übertragungs- oder Überlassungsvereinbarung an, so dass diese auch völlig fehlen oder unwirksam sein kann,[223] solange der beim bisherigen Arbeitgeber bestehende Betrieb nur tatsächlich von dem Übernehmer fortgeführt wird[224]. Über den Zeitpunkt des Betriebsübergangs kann daher auch nicht der Rechtswechsel entscheiden, wie er etwa durch die Vereinbarung eines Eigentumsvorbehalts aufgeschoben ist;[225] und für die Annahme eines Übergangs reicht auch nicht die bloße Möglichkeit des Übernehmers, sich der übertragenen wirtschaftlichen Einheit zu bedienen[226], wie sie etwa nach der Rückgabe eines verpachteten Betriebs für den Verpächter besteht[227].[228] Statt dessen kommt es auf die **reale Übernahme** der Organisations- oder Leitungsmacht an,[229] die nicht in besonderer Weise übertragen werden muss, sondern schon dadurch bewirkt ist, dass der bisherige Arbeitgeber seine Tätigkeit in dem Betrieb einstellt und der Übernehmer sie in die Hand nimmt[230].

cc) Gesetzlicher Vertragseintritt und weitere Rechtsfolgen

272 Primäre Rechtsfolge des Betriebsübergangs ist der **Vertragseintritt** des Betriebsübernehmers in die Arbeitsverträge mit den Arbeitnehmern, die im Zeitpunkt des Betriebsübergangs in dem Betrieb beschäftigt waren.[231] Dies gilt auch für fehlerhafte Arbeitsverhältnisse, weil sie bis zu dem Moment, in dem sich ein Teil auf seine Unwirksamkeit beruft, in jeder Hinsicht gültig sind.[232] Den Betriebsübernehmer treffen jeweils nicht nur die fortan entstehenden oder fällig werdenden Verpflichtungen; er hat dem Arbeitnehmer auch für früher begründete Verbindlichkeiten einzustehen, allerdings nach § 613a Abs. 2 BGB als Gesamtschuldner mit dem früheren Arbeitgeber, der noch für die älteren und anteilig auch für die auf die laufende Periode entfallenden Verpflichtungen haftet. Sind die Rechte und Pflichten der Arbeitnehmer durch einen Tarifvertrag oder eine Betriebsvereinbarung geregelt,

---

222 EuGH, NJW 2004, 45, 47; BAG, NJW 2009, 391, 394

223 EuGH, NJW 2007, 3195, 3196.

224 EuGH, NJW 2006, 889, 890, BAG, NJW 2009, 391, 394.

225 BAG, NZA 2006, 597, 601.

226 BAG, NJW 2008, 825, 826.

227 BAG, NZA 1999, 704, 705.

228 Die daher denkbare Lücke sieht *Krause*, Die tatsächliche Betriebsfortführung als konstitutives Erfordernis des Betriebsübergangs, ZfA 2001, 67, 95 ff. durch den bei nachträglicher Betriebsfortführung begründeten Anspruch des gekündigten Arbeitnehmers auf Wiedereinstellung (s. o. Rn. 246) geschlossen.

229 EuGH, NZA 2005, 681, 682, BAG, NZA 2009, 905, 907.

230 BAG, NZA 2008, 825, 826, NJW 2009, 391, 394.

231 Bei einem Arbeitnehmer, der in mehreren Betrieben oder Betriebsteilen tätig ist, entscheidet über die Zuordnung seines Arbeitsplatzes der Schwerpunkt seiner Tätigkeit, ansonsten der Arbeitgeber in Ausübung seines Bestimmungsrechts über die Tätigkeit des Arbeitnehmers; vgl. Staudinger/*Annuß* (2005) § 613a Rn. 143. Für eine Zuordnung nach rein objektiven Kriterien dagegen anscheinend BAG, NZA 2002, 1027, 1028.

232 Im Ergebnis ebenso Staudinger/*Annuß* (2005) § 613a Rn. 138.

gelten sie nach § 613a Abs. 1 S. 2 BGB gegenüber dem Betriebsübernehmer als Teil der individuellen Arbeitsverhältnisse weiter und dürfen zum Nachteil des Arbeitnehmers nicht vor Ablauf von einem Jahr seit dem Betriebsübergang geändert werden, sofern nicht bei dem Betriebsübernehmer ein anderer Tarifvertrag oder eine andere Betriebsvereinbarung gelten. Da der gesetzliche Vertragseintritt dem Schutz des Arbeitnehmers dient, kann er ihm nicht gegen seinen Willen aufgezwungen werden, sondern steht gemäß § 613a Abs. 6 BGB unter dem Vorbehalt, dass der Arbeitnehmer ihm nicht binnen eines Monats schriftlich widerspricht. Die Frist beginnt jedoch erst mit dem Zugang der **Unterrichtung**, mit der der bisherige Arbeitgeber die Arbeitnehmer nach § 613a Abs. 5 BGB in Textform über Zeitpunkt, Grund und Folgen des Betriebsübergangs sowie die für die Arbeitnehmer geplanten Maßnahmen zu informieren hat. Diese Unterrichtung hat nicht nur Bedeutung für das Widerspruchsrecht des Arbeitnehmers, das ohne sie zeitlich unbegrenzt bis zu einem stillschweigenden Verzicht[233] erhalten bleibt; sie ist auch Gegenstand einer Leistungspflicht des bisherigen Arbeitgebers und durch einen Schadensersatzanspruch bewehrt, mit dem der Arbeitnehmer sein Interesse daran geltend machen kann, sich bei gehöriger Information anders entschieden zu haben[234].

Will der Arbeitnehmer beim bisherigen Arbeitgeber bleiben, läuft er Gefahr, **273** wegen des Ausscheidens des Betriebs oder Betriebsteils aus dem Unternehmen des Arbeitgebers betriebsbedingt gekündigt zu werden. Zwar schließt § 613a Abs. 4 BGB eine **Kündigung** wegen des Übergangs des Betriebs oder Betriebsteils und in analoger Anwendung auch einen zur Umgehung dieses Verbots geschlossenen Auflösungsvertrag[235] aus. Dies gilt jedoch nur für die nur aus Anlass des Betriebsübergangs erfolgte Kündigung und lässt eine Kündigung aus einem anderen Grund unberührt, der gerade in der Reduktion oder dem vollständigen Wegfall des Beschäftigungsbedarfs infolge des Betriebsübergangs liegen kann. Ihn hat der bisherige Arbeitgeber nicht etwa durch die Schaffung neuer Arbeitsplätze aufzufangen; er muss einem Arbeitnehmer, mit dessen Widerspruch er rechnen darf, jedoch einen vorhandenen Arbeitsplatz freihalten und verliert, wenn er dies nicht tut, so sein Recht zur betriebsbedingten Kündigung. Widerspricht der Arbeitnehmer dem Übergang des Arbeitsverhältnisses nicht, kann er von seinem neuen Arbeitgeber zwar ebenfalls nicht wegen des Betriebsübergangs gekündigt werden. Er kann jedoch nicht sicher sein, dass ihm ein bislang bestehenden Kündigungsschutz verbleibt: Fällt der Betrieb im Unternehmen seines Übernehmers unter die Schwellenwerte gemäß § 23 KSchG, bedarf seine Kündigung fortan keiner sozialen Rechtfertigung mehr. Der Kündigungsschutz ist nämlich kein überleitungsfähiges Recht, das nach § 613a Abs. 1 S. 1 BGB gegenüber dem neuen Arbeitgeber geltend gemacht werden könnte, sondern an das Faktum der Betriebsgröße gebunden, das bei dem neuen Arbeitgeber ebenso gut wie bei dem alten wegfallen kann.[236]

---

[233] Dieser kann etwa im Abschluss eines Aufhebungsvertrags mit dem Betriebserwerber liegen; vgl. BAG, NJW 2010, 1302, 1304 f.

[234] BAG, NZA 2008, 1297, 1301.

[235] BAG, NZA 2009, 144, 147 f.

[236] BAG, NZA 2007, 739, 741.

3. Schutz des Arbeitnehmers im Arbeitsverhältnis

a) Schutz bei der Arbeitsleistung

aa) Die Pflicht zu Arbeit und Abstinenz vom Wettbewerb

274 Das die Arbeitspflicht konkretisierende **Weisungsrecht** des Arbeitgebers ist als Leistungsbestimmungsrecht gemäß § 315 BGB durch Rechtsgeschäft[237] und nach billigem Ermessen[238], insbesondere so auszuüben, dass Grundrechte des Arbeitnehmers wie etwa seine Religionsfreiheit gewahrt bleiben.[239] Nach § 106 S. 1 GewO unterliegt das Weisungsrecht außer den Grenzen, die ihm der Arbeitsvertrag setzt, kollektivrechtlichen Beschränkungen durch Tarifvertrag und Betriebsvereinbarung. Bei wesentlichen personellen Einzelmaßnahmen hat der Arbeitgeber in verfassten Unternehmern ferner die Zustimmung des Betriebsrats einzuholen. Dies gilt insbesondere für eine Versetzung des Arbeitnehmers. Sie kann auch in Überschreitung des von § 106 GewO vorgegeben Rahmens und dann sogar in einem vorformulierten Arbeitsvertrag vorbehalten werden, ohne dass ein Verstoß gegen § 307 BGB vorliegt. Denn es entspricht der Eigenart des Dienstvertrags, dass sich der Einsatz des Arbeitnehmers nicht auf lange Zeit im Vorhinein planen lässt; und dieser erlangt durch die Erweiterung seiner Einsatzmöglichkeiten zwangsläufig einen erhöhten Schutz vor betriebsbedingter Kündigung.[240] Der Versetzungsvorbehalt gehört daher zu den nach § 310 Abs. 4 S. 2 BGB bei der Kontrolle vorformulierter Verträge zu berücksichtigenden Besonderheiten des Arbeitsrechts.

275 Zu diesen Besonderheiten zählt auch der Vorbehalt einer **Vertragsstrafe**, der nach dem Rechtsgedanken von § 309 Nr. 6 BGB zumindest in Verbraucherverträgen eigentlich unwirksam ist. Da die Arbeitspflicht nach § 888 Abs. 3 ZPO nicht der Zwangsvollstreckung unterliegt, ist es jedoch nicht schlechthin unangemessen, wenn sich der Arbeitgeber durch vorformulierte Geschäftsbedingungen die Möglichkeit verschaffen will, eine Nichtleistung durch eine Vertragsstrafe zu sanktionieren.[241] Ihr Vorbehalt kann freilich im Einzelfall nach Anlass oder Umfang übermäßig und daher gemäß § 307 BGB unwirksam sein. Eine spezielle gesetzliche Vertragsstrafe sieht das Gesetz für den Fall vor, dass ein Handlungsgehilfe gegen seine Pflicht aus § 60 HGB verstößt, ohne Zustimmung seines Prinzipals weder ein Handelsgewerbe zu betreiben noch in demselben Handelszweig Geschäfte für eigene oder fremde Rechnung zu tätigen.[242] Gemäß § 61 HGB kann der Prinzipal in diesem Fall

---

237 Vgl. *Söllner*, Einseitige Leistungsbestimmung im Arbeitsverhältnis, Wiesbaden 1966, S. 113 ff., *Birk*, Die arbeitsrechtliche Leistungsmacht, Köln u. a. 1973, S. 198 ff.

238 Anders *Birk* (Fn. 237), S. 93 ff., 283 ff. der die Leitungsmacht des Arbeitgebers als eine funktionsgebundene Befugnis auffasst und sie einer Kontrolle auf ihre Funktionsadäquanz oder -widrigkeit unterwerfen will, so aber kaum zu anderen Ergebnissen gelangt, als man sie auf dem Boden von § 315 BGB erzielt. – Für eine Anlehnung an die Lehre vom Ermessensgebrauch im Verwaltungsrecht dagegen *Söllner* (Fn. 237), S. 130 ff.

239 BAG, NZA 2003, 483, 486.

240 BAG, NZA 2006, 3303, 3306.

241 BAG, NZA 2004, 728, 732, NJW 2009, 370, 374. Zweifelnd *Hönn*, Zu den „Besonderheiten“ des Arbeitsrechts, ZfA 2003, 325, 337.

242 Unter dieses Verbot fällt freilich nur eine werbende Tätigkeit, nicht deren bloße Vorbereitung; vgl. BAG, NJW 2009, 105, 106.

verlangen, dass er die entgegen dem Verbot gemachten Geschäfte als für Rechnung des Prinzipals getätigt gelten lässt und die mit ihnen erzielte Vergütung herausgibt. Diese Regeln gelten für alle Arbeitsverhältnisse und auch jenseits des Handelsgewerbes, weil das Wettbewerbsverbot der Verpflichtung des Arbeitnehmers zur Überlassung seiner Arbeitskraft inhärent ist und kein Grund für eine Sonderbehandlung des Handlungsgehilfen besteht.[243] Soll das Wettbewerbsverbot über das Ende des Arbeitsvertrags hinausreichen, versteht es sich dagegen nicht mehr von selbst und bedarf einer besonderen Vereinbarung, für die § 110 GewO ausdrücklich auf die Bestimmungen über den Handlungsgehilfen verweist. Dieser unterliegt einem nachvertraglichen Wettbewerbsverbot nach § 74 HGB nur im Fall einer entsprechenden Vereinbarung in Schriftform und ihrer Aushändigung an den Handlungsgehilfen sowie unter der Voraussetzung, dass der Prinzipal eine Karenzentschädigung leistet, die mindestens die Hälfte der vertraglichen Vergütung ausmacht.[244] Auch in diesem Fall kann das Wettbewerbsverbot aber gemäß § 74a HGB nur für zwei Jahre vereinbart werden und in seiner Wirksamkeit noch daran scheitern, dass es nicht zum Schutz der berechtigten Interessen des Prinzipals erforderlich ist oder den Handlungsgehilfen in seinem beruflichen Fortkommen in unbilliger Weise behindert.

bb) Arbeitszeit und Freistellung

Spezielle gesetzliche Grenzen sind dem Weisungsrecht des Arbeitgebers vor allem durch die öffentlich-rechtlichen Bestimmungen über die **Arbeitszeit** gesetzt.[245] **276** Nach § 3 ArbZG besteht eine werktägliche Höchstarbeitsdauer von acht bis zehn Stunden, unterbrochen durch Pausen in der von § 4 ArbZG vorgeschriebenen Länge, und gemäß § 5 ArbZG eine zwischen den täglichen Arbeitszeiten einzuhaltende Mindestruhezeit von elf Stunden. § 6 ArbZG enthält spezielle Schutzvorschriften für Arbeitnehmer in Nacht- und Schichtarbeit, § 9 ArbZG verbietet die Arbeit an Sonn- und gesetzlichen Feiertagen. Die Regelung der Arbeitszeit im Einzelnen unterliegt nach § 87 Abs. 1 Nr. 2 der Mitbestimmung des Betriebsrats. Verstoßen die Parteien eines Arbeitsvertrags gegen die öffentlich-rechtlichen Vorgaben des ArbZG, berührt dies die Pflicht des Arbeitgebers zur Vergütung der geleisteten Arbeit nicht. Verlangt er vom Arbeitnehmer Überstunden, also eine Arbeitsleistung über die vertraglich oder kollektivrechtlich bestimmte Arbeitszeit hinaus, kann er dies nicht schon aufgrund seines Weisungsrechts, sondern nur aufgrund eines entsprechenden Vorbehalts im maßgeblichen Regelungswerk. Ist für Überstunden hierin keine Vergütung vereinbart, folgt sie nach § 612 BGB den für die Entlohnung der regulären Arbeitszeit geltenden Bestimmungen.[246] Auch die Kurzarbeit kann der Arbeitgeber nicht kraft seines Weisungsrechts, sondern nur auf einer kollektivrechtlichen Grundlage oder kraft eines entsprechenden Vorbehalts im Arbeitsvertrag anordnen.[247] Ist seine Entscheidung hiervon gedeckt, gerät er, wenn

243 BAG, NJW 2008, 392, 393.

244 Die Einzelheiten zur Entschädigungspflicht sind in §§ 74b ff. HGB geregelt.

245 Zu der zugrunde liegenden Arbeitszeitrichtlinie (2003/88/EG) vgl. *Riesenhuber*, Europäisches Arbeitsrecht, Rn. 14.1 ff.

246 BAG, NJW 2006, 795, 796.

247 BAG, NZA 2009, 689, 691.

er die vom Arbeitnehmer angebotene Arbeitsleistung nicht annimmt, nicht in Annahmeverzug; und die Arbeitnehmer erhalten statt des Arbeitsentgelts Kurzarbeitergeld nach Maßgabe der §§ 169 ff. SGB III.

277 Im Gegensatz zum Arbeitgeber kann ein Arbeitnehmer, dessen Arbeitsverhältnis schon sechs Monate bestanden hat, eine endgültige Verringerung der Arbeitszeit dadurch erreichen, dass er gemäß § 8 Abs. 1 TzBfG verlangt, in **Teilzeit** beschäftigt zu werden.[248] Dieser Anspruch, der auf eine Änderung des Arbeitsvertrags gerichtet ist,[249] dient, wie § 1 TzBfG ausdrücklich sagt, der Förderung der Teilzeitarbeit und der mit ihr erreichten Vereinbarkeit von Familien- und Berufsleben. Nach § 8 Abs. 7 TzBfG besteht er gegen alle Arbeitgeber, die in der Regel mehr als 15 Arbeitnehmer beschäftigen, und kann von ihnen gemäß Abs. 4 der Vorschrift nur aus betrieblichen Gründen ganz oder zumindest insoweit abgelehnt werden, als die Teilzeitarbeit zu anderen als den vom Arbeitnehmer gewünschten Arbeitszeiten stattfinden soll. Als Beispiele betrieblicher Gründe nennt das Gesetz unverhältnismäßige Kosten sowie die wesentliche Beeinträchtigung der Organisation oder des Arbeitsablaufs im Betrieb. Deren Berücksichtigung setzt freilich voraus, dass der Arbeitgeber überhaupt ein betriebliches Organisationskonzept vorlegt, aus dem sich die von ihm für erforderlich gehaltene Arbeitszeitverteilung ergibt.[250] Hat der Arbeitnehmer seine Teilzeitbeschäftigung erwirkt, kann er nicht ohne Weiteres wieder die Verlängerung seiner Arbeitszeit, sondern gemäß § 9 TzBfG nur seine bevorzugte Berücksichtigung bei der Auswahl zwischen mehreren Bewerbern für Besetzung eines entsprechenden freien Arbeitsplatzes verlangen. Zu einem Anspruch auf Arbeitszeitverlängerung verdichtet sich dieses Recht nur dann, wenn die Einrichtung des Arbeitsplatzes feststeht und es keinen besseren, vielmehr bloß gleich geeignete Bewerber für den Arbeitsplatz gibt.[251] Eine nur zeitweise Verringerung der Arbeitszeit, die automatisch wieder wegfällt, kann ein Arbeitnehmer gemäß § 15 Abs. 6 BEEG während der Elternzeit, also bis zur Vollendung des dritten Lebensjahres seines Kinds verlangen; und der Arbeitgeber kann ihr bloß aus dringenden betrieblichen Gründen widersprechen. Voraussetzung ist auch hier eine vorangehende Dauer des Arbeitsverhältnisses von mehr als sechs Monaten, sowie dass der Arbeitgeber in der Regel mehr als 15 Arbeitnehmer beschäftigt.

278 Eine Pflicht des Arbeitgebers zur vorübergehenden **Freistellung** bei unveränderter Arbeitszeit ergibt sich im Fall von Schwangerschaft und Entbindung aus §§ 3 Abs. 2, 6 Abs. 1 MuSchG, die eine Beschäftigung von Müttern in den letzten sechs Wochen vor und bis zum Ablauf von acht Wochen nach der Entbindung verbieten. Eine weitergehende Freistellung von der Arbeitspflicht können Arbeitnehmerinnen oder Arbeitnehmer durch die Anspruchnahme von Elternzeit erwirken, die § 15 Abs. 2 BEEG bis zur Vollendung des dritten Lebensjahres des Kindes zulässt und die Arbeitspflicht für den vom Arbeitnehmer gewählten Zeitraum entfallen lässt. Arbeitnehmer und arbeitnehmerähnliche Personen, die eine sechsmona-

---

[248] Den einschlägigen Bestimmungen des TzBfG liegt die Teilzeitrichtlinie (1997/81/EG) zugrunde; hierzu *Riesenhuber*, Europäisches Arbeitsrecht, Rn. 16.1 ff.

[249] BAG, NJW 2008, 936, 937.

[250] BAG, NZA 2008, 314, 316.

[251] Vgl. BAG, NZA 2007, 255, 258.

tige Wartezeit ab Beginn des Arbeits- oder Dienstverhältnisses hinter sich gebracht haben, haben nach §§ 1 ff. BUrlG einen Anspruch auf Erholungsurlaub im Umfang von mindestens 24 Werktagen pro Kalenderjahr. Die korrespondierende Freistellung von der Arbeitspflicht, die in ihrer betrieblichen Ausgestaltung durch Urlaubsgrundsätze nach § 87 Abs. 1 Nr. 5 BetrVG der Mitbestimmung unterliegt, ist Gegenstand einer Leistungspflicht des Arbeitgebers,[252] die dieser innerhalb des dafür zur Verfügung stehenden Zeitraums zu erfüllen hat und für die er danach Schadensersatz in Form von Ersatzurlaub zur Naturalrestitution schuldet, wenn er die Unmöglichkeit der Urlaubsgewährung, etwa durch Anordnung von Kurzarbeit,[253] zu vertreten hat. Gemäß § 7 Abs. 3 BUrlG kann der Urlaub grundsätzlich nur im laufenden Kalenderjahr, bei betrieblichen Gründen oder solchen in der Person des Arbeitnehmers ausnahmsweise auch in den ersten drei Monaten des Folgejahres gewährt werden. Ist der Arbeitnehmer während des gesamten Bezugszeitraums krank, bedeutet dies eigentlich eine vom Arbeitgeber nicht zu vertretende Unmöglichkeit der Freistellung, die keinen Ersatzanspruch auslöst. Da der Anspruch auf Jahresurlaub nach Art. 7 der Arbeitszeitrichtlinie (2003/88/EG) aber nicht davon abhängt, dass der Arbeitnehmer während des Bezugszeitraums tatsächlich gearbeitet hat, darf der Urlaubsanspruch freilich erst erlöschen, wenn der Arbeitnehmer tatsächlich die Möglichkeit hatte, den Urlaub in Anspruch zu nehmen.[254] Von der Frist des § 7 Abs. 3 BUrlG sind daher in richtlinienkonformer Reduktion dieser Vorschrift diejenigen Arbeitnehmer auszunehmen, die sie wegen Krankheit versäumt haben.[255]

cc) Schutz der Person und der Persönlichkeit

Die von § 618 Abs. 1 BGB für alle Dienstverhältnisse und in § 62 HGB zugunsten **279**
eines Handlungsgehilfen statuierte Leistungspflicht des Arbeitgebers zum Schutz des Arbeitnehmers vor **Gefahren** für **Leben** und **Gesundheit** werden vor allem durch die öffentlich-rechtlichen Bestimmungen des ArbSchG und weiterer einschlägiger Regelungswerke wie die der ArbStättV konkretisiert. § 5 dieser Verordnung verpflichtet den Arbeitgeber zum Schutz der nicht rauchenden Beschäftigten vor den Gefahren, die von Tabakrauch ausgehen, und macht ihm, soweit dies erforderlich ist, auch die Verhängung eines allgemeinen oder bereichsweise geltenden Rauchverbots zur Aufgabe. Aus der Kombination dieser Bestimmung und der einschlägigen Nichtraucherschutzgesetze der Länder mit § 618 Abs. 1 BGB erwächst dem einzelnen Arbeitnehmer ein Anspruch auf einen tabakrauchfreien Arbeitsplatz.[256] Die Frage, ob sich dieser Anspruch schon allein aus § 618 Abs. 1 BGB ergibt, hat daher an Bedeutung verloren. Das BAG hat sie bislang nicht vorbehaltlos, sondern nur mit der Einschränkung bejaht, dass eine rauchfreie Umgebung für den betroffenen Arbeitnehmer aus gesundheitlichen Gründen geboten ist.[257] Da die Risiken des Passivrauchens mittlerweile manifest sind, kann man hiervon freilich

---

[252] BAG, NZA 2006, 450, 451.
[253] BAG, NZA 2009, 689, 691 f.
[254] EuGH, NJW 2009, 495, 497 f.
[255] BAG, NZA 2009, 538, 544.
[256] BAG, NJW 2009, 2698, 2700.
[257] BAG, NJW 1999, 162, 163.

stets und unabhängig vom Gesundheitszustand des einzelnen Arbeitnehmers ausgehen.

280 Einer Beeinträchtigung der **Persönlichkeit** des Arbeitnehmers wehrt nun in erster Linie das AGG. Es enthält einen eigenen Abschnitt über den Schutz der Beschäftigten, also der Arbeitnehmer und arbeitnehmerähnlichen Personen (§ 6), vor Benachteilungen aus Gründen der Rasse oder wegen der ethnischen Herkunft, des Geschlechts, der Religion oder Weltanschauung, wegen einer Behinderung, des Alters oder der sexuellen Identität.[258] Soweit nicht einer der in §§ 8 bis 10 AGG aufgeführten Rechtfertigungsgründe eingreift, verbietet § 7 Abs. 1 AGG eine solche Benachteiligung, sei sie direkt oder mittelbar im Sinne von § 3 Abs. 2 AGG, also formal neutral, aber praktisch doch auf die Träger eines unzulässigen Differenzierungsmerkmals zugeschnitten[259]. § 7 Abs. 2 erklärt eine diskriminierende Vereinbarung für unwirksam; und § 11 AGG verpflichtet den Arbeitgeber zur benachteiligungsfreien Ausschreibung von Arbeitsplätzen, § 12 AGG zur Vorbeugung und zum Schutz benachteiligter Arbeitnehmer. Im Übrigen sind die Rechtsfolgen einer Diskriminierung in § 15 AGG aufgelistet Er schließt zwar in seinem Abs. 6 unter Abweichung von der allgemeinen Regelung des § 21 Abs. 1 AGG einen Anspruch auf Einstellung und beruflichen Aufstieg aus, ordnet aber in seinem Abs. 2 ohne Rücksicht auf das Verschulden des Arbeitgebers[260] eine Entschädigung wegen eines durch die Diskriminierung erlittenen immateriellen Nachteils an.[261] Diese Entschädigung darf im Fall der Nichteinstellung jedoch drei Monatsgehälter nicht übersteigen, falls der benachteiligte Bewerber auch bei diskriminierungsfreier Entscheidung nicht ausgewählt worden wäre.[262] Hätte er die Stelle erhalten, kann er das hierfür hypothetisch vereinnahmte Entgelt oder die Differenz zu dem tatsächlich bezogenen Lohn verlangen, wie im Fall von § 628 Abs. 2 BGB[263] allerdings nur bis zum Zeitpunkt, in dem eine ordentliche Kündigung des Arbeitgebers wirksam geworden wäre.[264] Dass die Verpflichtung des Arbeitgebers zum Ersatz des materiellen Schadens des benachteiligten Arbeitnehmers nach § 15 Abs. 1 AGG vom Verschulden des Arbeitgebers abhängt, verstößt zwar in der Theorie gegen das Richtlinienrecht.[265] Praktische Relevanz hat dies jedoch deshalb kaum, weil sich der Arbeitgeber, dem eine Diskriminierung zur Last fällt, allenfalls durch einen Rechtsirrtum entschuldigen könnte, der ihn jedoch, von überaus seltenen Ausnahmefällen abgesehen, nicht entlastet[266]. Streitrelevant ist eher die von § 15 Abs. 4 AGG vorge-

[258] Zu den europarechtlichen Diskriminierungsverboten, die dem AGG zugrunde liegen, *Riesenhuber*, Europäisches Arbeitsrecht, Rn. 8.1 ff.

[259] Hierüber entscheidet die Statistik; vgl. BAG, NZA 2007, 860, 862.

[260] BAG, NZA 2009, 945, 950 f.

[261] Dieser muss anders als nach unrichtiger Auffassung zum allgemeinen Schadensrecht (vgl. *Harke*, Allgemeines Schuldrecht, Rn. 332) jedenfalls nicht erheblich sein; vgl. BAG, NZA 2009, 945, 951, NJW 2010, 2970, 2973.

[262] Diese Begrenzung ist mit der europäischen Vorgabe der Gleichstellung der Geschlechter vereinbar; vgl. EuGH, NJW 1997, 1839, 1840 f.

[263] S. o. Rn. 243.

[264] ErfK/*Schlachter* § 15 AGG Rn. 3.

[265] Vgl. EuGH, NJW 1991, 628, 629; 1997, 1839, 1840.

[266] Vgl. *Harke*, Allgemeines Schuldrecht, Rn. 182.

sehene Ausschlussfrist von zwei Monaten, innerhalb derer die Ansprüche auf Schadensersatz oder Entschädigung in Geld schriftlich geltend zu machen sind. Diese Regelung ist freilich mit der Gleichbehandlungsrichtlinie (2000/78/EG) vereinbar, die die Ausgestaltung des Rechtsschutzes wegen einer verbotenen Diskriminierung zumindest insoweit dem nationalen Recht überlässt, als dadurch weder die Effektivität der Richtlinie noch ihre Gleichbehandlung mit nationalem Recht in Frage gestellt ist.[267] Besteht die Benachteiligung in einer Belästigung oder gar einer sexuellen Belästigung nach § 3 Abs. 3 und 4 AGG, hat deren Opfer darüber hinaus nach § 14 AGG das Recht, die Arbeitsleistung zu verweigern, ohne das Arbeitsentgelt einzubüßen. Neben diesen besonderen Rechtsfolgen des AGG, die dem diskriminierten Arbeitnehmer noch einen Vorteil in Gestalt der Beweiserleichterung nach § 22 AGG bieten,[268] besteht ein allgemeiner Schutz vor persönlichkeitsverletzender Diskriminierung nach Deliktsrecht[269] und als Teil der Rücksichtspflicht gemäß § 241 Abs. 2 BGB[270], deren Verletzung zum Schadensersatz verpflichtet und als deren Vorwirkung auch einen Abwehranspruch auslöst, den der Arbeitnehmer dem Anspruch des Arbeitgebers auf die Arbeitsleistung entgegenhalten kann. Dieser allgemeine Persönlichkeitsschutz erfasst auch Belästigungen, die nicht unter § 3 Abs. 3 AGG fallen, weil sie nicht in Zusammenhang mit einem der durch dieses Gesetz verpönten Differenzierungsmerkmale stehen.

b) Schutz bei der Entlohnung

aa) Das Arbeitsentgelt

Dass ein Arbeitsvertrag mit einem anderen Vertragstyp verbunden und der Arbeitgeber statt zu einer Geld- zu einer Sachleistung verpflichtet wird, birgt die Gefahr einer übermäßigen Abhängigkeit des Arbeitnehmers vom Arbeitgeber und stößt deshalb auf Grenzen in § 107 GewO. Dieser schreibt dem Arbeitgeber die Zahlung des Arbeitsentgelts in Euro vor und bindet seine Ersetzung durch Sachbezüge an ein entsprechendes Interesse des Arbeitnehmers oder die Eigenart des Arbeitsverhältnisses. Ferner schließt er die Überlassung von Waren auf Kredit aus und erlaubt ihre Leistung in Anrechnung auf einen schon verdienten Lohn nur in Höhe des Selbstkostenpreises. Zwingende gesetzliche Vorgaben gibt es im Übrigen für Leiharbeitnehmer, die nach §§ 9 Nr. 2, 10 Abs. 4 AÜG grundsätzlich Anspruch auf dasselbe Arbeitsentgelt wie die im Entleiherunternehmen direkt beschäftigten Arbeitnehmer haben, sowie für die Entlohnung eines Arbeitnehmers durch Provision, für die § 65 HGB auf die Vorschriften des Handelsvertreterrechts in §§ 87 ff. HGB verweist. Im Übrigen können sich die Parteien für verschiedene Arten der Entlohnung und deren Ausgestaltung, insbesondere unterschiedliche Mechanismen des Akkordlohns entscheiden. Obwohl der Abschluss des Arbeitsvertrags formfrei ist, hat der Arbeitnehmer nach § 105 S. 2 GewO in Verbindung mit § 2 NachwG einen Anspruch darauf, dass der Arbeitgeber ihm spätestens einen Monat nach Vertragsschluss eine unterzeichnete 281

[267] EuGH, NJW 2010, 2713, 2714 ff.
[268] Vgl. *Harke*, Allgemeines Schuldrecht, Rn. 43.
[269] BAG, NZA 2008, 223, 225.
[270] BAG, NJW 2009, 251, 252.

Niederschrift aushändigt, in der die Vereinbarung über das Arbeitsentgelt und die anderen wesentlichen Arbeitsbedingungen dokumentiert sind.[271] Ein Tarifvertrag stellt häufig auch bei nicht tarifgebundenen Arbeitgebern und Arbeitnehmern die maßgebliche Quelle für die Bestimmung des Arbeitsentgelts dar und kann auch zur Grundlage der Feststellung einer üblichen Vergütung im Sinne von § 612 Abs. 2 BGB werden, wenn der Arbeitgeber gewöhnlich die tarifliche Entlohnung zahlt.[272] Gewährt er eine übertarifliche Zulage, ist dies im Zweifel nicht so zu verstehen, dass er sie auch zusätzlich zu künftigen Tariflohnerhöhungen leisten will; da der Arbeitgeber gewöhnlich nicht absehen kann, inwieweit ihm in Zukunft die Entrichtung der Zulage möglich ist, und der Arbeitnehmer dies auch erkennen kann, spricht im Regelfall mehr dafür, dass die Zulage auf künftige Tariflohnerhöhungen angerechnet wird.[273] Ein entsprechender Vorbehalt begründet eine bei der Inhaltskontrolle vorformulierter Verträge nach § 310 Abs. 4 S. 2 BGB zu berücksichtigende Besonderheit des Arbeitsrechts und kann sich daher ohne Verstoß gegen das Transparenzgebot des § 307 Abs. 1 S. 2 BGB auf den Hinweis beschränken, dass die Zulage anrechenbar ist.[274] Entgegen dem allgemeinen Regime für vorformulierte Geschäftsbedingungen ist auch die Vereinbarung einer kurzen Ausschlussfrist für die außergerichtliche oder gerichtliche Geltendmachung des Entgeltanspruchs möglich und weder vor dem Hintergrund des Klauselverbots in § 309 Nr. 13 BGB noch aufgrund des Benachteiligungsverbots des § 307 BGB zu beanstanden, wenn der dem Arbeitnehmer für die Erhebung seiner Ansprüche zur Verfügung stehende Zeitraum nicht weniger als drei Monate beträgt.[275] Auch hierbei handelt es sich um eine Besonderheit des Arbeitrechts, das in diesem Punkt ein berechtigtes Interesse des Arbeitgebers an einer raschen Klärung der Ansprüche des Arbeitnehmers befriedigt.[276] Soll der Arbeitnehmer zur Wahrung seines Entgeltanspruchs Klage erheben, genügt im Fall einer Kündigung freilich schon die Kündigungsschutzklage; eine Leistungsklage kann von dem regelmäßig rechtsunkundigen Arbeitnehmer nur erwartet werden, wenn dies in der maßgeblichen Klausel klar zum Ausdruck kommt.[277]

bb) Betriebliche Übung und Gleichbehandlung

282 Gewährt ein Arbeitgeber zu persönlichen oder allgemeinen Anlässen wie Dienstjubiläen oder Weihnachten Sonderzahlungen, stellt sich zum einen die Frage, ob er sie allen betroffenen Arbeitnehmern gleichermaßen zukommen lassen muss, zum anderen, ob er sie auch in Zukunft leisten muss oder einfach wieder einstellen kann. Während in dem einen Fall der arbeitsrechtliche Gleichbehandlungsgrundsatz zum Tragen kommt, entscheidet sich im anderen die Bindung des Arbeitgebers an den von der Rechtsprechung entwickelten Grundsätzen über die **betriebliche Übung**. Anders als der Gleichbehandlungsgrundsatz lassen sie sich ohne Weiteres aus der

[271] Zugrunde liegt die Richtlinie 1991/533/EG.
[272] BAG, NJW 1998, 2694, 2695.
[273] BAG, NJW 2009, 49, 51.
[274] BAG, NZA 2006, 746, 749.
[275] BAG, NZA 2008, 293, 294. Zweifelnd *Hönn*, ZfA 2003, 325, 341.
[276] BAG, NZA 2005, 1111, 1113.
[277] BAG, NZA 2008, 757, 759.

allgemeinen Rechtsgeschäfts- und Vertragslehre entwickeln:[278] Dass ein Arbeitgeber, wenn er dreimal vorbehaltlos eine Sonderzahlung gewährt hat, fortan zu ihr verpflichtet ist,[279] ist die schlichte Konsequenz dessen, dass er durch seine Vorgehensweise konkludent ein Angebot zur Änderung des Vertrags abgegeben hat, das die Arbeitnehmer, da es einen Vorteil für sie bedeutet, nach § 151 S. 1 BGB ohne Erklärung annehmen[280]. Dieser Konstruktion liegt die ebenfalls keineswegs spezifisch arbeitsrechtliche Erwägung zugrunde, dass der Empfänger der Sonderzahlung den Eindruck gewonnen hat, diese, wie in der Vergangenheit praktiziert, auch in Zukunft zu bekommen, so dass er auf sie eingestellt und daher in seinem Vertrauen auf den Bestand dieser Praxis schutzwürdig ist.[281] Auch in anderen Konstellationen bildet das Gebot des Vertrauensschutzes die Basis für die Annahme konkludenter Willenserklärungen; und hier wie dort muss ihm nicht erst über den Einwand widersprüchlichen Verhaltens[282] Geltung verschafft werden, der nur Zeichen einer unterentwickelten Rechtsgeschäftslehre ist[283]. Nicht mehr mit der Rechtsgeschäftslehre zu vereinbaren wäre bloß die Aufhebung einer Leistungspflicht durch gegenläufige betriebliche Übung. Das BAG hat einen solchen Anspruchsverlust früher anerkannt,[284] mittlerweile aber eingesehen, dass dem Schweigen des Arbeitnehmers auf eine ihm nachteilige Abweichung von der zum Vertragsinhalt gewordenen betrieblichen Übung nicht derselbe Erklärungswert zukommen kann wie bei ihrer Begründung[285]. Daher kann ein Arbeitgeber, der jahrelang vorbehaltlos Sonderzahlungen geleistet hat, diese nicht dadurch von seinem Leistungsprogramm ausnehmen, dass er sie später unter den Vorbehalt ihrer Freiwilligkeit stellt. Hat er diesen Vorbehalt von Anfang an oder spätestens bis zum dritten Mal gemacht, verhindert er so freilich die Entstehung eines Anspruchs und verstößt mit seiner Erklärung auch nicht gegen das Verbot eines vorformulierten Änderungsvorbehalts gemäß § 308 Nr. 4 BGB, weil die Sonderzahlung ja gerade noch nicht zum Gegenstand seiner Leistungspflicht geworden ist.[286]

---

[278] Anders *Seiter*, Die Betriebsübung, 1966, S. 96 f. und *Hromadka/Maschmann*, Arbeitsrecht, Bd. 1, Rn. 5.189, die die Bindung an eine betriebliche Übung nur als Gewohnheitsrecht anerkannt sehen.

[279] BAG, NJW 2009, 2475, 2476.

[280] BAG, NJW 2008, 2875, 2876; 2009, 316, 317.

[281] BAG, NZA 2009, 310, 311.

[282] Auf diesen wollen *Canaris*, Die Vertrauenshaftung im deutschen Privatrecht, München 1971, S. 386 ff., *Singer*, Vertrauensschutz und Verhältnismäßigkeit als Grundelemente der Arbeitgeberhaftung bei freiwilligen Zuwendungen, in: Heldrich u. a. (Hg.), Festschrift für Canaris, München 2007, Bd. 1, S. 1467, 1472 ff., *Zöllner*, Betriebsübung und Vertrauenshaftung, a. a. O., S. 1519, 1524 ff. und Staudinger/*Richardi* (2005) § 611 Rn. 323 zurückgreifen, die in der Verpflichtung aufgrund betrieblicher Übung ebenso wie *Seiter* (Fn. 278), S. 89 ff. nicht die Folge eines Rechtsgeschäfts, sondern eines Vertrauenstatbestands erkennen (in der Tendenz ähnlich Erman/*Edenfeld* § 611 Rn. 277). Für die Vertragstheorie der Rechtsprechung dagegen zu Recht *Waltermann*, Die betriebliche Übung, RdA 2006, 257 ff.

[283] Vgl. *Harke*, Allgemeines Schuldrecht, Rn. 341 f.

[284] So noch BAG, NJW 2008, 2875, 2877.

[285] BAG, NJW 2009, 2475, 2476, NZA 2010, 283, 285.

[286] BAG, NZA 2009, 310, 311 f., 535, 536. Anders BAG, NZA 2007, 853, 854; hiergegen *Stoffels*, Grundfragen der Inhaltskontrolle von Arbeitsverträgen, ZfA 2009, 787, 870 ff.

283 Nicht mehr mit der allgemeinen Rechtsgeschäfts- und Vertragslehre zu erklären ist die Ableitung einer Leistungspflicht aus dem allgemeinen arbeitsrechtlichen Gleichbehandlungsgrundsatz. Dieser besteht neben den **Diskriminierungsverboten**, die sich aus speziellen Bestimmungen wie denen des AGG oder dem allgemeinen Schuldvertrags- und Deliktsrecht ergeben. Nimmt der Arbeitgeber einzelne Arbeitnehmer oder eine Gruppe von einer Leistung aus, kann hierin ein haftungsbewehrter Eingriff in das Persönlichkeitsrecht der Betroffenen liegen. Der Inhalt des so begründeten Schadensersatzanspruchs entspricht der vorenthaltenen Leistung, so dass es auf die Frage, ob es auch einen zumindest im arbeitsrechtlichen Teil des AGG nicht vorgesehenen Abwehranspruch des einzelnen Arbeitnehmers gibt,[287] nur im kaum denkbaren Fall einer unverschuldeten Diskriminierung ankäme. Bedeutet die Vorenthaltung einer Leistung keine nach dem AGG verbotene Diskriminierung und liegt auch keine Persönlichkeitsrechtsverletzung aus einem anderen Grund vor, kann sich eine Verpflichtung des Arbeitgebers noch aus einem besonderen Diskriminierungsverbot ergeben: Nach § 612a BGB ist es dem Arbeitgeber untersagt, einen Arbeitnehmer deshalb zu benachteiligen, weil dieser in zulässiger Weise seine Rechte ausübt. Für die Geltendmachung der Rechte aus dem TzBfG schreibt dies speziell dessen § 5 vor, während § 4 eine Ungleichbehandlung von teilzeit- oder befristet beschäftigten Arbeitnehmern verbietet und ihre Entlohnung und Beteiligung an anderen geldwerten Leistungen in dem Verhältnis anordnet, indem ihre Arbeitszeit oder -dauer zu der vollzeit- oder unbefristet beschäftigter Arbeitnehmer steht. – Sind weder die besonderen Diskriminierungsverbote noch die allgemeine Haftung wegen Persönlichkeitsrechtsverletzung einschlägig, kann sich der Anspruch eines benachteiligten Arbeitnehmers immer noch aus dem in der Rechtsprechung herausgebildeten **Gleichbehandlungsgrundsatz** ergeben. Er verbietet dem Arbeitgeber, der nicht nur planlos an einzelne Arbeitnehmer,[288] sondern aufgrund einer abstrakten Regelung eine Leistung erbringt, hiervon einzelne Arbeitnehmer ohne einen Grund auszunehmen, der in dem Zweck der Leistung wurzelt.[289] Dasselbe gilt für die Benachteiligung einer ganzen Gruppe von Arbeitnehmern aufgrund deren sachfremder Abgrenzung oder Einordnung.[290] Rechtsfolge eines Verstoßes gegen dieses Verbot, das sich in erster Linie auf freiwillige Sonderzahlungen im laufenden Arbeitsverhältnis bezieht, aber auch Abfindungen aus Anlass seiner Beendigung erfasst,[291] ist nicht nur ein Schadensersatzrecht, sondern ein Anspruch der zurückgesetzten Arbeitnehmer auf Leistung der ihnen vorenthaltenen Leistung.[292] Die Ableitung des zunächst mit der nationalsozialistischen Vorstellung von konkreten Ordnungen gerechtfertigten Grundsatzes gelingt heute nur, wenn man über das einzelne Arbeitsverhältnis hinausgeht und die Einbindung des Arbeitneh-

---

[287] Hierfür ist offenbar das BAG, NZA 2008, 532, 536, das dem Arbeitnehmer unmittelbar einen Anspruch auf die Leistungen zugestehen will, die diesem unter Verstoß gegen das Gebot der Entgeltgleichheit vorenthalten werden.

[288] BAG, NJW 2010, 1100, 1103.

[289] BAG, NJW 2007, 3801, 3802, NZA 2009, 535, 537.

[290] BAG, NZA 2008, 888, 889, NJW 2010, 1100, 1102.

[291] BAG, NZA 2009, 547, 551.

[292] BAG, NJW 2007, 3801, 3802, NZA 2009, 547, 551.

mers in den vom Arbeitgeber geführten Betrieb in Rechnung stellt.[293] Zwar genügt dies, für sich genommen, noch nicht, um ein Gemeinschaftsverhältnis mit besonderen Pflichten für den Arbeitgeber[294] anzunehmen, oder ihm als Machtträger eine Verteilungsbefugnis zuzuschreiben, die zur Leistung an seine Untergebenen nach dem Gebot austeilender Gerechtigkeit verpflichtet[295]. Den auf Gleichbehandlung der Arbeitnehmer zielenden Vorschriften über Tarifautonomie und Mitbestimmung lässt sich jedoch der Rechtsgedanke entnehmen, dass der Arbeitgeber auch im einzelnen Arbeitsverhältnis auf die Belange der Arbeitnehmerschaft als Ganzes Rücksicht nehmen muss und sie nicht dadurch beeinträchtigenden darf, dass er trotz regelhaften Vorgehens einzelne Arbeitnehmer ohne sachlichen Grund benachteiligt.[296]

cc) Entgeltfortzahlung und Arbeitskampfrisiko

Die Lohnfortzahlung im Krankheitsfall, für die schon die allgemeine Bestimmung **284**
des § 616 BGB sorgt, unterliegt bei Arbeitsverhältnissen einer speziellen Regelung im EFZG, mit der sie wie eine regelrechte **Versicherungsleistung** des Arbeitgebers an den Arbeitnehmer[297] ausgestaltet wird.[298] Das EFZG macht feste Zeitvorgaben und legt Pflichten des erkrankten Arbeitnehmers sowie den Übergang des Ersatzanspruchs gegen einen etwaigen Schädiger fest: Nach §§ 3, 9 EFZG besteht der Anspruch auf Fortzahlung des Arbeitsentgelts für einen Arbeitnehmer, dessen Arbeitsverhältnis schon vier Wochen ununterbrochen bestanden hat, für die Dauer der Arbeitsunfähigkeit von bis zu sechs Wochen wegen einer nicht schuldhaft herbeigeführten[299] Krankheit, eines nicht rechtswidrigen oder straflosen Schwangerschaftsabbruchs oder einer durch Sozialversicherungsträger oder Arzt bewilligten Maßnahme der medizinischen Vorsorge oder Rehabilitation. Bei einer erneuten Ar-

---

[293] Hiervon ist man auch dann nicht entbunden, wenn man dem Gleichbehandlungsgrundsatz mit MünchKomm/*Müller-Glöge* § 611 BGB Rn. 1122 und ErfK/*Preis* § 611 BGB Rn. 574 den Charakter von Gewohnheitsrecht zuschreibt.

[294] So *G. Hueck* (Fn. 5), S. 233 ff. und *Wiedemann* (Fn. 5), S. 101, die die Arbeitnehmer in einer Betriebsgemeinschaft verbunden sehen.

[295] So *Canaris*, Die Bedeutung der *iustitia distributiva* im deutschen Vertragsrecht, München 1997, S. 37, *Zöllner/Loritz/Hergenröder*, Arbeitsrecht, S. 193, *Hromadka/Maschmann*, Arbeitsrecht, Bd. 1, Rn. 7.103.

[296] Ähnlich Staudinger/*Richardi* (2005) § 611 Rn. 344, der von dem in der Betriebsverfassung rechtlich anerkannten Gemeinschaftsbezug der Arbeitsverhältnisse ausgeht (vgl. auch *dens.*, Janusköpfigkeit der Pflicht zur Gleichbehandlung im Arbeitsrecht, ZfA 2008, 34). Bei den Phänomenen der Tarifautonomie und der Mitbestimmung setzt ferner *G. Hueck* (Fn. 5), S. 232 f. an, um seine Theorie von der Betriebsgemeinschaft zu entwickeln (hierzu s. o. Rn. 217).

[297] Insoweit richtig *Koller*, Die Risikozurechnung bei Vertragsstörungen in Austauschverträgen, München 1979, S. 400 f.

[298] Der Versicherungscharakter der Entgeltfortzahlung kommt auch in der Verschränkung mit der Krankenversicherung zum Ausdruck, deren Träger nach dem Gesetz über den Ausgleich der Arbeitgeberaufwendungen für Entgeltfortzahlung kleineren Arbeitgebern, die in der Regel nicht mehr als 30 Arbeitnehmer beschäftigen, zur Erstattung von 80 % der durch die Entgeltfortzahlung entstandenen Kosten verpflichtet sind.

[299] S. o. Rn. 235.

beitsunfähigkeit aufgrund derselben Erkrankung hat der Arbeitnehmer Anspruch auf erneute Entgeltfortzahlung, wenn er zuvor aus dem gleichen Grund mindestens sechs Monate nicht arbeitsunfähig war oder der Beginn der ersten Arbeitsunfähigkeit wegen derselben Krankheit schon zwölf Monate zurückliegt. So wird das dem Arbeitgeber aufgebürdete Versicherungsrisiko pro Krankheitsfall begrenzt. Endet das Arbeitsverhältnis während der Zeit der Arbeitsunfähigkeit, besteht der Anspruch auf Entgeltzahlung wegen seines Versicherungscharakters darüber hinaus gemäß § 8 Abs. 1 EFZG fort, wenn der Arbeitgeber gerade aus Anlass der Arbeitsunfähigkeit oder der Arbeitnehmer fristlos aus wichtigem, vom Arbeitgeber zu vertretenden Grund kündigt.

285 Das während der Zeit der Arbeitsunfähigkeit zu zahlende **Entgelt** entspricht gemäß § 4 EFZG vorbehaltlich einer abweichenden Regelung im Tarifvertrag demjenigen, das der Arbeitnehmer bei regelmäßiger Arbeitszeit, also unter Ausschluss von Überstunden, bezogen hätte. Im Fall der Kurzarbeit richtet es sich nach der verkürzten Arbeitszeit, bei ergebnisabhängiger Entlohnung nach dem Durchschnittverdienst, den der Arbeitnehmer in der Vergangenheit erzielt hat und daher mutmaßlich auch während der Zeit seiner Arbeitsunfähigkeit erreicht hätte. Der Arbeitgeber hat nach § 7 EFZG ein **Leistungsverweigerungsrecht**, wenn der Arbeitnehmer entgegen § 5 Abs. 1 S. 2 EFZG bei einer länger als drei Kalendertage dauernden Krankheit nicht am darauffolgenden Tag eine ärztliche Bescheinigung über die Arbeitsunfähigkeit und ihre voraussichtliche Dauer vorlegt und dies auch zu vertreten hat. Daneben kann der Arbeitgeber nach allgemeinen Regeln einen Anspruch auf Schadensersatz geltend machen, wenn der Arbeitnehmer gegen die Vorlagepflicht oder schon gegen die aus § 5 Abs. 1 S. 1 EFZG folgende Pflicht zur unverzüglichen Anzeige der Arbeitsunfähigkeit verstößt.

286 Beruht die Arbeitsunfähigkeit auf der Schädigung durch einen Dritten, geht dessen Haftung für einen vom Arbeitnehmer erlittenen Dienstausfall nicht etwa wegen der Pflicht des Arbeitgebers zur Entgeltfortzahlung unter, sondern auf diesen nach § 6 Abs. 1 EFZG über. Der Ausfall der Verpflichtung des Schädigers würde sowohl dem Zweck seiner Schadensersatzpflicht als auch dem der Entgeltfortzahlung zuwiderlaufen, die wie eine vom Arbeitnehmer durch Leistung einer Versicherungsprämie erkaufte Versicherung nicht dem Schutz des Schädigers dient.[300] Die **gesetzliche Überleitung** der Haftung auf den Arbeitnehmer entspricht daher dem Forderungsübergang auf einen Schadensversicherer gemäß § 86 VVG[301]. Nach dem Vorbild dieser Regelung ist der Forderungsübergang auch im Fall der Entgeltfortzahlung ausgeschlossen, wenn der Schädiger mit dem Arbeitnehmer in häuslicher Gemeinschaft lebt.[302]

287 Einen Anspruch auf Entgeltfortzahlung haben auch werdende und gewordene **Mütter** nach §§ 11 ff. MuSchG, soweit sie nicht beschäftigt werden dürfen oder ihre Vergütung das während der Schutzfristen bezogene Mutterschaftsgeld übersteigt, nicht dagegen Eltern in Elternzeit, die eine Freistellung ohne Lohnbezug be-

---

[300] Vgl. *Harke*, Allgemeines Schuldrecht, Rn. 310.

[301] S. o. Rn. 196 f.

[302] MünchKomm/*Müller-Glöge* § 6 EFZG Rn. 4 f., ErfK/*Dörner* § 6 EFZG Rn. 7; vgl. auch zur alten Rechtslage BGH, NJW 1976, 1208 f.

deutet. Die Verpflichtung des Arbeitgebers zur Fortzahlung des Entgelts an gesetzlichen Feiertragen ist in § 2 EFZG statuiert[303], die Pflicht zur Zahlung eines **Urlaubsentgelts** mit dem Urlaubsanspruch nach § 1 BUrlG verknüpft.[304] Während sich die Entgeltfortzahlung an Feiertragen am tatsächlich entgangenen Lohn orientiert, ist für Mutterschaft und Urlaub nach §§ 11 Abs. 1, 14 Abs. 1 MuSchG, 11 Abs. 1 BUrlG der Durchschnittsverdienst der letzten 13 Wochen oder drei Monate maßgeblich.

Ist die Grundregel für die Lohnfortzahlung in § 616 BGB durch spezielle Gesetze für den Arbeitsvertrag konkretisiert und ausgeweitet, erfährt die in § 615 BGB vorgesehene Zuweisung des **Lohnrisikos** an den Dienstberechtigten gerade beim Arbeitsvertrag eine nicht unerhebliche Ausnahme zu Lasten des Arbeitnehmers. Ihre Wurzel liegt in der Tarifautonomie und dem hieraus folgenden Streikrecht der Arbeitnehmer. Es würde die Arbeitgeber übermäßig belasten, wenn sie trotz einer Störung ihres Betriebs noch das Arbeitsentgelt an alle nicht streikenden Arbeitnehmer entrichten müssten. Sind diese in dem bestreikten Betrieb selbst beschäftigt, lässt sich der Untergang ihres Entgeltanspruchs für die Zeit, in dem sie wegen des Arbeitskampfes nicht eingesetzt werden können, noch scheinbar einfach damit erklären, dass ihnen das Tarifergebnis ja in aller Regel, und zwar auch dann, wenn sie nicht tarifgebunden sind, zugute kommt.[305] Geht es dagegen um Arbeitnehmer, die in einem Betrieb beschäftigt sind, der infolge des Streiks in einem anderen Unternehmen stillsteht, lässt sich die Zuweisung des Arbeitskampfrisikos aus ihrem eigenen Interesse heraus bestenfalls mit der Unterstellung rechtfertigen, alle Arbeitnehmer seien durch ein Band der Solidarität miteinander verbunden.[306] Ist eine solche Vorstellung auch eine reine Fiktion[307] und kein geeignetes Zurechnungsprinzip[308], enthält sie doch den richtigen Kern, dass dem einzelnen Arbeitnehmer wegen des Schutzes seiner Interessen durch die Tarifautonomie zugemutet wird, auch das mit ihr verbundene Lohnrisiko zu tragen. Dass es ihm in Abweichung von der allgemei- 288

[303] Zur Prävention gegen Bummelei ist es unter den Vorbehalt gestellt, dass der Arbeitnehmer nicht am letzten Tag vor und am ersten Tag nach dem Feiertag unentschuldigt der Arbeit fernbleibt; vgl. MünchKomm/*Müller-Glöge* § 2 EFZG Rn. 34.

[304] Ob Urlaub und Urlaubsentgelt Gegenstände eines einheitlichen Anspruchs sind, wie der EuGH, NJW 2009, 495, 499 meint und auch in der deutschen Lehre vertreten wird (vgl. etwa *Zöllner/Loritz/Hergenröder*, Arbeitsrecht, S. 188), oder ob sie sich entsprechend der Ansicht des BAG, NZA 2001, 268, 269 auf zwei verschiedene Ansprüche des Arbeitnehmers gegen den Arbeitgeber verteilen, ist praktisch irrelevant, wenn man dem Arbeitnehmer die Befugnis zugesteht, über die Urlaubsentgeltforderung isoliert und damit ebenso wie über den Anspruch auf das Arbeitsentgelt zu verfügen.

[305] Dass hierin kein tragfähiger Ansatz für die Risikozuweisung liegt, macht zu Recht Staudinger/*Richardi* (2005) § 615 Rn. 205 geltend.

[306] Anders MünchKomm/*Henssler* § 615 BGB Rn. 118, der für die Suspendierung der Pflicht zur Entgeltzahlung auf § 146 Abs. 3 SGB III zurückgreifen will, der das Ruhen des Anspruchs auf Arbeitslosengeld für den Fall anordnet, dass der Arbeitnehmer von einem Arbeitskampf in einem anderen Betrieb profitieren könnte. Diese Vorschrift gibt jedoch für die arbeitsrechtliche Beurteilung des Arbeitskampfes nichts aus; vgl. Erman/*Belling* § 615 Rn. 71.

[307] Richtig BAG, NJW 1981, 937, 938.

[308] Staudinger/*Richardi* (2005) § 615 Rn. 203.

nen Regelung des Dienstvertrags aufgebürdet wird, folgt unmittelbar aus dem Gebot der Kampfparität, ohne das die Tarifautonomie nicht zu verwirklichen ist.[309] Dementsprechend führt eine arbeitskampfbediente Betriebsstörung unabhängig davon, ob sie unmittelbar durch einen Streik im Betrieb selbst oder als Fernwirkung in einem anderen Betrieb verursacht worden ist, immer dann zum Verlust des Lohanspruchs, wenn die Verpflichtung des Arbeitgebers zur Fortzahlung des Entgelts von Einfluss auf den Ausgang des Arbeitskampfs wäre.[310] Und obwohl es für den Arbeitgeber schwierig ist, sich gegen einen rechtswidrigen Streik zu wehren, wird ihm das Lohnrisiko nur im Fall eines rechtmäßigen Arbeitskampfs abgenommen; denn ein rechtswidriger Streik liegt jenseits des Schutzbereichs der Tarifautonomie und rechtfertigt daher keine Ausnahme von der schon aus dem Charakter des Dienstvertrags folgenden Zuweisung des Lohnrisikos an den Dienstberechtigten.[311]

c) Schutz vor Haftung

289 Unterläge ein Arbeitnehmer dem allgemeinen Haftungsregime, liefe er leicht Gefahr, sich zu überschulden, weil ein Schaden, den er dem Arbeitgeber oder einem Dritten durch unachtsames Arbeitsverhalten zufügen kann, seinen Lohn nicht selten bei Weitem übertrifft. Zwar ist ein Missverhältnis von Entgelt und Haftungsrisiko im Allgemeinen noch kein Grund, ohne entsprechende Vereinbarung eine Haftungsbeschränkung anzunehmen. Beim Arbeitsverhältnis kommen jedoch zwei Faktoren hinzu, die eine Begrenzung der Arbeitnehmerhaftung rechtfertigen: einerseits die Eigenheit eines jeden Dienstvertrags, dass der Dienstverpflichtete bei seiner Tätigkeit fremdbestimmt und den Weisungen des Dienstberechtigten unterworfen ist, andererseits die Besonderheit des Arbeitsvertrags, dass er für den Arbeitnehmer typischerweise die materielle Basis seiner Existenz schafft. Dass der Dienstverpflichtete nur verlängerter Arm des Dienstberechtigten ist, liefert die Grundlage für die Zuweisung des Risikos von Schäden, die der Dienstverpflichtete bei seiner Tätigkeit aus einfacher Fahrlässigkeit verursacht. Denn mit ihr führt er nur aus, was der Dienstberechtigte ihm aufgibt; und eigenständig macht er sich erst, wenn er den Schaden vorsätzlich herbeiführt oder vorsatzähnlich verfährt, indem er den von ihm zu erwartenden Minimalstandard an Sorgfalt nicht einhält und sich grob fahrlässig verhält. Die **Fremdbestimmung** der Tätigkeit des Dienstberechtigten genügt freilich noch nicht, um eine automatische Haftungsbeschränkung zu seinen Gunsten zu rechtfertigen, zumal gerade unter den freien Dienstverträgen, insbesondere mit Freiberuflern, diejenigen überwiegen, bei denen der Dienstverpflichtete nach Sinn und Zweck des Vertrags zu äußerster Sorgfalt verpflichtet und hierfür haftbar sein soll. Zumutbar ist dem Dienstberechtigten die Begrenzung der Haftung

---

309 BAG, NJW 1981, 937, 939.

310 BAG, NJW 1981, 937, 939 f.; 1999, 2389, 2390. Anders Staudinger/*Richardi* (2005) § 615 Rn. 245, der statt der Paritätsrelevanz entscheiden lassen will, ob die Einwirkung auf das vom Arbeitgeber zu stellende Leistungssubstrat rechtlich institutionalisiert ist. Für eine Differenzierung danach, ob der Arbeitskampf *causa proxima* des Arbeitsausfalls ist, tritt *Ehmann*, Betriebsrisikolehre und Kurzarbeit, Berlin 1979, S. 138 ff. ein

311 Anders *Zöllner/Loritz/Hergenröder*, Arbeitsrecht, S. 227 f., die dem Arbeitnehmer das Risiko aller von der Arbeitnehmerseite verursachter Störungen aufbürden wollen. Ebenso MünchKomm/*Henssler* § 615 BGB Rn. 111.

seines Vertragspartners nur beim Arbeitsvertrag, bei dem seine Weisungsbefugnis zu einem persönlichen Herrschaftsrecht gesteigert ist und für den Arbeitnehmer typischerweise seine materielle **Existenzgrundlage** auf dem Spiel steht.[312] Hier wirkt sich die Fremdbestimmtheit der Tätigkeit des Dienstverpflichteten so aus, dass der Arbeitgeber als Teil des Entgelts neben der Lohnfortzahlung eine weitere Versicherungsleistung schuldet[313] und ihn das Risiko von Schäden trifft, die nicht durch ein vorsätzliches oder grob fahrlässiges und damit dienstfremdes Fehlverhalten des Arbeitnehmers entstanden sind.[314]

Kommt das BAG zu demselben Ergebnis über die analoge Anwendung von **290** § 254 BGB, indem es dem Arbeitgeber wegen der Eingliederung des Arbeitnehmers in den von ihm organisierten Arbeitsprozess das Betriebsrisiko zurechnet,[315] so ist daran richtig, dass die Eingliederung des Arbeitnehmers in die Arbeitsorganisation des Arbeitgebers den Ausschlag für die Haftungsbeschränkung gibt.[316] Und auch der Begriff des Betriebsrisikos ist nicht zu beanstanden,[317] sofern man ihn nur von dem gleichnamigen Ausdruck trennt, mit dem die Zuweisung des Lohnrisikos bei betriebsbedingten Arbeitsstörungen bezeichnet wird[318]. Unpassend ist dagegen die Anknüpfung an § 254 BGB[319] und der vom BAG ebenfalls angestrengte Verweis auf die **Gefährdungstatbestände**. Zum einen könnte eine Analogie zu § 254 BGB allenfalls die Begrenzung der Schadensersatzpflicht gegenüber dem Arbeitgeber selbst tragen, nicht auch dessen Verpflichtung zur Freistellung des Arbeitnehmers von der Haftung gegenüber einem Dritten. Zum anderen können Auslöser der Gefährdungshaftung nur gefährliche Sachen sein, nicht jedoch der Betrieb als solcher, der aber gerade der Anknüpfungspunkt der Haftungsbegrenzung sein soll.[320] Sähe

[312] Diesen Aspekt des Arbeitsvertrags meint das BAG, wenn es auf die Grundrechte der Berufs- und der allgemeinen Handlungsfreiheit verweist; BAG(GS), NJW 1995, 210, 212 f.

[313] Insoweit richtig *Koller* (Fn. 297), S. 400 f.

[314] Dagegen kann es entgegen *Koller* (Fn. 297), S. 403 keine Rolle spielen, dass der Arbeitnehmer Entgelt üblicherweise in einer Höhe bezieht, die seine Arbeitsleistung, nicht aber die damit verbundenen Risiken abdeckt. Die Haftungsordnung beim Arbeitsverhältnis muss sich aus dessen Struktur, nicht aus der Marktlage ergeben (in der sich die Struktur des Arbeitsverhältnisses freilich insofern widerspiegelt, als Arbeitskraft für fremdbestimmte Tätigkeit typischerweise leicht ersetzbar ist).

[315] BAG (GS), NJW 1995, 210, 212; BAG, NJW 2003, 377, 379.

[316] Für *Hammen*, Die Gattungshandlungsschulden, Frankfurt a. M. 1995, S. 324 ff. folgt sie dagegen daraus, dass der Dienstberechtigte bei Erfüllung der von ihm übernommenen Gattungshandlungsschuld gemäß § 243 Abs. 1 BGB nur eine Leistung mittlerer Art und Güte zu erbringen hat.

[317] Anders *Zöllner/Loritz/Hergenröder*, Arbeitsrecht, S. 238.

[318] S. o. Rn. 231.

[319] Dies meint auch der Gesetzgeber der Schuldrechtsmodernisierung, der die Haftungserleichterung eher in § 276 BGB verorten möchte; vgl. die Begründung des Regierungsentwurfs zur Schuldrechtsreform, BT-Drucks. 14/6857, S. 48.

[320] Rechtfertigen ließe sich mit dem Gedanken der Gefährdungshaftung daher bestenfalls die Haftungsbeschränkung bei gefahrgeneigter Arbeit; vgl. *Otto/Schwarze*, Die Haftung des Arbeitnehmers, 3. Auflage, Karlsruhe 1998, Rn. 34 f. Diese hat das BAG jedoch gerade zugunsten einer allgemeinen Haftungsbegrenzung bei betriebsbedingter Tätigkeit aufgegeben; vgl. BAG (GS), NJW 1995, 210, 211 ff.

man in dem Betrieb einen gefährlichen Gegenstand, müsste sich der Arbeitgeber dies zudem nicht nur bei der Schädigung durch Arbeitnehmer, sondern auch bei der Schädigung durch beliebige Dritte zurechnen lassen, sofern sie nur mit dem Betrieb in Kontakt geraten. Statt von der Gefährdungshaftung[321] muss man zur Herleitung des Haftungsprivilegs für Arbeitnehmer von dem Arbeitsverhältnis selbst ausgehen. Dabei genügt es freilich nicht, wenn man allein die Fremdnützigkeit der Arbeitsleistung in Betracht zieht.[322] Sie rechtfertigt nur, dem Arbeitnehmer gemäß §§ 670, 675 BGB einen Anspruch auf Ersatz der Schäden zu geben, die er in Ausführung der Arbeit selbst erlitten hat und die nicht schon von seiner Vergütung abgedeckt sind.[323] Folgerte man aus der Fremdnützigkeit der Arbeitsleistung auf die Pflicht des Arbeitgebers zur Freistellung des Arbeitnehmers von einer Haftung für gewöhnliche Fahrlässigkeit, müsste man dieses Privileg allen Dienstverpflichteten zugute kommen lassen, weil sie ja ebenfalls im fremden Interesse tätig werden. Der Grund, aus dem sich das spezielle Haftungsregime für Arbeitnehmer ergibt, ist nicht der Fremdnutzen, sondern die Fremdbestimmung[324] ihrer Tätigkeit.[325] Anders als bei freien Dienstverträgen ist das Weisungsrecht des Arbeitgebers nicht nur fachlicher Natur, sondern erfasst zudem die Ausgestaltung der Arbeit und gibt den Ausschlag dafür, dass er auch Schäden zu übernehmen hat, die der Arbeitnehmer in gewöhnlicher Fahrlässigkeit verursacht hat.[326] Da sich dies aus dem Charakter des Arbeitsvertrags ergibt, lässt es sich zumindest nicht durch vorformulierte Geschäftsbedingung ändern.[327]

291 Unabdingbare Voraussetzung der Begrenzung seiner Schadensersatzpflicht ist, dass der Arbeitnehmer zu der haftungsbegründenden Tätigkeit durch den Betrieb veranlasst worden ist oder dass er sie aufgrund des Arbeitsverhältnisses geleistet hat.[328] Ebenso wenig wie bei der einfachen Nichtleistung lässt sich dies bei einer Schlechtleistung behaupten, so dass die Haftungsbeschränkung nicht die Verpflichtung zum Ersatz des im Arbeitsausfall liegenden Schadens, sondern nur für die

---

[321] Bei ihr stößt man, wie *Annuß*, Die Haftung des Arbeitnehmers, Heidelberg 1997, S. 117 ff. zu Recht geltend macht, auch auf das Problem, dass sie dem für die Gefährdungshaftung geltenden Enumerationsprinzip zuwiderliefe.

[322] So aber *Canaris*, Risikohaftung bei schadensgeneigter Tätigkeit in fremdem Interesse, RdA 1966, 41, 45 ff., *Zöllner/Loritz/Hergenröder*, Arbeitsrecht, S. 235 und Staudinger/*Richardi* (2005) § 611 Rn. 600. Dagegen zu Recht *Genius*, Risikohaftung des Geschäftsherrn, AcP 173 (1973) 481, 523 ff.

[323] BAG, NZA 1995, 836. Gegen die Herleitung dieses Ersatzanspruchs aus der Fürsorgepflicht *Otto/Schwarze* (Fn. 320), Rn. 622.

[324] Oder umgekehrt gesehen: das unternehmerische Risiko, das der Arbeitgeber trägt; vgl. *Annuß* (Fn. 321), S. 113.

[325] Richtig *Otto/Schwarze* (Fn. 320), Rn. 38 f.

[326] Hier liegt der richtige Kern der älteren Lehre von der Fürsorgepflicht des Arbeitgebers, die als Grundlage der Haftungsbegrenzung freilich zu unspezifisch war. Dass sie nicht völlig unberechtigt war, glauben auch *Zöllner/Loritz/Hergenröder*, Arbeitsrecht, S. 238.

[327] Dass die Grundsätze über die Arbeitnehmerhaftung auch nicht durch Individualvereinbarung modifiziert werden können, also halbzwingend sind, nimmt BAG, NJW 2004, 2469, 2470 an.

[328] BAG (GS), NJW 1995, 210, 213, BAG, NJW 2003, 377, 378.

Kompensation von Schäden an anderen Rechtsgütern und Interessen des Arbeitgebers gilt.[329] Die **Reichweite** des **Haftungsprivilegs** wird zunächst durch den Verschuldensgrad bestimmt: Sicher ist, dass der Arbeitnehmer bei leichtester Fahrlässigkeit vollständig[330] und bei Vorsatz in keiner Weise zu entlasten ist, wobei sich der Vorsatz, damit hierunter nicht jede bewusste Entscheidung gegen eine Sorgfaltspflicht fällt, auf den Schaden und nicht lediglich auf die zugrunde liegende Pflichtverletzung beziehen muss[331]. Dem Vorsatz gleichzustellen ist die grobe Fahrlässigkeit, deren Merkmal die Ähnlichkeit zum Vorsatz ist.[332] Bezieht man auch hier den Verschuldensvorwurf statt auf die Pflichtverletzung auf den Schaden, gibt es keinen Grund, den Arbeitnehmer von seiner Haftung zu entlasten; und es bedarf entgegen der Ansicht des BAG auch keiner Abwägung.[333] Angebracht ist diese allein in den Fällen gewöhnlicher Fahrlässigkeit,[334] also dem Bereich zwischen der leichtesten und der groben Fahrlässigkeit; und auch hier können nicht alle vom BAG für relevant gehaltenen Kriterien[335] eine eigenständige Rolle spielen:[336] So darf es auf die persönlichen Verhältnisse des Arbeitnehmers, seine familiäre Situation, sein Lebensalter und die Dauer seiner Betriebszugehörigkeit nicht neben seinem Verschulden, sondern allenfalls im Rahmen der Beurteilung ankommen, wie schwer dieses Verschulden wiegt. Auch die Frage, ob und wie gefahrgeneigt die haftungsauslösende Tätigkeit ist, stellt kein eigenständiges Abwägungsmerkmal, sondern nur ein Element der Verschuldensprüfung sowie der Einschätzung des zweiten relevanten Kriteriums dar, inwieweit man vom Arbeitgeber wegen der Eigenart der Tätigkeit einen Haftungsverzicht erwarten kann. Hierüber entscheiden die Wahrscheinlichkeit von Eintritt und Umfang eines möglichen Schadens sowie dessen Versicherbarkeit und das vom Arbeitnehmer für seine Tätigkeit bezogene Entgelt.[337] Je geringer es ausfällt und deshalb im Missverhältnis zum Haftungsrisiko steht, desto eher muss sich der Arbeitgeber darauf einrichten, den Schaden selbst zu tragen oder zu versichern. Die Beweislast für das Maß des Verschuldens trägt der Arbeitgeber, dem nach § 619a BGB in Abweichung von § 280 Abs. 1 S. 2 BGB auch der Nachweis des Verschuldens als Haftungsgrund auferlegt ist. In dem Um-

---

[329] Richtig *Richardi*, Leistungsstörung und Haftung im Arbeitsverhältnis nach dem Schuldrechtsmodernisierungsgesetz, NZA 2002, 1004, 1011. Anders MünchKomm/*Henssler* § 619a BGB Rn. 29.

[330] Anders *Zöllner/Loritz/Hergenröder*, Arbeitsrecht, S. 238, die auch unter diesen Umständen dem Arbeitnehmer nur eine Begrenzung seines Haftungsumfangs zugestehen wollen.

[331] BAG, 2008, 223, 228.

[332] Für eine reine Vorsatzhaftung in Analogie zur Enthaftung des Arbeitgebers durch die gesetzliche Unfallversicherung dagegen *Kohte*, Arbeitnehmerhaftung und Arbeitgeberrisiko, Königstein 1981, S. 320 ff.; hiergegen *Otto/Schwarze* (Fn. 320), Rn. 172.

[333] So aber BAG, NJW 2003, 377, 379.

[334] Für ihre Ausnahme von der Arbeitnehmerhaftung in Anlehnung an das Beamtenrecht und zur Vermeidung von Rechtsunsicherheit *Otto/Schwarze* (Fn. 320), Rn. 192 ff.

[335] Vgl. BAG (GS), NJW 1995, 210, 213, BAG, NJW 2003, 377, 379.

[336] Insoweit richtig *Canaris*, RdA 1966, 41, 47.

[337] Zum Anknüpfungspunkt für eine summenmäßige Haftungsbegrenzung, etwa auf das Ein- bis Dreifache des Monatsverdienstes, wollen dies *Otto/Schwarze* (Fn. 320), Rn. 189 machen.

fang, in dem der Arbeitnehmer so von der Haftung gegenüber dem Arbeitgeber befreit ist, wird er selbst, wenn er nach § 670 BGB einen Anspruch auf Ersatz der von ihm erlittenen Schäden geltend macht, von der Zurechnung mitwirkenden Verschuldens nach § 254 BGB frei.[338] Hat der Arbeitnehmer einen Dritten geschädigt, hat ihn der Arbeitnehmer nach dem Maße der Haftungsreduktion im Innenverhältnis auch von der Verpflichtung gegenüber dem Dritten freizustellen.[339] Eine unmittelbare Außenwirkung kann die Haftungsbeschränkung nur dann entfalten, wenn der geschädigte Dritte wie etwa beim Leiharbeitsverhältnis die Stelle des Arbeitgebers einnimmt.[340]

292 **Schädigt** ein Arbeitnehmer **einen anderen**, kollidiert die Haftungsbeschränkung mit der des Arbeitgebers gegenüber dem Arbeitnehmer: Nach § 104 Abs. 1 SGB VII ist er für Arbeitsunfälle und Berufskrankheiten, die eine Verpflichtung der gesetzlichen Unfallversicherung auslösen, dem betroffenen Arbeitnehmer gegenüber nur in den Fällen von Vorsatz und der Schädigung auf einem Arbeitsweg zum Schadensersatz verpflichtet. Da dieses Haftungsprivileg leerliefe, wenn ein Arbeitnehmer, der einen anderen geschädigt hat, von dem Arbeitgeber Freistellung von seiner Schadensersatzpflicht verlangen könnte, ist es durch § 105 Abs. 1 SGB VII auf die Arbeitnehmer ausgedehnt, so dass diese bei einer Schädigung anderer Arbeitnehmer ebenfalls von der Haftung für grobe Fahrlässigkeit befreit sind. Ebenso wie beim Arbeitgeber selbst sollte dieser Haftungsausschluss in teleologischer Reduktion von §§ 104 SGB VII jedoch auf die Verpflichtung zum Ersatz materieller Schäden beschränkt werden, auf die sich auch die gesetzliche Unfallversicherung erstreckt.[341] Für den Ersatz immaterieller Schäden gilt dann das allgemeine Regime der arbeitsvertraglichen Haftung, das ohnehin jenseits von Arbeitsunfällen und Berufskrankheiten zum Zuge kommt. Dem geschädigten Arbeitnehmer sind demnach sowohl sein Schädiger als auch der Arbeitgeber gemäß § 278 BGB haftbar. Da diese Vorschrift nur zur Zurechnung von Pflichtverletzung und Verschulden und nicht etwa zur Überleitung der Haftung des Arbeitnehmers selbst führt, besteht entgegen der Ansicht des BAG[342] nicht die Gefahr, dass der Arbeitgeber im Verhältnis zu dem Geschädigten von dem Haftungsprivileg des schädigenden Arbeitnehmers profitieren könnte. Daher gibt es auch keinen Anlass, das Haftungsprivileg bei der Schädigung eines Arbeitnehmers durch seinen Vorgesetzten nicht zur Anwendung zu bringen.

---

[338] BAG, NJW 1998, 1170, 1171.

[339] Dagegen will *Denck*, Der Schutz des Arbeitnehmers vor der Außenhaftung, Heidelberg 1980, S. 253 ff. aus der Versicherungsfunktion des Freistellungsanspruchs ableiten, dass dieser auch bei grober Fahrlässigkeit des Arbeitnehmers eingreift. Die Versicherungsfunktion betrifft jedoch nicht den Geschädigten, sondern nur den Arbeitnehmer und muss daher nicht wie eine Haftpflichtversicherung ausgestaltet sein.

[340] So richtig trotz anderen Ansatzes *Katzenstein*, Die Außenwirkung der arbeitsrechtlichen Haftungsbeschränkungen, RdA 2003, 346, 353 ff., MünchKomm/*Henssler* § 619a BGB Rn. 24.

[341] Anders *Zöllner/Loritz/Hergenröder*, Arbeitsrecht, S. 234, *Hromadka/Maschmann*, Arbeitsrecht, Bd. 1, Rn. 9, 17.

[342] BAG, NZA 2008, 223, 228 f.

§ 5 Miet- und Pachtvertrag

1. Eigenart und allgemeine Regelung des Mietvertrags

a) Mietvertrag und geltendes Mietrecht

In seinem Aufbau ähnelt das Recht des Mietvertrags dem Regime von Dienst- und Arbeitsvertrag: Auf der einen Seite gibt es einen Grundstock von neutralen Vorschriften, die keine der beiden Vertragsparteien bevorzugen, auf der anderen Seite mit dem Recht der Wohnraummiete einen Komplex von Vorschriften für einen bestimmten Vertragstyp, die auf den Schutz eines Vertragspartners ausgelegt sind. Die Privilegierung des Wohnraummieters geht jedoch inhaltlich weit über den des Arbeitnehmers hinaus; und anders als beim Arbeitsvertrag lässt sich ein Grund hierfür nicht auch schon in der Struktur des Vertrags finden. Kern der Schutzmechanismen ist wie im Arbeitsrecht ein Kündigungsschutz, der dem Vermieter zur Sicherung des Bestands des Vertragsverhältnisses die besondere Rechtfertigung seiner ordentlichen Kündigung abverlangt. Während beim Arbeitsvertrag die unternehmerische Entscheidung des Arbeitgebers hingenommen und als Grundlage für eine dadurch bedingte Vertragsbeendigung akzeptiert wird, kann sich der Vermieter aber nur sehr beschränkt auf eine unternehmerische und praktisch allein auf die private Entscheidung berufen, den vermieteten Wohnraum für sich, seine Familien- oder Haushaltsangehörigen zu benötigen (§ 573 BGB). Zwar steht ihm zum Ausgleich für die so verstärkte Vertragsbindung das Recht zu, vom Mieter die Zustimmung zu einer auf Mieterhöhung gerichteten Vertragsänderung zu verlangen (§ 558 BGB); deren Ziel ist jedoch die ortsübliche Vergleichsmiete. Über sie hinausgehen kann der Vermieter nur beim Neuabschluss eines Mietvertrags, bei dem ihm lediglich ihre Überschreitung um mehr als 20 % als Ordnungswidrigkeit untersagt ist (§ 5 WiStrG). Wegen des Kündigungsschutzes, den die Mieter von Wohnraum genießen, können Vermieter von dieser Möglichkeit jedoch praktisch nur eingeschränkt Gebrauch machen, so dass auch die ortsübliche Vergleichsmiete nur in sehr begrenztem Maße steigen kann. Fördert der Bestandsschutz des Arbeitsvertrags lediglich die Bindung an eine von den Tarifpartnern vereinbarte und damit marktmäßig zustande gekommene Entlohnung, ist das Recht der Wohnraummiete darauf angelegt, die freie **Preisbildung** am Wohnungsmarkt im Interesse der Mieter **einzuschränken**.[1] Damit steht das heutige Wohnraummietrecht durchaus in der Tradition der nach dem ersten Weltkrieg aufgekommenen Gesetzgebung zur Zwangsbewirtschaftung, die den Preis für Wohnraum direkt regelte.[2] – Der Grund für den vertragsrechtlichen Eingriff in den Mietmarkt liegt ebenso wie beim Arbeitnehmerschutz in der überragenden **sozialen Bedeutung** des Vertragsgegenstands, die sich aber anders als beim Arbeitsvertrag nicht in der Eigenart des Vertragsverhältnisses niederschlägt, 293

---

1 Es bedeutet daher einen Euphemismus, wenn der BGH, NJW 2007, 2546 dem Vermieter bescheinigt, er könne durch das Vergleichsmietensystem eine am Markt orientierte Miete erzielen. Zwar ist der Maßstab der ortsüblichen Vergleichsmiete der Markt; dieser ist durch den Bestandsschutz für Mietverhältnisse aber gerade entstellt.

2 Dies verkennt *Wolter*, Mietrechtlicher Bestandsschutz, Frankfurt 1984, S. 406 ff.

sondern dem Objekt Wohnraum inhärent ist: Während der Arbeitsvertrag selbst auf die Unterwerfung des Arbeitnehmers unter die soziale Gewalt des Arbeitgebers abzielt,[3] erfasst der Mietvertrag, für sich genommen, nicht die Person des Mieters. Betroffen wird er erst durch die tatsächliche Bedeutung, die der Wohnraum für seine Lebensführung hat. Als Grundlage der Lebensgestaltung ist die Wohnung für ihn sogar noch wichtiger als der Arbeitsplatz, der zwar nicht in seiner sozialen, zumindest aber in seiner Rolle als Basis der wirtschaftlichen Existenz durch Sozialsicherungssysteme ersetzt werden kann. Der Wohnraum als Aufenthalts- und Rückzugsort ist dagegen unersetzlich. Mag die ökonomische Effizienz des Wohnraummietrechts auch zweifelhaft sein, sind der individuelle Bedarf des einzelnen Mieters an erschwinglichem Wohnraum und sein Interesse am Schutz des Bestands eines einmal begründeten Mietverhältnisses damit doch hinreichende Gründe für die gesetzliche Ausgestaltung der Wohnraummiete. Dabei darf freilich nicht verkannt werden, dass der Bestandsschutz für laufende Wohnraummietverhältnisse zwangsläufig zulasten der Wohnungssuchenden geht.[4]

294 Die **Grundstruktur** des Mietvertrags, auf der das Sonderregime der Wohnraummiete aufbaut, ist überaus einfach, hat sich seit den Tagen der römischen Jurisprudenz aber in zwei entscheidenden Punkten geändert: Der in Rom als Unterart der Verdingung (*locatio conductio rei*) bekannte Mietvertrag[5] steht zwischen den beiden anderen Nachfahren dieses Vertragstyps, dem Werk- und dem Dienstvertrag: Einerseits ist er wie der Dienstvertrag auf den Austausch einer Geld- gegen eine Sachleistung in Gestalt dauernder Überlassung ausgerichtet; andererseits macht er wie der Werkvertrag den zur Sachleistung verpflichteten Teil zu einem gewissen Erfolg verbindlich: Im Gegensatz zum Dienstverpflichteten, der lediglich seine Arbeitskraft zur Verfügung stellen muss und die hierfür vereinbarte Vergütung auch dann erhält, wenn er unterdurchschnittlich leistet,[6] hat der Vermieter dafür zu sorgen, dass die dem Mieter überlassene Sache für den Gebrauch taugt, den dieser davon vertragsgemäß machen darf: Zwar ließen die römischen Juristen den Vermieter einer mangelhaften Sache nur in den Fällen von Vorsatz und ausdrücklicher oder stillschweigender Zusicherung haften;[7] den Anspruch auf die Miete versagten sie ihm jedoch ohne Rücksicht hierauf allein wegen der fehlenden oder eingeschränkten Tauglichkeit der Mietsache[8]. Diese Minderung der Miete bildet auch im BGB

---

3 S. o. Rn. 217.

4 Dies hebt *Honsell*, Privatautonomie und Wohnungsmiete, AcP 186 (1986) 115, 159 ff. zu Recht hervor.

5 Hierzu *Honsell/Mayer-Maly/Selb*, Römisches Recht, S. 324 ff., *Zimmermann*, Law of Obligations, S. 351 ff., *Harke*, Römisches Recht, Rn. 9.1 ff.

6 S. o. Rn. 236.

7 Vgl. D 19.1.6.4 Pomp 9 Sab.

8 Vgl. D 19.2.19.1 Ulp 32 ed: *Si quis dolia vitiosa ignarus locaverit, deinde vinum effluxerit, tenebitur in id quod interest nec ignorantia eius erit excusata: et ita Cassius scripsit. aliter atque si saltum pascuum locasti, in quo herba mala nascebatur: hic enim si pecora vel demortua sunt vel etiam deteriora facta, quod interest praestabitur, si scisti, si ignorasti, pensionem non petes, et ita Servio Labeoni Sabino placuit.* („Hat jemand, ohne es zu wissen, schadhafte Fässer überlassen und ist daraufhin der Wein ausgelaufen, haftet er auf das Interesse und kann sich durch seine Unkenntnis nicht entschuldigen. Und so hat Cassius ent-

(§ 536) noch den Kern der Mängelhaftung des Vermieters,[9] der jedoch anders als in Rom nicht nur für von ihm zu vertretende Fehler einzustehen hat, sondern einer Gefährdungshaftung für deren anfängliche Mängel unterworfen ist (§ 536a BGB).

Die zweite wesentliche Veränderung, die das Mietrecht durchgemacht hat, betrifft den Schutz des Mieters im Fall eines Wechsels in der Position des Eigentümers der vermieteten Sachen: Während der Mietvertrag in Rom rein schuldrechtliche Wirkung hatte und dem Mieter nur einen Überlassungsanspruch gegenüber dem Vermieter einräumte, der dem Erwerber der Sache bloß dann entgegengehalten werden konnte, wenn der Vermieter diesen bei der Veräußerung hierzu verpflichtet hatte,[10] suchte man ab dem Mittelalter nach Wegen zu einer **Verdinglichung** der Rechtsstellung des Mieters: Nachdem die Gemeinrechtswissenschaft von der stillschweigenden Bestellung eines Pfandrechts, die Naturrechtslehre davon ausgegangen war, dass dem Mieter ein gegen jedermann wirkendes Nutzungsrechts zustand, sah das preußische ALR (§§ 2 ff. I 21) vor, dass die vermietete Sache durch ihre Übergabe oder die Eintragung der Vermietung im Grundbuch mit einem dinglichen Recht eigener Art belastet wurde. Das schweizerische OR (Art. 261 ff.) ordnet dies im Anschluss an das österreichische ABGB (§ 1095) nur bei Grundstücken, hier aber auch einen gesetzlichen Vertragseintritt des Erwerbers in das Mietverhältnis an. Letzteres ist auch die Konstruktion des BGB (§ 566) geworden, das den Grundstückserwerber für die Zeit seines Eigentums an ein bei Veräußerung schon bestehendes Mietverhältnis bindet. Voraussetzungen sind der Abschluss des Mietvertrags durch den Grundstückseigentümer, und dass die Mietsache vor ihrer Veräußerung an den Mieter überlassen worden ist. Hinter diesen Merkmalen verbirgt sich die im ALR noch offen zum Ausdruck gekommene Vorstellung einer dinglichen Belastung der Mietsache mit dem Recht des Mieters, das von dem Eigentümer als Verfügungsberechtigtem eingeräumt wird und durch Übergabe Publizität erlangen muss. Der gesetzliche Vertragseintritt ist hierfür allerdings nicht nur rechtstechnische Einkleidung, sondern bietet den darüber hinausgehenden Vorteil sicherzustellen, dass der zur Überlassung des Grundstücks Verpflichtete auch sein Eigentümer und daher zur Erfüllung seiner Pflicht gegenüber dem Mieter auch imstande ist. Der Grund für diese auf schuldrechtlichem Wege erreichte Verdinglichung des Mieterrechts[11] ist derselbe wie der für den Schutz des Wohnungsmieters, erheischt aber ebenso wie die für die Grundstücksveräußerung einschlägige Formvorschrift des § 311b Abs. 1 BGB auch jenseits der Überlassung von Wohnraum 295

---

schieden. Anders dagegen, wenn du eine Weide überlassen hast, auf der giftige Kräuter wachsen. Ist nämlich in diesem Fall das Vieh eingegangen oder bloß geschädigt worden, musst du das Interesse nur dann leisten, wenn du es gewusst hast; hast du es nicht gewusst, kannst du keinen Zins verlangen; und dies ist die Auffassung von Servius, Labeo und Sabinus.")

9 Als solche erscheint sie auch im Entwurf eines Gemeinsamen Referenzrahmens; vgl. Art. IV.B. – 3:103 f., 4:102 DCFR.

10 Vgl. CJ 4.65.9 (a. 234).

11 Anders *Wieling*, Die Grundstücksmiete als dingliches Recht, in: Jickeli u. a. (Hg.), Gedächtnisschrift für Sonnenschein, Berlin 2003, S. 201, 217 ff., der die Belastung der Mietsache regelrecht sachenrechtlich, nämlich unter Anerkennung eines abstrakten dinglichen Rechts des Mieters, konstruieren will.

Geltung: Ist die Wohnung die Grundlage der Sozialexistenz des Mieters, bilden geschäftlich angemietete Grundstücke oder Räume in aller Regel die Basis der wirtschaftlichen Existenz eines Unternehmens. Damit sie nach Möglichkeit bewahrt bleibt, soll die Erfüllung eines Mietvertrags hier ebenso wenig wie bei der Wohnraummiete durch die Veräußerung der Mietsache gefährdet werden.[12]

b) Allgemeines Mietrecht

aa) Vertragsdurchführung

(1) Überlassung und Erhaltung einer gebrauchstauglichen Mietsache

296 Nicht nur die durch Besitzverschaffung zu gewährleistende Überlassung der Mietsache, sondern auch ihre Erhaltung in einem zum vertragsgemäßen Gebrauch geeigneten Zustand ist nach § 535 Abs. 1 BGB Gegenstand einer vom Vermieter während der Mietzeit dauerhaft zu erfüllenden, erfolgsbezogenen Leistungspflicht. Konkretisiert wird sie durch die aus § 536 BGB zu gewinnende Aussage, dass die Mietsache nicht mit einem **Sach-** oder **Rechtsmangel** behaftet sein darf, der die Tauglichkeit der Mietsache zu dem vertragsgemäßen Gebrauch aufhebt oder mindert, und dass sie über die zugesicherten Eigenschaften verfügen muss. Ebenso wie die parallele Bestimmung für den Reisevertrag (§ 651c BGB)[13] ist auch diese Vorschrift im Lichte der neuen Bestimmungen über die Mängelhaftung bei Kauf- und Werkvertrag (§§ 434, 633 BGB), nämlich so zu verstehen, dass die Mietsache zunächst die vereinbarte, dann die nach dem Vertrag vorausgesetzte und schließlich die gewöhnliche Beschaffenheit aufweisen muss, die der Mieter erwarten darf.[14] – Mindestens zu der gewöhnlichen **Beschaffenheit** einer Mietsache gehört es, dass sie sich in einem verkehrssicheren Zustand befindet. Die entsprechende Verpflichtung des Vermieters ist keineswegs Neben-,[15] sondern Teil seiner Hauptpflicht zur Überlassung einer gebrauchstauglichen Sache[16]. Mangels abweichender Vereinbarung schließt sie auch die Einhaltung einschlägiger technischer Normen ein, wobei für die Vermietung von Grundstücken oder Räumen auf diejenigen Regelwerke zurückgegriffen werden kann, die für die Errichtung von Gebäuden gelten.[17] Dagegen besteht keine generelle Pflicht zur Modernisierung der Mietsache; der Mieter, der eine alte Sache, insbesondere eine unsanierte Altbauwohnung, übernommen hat, kann bloß verlangen, dass sie einem Mindeststandard zeitgemäßen Wohnens oder sonstiger Nutzung entspricht[18] und dass eine Sanierung, wenn sie vom Vermieter vorgenommen wird, den hierfür geltenden technischen Anforderungen ent-

---

[12] Dagegen soll der automatische Vertragseintritt entsprechend dem Muster von § 566 BGB nach dem Entwurf eines Gemeinsamen Referenzrahmens auch bei der Vermietung einer beweglichen Sache stattfinden; vgl. Art. IV.B. – 7:101 DCFR.

[13] S. o. Rn. 140.

[14] Dass zumindest im Ergebnis keine wesentlichen Unterschiede zu Kauf- und Werkvertrag bestehen, glaubt MünchKomm/*Häublein* vor § 536 BGB Rn. 4.

[15] So aber BGH, NJW 2009, 143, 144.

[16] So richtig BGH, NJW-RR 2006, 879, 880.

[17] BGH, NJW 2005, 218, 219; 2010, 3088.

[18] BGH, NJW 2004, 3174, 3175.

spricht[19]. Selbstverständlich sind ferner die Beheizung vermieteter Räume oder Grundstücke und ihre Versorgung mit Strom und Wasser. Bei der Geschäftsraummiete kann der Mieter ferner auch ohne entsprechende Vereinbarung erwarten, dass der Vermieter auf demselben Grundstück oder ihm gehörenden angrenzenden Liegenschaften kein Konkurrenzunternehmen zulässt, so dass es am Vermieter liegt, den Schutz des Mieters vor Wettbewerb vertraglich auszuschließen.[20] Wie sich an diesem Beispiel zeigt, ist die vom BGH zuweilen getroffene Unterscheidung zwischen unmittelbaren und indirekten Beeinträchtigungen der Gebrauchstauglichkeit der Mietsache[21] weder durchzuführen noch überhaupt sinnvoll. Will man fernliegende Umstände von der Verpflichtung des Vermieters zur Überlassung einer gebrauchstauglichen Mietsache ausnehmen, kann man dies nur unter Rücksicht auf die Verkehrserwartung. Orientiert man sich an ihr, kann sich ein Mangel der Mietsache durchaus den Beziehungen zu ihrer Umwelt[22] und insbesondere aus öffentlichen Hindernissen und Beschränkungen für ihren Gebrauch ergeben, wenn diese auf Beschaffenheit, Zustand oder Lage der Mietsache beruhen.[23] Unter den Merkmalen, die bloß kraft besonderer Vereinbarung zur geschuldeten Beschaffenheit werden, kommt bei Grundstücken und Räumen der Fläche besondere Bedeutung zu. Ihre Angabe im Mietvertrag ist im Zweifel nicht unverbindlich, sondern Gegenstand einer Beschaffenheitsvereinbarung,[24] zumal sich die Höhe der Miete in der Regel an der Fläche orientiert[25]. Weicht die tatsächliche Fläche von der angegebenen ab, beeinträchtigt dies die Tauglichkeit der Mietsache zu dem vertragsgemäßen Gebrauch auch dann, wenn der Mieter den fehlenden Raum gar nicht nutzen will.[26]

Da der Mietvertrag statt auf Eigentumsverschaffung auf einfache Überlassung **297**
einer Sache gerichtet ist, bedeutet die bloße Existenz des Rechts eines Dritten an der Mietsache noch keinen **Rechtsmangel**. Hierzu kommt es erst dadurch, dass der Dritte sein Recht geltend macht und so den Besitz des Mieters beeinträchtigt.[27] Dies geschieht freilich nicht erst durch Klageerhebung, sondern kann schon bei ihrer Androhung der Fall sein, wenn diese den Mieter dazu veranlasst, den Gebrauch der Mietsache aufzugeben.[28] Typische Rechtsmängel sind im Fall einer Untervermietung ferner die mangelnde Zustimmung des Hauptvermieters[29] sowie bei der Miete

---

19 BGH, NJW 2005, 218, 219; 2009, 2441.

20 BGH, NJW 1979, 1404, 1405. Da der Schutz vor Wettbewerb Gegenstand einer vertragstypischen Pflicht des Vermieter ist, kann er entgegen Staudinger/*Emmerich* (2006) § 535 Rn. 23 durch Formularvertrag keineswegs „in beliebigem Umfang", sondern allenfalls minimal eingeschränkt werden.

21 BGH, NJW 2006, 899, 900.

22 Nicht anders als im Kaufrecht (s. o. Rn. 46) ist auch hier die bei BGH, NJW 2006, 899, 901 noch zu findende Einschränkung auf solche Eigenschaften, die der Sache für eine gewisse Dauer anhaften, unangebracht.

23 BGH, NJW-RR 1992, 267

24 BGH, NJW 2007, 2626; 2009, 2739.

25 BGH, NJW 2005, 2152, 2153

26 BGH, NJW 2005, 2152 f.

27 BGH, NJW 1996, 46, 47; 2008, 2771.

28 BGH, NJW 2008, 2771, 2772.

29 BGH, NJW 1996, 46, 47.

eines in Teil- oder Wohnungseigentums stehenden Raums, dass sie gegen die Gemeinschaftsordnung verstößt und daher einen Unterlassungsanspruch der Eigentümergemeinschaft auslöst[30].

298 Eine Eigentümlichkeit der Grundstücks- und Raummiete ist die teilweise Überwälzung der Verpflichtung des Vermieters zur Erhaltung der Mietsache auf den Mieter durch eine Vereinbarung, wonach er **Schönheitsreparaturen** durchzuführen oder zu vergüten hat. Deren Zweck ist es, die Spuren des vertragsgemäßen Gebrauchs durch den Mieter zu beseitigen und der Mietsache ein ansprechendes äußeres Erscheinungsbild zu verleihen,[31] für das eigentlich gemäß § 535 Abs. 1 S. 2 BGB der Vermieter dem Mieter als Teil seiner Pflicht zur Erhaltung der Mietsache in einem vertragsgemäßen Zustand einzustehen hätte. Mit der Übernahme dieser Pflicht durch den Mieter mutiert der Mietvertrag zu einem Tauschgeschäft, bei dem Sachleistungen nicht nur von einer, sondern von beiden Parteien zu erbringen sind[32]. Dass dies durch Individualvereinbarung erreicht werden kann, steht außer Frage.[33] Dass es auch ohne Verstoß gegen das Benachteiligungsverbot des § 307 BGB kraft einer vom Vermieter vorformulierten Geschäftsbedingung gelten soll, ergibt sich für den BGH daraus, dass die Überwälzung der Schönheitsreparaturen auf den Mieter zur Verkehrssitte geworden und bei der Kalkulation der Miete regelmäßig berücksichtigt ist.[34] Nur dem Ausmaß der Verpflichtung des Mieters setzt die Rechtsprechung Grenzen, indem sie die einschlägigen Klauseln dann am Benachteiligungsverbot scheitern lässt, wenn sie dem Mieter mehr abverlangen, als der Vermieter aufgrund seiner gesetzlichen Pflicht zur Instandhaltung der Mietsache leisten müsste: So ist bei Wohnungsmietverträgen die formularmäßige Vereinbarung einer sogenannten Endrenovierung bei Auszug des Mieters unwirksam, weil sie ihn zu Schönheitsreparaturen auch dann verpflichtet, wenn der Vermieter diese mangels hinreichender Abnutzung der Mietsache selbst nicht vornehmen müsste.[35] Die Verpflichtung des Mieters zur Renovierung von Räumen in Abständen von drei, fünf und sieben Jahren, wie sie der 1976 vom Bundesjustizministerium herausgegebene Mustermietvertrag für Wohnungen vorsieht, erscheint der Rechtsprechung dagegen trotz Zweifeln an der Angemessenheit der Intervalle[36] noch wirksam, wenn die Fristen nicht fest, sondern nur für den Fall einer regelmäßigen Abnutzung vereinbart werden[37].[38] Dasselbe gilt für die sogenannte Abgeltungsklausel, mit der dem Mieter die Kosten der Schönheitsreparaturen in dem Umfang auferlegt werden, in dem ein

30 Vgl. BGH, NJW 1996, 714.

31 BGH, NJW 2009, 510, 511.

32 Dies meint BGH, NJW 2002, 2383, indem er die vom Mieter übernommene Pflicht zur Durchführung von Schönheitsreparaturen zur Hauptpflicht erklärt.

33 BGH, NJW-RR 2009, 947, 948.

34 BGH, NJW 2004, 2961, 2962.

35 BGH, NJW 2007, 3776 f., NJW-RR 2009, 656, 657.

36 BGH, NJW 2007, 3632 f.

37 BGH, NJW 2008, 2586, 2587; 3772, 3773. Kritik an der Entscheidung für die völlige Unwirksamkeit einer Klausel mit starrem Fristenplan übt MünchKomm/*Häublein* § 535 BGB Rn. 122; anders Staudinger/*Emmerich* (2006) § 535 Rn. 112.

38 Dies gilt auch bei unrenoviert überlassenen Wohnungen, sofern die Fristen erst bei Beginn der Mietzeit zu laufen beginnen; vgl. BGH, NJW 2005, 1426, 1427.

Renovierungsintervall bei Vertragsende bereits abgelaufen ist. Auch hier führt ein starrer Fristenplan zur Ungültigkeit der Geschäftsbedingung,[39] während ein flexibler Plan, der die Möglichkeit gibt, die Fristen nach dem Grad der tatsächlichen Abnutzung der Mietsache zu erstrecken, wirksam sein soll[40].[41] Dem Mieter muss freilich stets vorbehalten werden, seiner Kostenbeteiligung durch die Vornahme der Schönheitsreparaturen vorzubeugen;[42] und er darf hierbei nicht auf eine bestimmte Dekorationsweise festgelegt werden[43]. Da die zugrunde liegende Erwägung, der Mieter dürfe nicht über das Maß der Instandhaltungspflicht des Vermieters hinaus verpflichtet werden, nicht nur bei der Wohnraummiete, sondern für alle Mietverträge gilt, müssen diese Regeln auch bei Mietverträgen über geschäftlich genutzte Grundstücke oder Räume eingreifen.[44] Ist der Mieter danach wirksam zu Schönheitsreparaturen verpflichtet, führt sie aber nicht durch, ist er deshalb zum Schadensersatz, entgegen der Ansicht der Rechtsprechung[45] aber nicht zur Zahlung eines Ausgleichs verpflichtet, wenn die Schönheitsreparaturen, etwa wegen eines bevorstehenden Umbaus, für den Vermieter sinnlos gewesen wären und ihr Ausfall daher keinen Schaden darstellt.[46]

Sind die Einzelheiten dieser Rechtsprechung auch nicht zu beanstanden, erweckt doch ihr Ausgangspunkt Bedenken, dass vorformulierte Geschäftsbedingungen überhaupt geeignet sein sollen, die Instandhaltungspflicht auf den Mieter abzuwälzen. Hierfür kann entgegen der Ansicht der Rechtsprechung weder die Geschäftspraxis ins Feld geführt werden, da es bei Mietverträgen an einem Vorbehalt fehlt, wie ihn § 310 Abs. 4 S. 2 BGB für die Besonderheiten des Arbeitsrechts macht; noch kann das auch im Übrigen unzulässige Preisargument eine Rolle spielen, weil sich mit ihm jegliche Klausel rechtfertigen und das Risiko ihrer Unwirksamkeit stets von ihrem Verwender auf den Vertragspartner umverteilen ließe.[47] Dass die Abwälzung einer vertragstypischen Pflicht auf deren Gläubiger im Fall der Schönheitsreparaturen ausnahmsweise nicht gegen den Grundgedanken der gesetzlichen Regelung verstößt, lässt sich nur dann behaupten, wenn man in Rechnung stellt, dass Schönheitsreparaturen lediglich der Dekoration dienen und der **Mieter** einer unbeweglichen Mietsache **näher steht** als ihr Vermieter: Der Mieter, der sie 299

[39] BGH, NJW 2006, 3778, 3780.

[40] BGH, NJW 2007, 3632, 3633 f.

[41] Trifft eine unwirksame Abgeltungsklausel mit einer gültigen Verpflichtung zur Vornahme der Schönheitsreparaturen zusammen, bleibt diese in ihrer Wirksamkeit unberührt; vgl. BGH, NZM 2009, 197.

[42] BGH, NJW 2004, 3042, 3043.

[43] BGH, NJW 2009, 62 f.

[44] Vgl. zur Unwirksamkeit von starren Fristenplänen bei der Geschäftsraummiete BGH, NJW 2008, 3772, 3773 f., zur Ungültigkeit einer Endrenovierungsklausel BGH, NJW 2005, 2006, 2007 (allerdings mit der bei der Wohnraummiete inzwischen zu Recht aufgegebenen Einschränkung, dass die Verpflichtung zur Endrenovierung in unzulässiger Weise mit der Pflicht zu laufenden Schönheitsreparaturen kombiniert ist).

[45] BGH, NJW 2005, 425, 426 f.

[46] Richtig *Looschelders*, Schuldrecht BT, Rn. 452, Staudinger/*Emmerich* (2006) § 535 Rn. 115.

[47] Vgl. *Harke*, Allgemeines Schuldrecht, Rn. 74.

zu Wohn- oder geschäftlichen Zwecken in Besitz hat, darf sie für die Dauer des Mietverhältnisses ohnehin nach eigenem Gutdünken dekorieren und macht von dieser Befugnis in aller Regel auch Gebrauch. Daher ist es nicht unangemessen, wenn sich die Parteien des Mietverhältnisses entgegen der gesetzlichen Vorgabe dafür entscheiden, ihm auch die Maßnahmen der Dekoration zu übertragen, die laufend durch die gewöhnliche Abnutzung der Mietsache erforderlich werden.

300 Eine vergleichbare Erwägung lässt sich für die Belastung des Mieters mit **echten Reparaturen**, also Maßnahmen zur Beseitigung von regelrechten Schäden an der Mietsache, nicht anstellen. Entgegen der Ansicht der Rechtsprechung[48] können diese dem Mieter daher keineswegs und auch nicht etwa in der Weise überbürdet werden, dass sich seine Kostenbeteiligung im einzelnen Fall und Jahresdurchschnitt auf einen angemessenen Betrag und auf die Teile der Mietsache beschränkt, die dem häufigen Zugriff des Mieters ausgesetzt sind.[49] Dies gilt wiederum nicht nur für die Wohnraummiete, sondern in gleicher Weise für die Vermietung von Geschäftsräumen und führt auch zur Unwirksamkeit einer Klausel über die bloße Kostenbeteiligung: Kann sich der Vermieter seiner Instandhaltungspflicht bei Reparaturen anders als bei Renovierungsmaßnahmen nicht durch vorformulierte Geschäftsbedingungen entledigen, betrifft dies außer der Reparaturpflicht selbst auch die Beteiligung an den durch sie verursachten Kosten, die lediglich an die Stelle der Reparaturpflicht tritt.

(2) Vertragsgemäßer Gebrauch der Mietsache

301 Der Pflicht des Vermieters zur Überlassung der Mietsache korrespondiert auf Mieterseite lediglich das Recht, diese vertragsgemäß zu nutzen, nicht auch eine entsprechende Pflicht. Wird sie dem Mieter auferlegt, bedeutet dies ebenso wie die Überwälzung von Schönheitsreparaturen, dass sich der Vertrag zu einem Austauschgeschäft über beiderseitig zu erbringende Sachleistungen wandelt. Ohne Verstoß gegen das Benachteiligungsverbot des § 307 BGB kann dem Mieter eine Nutzungs- oder **Betriebspflicht** durch eine vom Vermieter vorformulierte Vertragsklausel daher allenfalls dann übertragen werden, wenn der Nichtgebrauch der Mietsache offensichtlich ebenso vertragswidrig wäre wie ihr unsachgemäßer Gebrauch. Bei der Miete von beweglichen Sachen und der Wohnungsmiete ist dies kaum je der Fall, bei der Büromiete schon häufiger und bei Mietverträgen über Ladenlokale sogar die Regel und die Betriebspflicht auch als stillschweigend vereinbart anzusehen; denn der Vermieter hat hier ein dem Mieter ohne Weiteres erkennbares Interesse daran, dass die Mietsache, die seinem Zugriff entzogen wird, so genutzt wird, dass nicht der Eindruck einer Vernachlässigung oder gar Verwahrlosung des Gebäudes entsteht. Daher kann der Vermieter dem Mieter unter diesen Umständen durchaus auch durch vorformulierte Klauseln vorschreiben, ob und welche Öffnungszeiten er einzuhalten hat.[50]

---

[48] BGH, NJW 1992, 1759, 1760.

[49] Auch die Rechtsprechung verneint freilich die Wirksamkeit einer Klausel, mit der einem Mieter schon die Vornahme der Reparaturen selbst zur Pflicht gemacht wird, weil ihm so seine Mängelrechte genommen werden; vgl. BGH, NJW 1992, 1759, 1760.

[50] Zumindest im Ergebnis richtig daher BGH, NJW 2007, 2176 f.

Im Gegensatz zu einer durch Vertrag übernommenen Betriebspflicht ist die Verpflichtung des Mieters, von der Mietsache keinen **vertragswidrigen Gebrauch** zu machen, keine Leistungspflicht, sondern Teil der ihm gegenüber dem Vermieter nach § 241 Abs. 2 BGB obliegenden Rücksichtspflicht. Zeitigt diese im Allgemeinen nur eine Haftung nach § 280 Abs. 1 BGB, wird beim Mietvertrag als einem Dauerschuldverhältnis ausnahmsweise deren Vorwirkung in Gestalt eines Abwehranspruchs[51] relevant, weil der Vermieter ein Interesse daran haben kann, den Mieter zur Einhaltung der Grenzen seines Gebrauchsrechts für die restliche Dauer des Mietverhältnisses zu zwingen statt dieses aufzulösen. § 541 BGB gesteht ihm daher ausdrücklich einen Unterlassungsanspruch gegen den Mieter zu, der die Mietsache in vertragswidriger Weise gebraucht, macht dessen Durchsetzung im Klagewege aber davon abhängig, dass der Mieter zuvor abgemahnt worden ist und sein Verhalten nicht geändert hat.[52] Diese Abmahnung ist nach dem Rechtsgedanken der §§ 314 Abs. 2, 323 Abs. 2 und 543 Abs. 3 BGB entbehrlich, wenn sie offensichtlich keinen Erfolg verspricht, insbesondere wenn der Mieter endgültig und ernsthaft verweigert hat, von der Mietsache lediglich vertragsgemäßen Gebrauch zu machen, oder wenn sonst ein überwiegendes Interesse des Vermieters daran besteht, den Mieter umgehend von dem vertragswidrigen Gebrauch abzuhalten. Ein Beispiel hierfür bietet die Nutzung einer Wohnung zu beruflichen Zwecken, die dann vertragswidrig ist, wenn sie nach außen in Erscheinung tritt und wegen der Beschäftigung von Mitarbeitern und einem ins Gewicht fallenden Kundenverkehr über die übliche Wohnnutzung hinausgeht.[53] **302**

Klassische Fälle der vertragswidrigen Nutzung sind ferner der Verstoß gegen eine zum Vertragsgegenstand gemachte Hausordnung, aus der sich nach den Grundsätzen über den Vertrag zugunsten Dritter auch Ansprüche für andere Mieter gegen den Störer ergeben können,[54] sowie die von § 540 Abs. 1 S. 1 BGB ausdrücklich untersagte **Gebrauchsüberlassung** an **Dritte**, vor allem durch Untervermietung der Mietsache.[55] Ist sie im Vertrag nicht zugelassen, hat der Mieter nach allgemeinem Mietrecht auch dann keinen Anspruch auf ihre Gestattung, wenn sein Interesse an der Weitergabe der Mietsache das des Vermieters an ihrem Verbleib bei dem Mieter erheblich überwiegt. Gemäß § 540 Abs. 1 S. 2 BGB kann er das Mietverhältnis jedoch außerordentlich mit gesetzlicher Frist kündigen, wenn der Vermieter seine Zustimmung zur Gebrauchsüberlassung an den Dritten ohne wichtigen Grund verweigert hat. Ein solcher kann durchaus auch in den schlechten wirtschaftlichen Verhältnissen des Dritten liegen. Zwar wird das Interesse des Vermieters an der Zahlung der vereinbarten Miete schon hinreichend durch die Verpflichtung des **303**

---

[51] Vgl. *Harke*, Allgemeines Schuldrecht, Rn. 21.

[52] Diese Regelung verdrängt die des Abwehranspruchs aus § 1004 BGB, der nicht von einer vorangehenden Abmahnung abhängt; vgl. BGH, NJW 2007, 2180.

[53] Im Ergebnis richtig BGH, NJW 2009, 3157, 3158.

[54] BGH, NJW 2004, 775, 777.

[55] Der BGH, NJW 2001, 2251, 2252 stellt ihr die Aufnahme eines Gesellschafters in das bislang einzelkaufmännisch geführte Unternehmen des Mieters gleich, weil so durch den Gesellschaftsvertrag dieselben Ergebnisse wie durch Änderung des Mietvertrags erzielt werden.

Hauptmieters gedeckt; die Überlassung an einen insolventen Untermieter birgt jedoch die besondere Gefahr, dass ein Räumungsanspruch erst vollstreckt werden muss.[56] Erteilt der Vermieter die Erlaubnis zur Überlassung der Mietsache an den Dritten, ist dieser an die durch den Hauptmietvertrag gezogenen Grenzen des Gebrauchsrechts gebunden;[57] und der Hauptmieter hat, wie § 540 Abs. 2 BGB klarstellt, trotz der Zustimmung des Vermieters zur Überlassung an den Dritten für dessen Verschulden ebenso wie für das eines sonstigen Erfüllungsgehilfen (§ 278 BGB) einzustehen.

(3) Mietzahlung und Sicherung des Vermieters durch Mietkaution

304 Nach § 535 Abs. 2 BGB ist der Mieter zur Zahlung der vereinbarten Miete verpflichtet. Sie kann in einem Einmalbetrag oder in Teilbeträgen nach Zeitabschnitten zu leisten, von vornherein fest bestimmt oder auch so bemessen sein, dass der Vermieter an dem vom Mieter mit Hilfe der Mietsache erzielten Umsatz oder Gewinn beteiligt ist. Nicht nur bei der Wohnraummiete, sondern auch bei der Vermietung von Geschäftsräumen ist es üblich, die laufenden Kosten für den Unterhalt der Mietsache in Form einer besonderen Umlage auf den Mieter zu überwälzen. Hierin liegt eine zulässige Durchbrechung der Regel des § 535 Abs. 1 S. 3 BGB, wonach der Vermieter im Gegenzug zur Mietzahlung die auf der Mietsache ruhenden Lasten zu tragen hat. Die Umlage der laufenden Kosten folgt bei der Geschäftsraummiete im Zweifel den Bestimmungen über die Wohnraummiete.[58] Sie unterliegt insbesondere ebenfalls dem Gebot der Wirtschaftlichkeit,[59] das die Umlage überflüssiger Kosten verbietet,[60] und erfolgt entweder durch Pauschal- oder durch Vorauszahlungen, die gemeinsam mit der Miete für den jeweiligen Zeitabschnitt zu entrichten sind.[61] Die Fälligkeit der Miete ergibt sich aus § 579 Abs. 1 BGB: Sofern nichts anderes vereinbart ist, ist die Miete am Ende der Mietzeit oder nach Ablauf der Zeitabschnitte zu entrichten, nach denen sie bemessen ist. Für die Miete von Räumen und eine hierauf gerichtete Grundstücksvermietung gilt nach dem von § 579 Abs. 2 BGB in Bezug genommenen § 556b Abs. 1 BGB allerdings, dass die Miete bis zum dritten Werktag eines jeden Zeitabschnitts zu zahlen ist.[62]

305 Außer zur Entrichtung der Miete ist der Mieter häufig kraft besonderer Vereinbarung zur Stellung einer **Kaution** verpflichtet. Mit ihr sichert sich der Vermieter

[56] BGH, NJW 2007, 288, 289.

[57] BGH, NJW 2000, 3203, 3206.

[58] Anders als bei der Wohnraummiete (s. u. Rn. 352) bestehen allerdings jenseits der Regeln für vorformulierte Vertragsbedingungen keine Beschränkungen, was die Art der umgelegten Kosten anbelangt, so dass insbesondere auch Verwaltungskosten auf den Mieter abgewälzt werden können; vgl. BGH, NJW 2010, 671 f.

[59] BGH, NJW 2010, 3647, 3648.

[60] S. u. Rn. 352.

[61] Bei der Vereinbarung von Vorauszahlungen ist der Vermieter zur Abrechnung innerhalb angemessener Frist verpflichtet, ohne dass aber eine Ausschlussfrist wie bei der Wohnraummiete gemäß § 556 Abs. 3 S. 2 BGB (s. u. Rn. 354) bestünde.

[62] Da die Mietzahlung gewöhnlich durch Überweisung erfolgt, zählt der Samstag, an dem üblicherweise keine Überweisungsaufträge bearbeitet werden, nicht zu den Werktagen im Sinne dieser Vorschrift; vgl. BGH, NJW 2010, 2879, 2881 f.

gegen den künftigen Ausfall von Mietzahlungen und den denkbaren Anspruch auf Ersatz der Schäden ab, die ihm durch einen vertragswidrigen Gebrauch der Mietsache durch den Mieter oder einen Dritten entstehen, für den der Mieter haftet. Wegen dieser Funktion kann der Vermieter die Kaution schon vor Übergabe der Mietsache verlangen; und dem Mieter steht gegen den Anspruch auf sie kein Zurückbehaltungsrecht aus § 273 BGB zu.[63] Nach dem Ende des Mietverhältnisses darf der Vermieter die Kaution behalten, bis eine angemessene Frist zur Abrechnung, insbesondere von Nachforderungen für Nebenkosten, verstrichen ist, die durchaus mehr als sechs Monate umfassen kann.[64] Geht er davon aus, über unbefriedigte Ansprüche gegen den Mieter zu verfügen, kann er, auch wenn diese streitig sind, schon während der Mietzeit auf die Kaution zugreifen.[65] Es besteht kein Anlass, sein Recht zur Befriedigung aus der Kaution vor dem Ende des Mietverhältnisses auf unbestrittene oder rechtskräftig festgestellte Ansprüche zu beschränken.[66] Der einzige Umstand, der eine Einschränkung seines Zugriffsrechts vor dem Mietende tragen könnte, ist, dass er mit diesem in aller Regel sein Pfandrecht an den vom Mieter in eine unbewegliche Mietsache eingebrachten Sachen (§ 562 BGB) verliert. Dieses stellt jedoch schon wegen der Schwierigkeiten, die seine Verwertung bereitet, ohnehin kein Äquivalent zur Kaution dar.

bb) Verwendungsrisiko und Mängelhaftung

(1) Verwendungsrisiko des Mieters

Dass der Gläubiger einer Leistung das Risiko ihrer Verwendbarkeit trägt, ist keine Eigenheit des Mietvertrags, sondern Merkmal aller Leistungspflichten. Gleichwohl erklärt § 537 Abs. 1 S. 1 BGB den Mieter ausdrücklich auch in dem Fall für entgeltpflichtig, in dem er durch einen in seiner Person liegenden Grund an der Ausübung seines Gebrauchsrechts gehindert wird. Dies wehrt dem Fehlschluss aus einer verkürzten Definition des Mietvertrags als entgeltliche Gebrauchsüberlassung, die zu der Annahme verleiten könnte, der Mieter müsse nur für einen tatsächlich vorgenommenen Gebrauch bezahlen. In Wahrheit ist der Vermieter eben nicht zur Gewährleistung des Gebrauchs, sondern nur zur Verschaffung der Gebrauchsmöglichkeit verpflichtet;[67] und der Mieter, den grundsätzlich keine Pflicht zur Nutzung der überlassenen Sache trifft, entgeht seiner Verpflichtung zur Zahlung der vereinbarten Miete nicht deshalb, weil er die Mietsache aus einem persönlichen Umstand heraus nicht gebraucht oder nicht gebrauchen kann, ohne dass zugleich die objektive Gebrauchsmöglichkeit eingeschränkt wäre. Der zweite Grund für die Statuierung der Regel vom Verwendungsrisiko des Mieters liegt in seiner zweifachen Durchbrechung in den folgenden Bestimmungen von § 537 BGB: Auch wenn der Vermieter seine Leistung erbringt und dem Mieter die Gebrauchsmöglichkeit ver- **306**

---

[63] BGH, NJW-RR 2007, 884, 885.

[64] BGH, NJW 2006, 1422, 1423.

[65] Richtig *Kießling*, Die Kaution im Miet- und Pachtrecht, JZ 2004, 1146, 1153 f., MünchKomm/*Bieber* § 551 BGB Rn. 14.

[66] Hierfür Staudinger/*Emmerich* (2006) § 551 Rn. 27, Bamberger/Roth/*Ehlert*, § 551 Rn. 37, AnwK/*Riecke* § 551 BGB Rn. 38, Palandt/*Weidenkaff* vor § 535 Rn. 123.

[67] Richtig *Oetker/Maultzsch*, Vertragliche Schuldverhältnisse, Rn. 5.88.

schafft, kommt es bei ihm häufig zu einer **Ersparnis**, wenn der Mieter die Sache nicht gebraucht. Obwohl die Leistung des Vermieters in diesem Fall erbracht und keineswegs unmöglich geworden ist, unterscheidet sich die Interessenlage in dieser Konstellation doch nicht von der in § 326 Abs. 2 S. 2 BGB geregelten, wonach der Schuldner einer vom Gläubiger vereitelten Leistung sich auf seinen fortbestehenden Gegenleistungsanspruch ebenfalls eine Ersparnis anrechnen lassen muss. Dementsprechend ist diese Rechtsfolge durch § 537 Abs. 1 S. 2 BGB auch auf die Verhinderung des Mieters zur Nutzung der Mietsache erstreckt.

307 Aus demselben Grund ist auch eine anderweitige Verwertung der Mietsache zu berücksichtigen, die nach § 537 Abs. 1 S. 2 BGB ebenfalls zu einer Reduktion des Anspruchs auf die Miete führt. Die anderweitige Verwertung der Mietsache erfolgt freilich in aller Regel durch **Überlassung** des Gebrauchs **an einen Dritten**. Da sich der Vermieter mit ihr seiner Fähigkeit zur Leistung an den Mieter begibt, ordnet § 537 Abs. 2 BGB für diesen Fall an, dass der Mieter trotz seiner persönlichen Weigerung oder Hinderung zur Ausübung des Gebrauchsrechts dennoch von seiner Pflicht zur Zahlung der Miete befreit wird. Der BGH versteht diese Bestimmung so, dass der Mieter die vereinbarte Miete und eine etwaige Differenz zu einem vom Vermieter ersatzweise erzielten Mietzins unter keinen Umständen entrichten muss.[68] Diese zuweilen als unbillig empfundene Konsequenz will er aber unter Berufung auf den Einwand der unzulässigen Rechtsausübung dann einschränken, wenn der Mieter sich grob vertragsbrüchig verhalten und der Vermieter durch eine Ersatzvermietung nur versucht hat, das Beste aus der Situation zu machen.[69] Diese Differenzierung nach dem Grad des Verschuldens des Mieters macht die Entscheidung über Fortbestand oder Wegfall der Pflicht zur Mietzahlung zu einem Strafmechanismus, der im Gesetz in keiner Weise angelegt ist. § 537 Abs. 2 BGB betrifft nämlich allein die Leistungspflicht des Mieters[70] und nicht auch seine Schadensersatzpflicht, die sich nur aus seinem Verzug mit der Mietzahlung ergeben kann. Auf diesem Weg kann der Vermieter die Differenz zwischen der vereinbarten und durch Ersatzvermietung erzielten Miete auch bei leichter Fahrlässigkeit des Mieters beanspruchen; und der auch vom BGH berücksichtigte Umstand, dass der Vermieter sich nicht um eine marktgerechte Verwertung der Mietsache bemüht,[71] kann ihm hier ohne Weiteres unter dem Gesichtspunkt des Mitverschuldens[72] entgegengehalten werden.

308 Eine dritte Ausnahme von der Zuweisung des Verwendungsrisikos an den Mieter hat die Rechsprechung in dem Fall gemacht, dass ein Wohnungsmieter, der ein berechtigtes Interesse an der vorzeitigen Beendigung des Mietverhältnisses hat, dem Vermieter einen geeigneten und zumutbaren **Ersatzmieter** anbietet.[73] Lehnt

---

[68] BGH, NJW 1993, 1645, 1646.

[69] BGH, NJW 1993, 1645, 1646 f.; 2008, 1148, 1149 f.

[70] Die Vorschrift kann insoweit auch nicht durch eine vom Vermieter vorformulierte Klausel abbedungen werden; vgl. BGH, NJW 2008, 1148, 1149.

[71] BGH, NJW 1993, 1645, 1646 f.

[72] Dass es bei der Anwendung von § 537 Abs. 2 BGB keine Rolle spielt, behauptet insoweit zu Recht, im praktischen Ergebnis zu Unrecht BGH, NJW 2007, 2177, 2179.

[73] BGH, NJW 2003, 1246, 1247; 2007, 2177, 2179.

der Vermieter diesen grundlos ab, soll seinem Anspruch auf die Miete der Einwand der unzulässigen Rechtsausübung jedenfalls dann entgegenstehen, wenn die andauernde Verpflichtung zur Zahlung der Miete für den Mieter einen Härtefall bedeutete.[74] Diese Voraussetzung kann man nach der Verkürzung der Frist für die ordentliche Kündigung des Mieters auf weniger als drei Monate (§ 573c Abs. 1 S. 1 BGB) bei unbefristeten Mietverträgen kaum je noch bejahen, so dass die besondere Entlastung des Mieters vom Verwendungsrisiko nur bei den ausnahmsweise zulässigen Zeitmietverträgen (§ 575 BGB) sowie in den Fällen eines befristeten Ausschluss der ordentlichen Kündigung[75] zum Zuge kommen könnte. Auch hier sollte man, statt auf den Einwand der unzulässigen Rechtsausübung zurückzugreifen,[76] die Entscheidung danach treffen, ob sich der Vermieter den Vorwurf gefallen lassen muss, durch sein Beharren auf die Erfüllung des Mietvertrags die ihm nach § 241 Abs. 2 BGB obliegende Rücksicht gegenüber dem Mieter zu missachten, so dass seinem Anspruch auf Zahlung der Miete ein auf die Befreiung hiervon gerichteter Schadensersatzanspruch des Mieters gegenübersteht.[77] Zu diesem Ergebnis kommt man umso eher, je länger die Mindestdauer des Mietverhältnisses ist.

(2) Mängelrechte des Mieters

Die Überlassung einer zum vertragsgemäßen Gebrauch geeigneten Mietsache ist **309** zunächst einmal Gegenstand einer dem Vermieter von § 535 Abs. 1 S. 2 BGB auferlegten Leistungspflicht, deren Erfüllung in Natur der Mieter unmittelbar bis zu den Grenzen des § 275 BGB[78] und indirekt durch den Einbehalt der Miete aufgrund der Einrede des nichterfüllten Vertrags gemäß § 320 BGB[79] erzwingen kann. Im Regelfall geht der Anspruch auf Mietzahlung jedoch schon automatisch nach § 536 BGB unter, der eine **Minderung** der Miete bis hin zur vollständigen Befreiung des Mieters für den Zeitraum vorsieht, in dem die Mietsache mit einem Sach- oder Rechtsmangel behaftet ist, der ihre Tauglichkeit nicht nur unerheblich beeinträchtigt. Dass die Minderung hier anders als bei Kauf- und Werkvertrag (§§ 441, 638 BGB) ohne Weiteres und nicht erst auf eine entsprechende Gestaltungserklärung des Geldleistungsschuldners hin eintritt, liegt an der Struktur der vom Vermieter geschuldeten Leistung: Während der Mietzeit hat er sie dauernd und in aller Regel in bestimmten Zeitabschnitten, also so zu erbringen, dass sie als Gegenstand einer absoluten Fixschuld mit Ablauf eines Zeitraums nicht mehr nachzuholen, sondern regelrecht unmöglich ist. Dementsprechend kann die Minderung beim Mietvertrag auch nicht von dem für die Sekundärrechte des Gläubigers üblichen Erfordernis der Fristsetzung oder Abmahnung abhängen, sondern muss nach der Grundregel des

---

[74] BGH, NJW 2003, 2739, 2742; anders Staudinger/*Emmerich* (2006) § 537 Rn. 21, der verlangt, dass das Interesse des Mieters an der Auflösung des Mietverhältnisses auf einem Umstand beruht, der nicht seinem Risikobereich zuzuordnen ist. Da hierzu fast alle Umzugsgründe gehören, bedeutete dies, dass der Mieter kaum je die Übernahme eines Ersatzmieters verlangen könnte.

[75] S. u. Rn. 342.

[76] Zu ihm allgemein *Harke*, Allgemeines Schuldrecht, Rn. 338 ff.

[77] Richtig Staudinger/*Emmerich* (2006) § 537 Rn. 31.

[78] Vgl. hierzu BGH, NJW 2005, 3284 f.

[79] Vgl. hierzu BGH, NJW-RR 2007, 1021, 1022.

§ 326 Abs. 1 BGB unmittelbar eröffnet sein. Dass diese Vorschrift nicht direkt anwendbar ist, beruht auf der für den Dienst- und Arbeitsvertrag gemachten Ausnahme für Schlechtleistungen.[80] Wird die Regel des § 326 BGB durch § 536 BGB beim Mietvertrag wieder in Kraft gesetzt, fehlt hier im Gegensatz zu Kauf- und Werkvertrag auch die Alternative eines Rücktritts, dessen Platz beim Mietvertrag dessen Auflösung durch Kündigung mit Wirkung für die Zukunft einnimmt. Es gibt daher keinen denkbaren Grund für den Mieter, sich gegen die Minderung zu entscheiden, so dass diese folgerichtig auch automatisch eintritt.

310 Das Ausmaß, in dem die Pflicht zur Mietzahlung entfällt, wird wie bei der Herabsetzung des Kaufpreises oder Werklohns danach bestimmt, in welchem Verhältnis der ausgefallene Teil der Vermieterleistung zu ihrem Umfang im Fall hypothetischer Mangelfreiheit steht, also danach, inwieweit der Fehler der Mietsache ihren **Gebrauchswert senkt**. Hierfür hat sich in der Rechtsprechung der Instanzgerichte zur Grundstücks- und Raummiete eine umfangreiche Kasuistik herausgebildet, die Richtsätze für die Beeinträchtigung des Wohn- oder Geschäftswerts durch häufig vorkommende Mängel auswirft. Da sie keine Untergrenze von 10 % kennt, ist auch die entsprechende Einschränkung unangebracht, die der BGH für eine Beeinträchtigung der Gebrauchstauglichkeit durch Unterschreitung der angegebenen Grundfläche macht.[81] Weicht sie zum Nachteil des Mieters von der zur Beschaffenheitsvereinbarung gemachten Beschreibung der Mietsache ab, stellt dies schon wegen der Bedeutung, die der Fläche für die Bemessung der Miete zukommt, unbedingt einen Sachmangel dar, dem man allenfalls in Ausnahmefällen attestieren kann, die Tauglichkeit der Mietsache in nur unerheblichem Maße zu reduzieren, so dass er nach § 536 Abs. 1 S. 3 BGB außer Betracht bleibt. Bemessungsgrundlage der Minderung ist in jedem Fall die Bruttomiete einschließlich aller Nebenkosten, da auch diese Teil eines einheitlichen Entgelts für die vom Vermieter erbrachte Leistung sind.[82]

311 Die **Rückforderung** einer wegen Minderung zu viel gezahlten Miete müsste mangels besonderer Regelung eigentlich nach den Vorschriften über Herausgabe einer ungerechtfertigten Bereicherung erfolgen. Da es keinen Grund gibt, den Mieter in diesem Punkt schlechter als einen Käufer oder Werkbesteller zu behandeln, wäre es durchaus angebracht, ihm im Wege einer Rechtsanalogie zu § 441 Abs. 4, 638 Abs. 4 BGB die Rückgewähr nach Rücktrittsrecht zuzugestehen, bei der sich der Vermieter nicht auf den Einwand der Entreicherung (§ 818 Abs. 3 BGB) berufen kann. Eine solche Lösung scheitert jedoch an § 556b Abs. 2 BGB, der für die Wohnraummiete eine Aufrechnung mit der Mietforderung für spätere Zeitabschnitte entgegen einem vertraglichen Aufrechnungsverbot für zulässig erklärt, wenn der Mieter dem Vermieter seine Absicht zur Aufrechnung mindestens einen Monat vor Fälligkeit der Miete in Textform angezeigt hat. Als Gegenstand der Aufrechnung benennt die Vorschrift außer Schadens- und Aufwendungsersatzansprüchen aus-

---

80 S. o. Rn. 236.

81 Vgl. BGH, NJW 2005, 2152 f.; 2009, 2295. Ist die 10 %-Marke überschritten, kommt dem Vermieter allerdings auch nach Ansicht des BGB keine weitere Toleranzspanne zugute, und die Minderung ist bezogen auf die vereinbarte Fläche und nicht etwa auf eine um 10 % verringerte Fläche zu bestimmen; vgl. BGH, NJW 2010, 1745, 1746.

82 BGH, NJW 2005, 1713, 1714, 2773, 2774.

drücklich Forderungen „aus ungerechtfertigter Bereicherung wegen zuviel gezahlter Miete" und stellt so außer Zweifel, dass der Bereicherungsausgleich die vom Gesetz vorgesehene Form der Rückerstattung einer wegen Minderung zu viel gezahlten Miete ist.

Außer der Minderung der Miete begründet ein Mangel der Mietsache einen Anspruch auf Ersatz der Aufwendungen, die für eine **Selbstbeseitigung** des Mangels durch den Mieter erforderlich sind. Voraussetzung ist gemäß § 536a Abs. 2 Nr. 1 BGB anders als nach der parallelen Bestimmung für die Selbstvornahme beim Werkvertrag (§ 637 Abs. 1 BGB) nicht der Ablauf einer Nachfrist zur Mangelbeseitigung durch den Schuldner, sondern dessen Verzug. Entgegen der Ansicht des BGH[83] kommt es für den Verzugseintritt im Regelfall nicht auf die Mahnung, sondern allein darauf an, ob dem Vermieter der Mangel der Mietsache, etwa durch eine bloße Mitteilung des Mieters ohne auffordernden Charakter, erkennbar geworden ist. Denn die Verpflichtung zur Mangelbeseitigung ist, sofern die Mietzeit nicht ausnahmsweise variabel sein soll, gemäß § 286 Abs. 2 Nr. 1 BGB nach dem Kalender bestimmt, der Verzug also nur davon abhängig, dass den Vermieter das nach § 286 Abs. 4 BGB erforderliche Verschulden trifft, das seine Kenntnis oder mindestens fahrlässige Unkenntnis von dem Mangel voraussetzt. Dass ihm darüber hinaus keine Nachfrist zur Mangelbeseitigung gesetzt werden muss, findet seinen Grund darin, dass der Mietvertrag auf dauernde Mangelfreiheit gerichtet, der Vermieter daher schon darüber unterrichtet ist, dass er, sobald ein Mangel erkennbar wird, diesen auch umgehend abstellen muss. Sieht der Mieter davon ab, durch Unterrichtung des Vermieters die Verzugsvoraussetzungen herbeizuführen, steht ihm ein Aufwendungsersatzanspruch nur noch in dem von § 536a Abs. 2 Nr. 2 BGB genannten Fall zu, dass die umgehende Mangelbeseitigung zur Erhaltung oder Wiederherstellung des Bestands der Mietsache unumgänglich war. Im Übrigen kann er seine Aufwendungen weder im Wege des Schadensersatzes noch nach den Regeln über die Geschäftsführung ohne Auftrag ersetzt verlangen.[84] 312

Kommt der Vermieter mit der Beseitigung des Mangels in Verzug, steht dem Mieter außer dem Aufwendungsersatzrecht auch ein Anspruch auf **Schadensersatz** nach § 536a Abs. 1 BGB zu. Dieser ist auch dann gegeben, wenn der Vermieter den Mangel der Mietsache schuldhaft herbeigeführt hat oder er schon bei Vertragsschluss vorhanden war. Dass der Vermieter bei einem anfänglichen Mangel ohne Rücksicht auf sein Verschulden einer Haftung unterworfen wird, lässt sich allein damit erklären, dass von der Mietsache als Erfüllungsmedium des Vermieters besondere Gefahren für den mit ihr in Kontakt kommenden Mieter ausgehen, für die der Vermieter nach dem Rechtsgedanken von § 278 BGB wie für einen Erfüllungsgehilfen einzustehen hat[85].[86]Dementsprechend beschränkt sich die Verpflichtung 313

[83] Vgl. BGH, NJW 2008, 1216.

[84] BGH, NJW 2008, 1216, 1217 f.

[85] Vgl. *Harke*, Allgemeines Schuldrecht, Rn. 248.

[86] Daher lässt sich auch nicht, gewissermaßen in Umkehrung von § 536a BGB, über § 278 BGB hinaus eine verschuldensunabhängige Haftung des Mieters für die Beschädigung der Mietsache annehmen, wie dies *Lange*, Verschuldensunabhängige Vertragshaftung des Mieters für Schäden an der Mietsache?, Berlin 2005, S. 149 ff. vorschlägt.

des Vermieters auch nicht auf den Schadensersatz statt der Leistung, sondern schließt auch den Mangelfolgeschaden ein, den der Mieter dadurch erleidet, dass er mit der mangelhaften Mietsache in Berührung kommt.[87] Einen hierauf gerichteten Anspruch haben auch Dritte, insbesondere Angehörige oder Arbeitnehmer des Mieters, die in den Schutzbereich des Mietvertrags einbezogen sind, weil sie bestimmungsgemäß mit der vom Vermieter zu erbringenden Leistung in Berührung kommen.[88] Die Gefährdungshaftung des Vermieters zwingt diesen faktisch zu einer eingehenden Kontrolle der Mietsache bis zu dem Moment ihrer Überlassung an den Mieter.[89] Danach muss der Vermieter nur noch bekanntermaßen gefahrträchtige oder störungsanfällige Anlagen regelmäßig überprüfen und darf sich, da ihn ab jetzt nur noch eine Verschuldenshaftung trifft,[90] im Übrigen damit begnügen, auf etwaige ihm gemeldete oder auffallende Unregelmäßigkeiten zu reagieren[91]. Neben dem Schadensersatzanspruch nach § 536a BGB, der an die Stelle der Haftung nach §§ 280 ff. BGB tritt, besteht das Recht zur **außerordentlichen Kündigung** aus wichtigem Grund gemäß § 543 Abs. 1 BGB, das den Platz der Rücktrittsrechte gemäß §§ 323 ff. BGB einnimmt. Nach § 543 Abs. 2 S. 1 Nr. 1 BGB gilt als wichtiger Grund insbesondere die Nichtgewährung oder Entziehung der Möglichkeit zum vertragsgemäßen Gebrauch der Mietsache.

(3) Ausschluss der Mängelhaftung

314 Ein **vertraglicher Ausschluss** der Mängelhaftung ist nach § 536 Abs. 4 BGB jedenfalls insoweit unwirksam, als er dem Wohnraummieter verwehrt, sich auf die Mietminderung wegen eines Mangels zu berufen. Da sie zum gesetzlichen Leitbild des Mietrechts gehört, lässt sie sich auch im Übrigen nicht durch eine vom Vermieter vorformulierte Geschäftsbedingung ausschließen, sondern nur in der Weise modifizieren, dass der Mieter trotz des Mangels zunächst zur Sicherung des Vermieters zur Zahlung der ungekürzten Miete verpflichtet ist und die Erstattung des Betrags, um den sie gemindert ist, dann im Wege eines Rückgewähranspruchs verlangen muss.[92] Nicht durch vorformulierte Geschäftsbedingung abzubedingen ist entgegen der Ansicht des BGH[93] auch die Gefährdungshaftung nach § 536a Abs. 1 BGB, die ebenfalls das gesetzliche Leitbild des Mietrechts prägt und sich daher nur, wie dies auch für die Haftung wegen anderer Kardinalpflichten gilt,[94] in ihrem Umfang einschrän-

---

[87] Staudinger/*Emmerich* (2006) § 536a Rn. 19.

[88] Vgl. *Harke*, Allgemeines Schuldrecht, Rn. 435 f.

[89] Entgegen *Fikentscher/Hei*nemann, Schuldrecht, Rn. 1003 ist sie aber keineswegs auch rechtlich auf solche Mängel begrenzt, die für den Vermieter bei Einhaltung äußerster Sorgfalt erkennbar waren. Für eine Ausnahme völlig unvorhersehbarer Mängel zu Unrecht auch MünchKomm/*Häublein* § 536 BGB Rn. 7.

[90] Staudinger/*Emmerich* (2006) § 535 Rn. 32.

[91] BGH, NJW 2009, 143, 144.

[92] BGH, NJW 2008, 2254, 2255, 2497, 2498. Entgegen der Ansicht des BGH erfolgt die Leistung des Mieters in diesem Fall allerdings nicht zur Erfüllung, sondern sicherungshalber und unterliegt daher einem vertraglichen Rückgewähranspruch und nicht der Rückforderung nach § 812 BGB.

[93] BGH, NJW 2002, 3232 f.

[94] Vgl. *Harke*, Allgemeines Schuldrecht, Rn. 183.

ken lässt. Für alle Arten der Beseitigung oder Begrenzung von Mängelansprüchen gilt nach der Regel des § 536d BGB, der gemäß § 543 Abs. 4 BGB auch für die Kündigung aus wichtigem Grund gilt, dass sie insoweit unwirksam ist, als der Vermieter einen Mangel arglistig verschwiegen hat. Da es keinen Grund gibt, den Mietvertrag in diesem Punkt anders zu behandeln als Kauf- und Werkvertrag, muss diese Rechtsfolge in Analogie zu §§ 444, 639 BGB auch dann eintreten, wenn der Vermieter eine Garantie für eine bestimmte Beschaffenheit der Mietsache abgegeben hat.[95]

Dasselbe gilt für den Ausschluss der Mängelrechte des Mieters wegen seiner **315** **grobfahrlässigen Unkenntnis** des Fehlers der Mietsache beim Vertragsschluss: Gemäß § 536b S. 2 BGB soll sie anders als die positive Kenntnis des Mangels die entsprechenden Rechte des Mieters nicht unbedingt, sondern nur dann ausschließen, wenn der Vermieter den Mangel nicht arglistig verschwiegen hat. Ebenso wie in der korrespondierenden Bestimmung des § 442 BGB ist dem Fall der Arglist auch hier wiederum die Konstellation gleichzustellen, dass der Vertragspartner eine Garantie für die Beschaffenheit der Sache abgegeben hat.[96] Anders als die parallele Regelung beim Kauf[97] lässt sich der Ausschluss der Mängelhaftung bei der Miete aber nicht als Folge einer konkludenten Beschaffenheitsvereinbarung verstehen, mit der die dem Mieter beim Vertragsschluss bekannten oder von ihm nur aus grober Fahrlässigkeit verkannten Fehler der Kaufsache vom Leistungsprogramm des Vermieters ausgenommen werden. Denn dem Mieter bleibt, sofern ein Mangel der Mietsache als solcher nicht durch regelrechte Beschaffenheitsvereinbarung ausgeschlossen worden ist, der in § 536b BGB nicht genannte Erfüllungsanspruch auf künftige Überlassung einer mangelfreien Mietsache aus § 535 Abs. 1 S. 2 BGB erhalten,[98] so dass sich der Verlust von Minderungs- und Schadensersatzrecht nur als Konsequenz eines hierauf beschränkten stillschweigenden Verzichts deuten lässt.[99] Ebenso verhält es sich mit dem in § 536b S. 3 BGB vorgesehenen Verlust von Rechten wegen Mängeln, die der Mieter bei der Annahme der Mietsache erkannt und nicht zum Gegenstand eines Vorbehalts gemacht hat. Diese Rechtsfolge entspricht derjenigen, die nach § 640 Abs. 2 BGB eine vorbehaltlose Abnahme beim Werkvertrag hat.[100]

---

[95] Anders MünchKomm/*Häublein* § 536d BGB Rn. 1.

[96] MünchKomm/*Häublein* § 536b BGB Rn. 13, Palandt/*Weidenkaff* § 536b Rn. 6.

[97] S. o. Rn. 55.

[98] BGH, NJW-RR 2007, 1021, 1022. Für die von *Wilhelm*, Mängelhaftung und Kenntnis des Gläubigers vom Mangel, JZ 1982, 488, 494 f. vorgeschlagene Erstreckung des Anspruchsausschlusses auf den Anspruch zur Mängelbeseitigung ist seit der Mietrechtsreform kein Raum mehr. Entgegen *Oetker/Maultzsch*, Vertragliche Schuldverhältnisse, Rn. 5.38 verdient die Entscheidung des Gesetzgebers auch durchaus keine Kritik, weil der Anspruch auf Überlassung einer mangelfreien Sache anders als der Anspruch auf mangelfreie Lieferung bei Kauf- und Werkvertrag durch eine Dauerleistung erfüllt wird und man ihrem Gläubiger nicht leichthin unterstellen darf, auf sie auch für die Zukunft verzichtet zu haben. Dementsprechend bleibt auch das Recht zur Kündigung aus wichtigem Grund unberührt.

[99] So auch Soergel/*Heintzmann* § 536b Rn. 1. Anders MünchKomm/*Häublein* vor § 536b BGB Rn. 1 f., der sich aber auch gegen eine Erklärung mit Hilfe des Verbots widersprüchlichen Verhaltens wendet.

[100] S. o. Rn. 109.

Im Fall eines Rechtsmangels lässt sich eine Kenntnis des Mieters nur dann annehmen, wenn er außer dem Recht des Dritten, das dem Gebrauch der Mietsache entgegensteht, auch die Gefahr kennt und ernst nimmt, dass der Dritte von seinem Recht Gebrauch machen wird.[101]

316 In § 536c Abs. 2 S. 2 BGB ist ein weiterer Grund für den Ausschluss der Mängelhaftung normiert, der sich auch aus allgemeinen Grundsätzen ergäbe: Verstößt der Mieter gegen seine in Abs. 1 der Vorschrift statuierte Pflicht, dem Vermieter einen Mangel der Mietsache oder eine ihr drohende unvorhergesehene Gefahr unverzüglich **anzuzeigen**, verliert er sein Recht zur Mietminderung, sein Schadensersatz- und gemäß § 543 Abs. 4 BGB auch das Recht zur außerordentlichen Kündigung, soweit der Vermieter wegen des Mangels der Anzeige nicht für Abhilfe sorgen konnte. Zu eben demselben Resultat kommt man schon, wenn man dem Vermieter gestattet, den Ansprüchen des Mieters seinen in § 536c Abs. 2 S. 1 BGB genannten Anspruch auf Ersatz des aus der Pflichtverletzung entstandenen Schadens entgegenzuhalten. Dieser Anspruch ergibt sich wiederum auch ohne besondere Regelung aus der generellen Pflicht zur Rücksicht auf die Interessen des Vertragspartners aus § 241 Abs. 2 BGB und der an sie geknüpften Haftung gemäß § 280 Abs. 1 BGB. Und auch die Beschränkung durch die Formulierung, dass sich ein anzeigepflichtiger Mangel dem Mieter erst „zeigen muss", lässt sich aus allgemeinen Regeln gewinnen: Da der Mieter nicht zur Untersuchung der Mietsache verpflichtet ist, können ihm ebenso wie beim Ausschluss seiner Rechte nach § 536b S. 2 BGB nur seine Kenntnis und die grobfahrlässige Unkenntnis des Mangels zum Nachteil gereichen.[102] Die Bedeutung von § 536c BGB, die auch nicht etwa im Verzicht auf das Verschuldenserfordernis besteht,[103] beschränkt sich demnach auf die Wirkung, dass sich der Rechtsverlust des Mieters durch Einwendung statt wie nach allgemeinem Schadensersatzrecht durch Einrede vollzieht und dementsprechend auch nicht von der Verjährung des Schadensersatzanspruchs abhängen kann. Werden diese Konsequenzen auch kaum je praktisch, fehlt es für die besondere Behandlung der Anzeigepflicht im Vergleich zu sonstigen Rücksichtspflichten doch an einem hinreichenden Grund. Ist die Regelung des § 536c BGB deshalb fragwürdig, darf sie erst recht nicht analog zum Nachteil eines Mieters angewandt werden, der in Kenntnis eines Mangels der Mietsache vorbehaltlos weiter die Miete in voller Höhe zahlt.[104] Hier gilt ebenso wie im umgekehrten Fall, dass ein Vermieter eine unberechtigte Mietkürzung über einen längeren Zeitraum hinnimmt,[105] dass sich ein Verlust des Anspruchs auf Rückgewähr der zuviel gezahlten oder Nachleistung der zu wenig entrichteten Miete nur nach allgemeinen Regeln über den stillschweigenden Verzicht ergeben kann.

---

[101] BGH, NJW 1996, 46, 47.

[102] BGH, NJW 1977, 1236, 1237, NJW-RR 2006, 1157, 1158.

[103] So zu Unrecht für die in Abs. 2 S. 2 bestimmten Rechtsfolgen MünchKomm/*Häublein* vor § 536c BGB Rn. 13. Diese unterscheiden sich in ihren Voraussetzungen jedoch nicht von der Schadensersatzpflicht nach Abs. 1 S. 2, für die das Verschuldenserfordernis außer Frage steht; vgl. MünchKomm/*Häublein* § 536c BGB Rn. 13.

[104] BGH, NJW 2003, 2601, 2603; 2007, 147, 148.

[105] Vgl. BGH, NJW 2006, 219 f.

Wird in § 536c BGB für die mietrechtliche Mängelhaftung nur ausgesprochen, was schon nach **allgemeinem Leistungsstörungsrecht** gilt, stellt sich die Frage nach beider Verhältnis in erster Linie für die Abgrenzung der Mängelhaftung von der Schadensersatzpflicht wegen vorvertraglicher Fehlinformation sowie für die Reichweite der Gefährdungshaftung nach § 536a Abs. 1 BGB. Nach Ansicht des BGH kommt das mietvertragliche Regime erst ab Übergabe der Mietsache zum Zuge,[106] so dass der Vermieter vorher nicht verschuldensunabhängig und danach nicht mehr für *culpa in contrahendo* einzustehen hat, es sei denn, ihn trifft der Vorwurf der Arglist[107]. Ist auch dieser Vorbehalt zulasten des vorsätzlich handelnden Vermieters ebenso wie im Kaufrecht[108] geboten, um einen Widerspruch zur Arglistanfechtung zu vermeiden, entbehrt der zeitliche Aufschub der Geltung des Mietrechts doch der nötigen Rechtfertigung: Die in § 536 Abs. 1 S. 1 BGB für den Tatbestand der Mietminderung gewählte Formulierung, dass die Mietsache „zur Zeit der Überlassung an den Mieter" mit einem Mangel behaftet ist, geht auf den Gesetzgeber von 1900 zurück und ist schon von ihm nicht mit Bedacht gewählt worden.[109] Selbst wenn man sie im strengen Wortsinne nimmt, steht sie einer analogen Anwendung der §§ 536 ff. BGB auf die Zeit vor der Sachübergabe nicht im Wege. Dass sie zumindest beim Minderungs- und Aufwendungsersatzrecht geboten ist,[110] ergibt sich ohne Weiteres daraus, dass es keinen Unterschied machen darf, ob der Mieter die Sache übernimmt oder dies ablehnt, weil er ihre Mangelhaftigkeit schon vorher erkannt hat.[111] Für einen verzögerten Einsatz des Mietrechts könnte hier allenfalls sprechen, dass sich der Mieter durch Nichtannahme der Mietsache seiner Anzeigepflicht nach § 536c BGB entzieht, die zum Verlust seiner Mängelrechte führen kann. Da diese Vorschrift jedoch nur die allgemeine Rücksichtspflicht aus § 241 Abs. 2 BGB und ihre Folgen konkretisiert und nahezu unmerklich modifiziert, stellt sie ebenfalls keinen hinreichenden Grund für den Aufschub des Minderungs- und Aufwendungsersatzrechts dar. Nicht vor Übergabe der Mietsache kann freilich die Gefährdungshaftung wegen anfänglicher Mängel nach § 536a BGB eingreifen;[112] denn sie beruht auf der besonderen Gefährlichkeit der Mietsache für den Mieter, die zwangsläufig folgenlos bleibt, wenn dieser sie erst gar nicht übernimmt. 317

---

[106] Für die Beibehaltung dieser Regel nach der Schuldrechtsmodernisierung *Oetker/Maultzsch*, Vertragliche Schuldverhältnisse, Rn. 5.56.

[107] BGH, NJW 1997, 2813 f.

[108] S. o. Rn. 80.

[109] Vgl. die Erwägungen der ersten BGB-Kommission, die von einem weitgehenden Gleichlauf des allgemeinen und des besonderen Leistungsstörungsrechts des Mietvertrags ausging; vgl. Mot., Mugdan, Bd. 2, S. 207 f.

[110] Ebenso *Oechlser*, Aufwendungsersatzansprüche nach § 284 BGB im Mietrecht, NZM 2004, 647, 650 und wohl auch MünchKomm/*Häublein* vor § 536 BGB Rn. 11. Anders Soergel/*Heintzmann* vor § 536 Rn. 5.

[111] Richtig MünchKomm/*Häublein* vor § 536a BGB Rn. 11.

[112] Im Ergebnis richtig *Fikentscher/Heinemann*, Schuldrecht, Rn. 1010 und *Looschelders*, Schuldrecht BT, Rn. 437, der als Alternative freilich die Annahme einer Garantiehaftung im Rahmen von § 276 BGB aufgrund der Wertung des § 536a BGB erwägt. Für eine Anwendung von § 536a BGB vor Übergabe der Mietsache dagegen *Ahrens*, Mietrechtliche Garantiehaftung – Widersprüchlichkeiten im neuen Schuldrecht, ZGS 2003, 134, 135 f.

cc) *Beendigung und Abwicklung des Mietverhältnisses*

(1) Das Mietende

318 Wie bei Dauerverträgen selbstverständlich und durch § 542 BGB unnötigerweise gesagt, endet das Mietverhältnis, wenn es unbefristet ist, durch ordentliche oder außerordentliche Kündigung, und, wenn es befristet ist, durch Zeitablauf oder außerordentliche Kündigung. Die Fristen für die ordentliche Kündigung von Mietverhältnissen über andere Sachen als Wohnraum sind in § 580a BGB festgelegt: Nach Abs. 3 ist ein Mietvertrag über bewegliche Sachen bei einer nach Tagen bemessenen Miete jeweils für den Ablauf des nächsten Tags, ansonsten zum Ablauf des dritten Tags nach dem Tag der Kündigungserklärung aufzulösen. Kündigungsfristen für die Grundstücks- und Raummiete sieht Abs. 1 der Vorschrift vor. Sie gelten jedoch nur in dem Ausnahmefall, dass keine Geschäftsräume vermietet sind, für die Abs. 2 unabhängig von der Bemessung der Miete vorsieht, dass das Mietverhältnis bis zum dritten Werktag eines Kalendervierteljahres zu dessen Ende gekündigt werden kann. Ein beiderseitiges Recht zur außerordentlichen Kündigung unter Einhaltung der **gesetzlichen Kündigungsfrist** besteht gemäß § 544 BGB zur Vermeidung einer „Erbmiete"[113] bei einem Mietvertrag, der für eine längere Zeit als 30 Jahre geschlossen oder über diesen Zeitraum hinaus kraft Ausübung einer oder mehrerer Verlängerungsoptionen erstreckt[114] und nicht für die Lebenszeit einer Person abgeschlossen worden ist. Es besteht ferner für beide Vertragsparteien nach § 580 BGB im Fall des Todes des Mieters, weil es vom Vermieter in der Regel mit Rücksicht auf die Person des Mieters abgeschlossen und für dessen Erben häufig nutzlos ist. Nur der Mieter kann dagegen gemäß § 540 Abs. 1 S. 2 BGB das Mietverhältnis unter Einhaltung der gesetzlichen Kündigungsfrist kündigen, wenn der Vermieter seine Zustimmung zur Überlassung der Mietsache an einen Dritten verweigert, ohne dass in dessen Person ein wichtiger Grund vorläge.[115]

319 Eine **fristlose Kündigung** ist nach § 543 Abs. 1 BGB, der mit der allgemeinen Regel des § 314 BGB im Wesentlichen übereinstimmt, an die Existenz eines wichtigen Grundes gebunden, der dem kündigenden Teil die Fortsetzung des Mietverhältnisses bis zu seinem Ende oder zum nächsten Kündigungstermin unzumutbar macht. Abs. 2 der Vorschrift enthält eine Trias von Regelbeispielen, die jeweils, für sich genommen, einen wichtigen Grund ausmachen und keiner ergänzenden Prüfung bedürfen, ob die Bindung an das Mietverhältnis noch zumutbar ist.[116] Während auf Seiten des Mieters schon Nichtgewährung oder Entzug des vertragsgemäßen Gebrauchs ausreicht, bedarf es nach dem Wortlaut von § 543 Abs. 2 BGB für eine außerordentliche Kündigung durch den Vermieter einer erheblichen Verletzung seiner Rechte durch schuldhafte Gefährdung der Mietsache oder die unbefugte Überlassung an einen Dritten. Sieht man hierin nicht den Ausdruck einer bewussten Ungleichbehandlung von Mieter und Vermieter, kann man einen Widerspruch zwi-

---

[113] RGZ 73, 341, 342.
[114] BGH, NJW 2004, 1523, 1524.
[115] S. o. Rn. 303.
[116] BGH, NJW 2007, 147, 148; 2009, 2297.

schen den beiden Beispielen nur vermeiden, wenn man den für die Minderung wegen eines Mangels den nach § 536 Abs. 1 S. 3 BGB geltenden Maßstab anlegt und eine erhebliche Verletzung der Vermieterrechte immer schon dann annimmt, wenn die Gefährdung der Mietsache oder ihre unberechtigte Überlassung an einen Dritten die Vermieterposition nicht nur unerheblich beeinträchtigt. Dieses Kriterium findet sich auch im dritten Regelbeispiel von § 543 Abs. 2 BGB, wonach als wichtiger Grund ferner der Verzug des Mieters mit der Mietzahlung in Höhe von zwei Monatsmieten oder sein Verzug mit einem nicht nur unerheblichen Teil der Miete bei zwei aufeinanderfolgenden Terminen gilt. Wie ein Vergleich mit der für Wohnraummietverhältnisse bestimmten mieterfreundlicheren Regel des § 569 Abs. 3 Nr. 1 BGB zeigt, liegt ein nicht nur unerheblicher Rückstand jedenfalls dann vor, wenn er die Miete für einen Monat übersteigt.[117] Als Miete sind hierbei ebenso wie im Rahmen der Minderung nicht nur die Nettomiete, sondern auch die vereinbarten Nebenkostenvorauszahlungen oder -pauschalen anzusehen,[118] die Teil der Gegenleistung für die vom Vermieter zu erbringende Gebrauchsgewährung sind. Der Verzug des Mieters tritt bei der Raummiete gemäß § 286 Abs. 2 Nr. 1 BGB auch ohne Mahnung ein, weil die Miete nach §§ 579 Abs. 2, 556b Abs. 1 BGB jeweils am dritten Werktag eines Mietzeitabschnitts zu leisten ist. Die Kündigung ist jedoch gemäß § 543 Abs. 2 S. 2 BGB ausgeschlossen, wenn der Vermieter noch vor ihrer Erklärung befriedigt wird oder der Mieter unverzüglich danach die Aufrechnung mit einer ihm schon vorher zustehenden Forderung erklärt. Entgegen der Ansicht des BGH[119] genügt für diese besondere Art der Verzugsbereinigung ebenso wenig wie sonst auch[120] die Vornahme der Leistungshandlung; vielmehr muss noch vor der Kündigungserklärung der Leistungserfolg eingetreten, die Miete im Fall der unbaren Zahlung durch Überweisung also dem Vermieterkonto gutgeschrieben sein. Von vornherein ausgeschlossen ist die Verzugsbereinigung, wenn die Kündigung statt auf das Regelbeispiel in § 543 Abs. 2 S. 1 Nr. 3 BGB auf den sonstigen wichtigen Grund wiederholt unpünktlicher Zahlungen gestützt ist,[121] der durchaus schon durch den Verzug mit einer Monatsmiete nach einer vorangehenden Abmahnung gegeben sein kann[122]. Weder hier noch in den anderen Fällen einer Kündigung aus wichtigem Grund brauchen die Fristsetzung zur Abhilfe oder die Abmahnung mit einer Androhung der Kündigung verbunden zu sein.[123] Sind die Fristsetzung oder Abmahnung erfolglos geblieben oder ausnahmsweise wegen ihrer offensichtlichen Erfolglosigkeit oder der besonderen Interessen des geschädigten Vertragspartners entbehrlich, muss der zur Kündigung befugte Vertragspartner von seinem Recht in angemessener Zeit Gebrauch machen. Zwar greift nicht die von § 626 Abs. 2 BGB für den Dienstvertrag vorgesehene Zwei-Wochen-Frist ein. Es gilt jedoch die allgemeine und durch die mietrechtliche Spezialregelung nicht verdrängte Bestimmung

[117] BGH, NJW 2008, 3210, 3212.
[118] BGH, NJW 2008, 3210, 3212.
[119] BGH, NJW 2006, 1585.
[120] Vgl. *Harke*, Allgemeines Schuldrecht, Rn. 199.
[121] BGH, NJW 2006, 1585, 1586.
[122] BGH, NJW 2006, 1585, 1587; 2009, 1491, 1494.
[123] BGH, NJW 2007, 2474.

des § 314 Abs. 3 BGB, derzufolge die Kündigung binnen angemessener Zeit ab Kenntnis vom Kündigungsgrund erfolgen muss.[124]

(2) Abwicklungsansprüche

320 Maßgebliche Rechtsfolge der Vertragsbeendigung ist der in § 546 Abs. 1 BGB statuierte Anspruch des Vermieters auf **Rückgabe** der Mietsache. Dieser Anspruch tritt neben den dinglichen aus § 985 BGB und ist vor allem dem Vermieter von Nutzen, der nicht Eigentümer der vermieteten Sache ist. In dessen Interesse ordnet § 546 Abs. 2 BGB zudem an, dass er die Rückgabe der Sache auch von einem Dritten verlangen kann, dem der Mieter ihren Gebrauch überlassen hat, sei es, dass dies mit Zustimmung des Vermieters geschehen ist, sei es, dass der Mieter die Sache dem Dritten unbefugt überlassen hat. Der Rückgabeanspruch gegen den Dritten entspricht in seinem Inhalt demjenigen, der sich gegen den Mieter selbst richtet.[125] Im Fall einer Grundstücks- oder Raummiete schließt er außer der Übertragung des unmittelbaren Besitzes die Räumung der Mietsache, also die Entfernung der vom Mieter eingebrachten Gegenstände und einer von ihm beschafften Einrichtung, ein,[126] es sei denn, es handelt sich nur um vereinzelte Gegenstände oder der Mieter hat eine Einrichtung im Rahmen der ihm auferlegten Pflicht zu Schönheitsreparaturen mit der Mietsache verbunden[127]. Unter diesen Umständen greift auch das Wegnahmerecht nicht ein, das dem Mieter nach § 539 Abs. 2 BGB als dinglicher Anspruch[128] für die von ihm beschafften Einrichtungen zusteht und sich auch auf solche Sachen erstreckt, die durch ihre Verbindung mit der Mietsache zu deren wesentlichen Bestandteil und damit zum Eigentum des Vermieters geworden sind[129]. Sieht man von der Entfernung von Einrichtung und sonstigen eingebrachten Gegenständen ab, die der Annahme einer Räumung der Mietsache entgegenstehen, erfasst der Rückgabeanspruch nicht ihre Überlassung in einem bestimmten Zustand[130]. Gibt der Mieter sie also entgegen den mietvertraglichen Bestimmungen ungereinigt oder unrenoviert zurück, macht er sich zwar wegen eines Verstoßes gegen die entsprechenden Renovierungs- und Reinigungspflichten haftbar, verletzt aber nicht seine Rückgewährpflicht.[131] Dasselbe gilt bei einer übermäßigen Abnutzung der Mietsache durch unsachgemäßen oder zu intensiven Gebrauch, die über den nach § 538 BGB vom Vermieter hinzunehmenden Verschleiß durch vertragsgemäßen Gebrauch[132] hinausgeht. Dass der Mieter auch hier auf Beseitigung der angerichteten Schäden in Anspruch genommen werden kann, stellt nicht in Frage, dass er die Mietsache mit

---

[124] MünchKomm/*Häublein* vor § 536 BGB Rn. 7, § 543 Rn. 2, Staudinger/*Emmerich* (2006) § 543 Rn. 12, PWW/*Feldhahn* § 551 Rn. 29. Anders AnwK/*Klein-Blenkers* § 543 BGB Rn. 50.

[125] BGH, NJW 2001, 1355.

[126] BGH, NJW 1988, 2665, 2666.

[127] BGH, NJW 2006, 2115, 2116.

[128] BGH, NJW 1987, 2861.

[129] BGH, NJW 1991, 3031.

[130] BGH, NJW 1988, 2665, 2666.

[131] BGH, NJW-RR 2010, 1521.

[132] Hält sich der Mieter in diesem Rahmen, bleibt sogar eine Kontamination der Mietsache folgenlos; vgl. BGH, NJW 2002, 3234, 3235; 2009, 139 f.

Besitzübertragung und Räumung an den Vermieter zurückgegeben hat und hierfür nicht mehr schadensersatzpflichtig ist. – Im Gegenzug zur Rückgabe schuldet der Vermieter die **Erstattung** im Voraus gezahlter **Miete**, und zwar gemäß § 547 Abs. 1 BGB im Fall einer vom Vermieter zu vertretenden Beendigung des Mietverhältnisses nicht nach Bereicherungsrecht, sondern kraft eines besonderen vertraglichen Anspruchs und einschließlich Zinsen ab Empfang der Mietzahlung.

Kommt der Mieter seiner Verpflichtung zur Rückgabe der Mietsache nicht nach, **321** kann der so bewirkte Pflichtenverstoß noch geheilt werden, wenn der Vermieter ihn reaktionslos hinnimmt. Ebenso wie ein Dienstvertrag (§ 625 BGB) kann auch ein Mietverhältnis durch seine faktische Fortsetzung kraft gesetzlicher Anordnung auf unbestimmte Zeit **verlängert** werden. § 545 BGB verlangt hierfür, dass der Mieter den Gebrauch der Sache über das Vertragsende hinaus fortsetzt und keine der beiden Seiten der Fortdauer des Mietverhältnisses binnen einer Frist von zwei Wochen widerspricht, die für den Mieter mit der Fortsetzung des Gebrauchs und für den Vermieter in dem Moment beginnt, in dem er hiervon Kenntnis erlangt.[133] Der Widerspruch, der die Verlängerung verhindert, kann auch schon vor dem Ende der Mietzeit, und zwar sogar zusammen mit der Kündigung,[134] erklärt werden und braucht danach nicht wiederholt zu werden.[135]

Auch wenn die Verlängerung des Mietverhältnisses scheitert, kommt es den- **322** noch zu einer vertragsähnlichen Rechtsfolge, nämlich der von § 546a BGB angeordneten Verpflichtung des Mieters zur **Entschädigung** des Vermieters nach Maßgabe der vereinbarten oder einer ortsüblichen Miete. Dass der Vermieter ihre Fortzahlung verlangen kann, sollte nach der Vorstellung des Gesetzgebers von 1900 Streitigkeiten über die Höhe eines Schadensersatzanspruchs wehren[136] und dem Mieter damit den Anreiz nehmen, die Mietsache weiter zu nutzen und darauf zu spekulieren, dass der Vermieter mit seinem Nachweis eines durch die fehlende Nutzungsmöglichkeit entstandenen Schadens scheitert. Die aus diesem Grund geschaffene Regelung schießt jedoch über dieses Ziel hinaus, indem sie einen Anspruch auf Mietfortzahlung für jeden Fall der fehlenden Rückgabe und damit auch dann anordnet, wenn diese ohne Verschulden des Mieters unterblieben ist. Man könnte ihn daher als vertraglichen Anspruch eigener Art deuten,[137] der auf der schlichten Erwä-

[133] Obwohl diese gesetzlich angeordnete Verlängerung von einem stillschweigenden Vertragsschluss zu unterscheiden ist (vgl. BGH, NJW 2009, 433, 434), der sich auch ohne Einhaltung der in § 545 BGB genannten Voraussetzungen bejahen lässt, darf sie doch ebenso wie ihr Pendant beim Dienstvertrag (s. o. Rn. 239) nur dann stattfinden, wenn Mieter und Vermieter geschäftsfähig und beim Gebrauch oder dem Wissen hiervon durch Personen vertreten sind, deren Handlungen und Kenntnisse ihnen zugerechnet werden; vgl. *Oetker/Maultzsch*, Vertragliche Schuldverhältnisse, Rn. 5.130, Staudinger/*Emmerich* (2006) § 545 Rn. 3. Andernfalls würde kraft Gesetzes ein Vertrag fingiert, der überhaupt nicht hätte geschlossen werden können. Eine Anfechtung wegen mangelnden Erklärungsbewusstseins oder eines Rechtsirrtums über die Folgen der faktischen Fortsetzung des Vertrags kommt dagegen nicht in Betracht, weil sie dem Sinn der gesetzlichen Fiktion zuwiderliefe.

[134] BGH, NJW 2010, 2124, 2125.

[135] BGH, NJW-RR 2006, 1385, 1386.

[136] Vgl. die Erwägungen der ersten BGB-Kommission, Mot., Mugdan, Bd. 2, S. 231 f.

[137] So BGH, NJW 1988, 2665, 2666, NJW-RR 2003, 1308.

gung beruht, dass der Mieter nach Ablauf der Mietzeit nicht besser stehen darf als davor[138]. Lässt man deshalb schadensersatzrechtliche Kriterien außer Betracht, gelangt man allerdings zu offenbar unrichtigen Ergebnissen, wenn der Mieter zur Rückgabe der Mietsache nicht imstande ist: Blendet man das der Rückgabe entgegenstehende Leistungshindernis aus,[139] muss der Mieter die Entschädigung auch dann leisten, wenn er den Ausfall der Rückgabe nicht zu vertreten hat. Nimmt man dagegen auf das Leistungshindernis Rücksicht,[140] bedeutet dies, dass er auch dann keine Entschädigung leisten muss, wenn er sich wie etwa im Fall der unberechtigten Untervermietung schuldhaft der Möglichkeit beraubt hat, die Sache zurückzugeben.[141] Besser ist es daher, die Vorschrift entsprechend der Intention des Gesetzgebers und ihrem Zweck im Gefüge des Gesetzes teleologisch zu reduzieren und die Entschädigung als Schadenspauschale zu verstehen, die das Gesetz zum Zweck der Prävention unter den Voraussetzungen anordnet, unter denen eine Schadensersatzpflicht begründet wäre. Außer einer sachgerechten Differenzierung im Fall eines Leistungshindernisses bietet diese Lösung den weiteren Vorteil, dass sich mit ihr die Konstellationen mangelnder Annahmebereitschaft des Vermieters sinnvoll bewältigen lassen. Der BGH greift hier zu einer wiederum zu weitgehenden Notlösung, indem er aus dem Begriff der Vorenthaltung folgert, dass keine Entschädigung entrichtet werden muss, wenn der Verbleib der Mietsache beim Mieter dem Willen des Vermieters entspricht.[142] Dies kann schon deshalb nicht befriedigen, weil die Vorenthaltung gar nicht zum Tatbestand der Entschädigung gehört, der sich nach dem Gesetzeswortlaut in der fehlenden Rückgabe der Mietsache erschöpft. Geht man von den Voraussetzungen der Schadensersatzpflicht aus, ergibt sich dagegen von selbst, dass eine Entschädigung nicht geschuldet sein kann, wenn es am Vermieter liegt, dass es nicht zur Rückgabe der Mietsache gekommen ist; und für die Fälle, in denen es an beiden Parteien liegt, steht dem Rechtsanwender mit dem Einwand des Mitverschuldens[143] ein adäquates Instrument zu der angebrachten Reduktion der Entschädigung zur Verfügung. Als Schadenspauschale unterliegt die gemäß § 546a Abs. 1 BGB zu leistende Entschädigung allerdings keiner Minderung wegen eines Mangels der Mietsache, für deren Beschaffenheit der Vermieter nach dem Vertragsende nicht mehr einzustehen hat. Dies gilt entgegen der Ansicht des BGH[144] auch dann, wenn die Miete bei Vertragsende bereits gemindert war. Wie § 546a Abs. 2 BGB klarstellt, ist der Vermieter nicht auf die Entschädigung beschränkt, sondern kann einen weitergehenden Schaden geltend machen. Dasselbe gilt für Ansprüche auf Abschöpfung des vom Mieter aus der Weitervermietung erzielten Erlöses.[145]

---

[138] Palandt/*Weidenkaff* § 546a Rn. 1.
[139] So BGH, NJW 1984, 1527, 1528.
[140] So BGH, NJW-RR 2005, 1081, 1082.
[141] Anders Staudinger/*Emmerich* (2006) § 546a Rn. 27.
[142] BGH, NJW 2006, 140, 141 f., NJW-RR 2006, 229, 230.
[143] Gegen dessen Anwendung ausdrücklich BGH, NJW 1988, 2665, 2666.
[144] BGH, NJW-RR 1990, 884, 885.
[145] BGH, NJW-RR 2009, 1522, 1524.

(3) Kurze Verjährung

Da der Vermieter die Mietsache nach Vertragsende typischerweise rasch wieder vermietet und der Mieter eine andere Sache mietet, besteht beiderseits ein Interesse daran, dass Ansprüche wegen des Zustands der Mietsache zügig geltend gemacht werden. Diesem Interesse dient die Anordnung einer sehr kurzen Verjährung, die für die Ansprüche beider Seiten gilt, aber zu unterschiedlichen Zeitpunkten beginnt: Während das Wegnahmerecht des Mieters und sein Anspruch auf Aufwendungsersatz nach den Regeln über die Geschäftsführung ohne Auftrag (§ 539 Abs. 1 BGB[146]) gemäß § 548 Abs. 2 BGB in sechs Monaten ab der Beendigung des Mietverhältnisses verjähren, hängt die nach Abs. 1 der Vorschrift in gleicher Frist eintretende Verjährung der Ansprüche des Vermieters auf Ersatz für die Veränderung oder Verschlechterung der Mietsache von der Rückgabe der Mietsache ab. Dies gilt freilich nicht nur bei einer Rückgabe nach Ende des Mietverhältnisses, sondern auch dann, wenn er sie vor Mietende zurückerhält.[147] Denn schon die Rückgabe setzt den Vermieter in den Stand, die Mietsache auf Beschädigungen durch den Mieter zu untersuchen. Bleibt die Rückgabe dagegen so lange aus, dass dem entsprechenden Anspruch des Vermieters die nach Ablauf der Regelfrist des § 195 BGB begründete Einrede der Verjährung entgegensteht, ist diese gemäß § 548 Abs. 1 S. 3 BGB auch ohne Rückgabe gegenüber den Ersatzansprüchen des Vermieters begründet. Indem er die Frist zur Geltendmachung seines Rückgewähranspruchs hat verstreichen lassen, hat er auch sein Schutzbedürfnis wegen seiner Ansprüche aus Veränderungen oder Verschlechterungen der Mietsache verwirkt. Zu diesen gehören, streng genommen, nicht die Ansprüche auf Schadensersatz wegen unterlassener Schönheitsreparaturen, die auf der Überwälzung der entsprechenden Pflicht des Vermieters auf den Mieter beruhen. Der Zweck des § 548 BGB, rasch Klarheit über Ansprüche wegen des Zustands der Mietsache zu gewinnen, rechtfertigt die Anwendung der Vorschrift jedoch auch in diesem[148] sowie in dem Fall, dass dem Vermieter ein Schaden an der Mietsache durch den Verstoß des Mieters gegen die in § 536c Abs. 1 BGB genannte Pflicht zur Anzeige eines Mangels oder der Gefährdung der Mietsache entsteht. Allerdings muss sich der geltend gemachte Schaden wirklich aus dem Zustand der Mietsache ergeben, weil nur dann hinreichender Grund dafür besteht, den Vermieter durch die kurze Verjährung zu einer zügigen Untersuchung der Mietsache zu veranlassen.[149] Dieser Zweck erzwingt es wiederum, der kurzen Verjährung auch konkurrierende Ansprüche aus unerlaubter Handlung zu unterwerfen,[150] und zwar auch dann, wenn sie sich gegen solche Personen richten, die auf Mieterseite in den Schutzbereich des Vertrags einbezogen sind,[151] oder solchen Personen zustehen, die als Eigentümer der Mietsache dem Vermieter ihre Überlassung an den Mieter gestattet haben[152]. Nicht von der kurzen 323

[146] Hierbei handelt es sich um eine Rechtsgrundverweisung; vgl. BGH, NJW 2009, 2590, 2591.

[147] BGH, NJW 2006, 1588 f.

[148] BGH, NJW 2006, 1588.

[149] In diese Richtung geht auch BGH, NJW 2000, 3203, 3205.

[150] BGH, NJW 2006, 2399 f.

[151] BGH, NJW 2006, 2399.

[152] BGH, NJW 1997, 1983, 1984.

Verjährung erfasst sind dagegen Ansprüche wegen vorsätzlicher sittenwidriger Schädigung, deren Rechtsgrund der Vermögensschaden und nicht die Beeinträchtigung der Mietsache ist.[153]

c) *Regeln für die Grundstücks- und Raummiete*

aa) *Übergang des Mietverhältnisses und Schriftformgebot*

324 Hervorstechendes Merkmal der Grundstücks-[154] und Raummiete ist der gesetzliche Parteiwechsel, den §§ 566, 578 BGB bei einer Vermietung und Überlassung der Mietsache durch den Eigentümer für den Fall ihrer Veräußerung anordnen. Zweck der Überleitung des Vertragsverhältnisses ist es, zur Erhaltung der Lebens- oder Wirtschaftsgrundlage des Mieters den Gleichlauf von Vermieter- und Eigentümerstellung und auf diese Weise sicherzustellen, dass sich der Anspruch auf Überlassung der Mietsache gegen denjenigen richtet, der ihn auch erfüllen kann. Dass deshalb der Grundsatz der Relativität von Vertragsverhältnissen durchbrochen wird, beruht auf der Erwägung, dass die Mietsache gleichsam mit dem Recht des Mieters belastet ist, so dass sie auch nur um den Preis der Bindung an den Mietvertrag auf den Erwerber übergehen kann. Dies ist nur dann gerechtfertigt, wenn die Mietsache dem Mieter vor dem Übergang des Eigentums schon **überlassen** ist, weil das Mietverhältnis nur hierdurch die Publizität erlangt, die für die Belastung der Mietsache mit dem Recht des Mieters erforderlich ist.[155] Bei einer Veräußerung vor Überlassung ist der Erwerber an den Mietvertrag gemäß § 567a BGB nur dann gebunden, wenn er dem Veräußerer gegenüber die Erfüllung des Mietvertrags übernommen hat. Auch hierin liegt eine Durchbrechung des Grundsatzes der Relativität von Vertragsverhältnissen. Denn die Erfüllungsübernahme schafft nicht nur die nach § 328 BGB ohne Weiteres mögliche Drittberechtigung, sondern hat auch einen belastenden Effekt für den Mieter, der jedoch demselben Prinzip gehorcht wie der Vertragseintritt nach Überlassung der Mietsache gemäß § 566 BGB. Diese Vorschrift kommt auch zur Anwendung, wenn das Mietverhältnis bei Eigentumserwerb bereits beendet, die Mietsache aber noch nicht zurückgegeben ist.[156] Wurde sie dagegen schon zurückgegeben, fehlt es selbst bei einem noch andauernden Mietverhältnis an dessen Publizität, die seinen Übergang auf den Erwerber auch im Abwicklungsstadium trägt.[157]

325 Entgegen der Ansicht der Rechtsprechung[158] setzt die Überleitung des Vertragsverhältnisses nicht durchgängig die **Identität** von **Vermieter** und **Eigentümer** voraus. Zwar legt der Wortlaut von § 566 BGB nahe,[159] dass der Vermieter auch derjenige sein soll, der die Sache veräußert; und die Befugnis hierzu steht im Regel-

---

[153] BGH, NJW 2001, 2253, 2254.

[154] Hierzu zählt auch die Vermietung von Wand- oder Dachflächen zur Werbung oder zur Anbringung von Automaten; vgl. Staudinger/*Emmerich* (2006) § 578 Rn. 3.

[155] Dass mit dem Überlassungserfordernis sachenrechtlichen Grundsätzen genügt wird, meint auch *Schön*, Zur Analogiefähigkeit des § 571 BGB, JZ 2001, 119, 121 f.

[156] BGH, NJW 1978, 2148, 2149.

[157] Ebenso im Ergebnis BGH, NJW 2007, 1818.

[158] BGH, NJW-RR 2004, 657, 658; NJW 2008, 2181, 2182.

[159] Schon dies bestreitet MünchKomm/*Häublein* § 566 BGB Rn 19 f.

fall nur dem Eigentümer zu. Über den in § 567b BGB ausdrücklich geregelten Fall einer Weiterveräußerung hinaus ist jedoch zumindest die analoge Anwendung von § 566 BGB auch dann zulässig und geboten, wenn der Eigentümer der Vermietung durch einen anderen zugestimmt hat.[160] In diesem Fall geht die Belastung der Mietsache mit dem Mietverhältnis nämlich ebenfalls auf den hierfür zuständigen Eigentümer zurück, so dass sich auch ein Analogieschluss noch in dem Rahmen hält, in dem der Grundsatz der Relativität der Vertragsverhältnisse[161] ohnehin durchbrochen ist.[162] Keine Bedenken gegen eine analoge Anwendung von § 566 BGB hat auch die Rechtsprechung, wenn sich der Rechtswechsel anders, als vom Gesetzeswortlaut gefordert, nicht durch Veräußerung oder eine ihr durch § 567 BGB gleichgestellte Belastung mit einem dinglichen Nutzungsrecht, sondern durch Aufgabe des Eigentums und Aneignung oder gesetzlichen Eigentumsübergang vollzieht.[163] Spielt die Art und Weise des Eigentumswechsels keine Rolle, kann es aber auch nicht auf die Identität von Vermieter und Veräußerer ankommen, die zwar vom Gesetzeswortlaut vorausgesetzt, bei einer analogen Anwendung der Vorschrift, vor allem bei Veräußerungsketten, aber entbehrlich ist, solange nur die Vermietung auf den bisherigen Grundstückseigentümer zurückgeführt werden kann.[164] Wegen der schuldrechtlichen Konstruktion der Belastung des Eigentums mit dem Mietrecht ist die Mitwirkung des Eigentümers allerdings unentbehrlich und ein gutgläubiger Erwerb der Mieterstellung vom Nichteigentümer nach § 892 f. BGB[165] ausgeschlossen. Ließe man ihn zu, könnte er sich im Übrigen nur auf das Gebrauchsrecht selbst und nicht auf die sonstigen Rechte und Pflichten aus dem Mietvertrag erstrecken, was wiederum gerade dem Ziel von § 566 BGB widerspräche, den Gleichlauf von Eigentum und Vermieterstellung zu gewährleisten.

Der gesetzliche **Parteiwechsel**, der sich an den Eigentumserwerb anschließt, ist **326**
nicht umfassend, sondern in seiner Wirkung beschränkt: Anders als beim Übergang

---

[160] Ebenso MünchKomm/*Häublein* § 566 BGB Rn. 20, der danach entscheiden will, ob sich für den Mieter durch die Veräußerung das Risiko eines Verlustes der Mietsache erhöht. – Dass es immerhin genügen soll, wenn der Vermieter das Eigentum bis zur Veräußerung erlangt, glaubt Staudinger/*Emmerich* (2006) § 566 Rn. 21.

[161] Gar nicht diesen, sondern das Prinzip, dass im Liegenschaftsverkehr nur grundbuchfähige Rechte Drittschutz genießen, sieht *Schön*, Zur Analogiefähigkeit des § 571 BGB, JZ 2001, 119, 122 ff. durchbrochen, der dementsprechend auch für eine analoge Anwendung von § 566 BGB auf Überlassungsverhältnisse familien- oder gesellschaftsrechtlicher Art eintritt.

[162] Hiergegen spricht entgegen BGH, NJW 2008, 2181, 2182 auch nicht die von § 566 Abs. 2 BGB angeordnete Bürgenhaftung des bisherigen Vermieters, die den Eigentümer überhaupt nicht treffen kann, wenn er nicht auch der Vermieter ist.

[163] BGH, NJW 2008, 2773.

[164] Für eine auf die Pflicht zur Duldung des Gebrauchs beschränkte Analogie auch MünchKomm/*Häublein* § 566 BGB Rn. 21.

[165] Hierfür sind *Canaris*, Die Verdinglichung obligatorischer Rechte, in: Jakobs u. a. (Hg.), Festschrift für Flume, Köln 1978, S. 371, 403, *Otte*, Die dingliche Rechtsstellung des Mieters nach ALR und BGB, in: Behrends u. a. (Hg.), Festschrift für Wieacker, Göttingen 1978, S. 463, 472 f., *Wacke*, Miete und Pacht vom Nießbraucher oder Vorerben sowie vom Nichtberechtigten, in: Lange u. a. (Hg.), Festschrift für Gernhuber, Tübingen 1993, S. 518 ff. und *Wieling*, Die Grundstücksmiete als dingliches Recht, in: Jickeli u. a. (Hg.), Gedächtnisschrift für Sonnenschein, Berlin 2003, S. 201, 217.

eines Arbeitsverhältnisses kraft Betriebsübergangs (§ 613a BGB) tritt der an das Mietverhältnis gebundene Erwerber eines Grundstücks, Wohn- oder Sondereigentums nicht in alle Rechte und Pflichten aus dem Vertrag, vielmehr gemäß § 566 Abs. 1 BGB nur in diejenigen ein, die sich während der Dauer seines Eigentums aus dem Mietverhältnis ergeben. Hierzu rechnet freilich auch der Anspruch des Mieters auf Erhaltung der Mietsache in einem gebrauchstauglichen Zustand, und zwar selbst dann, wenn der Mangel, dessen Beseitigung der Vermieter schuldet, schon vor dem Wechsel des Eigentums aufgetreten ist.[166] Ein bereits durch das Verhalten des früheren Vermieters begründeter Verzug mit der Mängelbeseitigung wirkt ebenfalls weiter, so dass der neue Eigentümer nach § 536a Abs. 1 Var. 3 BGB schadensersatzpflichtig wird.[167] Gemäß § 566a BGB treffen ihn auch die Rechte und Pflichten, die durch eine Sicherheitsleistung des Mieters begründet sind. Dies gilt insbesondere für die Pflicht zu ihrer Rückgewähr nach Beendigung des Mietverhältnisses. Der bisherige Vermieter schuldet sie dem Mieter nur ausnahmsweise, wenn feststeht, dass dieser sie nicht von dem Erwerber erlangen kann, sei es, dass er ihn schon vergeblich in Anspruch genommen hat, sei es, dass seine Inanspruchnahme von vornherein aussichtslos erscheint. Im Übrigen haftet der bisherige Vermieter dem Mieter nach § 566 Abs. 2 BGB für die in der Person des Erwerbers begründeten Verbindlichkeiten wie ein selbstschuldnerischer Bürge. Von dieser Verpflichtung wird er allerdings frei, wenn der Mieter, nachdem er von dem Eigentumsübergang erfahren hat, nicht zum ersten Kündigungstermin kündigt.

327 Damit der Mieter nicht eine schon geleistete Mietzahlung an den Erwerber erneut erbringen muss und erfüllungsgleiche Rechtshandlungen Bestand haben, ordnet § 566b BGB an, dass **Vorausverfügungen** des früheren Vermieters über die Miete für den Kalendermonat des Eigentumsübergangs und, wenn sich dieser nach der Monatsmitte vollzieht, auch für den folgenden Monat wirksam sind; weiß der Erwerber bei der Verfügung von der Veräußerung, muss er sie auch dann gegen sich gelten lassen, wenn sie die Miete für einen späteren Zeitraum betrifft. Weitergehende Verfügungen des Vermieters einschließlich der Annahme von Vorauszahlungen[168] sind nach § 566c BGB bis zu dem Monat wirksam, in dem der Mieter von dem Eigentumswechsel Kenntnis erlangt, und, wenn er hiervon nach der Monatsmitte erfährt, auch für den folgenden Monat. In diesem Umfang ist nach § 566d BGB auch eine Aufrechnung des Mieters mit der Mietforderung des Erwerbers möglich, sofern die Voraussetzungen vorliegen, die § 406 BGB an die Wirksamkeit einer Aufrechnung gegenüber dem Zedenten stellt. Diese Bestimmungen betreffen freilich von vornherein nur Leistungen des Mieters, die nach Zeitabschnitten bemessen sind, nicht eine vereinbarungsgemäß durch Einmalzahlung erbrachte Miete.[169] Ihre Wirkung gegenüber dem Erwerber ergibt sich schon daraus, dass dieser für die Dauer seines Eigentums gar keinen Anspruch auf die Miete mehr erwirbt. Um den Mieter nach dem Vorbild von § 409 BGB in dem Fall zu schützen, dass der Vermieter einen Eigentumsübergang angezeigt, dieser aber in Wirklichkeit gar

[166] BGH, NZM 2006, 696.
[167] BGH, NJW 2005, 1187, 1188.
[168] BGH, NJW 1998, 595, 596 f.
[169] BGH, NJW 2007, 2919, 2920 (zu § 1124 Abs. 2 BGB).

nicht stattgefunden hat, sieht § 566e schließlich vor, dass er eine auf die Anzeige hin erbrachte Leistung oder ein sonstiges Rechtsgeschäft mit dem vermeintlichen Erwerber so lange gegen sich gelten lassen muss, bis sie mit dessen Zustimmung zurückgenommen wird. Neben den speziellen Regelungen der §§ 566b ff. BGB sind die allgemeinen Bestimmungen über den Übergang einer Forderung, insbesondere die Schuldnerschutzvorschrift des § 407 BGB, nur insoweit anwendbar, als sie nicht den Anspruch auf die Miete betreffen.[170]

Der Eintritt des Erwerbers in das Mietverhältnis zeitigt eine Vorwirkung in Gestalt des von § 550 BGB angeordneten **Schriftformgebots** für Mietverträge über Grundstücke und Räume, die für längere Zeit als ein Jahr geschlossen werden. **328**
Zweck der Formpflicht ist nach der immer noch aktuellen Vorstellung des Gesetzgebers von 1900[171] in erster Linie, einem Erwerber der Mietsache Klarheit über seine Bindung an langfristige Mietverträge zu verschaffen.[172] Dementsprechend besteht auch die Rechtsfolge eines Verstoßes gegen das Formgebot gerade nicht in der Unwirksamkeit des Mietvertrags, sondern darin, dass der Mietvertrag als auf unbestimmte Zeit geschlossen gilt, so dass der Erwerber ihn ohne Rücksicht auf die von den ursprünglichen Parteien beabsichtigte Vertragsdauer nach Ablauf eines Jahres ordentlich kündigen kann. Dass diese Befugnis auch dem Mieter und ursprünglichen Vermieter selbst zusteht, obwohl sie die Laufzeit des Mietvertrags selbst festgelegt haben, zeigt, dass dem Formgebot darüber hinaus auch die Funktion eignet, die Parteien des Vertragsschlusses vor der übereilten langfristigen Bindung zu warnen und ihre Vereinbarung dem Beweis zugänglich zu halten.[173] Dementsprechend kommt auch eine Einschränkung des Formgebots allenfalls ausnahmsweise in Betracht, wenn sie einer Partei, die über den Formbedarf getäuscht oder besondere Vorteile aus dem Vertrag gezogen hat, als Verstoß gegen die Pflicht zur Rücksicht auf den Vertragspartner gemäß § 241 Abs. 2 BGB zum Vorwurf gemacht werden kann.[174] Dem Formzwang unterliegen nicht nur die Verträge, die von vornherein für eine längere Zeit als ein Jahr geschlossen werden, sondern auch solche, die sich nach Ablauf eines Jahres mangels Kündigung automatisch um einen bestimmten Zeitraum verlängern, ferner Verträge von unbestimmter Dauer, bei denen das Kündigungsrecht aber für mehr als ein Jahr ausgeschlossen ist[175]. Formbedürftig sind freilich nur die wesentlichen Vertragsbedingungen,[176] so dass unbedeutende Nebenabreden und Änderungen unwichtiger Punkte formfrei gültig sind[177]. Ergeben sich

---

170 BGH, NJW-RR 2002, 730; anders Staudinger/*Emmerich* (2006) § 566 Rn. 5; noch weitergehend *Weitemeyer*, Der Eintritt des Erwerbers in das Mitverhältnis nach § 566 BGB – ein Rechtsinstitut auf dem Weg zum Sukzessionsschutz, in: Börstinghaus/Eisenschmid (Hg.), Theorie und Praxis des Miet- und Wohnungseigentumsrechts. Festschrift für Blank, München 2006, S. 445, 453 ff.

171 Vgl. die Erwägungen der zweiten BGB-Kommission, vgl. Prot., Mugdan, Bd. 2, S. 825.

172 BGH, NJW 2007, 3346, 3347; 2009, 2195, 2196.

173 BGH, NJW 2008, 2178, 2179. Anders zu Unrecht MünchKomm/*Bieber* § 550 BGB Rn. 2.

174 Vgl. BGH, NJW 2004, 1103 f.; 2007, 3202, 3203 (unter dem Gesichtspunkt des Einwands der unzulässigen Rechtsausübung).

175 BGH, NJW-RR 2008, 1329.

176 BGH, NJW 2009, 2195, 2196.

177 BGH, NJW 2008, 365.

die wesentlichen Vertragsbedingungen aus Anlagen, müssen sie mit der Urkunde, die den eigentlichen Vertragstext enthält, zwar nicht körperlich, aber doch mindestens gedanklich verbunden sein, also derart in Bezug genommen werden, dass ihre Zusammengehörigkeit außer Zweifel steht.[178]

bb) Vermieterpfandrecht

329 Nach römischem und Gemeinem Recht wurde den Parteien eines Mietvertrags der Abschluss einer stillschweigenden Vereinbarung über das Pfandrecht des Vermieters an den vom Mieter auf das Grundstück oder in die Räume geschafften Sachen unterstellt.[179] Der Gesetzgeber des BGB, der sich für das Faustpfandprinzip entschieden und ein rechtsgeschäftliches Pfandrecht ohne unmittelbaren Besitz des Pfandgläubigers ausgeschlossen hatte, musste hieraus ein Pfandrecht machen, das nicht kraft konkludenter Vereinbarung, sondern kraft Gesetzes gilt.[180] Nach §§ 562, 578 BGB besteht es an allen pfändbaren Sachen des Mieters, die er in die Mietsache eingebracht hat. Hat er sie unter Eigentumsvorbehalt erworben, entsteht das Pfandrecht des Vermieters am Anwartschaftsrecht des Mieters.[181] Der Begründungstatbestand des Pfandrechts ist ebenso wie der einer Verlängerung des Mietverhältnisses nach § 545 BGB ein tatsächlicher Vorgang, der nur den faktischen Willen des Mieters zur Verbringung einer ihm gehörenden oder unter Eigentumsvorbehalt erworbenen Sache in die vermieteten Räume oder auf das vermietete Grundstück verlangt.[182] Demnach ist es auch ein rein tatsächliches Ereignis, mit dem das Pfandrecht erlischt, nämlich gemäß § 562a BGB die bloße Entfernung der verpfändeten Sache von dem Grundstück oder aus den Räumen. Sie führt nur dann nicht zum Wegfall des Pfandrechts, wenn sie ohne Wissen des Vermieters oder gegen seinen Widerspruch geschieht, es sei denn, dass ihm die zurückbleibenden Sachen genügend Sicherheit bieten oder die Entfernung den gewöhnlichen Lebensverhältnissen entspricht. Letzteres ist bei Warenbeständen der Fall, wenn sie im gewöhnlichen Geschäftsbetrieb umgesetzt werden, nicht dagegen bei einem Räumungsverkauf[183]. Für eine Entfernung aus der Mietsache genügt noch nicht ihre vorübergehende Mitnahme, wie sie etwa bei der Fahrt mit einem eingebrachten Kraftfahrzeug stattfindet, sofern die Rückkehr in die Mietsache geplant ist.[184] Zwar würde das Pfandrecht

---

[178] BGH, NJW 2008, 2181, 2182; 2009, 2195, 2196.

[179] D 20.2.4 Nerva 1 membr: *Eo iure utimur, ut quae in praedia urbana inducta illata sunt pignori esse credantur, quasi id tacite convenerit: in rusticis praediis contra observatur.* („Es ist anerkannt, dass Sachen, die auf städtische Grundstücke eingebracht sind, als verpfändet gelten, so als sei dies stillschweigend vereinbart; auf ländliche Grundstücke trifft dies nicht zu.")

[180] Daher stellt sich hier anders als im Fall des Werkunternehmerpfandrechts (s. o. Rn. 120) auch nicht die Frage eines gutgläubigen Erwerbs des Pfandrechts.

[181] BGH, NJW 1992, 1156, 1157.

[182] MünchKomm/*Artz* § 562 BGB Rn. 12, Bamberger/Roth/*Ehlert*, § 562 Rn. 12.

[183] BGH, NJW 1963, 147, 148.

[184] Richtig *Oetker/Maultzsch*, Vertragliche Schuldverhältnisse, Rn. 5.194 und Soergel/*Heintzmann* § 562a Rn. 3. Anders MünchKomm/*Artz* § 562a BGB Rn. 5, Palandt/*Weidenkaff* § 562a Rn. 4, Bamberger/Roth/*Ehlert*, § 562a Rn. 4b, sowie Staudinger/*Emmerich* (2006) § 562 Rn. 5, der sich freilich nur aus Gründen der Praktikabilität für diese Ansicht entscheidet.

auch in diesem Fall mit der Rückführung der Sache neu begründet; zwischenzeitlich begründete Belastungen gingen dem Vermieterpfandrecht jedoch vor, obwohl die hierfür auslösende Einbringung älter ist. Soll eine Entfernung, ohne dass sie den gewöhnlichen Lebensverhältnissen entspricht, gegen den Widerspruch des Vermieters erfolgen, darf er sich gegen sie gemäß § 562b BGB zur Wehr setzen; und nach der Entfernung kann er die Herausgabe der verpfändeten Sachen entweder zu dem Ziel der Zurückschaffung auf das Grundstück oder, nachdem der Mieter ausgezogen ist, zur eigenen Inbesitznahme[185] verlangen. Sein Pfandrecht erlischt allerdings, wenn er diesen Anspruch nicht binnen Monatsfrist ab dem Moment gerichtlich geltend macht, in dem er von der Entfernung der Mietsache erfährt. Dem Mieter steht nach § 562c BGB das Recht zu, die Geltendmachung des Pfandrechts durch Sicherheitsleistung abzuwenden. Das Pfandrecht sichert vom Zeitpunkt seiner Entstehung alle, auch künftige Forderungen des Vermieters aus dem Mietverhältnis,[186] nach § 562 Abs. 2 BGB jedoch keine künftigen Schadensersatzansprüche und den Anspruch auf die Miete nicht über das laufende und das folgende Jahr hinaus. Im Verhältnis zu einem Pfändungspfandgläubiger ist der Vermieter in seinem Sicherungsinteresse zudem nach § 562d BGB insoweit beschränkt, als das Pfandrecht nicht wegen einer Mietforderung für eine frühere Zeit als das letzte Jahr vor der Pfändung geltend gemacht werden kann.

cc) Weitere Besonderheiten

Nach §§ 554 Abs. 1, 578 Abs. 2 BGB hat der Mieter bei einer Raummiete alle **Maßnahmen** zu dulden, die zur **Erhaltung** der Mietsache erforderlich sind. Da der Vermieter nach § 535 Abs. 1 S. 2 BGB unbedingt zur Erhaltung der Mietsache verpflichtet ist, besteht die Duldungspflicht zwar ohne Einschränkungen; die Miete reduziert sich aber selbstverständlich in dem Maße, in dem der Gebrauchswert der überlassenen Räumlichkeiten durch die Erhaltungsmaßnahmen sinkt. Dasselbe gilt für **Modernisierungsmaßnahmen** zur Verbesserung der Mietsache, zur Einsparung von Energie oder Wasser oder zur Schaffung neuen Wohnraums. Auch sie hat der Mieter nach § 554 Abs. 2 BGB zu dulden, sofern sie für ihn nicht eine Härte bedeuten, die unter Abwägung mit den Interessen des Vermieters oder anderer Mieter nicht zu rechtfertigen ist. Eine Verbesserung der Mietsache liegt dann vor, wenn die Maßnahme den Gebrauchs- oder Substanzwert der Räume nach der Verkehrsanschauung erhöht.[187] Eine Maßnahme zur Einsparung von Energie ist nicht nur dann gegeben, wenn der Energieverbrauch für die Räumlichkeiten selbst sinkt, sondern im öffentlichen Interesse auch dann anzunehmen, wenn sie wie etwa der Wechsel von Gasheizung zu Fernwärme der Energieeinsparung im Allgemeinen dient.[188] Die von § 554 Abs. 2 BGB vorgeschriebene Abwägung der beteiligten Interessen soll verhindern, dass der Vermieter zulasten des Mieters eine Luxusmodernisierung betreibt.[189] Jenseits der Wohnraummiete kann sie sich freilich nur dann zum Nachteil **330**

---

185 BGH, NJW-RR 2005, 1328, 1329.

186 BGH, NJW 2007, 1588, 1589.

187 BGH, NJW 2008, 1218, 1219.

188 BGH, NJW 2008, 3630, 3631 f.

189 BGH, NJW 2005, 2995, 2996.

des Mieters auswirken, wenn sich der Vermieter vertraglich das Recht zur Mieterhöhung wegen einer Steigerung des Gebrauchs- oder Substanzwerts vorbehalten hat oder es sich ganz ausnahmsweise aus § 313 BGB wegen Wegfalls der Geschäftsgrundlage ergeben sollte. Andernfalls droht dem Mieter mangels gesetzlicher Befugnis des Vermieters zur Mieterhöhung in dieser Hinsicht kein Nachteil, so dass es allein auf seine Belastung durch die Modernisierungsmaßnahmen selbst ankommt. Hierbei ist allerdings zu berücksichtigen, dass der Vermieter nach § 554 Abs. 4 BGB zum Ersatz der dem Mieter entstehenden Aufwendungen und hierfür auch zum Vorschuss verpflichtet ist. Hat der Mieter eine Maßnahme danach zu dulden, darf der Vermieter mit ihr außer im Fall nur unerheblicher Einwirkungen auf die vermieteten Räume doch erst drei Monate nach dem Zeitpunkt beginnen, in dem er den Mieter gemäß § 554 Abs. 3 BGB über Art, Umfang, Beginn und Dauer der Maßnahme unterrichtet hat. Dem Mieter steht nach Erhalt der Mitteilung bis zum Ablauf des Folgemonats das Recht zu, das Mietverhältnis außerordentlich zum Ende des nächsten Monats zu kündigen.

331 Um die **außerordentliche Kündigung** des Mietverhältnisses geht es auch in § 569 Abs. 2 BGB, der den Regelbeispielen, die § 543 Abs. 2 BGB zur Kündigung aus wichtigem Grund aufführt, für die Raummiete die nachhaltige Störung des Hausfriedens hinzufügt. Bei einer Miete von Räumen, die zum Aufenthalt von Menschen bestimmt sind, kommt ferner das weitere Regelbeispiel des § 569 Abs. 1 BGB hinzu, demzufolge die Kündigung für den Mieter auch dann möglich ist, wenn die Benutzung der Mietsache eine erhebliche Gefährdung der Gesundheit mit sich bringt. Am Sinn dieser Sonderregelung lässt sich füglich zweifeln; denn eine erhebliche Gesundheitsgefährdung stellt stets einen wichtigen Grund zur Kündigung dar, und auch die Besonderheit, dass eine vorherige Kenntnis des Mieters oder sein vorangehender Rechtsverzicht irrelevant sind, lässt sich nicht auf die Raummiete beschränken. – Ist die Raum- oder Grundstücksmiete einmal wirksam beendet, kann der Mieter nach § 570 BGB dem Rückgabeanspruch des Vermieters kein Zurückbehaltungsrecht wegen seiner eigenen Ansprüche entgegensetzen, die typischerweise in keinem angemessenen Verhältnis zum Rückgewährrecht des Vermieters stehen; und bei der Raummiete kann der Vermieter das Recht zur Wegnahme der von ihm beschafften Einrichtungen aus § 539 Abs. 2 BGB nach § 552 Abs. 1 BGB durch Zahlung einer angemessenen Entschädigung abwenden.

2. Mieterschutz bei der Wohnraummiete

a) *Schutz des Mietverhältnisses*

aa) *Schutz vor Kündigung*

(1) Berechtigtes Kündigungsinteresse des Vermieters

332 Der Schwerpunkt des Mieterschutzes bei Mietverhältnissen über Wohnraum liegt auf der **Erschwerung** der **ordentlichen Kündigung** durch den Vermieter. Ebenso wie die Beschränkung der Kündigungsbefugnis eines Arbeitgebers (§ 1 KSchG) erfolgt sie in der Weise, dass die Wirksamkeit der Kündigung vom Vorliegen eines Kündigungsgrunds abhängig gemacht wird. Die einschlägige Bestimmung des

§ 573 BGB ist dabei nur theoretisch großzügiger als die arbeitsrechtlichen Bestimmungen. In ihrem Abs. 1 lässt sie zwar schon ein berechtigtes Interesses des Vermieters mit Ausnahme des Wunschs nach Mieterhöhung genügen. Durch die in Abs. 2 der Vorschrift aufgeführten Regelbeispiele wird das berechtigte Interesse jedoch derart konkretisiert, dass es sich nur in bestimmten Konstellationen persönlichen oder dringenden wirtschaftlichen Bedarfs bejahen lässt. Dem Vermieter bleibt daher kein vergleichbarer Spielraum wie einem Arbeitgeber, dessen unternehmerische Planungsfreiheit durch den Kündigungsschutz für Arbeitnehmer nicht beeinträchtigt und nur in ihrer Umsetzung auf das einzelne Arbeitsverhältnis kontrolliert wird[190].[191] Von den Einschränkungen des Rechts zur ordentlichen Kündigung durch den Vermieter, die nach § 573d Abs. 1 BGB auch für die außerordentliche Kündigung mit gesetzlicher Frist gelten, sind nur wenige Mietverhältnisse über Wohnraum ausgenommen:[192] Nach § 549 Abs. 2 und 3 BGB kommen sie nicht bei Verträgen über Wohnraum in einem Studenten- oder Jugendwohnheim und im Übrigen dann nicht zum Zuge, wenn der Wohnraum nur zum vorübergehenden Gebrauch, etwa für die Dauer einer Reise des Vermieters, überlassen ist. Dasselbe gilt für möblierten Einliegerwohnraum in der Wohnung des Vermieters sowie die Vermietung durch eine juristische Person des öffentlichen Rechts oder einen Träger der Wohlfahrtspflege zur Deckung dringenden Wohnbedarfs als Zwischenmieter bei einem entsprechenden Hinweis auf die Ausnahme vom Kündigungsschutz. Darüber hinaus erklärt § 573a BGB ein berechtigtes Interesse des Vermieters bei Einliegerwohnungen und sonstigem Einliegerwohnraum, der nicht schon unter § 549 Abs. 2 BGB fällt, für entbehrlich.[193] Die Ausnahme für Einliegerwohnungen betrifft diejenigen Fälle, in denen die vermietete Wohnung in einem vom Vermieter selbst bewohnten Gebäude mit nicht mehr als zwei Wohnungen liegt, und ist auch dann gegeben, wenn das Gebäude im Übrigen geschäftlich genutzt wird.[194] Dass der Vermieter das Gebäude oder die Wohnung, in der sich der Einliegerwohnraum befindet, selbst bewohnt, ist nicht nur dann anzunehmen, wenn der Vermieter dort seinen Lebensmittelpunkt hat. Handelt es sich lediglich um einen Zweitwohnsitz, muss er diesen aber zumindest so in Anspruch nehmen, dass er und der Mieter in nennenswertem Umfang zusammenleben. Denn Grund für die Privilegierung der Vermieter von Einliegerwohnungen und Einliegerwohnraum ist, dass die unter Wohnungsnachbarn kaum zu vermeidenden Spannungen besonders belastend sein können, wenn das

[190] S. o. Rn. 244, 250 f.

[191] Dies verkennt *Neuner*, Privatrecht und Sozialstaat, München 1999, S. 259 f., der den miet- und arbeitsrechtlichen Bestandsschutz für gleichwertig hält.

[192] Dagegen gilt das Kündigungsregime ebenso wie das übrige Wohnraummietrecht kraft ausdrücklicher Anordnung in § 576b BGB für Werkdienstwohnungen, die im Rahmen eines Dienstvertrags überlassen und von dem Dienstverpflichteten entweder mit seiner Familie oder Haushaltsangehörigen bewohnt oder von ihm mit Einrichtungsgegenständen ausgestattet sind.

[193] Dasselbe gilt nach § 573b BGB für die Teilkündigung des Mietvertrags, soweit sie nicht zum Wohnen benutzte Räume oder Grundstücksteile betrifft, die der Vermieter dazu verwenden will, Wohnraum zu schaffen oder auszustatten.

[194] BGH, NJW-RR 2008, 1329, 1330.

Zusammenleben in demselben Gebäude oder derselben Wohnung sehr eng ist und nicht durch das Hinzutreten eines weiteren Nachbarn aufgelockert wird.[195]

333 Unter den Regelbeispielen, die § 573 Abs. 2 BGB für das berechtigte Kündigungsinteresse gibt, kommt dem unter Nr. 2 aufgeführten **Eigenbedarf** des Vermieters hervorragende Bedeutung zu. Er betrifft die persönliche Lebensplanung des Vermieters und liegt dann vor, wenn der Vermieter den vermieteten Wohnraum für sich oder die Angehörigen seines Haushalts oder seiner Familie benötigt. Ist diese Gruppe auch nicht auf Personen mit einem bestimmten Verwandtschaftsgrad beschränkt, muss bei einer entfernteren Verwandtschaft, wie sie zu einem Schwager besteht, doch tatsächlich ein besonders enger Kontakt zum Vermieter vorliegen,[196] der bei nahen Verwandten wie etwa einem Bruder entbehrlich ist[197].[198] Andernfalls wäre der Kreis der Personen, auf deren Bedarf sich eine Kündigung stützen lässt, kaum übersehbar und diese auch dann zulässig, wenn die Überlassung an den Verwandten oder Verschwägerten weniger der persönlichen Lebens- als vielmehr einer wirtschaftlichen Planung entspricht. Diese spielt jedoch nur im Rahmen des folgenden Regelbeispiels von § 573 Abs. 2 Nr. 3 BGB eine Rolle und hat bei der Kündigung aus persönlichen Gründen außer Betracht zu bleiben. Bei der Beurteilung, ob der geltend gemachte Eigenbedarf besteht, bleibt die Entscheidung des Vermieters zur Eigennutzung oder Überlassung an Haushalts- oder Familienangehörige insoweit kontrollfrei, als es genügt, dass sie nur nachvollziehbar und von vernünftigen Erwägungen getragen sein muss.[199] Sie braucht also keineswegs die einzige Möglichkeit zur Deckung des Wohnbedarfs zu sein und ist auch dann hinzunehmen, wenn der Vermieter über anderen Wohnraum verfügt, solange dessen Nutzung gegenüber dem Gebrauchswert der vermieteten Wohnung mit objektiv vorhandenen Nachteilen behaftet ist. Eine weitergehende Einschränkung der Lebensplanung des Vermieters, wie sie nach dem Wortlaut von § 573 Abs. 2 Nr. 2 BGB durchaus denkbar wäre, ist mit der Eigentumsgarantie des Art. 14 Abs. 1 GG nicht zu vereinbaren. Diese schließt zwar auch die durch das Kündigungsschutzrecht geprägte Position des Wohnraummieters ein,[200] gebietet jedoch, dem wirklichen Eigentum des Vermieters zumindest insoweit den Vorrang zu geben, als dessen Verwendungsabsicht für den vermieteten Wohnraum nur plausibel und nicht auch zwingend sein muss.

334 Ein Eigenbedarf des Vermieters lässt sich sogar dann nicht verneinen, wenn er seinen Kündigungsgrund selbst geschaffen hat, indem er schon vermieteten Wohnraum erworben[201] oder einen ihm bereits gehörenden Wohnraum trotz eines **vorhersehbaren Eigenbedarfs** vermietet hat.[202] Im zuerst genannten Fall unterliegt der

---

[195] BGH, NJW-RR 2008, 1329, 1330.

[196] BGH, NJW-RR 2009, 882.

[197] BGH, NJW 2003, 2604.

[198] Je größer der Verwandtschaftsgrad ist, desto höher sind die Anforderungen an die persönliche Nähe zum Vermieter; vgl. MünchKomm/*Häublein* § 573 BGB Rn. 78 und Staudinger/*Rolfs* (2006) § 573 Rn. 79.

[199] BVerfG, NJW 1994, 995, 996, 2605.

[200] BVerfG, NJW 1993, 2035, 2036.

[201] BVerfG, NJW 1994, 309, 310.

[202] Liegen die zur Grundlage der Kündigung gemachten Umstände dagegen schon beim Vertragsschluss vor, hat der Vermieter durch ihn hinreichend zu erkennen gegeben, dass sie für ihn keinen Eigenbedarf begründen.

Erwerber gemäß § 577a Abs. 1 BGB[203] freilich einer Sperrfrist[204] von drei Jahren,[205] wenn er Wohnungseigentum erworben hat, das erst nach Überlassung der Räume an den Mieter begründet worden ist.[206] Bei der Vermietung trotz vorhersehbaren Eigenbedarfs ist der Vermieter dem Mieter zwar wegen Verstoßes gegen seine vorvertragliche Informationspflicht nach §§ 311 Abs. 2, 241 Abs. 2, 280 Abs. 1 BGB haftbar; hieraus erwächst dem Mieter jedoch entgegen der Ansicht der Rechtsprechung[207] keineswegs automatisch ein Einwand, der die Kündigung wegen Eigenbedarfs für einen bestimmten Zeitraum ausschließt. Vielmehr hat der Mieter in aller Regel nur einen Anspruch auf das Interesse, das er daran hat, sich nicht auf den Mietvertrag eingelassen zu haben. Ohne Einfluss auf die Wirksamkeit der Kündigung bleibt es entgegen der Ansicht der Rechtsprechung zudem, wenn der Vermieter dem Mieter nicht anbietet, statt der gekündigten eine andere freie Wohnung anzumieten, über die der Vermieter in demselben Gebäude oder in derselben Wohnlage verfügt. Zwar liegt in der Abstinenz von einem solchen Angebot wiederum ein Verstoß gegen die Rücksichtspflicht aus §§ 241 Abs. 2 BGB; diese verpflichtet den Vermieter jedoch nur zum Ersatz des Schadens, der dem Mieter durch den Ausfall dieser Mietgelegenheit entstanden ist, und kann nicht der ordnungsgemäß ausgesprochenen Kündigung des bestehenden Mietvertrags entgegengehalten werden.[208] Anders verhält es sich mit dem **Wegfall** des **Eigenbedarfs** nach der Erklärung der Kündigung. Da der Kündigungsgrund, wie sich mittelbar aus der Erwähnung eines nachträglich entstandenen Kündigungsinteresses in § 573 Abs. 3 S. 2 BGB ergibt, bei Beendigung des Mietverhältnisses gegeben sein muss,[209] begründet sein Fortfall nicht nur eine Mitteilungspflicht des Vermieters, sondern führt auch automatisch zur Unwirksamkeit der Kündigung.[210] Fällt der Kündigungsgrund dagegen nach Vertragsende[211] weg, löst dies weder eine Pflicht des Vermieters noch einen Einwand gegen seinen Räumungsanspruch aus,[212] weil sich andernfalls kein

---

[203] Diese Vorschrift gilt auch für die Verwertungskündigung gemäß § 573 Abs. 2 Nr. 3 BGB, nicht jedoch für eine Kündigung, an der der Vermieter ein anderes berechtigtes Interesse hat; vgl. BGH, NJW 2009, 1808 f.

[204] Erst mit ihrem Ablauf kann die Kündigung erklärt werden; vgl. BGH, NJW 2003, 3265, 3267.

[205] Durch Rechtsverordnung einer Landesregierung kann diese Sperrfrist für Gebiete, in denen die Versorgung der Bevölkerung mit Mietwohnungen gefährdet ist, auf 10 Jahre verlängert werden.

[206] Diese Regelung gilt nicht analog für Fälle, in denen der Erwerb durch Aufteilung eines Gebäudes unter Gesellschaftern bürgerlichen Rechts erfolgt, weil auf diese Weise nicht das Risiko einer Eigenbedarfskündigung erhöht wird; vgl. BGH, NJW 2009, 2738, 2739.

[207] BGH, NJW 2009, 1139, 1141.

[208] Anders BGH, NJW 2003, 2604; 2010, 3775, 3776.

[209] Anders Staudinger/*Rolfs* (2006) § 573 Rn. 112.

[210] Im Ergebnis richtig, allerdings unter unnötigem Rekurs auf das Verbot der unzulässigen Rechtsausübung BGH, NJW 2006, 220, 222.

[211] Also auch nach einer Fortsetzung des Mietverhältnisses infolge eines Sozialwiderspruchs (s. u. Rn. 340); vgl. MünchKomm/*Häublein* § 573 BGB Rn. 74.

[212] BGH, NJW 2006, 220, 222. Anders MünchKomm/*Häublein* § 573 BGB Rn. 75 und Soergel/*Heintzmann* § 573 Rn. 39.

Zeitpunkt markieren ließe, ab dem die Rücksicht des Vermieters auf das Interesse des Mieters am Bestand des Mietverhältnisses endete.

335 Der Rücksicht auf die wirtschaftliche Planung des Vermieters dient die an das Regelbeispiel in § 573 Abs. 2 Nr. 3 BGB anknüpfende sogenannte **Verwertungskündigung**, die jedoch weitaus weniger durchschlagskräftig ist als die zur Verwirklichung der persönlichen Lebensplanung gedachte Eigenbedarfskündigung. Der Tatbestand der Verwertungskündigung lautet, dass der Vermieter durch die Fortsetzung des Mietverhältnisses an einer angemessenen wirtschaftlichen Verwertung des Grundstücks gehindert und dadurch mit erheblichen Nachteilen belastet würde. Davon ausgenommen sind von vornherein die Fälle, in denen der Vermieter den Wohnraum als solchen gegen eine höhere Miete vermieten oder infolge einer nach der Überlassung an den Mieter erfolgten Begründung von Wohnungseigentum veräußern will. Während dieser Ausschlussgrund mit der Kündigungsbeschränkung wegen Wohnungsumwandlung gemäß § 577a BGB[213] zusammenhängt, ergibt sich das Verbot der Kündigung zur Erzielung einer höheren Miete aus dem Grundsatz von § 573 Abs. 1 S. 2 BGB, der eine Änderungskündigung mit dem Zweck der Mieterhöhung gegenüber dem bisherigen Mieter ausschließt. Der Kreis der Vorhaben, die als Kündigungsgrund in Betracht kommen, schmilzt damit im Wesentlichen auf den Wechsel von der Wohnraum- zur Geschäftsraummiete, den Verkauf des gesamten Grundstücks oder den Abriss und Neubau des Gebäudes zusammen, in dem sich die vermieteten Wohnräume befinden[214]. Damit der Zweck der Kündigungsbeschränkung nicht frustriert wird, darf sich der erhebliche wirtschaftliche Nachteil zudem nicht allein daraus ergeben, dass die Immobilie im vermieteten Zustand weniger wert ist als nach erfolgreicher Kündigung des Mieters.[215] Im Übrigen bedarf es zwar nicht der Gefahr einer Existenznot des Vermieters,[216] wohl aber erheblicher finanzieller Einbußen, die ihm ohne die geplante Verwertung drohen. Anders als im Fall des Eigenbedarfs genügen also nicht schon vernünftige und nachvollziehbare Gründe für die geplante Verwertung.

336 Der dritte der als Regelbeispiele in § 573 Abs. 2 BGB genannten Kündigungsgründe besteht darin, dass der Mieter seine vertraglichen **Pflichten** schuldhaft in nicht unerheblichem Maße **verletzt**. Vom Tatbestand der außerordentlichen Kündigung nach § 543 BGB unterscheidet er sich vor allem dadurch, dass er lediglich eine Pflichtverletzung des Mieters und nicht zugleich verlangt, dass diese die weitere Vertragsbindung für den Vermieter unzumutbar macht. Im Fall eines Verzugs mit der Mietzahlung müssen daher nicht die in § 543 Abs. 2 S. 1 Nr. 3 BGB festgelegten Schwellenwerte erreicht werden;[217] und es bedarf auch nicht der für die außer-

---

[213] S. o. Rn. 334.

[214] BGH, NJW 2009, 1200 1201. Anders verhält es sich mit dem ersatzlosen Abriss des Gebäudes; vgl. BGH, 2004, 1736, 1737.

[215] BVerfG, NJW 1992, 361, 362.

[216] BVerfG, NJW 1989, 972, 973.

[217] Auch eine nachträgliche Beseitigung des Kündigungsrechts gemäß § 569 Abs. 3 Nr. 2 BGB durch Zahlung binnen zwei Monaten nach Rechtshängigkeit des Räumungsanspruchs kommt bei der ordentlichen Kündigung nicht in Betracht; vgl. BGH, NZM 2005, 334 f., NJW 2006, 1585, 1587; anders MünchKomm/*Häublein* § 573 BGB Rn. 60 ff.

ordentliche Kündigung grundsätzlich erforderlichen Abmahnung,[218] sofern deren Fehlen die Pflichtverletzung des Mieters nicht ausnahmsweise als unerheblich erscheinen lässt[219]. Sind an eine ordentliche Kündigung nach § 573 Abs. 2 Nr. 1 BGB damit im Allgemeinen auch geringere Anforderungen gestellt, geht ihr Tatbestand über den der außerordentlichen Kündigung doch zumindest theoretisch insoweit hinaus, als die Pflichtverletzung schuldhaft sein muss. Entgegen der Ansicht der Rechtsprechung[220] ist dieses Erfordernis aber durchaus im Sinne des allgemeinen Verschuldensbegriffs zu verstehen und daher auch dann erfüllt, wenn der Mieter, ohne dass ihm dies zum Vorwurf gereicht, in finanzielle Schwierigkeiten gerät. Nimmt der Vermieter auf eine Notlage des Mieters keine Rücksicht, kann hierin freilich im Einzelfall eine Verletzung der Pflicht zur Rücksicht auf den Vertragspartner aus § 241 Abs. 2 BGB liegen, aus der dem Mieter eine Einrede erwächst, mit der er die Kündigung entkräften kann.

Da die Regelbeispiele des § 573 Abs. 2 BGB mit der Pflichtverletzung, dem Ei- **337**
genbedarf und der Verwertung der Mietsache die Fälle eines berechtigten Interesses des Vermieters an der Auflösung des Mietverhältnisses weitgehend abdecken, muss dessen Anerkennung in **nicht vertypten Fällen** die Ausnahme bleiben. Denkbar ist sie nur in Konstellationen, die einem der Regelbeispiele gleichkommen, sei es, dass sie ihm schon tatbestandlich ähneln wie etwa ein beruflicher Eigenbedarf des Vermieters zur geschäftlichen Nutzung des Wohnraums[221], sei es, dass sie eine Besonderheit des vermieteten Wohnraums betreffen wie etwa, dass es sich um eine Sozial- oder Genossenschaftswohnung handelt, bei der die Kündigung zur Beseitigung der Fehlbelegung mit einem nicht wohnungsberechtigten oder nicht zur Genossenschaft gehörenden Mieter gerechtfertigt ist[222].

(2) Kündigungsverfahren

Die bei der ordentlichen Kündigung einzuhaltende **Frist** ist für Mieter und Ver- **338**
mieter zunächst gleich, erhöht sich mit der Dauer des Mietverhältnisses aber zum Nachteil des Vermieters: Während der Mieter nach § 573c Abs. 1 S. 1 BGB stets mit einer Frist von nahezu drei Monaten, nämlich zum dritten Werktag eines Kalendermonats mit Wirkung für den Ablauf des übernächsten Monats kündigen kann,[223]

---

[218] Staudinger/*Rolfs* (2006) § 573 Rn. 31.

[219] BGH, NJW 2008, 508, 510 f.

[220] BGH, NZM 2005, 334, 335, NJW 2008, 508, 509 f.

[221] BGH, NJW 2005, 3782 (unter Berufung auf das Grundrecht der Berufsfreiheit aus Art. 12 Abs. 1 GG).

[222] BGH, NJW-RR 2004, 12, 13.

[223] Während § 573c Abs. 3 BGB für den vom Kündigungsschutz ausgenommenen möblierten Einliegerwohnraum (§ 549 Abs. 2 Nr. 2 BGB) selbst eine kürzere Kündigungsfrist in Gestalt einer bis zur Monatsmitte zu erklärenden Kündigung mit Wirkung zum Monatsende vorsieht, begnügt sich Abs. 2 der Vorschrift damit, bei vorübergehend vermietetem Wohnraum (§ 549 Abs. 2 Nr. 1 BGB) die Vereinbarung einer kürzeren Frist zuzulassen. – Bei Werkmietwohnungen, die einem Dienstverpflichteten deshalb überlassen werden, weil das Dienstverhältnis eine Wohnung in unmittelbarer Nähe der Arbeitsstätte erfordert, kann der Vermieter, wenn er den Wohnraum für einen anderen Dienstverpflichteten benötigt, gemäß § 576 Abs. 1 Nr. 2 BGB bis zum dritten Werktag eines Monats zum Ende dieses Monats kündigen.

kommen für den Vermieter gemäß S. 2 der Bestimmung jeweils drei Monate hinzu, wenn die Dauer des Mietverhältnisses den Zeitraum von fünf und acht Jahren überschritten hat.[224] Bei der erleichterten Kündigung eines Mietvertrags über eine Einliegerwohnung oder Einliegerwohnraum ist die Kündigungsfrist, wenn sich der Vermieter nicht auf ein berechtigtes Interesse beruft, gemäß § 573a Abs. 1 S. 2 BGB von vornherein um drei Monate länger. Wie bei Arbeitsverhältnissen, bei denen die Betriebszugehörigkeit als Faktor in die Beurteilung von Kündigungen nach dem KSchG eingeht,[225] belohnt das Gesetz so auch bei der Wohnraummiete die Vertragstreue und nimmt damit Rücksicht darauf, dass die Dauer des Mietverhältnisses das Vertrauen des Mieters auf seinen Fortbestand erhöht.

339 Die **Kündigungserklärung** unterliegt nach § 568 Abs. 1 BGB einem Schriftformgebot und regelmäßig auch einer Begründungspflicht, deren Einhaltung ebenfalls Voraussetzung für die Wirksamkeit der Kündigung ist. Für die ordentliche Kündigung durch den Vermieter ergibt sich der Begründungszwang aus § 573 Abs. 3 BGB, der die Angabe des berechtigten Interesses an der Vertragsbeendigung vorschreibt und das Nachschieben von Gründen auf solche beschränkt, die nach der Kündigungserklärung entstanden sind. Diese Begründungspflicht, die dazu dient, dem Mieter Klarheit über seine Rechtsposition zu verschaffen,[226] ist auf die Mitteilung der entscheidenden Umstände beschränkt, die eine Identifikation des konkreten Kündigungsgrundes erlauben und ihn von anderen Sachverhalten hinreichend unterscheiden.[227] Eine dramatisierende Darstellung ist deshalb unschädlich.[228] Tatsachen, durch die der Kündigungsgrund nur erläutert oder ausgefüllt wird, können auch später noch nachgeschoben werden.[229] Bei der Eigenbedarfskündigung erspart dies dem Vermieter aber weder die Nennung der Person, die den zu deckenden Wohnbedarf hat, noch die Beschreibung ihres Verhältnisses zum Vermieter und ihrer bisherigen Wohnsituation[230].[231] Ist die Kündigung nicht auf ein berechtigtes Interesse, sondern nur darauf gestützt, dass das Mietobjekt eine Einliegerwohnung oder Einliegerwohnraum ist, hat der Vermieter auch dies nach § 573a Abs. 3 BGB anzugeben.

(3) Sozialwiderspruch

340 Während der Streit über die Wirksamkeit der Kündigung den Mieter nicht in die Offensive zwingt, hat er doch seinerseits aktiv zu werden, wenn er der Kündigung nicht oder nicht nur wegen deren Ungültigkeit, sondern gemäß § 574 BGB deshalb widerspricht, weil die Beendigung des Mietverhältnisses für ihn, seine Familien-

[224] Bei Werkmietwohnungen, die mit Rücksicht auf eine Dienstverpflichtung des Mieters überlassen werden, bleibt es gemäß § 576 Abs. 1 Nr. 1 BGB bei der dreimonatigen Kündigungsfrist bis zu dem Moment, in dem das Mietverhältnis zehn Jahre bestanden hat.

[225] S. o. Rn. 252.

[226] BGH, NJW 2006, 1585, 1587.

[227] BGH, NJW-RR 2008, 869, 870.

[228] BGH, NJW-RR 2010, 809.

[229] BGH, NJW 2007, 2845, 2847.

[230] BVerfG, NJW 1992, 1379.

[231] Eine Ausnahme erfährt dieser Grundsatz naturgemäß, wenn ein volljähriges Kind des Vermieters einen eigenen Hausstand begründen will; vgl. BGH, NJW 2010, 3775, 3776.

oder Haushaltsangehörigen eine unzumutbare Härte bedeutete.[232] Dieser sogenannte Sozialwiderspruch lässt die Wirksamkeit der Kündigung unberührt und führt nach § 574a Abs. 1 BGB nur dazu, dass das Mietverhältnis für eine angemessene Zeit fortgesetzt wird, und zwar entweder in derselben Gestalt wie bisher oder, wenn dies dem Vermieter nicht zuzumuten ist, zu veränderten Bedingungen, insbesondere unter Erhöhung der Miete auf das ortsübliche Niveau. Da so nur ein vorübergehender Schutz des Mieters erreicht werden soll, kann eine Verlängerung zumindest im Regelfall nicht über eine Frist von drei Jahren hinausgehen.[233] Eine Fortsetzung auf unbestimmte Dauer ist gemäß § 574a Abs. 2 S. 2 BGB nur zulässig, wenn ungewiss ist, wann die Umstände wegfallen, durch die das Mietende für den Mieter zu einer unzumutbaren Härte wird. Voraussetzung der Verlängerung, die mangels Einigung der Parteien durch Gestaltungsurteil erfolgt, ist nach § 574b BGB, dass der Mieter gegenüber dem Vermieter den Widerspruch gegen die Kündigung in schriftlicher Form spätestens zwei Monate vor dem Ende der Mietzeit erklärt. Hat der Vermieter es entgegen § 568 Abs. 2 BGB unterlassen, in der Kündigung auf die Möglichkeit des Widerspruchs hinzuweisen, kann der Mieter den Widerspruch auch noch im ersten Termin zur mündlichen Verhandlung über den Räumungsrechtsstreit erklären. Die Verlängerung des Mietverhältnisses kann nach § 574 Abs. 2 BGB insbesondere deshalb begehrt werden, weil für den Mieter angemessener Ersatzwohnraum zu zumutbaren Bedingungen nicht zu beschaffen ist. Daneben sind es vor allem Behinderung und Krankheit des Mieters, die eine Beendigung des Mietverhältnisses für ihn zu einer unzumutbaren Härte werden lassen. Bei der von § 574 Abs. 1 BGB vorgeschriebenen Abwägung mit den Interessen des Vermieters sind zu dessen Gunsten nach Abs. 3 der Vorschrift nur die Gründe zu berücksichtigen, die von ihm in der Kündigungserklärung angegeben oder die nachträglich entstanden sind. Kann der Vermieter allerdings dartun, dass er zur außerordentlichen Kündigung berechtigt ist, nimmt dies dem Widerspruch des Mieters die Wirkung, ohne dass eine Abwägung stattfände. Eine nochmalige Verlängerung eines auf bestimmte Zeit fortgesetzten Mietverhältnisses kann der Mieter gemäß § 574c Abs. 1 BGB nur bei einer wesentlichen Änderung der maßgeblichen Umstände oder dem Nichteintritt erwarteter Umstände verlangen.

bb) Schutz vor Befristung

Ebenso wie beim Arbeitsverhältnis muss der Kündigungsschutz zur Vermeidung **341**
seiner Umgehung auch beim Mietvertrag durch eine Beschränkung der Zulässigkeit von **Zeitverträgen** flankiert sein. Diese fällt wiederum schärfer aus als beim Arbeitsvertrag, indem sie die Befristung schlechthin und damit auch bei Verträgen, die nur für eine geringe Dauer eingegangen werden, davon abhängig macht, dass sich

[232] Dieses Widerspruchsrecht besteht nach § 576a Abs. 2 BGB nicht bei Werkmietwohnungen, wenn der Vermieter sie gemäß § 576 Abs. 1 Nr. 2 BGB gekündigt hat, weil er die für das Dienstverhältnis erforderliche Wohnung für einen anderen Dienstverpflichteten benötigt, oder das Dienstverhältnis infolge einer verhaltensbedingten Kündigung des Dienstberechtigten oder einer von diesem nicht provozierten Kündigung des Dienstverpflichteten geendet hat.

[233] MünchKomm/*Häublein* § 574a BGB Rn. 11, Palandt/*Weidenkaff* § 574a Abs. 2.

der Vermieter auf einen besonderen Grund für die Befristung berufen kann. Verglichen mit dem berechtigten Interesse, das nach § 573 BGB für die ordentliche Kündigung des Wohnraummietvertrags erforderlich ist, ist der Kreis der Befristungsgründe zudem noch enger gezogen: § 575 Abs. 1 S. 1 BGB lässt nur genügen, dass der Vermieter nach Ablauf der Mietzeit Eigenbedarf im Sinne von § 573 Abs. 2 Nr. 2 BGB hat, die Räume als Werkwohnung für einen Dienstverpflichteten benötigt oder beseitigen, wesentlich verändern oder umbauen will und diese Maßnahmen durch das Mietverhältnis erheblich erschwert würden. Der Vermieter, der zwar noch keine Schritte zur Verwirklichung dieser Vorhaben getan haben muss, sie nur ernsthaft zu beabsichtigen braucht,[234] hat sein Befristungsinteresse dem Mieter bis zum Vertragsschluss, jedoch nicht unbedingt im Vertrag selbst, schriftlich mitzuteilen. Wie die Angabe des Kündigungsgrundes gemäß § 573 Abs. 3 BGB muss auch die Mitteilung über den Befristungsgrund den Mieter in die Lage versetzen, die Berechtigung des vom Vermieter geltend gemachten Interesses zu überprüfen.[235] Besteht es nicht oder hat der Vermieter es dem Mieter nicht oder nicht ausreichend mitgeteilt, gilt das Mietverhältnis nach § 575 Abs. 1 S. 2 BGB als auf unbestimmte Zeit abgeschlossen. Entfällt der Befristungsgrund, weil der Vermieter seine Pläne ändert, kann der Mieter nach Abs. 3 der Vorschrift seine Verlängerung auf unbestimmte Zeit beanspruchen. Das Nachschieben eines neuen Befristungsgrundes ist deshalb ausgeschlossen, weil dieser nicht in der bei Vertragsschluss zu erfolgenden schriftlichen Mitteilung genannt ist. Eine befristete Verlängerung des Mietverhältnisses kann der Mieter dann verlangen, wenn sich die Verwirklichung des Vorhabens des Vermieters verzögert oder dieser nicht gemäß § 575 Abs. 2 BGB binnen eines Monats auf die in den letzten vier Monaten des Mietverhältnisses mögliche Frage des Mieters nach der Fortdauer des Befristungsgrunds antwortet.

342 Nicht unter die Befristungsbeschränkungen fällt der vorübergehende Ausschluss des Rechts zur ordentlichen Kündigung, mit dem die Parteien eine **Mindestmietzeit** festlegen.[236] Eine solche Vereinbarung verstößt nicht gegen das in § 575 Abs. 4 BGB angebrachte Verbot mieterfeindlicher Abweichung von den Bestimmungen über den Zeitvertrag. Diese gelten nur für vollständig befristete Verträge und sind auch nach Ansicht des Gesetzgebers nicht auf den Ausschluss des Kündigungsrechts zu erstrecken[237]. Gegen diesen spricht ferner nicht das aus § 573c Abs. 4 BGB folgende Verbot einer Modifikation der Kündigungsfristen zum Nachteil des Mieters; denn der Aufschub des Kündigungsrechts betrifft nicht die Kündigungsfristen selbst und ist in § 557a Abs. 3 BGB für den Fall einer Staffelmiete sogar ausdrücklich bis zu einer Dauer von vier Jahren gestattet. Diese Bestimmung sowie das Regime der vorformulierten Geschäftsbedingungen setzen freilich Grenzen für die Vereinbarung einer Mindestmietzeit durch Formularvertrag: Ein einseitiger Kündigungsverzicht des Mieters ist nur dann zulässig, wenn er durch einen Vorteil aufgewogen wird, wie er bei der Staffelmietvereinbarung im Ausschluss ei-

---

[234] BGH, NJW 2007, 2177, 2179.
[235] BGH, NJW 2007, 2177, 2179.
[236] BGH, NJW 2004, 1448, 1449; 2009, 3506, 3507.
[237] Vgl. die Begründung des Entwurfs des Mietrechtsreformgesetzes, BT-Drucks. 14/4553, S. 69.

ner gewöhnlichen Mieterhöhung liegt,[238] und die Maximalfrist von vier Jahren nicht überschreitet. Ein beiderseitiger Kündigungsverzicht ist unwirksam, wenn er die Mobilität des Mieters durch die Bindung an den Mietvertrag in unangemessener Weise einschränkt. Wegen der Unwägbarkeiten des Studienverlaufs ist dies bei der Miete einer Studentenwohnung schon bei einer Mindestmietzeit von zwei Jahren der Fall.[239] Dieser Zeitraum und nicht die bei der Staffelmiete zulässige Frist von vier Jahren markiert entgegen der Ansicht des BGH[240] auch die längstmögliche Periode, für die das Kündigungsrecht bei gewöhnlichen Mietverhältnissen ausgeschlossen werden, ohne dass als Gegengewicht ein besonderer Vorteil für den Mieter geschaffen werden müsste. Denn mit einer Vertragsdauer von zwei Jahren ist auch die Frist erreicht, die nach § 309 Nr. 9 Buchst. a BGB für die Laufzeit eines Vertrags über die regelmäßige Lieferung von Waren oder Dienst- oder Werkleistungen nicht überschritten werden darf; und zugleich hat man sich auch schon vom gesetzlichen Leitbild des Mietvertrags entfernt, das einen Ausschluss des Kündigungsrechts nur im Ausnahmefall der Staffelmiete und ansonsten vorsieht, dass der Mieter sich jederzeit mit annähernd dreimonatiger Frist vom Vertrag lösen kann.

cc) Überleitung des Mietverhältnisses und Vorkaufsrecht des Mieters

Anders als eine Betriebsveräußerung beim Arbeitsvertrag[241] eröffnet die Veräuße- **343**
rung einer Wohnung dem Vermieter noch kein Kündigungsrecht; vielmehr bliebe er, obwohl er seine Leistung nicht ohne die Zustimmung des neuen Eigentümers erbringen könnte, zunächst weiterhin zu ihr verpflichtet und haftete, wenn er seine Pflicht nicht mehr erfüllen kann, für das selbst herbeigeführte Leistungshindernis. Um schon der faktischen Erschwerung des Mieterrechts zu wehren, die das Eigentum des Erwerbers an der Mietsache bedeutet, ordnet § 566 BGB dennoch den Übergang des Mietverhältnisses auf den Erwerber an, damit Vertragspartner des Mieters derjenige ist, der die ihn treffenden Verpflichtungen auch erfüllen kann. Diese für die Grundstücks- und Raummiete schlechthin geltende Regelung wird durch § 565 Abs. 1 BGB auf die Konstellation der **gewerblichen Zwischenmiete** übertragen: Ist der Mieter einen Vertrag über Wohnräume mit deren Hauptmieter eingegangen, der sie seinerseits zu dem gewerblichen Zweck gemietet hat, sie zu Wohnzwecken weiterzuvermieten, führt die Beendigung des Hauptmietvertrags dazu, dass in das Mietverhältnis mit dem Endmieter anstelle des Hauptmieters der Hauptvermieter eintritt; und beim Abschluss eines neuen Hauptmietvertrags mit einem anderen Hauptmieter tritt dieser wiederum in die Rechte und Pflichten des alten Hauptmieters gegenüber dem Endmieter ein. So ist gewährleistet, dass Vertragspartner des Endmieters stets der Hauptvermieter oder ein Hauptmieter ist, der über ein von diesem abgeleitetes Besitzrecht an der Mietwohnung verfügt. Im Verhältnis zur Überleitung des Mietverhältnisses auf einen Grundstückserwerber sind die Voraussetzungen des Vertragsübergangs in diesem Fall in zweifacher Hinsicht gelockert: Zum einen braucht der Hauptvermieter nicht Eigentümer der Wohn-

[238] BGH, NJW 2009, 912 f., 3506, 3507.
[239] Vgl. BGH, NJW 2009, 3506, 3507.
[240] Vgl. BGH, NJW 2005, 1574, 1576.
[241] S. o. Rn. 273.

räume zu sein, so dass der Vertragseintritt zum Schutz des Endmieters auch bei einer weitergehenden Staffelung erfolgt; zum anderen bedarf es nicht der vorangehenden Überlassung der Mietsache an den Mieter. Der Verzicht auf diese beiden Erfordernisse ist sachgerecht, weil es hier anders als im Grundfall des Vertragseintritts bei Grundstücksveräußerung nicht um die Belastung der Immobilie mit dem Mieterrecht, sondern darum geht, den Mieter im Verhältnis zu anderen Parteien zu schützen, die über den Bestand des Mietverhältnisses hinreichend informiert sind: Sowohl der Hauptvermieter als auch der neue Zwischenmieter wissen, dass der Wohnraum zur Überlassung an einen Endmieter bestimmt ist, und bedürfen daher keines Schutzes durch Publizität der vertraglichen Beziehung mit ihm. Dies gilt nicht nur im Fall der gewerblichen Zwischenmiete, sondern auch dann, wenn der Hauptmieter ohne Absicht Gewinnerzielung tätig wird, so dass § 565 BGB unter diesen Umständen analog anzuwenden ist,[242] es sei denn, dass dem Vermieter die Überleitung des Vertrags wegen der engen persönlichen oder sozialen Bindung von Zwischen- und Endmieter nicht zumutbar ist.[243]

344 Ebenfalls der Sicherung des Bestandsinteresses des Mieters gilt, wenn auch auf andere Weise, das **Vorkaufsrecht**. § 577 BGB räumt es ihm für den Fall ein, dass an den vermieteten Wohnraum nach seiner Überlassung Wohnungseigentum begründet worden ist oder begründet werden soll, falls der Vermieter es nicht an eine Person verkauft, für die er sich auch auf sein Recht zur Kündigung wegen Eigenbedarfs nach § 573 Abs. 2 Nr. 2 berufen könnte. Ebenso wie die korrespondierende Sperrfrist für eine Kündigung durch einen Wohnungserwerber (§ 577a BGB)[244] dient auch das Vorkaufsrecht dazu, dem Mieter einer in eine Eigentumseinheit umgewandelten Wohnung einen besonderen Schutz vor deren Verlust infolge einer Eigenbedarfs- oder Verwertungskündigung zu gewähren. Die Wahrscheinlichkeit einer solchen Kündigung wird durch die erstmalige Umwandlung und Veräußerung der Wohnräume, insbesondere wenn sie im Rahmen eines darauf angelegten Geschäftsmodells erfolgt, dramatisch erhöht. Anders verhält es sich bei ihrer Weiterveräußerung durch den Erwerber, so dass das Vorkaufsrecht hierfür nicht mehr gilt.[245] Bei der erstmaligen Veräußerung ist es für das Vorkaufsrecht des Mieters dagegen unschädlich, wenn er schon vor Überlassung des Wohnraums von der Absicht zur Begründung von Wohneigentum oder Veräußerung erfahren hat.[246] Denn die Kenntnis von dieser Absicht wiegt nicht schwerer als der durch den Abschluss

---

[242] Zumindest für eine Erstreckung des Kündigungsschutzes auf diesen Fall ist BGH, NJW 2003, 3055, 3056.

[243] Richtig MünchKomm/*Häublein* § 565 BGB Rn. 8 ff und jurisPK/*Tonner* § 565 Rn. 11. Anders PWW/*Riecke* § 565 Rn. 4 unter Berufung auf die Untätigkeit des Gesetzgebers, die freilich nur einer Analogie unter dem Gesichtspunkt des Willens des Gesetzgebers, nicht auch aufgrund des objektiven Zwecks des Gesetzes entgegensteht. Dass sie ausgeschlossen ist, glaubt Soergel/*Heintzmann* § 565 Rn. 9, der geltend macht, dass der mit einem gemeinnützigen Zwischenvermieter zustande gekommene Mietvertrag in aller Regel nicht mit dem Eigentümer selbst zustande gekommen wäre.

[244] S. o. Rn. 334.

[245] BGH, NJW 2006, 1869 f.; 2007, 2699.

[246] Richtig MünchKomm/*Häublein* § 577 BGB Rn. 6, Staudinger/Rolfs (2006) § 577 Rn. 25, Palandt/*Weidenkaff* § 577 Rn. 3.

des Mietvertrags gesetzte Vertrauenstatbestand, der den Schutz des Mieters vor einer erhöhten Kündigungsgefahr rechtfertigt.

Nicht mehr für den Mieter, sondern für eine ihm nahestehende Person oder einen Mitmieter gedacht ist der Übergang des Mietverhältnisses, den die §§ 563 ff. BGB im Fall des **Tods des Mieters** vorsehen. Gäbe es diese Bestimmungen nicht, ginge das Mietverhältnis ebenfalls, allerdings auf die Erben des Mieters, über. Da dies nicht interessengerecht ist, wenn der Mieter die Wohnung gemeinsam mit anderen Angehörigen genutzt oder mit einem Mitmieter gemietet hat, wird das Prinzip der Gesamtrechtsnachfolge in diesen Konstellationen unterbrochen und das Mietverhältnis auf die Angehörigen oder den bisherigen Mitmieter als Alleinmieter übergeleitet. Während diese Rechtsfolge für den Fall des Mitmieters nach § 563a BGB unvermeidlich ist und nur durch ein Recht zur außerordentlichen Kündigung mit gesetzlicher Frist abgemildert wird, steht der Eintritt der Angehörigen nach § 563 Abs. 3 BGB unter dem Vorbehalt, dass sie nicht innerhalb eines Monats, seitdem sie vom Tod des Mieters Kenntnis erlangt haben, erklären, dass sie das Mietverhältnis nicht fortsetzen wollen. Auf das Kündigungsrecht verwiesen ist in diesem Fall nur der Vermieter, der nach Abs. 4 der Vorschrift innerhalb eines Monats ab dem Zeitpunkt, ab dem der Eintritt des Angehörigen in das Mietverhältnis sicher ist, außerordentlich mit der gesetzlichen Frist kündigen kann, wenn in der Person des Angehörigen ein wichtiger Grund vorliegt, der auch einer Überlassung an ihn im Wege der Untermiete nach § 553 BGB entgegenstünde. Gemäß § 573d BGB müssen zudem die Kündigungsschutzvorschriften der §§ 573 f. BGB eingehalten, insbesondere ein berechtigtes Interesses des Vermieters nach § 573 Abs. 1, 2 BGB vorhanden sein. Zu den Angehörigen, die in den Mietvertrag eintreten, zählen zunächst nach § 563 Abs. 1 BGB Ehegatte oder Lebenspartner des Mieters, wenn sie mit ihm einen gemeinsamen Haushalt führen, ferner nach Abs. 2 die Kinder des Mieters und andere Familienangehörige oder sonstige Personen, die mit dem Mieter einen gemeinsamen, auf Dauer angelegten Haushalt führten. Tritt ein Ehegatte in den Mietvertrag ein, schließt er alle anderen Eintrittsberechtigten aus. Ein Lebenspartner verdrängt dagegen nur die weiteren Familien- oder Haushaltsangehörigen, nicht dagegen die Kinder. Die Ausschlusswirkung gilt aber nicht, wenn der Ehegatte oder Lebenspartner nicht als solche, sondern als Mitmieter nach § 563a BGB in dieser Rechtsstellung verbleiben, weil § 563 BGB die speziellere Regelung enthält, der hier angeordnete Eintritt also mit der Fortsetzung des Mietverhältnisses mit einem Mietmieter konkurriert[247]. Nach dem Eintritt der Angehörigen oder Mitmieter haften diese gemäß § 563b BGB gemeinsam mit dem Erben für bis zum Tod des Mieters bereits entstandene Verbindlichkeiten und sind verpflichtet, dem Erben herauszugeben, was sie infolge einer Vorausentrichtung der Miete ersparen oder erlangen, sowie dem Vermieter eine Sicherheit zu stellen, soweit der Mieter sie noch nicht geleistet hat. Kommt es nicht zum Eintritt eines Angehörigen oder Mitmieters, können der zum Mieter gewordene Erbe oder der Vermieter nach § 564 BGB das Mietver- 345

[247] Richtig *Löhnig*, Änderungen im Recht der Wohnraummiete durch das Lebenspartnerschaftsgesetz, FamRZ 2001, 891, MünchKomm/*Häublein* § 563a BGB Rn. 11 und Soergel/*Heintzmann* § 563a Rn. 2; anders Bamberger/Roth/*Herrmann*, § 563a Rn. 3, PWW/*Riecke* § 563a Rn. 14, Palandt/*Weidenkaff* § 563a Rn. 3.

hältnis innerhalb eines Monats ab dem Zeitpunkt, in dem sie von dem Tod des Mieters und dem fehlenden Eintritt eines Angehörigen oder Mitmieters Kenntnis erlangt haben, außerordentlich mit der gesetzlichen Frist kündigen. Nach § 573d Abs. 1 BGB genießen die Erben des Mieters hierbei keinen Kündigungsschutz, können aber den Sozialwiderspruch gemäß §§ 574 ff. BGB erheben.

b) Begrenzung der Miete

aa) Schutz vor überhöhter Miete

346 Ist die Auflösung des Mietverhältnisses durch den Vermieter an dessen berechtigtes Interesse gebunden und zugleich die Erhöhung der Miete im bestehenden Mietverhältnis reglementiert, bietet der erstmalige Abschluss eines Mietvertrags dem Vermieter von Wohnraum die seltene Gelegenheit, am Marktgeschehen teilzuhaben. Völlig frei in seiner Preisgestaltung ist er jedoch auch in diesem Fall nicht. Er unterliegt nicht nur dem allgemeinen Verbot sittenwidriger Geschäfte, das ihm bei einem auffälligen Missverhältnis von vereinbarter und Marktmiete den Beweis abverlangt, dass er nicht die geschäftliche Unterlegenheit des Mieters ausgenutzt hat. Noch viel eher als dieses bei einer Relation von 1:2 einsetzende Hindernis greift schon das Verbot der Mietpreisüberhöhung gemäß § 5 WiStrG ein, der die vorsätzliche oder leichtfertige Forderung einer unangemessen hohen Miete unter Ausnutzung des geringen Angebots an vergleichbarem Wohnraum für ordnungswidrig erklärt. Unangemessen soll dabei schon eine Miete sein, die mehr als 20 % über der Miete liegt, die in der Gemeinde oder in vergleichbaren Gemeinden für die Vermietung von Räumen vergleichbarer Art, Größe, Ausstattung, Beschaffenheit, Lage und etwaiger Nebenleistungen in den letzten vier Jahren durchschnittlich vereinbart worden ist. Ist dies anhand eines Mietspiegels[248] bezogen auf ein bestimmtes Gemeindegebiet festzustellen, kommt es für das Merkmal der Ausnutzung eines geringen Angebots an Mietwohnraum auf die Gemeinde oder Stadt insgesamt an.[249] Rechtfertigen kann der Vermieter eine solche Überschreitung der ortsüblichen Miete damit, dass sie zur Deckung seiner laufenden Aufwendungen erforderlich ist. In diesem Fall kann die Miete ausnahmsweise bis zur Grenze eines auffälligen Missverhältnisses frei vereinbart werden. Zivilrechtliche Rechtsfolge eines Verstoßes gegen § 5 WiStrG ist die Unwirksamkeit der Vereinbarung, soweit sie die ortsübliche Miete um mehr als 20 % übersteigt, während die Miete bis zu dieser Grenze als Vertragsinhalt gilt.[250] – Noch stärker gebunden und auf die Vereinbarung einer bestimmten Miete festgelegt ist der Vermieter von Wohnraum, der durch staatlich geförderten Wohnungsbau entstanden ist. Die hierfür zulässige Miete wird ihm gemäß § 28 des Gesetzes über die soziale Wohnraumförderung (WoFG) durch die Förderzusage vorgegeben, auf die sich auch der Mieter berufen kann. Für sozialen Wohnungsbau, dessen Förderung bis Ende 2001 bewilligt worden ist, gilt nach § 50 WoFG noch das Gesetz zur Sicherung der Zweckbestimmung von Sozialwohnungen (WoBindG), dessen § 8 dem Vermieter eine Kostenmiete vorgibt und ihm un-

---

[248] S. u. Rn. 349.

[249] BGH, NJW 2005, 2156 f.

[250] BGH, NJW-RR 2006, 591.

tersagt, den Wohnraum gegen ein höheres Entgelt zu vermieten, als zur Deckung der laufenden Aufwendungen erforderlich ist.

bb) Schutz vor Mieterhöhung

Ist der Vermieter von Wohnraum an den Mietvertrag so lange gebunden, bis er sich auf ein berechtigtes Interesse an der ordentlichen Kündigung berufen kann, muss er auch der Entwertung seines Anspruchs auf die vereinbarte Miete durch den Geldwertschwund wehren können.[251] Seine Möglichkeit, dies schon beim Vertragsschluss zu tun, begrenzt das Gesetz auf zwei verschiedene Gestaltungsformen: die Vereinbarung einer Staffelmiete und die Indexierung der Miete mit Hilfe des Preisindexes für die Lebenshaltung privater Haushalte.[252] Bei der **Staffelmiete**, die nach § 557a Abs. 1 BGB schriftlich und unter Angabe der erhöhten Miete oder der Erhöhung in Geld zu vereinbaren ist, kann der Mieter von vornherein absehen, welche Belastung auf ihn zukommt, so dass er keines weitergehenden Schutzes als bei der Vereinbarung der Anfangsmiete bedarf. Dementsprechend begnügt sich das Gesetz auch damit, in § 557a Abs. 2 BGB für die Mieterhöhungen einen Mindestabstand von einem Jahr sowie in Abs. 3 der Bestimmung vorzuschreiben, dass das Kündigungsrecht des Mieters für höchstens vier Jahre seit Abschluss der Staffelmietvereinbarung ausgeschlossen werden kann. Dass dies überhaupt, und zwar auch ohne korrespondierenden Kündigungsverzicht des Vermieters und sogar in einem Formularvertrag,[253] möglich ist, liegt daran, dass der Vermieter keinen Anspruch auf Erhöhung der Miete auf das ortsübliche Niveau hat und damit das Risiko trägt, dass die staffelweise Mieterhöhung unter der gewöhnlichen Preissteigerung für Wohnraum bleibt, ohne dass er deshalb eine Mieterhöhung verlangen oder sich von dem Mietvertrag lösen könnte. 347

Das Risiko einer solchen Lücke zwischen vereinbarter und ortsüblicher Miete ist bei der **Indexmiete** gemindert, deren Zweck gerade für eine Anpassung der Miete an die Marktentwicklung ist. Da die Konsequenz dieses Mechanismus für einen Mieter schwerer einzuschätzen ist als die Staffelmiete, macht § 557b Abs. 1 BGB 348

[251] Wegen dieses Zusammenhangs gelten die Bestimmungen über die Mieterhöhung nach § 549 Abs. 2 BGB auch nicht für Wohnraum, der nicht dem Kündigungsschutzregime unterliegt (s. o. Rn. 332).

[252] Die Exklusivität beider Vereinbarungstypen, die sich schon aus dem Derogationsverbot in §§ 557a Abs. 4 und 557b Abs. 4 BGB ergibt, ist unnötigerweise noch einmal in Abs. 2 von § 557 BGB hervorgehoben, dessen Abs. 1 die sich schon aus § 311 Abs. 1 BGB ergebende Selbstverständlichkeit ausspricht, dass die Parteien eines Mietvertrags eine Erhöhung der Miete vereinbaren können. Dieser Satz passt vielleicht in ein Lehr- oder Handbuch, ist eines Gesetzes aber ebenso unwürdig wie seine Umkehrung in Abs. 3, dass das gesetzliche Recht des Vermieters zur Mieterhöhung ausgeschlossen werden kann. Verquickt ist diese Banalität hier noch mit der regelrecht falschen Formulierung, dass sich der Ausschluss des Erhöhungsrechts „durch Vereinbarung“ oder „aus den Umständen“ ergeben kann. Will man das Gesetz hier nicht so verstehen, dass exklusiv für das Mietrecht eine völlig neue Rechtsgeschäftslehre eingeführt wird, kann man in ihm nur den missglückten Versuch einer Beschreibung von ausdrücklichem und konkludentem Vertragsschluss sehen, die sich natürlich keineswegs dadurch unterscheiden, dass eine „Vereinbarung“ nur in dem einen und nicht auch in dem anderen Fall vorliegt.

[253] BGH, NJW 2006, 1056, 1057; 2009, 353, 354.

die inhaltliche Vorgabe, dass zum Anknüpfungspunkt nur der allgemeine Lebenshaltungskostenindex gemacht werden darf. Der Vermieter, dem wiederum eine Erhöhung der Miete auf ortsübliches Niveau verwehrt ist, trägt also auch hier eine Inflationsgefahr, nämlich dass die Preise für Wohnraum stärker als die Lebenshaltungskosten im Allgemeinen steigen. Da diese Gefahr aber erheblich geringer ist als das Risiko einer Fehlkalkulation bei der Staffelmiete, kann das Kündigungsrecht des Mieters im Fall der Indexmiete nicht ohne Weiteres zeitweise ausgeschlossen werden. Im Übrigen unterliegt die Indexmiete vergleichbaren Einschränkungen wie die Staffelmiete: Sie muss ebenfalls schriftlich vereinbart werden; und zwischen den Erhöhungen, die nach § 557b Abs. 3 BGB durch Erklärung in Textform geltend gemacht werden müssen, muss nach Abs. 2 der Vorschrift ein Mindestabstand von einem Jahr liegen.

349 Hat der Vermieter sich bei Vertragsschluss nicht durch eine Anpassungsklausel geschützt, ist er deshalb nicht von einer Mieterhöhung ausgeschlossen, sondern kann auf das Recht zurückgreifen, das er durch die Vereinbarung von Staffel- oder Indexmiete gerade verwirkt: die Mieterhöhung bis zur **ortsüblichen Vergleichsmiete**. Ist sie unterschritten, hat der Vermieter gemäß § 558 Abs. 1 BGB einen gesetzlichen Anspruch gegen den Mieter auf Zustimmung zu einer Vertragsänderung, mit der die vereinbarte Miete auf den vom Vermieter gewünschten Betrag, jedoch höchstens auf das ortsübliche Niveau angehoben wird. Dies gilt nach § 28 Abs. 3 WoFG auch für staatlich geförderten und daher preisgebundenen Wohnraum, allerdings nur im Rahmen der durch die Förderungszusage gezogenen Grenzen. Das ortsübliche Niveau ergibt sich nach § 558 Abs. 2 BGB aus den üblichen Entgelten, die in der Gemeinde oder einer vergleichbaren Gemeinde für nicht preisgebundenen Wohnraum vergleichbarer Art, Größe, Ausstattung, Beschaffenheit und Lage in den letzten vier Jahren erstmalig oder durch Vertragsänderung vereinbart worden sind. Erleichtert wird die Feststellung der ortsüblichen Vergleichsmiete durch den gemäß § 558c BGB bei Bedarf von den Gemeinden, im Übrigen von Mieter- und Vermieterverbänden gemeinsam aufzustellenden Mietspiegel, der eine Übersicht über die ortsübliche Vergleichsmiete enthält und alle zwei Jahre der Marktentwicklung angepasst werden soll. Kann sich das Gericht über einen solchen sogenannten einfachen Mietspiegel ohne Weiteres hinwegsetzen,[254] besteht für einen qualifizierten Mietspiegel, der nach wissenschaftlichen Grundsätzen erstellt, alle zwei Jahre anhand von Stichproben oder des Lebenshaltungskostenindex anzupassen und alle vier Jahre zu erneuern ist, gemäß § 558d BGB die Vermutung der Richtigkeit. Die mit Hilfe des Mietspiegels oder anderweitig ermittelte Vergleichsmiete gibt den Rahmen vor, bis zu dem das Mieterhöhungsverlangen des Vermieters berechtigt ist. Dieser kann ihn auch dann voll ausschöpfen, wenn die Ausgangsmiete unter der Vergleichsmiete lag, und muss sich nicht etwa darauf beschränken, die Ausgangsmiete in dem Maße anzupassen, in dem die Vergleichsmiete gestiegen ist.[255] Die Erhöhung der Miete unterliegt allerdings relativen Grenzen, indem sie vor ihrer Anpassung gemäß § 558 Abs. 1 S. 1 BGB mindestens 15 Monate unverändert ge-

---

[254] Dies ändert freilich nichts an seiner Indizwirkung; vgl. BGH, NJW 2010, 2946, 2947.
[255] BGH, NJW 2007, 2546 f.

blieben sein muss und nicht die in Abs. 3 der Vorschrift festgesetzte Kappungsgrenze einer Erhöhung um 20 % binnen drei Jahren überschreiten darf.[256]

Das **Verfahren** der Mieterhöhung leitet der Vermieter gemäß § 558a BGB durch ein Mieterhöhungsverlangen in Textform ein, in dem er sich zur Begründung seines Begehrens auf den Mietspiegel, die Auskunft aus einer Mietdatenbank, ein Sachverständigengutachten oder die vereinbarte Miete für mindestens drei Vergleichswohnungen beruft, die durchaus auch von ihm selbst vermietet worden sein können. Existiert ein qualifizierter Mietspiegel, der sich durch Anpassung oder Neuerstellung gemäß § 558d Abs. 2 BGB auf dem aktuellen Stand befindet, muss der Vermieter die hierin für vergleichbaren Wohnraum gemachten Angaben in dem Erhöhungsverlangen auch dann mitteilen, wenn er sich auf ein anderes Begründungsmittel stützt. Beruft er sich auf den Mietspiegel,[257] genügt es, wenn die geforderte Miete sich im Rahmen der Spanne hält, der die ortsübliche Vergleichsmiete für den vermieteten Wohnraum zu entnehmen ist. Ist der Wohnraum nicht richtig in die Kategorien des Mietspiegels eingeordnet, ist das Erhöhungsverlangen insgesamt formell unwirksam. Ist bei zutreffender Einordnung lediglich die im Mietspiegel angegebene Spanne überschritten, ist das Erhöhungsverlangen zwar insoweit materiell unbegründet, bleibt aber bis zu dem im Mietspiegel ausgewiesenen Höchstbetrag formell gültig, weil sich der Mieter auch unter diesen Umständen ein hinreichendes Bild über die Berechtigung der begehrten Mieterhöhung machen kann.[258] Das Mieterhöhungsverlangen kann gemäß § 558 Abs. 1 S. 2 BGB frühestens ein Jahr nach Mietbeginn oder der letzten Mieterhöhung erhoben werden und ist, wenn es früher geltend gemacht wird, unwirksam[259]. Stimmt der Mieter dem gültigen Erhöhungsverlangen zu, schuldet er die erhöhte Miete nach § 558b Abs. 1 BGB ab Beginn des dritten Kalendermonats seit dem Zugang des Erhöhungsverlangens. Eine Klage des Vermieters auf Zustimmung zur Mieterhöhung[260] ist nach Abs. 2 der Vorschrift zulässig, wenn der Mieter sie nicht bis zu diesem Zeitpunkt erklärt, muss aber innerhalb von weiteren drei Monaten erhoben werden. Bis zu dem Moment, ab dem der Vermieter mangels Erklärung des Mieters Klage auf Zustimmung zur Mieterhöhung erheben kann, hat der Mieter nach § 561 BGB die Möglichkeit, das Mietverhältnis außerordentlich zum Ablauf des übernächsten Monats kündigen, ohne dass die Mieterhöhung für die verbleibende Mietzeit einträte. 350

Das Sonderkündigungsrecht steht dem Mieter auch im Fall einer **Mieterhöhung wegen Modernisierung** zu. Nach § 559 Abs. 1 BGB kann der Vermieter sie bei einer nach § 554 Abs. 2 BGB zu duldenden Maßnahme zur Verbesserung der Mietsache oder zur Einsparung von Energie oder Wasser verlangen, wenn diese den Ge- 351

[256] Diese Grenze gilt nach Abs. 4 der Vorschrift nicht für ehemals öffentlich geförderte Wohnungen, für die eine Ausgleichszahlung zu leisten war.

[257] Hierzu BGH, NJW 2008, 573 ff.

[258] BGH, NJW 2004, 1379 f.

[259] BGH, NJW-RR 2004, 945.

[260] Dass anders als bei der Anpassung von Nebenkosten (§ 560 Abs. 4 BGB) ein Klageverfahren und nicht schon ein Gestaltungsrecht des Vermieters die Mieterhöhung auslöst, beruht auf keinem nachvollziehbaren Konzept; vgl. *Hau*, Vertragsanpassung und Anpassungsvertrag, Tübingen 2003, S. 301.

brauchswert der Mietsache nachhaltig erhöht, die allgemeinen Wohnverhältnisse auf Dauer verbessert oder zu einer nachhaltigen Energie- oder Wassereersparnis führt. Wegen des Erhöhungsrechts ist die zu erwartende Mieterhöhung bei der Wohnraummiete ein Umstand, der die Modernisierung für den Mieter zu einer Härte werden lassen, seine Duldungspflicht und damit auch die Anpassung der Miete ausschließen kann. Dagegen ist die rechtzeitige Ankündigung der Modernisierungsmaßnahme nach § 554 Abs. 3 BGB keine Voraussetzung für das Recht zur Mieterhöhung. Bleibt die Ankündigung aus oder ist sie verspätet, bewirkt dies gemäß § 559b Abs. 2 S. 2 BGB lediglich, dass sich die Erhöhung der Miete um sechs Monate verschiebt.[261] Dasselbe gilt, wenn die wirkliche Mieterhöhung mehr als 10 % über dem in der Mitteilung veranschlagten Betrag liegt. Ohne diese Einschränkungen kann der Vermieter nach § 559 Abs. 1 BGB eine Mieterhöhung wegen baulicher Maßnahmen verlangen, die er nicht zu vertreten hat, insbesondere weil sie gesetzlich vorgeschrieben sind[262]. Das Maß der Mieterhöhung ist nach § 559 Abs. 1 BGB durch die Kosten der Maßnahme vorgegeben, die der Vermieter zu 11 % pro Jahr auf die Miete umlegen kann. Obwohl das Gesetz dies nicht ausdrücklich sagt, können dabei natürlich nur die notwendigen Kosten berücksichtigt werden, nicht auch solche, die für unnötige oder unzweckmäßige Arbeiten angefallen sind.[263] Außerdem sind nach § 559a BGB Kosten, die von Dritten übernommen oder durch Zuschüsse aus öffentlichen Haushalten gedeckt werden, sowie eine Zinsermäßigung abzuziehen, die der Vermieter für die von ihm durchgeführte Maßnahme durch die Gewährung eines zinslosen oder zinsverbilligten Darlehens aus öffentlichen Haushalten erlangt. Da ein öffentliches Interesse an Maßnahmen zur Einsparung von Energie und Wasser besteht, ist das Recht zur Mieterhöhung, das dem Vermieter einen Anreiz hierzu bietet, bewusst nicht in der Weise eingeschränkt, dass sie in einem angemessenen Verhältnis zur Energie- oder Wassereersparnis stehen müsste.[264] Ist die Modernisierung wirtschaftlich unvernünftig, kann sie für den Mieter freilich eine Härte bedeuten, die seine Duldungspflicht nach § 554 Abs. 2 BGB und damit auch das Recht zur Mieterhöhung vollständig entfallen lässt. Betrifft die vom Vermieter durchgeführte Modernisierungsmaßnahme mehrere Wohnungen, sind die Kosten gemäß § 559 Abs. 2 BGB angemessen auf die einzelnen Wohnungen zu verteilen. Der hierbei verwendete Schlüssel ist in der Erhöhungserklärung anzugeben, die der Vermieter nach § 559b Abs. 1 BGB in Textform und unter Angabe des Erhöhungsgrundes sowie Aufstellung der Kosten und ihrer Umlage abzugeben hat. Die Darstellung muss derart spezifiziert sein, dass sie dem Mieter eine überschlägige Beurteilung der Berechtigung des Erhöhungsverlangens erlaubt, und kann später nicht nachgebessert werden.[265] Bei Maßnahmen zur Energie- oder Wassereinsparung muss sie eine nachvollziehbare Darstellung des Einspareffekts enthalten.[266] Sind alle Voraussetzungen für die Mieterhöhung erfüllt, tritt sie nach § 559b Abs. 2 S. 1 BGB ebenso wie bei der An-

[261] BGH, NJW 2007, 3565, 3566.
[262] BGH, NJW 2009, 839, 840.
[263] BGH, NJW 2009, 839, 840.
[264] BGH, NJW 2004, 1738, 1739 f.
[265] BGH, NJW 2006, 1126 f.
[266] BGH, NJW 2006, 1126.

passung an die ortsübliche Miete mit Beginn des dritten Monats nach Zugang des Erhöhungsverlangens ein. Eine Zustimmung des Mieters ist anders als bei der Anpassung an die ortsübliche Vergleichsmiete nicht erforderlich, so dass das Erhöhungsverlangen hier unmittelbar rechtsgestaltend wirkt.

cc) Schutz bei der Umlage der Betriebskosten

Die laufenden Kosten, die der Unterhalt eines Gebäudes verursacht, kann der Vermieter ebenso wie die Finanzierung und Verwaltung der Immobilie von vornherein in die vereinbarte Miete eingehen lassen. So übernimmt er freilich das Risiko einer Fehlkalkulation oder Kostensteigerung; und im Fall verbrauchsabhängiger Kosten wie denen für Heizung oder Wasser wäre die Rentabilität der Miete sogar vom Konsumverhalten des Mieters abhängig. Daher ist es üblich geworden, die **laufenden Kosten** des **Gebäudeunterhalts** in Abweichung von der Grundregel des § 535 Abs. 1 S. 3 BGB zum Gegenstand einer von der eigentlichen Miete gesonderten Zahlungspflicht des Mieters zu machen. Damit diese den Mieter nicht übermäßig belastet und auch den Aussagewert der Vereinbarung über die eigentliche Miete nicht beeinträchtigt, sind Umfang und Art der Kostenumlegung für die Wohnraummiete eingehend gesetzlich geregelt: Umlagefähig sind nach der gleichlautenden Legaldefinition in § 556 Abs. 1 BGB und § 1 der Betriebskostenverordnung (BetrKV) nur Kosten, die dem Eigentümer durch das Grundeigentum und den Gebrauch des Gebäudes laufend entstehen. Hierzu zählen auch Eigenleistungen des Vermieters, nach § 1 Abs. 2 der Verordnung aber nicht die Kosten der Verwaltung oder Instandhaltung des Gebäudes, weil sie zur eigentlichen Leistung des Vermieters gehören und bereits durch die Miete abgedeckt sind. § 2 der Verordnung enthält eine nicht abschließende Liste umlagefähiger Betriebskosten. Der Vermieter ist zwar in seiner Entscheidung frei, in welcher Höhe er Betriebskosten entstehen lässt; bei der Umlage auf den Mieter hat er jedoch nach § 556 Abs. 3 S. 1 BGB den Grundsatz der Wirtschaftlichkeit zu beachten und darf deshalb auf ihn keine überflüssigen Kosten überwälzen[267].[268] Die Verteilung unter mehreren Mietparteien hat gemäß § 556a Abs. 1 BGB bei erfasstem Verbrauch oder Verursachung nach dem Maß des Verbrauchs oder der Verursachung, im Übrigen nach der Wohnfläche zu erfolgen, sofern die Parteien keinen anderen Maßstab wie etwa die Anzahl der Wohneinheiten[269] vereinbart haben.[270] Zwingend ist die Verteilung nach der Verordnung über die Heizkostenabrechnung (HeizkostenV), die nach ihrem § 2 rechtsgeschäftlichen Vereinbarungen vorgeht, es sei denn, es handelt sich um ein Gebäude mit nicht mehr als zwei Wohnungen, von denen der Vermieter eine selbst bewohnt. Bei gemischt genutzten Objekten kann der Vermieter zur Trennung zwischen den Gewerbe- und den Wohneinheiten verpflichtet sein, wenn 352

[267] BGH, NJW 2007, 1356, 1357.

[268] Aus dem auf die Umlage beschränkten Gebot der Wirtschaftlichkeit folgt keine Verpflichtung des Vermieters zur Modernisierung; vgl. BGH, NJW 2008, 142, 143, 2178, 2179.

[269] BGH, NJW 2007, 3060, 3061 (zu einer Antennenanlage).

[270] Ist für verbrauchs- oder verursachungsabhängige Kosten ein anderer Maßstab vereinbart, kann der Vermieter die verbrauchs- oder verursachungsabhängige Umlage gemäß § 556a Abs. 2 BGB auch durch einseitige Erklärung herbeiführen.

sich aus der gemeinschaftlichen Umlage eine erhebliche Mehrbelastung für die Wohnungsmieter ergäbe.[271]

353 Nach § 556 Abs. 2 BGB können die Betriebskosten dem Mieter entweder pauschal oder in Gestalt einer Vorauszahlung in angemessener Höhe auferlegt werden. Bei Vereinbarung einer **Betriebskostenpauschale** übernimmt der Vermieter zwar das Risiko einer anfänglichen Fehlkalkulation in zu geringer Höhe, nicht aber notwendig auch die Gefahr einer künftigen Kostensteigerung. Denn nach § 560 Abs. 1, 2 BGB kann er die Pauschale, soweit dies im Mietvertrag vereinbart ist, bei Erhöhungen der Betriebskosten[272] durch Erklärung in Textform unter Erläuterung von Grund und Umlage der Erhöhung in der Weise anpassen, dass der Mieter die erhöhte Pauschale ab Beginn des auf die Erklärung folgenden übernächsten Monats schuldet. Eine rückwirkende Anpassung kann der Vermieter dagegen höchstens für das der Erklärung vorausgehende Kalenderjahr verlangen, wenn er sie innerhalb von drei Monaten erklärt, nachdem er Kenntnis von der Erhöhung der Betriebskosten erlangt hat. Bei einer Verringerung der Betriebskosten ist er nach § 560 Abs. 3 BGB auch ohne entsprechende Vereinbarung im Vertrag zu einer unverzüglichen Herabsetzung der Pauschale verpflichtet, die vom Zeitpunkt der Ermäßigung an wirkt. Eine Pauschale darf nicht Kosten der Versorgung mit Wärme und Warmwasser einschließen, für die § 6 HeizkostenV eine verbrauchsabhängige Abrechnung vorschreibt.

354 Bei der häufigeren Vereinbarung einer **Betriebskostenvorauszahlung** gehen weder Vermieter noch Mieter das Risiko einer Fehlkalkulation ein. Die endgültige Höhe der Verpflichtung des Mieters ergibt sich hier aus einer jährlich vorzunehmenden Abrechnung über die tatsächlich entstandenen Betriebskosten, deren Differenz von den Vorauszahlungen zum Gegenstand einer Nachforderung des Vermieters oder eines Erstattungsanspruchs des Mieters wird. Die Abrechnung ist gemäß § 556 Abs. 3 BGB vom Vermieter binnen eines Jahres nach Ablauf der Abrechnungsperiode dem Mieter mitzuteilen[273] und unterliegt dessen Einwendungen für einen weiteren Zeitraum von einem Jahr ab Zugang der Abrechnung. Eine schuldhafte Versäumung der Abrechnungsfrist durch den Vermieter führt zum Ausschluss einer etwaigen Nachforderung; eine vom Mieter zu vertretende Versäumung der Frist für die Einwendungen führt zu deren Verlust. Die Abrechnung muss den Anforderungen genügen, die § 259 BGB an die Erfüllung der Rechenschaftspflicht stellt, also eine geordnete Zusammenstellung der Ausgaben des Vermieters, ferner eine Erläuterung ihrer Verteilung unter mehreren Mietparteien sowie die Berechnung des Anteils und eine Aufstellung der bereits geleisteten Vorauszahlungen enthalten.[274] Ist die Abrechnung formell fehlerhaft, insbesondere unverständlich, kann dieser Mangel vom Vermieter unter Wahrung seines Nachforderungsrechts nur innerhalb der Ausschlussfrist behoben werden;[275] ist die Berechnung inhaltlich

---

[271] BGH, NJW 2006, 1419, 1420; 2007, 211, 212.

[272] Hierzu zählt es auch, wenn dem Vermieter zusätzliche umlagefähige Betriebskosten entstehen; vgl. BGH, NJW 2006, 3558, 3559.

[273] Dies bedeutet, dass sie dem Mieter zugehen muss; vgl. BGH, NJW 2009, 2197, 2198.

[274] BGH, NJW 2007, 1059, 1060; 2008 2258, 2259.

[275] BGH, NJW 2007, 1059, 1060; 2008, 2258, 2259.

unrichtig, etwa weil der Vermieter nicht umlagefähige Kosten oder einen falschen Verteilungsschlüssel einsetzt, berührt dies die Einhaltung der Abrechnungsfrist dagegen nicht[276]. Ist die ordnungsgemäße Abrechnung verspätet, schließt dies den Vermieter nicht davon aus, bereits geleistete Vorauszahlungen zu behalten und noch nicht geleistete zu verlangen.[277] Der Mieter kann sich bis zur Vorlage der Abrechnung jedoch auf das Zurückbehaltungsrecht aus § 273 BGB berufen.[278] Nur wenn das Mietverhältnis schon beendet ist und der Mieter nicht mehr über das Druckmittel der Einrede verfügt, kann er die Rückzahlung sämtlicher Vorauszahlungen verlangen, bis der Vermieter durch Vorlage einer Abrechnung deren Verbrauch nachweist.[279] Nach jeder Abrechnung der Betriebskosten können sowohl der Vermieter als auch der Mieter einseitig durch eine Erklärung in Textform eine Anpassung der Vorauszahlung auf eine Höhe vornehmen, die nach der Abrechnung angemessen erscheint.

c) *Weitere Besonderheiten der Wohnraummiete*

Bei der **Nutzung** der Mietsache ist der Wohnraummieter durch einen Anspruch auf Zustimmung des Vermieters zur Überlassung der Mietsache an einen Dritten sowie das Recht zu ihrer behindertengerechten Gestaltung privilegiert: Steht dem Mieter im Allgemeinen nach § 540 Abs. 1 S. 2 BGB nur ein Sonderkündigungsrecht zu, wenn sich der Vermieter ohne wichtigen Grund einer Überlassung der Mietsache an einen Dritten widersetzt, hat der Wohnraummieter nach § 553 BGB einen regelrechten Anspruch auf Erteilung der Erlaubnis, wenn nach Abschluss des Mietvertrags ein berechtigtes Interesse an der Überlassung entsteht und diese dem Vermieter entweder ohne Weiteres oder zumindest gegen eine angemessene Erhöhung der Miete zumutbar ist. So ist der Mieter nicht gezwungen, aus dem Mietverhältnis auszuscheiden, wenn der Vermieter seiner Anpassung an eine veränderte Lebenssituation des Mieters widerspricht, wie sie insbesondere durch die Aufnahme einer weiteren Person zur Bildung eines gemeinsamen Haushalts[280] oder durch eine längere Abwesenheit des Mieters eintritt, die eine Untervermietung der Wohnung wünschenswert macht[281]. Während ein Mieter eigentlich keine Veränderungen an der Mietsache vornehmen darf, die über ihren vertragsgemäßen Gebrauch hinausgehen, kann der Mieter nach § 554a BGB im Fall seines berechtigten Interesses verlangen, dass der Vermieter seine Zustimmung zu baulichen Veränderungen oder sonstigen Einrichtungen erteilt, die für eine behindertengerechte Nutzung von vermietetem Wohnraum erforderlich sind. Der Vermieter kann seine Zustimmung von einer angemessenen Sicherheit für die Wiederherstellung des ursprünglichen Zustands abhängig machen. Verweigern kann er sie nur, wenn sein Interesse an der unveränderten Erhaltung des Gebäudes überwiegt, also nicht schon, wenn es ebenso gewichtig ist wie das Interesse des Mieters an einer behindertengerechten Nutzung. 355

[276] BGH, NJW 2005, 219, 220; 2007, 1059, 1060.
[277] BGH, NJW 2005, 1499, 1503; 2008, 142, 143.
[278] BGH, NJW 2006, 2552 f.
[279] BGH, NJW 2005, 1499, 1500 f.
[280] BGH, NJW 2004, 56, 58 (zum Lebensgefährten).
[281] BGH, NJW 2006, 1200.

356 Auch bei der **Sicherung** seiner Verpflichtungen genießt der Wohnraummieter besonderen Schutz: Unterliegt die Vereinbarung einer Vertragsstrafe dem Grunde nach eigentlich nur dem für vorformulierte Verbraucherverträge geltenden Verbot des § 309 Nr. 6 BGB, erklärt § 555 BGB das Versprechen einer Vertragsstrafe durch den Mieter schlechthin und damit auch als Individualvereinbarung für unwirksam. Die Verpflichtung des Mieters zur Leistung einer Kaution, also einer Sicherheit für die Erfüllung seiner Pflichten ist dagegen auch bei der Wohnraummiete wirksam, durch § 551 BGB aber inhaltlich beschränkt:[282] Die Sicherheit darf das Dreifache der Monatsmiete ohne Nebenkosten nicht überschreiten; eine weitergehende Verpflichtung des Mieters ist, auch wenn sie durch Stellung einer weiteren Sicherheit erfüllt werden soll,[283] teilweise unwirksam. Ist die Sicherheit als Geldsumme zu leisten, die der Vermieter als treuhänderisch gebundenes Darlehen empfängt,[284] kann sie vom Mieter in drei Teilzahlungen im Abstand von einem Monat, beginnend mit dem Mietverhältnis, erbracht werden und ist vom Vermieter unbedingt getrennt von seinem eigenen Vermögen und, sofern nichts anderes vereinbart ist, bei einem Kreditinstitut mit dem Zinssatz anzulegen, der für Spareinlagen mit dreimonatiger Kündigungsfrist üblich ist. Die Zinsen gebühren dem Mieter, dienen aber ebenfalls als Sicherheit für den Vermieter.

357 Schließlich steht der Wohnraummieter auch bei **Auflösung** und **Abwicklung** des Mietverhältnisses in bestimmter Hinsicht besser als der Mieter von Geschäftsräumen: Nach § 572 BGB entfalten die Vereinbarung eines Rücktrittsrechts für den Vermieter zumindest nach der Überlassung des Wohnraums an den Mieter und außerdem auch die Vereinbarung einer auflösenden Bedingung keine Wirkung. Die außerordentliche Kündigung wegen Verzugs mit der Miete, die dem Vermieter nach § 543 Abs. 2 S. 1 Nr. 3 Buchst. a BGB bei einer Säumnis für zwei aufeinander folgende Termine mit einem nicht unerheblichen Teil der Miete möglich ist, darf nach § 569 Abs. 3 Nr. 1 BGB bei der Miete von Wohnraum, der nicht nur zum vorübergehenden Gebrauch vermietet ist, nur erfolgen, wenn der Rückstand insgesamt den Betrag der Miete für einen Monat übersteigt. Bei dem Verzug des Mieters mit dem Teil der Miete, der sich aus einer in ihrer Wirksamkeit umstrittenen Mieterhöhung ergibt, kann die Kündigung nach Nr. 3 der Vorschrift erst erfolgen, wenn der Mieter den geschuldeten Erhöhungsbetrag nicht binnen zwei Monaten ab Eintritt der Rechtskraft seiner Verurteilung zur Zustimmung[285] oder zur Zahlung der erhöhten Miete leistet. Die von § 543 Abs. 2 S. 2 BGB eröffnete Verzugsbereinigung durch nachträgliche Zahlung kann nicht nur bis zur Erklärung der Kündigung, sondern gemäß § 569 Abs. 3 Nr. 2 BGB bis zum Ablauf von zwei Monaten ab Rechtshängigkeit des auf die Kündigung hin geltend gemachten Räumungsanspruchs und auch

---

[282] Auf eine „freiwillig" gestellte Sicherheit ist diese Vorschrift zwar nicht anzuwenden; es besteht jedoch eine Vermutung dafür, dass die Sicherheit vom Vermieter verlangt worden und damit Gegenstand der Regelung von § 551 BGB ist; vgl. Staudinger/*Emmerich* (2006) § 551 Rn. 7.

[283] BGH, NJW 2004, 3045, 3046 (zu einer Kombination von Barkaution und Bürgschaft). Anders zu Unrecht MünchKomm/*Bieber* § 551 BGB Rn. 11.

[284] Staudinger/*Emmerich* § 551 Rn. 4.

[285] Vgl. BGH, NJW-RR 2005, 1169, 1170.

durch die Verpflichtungserklärung einer öffentlichen Stelle erfolgen, sofern nicht eine solche Verzugsbereinigung in den letzten zwei Jahren schon einmal vorgekommen ist. Außerdem gilt nach § 569 Abs. 4 BGB für alle Arten der außerordentlichen Kündigung, dass der Vermieter seine Kündigungserklärung zu begründen hat. Für den Schaden, den der Vermieter wegen verspäteter Rückgabe der Mietsache erleidet, sieht § 571 Abs. 1 S. 2 BGB vor, dass er nur insoweit zu ersetzen ist, als die Billigkeit seine Schadloshaltung erfordert. Daher geht der Schadensersatzanspruch des Wohnungsvermieters[286] im Regelfall auch dann, wenn er wegen des Verzugs des Mieters eine günstige Gelegenheit zur Weitervermietung verpasst hat, nicht über die Nutzungsentschädigung in Höhe der vereinbarten oder ortsüblichen Miete gemäß § 546a Abs. 1 BGB hinaus.

3. Pacht-, Franchisevertrag und Verwahrung

a) *Pacht- und Landpachtvertrag*

aa) *Struktur*

Pachtvertrag heißt im BGB die Vereinbarung über die entgeltliche Überlassung eines Gegenstands, den der Pächter im Unterschied zum Mieter nicht nur gebrauchen, sondern auch insoweit nutzen darf, als ihm eine Fruchtziehung nach den Regeln einer ordnungsgemäßen Wirtschaft gestattet ist. Der wichtigste Fall einer solchen Vereinbarung: die Überlassung eines Grundstücks zur Landwirtschaft, fällt allerdings aus dem Anwendungsbereich des Pachtrechts heraus und ist Gegenstand einer eigenständigen Regelung. Diese ist sehr ausführlich (§§ 585-597 BGB), während sich die Regelung des Pachtvertrags im Wesentlichen auf eine Verweisung auf das Mietrecht (§ 581 Abs. 2 BGB) beschränkt. Dieses Ungleichgewicht ist das äußere Zeichen einer fehlerhaften Systematisierung, die ihren Ausgang bei den Naturrechtskodifikationen nahm und nur äußerlich mit einer älteren römischen Abgrenzung zusammenfällt: Die Unterscheidung von Miet- und Pachtvertrag nach dem Umfang des Nutzungsrechts kam in den deutschsprachigen Naturrechtsgesetzbüchern (§§ 270 I 21 ALR, 1091 ABGB) auf und setzte sich im schweizerischen OR (Art. 253, 275) und BGB fort. Dagegen ist der Landpachtvertrag als eigenständiger Vertragstyp erst ein Produkt des 20. Jahrhunderts, in dem man allmählich erkannte, dass den Regeln des Mietrechts zwei wesentliche Aspekte fehlten, die auch schon die römische Landpacht, den Kolonat,[287] prägten: einerseits die **Verpflichtung** des Pächters zur **Nutzung** des Pachtgegenstands, andererseits die **Beteiligung** des Verpächters am **Nutzungserfolg** durch Reduktion seines Anspruchs auf die Pacht im Fall einer Missernte. Diese beiden Besonderheiten unterschieden den Vertrag über 358

[286] Ihn bindet § 571 Abs. 1 BGB im Übrigen strikt an das Erfordernis des Verschuldens, das sich im Fall ausbleibender Rückgabe nicht schon dann verneinen lässt, wenn die Räumung der Wohnung für den Mieter eine unzumutbare Härte im Sinne von § 574 BGB bedeutete. Andernfalls träten die Rechtsfolgen des Sozialwiderspruchs ein, ohne dass der Mieter diesen erhoben hätte; vgl. MünchKomm/*Häublein* § 571 BGB Rn. 6; anders Staudinger/*Emmerich* (2006) § 571 Rn. 6, Bamberger/Roth/*Wöstmann*, § 571 Rn. 5, PWW/*Elzer* § 551 Rn. 16,

[287] Hierzu *Harke*, Römisches Recht, Rn. 9.5 ff. und *ders.*, *Locatio conductio*, Kolonat, Pacht, Landpacht, Berlin 2005.

die Überlassung eines Landguts erheblich von der gewöhnlichen Verdingung durch Sachüberlassung (*locatio conductio rei*): Da das vordringliche Interesse des Landverpächters darin bestand, das Gut in einem für die Landwirtschaft tauglichen Zustand zu erhalten, schuldete der Landpächter nicht nur die Zahlung des Pachtzinses, sondern auch und sogar in erster Linie die Bewirtschaftung des überlassenen Guts.[288] Dementsprechend waren von der Mängelhaftung des Landverpächters auch alle diejenigen Fehler ausgenommen, die gewöhnlich auftreten und als übliche Schwierigkeiten der landwirtschaftlichen Tätigkeit vom Pächter im Rahmen seiner Betriebspflicht selbst zu beseitigen waren. Weil der Verpächter in den Genuss dieser Leistung des Pächters stets und unabhängig vom Ernteerfolg kam, wurde er hieran in der Weise beteiligt, dass er sich in Jahren schlechter Ernte eine Minderung des Pachtzinses (*remissio mercedis*) gefallen lassen musste, sofern der Ernteausfall nicht durch die Ergebnisse der kommenden Jahre kompensiert, über die gesamte Laufzeit des Pachtvertrags also ein durchschnittlicher Ernteerfolg erreicht wurde.[289] Anders als bei der gewöhnlichen Sachüberlassung hatte der Verpächter, der außer einer Geld- stets auch die Sachleistung des Gutsbetriebs erhielt, demnach nicht nur eine Nutzungsmöglichkeit, sondern auch einen durchschnittlichen Nutzungserfolg zu gewährleisten.

---

[288] D 19.2.25.3 Gai 10 ed prov: *Conductor omnia secundum legem conductionis facere debet. Et ante omnia colonus curare debet, ut opera rustica suo quoque tempore faciat, ne intempestiva cultura deteriorem fundum faceret. Praeterea villarum curam agere debet, ut eas incorruptas habeat. ...* („Der Landpächter muss sich in allem an die Vorschriften des Überlassungsvertrags halten. Und vor allem muss der Landpächter dafür sorgen, dass die Bewirtschaftung des Landes zur rechten Zeit erfolgt, damit nicht das Grundstück durch eine Bewirtschaftung zur Unzeit verschlechtert wird. Überdies muss er für die Gebäude Sorge tragen, damit diese instand gehalten bleiben.")

[289] D 19.2.15pr.-2, 4 Ulp 32 ed: *Ex conducto actio conductori datur. (1) Competit autem ex his causis fere: ut puta si re quam conduxit frui ei non liceat (forte quia possessio ei aut totius agri aut partis non praestatur, aut villa non reficitur vel stabulum vel ubi greges eius stare oporteat) vel si quid in lege conductionis convenit, si hoc non praestatur, ex conducto agetur. (2) Si vis tempestatis calamitosae contigerit, an locator conductori aliquid praestare debeat, videamus. Servius omnem vim, cui resisti non potest, dominum colono praestare debere ait, ut puta fluminum graculorum sturnorum et si quid simile acciderit, aut si incursus hostium fiat: si qua tamen vitia ex ipsa re oriantur, haec damno coloni esse, veluti si vinum coacuerit, si raucis aut herbis segetes corruptae sint. ... (4) Papinianus libro quarto responsorum ait, si uno anno remissionem quis colono dederit ob sterilitatem, deinde sequentibus annis contigit uberitas, nihil obesse domino remissionem, sed integram pensionem etiam eius anni quo remisit exigendam. ...* („Die Pächterklage wird dem Pächter gewährt. (1) Sie steht ihm gewöhnlich in folgenden Fällen zu: Ist ihm zum Beispiel verwehrt, die überlassene Sache zu nutzen (weil ihm vielleicht der Besitz des Landes oder eines Teils nicht eingeräumt wird oder weil das Landhaus oder auch die Stallungen oder die Pferche nicht hergerichtet sind, wo seine Herden stehen sollen), oder ist sonst etwas in dem Vertrag vereinbart worden, was ihm nicht gewährt wird, kann die Pächterklage erhoben werden. (2) Sehen wir zu, ob der Verpächter dem Pächter für die Gewalt eines zerstörerischen Unwetters einzustehen hat. Servius sagt, der Eigentümer müsse dem Pächter für jede Gewalt einstehen, der man nicht widerstehen könne, wie zum Beispiel für die Gewalt, die von Flüssen, Krähen oder Staren ausgeht, oder wenn sich Ähnliches ereignet oder Feinde ins Land einfallen. Ergeben sich dagegen Mängel aus der Sache selbst, falle dies zum Nachteil des

Die Erleichterung der Zinslast bei Missernte wurde nach der Rezeption des römischen Rechts auf dogmatischen Umwegen, insbesondere unter Annahme eines gesellschaftsrechtlichen Elements im Pachtrecht, oder als Mittel zur Herstellung einer verlorenen Vertragsgerechtigkeit sowie als Parallelinstitut oder Unterfall der Verkürzungsanfechtung[290] **missdeutet**. Aufbauend auf dieser zweiten Vorstellung erschien die Pachtreduktion als außerordentliches Mittel zum Pächterschutz im preußischen ALR (§§ 478 ff. I 21) und französischen *Code civil* (Art. 1769 f.), nicht jedoch im BGB von 1900, in dem auch die Verkürzungsanfechtung keinen Platz fand. Wieder eingeführt wurden das Recht zur Pachtanpassung und die hiermit korrespondierende Betriebspflicht dann aber seit der Weimarer Republik in Spezialgesetzen für den Landpachtvertrag, die zum Landpachtrecht des BGB wurden. So ist zwar das alte Modell des römischen Kolonats wiedergekehrt und für eben die Überlassungsverträge operabel gemacht, für die es schon in Rom galt. Durch die gegenstandsbezogene Definition der Landpacht als Pachtvertrag über ein landwirtschaftlich zu nutzendes Grundstücks ist jedoch seine Anwendung auf vergleichbare Fälle, insbesondere den Franchisevertrag,[291] erschwert. Zugleich ist mit dem einfachen Pachtvertrag, der nach der Eliminierung der Merkmale des römischen Kolonats übrigblieb, ein Vertragstyp geschaffen, der keiner eigenständigen Regelung bedarf, sondern ohne Weiteres dem Mietrecht hätte überlassen werden können. 359

bb) Das Regime des Pachtvertrags

Den Pachtvertrag im Sinne von § 581 Abs. 1 BGB trennt von dem in § 535 BGB definierten Mietvertrag zum einen das umfassende Nutzungsrecht des Pächters, das über die Gebrauchsbefugnis hinaus auch die Fruchtziehung einschließt, zum anderen der erweiterte Kreis seiner **Gegenstände**: Außer einer Sache können auch Rechte und sogar Unternehmen oder Betriebe, die ein Inbegriff von Sachen und Rechten und der sich hieraus ergebenden Erwerbschancen sind, verpachtet werden. Hier liegt sogar der Schwerpunkt des Pachtrechts. Als Sachüberlassung kommt es nur in Form der Tier-, Grundstücks- oder Raumpacht vor, wobei aber gerade die Landpacht dem Sonderregime des Landpachtvertrags und die Überlassung von Geschäftsräumen mangels Möglichkeit einer Fruchtziehung entgegen der Ansicht der Rechtsprechung[292] durchweg und unabhängig vom Zustand der Räume dem Mietrecht[293] unterfallen. Einen Sachpachtvertrag, auf den die §§ 581 ff. BGB grundsätzlich Anwendung finden könnten, stellt die Kleingartenpacht dar, die aber im Wesentlichen der Spezialregelung im Bundeskleingartengesetz unterworfen ist. Rechtspachtverträge kommen vor allem in Gestalt der bundes- oder landesgesetz- 360

Pächters aus, zum Beispiel wenn der Wein zu Essig geworden oder wenn die Saat durch Würmer oder durch Unkraut verdorben worden ist. … (4) Papinian schreibt im vierten Buch seiner Rechtsfragen, ein dem Pächter gewährter Nachlass schade dem Eigentümer nicht, wenn er den Zins wegen Missernte für ein Jahr erlassen, sich aber in den folgenden Jahren reiche Ernte ergeben hat; statt dessen könne er den gesamten Zins auch für das Jahr fordern, für das er den Nachlass gewährt habe. …")

[290] Vgl. hierzu *Harke*, Allgemeines Schuldrecht, Rn. 98.

[291] S. u. Rn. 368 ff.

[292] BGH, NJW 1979, 2351, 2352.

[293] MünchKomm/*Harke* § 581 BGB Rn. 11.

lich geregelten Jagd- und Fischereipachtverträge sowie in Gestalt von Lizenzverträgen vor, sofern die Lizenz auf Zeit und nicht für immer gewährt wird[294].

361 Schon bei diesen Verträgen, noch häufiger aber bei der Unternehmens- oder Betriebspacht entspricht es der Absicht der Parteien, den Pächter zur Nutzung des Pachtgegenstands nicht nur zu berechtigen, sondern auch zu verpflichten.[295] Der Vertrag entwächst damit dem eigentlichen Regime des Pachtvertrags, das wegen der in § 581 Abs. 2 BGB angebrachten Verweisung auf das Recht des Mietvertrags eigentlich bloß in der Überlassung einer Nutzungsmöglichkeit gegen Entgelt besteht. Ist zur Erhaltung des Pachtgegenstands eine **Nutzungspflicht** begründet, muss man den Pächter nach dem Rechtsgedanken der für die Landpacht geltenden Vorschriften der §§ 586 und 593 BGB regelmäßig auch von Mängelrechten wegen gewöhnlicher Ausbesserungen ausschließen, zugleich aber als berechtigt ansehen, eine Reduktion der Pacht zu verlangen, wenn diese wegen außergewöhnlicher Umstände in ein grobes Missverhältnis zum Nutzungserfolg geraten ist. Im Übrigen gilt, dass der Pächter nicht von der Zahlung der Pacht befreit ist, weil er die vom Verpächter eingeräumte Nutzungsmöglichkeit nicht oder nur in unbefriedigender Weise wahrnehmen kann; und zu einer Minderung der Pacht oder anderen Mängelrechten des Pächters gemäß §§ 536 ff. BGB kommt es nur, wenn die Tauglichkeit des Pachtobjekts zu der beabsichtigten Nutzung eingeschränkt war, insbesondere weil die Lizenz keinen Wettbewerbsvorteil verschafft[296] oder das verpachtete Unternehmen oder der verpachtete Betrieb von vornherein nicht in dem vom Pächter zu erwartenden Maße ertragsfähig war[297]. Ist dem Pächter eine Betriebspflicht auferlegt, kann er nach dem Rechtsgedanken der §§ 590, 591 BGB aber die Zustimmung des Verpächters zur Änderung der Nutzung des Pachtgegenstands und zu werterhöhenden und damit ausgleichspflichtigen Verwendungen verlangen, wenn so die Ertragsfähigkeit des Pachtgegenstands erhalten oder nachhaltig verbessert wird.[298]

362 Von den wenigen speziellen Bestimmungen des Pachtrechts gelten die §§ 582 bis 583 BGB der Überlassung eines Grundstücks mit **Inventar**. Außer auf Landpachtverträge können sie auch auf Unternehmens- oder Betriebspachtverträge Anwendung finden, sofern diese ein Grundstück mit Inventar einschließen. Nach § 582 BGB ist der Pächter zwar zur Erhaltung der Inventarstücke, der Verpächter jedoch

---

[294] *Cebulla*, Die Pacht nichtsächlicher Gegenstände, Berlin 1999, S. 112 ff., MünchKomm/*Harke* § 581 BGB Rn. 18. Für die Annahme eines typengemischten Vertrags dagegen noch BGH, NJW 1989, 456, 457.

[295] Richtig *Klein-Blenkers*, Das Recht der Unternehmenspacht, Baden-Baden 2008, S. 242 ff., der den Unternehmenspächter mangels abweichender Vereinbarung schon automatisch zur Fortführung des Unternehmens verpflichtet hält, wenn es ohne seinen Betrieb zerstört oder beeinträchtigt wird.

[296] *Cebulla* (Fn. 294), S. 129.

[297] AnwKomm/*Klein-Blenkers* nach § 597 Rn. 10.

[298] Anders wohl BGH, NJW 1986, 2306, der einen Ausgleich wegen eines vom Pächter geschaffenen Mehrwerts ablehnt, dabei aber auch gar nicht erst die Analogie zum Landpachtrecht erwägt. *Klein-Blenkers* (Fn. 295), 245 ff. spricht sich explizit gegen die Anwendung des Landpachtrechts aus und will danach entscheiden, ob die vom Pächter gewünschten Änderungen in den Unternehmenskern eingreifen.

außer im Fall der Tierpacht zu ihrem Ersatz verpflichtet, wenn sie nicht nur mangelhaft werden, sondern in Abgang kommen. Anders verhält es sich im Fall der Inventarübernahme zum Schätzwert, bei der den Pächter nach § 582a BGB außer der Gefahr der zufälligen Verschlechterung auch die des zufälligen Untergangs der Inventarstücke und dementsprechend auch die Pflicht zu ihrer Ersetzung im Rahmen einer ordnungsgemäßen Wirtschaft treffen. Insoweit ist er aber auch zur Verfügung über die Inventarstücke befugt. Ergibt sich bei Pachtende eine Differenz zwischen dem Wert des übernommenen und des zurückgewährten Inventars, ist diese in Geld auszugleichen. Dem Pächter steht zur Sicherheit seiner Forderungen wegen des Inventars gemäß § 583 BGB ein Pfandrecht an den Inventarstücken zu.

Die Fristen der ordentlichen **Kündigung**, die sich grundsätzlich nach § 580a BGB richten, erstreckt § 584 BGB in der Weise, dass die Kündigung bei Grundstücks- und Rechtspachtverträgen nur zum Schluss eines Pachtjahres möglich ist und bis zum dritten Werktag des letzten Pachthalbjahres erklärt werden muss. Dies gilt auch für Unternehmens- oder Betriebspachtverträge, die ebenfalls auf längere Dauer angelegt sind,[299] sofern nicht wegen der Betriebspflicht des Pächters wiederum eine Analogie zum Landpachtrecht mit seiner annähernd zweijährigen Kündigungsfrist (§ 594a BGB) angebracht ist[300]. In diesem Fall richtet sich auch die Rückgabepflicht des Pächters nach § 596 BGB, der die Rückgewähr des Pachtgegenstands in einem Zustand vorschreibt, der seiner fortgesetzten ordnungsgemäßen Bewirtschaftung entspricht. § 584a BGB schließt das für den Fall der fehlenden Zustimmung zur Drittüberlassung bestehende Kündigungsrecht nach § 540 Abs. 1 BGB aus, weil die Fruchtziehung intensiver auf einen Gegenstand einwirkt als der bloße Gebrauch, das Interesse des Verpächters an der Identität des Nutzers daher größer als das eines Vermieters ist.[301] Der zuweilen unregelmäßigen Verteilung der Nutzungen auf das Jahr trägt § 584b BGB Rechnung, indem er anordnet, dass die schon von § 546a BGB vorgesehene Pachtzahlung als Entschädigung für die Verzögerung der Rückgabe nicht nach Zeitabschnitten, sondern nach dem Verhältnis zu bemessen ist, in dem die Nutzungen, die der Pächter während des Verzugs gezogen hat oder hätte ziehen können, zu den Nutzungen des gesamten Pachtjahres stehen. **363**

cc) Die Vorschriften über den Landpachtvertrag

Anders als das eigentliche Pachtrecht sind die Bestimmungen über den Landpachtvertrag weitgehend abschließend und nicht durch eine Generalverweisung auf das Mietrecht ergänzt. Nach § 585 Abs. 1 und 3 BGB kommen sie zur Anwendung, wenn ein Grundstück überwiegend zur Landwirtschaft, also zur Bodenbewirtschaftung, einer hiermit verbunden Tierhaltung oder zum Gartenbau, verpachtet oder wenn es zu forstwirtschaftlichen Zwecken zu einem überwiegend landwirtschaftlichen Betrieb hinzugepachtet wird. Ist das Grundstück mit Wohn- oder Wirtschaftsgebäuden versehen, heißt es nach der unglücklichen Legaldefinition in § 585 Abs. 1 BGB zwar Betrieb; ein regelrechter Betriebspachtvertrag, auf den die §§ 586 ff. **364**

---

299 MünchKomm/*Harke* § 584 BGB Rn. 1.

300 Hiergegen kategorisch *Klein-Blenkers* (Fn. 295), S. 313 f.

301 Dem läuft es geradewegs zuwider, dass Abs. 2 der Vorschrift das von § 580 BGB zugestandene Recht des Vermieters zur Kündigung wegen des Tods des Mieters ausschließt.

BGB nur entsprechend anzuwenden sind, liegt jedoch erst vor, wenn außer dem bloßen Grundstück und seinem Inventar auch eine Organisation einschließlich der ihr immanenten Erwerbschancen übernommen wird. Hervorstechendes Merkmal des Landpachtrechts ist die in § 586 Abs. 1 S. 3 BGB statuierte **Betriebspflicht** des Pächters, die sich auf seine Verpflichtung zur Rückgewähr der Pachtsache auswirkt: Anders als nach Miet- und allgemeinem Pachtrecht (§§ 538, 546 BGB) muss der Pächter sie nicht einfach in dem Zustand zurückgeben, in dem sie sich infolge der Abnutzung durch den vertragsgemäßen Gebrauch befindet. Stattdessen verpflichtet ihn § 596 Abs. 1 BGB dazu, sie in dem Zustand zurückzugeben, der ihrer fortgesetzten ordnungsgemäßen Bewirtschaftung entspricht. Dies bedeutet, dass er sie, sofern dies nach dem Stand der landwirtschaftlichen Technik und der agrarpolitischen Rahmenbedingungen zu erwarten ist, durchaus auch in einer besseren Verfassung zurückzugeben hat, als sie sich bei ihrer Überlassung an den Pächter befand. Denn zur ordnungsgemäßen Bewirtschaftung gehört auch die zeitgemäße Weiterentwicklung der Pachtsache.[302] Zugleich ist die Mängelhaftung des Verpächters, die nach § 586 Abs. 2 BGB den Vorschriften des Mietrechts folgt,[303] in der Weise begrenzt, dass die Pachtsache bloß in einem nutzungstauglichen Zustand übergeben und danach nur noch insoweit erhalten werden muss, als es nicht um gewöhnliche Ausbesserungen geht, die dem Pächter von § 586 Abs. 1 S. 2 BGB im Rahmen seiner Betriebspflicht auferlegt sind. Der Pächter darf zwar gemäß § 590 Abs. 1 BGB die landwirtschaftliche Bestimmung der Pachtsache nicht eigenmächtig aufheben,[304] in Erfüllung seiner Betriebspflicht nach Abs. 2 der Vorschrift jedoch ohne Zustimmung des Verpächters die **Nutzungsart ändern**, falls dies nicht über die Pachtzeit hinaus wirkt, und ansonsten sogar die Zustimmung des Verpächters erzwingen, wenn die Änderung zur Erhaltung oder nachhaltigen Verbesserung der Rentabilität der Pachtsache geeignet und dem Verpächter zumutbar erscheint.[305] Unter denselben Voraussetzungen hat der Verpächter nach § 591 Abs. 2 BGB auch wertverbessernden Verwendungen des Pächters zuzustimmen, die einen Anspruch auf Ausgleich des Mehrwerts bei Pachtende gemäß Abs. 1 der Vorschrift auslösen.

365 Pendant zur Nutzungspflicht und zweites typusprägendes Merkmal des Landpachtvertrags ist das unabdingbare Recht zur **Vertragsanpassung** nach § 593 BGB. Entgegen einer verbreiteten Ansicht[306] handelt es sich hierbei nicht um eine Ausprägung der Regeln über den Wegfall der Geschäftsgrundlage, vielmehr um eine dem Austauschgefüge des Landpachtvertrags immanenten Mechanismus, der dem Umstand Rechnung trägt, dass der Pächter die Pachtsache nicht nur im eigenen, sondern

---

302 MünchKomm/*Harke* § 586 BGB Rn. 4.

303 Dasselbe gilt für die Lastentragung, die nach der – wie im Mietrecht regelmäßig abbedungenen – Vorschrift des § 586a BGB der Verpächter zu tragen hat.

304 Auch die Überlassung an Dritte ist ihm wie einem Mieter (§ 540 BGB) untersagt; vgl. § 589 BGB.

305 Für Maßnahmen zur Erhaltung oder Verbesserung der Pachtsache durch den Verpächter enthält § 588 BGB eine an die Grundstücksmiete (§§ 554, 578 Abs. 2 BGB) angelehnte Regelung, die allerdings auch das Recht zur Pachterhöhung wegen Verbesserung des Ertrags einschließt.

306 Staudinger/*v. Jeinsen* (2005) § 593 Rn. 1; Soergel/*Heintzmann* § 593 Rn. 1; Palandt/*Weidenkaff* § 593 Rn. 2.

auch im Interesse des Verpächters bewirtschaftet. Da dem Verpächter diese Leistung des Pächters stets und ohne Rücksicht auf das Ernteergebnis zustatten kommt, wird er auch am Nutzungserfolg des Pächters beteiligt. Dies kann zwar theoretisch auch zu einer Anhebung der Pacht führen; in aller Regel bedeutet es jedoch, dass sich der Verpächter bei Missernten eine Herabsetzung der Pacht gefallen lassen muss. Voraussetzung für den Anspruch auf Vertragsänderung ist eine wesentliche Änderung der für die Festsetzung der Vertragsleistungen maßgebenden Verhältnisse, die die gegenseitigen Verpflichtungen in ein grobes Missverhältnis geraten lässt. Nicht hierzu gehören Veränderungen in den persönlichen Verhältnissen des Pächters,[307] die nach § 587 Abs. 2 BGB ebenso wie im Mietrecht (§ 537 BGB) in den Risikobereich des Pächters fallen. Während eine relevante Änderung ohne Weiteres bei einer erheblichen Verschlechterung der Ernteergebnisse anzunehmen ist, bleibt eine Ertragsverbesserung infolge der Bewirtschaftung der Pachtsache durch den Pächter nach § 593 Abs. 1 S. 2 BGB außer Betracht. Geht es nicht um unversicherbare Naturverwüstungen, kann die Anpassung gemäß Abs. 2 der Vorschrift erst nach Ablauf von zwei Jahren ab dem Beginn des Pachtverhältnisses oder der letzten Änderung und nach Abs. 3 frühestens mit Wirkung für das laufende Pachtjahr verlangt werden.

Da der Landpachtvertrag nach § 593b BGB auf den Erwerber des verpachteten 366
Grundstücks nach Maßgabe der mietrechtlichen Bestimmungen (§§ 566 ff. BGB) übergeht,[308] unterliegt sein **Abschluss** gemäß § 585a BGB auch der Schriftform, wenn er für eine bestimmte Zeit eingegangen wird, die anders als bei der Miete (§ 550 BGB) allerdings nicht zwölf Monate, sondern zwei Jahre übersteigen muss.[309] Ist die Form nicht eingehalten, gilt der Vertrag als auf unbestimmte Zeit geschlossen. Zu demselben Ergebnis führt bei Ablauf einer festen Vertragszeit von mindestens drei Jahren gemäß § 594 BGB die schriftliche Bitte eines Vertragsteils um Fortsetzung, wenn sie unter Hinweis auf die Konsequenz der Vertragsverlängerung erfolgt und nicht binnen drei Monaten abgelehnt wird. Läuft der Landpachtvertrag auf unbestimmte Zeit, kann er nach § 594a Abs. 1 BGB nur unter Einhaltung einer beinahe zweijährigen Kündigungsfrist, nämlich bis zum dritten Werktag eines Pachtjahres mit Wirkung zum Ende des folgenden Pachtjahres, gekündigt werden, wobei die **Kündigung** nach § 594f BGB der Schriftform bedarf.[310] Zwar genießt der Landpächter anders als ein Mieter keinen regelrechten Kündigungsschutz; ähnlich einem Mieter, der zum Sozialwiderspruch (§ 574 BGB) berechtigt ist, kann er jedoch nach § 595 Abs. 1 BGB die Fortsetzung des Pachtverhältnisses verlangen, wenn er auf die Pachtsache zur Schaffung seiner wirtschaftlichen Lebensgrundlage

[307] BGH, NJW 1997, 1066, 1067.

[308] Einen Übergang des Pachtverhältnisses auf Seiten des Pächters sieht § 593a BGB bei der Zupacht eines landwirtschaftlich genutzten Grundstücks für den Fall vor, dass ein Betrieb übergeben wird. Ist dieser selbst gepachtet, bedarf der Vertragsübergang dagegen der Zustimmung des Verpächters.

[309] Daneben sieht § 585b BGB eine Pflicht der Parteien zur gemeinsamen Beschreibung der Pachtsache bei Pachtbeginn vor, von der bei späteren Streitigkeiten über deren Zustand die Vermutung der Richtigkeit ausgeht.

[310] Außerordentliche Kündigungsrechte sehen außer der in § 594e BGB angebrachten Verweisung auf das Mietrecht noch § 594c BGB für den Fall der Berufsunfähigkeit und § 594d BGB beim Tod des Pächters vor.

angewiesen ist und das Ende der Pacht für ihn oder seine Familie eine nicht zu rechtfertigende Härte bedeutete. Das Fortsetzungsverlangen muss in schriftlicher Form und spätestens ein Jahr vor dem Ende des Pachtverhältnisses erklärt werden. Es ist gemäß § 595 Abs. 3 BGB wirkungslos, wenn der Pächter selbst gekündigt oder der Verpächter nach § 594e BGB zur außerordentlichen fristlosen Kündigung aus wichtigem Grund berechtigt ist oder die Laufzeit des Vertrags schon zwölf Jahre, im Fall eigener Kultivierungsleistung des Pächters 18 Jahre betrug. Über diese Fristen, die einer Erstarrung des Pachtmarkts vorbeugen sollen, kann nach § 595 Abs. 6 BGB auch die Fortsetzung des Landpachtvertrags nicht hinausgehen.

367 Wird die Pachtsache trotz **Ende** des **Pachtverhältnisses** nicht zurückgegeben, ist der Verpächter nach § 597 BGB zu einer Entschädigung berechtigt, die sich im Unterschied zum eigentlichen Pachtrecht (§ 584b BGB) nicht nach der Verteilung des Nutzungserfolgs über das Pachtjahr, sondern wie im Mietrecht (§ 546a BGB) nach der vereinbarten Pacht richtet. Für Ansprüche des Vermieters wegen Veränderungen oder Verschlechterungen der Pachtsache gilt gemäß § 591b BGB nach dem Vorbild des Mietrechts (§ 548 BGB) eine kurze Verjährung von sechs Monaten. Sie erfasst auch die in §§ 590b, 591 BGB geregelten Verwendungsersatz- und Wegnahmerechte gemäß § 591a BGB, die nach § 596 Abs. 2 BGB aber kein Zurückbehaltungsrecht gegen den Anspruch auf Rückgabe der Pachtsache begründen. Außerdem hat der Verpächter für seine Forderungen aus dem Pachtverhältnis gemäß § 592 BGB ein Pfandrecht nach Maßgabe der mietrechtlichen Bestimmungen (§§ 562a ff. BGB).

b) Franchising

368 Einen Franchisevertrag nennt man eine Vereinbarung über die entgeltliche und zeitweilige Überlassung einer Gesamtheit von Rechten, die von ihrem Übernehmer, dem Franchisenehmer, zum Absatz an den Endverbraucher genutzt werden darf und zur Vermarktung des einheitlichen Konzepts auch genutzt werden muss. Der Franchisevertrag wird zuweilen als Pachtvertrag[311] mit Nähe zum Lizenzvertrag[312], zuweilen als Geschäftsbesorgungsvertrag angesehen, bei dem der Franchisenehmer die Stellung eines Filialleiters im Absatzmittlungssystem innehat[313].[314] Während die Zuordnung zum Pachtrecht von der Überlassungsleistung des Franchisegebers ausgeht, liegt der Schwerpunkt bei der Annahme eines Geschäftsbesorgungsvertrags auf der Verpflichtung des Franchisenehmers zur Konzeptanwendung. Beides ist zu einseitig, die Gegenüberstellung von Pacht- und Geschäftsbesorgungsrecht deshalb unzutreffend, weil man dabei den Begriff des Pachtvertrags gemäß § 581 BGB zugrunde legt. Bei diesem ist für die Konzeptanwendungspflicht, die den Franchisevertrag

---

[311] So *Cebulla* (Fn. 294), S. 197 f. und *Möller*, Der Franchisevertrag im Bürgerlichen Recht, AcP 203 (2003) 319, 333.

[312] So *Forkel*, Der Franchisevertrag als Lizenz am Immaterialgut Unternehmen, ZHR 153 (1989) 511, 523, Staudinger/*Emmerich/Veit* (2005) vor § 581 Rn. 148 ff., Bamberger/Roth/*Wagner* vor § 581 Rn. 11, Palandt/*Weidenkaff* vor § 581 Rn. 22.

[313] So vor allem *Martinek*, Franchising, Heidelberg 1987, S. 256 ff., 293 ff.

[314] Für eine Verbindung von pacht- und geschäftsbesorgungsrechtlicher Natur *Canaris*, Handelsrecht, Rn. 18.17 und *K. Schmidt*, Handelsrecht, S. 766.

nicht minder charakterisiert als die Überlassungsleistung des Franchisegebers, allerdings kein rechter Platz. Anders verhält es sich, wenn man von dem traditionellen Begriff des Pachtvertrags ausgeht, der im BGB in den Regeln des Landpachtrechts fortbesteht.[315] Obwohl vom Gesetzgeber auf den Bereich der Grundstückspacht zur Landwirtschaft eingepfercht, sind sie dennoch einer Analogie fähig und passen in ihren Grundzügen gerade auf den Franchisevertrag, bei dem der Überlassungsleistung des Franchisegebers die den Landpachtvertrag ausmachende Kombination von Entgeltzahlungs- und Betriebspflicht (§ 586 Abs. 1 BGB) gegenübersteht. Sie erlaubt die Einordnung des Franchising als **Betriebspachtvertrag**,[316] mit dem der Franchisenehmer einen schon eingerichteten oder noch zu schaffenden Organismus im Absatzmittlungssystem des Franchisegebers übernimmt, der an diesen mit dem Ende des Franchisevertrags wieder zurückfällt.[317] Dies schließt nicht aus, dass auf das Franchising auch einzelne Normen des Handelsvertreterrechts anwendbar sind, die an die Absatzförderung durch den Franchisenehmer anknüpfen.

Wichtigste Konsequenz der Zuordnung des Franchisevertrags zu den Pacht- 369
verträgen im Sinne des Regelungsmodells der §§ 585 ff. BGB ist das in Analogie zu § 593 BGB bestehende Recht der Vertragsparteien zur Anpassung des Vertrags. Hiervon kann insbesondere der Franchisenehmer mit dem Ziel einer **Herabsetzung** der **Franchisegebühr** Gebrauch machen, wenn die Realisierung des Franchisekonzepts auf unerwartete Schwierigkeiten stößt. Der Franchisegeber muss sich diese Minderung seines Entgelts deshalb gefallen lassen, weil er zusätzlich hierzu und unabhängig vom Geschäftserfolg des Franchisenehmers schon davon profitiert, dass dieser in Erfüllung seiner Konzeptanwendungspflicht zur Vermarktung der Produkte des Franchisegebers beiträgt.[318] Wegen dieser Pflicht muss der Franchisenehmer analog § 596 Abs. 1 BGB den überlassenen Betrieb in einem Zustand zurückgeben, der sich aus einer fortgesetzten ordentlichen Bewirtschaftung ergibt; und entsprechend dem Rechtsgedanken von § 586 Abs. 1 S. 2 BGB muss er hinnehmen, dass er gewöhnlich auftretende Vertriebsschwächen im Rahmen seiner Nutzungspflicht selbst zu bewältigen hat und den Franchisegeber nur dann in Anspruch nehmen kann, wenn das Franchisekonzept selbst einen Mangel aufweist, weil es dem Franchisenehmer keinen Wettbewerbsvorsprung gegenüber Konkurrenten in derselben Branche eröffnet[319]. Dies kann außer bei einem, schon für sich genommen, untauglichen Konzept etwa die Folge ungenügender Instruktion durch den Franchisegeber oder deshalb der Fall sein, weil der Franchisenehmer nur unzurei-

---

[315] S. o. Rn. 358 f.

[316] MünchKomm/*Harke* § 581 BGB Rn. 20.

[317] Dem entspricht auch die Definition des Franchisevertrags im Entwurf eines Gemeinsamen Referenzrahmens, demzufolge der Franchisenehmer das Recht und die Pflicht hat, ein Franchiseunternehmen im Netz des Franchisegebers zu führen; vgl. Art. IV.E. – 4:101 DCFR.

[318] Da diesem allein die Pflege und Weiterentwicklung des Franchisekonzepts obliegt, ist dagegen kaum denkbar, dass der Franchisenehmer in Analogie zu §§ 590 Abs. 2, 591 Abs. 2 BGB die Zustimmung des Franchisegebers zur Änderung des Franchisekonzepts oder zu werterhöhenden Verwendungen verlangen kann.

[319] Vgl. *Ekkenga*, Inhaltskontrolle von Franchiseverträgen, Heidelberg 1990, S. 205.

chend von systeminterner Konkurrenz durch andere Franchisenehmer geschützt wird. Die Rechtsfolgen bestehen in einer Minderung der Franchisegebühr nach § 536 Abs. 1 und einem Schadensersatzanspruch gemäß § 536a BGB, die nach § 586 Abs. 2 BGB auch beim Landprachtvertrag eingreifen. Eine Haftung des Franchisegebers für vorvertragliches Fehlverhalten kommt daneben nur in Betracht, wenn der Franchisenehmer Nachteile erleidet, die nicht durch die Mängelhaftung abgedeckt sind, also etwa in dem Fall, in dem das funktionstaugliche und vertragsgemäße Franchisekonzept für den Franchisenehmer individuell ungeeignet ist und der Franchisegeber dies vor oder bei Vertragsschluss hätte erkennen und den Franchisenehmer warnen können.[320]

370 Ist die Konzeptanwendungspflicht des Franchisenehmers durchaus pachtvertraglicher Natur im weiteren, den Landpachtvertrag einschließenden Sinne, hat sie zugleich geschäftsbesorgungsrechtlichen Charakter, so dass auf sie die für die **Handelsvertretung** geltenden Bestimmungen der §§ 86 und 86a HGB anzuwenden sind.[321] Mit der Verpflichtung des Franchisenehmers zu Absatzförderung und Wahrnehmung der Interessen des Franchisegebers geht dessen umfassendes Recht zu Weisungen einher, das die einheitliche Anwendung des Franchisekonzepts sicherstellt. Im Gegenzug ist er verpflichtet, den Franchisenehmer soweit, wie möglich, zu unterstützen und insbesondere nicht schlechter zu behandeln als andere Franchisenehmer[322].[323] Bei der in Franchiseverträgen kaum je anders als unabsichtlich offen gelassenen Frage der Kündigungsfristen kann man auf die handelsvertreterrechtliche Bestimmung des § 89 HGB mit den hier statuierten Fristen von ein bis sechs Monaten zurückgreifen,[324] wenn der Franchisenehmer kein Ladenlokal unterhalten muss. Ist dies der Fall, bietet sich statt dessen § 584 BGB an, der für den gewöhnlichen Pachtvertrag eine annähernd halbjährige Frist für die Kündigung zum Schluss eines Pachtjahres vorsieht.[325] Muss der Franchisenehmer darüber hinaus noch ein Betriebsgelände unterhalten, ist die nahezu zweijährige Kündigungsfrist angemessen, die § 594e BGB für den Landpachtvertrag statuiert[326].[327] Zusätzlich wird der Franchisenehmer dadurch geschützt, dass ihm der zur Abgeltung der Absatzförderung gewährte[328] Ausgleichsanspruch wegen der durch seine Tätigkeit für

---

[320] MünchKomm/*Harke* § 581 Rn. 39.

[321] So auch Staudinger/*Emmerich/Veit* (2005) vor § 581 Rn. 159.

[322] Vgl. *Canaris*, Handelsrecht, Rn. 18.65 ff.

[323] Zur Frage des Durchgriffs eines Franchisenehmers auf einen anderen (Binnendurchgriff) und des Kunden eines Franchisenehmers auf den Franchisegeber (Außendurchgriff) sowie zum Problem der Vertragsnetze im Allgemeinen vgl. *Harke*, Allgemeines Schuldrecht, Rn. 442 f.

[324] Für deren generelle Anwendung im Franchiserecht *Martinek* (Fn. 313), S. 121, *Canaris*, Handelsrecht, Rn. 18.27.

[325] Als Regel für alle Arten von Franchiseverträgen schlagen dies Staudinger/*Emmerich/Veit* (2005) vor § 581 Rn. 163 und Palandt/*Weidenkaff* vor § 581 Rn. 28 vor.

[326] Für sie tritt als generelles Vorbild für die Regelung der Kündigungsfrist beim Franchisevertrag *Möller*, AcP 203 (2003) 319, 338 f. ein.

[327] Für eine individuelle Bestimmung einer Mindestlaufzeit zur Amortisation der Aufwendungen des Franchisenehmers ist dagegen *Martinek* (Fn. 313), S. 339 ff.

[328] S. u. Rn. 437.

den Franchisegeber geschaffenen Vorteile analog § 89b HGB zusteht[329].[330] Voraussetzung ist, dass der Franchisenehmer seinen Kundenstamm automatisch oder in Erfüllung einer besonderen Herausgabepflicht an den Franchisegeber oder einen von diesem eingeschalteten weiteren Franchisenehmer verliert.[331] Daneben kann dem Franchisenehmer zum Ausgleich für ein nachvertragliches Wettbewerbsverbot eine Karenzentschädigung zustehen, ohne dass es auf das von der Rechtsprechung hervorgehobene Merkmal ankommt, dass das eigenverantwortliche Handeln des Franchisenehmers während der Vertragslaufzeit nach außen nicht deutlich in Erscheinung getreten ist[332]. Unterlag der Franchisenehmer für die Dauer des Vertrags einer Bezugspflicht[333], hat er als Pendant hierzu außerdem einen Anspruch gegen den Franchisegeber auf Rückkauf des bei Vertragsende vorhandenen und nicht mehr verwendbaren Warenbestands[334].[335]

c) Verwahrung

Eine Mischung von Dienst- und Sachüberlassung findet auch bei der Verwahrung 371
statt, die, wenn sie entgeltlich erfolgte, von den römischen Juristen ebenfalls **zur Verdingung** (*locatio conductio*) **gerechnet** wurde.[336] Im Unterschied zur Landpacht sind die Überlassung von Sache und Arbeitskraft freilich nicht auf die beiden Vertragsparteien verteilt, sondern einheitlich von dem Verwahrer zu erbringen, der die ihm vom Hinterleger anvertraute Sache einerseits verstauen, andererseits so beaufsichtigen muss, dass sie nach Möglichkeit keinen Schaden nimmt. Dass sich die Verwahrung nicht nur in Gestalt des handelsrechtlichen Lagergeschäfts (§§ 467 ff. HGB), sondern auch als Vertragsart im allgemeinen Zivilrecht etabliert und in §§ 688 ff. BGB eine eigenständige Regelung erfahren hat, liegt vor allem daran, dass es in Rom einen von der Verdingung verschiedenen Vertragstyp der Verwahrung (*depositum*)[337] gab. Er war freilich ein reines Rückgewährschuldverhältnis, mit dem der Hinterleger vom Verwahrer die Herausgabe der hinterlegten Sache, nicht

329 *Martinek* (Fn. 313), S. 366 ff., *Canaris*, Handelsrecht, Rn. 18.29, MünchKomm/*v. Hoyningen-Huene* § 89b HGB Rn. 24..

330 Einen solchen Anspruch sieht, allerdings parteineutral formuliert und daher potentiell wechselseitig zuständig, auch der Entwurf eines Gemeinsamen Referenzrahmens vor; vgl. IV.E. – 2:305 DCFR.

331 Die regelmäßig als weitere Voraussetzung geforderte Einbindung in die Absatzorganisation des Franchisegebers ist demgegenüber wie beim Vertragshändler eine Selbstverständlichkeit; s. u. Rn. 439.

332 Vgl. BGH, NJW-RR 1987, 612.

333 Dass sie zur Anwendung des Verbraucherkreditrechts führen kann, nimmt BGH, NJW 1995, 721, 722 ff. jedenfalls dann zu Unrecht an, wenn der Schwerpunkt des Vertrags auf der Konzeptüberlassung und -anwendung liegt; vgl. MünchKomm/*Harke* § 581 Rn. 24.

334 Vgl. BGH, NJW 1998, 540, 543.

335 Ausdrücklich sieht einen solchen Anspruch für Handelsvertretung, Vertragshandel und Franchising der Entwurf eines Gemeinsamen Referenzrahmens vor; vgl. IV.E. – 2:306 DCFR.

336 D 16.3.1.8 f. Ulp 30 ed.

337 Hierzu *Honsell/Mayer-Maly/Selb*, Römisches Recht, S. 301 ff., *Zimmermann*, Law of Obligations, S. 205 ff., *Harke*, Römisches Recht, Rn. 10.12 ff.

aber der Verwahrer die Zahlung einer Vergütung verlangen konnte.[338] Während diese bei der heutigen Verwahrung ohne Weiteres denkbar und nach § 689 BGB sogar Gegenstand einer stillschweigenden Vereinbarung ist, wenn die Aufbewahrung nur gegen Vergütung erwartet werden kann, hat sich die Realvertragsstruktur noch insoweit erhalten, als § 688 BGB die Verpflichtung des Verwahrers zur Aufbewahrung auf eine vom Hinterleger bereits übergebene bewegliche Sache bezieht. Die Parallelvorschrift für das kaufmännische Lagergeschäft in § 467 Abs. 1 HGB macht demgegenüber deutlich, dass die Verpflichtungen des Lagerhalters auf die Lagerung des Gutes gerichtet ist, also auch seine Empfangnahme umfasst und schon durch den Abschluss des Vertrags ausgelöst wird.

372 Die Verpflichtung zur **Aufbewahrung** der Sache hat der Verwahrer im Zweifel ebenso wie ein Dienstverpflichteter die Dienstpflicht (§ 613 S. 1 BGB) in Person zu erfüllen, so dass eine Hinterlegung bei Dritten nach § 691 S. 1 BGB ausgeschlossen ist. Wird sie dem Verwahrer gestattet, ist dieser im Gegensatz zu einem Vermieter, der die gemietete Sache einem Dritten überlässt (§ 540 Abs. 2 BGB), nach § 691 S. 2 BGB nur für ein Verschulden bei der Auswahl des Dritten verantwortlich, sofern dieser nicht sein Erfüllungsgehilfe ist. Dasselbe gilt für das Lagergeschäft nach §§ 472, 475 HGB. Auch eine Änderung der vereinbarten Art der Aufbewahrung darf der Verwahrer nach § 692 BGB ohne Zustimmung des Hinterlegers bei Gefahr im Verzug vornehmen. Für eine Sammellagerung, bei der die Sachen des Hinterlegers mit denen anderer Einlagerer derart vermischt werden, dass sie Miteigentümer nach Bruchteilen werden, benötigt ein Lagerhalter nach § 469 HGB die Zustimmung des Einlagerers unbedingt und ausdrücklich.

373 Außer dem Anspruch auf die vereinbarte **Vergütung**, die gemäß § 699 BGB bei der Beendigung der Aufbewahrung oder, wenn die Vergütung nach Zeitabschnitten bemessen ist, nach deren Ablauf fällig wird, steht dem Verwahrer gemäß § 693 BGB und § 474 HGB ein Recht zum Aufwendungsersatz zu. Ein Anspruch auf Ersatz der Schäden, die dem Verwahrer durch die Beschaffenheit der hinterlegten Sache entstehen, hängt nach § 694 BGB davon ab, dass der Hinterleger deren Gefährlichkeit bei der Hinterlegung kannte oder kennen musste; beim handelsrechtlichen Lagergeschäft besteht er dagegen nach dem Vorbild des Frachtrechts[339] gemäß § 468 Abs. 3 HGB ohne Rücksicht auf das Verschulden des Einlagerers. Wegen seiner Forderungen steht dem Lagerhalter ferner gemäß § 475b HGB ein gesetzliches Pfandrecht an dem eingelagerten Gut zu, dessen der Verwahrer beim einfachen Verwahrungsvertrag entbehrt.

374 Ein weiterer Unterschied zwischen zivilrechtlicher Verwahrung und handelsrechtlicher Einlagerung besteht bei der **Beendigung** des Vertrags: Während der Verwahrer die Rücknahme der hinterlegten Sache gemäß § 696 BGB nur im Fall einer Verwahrung auf unbestimmte Zeit, ansonsten bloß bei Vorliegen eines wichtigen Grundes verlangen kann, ist der Hinterleger nach § 695 BGB stets und auch dann, wenn für die Verwahrung ein Zeitraum bestimmt ist, zur Rückforderung der

---

[338] Eine Ausnahme bestand in spätklassischer Zeit für die unregelmäßige Verwahrung; s. u. Rn. 377.

[339] S. o. Rn. 126.

hinterlegten Sache berechtigt.[340] Macht er von diesem Recht Gebrauch, ist die Verwahrung beendet und der Verwahrer nach § 699 Abs. 2 BGB zur Vergütung nur in dem Maße berechtigt, in dem sich die Dauer der Verwahrung zu der vereinbarten Vertragsdauer verhält. Beim kaufmännischen Lagergeschäft ist der Einlagerer nach § 473 Abs. 1 HGB zwar ebenfalls jederzeit zur Rückforderung des Guts berechtigt; dies berührt jedoch nicht den Bestand des Vertrags, der bis zum Ende der vereinbarten Zeit läuft oder, wenn er auf unbestimmte Zeit abgeschlossen worden ist, mit einer Frist von einem Monat durch den Einlagerer gekündigt werden muss.[341] Der Lagerhalter, für den nach Abs. 2 der Vorschrift dieselbe Kündigungsfrist gilt, ist damit stets berechtigt, die für die Vertragsdauer vereinbarte oder bis zum Ablauf der Kündigungsfrist angefallene Vergütung zu verlangen. In Analogie zur mietrechtlichen Regelung in § 537 Abs. 1 BGB[342] muss er sich jedoch anrechnen lassen, was er infolge der vorzeitigen Rücknahme an Aufwendungen erspart oder anderweit an Vorteilen erlangt.

[340] Die daraus resultierende Verpflichtung ist, wie § 697 BGB klarstellt, mangels anderer Vereinbarung eine Holschuld.

[341] Die Fortdauer des auf bestimmte Zeit abgeschlossenen Vertrags, die etwa MünchKomm/*Frantzioch* § 473 HGB Rn. 2 in Frage stellt, ergibt sich zwingend im Wege eines Erst-recht-Schlusses aus der Bestimmung einer Kündigungsfrist für das unbefristete Lagergeschäft.

[342] Hierzu s. o. Rn. 307.

§ 6 Darlehensvertrag

1. Vertragsstruktur und allgemeines Kreditrecht

a) Der Darlehensvertrag als atypischer Überlassungsvertrag

375 Anders als Dienst-, Miet- und Pachtvertrag ist das Darlehen nicht aus der Verdingung (*locatio conductio*) hervorgegangen und von völlig anderer Struktur: Zwar besteht auch hier die charakteristische Leistung, die der Darlehensgeber erbringt, in einer Überlassung. Diese ist jedoch nicht selbst Gegenstand einer Leistungspflicht, sondern erfolgt dadurch, dass der Darlehensgeber seiner Pflicht zur Auszahlung der Darlehensvaluta nachkommt und abwartet, bis er den Darlehensnehmer nach dem Ende der Laufzeit des Vertrags auf ihre Rückzahlung in Anspruch nehmen kann. Dass sich die Überlassung beim Darlehensvertrag durch eine Verpflichtung zur Übereignung gleichartiger Sachen vollzieht, führt zu einer von den anderen Überlassungsverträgen abweichenden Gefahrverteilung: Der Darlehensgeber, der seine Pflicht zur Auszahlung der Darlehensvaluta erfüllt hat, kann vom Darlehensnehmer unbedingt und auch dann die Rückzahlung verlangen, wenn dieser die überlassenen Valuta verliert. Ist die Rückzahlungspflicht damit nur von der Auszahlung abhängig und im Übrigen selbständig, verwundert es nicht, dass der Darlehensvertrag in Rom[1] zunächst gar **nicht** als **besonderer Vertragstyp** bekannt, sondern mit Hilfe der Stipulation, also dem universell einsetzbaren Schuldversprechen,[2] bewältigt wurde: Bei Empfangnahme des Darlehens versprach der Darlehensnehmer in abstrakter Form die Zahlung eines Betrags in gleicher Höhe und, sofern dies vereinbart war, von Zinsen, sei es, dass diese kapitalisiert und in einem die ausgereichten Valuta übersteigenden Betrag enthalten waren, sei es, dass sie Gegenstand eines gesonderten Zinsversprechens waren. Erst später kam zu diesem Vertragsmodell ein eigenständiger Darlehensvertrag, das sogenannte *mutuum*, hinzu. Es war für die Fälle gedacht, in denen der Darlehensgeber zwar Kapital überlassen, aber davon abgesehen hatte, sich dessen Rückzahlung in Form der Stipulation versprechen zu lassen. Dieser Funktion entsprechend, war das *mutuum* ebenso wie der *depositum* genannte Verwahrungsvertrag[3] ein reines Rückgewährschuldverhältnis, das auf die Vermeidung einer ungerechtfertigten Bereicherung des Darlehensnehmers gerichtet war und keinen Raum für die Forderung von Zinsen ließ, die sich der Darlehensgeber durch Stipulation hätte versprechen lassen müssen. Mit dem Darlehen in Stipulationsform hatte es zwangsläufig gemein, dass es **Realvertrag** war, also eine Verpflichtung erst dadurch entstand, dass die Darlehensvaluta an den Darlehensnehmer ausgezahlt wurden.[4]

---

1 Hierzu *Honsell/Mayer-Maly/Selb*, Römisches Recht, S. 296 ff., *Zimmermann*, Law of Obligations, S. 153 ff., *Harke*, Römisches Recht, Rn. 10.1 ff.

2 Vgl. *Harke*, Allgemeines Schuldrecht, Rn. 48 f.

3 S. o. Rn. 371.

4 Zwar konnte der Darlehensgeber aus der Stipulation als abstraktem Versprechen zur Zahlung eines bestimmten Betrags eigentlich auch ohne den Nachweis der Auszahlung vorgehen und den Darlehensnehmer so zum Beweis zwingen, dass der Forderung mangels Ausreichung der Darlehensvaluta der Rechtsgrund fehlte. Mit der im klassischen Recht geschaffenen „Einrede

Nach der Rezeption des römischen Rechts setzte sich nicht die Darlehensgewährung durch Stipulation, sondern das *mutuum* als Grundform des Darlehensvertrags durch, da es wegen seiner Zinslosigkeit den passenden Rahmen für die Umsetzung des christlichen Zinsverbots bot; und in dem Moment, in dem die Naturrechtslehre diesem durch den Vergleich mit dem Mietvertrag die Grundlage entzog,[5] war die Stipulation schon obsolet. Übrig blieb ein verzinsliches *mutuum*, das zwar seinen Charakter als reines Rückgewährschuldverhältnis, nicht aber die Realvertragsstruktur verloren hatte, so dass es um das Institut des Darlehensversprechens als eines auf den Abschluss des eigentlichen Darlehensvertrags gerichteten Vorvertrags ergänzt werden musste. Diese Konstruktion des Darlehensvertrags hielt sich in den Naturrechtsgesetzbüchern (§§ 654 I 11 ALR, 983 ABGB) und bis in das BGB von 1900 (§§ 607, 610 BGB aF). Erst im Zuge der Schuldrechtsreform wurde sie in den neuen §§ 488 ff. BGB durch die schon vorher im schweizerischen OR (Art. 312) verwirklichte, zeitgemäße Figur eines **konsensualen Darlehensvertrags** ersetzt, der nicht nur den Darlehensnehmer zur Rückgewähr der Darlehensvaluta, sondern schon den Darlehensgeber zur Auszahlung der Darlehensvaluta verpflichtet. Ist das Darlehen unverzinslich, verpflichtet es den Darlehensgeber zu einer unentgeltlichen Leistung; und die Leistungspflicht des Darlehensnehmers beschränkt sich darauf, den Vertrag durch Rückerstattung der Darlehensvaluta ordentlich abzuwickeln. Ist das Darlehen verzinslich, liegt ein gegenseitiger Vertrag vor, der nach wie vor die Besonderheit aufweist, dass die vergütete Leistung einer Seite nicht Teil ihrer Leistungspflicht ist: Der Darlehensgeber kann vom Darlehensnehmer die vereinbarten Zinsen für die Überlassung des Darlehens beanspruchen, die der Darlehensgeber jedoch nicht durch Erfüllung einer Leistungspflicht zur Überlassung erbringt,[6] sondern schon dadurch bewirkt, dass er seiner Verpflichtung zur Auszahlung nachgekommen ist.[7] 376

Gerade wegen seiner Eigenheit ist der Darlehensvertrag von überaus **einfacher Struktur** und seine gesetzliche Regelung daher übersichtlich: Das allgemeine Kreditrecht des BGB umfasst gerade einmal drei Vorschriften (§§ 488-490), in denen die Leistungspflichten der Parteien und die Modalitäten einer Vertragsbeendigung durch Kündigung geregelt sind. Ergänzt werden sie durch wenige Bestimmungen über den Sachdarlehensvertrag (§§ 607-609 BGB), der in der Praxis gar nicht so selten vorkommt, aber kaum je zum Gegenstand gerichtlicher Auseinandersetzung wird. Anders verhält es sich mit der **unregelmäßigen Verwahrung**, bei der eine 377

---

der unterlassenen Auszahlung" (*exceptio non numeratae pecuniae*) konnte der Darlehensnehmer den Darlehensgeber jedoch dazu zwingen, die Auszahlung des Darlehens als Voraussetzung seines Rückzahlungsanspruchs aus der Stipulation zu beweisen; vgl. CJ 4.30.3 – a. 215.

[5] Vgl. *Grotius*, *De jure belli ac pacis*, 2.12.20, 22.

[6] Anders offenbar MünchKomm/*Berger* § 488 BGB Rn. 31, der jedoch übersieht, dass sich mangels Anspruchs des Darlehensgebers auf vorzeitige Rückzahlung des Darlehens auch keine klagbare Leistungspflicht konstruieren lässt, das Darlehen beim Darlehensnehmer zu belassen.

[7] Die Zinszahlung lässt sich also nicht in ein rechtliches Gegenseitigkeitsverhältnis zu der als solche gar nicht geschuldeten Belassung der Darlehensvaluta stellen; vgl. MünchKomm/*Berger* vor § 488 BGB Rn. 10.

Seite Geld oder andere vertretbare Sachen in der Weise hinterlegt, dass der Empfänger zur Rückerstattung von Sachen gleicher Art, Güte und Menge verpflichtet ist. Während sie in der römischen Wirtschaftspraxis noch als ein Vehikel zur formlosen entgeltlichen Darlehensgewährung diente und als solche erst spät die Anerkennung durch die Jurisprudenz fand,[8] kann sie nun ohne Weiteres als Darlehen behandelt werden. § 700 BGB, der die unregelmäßige Verwahrung den Vorschriften über den Darlehensvertrag unterstellt, aber dem Hinterleger das Recht zur jederzeitigen Rückforderung belässt, gilt heute vor allem für Sichteinlagen wie Girokonten, weil bei ihnen anders als bei Spar- oder Festgeldeinlagen die Absicht des Kontoinhabers zur Darlehensgewährung an die Bank hinter seinem Wunsch nach Verwahrung seines Vermögens zurücktritt.[9]

378 Auch das **Verbraucherkreditrecht**, mit dem das BGB den 2008 durch die neue Verbraucherkreditrichtlinie (2008/48/EG) erteilten Auftrag zur Vollharmonisierung umsetzt, ist trotz einer ungleich höheren Zahl an Bestimmungen (§§ 491-505 BGB), in seiner Struktur simpel: Um den Verbraucher vor einer unbedachten Kreditaufnahme zu bewahren, werden dem unternehmerisch tätigen Darlehensgeber umfangreiche Informationspflichten (§ 491a BGB) auferlegt und der Vertragsschluss einem durch inhaltliche Vorgaben angereicherten Schriftformgebot (§ 492 BGB) sowie einem Widerrufsvorbehalt zugunsten des Verbrauchers (§ 495 BGB) unterstellt. Daneben werden dem Darlehensgeber Informationspflichten im laufenden Darlehensvertrag vorgeschrieben, sein Recht auf Verzugsschaden und sein Kündigungsrecht erschwert (§§ 497 f. BGB) und die Möglichkeit des Darlehensnehmers, sich vom Vertrag zu lösen, erleichtert (§§ 499 ff. BGB). Das Schutzbedürfnis, dem diese Regeln gerecht werden sollen, ergibt sich einerseits aus der beim Darlehensvertrag zwangsläufig erhöhten Gefahr unkontrollierter Verschuldung, andererseits aus der Komplexität der Kreditverträge: Sind sie in ihrer Grundstruktur und gesetzlichen Regelung auch schlicht, zeichnen sie sich in der Vertragspraxis doch häufig durch eine aufwändige Regelungstechnik aus, die jedenfalls Verbrauchern leicht den Blick dafür verstellt, welche Belastungen wirklich auf sie zukommen. Die gemeinschaftsweite Vereinheitlichung des aus diesem Grund gewährten Verbraucherschutzes dient der Förderung eines funktionsfähigen Binnenmarktes im Bereich der Kreditverträge. Obwohl die Richtlinie sich nicht auf grundpfandrechtlich gesicherte Kredite erstreckt, hat sich der deutsche Gesetzgeber dazu entschieden, sie wegen des vergleichbaren Schutzbedürfnisses auf Seiten der Darlehensnehmer weitgehend den gemeinschaftsrechtlichen Regelungen zu unterstellen.

b) Auszahlung und Verzinsung des Darlehens

379 Die Auszahlung der Darlehensvaluta ist nicht nur, wie § 488 Abs. 1 S. 1 BGB in Überwindung des Realvertragsschemas feststellt, Gegenstand einer Verpflichtung des Darlehensgebers. Beim verzinslichen Darlehen ist sie auch Aufgabe für den Darlehensnehmer. Zwar kann er sich durch mangelnde Abnahme des Darlehens nicht seiner in S. 2 derselben Vorschrift statuierten Verpflichtung zur Zinszahlun-

---

[8] D 16.1.24 Pap 9 quaest.

[9] BGH, NJW 1982, 2193, 2194. Präziser als die Rechtsprechung ist in diesem Punkt Staudinger/*Reuter* (2005) § 700 Rn. 3.

gen entziehen, weil diese anders als eine gesetzliche Zinspflicht nicht akzessorisch zur Rückzahlungspflicht ist. Dementsprechend setzt sie auch nicht die Auszahlung des Darlehens voraus,[10] sondern ist mit ihr nur durch die Einrede des nichterfüllten Vertrags verbunden, die jedoch in Analogie zur Regelung des Nutzungsrisikos bei der Miete (§ 537 BGB) im Fall des Annahmeverzugs des Darlehensnehmers wirkungslos ist[11]. Gleichwohl entspricht es regelmäßig den Vorstellungen der Parteien, dass der Darlehensnehmer **zur Abnahme** des Darlehens regelrecht **verpflichtet** ist.[12] Denn der Darlehensgeber kann sein Interesse an der Durchführung des Darlehensvertrags gegen den hierzu unwilligen Darlehensnehmer dann nicht bloß stückweise im Wege einer Inanspruchnahme wegen der regelmäßig nach Zeitabschnitten geschuldeten Zinsen, sondern auf einmal geltend machen, indem er vom Darlehensnehmer nach § 281 BGB Schadensersatz wegen Verletzung seiner Abnahmepflicht verlangt. Dieser wird üblicherweise als „Nichtabnahmeentschädigung" bezeichnet und kann in einem bloßen Zinsmargenschaden bestehen, den die Differenz zwischen den entgangenen Zinsen und den Refinanzierungskosten ergibt.[13] Daneben kann ein Zinsverschlechterungsschaden eintreten, der daraus folgt, dass der bereits refinanzierte Darlehensbetrag wegen einer Zinssenkung nur zu einem niedrigeren Zins wieder ausgereicht werden kann. Statt mit Hilfe dieser kombinierten und „Aktiv-Aktiv"-Methode genannten Berechnungsweise kann der Nichtabnahmeschaden des Darlehensgebers auch einheitlich im Wege der „Aktiv-Passiv-Methode" bestimmt werden, bei der zur gemeinsamen Berechnung von Zinsmargen- und Zinsverschlechterungsschaden die Differenz zwischen den vom Darlehensnehmer geschuldeten Zinsen und der Rendite aus einer Wiederanlage in sicheren Kapitalmarktiteln gebildet wird.[14] Das mit Hilfe einer der beiden Methoden erzielte Ergebnis ist um die ersparten Risiko- und Verwaltungskosten zu mindern und abzuzinsen.[15] Als Zeitraum ist der Schadensberechnung die Dauer vom Abnahmetermin bis zu dem Moment zugrunde zu legen, zu dem der Darlehensnehmer den Vertrag erstmals hätte beenden können.[16] Bei Annuitätendarlehen, die kontinuierlich in kombinierten Zins- und Tilgungsraten zurückzuerstatten sind, ist die allmähliche Verringerung der Kapitalschuld zu berücksichtigen.[17] Keine Verpflichtung zur Abnahmeentschädigung besteht, wenn die Aufnahme des Darlehens wie etwa bei dem von einer Bank eingeräumten Überziehungskredit nur eine durch Rahmenvertrag eingeräumte Befugnis und der Darlehensnehmer bloß

[10] Richtig *Mülbert*, Das verzinsliche Darlehen, AcP 192 (1992) 447, 499 ff., der das Akzessorietätsdogma zu Recht mit dem überholten Realvertragsmuster in Verbindung bringt. Ebenso im Ergebnis MünchKomm/*Berger* § 488 BGB Rn. 165 ff.; anders etwa Bamberger/Roth/*Ehlert*, § 488 Rn. 37, PWW/*Kessal-Wulf* § 488 Rn. 4.

[11] Richtig *Mülbert*, AcP 192 (1992) 447, 510.

[12] Dementsprechend sieht der Entwurf eines Gemeinsamen Referenzrahmens eine solche Verpflichtung auch als Regelfall vor; vgl. Art. IV.F. – 1:103 Abs. 1 DCFR.

[13] BGH, NJW 1997, 2875, 2877.

[14] BGH, NJW 2001, 509, 510; 2005, 751, 752.

[15] BGH, NJW 2001, 509, 510;.

[16] BGH, NJW 2001, 509, 510.

[17] BGH, NJW 2001, 509, 510.

dann zur Zinszahlung verpflichtet sein soll, wenn er das Darlehen auch wirklich abruft.[18]

380 Die Pflicht des Darlehensnehmers zur Zahlung von **Zinsen**, für deren Begründung allenfalls die tatsächliche Lebenserfahrung[19] und mangels einer Parallelvorschrift zu §§ 612, 632 BGB keine gesetzliche Vermutung streitet,[20] wird nach § 488 Abs. 2 BGB mangels abweichender Vereinbarung abschnittsweise mit Ablauf eines Jahres und, wenn die Laufzeit des Darlehens kürzer ist, in dem Moment fällig, in dem auch das Darlehen zurückzuerstatten ist. Die Zinsen können in Gestalt eines Geldbetrags vereinbart sein, werden aber üblicherweise in Form eines Sollzinssatzes festgelegt, der den pro Jahr zu entrichtenden Teil des Darlehens beschreibt. Er kann, wie § 489 Abs. 5 BGB feststellt, über die ganze Laufzeit des Darlehens oder für bestimmte Zeitabschnitte gebunden oder veränderlich sein. Zu den durch Sollzinssatz ausgedrückten Zinsen kommt zuweilen ein Disagio genannter Betrag hinzu, den der Darlehensgeber von dem Nennbetrag des Darlehens bei seiner Auszahlung in Abzug bringt. Er ist regelmäßig Gegenstand der Zinskalkulation des Darlehensgebers und damit Teil der laufzeitabhängigen Zinsen,[21] so dass sich durch ihn der effektiv vereinbarte Zinssatz gegenüber dem angegebenen Sollzinssatz steigert, der nur für die nach Auszahlung zu erbringende Zinsleistung gilt. Nicht mehr zur Zinsleistung des Darlehensnehmers gehören dagegen die sogenannten Bereitstellungszinsen,[22] die der Darlehensnehmer für die Zeit zu erbringen hat, in der er ein vom Darlehensnehmer auf Abruf bereit gehaltenes Darlehen ganz oder teilweise noch nicht abnimmt. Vergütet wird hier nicht die Überlassung des Darlehensbetrags, sondern seine Abrufbarkeit, die noch nicht Gegenstand des eigentlichen Darlehensvertrags, sondern einer damit kombinierten Vereinbarung über einen vorangehenden Leistungsaustausch ist.

c) Beendigung und Abwicklung des Vertrags

381 Die Laufzeit des Vertrags können die Parteien von vornherein festlegen oder unbestimmt lassen, so dass es zu seiner Beendigung und der Fälligkeit des Rückzahlungsanspruchs[23] einer Kündigung bedarf. Bei einer unregelmäßigen Verwahrung,

---

18 Trotz seines Charakters als Rahmenvertrag besteht kein Anlass, diesen sogenannten Krediteröffnungsvertrag nicht schon als den eigentlichen Darlehensvertrag anzusehen; vgl. MünchKomm/*Berger* § 488 BGB Rn. 58 f.

19 So wohl MünchKomm/*Berger* § 488 BGB Rn. 55.

20 Eine solche enthält aber der Entwurf eines Gemeinsamen Referenzrahmens; vgl. Art. IV.F. – 1:104 Abs. 2 DCFR.

21 Vgl. BGH, NJW 1996, 3337; 1998, 1062, 1063, der daraus den Schluss zieht, dass es bei vorzeitiger Vertragsbeendigung teilweise zu erstatten ist.

22 MünchKomm/*Berger* § 488 BGB Rn. 219.

23 Wird er nicht erfüllt, kann der Darlehensgeber Verzugsschaden und Verzugszinsen, nicht dagegen den Vertragszins beanspruchen, weil die einschlägige Vorschrift für den Mietvertrag in § 546a BGB den besonderen Schwierigkeiten des Schadensnachweises durch den Vermieter Rechnung trägt (s. o. Rn. 322) und daher nicht auf den Darlehensvertrag anzuwenden ist; vgl. BGH, NJW 1986, 376, 377. Anders verhält es sich mit dem Rechtsgedanken von § 628 Abs. 2 BGB (s. o. Rn. 243), der lediglich eine Ausprägung der für das Schadensersatzrecht allgemein geltenden Differenzbetrachtung darstellt; vgl. BGH, NJW 1988, 1967, 1969.

insbesondere bei Girokonten, kann die Rückzahlung nach §§ 695 S. 1, 700 Abs. 1 S. 2 BGB jederzeit verlangt werden. Mangels anderweitiger Vereinbarung beträgt die Kündigungsfrist im Übrigen für beide Seiten gemäß § 488 Abs. 3 S. 2 BGB drei Monate. Ein **ordentliches Kündigungsrecht** mit gleicher Frist besteht nach § 489 Abs. 2 BGB für den Darlehensnehmer auch bei einem Darlehensvertrag mit bestimmter Laufzeit und veränderlichem Sollzinssatz. Ist der Sollzinssatz gebunden, kann der Darlehensnehmer nach Abs. 1 Nr. 1 der Vorschrift mit einer Frist von einem Monat zum Ablauf des Tages kündigen, an dem die Bindung an den ursprünglich vereinbarten oder kraft Anpassung festgesetzten Sollzinssatz endet. Außerdem kann ein Vertrag mit teilweise oder vollständiger Zinsbindung gemäß § 489 Abs. 1 Nr. 2 BGB spätestens nach Ablauf von zehn Jahren ab Empfang des Darlehens oder einer Neuvereinbarung über die Zeit der Rückerstattung oder den Sollzinssatz mit einer Frist von sechs Monaten gekündigt werden.[24] Durch diese ordentlichen Kündigungsrechte des Darlehensnehmers, die nach § 489 Abs. 4 außer bei Verträgen mit der öffentlichen Hand als Darlehensnehmer unabdingbar, gemäß Abs. 3 der Vorschrift aber verwirkt sind, wenn der Darlehensnehmer den geschuldeten Betrag nicht binnen zwei Wochen ab dem Kündigungstermin entrichtet, soll der Darlehensnehmer teils vor der Entwicklung auf dem Zinsmarkt geschützt werden, teils von ihr profitieren: Das für den Fall eines veränderlichen Zinssatzes zugestandene Recht zur jederzeitigen Kündigung soll den Darlehensnehmer davor bewahren, dass sich seine Belastung durch die Anpassung des Vertragszinses an den Marktzins in unerwarteter Weise erhöht; das Kündigungsrecht bei Verträgen mit ganz oder teilweise gebundenem Zinssatz soll dem Darlehensnehmer dagegen eine Umschuldung ermöglichen, wenn der Marktzins fällt und die Bindung an den vereinbarten Sollzinssatz für den Darlehensnehmer unattraktiv macht.

Auf eine Veränderung in den individuellen Verhältnissen gründen sich dagegen **382**
die in § 490 BGB statuierten **außerordentlichen Kündigungsrechte**, die das Recht zur Kündigung aus wichtigem Grund gemäß § 314 BGB ergänzen: Der Darlehensgeber kann den Darlehensvertrag, auch ohne dem Darlehensnehmer eine Pflichtverletzung oder Nichterfüllung vorwerfen zu können, vor Überlassung der Darlehensvaluta stets, danach regelmäßig ohne Einhaltung einer Kündigungsfrist kündigen, wenn sich die Vermögensverhältnisse des Darlehensnehmers oder der Wert einer für das Darlehen gestellten Sicherheit so verändern, dass die Rückzahlung des Darlehens gefährdet erscheint.[25] Umgekehrt kann der Darlehensnehmer den Vertrag, wenn das Darlehen durch ein Grundpfandrecht gesichert ist, nach Ablauf von sechs Monaten seit Empfang der Darlehensvaluta mit einer Frist von drei Monaten kündigen, wenn er ein berechtigtes Interesse hieran hat, insbesondere das verpfändete Grundstück anderweitig verwerten will. Dies ist etwa bei seinem Verkauf aus privaten Gründen oder zur Wahrnehmung einer günstigen Gelegenheit un-

---

[24] Für eine verfassungswidrige Einschränkung der Privatautonomie hält dies *Hey*, Die Verfassungswidrigkeit des zwingenden Kündigungsrechts des Darlehensnehmers, in: Heldrich u. a. (Hg.), Festschrift für Canaris, München 2007, Bd. 1, S. 443, 456 ff.

[25] Rechnet der Darlehensgeber mit den maßgeblichen Umständen schon bei Vertragsschluss, hat er sich dieses Kündigungsrechts natürlich stillschweigend begeben; vgl. BGH, NJW-RR 2002, 1272.

ter Ablösung der Grundpfandrechte[26] sowie dann der Fall, wenn er das Grundstück zur Besicherung eines höheren Kredits benötigt[27], nicht aber, wenn der Darlehensnehmer eine günstige Umschuldung erreichen will,[28] für die ihm nur die ordentlichen Kündigungsrechte nach § 489 BGB zur Verfügung stehen. Fällt dem Darlehensnehmer die Beseitigung seiner vertraglichen Bindung auch vergleichsweise leicht,[29] bleibt er dem Darlehensgeber doch insoweit zu seiner Einhaltung verpflichtet, als er eine sogenannte Vorfälligkeitsentschädigung zu leisten hat,[30] die das Interesse des Darlehensgebers an der weiteren Durchführung des Vertrags befriedigt und nach denselben Grundsätzen wie die Nichtabnahmeentschädigung[31] berechnet wird.[32] Das außerordentliche Kündigungsrecht des Darlehensnehmers verschafft diesem also nur insoweit einen Vorteil, als er verhindern kann, dass der Darlehensgeber, statt Schadensersatz zu verlangen, auf dem Vollzug des Vertrags besteht und deshalb die Sicherheit behält, die er bei einer Kündigung umgehend gegen Leistung der Vorfälligkeitsentschädigung herausgeben muss. In Analogie zu § 490 Abs. 2 BGB ist dem Darlehensnehmer auch ein Anspruch auf Austausch der Sicherheit und Zustimmung des Darlehensgebers zum Vertragseintritt durch einen Ersatzdarlehensnehmer zu gewähren, wenn dies für den Darlehensgeber keine Verschlechterung seiner Aussicht auf Erfüllung seiner Ansprüche aus dem Darlehensvertrag bedeutet.[33] Hierbei ist zu berücksichtigen, dass es beim Hypothekarkredit im Wesentlichen auf den Wert des Grundpfandrechts ankommt, so dass an einen Austausch des Kreditnehmers unter Beibehaltung der Sicherheit keine zu großen Anforderungen gestellt werden dürfen.

2. Verbraucherkreditrecht

a) Verbraucherschutz beim Vertragsschluss

383 Den Kern des Verbraucherschutzes im Kreditrecht bildet die aus dem Recht der Teilzeit-Wohnrechteverträge[34] bekannte Kombination von vorvertraglicher Infor-

---

[26] BGH, NJW 1997, 2875, 2876 f.

[27] BGH, NJW 1997, 2878, 2879.

[28] BGH, NJW 2003, 2230, 2231.

[29] Noch leichter fällt es ihm nach dem Entwurf eines Gemeinsamen Referenzrahmens, der dem Darlehensnehmer durchgängig ein Recht zur Kündigung unter vorzeitiger Rückzahlung des Darlehens gewährt, das höchstens einer Kündigungsfrist von drei Monaten unterliegt, aber mit einem Anspruch des Darlehensgebers auf Entschädigung für die entgangenen Vorteile aus dem Vertrag einhergeht; vgl. Art. IV.F. – 1:106 Abs. 4-6 DCFR.

[30] Obwohl sie den Regeln für die Bestimmung des Schadensersatzes folgt, gehört sie dennoch nicht dazu, weil der Darlehensnehmer, der von seinem Kündigungsrecht Gebrauch macht, keine Pflichtverletzung begeht; vgl. MünchKomm/*Berger* § 490 BGB Rn. 34.

[31] S. o. Rn. 379.

[32] Kritisch zur sogenannten Aktiv-Aktiv- und Aktiv-Passiv-Methode und für eine exklusive Berechnung der Vorfälligkeitsentschädigung nach dem Vergleich mit einem Alternativkredit *Reifner*, Die Höhe der Entschädigung bei vorfälliger Tilgung von Immobiliarkrediten, WM 2009, 1773, 1777 ff.

[33] Für eine entsprechende Obliegenheit des Darlehensgebers, deren Verletzung ihm als Mitverschulden angerechnet wird, dagegen MünchKomm/*Berger* § 490 BGB Rn. 42 f.

[34] S. o. Rn. 31 f.

mationspflicht, Formgebot und Widerrufsrecht, die einer unbedachten Vertragsbindung des Verbrauchers vorbeugen sollen. Nach § 491 Abs. 1 BGB greifen diese Instrumente freilich ebenso wie die übrigen Regeln über den **Verbraucherkreditvertrag** nicht schon wegen der Beteiligung des Verbrauchers als Darlehensnehmer,[35] sondern erst dann ein, wenn der Darlehensgeber ein Unternehmer ist. Denn nur einem professionellen Darlehensgeber ist die vorgeschriebene Rücksicht auf die Schwierigkeiten zuzumuten, die das Verständnis eines Darlehensvertrags und der mit ihm verbundenen Risiken für einen Darlehensnehmer aufwerfen. Darüber hinaus nimmt § 491 Abs. 2 BGB auf der Grundlage des Katalogs von Art. 2 Abs. 2 der Verbraucherkreditrichtlinie bestimmte Arten von Darlehensverträgen vom Geltungsbereich des Verbraucherkreditrechts aus, bei denen das Schutzbedürfnis des Verbrauchers reduziert ist: Nicht als Verbraucherkreditverträge gelten Verträge über ein Darlehen, das einen Nettobetrag von weniger als € 200 hat oder das binnen drei Monaten und unter geringen Kosten zurückgezahlt werden soll, das von einem Arbeitgeber einem Arbeitnehmer zu einem geringeren als dem marktüblichen Effektivzins oder das zu günstigeren als Marktbedingungen von öffentlichen Stellen oder mit ihrer Förderung gewährt worden ist. Hinzu kommen Darlehen, wie sie von Pfand- und Leihhäusern ausgereicht werden, bei denen sich die Haftung des Darlehensnehmers auf eine zum Pfand übergebene Sache beschränkt. Weitgehend vom Verbraucherkreditrecht und insbesondere von den Vorschriften über den Vertragsschluss ausgenommen ist nach § 505 Abs. 4 BGB zudem die geduldete Überziehung eines laufenden Kontos. Die Vorschriften über den Schutz des Verbrauchers beim Vertragsschluss gelten ferner gemäß § 491 Abs. 3 BGB nicht für Darlehensverträge, die durch gerichtlichen Vergleich zustande gekommen sind, wenn zumindest der Sollzinssatz sowie die bei Vertragsschluss angefallenen Kosten und die Voraussetzungen genannt sind, unter denen beide angepasst werden können. Die Bestimmungen des Verbraucherkreditrechts sind mit wenigen Ausnahmen nach § 511 BGB zwingend und durch ein Umgehungsverbot bewehrt.

Die dem Darlehensgeber zur Aufgabe gemachte Information des Darlehensneh- **384**
mers hat dieser auf zweifache Weise zu gewährleisten: zum einen durch Einhaltung eines qualifizierten Schriftformgebots, das Vorgaben für den Inhalt des Vertragstextes einschließt und dadurch vorwirkt, dass der Darlehensnehmer gemäß § 491a Abs. 2 BGB von einem zum Vertragsschluss bereiten Darlehensgeber die Vorlage eines Vertragsentwurfs verlangen kann; zum anderen durch eine in Abs. 1 dieser Vorschrift statuierte **vorvertragliche Informationspflicht**. Näher ausgestaltet ist sie durch die detaillierten Bestimmungen in dem auf Art. 5 der Richtlinie beruhenden Art. 247 EGBGB. In seinem § 1 verpflichtet er den Darlehensgeber zur rechtzeitigen Unterrichtung des Darlehensnehmers und in § 2 zur Verwendung einheitlicher europäischer Muster. Die Liste der wesentlichen Informationen enthält § 3, der insbesondere Angaben zur Vertragslaufzeit, zu Soll- und effektivem Zinssatz[36], zu Kosten und zu dem aus Nettodarlehensbetrag und Kosten gebildeten Gesamtbetrag,

---

[35] Ihm steht nach § 512 BGB ein Existenzgründer gleich, sofern der Nettodarlehensbetrag nicht € 75.000 übersteigt.

[36] Seine Berechnung ist durch Art. 19 der Richtlinie vorgegeben und für das deutsche Recht in § 6 der PreisangabenVO festgelegt.

sowie zu Verzugsfolgen und Widerrufsrecht des Darlehensnehmers fordert. § 4 schreibt unter dem Vorbehalt, dass sie für den einzelnen Darlehensbetrag relevant sind, weitere Informationen über Notarkosten, vom Darlehensnehmer zu stellende Sicherheiten und die Berechnung einer Vorfälligkeitsentschädigung für den Fall einer vorzeitigen Darlehensrückzahlung vor.[37] Die Unterrichtungspflicht ist durch § 491a Abs. 3 BGB um eine Verpflichtung zur Erläuterung ergänzt, die sich einerseits auf die von der Informationspflicht erfassten Umstände bezieht, andererseits aber darüber hinausgeht, indem sie auch Alternativangebote des Darlehensgebers einschließt.[38] Dass die **Erläuterungspflicht** nicht unbedingt, sondern nur in Abhängigkeit vom Informationsbedarf des Darlehensnehmers besteht, ergibt sich aus dem angegebenen Ziel, ihm ein Urteil darüber zu ermöglichen, ob der Darlehensvertrag in der beabsichtigten Fassung seinen Bedürfnissen und Vermögensverhältnissen entspricht.

385 Die Informations- und Erläuterungspflicht lassen sich nach dem Wortlaut von § 491a BGB durchaus als Leistungspflichten verstehen, die ausnahmsweise nicht durch Vertrag, sondern kraft Gesetzes entstehen. Näher liegt jedoch eine Einordnung in das Regime der Haftung für *culpa in contrahendo*, an das auch der nationale Gesetzgeber anknüpfen will.[39] Die Informations- und Erläuterungspflichten sind dann Erscheinungsformen der nach §§ 241 Abs. 2, 311 Abs. 2 BGB durch geschäftlichen Kontakt begründeten Rücksichtspflicht. Als solche zeitigen sie den praktisch kaum relevanten Anspruch auf ihre Vornahme nur ausnahmsweise und im Regelfall lediglich eine Haftung gemäß § 280 Abs. 1 BGB. Ihre Verletzung kann so durchaus einen Anspruch auf Beseitigung der Vertragsbindung hervorbringen, steht aber zunächst der Wirksamkeit des Darlehensvertrags selbst nicht entgegen. Dasselbe gilt für die Pflicht des Darlehensgebers zur **Prüfung** der **Kreditwürdigkeit** des Darlehensnehmers. Sie ist in § 18 Abs. 2 KWG und damit als öffentlich-rechtliche Pflicht der Kreditinstitute festgelegt. Genügt dies auch zur Umsetzung der nicht auf eine bestimmte Sanktion festgelegten Vorgabe von Art. 8 der Verbraucherkreditrichtlinie,[40] zwingt die privatrechtliche Normierung der Prüfungsplicht bei entgeltlichen Finanzierungshilfen in § 509 BGB doch dazu, der parallelen Pflicht bei Verbraucherdarlehensverträgen gleichfalls individualschützenden Charakter zuzumessen,[41] so dass ihre Verletzung gemäß § 823 Abs. 2 BGB oder nach den Vorschriften über die *culpa in contrahendo* den Schadensersatzanspruch eines Verbrauchers auslösen

[37] Die Informationspflicht ist nach Maßgabe von § 10 für Überziehungskredite mit einer Laufzeit von höchstens drei Monaten oder einem Recht des Darlehensgebers zur fristlosen Kündigung (§ 504 Abs. 2 BGB) erleichtert.

[38] Die Erläuterungspflicht besteht nach § 504 Abs. 2 BGB nicht bei Überziehungskrediten mit einer Laufzeit von höchstens drei Monaten oder einem Recht des Darlehensgebers zur fristlosen Kündigung.

[39] Vgl. die Begründung zum Regierungsentwurf des Umsetzungsgesetzes, BT-Drucks. 16/11643, S. 78.

[40] Vgl. *Herresthal*, Die Verpflichtung zur Bewertung der Kreditwürdigkeit und zur angemessenen Erläuterung nach der Verbraucherkreditrichtlinie 2008/48/EG, WM 2009, 1174 1176 ff.

[41] Richtig *Ady/Paetz*, Die Umsetzung der Verbraucherkreditrichtlinie in deutsches Recht und besondere verbraucherpolitische Aspekte, WM 2009, 1061, 1067

kann, mit dem ein Kreditinstitut trotz seiner erkennbaren Kreditunwürdigkeit einen Darlehensvertrag abgeschlossen hat. Gesperrt ist dieser Schadensersatzanspruch freilich regelmäßig durch den Einwand weit überwiegenden Mitverschuldens des Darlehensnehmers.

Von unmittelbarer Wirkung auf die Gültigkeit des Darlehensvertrags ist das in 386
§ 492 Abs. 1 BGB vorgesehene Gebot seiner **Schriftform**, die über die gemeinschaftsrechtlich in Art. 10 Abs. 1 der Richtlinie vorgeschriebene Textform insoweit hinausgeht, als zumindest die elektronische Form gemäß § 126a BGB eingehalten sein muss. Anders als nach § 126 BGB können Angebot und Annahme jedoch jeweils getrennt schriftlich erklärt und, soweit es sich um die Erklärung des Darlehensgebers handelt, sogar ohne Unterschrift automatisch erstellt werden. Nach § 492 Abs. 4 BGB unterliegt der Formpflicht auch eine vom Darlehensnehmer zum Abschluss des Darlehensvertrags erteilte Vollmacht, es sei denn, es handelt sich um eine Prozess- oder notariell beurkundete Vollmacht. Ausgenommen vom Formgebot sind dagegen nach § 504 Abs. 2 S. 2 BGB Überziehungskredite mit einer Laufzeit von höchstens drei Monaten oder einem Recht des Darlehensgebers zur jederzeitigen fristlosen Kündigung, wenn nur Sollzinsen und diese nicht in kürzeren Abständen als drei Monaten anfallen und der Darlehensgeber dem Darlehensnehmer den Vertragsinhalt spätestens unverzüglich nach Vertragsschluss in Textform mitteilt.[42] Hervorragendes Merkmal des Formgebots für Verbraucherkreditverträge ist die auf Art. 10 Abs. 2 der Richtlinie beruhende Pflicht zur Angabe von Darlehensbedingungen und weiteren Umständen, für die § 492 Abs. 2 BGB auf den Katalog in §§ 6 bis 13 von Art. 247 EGBGB verweist. Er umfasst vor allem die Umstände, auf die sich schon die vorvertragliche Informationspflicht bezieht (§§ 6, 7), und außerdem die Vergütung von Zusatzleistungen (§ 8).

Dass gerade auf diesen Angaben und weniger auf der Schriftform selbst das Ge- 387
wicht des Formgebots liegt, zeigen die **Rechtsfolgen** seiner Missachtung: Zwar ist der Vertrag nach § 494 Abs. 1 BGB bei Verstoß gegen Formpflicht selbst oder gegen die Pflicht zu den Angaben nach Art. 247 §§ 6, 9 bis 13 EGBGB nichtig. Damit der Darlehensnehmer keinem Bereicherungsanspruch in voller Höhe der erhaltenen Darlehensvaluta ausgesetzt ist, wird der Vertrag jedoch gemäß § 494 Abs. 2 S. 1 BGB wirksam, soweit der Darlehensnehmer das Darlehen empfängt. In diesem Fall gelten grundsätzlich auch die vereinbarten Bedingungen,[43] es sei denn, der Formfehler besteht darin, dass bestimmte Angaben in der Vertragsurkunde fehlen oder falsch sind: Mangels Angabe einer Laufzeit oder zum Kündigungsrecht ist der Darlehensnehmer nach § 494 Abs. 6 S. 1 BGB jederzeit zur Kündigung berechtigt, und zwar fristlos und ohne Verpflichtung zur Zahlung einer Vorfälligkeitsentschädigung, allerdings mit der sich aus § 489 Abs. 3 ergebenden Einschränkung, dass die Kündigung unwirksam wird, wenn das Darlehen nicht binnen zwei Wochen zurückgezahlt ist. Im Vertrag nicht genannte Kosten sind nach § 494 Abs. 4 S. 1 BGB nicht geschuldet. Dasselbe gilt gemäß Abs. 6 S. 2 der Vorschrift für Sicherheiten, sofern

---

[42] Bei der vom Verbraucherkreditrecht weithin ausgenommenen geduldeten Überziehung muss gemäß § 505 Abs. 1 BGB eine Unterrichtung des Darlehensnehmers in Textform nach Maßgabe von Art. 247 § 17 Abs. 1 EGBGB erfolgen.

[43] BGH, NJW 2006, 681, 682 ff.

der Nettodarlehensbetrag € 75.000 nicht übersteigt.[44] Fehlen Angaben zu den Voraussetzungen einer Anpassung von Zinsen oder Kosten, können sie nach Abs. 4 S. 2 nicht zum Nachteil des Darlehensnehmers verändert werden. Sind in dem Vertrag der Sollzinssatz, der effektive Jahreszins oder der Gesamtbetrag nicht angegeben, ermäßigt sich der Sollzinssatz gemäß § 494 Abs. 2 S. 2 auf den gesetzlichen Zinssatz, der nach § 246 BGB bei jährlich 4 % liegt. Ist der effektive Zinssatz zu niedrig angegeben, vermindert sich der Sollzinssatz nach Abs. 3 der Vorschrift insoweit, als der effektive Zinssatz zu gering veranschlagt worden ist. Andere Fehl- oder Falschangaben, auch wenn sie den Sollzinssatz oder den Gesamtbetrag betreffen, bleiben ohne Auswirkungen auf den Inhalt des Vertrags.[45] Wirkt sich die Veränderung des Sollzinssatzes oder der Wegfall von Kosten auf vereinbarte Teilzahlungen beim Annuitätendarlehen aus, sind diese gemäß § 494 Abs. 5 BGB vom Darlehensgeber neu zu berechnen. Vom Darlehensnehmer geleistete Überzahlungen unterliegen der Kondiktion und können nicht nachträglich zu Tilgungsleistungen umgewidmet werden.[46]

388 Ist der Verbraucherkreditvertrag wirksam zustande gekommen, kann der Darlehensnehmer seine Vertragsbindung immer noch dadurch beseitigen, dass er von seinem **Widerrufsrecht** Gebrauch macht, das ihm § 495 Abs. 1 BGB auf der Grundlage von Art. 14 der Verbraucherkreditrichtlinie einräumt. Nach § 495 Abs. 3 BGB gilt es nicht für bestimmte Arten der Umschuldung, notariell beurkundete Verträge, für die der Notar die Einhaltung der vorvertraglichen Informationspflicht und des Formgebots bestätigt hat, oder für Darlehen, die durch vereinbarte oder geduldete Kontoüberziehung zustande kommen. Außerdem besteht es nach § 504 Abs. 2 BGB nicht bei Überziehungskrediten mit einer Laufzeit von höchstens drei Monaten oder einem Recht des Darlehensgebers zur fristlosen Kündigung. Von anderen Widerrufsrechten unterscheidet sich die dem Verbraucher als Darlehensnehmer eingeräumte Befugnis zum Widerruf gemäß § 495 Abs. 2 Nr. 1, 2 BGB dadurch, dass die Belehrung nicht gesondert, sondern in Gestalt einer Pflichtangabe nach Art 247 § 6 Abs. 2 EGBGB erfolgen muss und dass die Widerrufsfrist erst mit Vertragsschluss und nicht, wie § 355 Abs. 3 S. 2 BGB vorsieht, schon mit Zusendung eines schriftlichen Antrags des Verbrauchers oder seiner Abschrift zu laufen beginnt. Die Rechtsfolgen des Widerrufs sind durch § 495 Abs. 2 Nr. 3 BGB in der Weise modifiziert, dass der Darlehensgeber, wie Art. 14 Abs. 3 Buchst. b S. 3 der Richtlinie vorschreibt, auch Ersatz seiner Zahlungen an öffentliche Stellen wie insbeson-

---

[44] Diese Rechtsfolgen erstrecken sich nicht auch auf Verträge, die gar nicht der Nichtigkeitsanordnung des § 494 Abs. 1 BGB unterfallen, weil ein Verstoß gegen den hierin nicht genannten §§ 7, 8 des Art. 247 EGBGB vorliegt. Die hier geforderten Angaben können nicht ohne Verstoß gegen die gesetzliche Systematik in die Generalklausel des § 6 Abs. 1 Nr. 6 („sämtliche weitere Vertragsbedingungen") hineingelesen werden.

[45] BGH, NJW 2004, 154, 155; 2006, 1955, 1956. Die Folgenlosigkeit dieser Verstöße ist vor dem Hintergrund von Art. 23 der Richtlinie, der wirksame und abschreckende Sanktionen verlangt, nicht unproblematisch, aber durch das Gebot der Verhältnismäßigkeit zu rechtfertigen, zumal die Wirksamkeit des Darlehensvertrags nach Auszahlung der Darlehensvaluta im überwiegenden Interesse des Darlehensnehmers liegt.

[46] BGH, NJW 2009, 2046, 2048 f.

dere einen Notar verlangen kann und dass der Gebrauchsvorteil, wie S. 2 der Richtlinienbestimmung festlegt, entgegen § 346 Abs. 2 S. 2 BGB immer nach dem Sollzinssatz bemessen wird und nicht mehr dem Vorbehalt unterliegt, dass der Darlehensnehmer nachweist, dass der Vorteil geringer ist. Dies ist nur noch bei grundpfandrechtlich gesicherten Darlehen möglich, die aus dem Anwendungsbereich der Richtlinie herausfallen.

b) Verbraucherschutz bei der Vertragsdurchführung

Der Befriedigung des **Informationsbedürfnisses**, das der Darlehensnehmer nach Vertragsschluss hat, dient zunächst einmal die in § 492 Abs. 3 BGB statuierte Verpflichtung des Darlehensgebers zur Überlassung einer Abschrift des Vertrags und eines Tilgungsplans, für den sich nähere Vorgaben in § 14 von Art. 247 EGBGB finden. Ergeben sich gemäß § 494 BGB Vertragsänderungen aufgrund fehlender oder falscher Pflichtangaben im Vertrag, ist der Darlehensgeber nach Abs. 7 der Vorschrift verpflichtet, dem Darlehensnehmer eine Abschrift des berichtigten Vertrags zur Verfügung zu stellen. Für einen Vertrag mit einem veränderlichen Sollzinssatz schreibt § 493 Abs. 3 BGB in Umsetzung von Art. 11 der Richtlinie vor, dass die Zinsanpassung erst wirksam wird, wenn der Darlehensgeber den Darlehensnehmer über die in Art. 247 § 15 EGBGB bestimmten Einzelheiten unterrichtet hat. Dabei ist nach § 492 Abs. 5 BGB die Textform zu wahren. Für Überziehungskredite besteht nach Art. 12 der Richtlinie und § 504 Abs. 1 S. 1 BGB eine Pflicht des Darlehensgebers zur regelmäßigen Unterrichtung über den Stand des Darlehens gemäß Art. 247 § 16 EGBGB.[47] Ist der Sollzinssatz für einen Teil der Laufzeit gebunden, hat der Darlehensgeber den Darlehensnehmer gemäß § 493 Abs. 1 BGB spätestens drei Monate vor dem Ende der Zinsbindung darüber in Kenntnis zu setzen, ob und zu welchem neuen Zinssatz er zur Vereinbarung einer neuen Sollzinsbindung bereit ist. Entsprechendes gilt nach Abs. 2 der Vorschrift für die Bereitschaft zur Fortsetzung des Darlehensvertrags über das Ende seiner Laufzeit hinaus, wobei der Darlehensgeber, wenn er hierzu bereit ist, dem Darlehensnehmer die Informationen geben muss, die er auch vor Eingehung des Darlehensvertrags zu erteilen hat. **389**

Hat der Darlehensgeber seine Ansprüche gegen den Darlehensnehmer an einen Dritten **abgetreten**, ist der Darlehensnehmer hierüber nach Art. 17 Abs. 2 der Verbraucherkreditrichtlinie und gemäß § 496 Abs. 2 BGB unverzüglich nach Maßgabe der für Fernabsatzverträge geltenden Bestimmungen über die Mitteilungen zur Identität des Vertragspartners (Art. 246 § 1 Nr. 1 bis 3 EGBGB) zu unterrichten, sofern nicht der Darlehensgeber weiterhin als Gläubiger auftreten soll. Der neue Forderungsinhaber ist, obwohl er ohne Zustimmung des Darlehensnehmers nicht zu dessen Vertragspartner wird, nach § 493 Abs. 4 BGB in gleicher Weise wie der Darlehensgeber zur Unterrichtung über die Anpassung des Sollzinssatzes sowie über seine Bereitschaft zur Vereinbarung über eine neue Zinsbindung oder die Verlängerung des Darlehens verpflichtet. Eine Vereinbarung, durch die der Darlehensnehmer auf **390**

---

[47] Bei der geduldeten Überziehung hat der Darlehensgeber den Darlehensnehmer gemäß § 505 Abs. 2 BGB unverzüglich in Textform gemäß Art. 247 § 17 Abs. 2 BGB zu unterrichten, wenn es zu einer erheblichen Überziehung für mehr als einen Monat kommt.

den Fortbestand seiner Einwendungen gemäß § 404 BGB oder die ihm durch § 406 BGB eröffnete Befugnis zur Aufrechnung gegenüber dem Zessionar verzichtet, ist nach Art. 17 Abs. 1 der Richtlinie und § 496 Abs. 1 BGB unwirksam.[48]

391 Um den Darlehensnehmer vor einer übermäßigen Belastung durch seinen **Verzug** mit den geschuldeten Tilgungs- oder Zinszahlungen zu schützen, modifiziert § 497 Abs. 1 BGB das allgemeine Regime des Schuldnerverzugs insoweit, als die nach § 288 Abs. 1 BGB einsetzende Verpflichtung zur Zahlung von Verzugszinsen in Höhe von 5 Prozentpunkten über dem Basiszinssatz nicht unbedingt, sondern unter dem Vorbehalt besteht, dass der Darlehensnehmer nicht nachweist, dass der Schaden des Darlehensgebers geringer ist. Dieser Beweis ist ebenso wie der schon nach § 288 Abs. 4 BGB mögliche Nachweis eines höheren Schadens durch den Darlehensgeber an eine Einzelfallbetrachtung gebunden, so dass eine abstrakte Schadensberechnung auf der Grundlage von § 252 BGB oder § 287 ZPO ausscheidet. Bei grundpfandrechtlich gesicherten oder zu vergleichbaren Bedingungen vergebenen Krediten liegt der Verzugszinssatz nach § 503 Abs. 2 BGB bei 2,5 Prozentpunkten über dem Basiszinssatz. Zur Umsetzung des schon in § 289 S. 1 BGB statuierten Verbots von Zinseszinsen sind die Verzugszinsen gemäß § 497 Abs. 2 BGB auf einem gesonderten Konto zu verbuchen und als Anknüpfungspunkt für den durch § 289 S. 2 BGB eröffneten Anspruch auf Ersatz von Verzugsschaden nur insoweit zugelassen, als der Darlehensgeber Schadensersatz nur in Höhe des gesetzlichen Zinssatzes von 4 % pro Jahr gemäß § 246 BGB verlangen kann. Entgegen dem Teilleistungsverbot des § 266 BGB untersagt § 497 Abs. 3 S. 2 BGB dem Darlehensgeber die Zurückweisung von Teilzahlungen; und S. 1 der Vorschrift bestimmt in Abweichung von § 367 BGB, dass Leistungen des Darlehensnehmers nach Abzug der Kosten der Rechtsverfolgung zunächst auf die Hauptleistung und erst dann auf die Zinsen angerechnet werden, damit sich die Basis für Verzinsung verringert. Zum Ausgleich ordnet S. 3 der Vorschrift eine Hemmung der Verjährung an, die mit dem Eintritt des Verzugs beginnt und längstens zehn Jahre dauert. Mit Ausnahme der Verpflichtung des Darlehensgebers zur Annahme von Teilzahlungen finden die Bestimmungen in § 497 Abs. 2 und 3 BGB gemäß § 503 Abs. 1 BGB keine Anwendung auf grundpfandrechtlich gesicherte oder zu vergleichbaren Bedingungen vergebenen Kredite.

c) Verbraucherschutz bei der Vertragsbeendigung

392 Der Darlehensnehmer genießt beim Teilzahlungsdarlehen einen besonderen **Kündigungsschutz** dergestalt, dass § 498 BGB die außerordentliche Kündigung des Darlehensgebers wegen Verzugs an besondere Voraussetzungen bindet:[49] Der Darlehensnehmer muss mit mindestens zwei aufeinander folgenden Teilzahlungen

---

48 Demselben Ziel dient das in Abs. 3 der Vorschrift zu findende Verbot einer Verpflichtung des Darlehensnehmers zur Begebung eines Wechsels oder Schecks.

49 Die Regelung lässt das Kündigungsrecht aus § 490 Abs. 1 BGB unberührt, soweit es nicht durch Zahlungsverzug begründet ist; vgl. *Grüneberg*, Zum Kündigungsrecht des Darlehensgebers aus wichtigem Grund wegen Verschlechterung der Vermögensverhältnisse des Darlehensnehmers beim Verbraucherdarlehensvertrag, in: Habersack u. a. (Hg.), Entwicklungslinien im Bank- und Kapitalmarktrecht. Festschrift für Nobbe, Köln 2009, S. 283, 287 ff.

ganz oder teilweise und so mit mindestens zehn oder, wenn die Laufzeit mehr als drei Jahre beträgt, fünf Prozent des Nennbetrags des Darlehens in Verzug geraten sein; und der Darlehensgeber muss dem Darlehensnehmer erfolglos eine Frist von zwei Wochen zur Zahlung des rückständigen Betrags gesetzt haben, den er genau beziffern muss[50]. Anders als bei der Fristsetzung nach § 323 Abs. 1 BGB hat dabei eine Rechtsfolgenandrohung zu erfolgen, indem der Darlehensgeber dem Darlehensnehmer mitteilen muss, dass er bei Nichteinhaltung der Nachfrist die gesamte Restschuld verlange. Wie bei einer sonstigen Fristsetzung ist diese auch im Fall des Verzugs beim Teilzahlungsdarlehen entbehrlich, wenn der Schuldner die Erfüllung ernsthaft und endgültig verweigert.[51] Bei den Darlehensverträgen, für die ein Grundpfandrecht bestellt worden ist oder die zu entsprechenden Bedingungen eingegangen werden, liegt die Schwelle, die der Rückstand des Darlehensnehmers erreicht haben muss, gemäß § 503 Abs. 3 BGB bei nur 2,5 % des Nennbetrags, der im Regelfall deutlich über dem anderer Verbraucherkredite liegt. Für alle Arten von Verbraucherkreditverträgen setzt § 499 Abs. 1 BGB auf der Grundlage von Art. 13 Abs. 2 der Verbraucherkreditrichtlinie dem vertraglichen Vorbehalt eines ordentlichen Kündigungsrechts für den Darlehensgeber Grenzen: Es kann nur bei einem Darlehensvertrag mit unbestimmter Laufzeit und hier auch nur in der Weise vereinbart werden, dass die Kündigungsfrist, die nach § 488 Abs. 3 BGB drei Monate beträgt, nicht auf weniger als zwei Monate verkürzt wird. Die Kündigung durch den Darlehensgeber bedarf außerdem gemäß § 492 Abs. 5 BGB der Textform. Den Vorbehalt des Darlehensgebers, die Auszahlung der Darlehensvaluta zu verweigern, bindet § 499 Abs. 2 BGB nach dem Vorbild von Art. 13 Abs. 2 der Richtlinie an die Voraussetzung eines sachlichen Grunds und die unverzügliche und mit Begründung versehene Unterrichtung des Darlehensnehmers. Um keinen Widerspruch zur allgemeinen Kündigungsregelung in § 490 Abs. 1 BGB entstehen zu lassen, kann ein sachlicher Grund nur in schwerwiegenden Umständen wie der wesentlichen Verschlechterung der Vermögensverhältnisse des Darlehensnehmers oder des Wertes einer von ihm gestellten Sicherheit gesehen werden.[52]

Will der **Darlehensnehmer** einen Vertrag mit unbestimmter Laufzeit **kündigen**, kann er dies in Abweichung von § 488 Abs. 3 BGB gemäß Art. 13 Abs. 1 der Richtlinie und § 500 Abs. 1 BGB jederzeit und ohne Einhaltung einer Frist, die durch eine entsprechende Vereinbarung auf höchstens einen Monat erstreckt werden kann. Dies gilt gemäß § 503 Abs. 1 BGB nicht bei grundpfandrechtlich gesicherten oder zu vergleichbaren Bedingungen vergebenen Krediten, die nicht der Richtlinie unterfallen und für die es bei der Regelung von § 489 BGB bleibt. Nicht auf Immobiliendarlehen ist auch § 500 Abs. 2 BGB anwendbar, der in Umsetzung von Art. 16 Abs. 1 der Richtlinie dem Darlehensnehmer das Recht gibt, sich der weiteren Vertragsdurchführung zu entziehen, indem er seine Verpflichtungen aus dem Darlehensvertrag ganz oder teilweise **vorzeitig erfüllt**. Der Darlehensgeber verliert in diesem Fall gemäß § 501 BGB seinen Anspruch auf die Zinsen und lauf- 393

[50] BGH, NJW-RR 2005, 1410, 1412.

[51] BGH, NJW-RR 2007, 1202, 1204; anders MünchKomm/*Schürnbrand* § 498 BGB Rn. 17.

[52] Dies entspricht auch der Ansicht des nationalen Gesetzgebers; vgl. die Begründung zum Regierungsentwurf des Umsetzungsgesetzes, BT-Drucks. 16/11643, S. 85.

zeitabhängige Kosten, kann aber zumindest im Fall einer Sollzinsbindung nach Art. 16 Abs. 2, 5 der Richtlinie und § 502 Abs. 1 BGB eine Vorfälligkeitsentschädigung verlangen, die durch den vereinbarten Sollzinssatz begrenzt ist und außerdem 1 %, bei einer Restlaufzeit von weniger als einem Jahr 0,5 % des vorzeitig zurückgezahlten Betrags nicht überschreiten darf.[53] Völlig ausgeschlossen ist eine Vorfälligkeitsentschädigung gemäß Art. 16 Abs. 3 der Richtlinie und § 502 Abs. 2 BGB, wenn im Darlehensvertrag die Pflichtangaben über die Laufzeit des Vertrags, das Kündigungsrecht des Darlehensnehmers oder die Berechnung der Vorfälligkeitsentschädigung unrichtig sind. Dasselbe gilt, wenn die Rückzahlung mit den Mitteln bewirkt wird, die der Darlehensnehmer aufgrund einer Restschuldversicherung erlangt hat, zu der er im Darlehensvertrag verpflichtet wurde, um die Rückzahlung des Darlehens zu sichern. Auch bei Überziehungskrediten kann nach § 504 Abs. 1 S. 2 BGB keine Vorfälligkeitsentschädigung verlangt werden.

3. Verbindung von Sachleistung und Kredit

a) Teilzahlungsgeschäfte

394 Gemäß § 506 Abs. 1 BGB gelten die Regeln des Verbraucherkreditrechts auch für Verträge, bei denen ein Unternehmer einem Verbraucher gegen Entgelt einen Zahlungsaufschub oder eine sonstige Finanzierungshilfe gewährt.[54] Die beiden wichtigsten Arten solcher Verträge sind das Finanzierungsleasing und Teilzahlungsgeschäfte, die § 506 Abs. 3 BGB in der Weise definiert, dass sich eine Seite zur Lieferung einer bestimmten Sache oder einer anderen bestimmten Leistung gegen Teilzahlungen durch den Vertragspartner verpflichtet. Eine derartige Verzögerung der Gegenleistung oder ihr vollständiger Aufschub berührt den Charakter des Vertrags nicht: Soll ein Käufer den Kaufpreis ganz oder in Raten erst nach Lieferung der Kaufsache entrichten, bleibt der Vertrag ein gewöhnlicher Kaufvertrag und unterliegt weder ganz noch teilweise dem Recht des Darlehensvertrags.[55] Zwar lässt sich in der Vereinbarung über den Zahlungsaufschub ein unentgeltlicher Darlehensvertrag erkennen. Diese Einsicht ist jedoch folgenlos, weil der Darlehenscharakter ohne Einfluss auf das Pflichtenprogramm der Parteien bleibt und auch das Verbraucherkreditrecht mangels Entgeltlichkeit des Darlehens nicht eingreifen kann. Anders verhält es sich, wenn die Verzögerung der Geldleistung gegen Entgelt, insbesondere gegen als solche bezeichnete Zinsen oder einen auf den Preis der Sachleistung erhobenen Teilzahlungszuschlag, erfolgt. In diesem Fall steht der Geldleis-

---

[53] Innerhalb dieser Grenzen ist eine Berechnung der Vorfälligkeitsentschädigung nach den Regeln für die Bestimmung des Schadensersatzes möglich; vgl. die Begründung zum Regierungsentwurf des Umsetzungsgesetzes, BT-Drucks. 16/11643, S. 87.

[54] Hierzu zählen nicht Versicherungsverträge, bei denen der Versicherungsnehmer eine unterjährige Prämie leistet, die in ihrer Summe höher als die Jahresprämie ist. Diese Verträge fallen auch nicht unter die Definition des Kreditvertrags in der Richtlinie 2008/48/EG und sind daher zumindest im Wege der richtlinienkonformen Rechtsfortbildung von § 506 BGB auszunehmen; vgl. *Looschelders*, Die richtlinienkonforme Auslegung des § 506 BGB im Hinblick auf Versicherungsverträge mit unterjähriger Prämienzahlung, VersR 2010, 977, 981 ff.

[55] Ausdrücklich sagt dies der Entwurf eines Gemeinsamen Referenzrahmens; vgl. Art. IV.F. – 1:101 Abs. 5 DCFR.

tungsschuldner so, als habe er zur Finanzierung der Sachleistung ein entgeltliches Darlehen aufgenommen und sich so gleichermaßen einer **Preis- und Zinsleistung** ausgesetzt. Dementsprechend muss unter diesen Umständen auch das Verbraucherkreditrecht eingreifen, sofern nicht die in § 491 Abs. 2 Nr. 1 BGB festgesetzte Schwelle von € 200 unterschritten ist, zu deren Bezugspunkt § 506 Abs. 4 BGB mangels Bestimmung eines Nettodarlehensbetrags den Barzahlungspreis, also das Entgelt für die Sachleistung ohne Finanzierungsaufschlag, erklärt. Er ist nach Art. 247 § 12 Abs. 1 EGBGB auch für die vorvertragliche Informations- und die Formpflicht maßgeblich. Seine Angabe ist ebenso wie die des effektiven Jahreszinses nach § 507 Abs. 3 BGB aber entbehrlich, wenn der Unternehmer ausschließlich Teilzahlungsgeschäfte eingeht.

Im Übrigen gelten für Teilzahlungsgeschäfte die Regeln des **Verbraucherkreditrechts** mit wenigen **Abweichungen**: Das Formgebot des § 492 BGB ist dadurch aufgelockert, dass es gemäß § 507 Abs. 1 S. 2 BGB bei Verträgen, die im Fernabsatz geschlossen werden, durch einen vor Vertragsschluss zur Verfügung gestellten Verkaufsprospekt mit bestimmten Kernangaben und eine unverzüglich nach Vertragsschluss zu erfolgende Mitteilung über den Vertragsinhalt ersetzt werden kann. Die Rechtsfolgen eines Formverstoßes sind in § 507 Abs. 2 BGB eigens geregelt: Die Nichtigkeit bei einer Verletzung der Schriftform schlechthin oder Fehlen einer Pflichtangabe nach Art. 247 §§ 6, 12, 13 EGBGB wird durch den Empfang der Sachleistung geheilt. Sind der effektive Jahreszins oder der Gesamtbetrag nicht genannt, wird der im Vertrag genannte oder mit Hilfe des Marktpreises ermittelte Barzahlungspreis mit dem gesetzlichen Zinssatz gemäß § 246 BGB in Höhe von 4 % jährlich verzinst. Eine Angabe des effektiven Jahreszinses in zu geringer Höhe führt zu einer entsprechenden Verminderung des Gesamtbetrags. Das Widerrufsrecht nach § 495 Abs. 1 BGB kann beim Teilzahlungsgeschäft gemäß § 508 Abs. 1 BGB durch ein Rückgaberecht nach § 356 BGB ersetzt werden, wie es auch bei Sachleistungsverträgen, die aus einem anderen Grund widerruflich sind, zugelassen ist. Das Rücktrittsrecht, das dem Unternehmer wegen Nichterfüllung der Zahlungspflicht durch den Verbraucher zusteht, ist nach § 508 Abs. 2 BGB an die Voraussetzungen der Kündigung eines Verbraucherdarlehens gemäß § 498 BGB geknüpft. Eine Vorfälligkeitsentschädigung kann der Unternehmer beim Teilzahlungsgeschäft gemäß § 507 Abs. 3 S. 3 BGB nicht beanspruchen. 395

b) *Finanzierungsleasing*

Die zweite der beiden typischen Arten von Finanzierungshilfen: das Finanzierungsleasing, grenzt § 506 Abs. 2 BGB in Anlehnung an Art. 2 Abs. 2 Buchst. d der Verbraucherkreditrichtlinie in der Weise ein, dass den Verbraucher, dem ein Gegenstand gegen Entgelt zur Nutzung überlassen wird, diesen entweder nach der Vereinbarung der Parteien oder auf besonderes Verlangen des Unternehmers erwerben oder dafür einstehen muss, dass er einen bestimmten Wert hat. Nur im Fall einer Erwerbsverpflichtung oder einer ihr gleichkommenden Wertersatzpflicht lässt sich nämlich behaupten, dass dem Vertrag ein Darlehenscharakter eignet, der die Anwendung des Verbraucherkreditrechts rechtfertigt. Ist dem Verbraucher lediglich ein Gegenstand zur Nutzung auf eine gewisse oder unbestimmte Zeit überlas- 396 sen, liegt nur ein einfacher Miet- oder Pachtvertrag ohne Finanzierungsfunktion vor.[56] Diese ist erst gegeben, wenn das Ziel des Vertrags der Erwerb des Gegenstands ist, der durch das für die Nutzung zu zahlende Entgelt teilweise vorab vergütet wird.[57] Liegt im Erwerbs- und Finanzierungszweck das prägende Merkmal des Finanzierungsleasing, ist der Vertrag unzutreffend charakterisiert, wenn man ihn mit der Rechtsprechung[58] als atpyischen Mietvertrag[59] ansieht.[60] Eine solche Zuordnung verbietet sich schon deshalb, weil den Leasinggeber auch schon vor dem Zeitpunkt, zu dem der Leasingnehmer den Gegenstand erwerben oder für seinen Wert einstehen muss, gar nicht die vertragstypische Verpflichtung zur Überlassung eines für die vereinbarte Nutzung tauglichen Gegenstands trifft.[61] Ist die Leasingsache mangelhaft, muss sich der Leasingnehmer an denjenigen wenden, von dem der Leasinggeber sie gekauft hat und gegen den der Leasingnehmer kraft einer Abtretung der Rechte des Leasinggebers vorgehen kann.[62] Solange es auf diese Weise nicht zur Rückabwicklung des Kaufvertrags kommt, hat der Leasingnehmer das für Nutzung der Leasingsache vereinbarte Entgelt ohne Rücksicht auf die Gebrauchstauglichkeit der Leasingsache zu entrichten, trägt also die Preisgefahr.[63] Denkbar ist dies nicht im Rahmen ein Mietvertrags, sondern nur, wenn man erkennt, dass der Leasinggeber die Rolle eines Darlehensgebers spielt, der mit der erstmaligen Überlassung der später zu erwerbenden Leasingsache gewissermaßen ein Darlehen an den Leasingnehmer ausgereicht hat, für das der Leasingnehmer fortan ein an die Nutzungszeit anknüpfendes Entgelt zu entrichten hat.[64] Ebenso wie sich die Leistungspflicht eines Darlehensgebers im eigentlichen Sinne auf die Auszahlung der Darlehensvaluta beschränkt, ist auch die Verpflichtung des Leasinggebers auf die schlichte Überlassung der Leasingsache an den Leasingnehmer beschränkt, der die Leasingraten deshalb wie Zinsen unbedingt und ohne Rücksicht

---

56 Daher ist das sogenannte Operating-Leasing allein nach Mietrecht zu beurteilen; vgl. BGH, NJW 1998, 1637, 1639.

57 Aus der Sicht des Leasinggebers bedeutet dies, dass er anders als ein Vermieter eine Amortisation seines Aufwands allein durch die Überlassung an einen einzelnen Leasingnehmer anstrebt; vgl. BGH, NJW 2003, 505, 507.

58 Vgl. BGH, NJW 2002, 133, 135; 2009, 575, 577.

59 Diese Auffassung liegt auch der Regelung im Entwurf eines Gemeinsamen Referenzrahmens zugrunde, in dem das Mietrecht auch bei einer Finanzierungsfunktion des Vertrags zum Zuge kommt; vgl. Art. IV.B. – 1:101 Abs. 4 DCFR.

60 Auf dasselbe läuft es hinaus, wenn man das Finanzierungsleasing mit *Gitter*, Gebrauchsüberlassungsverträge, Tübingen 1988, S. 306 und MünchKomm/*Koch* Leasing Rn. 31 als Vertrag *sui generis* mit dem Mietrecht als zentrale Analogiegrundlage deutet. Bei der Qualifikation als Vertrag eigener Art belässt es dagegen Staudinger/*Stoffels* (2004) Leasingrecht Rn. 76. Gegen eine Zuordnung zu den gesetzlich vorgegebenen Vertragstypen ist *Oechsler*, Gerechtigkeit im modernen Austauschvertrag, Tübingen 1997, S. 305, 324 ff.

61 Richtig *Fikentscher/Heinemann*, Schuldrecht, Rn. 1077 f., *Oetker/Maultzsch*, Vertragliche Schuldverhältnisse, Rn. 16.58.

62 Wie *Leenen*, Die Pflichten des Leasing-Gebers, AcP 190 (1990) 260, 275 ff. richtig herausstellt, gibt es auf Seiten des Leasinggebers kaum Leistungspflichten.

63 BGH, NJW 1998, 1637, 1638 f.

64 Für die Einordnung als atypischen Kaufvertrag dagegen *Fikentscher/Heinemann*, Schuldrecht, Rn. 1071.

auf die Verwendbarkeit des Gegenstands schuldet. Das Finanzierungsleasing ist daher keine Abwandlung des Mietvertrags, sondern ein **atypischer Darlehensvertrag**.[65]

Ein wesentlicher Unterschied zum gewöhnlichen Darlehensvertrag liegt weniger in der Struktur der vom Leasingnehmer zu entrichtenden Zahlungen, die sich auch bei Kreditverträgen frei und so gestalten lassen, dass Zins- und Tilgungsleistungen nicht ohne Weiteres voneinander zu trennen sind. Die Besonderheit des Finanzierungsleasings besteht in der **Verbindung** mit dem **Erwerb** des Gegenstands, auf den es bezogen ist. Ist die Durchführung des Leasingvertrags auch nicht daran gebunden, dass der Gegenstand nutzungstauglich ist, scheitert sein Vollzug doch, wenn und solange der Erwerb ausgeschlossen ist, sei es, dass dem Leasingnehmer der Gegenstand überhaupt nicht überlassen wird, sei es, dass der Vertrag mit dem Verkäufer rückabgewickelt wird. Erlangt der Leasingnehmer den Gegenstand nicht, ist er ohne Rücksicht auf den wirksamen Ausschluss einer Mängelhaftung des Leasinggebers nicht zur Zahlung der vereinbarten Leasingraten verpflichtet.[66] Wird der Kaufvertrag infolge der Inanspruchnahme des Verkäufers wegen eines Mangels des Leasinggegenstands rückabgewickelt, kommt auch der Leasingvertrag in Wegfall. Entgegen der Ansicht der Rechtsprechung[67] bedarf es hierfür nicht des Rückgriffs auf die Regeln über die Geschäftsgrundlage. Dass der Leasingvertrag das Schicksal des rückabgewickelten Kaufvertrags teilt, ergibt sich unmittelbar aus der Leasingvereinbarung selbst, die zwar darlehensartig, aber doch auf den Erwerb des Leasinggegenstands gerichtet ist. Dementsprechend erfolgt auch die Rückabwicklung des Leasingvertrags entgegen der Auffassung der Rechtsprechung[68] nicht nach Bereicherungsrecht, sondern nach dem Recht des Rücktritts, zu dem der Leasingnehmer im Fall der Rückabwicklung des Kaufvertrags befugt ist und den er unter diesen Umständen auch stillschweigend erklärt[69].[70] Zum selben Ergebnis führt es, wenn der Leasingnehmer den Leasinggeber selbst aufgrund dessen **subsidiärer** eigener **Verpflichtung** in Anspruch nimmt. Diese besteht, wenn die Abtretung der Ansprüche des Leasinggebers gegen den Verkäufer nicht unbedingt und vorbehaltlos[71] oder wegen der Insolvenz des Verkäufers oder deshalb wertlos ist, weil sich dieser von seiner eigenen Mängelhaftung gegenüber dem Leasinggeber wirksam 397

[65] Ähnlich *Canaris*, Interessenlage, Grundprinzipien und Rechtsnatur des Finanzierungsleasing, AcP 190 (1990), 410, 438 ff., demzufolge der Leasinggeber für den Leasingnehmer die Leasingsache erwirbt und den Anspruch auf Aufwendungsersatz nach § 670 BGB kreditiert. Ebenso *Oetker/Maultzsch*, Vertragliche Schuldverhältnisse, Rn. 57 f.

[66] BGH, NJW 1988, 2465, 2468.

[67] BGH, NJW 1990, 314, 315; 2010, 2799, 2800.

[68] BGH, NJW 1990, 314, 315.

[69] Nach der Schuldrechtsreform gilt dies wegen § 313 Abs. 1 BGB auch dann, wenn man mit der Rechtsprechung von einer Störung der Geschäftsgrundlage ausgeht; vgl. MünchKomm/*Koch* Leasing Rn. 102 f.

[70] Erklärt der Leasingnehmer freilich den Rücktritt vom Leasingvertrag nicht, steht ihm bis zur gerichtlichen Klärung eines Streits über die Wirksamkeit des Rücktritts gegenüber dem Lieferanten im Verhältnis zum Leasinggeber nicht die Einrede des nichterfüllten Vertrags zu; vgl. BGH, NJW 2010, 2799, 2800.

[71] BGH, NJW-RR 2003, 51, 52.

freigezeichnet hat. Die eigene Mängelhaftung des Leasinggebers ist aber anders, als die Rechtsprechung annimmt,[72] nicht mietvertraglicher Natur, sondern strukturgleich mit derjenigen des Verkäufers oder Lieferanten, der auch die Gefahrbelastung des Leasingnehmers nach dem Vorbild von §§ 446[73] oder 644 BGB entspricht. Ist der Leasingnehmer wegen Ausfalls der Nacherfüllung zu Rücktritt oder Minderung berechtigt, führt dies zu einer vollständigen oder teilweisen Rückerstattung der Leasingraten nach §§ 346 ff. BGB. Dasselbe gilt beim Händler- oder Herstellerleasing, bei dem es von vornherein an dem leasingtypischen Dreiecksverhältnis fehlt und der Leasinggeber auch die Rolle des Verkäufers spielt.[74] Bei einem Verbrauchervertrag ist die Stellung des Leasingnehmers erheblich dadurch verbessert, dass ihm in Analogie zu § 359 BGB aus den Befugnissen, die er aus abgetretenem Recht gegen den Lieferanten hat, Einreden gegen die Zahlungsansprüche des Leasinggebers erwachsen.[75]

c) Ratenlieferungsverträge

398 Kein Darlehenselement weisen die sogenannten Ratenlieferungsverträge auf, bei denen sich eine Seite zur Lieferung von Sachen in Teilleistungen gegen Teilzahlungen oder zur wiederkehrenden Lieferung von Sachen gleicher Art gegen entsprechende Zahlung verpflichtet. Der Grund, aus dem sie mit Darlehensverträgen und Finanzierungshilfen in einem Abschnitt des BGB zusammengefasst sind, liegt allein in ihrer vergleichbaren Gefährlichkeit für einen Verbraucher: Ebenso wie beim Darlehensvertrag ist er auch durch einen Ratenlieferungsvertrag langfristig gebunden und kann das Ausmaß seiner Belastung beim Vertragsschluss nicht ohne Weiteres übersehen.[76] Dies rechtfertigt es, ihm nach dem Muster des Verbraucherkreditregimes ein Widerrufsrecht zuzugestehen und den Vertrag einem Schriftformgebot zu unterstellen, wenn die vom Verbraucher mindestens zu leistenden Zahlungen die nach § 491 Abs. 2 Nr. 1 BGB für den Schutz beim Kreditvertrag maßgebliche Schwelle von € 200 erreichen. Das von § 510 Abs. 1 BGB für diesen Fall vorgesehene Widerrufsrecht ist anders als das für Teilzahlungsgeschäfte geltende aber keiner Ersetzung durch ein Rückgaberecht zugänglich; und das von § 510 Abs. 2 S. 1 BGB statuierte Formgebot unterscheidet sich wesentlich von der Formpflicht für Verbraucherkreditverträge und entgeltliche Finanzierungshilfen: Da das Geschäft kein Darlehenselement aufweist, gibt es weder den hierauf zugeschnittenen Katalog von Pflichtangaben noch eine Heilung durch Empfangnahme

---

72 Vgl. BGH, NJW 2006, 1066, 1067.

73 Insoweit richtig MünchKomm/*Koch* Leasing Rn. 80.

74 Dass auch hier ein Fall des Finanzierungsleasing vorliegt, nimmt BGH, NJW 2003, 505, 506 f. zu Recht an.

75 Richtig *Looschelders*, Schuldrecht BT, Rn. 515, *Fikentscher/Heinemann*, Schuldrecht, Rn. 1079, *Bartels*, Einwendungs- und Rückforderungsdurchgriff beim Finanzierungsleasing nach § 506 BGB n. f., ZGS 2009, 544, 547 f., Staudinger/*Stoffels* (2004) Leasingrecht Rn. 266; für eine direkte Anwendung von § 359 BGB aufgrund eines weiten Verständnisses der Verweisungsnorm des § 506 Abs. 1 BGB *Oetker/Maultzsch*, Vertragliche Schuldverhältnisse, Rn. 72. Anders MünchKomm/*Koch* Leasing Rn. 59.

76 Vgl. BGH, NJW 1990, 1046, 1048.

der Gegenleistung, die dem Schutz vor sofortiger Rückgewähr im Umfang des gesamten Vertragsvolumens dient. Zudem kann die Schriftform nach § 510 Abs. 2 S. 2 BGB dadurch ersetzt werden, dass dem Verbraucher die Möglichkeit verschafft wird, die Vertragsbestimmungen bei Vertragsschluss abzurufen und zu speichern.

3. Kapitel: Unentgeltliche Verträge und Geschäftsführungsverhältnisse

§ 7 Leistungsversprechen ohne Gegenleistung

1. Schenkung

a) Von der Rechtsgrundabrede zum Verpflichtungsgeschäft

Die Vereinbarung über die unentgeltliche Zuwendung einer Sache oder eines anderen Vermögensvorteils ist kein gewöhnlicher Schuldvertrag. Das Interesse des Beschenkten, auf die Einhaltung der unverdienten Zusage vertrauen zu dürfen, überwiegt das Interesse des Schenkers, sein Vermögen nicht unnötig zu schmälern, unbedingt erst in dem Moment, in dem die Zuwendung erfolgt ist. Denn ab jetzt gehört der geschenkte Gegenstand zum Vermögen des Beschenkten; und hierin zum Schutz des Schenkers einzugreifen, verbietet sich zumindest im Grundsatz deshalb, weil die Veräußerung dem Schenker hinreichenden Anlass geboten hat, sich der Tragweite seines Handelns bewusst zu werden. Will man den Schenker aber schon vorher an seine Zusage binden, muss man seine **Verpflichtung** davon abhängig machen, dass er in gleicher Weise wie durch die Veräußerung des geschenkten Gegenstands gewarnt ist. Dies lässt sich vor allem durch ein **Formgebot** erreichen. Dass seine Beachtung die Zuwendung des geschenkten Gegenstands ersetzt und eine Verpflichtung des Schenkers begründet, ist erst das Ergebnis eines Entwicklungsprozesses, der auch im BGB noch nicht seinen Abschluss gefunden hat:[1] **399**

Im klassischen römischen Recht war die Schenkung (*donatio*) eine bloße **Rechtsgrundabrede**, die bewirkte, dass das Eigentum an einer Sache überging und vom Schenker nicht mehr zurückgefordert werden konnte. Um eine Verpflichtung zur unentgeltlichen Leistung entstehen zu lassen, bedurfte es einer Stipulation, die als abstraktes Schuldversprechen ein selbständiges Forderungsrecht schaffte. Auch hier diente die Schenkungsabrede dazu, ein Kausalverhältnis zu begründen, das verhinderte, dass das Schuldversprechen kondiziert oder durch den Einwand ungerechtfertigter Bereicherung des Gläubigers gesperrt werden konnte. Beeinträchtigt war diese Funktion durch ein zur Bekämpfung des Luxus schon 204 v. Chr. erlassenes Schenkungsverbot, das einmal vollzogene Schenkungen unberührt ließ, schenkungshalber abgegebene Versprechen aber undurchsetzbar machte, sofern sie nicht einen bestimmten Wert unterschritten und Schenker und Beschenkter auch nicht bis **400**

---

[1] Hierzu *Honsell/Mayer-Maly/Selb*, Römisches Recht, S. 344 ff., *Zimmermann*, Law of Obligations, S. 477 ff., *Harke*, Römisches Recht, Rn. 10.18 ff. sowie eingehend *Harke*, Freigiebigkeit und Haftung, Würzburg 2006.

zu einem gewissen Grad miteinander verwandt waren.[2] Hinzu kamen in klassischer Zeit eine Beschränkung der Verurteilung des Schenkers auf das eigene Leistungsvermögen (*beneficium competentiae*)[3] und in der Spätantike ein auch für schon vollzogene Schenkungen geltendes Formgebot sowie das Recht zum Widerruf wegen groben Undanks des Beschenkten[4].

401 Das Schenkungsverbot wurde in byzantinischer Zeit aufgehoben und die Schenkung als eigenständiger, kaufvertragsähnlicher **Verpflichtungsgrund** anerkannt, der ab einem bestimmten Wert jedoch nach wie vor der Formpflicht unterlag.[5] Dieses ursprünglich zu Besteuerungszwecken eingeführte[6] Formgebot wurde in den Naturrechtskodifikationen auf noch nicht vollzogene Schenkungen beschränkt (§§ 1063 ff. I 11 ALR, 938, 943 ABGB) und so in den Dienst des Schenkerschutzes gestellt, dem auch der Widerruf wegen Dürftigkeit und groben Undanks (§§ 1123 ff., 1151 ff. ALR, 947 ff. ABGB) gehorchten. Auf diese Weise spaltete sich die Schenkung in einen formbedürftigen Verpflichtungsvertrag und ein formfreies Handgeschäft, bei dem der Vereinbarung über die unentgeltliche Zuwendung wieder wie im klassischen römischen Recht in erster Linie die Rolle einer Rechtsgrundabrede zukam. Während die Gemeinrechtslehre noch darüber stritt, ob der formgültig verpflichtete Schenker auch zur Übereignung der Schenksache oder wie ein Verkäufer[7] nur zu ihrer Übergabe verpflichtet war, setzte sich schon im preußischen ALR (§§ 1037, 1076 I 11) die Ansicht durch, der Schenker müsse die geschenkte Sache übereignen. Zugleich hielt sich aber als Relikt aus der Zeit, in der die Schenkung gar nicht als Verpflichtungsgrund galt,[8] die Vorstellung,

---

2 Vat. 310 f. Paul.

3 D 23.3.33 Ulp 6 Sab = D 50.17.28 Ulp 36 Sab.

4 Vat. 248 – a. 330.

5 IJ 2.7.2: *Aliae autem donationes sunt quae sine ulla mortis cogitatione fiunt, quas inter vivos appellamus, quae omnino non comparantur legatis: quae si fuerint perfectae, temere revocari non possunt. perficiuntur autem cum donator suam voluntatem scriptis aut sine scriptis manifestaverit: et ad exemplum venditionis nostra constitutio eas etiam in se habere necessitatem traditionis voluit, ut, et si non tradantur, habeant plenissimum et perfectum robur et traditionis necessitas incumbat donatori. et cum retro principum dispositiones insinuari eas actis intervenientibus volebant, si maiores ducentorum fuerant solidorum, nostra constitutio et quantitatem usque ad quingentos solidos ampliavit, quam stare et sine insinuatione statuit ...* („Anders sind die Schenkungen, die ohne Rücksicht auf den Tod gemacht werden und die wir Schenkungen unter Lebenden nennen; sie sind den Vermächtnissen überhaupt nicht gleichgestellt. Sind sie einmal zustande gekommen, können sie nicht beliebig widerrufen werden. Zustande kommen sie aber dadurch, dass der Schenker seinen Willen schriftlich oder auf andere Weise äußert; und unsere Verordnung hat festgelegt, dass sie nach dem Vorbild des Kaufvertrags den Zwang zur Übergabe der Schenksache mit sich bringen, so dass sie auch dann, wenn die Sache nicht übergeben wird, volle Gültigkeit haben und den Schenker die Pflicht zur Übergabe trifft. Und während frühere Kaiserverordnungen festlegen, dass Schenkungen gerichtlich protokolliert werden mussten, wenn sie den Wert von zweihundert Solidi überstiegen, hat unsere Verordnung diesen Grenzwert, bis zu dem Schenkungen auch ohne gerichtliches Protokoll gültig sind, auf fünfhundert Solidi erhöht.")

6 CJ 8.53.25 – a. 323.

7 S. o. Rn. 11.

der Schenker habe lediglich für seinen Vorsatz einzustehen (§§ 1084 I 11 ALR, 945 ABGB).

Dies ist im Wesentlichen auch der Stand, auf dem das BGB geblieben ist: Die Schenkung erscheint hier ebenso wie im schweizerischen OR (Art. 242 f.) gleichfalls in der doppelten Gestalt eines formfreien Hand- und eines formgebundenen Verpflichtungsgeschäfts.[9] Hierfür bedarf es anders als in Österreich und der Schweiz und im Gegensatz zum deutschen Bürgschaftsrecht (§ 766 BGB) nicht lediglich einer schriftlichen Erklärung, sondern sogar einer notariellen Beurkundung (§§ 516, 518 BGB). Ist diese Form eingehalten, trifft den Schenker ebenso wie einen Käufer eine Rechtsverschaffungspflicht. Seine Haftung ist aber im Fall eines Rechts- und auch eines Sachmangels der geschenkten Sache an seine Arglist geknüpft und auf den Vertrauensschaden des Beschenkten (§§ 523 Abs. 1, 524 Abs. 1 BGB), im Übrigen nach dem Vorbild des schweizerischen OR (Art. 248) auf Vorsatz und grobe Fahrlässigkeit (§§ 521, 523 Abs. 2, 524 Abs. 2 BGB) beschränkt.[10] Zu dieser **unzeitgemäßen Einschränkung** der **Schenkerpflicht**, die mit ihrer Anerkennung als regelrechte Verpflichtung kaum zu vereinbaren sind, kommen die alten Schutzmechanismen für den Fall des groben Undanks und der Verarmung des Schenkers (§§ 519, 528 ff. BGB). Im Gegensatz zur Haftungsbegrenzung sind sie durchaus mit dem Verpflichtungscharakter der Schenkung in Einklang zu bringen und entspringen der immer noch allgemein geteilten Überzeugung, dass sich niemand durch eine Schenkung seines Lebensunterhalts begeben oder sein Vermögen zugunsten einer Person schmälern will, die sich in besonderer Weise als undankbar erweist.[11] 402

b) Die Schenkerpflicht und ihre Grenzen

aa) Gegenstand und Vollzug der Schenkung

Hängt die Wirksamkeit einer Schenkung von der Bewirkung der Leistung durch den Schenker oder der Einhaltung des Formgebots ab, sind der Auswahl des Geschäftsgegenstands automatisch Grenzen gesetzt: Die für das Handgeschäft nach § 516 Abs. 1 BGB erforderliche Zuwendung kann anders als bei der Schenkung des klassischen römischen Rechts nicht in der Einräumung einer Forderung bestehen, weil sonst das für Schenkungsversprechen geltende Gebot der notariellen Form nach § 518 Abs. 1 BGB unterlaufen würde.[12] Von einer Zuwendung lässt sich nur 403

8 CJ 8.44.2 – a 205.

9 So auch im Entwurf eines Gemeinsamen Referenzrahmens; vgl. Art. IV.H. – 2:101 f. DCFR.

10 Demgegenüber schreibt der Entwurf eines Gemeinsamen Referenzrahmens lediglich eine Rücksicht auf die unentgeltliche Natur des Vertrags bei der Beurteilung der Haftung wegen eines Leistungshindernisses, freilich aber auch eine Begrenzung der Schadensersatzpflicht des Schenkers auf das Vertrauensinteresse des Beschenkten vor; vgl. Art. IV.H. – 3:204 f. DCFR.

11 Dementsprechend haben sie auch Eingang in den Entwurf eines Gemeinsamen Referenzrahmens gefunden, wo sie allerdings um einen Widerruf wegen Wegfalls der Geschäftsgrundlage ergänzt sind; vgl. Art. IV.H. – 4:201 ff. DCFR.

dann sprechen, wenn bei einem vorangehenden Schenkungsversprechen eine Bewirkung der versprochenen Leistung vorläge, die nach § 518 Abs. 2 BGB zur Heilung eines formungültigen Schenkungsversprechens führt. Noch weiter verengt sich der Kreis der möglichen Schenkungsgegenstände, wenn man in Rechnung stellt, dass das BGB für die unentgeltliche Gebrauchsüberlassung oder Aufbewahrung und den zinslosen Kredit mit Leihe, Verwahrung und Darlehen je einen eigenen Vertragstyp bereithält[13] und hierfür keine Formpflicht statuiert.[14] Fallen diese Überlassungsleistungen aus dem Begriff der Schenkung heraus, kann nichts anderes für die unentgeltliche Dienstleistung gelten,[15] zumal sich eine hierüber getroffene Vereinbarung ohne Weiteres unter den Begriff des ebenfalls formfreien Auftrags subsumieren lässt, der auch eine unentgeltliche Werkleistung abdeckt. Damit kommt, wie schon die genetische Nähe zum Kaufvertrag nahelegt, als Zuwendung und Leistung im Sinne von §§ 516, 518 BGB nur in Betracht, was **auch** im **Rahmen** eines **Kaufvertrags** geschuldet sein kann:[16] die endgültige Überlassung einer Sache, auch eines Geldbetrags,[17] eines Rechts oder eines anderen Gegenstands.[18] Da das Gesetz außer der Schenkung kein unentgeltliches Pendant zum Kaufvertrag vorsieht, fallen diese Leistungen aber sämtlich in den Anwendungsbereich des Schenkungsrechts und unterliegen entgegen der Ansicht der Rechtsprechung[19] nicht noch der zusätzlichen Voraussetzung, dass der Schenker seine Vermögenssubstanz vermindert. Eine Grenze für die Annahme der Schenkung ist erst durch § 517 BGB gezogen, der, um den Geltungsbereich des Schenkungsrechts nicht ausufern zu lassen, hiervon den Verzicht auf den Erwerb eines noch zu erlangenden Rechts sowie die Ausschlagung von Erbschaft oder Vermächtnis ausnimmt.[20] Ist danach sogar die unentgeltliche Information, sofern sie ausnahmsweise in rechtserheblicher Weise erteilt wird, möglicher Gegenstand einer Schenkung, kommt es zum Rechtsstreit in aller Regel doch nur bei schenkweisen Verfügungen, wie sie in Gestalt der Sachübereignung, der Abtretung eines Anspruchs oder Gesellschaftsanteils oder durch den Erlass einer Forderung vorgenommen werden. Von einer Zu-

[12] Dasselbe nimmt *Wacke*, *Donner et retenir ne vaut.* Kein Schenkungsvollzug ohne Aushändigung, AcP 201 (2001) 256, 266 ff. für den Fall einer Übereignung durch Besitzkonstitut an, weil so die Schenkung formfrei durch bloßen Konsens erfolge.

[13] Insoweit richtig MünchKomm/*Koch* § 516 BGB Rn. 6

[14] Vgl. für die Leihe BGH, NJW 1982, 820 f., der sich zu Recht auch auf § 517 BGB beruft, um das im Gemeinen Recht gängige Argument abzuwehren, bei der Gebrauchsüberlassung verzichte der Schenker auf eine geldwerte Nutzungsmöglichkeit.

[15] So im Ergebnis richtig BGH, NJW 1987, 2816, 2817.

[16] Anders *Fischer*, Die Unentgeltlichkeit im Zivilrecht, Köln u. a. 2002, S. 34 ff., der annimmt, nur gesicherte Rechtspositionen seien einer Schenkung zugänglich.

[17] Dabei sind Verzugszinsen gemäß § 522 BGB im Zweifel nicht geschuldet. Für das Versprechen zu einer Unterstützung durch wiederkehrende Leistungen stellt § 520 BGB die Auslegungsregel auf, dass es mangels abweichender Vereinbarung im Einzelfall mit dem Tode des Schenkers erlöschen und nicht auf den Erben übergehen soll.

[18] S. o. Rn. 23 f.

[19] Vgl. BGH, NJW 1987, 2816, 2817.

[20] Entgegen MünchKomm/*Koch* § 516 BGB Rn. 6, Palandt/*Weidenkaff* § 517 Rn. 1 ist damit nur gesagt, dass der Schenkungsgegenstand zum Vermögen des Schenkers gehören muss, und nicht auch, dass er seiner fortan entbehren muss.

wendung oder **Bewirkung** der Leistung, die das Handgeschäft gültig macht und ein nichtiges Schenkungsversprechen **heilt**, kann man dabei anders als im Recht der Erfüllung immer schon dann sprechen, wenn der Schenker die Leistungshandlungen abgeschlossen hat.[21] Denn schon von ihnen und nicht erst vom Empfang der Leistung durch den Beschenkten geht die Warnungswirkung aus, die eine Beachtung der Formpflicht entbehrlich macht.[22]

Mit Hilfe der Figur des Forderungsverzichts lassen sich theoretisch wieder alle Arten von Leistungen unter den Begriff der Schenkung fassen, weil sie sich stets als Gegenstand eines Austauschvertrags ansehen lassen, bei dem der Anspruch auf die Gegenleistung durch einen antezipierten Erlass ausgeschlossen ist. Hiergegen lässt sich noch nicht einwenden, es liege eine bloße Abstinenz von einem Vermögenserwerb vor, die nach § 517 BGB nicht zur Schenkung taugt.[23] Denn Forderungserwerb und Erlass vollziehen sich, streng genommen, im selben Moment, so dass nicht bloß ein Vermögenserwerb unterlassen wird. Mit der durchgängigen Annahme eines vorweggenommenen Erlasses würde aber einerseits das Schenkungsregime auf die hiervon ausgenommenen Überlassungsverträge übertragen, andererseits das Formgebot für Schenkungsversprechen ausgehebelt, weil der vorweggenommene Erlass stets eine nach § 516 Abs. 1 BGB formlos gültige Handschenkung wäre. Dementsprechend ist von einer Schenkung durch Erlass nur im Normalfall des Verzichts auf eine schon entstandene Forderung und ansonsten nur dann auszugehen, wenn eine Leistung nicht vollständig, sondern nur teilweise ohne Entgelt erfolgen soll. Im Fall einer solchen **gemischten Schenkung**[24] ist mangels besonderer Abrede allerdings stets ein antezpierter Teilerlass des Anspruchs auf die Gegenleistung anzunehmen, weil er gewöhnlich der Intention der Parteien entspricht und zu einer sachgerechten Anwendung des Schenkungsrechts führt:[25] Wollen die Parteien eine Seite durch eine Leistung der anderen teilweise unentgeltlich begünstigen, gehen sie, wenn auch häufig nur in Form einer groben Vorstellung und ohne ins Detail zu verfallen, von einem bestimmten Preis der Leistung aus, den sie dann zugunsten des Beschenkten reduzieren. Dem Schenkungsrecht, insbesondere dem Widerruf wegen Verarmung oder Undanks, kann daher auch nur diese Herabsetzung unterliegen. Sie ist freilich von vornherein bewirkt, also formlos gültige Handschenkung, und bietet, da es um den Erlass einer für den Schenker erst zu schaffenden Forderung geht, auch keinen Anknüpfungspunkt für die ohnehin verfehlten Haftungsbeschränkungen der **404**

---

21 BGH, NJW 1970, 941, 942. Anders unter Berufung auf die Regelungsabsicht des Gesetzgebers von 1900 MünchKomm/*Koch* § 518 BGB Rn. 11 ff. sowie Erman/*Herrmann* § 518 Rn. 5.

22 An der Heilung lässt sich ablesen, dass die hierdurch keineswegs erledigte Beweisfunktion der Form kaum Bedeutung hat. Ebenso im Ergebnis MünchKomm/*Koch* § 518 BGB Rn. 1.

23 Dies wird von BGH, NJW 1987, 2816, 2817 auch gar nicht erst erwogen.

24 Hierzu *Harke*, Allgemeines Schuldrecht, Rn. 53.

25 Anders etwa MünchKomm/*Koch* § 516 BGB Rn. 38 ff., der sich einer generellen Entscheidung über die Behandlung der gemischten Schenkung enthalten und den Zweck der jeweils in Rede stehenden Vorschrift entscheiden lassen will. Dagegen wollen *Looschelders*, Schuldrecht BT, Rn. 332 f. und Staudinger/*Wimmer-Leonhardt* (2005) § 516 Rn. 209 f. danach entscheiden, ob der Gegenstand des Vertrags teilbar oder unteilbar ist und in jenem Fall das Schenkungsrecht stets teilweise, in dem anderen nach Abwägung im Einzelfall zur Anwendung bringen.

§§ 521, 523 f. BGB.[26] Die Grenze zwischen der gemischten Schenkung und einem unausgewogenen Austausch verläuft dort, wo das Sittenwidrigkeitsverbot und die Regeln über den Ausfall der Geschäftsgrundlage einsetzen:[27] Stehen die Leistungen der Parteien in einfachem Missverhältnis, braucht die begünstigte Seite so lange nicht den Nachweis einer Schenkungsabrede führen, als nicht die Relation von 1:2 überschritten ist. Erst wenn ein solches auffälliges Missverhältnis vorliegt, ist sie gezwungen, den Verdacht eines Ausfalls der Geschäftsgrundlage zu widerlegen,[28] indem sie dartut, dass sich beide Vertragspartner auf eine unentgeltliche Zuwendung zu ihren Gunsten verständigt haben.[29] Vermutet kann dies nur dann werden, wenn das Missverhältnis der Leistungen beiden Parteien nicht verborgen geblieben sein kann.[30] Begegnet die Unterstellung einer Schenkungsabsicht auf Seiten des Schenkers auch hohen Hürden,[31] kann die Annahme der Schenkung nach § 151 BGB ohne Erklärung des Beschenkten erfolgen.[32]

bb) Haftungsbeschränkung

405 Die von § 521 BGB angeordnete Beschränkung der Haftung des Schenkers auf Vorsatz und grobe Fahrlässigkeit ist eine Fortentwicklung der Arglisthaftung (§ 826 BGB), die mangels Verpflichtungscharakters der ursprünglichen Schenkung als einziger Anknüpfungspunkt übrig blieb, um ein Fehlverhalten des Schenkers gegenüber dem Beschenkten zu sanktionieren. In reiner Form ist diese Haftung in §§ 523 Abs. 1 und 524 Abs. 1 BGB erhalten geblieben, die die Schadensersatzpflicht des Schenkers wegen eines Rechts- oder Sachmangels auf den Fall beschränken, dass der Schenker den Mangel arglistig verschwiegen hat. Darüber hinaus sehen beide Vorschriften vor, dass der Schenker nur den „daraus entstehenden Schaden" zu ersetzen hat, also bloß das Vertrauensinteresse leisten muss, dass der Beschenkte daran hat, gar nicht auf die Mangelfreiheit des geschenkten Gegenstands vertraut zu haben. Eine weitergehende Haftung trifft den Schenker im Fall eines Rechtsmangels nur,

---

[26] Die kaufrechtliche Haftung hat als Bezugspunkt freilich zwangsläufig nur den reduzierten und nicht etwa den ohne Schenkungsabrede hypothetisch vereinbarten Kaufpreis, so dass auch die Sachmängelrechte des Erwerbers erst einsetzen, wenn der Fehler der Kaufsache deren Eignung über den schenkungsrechtlichen Anteil hinaus beeinträchtigt; vgl. *Schlinker*, Sachmängelhaftung bei gemischter Schenkung, AcP 206 (2006) 28, 45 ff.

[27] Vgl. *Harke*, Allgemeines Schuldrecht, Rn. 99 ff.

[28] Wenn *Fischer* (Fn. 16), S. 62 ff. jeden Austausch nach den Regeln des Preismechanismus für entgeltlich hält, hat er damit zwar recht, lässt aber offen, wie er sich im praktischen Streitfall von einer gemischten Schenkung unterscheiden lässt.

[29] Vgl. BGH, NJW 2002, 3165, 3166.

[30] BGH, NJW 2002, 2469, 2470 (entstellend verkürzt zitiert in BGH, NJW-RR 2005, 1718, 1719).

[31] Für eine regelrechte Vermutung gegen die Unentgeltlichkeit, die im BGB nicht allgemein, sondern nur etwa durch §§ 612, 632 BGB punktuell kodifiziert ist, tritt *Wacke*, *Donatio non praesumitur*, AcP 191 (1991) 1 ff. ein

[32] § 516 Abs. 2 BGB kehrt für sie zudem die Regel um, dass Schweigen im Zweifel nicht als Zustimmung aufgefasst werden darf, und schreibt vor, dass eine Schenkung als angenommen gilt, wenn der Beschenkte nicht binnen einer vom Schenker gesetzten Frist erklärt, dass er sie ablehnt.

wenn er den Gegenstand erst noch erwerben sollte und ihm der Mangel bei dem Erwerb des geleisteten Gegenstands bekannt gewesen oder infolge von grober Fahrlässigkeit unbekannt geblieben ist. Unter diesen Umständen ist er nach § 523 Abs. 2 BGB auch zum Schadensersatz wegen Nichterfüllung verpflichtet. Bei der Schenkung einer sachmangelhaften Sache kommt gemäß § 524 Abs. 2 BGB noch die Voraussetzung hinzu, dass die zu erwerbende Sache lediglich der Gattung nach bestimmt gewesen sein muss; und die Schadensersatzpflicht setzt hier erst bei Arglist des Schenkers ein, während seine grobfahrlässige Unkenntnis bloß dazu führt, dass er statt des fehlerhaften Gegenstands einen fehlerfreien liefern muss. Diese Regeln für die Rechts- und Sachmängelhaftung sind nicht nur deshalb unpassend, weil sie im Widerspruch zum allgemeinen Leistungsstörungs- und dem kauf- und werkvertraglichen Mängelrecht stehen, in dem der Anspruch auf Naturalerfüllung bis zur Grenze des Leistungshindernisses eröffnet und die Schadensersatzpflicht an die Verursachung dieses Leistungshindernisses oder die mangelnde Information hierüber geknüpft sind. Ebenso wie die allgemeine Haftungsbeschränkung des § 521 BGB **widersprechen** die Einschränkungen der §§ 523 f. BGB der Anerkennung einer **Leistungspflicht** des Schenkers als einer regelrechten Verpflichtung zur Lieferung des versprochenen Gegenstands. Der den Haftungsbeschränkungen zugrunde liegende Gedanke, der Schenker wolle sich nicht zu mehr verpflichten, als er selbst habe,[33] mag im Einzelfall das Ergebnis der Auslegung des Schenkungsversprechens sein. Als allgemeiner Satz widerstreitet er dem Charakter des modernen Schenkungsvertrags.

Dementsprechend dürfen die Haftungsbeschränkungen auch nicht auf die Verletzung der Rücksichtspflicht gemäß § 241 Abs. 2 BGB übertragen werden, sofern es nicht um Schutz des Beschenkten vor Schäden geht, die unmittelbar mit seinem Leistungsinteresse zusammenhängen.[34] Denn die **Rücksichtspflicht** knüpft gemäß § 311 Abs. 2 BGB an den bloßen Kontakt zwischen den Parteien an, dessen Bedeutung nicht danach variiert, ob die Parteien einen Austausch- oder einen freigiebigen Vertrag abschließen wollen. Der Schenker ist daher, obwohl er mangels Arglist oder grober Fahrlässigkeit nicht für einen Mangel der Schenksache einzustehen hat, dennoch schadensersatzpflichtig, wenn er den Beschenkten nicht vor den Gefahren warnt, die von dem geschenkten Gegenstand für seine anderen Rechtsgüter oder Interessen ausgehen.[35] Allerdings ist stets das Mitverschulden des Beschenkten zu berücksichtigen, an dessen Selbstschutz höhere Anforderungen als an den Partner eines Austauschvertrags zu richten sind.[36] **406**

[33] Vgl. die Protokolle der zweiten BGB-Kommission, Mugdan, Bd. 2, S. 750.

[34] BGH, NJW 1985, 794, 795. Anders etwa *Looschelders*, Schuldrecht BT, Rn. 316, *Fikentscher/Heinemann*, Schuldrecht, Rn. 977, Staudinger/*Wimmer-Leonhardt* (2005) § 521 Rn. 11, die jede Einschränkung von § 521 BGB ablehnen und diese Vorschrift auch im Deliktsrecht anwenden wollen.

[35] Richtig *Schlechtriem*, Vertragsordnung und außervertragliche Haftung, Frankfurt a. M. 1972, S. 332 ff.; anders in unrichtiger Anwendung des selbst verfolgten Prinzips BGH, NJW 1985, 794, 795 f.

[36] Richtig *Grundmann*, Zur Dogmatik der unentgeltlichen Rechtsgeschäfte, AcP 198 (1998) 457, 470.

cc) Widerruf wegen Verarmung oder Undanks

407 Die Befugnis des Schenkers, die Schenkung wegen seiner **Verarmung** rückgängig zu machen, hat im BGB eine andere äußere Gestalt als das Recht zum Widerruf wegen groben Undanks gefunden. Während dieses ein Gestaltungsrecht ist, das für bereits vollzogene und noch zu erfüllende Schenkungen gleichermaßen gilt, erscheint der Widerruf der Schenkung wegen Verarmung in doppelter Ausprägung, einerseits in § 519 BGB als Einrede gegen die Verpflichtung aus einem Schenkungsversprechen, andererseits in § 528 BGB als Recht zur Rückforderung gemäß den Vorschriften über die Herausgabe einer ungerechtfertigten Bereicherung nach Vollzug der Schenkung. Voraussetzung ist hier wie dort, dass der Schenker nach dem Versprechen oder dem Vollzug der Schenkung nicht in der Lage ist, seinen angemessenen Unterhalt zu bestreiten und seine gesetzlichen Unterhaltspflichten zu erfüllen. Der angemessene Unterhalt ist nicht auf den Notbedarf des Schenkers beschränkt, muss ihn aber auch nicht in die Lage vor der Schenkung versetzen, sondern entspricht dem, was objektiv seiner Lebensstellung entspricht.[37] Die Bedürftigkeit des Schenkers wird durch seine Unterhaltsberechtigung gegenüber Dritten nicht ausgeschlossen[38] und muss nicht auf der Schenkung beruhen, so dass diese auch dann rückgängig gemacht werden kann, wenn sie bei schon vorhandener Bedürftigkeit erfolgt ist.[39] Unter diesen Umständen kann der Beschenkte der Rückforderung auch nicht die Einrede entgegensetzen, die ihm § 529 Abs. 1 BGB für den Fall zugesteht, dass der Schenker seine Bedürftigkeit vorsätzlich oder grob fahrlässig herbeigeführt hat. Mit ihr wird ebenso wie mit der in derselben Vorschrift vorgesehenen Ausschlussfrist von 10 Jahren das Vertrauen des Beschenkten in den Bestand der Schenkung geschützt, das jedoch gerade keinen Schutz verdient, wenn der Beschenkte den Eintritt der Voraussetzungen des Rückforderungsrechts absehen konnte.[40] Die Einrede des Schenkers und sein Rückforderungsrecht bestehen nur, soweit seine Bedürftigkeit reicht.[41] Und die Rückforderung ist nach § 529 Abs. 2 BGB ausgeschlossen, soweit durch sie der angemessene Unterhalt des Beschenkten und die Erfüllung seiner gesetzlichen Unterhaltspflichten gefährdet wären. Diese Einschränkung lässt sich ebenfalls als Mittel zum Vertrauensschutz des Beschenkten deuten, der dem Interesse des Schenkers entgegenläuft.[42] Da sie einer Bedürftigkeit des Beschenkten wehren will, entspricht sie aber durchaus auch dem öffentlichen Zweck, den der Schenkungswiderruf im modernen Sozialstaat gewonnen

---

[37] BGH, NJW 2003, 1384, 1387.

[38] BGH, NJW 1991, 1824.

[39] BGH, NJW 2005, 670, 671; 2007, 60, 61.

[40] BGH, NJW 2003, 1384, 1386.

[41] Ist die Schenkung vollzogen, kann der Beschenkte die Rückforderung nach § 528 Abs. 1 S. 2 BGB durch eigene Unterhaltsleistung abwenden. Ist er nach § 818 Abs. 2 BGB zum Wertersatz verpflichtet, kann er diese Pflicht durch die Rückgabe des Schenkungsgegenstands abwenden; vgl. BGH, NJW 2010, 2655, 2656.

[42] Dementsprechend kommt auch sie in Analogie zu § 529 Abs. 1 BGB wiederum nicht zum Zuge, wenn der Beschenkte seine Bedürftigkeit vorsätzlich oder grob fahrlässig herbeigeführt hat; vgl. BGH, NJW 2001, 1207, 1208; 2003, 2449, 2451 (unter unnötigem Rückgriff auf den Einwand der unzulässigen Rechtsausübung).

hat,[43] nämlich zu vermeiden, dass Schenkungen mittelbar auf Kosten der Allgemeinheit gehen[44]: Ist diese durch die drohende Bedürftigkeit des Beschenkten in gleicher Weise wie durch die Armut des Schenkers betroffen, ist der Schenkungswiderruf sinnlos. Seiner modernen Funktion entsprechend wird der Rückforderungsanspruch heute in aller Regel auch nach seiner Überleitung gemäß §§ 33 SGB II, 93 SGB XII von den Trägern der Sozialhilfe oder des Arbeitslosengelds geltend gemacht, die an den verarmten Schenker Leistungen erbracht haben.

Das Recht zum Widerruf der Schenkung wegen **groben Undanks** kann nach **408**
seiner Ausübung, die gemäß § 531 Abs. 1 BGB durch Erklärung gegenüber dem Beschenkten erfolgt, sowohl der Forderung aus einem noch nicht vollzogenen Schenkungsversprechen entgegengehalten als auch nach § 531 Abs. 2 BGB Grundlage eines Bereicherungsanspruchs sein. Die von § 530 Abs. 1 BGB zur Voraussetzung gemachte schwere Verfehlung gegen den Schenker oder dessen nahe Angehörigen darf nicht nur in einem objektiven Fehlverhalten bestehen, sondern muss auch von einer tadelnswerten Gesinnung des Beschenkten getragen sein.[45] Ein unmittelbarer Angriff auf Person oder Persönlichkeit des Schenkers oder seines Angehörigen ist dabei nicht erforderlich; es genügt schon die Frustration eines vom Schenker am Gegenstand der Schenkung vorbehaltenen Nutzungsrechts[46]. Ausgeschlossen ist der Widerruf nach § 534 BGB, wenn die Schenkung einer sittlichen Pflicht oder dem Anstand entsprach, insbesondere eine Belohnung darstellte, deren Ausbleiben als anstößig empfunden würde.[47] Ferner kann der Schenker gemäß § 533 BGB wirksam auf das Widerrufsrecht verzichten, sobald ihm der Undank des Beschenkten bekannt geworden ist; und er kann sein Widerrufsrecht nach § 532 S. 1 BGB verwirken, indem er dem Beschenkten verzeiht oder ein Jahr verstreichen lässt, seitdem er von Voraussetzungen des Widerrufs Kenntnis erlangt hat. Da der grobe Undank von der Person des Beschenkten ausgeht und den Schenker persönlich trifft, kann der Widerruf gemäß § 532 S. 2 BGB nicht mehr nach dem Tod des Beschenkten erfolgen und vom Erben des Schenkers nach § 530 Abs. 2 BGB nur noch erklärt werden, wenn der Beschenkte den Schenker vorsätzlich getötet oder absichtlich am Widerruf gehindert hat.

c) Schenkung unter Auflage

In den Bestimmungen des BGB über die Schenkung unter Auflage hat sich das alte **409**
Regelungsschema erhalten, dem in Rom die nicht zu den anerkannten Vertragsarten passenden Austauschvereinbarungen und später sogenannten Innominatrealkontrakte folgten: Wer das Geschäft durchführen wollte, musste vorleisten und konnte den Leistungsempfänger dann bei Ausbleiben der Gegenleistung in Anspruch nehmen, zunächst nur auf Rückgewähr der Vorleistung, im entwickelten klassischen Recht auch alternativ hierzu auf Erbringung der Gegenleistung.[48] Seit-

---

[43] Richtig BGH, NJW 2001, 1207, 1208.
[44] BGH, NJW 1998, 537, 538; 2001, 2084, 2085.
[45] BGH, NJW 2000, 3201; 2002, 2461, 2463.
[46] BGH, NJW 1999, 1626, 1627; 2000, 3201 f.
[47] BGH, NJW 2000, 3488.
[48] Vgl. *Harke*, Allgemeines Schuldrecht, Rn. 82.

dem im Vertragsrecht regelrechte Gestaltungsfreiheit herrscht und es jenseits von Geschäftsverboten keine Verträge mehr gibt, denen die Rechtsordnung die Anerkennung verweigert, ist für das Regelungsmodell der Innominatrealkontrakte, abgesehen vom Ziel des Verbraucherschutzes, allenfalls noch in den Konstellationen Platz, in denen den Parteien an einer minderen Pflichtenintensität gelegen ist. Ein Fall ist die Schenkung unter Auflage, bei der es dem Schenker darum geht, den Beschenkten zu einer Leistung, typischerweise an einen Dritten, zu bewegen, ohne dass er hierzu unbedingt verpflichtet sein soll. Der Anspruch auf die Leistung, der gemäß § 525 Abs. 2 BGB bei einem öffentlichen Interesse auch von der zuständigen Behörde geltend gemacht werden kann, entsteht nach Abs. 1 der Vorschrift erst mit dem Vollzug der Schenkung; und falls diese wegen eines Mangels des geschenkten Gegenstands oder seines geringen Wertes[49] unter den Kosten der Auflage liegt, kann der Beschenkte sie nach § 526 BGB davon abhängig machen, dass der Schenker einen Zuschuss in Höhe der Differenz leistet, und diesen auch aktiv verlangen, wenn er die Leistung in Unkenntnis der Deckungslücke erbracht hat. Der Beschenkte darf also nicht nur die Vorleistung des Schenkers abwarten; anders als der Partei eines Austauschvertrags ist ihm auch das Risiko abgenommen, den Aufwand für die von ihm verlangte Leistung in der Weise fehlkalkuliert zu haben, dass ihm infolge der Durchführung des Vertrags ein Verlust entsteht, der mit dem Charakter der Schenkung nicht zu vereinbaren wäre.[50] Zudem muss der Beschenkte, wenn er die von ihm erwartete Leistung nicht erbringt und hierzu auch nicht zwangsweise angehalten wird, nicht etwa den gesamten Gegenstand der Schenkung, sondern nur den auf die eigene Leistung entfallenden Teil herausgeben: Vollzieht er die Auflage trotz Leistung des Schenkungsgegenstands nicht, kann der Schenker, sofern nicht ein Dritter einen Anspruch auf Vollzug der Auflage hat, nach § 527 BGB unter den Voraussetzungen, die für ein Rücktrittsrecht im gegenseitigen Vertrag gelten (§§ 323, 326 BGB), insoweit die Rückgewähr des Geschenks verlangen, als es die ausgebliebene Gegenleistung abgedeckt hätte. Einen solchen Anspruch kann man in Analogie zu § 527 BGB dem Schenker auch im umgekehrten Fall einer Schenkung zur Belohnung einer schon getätigten Leistung des Beschenkten zugestehen, wenn dieser sie in Wahrheit gar nicht erbracht hat. Hält man sich an den Rechtsgedanken der §§ 526 f. BGB, scheidet die Annahme einer Schenkung unter Auflage allerdings aus, wenn für die Parteien von vornherein absehbar ist, dass der Aufwand für die vom Leistungsempfänger erwartete Leistung den Wert der Leistung erreicht; der Leistungsempfänger wird dann vielmehr im Rahmen eines Auftrags unentgeltlich für den vermeintlichen Schenker tätig[51].

[49] Dieser Fall ist durch eine Analogie zu der in ihrem Wortlaut zu eng geratenen Vorschrift zu bewältigen; vgl. MünchKomm/*Koch* § 526 BGB Rn. 5, Staudinger/*Wimmer-Leonhardt* (2005) § 526 Rn. 3. Zurückhaltender ist Erman/*Herrmann* § 526 Rn. 4.

[50] Der BGH, NJW 1982, 818, 819 sagt dasselbe in dem nicht eben deutlichen Satz, die Leistung des Beschenkten erfolge „auf der Grundlage und aus dem Wert der Zuwendung".

[51] BGH, NJW 2004, 1382, 1383.

2. Auslobung und Gewinnzusage

Der Schenkung unter Auflage nicht unähnlich ist die **Auslobung**, mit der eine Belohnung für eine Handlung versprochen wird. Von der Schenkung unterscheidet sie sich dadurch, dass die Zuwendung nicht durch Vertrag, sondern durch öffentliche Bekanntmachung zugesagt wird. Zwar fehlte es im 19. Jahrhundert nicht an Versuchen, die Auslobung mit den Regeln über den Vertragsschluss in Einklang zu bringen.[52] Der Gesetzgeber des BGB hat ihnen in § 657 BGB jedoch eine Absage erteilt[53] und die praktisch wichtige Konsequenz gezogen, dass der Anspruch auf die ausgesetzte Belohnung nicht nur denen zusteht, die ihrethalben und damit gewissermaßen in stillschweigender Annahme des Angebots des Auslobenden tätig geworden sind, sondern auch dann verdient ist, wenn jemand die zu belohnende Handlung ohne Rücksicht auf die Auslobung vorgenommen hat. Ebenso einseitig, wie der Auslobende seine Verpflichtung begründet, kann er sie auch wieder beseitigen, indem er sie nach § 658 Abs. 1 BGB durch öffentliche Bekanntmachung oder besondere Mitteilung widerruft. Dies muss jedoch bis zur Vornahme der zu belohnenden Handlung geschehen, mit der ihr Urheber einen unbedingten Anspruch auf die Belohnung erwirbt. Konkurriert er mit anderen, die die Handlung neben ihm vorgenommen haben, kommt es nach § 659 Abs. 1 BGB auf die zeitliche Reihenfolge an. Bei gleichzeitiger oder gemeinsamer Vornahme wird die Belohnung, falls ihr Gegenstand dies zulässt, nach §§ 659 Abs. 2, 660 BGB geteilt. Bei einem Preisausschreiben kommt es nicht auf die zeitliche Reihenfolge, sondern auf die Einhaltung einer Frist an, ohne die die Auslobung nach § 661 Abs. 1 BGB unwirksam ist. Die Entscheidung über den Vorzug zwischen mehreren gültigen Bewerbungen trifft nach Abs. 2 der Vorschrift ein in der Auslobung benannter Preisrichter, ansonsten der Auslobende selbst. Eine gerichtliche Kontrolle ihrer Entscheidung ist nicht vorgesehen und auch nicht in Analogie zu §§ 317 ff. BGB vorzunehmen. Erweckt der Auslobende den falschen Eindruck einer Auswahl des Preisträgers nach sachlichen Kriterien, macht er sich freilich einer Verletzung der nach § 311 Abs. 2 BGB begründeten Pflicht zur Rücksichtnahme gemäß § 241 Abs. 2 BGB schuldig und ist hierfür den ohne sachlichen Grund ausgeschlossenen Bewerbern nach § 280 Abs. 1 BGB haftbar. 410

In den Abschnitt über die Auslobung hat der Gesetzgeber durchaus nicht zu Unrecht auch die Regelung des § 661a BGB über die Verpflichtung aus einer **Gewinnzusage** eingeordnet. Sie setzt ein, wenn ein Unternehmer durch die Gestaltung einer Zusendung an einen Verbraucher den Eindruck erweckt, dieser habe einen Preis gewonnen, und richtet sich auf die Leistung dieses Preises. Ebenso wie die Bestim- 411

---

[52] Ihnen hängt auch heute noch Staudinger/*Bergmann* (2005) § 657 Rn. 13 f. an, dessen Forderung nach einem Willensmoment auf Seiten des Handelnden nicht nur künstlich, sondern auch mit dem geltenden Gesetz nicht zu vereinbaren ist; vgl. auch MünchKomm/*Seiler* § 657 BGB Rn. 3.

[53] Deutlicher und zugleich allgemeiner als das BGB fallen die Grundregeln des europäischen Vertragsrechts (Art. 2:107) und der Entwurf eines Gemeinsamen Referenzrahmens (Art. II – 1:103 Abs. 2) aus, die generell ein Versprechen, das ohne Annahme verpflichten soll, für verbindlich erklären.

mung über unbestellte Leistungen (§ 241a BGB)[54] steht auch diese Regelung im Dienste des Lauterkeitsrechts und soll ein als wettbewerbswidrig empfundenes Verhalten mit Hilfe einer Sanktion des allgemeinen Zivilrechts unterbinden.[55] Anders als die Rechtsverwirkung infolge einer unbestellten Leistung stellt die Verpflichtung zur Leistung des zugesagten Preises jedoch keine Privatstrafe dar,[56] weil dem Unternehmer, der sich der anstößigen Geschäftspraxis bedient, nur auferlegt wird, was er ohnehin verspricht,[57] und hierfür lediglich Hindernisse wie das schenkungsrechtliche Formgebot aus § 518 Abs. 1 BGB sowie der Spieleinwand gemäß § 762 BGB außer Kraft gesetzt werden[58].[59] Dass die Zusage des Unternehmers nicht ernst gemeint und die Leistung des Preises gar nicht gewollt ist, stellt entgegen der Ansicht der Rechtsprechung[60] keineswegs in Frage, dass die Gewinnzusage gerade kraft ihres äußeren Erscheinungsbildes eine regelrechte Willenserklärung und weder Realakt[61] noch geschäftsähnliche Handlung[62] ist.[63] Und auch das ihr entspringende Schuldverhältnis ist so wenig gesetzlich[64] wie die Verpflichtung, die sich aus einer Auslobung ergibt:[65] Zwar entsteht die Verpflichtung des Unternehmers ohne Vertrag, weil es keiner Annahme der Gewinnzusage durch den Verbraucher bedarf. Nach dem Vorbild der Auslobung lässt sie sich jedoch ohne Weiteres auf das einseitige Rechtsgeschäft des Unternehmers zurückführen, in dessen Sanktion durch § 661a BGB nur eine weitere der in § 311 Abs. 1 BGB ausdrücklich vorbehaltenen Ausnahmen vom Vertragsprinzip liegt. Ihr Grund besteht bei der Gewinnzusage darin, die Rücksicht auf den Empfängerhorizont und insbesondere auszuschließen, dass der Empfänger der Zusendung den Anspruch auf den zugesagten Preis gemäß § 116 S. 2 BGB deshalb verliert, weil er den Mangel der rechtsgeschäftlichen Absicht auf Seiten des Unternehmers erkennt.[66] Die erstrebte Wirkung auf das Wettbewerbsverhalten kann die Verpflichtung des Unternehmers zur Leistung des Preises nämlich nur haben, wenn sie allein an den objektiven Bedeutungsgehalt seiner Zusage anknüpft.[67]

---

54 Hierzu *Harke*, Allgemeines Schuldrecht, Rn. 345.

55 BGH, NJW 2003, 3620; 2006, 230, 232.

56 So aber *Schäfer*, Lässt sich die Gewinnzusage nach § 661a BGB in das System des Bürgerlichen Rechts einordnen?, JZ 2005, 981, 986.

57 BGH, NJW 2003, 3620 f.

58 Richtig Staudinger/*Bergmann* (2006) § 661a Rn. 3.

59 Für eine Einordnung als Quasidelikt dagegen Erman/*Ehmann* § 661a Rn. 1.

60 Vgl. BGH, NJW 2006, 230, 232; vorsichtiger noch BGH, NJW 2003, 426, 427.

61 So Erman/*Ehmann* § 661a Rn. 3.

62 So BGH, NJW 2006, 230, 232.

63 Richtig *Leipold*, Der Anspruch aus Gewinnzusage in dogmatischer Betrachtung, in: Heinrich (Hg.), Festschrift für Musielak, München 2004, S. 317, 323 ff.

64 So aber *Schmidt-Räntsch*, Gewinnzusagen im Schuldrecht, in: Baums u. a. (Hg.), Festschrift für Huber, Tübingen 2006, S. 575, 577 f.

65 Zweifel am Wert der Einordnung als gesetzliches Schuldverhältnis hat auch MünchKomm/*Seiler* § 657 BGB Rn. 4.

66 Dies ist anders, wenn man mit Staudinger/*Bergmann* (2006) § 661a Rn. 18 eine vertragliche Konstruktion der Haftung aus Gewinnzusage erwägt.

67 BGH, NJW 2004, 1652, 1653; 2006, 230, 232.

3. Unentgeltliche Überlassungsverträge

Ist die Schenkung das unentgeltliche Pendant zum Kaufvertrag, finden sich im BGB auch Bestimmungen zur freigiebigen Variante von drei Arten von Überlassungsverträgen, nämlich Mietvertrag, Verwahrung und Darlehen. Dass die unentgeltliche Spielart dieser Verträge trotz ihrer Bedeutungslosigkeit für die heutige Rechtspraxis überhaupt Eingang in das Gesetz gefunden hat, ist in erster Linie historisch bedingt und damit zu erklären, dass sie im römischen Vertragssystem eine eigenständige Rolle spielte: Die Leihe (*commodatum*)[68], die *depositum* genannte unentgeltliche Verwahrung und das *mutuum* als unentgeltliches Darlehen begründeten als **Realverträge** reine Rückgewährschuldverhältnisse. Deren Ziel war es allein, einer ungerechtfertigten Bereicherung des Besitzers einer Sache zu wehren, die ihm nur vorübergehend überlassen worden war. So blieb gerade die vertragstypische Leistung des freigiebig handelnden Vertragspartners: die Überlassung der Leihsache oder Darlehensvaluta durch Verleiher oder Darlehensgeber und die Aufbewahrung durch den Verwahrer, vom Verpflichtungsprogramm ausgespart und deshalb seine Haftung auf das allgemeine Schädigungsverbot beschränkt. Diese reichte im römischen Recht außerhalb der Eigentumsverletzung nicht über den Vorsatz hinaus und wurde, da man die Entscheidung zur besonderen Nachlässigkeit im Umgang mit fremden Angelegenheit als Vorsatz ansah, auf den Verstoß gegen die eigenübliche Sorgfalt und die grobe Fahrlässigkeit ausgedehnt.[69] Während das eigentliche Realvertragsmuster mit Anerkennung der vertraglichen Gestaltungsfreiheit untergegangen ist und eher zufällig noch in Formulierungen wie der einleitenden Bestimmung des BGB über die Verwahrung (§ 688) auftaucht, hat sich die Haftungsreduktion zugunsten des unentgeltlich handelnden Vertragspartners ebenso wie bei der Schenkung[70] bis heute erhalten. Kann sie beim Darlehen naturgemäß keine Rolle spielen, ist die Haftung des Verleihers gemäß § 599 BGB auf Vorsatz und grobe Fahrlässigkeit, bei Mängeln durch § 600 BGB sogar auf Arglist und den Vertrauensschaden des Entleihers beschränkt; und die Schadensersatzpflicht des unentgeltlich tätigen Verwahrers ist nach § 690 BGB auf die Verletzung der eigenüblichen Sorgfalt begrenzt.[71] Das BGB steht damit in der Tradition von preußischem ALR (§§ 11 I 14, 257 I 21) und französischem *Code civil* (Art. 1891, 1927), die ebenfalls dem unzeitgemäßen Regime des römischen Rechts folgten, während die Verfasser des österreichischen ABGB (§§ 961, 964) richtigerweise von der Verpflichtung des freigiebigen Teils zur unentgeltlichen Leistung auf seine 412

[68] Vgl. *Honsell/Mayer-Maly/Selb*, Römisches Recht, S. 300 f., *Zimmermann*, Law of Obligations, S. 188 ff., *Harke*, Römisches Recht, Rn. 10.9 ff., *Harke*, Freigiebigkeit und Haftung, Würzburg 2006, S. 14 ff.

[69] Vgl. hierzu *Harke*, Allgemeines Schuldrecht, Rn. 232 f.

[70] S. o. Rn. 402, 405.

[71] Ebenso wie bei der Schenkung (s. o. Rn. 406) sind diese Bestimmungen nicht über das Erfüllungsinteresse hinaus auf die Ersatzpflicht für andere Schäden auszudehnen; vgl. Palandt/*Weidenkaff* § 599 Rn. 2; anders *Oetker/Maultzsch*, Vertragliche Schuldverhältnisse, Rn. 6.19 und MünchKomm/*Häublein* § 599 BGB Rn. 3; vermittelnd Staudinger/*Reuter* (2005) § 599 Rn. 2.

volle Haftung schlossen.[72] Dagegen haben alle modernen Gesetzbücher zu Recht davon abgesehen, dem Entleiher eine Garantiehaftung für Schäden aufzuerlegen, die ohne die Überlassung der Leihsache nicht entstanden wären. Im klassischen römischen Recht folgte diese Haftung aus der Verpflichtung des Entleihers zur Bewachung (*custodia*) der entliehenen Sache, die eine verschuldensunabhängige Einstandspflicht für niederen Zufall mit sich brachte. Nachdem diese Pflicht in der justinianischen Kodifikation verschwunden war, erwog die frühe Naturrechtslehre erneut eine unbedingte Haftung des Entleihers.[73] In den Kodifikationen setzte sich dann aber die Einsicht durch, dass die Verpflichtung des Entleihers zur Rückgabe der Leihsache mangels eines Garantieversprechens des Entleihers den gewöhnlichen Haftungsregeln folgen muss. In den deutschsprachigen Naturrechtsgesetzbüchern (§§ 251 f. I 21 ALR, 979 ABGB) und im schweizerischen OR (Art. 306 Abs. 3) ist dies zumindest indirekt durch eine Regelung über den gemischten Zufall gesagt; aus dem BGB ergibt es sich durch das Schweigen der Bestimmungen über die Leihe.

413 Während das BGB für das zinslose Darlehen überhaupt keine besonderen Vorschriften bereithält und die unentgeltliche Verwahrung nur insoweit bedacht hat, als es in § 690 BGB die Beschränkung der Verwahrerhaftung auf die Verletzung der eigenüblichen Sorgfalt anordnet, finden sich in §§ 598 ff. BGB vergleichsweise ausführliche Bestimmungen über die **Leihe**, die an die Vorschriften über den Mietvertrag angelehnt sind. Wie ein Mieter (§§ 538, 540 f. BGB) darf auch der Entleiher von der ihm überlassenen Sache nach § 603 BGB nur den vertragsgemäßen Gebrauch machen und sie insbesondere nicht ohne Erlaubnis des Verleihers einem Dritten überlassen. Er ist aber gemäß § 602 BGB nicht für die Veränderungen oder Verschlechterungen verantwortlich, die durch den vertragsgemäßen Gebrauch eingetreten sind. Anders als ein Mieter, der von dem Vermieter die Instandhaltung der Sache erwarten kann (§ 535 Abs. 1 S. 2 BGB), wird der Entleiher durch § 601 Abs. 1 BGB verpflichtet, die gewöhnlichen Kosten der Erhaltung der Sache zu tragen. Für darüber hinausgehende Verwendungen stehen ihm nach Abs. 2 der Vorschrift allerdings wie einem Mieter (§ 539 BGB) ein Ersatzrecht nach den Regeln über die Geschäftsführung ohne Auftrag sowie ein Wegnahmerecht zu. Die Leihe kann mangels Vereinbarung über ihre Dauer oder ihren Zweck vom Verleiher gemäß § 604 Abs. 3 BGB jederzeit beendet werden. Ist für sie eine Zeit oder ein Zweck bestimmt, muss der Verleiher gemäß Abs. 1 und 2 der Vorschrift die vereinbarte Dauer oder das Ende des Zeitraums abwarten, innerhalb dessen der Entleiher den Zweck hätte erreichen können. Ein außerordentliches Kündigungsrecht, mit dem der Verleiher die Leihe auch unter diesen Umständen schon früher beenden kann, steht ihm nach § 605 BGB bei einem unvorhergesehenen, nicht unbedingt dringenden[74] eigenen Bedarf, bei vertragswidrigem Gebrauch der Sache durch den

---

[72] Das schweizerische OR stellt dagegen die allgemeine Regel auf, dass der unentgeltlich tätige Vertragspartner milder haftet als derjenige, der seine Leistung gegen Entgelt erbringt (Art. 99); gerade für den Verwahrungsvertrag ist dieses Prinzip aber durchbrochen (Art. 473).

[73] Vgl. *Grotius*, *De jure belli ac pacis*, 2.12.13.

[74] BGH, NJW 1994, 3156, 3157.

Entleiher oder dessen Tod zu.[75] Um den Verleiher, der nicht der Eigentümer der Sache ist, bei einer Überlassung an einen Dritten zu schützen, sieht § 604 Abs. 4 BGB wiederum nach dem Vorbild des Mietrechts (§ 546 Abs. 2 BGB) einen Rückgabeanspruch gegen den Dritten vor. Ansprüche des Verleihers und Entleihers wegen Veränderungen der Sache unterwirft § 606 BGB ebenfalls in Anlehnung an die entsprechende Regelung bei der Miete (§ 548 BGB) einer kurzen Verjährung von sechs Monaten.

[75] Ist das Kündigungsrecht des Verleihers dauerhaft ausgeschlossen, muss man den Vertrag zumindest insoweit dem Schenkungsrecht unterstellen, als die Form des § 518 BGB einzuhalten ist; vgl. *Nehlsen-von Stryk*, Unentgeltliches schuldrechtliches Wohnrecht, AcP 187 (1987) 552, 580 ff., MünchKomm/*Häublein* § 598 BGB Rn. 14.

§ 8 Fremdnützige Geschäftsführung

1. Auftrag und entgeltliche Geschäftsbesorgung

a) Verpflichtungsstruktur und Ergänzungsfunktion des Auftrags

414 Im klassischen römischen Vertragsrecht spielte der Auftrag (*mandatum*)[1] in zweifacher Hinsicht eine bemerkenswerte Rolle: Zum einen bildete er einen wesentlichen Bestandteil im System der auf das Gebot der guten Treue (*bona fides*) ausgerichteten Konsensualverträge, die nahezu das gesamte Spektrum möglicher Schuldverträge abdeckten;[2] zum anderen war beim Auftrag die Leistung des **unentgeltlich handelnden Teils** Gegenstand einer **Leistungspflicht**. Damit unterschied sich dieser Vertrag erheblich von den älteren Realverträgen, namentlich Leihe, Verwahrung und unverzinslichem Darlehen, die nicht auf eine Verpflichtung zur unentgeltlichen Leistung, sondern auf die Rückgewähr einer beim Vertragsschluss schon hingegebenen Sache oder Menge von Sachen zielten.[3] Kam der Auftrag dagegen durch bloße Einigung zustande und verpflichtete den Auftragnehmer zur Besorgung des ihm auferlegten Geschäfts, bedeutete dies zumindest nach einer in der spätklassischen Jurisprudenz durchgedrungenen Ansicht, dass der Auftragnehmer auch voll und nicht etwa nur für Vorsatz und grobe Fahrlässigkeit oder die Verletzung der eigenüblichen Sorgfalt haftete. Denn er hatte sich durch sein Versprechen ja regelrecht zu der von ihm erwarteten Leistung verpflichtet und war, obwohl frei in seiner Entscheidung zum Vertragsschluss, nun hieran unbedingt gebunden.[4] Entziehen konnte er sich seiner Verpflichtung nur noch dadurch, dass er den Auftrag kündigte. Hierzu war er wegen dessen Unentgeltlichkeit allerdings jederzeit berechtigt, sofern er dem Auftraggeber nicht durch eine Kündigung zur Unzeit Schaden bereitete. Da in die justinianische Kodifikation des römischen Rechts auch Quellen Eingang finden, denen zufolge der Auftragnehmer nur für Vorsatz einzustehen hatte,[5] blieb die Reichweite seiner Haftung in Gemein- und Naturrechtslehre und bis in die Naturrechtsge-

---

1 Hierzu *Honsell/Mayer-Maly/Selb*, Römisches Recht, S. 335 ff., *Zimmermann*, Law of Obligations, S. 413 ff., *Harke*, Römisches Recht, Rn. 9.32 ff.

2 Hierzu *Harke*, Allgemeines Schuldrecht, Rn. 48.

3 S. o. Rn. 412.

4 D 17.1.22.11 Paul 32 ed: *Sicut autem liberum est mandatum non suscipere, ita susceptum consummari oportet, nisi renuntiatum sit (renuntiari autem ita potest, ut integrum ius mandatori reservetur vel per se vel per alium eandem rem commode explicandi) aut si redundet in eum captio qui suscepit mandatum. et quidem si is cui mandatum est ut aliquid mercaretur mercatus non sit neque renuntiaverit se non empturum idque sua, non alterius culpa fecerit, mandati actione teneri eum convenit* ... („Steht es einem Auftragnehmer auch frei, einen Auftrag nicht anzunehmen, ist er, nachdem er ihn angenommen hat, doch gezwungen, ihn auszuführen, falls er nicht gekündigt hat (kündigen kann man aber nur so, dass der Auftraggeber noch die Möglichkeit hat, das Geschäft entweder selbst oder durch einen anderen zweckmäßig zu besorgen) oder dem Auftragnehmer erheblicher Schaden droht. Hat also derjenige, der den Auftrag erhalten hat, etwas zu kaufen, dies nicht gekauft und auch nicht erklärt, dass er nicht kaufen werde, und hat er dies aus eigener, nicht aus fremder Schuld getan, haftet er nach allgemeiner Ansicht mit der Auftragsklage ...")

5 Vgl. etwa CJ 2.12.10 – a. 227.

setzbücher hinein umstritten: Während das preußische ALR (§ 55 I 13) und der französische *Code civil* (Art. 1992) den Auftragnehmer nur bei Missachtung der eigenüblichen Sorgfalt haften lassen, ist er nach österreichischem ABGB (§ 1012) auch für einfache Fahrlässigkeit verantwortlich.[6] Das BGB hat sich zu Recht diesen Standpunkt zu eigen gemacht und davon abgesehen, das bei Schenkung, Leihe und Verwahrung noch mitgeschleppte Haftungsmodell der Realverträge mit ihrer obsoleten Beschränkung der Einstandspflicht auf Vorsatz und vorsatzähnliches Verhalten auf den Auftrag zu übertragen. Dem Schutz des Auftragnehmers dient wie im entwickelten römischen Recht nur sein Recht zur jederzeitigen Kündigung (§ 671 BGB).

Auch die zweite Eigenheit des römischen *mandatum* hat sich, wenn auch in ver- **415**
änderter Gestalt, bis heute erhalten: Gemeinsam mit der Gesellschaft, die zu einer gemeinnützigen Geschäftsführung verpflichtete, bildete der Auftrag, der zur fremdnützigen Geschäftsführung verbindlich machte, ein umfassendes Regelungsmuster für die Vertragsverhältnisse, die nicht auf den Austausch von Leistungen angelegt waren und daher aus dem Anwendungsbereich von Kauf und Verdingung heraus fielen.[7] Wegen dieser Ergänzungsfunktion[8] sind die für den Auftrag formulierten Abwicklungspflichten derart abstrakt gefasst, dass sie ein vielfältig einsetzbares **Regelungsschema** für **komplexe Leistungen** bilden: Nicht nur bei der unentgeltlichen Geschäftsführung für einen anderen, sondern auch in Austauschverträgen ist es sachgerecht, dem zur Geschäftsbesorgung für den anderen verpflichteten Vertragspartner abzuverlangen, dass er Rechenschaft über seine Tätigkeit ablegt und das für und bei deren Durchführung Erlangte herausgibt (§ 666 f. BGB), sowie den anderen Teil zum Ersatz der Aufwendungen zu verpflichten (§ 670 BGB) , die nicht durch ein für die Geschäftsbesorgung vereinbartes Entgelt abgedeckt sind. Dementsprechend erscheint der Auftrag seit den Naturrechtsgesetzbüchern (§ 1004 ABGB) und im schweizerischen OR (Art. 394) auch in der Variante eines gegenseitigen Vertrags, durch den der Auftraggeber zur Entrichtung einer vereinbarten Vergütung verpflichtet wird. Die Konsequenz, dass das Auftragsrecht hier in Konkurrenz mit dem Regime der Verdingung tritt, spricht das BGB (§ 675 Abs. 1) deutlich aus, indem es die entsprechende Anwendung der Bestimmungen über den Auftrag auf einen Dienst- oder Werkvertrag vorschreibt, der eine Geschäftsbesorgung zum Gegenstand hat.[9]

---

[6] Das schweizerische OR (Art. 398) verpflichtet den Auftragnehmer zur sorgfältigen Ausführung des Auftrags und verweist auf die Haftung des Arbeitnehmers, kennt jedoch eine allgemeine Regel über die Haftungsmilderung bei unentgeltlicher Leistung (Art. 99).

[7] S. o. Rn. 5, 84.

[8] Sie geht verloren, wenn man das Mandat wie im Entwurf eines Gemeinsamen Referenzrahmens in seinem Inhalt auf den Abschluss oder die Vorbereitung eines Vertrags für den Geschäftsherrn festlegt; vgl. Art. IV.D. – 1:101 DCFR

[9] Dass es hier um die Überschneidung zweier verschiedener schuldrechtlicher Grundformen geht, stellt *Löhnig*, Treuhand, Tübingen 2006, S. 141 f. heraus

b) Begriff und Durchführung der Geschäftsbesorgung

416 Der **Begriff** der **Geschäftsbesorgung**, die nach § 662 BGB den Gegenstand des Auftrags und gemäß § 675 Abs. 1 BGB den Inhalt eines auf sie gerichteten Dienst- oder Werkvertrags ausmacht, zerfällt nach Ansicht der Rechtsprechung in zwei verschiedene Varianten: Während ein Auftrag zu jedweder Tätigkeit erteilt werden kann,[10] soll zum Gegenstand einer entgeltlichen Geschäftsbesorgung nur eine selbstständige Tätigkeit wirtschaftlicher Art zur Wahrnehmung fremder Vermögensinteressen[11] und damit weder eine unselbständige Verrichtung noch eine Tätigkeit taugen, die wie die eines Arztes auf einen immateriellen Vorteil des Vertragspartners gerichtet ist. Diese Zweiteilung des Geschäftsbesorgungsbegriffs ist nicht nur deshalb misslich, weil sie im Gesetz mit seiner einheitlichen Terminologie offensichtlich nicht angelegt ist.[12] Sie widerspricht auch dem Charakter des Auftragsrechts, das wegen seiner Eignung zur Bewältigung komplexer Leistungsbeziehungen gar keiner Einschränkung auf bestimmte Tätigkeiten bedarf, sondern auf jede Art von Werk- und Dienstverträgen Anwendung finden kann, soweit es mit den hierfür vorrangig geltenden Bestimmungen nicht kollidiert.[13] Eine entgeltliche Geschäftsbesorgung im Sinne von § 675 Abs. 1 BGB ist daher mit keinem bestimmten, sondern einem von Fall zu Fall ganz unterschiedlichem Maß an Selbständigkeit des Geschäftsführers verbunden[14] und ohne Weiteres auch bei Arbeitsverhältnissen denkbar[15]. Dass die Geschäftsführung wirtschaftlicher Art sein soll, ist, richtig verstanden, nur eine Chiffre für das auch und gerade beim Auftrag relevante Kriterium des Rechtsbindungswillens:[16] Wird das Geschäft übernommen, ohne dass beide Parteien die Absicht zu ihrer vertraglichen Bindung haben, liegt ein bloßes Gefälligkeitsverhältnis ohne Verpflichtungswirkung vor, dessen Annahme vor allem dann naheliegt, wenn der Geschäftsbesorger für seine Tätigkeit kein Entgelt erhalten soll.

---

[10] Nicht dagegen zu einem bloßen Dulden oder Unterlassen, worin ein Rechtsverzicht zu sehen ist, der im Fall seiner Unentgeltlichkeit Schenkung, ansonsten Gegenstand eines Kaufvertrags nach § 453 Abs. 1 BGB ist.

[11] BGH, NJW 1966, 1452, 1454, NJW-RR 2004, 989.

[12] Dies machen etwa *Oetker/Maultzsch*, Vertragliche Schuldverhältnisse, Rn. 11.9, 11.79, MünchKomm/*Seiler* § 662 BGB Rn. 13 geltend. Anders zu Unrecht jurisPK/*Hönn* § 662 Rn. 6 f. und Staudinger/*Martinek* (2006) vor § 662 Rn. 17 ff., der nur durch die Trennungstheorie den Rechtsstrukturtyp des Subordinationsvertrags als eigenständiges Rechtsinstitut etabliert sieht, sowie MünchKomm/*Heermann* § 675 BGB Rn. 12, der den Rechtsanwender vor die Aufgabe gestellt sieht, den Begriff der Geschäftsbesorgung in § 675 BGB mit einer besonderen Definition zu versehen.

[13] So im Ergebnis richtig MünchKomm/*Seiler* § 662 BGB Rn. 13 f. und Erman/*Ehmann* vor § 662 Rn. 26 ff., der freilich eine Typenlehre der Geschäftsbesorgung, aufbauend auf den vier Elementen: Inhalt der Machtbefugnisse des Geschäftsbesorgers, Dauer und Inhalt der Geschäftsbesorgung, Verhältnis von Fremd- und Eigeninteresse und Entstehungsgrundlage der Machtbefugnis, entwickeln will. So kommt *Ehmann* dem Einzelfall so nahe, dass kaum noch ein Erkenntnisgewinn durch Abstraktion erreicht werden kann.

[14] Richtig MünchKomm/*Seiler* § 662 BGB Rn. 15.

[15] Erman/*Ehmann* vor § 662 Rn. 72.

[16] Richtig Erman/*Ehmann* vor § 662 Rn. 87. Gegen das Merkmal des wirtschaftlichen Charakters auch *Löhnig* (Fn. 9), S. 145.

417 Dass die Geschäftsbesorgung auf die Wahrnehmung von Vermögensinteressen gerichtet sein soll, ist schließlich nur eine ungelenke Umschreibung einer systemimmanenten Einschränkung, die der Geschäftsführungsbegriffs durch die Verbindung mit einer anderen Sachleistung oder die Gegenüberstellung zu ihr erfährt: Damit nicht jede Leistung zugleich eine Geschäftsbesorgung für ihren Empfänger bedeutet und das Recht des Auftrags zu einem Institut des allgemeinen Vertragsrechts mutiert, muss man die Leistung an eine Person von der Geschäftsbesorgung unterscheiden.[17] Entscheidendes Kriterium ist dabei, ob der Geschäftsführer etwas unternimmt, was im **Geschäftskreis** des **Geschäftsherrn** liegt[18]. So scheiden aus dem Begriff der Geschäftsbesorgung nahezu alle Kauf- und auch viele Werkverträge sowie die auf Sachüberlassung gerichteten Miet- und Darlehensverträge aus. Durchgängig zur Annahme einer Geschäftsbesorgung geeignet sind dagegen Dienst- und Arbeitsverträge, bei denen der Dienstverpflichtete oder Arbeitnehmer nahezu stets im Geschäftskreis des Dienstberechtigten oder Arbeitgebers tätig wird. Dass der Verpflichtete hierbei eine Vergütung verdienen will, stellt die Fremdnützigkeit seines Handelns nicht in Frage, weil dies nur die Leistung selbst betreffen muss und durch eine etwa ausbedungene Gegenleistung nicht berührt wird.[19] Auch ein eigenes Interesse des Geschäftsführers an der Tätigkeit lässt diese nicht aus dem Recht des Auftrags oder der entgeltlichen Geschäftsbesorgung herausfallen, solange es nicht das Interesse des anderen Teils völlig verdrängt. Der Fall ist dies bei Rat oder Empfehlung, die allein zum Vorteil ihres Adressaten erteilt werden und ihren Urheber daher nicht zu einem Auftraggeber werden lassen. Dementsprechend spricht sie § 675 Abs. 2 BGB auch von einer Haftung frei, sofern diese nicht durch einen Vertrag, geschäftlichen Kontakt (§ 311 Abs. 2 BGB) oder Delikt begründet ist.[20]

418 Die Besorgung des übertragenen Geschäfts, dessen Übernahme mangels einer unverzüglichen Ablehnung durch denjenigen, der zur Geschäftsbesorgung öffentlich bestellt ist oder sich hierzu öffentlich oder individuell erboten hat, nach § 663 BGB unterstellt wird,[21] darf beim Auftrag gemäß § 664 Abs. 1 S. 1 BGB im Zweifel nicht auf einen **Dritten übertragen** werden; und der Anspruch auf Ausführung des Geschäfts ist nach Abs. 2 der Vorschrift im Zweifel nicht abtretbar. Diese Regelung ist von der Verweisung, die § 675 Abs. 1 BGB für die entgeltliche Geschäftsbesorgung vornimmt, planmäßig ausgenommen,[22] weil sie beim Werkvertrag mit der Verpflichtung des Werkunternehmers auf Herstellung eines bestimmten Erfolgs kollidiert, die seine Leistung unpersönlich und daher in Ausführung und Forderung übertragbar macht[23]. Bei einem Dienstvertrag mit Geschäftsbesorgungselement er-

---

17 *Oetker/Maultzsch*, Vertragliche Schuldverhältnisse, Rn. 11.10. Anders zu Unrecht Erman/*Ehmann* vor § 662 Rn. 88, der von einem bloßen Wortspiel spricht.

18 *Oetker/Maultzsch*, Vertragliche Schuldverhältnisse, Rn. 11.79 f. So auch Erman/*Ehmann* vor § 662 Rn. 83.

19 So der Sache nach auch Erman/*Ehmann* vor § 662 Rn. 53.

20 Vgl. hierzu *Harke*, Allgemeines Schuldrecht, Rn. 433 ff., 444.

21 Für Rechtsanwälte gilt die entsprechende Regelung in § 44 BRAO.

22 *Oetker/Maultzsch*, Vertragliche Schuldverhältnisse, Rn. 11.85. Anders zu Unrecht Erman/*Ehmann* § 664 Rn. 7.

23 S. o. Rn. 92.

geben sich die Rechtsfolgen von § 664 BGB aus § 613 BGB[24]. Unter einen besonderen Vorbehalt ist in § 675 Abs. 1 BGB das im Zweifel mit der Dienst- oder Werkherstellungspflicht konfligierende Recht zur jederzeitigen **Kündigung** gestellt, das § 671 Abs. 1 BGB dem Auftragnehmer zugesteht. Ist es ausnahmsweise auch bei der entgeltlichen Geschäftsbesorgung eingeräumt, gilt freilich auch hier die in § 671 Abs. 2 BGB vorgesehene Einschränkung, dass es vorbehaltlich eines wichtigen Grundes nicht zur Unzeit, also nur dann ausgeübt werden darf, wenn der Auftraggeber für die Geschäftsführung anderweit sorgen kann. Im Gegensatz zum Kündigungsrecht des Auftragnehmers ist das Recht zum Widerruf des Auftrags durch den Auftraggeber in aller Regel mit den Regeln von Werk- und Dienstvertrag vereinbar, beim Werkvertrag wegen des freien Kündigungsrechts nach § 649 BGB[25], beim Weisungsrecht aufgrund des Weisungsrechts des Dienstberechtigten oder Arbeitgebers[26]. Diesen Mechanismen kommt aber der Vorrang vor dem altertümlichen Widerrufsrecht des Auftraggebers zu, dessen Ausübung zwar keiner Erklärung gegenüber dem Auftragnehmer bedarf, wegen der Fiktion des § 674 BGB aber doch nicht eher Wirkung entfaltet, als der der Auftragnehmer hiervon Kenntnis erlangt oder erlangen muss. Gleichermaßen für Auftrag und entgeltliche Geschäftsbesorgung gelten dagegen die Bestimmungen der §§ 672 und 673 BGB, die den Bestand des Auftrags im Zweifel vom Tod oder dem Eintritt der Geschäftsunfähigkeit des Auftraggebers unabhängig machen, aber an das Überleben des Auftragnehmers binden, in den der Auftraggeber in aller Regel persönliches Vertrauen gesetzt hat.

419 Einheitlich ist bei Auftrag und entgeltlicher Geschäftsbesorgung auch das Regime der **Ausführung** des zu besorgenden Geschäfts und der **Haftung** des Geschäftsführers. Von den Weisungen des Geschäftsherrn[27] darf er nach § 665 BGB nur in dem Fall abweichen, dass anzunehmen ist, der Auftraggeber werde die Abweichung billigen, und seine Entscheidung wegen Gefahr im Verzug nicht abgewartet werden kann. Ist es dem Geschäftsbesorger ausnahmsweise gestattet, die Geschäftsführung einem Dritten zu übertragen, hat er nach § 664 Abs. 1 S. 2 BGB ebenso wie ein Verwahrer (§ 691 BGB) nur für sein dabei vorkommendes Auswahlverschulden einzustehen. Dagegen trifft ihn nach S. 3 der Bestimmung die in § 278 BGB statuierte Gefährdungshaftung, wenn er die Geschäftsführung nicht einem selbständig agierenden Substituten überlässt, sondern sich bloß eines unter seiner Weisung tätigen Erfüllungsgehilfens bedient. Ein Haftungsprivileg, wie es Schenker (§ 521), Verleiher (§ 599) oder Verwahrer (§ 690 BGB) genießen, kommt beim Auftrag zwar ebenso wenig wie bei der entgeltlichen Geschäftsbesorgung in Betracht,[28]

---

[24] Hierzu s. o. Rn. 226.

[25] Hierzu s. o. Rn. 86, 96.

[26] Hierzu s. o. Rn. 223.

[27] Hierzu *Löhnig*, (Fn. 9), S. 206 ff.

[28] Richtig *Looschelders*, Schuldrecht BT, Rn. 809, *Oetker/Maultzsch*, Vertragliche Schuldverhältnisse, Rn. 11.48, MünchKomm/*Seiler* § 662 BGB Rn. 55, Staudinger/*Martinek* (2006) § 680 Rn. 662 Rn. 42, Bamberger/Roth/*Czub* § 662 Rn. 14, AnwK/*Schwab* § 662 BGB Rn. 25. Anders zu Unrecht Erman/*Ehmann* § 662 Rn. 21, der in Anlehnung an § 690 BGB eine Beschränkung der Haftung des Auftragnehmers auf die Verletzung der eigenüblichen Sorgfalt annimmt.

da seine Abschaffung gerade die Eigenheit des Auftrags und den in ihm verkörperten Fortschritt ausmacht. Da § 665 BGB schon die Abweichung von Weisungen des Geschäftsherrn im Fall der Gefahr im Verzug erlaubt, muss man unter diesen Umständen allerdings auch nach dem Vorbild der Regelung für die Geschäftsführung ohne Auftrag (§ 680 BGB) ausnahmsweise eine Beschränkung der Haftung des Geschäftsbesorgers auf Vorsatz und grobe Fahrlässigkeit annehmen, weil von ihm im Interesse des Geschäftsherrn eine rasche Entscheidung verlangt ist, die nicht wohl überlegt sein kann.[29]

c) Die Abwicklungspflichten und ihre Vorwirkung

Die Abwicklungspflichten, die die Rechtsfigur des Auftrags so vielfältig verwendbar machen, bilden seit jeher den Schwerpunkt des Auftragsrechts, das von vornherein auf die Abrechnung eines durchgeführten oder vorzeitig beendeten Mandats angelegt war. Um dessen Ausführung überhaupt beurteilen zu können, bedarf es einer **Rechenschaft** des Geschäftsbesorgers, die dieser nach § 666 BGB dem Geschäftsherrn in dem von § 259 BGB näher bestimmten Umfang abzulegen hat. In Vorwirkung dieser Rechenschaftspflicht kann der Geschäftsherr stets Auskunft über den Stand der Geschäftsführung verlangen und hat der Geschäftsbesorger die zur Ausführung des Auftrags erforderlichen Nachrichten zu geben. Ist der Auftrag beendet oder ein Gegenstand für seine weitere Durchführung nicht mehr erforderlich, schuldet der Auftragnehmer gemäß § 667 BGB seine **Herausgabe**, wenn er ihn zur oder aus der Geschäftsbesorgung erlangt hat.[30] Dies gilt für alle Gegenstände, die der Auftragnehmer im inneren Zusammenhang mit der Geschäftsbesorgung und nicht nur aus ihrem Anlass erworben hat, also auch für Akten, die er selbst angelegt hat,[31] und sogar für Provisionen oder Schmiergelder, die exklusiv ihm und gerade nicht mit dem Ziel der Weiterleitung an den Geschäftsherrn zugewandt wurden[32]. Bei der entgeltlichen Geschäftsbesorgung kann nach § 667 BGB freilich nicht das vom Geschäftsführer erreichte Arbeitsergebnis herausverlangt werden, das im Gegenzug zu der vereinbarten Vergütung nach § 611 BGB oder § 631 BGB und nicht aufgrund der ergänzenden Vorschriften über den Auftrag geschuldet ist.[33] Die Herausgabepflicht des Geschäftsführers besteht zudem nur, wenn ein Vorteil bei ihm wirklich vorhanden ist und herausgegeben werden kann und soll.[34] Ist er wieder verloren gegangen, nachdem er schon hätte herausgegeben werden müssen, haftet der Geschäftsbesorger bloß unter den Vorraussetzungen der §§ 280, 283 BGB für die Behinderung seiner Herausgabepflicht.[35] Ist der Vorteil gar nicht erst entstanden, unterliegt der Ge- 420

[29] Richtig *Looschelders*, Schuldrecht BT, Rn. 809, *Oetker/Maultzsch*, Vertragliche Schuldverhältnisse, Rn. 11.48, Staudinger/*Martinek* (2006) § 662 Rn. 662 Rn. 43.

[30] Entgegen Erman/*Ehmann* § 667 Rn. 11 handelt es sich bei diesem Anspruch im Gegensatz zu den Rückgewähransprüchen aus den Realverträgen (s. o. Rn. 412) keineswegs um eine Eingriffskondiktion oder auch nur eine ihr ähnliche Erscheinung.

[31] BGH, NJW-RR 2004, 1290.

[32] BGH, NJW 1991, 1224; 2001, 2476, 2477.

[33] BGH, NJW-RR 2004, 1290.

[34] BGH, NJW 2001, 2476, 2477, NJW-RR 2008, 1373, 1374.

[35] BGH, NJW 2002, 2459, 2460.

schäftsführer von vornherein keiner Herausgabepflicht, sondern ist allenfalls dafür haftbar, dass er den Auftrag unsorgfältig ausgeführt und so schuldhaft dafür gesorgt hat, dass er den an den Geschäftsherrn weiterzuleitenden Vorteil gar nicht erst erworben hat. Dass dieser die Gefahr eines zufälligen Untergangs des herauszugebenden Gegenstands trägt, gilt nicht nur dann, wenn es sich um eine individuelle Sache handelt, sondern auch, wenn er einer Gattung angehört, aus der noch geleistet werden kann, und sogar, wenn er in einem Geldbetrag besteht.[36] Denn der Geschäftsbesorger ist mangels besonderer Vereinbarung nicht zur Leistung aus der Gattung, sondern nur dazu verpflichtet, die erlangten Stücke oder Geldzeichen beim Geschäftsherrn abzuliefern.[37] Allerdings besteht beim Anspruch auf Herausgabe eines in Geldzeichen erlangten Geldbetrags insofern eine Besonderheit, als er, da der Schwerpunkt des Gläubigerinteresses auf den hierin verkörperten Wert gerichtet ist, der Aufrechnung mit einem Zahlungsanspruch zugänglich und im Fall des Verzugs des Geschäftsbesorgers nach § 288 BGB zu verzinsen ist[38]. Eine vertragliche Zinspflicht trifft den Geschäftsbesorger schon nach § 668 BGB, der für den Fall der Verwendung eines auszukehrenden Geldbetrags für eigene Zwecke des Geschäftsführers seine Verzinsung mit dem in § 246 BGB vorgeschriebenen gesetzlichen Zinssatz von 4 % pro Jahr anordnet.

421 Dem Anspruch auf Herausgabe des zur oder in Ausführung des Auftrags Erlangten steht, wenn auch nicht im Sinne einer synallagmatischen Verknüpfung, der Abwicklungsanspruch des Geschäftsführers auf **Ersatz** seiner **Aufwendungen** gemäß § 670 BGB gegenüber. Ebenso wie die Rechenschaftspflicht zeitigt auch dieser Anspruch eine Vorwirkung in Gestalt eines Anspruchs auf Vorschuss gemäß § 669 BGB. Maßgeblich für den Umfang ist eine gehörige Prognose über den durch die Ausführung des Geschäfts ausgelösten Bedarf. Kann der Geschäftsführer bestimmte Aufwendungen aus der Sicht *ex ante* für erforderlich und angemessen[39] halten, darf er in dieser Höhe nicht nur Vorschuss, sondern später auch Aufwendungsersatz verlangen, und zwar auch dann, wenn sich die Aufwendungen im Nachhinein als nutzlos erwiesen haben.[40] Nicht für erforderlich halten darf der Geschäftsbesorger Aufwendungen zu gesetz- oder sittenwidrigen Zwecken,[41] die, wenn sie zur Ausführung des Geschäfts unumgänglich sind, den Auftrag selbst als verboten erscheinen lassen oder zumindest seine Ausführung unmöglich machen. Ersatz für seine eigene Arbeitsleistung kann der Geschäftsführer bei der entgeltlichen Geschäftsbesorgung nur kraft Dienst- oder Werkvertragsrechts, beim Auftrag deshalb nicht verlangen, weil er die Geschäftsführung ja gerade ohne Entgelt verspricht. Etwas anderes gilt nur in dem Ausnahmefall einer Arbeitsleistung, die bei Vertragsschluss nicht vorhersehbar war und mit deren entgeltlicher Ausführung der

---

36 BGH, NJW 2002, 2316, 2317; 2006, 986, 987.

37 Für die Erman/*Ehmann* § 667 Rn. 15 gegen die Rechtsprechung angemeldeten Bedenken besteht daher kein Anlass.

38 BGH, NJW 2005, 3709, 3710.

39 Dieses Gebot der Verhältnismäßigkeit im engeren Sinne stellt zu Recht Staudinger/*Martinek* (2006) § 670 Rn. 13 heraus.

40 BGH, NJW-RR 1994, 87.

41 BGH, NJW 1992, 2021, 2022; 2000, 1560, 1562.

Geschäftsbesorger ohne Verstoß gegen seine Pflichten einen Dritten hätte betrauen und so einen entsprechenden Aufwendungsersatzanspruch erwerben können.[42]

Ist der Geschäftsführer bei der Durchführung des übertragenen Geschäfts zu **Schaden** gekommen, fällt dies entgegen der älteren Rechtsprechung[43] nicht mehr unter die gesetzlich angeordnete Aufwendungsersatzpflicht, die sich auf freiwillige Vermögensopfer des Geschäftsbesorgers beschränkt. Verwirklicht sich in dem Schaden eine Gefahr, die mit dem auszuführenden Geschäft typischerweise verbunden und daher vom Geschäftsführer gewissermaßen stillschweigend übernommen worden ist, ähnelt der unfreiwillig erlittene Vermögensvorteil einer Aufwendung jedoch derart stark, dass ein Analogieschluss angebracht ist. Dieser muss aber nicht zu einem Grundsatz der Risikozurechnung bei einer Tätigkeit im fremden Interesse gesteigert[44] und so mit der auf anderen Gründen beruhenden[45] Haftungserleichterung für Arbeitnehmer zusammengeführt werden[46]. Statt dessen genügt eine einfache Analogie zu § 670 BGB,[47] die durch § 110 HGB unterstützt wird,[48] demzufolge ein Gesellschafter von der Gesellschaft gleichermaßen Ersatz seiner Aufwendungen und der Verluste verlangen kann, die ihm bei der Verfolgung von Gesellschaftsangelegenheiten entstanden sind.[49] Ein Schadensersatzanspruch kommt aber nicht in Betracht, wenn das Risiko, das sich in dem vom Geschäftsbesorger erlittenen Nachteil verwirklicht hat, durch eine von ihm bezogene Vergütung abgegolten ist. 422

2. Einzelne Arten entgeltlicher Geschäftsbesorgung

a) Zahlungsdienste

aa) Zahlungsdiensteverträge und ihre Durchführung

Klassisches Anwendungsfeld des Rechts der entgeltlichen Geschäftsbesorgung ist der Bankverkehr. Zwar bedarf es hier nicht der Annahme eines allgemeinen Bankvertrags zwischen einem Kreditinstitut und seinen Kunden, der ohnehin nicht mehr 423

---

42 *Oetker/Maultzsch*, Vertragliche Schuldverhältnisse, Rn. 11.59, Staudinger/*Martinek* (2006) § 670 Rn. 10, Palandt/*Sprau* § 670 Rn. 3. Dagegen will sich AnwK/*Schwab* § 670 BGB Rn. 7 daran orientieren, ob die Parteien in Kenntnis des höheren Aufwands einen entgeltlichen Geschäftsbesorgungsvertrag geschlossen hätten. Für den Rückgriff auf die ergänzende Vertragsauslegung ist auch *Köhler*, Arbeitsleistungen als Aufwendungen?, JZ 1985, 359, 360 f., der zugleich darauf hinweist, dass eine Arbeitsleistung dann nicht vergütet werden muss, wenn sie infolge ihrer Mangelhaftigkeit auch im entgeltlichen Vertrag nicht entlohnt worden wäre.

43 BGH, NJW 1961, 359, 360 (zur Geschäftsführung ohne Auftrag).

44 So aber *Genius*, Risikohaftung des Geschäftsherrn, AcP 173 (1973) 481, 522 f., *Oetker/Maultzsch*, Vertragliche Schuldverhältnisse, Rn. 11.63, Palandt/*Sprau* § 670 Rn. 12

45 S. o. Rn. 289 ff.

46 So aber *Canaris*, Risikohaftung bei schadensgeneigter Tätigkeit in fremdem Interesse, RdA 1966, 41, 42 ff.

47 So völlig richtig Staudinger/*Martinek* (2006) § 670 Rn. 23 und AnwK/*Schwab* § 670 BGB Rn. 11.

48 Auch den Rückgriff hierauf hält Staudinger/*Martinek* (2006) § 670 Rn. 23 für entbehrlich.

49 *Löhnig* (Fn. 9), S. 285 leitet aus der Grundform der Treuhand ab, dass die Substitution bei der Interessenwahrnehmung nicht Substitution im Risiko bedeutet

als die Pflichten hervorbringen könnte, die auch schon der geschäftliche Kontakt gemäß §§ 311 Abs. 2, 241 Abs. 2 BGB zeitigt.[50] Mit ihren Kunden ist eine Bank jedoch noch durch eine Vielzahl von Dienstverträgen verbunden, deren Gegenstand die Besorgung spezieller Geschäfte ist. Der wichtigste unter diesen Verträgen ist der Girovertrag, der auf die Führung eines laufenden Kontos gerichtet ist und sich auf die hiermit im Zusammenhang stehenden Dienstleistungen erstreckt. Diejenigen von ihnen, die den Transfer von Geldbeträgen bezwecken, sind Gegenstand gemeinschaftsrechtlicher Bestimmungen, die 2007 in der weitgehend auf Vollharmonisierung zielenden Richtlinie über Zahlungsdienstleistungen (2007/64/EG) zusammengefasst wurden und in den hierauf beruhenden §§ 675c ff. Eingang in das BGB gefunden haben. Gemäß § 675e BGB sind diese Bestimmungen zugunsten des Zahlungsdienstnutzers zumindest dann durchgängig halbzwingend, wenn er Verbraucher ist und die Zahlung nicht in der Währung eines Staates außerhalb des EWR erfolgen soll. Gegenstand der Bestimmungen ist der **Zahlungsdienstevertrag**, der sich nach § 675f BGB entweder auf einen einzelnen Zahlungsvorgang, also die Übermittlung, Bereitstellung oder Abhebung eines Geldbetrags für einen Zahler oder Zahlungsempfänger, oder als Zahlungsdiensterahmenvertrag auf eine Vielzahl von Zahlungsvorgängen bezieht. Prototyp eines solchen Rahmenvertrags ist der Girovertrag,[51] der außerdem, soweit das Konto ein Guthaben aufweist, in einer unregelmäßigen Verwahrung[52] und, soweit es negativ ist, in einer Darlehensgewährung der Bank an ihren Girokunden besteht[53].[54] Einem Zahlungsdienstevertrag steht nach § 675c Abs. 2 BGB ein Vertrag über die Ausgabe und Nutzung von elektronischem Geld gleich, der in der Praxis vor allem in Gestalt der Überlassung einer Geldkarte zustande kommt. Handelt es sich hierbei um ein Kleinbetragsinstrument, mit dem lediglich Zahlungsvorgänge von bis zu € 30 im Einzelfall oder insgesamt bis zu € 150 oder Inlandsvorgänge bis zu € 200 ausgelöst werden können, ist es nach § 675i BGB möglich, Abweichungen von den Vorschriften über die Durchführung von Zahlungsvorgängen oder den Abschluss oder die Änderung des Zahlungsdienstevertrags vereinbaren. In diesem Fall ist nach Art. 248 § 11 EGBGB auch die in § 675d Abs. 1 BGB vorgesehene Verpflichtung des Zahlungsdienstleisters zur vorvertraglichen Unterrichtung des Zahlungsdienstnutzers gelockert, für die § 3 derselben Bestimmung bei Zahlungsdiensterahmenverträgen die Textform vorschreibt und § 4 einen Katalog von Pflichtangaben enthält.[55] Für Änderungen von Zahlungsdiensterahmenverträgen ist nach § 675g Abs. 1 BGB dieselbe Form vorgeschrieben. Während bei der Änderung von Zinssätzen und Wechselkursen nach Abs. 3 der Bestimmung aufgrund einer entsprechenden Vereinbarung eine automatische Anpassung des Vertrags erfolgen kann, bedarf es im Übrigen der Zustimmung des Zahlungsdienstnutzers, dessen Schweigen die Parteien allerdings gemäß Abs. 2 im

---

[50] BGH, NJW 2002, 3695, 3696 f.

[51] *Grundmann*, Das neue Recht des Zahlungsverkehrs, WM 2009, 1109, 1113.

[52] S. o. Rn. 377.

[53] Zum Überziehungskredit s. o. Rn. 379.

[54] Anders Palandt/*Sprau* § 675f Rn. 27, der den Girovertrag insgesamt als Zahlungsdiensterahmenvertrag einordnen will.

[55] Geringere Anforderungen richten die §§ 12 ff. von Art. 248 EGBGB an den Zahlungsdienstleister bei Einzelzahlungsverträgen.

Vorhinein den Erklärungswert einer Zustimmung beimessen können. In diesem Fall steht dem Zahlungsdienstnutzer ein Kündigungsrecht zu, dessen Wirkung nicht an die Einhaltung einer Kündigungsfrist gebunden ist. Diese darf im Übrigen für den Zahlungsdienstnutzer nach § 675h BGB einen Monat nicht übersteigen, für den Zahlungsdienstleister dagegen zwei Monate nicht unterschreiten. Zudem darf die Kündigung von ihm auch nur bei Abschluss eines Vertrags mit unbestimmter Laufzeit und nur in Textform erklärt werden.

Der Zahlungsdienstevertrag unterliegt zwar nach § 675c Abs. 1 BGB grundsätz- **424**
lich den Bestimmungen über den entgeltlichen Geschäftsbesorgungsvertrag. Die vertragscharakteristische Leistung des Zahlungsdienstleisters ist jedoch Gegenstand einer eingehenden Spezialregelung: Ausgelöst wird die Verpflichtung des Zahlungsdienstleisters zur Durchführung des Zahlungsvorgangs durch eine einseitige Weisung,[56] den **Zahlungsauftrag**, der nach § 675n Abs. 1 S. 1 BGB mit seinem Zugang beim Zahlungsdienstleister wirksam wird und danach gemäß § 675p BGB nur widerruflich ist, wenn ein bestimmter Ausführungstermin vereinbart worden ist oder der Zahlungsauftrag vom Zahlungsempfänger ohne an ihn übermittelte Zustimmung des Zahlenden oder kraft einer Lastschrift ausgelöst worden ist. In dem zuletzt genannten Fall kann der Widerruf freilich nur bis zum Ende des Geschäftstags vor dem vereinbarten Fälligkeitstag erfolgen. Ablehnen kann der Zahlungsdienstleister einen Zahlungsauftrag gemäß § 675o BGB nur, wenn er nicht den im Rahmenvertrag festgelegten Ausführungsbedingungen entspricht oder nicht autorisiert ist.[57] Die **Autorisierung**, die den Zahlungsvorgang gegenüber dem Zahler wirksam werden lässt, erfolgt nach § 675j Abs. 1 BGB durch die vorherige Einwilligung des Zahlers oder, wenn dies zuvor vereinbart ist, durch seine nachträgliche Genehmigung. Die Zustimmung kann gemäß Abs. 2 der Vorschrift so lange widerrufen werden, wie der Zahlungsauftrag widerruflich ist. Sie kann durch ein Zahlungsauthentifizierungsinstrument erteilt werden, insbesondere durch Eingabe von Pass- oder Kennwörtern, Identifikations- oder Transaktionsnummern. Hierbei kann gemäß § 675k BGB eine Betragsobergrenze und das Recht des Zahlungsdienstleisters zur Sperrung des Instruments vereinbart werden. Zahlungsaufträge, die der Zahlungsdienstleister nicht ablehnen kann oder will, sind, wenn sie vom Zahler ausgehen, nach § 675s Abs. 1 S. 1 BGB grundsätzlich bis zum Ende des auf den Zahlungszeitpunkt folgenden Geschäftstags auszuführen.[58] Zahlungszeitpunkt ist nach § 675n BGB der vereinbarte Tag oder ein vereinbartes Fristende, ansonsten der Geschäftstag, an oder vor dem der Zahlungsauftrag eingegangen ist, sofern nicht vereinbart ist, dass am Ende eines Geschäftstags zugegangene Zahlungsaufträge als am nächsten Tag zugegangen gelten. Für Zahlungsvorgänge, die vom Zahlungsempfänger ausgelöst werden, gilt nach § 675s Abs. 2 BGB die mit dem Zahlungsdienstleister jeweils vereinbarte Frist. Ist ein Zahlungsbetrag bei dem Zahlungsdienstleister eingegangen, hat er ihn nach

[56] Vgl. *Grundmann*, WM 2009, 1109, 1114.

[57] Die Ablehnung hat unverzüglich, zumindest innerhalb der von § 675s BGB vorgesehenen Ausführungsfristen, und grundsätzlich unter Angabe von Gründen und Berichtigungsmöglichkeiten zu erfolgen.

[58] Für Zahlungsvorgänge bis Ende 2011 kann eine Frist von drei Geschäftstagen vereinbart werden.

§ 675t Abs. 1 BGB dem Zahlungsempfänger unverzüglich zur Verfügung zu stellen und die Wertstellung zu dem Tag des Eingangs vorzunehmen. Beim Konto des Zahlers hat die Wertstellung zum Tag der Belastung zu erfolgen. Trotz hinreichender Autorisierung kann der Zahler nach § 675x BGB binnen acht Wochen ab dem Zeitpunkt der Belastung die Erstattung eines Zahlbetrags verlangen, wenn der Zahlungsvorgang vom oder über den Zahlungsempfänger ausgelöst worden und die Autorisierung nicht auf einen bestimmten Betrag bezogen und der Zahlbetrag ungewöhnlich hoch ist, es sei denn, der Zahler hat mit seinem Zahlungsdienstleister für den Fall einer direkten Autorisierung gegenüber diesem vereinbart, dass er vier Wochen vor dem Zahlungsvorgang hierüber unterrichtet wird.

425 Die in § 675f Abs. 4 BGB geregelte Verpflichtung des Zahlungsdienstnutzers zur Zahlung des vereinbarten **Entgelts** unterliegt in ihrem Umfang der Parteidisposition, darf aber nur insoweit durch ein Entgelt für die Erfüllung von Nebenpflichten ergänzt werden, als dies gesetzlich zugelassen, vertraglich vereinbart und an den tatsächlichen Kosten des Zahlungsdienstleisters ausgerichtet ist. Ausgeschlossen ist nach § 675d Abs. 3 BGB ein Entgelt für die Unterrichtung des Zahlungsdienstenutzers, sofern die Unterrichtung weder inhaltlich noch in ihrer Häufigkeit über die Vorgaben des Art. 248 EGBGB hinausgeht und nicht durch ein besonderes Kommunikationsmittel erfolgt. Zulässig ist die Vereinbarung eines besonderen Entgelts nach § 675o Abs. 1 S. 4 BGB für die berechtigte Ablehnung eines Zahlungsauftrags sowie gemäß § 675p Abs. 4 BGB für den Widerruf eines Zahlungsauftrags aufgrund eines besonders vereinbarten Widerrufsrechts und nach § 675y Abs. 3 S. 3 BGB für die Bemühungen um die Wiederbeschaffung eines Betrags, der auf Grund der Verwendung einer fehlerhaften Kundenkennung durch den Zahler fehlgeleitet wurde. Gemäß § 675q BGB ist der Zahlungsdienstleister ohne vorherige Vereinbarung mit dem Zahlungsdienstnutzer nicht berechtigt, das Entgelt von dem Zahlungsbetrag in Abzug zu bringen, sondern hat diesen ungekürzt dem Zahlungsempfänger zu übermitteln. Bei Verstoß gegen diese Pflicht, haben der Zahler und der Zahlungsempfänger nach § 675y Abs. 1 S. 3, Abs. 2 S. 3 BGB einen Anspruch auf unverzügliche Nachsendung oder Bereitstellung des einbehaltenen Betrags.

bb) Zahlung ohne Autorisierung

426 Hat ein Zahlungsdienstleister einen Zahlungsvorgang ohne Autorisierung vorgenommen, hat er keinen Anspruch auf Ersatz seiner Auslagen, so dass eine entsprechende Belastung des Kontos des Zahlers zu Unrecht erfolgt und wirkungslos ist. § 675u BGB spricht dies aus und räumt dem Zahler darüber hinaus einen Anspruch gegen seinen Zahlungsdienstleister auf formale Berichtigung des materiell ohnehin unverändert gebliebenen Kontos ein. Nach § 676b Abs. 2 BGB verliert der Zahlungsdienstnutzer jedoch seine Rechte, wenn er den nicht autorisierten Zahlungsvorgang nicht binnen 13 Monaten ab dem Tag der Belastung oder seiner Unterrichtung über die sich auf den Zahlungsvorgang beziehenden Angaben gemäß Art. 248 §§ 7, 10 oder 14 EGBGB anzeigt.[59] Ein Fall mangelnder Autorisierung liegt

---

[59] Damit ist eine frühere Präklusion kraft Vereinbarung einer Ausschlussfrist nicht unzulässig geworden; vgl. *Grundmann*, WM 2009, 1109, 1113.

auch dann vor, wenn das dem Zahler zugeteilte Zahlungsidentifizierungsinstrument missbräuchlich von einem Dritten eingesetzt worden ist. Der Zahlungsdienstleister hat, sofern der Missbrauch des Instruments nicht auf der gemäß § 675m Abs. 2 BGB in seinen Risikobereich fallenden Versendung beruht, aber gegen den Zahler einen Anspruch auf Ersatz des aus dem Zahlungsvorgang resultierenden Schadens. Dieser in § 675v BGB näher ausgestaltete Anspruch unterliegt zwar nicht dem herkömmlichen Verschuldenserfordernis; nach § 676c Nr. 1 BGB kann sich der Zahler jedoch durch den Nachweis entlasten, dass der unbefugte Einsatz des Authentifizierungsinstruments auf einem ungewöhnlichen und unvorhergesehenen Ereignis beruht, auf das er keinen Einfluss hatte und dessen Folgen er trotz Anwendung der gebotenen Sorgfalt nicht vermeiden konnte. Diese von Art. 78 der Zahlungsdiensterichtlinie vorgeschriebene Entlastungsmöglichkeit folgt dem Muster der Haftung nach dem UN-Kaufrecht (Art. 79 Abs. 1) und unterscheidet sich vom Verschuldenskriterium des deutschen Rechts nur insoweit, als sich der Schädiger von vornherein nicht auf einen Irrtum berufen kann, der freilich auch nur in den seltensten Fällen das Verschulden ausschließt[60]. Ist dem Zahler das Authentifizierungsinstrument abhanden gekommen oder wegen nicht sicherer Aufbewahrung sonst missbraucht worden, ist der Schadensersatzanspruch des Zahlungsdienstleisters nach § 675v Abs. 1 BGB auf € 150 begrenzt.[61] Dass die Haftung des Zahlers im einen Fall ohne Weiteres, im anderen nur bei unsicherer Aufbewahrung eingreift, soll sicherstellen, dass die missbräuchliche Verwendung von Daten nur in einer dem unfreiwilligen Besitzverlust vergleichbaren Situation zu einer Haftung des Zahlers führt.[62] Unbegrenzt ist die Schadensersatzpflicht dagegen gemäß Abs. 2 der Vorschrift, wenn der Zahler den Zahlungsvorgang in betrügerischer Absicht oder dadurch ermöglicht hat, dass er mindestens grob fahrlässig gegen seine in § 675l BGB festgelegten Pflichten verstoßen hat, das Instrument vor unbefugtem Zugriff zu schützen und seinen Verlust oder unbefugte Verwendung unverzüglich anzuzeigen, nachdem er hiervon Kenntnis erlangt hat.[63] Sowohl diese unbegrenzte als auch die auf € 150 beschränkte Ersatzpflicht erfassen nur Schäden, die bis zu dem Moment eintreten, in dem der Zahler seiner Anzeigepflicht nachgekommen ist. Ab diesem Zeitpunkt hat er gemäß § 675v Abs. 3 BGB nur für Schäden einzustehen, die er in betrügerischer Absicht herbeigeführt hat. Dasselbe gilt, wenn der Zahlungsdienstleister gegen seine ihm durch § 675m Abs. 1 Nr. 3 BGB auferlegte Pflicht verstoßen hat sicherzustellen, dass der Zahler jederzeit die Möglichkeit zur Anzeige des Verlustes oder der missbräuchli-

---

60 Vgl. *Harke*, Allgemeines Schuldrecht, Rn. 182.

61 Art. 61 Abs. 1 der Zahlungsdiensterichtlinie nennt nur den Fall des Diebstahls, dem jedoch ohne Verstoß gegen das Gebot der Vollharmonisierung sonstige Fälle des unfreiwilligen Besitzverlustes gleichzustellen sind; vgl. die Begründung für den Entwurf des Umsetzungsgesetzes, BT-Drucks. 16/11643, S. 158, 169.

62 Die Gesetzesbegründung spricht hier fälschlich von einem „Verschuldenselement"; vgl. BT-Drucks. 16/11643, S. 113 f. Gemeint ist ein pflichtwidriges Verhalten des Zahlers, während die Verschuldensfrage nach dem allgemeinen Ausschlusstatbestand des § 676c Nr. 1 BGB zu beurteilen ist.

63 Nicht gleichzustellen ist wegen des Ausnahmecharakters der unbegrenzten Haftung die Nichtanzeige der Gefahr einer unbefugten Verwendung; vgl. Palandt/*Sprau* § 675l Rn. 7.

chen Verwendung hat. Ist streitig, ob es überhaupt zu einer Authentifizierung gekommen ist, trifft die Beweislast gemäß § 675w BGB den Zahlungsdienstleister. Kann er dartun, dass zumindest dem Erscheinungsbild nach eine Authentifizierung vorlag, hat er so zwar noch nicht den Nachweis erbracht, dass der Zahler selbst den Zahlungsvorgang autorisiert, in betrügerischer Absicht gehandelt oder gegen seine Aufbewahrungs- und Anzeigepflichten verstoßen hat. Die bloße Verwendung eines Authentifizierungsinstruments kann jedoch zur Grundlage für den Anscheinsbeweis gemacht werden, dass der Zahler das Instrument dem Verwender in pflichtwidriger Weise zugänglich gemacht hat. Voraussetzung ist freilich, dass die Sicherheit des Authentifizierungssystems selbst unterstellt werden kann.[64]

cc) Mangelhafte Ausführung eines Zahlungsauftrags

427 Ist ein Zahlungsvorgang regelrecht autorisiert, aber deshalb erfolglos, weil er den falschen Empfänger erreicht, gilt er nach § 675r Abs. 1 BGB gleichwohl als ordnungsgemäß ausgeführt, wenn der Zahlungsdienstleister sich an die vom Zahlungsdienstnutzer angegebene Kundenkennung, also bisher vor allem an Bankleitzahl und Kontonummer oder IBAN, gehalten hat.[65] Der Zahler kann gemäß § 675y Abs. 3 S. 2 BGB von dem Zahlungsdienstleister jedoch verlangen, dass sich dieser um die Wiederbeschaffung des Zahlungsbetrags bemüht. Ist der Zahlungsvorgang **nicht** oder **nicht ordentlich ausgeführt**, wofür der Zahlungsdienstleister nach § 676 BGB die Beweislast trägt, hat der Zahler nach § 675y Abs. 1 BGB einen Anspruch auf Erstattung des Zahlungsbetrags und Berichtigung des Kontos gegen seinen Zahlungsdienstleister, sofern dieser nicht nachweist, dass der Betrag rechtzeitig und ungekürzt beim Zahlungsdienstleister des Empfängers eingegangen ist. Geht der Zahlungsvorgang auf den Zahlungsempfänger zurück, kann dieser bei einer fehlerhaften Ausführung gemäß Abs. 2 der Vorschrift von seinem Zahlungsdienstleister die Übermittlung des Betrags an den Zahlungsdienstleister des Zahlers verlangen, falls der Zahlungsdienstleister des Zahlungsempfängers nicht nachweist, dass er seine Pflichten ordnungsgemäß erfüllt hat. Außerdem sind die Zahlungsdienstleister nach § 675y Abs. 4 BGB zur Erstattung von Entgelten oder durch Kontobelastung entstandenen Zinsen verpflichtet. Zwar lässt sich auch die verspätete Zahlung als fehlerhafter Zahlungsvorgang ansehen. Die in § 675y BGB statuierten Rechtsfolgen passen jedoch nur dann, wenn die Zahlung den Zahlungsempfänger überhaupt nicht erreicht hat. Im Fall der bloßen Zahlungsverzögerung kommt allein ein Schadensersatzanspruch in Betracht, der den allgemeinen Regeln der §§ 280 ff. BGB folgt[66] und durch Vereinbarung gemäß § 675z S. 2 BGB auf € 12.500 begrenzt werden darf, soweit der Schaden nicht durch Vorsatz oder grobe Fahrlässigkeit herbeigeführt wird, Folge einer vom Zahlungsdienstleister speziell übernommenen Gefahr oder

[64] Vgl. BGH, NJW 2004, 3623, 3624; 2007, 593, 595 f.

[65] Dass bei der formularmäßigen Festlegung der Kundenkennung auf Bankleitzahl und Kontonummer aber ein Verstoß gegen das Benachteiligungsverbot des § 307 BGB vorliegt, glaubt *Bitter*, Problemschwerpunkte des neuen Zahlungsdiensterechts, WM 2010, 1725, 1729 f.

[66] Vgl. die Begründung für den Entwurf des Umsetzungsgesetzes, BT-Drucks. 16/11643, S. 118.

ein Zinsschaden ist. Während die Ansprüche des Zahlungsdienstnutzers nach § 675y BGB gemäß § 676b Abs. 2 BGB schon dann verwirkt sind, wenn er dem Zahlungsdienstleister die fehlerhafte Ausführung schuldhaft nicht binnen 13 Monaten ab dem Tag der Belastung oder der Unterrichtung über die einschlägigen Angaben nach Art. 248 EGBGB anzeigt, hängt der Ausschluss der in § 675z BGB geregelten Schadensersatz- und sonstiger Ansprüche nach § 676b Abs. 3 BGB vom Verschulden des Zahlungsdienstnutzers ab. Dieses ist insbesondere dann ausgeschlossen, wenn der Schaden von Dritten ihm gegenüber erst nach Ablauf von 13 Monaten geltend gemacht worden ist.[67]

Der Zahlungsdienstleister hat gemäß § 675z S. 3 BGB auch für das Verschulden einer zwischengeschalteten Stelle einzustehen. Eine Ausnahme gilt, wenn diese vom Zahlungsdienstnutzer vorgegeben worden ist, der dann gemäß S. 4 der Vorschrift einen direkten Anspruch gegen die zwischengeschaltete Stelle erwirbt. Diesem **Durchgriff** des Zahlungsdienstnutzers entspricht der in § 676a BGB vorgesehene **Regressanspruch** des von ihm in Anspruch genommenen Zahlungsdienstleisters auf einen anderen Zahlungsdienstleister oder eine zwischengeschaltete Stelle, in deren Verantwortungsbereich die Ursache für die Haftung gegenüber dem Zahlungsdienstnutzer liegt. Sowohl der Durchgriffs- als auch der Regressanspruch bestehen unabhängig von einer vertraglichen Beziehung des Zahlungsdienstnutzers oder des Zahlungsdienstleisters zu der verantwortlichen Stelle und lassen sich als eine gesetzliche Weiterentwicklung der Regeln über die Schutzwirkung von Verträgen verstehen, die nur die Offenkundigkeit des übernommenen Schadensrisikos und nicht auch voraussetzen, dass dem Schuldner die Person des geschützten Dritten bekannt oder erkennbar ist[68]. 428

b) Kommissionsgeschäft

Typischer Fall einer entgeltlichen Geschäftsbesorgung im Handelsverkehr ist das Kommissionsgeschäft. Mit ihm übernimmt gemäß § 383 HGB der Kommissionär gewerbsmäßig den Kauf oder Verkauf von Waren oder Wertpapieren im eigenen Namen und für Rechnung seines Vertragspartners, des Kommittenten. Als Kauf oder Verkauf gilt dabei nach § 406 Abs. 2 HGB auch ein Werklieferungsvertrag im Sinne von § 651 S. 2 BGB. Ebenso wie der Maklervertrag ist auch die Kommission eine besondere Spielart des **Werkvertrags**,[69] die vom Kommittenten zu leistende Provision daher nach der Grundregel des § 396 Abs. 1 S. 1 HGB erst mit Ausführung des übernommenen Geschäfts, also der Leistung des Vertragspartners,[70] verdient. Dass der Kommissionär anders als ein gewöhnlicher Werkunternehmer nicht stets 429

---

[67] Vgl. die Begründung für den Entwurf des Umsetzungsgesetzes, BT-Drucks. 16/11643, S. 119.

[68] Vgl. *Harke*, Allgemeines Schuldrecht, Rn. 440.

[69] Für einen Werkvertrag mit Dienstvertragselementen auch *K. Schmidt*, Handelsrecht, S. 872. Für die Annahme eines Dienstvertrags dagegen *Canaris*, Handelsrecht, Rn. 30.5 und MünchKomm/*Häuser* § 383 HGB Rn. 29. Vom Einzelfall abhängig machen will die Entscheidung Staub/*Koller* § 383 Rn. 58 f., von der jeweils entscheidungserheblichen Frage Ebenroth/Boujong/Joost/Strohn/*Krüger* § 383 Rn. 15 f.

[70] Oetker/*Bergmann* § 396 Rn. 5 f.

unbedingt zur Herbeiführung des angestrebten Erfolgs,[71] sondern nach § 384 Abs. 1 HGB nur zur Geschäftsführung mit der Sorgfalt eines ordentlichen Kaufmanns verpflichtet ist, liegt daran, dass häufig ungewiss ist, ob sich der vom Kommittenten erteilte Auftrag auch realisieren lässt. Ist seine Ausführung sicher möglich, etwa weil der Kommittent keine Preisvorgaben gemacht hat, trifft auch den Kommissionär von vornherein eine unbedingte Erfolgspflicht, die im Übrigen spätestens dann einsetzt, wenn das Geschäft, das er übernommen hat, durchgeführt worden ist.[72] Gegenstand der Kommissionärspflicht ist nämlich außer dem Abschluss des Ausführungsgeschäfts auch dessen Durchführung und die Weiterleitung des Erlöses an den Kommittenten, so dass der Provisionsanspruch nicht eher durchsetzbar ist, als der Kommissionär nicht auch die gekaufte Sache oder den erzielten Kaufpreis an den Kommittenten auskehrt.[73] Die so erfüllte Herausgabepflicht ist zwar auftragsähnlich und eines der Elemente, die die Kommission zu einem entgeltlichen Geschäftsbesorgungsvertrag machen. Da sie auf das Ergebnis des Ausführungsgeschäfts gerichtet ist, steht sie jedoch im Gegenseitigkeitsverhältnis zur Provisionspflicht und ist nicht nur Mittel zur Abwicklung des Vertrags. Anders verhält es sich mit der gegenläufigen Verpflichtung zum Aufwendungsersatz, die der Kommittent auch dann erfüllen muss, wenn das Ausführungsgeschäft nicht abgeschlossen oder durchgeführt werden kann. Sie erfasst außer den in § 396 Abs. 2 HGB genannten regelrechten Aufwendungen für Lagerung und Beförderung des Kommissionsguts ohne Weiteres auch die Nachteile, die der Kommissionär dadurch erleidet, dass er sich im Rahmen des Ausführungsgeschäfts zum Schadensersatz verbindlich macht.[74]

430 Auch die übrigen Regeln des Auftragsrechts erleiden durch ihre Verquickung mit dem **Werkvertragsregime** und dem Bezug auf einen **Handelskauf** eine Veränderung: Der Kommittent hat es als Geschäftsherr zwar in der Hand, das Schicksal des Ausführungsgeschäfts zu steuern. Nach § 396 Abs. 1 S. 2 HGB bleibt er jedoch zur Zahlung der Provision verpflichtet, wenn die Durchführung des Ausführungsgeschäfts nur aus einem in seiner Person liegenden Grund unterblieben ist. Dies gilt analog auch bei Umständen, die seiner Risikosphäre zuzuordnen sind,[75] und nicht bloß für nachträgliche Störungen bei der Durchführung des vom Kommissionär mit dem Dritten abgeschlossenen Vertrags, sondern auch schon für Weisungen, die der Kommittent vor seinem Abschluss erteilt hat und die den Abschluss des Ausführungsgeschäfts vereiteln. Da die Kommission ein Handelsgeschäft und auf einen

[71] Nur in diesem Fall will Oetker/*Martinek* § 383 Rn. 28 die Kommission als Werkvertrag, ansonsten als Dienstvertrag gelten lassen.

[72] Im Übrigen tritt eine Haftung für die Erfüllung des Ausführungsgeschäfts kraft besonderer Übernahme gegen Delkredereprovision gemäß § 394 HGB, ferner nach § 384 Abs. 3 HGB bei Verstoß gegen die Pflicht, den Vertragspartner des Ausführungsgeschäfts namhaft zu machen, sowie schließlich gemäß § 393 Abs. 3 HGB bei einem unbefugten Kauf auf Kredit ein.

[73] Richtig *Canaris*, Handelsrecht, Rn. 30.45, Staub/*Koller* § 384 Rn. 58.

[74] *Canaris*, Handelsrecht, Rn. 30.50, *K. Schmidt*, Handelsrecht, S. 883, Ebenroth/Boujong/Joost/Strohn/*Krüger* § 396 Rn. 13, Oetker/*Bergmann* § 396 Rn. 16.

[75] Ebenso im Ergebnis *Canaris*, Handelsrecht, Rn. 30.43, Staub/*Koller* § 396 Rn. 11, Ebenroth/Boujong/Joost/Strohn/*Krüger* § 396 Rn. 11, Oetker/*Bergmann* § 396 Rn. 9. Anders MünchKomm/*Häuser* § 396 HGB Rn. 18.

Kaufvertrag gerichtet ist, trifft den Kommittenten im Fall von Auftrags- oder Gegenstandsmängeln zudem die Pflicht zur unverzüglichen Rüge: Sprengt das Ausführungsgeschäft den von ihm gesetzten Rahmen, indem der gesetzte Einkaufspreis über- oder der vorgegebene Verkaufspreis unterschritten ist, gilt diese Abweichung nach § 386 HGB als genehmigt, sofern der Kommittent nicht unverzüglich auf die nach § 384 Abs. 2 HGB vom Kommissionär zu erstattende Anzeige erklärt, dass er das Geschäft als nicht auf seine Rechnung abgeschlossen sehen will, und sich der Kommissionär nicht zum Ausgleich des Preisunterschieds bereiterklärt.[76] Bei einer Einkaufskommission, die auch auf Seiten des Kommittenten ein Handelsgeschäft ist, trifft ihn nach § 391 HGB zudem die Rügelast, die gemäß § 377 HGB einem Käufer obliegt und im Fall ihrer Missachtung bewirkt, dass die gekaufte Sache als genehmigt gilt.[77]

Da es dem Kommittenten in erster Linie auf den Abschluss und die Durchführung des als Ausführungsgeschäft vorgegebenen Kaufvertrags ankommt, hat der Kommissionär nach § 400 Abs. 1 HGB ein Recht zum **Selbsteintritt**, durch das er dem Kommittenten selbst als Käufer oder Verkäufer verpflichtet wird. Voraussetzung ist, dass die Waren oder Wertpapiere, die Gegenstand der Kommission sind, einen Börsen- oder Marktpreis haben. Diesem muss nach § 400 Abs. 2 HGB der vom Kommissionär berechnete Preis entsprechen; und gemäß § 401 Abs. 1 HGB hat er sogar einen günstigeren Preis zu berechnen, wenn dieser bei sorgfältiger Ausführung der Kommission erzielbar gewesen wäre. Zumindest in der Theorie sind so die Interessen des Kommittenten gewahrt[78] und zugleich die Ausführung der Kommission in den Fällen erleichtert, in denen der Kommissionär die vom Kommittenten erwartete Gegenleistung selbst für sich oder für einen anderen Kommittenten erbringen will.[79] Da der Kommissionär durch den Selbsteintritt nur das Ergebnis herbeiführt, zu dem der Abschluss eines Ausführungsgeschäfts mit einem Dritten geführt hätte, stehen ihm nach § 403 HGB auch der Anspruch auf die Provision und das Recht auf die im Regelfall zu berechnenden Kosten zu. 431

Anders als Auftrag und gewöhnliche Geschäftsbesorgung hat die Kommission auch **Wirkung gegenüber Dritten**: Einerseits steht dem Kommissionär nach § 397 HGB wegen seiner Forderungen gegen den Kommittenten an dem Kommissionsgut, wenn es nicht in seinem Eigentum steht, ein gesetzliches Pfandrecht und gemäß 432

---

[76] Die Genehmigungsfiktion des § 386 HGB und nicht etwa die in § 385 HGB statuierte Selbstverständlichkeit, dass der Kommittent ein weisungswidriges Geschäft nicht gegen sich gelten zu lassen hat, macht die Besonderheit der Kommission aus.

[77] Entgegen *Canaris*, Handelsrecht, Rn. 30.40 besteht kein Anlass, deshalb auch die Verjährungsregeln des Kaufrechts anzuwenden, die sie der Genehmigungsfiktion nur in ihrer Wirkung ähnlich sind; s. o. Rn. 57.

[78] Dass dies praktisch häufig nicht so ist, rechnen *K. Schmidt*, Handelsrecht, S. 908 und *Canaris*, Handelsrecht, Rn. 30.96 dem Selbsteintrittsrecht als inhärenten Mangel an.

[79] Viel restriktiver ist die Regelung im Entwurf eines Gemeinsamen Referenzrahmens, der einen Selbsteintritt eines Geschäftsbesorgers grundsätzlich verbietet und nur dann zulässt, wenn der Geschäftsherr eigens zustimmt oder die Bedingungen des Ausführungsgeschäfts so festgelegt sind, dass keine Gefahr eines Interessenkonflikts besteht; vgl. Art. IV.D. – 5:101 DCFR. Dies soll auch für die Wahrnehmung der Interessen beider Partner des Ausführungsgeschäfts gelten; vgl. Art. IV.D. – 5:102 DCFR.

§ 398 f. HGB ein Befriedigungsrecht an dem Kommissionsgut zu, das er selbst zu eigen erworben hat. Andererseits gelten gemäß § 392 Abs. 2 HGB Forderungen, die der Kommissionär aus dem Ausführungsgeschäft erwirbt, schon vor ihrer Abtretung im Verhältnis zum Kommissionär oder dessen Gläubigern als solche des Kommittenten. So kann sich der Kommittent, obwohl er gegen den Kommissionär nur einen schuldrechtlichen Anspruch auf Abtretung der Forderung hat, gegen eine hierauf gerichtete Einzel- oder Gesamtvollstreckung durch die Gläubiger des Kommissionärs wehren. Dies gilt auch für Verfügungen, die der Kommissionär über die Forderung zur Sicherung oder Befriedigung derer trifft, die vorher schon seine Gläubiger waren.[80] Bei Geschäften, die sich nicht ohne Weiteres dem Kommittenten zuordnen lassen, ist dies freilich erst ab dem Moment der Fall, ab dem der Kommissionär ihm die Ausführungsanzeige gemäß § 384 Abs. 2 HGB gemacht hat.[81] Grund für die Sicherung des Kommittenten im Verhältnis zu Dritten ist, dass das Fremdinteresse, in dem der Kommissionär bei Abschluss des Ausführungsgeschäfts tätig wird, für Dritte schon aufgrund des Kommissionsgewerbes erkennbar ist.[82] Da sich dies nicht auf Forderungen beschränkt, muss man den Schutz des Kommittenten vor einer Drittvollstreckung entgegen der Ansicht der Rechtsprechung[83] auch auf die Gegenstände erstrecken, mit deren Lieferung die Ansprüche erfüllt werden.[84] Anders verhält es sich mit den Sachen, die dem Kommissionär zur Ausführung einer Verkaufskommission überlassen werden, weil sie eben nicht dazu bestimmt sind, an den Kommittenten zurückgewährt zu werden, dies vielmehr nur die Ausnahme im Fall des Scheiterns der Kommission ist. Nicht von § 392 Abs. 2 HGB erfasst ist dagegen die Aufrechnung durch den Vertragspartner des Ausführungsgeschäfts,[85] der hierzu nach § 406 BGB auch bei einer Vorauszession der Forderung an den Kommittenten befugt wäre[86]. Dies gilt nicht nur bei Forderungen aus demselben Ausführungsgeschäft, sondern auch bei sogenannten inkonnexen Forderungen,[87] die er aus anderen Geschäften gegen den Kommissionär erworben hat.

---

[80] *Canaris*, Handelsrecht, Rn. 30.76, Staub/*Koller* § 392 Rn. 12. Dagegen Ebenroth/Boujong/Joost/Strohn/*Krüger* § 392 Rn. 8.

[81] *Canaris*, Handelsrecht, Rn. 30.65. Ähnlich MünchKomm/*Häuser* § 383 HGB Rn. 6.

[82] *Canaris*, Handelsrecht, Rn. 30.74; vgl. auch *Canaris*, Die Verdinglichung obligatorischer Rechte, in: Jakobs u. a. (Hg.), Festschrift für Flume, Köln 1978, S. 371, 410. Anders *Martinek*, Das allgemeine Geschäftsbesorgungsrecht und § 392 Abs. 2 HGB, in: Heinrich (Hg.), Festschrift für Musielak, München 2004, S. 355, 372 ff. und Oetker/*Bergmann* § 406 Rn. 6 f., die in § 392 Abs. 2 HGB ein Prinzip für alle Fälle der mittelbaren Stellvertretung erkennen und folglich auch jenseits des eigentlichen Kommissionsrechts anwenden wollen; dagegen etwa MünchKomm/*Häuser* § 392 HGB Rn. 48.

[83] BGH, NJW 1974, 456, 457; 1981, 918, 919.

[84] *K. Schmidt*, Handelsrecht, S. 903 ff., *Canaris*, Handelsrecht, Rn. 30.81 ff., Oetker/*Bergmann* § 392 Rn. 7, Staub/*Koller* § 392 Rn. 2, 9. Anders MünchKomm/*Häuser* § 392 HGB Rn. 46.

[85] BGH, NJW 1969, 276.

[86] *Canaris*, Handelsrecht, Rn. 30,78, Oetker/*Bergmann* § 392 Rn. 12.

[87] Anders *K. Schmidt*, Handelsrecht, S. 901 f. und MünchKomm/*Häuser* § 392 HGB Rn. 25.

c) Handelsvertretung, Kommissionsagentur, Vertragshandel

Hält das HGB mit den Vorschriften über das Kommissionsgeschäft eine Regelung **433** für die mittelbare Stellvertretung eines Geschäftsherrn bereit, überlässt es die direkte Vertretung, wenn sie bei einzelnen Geschäften erfolgt, den allgemeinen Bestimmungen des BGB über Auftrag und Stellvertretung. Eine Sonderregelung hat nur die dauernde Vertretung erfahren, bei der der Geschäftsbesorger als Handelsvertreter gemäß § 84 Abs. 1 HGB ständig damit betraut ist, für den Geschäftsherrn Geschäfte zu vermitteln oder in dessen Namen abzuschließen. Zwar kann Handelsvertreter nur sein, wer selbständig und nicht Arbeitnehmer ist.[88] Die dauerhafte Tätigkeit für den Geschäftsherrn macht ihn jedoch in **ähnlicher** Weise schutzbedürftig wie einen **Arbeitnehmer**;[89] und der Zweck der teilweise zwingenden Bestimmungen der §§ 84 ff. HGB und der ihnen zugrunde liegenden Vorschriften in der Handelsvertreterrichtlinie (1986/653/EWG) liegt vor allem darin, den Handelsvertreter in seinem Interesse an der Erzielung von Einkommen zu schützen.[90]

Ebenso wie ein Kommissionär steht dem Handelsvertreter eine Provision zu, die **434** nach § 87a Abs. 1 HGB grundsätzlich mit dem Vollzug des Ausführungsgeschäfts, spätestens mit der Leistung durch den Dritten, anfällt und die mit einem Anspruch auf angemessenen Vorschuss in Monatsabständen einhergeht. Die Gefahr, dass der Dritte nicht leistet, trifft gemäß § 87a Abs. 2 HGB den Handelsvertreter, während der Provisionsanspruch nach Abs. 3 der Vorschrift auch dann erhalten bleibt, wenn der Geschäftsherr das Geschäft ganz oder teilweise nicht oder nicht so ausführt, wie es abgeschlossen worden ist. Die Ausnahmeregelung für die Fälle, in denen der Geschäftsherr die zum Scheitern des Geschäfts führenden Umstände nicht zu vertreten hat, ist eng zu verstehen, der Geschäftsherr ebenso wie bei der Kommission[91] nur dann von der Pflicht zur Zahlung der Provision entbunden, wenn der Grund für die Nichtausführung des Geschäfts jenseits seiner Risikosphäre liegt.[92] Außer im Fall seines Verschuldens ist er daher auch dann zur Provisionszahlung verpflichtet, wenn der Vertrag wegen eines Mangels seiner Leistung nicht vollzogen wird. Unterscheidet sich die Handelsvertretung insoweit auch nicht von der Kommission, ist sie doch anders als diese kein Werk-, sondern ein **Dienstvertrag** mit Geschäftsbesorgungscharakter:[93] Der Handelsvertreter hat die Vermittlung oder den Abschluss der Ausführungsgeschäfte nicht als einzelne Erfolge vorzunehmen, sondern schuldet das Bemühen hierum gemäß § 86 Abs. 1 HGB als eine auf die Laufzeit des Vertrags bezogene Dauerleistung; und er unterliegt ähnlich einem Handlungsgehilfen auch ohne besondere Vereinbarung einem Wettbewerbsverbot, das entgegen der

---

88 S. o. Rn. 222.

89 *Canaris*, Handelsrecht, Rn. 15.17.

90 Daher gelten die Bestimmungen über die Handelsvertretung nach § 84 Abs. 4 HGB auch, wenn das Unternehmen des Handelsvertreters nicht kaufmännisch eingerichtet sein muss.

91 S. o. Rn. 430.

92 *Canaris*, Handelsrecht, Rn. 15.69, MünchKomm/*v. Hoyningen-Huene* § 87a HGB Rn. 53, Staub/*Emde* § 87a Rn. 77.

93 *Canaris*, Handelsrecht, Rn. 15.15, *K. Schmidt*, Handelsrecht, S. 728, Oetker/*Busche* § 84 Rn. 52 f.

Ansicht der Rechtsprechung[94] in Analogie zu § 61 HGB durch einen Anspruch des Geschäftsherrn auf Herausgabe des verbotswidrig erzielten Gewinns zu sanktionieren ist[95].

435 Obwohl der Handelsvertreter in Gestalt einer vom Geschäftsvollzug abhängigen Provision entlohnt wird, kann er diese nicht bloß für die von ihm selbst unmittelbar herbeigeführten Geschäftsabschlüsse verlangen; nach § 87 Abs. 1 HGB erwirbt er einen **Provisionsanspruch** vielmehr für alle während der Dauer des Vertrags abgeschlossenen Geschäfte, sofern sie auf seine Tätigkeit zurückzuführen sind oder mit einem Geschäftspartner zustande kommen, den er als Kunden für Geschäfte dieser Art geworben hat. Ist dem Handelsvertreter ein bestimmter Bezirk oder Kundenkreis zugewiesen, kann er nach Abs. 2 der Vorschrift eine Provision sogar auch für die Verträge verlangen, die ohne seine Mitwirkung mit Kunden aus dem überlassenen Bezirk oder Kundenkreis zustande gekommen sind. In dieser Aufweichung des Erfolgsbezugs der Vergütung kommt zum Ausdruck, dass diese eben nicht allein für Zustandekommen und Vollzug der Ausführungsgeschäfte, sondern zugleich für die werbende Tätigkeit des Handelsvertreters geschuldet ist. Damit dieser die Provision entsprechend seiner Leistung auch stetig erhält, verpflichtet § 87c HGB den Geschäftsherrn zur regelmäßigen Abrechnung über einen Zeitraum, der nicht über drei Monate hinaus erstreckt werden kann. Zudem ist er zur Information des Handelsvertreters sowie zur Herausgabe eines Buchauszugs und bei Zweifeln an seiner Richtigkeit dazu verbunden, seine Überprüfung durch den Handelsvertreter oder einen Sachverständigen durch Einsicht in die Geschäftsbücher und einschlägige Unterlagen zuzulassen.

436 Der dienstvertragliche Charakter der Handelsvertretung prägt auch das Regime der **Vertragsbeendigung**: Als Dauervertrag wird die Handelsvertretung entweder für eine bestimmte Laufzeit oder unbefristet eingegangen und bedarf zu ihrer Auflösung in diesem Fall der Kündigung. § 89 Abs. 1 HGB schreibt als Kündigungstermin den Schluss eines Kalendermonats und Kündigungsfristen von bis zu sechs Monaten vor, die nach der bisherigen Dauer des Vertrags gestaffelt sind.[96] Gemäß Abs. 2 der Vorschrift können sie durch Parteivereinbarung nur verlängert werden und dürfen für den Handelsvertreter dabei nicht länger ausfallen als für den Geschäftsherrn. Für die außerordentliche Kündigung enthält § 89a BGB eine besondere Bestimmung, die eine Anwendung von § 626 BGB ausschließt[97] und so dafür sorgt, dass statt der dort genannten starren Ausübungsfrist von zwei Wochen die allgemeine Regel des § 314 Abs. 3 BGB gilt, derzufolge die Kündigung binnen angemessener Frist erklärt werden muss. Da die Vergütung des Handelsvertreters an den mit seiner Hilfe oder während der Laufzeit des Vertrags erzielten Geschäftserfolg des Geschäftsherrn anknüpft, versteht sich von selbst, dass das Vertragsende nicht

---

[94] BGH, NJW 1964, 817, 818.

[95] *Canaris*, Handelsrecht, Rn. 15.44.

[96] Der Entwurf eines Gemeinsamen Referenzrahmens sieht dagegen eine flexible Beurteilung nach den Umständen des Einzelfalls vor, die aber um die Vermutung ergänzt ist, dass sich die Kündigungsfrist mit jedem Jahr der Vertragsdauer um einen Monat, längstens bis auf 36 Monate, erhöht; vgl. Art. IV.E. – 2:302 Abs. 3, 4 DCFR.

[97] BGH, NJW 1987, 57 f.

das Ende der Provisionspflicht markieren kann. Nach § 87 Abs. 1 HGB ist der Handelsvertreter daher auch zur Provision für solche Geschäfte berechtigt, deren Abschluss überwiegend auf seine Tätigkeit zurückzuführen ist und die innerhalb einer angemessenen Frist nach Vertragsende zustande kommen. Ferner kann er die Provision gemäß Nr. 2 der Vorschrift auch für die Ausführungsgeschäfte beanspruchen, bei denen ihm oder dem Geschäftsherrn das Angebot des Dritten noch vor dem Vertragsende zugeht.

Besondere Bedeutung erlangt die dienstvertragliche Natur der Handelsvertretung,[98] wenn es um den Ausgleich für die Vorteile geht, die der Geschäftsherr dadurch erlangt, dass der Handelsvertreter während der Laufzeit des Vertrags neue Kunden geworben oder die Verbindung zu schon vorhandenen Kunden ausgebaut hat. Blieben diese Vorteile unvergütet, entspräche dies durchaus dem Erfolgsbezug der Provisionspflicht, die auf den Vollzug der Ausführungsgeschäfte ausgelegt ist. Es widerspräche aber der Verpflichtung des Handelsvertreters zur Werbung von Kunden für den Geschäftsherrn, die durch die Provision für die bereits abgeschlossenen Ausführungsgeschäfte nicht hinreichend entlohnt wäre. § 89b Abs. 1 HGB gewährt dem Handelsvertreter daher als zusätzliche Vergütung[99] einen **Anspruch auf angemessenen Ausgleich**,[100] wenn der Geschäftsherr nach Vertragsende erhebliche Vorteile durch die Werbung von Neukunden oder die Erweiterung einer schon bestehenden Geschäftsbedingung erlangt und ein Ausgleich unter Berücksichtigung aller Umstände des Einzelfalls der Billigkeit entspricht.[101] Die zusätzlich genannte Voraussetzung, dass der Handelsvertreter infolge der Beendigung des Vertragsverhältnisses ihm ansonsten zustehende Provisionsansprüche verliert, hat keine Entsprechung im korrespondierenden Art. 17 der Handelsvertreterrichtlinie.[102] Sie ist aber schon nach nationalem Recht lediglich als Klarstellung zu verstehen, dass bei der Entscheidung über Entstehung und Höhe des Ausgleichsanspruchs nur solche Kundenverbindungen Berücksichtigung finden, die bei Fortbestand des Vertrags der Provisionspflicht unterlägen. Ausschlaggebend für die Bemessung des Anspruchs, der nach § 89b Abs. 2 BGB höchstens eine Jahresprovision ausmacht, ist eine Prognose über die Provisionen, die der Handelsvertreter aus dem Geschäft mit 437

[98] Richtig *Canaris*, Handelsrecht, Rn. 15.102.

[99] Richtig BGH, NJW-RR 1988, 1061, 1062; 2002, 1548, 1549. Als auf die Zukunft bezogene Vergütung deutet den Ausgleichsanspruch *K. Schmidt*, Handelsrecht, S. 741.

[100] Ebenso, wenn auch auf beide Seiten zugeschnitten, fällt die Regelung im Entwurf eines Gemeinsamen Referenzrahmens aus; vgl. IV.E. – 2:305 DCFR.

[101] Entgegen *Canaris*, Handelsrecht, Rn. 15.98, 100 liegt hierin keine kondiktionsähnliche Vorteilsabschöpfung, und trotz der dienstvertraglichen Wurzel des Ausgleichsanspruchs lässt er sich entgegen Staub/*Emde* § 87a Rn. 19 auch nicht als Instrument des Kündigungsschutzes deuten (insoweit richtig *Canaris*, Handelsrecht, Rn. 15.99). Eine soziale Schutzfunktion kann man dem Ausgleichsanspruch entgegen Oetker/*Busche* § 89b Rn. 1 freilich insofern nicht absprechen, als er Teil des gesetzlichen Mechanismus zum Schutz des Handelsvertreters ist und folglich nach § 89b Abs. 4 HGB auch nicht im Vorhinein vertraglich ausgeschlossen werden kann.

[102] Für eine richtlinienkonforme Reduktion der Vorschrift daher Oetker/*Busche* § 89b Rn. 18 und *Canaris*, Handelsrecht, Rn. 15.110, der den Verlust des eigentlichen Provisionsanspruchs nur im Rahmen der Billigkeitskontrolle berücksichtigen will.

den geworbenen oder enger an den Geschäftsherrn gebundenen Kunden hypothetisch verdient hätte[103].[104] Der Ausgleichsanspruch, der nach § 89b Abs. 3 HGB im Fall einer grundlosen Kündigung durch den Handelsvertreter, einer Kündigung des Geschäftsherrn aus wichtigem Grund sowie bei einer Vertragsübernahme auf Vertreterseite ausgeschlossen ist, besteht nach den allgemeinen Regeln des Dienstvertrags[105] auch dann, wenn das Vertragsverhältnis fehlerhaft war.[106] Ist dem Handelsvertreter gemäß § 90a HGB wirksam durch schriftliche Vereinbarung ein Wettbewerbsverbot auferlegt, kann er neben dem Ausgleich gemäß § 89b HGB noch eine angemessen Karenzentschädigung verlangen.

438 Außer beim Franchisevertrag[107] stellt sich die Frage nach einer analogen Anwendung der Regeln über die Handelsvertretung noch bei zwei anderen Arten der Absatzmittlung, der Kommissionsagentur und dem Vertrieb durch Vertragshändler. Als **Kommissionsagent** bezeichnet man den Kommissionär, der nicht von Fall zu Fall, sondern ebenso wie ein Handelsvertreter ständig mit der Wahrnehmung der Interessen des Geschäftsherrn betraut ist, indem er für seine Rechnung, aber im eigenen Namen Kauf- oder ähnliche Verträge abschließt. Dass er den Geschäftsherrn gegenüber den Kunden nicht regelrecht vertritt, ändert nichts daran, dass er sich im Innenverhältnis zum Geschäftsherrn in einer vergleichbaren Position wie der Handelsvertreter befindet und für den Geschäftsherrn eine über den Abschluss der Ausführungsgeschäfte hinausgehende Dienstleistung erbringt. Er ist einerseits nach § 86 Abs. 1 HGB zur dauernden Sorge um den Absatz des Geschäftsherrn und insbesondere auch zur Werbung von Kunden sowie dazu verpflichtet, einen absatzschädlichen Wettbewerb zu unterlassen. Andererseits kann er ebenso wie ein Handelsvertreter im Fall der Zuweisung eines bestimmten Bezirks oder Kundenkreises gemäß § 87 Abs. 2 HGB eine Provision für alle hierauf bezogenen Ausführungsgeschäfte verlangen;[108] und er wird im Fall der Vertragsbeendigung durch die Kündigungsregelung des § 89 HGB[109] sowie den Ausgleichsanspruch gemäß § 89b HGB[110] geschützt, sofern der von ihm geworbene Kundenstamm, wie regelmäßig schon aufgrund der erreichten Bindung an die Marke des Geschäftsherrn, automatisch bei diesem verbleibt oder an ihn kraft des Agenturvertrags herauszugeben ist.

---

[103] BGH, NJW-RR 2002, 1548, 1549.

[104] Dies schreibt im Ergebnis auch der Entwurf eines Gemeinsamen Referenzrahmens vor, der zudem den Zwischenschritt vorgibt, eine durchschnittliche Jahresprovision aus dem Neukundengeschäft zu ermitteln, um diese dann mit der Anzahl der Jahre zu multiplizieren, in denen der Geschäftsherr von den neuen oder erweiterten Kontakten profitiert; vgl. Art. IV.E. – 3:312 Abs. 1 DCFR.

[105] S. o. Rn. 238.

[106] Im Ergebnis richtig daher BGH, NJW 1995, 1958; 1997, 655, 656 f. Anders *Canaris*, Handelsrecht, Rn. 15.120, der sich in seiner Kritik aber auf die Frage konzentriert, ob das Bereicherungsrecht eine angemessene Lösung bereithält. Diese ist jedoch für die Anerkennung des fehlerhaften Dienstverhältnisses nicht wesentlich; s. o. Rn. 238.

[107] S. o. Rn. 370.

[108] *Canaris*, Handelsrecht, Rn. 16.7.

[109] *Canaris*, Handelsrecht, Rn. 16.9.

[110] MünchKomm/*v. Hoyningen-Huene* § 89b HGB Rn. 25, *Canaris*, Handelsrecht, Rn. 16.13, *K. Schmidt*, Handelsrecht, S. 770.

Folgen die Kunden nicht dem Geschäftsherrn, fehlt es dagegen an dessen Vorteil, der die zusätzliche Vergütung des Kommissionsagenten rechtfertigt.

Demselben Regime wie der Kommissionsagent unterliegt auch der **Vertragshändler**. Zwar vertreibt er die Produkte des Geschäftsherrn im eigenen Namen und auch auf eigene Rechnung. Gleichwohl erbringt er in Vollzug des Rahmenvertrags, aufgrund dessen er seine Bestellungen beim Produzenten tätigt, für diesen eine über den bloßen Absatz hinausgehende Dienstleistung,[111] indem er den Vertrieb des Produkts fördert und einen absatzschädlichen Wettbewerb unterlässt.[112] Dass er seine Vergütung hierfür ausschließlich durch die zwischen Ein- und Weiterverkaufspreis liegende Gewinnspanne erzielt,[113] unterscheidet ihn kaum vom Handelsvertreter und Kommissionsagenten, die ebenfalls in Abhängigkeit von Anzahl und Umfang der abgeschlossenen Ausführungsgeschäfte entlohnt werden. Mag auch ein tatsächlicher Unterschied in der Struktur des regelmäßig mit Organisationsaufwand betriebenen Vertragshandels und der typischerweise auf persönliche Tätigkeit angelegten Handelsvertretung bestehen, rechtfertigt dies noch keine andere Behandlung des Vertragshändlers.[114] Denn die gesetzlichen Bestimmungen über den Handelsvertreter greifen auch ohne Rücksicht darauf, ob dieser dem Typ des arbeitnehmerähnlich tätigen Vertreters entspricht oder über eine umfangreiche Unternehmensorganisation verfügt. Gegen eine Anwendung der Bestimmungen über die Handelsvertretung spricht allein, dass der Vertragshändler als Käufer der vom Hersteller bezogenen Produkte ein besonderes Risiko übernimmt.[115] Dieses bezieht sich aber nur auf die einzelnen Bestellungen, nicht dagegen auf die kraft des Rahmenvertrags geleistete Absatzförderung, so dass die gerade deshalb geschaffenen Schutzmechanismen des Handelsvertreterrechts auch auf den Vertragshändler Anwendung finden müssen. Dies bedeutet insbesondere, dass er in den Genuss der Kündigungsschutzregeln des § 89 HGB sowie des Ausgleichsanspruchs gemäß § 89b HGB kommt,[116] falls er den geworbenen Kundenstamm in Erfüllung einer vertraglichen Verpflichtung an den Hersteller verliert.[117] Ebenso wie beim Kommissionsagenten muss dasselbe gelten, wenn der Kundenstamm dem Hersteller automatisch dadurch verbleibt, dass der Vertragshändler für dessen Marke geworben hat.[118] Dem von der Rechtsprechung zugleich aufgestellten Erfordernis der Einbindung des Vertragshändlers in die Absatzorganisation des Herstellers[119] kommt keine eigenständige, sondern nur die Bedeutung zu, die Absatzförderungspflicht des Vertragshändlers zu umschreiben,[120] 439

[111] Richtig *Ulmer*, Der Vertragshändler, München 1969, S. 287 ff., *Canaris*, Handelsrecht, Rn. 17.7 ff., *K. Schmidt*, Handelsrecht, S. 759 f.

[112] Diese Pflicht legt ihm der Entwurf eines Gemeinsamen Referenzrahmens ausdrücklich auf; vgl. Art. IV.E. – 5:301 DCFR.

[113] *Ulmer* (Fn. 111), S. 290, *Canaris*, Handelsrecht, Rn. 17.9.

[114] So aber *Ulmer* (Fn. 111), S. 401 ff.

[115] So *Ulmer* (Fn. 111), S. 402 f.

[116] Dasselbe gilt nach dem Entwurf eines Gemeinsamen Referenzrahmens; vgl. Art. IV.E. – 2:305 DCFR.

[117] BGH, NJW 1997, 655, 657, NJW-RR 2004, 898; 2010, 1263, 1264.

[118] Richtig *K. Schmidt*, Handelsrecht, S. 773 ff.

[119] BGH, NJW-RR 2004, 898; 2010, 1263, 1264.

[120] Dies klingt etwa bei BGH, NJW 2000, 1413 an.

die seine Tätigkeit der eines Handelsvertreters ähnlich macht.[121] Da sie im Fall der Zuweisung eines bestimmten Bezirks oder Kundenkreises gerade durch die automatisch anfallende Bezirksvertreterprovision abgegolten wird, ist auch diese entgegen der Ansicht der Rechtsprechung[122] in analoger Anwendung von § 87 Abs. 2 HGB dem Vertragshändler zuzugestehen.

3. Geschäftsführung ohne Auftrag

a) Geschäftsführung und Bereicherung

440 Das **Regelungsschema** des **Auftrags** bewährt sich nicht nur bei entgeltlichen Geschäftsbesorgungsverträgen. Es passt auch auf die Konstellationen, in denen jemand ohne vertragliche Grundlage tätig geworden ist und so auf das Vermögen eines anderen eingewirkt hat. Das hierfür in Anlehnung an das Auftragsrecht geschaffene Institut der Geschäftsführung ohne Auftrag (*negotiorum gestio*)[123] bildete im römischen Recht gemeinsam mit dem Auftrag und der Gesellschaft eine Teilordnung des Vertragsrechts, mit der die unentgeltlichen Schuldbeziehungen als Geschäftsführungsverhältnisse erfasst wurden: Während die Gesellschaft als gemeinnützige Geschäftsbesorgung nur kraft Vertrags entstehen konnte, kam die fremdnützige Geschäftsführung auch so vor, dass sie ohne vertragliche Vereinbarung erfolgte und damit aus dem Anwendungsbereich des Auftragsrechts herausfiel. Der Ausgangsfall, in dem das Bedürfnis für eine entsprechende Anwendung der Regeln über den Auftrag erkannt wurde, war die Übernahme der Prozessvertretung für einen Abwesenden. Sie war für den Geschäftsherrn zumindest aus der Sicht *ex ante* stets nützlich und auch nur so denkbar, dass der Geschäftsführer in Bewusstsein der Fremdgeschäftsführung und mit dem Ziel tätig wurde, dem Geschäftsherrn einen Vorteil zu verschaffen. Der Geschäftsführer wurde daher wie ein Auftragnehmer behandelt, also zum Ersatz seiner Aufwendungen berechtigt und zur Herausgabe des Erlangten sowie zum Schadensersatz für die unsorgfältige Geschäftsbesorgung verpflichtet.

441 Die Juristen der römischen Klassik entkoppelten die Rechtsfolgen der Geschäftsführung ohne Auftrag allmählich von der Voraussetzung eines Fremdgeschäftsführungsbewusstseins oder -willens. Als unentbehrlich galt der Fremdgeschäftsführungswille nur, wenn das besorgte Geschäft wie etwa der Kauf einer Sache objektiv neutral war und sich dem Geschäftsherrn daher nur durch die Absicht des Geschäftsbesorgers zurechnen ließ. Auch wenn sich das Geschäft für den Geschäftsherrn im Ergebnis als nachteilig erwies, war ein Aufwendungsersatzanspruch des Geschäftsführers nur dann angebracht, wenn er das aus der Sicht *ex ante* nützliche Geschäft mit Fremdgeschäftsführungswillen geführt hatte; und seine Haftung war nur dann gerechtfertigt, wenn er zumindest den Fremdbezug seines Handelns kannte. Als entbehrlich wurden Fremdgeschäftsführungsbewusstsein oder -wille dagegen in dem Fall empfunden, dass das Geschäft im Ergebnis für den Geschäftsherrn von Nutzen war. Manche Juristen ließen hier die bloße Kenntnis des Fremd-

---

[121] Ähnlich *Canaris*, Handelsrecht, Rn. 17.19.

[122] BGH, NJW 1984, 2411.

[123] Hierzu *Honsell/Mayer-Maly/Selb*, Römisches Recht, S. 348 ff., *Zimmermann*, Law of Obligations, S. 433 ff., *Harke*, Römisches Recht, Rn. 11.1 ff.

bezugs genügen, um dem Geschäftsherrn einen Anspruch auf Herausgabe des durch Geschäftsführung Erlangten und dem Geschäftsbesorger einen Anspruch auf Aufwendungsersatz bis zur Höhe der beim Geschäftsherrn eingetretenen Bereicherung zu gewähren.[124] Andere gingen sogar so weit, dass sie außer auf die Absicht der Fremdgeschäftsführung sogar auf das Wissen vom Fremdbezug verzichteten und den Geschäftsbesorger, der objektiv ein fremdes Geschäft geführt hatte, zur Herausgabe des erzielten Vorteils und den Geschäftsherrn, soweit er bereichert war, zum Aufwendungsersatz verpflichteten.[125] So diente die Geschäftsführung ohne Auftrag der **Gewinnabschöpfung**, die in Rom nicht mit Hilfe der auf reine Rückgewähr gerichteten Bereicherungsklage erreicht werden konnte; und sie erhielt als Alternative zum Fremdgeschäftsführungswillen einen **objektiven Tatbestand**: die Einwirkung auf fremdes Vermögen. Während sie bei einer schadensstiftenden Geschäftsführung ohne Weiteres feststellbar war, musste bei der vorteilhaften Geschäftsbesorgung verhindert werden, dass sich der Bezug zum Vermögen des Geschäftsherrn erst im Wege eines Zirkelschlusses aus dem ihm gewährten Herausgabeanspruch ergab. Eine Gewinnabschöpfung wurde daher nur dort zugelassen, wo der vom Geschäftsführer erwirtschaftete Vorteil nicht für jedermann erreichbar, sondern mit dem Ver-

---

[124] D 3.5.5.5 Ulp 10 ed: *Sed et si quis negotia mea gessit non mei contemplatione, sed sui lucri causa, Labeo scripsit suum eum potius quam meum negotium gessisse (qui enim depraedandi causa accedit, suo lucro, non meo commodo studet): sed nihilo minus, immo magis et is tenebitur negotiorum gestorum actione. ipse tamen si circa res meas aliquid impenderit, non in id quod ei abest, quia improbe ad negotia mea accessit, sed in quod ego locupletior factus sum habet contra me actionem.* („Doch auch wenn jemand meine Geschäfte nicht für mich, sondern zu seinem eigenen Vorteil geführt hat, hat er, so meint Labeo, eher sein als mein Geschäft besorgt (wer nämlich in meine Geschäfte eingreift, um mich auszurauben, hat seinen Gewinn, nicht meinen Vorteil im Sinne). Aber nichtsdestoweniger, sondern eher umso mehr wird er mir mit der Geschäftsführungsklage haften. Er selbst hat jedoch, wenn er etwas für meine Angelegenheiten aufwendet, gegen mich nicht die Klage auf das, was ihm fehlt, sondern auf meine Bereicherung, weil er unziemlich in meine Geschäfte eingegriffen hat.")

[125] D 3.5.48 Afr 8 quaest: *Si rem, quam servus venditus subripuisset a me venditore, emptor vendiderit eaque in rerum natura esse desierit, de pretio negotiorum gestorum actio mihi danda sit, ut dari deberet, si negotium, quod tuum esse existimares, cum esset meum, gessisses: sicut ex contrario in me tibi daretur, si, cum hereditatem quae ad me pertinet tuam putares, res tuas proprias legatas solvisses, quandoque de ea solutione liberarer.* („Hat der Käufer eines Sklaven eine Sache verkauft, die der verkaufte Sklave von mir, seinem Verkäufer, gestohlen hatte, und ist die Sache untergegangen, ist mir wegen des Preises die Geschäftsführungsklage zu geben, wie sie gewährt werden muss, wenn du ein Geschäft geführt hast, das du für das deine hieltest, während es das meine war, und wie umgekehrt dir die Klage gegen mich gewährt wird, wenn du, da du glaubtest, dass die Erbschaft, die mir zusteht, dir gehört, mit dir hinterlassenen eigenen Sachen geleistet hast, da ich durch diese Erfüllung befreit wurde.") – Der Vorteil für den Geschäftsherrn ergab sich im Fall des Verkaufs seiner Sache durch den Geschäftsbesorger daraus, dass ihr späterer Untergang zulasten des Käufers ging, der seit Abschluss des Kaufvertrags unbedingt zur Kaufpreiszahlung verpflichtet war. Bei der Leistung des Scheinerben auf eine Vermächtnisschuld wurde der wahre Erbe deshalb begünstigt, weil die Leistung nicht der Kondiktion unterlag und daher jedenfalls und auch dann befreite, wenn sie in der Fehlannahme einer eigenen Verpflichtung des Scheinerben erfolgte.

mögen des Geschäftsherrn derart verbunden war, dass ihm das zur Geschäftsbesorgung eingesetzte Mittel gehörte oder sich der Nutzen an einem Gegenstand seines Vermögens realisierte.

442 Die Fortentwicklung des Instituts der Geschäftsführung ohne Auftrag wurde später **wieder rückgängig** gemacht. Den Ausschlag gab hierfür zunächst ihre Zuordnung zu der in der byzantinischen Lehre aufgekommenen Kategorie der Quasikontrakte. Sie provozierte die ab dem Mittelalter herrschende Vorstellung, die Rechtsfolgen der auftragslosen Geschäftsführung beruhten auf einem unausgesprochenen Konsens von Geschäftsherr und Geschäftsbesorger, der zumindest bei diesem eine entsprechende Willensrichtung voraussetze. Später trat noch die Überzeugung hinzu, bei den ohne Fremdgeschäftsführungsbewusstsein oder -willen begründeten Ansprüchen handele es sich um verkappte Bereicherungsansprüche. Obwohl sie auf dem fast törichten Fehlschluss beruhte, die Abschöpfung einer ungerechtfertigten Bereicherung könne nur mit Hilfe des gleichnamigen Kondiktionsrechts erfolgen, setzte sich das subjektive Modell der Geschäftsführung ohne Auftrag doch in den Kodifikationen durch: Während das preußische ALR (§ 231 I 13) noch von einem objektiven Begriff des fremden Geschäfts ausgeht, fordern der französische *Code civil* (Art. 1372) und das österreichische AGBG (§ 1037 f.) den Fremdgeschäftsführungswillen des Geschäftsbesorgers. Diesem Muster folgen auch das schweizerische OR (Art. 419) und das BGB (§ 677), die verlangen, dass die Geschäftsführung „für einen anderen" erfolgt, und damit einen subjektiven Begriff der Geschäftsbesorgung zugrunde legen.[126] Immerhin ist die Voraussetzung des Geschäftsführungswillens mit einem objektiven Begriff des fremden Geschäfts verknüpft, die darin zum Ausdruck kommt, dass das deutsche Gesetz den Irrtum über die Person des Geschäftsherrn für irrelevant erklärt (§ 686 BGB);[127] und die Regeln über die Geschäftsführung ohne Auftrag kommen auch zur Anwendung, wenn sich jemand ein Geschäft in Kenntnis seines Fremdbezugs zum eigenen Vorteil angemaßt hat (§ 687 Abs. 2 BGB). Einer Ausdehnung auf den Fall der unbewussten Besorgung eines objektiv fremden Geschäfts soll freilich die ausdrückliche Verweisung dieser Konstellation in das Bereicherungsrecht (§ 687 Abs. 1 BGB) wehren. Die Verfasser des BGB sind so auf der Hälfte des von den römischen Juristen beschrittenen Wegs stehengeblieben. Die Gewinnabschöpfung wollten sie nur beim Vorsatz des Geschäftsbesorgers dem Recht der Geschäftsführung ohne Auftrag, ansonsten dem Bereicherungsrecht überlassen, das dieser Aufgabe jedoch nicht gewachsen ist.[128]

---

[126] Dies gilt auch für den Entwurf eines Gemeinsamen Referenzrahmens, der sogar den Willen verlangt, dem Geschäftsherrn einen Vorteil zu verschaffen; vgl. Art. V. – 1:101 Abs. 1 DCFR.

[127] Dieses Hindernis für eine rein subjektive Konstruktion des Geschäftsführungstatbestands kann Staudinger/*Bergmann* (2006) § 686 Rn. 1 nicht beseitigen, indem er in § 686 BGB eine Vorschrift über die „normative Finalität" des Geschäftsführerhandelns sieht, die sich eben doch nur aus einer objektiven Geschäftszuständigkeit ergeben kann.

[128] S. u. Rn. 506 ff.

b) Fremdes Geschäft und Fremdgeschäftsführungswille

Die Kreuzung von subjektivem und objektivem Geschäftsführungsmodell im BGB hat zu einer vorhersehbaren Spaltung der Ansichten über den Tatbestand der Geschäftsführung ohne Auftrag geführt. Während manche ihn abschließend im Fremdgeschäftsführungswillen und in der Geschäftsanmaßung gemäß § 687 Abs. 2 BGB eine Anomalie sehen,[129] ergeben sich die Rechtsfolgen der auftragslosen Geschäftsführung für andere in erster Linie aus der Fremdzuständigkeit für das geführte Geschäft, wohingegen der Fremdgeschäftsführungswille nur ein abhängiges Tatbestandsmerkmal sei[130]. Die Rechtsprechung kombiniert den objektiven Geschäftsführungsbegriff mit dem Merkmal des **Fremdgeschäftsführungswillens**, indem sie eine **Vermutung** für diesen begründet sieht, wenn jemand in einen fremden Rechts- oder Interessenkreis eingegriffen und damit ein objektiv fremdes Geschäft geführt hat.[131] Der Feststellung eines wirklichen Fremdgeschäftsführungswillens bedarf es daher nur noch in den Fällen, in denen das besorgte Geschäft objektiv neutral ist und sich einem Dritten bloß mit Hilfe des nach außen in Erscheinung tretenden Willens, für einen anderen zu handeln, zuordnen lässt.[132] So hat die Rechsprechung das vom Gesetzgeber geschaffene Dilemma praktisch in dem Sinne aufgelöst, dass allein ein objektiver Tatbestand die Rechtsfolgen der Geschäftsführung ohne Auftrag zeitigt. Diese Lösung ist wegen des innergesetzlichen Widerspruchs, in dem die subjektive Definition der Geschäftsführung ohne Auftrag in § 677 BGB und die Anknüpfung an den objektiven Fremdbezug des Geschäfts in §§ 686 f. BGB stehen, durchaus legitim. Sie wirft aber wegen der Allgemeinheit, in der sie sich über das subjektive Geschäftsführungsmodell hinwegsetzt, nicht unerhebliche Schwierigkeiten auf. 443

Probleme ergeben sich aus dem Konzept der Rechtsprechung vor allem in zwei Konstellationen: beim Handeln im **Drittauftrag**[133] und bei der Geschäftsführung in der Fehlannahme einer wirksamen vertraglichen Bindung gegenüber dem Geschäftsherrn[134].[135] Dass der Geschäftsbesorger hier in erster Linie zur Erfüllung seiner **vermeintlichen Pflicht** gegenüber dem Geschäftsherrn oder seiner wirklichen 444

---

[129] So *Wittmann*, Begriff und Funktionen der Geschäftsführung ohne Auftrag, München 1981, S. 38 f., 63, *B. Schmidt*, Die berechtigte Geschäftsführung ohne Auftrag, Berlin 2008, S. 37 ff., *Schubert*, Der Tatbestand der Geschäftsführung ohne Auftrag, AcP 178 (1978) 431, 436 ff., *Gursky*, Der Tatbestand der Geschäftsführung ohne Auftrag, AcP 185 (1985) 13, 14 ff., *Reichard*, *Negotium alienum* und ungerechtfertigte Bereicherung, AcP 193 (1993) 567, 568 ff., Staudinger/*Bergmann* (2006) vor § 677 Rn. 3.

[130] So vor allem *Wollschläger*, Geschäftsführung ohne Auftrag: Theorie und Rechtsprechung, Berlin 1976, S. 45, 57 ff.

[131] BGH, NJW 2000, 72; 2007, 63, 64.

[132] BGH, NJW 2000, 72, 73; 2009, 2590, 2591.

[133] Hierzu BGH, NJW 2000, 422, 423, NJW-RR 2008, 683, 685.

[134] BGH, NJW 1997, 47, 48.

[135] Im Entwurf eines Gemeinsamen Referenzrahmens ist in Konsequenz aus dem subjektiven Konzept der Geschäftsführung ohne Auftrag zumindest der Fall des Drittauftrags ausdrücklich vom Anwendungsbereich der einschlägigen Bestimmungen ausgenommen; vgl. Art. V. – 1:103 Buchst. c DCFR.

Verpflichtung gegenüber einem Dritten tätig wird, soll der durch den objektiven Fremdbezug begründeten Vermutung eines Fremdgeschäftsführungswillens nicht entgegenstehen, sondern allenfalls dazu führen, dass das Geschäft als ein „auch fremdes" geführt wird[136].[137] Greifen deshalb die Rechtsfolgen der Geschäftsführung ohne Auftrag ein, wird so freilich die Ordnung des Vertragsvollzugs gestört, die durch die Tilgungsbestimmung des Geschäftsführers vorgegeben ist: Besorgt er das Geschäft des Geschäftsherrn, um einer Verpflichtung gegenüber diesem oder einem Dritten zu genügen, führt dies entweder zum Eintritt der Erfüllungswirkung oder zu einem Rückgewähranspruch nach Bereicherungsrecht; und weder bedarf dieser einer Ergänzung durch ein Aufwandsersatzrecht, noch ist beim Drittauftrag ohne Weiteres ein Durchgriff auf den durch die Leistung im Ergebnis Begünstigten gerechtfertigt, weil die Geschäftsbesorgung ihren Rechtsgrund ja in der Rechtsbeziehung zu dem Dritten findet. Die Rechtsprechung versucht, diese Konsequenzen auf unterschiedlichen Wegen zu vermeiden: Bei der Leistung auf eine unwirksame Verpflichtung gegenüber dem Geschäftsherrn verlangt sie einen besonderen Schutzzweck der Leistung, wie er etwa bei dessen Versorgung mit Energie[138], nicht aber bei der Vornahme ungeschuldeter Schönheitsreparaturen vorliege[139].[140] Beim Handeln im Drittauftrag will sie dagegen entscheiden lassen, ob der Vertrag mit dem Dritten die Rechte und Pflichten der Parteien und insbesondere das Entgelt für die Leistung umfassend regelt[141].[142]

445 An die Stelle dieser praktisch kaum durchzuführenden Beurteilung nach disparaten Kriterien sollte die einheitliche Unterscheidung danach treten, ob die Geschäftsführung für den durch sie Begünstigten **im Ergebnis vorteilhaft** war. Nur in diesem Fall haben auch die römischen Juristen die unbewusste Fremdgeschäftsführung anerkannt, wie sie die Rechtsprechung heute praktisch durch die Vermutung eines Fremdgeschäftsführungswillens zulässt. Und nur wenn man die erfolgreiche Geschäftsführung als Ausnahme vom Regeltatbestand der Geschäftsführung ohne Auftrag begreift, lässt sich ein Widerspruch zum Regime der Erfüllung und des Bereicherungsrechts vermeiden: Ist der Geschäftsführer in der Fehlannahme einer wirksamen Verpflichtung gegenüber dem Begünstigten tätig geworden, hat dieser keinen Vorteil erreicht, weil er die Leistung wieder nach Bereicherungsrecht an den Geschäftsführer herauszugeben hat. Dementsprechend greifen daneben auch nicht

---

[136] BGH, NJW 2000, 72 f. ; 2007, 63, 64.

[137] Etwas anderes soll dagegen gelten, wenn jemand vor Abschluss eines Vertrags Aufwendungen in Erwartung seiner Beauftragung durch den Kontrahenten gemacht hat, weil jede Seite das Risiko eines Scheiterns der Vertragsverhandlungen selbst tragen soll; vgl. BGH, NJW 2000, 72, 73.

[138] BGH, NJW-RR 2005, 639, 641.

[139] BGH, NJW 2009, 2590, 2591 f.

[140] Für einen brauchbaren Ansatz zur Unterscheidung nach dem Geschäftsführerwillen hält dies MünchKomm/*Seiler* § 677 BGB Rn. 14, 21.

[141] BGH, NJW-RR 2004, 81, 83.

[142] Hieran knüpft auch Staudinger/*Bergmann* (2006) vor § 677 Rn. 187 an, der die Geschäftsführung ohne Auftrag dann verdrängt sieht, wenn ihr eine vertragliche Ordnung oder Gesetzesrecht entgegenstehen.

noch die Regeln über die Geschäftsführung ohne Auftrag ein.[143] Dasselbe gilt, wenn der Begünstigte einem Dritten, an den der Geschäftsführer leisten will, zur Rückgewähr des Vorteils verpflichtet ist oder wenn er nur das erhält, was ihm kraft seiner Rechtsbeziehung zu dem Dritten gebührt. Als Anwendungsfälle des Geschäftsführungsrechts jenseits der Voraussetzung eines Fremdgeschäftsführungswillens bleiben damit nur die Konstellationen übrig, in denen der Begünstigte durch die Geschäftsführung einen Vorteil erlangt, ohne dass er hierauf einen Anspruch hätte oder ihn wieder herausgeben müsste. In diesem eher seltenen Fall ist es gleichermaßen sach- und systemgerecht, wenn der Geschäftsführer den bei dem Begünstigten eingetretenen Vorteil abschöpfen kann.[144] Im Übrigen bleibt es jenseits der Fälle der Geschäftsanmaßung beim Regeltatbestand der Geschäftsführung ohne Auftrag, die ein Handeln für den Geschäftsherrn voraussetzt und nicht zum Zuge kommt, wenn der Geschäftsführer ein eigenes Geschäft in Gestalt der Erfüllung einer ihm wirklich oder auch nur vermeintlich auferlegten Verpflichtung führen will; und die Annahme der Fremdgeschäftsführungsabsicht ist bloß durch § 686 BGB insoweit erleichtert, als der Geschäftsführer keine korrekte Vorstellung von der Identität des Geschäftsherrn haben muss, ja sich diesen überhaupt nicht individualisiert vorzustellen braucht[145].

c) Rechtsfolgen

Primäre Rechtsfolge der auftragslosen Geschäftsführung ist die in Anlehnung an das Auftragsrecht konstruierte Geschäftsbesorgungspflicht des Geschäftsführers. Sie wird freilich kaum je selbst, sondern in aller Regel nur deshalb relevant, weil der **Geschäftsbesorger** gegen sie verstoßen hat und deshalb **haftbar** ist. Maßstab seines Handelns sind nach § 677 BGB das Interesse des Geschäftsherrn, das mit Rücksicht auf dessen wirklichen oder mutmaßlichen Willen bestimmt werden soll. Während zwischen dem Interesse des Geschäftsherrn und seinem mutmaßlichen Willen kein Widerspruch besteht, weil sich dieser gerade nach seinem vernünftigen Interesse richtet,[146] kann der wirkliche Wille des Geschäftsherrn durchaus mit seinem objektiv verstandenen Interesse in Konflikt geraten. Gleichwohl geht er vor,[147] weil der Geschäftsführer dem Geschäftsherrn keine Willensrichtung aufzwingen darf. Eine Ausnahme gilt gemäß § 679 BGB, wenn die Geschäftsführung in der Erfüllung einer Unterhalts- oder einer im öffentlichen Interesse liegenden Pflicht besteht. Auch wenn der Geschäftsführer dem wirklichen Willen des Geschäftsherrn im Übrigen 446

[143] Ebenso im Ergebnis *Fikentscher/Heinemann*, Schuldrecht, Rn. 1265, *Looschelders*, Schuldrecht BT, Rn. 853, Bamberger/Roth/*Gehrlein* § 670 Rn. 18, Erman/*Ehmann* § 677 Rn. 9. Anders AnwK/*Schwab* § 677 BGB Rn. 40 f., der zwar Geschäftsführungsrecht gelten lassen, hierauf aber die Schranken des Bereicherungsrechts, insbesondere §§ 814 und 817 S. 2 BGB, anwenden will.

[144] Anders *Looschelders*, Schuldrecht BT, Rn. 852 und Erman/*Ehmann* § 677 Rn. 10, die die Regeln über die Geschäftsführung ohne Auftrag bei einer Drittverpflichtung überhaupt nicht zum Zuge kommen lassen wollen.

[145] Richtig MünchKomm/*Seiler* § 677 BGB Rn. 7, § 686 BGB Rn. 2.

[146] BGH, NJW-RR 1989, 970.

[147] Richtig *Fikentscher/Heinemann*, Schuldrecht, Rn. 1267, *Looschelders*, Schuldrecht BT, Rn. 861.

zuwiderhandelt, ergibt sich eine Haftung für ihn hieraus nur, wenn er dies erkennen kann. Ist der wirkliche Wille des Geschäftsherrn für ihn unerkennbar, bleibt ihm gar nichts anderes übrig, als sich nach dessen mutmaßlichen Willen, also dem vernünftigen Interesse des Geschäftsherrn, zu richten. Der haftungsauslösende Verstoß gegen den wirklichen oder mutmaßlichen Willen kann dabei sowohl in der Ausführung des übernommenen Geschäfts als auch schon in seiner Übernahme bestehen, so dass der Geschäftsbesorger, wie § 678 BGB ausdrücklich sagt, auch dann schadensersatzpflichtig ist, wenn er das Geschäft zwar, für sich genommen, ordentlich geführt hat, mit Rücksicht auf den Willen des Geschäftsherrn aber gar nicht hätte übernehmen dürfen. Dasselbe gilt in dem umgekehrten Fall, dass er die Geschäftsführung zwar zu Recht übernommen, aber unter Missachtung ihres überbrückenden Charakters länger betrieben hat, als es dem wirklichen oder mutmaßlichen Willen des Geschäftsherrn entsprach.[148] Der Geschäftsbesorger hat dem Geschäftsherrn schließlich auch dafür einzustehen, dass er den unter Umständen erzielbaren Gewinn nicht erzielt hat, was vor allem den Abschöpfungseffekt der Herausgabepflicht wegen Geschäftsanmaßung verstärkt.[149]

447 Dem Geschäftsführer ist bei der Einschätzung, welches Verhalten der Situation angemessen ist, stets ein gewisser Beurteilungsspielraum zuzugestehen, wie er auch einem Auftragnehmer eingeräumt ist, der für die Ausführung des ihm aufgegebenen Geschäfts keine näheren Weisungen erhalten hat.[150] Eine regelrechte **Haftungsbeschränkung** kommt ihm gemäß § 680 BGB nur dann zugute, wenn die Geschäftsführung die Abwendung einer dem Geschäftsherrn drohenden dringenden Gefahr bezweckt. Dass ihm in diesem Fall nur Vorsatz und grobe Fahrlässigkeit schadet, soll die Initiative desjenigen stärken, der sich in der Not für andere einsetzt, ohne dass ihm hinreichend Zeit bleibt, sein Vorgehen zu planen. Dies ist nicht nur im Fall einer objektiv bestehenden Gefahr, sondern auch dann geboten, wenn die Notlage nur scheinbar, dieser Anschein aber vom Geschäftsherrn gesetzt ist.[151] Dagegen greift das Haftungsprivileg des § 680 BGB nicht zugunsten professioneller Nothelfer ein,[152] weil für diese die Notlage der Normalfall und daher kein Anlass ist, ihre Haftung über die sich aus der Natur der Sache ergebende Anpassung des Sorgfaltsmaßstabs an die Notsituation hinaus einzuschränken.[153] Gar keine geschäfts-

---

[148] BGH, NJW-RR 2008, 759, 760.

[149] Richtig *B. Ebert*, Die Geschäftsanmaßung, Berlin 2000, S. 236 ff., der freilich zu Unrecht annimmt, der Geschäftsführer könne den erzielten Erlös nicht um den Anteil kürzen, der auf eigene Aufwendungen zurückgeht. Diese kann der Geschäftsbesorger nämlich gemäß § 684 S. 1 BGB im Wege eines Bereicherungsanspruchs geltend machen.

[150] BGH, NJW-RR 2008, 759, 760.

[151] Erman/*Ehmann* § 680 Rn. 5.

[152] Im Ergebnis ebenso Staudinger/*Bergmann* (2006) § 680 Rn. 15. AnwK/*Schwab* § 681 BGB Rn. 9 will statt der Professionalität des Nothelfers entscheiden lassen, ob er für seine Tätigkeit eine Vergütung erhält; gegen einen solchen Ansatz wendet sich MünchKomm/*Seiler* § 680 BGB Rn. 6.

[153] Umgekehrt Erman/*Ehmann* § 680 Rn. 2, der das Haftungsprivileg anwenden, aber den Sorgfaltsmaßstab für den professionellen Nothelfer verschärfen will. Dies bleibt wirkungslos, da der Vorwurf der groben Fahrlässigkeit nur ausnahmsweise in vorsatzähnlichen Konstellationen begründet ist; vgl. *Harke*, Allgemeines Schuldrecht, Rn. 235.

besorgungsrechtliche, sondern nur die Deliktshaftung trifft den Geschäftsführer gemäß § 682 BGB, wenn er nicht oder nicht voll geschäftsfähig ist.

Gemäß § 681 BGB treffen den Geschäftsführer neben einer Anzeigepflicht un- 448
bedingt die Verpflichtungen des Auftragnehmers zu Auskunft und Rechenschaft (§ 666 BGB) sowie zur **Herausgabe** des aus der Geschäftsführung **Erlangten** (§ 667 BGB), sofern er nicht in der Geschäftsfähigkeit beschränkt und daher gemäß § 682 BGB nur nach Bereicherungsrecht verpflichtet ist. Die Rechenschafts- und Herausgabepflicht gilt unabhängig von der Willensrichtung des Geschäftsherrn und nach § 687 Abs. 2 S. 1 BGB sogar im Fall der Geschäftsanmaßung, bei der der Geschäftsführer ein fremdes Geschäft zum eigenen Vorteil führt. Dagegen ist der Geschäftsbesorger nicht umgekehrt stets und unbeschränkt zum **Aufwendungsersatz** berechtigt. Die aus der Sicht *ex ante* erforderlichen und angemessenen Aufwendungen, deren Ersatz dem Auftragnehmer gewährt wird, kann der auftragslose Geschäftsführer gemäß §§ 683, 670 BGB nur dann erstattet verlangen, wenn die Übernahme der Geschäftsführung dem wirklichen oder mutmaßlichen Willen des Geschäftsherrn entsprach oder sein Wille nach § 679 BGB ausnahmsweise deshalb unbeachtlich war, weil der Geschäftsbesorger eine Unterhalts- oder im öffentlichen Interesse liegende Pflicht erfüllt hat.[154] Zwar nennt § 683 BGB das Interesse des Geschäftsherrn neben seinem Willen. Da für den Aufwendungsersatz jedoch kein anderer Maßstab gelten darf als für den Vollzug der Geschäftsführung, ist dies im Sinne der Formulierung von § 677 BGB so zu verstehen, dass sich das Interesse aus dem wirklichen oder mutmaßlichen Willen des Geschäftsherrn ergibt.[155] Der Geschäftsführer kann daher, wenn er den wirklichen Willen des Geschäftsherrn nicht zu erkennen vermag, auch dann Ersatz der erforderlich scheinenden Aufwendungen verlangen, wenn der Wille des Geschäftsherrn unvernünftig ist und nicht seinem objektiven Interesse entspricht. Ist der Geschäftsführer nicht voll geschäftsfähig und deshalb gemäß § 682 BGB nur nach Delikts- und Bereicherungsrecht verpflichtet, schließt dies sein Aufwendungsersatzrecht nicht aus; denn der Ausschluss des Geschäftsführungsrechts dient nur seinem Schutz und nicht dazu, seine Rechte als Geschäftsführer zu beschneiden.[156] Das Recht auf Aufwendungsersatz umfasst nach Ansicht der Rechtsprechung[157] die übliche **Vergütung** des Geschäftsführers, wenn dieser die Geschäftsbesorgung im Rahmen seines Berufs oder Gewerbes be-

---

[154] Hieran knüpft die verbreitete, aber bestenfalls irrelevante, eher irreführende Unterscheidung zwischen berechtigter und unberechtigter Geschäftsführung ohne Auftrag an, wie sie sich etwa bei *Fikentscher/Heinemann*, Schuldrecht, Rn. 1260, *Looschelders*, Schuldrecht BT, Rn. 836, 840, Bamberger/Roth/*Gehrlein* § 677 Rn. 2 ff., PWW/*Fehrenbacher* § 677 Rn. 4 ff. und jetzt sogar noch verteidigt bei *B. Schmidt* (Fn. 204), S. 133 ff. findet. Gegen sie wenden sich zu Recht MünchKomm/*Seiler* § 677 BGB Rn. 50 und Staudinger/*Bergmann* (2006) vor § 677 Rn. 95 ff.

[155] Anders MünchKomm/*Seiler* § 677 BGB Rn. 52, der glaubt, § 677 BGB räume dem Geschäftsführer gezielt mehr Freiheit in seiner Handlung als § 683 BGB beim Aufwendungsersatz ein.

[156] Vgl. Staudinger/*Bergmann* (2006) § 682 Rn. 4, Bamberger/Roth/*Gehrlein* § 682 Rn. 1, AnwK/*Schwab* § 682 BGB Rn. 7 und Erman/*Ehmann* § 682 Rn. 2, der zu Recht geltend macht, dass die Gegenauffassung der überwundenen Vorstellung vom Quasikontrakt folgt.

[157] BGH, NJW 2000, 422, 424, NJW-RR 2005, 1426, 1428.

treibt.[158] Diese Formel,[159] die an den Rechtsgedanken der für das Aufwandsersatzrechts eines Vormunds geltenden Regelung (§ 1835 Abs. 3 BGB) anknüpft,[160] führt zwar in aller Regel zu richtigen Ergebnissen, ist aber teils zu eng, teils zu weitgehend. Denn einerseits führt sie zu einer Vergütung des Geschäftsbesorgers auch in den Fällen, in denen er bei einem Vertragsschluss mit dem Geschäftsherrn eine solche nicht verlangt hätte, sondern als Auftragnehmer tätig geworden wäre. Andererseits schließt sie eine Vergütung des unprofessionell tätigen Geschäftsbesorgers kategorisch und auch dann aus, wenn die Parteien sich auf eine entgeltliche Geschäftsführung verständigt hätten. Entscheidend ist demnach nicht die Zugehörigkeit zum Beruf oder Gewerbe des Geschäftsführers, sondern was die Parteien vereinbart hätten, wenn sie vor Übernahme der Geschäftsbesorgung einen hierauf gerichteten Vertrag geschlossen hätten.[161] Bei berufsmäßigen Geschäftsbesorgungen führt diese Beurteilung in aller Regel, aber nicht zwingend zur Bejahung eines Vergütungsanspruchs, bei unprofessionellen häufig, aber nicht ausnahmslos zur Annahme einer zumindest auf die Arbeitsleistung bezogenen Schenkungsabsicht, die nach § 685 Abs. 1 BGB den Aufwendungsersatz ausschließt.

449 Entspricht die Geschäftsführung nicht dem Willen des Geschäftsherrn, kann ein Aufwandsersatzrecht nach § 684 S. 2 BGB noch dadurch begründet werden, dass der Geschäftsherr sie genehmigt. Im Übrigen erlangt der Geschäftsführer nach S. 1 der Vorschrift lediglich einen Anspruch auf **Herausgabe** der durch die Geschäftsbesorgung beim Geschäftsherrn eingetretenen **Bereicherung**. Ist diese in ihrem Wert höher als die Aufwendungen des Geschäftsführers, führt dies nicht automatisch zu einer Begrenzung des Bereicherungsanspruchs,[162] sondern macht es für den Geschäftsherrn lediglich ratsam, die Geschäftsführung zu genehmigen, um so aus dem Recht auf Herausgabe der ungerechtfertigten Bereicherung einen Aufwendungsersatzanspruch nach §§ 681 S. 1, 670 BGB werden zu lassen. Etwas anderes muss freilich für den Bereicherungsanspruch gelten, der dem Geschäftsbesorger nach § 687 Abs. 2 S. 2 BGB im Fall einer Geschäftsanmaßung zusteht, wenn der Geschäftsherr die Ansprüche aus §§ 677 und 681 BGB, also vor allem sein Recht auf Schadensersatz wegen interessenwidriger Geschäftsführung und den zur Gewinnabschöpfung gedachten Anspruch auf Herausgabe des durch die Geschäftsführung Erlangten geltend macht. Da der Geschäftsherr hier keine Möglichkeit zur Genehmigung der Geschäftsführung hat und das aus der Geschäftsanmaßung Erlangte gerade behalten können soll, muss dieser Bereicherungsanspruch eine reine Auf-

---

[158] Dass das Fehlen einer Bestimmung über die angemessene Vergütung des Geschäftsbesorgers einem Redaktionsversehen des Gesetzgebers von 1900 zuzuschreiben ist, meint MünchKomm/*Seiler* § 683 BGB Rn. 25.

[159] Sie erscheint auch im Entwurf eines Gemeinsamen Referenzrahmens; vgl. Art. V. – 3:102 Abs. 1 DCFR.

[160] Wie AnwK/*Schwab* § 670 BGB Rn. 9 bemerkt, stimmt sie auch mit dem Schadensersatzrecht überein, weil die Arbeit des Geschäftsführers insoweit vergütet wird, als sie Marktwert hat.

[161] Richtig *Köhler*, JZ 1985, 359, 362 ff.

[162] Richtig MünchKomm/*Seiler* § 684 BGB Rn. 9, Erman/*Ehmann* § 684 Rn. 2, AnwK/*Schwab* § 684 BGB Rn. 3 und PWW/*Fehrenbacher* § 684 Rn. 2. Anders Staudinger/*Bergmann* (2006) § 684 Rn. 10 und Bamberger/Roth/*Gehrlein* § 684 Rn. 1.

wendungskondiktion sein, mit der die Bereicherung des Geschäftsherrn in Gestalt seiner Aufwendungsersparnis höchstens bis zur Höhe der tatsächlich getätigten Aufwendungen herausverlangt wird.[163] Die Bezugnahme auf das Bereicherungsrecht in § 684 S. 1 BGB ist im Übrigen als Rechtsgrundverweisung zu verstehen, so dass der Bereicherungsanspruch noch an den Regeln für den Bereicherungsausgleich im Dreiecksverhältnis[164] und an den Kondiktionssperren der §§ 814 f., 817 BGB[165] scheitern kann.

---

[163] AnwK/*Schwab* § 687 BGB Rn. 44 f.

[164] AnwK/*Schwab* § 684 BGB Rn. 7.

[165] MünchKomm/*Seiler* § 684 BGB Rn. 4. Ebenso trotz Annahme einer Rechtsfolgenverweisung Bamberger/Roth/*Gehrlein* § 684 Rn. 1.

§ 9 Gemeinnützige Geschäftsführung

1. Struktur von Gesellschaft und Gemeinschaft

450 Die **Gesellschaft** (*societas*)[1] bildete im römischen Vertragssystem eine Einheit mit dem Auftrag und der Geschäftsführung ohne Auftrag. Während diese beiden Institute die Fälle der fremdnützigen Geschäftsbesorgung abdeckten, bestand die Gesellschaft in einer gemeinnützigen Geschäftsführung, bei der jeder Gesellschafter sowohl im eigenen als auch im Interesse der übrigen Gesellschafter tätig wurde. Ebenso wie der Auftrag oder die Geschäftsführung ohne Auftrag hatte der Gesellschaftsvertrag **keine Außenwirkung**. Zwar war es durchaus üblich, dass die Gesellschafter ein ihnen gemeinsam gehörendes Vermögen aufbauten; und bei der Gesellschaft zum ganzen Vermögen (*societas omnium bonorum*), mit der die Gesellschafter ihr gesamtes vorhandenes oder künftiges Vermögen zur gemeinsamen Verwaltung zusammenlegten, wurde sogar vermutet, dass die Gesellschafter an den hiervon betroffenen Gegenständen gemeinsam berechtigt sein sollten.[2] Diese Vergemeinschaftung vollzog sich jedoch nicht im Rahmen der *societas*, sondern in Gestalt von Miteigentum, durch das die Gesellschafter neben ihrem Gesellschaftsverhältnis zu einer **Gemeinschaft** nach Bruchteilen (*communio*) verbunden waren. Anders als die Gesellschaft setzte die Gemeinschaft keinen Vertrag voraus, sondern entstand schon durch die ideelle Teilung des Eigentums, sei es, dass sie durch die Einräumung von Miteigentum an einer Sache geschah, die zuvor einem Gesellschafter gehörte, sei es, dass eine Sache gemeinsam erworben wurde. Das so begründete Schuldverhältnis, das seit byzantinischer Zeit gemeinsam mit der Geschäftsführung ohne Auftrag zu den Quasikontrakten gezählt wurde,[3] war von vornherein auf die Liquidation der Gemeinschaft gerichtet und brachte lediglich eine Teilungsklage (*actio communi dividundo*) hervor, in deren Rahmen auch die Forderungen der Miteigentümer aus der Verwaltung der gemeinsamen Sache oder wegen ihrer Beschädigung abgerechnet wurden. Zumindest im Ursprung nicht unähnlich war die Gesellschafterklage (*actio pro socio*), die zunächst ebenfalls nur mit dem Ziel einer Abrechnung erhoben werden konnte und automatisch zur Beendigung der Gesellschaft führte. Im entwickelten klassischen Recht konnte sie jedoch auch ohne deren Auflösung während des laufenden Gesellschaftsverhältnisses angestrengt werden, insbesondere um einen Gesellschafter zur Leistung seines Beitrags zu zwingen.[4] Die Teilnahme der Gesellschafter an Gewinn oder Verlust der Gesellschaft musste, da sie in einer gemeinnützigen Geschäftsführung bestand, grundsätzlich gleich, nämlich jeweils nach dem Maß ihres Gesellschaftsanteils, ausfallen,[5] so dass eine soge-

---

1 Hierzu *Honsell/Mayer-Maly/Selb*, Römisches Recht, S. 330 ff., *Zimmermann*, Law of Obligations, S. 451 ff., *Harke*, Römisches Recht, Rn. 9.36 ff.

2 D 17.2.2 Gai 10 ed prov.

3 IJ 3.27.3.

4 D 17.2.65.15 Paul 32 ed.

5 Dieses Prinzip sah man auch im Fall einer gleich hohen Gewinnbeteiligung bei ungleich hoher Kapitaleinlage gewahrt, wenn dem Überschuss an Kapital ein von den Parteien für äquivalent gehaltener Arbeitsbeitrag des anderen Gesellschafters gegenüberstand; vgl. Gai 3.149.

nannte „Löwengesellschaft" ausgeschlossen war, bei der der Gewinn nur einem Gesellschafter, der Verlust den anderen zufallen sollte[6]. Wegen der Verbindung von Eigen- und Fremdinteresse beschränkte sich die Haftung eines Gesellschafters auf den Verstoß gegen die eigenübliche Sorgfalt (*diligentia quam in suis*)[7].[8]

Ausnahmen vom Prinzip der reinen Innenwirkung galten in Rom für die Berufsverbände und die Gesellschaften, die zur Staatspacht, insbesondere zum Betrieb von Bergwerken oder zur Steuererhebung, eingegangen wurden. Um ihre Leitung und Teilnahme am Rechtsverkehr zu erleichtern, gestand man ihnen den Charakter einer „Körperschaft" zu.[9] Vertreten durch ein Organ, konnte diese eigenes Vermögen erwerben und selbst Verpflichtungen eingehen, war aber nicht Rechtsperson, sondern als **Gruppe** ihrer Mitglieder oder „Gesamtheit" (*universitas*) Träger von Rechten und Pflichten.[10] Dementsprechend erlosch sie auch, wenn die Zahl der Mitglieder unter zwei fiel[11]. Auf die Verallgemeinerung dieses Modells zielte die Entwicklung des Gesellschaftsrechts seit der Rezeption des römischen Rechts im Mittelalter, in dem sich zwei Ansätze zur Begründung einer **Außenwirkung** der Gesellschaft und ihrer rechtlichen Verselbständigung gegenüber ihren Mitgliedern herausbildeten: Der eine bestand in der Definition der Gesellschaft als Vermögensgemeinschaft und war schon insoweit in der byzantinischen Kodifikation des römischen Rechts angelegt, als dort Aussagen der klassischen Juristen zur Bruchteilsgemeinschaft mit solchen über die eigentliche Gesellschaft vermengt wurden. Die Konsequenz dieser Integration beider Rechtsfiguren zogen das preußische ALR (§ 231 I 17) und das österreichische ABGB (§ 1201 f.), indem sie die als Vermögensgemeinschaft definierte Gesellschaft auch zum Zurechnungssubjekt von Rechten und Pflichten machen. Das österreichische Gesetzbuch erklärt sie dabei gar zur „moralischen Person" und übernimmt damit eine neue Kategorie der Naturrechtswissenschaft, die der *universitas* des römischen Rechts ähnlich ist. Ebenfalls aus der Naturrechtslehre geschöpft ist der zweite Ansatz zur Verselbständigung der Gesellschaft. Er besteht darin, die Gesellschaft als Verbindung ihrer Mitglieder zu einem gemeinsamen Zweck zu definieren[12] und damit ihre über die bloße Geschäftsführung hinausgehende Vereinigung zu implizieren. Diesem Konzept folgen das schweizerische OR (Art. 530) und das BGB (§ 705),[13] die so zugleich die Grundlage für die Rezeption des deutschrechtlichen Instituts einer Vereinigung „zur gesamten Hand" schaffen (Art. 544 OR, § 719 BGB), die zuvor schon im Recht der Handelsgesellschaften gesetzlich etabliert worden war. Die Gesamthandsgemeinschaft unterscheidet sich von der Bruchteilsgemeinschaft dadurch, dass sie als Gruppe Inhaber des nicht einmal ideell geteilten Gegenstands ist. Anders als die Bruchteilsgemeinschaft kann sie **451**

6 D 17.2.29.2 Ulp 30 Sab.
7 Hierzu *Harke*, Allgemeines Schuldrecht, Rn. 236.
8 D 17.2.72 Gai 2 rer cott = IJ 3.25.9.
9 D 3.4.1pr., 1 Gai 3 ed prov.
10 D 3.4.7.1 Ulp 10 ed.
11 D 3.4.7.2 Ulp 10 ed.
12 *Christian Wolff*, *Jus naturae*, 7.1.
13 Im preußischen ALR (§ 169 I 17) ist die Verpflichtung auf Erreichung eines gemeinsamen Zwecks mit der Definition der Gesellschaft als Vermögensgemeinschaft verquickt.

daher auch Träger eines gesamten Vermögens und Zuordnungssubjekt für Verpflichtungen sein. Ebenso wie die *universitas* des römischen Rechts ist die zur Gesamthandsgemeinschaft verbundene Gruppe der Gesellschaft bürgerlichen Rechts daher gleichfalls rechtsfähig, ohne aber juristische Person und von ihrer Mitgliederschaft derart unabhängig zu sein, dass sie auch als Einmanngesellschaft bestehen könnte. Die Gesellschaft des deutschen bürgerlichen Rechts entspricht daher, wenn sie Außengesellschaft und auf die Bildung eines Gesellschaftsvermögens angelegt ist, in ihrer Struktur weitgehend den Personenhandelsgesellschaften, so dass auch die hierfür geltenden Regeln über die Außenhaftung der Gesellschafter auf sie übertragen werden können.

452 Außer diesen neuen Elementen weist die Gesellschaft bürgerlichen Rechts aber auch noch Züge ihres alten Charakters als gemeinnütziges **Geschäftsführungsverhältnis** auf, insbesondere die überkommene Beschränkung der internen Gesellschafterhaftung auf die Einhaltung der eigenüblichen Sorgfalt sowie der übrigen Sanktionen auf grobe Pflichtverletzungen. Auch der Grundsatz der gleichmäßigen Behandlung der Gesellschafter und das Prinzip der Selbstorganschaft, demzufolge nicht alle Gesellschafter von der Leitung der Gesellschaft ausgeschlossen werden dürfen, sowie schließlich die Anerkennung einer fehlerhaft gegründeten Gesellschaft lassen sich auf ihre Eigenart als gemeinnützige Geschäftsbesorgung zurückführen. Dieser Charakter kommt nun, freilich in beschränktem Umfang, auch der Bruchteilsgemeinschaft zu. Zwar hat sie sich in ihrer Grundstruktur gegenüber dem römischen Recht nicht verändert; anders als früher ist sie jedoch nicht auf das Teilungsverfahren beschränkt, sondern lässt Raum für die Durchsetzung einer Verwaltungs- und Benutzungsordnung für den ungeteilten Gegenstand. So hat sie sich der Rolle angenähert, die im Recht der fremdnützigen Geschäftsbesorgung der Geschäftsführung ohne Auftrag zukommt, und ist gleichsam zu einer unvereinbarten gemeinnützigen Geschäftsführung geworden. Indem die vermögenstragende Gesellschaft Gesamthandsgemeinschaft geworden ist, hat die Bruchteilsgemeinschaft freilich gerade einen wesentlichen Anwendungsfall verloren und entsteht heute vorwiegend dann, wenn sich zwei Rechtsinhaber ohne jegliche vertragliche Vereinbarung in denselben Gegenstand teilen müssen.

2. Die Gesellschaft bürgerlichen Rechts

a) Die Gesellschaft als Geschäftsführung

aa) Der gemeinsame Zweck und die Förderpflicht

453 Obwohl die in § 705 BGB angebrachte Definition der Gesellschaft als Verbindung zu einem gemeinsamen Zweck schon ihren Verbandscharakter andeutet, lebt das alte Geschäftsführungselement doch in der zugleich statuierten Verpflichtung der Gesellschafter zur Förderung des gemeinsamen Zwecks fort. Diese Förderung, die das Gesetz durch die Leistung der vereinbarten Beiträge exemplifiziert, darf sich nicht auf die ideelle Unterstützung des Zwecks beschränken; es muss durch vermögenswerte Leistungen erfolgen,[14] mit denen die Gesellschafter das Geschäft, für das

[14] BGH, NJW-RR 2009, 178.

die Gesellschaft gegründet ist, zum gemeinsamen Nutzen betreiben wollen. Die Pflicht zur **materiellen Förderung** des vereinbarten Geschäfts ist Wesensmerkmal der Gesellschaft und unterscheidet sie sowohl von einer einfachen Zusammenarbeit ohne Pflichtenbindung als auch von partiarischen Rechtsverhältnissen, bei denen zwar die Vertragspartner zugleich an dem von einer Seite erzielten Erfolg teilhaben, aber nicht gemeinsam zu dessen Herbeiführung oder Unterstützung durch Leistung verpflichtet sind.[15] Daher fallen aus dem Begriff der Gesellschaft die Vermietung oder Verpachtung zu einem umsatz- oder gewinnabhängigen Zins sowie Dienst- oder Arbeitsverhältnisse mit ergebnisabhängiger Vergütung heraus.[16] Denn ebenso wenig wie Vermieter oder Verpächter sich durch die Zinsvereinbarung dazu verpflichten, dem Mieter oder Pächter einen bestimmten Nutzungserfolg zu verschaffen, ist der Arbeitgeber oder Dienstberechtigte im Verhältnis zum erfolgsabhängig vergüteten Arbeitnehmer oder Dienstverpflichteten gehalten, sein Betriebsergebnis und mit ihm das Entgelt zu steigern. Lässt sich die Frage nach der Existenz der Förderpflicht, wie dies insbesondere bei der Unterscheidung zwischen gesellschaftlicher Beteiligung und partiarischem Darlehen vorkommt, nicht direkt aus dem Vertrag beantworten, kann man auf sie durch die Vereinbarung komplementärer Mitwirkungsrechte schließen:[17] Steht demjenigen, der einen Kapitalbeitrag zu einem von dem Kontrahenten zu führenden Geschäft leistet, ein Mitspracherecht bei der Geschäftsführung zu, ist dies ein starkes Anzeichen dafür, dass er zugleich verpflichtet ist, dieses Geschäft durch Ausübung seiner Rechte auch zu fördern.[18]

Die das Gesellschaftsverhältnis charakterisierende Förderpflicht ist nicht auf die Leistung der vereinbarten Beiträge beschränkt, sondern kann vielfältige Gestalt annehmen, die nach der Art der Gesellschaft und der Situation, in der sie sich befindet, variieren. In einer großen Publikumsgesellschaft ist die Förderpflicht weniger ausgeprägt als in einer kleinen, auf enge Zusammenarbeit der Gesellschafter angelegten Vereinigung. Hier attestiert man den Gesellschaftern regelmäßig, einer besonderen Treuepflicht zu unterliegen,[19] die die Gesellschaft bürgerlichen Rechts von den typischerweise anonymeren Zusammenschlüssen im Rahmen von **Kapitalgesellschaften** unterscheide.[20] Genau besehen, ist diese Treuepflicht, soweit sie der **454**

[15] Im Kern richtig, aber viel zu abstrakt BGH, NJW 1990, 573, 574; 1995, 192, der danach unterscheiden will, ob die Parteien eigene oder gemeinsame Interessen verfolgen.

[16] Auf der Grenze zum Gesellschaftsrecht liegen dagegen die Pachtverträge, durch die dem Pächter eine Betriebspflicht auferlegt wird, die jedoch in den Bestimmungen über den Landpachtvertrag eine der Analogie fähige Sonderregelung erfahren haben; s. u. Rn. 358 ff.

[17] So im Ergebnis richtig BGH, NJW 1995, 192.

[18] Demgegenüber spielt die Vereinbarung über die Verteilung des Geschäftsergebnisses keine Rolle, weil diese heute auch bei der Gesellschaft variabel ist (s. u. Rn. 465); vgl. BGH, NJW 1990, 573, 574.

[19] *K. Schmidt*, Gesellschaftsrecht, S. 587 ff., 1743, *Wiedemann*, Gesellschaftsrecht, Bd. 2, S. 198 ff., *Hueck/Windbichler*, Gesellschaftsrecht, Rn. 7.3 f., *Grunewald*, Gesellschaftsrecht, Rn. 1.A.17, MünchKomm/*Ulmer* vor § 705 BGB Rn. 221 ff., Staudinger/*Habermeier* (2003) § 705 Rn. 50 ff., Bamberger/Roth/*Schöne* § 705 Rn. 101 ff., jurisPK/*Bergmann* § 705 BGB Rn. 50 ff.

[20] Vgl. etwa *A. Hueck*, Der Treuegedanke im modernen Privatrecht, München 1947, S. 12 f., MünchKomm/*Ulmer* vor § 705 BGB Rn. 7.

Gesellschaft gegenüber bestehen soll, jedoch nichts anderes als die Förderpflicht,[21] die bei einer persönlichen Verbindung der Gesellschafter in einer Gesellschaft bürgerlichen Rechts nur intensiver als in einer regelmäßig unpersönlich strukturierten Kapitalgesellschaft ist. Und die Treuepflicht, die den Mitgliedern einer Gesellschaft bürgerlichen Rechts im Verhältnis zu ihren Mitgesellschaftern obliegen soll,[22] ist nur eine Chiffre für die in § 241 Abs. 2 BGB statuierte Pflicht zur Rücksicht auf den Vertragspartner, die gleichfalls in Abhängigkeit von der Intensität der geschäftlichen und persönlichen Verbindung variiert. Da sowohl die Förder- als auch die Rücksichtspflicht bei Kapitalgesellschaften ebenfalls bestehen und nur weniger intensiv sind, stellen sie keine tauglichen Merkmale zur Beschreibung des Unterschieds beider Arten von Verbänden dar, der sich allein aus der andersartigen Verwaltungs- und Haftungsverfassung ergibt.

455 Auch von den **übrigen Personengesellschaften** unterscheidet sich die Gesellschaft bürgerlichen Rechts nicht durch die Art der persönlichen Verbindung der Gesellschafter, sondern allein durch ihren Gegenstand oder die Registereintragung: Besteht der gemeinsame Zweck, zu dessen Förderung sich die Gesellschafter verpflichtet haben, im Betrieb eines Handelsgewerbes, ist die Gesellschaft nach § 105 Abs. 1 HGB automatisch eine offene Handelsgesellschaft. Liegt der Zweck in der Ausübung eines freien Berufs, entsteht die der offenen Handelsgesellschaft nachempfundene Partnerschaft im Sinne des PartGG, wenn die Gesellschaft gemäß dessen § 7 Abs. 1 in das Partnerschaftsregister eingetragen worden ist. Entsprechendes gilt für eine Gesellschaft, die auf den Betrieb eines minderkaufmännischen Gewerbes oder die Verwaltung eigenen Vermögens angelegt ist: Nach § 105 Abs. 2 HGB wird sie erst mit Eintragung in das Handelsregister zur offenen Handelsgesellschaft. Für sie und die Partnerschaft gelten die Vorschriften über die Gesellschaft bürgerlichen Rechts nach §§ 105 Abs. 3 HGB, 1 Abs. 4 PartGG subsidiär. Ihr direkter Anwendungsbereich reicht von Freiberufler- und Vermögensverwaltungsgesellschaften, die nicht in das Register eingetragen sind, bis hin zu Gelegenheitsgesellschaften, deren Zweck wie etwa bei Arbeitsgemeinschaften von Bauunternehmen und Stimmrechtskonsortien nur auf ein einziges oder wenige Vorhaben begrenzt ist.

bb) Erscheinungsformen und Grenzen der Förderpflicht

456 Die den Gesellschaftsvertrag charakterisierende Förderpflicht der Gesellschafter besteht zuvörderst in der von § 705 BGB eigens erwähnten Verpflichtung zur Leistung der vereinbarten **Beiträge**. Nach § 706 Abs. 1 BGB trifft sie die Gesellschafter im Zweifel in gleicher Weise, also in derselben Art und in demselben Umfang. Ihrer Art nach können die Beiträge in der Zahlung von Geld oder der Lieferung von Sachen und, wie § 706 Abs. 3 BGB ausdrücklich feststellt, in der Leistung von Diensten bestehen. Sachbeiträge sind gemäß Abs. 2 der Vorschrift im Zweifel durch Übertragung in das Gesamthandsvermögen der Gesellschaft zu erbringen, wenn es um vertret- oder verbrauchbare oder solche Sachen geht, die der Gesellschaft nach einer nicht bloß für die Gewinnverteilung bestimmten Schätzung zugeführt werden sol-

---

[21] Richtig daher die Kritik von *Flume*, Allgemeiner Teil, Bd. 1, Teil 1, S. 261.

[22] Vgl. BGH, NJW-RR 2003, 169, 170.

len. Die Alternative zur Übereignung einer Sache oder der Abtretung einer Forderung an die Gesellschaft besteht in einer Einbringung „dem Werte nach", die dem Gesellschafter seine Rechtsstellung als Sacheigentümer oder Rechtsinhaber belässt und ihn lediglich verpflichtet, den eingebrachten Gegenstand der Gesellschaft so zur Verfügung zu stellen, als gehöre er zum Gesellschaftsvermögen.[23] Ist der Gegenstand mangelhaft, greifen in diesem Fall die Vorschriften über die Mängelhaftung beim Miet- und Pachtvertrag, bei der Verpflichtung zum Beitrag durch Übereignung oder Abtretung die Sachmängelvorschriften zum Kaufvertrag ein. An die Stelle der im Gesellschaftsrecht unangebrachten Rechtsbehelfe des Rücktritts und der Minderung treten jedoch die speziellen gesellschaftsrechtlichen Institute der Kündigung oder der Ausschließung eines Gesellschafters, ferner die ergänzende Vertragsauslegung,[24] die darüber entscheidet, ob die Rechtsfolge einer nicht qualitätsgerechten Leistung in der Reduktion des Gesellschaftsanteils des leistungspflichtigen Gesellschafters oder in einer ergänzenden Zahlungspflicht[25] unter Beibehaltung der vereinbarten Beteiligung besteht. Außer durch die Verpflichtung zur Beitragsleistung kann ein Gesellschafter der Gesellschaft auch im Wege von Austauschvertrag, Schenkung oder Auftrag verpflichtet sein. Es gilt jedoch die Vermutung, dass die im Gesellschaftsvertrag genannten Leistungspflichten nicht solchen sogenannten „Drittgeschäften" entspringen, sondern gesellschaftsrechtlichen Charakter haben und zu den Beitragspflichten des betroffenen Gesellschafters zählen.[26]

Eine wichtige Dienstleistung, die ein Gesellschafter im Zweifel zur Erfüllung **457**
seiner Beitragspflicht erbringt, ist die **Geschäftsführung** im engeren Sinne,[27] also die Leitung der Gesellschaft. Im BGB ist sie nur als Gegenstand eines Gesellschafterrechts aufgeführt. Soweit sie dem einzelnen Gesellschafter nach dem Gesellschaftsvertrag zusteht, ist sie für ihn aber auch Verpflichtung, nämlich Teil seiner Förder- und Beitragspflicht. Nach der Grundregel des § 709 Abs. 1 BGB ist die Leitung der Gesellschaft im Zweifel allen Gesellschaftern in der Weise gemeinsam zugewiesen, dass für jedes Geschäft die Zustimmung aller Gesellschafter erforderlich ist. Haben die Parteien im Gesellschaftsvertrag bestimmt, dass für eine Geschäftsführungsmaßnahme die Meinung der Gesellschaftermehrheit ausreicht, wird diese gemäß Abs. 2 der Vorschrift im Zweifel nach der Zahl der Gesellschafter bestimmt. Denn diese haben nach § 706 Abs. 1 BGB ja auch gleiche Beiträge zu leisten und sind nach § 722 Abs. 1 BGB mangels anderweitiger Regelung auch gleichermaßen am Ergebnis der Gesellschaft beteiligt. Eine Befugnis zur Alleingeschäftsführung kann sich im Fall der gemeinschaftlichen Geschäftsführung nur ausnahmsweise aus dem Rechtsgedanken der für die Gemeinschaft geltenden Bestimmung des § 744 Abs. 2 BGB ergeben, wenn eine Maßnahme zur Erhaltung des Gesellschaftsvermögens notwendig ist.[28] Ist durch Vertrag allen oder einzelnen Gesellschaftern ein Alleingeschäftsführungsrecht eingeräumt, das sie von der Zustimmung der anderen

---

[23] BGH, NJW-RR 2009, 1697, 1698.

[24] MünchKomm/*Ulmer/Schäfer* § 706 BGB Rn. 27 f.

[25] Hierfür jurisPK/*Bergmann* § 706 BGB Rn. 10

[26] MünchKomm/*Ulmer/Schäfer* § 706 BGB Rn. 5.

[27] MünchKomm/*Ulmer/Schäfer* § 706 BGB Rn. 14.

[28] MünchKomm/*Ulmer/Schäfer* § 709 BGB Rn. 21, jurisPK/*Bergmann* § 709 BGB Rn. 12.

unabhängig macht, unterliegt dies nach § 711 BGB mangels abweichender vertraglicher Regelung immer noch einem Widerspruchsrecht, mit dem ein ebenfalls zur Geschäftsführung berechtigter Gesellschafter die Vornahme eines Geschäfts verhindern kann.[29] Wirkt ein Gesellschafter seiner Förderpflicht zuwider nicht an der Geschäftsführung mit, kann ihm das Recht hierzu nach § 712 Abs. 1 BGB entzogen werden.[30] Dies gilt entgegen dem Wortlaut des Gesetzes nicht nur für die durch Gesellschaftsvertrag übertragene Befugnis zur Geschäftsführung unter Ausschluss anderer Gesellschafter, sondern auch für das gesetzliche Recht zur gemeinsamen Geschäftsführung nach § 709 BGB. Denn den übrigen Gesellschaftern bliebe als Alternative zur Entziehung der Geschäftsführung nur das ungleich härtere Instrument der Ausschließung des Gesellschafters (§ 737 BGB).[31] Das Recht des Gesellschafters zur Kündigung seiner eigenen Geschäftsführerposition macht § 712 Abs. 2 BGB vom Vorliegen eines wichtigen Grunds abhängig, der im Gesellschaftsrecht wegen der Gemeinnützigkeit der vertraglichen Verbindung nicht unbedingt in einer Nichterfüllung oder sonstigen Pflichtverletzung durch einen anderen Gesellschafter liegen muss[32]. – Für die Rechte und Pflichten der geschäftsführenden Gesellschafter verweist § 713 auf das **Auftragsrecht** und insbesondere auf die Auskunfts- und Rechenschaftspflicht gemäß § 666 BGB sowie das Aufwendungsersatzrecht nach § 670 BGB. Die Auskunfts- und Rechenschaftspflicht ist gemäß § 716 BGB durch ein Kontrollrecht der von der Geschäftsführung ausgeschlossenen Gesellschafter ergänzt, die sich jederzeit von den Gesellschaftsangelegenheiten persönlich unterrichten und die Geschäftsbücher einsehen dürfen. Das Aufwendungsersatzrecht nach § 670 BGB schließt keine Vergütung ein, die ein geschäftsführender Gesellschafter im Zweifel auch nicht nach Dienstvertragsrecht verlangen kann, weil seine Tätigkeit ja Beitrag zur Erreichung des Gesellschaftszwecks und damit durch seine Gewinnbeteiligung abgegolten ist.[33] Bezieht ein geschäftsführender Gesellschafter aus dem Gesellschaftsvermögen ein nach Zeitabschnitten bemessenes Einkommen, ist dies mangels anderweitiger Vereinbarung demnach auch als Gewinnvoraus anzusehen.

458 Nicht mehr von der Geschäftsführung umfasst und den Gesellschaftern in ihrer Rolle als Mitglieder der Gesellschaft überlassen sind die jenseits der laufenden Verwaltung liegenden **Grundlagengeschäfte**, insbesondere Abänderungen des Gesellschaftsvertrags. Sie sind häufig einem Entscheidungsrecht der Gesellschaftermehrheit unterstellt,[34] dürfen aber auch in diesem Fall nicht ohne die Zustimmung eines

---

[29] Diesem Widerspruch kommt freilich keine Außenwirkung im Rechtsverkehr zu, so dass ein mit der Alleingeschäftsführungsbefugnis einhergehendes Alleinvertretungsrecht bestehen bleibt; vgl. BGH, NJW-RR 2008, 1484, 1488.

[30] Zu den Voraussetzungen s. u. Rn. 467.

[31] MünchKomm/*Ulmer/Schäfer* § 709 BGB Rn. 43, § 712 BGB Rn. 5 f., Staudinger/*Habermeier* (2003) § 712 Rn. 5, Bamberger/Roth/*Schöne* § 712 Rn. 7.

[32] S. u. Rn. 467.

[33] Dementsprechend findet auch keine Fortzahlung der Bezüge nach § 616 BGB statt; vgl. MünchKomm/*Ulmer/Schäfer* § 709 BGB Rn. 34.

[34] Hierfür wie auch für andere Gesellschafterbeschlüsse gelten die Vorschriften über den Stimmrechtsausschluss wegen Interessenkollision bei anderen Verbänden in Rechtsanalogie; vgl. MünchKomm/*Ulmer/Schäfer* § 709 BGB Rn. 65.

betroffenen Gesellschafters in den Kernbereich seines Mitgliedschaftsrechts eingreifen.[35] Dies gilt insbesondere für die Erhöhung der vereinbarten Beiträge, zu der ein Gesellschafter gemäß § 707 BGB nicht ohne seine Zustimmung verpflichtet werden darf. Diese Bestimmung ist keineswegs dispositiv, sondern zwingend,[36] bleibt aber unverletzt, wenn schon im Gesellschaftsvertrag eine Erhöhung der Beitragspflicht in einer Weise vorgesehen ist, dass man in ihr die antezipierte Zustimmung aller Gesellschafter erkennen kann. Entgegen der früheren Rechtsprechung[37] reicht für die Annahme einer solchen vorweggenommenen Zustimmung noch nicht, dass im Gesellschaftsvertrag die Gegenstände eines vertragsändernden Gesellschafterbeschlusses eindeutig bezeichnet sind. Von einer antezipierten Einwilligung derjenigen Gesellschafter, die die spätere Mehrheitsentscheidung ablehnen, kann man vielmehr nur ausgehen, wenn auch schon der mögliche Inhalt der Vertragsänderung im Gesellschaftsvertrag hinreichend präzise beschrieben ist. Für den wichtigsten Fall der Beitragserhöhung bedeutet dies konkret, dass außer dieser selbst im Gesellschaftsvertrag auch Art und Umfang der möglichen zusätzlichen Belastung für den Gesellschafter bestimmt sein müssen.[38] Dies kann insbesondere in der Weise geschehen, dass eine Obergrenze festgelegt ist, bis zu der Beitragserhöhungen zulässig sind[39]. Entsprechendes gilt für andere kernbereichsrelevante Entscheidungen[40] wie etwa Beschlüsse über die Änderung des Gesellschaftszwecks oder des Gewinnverteilungsschlüssels.[41] Wird eine solche Entscheidung ohne die zumindest antezipierte Zustimmung eines Gesellschafters getroffen, bleibt sie auch dann unwirksam, wenn er es versäumt hat, in der vom Gesellschaftsvertrag vorgesehenen Weise gegen den Beschluss vorzugehen. Denn die mangelnde Gültigkeit einer den Kernbereich der Gesellschafterstellung betreffenden Gesellschafterentscheidung kann nicht durch verfahrensrechtliche Mechanismen geheilt werden.[42] Die fehlende Zustimmung eines Gesellschafters kann freilich deshalb wirkungslos bleiben, weil er kraft seiner Förderpflicht die Zustimmung zu einer im Gesellschaftsinteresse liegenden und ihm zumutbaren Entscheidung schuldet.[43] Dies ist jedoch nur ganz ausnahmsweise der Fall, weil Anknüpfungspunkt der Förderpflicht ja gerade der Gesellschaftsvertrag ist, der nicht auf seine eigene Änderung, nach § 726 BGB vielmehr darauf angelegt ist, dass die Gesellschaft bei Unmöglichkeit der Verwirklichung des Gesellschaftszwecks aufgelöst wird. Zumutbar kann dem Gesellschafter die Zustimmung zu einer Vertragsänderung aber insbesondere dann sein, wenn er selbst leicht, und ohne größere Nachteile zu erleiden, aus der Gesellschaft aus-

---

35 BGH, NJW-RR 2006, 827, 828, NJW 2007, 1685, 1687.

36 MünchKomm/*Ulmer/Schäfer* § 707 BGB Rn. 2. Anders zu Unrecht Bamberger/Roth/*Schöne* § 708 Rn. 8, jurisPK/*Bergmann* § 707 BGB Rn. 7.

37 Sie rekapituliert BGH, NJW 2007, 1685, 1686.

38 BGH, NJW-RR 2006, 827, 828, NJW 2007, 1685, 1686.

39 BGH, NJW-RR 2009, 753, 754.

40 MünchKomm/*Ulmer/Schäfer* § 709 BGB Rn. 91 f.

41 Zweifelhaft ist dagegen die Einordnung der Feststellung des Jahresabschlusses, die, für sich genommen, kein ungewöhnliches Geschäft ist; vgl. BGH, NJW 2007, 1685, 1687.

42 BGH, NJW-RR 2004, 1477, 1478; 2009, 753, 754.

43 BGH, NJW-RR 2006, 827, 828, NJW 2010, 65, 67.

scheiden kann oder wenn er durch eine Vertragsänderung nicht schlechter steht, als er bei einer sonst unvermeidlichen Liquidation der Gesellschaft stünde[44].

cc) Auflösung der Gesellschaft und Ausscheiden eines Gesellschafters

459 Ebenso wie der Auftrag mit der Erledigung des zu besorgenden Geschäfts endet, findet auch die Gesellschaft nach § 726 BGB automatisch ihr Ende, wenn der vereinbarte Zweck erreicht wird. Dies trifft freilich nur auf Gelegenheitsgesellschaften, nicht auch bei Erwerbs- oder Verwaltungsgesellschaften zu, deren Zweck immerwährend ist. Sie können allenfalls dadurch enden, dass die Erreichung des Gesellschaftszwecks unmöglich geworden ist, insbesondere weil zur Fortführung der Geschäftstätigkeit ein weiterer Beitrag der Gesellschafter erforderlich ist, der ihnen jedoch wegen § 707 BGB nicht abverlangt werden kann. Weitere Umstände, die automatisch zur **Auflösung** der Gesellschaft führen, sind der Ablauf der Zeit, für die sie eingegangen ist, sowie nach §§ 727 und 728 Abs. 2 BGB der Tod eines Gesellschafters und die Eröffnung des Insolvenzverfahrens über sein Vermögen. Zu einer Beendigung der Gesellschaft kommt es in diesen Fällen jedoch nicht zwingend, sondern nur dann, wenn die Parteien nicht von der durch § 736 Abs. 1 BGB eingeräumten Möglichkeit Gebrauch gemacht haben, den Fortbestand der Gesellschaft unter den übrigen Gesellschaftern anzuordnen; dann bewirken der Tod oder die Insolvenz eines Gesellschafters lediglich sein Ausscheiden aus der Gesellschaft.

460 Eine Fortsetzungsvereinbarung, die im Zweifel nicht nur für den Wegfall eines einzelnen Gesellschafters, sondern auch beim Ausscheiden mehrerer Gesellschafter gilt,[45] kann und wird in aller Regel auch für den Fall getroffen, dass ein Gesellschafter die Gesellschaft kündigt. Bei einer ohne Zeitbestimmung eingegangenen Gesellschaft ist er hierzu nach § 723 Abs. 1 S. 1 BGB jederzeit, und ohne sich auf einen besonderen Grund berufen zu müssen, berechtigt. Dasselbe gilt gemäß § 724 BGB bei einer auf Lebenszeit eingegangenen oder einer solchen Gesellschaft, die nach Ablauf der für sie bestimmten Zeit stillschweigend fortgesetzt wird. Ansonsten bedarf es nach § 723 Abs. 1 S. 2 BGB eines wichtigen Grunds[46] für die **Kündigung**, der nach S. 3 Nr. 2 der Vorschrift zum Schutz eines minderjährigen Gesellschafters vor einem schuldenbelasteten Eintritt in die Volljährigkeit dann unterstellt wird, wenn er das 18. Lebensjahr vollendet hat. Auch wenn der Gesellschafter einen wichtigen Grund für die Kündigung hat, ist es ihm nach § 723 Abs. 2 BGB ebenso wie einem Auftragnehmer (§ 671 Abs. 2 BGB) verwehrt, sein Kündigungsrecht zur Unzeit auszuüben, es sei denn, er hätte einen wichtigen Grund, der auch das Interesse der übrigen Gesellschafter an der Vermeidung einer unzeitgemäßen Kündigung überwiegt. Eine Frist für die Ausübung des Kündigungsrechts besteht nicht; es gilt aber die allgemeine Regelung des § 314 Abs. 3 BGB, derzufolge die Kündigung nur innerhalb einer angemessenen Frist ab Kenntnis von dem Kündigungsrecht erfolgen kann.[47] Eine Vereinbarung, durch die das Recht zur ordentlichen oder außeror-

---

44 BGH, NJW 2010, 65, 68.

45 BGH, NJW 1999, 3557; 2008, 1943, 1944 f.

46 Hierzu s. u. Rn. 467.

47 Für den zumindest seit der Schuldrechtsreform unnötigen Rückgriff auf das Institut der Verwirkung dagegen noch BGH, NJW 2003, 2821, 2823.

dentlichen Kündigung ausgeschlossen oder entgegen der gesetzlichen Regelung erschwert wird, ist nach § 723 Abs. 3 BGB nichtig. Dies betrifft auch die Vereinbarung einer unübersehbar langen Vertragslaufzeit, durch die das Recht zur ordentlichen Kündigung praktisch beseitigt wird.[48] Eine unzulässige Erschwerung des Kündigungsrechts liegt vor allem dann vor, wenn die dem Gesellschafter dann zustehende Abfindung in unzumutbarer Weise beschränkt wird.[49]

Erst mit der Auflösung entsteht bei Gelegenheitsgesellschaften nach § 721 **461**
Abs. 1 BGB die Pflicht der Gesellschafter zur Verlustbeteiligung oder ihr Recht auf Gewinnverteilung, das bei Gesellschaften von längerer Dauer, insbesondere Erwerbsgesellschaften, gemäß Abs. 2 der Vorschrift regelmäßig durch Rechnungsabschluss zum Schluss eines Geschäftsjahres zu bestimmen ist. Ist ein Gesellschaftsvermögen vorhanden, ist es gemäß § 730 Abs. 1 BGB nach Auflösung der Gesellschaft auseinanderzusetzen; und die Gesellschaft, deren Zweck nun die **Liquidation** ist, besteht nach Abs. 2 S. 1 der Vorschrift nur noch zur Beendigung der schwebenden Geschäfte und zur Durchführung der Auseinandersetzung. Die vertraglich vorgesehene Geschäftsführungsbefugnis erlischt und wird gemäß § 730 Abs. 2 S. 2 BGB durch die gemeinschaftliche Geschäftsführung ersetzt. Sie gilt jedoch, wiederum in Parallele zum Auftragsrecht (§ 674 BGB), nach § 729 BGB bis zu dem Moment als fortbestehend, in dem der bisher geschäftsführende Gesellschafter von der Auflösung erfährt oder sie hätte kennen müssen. Die Auseinandersetzung erfolgt gemäß §§ 733 bis 735 BGB in der Weise, dass zunächst, gegebenenfalls unter Umsetzung des Gesellschaftsvermögens in Geld, die Schulden berichtigt und dann die in Erfüllung der Beitragspflicht geleisteten Einlagen zurückerstattet werden, bevor schließlich der verbleibende Überschuss als Gewinn unter den Gesellschaftern zu verteilen oder ein Verlust von ihnen anteilig auszugleichen ist.[50] Damit die Liquidation der Gesellschaft in einem Zug und ohne Hin- und Herzahlungen erfolgen kann, unterliegen die Ansprüche, die den Gesellschaftern oder gegen sie zustehen, nach der Auflösung der Gesellschaft einer Durchsetzungssperre und werden zu bloßen Rechnungsposten in der Auseinandersetzungsbilanz,[51] es sei denn, sie beruhten nicht auf dem Gesellschaftsverhältnis, sondern auf einem anderen Rechtsgrund, insbesondere auf einem mit dem Gesellschafter gleichsam als Drittem abgeschlossenen Austauschvertrag[52]. Von der Einlagenrückerstattung sind nach § 733 Abs. 2 S. 3 BGB die Einlagen ausgenommen, die in der Überlassung eines Gegenstands oder in der Leistung von Diensten, insbesondere in der Geschäftsführertätigkeit, bestehen. Dies gilt nicht für diejenigen Arbeitsleistungen, die sich als bleibender Wert im Gesellschaftsvermögen niedergeschlagen ha-

---

48 Und zwar insbesondere dann, wenn die Gesellschaft der Berufsausübung dient und der an der Kündigung gehinderte Gesellschafter so in seiner Berufsfreiheit aus Art. 12 GG beeinträchtigt wird; vgl. BGH, NJW 2007, 295, 296.

49 BGH, NJW 2008, 2987, 2990.,

50 Gegenstände, die ein Gesellschafter der Gesellschaft zur Benutzung überlassen hat, sind nach § 732 BGB zurückzugewähren, ohne dass der Gesellschafter Ausgleich wegen des zufälligen Abgangs oder der zufälligen Verschlechterung verlangen könnte.

51 BGH, NJW 2005, 2618, 2620.

52 BGH, NJW-RR 2006, 1268, 1269; 2008, 287, 289.

ben,[53] sich hier also in derselben Weise wie die Lieferung einer zum Gesellschaftsvermögen beigetragenen Sache manifestieren. Die für den Fall eines Verlustes vorgesehene Pflicht der Gesellschafter zum Nachschuss besteht neben der Beitragspflicht, so dass das in § 707 BGB statuierte Verbot ihrer Erhöhung hierfür nicht gilt. Ist von vornherein kein Gesellschaftsvermögen vorhanden oder ist es bei Auflösung schon aufgezehrt, bedarf es keiner Auseinandersetzung,[54] sondern lediglich einer Abrechnung. Die Auflösung der Gesellschaft bedeutet dann zugleich ihre Vollbeendigung, aus der für den Gesellschafter, zu dessen Gunsten die Abrechnung einen Saldo ergibt, ein Anspruch auf Ausgleich entsteht.[55]

462 Keine regelrechte Auseinandersetzung bewirkt auch das **Ausscheiden** eines Gesellschafters aus der fortdauernden Gesellschaft, sei es, dass es durch seine Kündigung ausgelöst wird, sei es, dass es auf einem von den anderen betriebenen Ausschluss des Gesellschafters beruht. Ebenso wie der Fortbestand der Gesellschaft trotz Kündigung setzt auch das Recht zum Ausschluss eines Gesellschafters eine Fortsetzungsklausel gemäß § 736 Abs. 1 BGB voraus. § 737 BGB verlangt außerdem, dass in der Person des auszuschließenden Gesellschafters ein wichtiger Grund gegeben ist. Kann im Gesellschaftsvertrag auch hiervon abgewichen werden, verstößt eine Bestimmung, die einen Ausschluss ohne jeden Sachgrund vorsieht, doch regelmäßig gegen die guten Sitten und ist damit nach § 138 Abs. 1 BGB nichtig, weil die Gesellschafter sonst aus Furcht vor ihrem Ausschluss an der freien Ausübung ihrer Mitgliedschaftsrechte gehindert sind.[56] Eine Ausnahme gilt, wenn ein Gesellschafter zunächst auf seine Eignung für die Zusammenarbeit hin geprüft werden soll,[57] wobei die Frist, innerhalb der ein grundloser Ausschluss möglich ist, auch in diesem Fall nicht mehr als drei Jahre betragen darf[58].

463 Dem durch Ausschluss oder eigene Kündigung ausscheidenden Gesellschafter steht nach § 738 Abs. 1 BGB ein Anspruch auf Befreiung von den gemeinschaftlichen Schulden und auf eine **Abfindung** in Höhe des Guthabens zu, über das er bei regelrechter Auseinandersetzung der Gesellschaft im Zeitpunkt seines Ausscheidens verfügt hätte. Außerdem nimmt er nach § 740 BGB noch am Ergebnis schwebender Geschäfte teil, über die er jährlich zum Schluss eines Geschäftsjahres Rechenschaft verlangen kann. Der Wert des Gesellschaftsvermögens ist dabei nach Abs. 2 der Vorschrift im Wege einer Schätzung zu ermitteln und bei Erwerbsgesellschaften regelmäßig nach dem Ertragswert zu bestimmen, sofern nicht dem Substanzwert wegen des großen Anteils nicht betriebsnotwendigen Vermögens eine besondere Bedeutung zukommt.[59] Eine vertragliche Regelung des Abfin-

---

53 BGH, NJW 1986, 51.

54 BGH, NJW-RR 2006, 468, 469; 2007, 245, 246.

55 BGH, NJW 1982, 99, 100.

56 BGH, NJW 2004, 2013, 2014, NJW-RR 2007, 1256, 1257 f. Gegen diese Rechtsprechung wendet sich *Hey*, Freie Gestaltung in Gesellschaftsverträgen und ihre Schranken, München 2004, S. 216 ff., der statt der Nichtigkeitsfolge des § 138 Abs. 1 BGB eine Ausübungskontrolle am Maßstab von § 242 BGB vorschlägt.

57 BGH, NJW 2004, 2013, 1025.

58 BGH, NJW-RR 2007, 1256, 1258

59 BGH, NJW 1993, 2101, 2103.

dungsanspruchs, insbesondere durch seine Festlegung auf den Buchwert seines Gesellschaftsanteils, ist nach § 723 Abs. 3 BGB unwirksam, wenn sie wegen der erheblichen Diskrepanz zum Verkaufswert der Beteiligung in unzulässiger Weise das Kündigungsrecht des Gesellschafters erschwert.[60] Dies gilt freilich nur, wenn das Missverhältnis zwischen Buch- und wirklichem Wert schon im Zeitpunkt des Abschlusses des Gesellschaftsvertrags besteht oder absehbar ist. Entsteht es erst später und wird auch dann erst erkennbar, ist die Abfindungsklausel nur durch ergänzende Vertragsauslegung zu korrigieren.[61] Bedingt die Befriedigung des ausscheidenden Gesellschafters einen Nachschuss der übrigen Gesellschafter, unterliegt dieser ebenso wenig wie die in § 735 BGB für den Fall der Liquidation genannte Nachschusspflicht dem Verbot der Beitragserhöhung nach § 707 BGB.[62] Weist die Bilanz der hypothetischen Auseinandersetzung für den ausscheidenden Gesellschafter einen Fehlbetrag aus, ist er nach § 739 BGB seinerseits hierfür haftbar.

b) Die Gesellschaft als Einrichtung zum gemeinsamen Nutzen der Gesellschafter

aa) Selbstorganschaft und Gleichbehandlungsgrundsatz

Nicht nur der Gesellschaft bürgerlichen Rechts, auch den Personenhandelsgesell- **464**
schaften ist nach überkommener Ansicht der Grundsatz der **Selbstorganschaft** zu eigen. Er verbietet, sämtliche Gesellschafter von der Leitung der Gesellschaft auszuschließen und diese auf einen Dritten zu übertragen. Zulässig ist allenfalls die Delegation von Geschäftsführungsaufgaben, auch wenn sie umfassend und unter Verzicht auf das Recht zu Einzelweisungen erfolgt, sofern die Gesellschafter die organschaftliche Geschäftsführung zumindest insoweit in der Hand behalten, als sie die Tätigkeit des Dritten durch Kontroll- und Kündigungsrechte steuern können.[63] Gerechtfertigt wird der Grundsatz der Selbstorganschaft, der die Personen- von den Kapitalgesellschaften trennt und in den Bestimmungen über die Geschäftsführung durch die Gesellschafter in §§709 ff. BGB zum Ausdruck kommt, herkömmlich mit der vergleichsweise engen Verbindung der Gesellschafter, die eine Drittleitung der Gesellschaft ausschließe. Die enge Verbindung der Gesellschafter ist jedoch, wenn man sie als tatsächliches Merkmal ansieht, für die Personengesellschaften bestenfalls typisch und auch bei der Gesellschaft bürgerlichen Rechts keineswegs stets und wie etwa bei einer vermögensverwaltenden Publikumsgesellschaft zuweilen überhaupt nicht vorhanden. Als Rechtsmerkmal ist die enge Verbindung der Gesellschafter auch nur eine Annäherung an das eigentliche Charakteristikum der Gesell-

---

[60] BGH, NJW 1985, 192, 193.

[61] BGH, NJW 1994, 2536, 2539. Kritisch hierzu MünchKomm/*Ulmer/Schäfer* § 733 BGB Rn. 55.

[62] MünchKomm/*Ulmer/Schäfer* § 738 BGB Rn. 17.

[63] BGH, NJW 1982, 1817, 1818; 2006, 2980. Anders *Bergmann*, Die fremdorganschaftlich verfasste offene Handelsgesellschaft, Kommanditgesellschaft und BGB-Gesellschaft als Problem des allgemeinen Verbandsrechts, Berlin 2002, S. 559 ff., der das Prinzip der Selbstorganschaft nach dem Rechtsgedanken des für die Liquidation der OHG geltenden § 146 Abs. 1 BGB für dispositiv und durch die Rechtsprechung des BGH praktisch auch schon durchbrochen hält (vgl. auch jurisPK/*Bergmann* § 709 BGB Rn. 9).

schaft, nämlich dass sie als Komplementärerscheinung zu den fremdnützigen Geschäftsbesorgungsverträgen eine Verbindungen zu gemeinnütziger Geschäftsführung darstellt. Liegt hierin das Wesen der Gesellschaft, versteht sich von selbst, dass die Gesellschafter die Leitung der Gesellschaft in Person übernehmen müssen und nicht einem Dritten überlassen können, der jenseits der Interessenverbindung steht.[64] Denn mit der Leitung der Gesellschaft verlören sie das Herzstück der gemeinsamen Geschäftsbesorgung.

465 Ebenfalls aus dem Charakter der Gesellschaft als gemeinnütziger Geschäftsführung ist der Grundsatz der **Gleichbehandlung** der Gesellschafter zu erklären. Auch er hat seinen Niederschlag im BGB gefunden, das für den Zweifelsfall in § 706 Abs. 1 BGB eine gleichmäßige Beitragspflicht und in § 722 Abs. 1 BGB eine gleich hohe Beteiligung an Gewinn und Verlust sowie in § 709 Abs. 2 BGB ein gleiches Stimmrecht für die Mehrheitsentscheidung bei der gemeinschaftlichen Geschäftsführung vorschreibt. Das hieraus abzuleitende Gebot gleicher Behandlung der Gesellschafter verbietet deren Diskriminierung, also ihre willkürliche Ungleichbehandlung ohne sachlichen Grund.[65] Anders als im römischen Recht ist freilich keine Gleichbehandlung mehr in dem Sinne erforderlich, dass der Gewinn stets im Verhältnis des Beitrags oder der Verlustbeteiligung verteilt werden müsste. Wie der Umkehrschluss aus der für eine gleichmäßige Partizipation an Gewinn und Verlust sprechenden Auslegungsregel des § 722 Abs. 2 BGB zeigt, müssen Überschuss und Fehlbetrag heute keineswegs nach dem gleichen Schlüssel verteilt werden;[66] und es ist nun sogar eine *societas leonina* denkbar, bei der einem Gesellschafter der gesamte Gewinn allein zugewiesen ist[67]. Denn die verallgemeinerte Definition der Gesellschaft als Verbindung zu einem gemeinsamen Zweck, die in § 705 BGB Gesetz geworden ist, hat die Bestimmung des gemeinschaftlichen Nutzens aus den individuellen materiellen Interessen der einzelnen Gesellschafter entbehrlich gemacht. Statt den eigenen wirtschaftlichen Vorteil zu suchen, können sie ohne Weiteres auch den Vorteil eines anderen zum gemeinsamen Nutzen und Zweck der Gesellschaft erklären, den sie mit ihrer eigenen materiellen Beitragspflicht fördern.

bb) Beschränkung von Haftung und sonstigen Sanktionen

466 In Anknüpfung an die Tradition der römischen Quellen begrenzt § 708 BGB die Haftung der Gesellschafter im Innenverhältnis auf die Fälle, in denen ihnen ein Verstoß gegen die in eigenen Angelegenheiten geübte Sorgfalt zum Vorwurf gemacht werden kann. Anders als die vergleichbaren Haftungsbeschränkungen in freigiebigen Schuldverhältnissen (§§ 521, 599, 690 BGB)[68] ist diese **Reduktion** des **Haftungsmaßstabs** beim Gesellschaftsvertrag durchaus sinnvoll und auch vor dem

[64] Für eine Ausprägung des allgemeinen Verbots einer verdrängenden Stellvertretung hält das Prinzip der Selbstorganschaft dagegen *Hey* (Fn. 56), S. 202 f.

[65] MünchKomm/*Ulmer* § 705 BGB Rn. 244 ff., Staudinger/*Habermeier* (2003) § 705 Rn. 53, Bamberger/Roth/*Schöne* § 705 Rn. 108.

[66] *K. Schmidt*, Gesellschaftsrecht, S. 1735.

[67] *Flume*, Allgemeiner Teil, Bd. 1, Teil 1, S. 49, MünchKomm/*Ulmer* § 705 BGB Rn. 151.

[68] Hierzu s. u. Rn. 402, 412.

Hintergrund der Bildung anonymer Publikumsgesellschaften nicht sinnlos geworden.[69] Nicht mehr zu rechtfertigen wäre sie allerdings, wenn man sie mit der Rechtsprechung[70] aus dem persönlichen Vertrauensverhältnis unter den Gesellschaftern herleitete. Dieses besteht schon bei kleinen Gesellschaften keineswegs zwingend und taugt daher nicht als Anknüpfungspunkt für eine allgemeine gesetzliche Haftungsbeschränkung, sei sie auch dispositiv. Dasselbe gilt, wenn man den Gesellschaftern unterstellt, sie hätten mit Abschluss des Gesellschaftsvertrags freiwillig die Gefahr übernommen, die sich aus dem individualüblichen Verhalten der Mitgesellschafter ergibt[71]. Denn eine solche Risikoübernahme lässt sich ebenso wie das Vertrauen nur bei persönlicher Bekanntschaft der Gesellschafter unterstellen, die sich aber eben nicht voraussetzen lässt. Der Grund, aus dem die Haftungsbeschränkung auch heute noch zu Recht besteht, ist die Interessenverbindung unter den Mitgliedern der Gesellschaft:[72] Wer als Gesellschafter, insbesondere als Geschäftsführer der Gesellschaft, tätig wird, besorgt nicht nur ein fremdes, sondern zugleich ein eigenes Geschäft, so dass man von ihm mangels abweichender Vereinbarung auch nicht mehr erwarten kann, als dass er diejenige Sorgfalt aufbringt, die er in eigenen Angelegenheiten zu wahren pflegt. Liegt seine Pflichtverletzung darin, dass er seine Geschäftsführungskompetenz überschritten hat, greift die Reduktion des Haftungsmaßstabs freilich nur insoweit ein, als ihm ein Übernahmeverschulden zur Last gelegt wird, weil er die Grenzen seiner Geschäftsführungsbefugnis verkannt hat; für die Folgen dieser Fehleinschätzung muss er, falls er sie zu vertreten hat, ebenso wie ein auftragsloser Geschäftsführer (§ 678 BGB) ohne Rücksicht darauf einstehen, ob ihm ein weiterer Sorgfaltsvorwurf gemacht werden kann.[73] Schädigt er in Erfüllung seiner Förderpflicht einen anderen Gesellschafter durch Verletzung der ihm nach § 241 Abs. 2 BGB obliegenden Rücksichtspflicht oder deliktisch, greift § 708 BGB dagegen ein,[74] weil die Verbindung von Eigen- und Fremdinteresse bei der gemeinnützigen Geschäftsführung auch die Reichweite des in der Rücksichtspflicht umgesetzten Schädigungsverbots bestimmt.

Auf demselben Gedanken wie die Haftungsbeschränkung beruht auch die Verschärfung des Maßstabs für die Entziehung der Geschäftsführungsbefugnis und die Ausschließung eines Gesellschafters sowie dessen Kündigung. Die **Entziehung** der **Geschäftsführungsbefugnis** kann nach § 712 Abs. 1 BGB aus wichtigem Grund erfolgen, für den das Gesetz als Beispiel eine grobe Pflichtverletzung oder die Un- **467**

---

[69] So aber *K. Schmidt*, Gesellschaftsrecht, S. 1743 f.

[70] BGH, NJW-RR 1988, 417, 418 f..

[71] *Müller-Graff*, Haftungsrecht und Gesellschaftsrecht: Der Maßstab der *diligentia quam in suis* für Geschäftsführer in Personengesellschaften, AcP 191 (1991) 475, 482 f. Ähnlich *Grunewald*, Gesellschaftsrecht, Rn. 1.A. 122 und Bamberger/Roth/*Schöne* § 708 Rn. 2.

[72] Richtig MünchKomm/*Ulmer* § 708 BGB Rn. 1. Dagegen zu Unrecht jurisPK/*Bergmann* § 708 BGB Rn. 8, 11, der die Haftungsbeschränkung aus der Handlungsverfassung der Gesellschaft ableiten will, die idealtypischerweise weitgehende Mitwirkungsrechte der Gesellschafter eröffne.

[73] BGH, NJW 1997, 314. Anders *Grunewald*, Gesellschaftsrecht, Rn. 1.A.125 und Bamberger/Roth/*Schöne* § 708 Rn. 16.

[74] MünchKomm/*Ulmer* § 708 BGB Rn. 7, Staudinger/*Habermeier* (2003) § 708 Rn. 4.

fähigkeit des Gesellschafters zur ordnungsgemäßen Geschäftsführung nennt.[75] Die **Ausschließung** eines Gesellschafters setzt nach dem in § 737 BGB in Bezug genommenen Regelbeispiel des § 723 Abs. 1 S. 2 Nr. 1 BGB die Unmöglichkeit der Erfüllung einer Gesellschafterpflicht oder wiederum ihre grob fahrlässige Verletzung voraus. Und auch die außerordentliche **Kündigung** aus wichtigem Grund kann, wenn sie mit der Pflichtverletzung eines anderen Gesellschafters begründet ist, nur auf einen Pflichtverstoß gleichen Gewichts gestützt werden. Diese Beschränkung auf grobe, insbesondere grob fahrlässige, Verfehlungen korrespondiert mit der Begrenzung der Haftung auf die Einhaltung der eigenüblichen Sorgfalt, deren Beachtung nach § 277 BGB dann nicht mehr entschuldigt, wenn der Schuldner sich den Vorwurf grober Fahrlässigkeit gefallen lassen muss. Ist ein solches Fehlverhalten auch unter Gesellschaftern nicht zu dulden, müssen diese doch im Regelfall aus einfacher Fahrlässigkeit begangene Pflichtverletzungen hinnehmen, eben weil der Gesellschafter, der sie begangen hat, nicht nur im fremden Interesse, sondern auch zum eigenen Nutzen gehandelt hat, so dass an sein Verhalten ein großzügigerer Maßstab anzulegen ist. Schränkt dies das Recht der anderen Gesellschafter zur Ausschließung und zur Kündigung aus wichtigem Grund ein, ist letztere gerade wegen des gemeinnützigen Charakters des Gesellschaftsverhältnisses wiederum insofern erleichtert, als sie anders als bei Austauschverträgen[76] nicht an die Voraussetzungen der §§ 323 ff. BGB gebunden ist und daher auch unabhängig von Nichterfüllung oder Pflichtverletzung durch die anderen Gesellschafter erfolgen kann. Da jeder Gesellschafter den Gesellschaftsvertrag zur Verknüpfung seines eigenen Interesses mit dem seiner Mitgesellschafter eingegangen ist, kann er sich auch dann hiervon lösen, wenn die Vertragsbindung für ihn aus anderen Gründen, insbesondere wegen eigener Krankheit und Berufsunfähigkeit, nicht mehr erträglich und den anderen Gesellschaftern die Rücksicht auf diesen Umstand zuzumuten ist. Eines Rückgriffs auf das für den Austauschvertrag konzipierte[77] Institut des Wegfalls der Geschäftsgrundlage (§ 313 BGB) bedarf es daneben nicht.

cc) Die Grundsätze über die fehlerhafte Gesellschaft

468 Aus der Eigenart des Gesellschaftsvertrags als Verbindung zur gemeinnützigen Geschäftsführung ergibt sich schließlich auch die Einschränkung der Folgen, die ein Mangel des Vertragsschlusses hat. Ähnlich einem Dienstvertrag[78] kann auch die Gesellschaft, einmal in Vollzug gesetzt, nur mit Wirkung für die Zukunft durch Kündigung aufgelöst werden und gilt bis dahin als bestehend. Dies bedeutet im Ergebnis, dass ein Gesellschafter, der sich auf einen Mangel des Gesellschaftsvertrags beruft, statt der Rückerstattung seiner bisher erbrachten Leistungen einen Anspruch auf sein **Auseinandersetzungsguthaben** oder, wenn die Gesellschaft kraft einer Fort-

[75] Da die Entziehung der Geschäftsführungsbefugnis einen geringeren Eingriff als die Kündigung des Vertragsverhältnisses bedeutet, kann sie anders als diese (s. o. Rn. 241 und *Harke*, Allgemeines Schuldrecht, Rn. 129) auch auf einen schwerwiegenden Verdacht gestützt werden; vgl. BGH, NJW-RR 2008, 704, 705.

[76] Hierzu *Harke*, Allgemeines Schuldrecht, Rn. 128.

[77] Vgl. *Harke*, Allgemeines Schuldrecht, Rn. 101 ff.

[78] S. o. Rn. 238.

setzungsklausel weitergeführt wird, einen Abfindungsanspruch erhält.[79] Dasselbe gilt für den fehlerhaften Beitritt[80] und das mangelhafte Ausscheiden[81] eines Gesellschafters sowie für andere Vertragsänderungen, deren Fehler nicht anders als Gründungsmängel behandelt werden können[82].[83] Eine Ausnahme ist nur dann zu machen, wenn der rechtlichen Anerkennung der Gesellschaft gewichtige Interessen bestimmter Personengruppen oder der Allgemeinheit entgegenstehen, insbesondere wenn an ihr nicht voll geschäftsfähige Personen beteiligt sind[84] oder die Gesellschaft wegen des mit ihr verfolgten Zwecks an einem Gesetzesverstoß scheitert und daher nach § 134 BGB nichtig ist[85].

Von einem Vollzug der Gesellschaftsgründung oder des Gesellschaftsbeitritts, die den einstweiligen Bestand der Gesellschaft im Übrigen auslösen, lässt sich im Regelfall erst mit der Leistung der Einlage ausgehen.[86] Die Anerkennung der fehlerhaften Gesellschaft ist jedoch nicht hieran gebunden und auch dort möglich, wo kein Gesellschaftsvermögen gebildet werden und die Beziehung der Gesellschafter auf ihr Innenverhältnis beschränkt bleiben sein soll.[87] Dementsprechend lässt sie sich auch nicht aus der Organisationsstruktur der Gesellschaft erklären,[88] sondern muss ihrem Charakter als Vertrag zwischen den Gesellschaftern entspringen; und anders, als von der Rechtsprechung zuweilen behauptet,[89] kann sie auch nicht dem Schutz des Rechtsverkehrs und der Gesellschaftsgläubiger, vielmehr nur dem Interesse der Gesellschafter am Bestand des in Vollzug gesetzten Gesellschaftsverhältnisses dienen[90]. Diese sollen davor bewahrt werden, in einen Wettlauf um die Geltendmachung des Vertragsmangels und eines daraus erwachsenden Bereicherungsanspruchs zu geraten.[91] Sie sollen darauf vertrauen können, dass das bisher erreichte Geschäftsergebnis der Gesellschaft erhalten bleibt und so verteilt wird, wie dies für den Fall der Liquidation der Gesellschaft vorgesehen ist.[92] Denn es ist das **469**

79 BGH, NJW 2003, 2821, 2823; 2006, 1788, 1789.

80 BGH, NJW 2003, 1252, 1254; 2007, 2762, 2764.

81 BGH, NJW 1988, 1324 f.; 1992, 1503, 1504.

82 *Grunewald*, Gesellschaftsrecht, Rn. 1.A.171, MünchKomm/*Ulmer* § 705 BGB Rn. 362, Bamberger/Roth/*Schöne* § 705 Rn. 93. Anders *Schäfer*, Die Lehre vom fehlerhaften Verband, Tübingen 2002, S. 490 ff. und *Wiedemann*, Gesellschaftsrecht, Bd. 2, S. 161.

83 Im Fall eines fehlerbehafteten Ausscheidens aus der Gesellschaft steht dem betroffenen Gesellschafter freilich ein Anspruch auf Wiederaufnahme zu; vgl. BGH, NJW 1988, 1324, 1325.

84 BGH, NJW 1992, 1503, 1504.

85 BGH, NJW 2003, 1252, 1254.

86 BGH, NJW 2007, 2762, 2764.

87 BGH, NJW-RR 2004, 1407.

88 So aber *K. Schmidt*, Gesellschaftsrecht, S. 140 f. und *Schäfer* (Fn. 82), S. 143 ff., der den Grund der Lehre von der fehlerhaften Gesellschaft in der Entstehung eines neuen Rechtssubjekts erkennt, und folgerichtig ihre Anwendung wie *Schmidt* und MünchKomm/*Ulmer* § 705 BGB Rn. 356, 359 auf die Innengesellschaft ablehnt.

89 Vgl. BGH, NJW 2006, 1788, 1789.

90 So denn auch richtig BGH, NJW 1971, 375, 377 und NZG 2008, 460, 461.

91 BGH, NZG 2008, 460, 461.

92 Dieses Bestandsinteresse, das auch bei anderen Verträgen besteht, rechtfertigt aber entgegen *Wiedemann*, Gesellschaftsrecht, Bd. 2, S. 154 nicht schon selbst die Anerkennung der fehlerhaften Gesellschaft.

Ergebnis gemeinnützigen Handelns der Gesellschafter, das sich nicht in eigen- oder fremdnützige Anteile zerlegen lässt. Jeder Gesellschafter, der seine Förder- und insbesondere seine Beitragspflicht erfüllt, leistet gleichermaßen im Interesse seiner Mitgesellschafter und zum eigenen Nutzen, so dass man nicht abgrenzen kann, was ihm bei einer bereicherungsrechtlichen Rückabwicklung zusteht. Dies gilt auch bei zweigliedrigen Gesellschaften ohne Gesellschaftsvermögen. Hier kann bei der Abrechnung jedoch ohne Weiteres Berücksichtigung finden, dass ein Gesellschafter dem anderen wegen des Gründungsmangels zum Schadensersatz verpflichtet ist und ihn deshalb so zu stellen hat, als wenn er sich auf den Gesellschaftsvertrag gar nicht eingelassen hätte.[93] Dieser Schadensersatzanspruch ist nämlich in demselben Zweipersonenverhältnis begründet wie der Abfindungsanspruch, der sich aus der Auflösung der Gesellschaft ergibt, und kann deshalb gemeinsam mit ihm durchgesetzt werden.

c) Die Gesellschaft als Verband

aa) Das Gesamthandsvermögen

470 Jenseits der Struktur der gemeinnützigen Geschäftsführung liegt die Bildung eines Gesellschaftsvermögens als gemeinschaftliches Vermögen der Gesellschafter, das ihnen zur gesamten Hand zusteht. § 718 Abs. 1 BGB ordnet sie als dispositive Folge der Leistung von Beiträgen und des Erwerbs für die Gesellschaft, Abs. 2 der Bestimmung die dingliche Surrogation für den Fall an, dass Ersatz für die Beeinträchtigung oder Entziehung eines zum Gesellschaftsvermögen gehörenden Gegenstands geleistet oder etwas aufgrund eines zum Gesellschaftsvermögen gehörenden Rechts erlangt wird.[94] Die Konsequenzen aus dieser Vermögenszuordnung zieht § 719 BGB, indem er die Aufrechnung eines Gesellschaftsschuldners mit einer gegen einen einzelnen Gesellschafter zuständigen Forderung sowie dessen Verfügung über seinen Anteil an den Gesellschaftsgegenständen verbietet. Auf diese Weise bringt das Gesetz, wenn auch unvollkommen, zum Ausdruck, dass die Gruppe der Gesellschafter ein von ihren Mitgliedern verschiedener Rechtsträger ist. Daher kommt diesen einzeln auch gar kein Recht oder Anteil an den zum Gesellschaftsvermögen gehörenden Gegenständen zu. Deren alleiniger Inhaber ist vielmehr die Gesellschaft als Personenvereinigung, die nach § 714 BGB im Zweifel durch die zur Geschäftsführung befugten Gesellschafter vertreten wird.[95] Aus dieser Verselbständigung der Gesellschaftergruppe zu einem **Vermögensträger** ergibt sich zunächst, dass die Gesellschaft auch im Verhältnis zu ihren Mitgliedern als selbständige, rechtstragende Einheit auftritt. Dementsprechend bestehen die Förder- und insbesondere die Beitragspflichten nicht gegenüber den einzelnen Mitgesellschaftern, sondern gegen-

---

[93] BGH, NJW-RR 2004, 1407, 1408; 2006, 178, 180.

[94] Zugunsten der Schuldner einer in das Gesellschaftsvermögen gelangten Forderung greifen nach § 720 BGB freilich die für die Abtretung geltenden Schutzvorschriften der §§ 406 bis 408 BGB ein.

[95] Für die Entziehung der Vertretungsbefugnis ordnet § 715 BGB die entsprechende Geltung der für die Entziehung der Geschäftsführung geltenden Bestimmung des § 712 BGB an; hierzu s. o. Rn. 457, 467.

über der Gesellschaft. Die korrespondierenden Ansprüche, die in Verengung des alten Begriffs der *actio pro socio* „Sozialansprüche“ genannt werden, kann allerdings auch ein einzelner Gesellschafter erheben, um einer Blockade der Gesellschaft durch den leistungsunwilligen Gesellschafter entgegenzuwirken. Und diese Befugnis kommt ihm nicht im Wege einer gesetzlichen Prozessstandschaft für die Gesellschaft[96], sondern als ein eigenes Klagerecht[97] zu, das zwar mit dem Ziel einer Leistung an die Gesellschaft erhoben wird, aber anders als die Prozessstandschaft keinen Einfluss auf das Recht der Gesellschaft hat[98]. Ist sie der eigentliche Inhaber des Anspruchs auf den Beitrag des Gesellschafters, versteht sich auch von selbst, dass die Vorschriften über gegenseitige Verträge grundsätzlich keine Anwendung finden[99] und insbesondere ein Gesellschafter nicht die eigene Beitragsleistung wegen der Säumigkeit eines anderen Gesellschafters unter Berufung auf die Einrede des nicht erfüllten Vertrags gemäß § 320 BGB verweigern kann. Eine Ausnahme ist nur dort gerechtfertigt, wo die Gesellschaft kein eigenes Vermögen haben soll und kann auch hier nur in einem auf die Zweipersonengesellschaft beschränkten Analogieschluss bestehen, weil die Gesellschaft im Allgemeinen eben kein Austausch-, sondern ein Geschäftsführungsverhältnis begründet und lediglich in der Zweipersonenbeziehung eine gewisse Ähnlichkeit zum gegenseitigen Vertrag besteht.[100]

Die zweite Konsequenz der Verselbständigung der Gesellschaft zu einem Vermögensträger besteht in einem **identitätswahrenden Gesellschafterwechsel**:[101] Scheidet ein Gesellschafter aus der Gesellschaft aus, bleibt die Gruppe als Träger des Gesellschaftsvermögens gleichwohl erhalten. Der Anteil des ausscheidenden Gesellschafters wächst, wie § 738 Abs. 1 S. 1 BGB ausdrücklich bestimmt, den übrigen Gesellschaftern an.[102] Auch beim Eintritt eines neuen Gesellschafters besteht die Gruppe als solche trotz Veränderung ihrer Zusammensetzung fort; und der Anteil, den der neue Gesellschafter erwirbt, entsteht durch Abwachsung entsprechender Quoten der bisherigen Gesellschafter. Damit ist zugleich die Möglichkeit eines **471**

96 So aber etwa MünchKomm/*Ulmer* § 705 BGB Rn. 209, Bamberger/Roth/*Schöne* § 705 Rn. 117, jurisPK/*Bergmann* § 709 BGB Rn. 28.

97 So auch noch zu Recht BGH, NJW 1957, 1358. Offen dagegen jetzt BGH, NJW-RR 2010, 1123.

98 Richtig *Altmeppen*, Zur Rechtsnatur der *actio pro socio*, in: Heinrich (Hg.), Festschrift für Musielak, München 2004, S. 1, 10 ff.

99 Anders zu Unrecht *Hüttemann*, Leistungsstörungen bei Personengesellschaften, Köln 1998, S. 23 ff., der den Begriff des „gegenseitigen“ Vertrags nicht auf Austauschverhältnisse beschränkt sieht und folglich auch im Fall der Gesellschaft für gegeben hält, und *K. Schmidt*, Gesellschaftsrecht, S. 582, der einen Schluss von der Befugnis des einzelnen Gesellschafters zur Erhebung der *actio pro socio* auf das Recht zur Verweigerung der eigenen Leistung ziehen will.

100 Richtig MünchKomm/*Ulmer* § 705 BGB Rn. 169 und Fn. 455 und *Hueck/Windbichler*, Gesellschaftsrecht, Rn. 6.4, die § 320 BGB allerdings offenbar auch auf die Gesellschaft mit eigenem Vermögen anwenden wollen.

101 *Wiedemann*, Gesellschaftsrecht, Bd. 2, S. 641 f.

102 Dies ist nicht notwendig ein dinglicher Vorgang, der die Rechtszuständigkeit an den Gegenständen des Gesellschaftsvermögens betrifft; vgl. *K. Schmidt*, „Anwachsung“: Was ist das, und … gibt es das noch?, in: Baums u. a. (Hg.), Festschrift für Huber, Tübingen 2006, S. 967, 978 ff.

Gesellschafterwechsels durch Anteilsübertragung eröffnet.[103] Zwar verbietet § 719 Abs. 1 BGB die Übertragung des Anteils eines Gesellschafters am Gesellschaftsvermögen; damit ist jedoch nur die isolierte Abtretung des Vermögensanteils ohne Übertragung der Mitgliedschaft in der Gesellschaft gemeint.[104] Während sie ebenso wenig möglich ist wie die Übertragung anderer, nicht in § 717 S. 2 BGB aufgeführter Mitgliedschaftsrechte, kann die Mitgliedschaft selbst unter Wahrung der Identität der Gesellschaft ohne Weiteres von einem Gesellschafter auf einen Erwerber übertragen werden, sofern der Gesellschaftsvertrag dies zulässt oder die Gesellschafter ihr gesondert zustimmen.[105] Die Bindung an die Zustimmung der Gesellschafter unterscheidet die Personengesellschaft allerdings von den Kapitalgesellschaften,[106] für die eine freie Anteilsübertragung typisch ist, und ist wiederum Ausdruck des Charakters der Gesellschaft als Verbindung zur gemeinnützigen Geschäftsführung.

bb) Rechtsfähigkeit der Außengesellschaft

472 Ergibt sich bereits aus dem Gesetz die Fähigkeit der Gesellschaft, als Verband Träger der Aktiva des Gesellschaftsvermögens zu sein, kommt man nicht umhin, der Gesellschaft mit der Rechtsprechung[107] auch Rechtsfähigkeit zuzugestehen und sie damit auch als **Träger** von **Pflichten** anzusehen.[108] Es bedeutete einen Widerspruch zum Gesamthandsprinzip, wenn man die von der Gesellschaft eingegangenen Verpflichtungen nur den einzelnen Gesellschaftern zuordnete, obwohl diese doch nach § 719 Abs. 1 BGB gar nicht in der Lage sind, über das Gesellschaftsvermögen zu disponieren, mit dem die für die Gesellschaft eingegangene Verpflichtung zuvörderst erfüllt werden soll.[109] Zwar schweigt das BGB zur Verpflichtungsfähigkeit der Gesellschaft; und die Formulierung des § 714 BGB, in dem von einer Vertretung der „anderen Gesellschafter" durch den geschäftsführenden Gesellschafter die Rede ist, spricht auf den ersten Blick sogar eher dafür, dass statt der Gesellschaft die Gesell-

---

[103] Anders *U. Huber*, Vermögensanteil, Kapitalanteil und Gesellschaftsanteil an Personengesellschaften des Handelsrechts, Heidelberg 1970, S. 380 ff., der die Regeln über die Abtretung eines GmbH-Anteils analog anwenden will.

[104] MünchKomm/*Ulmer/Schäfer* § 717 BGB Rn. 4.

[105] Ist die Anteilsübertragung unwirksam, gelten auch für sie die Regeln über die fehlerhafte Gesellschaft; vgl. BGH, NJW 1988, 1324, 1325. Anders MünchKomm/*Ulmer* § 705 BGB Rn. 374, der die Gesellschaft und die Mitgesellschafter durch die Ungültigkeit der Übertragung nicht berührt sieht. Die Anteilsübertragung lässt sich jedoch schwerlich anders behandeln als das Ausscheiden oder der Eintritt eines Gesellschafters (s. o. Rn. 468).

[106] MünchKomm/*Ulmer* vor § 705 BGB Rn. 7.

[107] BGH, NJW 2001, 1056, 1056 ff.; 2008, 1378, 1379.

[108] Wegbereiter dieser Einsicht ist *Flume*, Allgemeiner Teil, Bd. 1, Teil 1, S. 54 ff. Anders noch *Huber* (Fn. 103), S. 93 ff., der das System der Organisationsformen durch die Dualität von Gesamthandsgemeinschaft und juristischer Person geprägt sieht. Kritisch zur Anerkennung der Rechtsfähigkeit der Gesellschaft bürgerlichen Rechts auch *Zöllner*, Rechtssubjektivität von Personengesellschaften?, in: Lange u. a. (Hg.), Festschrift für Gernhuber, Tübingen 1992, S. 564, 566 ff. und neuerdings *Tolani*, „Teilrechtsfähigkeit" von Personenvereinigungen, Berlin 2009, S. 50 ff.

[109] BGH, NJW 2001, 1056, 1057.

schafter verpflichtet sein sollen. Diese Vorschrift gilt jedoch auch für den Erwerb von Gegenständen, die nach § 718 Abs. 1 BGB in das gemeinschaftliche Vermögen der Gesellschafter fallen, und ist daher weder wörtlich zu nehmen[110] noch Hindernis für die Annahme, die Gesellschaft bürgerlichen Rechts sei rechtsfähig.[111] Allein mit ihrer Hilfe lässt sich auch schlüssig erklären, dass sich die Gesellschaft, wenn sie den Betrieb eines vollkaufmännischen Gewerbes aufnimmt, automatisch zur offenen Handelsgesellschaft wandelt, für die § 124 Abs. 1 HGB die Rechtsfähigkeit ausdrücklich feststellt.[112] Und nur wenn man diese auch der Gesellschaft bürgerlichen Rechts zugesteht, ist verständlich, warum Verträge, während deren Vollzug sich der Gesellschafterbestand wandelt, nicht jeweils neu abgeschlossen werden müssen, sondern ohne Weiteres weiter durchgeführt werden können.[113]

Da die Rechtsfähigkeit der Gesellschaft bürgerlichen Rechts an das Gesamthandsprinzip anknüpft, kann sie auch nur dort gegeben sein, wo dieses eingreift, weil ein Gesellschaftsvermögen vorhanden ist oder zumindest geschaffen werden soll. Bloß in diesem Fall, in dem die Gesellschaft als sogenannte **Außengesellschaft** für den Rechtsverkehr in Erscheinung tritt,[114] ist es gerechtfertigt, sie auch als Träger von Rechten und Pflichten anzusehen,[115] wohingegen die Innengesellschaft, bei der kein gemeinschaftliches Vermögen gebildet werden soll und auch nicht gebildet wird,[116] eine rein schuldrechtliche Vereinigung ohne Verbandscha- **473**

---

[110] Hinter der Unstimmigkeit des Gesetzes verbirgt sich die Unsicherheit des Gesetzgebers von 1900, der, ohne hinreichend die Konsequenzen bedacht zu haben, das Gesamthandsprinzip kurzerhand im zweiten Entwurf des BGB einführte und mit dem noch im ersten Entwurf exklusiv verfolgten römischen Konzept einer rein schuldrechtlich wirkenden Gesellschaft verknüpfte; vgl. BGH, NJW 2001, 1056 f.

[111] Zur Eintragung der Gesellschaft im Grundbuch vgl. BGH, NJW 2009, 594, 595 ff. und die neue Regelung über die Vermutung der Richtigkeit der eingetragenen Gesellschafterstellung in § 899a BGB. Diese Bestimmung bezieht sich allein auf Verfügungs- und nicht auf Verpflichtungsgeschäfte; vgl. *Kiehnle*, § 899a BGB und das Schuldrecht, ZHR 2010, 209, 228 ff.; anders *Wertenbruch*, Erfasst § 899a BGB auch das Verpflichtungsgeschäft beim Immobiliarrechtserwerb von der GbR?, ZIP 2010, 1884 ff.

[112] BGH, NJW 2001, 1056, 1057. Zum Formwechsel einer Gesellschaft bürgerlichen Rechts eingehend *Mülbert*, Die rechtsfähige Personengesellschaft, AcP 199 (1999) 38, 47 ff.

[113] BGH, NJW 2001, 1056, 1057.

[114] BGH, NJW-RR 2004, 275, 276. Anders ist der Begriff der Außengesellschaft von *Hueck/Windbichler*, Gesellschaftsrecht, Rn. 5.10, MünchKomm/*Ulmer* § 705 BGB Rn. 254, 266 f. und Bamberger/Roth/*Schöne* § 705 Rn. 139, die das Auftreten der Gesellschaft im Rechtsverkehr genügen lassen und nicht auch die Bildung von Vermögen verlangen. Richtig dagegen *K. Schmidt*, Gesellschaftsrecht, S. 1697, der meint, Außengesellschaften könnten nur solche sein, die auch als Rechtsträger am Rechtsverkehr teilnehmen.

[115] Noch restriktiver MünchKomm/*Ulmer* § 705 BGB Rn. 306, der die Rechtsfähigkeit nur bei einer „höherstufigen" Gesellschaft annehmen will, die über eine hinreichende Organisation in Form von Name, Sitz und Haftungsverfassung verfügt. Ähnlich *Wiedemann*, Gesellschaftsrecht, Bd. 2, S. 648. Dagegen zu Recht Bamberger/Roth/*Schöne* § 705 Rn. 16.

[116] BGH, NJW 1994, 2536, 2537 f. Wiederum anders MünchKomm/*Ulmer* § 705 BGB Rn. 280, der das Fehlen von Gesamthandsvermögen nicht für begriffsnotwendig hält; ebenso schon *Westermann*, Vertragsfreiheit und Typengesetzlichkeit im Recht der Personengesellschaften, Heidelberg u. a. 1970, S. 200 ff.

rakter bleibt.[117] Kommt eine Haftung der Gesellschafter hier nur aufgrund eigenen Verhaltens oder kraft § 278 BGB in Betracht, richtet sich die Haftung der Außengesellschaft nach der für rechtsfähige Vereine geltenden Bestimmung über die Organhaftung in § 31 BGB.[118] Gleichwohl ist die Außengesellschaft **keine juristische Person**;[119] denn sie ist mit der Gesamtheit ihrer Mitglieder identisch[120] und kann weder Anteile an sich selbst erwerben noch als Einpersonengesellschaft bestehen,[121] was für die als juristische Personen konzipierten Kapitalgesellschaften kennzeichnend ist.[122] Bleibt nach dem Ausscheiden der übrigen Gesellschafter nur noch ein Gesellschafter übrig, erlischt die Gesellschaft automatisch und wird ohne Liquidation sofort voll beendet, wobei das Gesellschaftsvermögen in Analogie zu § 738 Abs. 1 S. 1 BGB[123] dem letzten Gesellschafter anwächst.[124]

cc) Akzessorische Haftung der Gesellschafter

474 Ist die Außengesellschaft rechtsfähig und damit selbst Schuldner der für sie begründeten Verbindlichkeiten, kann die Haftung der Gesellschafter für die Gesellschaftsschulden nur in dem von der Rechtsprechung[125] befürworteten Wege einer akzessorischen Gesamtschuld hinzutreten, wie sie § 128 HGB für die offene Handelsgesellschaft anordnet[126].[127] Eine Ausnahme ist bloß für die Verpflichtungen der Gesellschaft zu machen, die sie aus dem Gesellschaftsverhältnis gegenüber einem

---

[117] Anders *Schünemann*, Grundprobleme der Gesamthandsgesellschaft, Bielefeld 1975, S. 184 f.

[118] BGH, NJW 2003, 1445, 1446 f.; 2007, 2490, 2491.

[119] BGH, NJW 2001, 1056. Vgl. auch *Flume*, Allgemeiner Teil, Bd. 1, Teil 1, S. 56 und *Schünemann* (Fn. 117), S. 153 ff. Anders *T. Raiser*, Gesamthand und juristische Person im Licht des neuen Umwandlungsrechts, AcP 194 (1994) 495, 503 ff., *A. Wandt*, Das Innenrecht der (teil-)rechtsfähigen BGB-Gesellschaft, Berlin 2009, S. 172 ff. und jurisPK/*Bergmann* § 705 BGB Rn. 46. Gegen die Aufgabe der Unterscheidung von der juristischen Person zu Recht *Ulmer*, Die Gesamthandsgesellschaft – ein immer noch unbekanntes Wesen, AcP 198 (1998) 113, 119 ff.

[120] *U. Huber*, Rechtsfähigkeit, juristische Person und Gesamthand, in: Schneider u. a. (Hg.), Festschrift für Lutter, Köln 2000, S. 107, 113 ff.

[121] Eine – freilich nicht systemrelevante – Ausnahme gilt in dem Fall, dass einer von zwei Gesellschaftsanteilen des einzigen Gesellschafters mit dem Recht eines Dritten belastet ist; vgl. MünchKomm/*Ulmer* § 705 BGB Rn. 63.

[122] MünchKomm/*Ulmer* vor § 705 BGB Rn. 13, § 705 Rn. 309.

[123] MünchKomm/*Ulmer/Schäfer* § 730 BGB Rn. 82.

[124] BGH, NJW 2008, 2992.

[125] BGH, NJW 2001, 1056, 1061; 2009, 997 f.

[126] Vgl. *Canaris*, Die Übertragung des Regelungsmodells der §§ 125-130 HGB auf die Gesellschaft bürgerlichen Rechts als unzulässige Rechtsfortbildung *contra legem*, ZGR 2004, 69, 82 ff.

[127] Für eine von der Anerkennung der Rechtsfähigkeit der Gesellschaft unabhängige Analogie zu dieser Vorschrift bei allen unternehmenstragenden Gesellschaften bürgerlichen Rechts ist schon *Reiff*, Die Haftungsverfassung nichtrechtsfähiger unternehmenstragender Verbände, Tübingen 1996, S. 288 ff., 327 ff. eingetreten. Für eine Rechtssubjektivität ohne akzessorische Haftung hat sich umgekehrt *Aderhold*, Das Schuldmodell der BGB-Gesellschaft, Bonn 1981, S. 146 ff. ausgesprochen.

ihrer Gesellschafter trifft,[128] weil eine so begründete Haftung einer Beitragserhöhung nach § 707 BGB gleichkommt, zu der die Gesellschafter jedoch nicht ohne ihre Zustimmung verpflichtet sind[129]. Im Übrigen muss man bei den Gesellschaften, die erkennbar als Anlagegesellschaften im Rechtsverkehr auftreten, die Haftung der Anleger nach dem Vorbild der Bestimmungen über die Kommanditistenhaftung in § 171 ff. HGB auf die Einlage beschränken und nur die aktiven Gesellschafter gleichsam als Komplementäre gemäß § 128 HGB unbegrenzt einstehen lassen.[130] Eine rechtsgeschäftliche Beschränkung der Haftung kann dagegen bloß durch vertragliche Vereinbarung mit dem jeweiligen Gesellschaftsgläubiger[131] und nicht etwa durch einfachen Namenszusatz oder Hinweis erreicht werden, die beide nicht geeignet sind, die akzessorisch und damit automatisch eintretende Verpflichtung der Gesellschafter zu beschränken.[132] Treten sie in eine Gesellschaft ein, richtet sich die Haftung für die schon vorher begründeten Verbindlichkeiten ebenfalls nach dem Recht der offenen Handelsgesellschaft, für die § 130 HGB eine unbedingte Einstandspflicht des eintretenden Gesellschafters anordnet.[133] Einen ausdrücklichen Verweis auf das Regime der offenen Handelsgesellschaft enthält § 736 Abs. 2 BGB, der für die Nachhaftung eines ausgeschiedenen Gesellschafters im Außenverhältnis zu den Gesellschaftsgläubigern die sinngemäße Geltung der Regelung über die Personenhandelsgesellschaften und damit insbesondere die Anwendung von § 160 HGB vorschreibt. Dieser sieht eine Ausschlussfrist von fünf Jahren vor, die freilich anders als bei der offenen Handelsgesellschaft nicht mit Registereintragung, sondern nur mit der individuellen Kenntnis des jeweiligen Gläubigers beginnen kann, dem das Ausscheiden des Gesellschafters kundgetan wird.[134] Im Innenverhältnis zu den anderen Gesellschaftern trifft diese nach § 738 Abs. 1 S. 2 BGB eine Pflicht zur Freistellung des ausgeschiedenen Gesellschafters.

---

[128] BGH, NJW-RR 1989, 866.

[129] S. o. Rn. 458.

[130] Richtig MünchKomm/*Ulmer/Schäfer* § 714 BGB Rn. 64 f. und Bamberger/Roth/*Schöne* § 714 Rn. 45. Im Ergebnis ebenso *Wiedemann*, Gesellschaftsrecht, Bd. 2, S. 662, der für eine weitere Ausnahme von der akzessorischen Verpflichtung der Gesellschafter bei Gesellschaften mit ideellem Zweck eintritt; ebenso *Grunewald*, Gesellschaftsrecht, Rn. 1.A.110, Bamberger/Roth/*Schöne* § 714 Rn. 44.

[131] Sonderregelungen für die Haftungsbegrenzung in persönlicher Hinsicht bestehen bei Freiberuflersozietäten; vgl. §§ 51a Abs. 2 BRAO, 67a Abs. 2 StBerG, 54a Abs. 2 WPO.

[132] BGH, NJW 1999, 3483, 3485. Anders *Canaris*, ZGR 2004, 69, 87 ff., der statt auf das Verbot der Haftungsbeschränkung in § 128 HGB auf eine am Leitbild von § 427 BGB gestützte Inhaltskontrolle nach § 307 BGB zurückgreifen will. Wiederum anders *Mülbert*, AcP 199 (1999) 38, 96 f., der eine Haftungsbeschränkung durch Bekanntgabe wie in dem von § 176 HGB geregelten Fall einer Tätigkeit der Kommanditgesellschaft vor ihrer Eintragung zulassen will.

[133] BGH, NJW 2006, 765, 766.

[134] BGH, NJW 2007 3784, 3785.

3. Die Gemeinschaft nach Bruchteilen

475 Anders als die Gesellschaft entsteht die Bruchteilsgemeinschaft nicht durch Vertrag, sondern infolge des bloßen Zusammentreffens mehrerer Inhaber eines Gegenstands. Zwar kann dieses Zusammentreffen durchaus auf einen Vertrag zurückgehen wie insbesondere in dem Fall, dass mehrere eine Sache oder ein Recht gemeinsam durch Vertrag mit einem Dritten, etwa durch Abschluss eines Mietvertrags oder Eröffnung eines Gemeinschaftskontos,[135] erwerben; und dieser Erwerb kann sogar mit der Bildung einer Gesellschaft einhergehen, deren Mitglieder jedoch kein gemeinschaftliches Vermögen bilden, sondern Innengesellschaft bleiben und nach außen nur als Bruchteilsinhaber eines oder mehrerer Gegenstände auftreten wollen. Die Gemeinschaft entsteht auch hier gemäß § 741 BGB nur als gesetzliche Folge der Mitberechtigung, die ihrerseits planmäßig oder zufällig zustande gekommen sein kann. Dass die Abgrenzung zur Gesellschaft gleichwohl im Einzelfall Schwierigkeiten bereitet, liegt daran, dass die Bruchteilsgemeinschaft in der Gestalt, in der sie Eingang in das BGB gefunden hat, **Elemente** eines **Geschäftsführungsverhältnisses** aufweist, das eigentlich die Gesellschaft charakterisiert. War die Gemeinschaft in Rom noch so beschaffen, dass sie nur ein Teilungsverfahren auslöste, in dessen Rahmen eine Abrechnung unter den Teilhabern vorgenommen wurde, ist sie heute keineswegs mehr auf die Teilung beschränkt und schließt die Benutzung und Verwaltung des gemeinsam besessenen Objekts als Gegenstand wechselseitiger Rechte und Pflichten und Vereinbarungen der Teilhaber ein. Dementsprechend kann die Gemeinschaft auch nicht als dingliches Rechtsverhältnis gedeutet werden, in dem die dinglichen Befugnisse der Teilhaber zum freien Umgang mit dem gemeinsamen Gegenstand zum Ausgleich gebracht werden.[136] Dies ist zwar der Ursprung der Bruchteilsgemeinschaft. Durch die Begründung schuldrechtlicher Ansprüche unter den Teilhabern ist sie ihm jedoch so weit entwachsen, dass sie gewissermaßen das im römischen Recht noch fehlende Pendant zur Geschäftsführung ohne Auftrag, nämlich die unvereinbarte, gemeinnützige Geschäftsführung, geworden ist.[137] Über die Abgrenzung zur Gesellschaft entscheidet dann, ob sich die von den Teilhabern getroffenen Abreden auf die Benutzung, Verwaltung und Teilung des gemeinschaftlich besessenen Gegenstands beschränken oder ob sie darüber hinaus die für die Gesellschaft charakteristische Förder- und insbesondere Beitragspflicht einschließen.[138]

476 Als Rechte der Teilhaber in der **ungeteilten Gemeinschaft** nennt § 743 BGB die Beteiligung an den Früchten und den Gebrauch des Gegenstands, sofern durch ihn

---

[135] Im Außenverhältnis zum Vertragspartner besteht in diesem Fall nur ausnahmsweise eine Gesamtgläubigerschaft nach §§ 428 ff. BGB und regelmäßig eine Forderungsgemeinschaft gemäß § 432 BGB; vgl. *Harke*, Allgemeines Schuldrecht, Rn. 466, 468.

[136] So aber *Schnorr*, Die Gemeinschaft nach Bruchteilen (§§ 741-758 BGB), Tübingen 2004, S. 38 ff. Dagegen MünchKomm/*Schmidt* § 741 Rn. 3 und trotz Lob für *Schnorrs* Konzept als konsistentes Modell *de lege ferenda* auch Staudinger/*Langhein* (2008) vor § 741 Rn. 24,

[137] Daher kann man die Gemeinschaft entgegen MünchKomm/*Schmidt* § 741 BGB Rn. 35 (ähnlich wohl jurisPK/*Habermeier* § 741 BGB Rn. 1) auch nicht als Sonderverbindung ohne wechselseitige Erfüllungsansprüche ansehen.

[138] MünchKomm/*Schmidt* § 741 BGB Rn. 4.

nicht der Mitgebrauch der übrigen Teilhaber beeinträchtigt wird. Dem steht nach § 748 BGB die Verpflichtung gegenüber, anteilig die Lasten des gemeinschaftlichen Gegenstands und die Kosten seiner Erhaltung zu tragen. Der Anteil, zu dem der einzelne Teilhaber an der Nutzung der Sache berechtigt ist, ergibt sich aus dem zugrunde liegenden Erwerbstatbestand. § 742 stellt die Vermutung auf, dass die Teilhaber gleiche Anteile haben, und begründet damit eine Auslegungsregel für diejenigen Fälle, in denen der gemeinschaftlich gehörende Gegenstand durch Vertrag erworben wird, sowie eine Beweislastregel für verwandte Konstellationen, in denen die Teilhaber in einer vergleichbaren Beweislage sind.[139] Das Recht des einzelnen Teilhabers zur Partizipation an der Benutzung des Gegenstands kann durch gemeinsam getroffene Entscheidungen über seine Verwaltung beschränkt sein.[140] Nach § 744 BGB steht sie zwar allen gemeinschaftlich und nur bei notwendigen Erhaltungsmaßnahmen auch einzelnen Teilhabern zusteht;[141] gemäß § 745 Abs. 1 BGB unterliegt ihre Durchführung aber dem Mehrheitsprinzip.[142] Eine Verwaltungsregelung, für die es nicht auf die Mehrheit der Teilhaber, sondern die Mehrheit der Anteile an dem Gegenstand ankommt, kann nach § 745 Abs. 2 BGB jeder Teilhaber herbeiführen, indem er verlangt, dass eine dem Interesse aller Teilhaber nach billigem Ermessen entsprechende Regelung über die Verwaltung und Benutzung des Gegenstands getroffen wird.[143] Eine solche Vereinbarung, die nicht nur für den Gesamtrechtsnachfolger eines Teilhabers, sondern nach § 746 BGB auch für seinen Sondernachfolger bindend ist, kann gemäß § 745 Abs. 3 BGB bloß dann nicht mit Mehrheit verabschiedet werden, wenn sie eine wesentliche Veränderung des Gegenstands, insbesondere seiner Zweckbestimmung,[144] mit sich bringt, und bedarf insbesondere der Zustimmung eines betroffenen Teilhabers, wenn seine Beteiligung an den Nutzungen des Gegenstands im Ergebnis hinter seinem Anteil an diesem zurückbleiben soll. Sieht die Verwaltungsregelung gegen Entgelt die exklusive Überlassung des gesamten Gegenstands oder eines realen Teils von ihm an einen Teilhaber vor, hat sie auch miet- oder pachtvertraglichen Charakter, so dass einzelne Bestimmungen des Miet- oder Pachtrechts Anwendung finden können.[145] Ist eine Verwaltungsregelung unwirksam, greifen entgegen der Ansicht der Rechtsprechung[146] die Grundsätze über die fehlerhafte Gesellschaft ein. Obwohl der Gemeinschaft als solcher kein Vertrag zugrunde liegt, ist sie doch ebenso wie die Gesell-

---

[139] MünchKomm/*Schmidt* § 742 BGB Rn. 11.

[140] BGH, NJW 2009, 1270, 1271.

[141] Diese Notverwaltungsbefugnis geht zumindest insoweit nicht mit einer Vertretungsmacht des einzelnen Teilhabers einher, als er die anderen nicht verpflichten kann; vgl. MünchKomm/*Schmidt* §§ 744 f. BGB Rn. 46, Staudinger/*Langhein* (2008) § 744 Rn. 37.

[142] Eine solche Mehrheitsentscheidung verleiht den Teilhabern auch Vertretungsmacht im Außenverhältnis; vgl. MünchKomm/*Schmidt* §§ 744 f. BGB Rn. 31, vorsichtiger Staudinger/*Langhein* (2008) § 744 Rn. 13.

[143] Dies ist nicht nur möglich, wenn überhaupt noch keine Vereinbarung besteht, sondern auch dann, wenn sie durch die Veränderung der tatsächlichen Verhältnisse überholt ist; vgl. BGII, NJW 2007, 149, 150.

[144] BGH, NJW 2006, 439, 441.

[145] BGH, NJW 1998, 372, 373.

[146] BGH, WM 1961, 603, 604.

schaft Geschäftsführungsverhältnis und mit der Verwaltungsregelung gerade durch eine Vereinbarung geprägt, auf deren Bestand hin die Teilhaber Leistungen zum gemeinsamen Vorteil erbracht haben. Wegen des Geschäftsbesorgungscharakters der Gemeinschaft ist auch die Haftung der Teilhaber zumindest dann, wenn sie eine Verwaltungsregelung getroffen haben, analog § 708 BGB auf den Verstoß gegen die eigenübliche Sorgfalt begrenzt.[147]

477 Die Verbindung der Teilhaber einer Gemeinschaft ist im Vergleich zur Vereinigung der Gesellschafter insofern gelockert, als gemäß § 747 S. 1 BGB jeder ohne Zustimmung der anderen über seinen Anteil verfügen, also auch im Zusammenwirken mit einem anderen Teilhaber beider Beteiligungsquoten ändern[148] kann. Ein einfacher Verlust der Beteiligung, der bei der Gesellschaft zur Anwachsung führt, ist dagegen nicht denkbar, und zwar auch nicht durch Dereliktion von Miteigentum,[149] weil sie sich wegen der bloß ideellen Teilung der Sache auf diese selbst bezöge, über die aber nur alle gemeinsam verfügen können[150]. Will sich ein Teilhaber seines Rechts entledigen, muss er die **Aufhebung** der Gemeinschaft verlangen. Nach der Regel des § 749 Abs. 1 BGB steht ihm dieser gemäß § 758 BGB unverjährbare Anspruch stets und ohne Einhaltung einer Frist zu, es sei denn, es wäre durch eine Vereinbarung, die nach §§ 750 f. BGB zwar gegenüber einem Sondernachfolger, aber im Zweifel nicht gegenüber einem Erben und auch nicht gegenüber einem Pfandgläubiger gilt, unter den Teilhabern zeitweilig oder für immer ausgeschlossen oder mit der Einhaltung einer Kündigungsfrist verbunden. In diesen Fällen kann ein Teilhaber gemäß § 749 Abs. 2 BGB die sofortige Aufhebung gleichwohl noch dann verlangen, wenn ein wichtiger Grund vorliegt; und er kann sich dieses Rechts, wie Abs. 3 der Vorschrift feststellt, nicht durch Vereinbarung begeben. Ist eine Bindung der Teilhaber an die Gemeinschaft damit nicht weniger als bei anderen Dauerschuldverhältnissen möglich, macht sich hierin ebenfalls die Umgestaltung der Gemeinschaft zu einem Geschäftsführungsverhältnis bemerkbar, das eben nicht mehr exklusiv auf Auseinandersetzung gerichtet ist[151]. – Wie sich die **Auseinandersetzung** vollzieht, ist in §§ 752 ff. BGB festgelegt: Die Teilung des gemeinschaftlichen Gegenstands hat nach Möglichkeit in Natur zu erfolgen, wobei der Sach- oder Rechtsmangel eines zugewiesenen Gegenstands eine verkäufergleiche Haftung der übrigen Teilhaber auslöst. Ist die Teilung in Natur ausgeschlossen oder mit einer Wertminderung verbunden, muss der Gegenstand versteigert und der Erlös unter den Teilhabern verteilt werden. Eine Verbindlichkeit, für die die Teilhaber als Gesamtschuldner gegenüber einem Dritten haften oder die ein Teilhaber wegen der Gemeinschaft gegen einen anderen hat, ist dabei auf Verlangen eines Teilhabers zu berichtigen. Gegenstand des Aufhebungsanspruchs ist nicht etwa die Zustimmung zur Aufhebung in Form eines Vertragsschlusses, sondern die Mitwirkung der übrigen Teilhaber an der Tei-

---

[147] Anders MünchKomm/*Schmidt* §§ 744 f. BGB Rn. 13.
[148] MünchKomm/*Schmidt* § 747 BGB Rn. 14, Staudinger/*Langhein* (2008) § 747 Rn. 25.
[149] BGH, NJW 2007, 2254, 2255 f.
[150] *Hilbrandt*, Der Bruchteil bei der Bruchteilsgemeinschaft, AcP 202 (2002) 631, 639 ff.
[151] Insoweit richtig MünchKomm/*Schmidt* § 749 BGB Rn. 4; anders Staudinger/*Langhein* (2008) § 749 Rn. 2.

lung.[152] Diese bedingt eine Verfügung über den gemeinschaftlichen Gegenstand, zu der die Teilhaber nach § 747 S. 2 BGB nur gemeinsam in der Lage sind. Bedeutet die Aufhebung der Gemeinschaft für einen der Teilhaber eine besondere Härte, kann es für die anderen Teilhaber ein Gebot der nach § 241 Abs. 2 BGB geschuldeten Rücksichtnahme sein, auf die Teilung zu verzichten und ihre Anteile gegen Abfindung auf den Teilhaber zu übertragen, für den der Fortbestand des Gegenstands oder die Fortdauer der Gemeinschaft von besonderem Interesse ist.[153]

[152] Richtig MünchKomm/*Schmidt* § 749 BGB Rn. 20, Staudinger/*Langhein* (2008) § 744 Rn. 19 ff., Palandt/*Sprau* vor § 749 Rn. 1.

[153] BGH, NJW-RR 2005, 308, 309.

4. Kapitel: Bereicherungs- und Deliktshaftung

§ 10 Ungerechtfertigte Bereicherung

1. Struktur des Kondiktionsrechts

a) Rechtsgrundlose Leistung und rechtswidriger Eingriff in Rom

Der Anspruch auf Herausgabe einer ungerechtfertigten Bereicherung war in Rom[1] eng mit dem Vertragsrecht verwoben, ja galt sogar zunächst als ein Anspruch aus **Realvertrag**[2] und wurde erst später mit den Rechten aus auftragsloser Geschäftsführung zur Kategorie der Quasikontrakte zusammengefasst[3]. Die Verbindung mit dem Vertragsrecht bestand nicht nur rein äußerlich darin, dass für die Herausgabe einer ungerechtfertigten Bereicherung dieselbe *condictio* genannte Klage zuständig war wie für die Rückgewähr eines unverzinslichen Darlehens. Auch innerlich waren die mit dieser Klage durchgesetzten Ansprüche verwandt; denn der Darlehensnehmer schuldete die Rückzahlung der Darlehensvaluta nicht etwa aufgrund eines Leistungsversprechens, sondern weil er nach dem Ende der Darlehenslaufzeit um sie ungerechtfertigt bereichert gewesen wäre[4]. Es lag also durchaus nahe, den Fall einer ungeschuldet erbrachten Leistung mit derselben Klage zu sanktionieren, mit der auch die Rückgewähr eines Darlehens verlangt werden konnte, und die korrespondierende Verpflichtung für einen Realvertrag zu halten. Freilich entging den römischen Juristen nicht der Unterschied, dass dem Anspruch auf Herausgabe einer ohne Rechtsgrund erfolgten Leistung anders als dem auf Darlehensrückzahlung gerade kein Vertragsschluss vorausging.[5] 478

Der Einsicht in die unfreiwillige Entstehung des Bereicherungsanspruchs folgend ließ man die Kondiktion außer im Fall der rechtsgrundlosen Leistung auch 479

---

[1] Hierzu *Honsell/Mayer-Maly/Selb*, Römisches Recht, S. 350 ff., *Zimmermann*, Law of Obligations, S. 834 ff., *Harke*, Römisches Recht, Rn. 4.10 ff.

[2] Gai 3.91: *Is quoque, qui non debitum accepit ab eo, qui per errorem solvit, re obligatur; nam proinde ei condici potest SI PARET EUM DARE OPORTERE, ac si mutuum accepisset. ... sed haec species obligationis non videtur ex contractu consistere, quia is qui solvendi animo dat, magis distrahere vult negotium quam contrahere.* („Durch Sachhingabe wird auch verpflichtet, wer von einem anderen aus Versehen eine Leistung auf eine Nichtschuld erhält. Denn die Kondiktion mit der Formel: „Stellt sich heraus, dass er zu geben verpflichtet ist", kann gegen ihn so angestrengt werden, als ob er ein Darlehen empfangen hätte. ... Aber diese Verpflichtung scheint nicht auf einem Vertrag zu beruhen, weil eine Verpflichtung eher aufheben als begründen will, wer mit der Absicht zu erfüllen zahlt.")

[3] D 44.7.5pr., 5 Gai 3 aur.

[4] S. o. Rn. 375.

[5] Gai 3.91 (s. o. Fn. 2).

dann zu, wenn der herauszugebende Gegenstand an den Schuldner durch einen **rechtswidrigen Eingriff** des Schuldners gelangt war. Den Regeltyp dieser zweiten Erscheinungsform des Bereicherungsanspruchs bildete die Diebstahlskondiktion (*condictio furtiva*). Mit ihr konnte ein Eigentümer, der zum Opfer eines Diebstahls geworden war, die entwendete Sache vom Dieb herausverlangen, und zwar anders als, wenn er Eigentumsherausgabeklage erhob, auch dann noch, wenn der Dieb die Sache, und sei es ohne Verschulden, wieder verloren hatte; denn im Rahmen der Kondiktion traf ihn ab seiner Tat die Zufallshaftung aus Verzug[6].[7] Die Diebstahlskondiktion war der wichtigste Fall des Anspruchs auf Herausgabe einer Sache, die der Schuldner aus unrechtem Grund (*ex iniusta causa*) innehatte.[8] Außer dem Diebstahl sanktionierte sie noch andere Formen des unrechtmäßigen Eingriffs in fremdes Vermögen wie etwa die Vertreibung von einem Grundstück[9] oder die Entwendung von Sachen unter Ehegatten[10], die beide aus dem Begriff des Diebstahls heraus fielen. Die Bereicherungshaftung wegen unrechtmäßigen Eingriffs blieb jedoch auf solche diebstahlsähnlichen Konstellationen und den Diebstahl selbst beschränkt. Denn der „unrechte Grund" war eben nicht schon dadurch gegeben, dass der Schuldner eine Sache ohne Rechtsgrund hatte; er lag vielmehr nur dann vor, wenn er sie sich auch rechtswidrig verschafft hatte. Der widerrechtliche Eingriff in das Vermögen des Gläubigers bildete den Komplementärtatbestand zur ungeschuldeten Leistung, bei der der Gläubiger das Vermögen des Schuldners freiwillig gemehrt hatte. Jenseits dieser beiden „Hinwege" und insbesondere im Fall einer freiwilligen, aber ohne Leistungsabsicht gemachten Verwendung auf eine fremde Sache gab es keinen Bereicherungsanspruch, sondern allenfalls einen Anspruch wegen auftragsloser Geschäftsführung[11] oder ein Zurückbehaltungsrecht im Rahmen der Vindikation.[12] Und der aus rechtsgrundloser Leistung oder unrechtmäßigem Eingriff berechtigte Kondiktionsgläubiger konnte stets nur die Herausgabe des hingegebenen oder unfreiwillig verlorenen Gegenstands, nicht auch die Auskehr eines hiermit erzielten Gewinns verlangen. Hatte sich ein Schuldner dadurch verbindlich gemacht,

---

6 Es galt der Grundsatz, dass sich der Dieb stets in Verzug befindet (*fur semper in mora*); vgl. D 13.1.20 Tryph 15 disp.

7 Gegenüber der Deliktsklage wegen Diebstahls zeichnete sich die Diebstahlskondiktion dadurch aus, dass sie ebenso wie die Eigentumsherausgabeklage stets dem Eigentümer und nicht etwa demjenigen zustand, der im konkreten Fall ein Interesse daran hatte, dass der Diebstahl unterblieben wäre.

8 Vgl. D 12.5.6.

9 D 13.3.2 Ulp 18 Sab.

10 D 25.2.6.5 Paul 7 Sab.

11 S. o. Rn. 441.

12 D 12.6.33 Iul 33 dig: *Si in area tua aedificassem et tu aedes possideres, condictio locum non habebit, quia nullum negotium inter nos contraheretur: nam is, qui non debitam pecuniam solverit, hoc ipso aliquid negotii gerit: cum autem aedificium in area sua ab alio positum dominus occupat, nullum negotium contrahit. …* („Habe ich auf deinem Gelände gebaut und besitzt du das Gebäude, greift die Kondiktion nicht Platz, weil kein Geschäft zwischen uns abgeschlossen wurde. Denn wer einen nicht geschuldeten Betrag zahlt, schließt auf diese Weise ein Geschäft ab. Nimmt aber der Eigentümer das von einem anderen errichtete Gebäude in Besitz, schließt er kein Geschäft ab. …").

dass er unwissentlich eine fremde Sache unter Wert veräußert hatte, beschränkte sich seine Ersatzpflicht nach Ansicht der hochklassischen Juristen freilich auf den erzielten Kaufpreis.[13]

Für die **Leistungskondiktion** entwickelte die klassische römische Jurisprudenz zwei Systematisierungsansätze, von denen einer fehlging: Die Unterscheidung danach, ob Leistungen aus einem in der Vergangenheit liegenden Grund (*causa*) oder zu einem zukünftigen Zweck (*res*) erfolgten,[14] war deshalb fruchtlos, weil die auf einem Grund beruhenden Leistungen entgegen der Theorie keineswegs stets von der Rückforderung ausgeschlossen waren. Um deren Voraussetzung allgemein zu beschreiben, eignete sich eher die von anderen Juristen bevorzugte Formel, die Kondiktion greife ein, wenn eine Zuwendung ohne Rechtsgrund (*datio sine causa*) vorliege[15]. Während dies bei der irrtümlichen Leistung auf eine Nichtschuld (*indebitum*) von vornherein feststand, war es bei einer Leistung, deren Rechtsgrund erst noch geschaffen werden musste, zunächst in der Schwebe. Zwar war die Kondiktion hier grundsätzlich von Anfang an begründet, der Empfänger jedoch nur im Fall eigenen sittenwidrigen Verhaltens unbedingt und sofort zur Herausgabe gezwungen[16] und ansonsten berechtigt, die Rückgewähr unter Berufung auf den Zweck der Leistung so lange zu verweigern, bis ausgemacht war, dass der Rechtsgrund nicht mehr eintreten würde. Typischer Fall einer solchen Leistung um eines zukünftigen Rechtsgrunds willen war die Zuwendung, die in Erwartung einer Gegenleistung aufgrund einer Tauschvereinbarung erfolgte. Sie fiel aus dem Schema der auf den Geldverkehr ausgelegten Konsensualverträge heraus, weil sie sich als Abrede über den Austausch von Sachleistungen weder dem Kaufvertrag noch der Verdingung[17] zuordnen ließ.[18] Bevor man eine Klage schaffte, mit der derjenige Teil, der vorgeleistet hatte, die Gegenleistung einfordern konnte,[19] fanden diese Vereinbarungen eine rechtliche Absicherung nur in Gestalt der Kondiktion, mit der die Vorleistung bei Ausfall der Gegenleistung zurückgefordert werden konnte. Dieses Klagerecht ließ man auch nach Einführung der Klage auf die Gegenleistung bestehen, so dass dem vorleistenden Partner die Wahl zustand, ob er den anderen Teil an seiner Leistungszusage festhalten oder die eigene Leistung zurückerhalten wollte.[20] **480**

---

[13] D 12.6.26.12 Ulp 26 ed, D 12.1.23 Afr 2 quaest.

[14] D 12.6.52 Pomp 27 QM, D 12.6.65 Paul 17 Plaut.

[15] D 12.4.10 Iav 1 Plaut, D 12.6.66; Pap 8 quaest, D 19.1.11.6 Ulp 32 ed.

[16] D 12.5.1.2 Paul 10 Sab.

[17] S. o. Rn. 5.

[18] Hierzu auch *Harke*, Allgemeines Schuldrecht, Rn. 82.

[19] Vgl. D 2.14.7.2 Ulp 4 ed.

[20] D 19.5.5pr. – 2 Paul 5 quaest: ... *in hac quaestione totius ob rem dati tractatus inspici potest. qui in his competit speciebus: aut enim do tibi ut des, aut do ut facias, aut facio ut des, aut facio ut facias: in quibus quaeritur, quae obligatio nascatur. (1) Et si quidem pecuniam dem, ut rem accipiam, emptio et venditio est: sin autem rem do, ut rem accipiam, quia non placet permutationem rerum emptionem esse, dubium non est nasci civilem obligationem, in qua actione id veniet, non ut reddas quod acceperis, sed ut damneris mihi, quanti interest mea illud de quo convenit accipere: vel si meum recipere velim, repetatur quod datum est, quasi ob rem datum re non secuta. ... (2) At cum do ut facias, si tale sit factum, quod locari solet, puta ut tabulam pingas, pecunia data locatio erit, sicut superiore casu emptio: si rem do,*

481 Als einer der beiden möglichen „Hinwege" des Kondiktionsgegenstands gab die Leistung auch vor, wie der Rückweg zu erfolgen hatte, nämlich in demselben Verhältnis, in dem die verfehlte Erfüllungswirkung eintreten sollte. War dies in der Zweipersonenbeziehung selbstverständlich, war die Festlegung der Rollen von Kondiktionsgläubiger und -schuldner im **Dreipersonenverhältnis** in Rom dadurch erschwert, dass die wissentliche Annahme einer ungeschuldeten Leistung unter den Begriff des Diebstahls fiel: Hatte jemand auf Anweisung seines wirklichen oder vermeintlichen Gläubigers den Leistungsgegenstand einem bösgläubigen Dritten überlassen, war er nicht durch Leistung, sondern durch Eingriff erlangt, so dass der Angewiesene ihn auch von dem bösgläubigen Empfänger zurückverlangen musste.[21] Im Übrigen fand der Bereicherungsausgleich in den Verhältnissen statt, in denen durch die Leistung eine Erfüllung angestrebt war: Fehlte es im Deckungsverhältnis zwischen Angewiesenem und Anweisendem an einem Rechtsgrund, musste sich der Angewiesene an den Anweisenden halten und durfte nicht gegen den Anweisungsempfänger vorgehen; denn dieser hatte kraft des ihn mit dem Anweisenden verbindenden Rechtsgrunds nur das Seine erhalten und mit den Problemen des Deckungsverhältnis nichts zu tun.[22] War umgekehrt das Valutaverhältnis mangelhaft, musste der Anweisende die Leistung vom Anweisungsempfänger zurückverlangen, während der Angewiesene, den der Fehler im Valutaverhältnis nichts anging, die ersehnte Befreiung von seiner Verbindlichkeit erlangte. Erreicht wurden diese Ergebnisse durch den Vergleich mit dem Fall einer doppelten Leistung des Angewiesenen an den Anweisenden und von dem Anweisenden an den Anweisungsempfänger: Da die Anweisung nur diesen Weg abkürzen sollte, wurden die Parteien so behandelt, als habe der Anweisende selbst die Leistung von dem Angewiesenen empfangen und an den Anweisungsempfänger weitergeleitet.[23] In dieser doppelten Leistung erkannte man die in dem Anweisungsvorgang verborgene Ordnung, auf die man sogar dann zurückgriff, wenn der dingliche Rechtserwerb durch

---

non erit locatio, sed nascetur vel civilis actio in hoc quod mea interest vel ad repetendum condictio. („Bei dieser Gelegenheit kann das Thema der Leistung um einer Gegenleistung willen insgesamt untersucht werden. Es umfasst folgende Fälle: Entweder gebe ich, damit du gibst, oder ich gebe, damit du etwas tust, oder ich tue etwas, damit du gibst, oder ich tue etwas, damit du etwas tust. (1) In diesen Fällen stellt sich die Frage, welche Obligation entsteht. Gebe ich Geld, damit ich eine Sache erhalte, liegt ein Kauf vor. Gebe ich aber eine Sache, damit ich eine Sache erhalte, dann entsteht, da der Tausch von Sachen nicht als Kauf gilt, zweifellos ein zivilrechtliches Schuldverhältnis, und zwar eine Klage, die nicht auf Rückforderung dessen gerichtet ist, was du erhalten hast, sondern darauf, dass du in das Interesse verurteilt wirst, das ich am Erhalt deiner Leistung habe. Will ich aber meine Leistung zurückerhalten, kann ich das Geleistete zurückfordern, weil es zu einem Zweck gegeben und dieser ausgefallen ist … (2) Gebe ich aber, damit du etwas machst, liegt eine Verdingung vor, wenn Geld gegeben wird und die Handlung von der Art ist, dass man sich zu ihr zu verdingen pflegt, wie zum Beispiel wenn du ein Bild malen sollst. Gebe ich eine Sache, liegt keine Verdingung vor, sondern es entstehen eine zivilrechtliche Klage auf mein Interesse und zur Rückforderung die Kondiktion.")

21 D 46.3.38.1 Afr 7 quaest.

22 D 12.6.44 Paul 14 Plaut.

23 D 50.17.180 Paul 17 Plaut, D 16.1.8.3 Ulp 29 ed.

den Anweisungsempfänger scheiterte und sich der Schutz des angewiesenen Schuldners nur dadurch realisieren ließ, dass man dem Anweisenden das Eigentum an dem Leistungsgegenstand zusprach, der sich im Besitz des Anweisungsempfängers befand.[24]

b) Untergang und Wiederkehr der Eingriffskondiktion

Noch in der Antike wurde das römische Bereicherungsrecht bis zur Unkenntlichkeit entstellt: Aus der Leistungskondiktion mit dem Generaltatbestand der rechtsgrundlosen Zuwendung wurden in der byzantinischen Theorie drei Typen von Leistungskondiktionen, nämlich der Anspruch auf Herausgabe des auf eine Nichtschuld Geleisteten (*condictio indebiti*)[25], die Zweckverfehlungskondiktion (*condictio causa data causa non secuta*)[26] und der Anspruch auf Herausgabe einer Leistung zu einem sittenwidrigen Zweck (*condictio ob turpem vel iniustam causam*)[27]. Dieser dritten Art der Leistungskondiktion wurden die Quellen zur Kondiktion aus rechtswidrigem Eingriff zugeordnet, die damit als eigenständiger Kondiktionsanspruch in der justinianischen Kodifikation verschwand. An ihre Stelle trat die *condictio sine causa*[28], die als Auffangklage sämtliche Fälle einer ungerechtfertigten Bereicherung einschloss und mit allen speziellen Kondiktionstypen konkurrierte. Diese konturlose Schöpfung, über deren Einsatz die Gemeinrechtslehre uneins war, eignete sich nicht für die Kodifikation des Bereicherungsrechts in den Naturrechtsgesetzbüchern, in denen die Eingriffskondiktion in anderem Gewand wieder erschien: Während sich der französische *Code civil* (Art. 1376 ff.) mit der Leistungskondiktion 482

---

[24] So der Hochklassiker Celsus zum Fall einer strikt verbotenen Ehegattenschenkung im Valutaverhältnis; vgl. D 24.1.3.12 Ulp 32 Sab: *Sed si debitorem suum ei solvere iusserit, hic quaeritur, an nummi fiant eius debitorque liberetur. et Celsus libro quinto decimo digestorum scribit videndum esse, ne dici possit et debitorem liberatum et nummos factos mariti, non uxoris: nam et si donatio iure civili non impediretur, eum rei gestae ordinem futurum, ut pecunia ad te a debitore tuo, deinde a te ad mulierem perveniret: nam celeritate coniungendarum inter se actionum unam actionem occultari, ceterum debitorem creditori dare, creditorem uxori. nec novum aut mirum esse, quod per alium accipias, te accipere: ...* („Aber wenn er [der Ehemann] seinen Schuldner zu zahlen anweist, stellt sich die Frage, ob dieser die Münzen zum Eigentum des Ehemannes macht und befreit wird. Celsus schreibt im 15. Buch seiner Digesten, man müsse zusehen, ob nicht der Schuldner befreit werde und die Münzen zum Eigentum des Ehemannes werden, nicht der Ehefrau. Denn auch wenn die Schenkung nicht durch Zivilrecht gehindert wäre, wäre es die Ordnung des Geschäfts, dass das Geld von deinem Schuldner an dich, danach von dir an deine Frau fließt. Durch die Geschwindigkeit, mit der die Rechtsakte untereinander verbunden werden, bleibe ein Akt verborgen; sonst übereigne der Schuldner dem Gläubiger, der Gläubiger der Ehefrau. Und es sei auch nicht neu oder verwunderlich, dass man erwerbe, was man durch einen anderen erwerbe. ...“). Im Ergebnis gleich, aber weniger kühn ist die Lösung von Celsus' Zeitgenossen Julian, der dem angewiesenen Schuldner den Einwand der unzulässigen Rechtsausübung gegen den Anspruch des Anweisenden zugestand, falls er bereit war, diesem seine Eigentumsherausgabeklage zur Ausübung zu überlassen; vgl. D 24.1.39 Iul 5 Min.

[25] D 12.6.

[26] D 12.4.

[27] D 12.5.

[28] D 12.7.

begnügt, sehen das preußische ALR (§ 262 I 13) und das österreichische ABGB (§ 1041) als Annex zum Recht der Geschäftsführung ohne Auftrag einen sogenannten **Verwendungsanspruch** vor, der stets zuständig ist, wenn ein Gegenstand zum Nutzen eines anderen eingesetzt worden ist. Dieser Anspruch entstammte dem römischen Sklavenrecht, das dem Vertragspartner eines Sklaven gegen dessen Herrn eine Versionsklage (*actio de in rem verso*) eröffnete. Mit ihr haftete der Eigentümer eines Sklaven für die von diesem begründeten Verbindlichkeiten zumindest insoweit, als sein Vermögen infolge des Geschäfts bereichert war. Schon in der Spätantike war dieser Anspruch auch auf den Fall erweitert worden, dass statt eines Sklaven ein Gewaltfreier einen Vertrag für Rechnung eines anderen abgeschlossen hatte;[29] und Gemein- und Naturrechtslehre machten aus ihm einen allgemeinen Rechtsbehelf, mit dem jede Verwendung eines Gegenstands für das Vermögen eines anderen sanktioniert wurde. Obwohl nicht in den *Code civil* übernommen, fand dieser Anspruch noch im 19. Jahrhundert auch die Anerkennung der französischen Rechtspraxis. Das BGB lässt in Anknüpfung an das schweizerische OR (Art. 62) hingegen von vornherein Raum für die Eingriffskondiktion, indem es eine **Generalklausel** enthält, die neben der freiwilligen Vermögensverschiebung durch Leistung auch die Bereicherung „in sonstiger Weise" einschließt (§ 812 Abs. 1 S. 1 BGB). Damit ist zugleich die schon im römischen Recht zu findende Zweiteilung der Bereicherungsansprüche in Leistungs- und andere Kondiktionen[30] vorgegeben. Ihre Vereinigung zu einer einheitlichen Rechtsfigur ist nur um den Preis einer weitgehenden Abstraktion ermöglicht, die nicht bloß in der Praxis, sondern auch für die Theoriebildung keinen Fortschritt bringt.[31]

483 Außer dem rechtswidrigen Eingriff in fremdes Vermögen müssen mit der Nichtleistungskondiktion heute weitere Konstellationen bewältigt werden, die durch die Verengung des Tatbestands der Geschäftsführung ohne Auftrag aus dem Anwendungsbereich dieser Rechtsfigur herausgefallen sind:[32] § 684 BGB verweist auf das Bereicherungsrecht für den Fall, dass der Geschäftsherr etwas aus einer Geschäftsführung erlangt hat, die seinem Willen oder Interesse widerstrebt, und eröffnet so eine Verwendungskondiktion, die auch dann zuständig sein muss, wenn jemand einen anderen ohne Geschäftsführungsbewusstsein begünstigt hat und daher, wie § 686 BGB ausdrücklich sagt, nur nach Bereicherungsrecht berechtigt und verpflichtet ist. Nicht nur auf einen Eingriff, sondern zugleich auf eine freiwillige Verwendung gerichtet ist ferner die Verweisung in § 951 Abs. 1 BGB, der für den Fall, dass jemand sein Eigentum durch Verbindung, Vermischung oder Verarbeitung verloren hat, ebenfalls einen Anspruch auf Vergütung in Geld nach den Vorschriften über die Herausgabe einer ungerechtfertigten Bereicherung vorsieht. Mit diesen

---

29 CJ 4.26.7.3 – a. 293.

30 Es bedeutet eine dramatische Verkürzung, wenn f. *L. Schäfer*, Das Bereicherungsrecht in Europa, Berlin 2001, S. 366 ff. sie zum Produkt des 20. Jahrhunderts erklärt.

31 Gegen die Versuche einer Vereinheitlichung von Leistungs- und Nichtleistungskondiktion sprechen sich auch *Larenz/Canaris*, Schuldrecht BT 2, S. 129 f., *Medicus/Lorenz*, Schuldrecht BT, Rn. 1124 sowie, allerdings vorsichtiger, MünchKomm/*Schwab* § 812 BGB Rn. 39 und Staudinger/*Lorenz* (2007) § 812 Rn. 1 aus.

32 S. o. Rn. ??.

Verweisungen ist ein dritter „Hinweg" eröffnet, aus der alten Zweiteilung des Kondiktionsrechts eine Trias geworden, die neben der Leistungs- und Eingriffs- auch die **Aufwendungskondiktion** umfasst. – Eine weitere Anleihe aus dem Regime der Geschäftsführung ohne Auftrag scheint auf den ersten Blick zu sein, dass der Kondiktion nun die Funktion der **Gewinnabschöpfung** zukommt. Nahegelegt wird dies durch eine Bestimmung, die denjenigen, der als Nichtberechtigter wirksam über einen Gegenstand verfügt, zur Herausgabe des durch die Verfügung Erlangten verpflichtet (§ 816 Abs. 1 S. 1 BGB). Sieht man hierdurch einen Anspruch auf die dem Nichtberechtigten erbrachte Gegenleistung begründet, kehrt man die als Vorbild für diese Regelung dienende Entscheidung der hochklassischen römischen Juristen um, wonach zugunsten des gutgläubigen Veräußerers dessen Herausgabepflicht auf die tatsächlich erlangte Gegenleistung beschränkt sein sollte. Diese Begrenzung der Verpflichtung auf die beim Schuldner **vorhandene Bereicherung** ist heute in Deutschland ebenso wie nach schweizerischen OR (Art. 64) zur Regel für alle Kondiktionsansprüche geworden (§ 818 Abs. 3 BGB).[33] Sie wird, wenn man die Bestimmung über die Herausgabepflicht nach wirksamer Verfügung eines Nichtberechtigten richtig im Sinne einer reinen Wertersatzpflicht versteht, auch nicht konterkariert. Die Gewinnabschöpfung ist dann nach wie vor nicht Aufgabe des verschuldensneutralen Bereicherungsrechts, sondern mit Hilfe einer Rechtsanalogie zu §§ 285, 687 Abs. 2 BGB in Anknüpfung an die Verschuldenshaftung herzustellen.[34]

c) Aufspaltung und Fortentwicklung der Leistungskondiktion

Anders als die nur zwischenzeitlich erfolgreiche Beseitigung der Eingriffskondik- **484**
tion hat die byzantinische **Dreiteilung** der Leistungskondiktion in die Tatbestände der Nichtschuld, der Zweckverfehlung und des verwerflichen Zwecks Bestand gehabt; und dies obwohl sie mit der Herausbildung vertraglicher Gestaltungsfreiheit einherging,[35] die die Zweckverfehlungskondiktion weithin entbehrlich machte: Seit der schon in der Spätantike vorweggenommenen, in Mittelalter und Neuzeit nachvollzogenen Herausbildung des Konzepts eines gleichermaßen inhaltsneutralen und formfreien Vertrags bedurften die Vereinbarungen über den Austausch von Sachleistungen keiner besonderen Behandlung und insbesondere keiner Absicherung durch das Bereicherungsrecht mehr. Die einschlägige Zweckverfehlungskondiktion wird denn auch weder vom französischen *Code civil* (Art. 1376) noch vom österreichischen ABGB (§§ 1431, 1435) erwähnt, die es mit dem Anspruch auf Rückgewähr einer von vornherein oder zumindest im Nachhinein ungeschuldet erbrachten Leistung bewenden lassen. Während die Zweckverfehlungskondiktion im schweizerischen OR (Art. 62) allenfalls in die bereicherungsrechtliche Generalklausel

---

[33] Sie findet sich auch im Entwurf eines Gemeinsamen Referenzrahmens, der freilich zu Unrecht eine gewichtige Ausnahme für gegenseitige Verträge macht, die in Deutschland erst durch Rechtsprechung und Lehre entwickelt worden ist; vgl. Art. VII. – 6:101 DCFR und Rn. 517 ff.

[34] Vgl. *Harke*, Allgemeines Schuldrecht, Rn. 352 f.

[35] Vgl. *Harke*, Allgemeines Schuldrecht, Rn. 49.

hineingelesen werden kann, führt das BGB (§ 812 Abs. 1 S. 2) sie eigens auf[36] und folgt damit der Tradition des preußischen ALR (§ 200 I 16), das freilich viel klarer als das BGB war und die Rückforderung wegen Zweckverfehlung auf Konstellationen „außer dem Falle des Vertrags" beschränkte. Damit zog es die Konsequenz daraus, dass Austauschvereinbarungen jeder Art nun Gegenstand eines gewöhnlichen Schuldvertrags sein konnten und sich nicht mehr für ein Reurecht in Gestalt des Rückforderungsanspruchs eigneten. In diesem Sinne ist auch das BGB zu verstehen, nämlich dass es einen Herausgabeanspruch wegen Zweckverfehlung nur für den vergleichsweise seltenen Fall anordnet, dass jemand auf einen erst noch zu schaffenden Rechtsgrund, also vor allem im Vorgriff auf einen Vertragsschluss, leistet.

485 Ist die Zweckverfehlungskondiktion demnach eine Randerscheinung, gilt nichts anderes für die Kondiktion einer **gesetz-** oder **sittenwidrigen Leistung** (§ 817 S. 1 BGB), die nur noch einen speziellen Fall der Leistung auf eine Nichtschuld oder Zweckverfehlung darstellt. Bezieht man sie auf den Fall einer gewöhnlichen Leistung, hat sie, da der entsprechende Vertrag nach §§ 134 oder 138 BGB nichtig und damit schon die Kondiktion wegen Leistung auf eine Nichtschuld begründet ist, nur die Funktion, diese auch dann zu eröffnen, wenn ihr eigentlich die Kenntnis des Leistenden vom Mangel des Rechtsgrunds entgegensteht (§ 814 BGB). Bezieht man sie auf den Fall einer Leistung um eines Zwecks willen, führt sie zur Bereicherungshaftung, wenn der inkriminierte Rechtsgrund doch noch geschaffen wird, so dass die Zweckverfehlungskondiktion eigentlich versagt. Wie sich gerade am beschränkten Anwendungsbereich der Kondiktion wegen einer verwerflichen Leistung zeigt, hat die bei gescheiterten Vertragsverhältnissen eingreifende Kondiktion wegen Leistung auf eine **Nichtschuld** (§ 812 Abs. 1 S. 1 Alt. 1 BGB) im deutschen Recht eine herausgehobene Stellung; denn die Unwirksamkeit eines Vertrags schlägt kraft des Abstraktionsprinzips nicht auf den Wechsel der Rechtszuständigkeit für den Leistungsgegenstand durch. Daher konkurriert der Kondiktionsanspruch in aller Regel auch nicht mit einem Recht an dem Leistungsgegenstand und insbesondere nicht mit dem Eigentumsherausgabeanspruch, der nur ausnahmsweise eröffnet ist, wenn der Mangel des schuldrechtlichen Kausalgeschäfts zugleich das Verfügungsgeschäft erfasst.

486 Zu der schon im römischen Recht weitgehend geklärten Frage, wie sich der Bereicherungsausgleich im **Mehrpersonenverhältnis** zu vollziehen hat, macht das BGB nur indirekt eine Vorgabe, indem es als Ausnahme einen Bereicherungsanspruch gegen denjenigen eröffnet, der den Bereicherungsgegenstand unentgeltlich und in der Weise erlangt hat, dass sich der eigentliche Bereicherungsschuldner auf den Wegfall seiner Bereicherung berufen kann (§ 822 BGB).[37] Hieraus lässt sich der Umkehrschluss ziehen, dass eine Leistung normalerweise nicht der Kondiktion durch einen Dritten unterliegt, sondern allein von dem zurückverlangt wer-

---

36 Sie hat auch Eingang in den Entwurf eines Gemeinsamen Referenzrahmens gefunden; vgl. Art. VII. – 2:101 Abs. 4 DCFR.

37 Hierin liegt eine Absage an die Versionsklage gemeinrechtlichen Musters; vgl. *Reuter/Martinek*, Ungerechtfertigte Bereicherung, S. 60 f., MünchKomm/*Schwab* § 812 BGB Rn. 58.

den kann, der sie rechtsgrundlos erbracht hat.[38] Ebenso wie im römischen Recht können Leistungs- und Eingriffskondiktion daher nicht in demselben Anspruchsgegenstand zusammentreffen; und es ist zugleich klargestellt, dass sich die bereicherungsrechtliche Rückabwicklung bei einer Leistung im Mehrpersonenverhältnis nach den angestrebten Erfüllungswirkungen richten muss: Wer zur Leistung angewiesen wurde, muss sich nicht darum kümmern, wie das Valutaverhältnis zwischen Anweisendem und Anweisungsempfänger beschaffen ist. Vielmehr erreicht er mit seiner Leistung die Erfüllung seiner Verpflichtung gegenüber dem Anweisenden oder erwirbt gegen ihn einen Bereicherungsanspruch, weil es nicht zu einer Erfüllung gekommen ist. Umgekehrt bleibt der Anweisungsempfänger von den Problemen des Deckungsverhältnisses verschont und darf die Leistung trotz fehlenden Rechtsgrunds in dieser Beziehung behalten, wenn er einen entsprechenden Anspruch gegen den Anweisenden hat. Ist er seinerseits nicht dazu berechtigt, die Leistung zu behalten, muss er sie nur dem Anweisenden herausgeben, der mit ihr eine vermeintliche Schuld erfüllen wollte, und dieser ist dem Angewiesenen verpflichtet. Diese Ordnung der Leistung im Mehrpersonenverhältnis bildet auch die Grundlage für die Beurteilung der eigentlich schwierigen und in ihrer Lösung umstrittenen Fälle, in denen es schon an einer Anweisung für die Leistung fehlt.

2. Die Kondiktionstatbestände

a) Leistungskondiktion

aa) Erscheinungsformen und Ausschlusstatbestände

Wie schon in Rom[39] ist die allgemeine Leistungskondiktion, die durch Leistung auf eine Nichtschuld begründet wird, auch heute noch sowohl in dem Fall eröffnet, dass ihr Schuldgrund von vornherein nicht bestand, als auch dann, wenn er später wegfällt oder zwar besteht, aber wegen einer Einrede des Schuldners nicht durchsetzbar ist. § 812 Abs. 1 S. 2 BGB ergänzt den Grundtatbestand in S. 1 der Vorschrift, indem er die Leistungskondiktion auf die Konstellation eines nachträglich weggefallenen Rechtsgrunds erstreckt; und § 813 Abs. 1 S. 1 BGB erklärt sie auch dann für anwendbar, wenn dem Anspruch, der mit der Leistung erfüllt werden sollte, eine Einrede entgegensteht, die die Durchsetzung des Anspruchs dauerhaft ausschließt. Während diese Vorschrift auf den Fall gemünzt ist, dass eine schon vor der Leistung begründete Verpflichtung erfüllt werden soll, kann die Kondiktion wegen fehlenden oder nachträglich weggefallenen Rechtsgrunds auch dann zum Zuge kommen, wenn dieser nicht bereits in Gestalt einer Verpflichtung vorhanden sein, sondern wie beim Handgeschäft[40] zugleich mit der Leistung geschaffen wer- 487

[38] Weniger deutlich, obwohl direkt, ist die Regelung im Entwurf eines Gemeinsamen Referenzrahmens, der den Bereicherungsanspruch versagt, wenn die Bereicherung in Erfüllung einer Verpflichtung gegenüber einem Dritten erfolgte; vgl. Art. VII. – 2:102 Buchst. b DCFR.

[39] Vgl. D 12.6.26.3 Ulp 26 ed, D 19.1.11.6 Ulp 32 ed.

[40] Hierzu *Harke*, Allgemeines Schuldrecht, Rn. 11.

den soll.[41] Der **Rechtsgrund**, der von vornherein fehlt oder später wegfällt, liegt in allen Fällen unmittelbar in dem **Schuldverhältnis**, das die Leistung rechtfertigen könnte. Die Vorstellung, er liege statt dessen in dem Zweck, das Schuldverhältnis zu vollziehen,[42] bedeutet eine unnötige Abstraktion,[43] die nur zu der unrichtigen Folgerung verleitet, entscheidend sei allein die individuelle Zwecksetzung des Bereicherungsgläubigers[44].

488 Die Beispiele für die Kondiktion einer Leistung wegen späteren **Wegfalls** ihres Rechtsgrunds gemäß § 812 Abs. 1 S. 2 Alt. 1 BGB sind, wenn man hierzu weder die kraft Anfechtung rückwirkend nichtigen[45] noch die auflösend bedingten Verträge[46] rechnen will, rar gesät. In Betracht kommt eine Kondiktion wegen Wegfalls des Rechtsgrunds insbesondere bei Baukostenzuschüssen eines Mieters, die als Vorauszahlungen auf die Miete geleistet werden,[47] und beim Disagio, der eine Vorauszahlung des Darlehensnehmers auf den Darlehenszins darstellt[48]. In beiden Fällen liegt zunächst ein Rechtsgrund für die Zahlung vor, der sich aus der Abrede über die Verpflichtung zu Zuschuss oder Disagio ergibt, dann aber wegfällt, wenn wegen der vorzeitigen Beendigung des Vertrags keine Anrechnung mehr auf den Miet- oder Darlehenszins möglich ist.

489 Die Kondiktion einer Leistung auf eine dauerhaft **einredebehaftete Forderung** gemäß § 813 Abs. 1 BGB leidet eine bedeutende Ausnahme im Fall der Verjährung, für die S. 2 der Bestimmung auf § 214 Abs. 2 BGB verweist. Danach kann eine Leistung nicht allein deshalb zurückgefordert werden kann, weil die so erfüllte Forderung verjährt war. Diese Einschränkung folgt aus dem öffentlichen Zweck der Verjährung, die Gerichte nach Möglichkeit nicht mit Streitigkeiten über längst vergangene Vorgänge zu befassen, was durch den Ausschluss der Kondiktion, wenn auch nicht sichergestellt, so doch gefördert wird. Weitere Beschränkungen der Regel des § 813 Abs. 1 S. 1 BGB ergeben sich aus dem Zweck anderer Einreden: So kann der Schuldner, der davon abgesehen hat, sich auf das Missverhältnis zwischen Leistungsaufwand und Gläubigerinteresse zu berufen, nicht nach Erfüllung die Leistung deshalb wieder kondizieren, weil dem Anspruch des Gläubigers die Einrede aus § 275 Abs. 2 BGB entgegenstand;[49] denn auf diese Weise bürdete er dem

---

41 Entgegen *Reuter/Martinek*, Ungerechtfertigte Bereicherung, S. 127 f. bedarf es keiner begrifflichen Sonderung dieser Fälle unter dem missverständlichen Titel *condictio sine causa*, der für eine byzantinische Fehlschöpfung steht; s. o. Rn. 482. Richtig daher Staudinger/*Lorenz* (2007) § 812 Rn. 78.

42 So etwa *Reuter/Martinek*, Ungerechtfertigte Bereicherung, S. 109 f.

43 Richtig *Looschelders*, Schuldrecht BT, Rn. 1031, Staudinger/*Lorenz* (2007) § 812 Rn. 76, Bamberger/Roth/*Wendehorst* § 812 Rn. 60.

44 Aus diesem Grund wenden sich gegen die sogenannte „subjektive Theorie" zu Recht *Larenz/Canaris*, Schuldrecht BT 2, S. 137.

45 In dieser Frage unentschieden BGH, NJW 2008, 1878, 1879. Für die allgemeine Leistungskondiktion Bamberger/Roth/*Wendehorst* § 812 Rn. 63.

46 So aber noch BGH, NJW 1952, 1171.

47 Vgl. zu dieser heute nur noch seltenen Konstellation MünchKomm/*Schwab* § 812 BGB Rn. 355.

48 Vgl. BGH, NJW 1990, 2250, 2252 und o. Rn. 380.

49 MünchKomm/*Schwab* § 813 BGB Rn. 7.

Gläubiger die unverhältnismäßigen Kosten auf, die er selbst zunächst nicht gescheut hat. Nicht der Kondiktion unterliegt ferner eine Kaufpreis- oder Werklohnzahlung, die nach Eintritt der Verjährung des Nacherfüllungsanspruchs geleistet wird, obwohl der Käufer oder Besteller sie gemäß §§ 438 Abs. 4 S. 2, Abs. 5, 634a Abs. 4 S. 2, Abs. 5 BGB wegen eines Mangels der Kaufsache oder des Werks hätte verweigern können [50] denn diese Einrede soll den Käufer oder Besteller nur in dem Fall schützen, dass er mangels Zahlung des Kaufpreises oder Werklohns keinen Anlasses hatte, die Initiative zu ergreifen und sein Nacherfüllungsrecht geltend zu machen.

Der Anspruch auf Rückgewähr einer ungeschuldet erbrachten Leistung ist nicht **490** nur an den Mangel des Rechtsgrunds gebunden, sondern auch daran, dass der Leistende diesen nicht kannte. Hat er die Leistung in dem Wissen erbracht, dass es an einer zugrunde liegenden Schuldbeziehung fehlt, hat er dem Empfänger etwas unentgeltlich zugewandt und muss daher wie ein Schenker behandelt werden.[51] Da die **Kenntnis** vom **Mangel** des **Rechtsgrunds** nach der Lebenserfahrung nicht zu unterstellen, sondern ebenso wie eine regelrechte Schenkung die Ausnahme ist, macht das Gesetz jedoch nicht etwa den Irrtum des Leistenden über den Bestand der schuldrechtlichen Kausalbeziehung zur Voraussetzung der Kondiktion; vielmehr ist die Kenntnis des Leistenden vom Fehlen des Schuldgrunds gemäß § 814 BGB ein Ausschlusstatbestand, den der Leistungsempfänger darzutun hat, um seine Verpflichtung zur Rückgewähr auszuschließen.[52] Hierfür genügt es noch nicht, wenn feststeht, dass der Leistende lediglich die Umstände kannte, aus denen sich die Ungültigkeit der Kausalbeziehung ergibt.[53] Damit ihm ein schenkungsähnliches Verhalten unterstellt und sein Rückgewähranspruch ausgeschlossen werden kann, muss er auch die rechtliche Schlussfolgerung gezogen haben, dass die vermeintliche Verpflichtung oder die angebliche Rechtsgrundabrede unwirksam sind[54].[55] Dementsprechend ergibt sich auch die Lösung der Fälle, in denen man zuweilen die Kon-

[50] MünchKomm/*Schwab* § 813 BGB Rn. 11, Staudinger/*Lorenz* (2007) § 813 Rn. 13.

[51] So richtig *Heck*, Grundriß des Schuldrechts, Tübingen 1929, S. 424 im Anschluss an die römische Jurisprudenz vgl. D 46.2.12 Paul 31 ed. Anders, nämlich für die Herleitung des Anspruchsausschlusses aus dem Verbot widersprüchlichen Verhaltens BGH, NJW 1979, 763; 2008, 1878, 1879.

[52] Entgegen MünchKomm/*Schwab* § 814 BGB Rn. 1, 17 erscheint es demnach fragwürdig, den Ausschlussgrund der Kenntnis von dem zweiten – praktisch nicht mehr relevanten – Tatbestand einer sittlichen Pflicht zu sondern und hierin einen Grund für einen automatischen Ausfall des Bereicherungsanspruchs, in der Kenntnis dagegen eine bloße Einwendung zu erkennen. Beide Umstände sind, rechtstechnisch gesehen, Einwendungen gegen einen nach § 812 Abs. 1 S. 1 BGB durch den Mangel des Rechtsgrunds hinreichend begründeten Bereicherungsanspruch. Nichtsdestoweniger kann man im Irrtum des Leistenden ebenso eine im Gesetz negativ abgebildete Voraussetzung des Bereicherungsanspruchs sehen, wie man im Verschulden nach § 280 Abs. 1 S. 2 BGB ein Tatbestandsmerkmal der vertraglichen Haftung erblickt, das nur der Darlegungs- und Beweislast des Schuldners unterfällt.

[53] Zur Leistung unter Vorbehalt der Rückforderung *Harke*, Allgemeines Schuldrecht, Rn. 362.

[54] BGH, NJW 2002, 2871, 2872.

[55] Dagegen ist unerheblich, ob auch der Leistungsempfänger den Mangel des Rechtsgrunds kannte; vgl. jurisPK/*Martinek* § 814 Rn. 23.

diktion zugelassen hat, weil der Empfänger nicht auf den Verbleib der Leistung vertrauen durfte, keineswegs als Ausnahme von der Kondiktionssperre, sondern daraus, dass es dem Leistenden jeweils an einem regelrechten Bewusstsein seiner mangelnden Bindung fehlte:[56] Zahlt ein Rentenversicherungsträger trotz Anzeige des Todes des Versicherten weiter Renten[57] oder leistet ein Mieter die Miete trotz Vereinbarung ihrer Reduktion in unveränderter Höhe weiter, hat er zwar Kenntnis von den Umständen, aus denen sich der Mangel seiner Verpflichtung ergibt; die Leistung selbst ist jedoch einem Versehen geschuldet und damit gerade nicht im Bewusstsein ihrer Rechtsgrundlosigkeit erbracht. Bei einer Kondiktion wegen späteren Wegfalls des Rechtsgrunds kann § 814 BGB in der Regel nicht zum Zuge kommen,[58] weil die Leistung ja zunächst einen Rechtsgrund hat und dem Leistenden deshalb auch dann nicht entgegengehalten werden kann, wenn er wusste, dass der Rechtsgrund später wegfallen würde.[59]

491 Eine regelrechte Ausnahme von der Kondiktionssperre des § 814 BGB besteht im Fall einer Leistung, durch die ihr Empfänger gegen ein **gesetzliches Verbot** oder gegen die **guten Sitten** verstoßen hat. In diesem Fall greift § 817 S. 1 BGB ein, der eigentlich einen selbständigen Kondiktionstatbestand normieren soll, praktisch aber bloß einen Unterfall anderer Kondiktionstatbestände beschreibt. Bei der Leistungskondiktion, die wegen der Unwirksamkeit des Grundgeschäfts nach §§ 134 oder 138 BGB eröffnet ist, beschränkt sich die Funktion von § 817 S. 1 BGB darauf, den Bereicherungsanspruch auch dann zuzulassen, wenn dieser wegen der Kenntnis des Leistenden vom Mangel des Rechtsgrunds eigentlich an § 814 BGB scheitert.[60] Der Fall ist dies etwa, wenn die Leistung auf Erpressung ihres Empfängers hin erfolgte.

492 Hält sich die durch § 817 S. 1 BGB eröffnete Möglichkeit zur Rückforderung noch im Rahmen des Interessenausgleichs, auf den privatrechtliche Bestimmungen im Allgemeinen angelegt sind, ist dieser nicht mehr das Ziel des Anspruchsausschlusses, den S. 2 der Vorschrift für den Fall anordnet, dass auch dem Leistenden ein Verstoß gegen ein gesetzliches Verbot oder die guten Sitten zur Last fällt. Ebenso wie die Bestimmung in S. 1 der Vorschrift bezieht sich auch diese Kondik-

---

[56] MünchKomm/*Schwab* § 814 BGB Rn. 8.

[57] Dies ist der Fall von BGH, NJW 1979, 763.

[58] BGH, NJW 1990, 1789, 1790.

[59] Ist der Vertrag, in dessen Vollzug die Leistung erfolgte, anfechtbar, bewirkt die Regel des § 142 Abs. 2 BGB, wonach die Kenntnis der Anfechtbarkeit der Kenntnis der Nichtigkeit gleichsteht, allenfalls dann einen Ausschluss der Kondiktion gemäß § 814 BGB, wenn der Leistende auch zur Anfechtung berechtigt ist; vgl. BGH, NJW 2008, 1878, 1879. Unter diesen Umständen ist in der Leistung aber regelmäßig auch eine Bestätigung im Sinne von § 144 BGB zu sehen. Steht das Anfechtungsrecht dagegen nur dem Leistungsempfänger zu, lässt die Leistung des anderen Teils nicht auf dessen schenkerähnliche Gesinnung schließen.

[60] Richtig BAG, NJW 1983, 783. Noch näher am historischen Vorbild von § 817 S. 1 BGB liegt die Auffassung von *Reuter/Martinek*, Ungerechtfertigte Bereicherung, S. 181, MünchKomm/*Schwab* § 817 BGB Rn. 5 und AnwK/*v. Sachsen Gessaphe* § 817 Rn. 7, die die Vorschrift auf die Konstellationen beschränken wollen, in denen eine Zweckverfehlungskondiktion in Betracht kommt (ähnlich Erman/*Westermann/Buck-Heeb* § 812 Rn. 6, die den Fall der Leistungskondiktion durch eine Reduktion von § 814 BGB bewältigen wollen). Gegen eine solche Beschränkung wendet sich Staudinger/*Lorenz* (2007) § 812 Rn. 7.

tionssperre auf die schon durch § 812 Abs. 1 S. 1 BGB begründete Leistungskondiktion, hat aber Straffunktion:[61] Trifft der Vorwurf gesetz- oder sittenwidrigen Verhaltens nicht allein den Leistenden, widerspricht es dem Ziel des Interessenausgleichs, ihm die Rückforderung seiner Leistung zu versagen. Sinnvoll ist diese Sanktion nur, wenn man ihren Zweck darin sieht, vor dem Abschluss gesetz- oder sittenwidriger Vereinbarungen abzuschrecken.[62] Dieses präventive Ziel verwirklicht sich im Einzelfall repressiv,[63] nämlich als Strafe für den Leistenden, dem die reguläre Rechtsfolge einer rechtsgrundlosen Leistung verwehrt wird. Dementsprechend setzt die Konditkionssperre auch voraus, dass sich der Leistende den Vorwurf des Gesetzes- oder Sittenverstoßes vorsätzlich oder zumindest durch grobe Fahrlässigkeit eingehandelt hat.[64] Die hieran geknüpfte Rechtsfolge ist im Fall wucherischer Überlassungsverträge freilich unangemessen. Denn einerseits sollen Vermieter oder Darlehensgeber, die sich einen überhöhten Zins als Gegenleistung versprechen lassen, die Mietsache oder Darlehensvaluta nicht umgehend zurückverlangen können; andererseits sollen sie ihrer aber auch nicht für immer entbehren, weil sie sie ja auch nur auf Zeit überlassen haben. Beim Darlehen versucht die Rechtsprechung zu diesem Ergebnis zu kommen, indem sie als Leistung im Sinne von § 817 S. 2 BGB nur die vorübergehende Überlassung des Kapitals ansieht.[65] Diese ist zwar das Ziel des Darlehensvertrags; die ihm entspringenden Leistungspflichten sind jedoch auf die Übereignung von Geldbeträgen gerichtet.[66] Vorzugswürdig erscheint es daher, den Darlehensvertrag zumindest teilweise, nämlich insoweit für wirksam zu halten, als der Darlehensnehmer die Darlehensvaluta während der vereinbarten Laufzeit zinsfrei behalten darf und danach zurückerstatten muss.[67] Etwas anderes gilt beim wucherischen Mietvertrag, den auch die Rechtsprechung zu Recht als teilwirksam ansieht und annimmt, der Mieter sei verpflichtet, eine angemessene Miete zu entrichten.[68] Im Gegensatz zum Darlehensgeber erbringt der Vermieter nämlich eine Dauerleistung in Gestalt der Instandhaltungspflicht (§ 535 Abs. 1 S. 2 BGB), die man ebenfalls wegfallen lassen müsste, wenn man ihm das Recht zu einer auf das ortsübliche Niveau reduzierten Miete nimmt[69].

bb) Bereicherungsausgleich bei der Leistung auf Anweisung

Dass sich der Bereicherungsausgleich bei der Leistung auf Anweisung in den Verhältnissen vollzieht, in denen eine Erfüllung angestrebt war, versucht die deutsche Rechtsprechung durch eine komplexe Definition des **Leistungsbegriffs** sicher- **493**

[61] Vgl. *Harke*, Allgemeines Schuldrecht, Rn. 344.
[62] So etwa *Larenz/Canaris*, Schuldrecht BT 2, S. 162.
[63] Zum Zusammenhang von Prävention und Vergeltung bei Privatstrafe allgemein *Harke*, Allgemeines Schuldrecht, Rn. 6.
[64] BGH, NJW 2005, 1490, 1491.
[65] BGH, NJW 1995, 1152, 1153.
[66] S. o. Rn. 375.
[67] So richtig MünchKomm/*Schwab* § 817 BGB Rn. 37.
[68] BGH, NJW 1984, 722, 723 f.
[69] So denn auch MünchKomm/*Schwab* § 817 BGB Rn. 41, der dem Vermieter den Anspruch auf die Miete verweigern will.

zustellen:[70] Leistung im Sinne von § 812 Abs. 1 S. 1 BGB sei anders bei der Erfüllung gemäß § 362 Abs. 1 BGB nicht die schlichte Herbeiführung des geschuldeten Erfolgs oder die Vornahme des geschuldeten Verhaltens, vielmehr die bewusste und zweckgerichtete Vermehrung fremden Vermögens. Im Dreipersonenverhältnis erfolge sie nicht zwischen dem Angewiesenen und dem Anweisungsempfänger, gegenüber dem der Angewiesene keinen Zweck verfolge. Statt dessen vollziehe sie sich einerseits im Deckungsverhältnis zum Anweisenden, andererseits im Valutaverhältnis zwischen diesem und dem Anweisungsempfänger.[71] Denn nur in diesen Beziehungen werde jeweils ein Zweck verfolgt, der sich aus den Tilgungsbestimmungen ergebe: Der Angewiesene versehe seine Zuwendung zum einen mit einer eigenen Tilgungsbestimmung, die seinen Willen dokumentiere, eine Leistung an den Anweisenden zu erbringen; zum anderen überbringe er dem Anweisungsempfänger die Tilgungsbestimmung des Anweisenden, mit der dieser zum Ausdruck bringe, dass die Zuwendung zugleich eine Leistung von ihm an den Anweisungsempfänger sein solle. Da die Eingriffskondiktion nach Ansicht der Rechtsprechung subsidiär ist[72] und nur dann zum Zuge kommt, wenn eine Zuwendung überhaupt nicht als Leistung erscheint,[73] ist so stets und auch in den Fällen eines Doppelmangels im Deckungs- und Valutaverhältnis gewährleistet, dass sich die Rückabwicklung in den Kausalverhältnissen vollzieht, in denen auch eine Erfüllung angestrebt war. Da das von Anweisungsempfänger und Angewiesenem Erlangte jeweils der Gegenstand der Zuwendung selbst ist, kann der Angewiesene bei einem Doppelmangel vom Anweisenden auch diesen Gegenstand und nicht etwa nur die Abtretung der Leistungskondiktion verlangen, die der Anweisende gegen den Anweisungsempfänger erworben hat.[74]

494 Dieses Konzept der Rechtsprechung verdient nur insoweit Kritik, als sie ohne Not die Tilgungsbestimmung zum Element des Leistungsbegriffs macht, obwohl sich das damit verfolgte Ziel auch dann ergibt, wenn man Leistung ebenso wie im Rahmen von § 362 BGB schlicht als Herbeiführung des geschuldeten Erfolgs oder Vornahme des geschuldeten Verhaltens versteht. Auch in diesem Fall ist klar, dass die bereicherungsrechtliche Rückabwicklung nur der **Ordnung** der **angestrebten Erfüllungswirkungen** folgen kann[75] und sich nicht zwischen Angewiesenen und Anweisungsempfänger, sondern in Deckungs- und Valutaverhältnis vollziehen muss. Denn die Zuwendung an den Anweisungsempfänger ist eine Leistung an einen Dritten, die der Angewiesene kraft der Anweisung gemäß §§ 362 Abs. 2, 185

[70] Die zumindest früher regelmäßig verwendete Formel, beim Bereicherungsausgleich im Dreiecksverhältnis verbiete sich jede schematische Lösung (vgl. etwa BGH, NJW 2004, 1169), ist nur noch Beiwerk und entspricht dem überaus regelhaften Ansatz der Rechtsprechung in keiner Weise mehr; vgl. MünchKomm/*Schwab* § 812 BGB Rn. 84.

[71] BGH, NJW 2003, 582, 583; 2008, 2331.

[72] BGH, NJW 2007, 3127, 3130.

[73] BGH, NJW 2005, 60.

[74] MünchKomm/*Schwab* § 812 BGB Rn. 56, 73.

[75] So richtig *Kupisch*, Gesetzespositivismus im Bereicherungsrecht, Berlin 1978, S. 19 ff. sowie *Reuter/Martinek*, Ungerechtfertigte Bereicherung, S. 388 ff. und Staudinger/*Lorenz* (2007) § 812 Rn. 5.

BGB zum Zwecke der Erfüllung gegenüber dem Anweisenden vornimmt.[76] Daher bleibt dieser von einem Mangel des Valutaverhältnisses zwischen Anweisendem und Anweisungsempfänger unbehelligt, weil die Bereicherung des Anweisungsempfängers nicht „auf seine Kosten" erfolgte,[77] wie § 812 Abs. 1 S. 1 BGB zusätzlich zu den Tatbestandsmerkmalen der Leistung und des fehlenden Rechtsgrunds verlangt.[78] Zudem ist selbstverständlich, dass der Angewiesene bei einem Mangel des Deckungsverhältnisses einen Bereicherungsanspruch gegen den Anweisenden erwirbt, weil er die Leistung ja entsprechend § 362 Abs. 2 BGB zur Erfüllung gegenüber dem Anweisenden erbracht hat und dies auch für die Rückabwicklung den Ausschlag gibt.

Ist die artifizielle Konstruktion eines besonderen Leistungsbegriffs für das Be- **495**
reicherungsrecht damit auch entbehrlich, ist das Konzept der Rechtsprechung doch insoweit richtig, als sie die Eingriffskondiktion für subsidiär und im Fall einer Leistung schlechthin für unanwendbar erklärt;[79] und es überzeugt auch insofern, als Ausgangspunkt der Betrachtung die von den Parteien abgegebenen **Tilgungsbestimmungen** sind.[80] Denn diese geben in der Frage, ob Erfüllung eingetreten ist, den Ausschlag für die Zuordnung von Leistung und Verpflichtung und müssen daher gleichfalls darüber entscheiden, ob eine Leistungskondiktion gegeben ist, die sich komplementär zur Erfüllungswirkung verhält. Dass die Rückabwicklung in dem mangelhaften Deckungs- oder Valutaverhältnis erfolgt, lässt sich daraus ableiten, dass die Leistung des Angewiesenen an den Anweisungsempfänger einerseits kraft der vom Angewiesenen selbst abgegebenen Tilgungsbestimmung der Erfüllung seiner Verbindlichkeit gegenüber dem Anweisenden und anderseits wegen der von diesem abgegebenen und vom Angewiesenen übermittelten Tilgungsbestimmung der Erfüllung einer Verpflichtung des Anweisenden gegenüber dem Anweisungsempfänger gedacht ist.[81] Aus der Verdopplung der Tilgungsbestimmung für dieselbe Leistung ergibt sich zugleich, dass der Anweisende dem Angewiesenen im

---

[76] Vgl. wiederum *Kupisch* a. a. O. (Fn. 75) und *Reuter/Martinek*, Ungerechtfertigte Bereicherung, S. 389 ff.

[77] Anders insoweit *Reuter/Martinek*, Ungerechtfertigte Bereicherung, S. 398, die zwischen „tatsächlicher" und „rechtlicher Leistung" unterscheiden wollen und so die Brücke zum Leistungsbegriff der Rechtsprechung schlagen.

[78] Dieser Lösungsweg ist natürlich nicht gangbar, wenn man mit *Medicus/Lorenz*, Schuldrecht BT, Rn. 1124 das Merkmal der Bereicherung „auf Kosten" eines anderen nur auf die Eingriffskondiktion bezieht. Auf dasselbe läuft es hinaus, wenn man das Merkmal „auf Kosten" durch den Leistungsbegriff konkretisieren will, wie f. *L. Schäfer* (Fn. 30), S. 464 ff. dies vorschlägt.

[79] Richtig *Reuter/Martinek*, Ungerechtfertigte Bereicherung, S. 406. Kritisch zum Subsidiaritätsgrundsatz dagegen *Larenz/Canaris*, Schuldrecht BT 2, S. 144 f., Staudinger/*Lorenz* (2007) § 812 Rn. 64, Bamberger/Roth/*Wendehorst* § 812 Rn. 31 und PWW/*Leupertz* § 812 Rn. 24.

[80] Dass der Ansatz der Rechtsprechung besser als sein Ruf ist, glaubt auch Staudinger/*Lorenz* (2007) § 812 Rn. 5.

[81] Daraus ergeben sich dann die schon im römischen Recht (s. o. Rn. 481) maßgeblichen Folgerungen, dass mit den Störungen in einem Kausalverhältnis nur die hieran beteiligten Parteien belastet werden dürfen; vgl. *Larenz/Canaris*, Schuldrecht BT 2, S. 247.

Fall eines zweifachen Mangels in Deckungs- und Valutaverhältnis nicht lediglich die Kondiktion, die er gegen den Anweisungsempfänger erwirbt, sondern den Gegenstand der Leistung selbst herausgeben muss. Die Parteien stehen damit so, wie sie stünden, wenn es statt zu einer Leistung auf Anweisung zu einer Leistungskette gekommen wäre.[82]

496 Die Anknüpfung an die Tilgungsbestimmung eröffnet auch den Weg zur Lösung der eigentlich problematischen Fälle, in denen gar **keine Anweisung** vorliegt.[83] Ist der angeblich Angewiesene tätig geworden, ohne dass der vermeintlich Anweisende dies veranlasst hat, insbesondere weil er auf die Fälschung der Anweisung durch einen Dritten vertraut hat, fehlt es auch an einer Tilgungsbestimmung des Anweisenden, so dass es gar nicht erst zu einem Versuch der Erfüllung im Valutaverhältnis gekommen ist und hier dementsprechend auch kein Bereicherungsausgleich stattfinden kann.[84] Denkbar wäre dieser allerdings im Deckungsverhältnis, weil der vermeintlich Angewiesene die Leistung ja erbracht hat, um eine Verpflichtung gegenüber dem Anweisenden zu erfüllen, und auch eine entsprechende Tilgungsbestimmung abgegeben hat. Der angeblich Anweisende hat, da er die Leistung nicht mit einer eigenen Tilgungsbestimmung versehen hat, jedoch überhaupt nichts erlangt, das er an den vermeintlich Angewiesenen herausgeben müsste.[85] Dieser muss sich daher an den Anweisungsempfänger halten, und zwar, wenn man sich vom hypertrophen Leistungsbegriff der Rechtsprechung löst, nicht mit einem Anspruch auf Bereicherung „in sonstiger Weise“[86], sondern schlicht mit der Leistungskondiktion gemäß § 812 Abs. 1 S. 1 Alt. 1 BGB.[87] Denn seine Zuwendung an den Anweisungsempfänger ist durchaus Leistung,[88] der jedoch die zweite Tilgungsbestimmung fehlt, um ein Erfüllungsversuch des angeblich Anweisenden und damit auch „auf Kosten“ desselben erfolgt zu sein.[89]

497 Dem Fall einer völlig fehlenden Anweisung ist ohne Weiteres derjenige gleichzustellen, in dem sie von einem Anweisenden vorgenommen wurde, der in seiner

[82] MünchKomm/*Schwab* § 812 BGB Rn. 64, 68.

[83] Umgekehrt *Solomon*, Der Bereicherungsausgleich in Anweisungsfällen, Tübingen 2004, S. 74 ff., der die Leistungszweckbestimmung für ein nur bei der Leistung auf wirksame Anweisung passendes Lösungsmodell hält und die Leistungszurechnung im Dreiecksverhältnis schlechthin von der Anweisung abhängig machen will.

[84] BGH, NJW 2008, 2331, 2332.

[85] Richtig MünchKomm/*Schwab* § 812 BGB Rn. 81.

[86] So konsequent, aber unrichtig BGH, NJW 2003, 582, 583; 2008, 2331. Auf der Grundlage dieser Rechtsprechung wollen *Fikentscher/Heinemann*, Schuldrecht, Rn. 1496 ff. die „Durchgriffskondiktion“ und Bamberger/Roth/*Wendehorst* § 812 Rn. 104 ff. die „Zuwendungskondiktion“ gar als neuen Typ der Nichtleistungskondiktion etablieren.

[87] Richtig Kupisch (Fn. 75), S. 73, 79.

[88] Hierzu passt auch der Wortlaut von §§ 783 f. BGB, die für die Anweisung im förmlichen Sinn von einer Leistung des Angewiesenen an den Anweisungsempfänger sprechen.

[89] Dieser Kondiktion steht die Sperre des § 814 BGB auch dann nicht im Wege, wenn der angeblich Angewiesene das Fehlen der Anweisung kannte, solange die Leistung lediglich aus Versehen und nicht im vollen Bewusstsein ihrer Rechtsgrundlosigkeit erfolgte; s. o. Rn. 490. Bei Annahme einer Nichtleistungskondiktion ist § 814 BGB von vornherein unanwendbar; vgl. MünchKomm/*Schwab* § 814 BGB Rn. 5.

Geschäftsfähigkeit beschränkt ist.[90] Schwieriger zu beurteilen sind dagegen die Konstellationen, in denen der Anschein einer wirksamen Anweisung bestand und dieser auch auf den unbeschränkt geschäftsfähigen Anweisenden zurückgeht. Ansatz der Lösung muss hier wiederum die Tilgungsbestimmung für das Valutaverhältnis sein. Ist sie von dem Anweisenden in einer ihm zurechenbaren Weise abgegeben und vom Anweisungsempfänger, dem sie vom Angewiesenen überbracht wird, auch als Tilgungsbestimmung zu verstehen gewesen, liegt eine gewöhnliche Leistung auf Anweisung vor, deren Rückabwicklung im Deckungs- und Valutaverhältnis erfolgt.[91] An einer solchen Tilgungsbestimmung fehlt es aber, wenn dem Anweisungsempfänger bekannt ist, dass der Anweisende die Leistung auf Anweisung entweder von vornherein oder zumindest später nicht mehr wollte.[92] Denn die Tilgungsbestimmung ist als Willenserklärung[93] aus dem Empfängerhorizont des Anweisungsempfängers zu verstehen[94] und fällt aus, wenn dieser wusste, dass ihr Urheber gar keine Absicht zur Abgabe der Willenserklärung mehr hatte. Das eigentliche Problem der Beurteilung einer **Scheinanweisung** liegt in der Frage, unter welchen Umständen dem Anweisenden eine vom Anweisungsempfänger zu Recht als Tilgungsbestimmung verstandene Erklärung zugerechnet werden kann. Nach Ansicht der Rechtsprechung genügt hierfür schon, dass der Anweisende überhaupt im Zustand voller Geschäftsfähigkeit eine Anweisung erteilt hat,[95] und zwar auch dann, wenn sie noch vor der Zuwendung widerrufen worden ist[96] oder auf eine geringeren Leistungsumfang gerichtet war, als er dann zur Ausführung gekommen ist[97]. Der Anweisungsempfänger sieht sich danach nur dann einem Bereicherungsanspruch des Angewiesenen ausgesetzt, wenn er von dem Widerruf oder dem Mengenfehler Kenntnis hatte. Diese Lösung ist mit allgemeinen Grundsätzen der Rechtsgeschäftslehre,[98] die auch auf die maßgebliche Til-

---

90 BGH, NJW 2008, 2331, 2332.

91 BGH, NJW 2003, 582, 583.

92 BGH, NJW 2003, 582, 583; 2008, 2331, 2332.

93 Vgl. *Harke*, Allgemeines Schuldrecht, Rn. 359.

94 Entgegen *Flume*, Studien zur Lehre von der ungerechtfertigten Bereicherung (Hg. Ernst), Tübingen 2003, S. 172 ist es für diesen keineswegs gleichgültig, wer ihn in Anspruch nehmen kann, weil ihm ja gegen den Anweisenden Einwendungen zustehen können, gegen den Angewiesenen dagegen in aller Regel nicht.

95 Dies bedeutet für den Fall der Überweisung, dass die Mängel des entsprechenden Zahlungsdienstvertrags daraufhin geprüft werden müssen, ob dieser von dem Überweisenden fehlerfrei eingeleitet worden ist oder nicht; vgl. *Langenbucher*, Zum Bereicherungsausgleich im Überweisungsrecht, in: S. Lorenz u. a. (Hg.), Festschrift für Heldrich, München 2005, S. 285, 292 ff.

96 BGH, NJW 1983, 2499, 2500. Auf eine Analogie zur Rechtsscheinhaftung eines Vertretenen gemäß §§ 170 ff. BGB wollen *Larenz/Canaris*, Schuldrecht BT 2, S. 230 f. in diesem Fall zurückgreifen. Für eine bloße Pflicht des Anweisenden zur Abtretung des Kondiktionsanspruchs gegen den Anweisungsempfänger Staudinger/*Lorenz* (2007) § 812 Rn. 53.

97 BGH, NJW 2008, 2331, 2333. Kritisch hiergegen MünchKomm/*Schwab* § 812 BGB Rn. 90.

98 Zu dieser gehört, wie *G. Müller*, Der Bereicherungsausgleich bei Fehlleistungen des Kreditinstituts im bargeldlosen Überweisungsverkehr, WM 2010, 1293, 1302 ff. zu Recht herausstellt, auch § 120 BGB, der dem scheinbaren Urheber einer Willenserklärung die Anfechtung wegen unrichtiger Übermittlung gleichermaßen gestattet und zur Aufgabe macht.

gungsbestimmung Anwendung finden, durchaus zu vereinbaren,[99] muss aber zumindest dann, wenn es sich bei dem Angewiesenen, wie regelmäßig, um einen Zahlungsdienstleister und bei dem Anweisenden um einen Zahlungsdienstnutzer handelt, derart modifiziert werden, dass sie dem **neuen Zahlungsdiensterecht** entspricht:[100] Gemäß § 675u BGB hat ein Zahlungsdienstleister im Fall einer nicht autorisierten Zahlung keinen Anspruch auf Aufwendungsersatz und ist zur Berichtigung des Zahlungskontos verpflichtet. Dies gilt auch, wenn die Zahlung deshalb unautorisiert war, weil die Zustimmung des Zahlers nach § 675p zulässigerweise widerrufen wurde und soweit die Zahlung über den Betrag hinausging, zu dem sie von dem Zahler autorisiert war. Ist dem Anweisenden damit ohne Rücksicht auf den Horizont des Anweisungsempfängers das Regressrisiko abgenommen, kann es nur noch den angewiesenen Zahlungsdienstleister treffen, der seinerseits seine Leistung vom Anweisungsempfänger zurückverlangen muss. Dementsprechend kann man auch von einer Tilgungsbestimmung des Anweisenden, die zur Rückabwicklung im Valutaverhältnis führt, nur noch dann ausgehen, wenn die Anweisung den Anforderungen genügt, die an eine Zahlungsautorisierung zu stellen sind.

cc) Bereicherungsausgleich in anderen Dreipersonenverhältnissen

498 Zu einer Rückabwicklung im Deckungs- und Valutaverhältnis kommt es außer im Fall wirksamer Anweisung auch bei der Leistung auf einen unwirksamen **Vertrag zugunsten Dritter**: Erfüllt der Schuldner seine vermeintliche Verpflichtung gegenüber dem begünstigten Dritten, muss er sich an den Versprechensempfänger halten, der sich in einer vergleichbaren Position wie ein Anweisender befindet.[101] Zwar ist der begünstigte Dritte auch bei einem wirksamen Vertrag zugunsten Dritter nach § 334 BGB den Einwendungen des Schuldners ausgesetzt. Dies bezieht sich jedoch nur auf das Forderungsrecht, das dem Dritten gemäß § 335 BGB im Zweifel selbst zusteht. Verfügt er hierüber im Fall der Wirksamkeit des Vertrags, darf dieses Privileg nicht dazu führen, dass er bei Ungültigkeit des Vertrags schlechter als ein Anweisungsempfänger steht, der keinen eigenen Leistungsanspruch gegen den Angewiesenen hat.[102] Die Leistung auf einen Vertrag zugunsten Dritter muss daher ebenso rückabgewickelt werden wie eine Leistung auf Anwei-

---

[99] Anders sieht dies *Flume* (Fn. 94), S. 170 f.

[100] So im Grundsatz richtig *Belling/Belling*, Zahlungsdiensterecht und Bereicherungsausgleich bei nicht autorisierten Zahlungsvorgängen, JZ 2010, 708, 711 und *Bartels*, Zur bereicherungsrechtlichen Rückabwicklung von Überweisungen nach Umsetzung der Zahlungsdiensterichtlinie, WM 2010, 1828, 1832 f. im Gegensatz zu *Grundmann*, Das neue Recht des Zahlungsverkehrs, WM 2009, 1109, 1116.

[101] BGH, NJW 1979, 157, 158.

[102] MünchKomm/*Schwab* § 812 BGB Rn. 194, Bamberger/Roth/*Wendehorst* § 812 Rn. 201, AnwK/*v. Sachsen Gessaphe* § 812 Rn. 157. Differenzierend dagegen, allerdings in unterschiedlicher Weise, *Reuter/Martinek*, Ungerechtfertigte Bereicherung, S. 485 und Staudinger/*Lorenz* (2007) § 812 Rn. 38 ff. sowie *Hadding*, Der Bereicherungsausgleich beim Vertrag zugunsten Dritter, Tübingen 1970, S. 96 ff. der danach entscheiden will, ob der Versprechensempfänger im Valutaverhältnis die Befreiung von einer Verbindlichkeit oder einen Rückgewähranspruch erlangt hat.

sung, wobei es allerdings häufig doch zu einem Durchgriff gemäß § 822 BGB kommt, weil im Valutaverhältnis zwischen Versprechensempfänger und begünstigtem Dritten nicht selten eine unentgeltliche Rechtsbeziehung besteht, die dem Versprechensempfänger nach § 818 Abs. 3 BGB die Berufung auf seine Entreicherung erlaubt.[103]

Ebenfalls dem Bereicherungsausgleich im Dreieck unterliegen die Fälle, in de- **499**
nen jemand in der Vorstellung, eine eigene Verbindlichkeit gegenüber dem Empfänger zu erfüllen, so leistet, dass dieser annehmen darf, ihm gegenüber werde die Schuld eines Dritten erfüllt. Vorkommen kann eine solche **Scheinleistung** eines **Dritten** vor allem bei Werkverträgen unter Einschaltung von Subunternehmern, wenn diese Leistungen erbringen, die sie selbst an den Besteller erbringen wollen, die sich für diesen aber als solche des Hauptunternehmers ausnehmen. Da es für die Beurteilung der maßgeblichen Tilgungsbestimmung stets auf die Sicht des Leistungsempfängers ankommt,[104] hat der Besteller eine Leistung erhalten, die trotz abweichender Intention des leistenden Subunternehmers der Rechtsbeziehung zwischen Besteller und Hauptunternehmer im Valutaverhältnis zuzuordnen ist.[105] Dementsprechend kann der Subunternehmer keinen Anspruch gegen den Besteller erheben, sondern muss im Deckungsverhältnis gegen den Hauptunternehmer vorgehen, und zwar mangels entsprechender Tilgungsbestimmung zur Erfüllung einer Pflicht gegenüber diesem mit einer Nichtleistungskondiktion. Eine Anfechtung der aus Sicht des Leistungsempfängers vorhandenen Tilgungsbestimmung kommt regelmäßig nicht in Betracht, da es ja nicht eine solche des Subunternehmers, sondern des Hauptunternehmers ist, falls diesem ihr Anschein zumindest deshalb zugerechnet werden kann, weil er den Kontakt zwischen dem Besteller und dem Subunternehmer herbeigeführt hat.[106]

Zu einer direkten Kondiktion des Leistenden gegen den Leistungsempfänger **500**
kommt es dagegen im Fall einer echten **Drittleistung** gemäß § 267 Abs. 1 BGB,[107] bei der jemand absichtlich die vermeintliche Schuld eines anderen erfüllen will, indem er eine entsprechende Tilgungsbestimmung abgibt. Mag der Leistende auch in diesem Fall in erster Linie einen Zweck gegenüber dem Schuldner verfolgen, bleibt dieser bei der Beurteilung der Frage, wer die Leistung vom vermeintlichen Gläubiger kondizieren kann, doch außer Betracht. Denn es gibt nur eine Tilgungsbestimmung, die der Leistende selbst abgibt;[108] und der Schuldner hat, da ihm die Leistung mangels eigener Tilgungsbestimmung nicht zugerechnet wird, keinen Erfüllungs-

[103] Richtig MünchKomm/*Schwab* § 812 BGB Rn. 195 und AnwK/*v. Sachsen Gessaphe* § 817 Rn. 158, die § 822 BGB direkt anwenden wollen. Für eine Analogie zu § 822 BGB dagegen *Larenz/Canaris*, Schuldrecht BT 2, S. 241, *Looschelders*, Schuldrecht, BT, Rn. 1157, Erman/*Westermann/Buck-Heeb* § 812 Rn. 35, Bamberger/Roth/*Wendehorst* § 812 Rn. 203.

[104] BGH, NJW 2004, 1169; 2005, 60 f.

[105] BGH, NJW 1974, 1132 f.

[106] MünchKomm/*Schwab* § 812 BGB Rn. 186. Anders *Larenz/Canaris*, Schuldrecht BT 2, S. 219.

[107] BGH, NJW 2000, 1718, 1719.

[108] MünchKomm/*Schwab* § 812 BGB Rn. 156.

versuch unternommen.[109] Während er bei der Befreiung von einer wirklich bestehenden Verbindlichkeit zumindest einem Aufwendungsersatzanspruch nach § 683 S. 1 BGB oder einer Aufwendungskondiktion nach §§ 684 S. 1, 812 Abs. 1 S. 1 Alt. 2 BGB ausgesetzt ist, bleibt der Versuch des Leistenden zur Tilgung einer Nichtschuld, sofern er nicht von dem vermeintlichen Schuldner im Rahmen eines Vertrags mit dem Leistenden in Auftrag gegeben worden ist, für ihn gänzlich folgenlos.

501 Eine unmittelbare Rückabwicklung findet auch bei der Leistung an den scheinbaren Zessionar nach **Abtretung** einer in Wahrheit nicht existierenden Forderung statt. In diesem Fall wird ebenfalls nur eine einzige Tilgungsbestimmung abgegeben, mit der der vermeintliche Schuldner seine Absicht zur Erfüllung der angeblichen Schuld gegenüber dem Neugläubiger bekundet. Dementsprechend ist auch nur dieser und nicht der scheinbare Altgläubiger zur Rückgewähr der erlangten Leistung verpflichtet.[110] Die abweichende Lösung der Rechtsprechung führt der BGH darauf zurück, dass der „Rechtsgrund" für die Leistung in der Beziehung zum Altgläubiger zu suchen und auch ausschlaggebend für die Rückabwicklung sei, sofern der Zessionar den Schuldner nicht zur Leistung genötigt habe.[111] Bei dieser Lösung wird übersehen, dass der Rechtsgrund stets fehlt, wenn es zu einem Bereicherungsanspruch kommt, und daher auch für die Bestimmung der hieran beteiligten Personen irrelevant bleiben muss. Nichts anders ergibt sich aus dem im Abtretungsrecht geltenden Verschlechterungsverbot,[112] das den Schuldner bloß gegen den Verlust von Einreden und nicht auch gegen die Insolvenz des vermeintlichen oder wirklichen Neugläubigers schützt[113].[114] Den Ausschlag für die Zuordnung der Leistung und damit auch für ihre Rückabwicklung kann wiederum allein die Tilgungsbestimmung geben, die im Fall der Leistung an den Zessionar auf Erfüllung einer ihm gegenüber bestehenden Verpflichtung gerichtet ist.[115]

---

[109] *Reuter/Martinek*, Ungerechtfertigte Bereicherung, S. 471. Anders *Larenz/Canaris*, Schuldrecht BT 2, S. 242 f., *Lieb*, Bereicherungsausgleich in (einigen) Mehrpersonenverhältnissen, in: Canaris u. a. (Hg.), 50 Jahre BGH, München 2000, S. 547, 556 ff., Staudinger/*Lorenz* (2007) § 812 Rn. 43 f., Erman/*Westermann/Buck-Heeb* § 812 Rn. 28, Bamberger/Roth/*Wendehorst* § 812 Rn. 242 ff., AnwK/*v. Sachsen Gessaphe* § 812 Rn. 169 ff., jurisPK/*Martinek* § 812 Rn. 145, die danach unterscheiden wollen, ob die Drittleistung vom vermeintlichen Schuldner veranlasst worden ist, dabei aber zu sehr die Sicht des Scheingläubigers vernachlässigen, die über die Zuordnung der Leistung entscheidet. Wiederum anders Palandt/*Sprau* § 812 Rn. 65, der einen Kondiktionsanspruch des Leistenden gegen den Leistungsempfänger ausschließen will, wenn zwischen dem Leistenden und dem Schuldner eine wirksame Rechtsgrundbeziehung besteht.

[110] *Flume* (Fn. 94), S. 184 ff., *Medicus/Lorenz*, Schuldrecht BT, Rn. 1222, MünchKomm/*Schwab* § 812 BGB Rn. 208, Erman/*Westermann/Buck-Heeb* § 812 Rn. 36.

[111] BGH, NJW 2005, 1369; 2006, 1731, 1732.

[112] Hierauf beruft sich BGH, NJW 2005, 1369, 1370.

[113] Hierzu *Harke*, Allgemeines Schuldrecht, Rn. 415.

[114] Entgegen Staudinger/*Lorenz* (2007) § 812 Rn. 41 kann man zur Rechtfertigung einer Kondiktion vom Zedenten auch nicht auf das ihm gegenüber bestehende Rücktrittsrecht zurückgreifen.

[115] Gegen den Rekurs auf das Abtretungsregime sind auch *Reuter/Martinek*, Ungerechtfertigte Bereicherung, S. 490.

b) *Zweckverfehlungskondiktion*

Im Gegensatz zur allgemeinen Leistungskondiktion wegen Aus- oder Wegfalls des Rechtsgrunds hat die in § 812 Abs. 1 S. 2 BGB statuierte Kondiktion wegen Verfehlung des mit der Leistung verfolgten Zwecks ihre praktische Bedeutung fast vollständig eingebüßt: Seitdem jede Art von Leistungsaustausch dem allgemeinen Vertragsrecht untersteht, bedürfen Vereinbarungen über den Austausch von Sachleistungen keiner rechtlichen Absicherung durch einen Kondiktionsanspruch mehr; und seine Zuerkennung würde sogar dem Vertragsregime zuwiderlaufen, das, abgesehen von den Fällen des Widerrufsrechts, auf die Bindung der Vertragspartner angelegt ist und keine Vertragsreue zulässt. Die Konstellationen, die für die Zweckverfehlungskondiktion übrigbleiben, sind damit die **Vorleistungsfälle**, in denen die Zuwendung nicht zum Vollzug einer schon getroffenen Vereinbarung, sondern auf einen erst noch zu schaffenden Rechtsgrund erfolgt,[116] sei es, dass der entsprechende Vertrag erst noch eingegangen werden soll, sei es, dass er zwar schon abgeschlossen worden ist, zu seiner Wirksamkeit aber noch weitere Schritte erforderlich sind. Leistet jemand unter diesen Umständen, wäre er mangels bestehenden Rechtsgrunds eigentlich schon nach § 812 Abs. 1 S. 1 Alt. 1 BGB umgehend zur Kondiktion berechtigt, wegen seiner Kenntnis von dem Mangel des Rechtsgrunds aber gemäß § 814 BGB wieder von ihr ausgeschlossen. Beide Rechtsfolgen sind unangebracht, die sofortige Kondiktion, weil die Leistung ja bewusst in einer Schwebelage erfolgte, und die völlige Kondiktionssperre, weil dem Leistenden keine Schenkungsabsicht unterstellt werden kann. Um ein adäquates Regime herzustellen, bedarf es der Zweckverfehlungskondiktion und der an sie anknüpfenden Regelung des § 815 BGB: Danach ist die Kondiktion erst möglich, wenn feststeht, dass der Rechtsgrund für die Leistung nicht mehr geschaffen wird; und vollends ausgeschlossen ist sie nur dann, wenn der Leistende wusste, dass er überhaupt nicht entstehen würde, oder dass er seine Entstehung wider dem Gebot von Treu und Glauben verhindert hat. Während ihm in jenem Fall ausnahmsweise doch eine Schenkungsabsicht unterstellt werden kann, die eine dem § 814 BGB entsprechende Lösung rechtfertigt, folgt die Kondiktionssperre wegen Vereitelung des Rechtsgrunds dem Regelungsschema des § 162 BGB, der eine Bedingung als eingetreten oder ausgefallen gelten lässt, wenn ihr Eintritt von einer Partei wider Treu und Glauben verhindert oder herbeigeführt worden ist. Mag man auch an der Berechtigung dieser Regelung zweifeln, weil sie auf dem Verwirkungsgedanken beruht,[117] ist ihre Erweiterung auf die Zweckverfehlungskondiktion doch konsequent: Denn die Leistung auf einen noch zu schaffenden Rechtsgrund erfolgt gewissermaßen unter der Bedingung, dass dieser Rechtsgrund noch entsteht. Ist er gesetzes- oder sittenwidrig, kann die Leistung nach § 817 S. 1 BGB aber ausnahmsweise umgehend und sogar auch dann zurückverlangt werden, wenn er eintritt, sofern nicht die Kondiktionssperre gemäß S. 2 der Vorschrift entgegensteht. **502**

Ist der Zweckverfehlungskondiktion mit den Vorleistungsfällen auch nur ein kleiner Anwendungsbereich beschieden, hat der Wortlaut von §§ 812 Abs. 1 S. 2 **503**

[116] Vgl. etwa BGH, NJW 2004, 512, 513.

[117] Hierzu *Harke*, Allgemeines Schuldrecht, Rn. 341 f.

und 815 BGB doch ein darüber hinausgehendes Potential, indem er von einem mit der Leistung bezweckten Erfolg spricht. Dies lässt Raum für die Vorstellung, dass die Kondiktion nicht nur im Fall eines erst noch zu schaffenden Rechtsgrunds, sondern auch dann begründet ist, wenn dieser schon besteht, aber ein weiterer mit der Leistung verfolgter **Zweck** verfehlt wird, der dem schon vorhandenen Rechtsgrund gewissermaßen **„angestaffelt"** ist.[118] Die Rechtsprechung hat dies früher in den heute den Regeln über den Wegfall der Geschäftsgrundlage unterstellten Konstellationen und unlängst für unentgeltliche Zuwendungen von Partnern einer nichtehelichen Lebensgemeinschaft[119] sowie von Schwiegereltern[120] in dem Fall erwogen, dass die Lebens- oder eheliche Gemeinschaft früher als erwartet aufgelöst wird. Als Voraussetzung hat sie eine „tatsächliche Einigung" der Beteiligten gefordert, die über einen bloß einseitigen Wunsch hinausgeht, aber noch nicht den Charakter einer vertraglichen Bindung haben soll.[121] Zum einen ist eine solche „tatsächliche Einigung" jedoch eine bloße Chimäre und im wirklichen Leben nicht zu trennen von einer „rechtlichen Einigung". Zum anderen widerspricht das Erfordernis einer tatsächlichen Einigung dem unzweideutigen Wortlaut von § 812 Abs. 1 S. 2 BGB, der von einem „nach dem Inhalt des Rechtsgeschäfts" bezweckten Erfolg spricht und damit nur den Zweck meinen kann, den der Leistende in seiner Tilgungsbestimmung festlegt.[122] Dass er einseitig gesetzt wird, ist dann unbedenklich, wenn man die Zweckverfehlungskondiktion auf die Fälle einer Vorleistung auf einen noch zu schaffenden Rechtsgrund beschränkt. Dagegen relativiert die Vorstellung eines dem schon vorhandenen Rechtsgrund „angestaffelten" Zwecks, sei es, dass dieser einseitig gesetzt ist, sei es, dass er Gegenstand einer „tatsächlichen Einigung" ist, in unnötiger Weise das Prinzip der Vertragsbindung:[123] Auch wenn dieses schon durch die Regeln über den Aus- oder Wegfall der Geschäftsgrundlage gelockert ist, besteht kein Anlass zu seiner weiteren Aufweichung aus Gründen, die jenseits des Vertragsinhalts liegen. Entweder haben sich die Parteien ausdrücklich oder konkludent darauf verständigt, dass sie nicht unbedingt gebunden sein wollen; dann liegt eine aufschiebende oder auflösende Bedingung oder die Vereinbarung über ein Rücktrittsrecht vor. Oder sie haben davon abgesehen und es bei einer gewöhnlichen vertraglichen Vereinbarung belassen; dann ist die hieraus resultierende Bindung auch nur im Ausnahmefall eines Aus- oder Wegfalls der Geschäftsgrundlage zu beseitigen.[124] Während sich diese Lö-

---

[118] Zur zugrunde liegenden Lehre von den Zwecken im Schuldrecht *Harke*, Allgemeines Schuldrecht, Rn. 23.

[119] BGH, NJW 2008, 3277, 3279 f.

[120] BGH, NJW 2010, 2202, 2206, 2884, 2886.

[121] BGH, NJW 2008, 3277, 3280.

[122] Dass die Vorstellung einer Zweckstaffelung zur einer Unbestimmtheit des Leistungszwecks führt, meinen auch *Reuter/Martinek*, Ungerechtfertigte Bereicherung, S. 163.

[123] So zu Recht *Medicus/Lorenz*, Schuldrecht BT, Rn. 1143, MünchKomm/*Schwab* § 812 BGB Rn. 378 f., Bamberger/Roth/*Wendehorst* § 812 Rn. 91, AnwK/*v. Sachsen Gessaphe* § 812 Rn. 54, 57. Gegen die Vorstellung einer Zweckstaffelung auch *Larenz/Canaris*, Schuldrecht BT 2, S. 153. Anders Erman/*Westermann/Buck-Heeb* § 812 Rn. 50 f., die aber zugleich einräumen, die Zweckverfehlungskondiktion sei Überbleibsel einer überholten Rechtgeschäftslehre und mithin selbst obsolet.

[124] Richtig *Reuter/Martinek*, Ungerechtfertigte Bereicherung, S. 166.

sung im Fall der Zuwendung durch Schwiegereltern anbietet,[125] liegt es im Fall von Zuwendungen unter nichtehelichen Lebenspartnern nahe, mit der früheren Rechtsprechung[126] einen Gesellschaftsvertrag anzunehmen. Dieser kommt von vornherein nur bei größeren Zuwendungen in Betracht und sorgt dafür, dass statt eines starren Rückgewähranspruchs, wie er nach Bereicherungsrecht gegeben ist, eine Ergebnisbeteiligung erfolgt, die denjenigen Partner, der die Leistung erbracht hat, am Verlust und Gewinn des anderen teilhaben lässt. Dies entspricht auch dem Regime des Zugewinnausgleichs, der seinen Ursprung in der Unterstellung hat, die Ehegatten seien neben der Ehe stillschweigend einen Gesellschaftsvertrag eingegangen. Diese Unterstellung entsprang ebenso wie das heutige Bedürfnis nach der finanziellen Abwicklung einer nichtehelichen Lebensgemeinschaft dem Umstand, dass die Partnerschaft häufig über die gemeinsame Lebensführung hinausging und daher nach einem Ausgleich der zufällig verteilten Vermögensvorteile verlangte.

c) Kondiktion wegen Bereicherung in sonstiger Weise

aa) Verfügung eines Nichtberechtigten

Der schon in der Antike behandelte Fall der Veräußerung einer Sache durch einen **504**
Nichtberechtigten hat in § 816 Abs. 1 S. 1 BGB eine verallgemeinerte Regelung erfahren, nach der jede **Verfügung** eines Nichtberechtigten dessen Verpflichtung zur Herausgabe des Erlangten auslöst. Anders als im römischen Recht muss diese Verfügung dem Berechtigten den Gegenstand nicht nur faktisch entziehen, sondern auch rechtlich wirksam sein. Gültigkeit erlangt sie außer durch Zustimmung des Berechtigten gemäß § 185 BGB[127] vor allem durch den in Rom noch unbekannten gutgläubigen Erwerb einer Sache, den das BGB in §§ 932 ff. für Mobilien und in § 892 für Grundstücke zulässt. Nach dem Vorbild dieses Erwerbs kann auch die wirksame Belastung einer Sache durch einen Nichtberechtigten erfolgen, die ebenfalls einen Anspruch nach § 816 Abs. 1 S. 1 BGB auslöst. Einen gutgläubigen Erwerb von Forderungen oder ihre wirksame Belastung durch einen Nichtberechtigten eröffnet das BGB nur in dem von § 2366 geregelten Fall der Veräußerung durch einen mit Erbschein ausgestatten Scheinerben. Es gibt aber vielfältige Konstellationen, in denen ein Nichtberechtigter wirksam durch Erlass oder Aufrechnung über eine Forderung verfügen kann oder die **Leistung** an ihn den Schuldner gegenüber dem eigentlichen Gläubiger befreit. Hervorragende Beispiele sind die Leistung an den Zessionar in Unkenntnis der Abtretung (§ 407) oder an einen Scheinzessionar (§§ 408 f.) sowie die Leistung an einen vermeintlichen Gläubiger, der durch Grundbucheintrag (§ 893) oder Erbschein (§ 2367) ausgewiesen ist. Ebenso wie die Verfügung eines Nichtberechtigten kann auch die Leistung an ihn außerdem nach §§ 362 Abs. 2, 185

---

[125] Hiervon geht wohl auch BGH, NJW 2010, 2202, 2206 2284, 2286 aus, weil sich die Parteien in aller Regel gar keine Vorstellung vom Scheitern der Ehe oder Lebensgemeinschaft machen, was aber Voraussetzung für die Annahme einer mindestens konkludenten Einigung über deren Folgen wäre.

[126] Vgl. BGH, NJW 2006, 1268, 1269.

[127] Bei einer Kette unwirksamer Verfügungen über den Gegenstand unterliegt sie der Auswahl des Berechtigten, der sich für den solventesten Schuldner entscheiden kann.

BGB durch die Zustimmung des Berechtigten wirksam werden. Da § 816 Abs. 1 S. 1 BGB nur den Erlass oder die Aufrechnung durch den Nichtberechtigten abdeckt, ordnet Abs. 2 der Vorschrift für die Fälle einer wirksamen Leistung an einen Scheingläubiger dessen Verpflichtung zur Herausgabe der Leistung an den wahren Gläubiger an. Hier wie auch im Fall der wirksamen Verfügung über einen Gegenstand ergänzt die Anordnung einer Bereicherungshaftung des Nichtberechtigten die Bestimmungen über den gutgläubigen Erwerb oder die wirksam erbrachte Leistung:[128] Indem der Berechtigte auf eine Kondiktion gegen den Nichtberechtigten verwiesen wird, ist zugleich klargestellt, dass beide nicht reversibel, der gutgläubige Erwerber oder Schuldner also vor einem Anspruch des Berechtigten sicher sind.

505 Eine Ausnahme gilt bei der **unentgeltlichen Verfügung**, die nach § 816 Abs. 1 S. 2 BGB eine Verpflichtung desjenigen auslöst, der durch die Verfügung unmittelbar einen rechtlichen Vorteil erlangt. Dieser Durchgriff auf den Erwerber trägt ebenso wie der Kondiktionsanspruch gemäß § 822 BGB dem mangelnden Schutzbedürfnis desjenigen Rechnung, der einen Vermögensvorteil erlangt, ohne hierfür selbst ein Opfer bringen zu müssen.[129] Die Haftung des unentgeltlichen Erwerbers gemäß § 816 Abs. 1 S. 2 BGB geht sogar insofern über den Durchgriffsanspruch nach § 822 BGB hinaus, als sie stets und ohne Rücksicht auf den Bestand der Verpflichtung des Verfügenden zuständig ist. Dies liegt daran, dass im Fall von § 816 Abs. 1 S. 2 BGB die Unentgeltlichkeit des Erwerbs mit der Verfügung eines Nichtberechtigten zusammentrifft, was das Schutzbedürfnis des Erwerbers noch weiter herabsetzt.[130]

506 Im Fall der wirksamen Leistung an einen Nichtberechtigten und bei der unentgeltlichen Verfügung bereitet die Bestimmung des Kondiktionsgegenstands keine Schwierigkeiten, weil nur die Leistung oder der Gegenstand der Verfügung herausgegeben werden können. Dagegen ist durchaus fraglich, worin bei einer entgeltlichen Verfügung das „**Erlangte**" bestehen soll, das der Nichtberechtigte nach § 816 Abs. 1 S. 1 BGB herauszugeben hat. Einem Missverständnis der einschlägi-

---

128 MünchKomm/*Schwab* § 816 BGB Rn. 8, 71.

129 Diese Erwägung trifft nicht mehr den Fall, dass jemand einen Gegenstand aufgrund eines entgeltlichen, aber unwirksamen Vertrags erlangt hat, so dass § 816 Abs. 1 S. 2 BGB hierauf nicht analog anzuwenden ist; vgl. *Reuter/Martinek*, Ungerechtfertigte Bereicherung, S. 346, *Looschelders*, Schuldrecht BT, Rn. 1087, Staudinger/*Lorenz* (2007) § 812 Rn. 28, Bamberger/Roth/*Wendehorst* § 812 Rn. 256, § 816 Rn. 21, Erman/*Westermann/Buck-Heeb* § 812 Rn. 10, jurisPK/*Martinek* § 816 Rn. 37, Palandt/*Sprau* § 816 Rn. 16, PWW/*Leupertz* § 812 Rn. 15.

130 Ist die Verfügung teilweise unentgeltlich, etwa im Rahmen einer gemischten Schenkung erfolgt, besteht die Herausgabepflicht zu einer Quote (MünchKomm/*Schwab* § 816 BGB Rn. 68, Bamberger/Roth/*Wendehorst* § 816 Rn. 24, jurisPK/*Martinek* § 816 Rn. 32), die sich danach bestimmt, in welchem Umfang der Schenker auf die ihm eigentlich gebührende Gegenleistung verzichtet hat (vgl. *Harke*, Allgemeines Schuldrecht, Rn. 53). – Bei der Einbringung in eine Gesellschaft erfolgt die Verfügung entgegen MünchKomm/*Schwab* § 816 BGB Rn. 64 auch dann nicht unentgeltlich, wenn der Nichtberechtigte durch sie keine Steigerung seiner Mitgliedschaftsrechte erfährt; denn von dem durch die Einlageleistung ermöglichten oder erleichterten Vollzug des Gesellschaftsvertrags, der auf eine gemeinnützige Geschäftsführung gerichtet ist (s. o. Rn. 452 ff.), profitiert stets auch der Nichtberechtigte.

gen römischen Quellen[131] folgend, hielt die herrschende Ansicht im Gemeinen Recht den Verfügenden für verpflichtet, die Gegenleistung herauszugeben, die er im Austausch gegen die Verfügung erlangt hat. Dieser Auffassung hat sich auch die Rechtsprechung nach Erlass des BGB angeschlossen,[132] indem sie dem Gedanken einer Rechtsfortsetzung folgt: Da der Berechtigte nicht nur bei einer Veräußerung über Wert den vom Nichtberechtigten erzielten Gewinn erhalte, sondern auch bei einer Verfügung unter Wert den so eingetretenen Verlust tragen müsse, sei ihm die vom Nichtberechtigten erlangte Gegenleistung als Ersatz für den verlorenen Gegenstand zugeordnet.[133] Gegen die Vorstellung einer solchen Surrogation bestehen schon deshalb Bedenken, weil § 285 BGB, der sie für den Fall anordnet, dass eine Leistungspflicht infolge eines Leistungshindernisses ausgeschlossen ist, ausdrücklich von der Herausgabe des „Ersatzes" oder eines „Ersatzanspruchs" spricht, und § 667 BGB, der bei Fremdgeschäftsführung und Geschäftsanmaßung gilt, die Herausgabe des „aus der Geschäftsführung Erlangten" vorsieht und damit ebenfalls weiter ausgreift als § 816 BGB, der nur an die Verfügung selbst anknüpft. Noch stärker als der Wortlaut des Gesetzes fällt ins Gewicht, dass im Bereicherungsrecht, dessen Tatbestände nicht vom Verschulden des Bereicherungsschuldners abhängen, weder eine Gewinnabschöpfung zugunsten des Bereicherungsgläubigers noch eine Verlustzuweisung zu seinen Lasten angebracht ist:[134] Ebenso wie ein Leistungsempfänger die erhaltene Leistung schlicht aufgrund ihres unberechtigten Empfangs herauszugeben hat, muss auch derjenige, der in fremdes Vermögen eingegriffen hat, den Gegenstand dieses Eingriffs herausgeben, also Ersatz für den Gegenstand selbst leisten, den er dem Berechtigten entzogen hat. Nur dann entspricht seine Schuld auch der des unentgeltlichen Erwerbers, den § 816 Abs. 1 S. 2 BGB der „gleichen Verpflichtung" unterwirft wie den Nichtberechtigten. Ist es beim unentgeltlichen Erwerb eindeutig der Gegenstand der Verfügung, der herausgegeben werden muss, kann nichts anderes für den Bereicherungsanspruch gegen den Nichtberechtigten gelten, der eben den Gegenstand erlangt hat, indem er über ihn verfügt hat.[135] Um seine Haftung auf dessen Wert zu begründen und begrenzen, bedarf es daher gar nicht erst des begrifflichen Umwegs, als erlangt im Sinne von § 816 Abs. 1 S. 1 BGB sei die Befreiung des Nichtberechtigten von der eigenen Verbindlichkeit ge-

---

[131] D 12.1.23 Afr 2 quaest; s. o. Rn. 479, 483.

[132] BGH, NJW 1959, 668, 669, NZM 2005, 835, 837.

[133] So etwa *Reuter/Martinek*, Ungerechtfertigte Bereicherung, S. 321 ff. und *Larenz/Canaris*, Schuldrecht BT 2, S. 181, 268, AnwK/*v. Sachsen Gessaphe* § 816 Rn. 4, 19. Richtig dagegen *Medicus/Lorenz*, Schuldrecht BT, Rn. 1197, *Fikentscher/Heinemann*, Schuldrecht, Rn. 1474, Staudinger/*Lorenz* (2007) § 812 Rn. 25.

[134] Deshalb tritt auch *Helms*, Gewinnherausgabe als haftungsrechtliches Problem, Tübingen 2007, S. 79 ff. zumindest für eine teleologische Reduktion von § 816 Abs. 1 S. 1 BGB ein, indem er eine Ausnahme für den Gewinn fordert, der dem Verfügenden, insbesondere wegen des von ihm bewirkten Transfers des Gutes auf eine andere Marktstufe, zuzuschreiben ist.

[135] Die Anknüpfung an den Verfügungserlös kann daher allenfalls die von *Schlechtriem*, Güterschutz durch Eingriffskondiktionen, in: Ungerechtfertigte Bereicherung, Symposium zum Gedenken an König, Heidelberg 1984, S. 57, 84 hervorgehobene Funktion haben, Streitigkeiten über den Wert abzuschneiden.

genüber dem Erwerber anzusehen, die ebenso viel wert ist wie der Gegenstand, mit dem sie erfüllt wird.[136] Ist er selbst das vom Nichtberechtigten Erlangte, kann sich dieser auch nur wegen des Einwands der Entreicherung (§ 818 Abs. 2 BGB) darauf berufen, weniger als den Wert des Gegenstands erlöst zu haben; [137] und die Abschöpfung eines von ihm durch Veräußerung über Wert erzielten Gewinns ist verschuldensabhängigen Instrumenten überlassen, zum einen dem Herausgabeanspruch wegen Geschäftsanmaßung gemäß §§ 687 Abs. 2 S. 1, 681 S. 2, 667 BGB, zum anderen dem Schadensersatzrecht, das in Rechtsanalogie zum Regime der Geschäftsanmaßung und § 285 BGB jedenfalls im Bereich der Verschuldenshaftung um einen Gewinnherausgabeanspruch zu ergänzen ist[138].

bb) Sonstige Eingriffe

507 Sind mit der wirksamen Verfügung durch einen Nichtberechtigten und der Leistung an ihn wichtige Fälle der Eingriffskondiktion nach § 816 BGB ausgegliedert,[139] bleibt für die Generalklausel des § 812 Abs. 1 S. 1 Alt. 2 BGB nur ein Sammelsurium von Randerscheinungen übrig. Dies entspricht zwar durchaus dem Charakter der Eingriffskondiktion im römischen Recht, die neben dem heute bedeutungslosen Fall der Diebstahlskondiktion nur ausnahmsweise zur Anwendung kam. Es erschwert aber die Theoriebildung, auf die man in Rom noch verzichten konnte, da als Gegenstand des Eingriffs nur das Eigentum in Betracht kam und eine Gewinnabschöpfungsfunktion des Bereicherungsrechts noch nicht gar nicht im Raum stand. Dass sie heute erwogen wird, liegt in erster Linie an der gemeinrechtlichen Fehldeutung der für § 816 Abs. 1 S. 1 BGB vorbildlichen Quellen und der an diese Tradition anknüpfenden Rechtsprechung zum BGB. Sieht man die Funktion der verschuldensunabhängigen Bereicherungsansprüche richtigerweise in der bloßen **Rückabwicklung** ungerechtfertigter **Vermögensverschiebungen**,[140] ist für eine Gewinnabschöpfung auf der Grundlage der Generalklausel des § 812 BGB[141] ebenso wenig Platz wie bei den speziellen Kondiktionstatbeständen des § 816 BGB. Ob derjenige, der in eine fremde Rechtsposition eingreift, den so erzielten Gewinn herausgeben muss, entscheidet sich dann allein am Recht der Geschäftsanmaßung und der Verschuldenshaftung, denen die Steuerungsfunktion zukommt, die dem verschuldensneutralen Bereicherungsrecht fehlt.[142] Die Gewinnabschöpfung dient nämlich dazu, dem Schädiger den Anreiz zu nehmen, darauf zu spekulieren, dass sein durch Vorsatz oder Nachlässigkeit erzielter Gewinn den Schadensersatzanspruch des Geschä-

---

[136] So etwa MünchKomm/*Schwab* § 816 BGB Rn. 6, 42 f., Staudinger/*Lorenz* (2007) § 812 Rn. 24.

[137] *Fikentscher/Heinemann*, Schuldrecht, Rn. 1474.

[138] Vgl. *Harke*, Allgemeines Schuldrecht, Rn. 352.

[139] Insoweit richtig *Larenz/Canaris*, Schuldrecht BT 2, S. 181.

[140] So richtig *v. Caemmerer*, Bereicherung und unerlaubte Handlung, in: Dölle u. a. (Hg.), Festschrift für Rabel, Tübingen 1954, S. 333, 356 ff., *Ellger*, Bereicherung durch Eingriff, Tübingen 2002, S. 904 ff. und *Helms* (Fn. 134), S. 66 ff.

[141] Hierfür etwa MünchKomm/*Schwab* § 812 BGB Rn. 241, Staudinger/*Lorenz* (2007) § 812 Rn. 24.

[142] Vgl. *Harke*, Allgemeines Schuldrecht, Rn. 349, 352.

digten übersteigt.[143] Dementsprechend kann sie auch nur in Ergänzung des Schadensersatzrechts stattfinden, während bei der Eingriffskondiktion das in § 812 Abs. 1 S. 1 BGB zu findende Merkmal, die Bereicherung müsse „auf Kosten" eines anderen erfolgt sein,[144] ernst zu nehmen und als Ausdruck einer Rückgewährfunktion des Bereicherungsrechts zu verstehen ist.

Verneint man eine Gewinnabschöpfungsfunktion der Eingriffskondiktion, lässt **508**
sich auch der Kreis ihrer Anwendungsfälle besser bestimmen, der ansonsten schwer überschaubar und insbesondere nicht durch die von der Rechtsprechung verwendete Leerformel vom **Zuweisungsgehalt**[145] einzugrenzen ist: Dass die Kondiktion nach § 812 Abs. 1 S. 2 Alt. 2 BGB bei einem Eingriff in den Gehalt eines Rechtsguts gewährt werden soll, wenn dessen wirtschaftliche Verwertung die Rechtsordnung dem Kondiktionsgläubiger zugesteht,[146] lässt sich stets in unterschiedliche Richtung wenden: So kann man beispielsweise im Fall der unberechtigten Untervermietung mit der Rechtsprechung[147] davon ausgehen, dass der Vermieter gegen den Hauptmieter keinen Anspruch auf den von diesem aus der Untervermietung erzielten Mietzins hat, weil er diesem ja den Gebrauch der vermieteten Sache zugestanden hat, so dass er sie selbst nicht mehr erfolgreich hätte vermieten können. Man kann aber ebenso gut behaupten, dass ihm kraft seiner Vermieterstellung die Befugnis zugewiesen war, über die Untervermietung mitzuentscheiden und dass der Mieter unberechtigt in diesen Zuweisungsgehalt eingegriffen hat.[148] Da die Zustimmung durchaus an eine höhere Hauptmiete geknüpft werden kann und sowohl Eigentum als auch Besitz durch das Deliktsrecht geschützt sind, helfen zudem weder das zusätzliche Kriterium, ob der Bereicherungsgläubiger über den Vermögensvorteil entgeltlich hätte verfügen können,[149] noch die Einschränkung der Zuweisungsformel auf die Fälle weiter, in denen die betroffene Rechtsposition durch einen deliktischen Schadensersatzanspruch abgesichert

---

[143] In diesem Abschreckungseffekt liegt auch das richtige Ziel der sogenannten Rechtswidrigkeitstheorie, nach der es bei der Gewinnabschöpfung darauf ankommt, gewissermaßen in Umkehrung der Schadensersatzidee im Vermögen des Schuldners denselben Zustand herzustellen, der ohne das haftungsauslösende Verhalten bestünde; vgl. Schulz, System der Rechte auf den Eingriffserwerb, AcP 105 (1909) 1, 443 ff., ferner *Jakobs*, Eingriffserwerb und Vermögensverschiebung in der Lehre von der ungerechtfertigten Bereicherung, Bonn 1964, S. 41 ff. Der Theorie vom Zuweisungsgehalt schon sehr weit angenähert ist dagegen, wie MünchKomm/*Schwab* § 812 BGB Rn. 242 zu Recht bemerkt, die Ansicht von *Wilhelm*, Rechtsverletzung und Vermögensentscheidung als Grundlagen und Grenzen des Anspruchs aus ungerechtfertigter Bereicherung, Bonn 1973, S. 79 ff., der statt der rechtswidrigen Handlung das rechtswidrige Haben entscheiden lassen will, das sich aus der Zuweisung der Eingriffsvorteile an den Bereicherungsgläubiger ergebe.

[144] Zu seiner Rolle bei der Leistungskondiktion s. o. Rn. 494.

[145] Grundlegend hierfür *Wilburg*, Die Lehre von der ungerechtfertigten Bereicherung nach österreichischem und deutschem Recht, Graz 1934, S. 114 ff.

[146] BGH, NJW 2007, 216.

[147] BGH, NJW 1996, 838, 840; 2002, 60, 61.

[148] So Erman/*Westermann*/*Buck-Heeb* § 812 Rn. 71.

[149] Hierfür MünchKomm/*Schwab* § 812 BGB Rn. 249, 272, AnwK/*v. Sachsen Gessaphe* § 812 Rn. 82. Gegen diese sogenannte „Marktrelevanztheorie" wendet sich auch *Peukert*, Güterzuordnung als Rechtsprinzip, Tübingen 2008, S. 460 ff., der geltend macht, dass sich jegliches Mitspracherecht versilbern lässt.

ist[150]. Der konturlose Begriff des Zugweisungsgehalts gibt stets nur aus, was man vorher in ihn hineingelegt hat. Er ist kein Abgrenzungsmerkmal, sondern bestenfalls bloße Chiffre dafür, dass Wertungen aus anderen Rechtsbereichen in das Bereicherungsrecht transportiert werden,[151] ohne dass dem ein klares Schema zugrunde läge.

509 Einer Übertragung von Wertungen aus anderen Rechtsbereichen bedarf es aber erst gar nicht, wenn man die Eingriffskondiktion statt als Instrument der Gewinnabschöpfung als Mittel zur Revision einer Vermögensverschiebung und damit als Anspruch auf Herausgabe eines Vorteils versteht, der bei dem Berechtigten vor dem Eingriff schon vorhanden war.[152] Dann bleiben neben den in § 816 BGB speziell geregelten Konstellationen für die Eingriffskondiktion nur wenige Fälle übrig, namentlich solche, in denen ein dem Bereicherungsgläubiger gehörendes **Rechtsgut** statt im Wege einer Verfügung durch staatlichen Hoheitsakt, insbesondere durch seine Veräußerung im Rahmen der Zwangsvollstreckung, verloren gegangen[153] oder von einem privaten Eingreifer entweder **verbraucht** oder lediglich **vorübergehend entzogen** worden ist. Für die Fälle eines Sachverbrauchs durch Verbindung, Vermischung und Verarbeitung enthält § 951 Abs. 1 S. 1 BGB eine ausdrückliche Verweisung auf das Bereicherungsrecht, die sich dann, wenn der Rechtsverlust nicht auf den Berechtigten zurückgeht, auf die Eingriffskondiktion bezieht.[154] Diese greift nicht nur ein, wenn der Bereicherungsschuldner selbst die Sache verbraucht hat, sondern ist auch gegeben, wenn das Eigentum hieran durch die Tätigkeit eines Dritten untergeht.[155] Ist dies, wie etwa im Fall der Verwendung von Baumaterial durch einen Bauunternehmer, im Zuge einer Leistung an den Bereicherungsschuldner geschehen, unterliegt die Eingriffskondiktion nicht dem Vorrang der Leistungsbeziehung, weil das Eigentum nicht durch die Leistung selbst, sondern gemäß §§ 946 ff. BGB erlangt worden ist.[156] Ein kondiktionsrelevanter Güterentzug liegt zudem vor, wenn

---

[150] Hierfür sind *Larenz/Canaris*, Schuldrecht BT 2, S. 170 f.

[151] Richtig *Peukert* (Fn. 149), S. 458 ff.

[152] Dass sie nicht in Betracht kommt, wenn der Berechtigte den vom Eingreifenden gezogenen Vorteil selbst nicht hätte ziehen können, glaubt immerhin auch MünchKomm/*Schwab* § 812 BGB Rn. 262.

[153] Hier kommt es freilich zunächst zu einer (dinglichen) Surrogation gemäß § 1247 S. 2 BGB, so dass sich der Eingriff erst mit der Auskehrung des Versteigerungserlöses vollzieht; vgl. BGH, NJW 1977, 1287 f.

[154] Für eine Analogie zu § 816 BGB im Fall der Verarbeitung dagegen MünchKomm/*Schwab* § 816 BGB Rn. 20.

[155] Vgl. MünchKomm/*Schwab* § 812 BGB Rn. 235, 278.

[156] Insoweit richtig MünchKomm/*Schwab* § 816 BGB Rn. 16 ff., der aber zu Unrecht einen Analogieschluss aus § 816 BGB ziehen und die Eingriffskondiktion ausschließen will, wenn der Bauherr das Eigentum an dem Material im Fall einer Übereignung wirksam vom Nichtberechtigten erworben hätte; hat der Bauherr das Material nicht durch Leistung erlangt, kann man eine solche auch nicht fingieren. – Nicht überzeugen kann auch der Ansatzpunkt von *Larenz/Canaris*, Schuldrecht BT 2, S. 213 und *Medicus/Lorenz*, Schuldrecht BT, Rn. 1226, die den Bestimmungen über den gutgläubigen Erwerb vom Nichtberechtigten Kriterien für die Ausfüllung des Merkmals der Rechtsgrundlosigkeit entnehmen wollen; ähnlich *Looschelders*, Schuldrecht, BT, Rn. 1163, Erman/*Westermann*/*Buck-Heeb* § 812 Rn. 85, PWW/*Leupertz* § 812 Rn. 82; dagegen zu Recht *Reuter/Martinek*, Ungerechtfertigte Bereicherung, S. 404 ff.

der Berechtigte durch den Eingreifer an einem schon eingeleiteten Erwerb gehindert wird. Der Fall ist dies bei der Hinterlegung einer Sache zugunsten mehrer Prätendenten, die eine Eingriffskondiktion des durch die Hinterlegung begünstigten[157] wahren Gläubigers gegen seine rechtlosen Konkurrenten begründet.[158] Dagegen bleibt die Ausbeute von Rechtsgütern ohne Beeinträchtigung der Nutzungsmöglichkeit ihres Inhabers, wie sie etwa durch die unbefugte Verwendung eines Bilds des Berechtigten erfolgt, kondiktionsrechtlich folgenlos;[159] und die zum Schutz des allgemeinen Persönlichkeitsrechts gebotene Gewinnabschöpfung vollzieht sich ausschließlich im Rahmen des Schadensersatzrechts.[160] Ist ein Rechtsgut mehreren Inhabern zugewiesen, kommt es darauf an, wer die Befugnis zu seiner Nutzung hat und deshalb von ihrem Entzug betroffen wird. Beim Sicherungseigentum ist dies im Regelfall nicht der Sicherungsnehmer, sondern der Sicherungsgeber, der deshalb auch bei einer Störung der Sachnutzung zur Erhebung der Eingriffskondiktion berechtigt ist.[161] Erfolgen der Verbrauch oder der Entzug der Rechtsposition im Rahmen eines Eigentümer-Besitzer-Verhältnisses gehen dessen Regeln der Eingriffskondiktion zumindest insoweit vor, wie die Sperrklausel zugunsten des redlichen Besitzers in § 993 Abs. 1 Hs. 2 BGB reicht.[162]

cc) Aufwendungen

Dass die Kondiktion wegen Bereicherung in sonstiger Weise nicht auf die Fälle eines Eingriffs beschränkt sein kann, zeigt schon die Verweisung in § 951 Abs. 1 S. 1 BGB, die außer dem Verbrauch fremden Eigentums auch die Fälle erfasst, in denen der Eigentümer selbst seinen Rechtsverlust durch Verbindung, Vermischung oder Verarbeitung herbeiführt. Im Rahmen von § 812 Abs. 1 S. 1 Alt. 2 BGB lassen sich diese Konstellation der Figur der Aufwendungskondiktion zuordnen,[163] die dann zuständig ist, wenn die Bereicherung des Kondiktionsschuldners auf ein Verhalten des Gläubigers zurückgeht, ohne zugleich dessen Leistung zu sein. Neben § 951 BGB gibt es eine weitere Verweisung auf das Bereicherungsrecht, die ebenfalls einen Bereicherungsanspruch für Aufwendungen des Kondiktionsgläubigers eröffnet. **510**

---

[157] Vgl. *Harke*, Allgemeines Schuldrecht, Rn. 379.

[158] BGH, NJW 2000, 291, 294. Für eine Anwendung von § 816 Abs. 2 BGB dagegen MünchKomm/*Schwab* § 816 BGB Rn. 79.

[159] Für den Fall einer Vermietung ohne Besitzbeeinträchtigung meint dies auch BGH, NJW 2006, 2323, 2325, ohne dieses Ergebnis freilich stringent aus der Formel vom Zuweisungsgehalt herzuleiten. Sieht man den Besitz als eine durch die Eingriffskondiktion geschützte Position an (so schon BGH, NJW 1987, 771, 772), kann man seine obligatorische Ausbeute nur dann sanktionslos lassen, wenn man dem Besitzer die Befugnis zu ihr abspricht.

[160] Anders BGH, NJW 1992, 2084, 2085; 2007, 689, 690, der die Gewinnabschöpfung in Form einer angemessenen Lizenzgebühr außer durch das Schadensersatzrecht auch mit Hilfe der Eingriffskondiktion herbeiführen will.

[161] So im Ergebnis richtig BGH, NJW 2007, 216 f.

[162] Umstritten ist insbesondere, ob dies auch für die Ansprüche des Besitzers auf Verwendungsersatz gilt; vgl. einerseits BGH, NJW 1996, 52 f., andererseits etwa *Larenz/Canaris*, Schuldrecht BT 2, S. 346, *Medicus/Lorenz*, Schuldrecht BT, Rn. 1209.

[163] Für diese einheitliche Figur und gegen die Zersplitterung in Verwendungs- und Rückgriffskondiktion zu Recht Bamberger/Roth/*Wendehorst* § 812 Rn. 146 f.

Sie findet sich in § 684 S. 1 BGB und greift ein, wenn eine Geschäftsführung ohne Auftrag weder dem Willen des Geschäftsherrn entspricht noch nachträglich von ihm genehmigt wird. Mit ihrer Hilfe vollzieht sich vor allem der Rückgriff nach einer Drittleistung, die den Schuldner von seiner Verpflichtung gegenüber dem Gläubiger befreit, aber von keiner Rechtsbeziehung im Verhältnis zwischen dem Leistenden und dem Schuldner getragen und von diesem auch nicht gewollt ist. Die Existenz dieser Rückgriffskondiktion kann man nur scheinbar in Abrede stellen, indem man § 684 S. 1 BGB als Rechtsfolgenverweisung deutet.[164] Mit diesem Trick, den man auch auf § 951 BGB anwenden könnte, hätte man die Aufwendungskondiktion zwar formal aus dem Bereicherungsrecht ausgegliedert, aber nicht das Phänomen beseitigt, dass freiwillige Handlungen des Kondiktionsgläubigers jenseits der Leistung einen Bereicherungsanspruch auslösen.[165] Macht man hieraus einen Anwendungsfall der Nichtleistungskondiktion gemäß § 812 Abs. 1 S. 1 Alt. 2 BGB, reicht dieser zwar kaum über die Konstellationen aus, in denen die Verweisungen in §§ 684 und 951 BGB zur Anwendungen kommen. Die Anerkennung der Aufwendungskondiktion hilft aber, auch entlegene, aber gleichgelagerte Fälle wie denjenigen zu erfassen, dass ein Kondiktionsschuldner auf den herauszugebenden Gegenstand Verwendungen macht, die im Zeitpunkt ihrer Vornahme seinem eigenen Vermögen, wegen der Herausgabepflicht aber schließlich doch dem Kondiktionsgläubiger zugute kommen, ohne dass sich dieser den Einwand der Entreicherung entgegenhalten lassen müsste.[166] Die Figur der Aufwendungskondiktion darf freilich nicht dazu dienen, das Schadensersatzrecht zu unterlaufen, indem man unter Berufung auf § 812 Abs. 1 S. 1 Alt. 2 BGB auch einen Rückgriff des Gläubigers zulässt, der seinen Anspruch durch Selbstvornahme befriedigt hat. Der BGH hat einen solchen Rückgriff im Grundstücksrecht bei der Selbsterfüllung eines Beseitigungsanspruchs aus § 1004 BGB zugelassen[167] und sich so ohne zureichenden Grund über § 281 Abs. 1 BGB hinweggesetzt, der die Schadensersatzpflicht des Schuldners von Verschulden und Fristsetzung abhängig macht.[168] Schließlich ist die Aufwendungskondiktion ebenso wie die Eingriffskondiktion im Mehrpersonenverhältnis subsidiär zum Regime der Leistungsbeziehungen, so dass ein Anspruch wegen Bereicherung in sonstiger Weise ausscheidet, wenn der erlangte Vermögensvorteil Gegenstand einer Leistung ist.

---

[164] Hiergegen wendet sich MünchKomm/*Schwab* § 812 BGB Rn. 318.

[165] Unnötig ist es dagegen, sie mit *Fikentscher/Heinemann*, Schuldrecht, Rn. 1483 ff., 1507 zu einer „Drittvermögenskondiktion" zu verallgemeinern und daneben noch eine „allgemeine Vermögenskondiktion" zu schaffen, die ein ebenso konturloses Gebilde wie die byzantinische *condictio sine causa* ist; s. o. Rn. 482. Für einen einheitlichen Begriff der „allgemeinen Abschöpfungskondiktion" sind *Reuter/Martinek*, Ungerechtfertigte Bereicherung, S. 371 ff.

[166] BGH, NJW 1999, 1626, 1630.

[167] BGH, NJW 2004, 603, 604.

[168] Richtig MünchKomm/*Schwab* § 812 BGB Rn. 312.

3. Die Bereicherungshaftung

a) Gegenstand der Kondiktion

Der Kondiktionsanspruch ist anders, als sein deutscher Name vermuten lässt, nicht **511** auf die Herausgabe der im Vermögen des Schuldners vorhandenen Bereicherung, sondern auf Restitution des rechtsgrundlos erlangten Gegenstands gerichtet.[169] Ob der Schuldner durch ihn noch bereichert ist, spielt nur insofern eine Rolle, als er, sofern er weder verklagt noch bösgläubig ist, gemäß § 818 Abs. 3 BGB seine Entreicherung einwenden kann. Unter diesen Umständen trifft ihn auch weder die in Abs. 1 der Vorschrift statuierte Pflicht zur Herausgabe von Nutzungen oder Surrogaten noch die Pflicht zum Wertersatz für nicht mehr herauszugebende Gegenstände gemäß § 818 Abs. 2 BGB. Die Pflicht zur **Nutzungsherausgabe** erfasst Gebrauchsvorteile und Früchte im Sinne von § 99 BGB,[170] beschränkt sich aber beim unverklagten, gutgläubigen Bereicherungsschuldner auf die tatsächlich gezogenen Früchte. Ist der Bereicherungsschuldner eine Bank, die einen Geldbetrag herauszugeben hat, besteht freilich eine tatsächliche Vermutung dafür, dass sie Nutzungen in Form von Zinsen nach Maßgabe des Verzugszinssatzes in Höhe von 5 Prozentpunkten über dem Basiszinssatz gezogen hat.[171] Diese Unterstellung bildet die Kehrseite der entsprechenden Vermutung, auf deren Basis eine Bank ihren Schaden, den sie aus der Vorenthaltung von Kapital erlitten hat, abstrakt berechnen kann[172].[173] Außer den gezogenen Zinsen unterliegen der Herausgabepflicht auch Zinsen, die der Bereicherungsschuldner infolge der Rückführung einer schon bestehenden Schuld unter Einsatz des rechtsgrundlos erlangten Kapitals erspart. Zwar fallen vermiedene Zinsen aus dem Begriff der Früchte nach § 99 BGB heraus. Dass sie zumindest im Wege eines Analogieschlusses zu § 818 Abs. 1 BGB ebenso wie positiv gezogene Zinsen behandelt werden müssen, ist jedoch ein unabweisbares Gebot der Gleichbehandlung und kann auch nicht durch die rein begriffliche Unterscheidung zwischen dem Gebrauch von Kapital durch Anlage und seinem Verbrauch durch Schuldtilgung in Frage gestellt werden.[174]

Keiner Extension ist dagegen die in § 818 Abs. 1 BGB ebenfalls angeordnete **512** Pflicht zur Herausgabe eines **Surrogats** zugänglich. Sie erfasst lediglich Ersatzleistungen bei Zerstörung, Beschädigung sowie Entziehung und damit anders als § 285

---

[169] Richtig *Larenz/Canaris*, Schuldrecht BT 2, S. 254, MünchKomm/*Schwab* § 818 BGB Rn. 1 gegen *Flume* (Fn. 94), S. 69 ff., der das moderne Kondiktionsrecht auf die Herausgabe der im Vermögen des Schuldners vorhandenen Bereicherung gerichtet sieht. Dass sich dieser Gegenstandsbezug gerade dann nicht durchhalten lässt, wenn man die Eingriffskondiktion zum Instrument der Gewinnabschöpfung macht (s. o. Rn. 506 ff.), erkennen *Reuter/Martinek*, Ungerechtfertigte Bereicherung, S. 520 ff., die dementsprechend bei der Bestimmung des Kondiktionsgegenstands zwischen den einzelnen Arten der Bereicherungsansprüche unterscheiden wollen (vgl. auch jurisPK/*Martinek* § 818 Rn. 6).

[170] MünchKomm/*Schwab* § 818 BGB Rn. 10. Anders Bamberger/Roth/*Wendehorst* § 818 Rn. 18.

[171] BGH, NJW 2007, 2401, 2404.

[172] S. o. Rn. 379.

[173] BGH, NJW 1998, 2529, 2530 f.

[174] BGH, NJW 1998, 2354, 2355.

BGB nicht auch den Erlös, den der Bereicherungsschuldner durch die Veräußerung des Kondiktionsgegenstands erzielt hat[175]. Wegen des fehlenden Verschuldensbezugs der Herausgabepflicht kann sich der Bereicherungsschuldner einer Erlösherausgabepflicht nach Entstehung des Bereicherungsanspruchs ebenso wenig aussetzen, wie diese gemäß nach § 816 Abs. 1 S. 1 BGB oder im Rahmen der allgemeinen Eingriffskondiktion entsteht.[176] Eine etwa gebotene Gewinnabschöpfung vollzieht sich hier wie dort jenseits des Bereicherungsrechts im Zuge des Schadensausgleichs.[177]

513 Der Anspruch auf **Wertersatz** gemäß § 818 Abs. 2 BGB ist im Gegensatz zum allgemeinen Leistungsstörungsrecht nicht erst im Fall eines Leistungshindernisses im Sinne von § 275 BGB,[178] sondern schon dann begründet, wenn der Schuldner zur Herausgabe des Kondiktionsgegenstands, ohne weitere Anstrengungen unternehmen zu müssen, außerstande ist[179].[180] Er braucht sich also nicht wie bei einer gewöhnlichen Leistungspflicht bis zur Grenze eines unverhältnismäßig hohen Aufwands um die geschuldete Herausgabe zu bemühen, sondern kann und muss den Gläubiger, wenn er hierüber nicht mehr verfügt, sogleich in Geld abfinden. Insbesondere ist er nicht verpflichtet, eine von ihm herbeigeführte Belastung des Kondiktionsgegenstands zu beseitigen, sondern hat lediglich Ersatz für die Wertminderung zu leisten, die der Gegenstand durch die Belastung erfahren hat.[181] Ausgangspunkt für die Bestimmung der Ersatzpflicht ist dabei nicht der subjektive Nutzen des Bereicherungsgläubigers,[182] der allenfalls für die Frage seiner Entreicherung eine Rolle spielen kann,[183] sondern stets der objektive Verkehrswert, den der Kondiktionsgegenstand in dem Moment hat, in dem der Schuldner außerstande gerät, ihn herauszugeben.[184]

514 Auch wenn es um die Herausgabe von Nutzungen oder eines Surrogats und den Wertersatz geht, kommt man nicht umhin, zunächst das **Primärobjekt** des Bereicherungsanspruchs bestimmen, das mit dem Gegenstand der Leistung, des Eingriffs oder der Aufwendung identisch ist. Es kann auch in einem abstrakten Schuld-

---

[175] BGH, NJW 2004, 1314; 2006, 2323, 2325 f. Anders unter Berufung auf die Gesetzgebungsgeschichte *Jakobs, lucrum ex negotiatione*, Tübingen 1993, S. 110 ff.

[176] Nach dem Entwurf eines Gemeinsamen Referenzrahmens kann sich der gutgläubige Bereicherungsschuldner aber zur Herausgabe eines Surrogats entscheiden, um der Wertersatzpflicht zu entgehen; vgl. Art. VII. – 5:101 Abs. 4.

[177] S. o. Rn. 506 und *Harke*, Allgemeines Schuldrecht, Rn. 352.

[178] So aber MünchKomm/*Schwab* § 818 BGB Rn. 44, 56, Erman/*Westermann/Buck-Heeb* § 818 Rn. 15, Bamberger/Roth/*Wendehorst* § 812 Rn. 22.

[179] Richtig Staudinger/*Lorenz* (2007) § 818 Rn. 21 f.

[180] Im Entwurf eines Gemeinsamen Referenzrahmens steht der Wertersatz im Belieben des Bereicherungsschuldners; vgl. Art. VII. – 5:101 Abs. 3 DCFR.

[181] BGH, NJW 1991, 917, 918 (vgl. auch die in Abgrenzung hiervon ergangene Entscheidung in NJW 2002, 1872, 1874). Kritisch hierzu *Flume* (Fn. 94), S. 160 und *Larenz/Canaris*, Schuldrecht BT 2, S. 281, die bei der Pflicht zum Wertersatz in Höhe der Belastung den Bezug zur Bereicherung des Kondiktionsschuldners vermissen. Dieser ist jedoch gerade nicht zur Herausgabe seiner Bereicherung, sondern zur Rückerstattung des rechtsgrundlos erlangten Gegenstands verpflichtet und muss für dessen Wertminderung eben Ersatz leisten.

[182] So aber Erman/*Westermann/Buck-Heeb* § 818 Rn. 17.

[183] S. u. Rn. 516.

[184] BGH, NJW 2006, 2847, 2851 f.

versprechen oder, wie § 812 Abs. 2 BGB klarstellt, in einem abstrakten Schuldanerkenntnis[185] bestehen und ist in diesem Fall sowohl Gegenstand einer durch Erlass zu erfüllenden Herausgabepflicht[186] als auch einer Bereicherungseinrede, die nach § 821 BGB über die in der Regelfrist des § 195 BGB eintretende Verjährung des Bereicherungsanspruchs hinaus erhalten bleibt. Während die Bestimmung des Kondiktionsgegenstands im Übrigen bei punktuellen Leistungen, Aufwendungen und Eingriffen kaum Schwierigkeiten bereitet, ist sie nicht so einfach, wenn der Bereicherungsschuldner in den Genuss einer rechtsgrundlosen Überlassungsleistung gekommen ist: Vergleichsweise leicht fällt dabei noch die Beurteilung von Dienstleistungen, die der Bereicherungsschuldner eigentlich als solche herauszugeben hätte[187] und für die er, da sie keiner Restitution in Natur zugänglich sind, aber Wertersatz nach Maßgabe ihres gewöhnlichen Preises schuldet. Bei einem nichtigen Darlehensvertrag kann man die zurück zu gewährende Leistung in den Darlehensvaluta selbst sehen; und hieraus gezogene Zinsen sind als Nutzungen gemäß § 818 Abs. 1 BGB zu erstatten.[188] Lässt sich hieraus nun der Schluss ziehen, dass bei einem nichtigen Miet- oder Pachtvertrag primärer Kondiktionsgegenstand allein der Besitz des Miet- oder Pachtobjekts ist, die hiermit verbundenen Gebrauchsvorteile oder Früchte also ebenfalls nur als Nutzungen nach § 818 Abs. 1 BGB herauszugeben sind?[189] Drängt sich die bereicherungsrechtliche Gleichbehandlung von Darlehen einerseits und Miet- und Pachtvertrag andererseits auch auf den ersten Blick auf, überginge man mit ihr einen entscheidenden Unterschied in der Vertragsstruktur:[190] Ist die Leistung des Darlehensgebers schon mit der Auszahlung der Valuta vollzogen, erbringen ein Vermieter oder Verpächter ebenso wie ein Dienstverpflichteter oder Arbeitnehmer eine Dauerleistung, indem sie dem Mieter oder Pächter den Miet- oder Pachtgegenstand ständig zur Verfügung stellen. Dementsprechend hat er auch diese Leistung als primären Gegenstand seiner Bereicherungshaftung und nicht etwa nur im Rahmen seiner Pflicht zur Erstattung von Nutzungen herauszugeben. Nach richtiger Ansicht der Rechtsprechung[191] schuldet er daher das übliche Entgelt für die Bereitstellung des Miet- oder Pachtobjekts ohne Rücksicht darauf, ob er es wirklich genutzt hat.[192] Dies gilt natürlich nur insoweit,

---

[185] Dessen Rückforderung kann freilich daran scheitern, dass es ebenso wie ein deklaratorisches Schuldanerkenntnis streitbeseitigend wirken soll; vgl. BGH, NJW 2000, 2501, 2502.

[186] Der Anspruch auf Herausgabe eines negativen Schuldanerkenntnisses wird wiederum durch positives Schuldanerkenntnis erfüllt.

[187] MünchKomm/*Schwab* § 818 BGB Rn. 19.

[188] Anders *Flume* (Fn. 94), S. 153 f. und Erman/*Westermann/Buck-Heeb* § 812 Rn. 10, die dem Darlehensnehmer auch einen Wertersatz für die Überlassung und ohne Rücksicht auf die Nutzung der Darlehensvaluta abverlangen wollen.

[189] So MünchKomm/*Schwab* § 818 BGB Rn. 26 ff. Anders *Reuter/Martinek*, Ungerechtfertigte Bereicherung, S. 532.

[190] S. o. Rn. 375.

[191] BGH, NJW 2009, 1266, 1269.

[192] Ebenso *Flume* (Fn. 94), S. 152 f., Staudinger/*Lorenz* (2007) § 818 Rn. 13 und Erman/*Westermann/Buck-Heeb* § 812 Rn. 10. Zu demselben Ergebnis kommt auch Bamberger/Roth/*Wendehorst* § 818 Rn. 18, indem sie den von § 818 Abs. 1 BGB angeordneten Nutzungsersatz schon bei objektiver Nutzungsmöglichkeit zusprechen will.

als der Vermieter oder Verpächter das Objekt in Erfüllung ihrer vermeintlichen Pflicht aus § 535 Abs. 1 S. 2 BGB auch tatsächlich instand gehalten und nicht im mangelhaften Zustand überlassen haben.[193] Hierin liegt kein Widerspruch zur Regelung des Eigentümer-Besitzer-Verhältnisses,[194] das eine Pflicht zur Herausgabe tatsächlich nicht gezogener Nutzungen gemäß §§ 987 Abs. 2, 990 Abs. 1 BGB nur bei Verschulden und Unredlichkeit des Besitzers vorsieht. Das Vindikationsregime der §§ 987 ff. BGB ist als Privileg für diejenigen Besitzer gedacht, die im Streit um die Person des wahren Eigentümers unterliegen, und gibt nichts für die Frage aus, wie ein vermeintlich wirksamer Vertrag rückabzuwickeln ist.

b) Entreicherung und verschärfte Haftung

aa) Einwand der Entreicherung

515 Hervorstechendes Merkmal der Verpflichtung aus ungerechtfertigter Bereicherung ist der Einwand der Entreicherung gemäß § 818 Abs. 3 BGB. Er schließt die Haftung des redlichen Bereicherungsschuldners nicht nur in dem Fall aus, dass der Kondiktionsgegenstand ersatzlos verloren gegangen ist, sondern greift auch dann ein, wenn der Schuldner im Zusammenhang mit seinem Erwerb andere **Nachteile** erlitten hat, die seinen Vermögenszuwachs mindern oder aufheben. Hierfür genügt freilich noch nicht jeder im Kausalverhältnis mit dem Erwerb stehende Nachteil. Da der Zweck des Entreicherungseinwands darin besteht, das Vertrauen des gutgläubigen Bereicherungsschuldners in den Bestand der Vermögensverschiebung zu schützen, sind nur solche Einbußen zu berücksichtigen, die er gerade um dieses Vertrauens willen erlitten hat.[195] Keine anspruchsmindernde Wirkung kann daher insbesondere von Schäden ausgehen, die dem Bereicherungsschuldner dadurch entstanden sind, dass er den Kondiktionsgegenstand überhaupt erhalten hat.[196] Als Grundlage für den Einwand der Entreicherung taugen außer dem Verlust des Kondiktionsgegenstands selbst vielmehr nur Aufwendungen, die er in der Fehlannahme getätigt hat, er dürfe den Kondiktionsgegenstand behalten.[197] Hierzu zählen noch nicht die Finanzierungskosten, die dem Bereicherungsschuldner zur Erbringung einer für den Kondiktionsgegenstand geschuldeten Gegenleistung entstanden sind,[198] weil diese in Vollzug des unwirksamen Vertrags entstanden sind und nicht dem Vertrauen auf den Bestand des Vermögenserwerbs selbst zuzuordnen sind[199]. Das-

---

[193] Dementsprechend bedeutet auch das Fehlen einer Instandhaltungspflicht entgegen MünchKomm/*Schwab* § 818 BGB Rn. 27 keinen Einwand gegen die Pflicht zu einem nutzungsunabhängigen Wertersatz für die Überlassungsleistung.

[194] So aber MünchKomm/*Schwab* § 818 BGB Rn. 30.

[195] MünchKomm/*Schwab* § 818 BGB Rn. 124, ähnlich *Larenz/Canaris*, Schuldrecht BT 2, S. 296.

[196] *Larenz/Canaris*, Schuldrecht BT 2, S. 300.

[197] *Larenz/Canaris*, Schuldrecht BT 2, S. 297.

[198] Im Ergebnis richtig BGH, NJW 1992, 1037, 1038, freilich mit dem fragwürdigen Argument, der Bereicherungsschuldner erhalte im Gegenzug auch seine Geldleistung samt Nutzungen zurück. Diese sind nämlich nur geschuldet, wenn der andere Teil sie auch wirklich gezogen hat oder dies zu vermuten ist.

[199] MünchKomm/*Schwab* § 818 BGB Rn. 132.

selbe gilt für den Preis, den der nach § 816 BGB wegen seiner wirksamen Verfügung verpflichtete Nichtberechtigte an denjenigen gezahlt hat, der ihm dem Gegenstand unwirksam verschafft hat;[200] denn dieser Preis wurde im Vertrauen auf den ungestörten Vollzug des Vertrags mit dem Vordermann und nicht deshalb entrichtet, weil der Nichtberechtigte an die Wirksamkeit der von ihm selbst getroffenen Verfügung glaubte[201].

Hat der Bereicherungsschuldner den **Kondiktionsgegenstand** wieder **verloren**, ist er nur dann entreichert, wenn er ihn nicht für Aufwendungen eingesetzt hat, die er ohnehin getätigt hätte; andernfalls ist das rechtsgrundlos Erlangte noch dem Werte nach, nämlich in Gestalt der Ersparnis dieser Aufwendungen, in seinem Vermögen enthalten.[202] Dies gilt insbesondere in dem Fall der Leistung auf Anweisung, bei der der Anweisende die Leistung gewissermaßen selbst erlangt und an den Anweisungsempfänger weitergeleitet hat[203].[204] Da er diese Aufwendung ohnehin getätigt hätte, kann er gegenüber der Kondiktion des Angewiesenen nun nicht einwenden, sein eigener Bereicherungsanspruch gegen den Anweisungsempfänger sei wegen dessen Insolvenz wertlos. Dem dauerhaften Verlust des Kondiktionsgegenstands steht es hingegen gleich, wenn er für den Bereicherungsschuldner keinen individuellen Vorteil bringt, insbesondere weil sich die eingetretene und durch die Kondiktion abzuschöpfende Wertsteigerung nur dadurch realisieren lässt, dass er einen ihm gehörenden Gegenstand entgegen seinen Plänen veräußern muss. Da er hierzu allenfalls ausnahmsweise kraft einer im Einzelfall bestehenden Pflicht zur Rücksicht auf den Bereicherungsgläubiger gemäß § 241 Abs. 2 BGB und im Übrigen auch nicht indirekt durch Unterstellung einer entsprechenden Obliegenheit[205] gezwungen werden kann, ist die ihm **aufgedrängte Bereicherung** nur theoretisch vorhanden, er praktisch um dieselbe wieder entreichert und daher nach § 818 Abs. 3 BGB von der Pflicht zu ihrer Herausgabe befreit.[206] Ebenso verhält es sich bei der Aufwendungskondiktion nach einer Drittleistung, wenn der Schuldner durch sie einen Vorteil, insbesondere eine Aufrechnungsbefugnis, verliert, der ihm bei Verbleib in der Schuldnerstellung erhalten geblieben wäre.[207] **516**

---

[200] BGH, NJW 1995, 3315, 3317.

[201] Im Ergebnis ebenso, aber mit dem Argument, der Nichtberechtigte hätte die Preiszahlung auch nicht dem bis zur Verfügung zuständigen Eigentumsherausgabeanspruch entgegenhalten können, *Larenz/Canaris*, Schuldrecht BT 2, S. 302 f., *Medicus/Lorenz*, Schuldrecht BT, Rn. 1198, MünchKomm/*Schwab* § 818 BGB Rn. 136. Gegen diese Erwägung, die das zu Beweisende voraussetzt, wenden sich zu Recht *Reuter/Martinek*, Ungerechtfertigte Bereicherung, S. 624 und AnwK/*v. Sachsen Gessaphe* § 818 Rn. 58.

[202] BGH, NJW 2002, 1872, 1875; 2003, 3271 f.

[203] S. o. Rn. 493 ff.

[204] Ebenso im Ergebnis MünchKomm/*Schwab* § 818 BGB Rn. 186.

[205] So aber *Larenz/Canaris*, Schuldrecht BT 2, S. 290 f.; dagegen richtig MünchKomm/*Schwab* § 818 BGB Rn. 207.

[206] *Medicus/Lorenz*, Schuldrecht BT, Rn. 1173, *Looschelders*, Schuldrecht, BT, Rn. 1113, *Fikentscher/Heinemann*, Schuldrecht, Rn. 1521, MünchKomm/*Schwab* § 818 BGB Rn. 202.

[207] Zu demselben Ergebnis führt es, wenn man ihm mit MünchKomm/*Schwab* § 818 BGB Rn. 198 den Schutz der §§ 404 ff. BGB zubilligt.

bb) Saldotheorie?

517 Der Einwand der Entreicherung kann denjenigen Bereicherungsgläubiger hart treffen, der dem Kondiktionsschuldner seinerseits zur Herausgabe einer Leistung verpflichtet ist, die er in Vollzug eines vermeintlich wirksamen gegenseitigen Vertrags erlangt hat. Hält man sich an die gesetzliche Regelung, muss er diese Leistung im vollen Umfang zurückgewähren, während er mit seinem Kondiktionsanspruch insoweit ausfällt, als der andere Teil die von ihm empfangene Gegenleistung wieder verloren hat. Diese Konsequenz hat die Rechtsprechung schon kurz nach Erlass des BGB[208] dadurch zu vermeiden gesucht, dass sie eine Saldierung der gegenseitig erbrachten Leistungen vornahm und einen Bereicherungsanspruch nach Durchführung eines ungültigen gegenseitigen Vertrags nur dem Teil zugestand, zu dessen Gunsten die Rechnung einen positiven Saldo ergab. Auf diese Weise wurde einerseits aus zwei Bereicherungsansprüchen ein einziger gemacht, andererseits der **Einwand** der **Entreicherung ausgeschaltet**, weil auch die von ihrem Empfänger verlorene oder zwischenzeitlich entwertete Leistung Eingang in die Rechnung fand.[209] Während die Konzentration des Bereicherungsausgleichs in einem Anspruch lediglich eine, wenn auch fragwürdige, Verstärkung des ohnehin gegebenen Zurückbehaltungsrechts aus § 273 BGB bedeutet, widerspricht die Ausschaltung des Einwands der Entreicherung dem Gesetz geradewegs. Gleichwohl wird auch dieser Teil der sogenannten Saldotheorie, in der die Rechtsprechung eine Gesetzeskorrektur aus Billigkeit erkennt,[210] gemeinhin als richtig empfunden und vor allem mit der synallagmatischen Verknüpfung der Leistungen im gegenseitigen Vertrag gerechtfertigt: Da jede der beiden Leistungen trotz Unwirksamkeit des Vertrags dennoch um der Gegenleistung willen erfolgt sei, könne der durch die Entreicherung eingetretene Verlust nicht nur zulasten des hiervon betroffenen Bereicherungsgläubigers gehen. Die Rechtsprechung selbst hat freilich Ausnahmen von der Saldierung gemacht, nämlich wenn der Bereicherungsschuldner, der hierdurch begünstigt würde, selbst verschärft haftet,[211] wenn er sich der Einsicht in die Sittenwidrigkeit des durchgeführten Vertrags grob fahrlässig verschlossen hat[212] oder wenn der nachteilig betroffene Bereicherungsgläubiger nicht voll geschäftsfähig[213] oder das Opfer einer arglistigen Täuschung[214] geworden ist.[215] Mit der Schuldrechtsreform ist ein weiterer Korrekturbedarf eingetreten, weil die Saldotheorie sonst dem neuen Regime der Rücktrittsfolgen widerspräche, die nicht einschneidender sein dürfen als

---

[208] Nämlich in einem Urteil von 1903; vgl. RGZ 54, 137, 142.

[209] Dies ist auch das Ergebnis der – freilich schwer eingängigen – Verweisung, mit der das Problem im Entwurf eines Gemeinsamen Referenzrahmens bewältigt werden soll; vgl. Art. VII. – 6:101 Abs. 2 Buchst. c und Art. 5:102 Abs. 3 DCFR.

[210] BGH, NJW 2000, 3064.

[211] BGH, NJW 2001, 1127, 1130.

[212] BGH, NJW 2001, 1127, 1130. Hiergegen etwa MünchKomm/*Schwab* § 818 BGB Rn. 183.

[213] BGH, NJW 2000, 3562.

[214] BGH, NJW 1990, 2880, 2882; 2001, 1127, 1130.

[215] Eine weitere Einschränkung will BGH, NJW 2005, 884, 887 für den Fall der Insolvenz machen, weil Rückabwicklungsansprüche im Insolvenzverfahren nicht gegenüber Ansprüchen aus wirksamen Verträgen privilegiert werden dürften.

Bereicherungsrecht.[216] Dies gilt insbesondere für die in § 346 Abs. 3 S. 1 Nr. 3 BGB zu findende Regel, dass Wertersatz für eine verlorene Leistung dann nicht geschuldet ist, wenn ihr Empfänger kraft Gesetzes zum Rücktritt berechtigt ist und diejenige Sorgfalt beachtet hat, die er in eigenen Dingen anzuwenden pflegt[217]. Übertragen auf den Bereicherungsausgleich, bei dem beide Parteien durch Gesetz zur Berufung auf die Unwirksamkeit des Vertrags befugt sind, bedeutet dies, dass den Einwand der Entreicherung nur verliert, wer sich vorhalten lassen muss, mit dem Kondiktionsgegenstand nachlässiger als mit seinem übrigen Vermögen verfahren zu sein.[218]

Über diese unvermeidlichen Modifikationen der Saldotheorie sollte die Frage nicht in Vergessenheit geraten, ob sie überhaupt Existenzberechtigung hat oder nicht doch eine **unzulässige Gesetzeskorrektur** ohne hinreichendes dogmatisches Fundament darstellt. Denn nicht erst ihre Ausführung, sondern schon der mit dem Begriff „faktisches Synallagma" belegte Grundsatz, dass die Verknüpfung der Leistungen im gegenseitigen Vertrag auf ihre bereicherungsrechtliche Rückabwicklung durchschlägt,[219] kann nicht überzeugen. Mit ihm erfolgt eine Differenzierung zwischen rechtsgrundlosen Leistungen, die eigentlich alle gleich behandelt werden müssen und sich nur um den Preis voneinander scheiden lassen, dass man dem Zweck, einen gegenseitigen Vertrag zu erfüllen, eine Sonderstellung zuschreibt. Dies verbietet sich aber deshalb, weil man so den Vertrag, der nichtig oder unvollziehbar ist und deshalb keine Rechtswirkungen hervorbringen soll, doch teilweise durchführt:[220] Kürzt man den Bereicherungsanspruch, mit dem ein Käufer den auf **518**

---

[216] Ausführlich MünchKomm/*Schwab* § 822 BGB Rn. 252 ff. und Staudinger/*Lorenz* (2007) § 818 Rn. 41.

[217] Hierzu *Harke*, Allgemeines Schuldrecht, Rn. 121.

[218] Dagegen soll die Bestimmung des § 346 Abs. 2 S. 2 BGB, derzufolge sich der Wertersatz nach der Gegenleistung bestimmt, wegen der Unwirksamkeit des Vertrags nicht im Kondiktionsrecht gelten; vgl. MünchKomm/*Schwab* § 822 BGB Rn. 265; anders *Bockholdt*, Die Übertragbarkeit rücktrittsrechtlicher Wertungen auf die bereicherungsrechtliche Rückabwicklung gegenseitiger Verträge, AcP 206 (2006) 769, 780 ff.

[219] Vgl. v. *Caemmerer* (Fn. 140), S. 386 f. Diesem Prinzip folgen unter anderen *Reuter/ Martinek*, Ungerechtfertigte Bereicherung, S. 596 ff., die sich ebenfalls nur um eine Detailkorrektur der Saldotheorie bemühen.

[220] Richtig *Kaiser*, Die Rückabwicklung gegenseitiger Verträge wegen Nicht- und Schlechterfüllung, Tübingen 2000, S. 318 ff. Im Ansatz ebenso *Larenz/Canaris*, Schuldrecht BT 2, S. 322, die aber für eine teleologische Reduktion von § 818 Abs. 3 BGB im Fall einer Kondiktion nach Leistung auf einen gegenseitigen Vertrag eintreten, sowie *Flume* (Fn. 94), S. 126 ff., der § 818 Abs. 3 BGB ebenfalls einschränken will, indem er den Partner eines gegenseitigen Vertrags an seiner Entscheidung festhalten will, sein Vermögen in Höhe der von ihm erbrachten oder zu erbringenden Leistung für das Haben des Kondiktionsgegenstands einzusetzen. *Flume* nennt diese Entscheidung „unabhängig von der Gültigkeit des Vertrags" (S. 136), verkennt aber, dass sie gerade in der Annahme seiner Wirksamkeit getroffen wurde, und versieht sie im Ergebnis auch insofern mit den Rechtsfolgen des Vertrags, als dessen Gefahrtragungsregime zur Anwendung kommen soll. Gegen die Saldotheorie spricht sich schließlich auch AnwK/*v. Sachsen Gessaphe* § 818 Rn. 79 ff. aus, der aber die Wertungen von § 346 BGB zu einer teleologischen Reduktion von § 818 Abs. 3 BGB einsetzen will.

einen ungültigen Kaufvertrag geleisteten Kaufpreis herausverlangen kann, um den Wert der Kaufsache, die er selbst nicht mehr herausgeben kann, richtet man sich nach der Gefahrverteilung gemäß § 446 BGB. Diese Vorschrift kann aber gerade nicht zum Zuge kommen, weil der Kaufvertrag eben nicht gilt[221] und auch nicht indirekt dadurch ins Werk gesetzt werden darf, dass man dem Bezug auf ihn die Wirkungen zumisst, die er im Fall seiner Gültigkeit hätte.

519 Zur **Berichtigung** des Ergebnisses, zu dem man im Rahmen des Bereicherungsrechts kommt, ist allein das **Schadensersatzrecht** berufen[222] und auch dienlich:[223] So hat derjenige, der einen gegenseitigen Vertrag wegen Irrtums anficht, im Zuge der Gefährdungshaftung gemäß § 122 BGB seinen Vertragspartner auch von einem Nachteil freizustellen, der diesem daraus erwächst, dass seinem Bereicherungsanspruch der Einwand der Entreicherung entgegensteht. Dieselbe Pflicht trifft als Teil der Haftung für *culpa in contrahendo* gemäß §§ 280 Abs. 1, 241 Abs. 2, 311 Abs. 2 BGB[224] den Kontrahenten, der seinen Vertragspartner durch arglistige Täuschung oder fahrlässige Fehldarstellung zum Vertragsschluss verleitet hat, wenn dieser später durch Täuschungs- oder Irrtumsanfechtung wieder ungeschehen gemacht wird. Nichts anderes gilt bei der Nichtigkeit eines Vertrags wegen Gesetzes- oder Sittenwidrigkeit, wenn der Vorwurf rechtswidrigen oder unsittlichen Verhaltens dadurch begründet ist, dass eine Seite die andere übervorteilt hat. Beim unmodifizierten Bereicherungsausgleich bleibt es nur in den Fällen mangelnder Geschäftsfähigkeit sowie beim Gesetzes- oder Sittenverstoß, der keinem der beiden Kontrahenten mehr als dem anderen zum Vorwurf gereicht. Während sogar die Rechtsprechung die Saldotheorie nicht zum Nachteil eines nicht voll Geschäftsfähigen anwenden will, muss sie beim Verstoß gegen Gesetz oder gute Sitten, der nicht mit einer Haftung einhergeht, wiederum deshalb ausscheiden, weil das inkriminierte Geschäft ansonsten teilweise durchgeführt würde. Dieser Einwand trifft nicht nur die Saldotheorie, sondern auch den Versuch, den Bereicherungsausgleich an die Rechtsfolgen des Rücktritts anzugleichen[225]. Zwar ist auch dessen Ziel die Annäherung an den Zustand, in dem sich die Parteien ohne den Vertragsschluss befänden.[226] Auslöser des gesetzlichen Rücktrittsrechts ist jedoch stets der gültige Vertrag, dessen Anforderungen eine Seite nicht gerecht wird oder der sich für sie wegen Aus- oder Wegfalls der Geschäftsgrundlage als unzumutbar erweist.[227]

---

221 Insoweit richtig MünchKomm/*Schwab* § 822 BGB Rn. 232.

222 Daher können entgegen *Flessner*, Wegfall der Bereicherung, Tübingen 1970, S. 112 ff. für die Beurteilung der Bereicherungshaftung auch keine schadensersatzrechtlichen Kriterien herangezogen werden.

223 Richtig *Kaiser* (Fn. 220), S. 334 f.

224 Zu deren Funktion als Rückgewährschuldverhältnis *Peters*, Die Erstattung rechtsgrundloser Zuwendungen, AcP 205 (2005) 159, 174 ff.

225 Ihn unternimmt jenseits der Korrektur der Saldotheorie *Bockholdt*, AcP 206 (2006) 769, 778 ff.

226 Vgl. *Harke*, Allgemeines Schuldrecht, Rn. 111.

227 Dementsprechend ist auch die von *Hellwege*, Die Rückabwicklung gegenseitiger Verträge als einheitliches Problem, Tübingen 2004, S. 380 ff., 521 ff. befürwortete Vereinheitlichung der Rückabwicklungsmechanismen keineswegs erstrebenswert.

cc) *Die Haftung nach den „allgemeinen Vorschriften"*

Eine gesetzlich geregelte Ausnahme vom Einwand der Entreicherung des Kondiktionsschuldners machen § 818 Abs. 4 BGB und die hieran anknüpfenden Bestimmungen der §§ 819 und 820 BGB. Sie sorgen für eine Haftung „nach den allgemeinen Vorschriften" ab dem Zeitpunkt, ab dem der Bereicherungsanspruch rechtshängig ist oder der Bereicherungsschuldner aus einem anderen Grunde nicht mehr der Rücksicht auf seine Entreicherung bedarf. Dies ist nach § 819 Abs. 1 BGB vor allem dann der Fall, wenn der Bereicherungsschuldner von dem Mangel des Rechtsgrunds erfährt. Zwar steht dieser Kenntnis die grobfahrlässige Unkenntnis nicht gleich;[228] damit der sorglose Bereicherungsschuldner nicht besser als der sorgfältige steht, muss der **verschärften Haftung** jedoch auch derjenige unterliegen, der sich trotz Kenntnis der maßgeblichen Umstände der Einsicht in den Mangel des Rechtsgrunds verschließt.[229] Beruht dessen Ausfall auf einer Anfechtung, kommt der Kenntnis der Nichtigkeit nach § 142 Abs. 2 BGB das Wissen von der Anfechtbarkeit gleich.[230] Weitere Auslöser einer verschärften Haftung sind nach § 819 Abs. 2 BGB der Gesetzes- oder Sittenverstoß des Bereicherungsschuldners sowie gemäß § 820 BGB ein von vornherein als möglich angesehener Wegfall des Rechtsgrunds bei der Kondiktion nach § 812 Abs. 1 S. 2 BGB sowie der Ausfall eines als ungewiss angesehenen Erfolgs bei der in derselben Vorschrift vorgesehenen Zweckverfehlungskondiktion. Die solchermaßen begründete Haftung „nach den allgemeinen Vorschriften" bewirkt, dass der Bereicherungsschuldner sich nicht mehr auf den Wegfall der Bereicherung berufen kann, sondern nach den Vorschriften über das Eigentümer-Besitzer-Verhältnis haftet, auf die § 292 BGB verweist. Gemäß §§ 989, 990 Abs. 1 BGB hat er also für den verschuldeten Untergang des Kondiktionsgegenstands einzustehen;[231] und im Fall seines Verzugs haftet er gemäß § 287 S. 2 BGB sogar für Zufall, wenn dieser nicht auch den Bereicherungsgläubiger getroffen hätte.[232] Eigene Aufwendungen kann er nicht mehr als Entreicherung ansetzen, sondern nur noch zur Grundlage eines Verwendungsersatzverlangens gemäß §§ 994 ff. BGB machen. Die Pflicht zur Herausgabe von Nutzungen und Surrogaten ist ferner insoweit gesteigert, als der Bereicherungsschuldner Zinsen nach § 288 BGB, sonstige Nutzungen gemäß § 987 BGB und nach § 285 BGB auch 520

---

[228] Vgl. MünchKomm/*Schwab* § 819 BGB Rn. 13, der sich insbesondere auch im Fall der Eingriffskondiktion gegen einen Analogieschluss aus § 990 Abs. 1 BGB wendet.

[229] BGH, NJW 1996, 2652, 2653.

[230] Hat der Kondiktionsgläubiger in Kenntnis eines Anfechtungsrechts des Kondiktionsschuldners geleistet, steht seiner Kondiktion nicht der Einwand aus § 814 BGB entgegen (s. o. Rn. 490); und entgegen RGZ 151, 361, 376 ist der Schuldner, der sein Anfechtungsrecht ebenfalls kennt, nicht von der verschärften Haftung befreit.

[231] Für eine verschuldensunabhängige Ersatzpflicht nach § 818 Abs. 2 BGB dagegen *Looschelders*, Schuldrecht, BT, Rn. 1123. Eine solche Ersatzpflicht würde die Verweisung auf die Haftung nach den allgemeinen Vorschriften jedoch weitgehend ihres Sinnes berauben.

[232] BGH, NJW 1980, 178. Anders unter Berufung auf § 990 Abs. 2 BGB *Larenz/Canaris*, Schuldrecht BT 2, S. 318, MünchKomm/*Schwab* § 818 BGB Rn. 294, Staudinger/*Lorenz* (2007) § 818 Rn. 51 und AnwK/*v. Sachsen Gessaphe* § 818 Rn. 88, die außer der Rechtshängigkeit auch die Kenntnis des Bereicherungsschuldners von seiner Kondiktionspflicht verlangen.

die Herausgabe eines rechtsgeschäftlichen Surrogats einschließlich des hieran geknüpften Gewinns schuldet[233].

c) Durchgriff auf den Drittbegünstigten

521 Die Schwäche des unentgeltlichen Erwerbs, die schon zur bereicherungsrechtlichen Revision einer wirksam getroffenen Verfügung durch einen Nichtberechtigten gemäß § 816 Abs. 1 S. 2 BGB führt, ist auch tragender Gesichtspunkt für die Kondiktion gegen einen Drittbegünstigten bei Ausfall des eigentlichen Bereicherungsschuldners. Scheitert die Kondiktion gegen diesen gemäß § 818 Abs. 3 BGB am Einwand der Entreicherung, weil er den Kondiktionsgegenstand unentgeltlich an einen Dritten weitergegeben hat, ist nach § 822 BGB dieser Dritte selbst dem Bereicherungsgläubiger verpflichtet. Dem Ausnahmecharakter dieses Durchgriffs entspricht es, wenn man ihn nicht als eigenständigen Anspruch, sondern als abgeleitetes Recht ansieht, das dem wegen Entreicherung gesperrten Kondiktionsanspruch, gewissermaßen im Wege eines gesetzlichen Schuldübergangs, entspringt.[234] So versteht sich zum einen von selbst, dass der Dritte dem Bereicherungsgläubiger entsprechend § 417 Abs. 1 BGB unter Ausnahme des Einwands der Entreicherung alle Einreden entgegenhalten kann, die auch dem eigentlichen Bereicherungsschuldner zugestanden hätten[235].[236] Zum anderen ist klar, dass der Durchgriff nur in dem vom Gesetz vorgesehenen Fall möglich ist, dass die Kondiktion am Einwand der Entreicherung scheitert, und nicht etwa auch dann in Betracht kommt, wenn sie durch die Insolvenz des eigentlichen Bereicherungsschuldners praktisch frustriert wird.[237] Denn sonst käme es zu einer Verdopplung des Bereicherungsanspruchs; und die Position des Bereicherungsgläubigers würde im Vergleich zum Regelfall der einfachen Kondiktion gegen den ursprünglichen Bereicherungsschuldner nicht nur aufrechterhalten, sondern verbessert, weil sein eigentlicher Kondiktionsanspruch eben nicht mehr wert war als die Quote, zu der er sich realisieren ließ[238]. Keinem Analogieverbot unterliegt es hingegen, wenn man § 822 BGB auch auf den Fall anwendet, dass der Bereicherungsschuldner dem Dritten einen anderen als den Kondiktionsgegenstand zugewandt hat, er aber wegen dieser Aufwendung gemäß § 818 Abs. 3 BGB entreichert ist.[239]

---

[233] BGH, NJW 1980, 178 f.

[234] Offen lässt diese Frage BGH, NJW 2004, 1314. Richtig entscheiden sie MünchKomm/*Schwab* § 822 BGB Rn. 7, Erman/*Westermann/Buck-Heeb* § 812 Rn. 1, Bamberger/Roth/*Wendehorst* § 822 Rn. 1 und Palandt/*Sprau* § 822 Rn. 1. Für eine Selbständigkeit des Anspruchs aus § 822 BGB dagegen *Looschelders*, Schuldrecht BT, Rn. 1092, Staudinger/*Lorenz* (2007) § 812 Rn. 2, AnwK/*v. Sachsen Gessaphe* § 822 Rn. 2, PWW/*Leupertz* § 812 Rn. 1.

[235] MünchKomm/*Schwab* § 822 BGB Rn. 7.

[236] Zu erwägen ist allerdings, ob man mit MünchKomm/*Schwab* § 822 BGB Rn. 8 eine Hemmung der Verjährung für den Fall annimmt, dass der Kondiktionsgläubiger zunächst gegen den eigentlichen Bereicherungsschuldner vorgeht.

[237] BGH, NJW 1999, 1026, 1028; 2003, 1445, 1446. Anders *Medicus/Lorenz*, Schuldrecht BT, Rn. 1183.

[238] MünchKomm/*Schwab* § 822 BGB Rn. 17.

[239] BGH, NJW 2004, 1314 f.

§ 11 Verschuldenshaftung

1. Schutz absoluter Rechte

a) Struktur

Zentraltatbestand der außervertraglichen Haftung im deutschen Schuldrecht ist die widerrechtliche und schuldhafte Verletzung des Lebens, Körpers, der Gesundheit, Freiheit, des Eigentums oder eines sonstigen gleichartigen Rechts (§ 823 Abs. 1 BGB). Mit ihm stellt sich das BGB gegen den durch die Naturrechtskodifikationen (§§ 10 ff. I 6 ALR, 1295 ABGB, Art. 1382 f. CC) verstärkten Trend zu einer deliktsrechtlichen Generalklausel, die auch die Haftung für fahrlässig verursachte reine Vermögensschäden einschließt. Nach BGB sind diese nur im Rahmen der Haftung für die Verletzung der Rücksichtspflicht (§ 241 Abs. 2 BGB) zu ersetzen, deren Entstehung an das Erfordernis eines geschäftlichen Kontakts zwischen Schädiger und Geschädigtem geknüpft ist (§ 311 Abs. 2 BGB). Deliktsrechtlich sind reine Vermögensschäden bloß bei Vorsatz des Schädigers (§ 826 BGB) oder bei der Verletzung von Schutzgesetzen (§ 823 Abs. 2 BGB) auszugleichen, die wie etwa die Strafvorschriften für Betrug (§ 263 StGB) und Untreue (§ 266 StGB) ebenfalls regelmäßig den Vorsatz des Schädigers voraussetzen. Ein fahrlässiges Verhalten des Schädigers nötigt ihn daher jenseits des geschäftlichen Kontakts zum Geschädigten grundsätzlich nur dann zum Schadensersatz, wenn er eines der im Gesetz ausdrücklich genannten oder ihnen gleichstehenden, sogenannten absoluten Rechte verletzt hat. Für diese Beschränkung der Fahrlässigkeitshaftung hat sich der Gesetzgeber von 1900 bewusst und aus Furcht vor einer zu starken Ausdehnung der Schadensersatzpflicht entschieden. Gegenüber einer deliktischen Generalklausel hat das deutsche Modell den Vorteil, dass mit Rechtsverletzung und geschäftlichem Kontakt vergleichsweise konkrete Tatbestände festgelegt werden, die ansonsten in Ausfüllung der deliktsrechtlichen Generalklausel erst durch die Rechtspraxis herausgearbeitet werden müssen. 522

Die tatbestandliche Anbindung der Fahrlässigkeitshaftung an die Beeinträchtigung eines absoluten Rechts ändert freilich nichts daran, dass die hieraus folgende Schadensersatzpflicht dem Schutz des Vermögens des Geschädigten und nicht etwa nur der Verteidigung des betroffenen Rechts dient.[1] Und das Ziel der Deliktshaftung besteht nach der Entpönalisierung des alten römischen Haftungsregimes[2] grundsätzlich allein darin, einen gerechten Ausgleich zwischen Schädiger und Geschädigtem herzustellen. Hieran hat sich selbst dadurch nichts geändert, dass das Deliktsrecht als Mechanismus zur Bewältigung von Unfallschäden viel stärker als die vertragliche Haftung durch das Sozial- und Privatversicherungsrecht ergänzt wird.[3] Wie die deutsche Rechtsprechung richtig in ihrem Beharren auf der strikten Trennung von delikts- und versicherungsrechtlicher Beurteilung betont, ist die Haftung des Schädigers isoliert zu beurteilen und Vorgabe für die versicherungsrechtliche Leistungs- 523

---

1 Vgl. *Harke*, Allgemeines Schuldrecht, Rn. 262.

2 *Harke*, Allgemeines Schuldrecht, Rn. 269 f.

3 Anders MünchKomm/*Wagner* vor § 823 BGB Rn. 39 ff., der hieraus auf den Präventivzweck des Deliktsrechts schließt.

pflicht, mit der das Ausgleichsziel der Schadensersatzpflicht lediglich unterstützt wird.[4] Eine nicht spezifisch deliktsrechtliche Ausnahme gilt, wenn eine Entschädigung für die Beeinträchtigung immaterieller Interessen geleistet werden muss. Diese geht über die Ausgleichsfunktion hinaus, die das Schadensersatzrecht nur bei in Geld messbaren Schäden haben kann, und wirkt einerseits präventiv, also durch Abschreckung vor weiteren Taten, andererseits repressiv, indem verhindert wird, dass die Tat lediglich deshalb sanktionslos bleibt, weil der Schädiger ein immaterielles Interesse des Geschädigten beeinträchtigt hat.[5] Eine weitere Ausnahme vom Ausgleichsziel macht die sogenannte Billigkeitshaftung bei mangelnder Deliktsfähigkeit (§ 829 BGB), die der Gesetzgeber des BGB von 1900 in Anknüpfung an das Vorbild von preußischem ALR (§ 41 ff. I 6), österreichischem ABGB (§ 1310) und schweizerischem OR (Art. 54 Abs. 1) eingeführt hat. Sie trifft einen schuldunfähigen Schädiger insoweit, als Ersatz nicht von einem aufsichtspflichtigen Dritten erlangt werden kann, aber nach den wirtschaftlichen Verhältnissen von Schädiger und Geschädigtem billig erscheint. So führte sie zu einer Verteilung des gleichsam zufällig entstandenen Schadens zulasten desjenigen, der ihn leichter absorbieren kann.

524 Lässt sich die Haftung für die fahrlässige Verletzung einer Rücksichtspflicht bei geschäftlichem Kontakt allenfalls in Ansätzen auf das römische Recht zurückführen, bildet die Haftung wegen Rechtsgutsverletzung gemäß § 823 Abs. 1 BGB dagegen das Regime der schon 286 v. Chr. geschaffenen *lex Aquilia* ab, die das Rückgrat der außervertraglichen Haftung im römischen und Gemeinen Recht darstellte.[6] In ihrem dritten Kapitel sorgte sie für die Sanktion einer Sachbeschädigung, die später auch zum Vorbild für die einer Körperverletzung wurde. Genau hierauf ist auch der Tatbestand von § 823 Abs. 1 BGB ausgerichtet, den die Verfasser des BGB von 1900 lediglich um eine Öffnungsklausel für „sonstige Rechte" ergänzten und bewusst nicht auf die Ehre erstreckten. Deren Verletzung war in Rom Gegenstand einer anderen Klage, der *actio iniuriarum*, und sollte nach dem Plan des Gesetzgebers von 1900 fortan allein strafrechtliche Konsequenzen auslösen. Das Schweigen des Gesetzes in diesem Punkt konnte freilich nicht verhindern, dass sie als Teil des allgemeinen Persönlichkeitsrechts in der zweiten Hälfte des 20. Jahrhunderts wieder Anerkennung als absolutes Recht fand. Bedeutete der Versuch ihrer Ausnahme vom Deliktsrecht auch eine Fehlleistung des alten BGB-Gesetzgebers, ist die Anknüpfung an das übrige Regime der *lex Aquilia*, für sich genommen, nicht zu beanstanden. Probleme haben sich nur daraus ergeben, dass mit dem Rückbezug auf ein im dritten Jahrhundert vor unserer Zeitrechnung geschaffenes Gesetz auch eine **unreife Dogmatik** mitgeschleppt wurde, die sich bis heute erhalten hat: Nach dem Wortlaut der *lex Aquilia* reichte die widerrechtliche Verletzung des Eigentums aus, um den Schädiger haftbar zu machen. Zwar verstand man hierunter schon früh, dass der Schädiger die Tat nicht

---

4 Gegen die Berücksichtigung der Versicherung und Versicherbarkeit bei der Beurteilung der Deliktshaftung auch *Larenz/Canaris*, Schuldrecht BT 2, S. 417. Anders vor allem *v. Bar*, Das „Trennungsprinzip" und die Geschichte des Wandels der Haftpflichtversicherung, AcP 181 (1981) 289, 324 ff., der einen Wandel in der Struktur der Haftpflichtversicherung ausmacht.

5 Vgl. *Harke*, Allgemeines Schuldrecht, Rn. 6 f., 329.

6 Hierzu *Honsell/Mayer-Maly/Selb*, Römisches Recht, S. 363 ff., *Zimmermann*, Law of Obligations, S. 953 ff., *Harke*, Römisches Recht, Rn. 12.2 ff.

nur ohne Rechtfertigungsgrund, sondern auch schuldhaft, also vorsätzlich oder fahrlässig, begangen haben musste. Die explizite Erwähnung dieser beiden Schuldformen in § 823 Abs. 1 BGB genügt jedoch nicht, um klarzustellen, dass die deliktische Haftung nun nicht mehr vom Erfolgs-, sondern vom Verhaltensunrecht ausgehen kann:[7] Hat jemand zwar kausal zur Beeinträchtigung eines absoluten Rechts beigetragen, aber gegen keine Pflicht verstoßen, die ihm die Rechtsordnung zum Schutz des Geschädigten auferlegt,[8] schließt dies nicht erst seine Schuld, vielmehr schon den Tatbestand der Rechtsverletzung selbst aus.[9] Diese kann nämlich nicht schon wegen des unerwünschten Erfolgs vorliegen,[10] für den sich stets unendlich viele Ursachen benennen ließen. Diese könnte man bestenfalls durch die Unterscheidung zwischen unmittelbaren und mittelbaren Gründen sondern.[11] Eine solche Differenzierung wäre jedoch nie mehr als eine Vergröberung der eigentlich angebrachten Unterscheidung danach, ob ein Fehlverhalten vorgekommen ist, das zum Anknüpfungspunkt für den Verschuldensvorwurf taugt.[12]

---

7 Anders *Jansen*, Das Problem der Rechtswidrigkeit bei § 823 Abs. 1 BGB, AcP 202 (2002) 517, 544 ff., der gerade eine rechtsgutsbezogene Haftung befürwortet, bei der die Entscheidung über die Schadensverteilung im Rahmen der Verschuldensprüfung ebenso wie bei der Gefährdungshaftung ohne Werturteil über das schädliche Verhalten erfolgen soll. Hiergegen zu Recht MünchKomm/*Wagner* § 823 BGB Rn. 12.

8 Der schädliche Erfolg spielt für deren Feststellung, wie *Münzberg*, Verhalten und Erfolg als Grundlagen der Rechtswidrigkeit und Haftung, Frankfurt a. M. 1966, S. 72 ff. treffend sagt, nur als Möglichkeit eine Rolle, weil sich schon hiermit die Verhaltenspflicht formulieren lässt, deren Missachtung dem Täter zum Vorwurf gereicht.

9 Im Ergebnis richtig, wenn auch zuweilen noch zwischen Rechtsverletzung und Pflichtverletzung unterscheidend, *Wiethölter*, Rechtfertigungsgrund des verkehrsrichtigen Verhaltens, Karlsruhe 1960, S. 34 ff., *Münzberg* a. a. O. (Fn. 8), *Brüggemeier*, Deliktsrecht, Rn. 96 ff., 174 ff., *Looschelders*, Schuldrecht BT, Rn. 1176, *Kötz/Wagner*, Deliktsrecht, Rn. 109, MünchKomm/*Wagner* § 823 BGB Rn. 26 f. Umgekehrt *Fraenkel*, Tatbestand und Zurechnung bei § 823 Abs. 1 BGB, Berlin 1979, S. 137 ff., der danach fragen will, ob der schädliche Erfolgt auf einem Verhalten beruht, mit dem der Täter den ihm eröffneten Spielraum überschritten hat.

10 Anders verhält es sich, wenn man die Verschuldens- und Gefährdungshaftung integriert, weil der schädliche Erfolg der kleinste gemeinsame Nenner beider Haftungsordnungen ist; vgl. *Jansen*, Die Struktur des Haftungsrechts, Tübingen 2003, S. 567 ff.

11 So denn auch etwa *Medicus/Lorenz*, Schuldrecht BT, Rn. 1241 ff., Staudinger/*Hager* (2009) § 823 Rn. H 16, Soergel/*Spickhoff* § 823 Rn. 10 ff., Bamberger/Roth/*Spindler* § 823 Rn. 10, AnwK/*Katzenmeier* § 823 Rn. 101 und PWW/*Schaub* § 823 Rn. 12, die den Pflichtverstoß als Merkmal für die Bestimmung der Rechtswidrigkeit ansehen und annehmen, eine „unmittelbare" Rechtsverletzung sei automatisch widerrechtlich, eine „mittelbare", insbesondere wenn sie durch Unterlassen erfolgt, nur bei einem korrespondierenden Pflichtenverstoß des Täters. Ähnlich *Larenz/Canaris*, Schuldrecht BT 2, S. 365 ff., die im Fall des unmittelbaren Eingriffs das schutzwürdige Rechtsgut stets betroffen sehen, beim mittelbaren dagegen nach der Art und Weise des Täterverhaltens differenzieren wollen. Richtig dagegen MünchKomm/*Wagner* § 823 BGB Rn. 21, 24, der die Sonderbehandlung der unmittelbaren Rechtsverletzung ebenso ablehnt wie die des Vorsatzdelikts.

12 Die Unterscheidung zwischen unmittelbaren und indirekten Verletzungen ist sogar für die Frage unergiebig, wie man sich gegen einen Angriff verteidigen darf. Ist er unmittelbar, aber nicht pflichtwidrig, kann man zwar keine Notwehr (§ 227 BGB) üben, sich aber für die Rechtfertigung der Abwehr sehr wohl darauf berufen, dass ein Notstand (§§ 228 BGB, 34 StGB) vorliegt; vgl. *Kötz/Wagner*, Deliktsrecht, Rn. 109.

525 Zu einem einheitlichen, verhaltensorientierten Deliktstatbestand kann man entweder durch Anlehnung an die strukturell verwandte Strafrechtsdogmatik[13] oder privatrechtsintern gelangen, indem man auf die außergesetzlich und deshalb höher entwickelte Dogmatik der **Vertragshaftung** zurückgreift: Hier versteht sich von selbst, dass eine Schädigung des Vertragspartners oder desjenigen, mit dem man in geschäftlichem Kontakt steht, nicht schon für sich allein eine Schadensersatzpflicht auslöst. Statt dessen ist, von den Fällen einer Beweiserleichterung aus tatsächlichen Gründen abgesehen, ausgemacht, dass der Geschädigte, der Schadensersatz verlangt, zunächst einmal die Pflicht formulieren muss, deren Verletzung er dem Geschädigten vorwirft, und deren Missachtung er dann auch zu beweisen hat.[14] Zwar gilt eine Ausnahme bei Leistungspflichten, bei denen unterstellt wird, dass der Schuldner sie, wenn ihnen ein Leistungshindernis entgegensteht, unerfüllbar oder undurchsetzbar gemacht hat.[15] Die Leistungspflichten haben jedoch kein Äquivalent im Recht der unerlaubten Handlungen, so dass es hier bei der Regel bleiben muss, wonach der Geschädigte die Pflichtverletzung schon als Teil des Haftungstatbestands dartun muss.[16]

526 **Rechtswidrigkeit** und **Verschulden** kommt neben dem eigentlichen Schädigungstatbestand nur eine geringe Bedeutung zu: Während die Widerrechtlichkeit der Rechtsgutsverletzung bei einem Rechtfertigungsgrund entfällt, ist das Verschulden nur ausnahmsweise ausgeschlossen: Es entfällt bloß bei einem unvermeidlichen Irrtum sowie gemäß § 827 f. BGB in den Fällen mangelnder Deliktsfähigkeit wegen zu geringen Alters oder eines psychischen Defekts des Schädigers.[17] Im Übrigen gilt, dass dem Täter eine Sorgfaltspflichtverletzung ungeachtet seiner individuellen Fähigkeiten zum Vorwurf gereicht. Ebenso wie im Vertragsrecht unterliegt er einem objektiven Fahrlässigkeitsmaßstab, der sich danach richtet, welches Verhalten von einer Person erwartet werden kann, die seinem Verkehrskreis angehört. Der Feststellung einer weiteren „inneren Fahrlässigkeit“ als Element der Schuld bedarf es daneben nicht.[18]

b) Der Haftungstatbestand im Allgemeinen

aa) Pflichtwidrige Beeinträchtigung des Rechtsguts

527 Setzt schon der Tatbestand der Rechtsverletzung voraus, dass sich der Schädiger absichtlich oder aus Nachlässigkeit pflichtwidrig verhalten hat, ist hier auch der Ort der Prüfung, ob ihm ein Verstoß gegen sogenannte Verkehrssicherungs- oder **Ver-**

---

13 Hierfür MünchKomm/*Wagner* § 823 BGB Rn. 34.

14 Völlig falsch ist es daher, im Fall eines schädlichen Erfolgs dessen Urheber den Einwand des verkehrsrichtigen Verhaltens zuzuweisen, mit dem die Rechtswidrigkeit ausgeschlossen werden soll. Denn so kehrt man die Beweislast um, die § 823 Abs. 1 BGB dem Geschädigten zuweist; vgl. MünchKomm/*Wagner* § 823 BGB Rn. 25.

15 Vgl. *Harke*, Allgemeines Schuldrecht, Rn. 225.

16 Insoweit richtig auch *Larenz/Canaris*, Schuldrecht BT 2, S. 368, die freilich noch zwischen direkten und mittelbaren Eingriffen unterscheiden wollen (s. o. Fn. 11). Anders, nämlich für die altertümliche Verortung der Pflichtverletzung im Rahmen des Verschuldensmerkmals Palandt/*Sprau* § 823 Rn. 24.

17 Richtig *Kötz/Wagner*, Deliktsrecht, Rn. 121 f., MünchKomm/*Wagner* § 823 BGB Rn. 43 ff.

18 Wiederum richtig *Brüggemeier*, Deliktsrecht, Rn. 113 f., MünchKomm/*Wagner* § 823 BGB Rn. 34 f.

kehrspflichten zur Last fällt. Bei diesen handelt es sich lediglich um besondere Ausprägungen der allgemeinen Sorgfaltspflicht,[19] deren fahrlässige oder vorsätzliche[20] Missachtung den Vorwurf der Rechtsverletzung begründet.[21] Die begriffliche Verselbständigung durch den Ausdruck Verkehrspflichten hat keinen dogmatischen Eigenwert,[22] sondern geht darauf zurück, dass sich die häufig ohne Weiteres zu beantwortende Frage nach der Pflichtwidrigkeit des Schädigerverhaltens schwieriger beurteilen lässt, wenn sich in der Beeinträchtigung des Rechtsguts eine Gefahr verwirklicht, für deren Abschirmung der Schädiger verantwortlich war. Dies ist insbesondere dann der Fall, wenn er einen Verkehr eröffnet oder an ihm teilgenommen hat, in den der Geschädigte ebenfalls involviert war und vor dessen nachteiligen Folgen der Schädiger ihn bewahren musste. Der zu den Verkehrspflichten ergangenen Rechtsprechung können freilich **allgemeine Grundsätze** für die Bestimmung der Sorgfaltspflichten entnommen werden, deren Missachtung die Haftung nach § 823 Abs. 1 BGB zeitigt. So gilt für die Annahme einer Sorgfaltspflicht ganz generell, dass ihre Beachtung dem Schädiger sowohl technisch möglich als wirtschaftlich zumutbar sein muss,[23] also nicht in Betracht kommt, wenn sie mit Kosten verbunden wäre, die zu dem möglichen Schaden oder der Wahrscheinlichkeit seines Eintritts in keinem Verhältnis stehen. Je größer der drohende Schaden, desto geringer muss freilich die Wahrscheinlichkeit seiner Verwirklichung sein, um eine Sorgfaltspflicht zu begründen.[24] Ferner darf die Gefahr, deren Verwirklichung es zu verhindern gilt, nicht nur abstrakt sein, weil absolute Sicherheit ohnehin nicht zu gewährleisten ist und der Versuch, sie zu erreichen, den Einzelnen überforderte. Er muss daher nur für die Realisierung erkennbarer Gefahren einstehen, die so naheliegen, dass ein vorsichtiger und gewissenhafter Angehöriger seines Verkehrskreises Maßnahmen ergreifen würde.[25]

Aus der **Sicht** des **Geschädigten** bedeutet die Anknüpfung an das erwartungsgerechte Verhalten des Schädigers, dass er nur auf diejenige Sorgfalt des Schädigers zählen kann, auf die jemand **vertrauen** darf, der mit der maßgeblichen Gefahrenquelle in Kontakt kommt.[26] Dementsprechend bestehen bei neuen Sachen höhere **528**

---

[19] Dementsprechend sind sie entgegen Soergel/*Krause* § 823 Anhang II Rn. 6 auch nicht etwa das Ergebnis einer richterrechtlichen Rechtsfortbildung.

[20] Daher bedeutet Verkehrspflichtverletzung entgegen *Kötz/Wagner*, Deliktsrecht, Rn. 127 nicht Fahrlässigkeit.

[21] Richtig MünchKomm/*Wagner* § 823 BGB Rn. 59, 233. Anders etwa *Larenz/Canaris*, Schuldrecht BT 2, S. 401, *Medicus/Lorenz*, Schuldrecht BT, Rn. 1243 f., Erman/*Schiemann* § 823 Rn. 77 f., Bamberger/Roth/*Spindler* § 823 Rn. 23, die die Verkehrspflichten für ein Kriterium bei der Beurteilung einer mittelbaren Verletzung halten.

[22] MünchKomm/*Wagner* § 823 BGB Rn. 233. Anders *v. Bar*, Verkehrspflichten, Köln u. a. 1980, S. 103 ff., 157 ff., der in den Verkehrspflichten einerseits Elemente der Gefährdungshaftung in das herkömmliche Deliktsrecht transportiert, andererseits Schutzgesetze im Sinne von § 823 Abs. 2 BGB sieht. Zumindest im ersten Punkt stimmt ihm *Brüggemeier*, Deliktsrecht, Rn. 505 zu. Gegen die Anerkennung der Verkehrs- als Schutzpflichten wenden sich zu Recht *Larenz/Canaris*, Schuldrecht BT 2, S. 405 und Staudinger/*Hager* (2009) § 823 Rn. E 5 ff.

[23] BGH, NJW 2006, 610, 611; 2007, 762, 763.

[24] BGH, NJW 2006, 610, 612; 2007, 1683, 1685.

[25] BGH, NJW 2007, 762, 763; 2008, 3775, 3776.

[26] BGH, NJW 2002, 1263, 1264.

Sorgfaltsanforderungen als bei alten, weil der Geschädigte hier damit rechnen muss, dass sie nicht dieselbe Sicherheitsgewähr wie neue Sachen bieten. Und auch der Preis einer Sache kann oberhalb eines gewissen Mindeststandards Indikator für die von ihr zu erwartende Sicherheit sein.[27] Der Erwartungshorizont kann ferner durch besondere Ankündigungen des Schädigers gegenüber dem Geschädigten geprägt sein[28] und wird ohne solche in aller Regel durch technische Normen wie die DIN und Unfallverhütungsvorschriften bestimmt. Diese sind zwar für den Richter nicht bindend, geben aber im Zweifel[29] den Stand der Technik wieder, dessen Einhaltung von den betroffenen Verkehrskreisen als selbstverständlich unterstellt wird.[30] Eine öffentlich-rechtliche Genehmigung ist, sofern sie nicht ausnahmsweise auch privatrechtsgestaltend wirkt,[31] für die deliktsrechtliche Beurteilung nicht vorgreiflich, weil sie andere Zwecke als den Schutz des Vertrauens der potentiellen Schadensopfer verfolgt und den Schädiger nicht von der eigenverantwortlichen Prüfung einer selbst geschaffenen Gefahrenquelle entlastet.[32] Konkurriert diese wie insbesondere im Straßenverkehr mit einem vom Geschädigten selbst ausgehenden Risiko, gilt in Umkehrung des Vertrauensprinzips der Grundsatz,[33] dass der Schädiger, den man am Maßstab verkehrsrichtigen Verhaltens misst, dieses auch von den anderen Personen erwarten kann[34]. Man braucht daher grundsätzlich nicht auf Gefahren Rücksicht zu nehmen, die erst dadurch entstehen, dass sich ein anderer verkehrswidrig verhält. Liegt dieses aber ausnahmsweise sehr nahe, muss man sich sogar auf vorsätzliche Handlungen Dritter einstellen und von vornherein entsprechende Abwehrmaßnahmen treffen.[35] Dies gilt insbesondere, wenn es um das Fehlverhalten von Kindern geht, die nicht in der Lage sind, die sich aus dem eigenen Verhalten ergebenden Gefahren zu erkennen.[36]

529 Besondere Sorgfaltspflichten zur Abschirmung von Gefahren können sich einerseits aus der Nähe zu einer Risikoquelle, andererseits aus der Nähe zu demjenigen ergeben, der hierdurch gefährdet ist.[37] In beiden Fällen entscheidet nicht das rechtliche Verhältnis zu Gefahr oder Gefährdetem, sondern die tatsächliche Beziehung, die in dem Gefährdeten das berechtigte Vertrauen weckt, das Risiko werde von dem Schädiger beseitigt oder zumindest reduziert. Dementsprechend kann man eine be-

---

[27] Richtig MünchKomm/Wagner § 823 BGB Rn. 623.

[28] BGH, NJW 2006, 2918 f.

[29] *Marburger*, Die Regeln der Technik im Recht, Köln u. a. 1979, S. 462 ff. will sie zur Grundlage einer regelrechten Vermutung machen, die aber widerleglich ist.

[30] BGH, NJW 2001, 2019, 2020; 2004, 1449, 1450.

[31] Hierzu *G. Wagner*, Öffentlich-rechtliche Genehmigung und zivilrechtliche Rechtswidrigkeit, Köln u. a. 1989, S. 100 ff.

[32] BGH, NJW 1994, 2232, 2233.

[33] Dass er allgemein und nicht nur im Straßenverkehrsrecht gilt, nimmt auch MünchKomm/*Wagner* § 823 BGB Rn. 261 an.

[34] BGH, NJW 2003, 1929, 1930 f.

[35] BGH, NJW 1990, 1236, 1237.

[36] BGH, NJW 1997, 582, 583.

[37] Richtig MünchKomm/*Wagner* § 823 BGB Rn. 235, der auch in diesem Punkt den Anschluss an die strafrechtliche Theorie sucht und von Überwacher- und Beschützergarant spricht. Ebenso Soergel/*Krause* § 823 Anhang II Rn. 19.

sondere Fürsorgepflicht kraft der **Nähe** zu einer gefährdeten **Person** nicht nur bei einer familienrechtlich typisierten Beziehung, sondern schon dann annehmen, wenn Schädiger und Geschädigter etwa aufgrund einer Lebensgemeinschaft sozial eng verbunden sind.[38] Und auch den Träger eines Heilberufs, insbesondere einen Arzt, trifft eine spezielle Fürsorgepflicht nicht erst aufgrund wirksamen Vertrags mit einem Patienten. Ist er auch nicht schon ohne Weiteres kraft seiner beruflichen Stellung verpflicht, so doch, sobald er es im Einzelfall tatsächlich übernommen hat, einer anderen Person beizustehen[39] und diese deshalb auf seine Fürsorge vertrauen darf. Die Sorgfaltspflichten, denen ein Arzt gehorchen muss, unterscheiden sich dabei in ihrer Art keineswegs von denen anderer Fürsorgepflichtiger, wegen der Zugehörigkeit zu dem Verkehrskreis eines bestimmten Berufs gehen sie in ihrem Maß aber zwangsläufig über das hinaus, was man von einem Laien mit einer gleichartigen Fürsorgepflicht erwarten darf.[40]

Die Sorgfaltspflichten, die durch die **Nähe** zu einer besonderen **Gefahrenquelle** **530** entstehen, ergeben sich vor allem aus der Eröffnung eines Verkehrs auf Grundstücken oder mit gefährlichen beweglichen Sachen. Es gilt der Grundsatz, dass jeder, der eine wie auch immer geartete Gefahrenlage schafft, grundsätzlich verpflichtet ist, die notwendigen und zumutbaren Vorkehrungen zu treffen, um eine Schädigung anderer möglichst zu verhindern.[41] Die hieran geknüpfte Haftung ist zwar an die Existenz eines vom Schädiger geschaffenen Risikos gebunden, von der Gefährdungshaftung aber wohl zu unterscheiden;[42] denn Anknüpfungspunkt der Schadensersatzpflicht ist nicht die Gefahr als solche, sondern der Verstoß gegen eine bestimmte Sorgfaltspflicht, die sich aus dem Vorhandensein der Gefahrenquelle für denjenigen ergibt, der sie begründet oder unterhält.[43] Auf die Einhaltung der Pflicht dürfen sich im Fall der Verkehrseröffnung freilich nur diejenigen verlassen, denen gegenüber der Verkehr auch eröffnet ist, nicht auch Unbefugte, die mit der Gefahrenquelle in Kontakt geraten, ohne hierzu ermuntert worden zu sein.[44] Gegenüber deren Erwartungen ist wiederum das Vertrauen des Inhabers der Gefahrenquelle schutzwürdiger, sofern er nicht wie bei Kindern mit einem Fehlverhalten zu rechnen hat.

Sowohl die durch Nähe zu einer Person als auch die durch Zuständigkeit für eine **531** Gefahrenquelle begründete Sorgfaltspflicht kann von ihrem Träger auf einen Dritten übertragen werden, der dann selbst zu Sorgfalt und Schadensersatz verpflichtet ist. Hierbei ist wiederum nicht die Wirksamkeit des entsprechenden Ver-

---

38 MünchKomm/*Wagner* § 823 BGB Rn. 252.

39 MünchKomm/*Wagner* § 823 BGB Rn. 249, Soergel/*Krause* § 823 Anhang II Rn. 25.

40 MünchKomm/*Wagner* § 823 BGB Rn. 257.

41 BGH, NJW 2006, 610, 611; 2007, 762, 763.

42 Anders *v. Bar* a. a. O. (Fn. 22).

43 Im Ergebnis ebenso MünchKomm/*Wagner* § 823 BGB Rn. 241, der aber von der vorgelagerten Pflicht ausgeht, keine Gefahrenquellen zu schaffen.

44 BGH, NJW 1985, 1078. Anders MünchKomm/*Wagner* § 823 BGB Rn. 273, Staudinger/Hager § 823 Rn. E 52 und Palandt/*Sprau* § 823 Rn. 47, die den Verkehrspflichtigen dann haften lassen wollen, wenn auch ein rechtmäßiger Besucher hätte verletzt worden sein können und der Schaden nur zufällig einen Unbefugten getroffen hat.

trags, sondern allein die tatsächliche **Übernahme** der **Pflichtenstellung** entscheidend, sofern der Primärpflichtige auf die Einhaltung der Sorgfaltspflicht durch den Übernehmer vertrauen darf. Für diesen entsteht dann eine neue, eigenständige Sorgfaltspflicht[45]; und der Primärpflichtige ist deliktsrechtlich nur noch für die mangelhafte Auswahl[46] oder die unzureichende Kontrolle des Übernehmers[47] haftbar. Dass er anders, als § 278 BGB dies für die vertraglich oder durch geschäftlichen Kontakt begründete Schadensersatzpflicht anordnet, nicht auch für das eigene Fehlverhalten des Übernehmers einzustehen hat, liegt am abweichenden Begründungsmodus der deliktischen Sorgfaltspflichten:[48] Entstehen sie schon beim Primärpflichtigen vor allem durch tatsächliche Begründung einer Überwacher- oder Fürsorgeposition, kann es auch für ihre Übernahme nur darauf ankommen, wer sie real innehat: Während der Primärpflichtige sie bis auf die von ihm zu erwartende Auswahl und Kontrolle des Übernehmers abgegeben hat, nimmt dieser sie nun in einer Weise ein, dass der Verkehr mit der Einhaltung der eigentlichen Sorgfaltspflicht durch ihn rechnen darf. Dementsprechend kann auch der Primärpflichtige den Übernehmer in Anspruch nehmen, wenn er selbst durch Vernachlässigung der vom Übernehmer zu erwartenden Sorgfalt zu Schaden kommt.[49] Ist die Pflicht nicht von einem Selbständigen übernommen, sondern durch Personen zu wahren, die sich wie insbesondere Arbeitnehmer im Organisationsbereich des Primärpflichtigen befinden, greift freilich die Arbeitnehmerhaftung analog § 31 BGB[50] ein. Zudem kommt der Geschädigte wegen seines mangelnden Einblicks in die Organisationssphäre des Schädigers nach der Rechtsprechung in Genuss einer Beweislastumkehr, die den Primärpflichtigen zum Nachweis zwingt, dass in seinem Bereich keine Pflichtverletzung vorgekommen ist.[51] Anknüpfungspunkt dieser Beweislastumkehr sind allein die objektive Verkehrswidrigkeit der schadenträchtigen Sache und die Zuordnung dieses Mangels zum Organisationsbereich des Primärpflichtigen, die die Vermutung einer ihm zurechenbaren Pflichtverletzung tragen.

bb) Rechtswidrigkeit und Verschulden

532 Ein pflichtwidriges Verhalten ist in aller Regel auch **widerrechtlich** im Sinne von § 823 Abs. 1 BGB und nur ausnahmsweise dann nicht rechtswidrig, wenn sich der Schädiger auf einen der anerkannten Rechtfertigungsgründe berufen kann. Hierzu gehören die Notwehr, die nach § 227 BGB in der Verteidigung gegen einen gegenwärtigen, rechtswidrigen Angriff besteht, sowie der Notstand gemäß § 228 BGB, bei dem der Schädiger tätig wird, um eine Gefahr abzuwenden, die nicht außer Ver-

---

45 BGH, NJW 2008, 1440, 1441.

46 BGH, NJW 2006, 3628, 3629.

47 BGH, NJW 2008, 1440, 1441.

48 Mit einem bloßen Gegenschluss aus § 831 BGB begnügt sich dagegen BGH, NJW 1952, 418, 419. Auch *Larenz/Canaris*, Schuldrecht BT 2, S. 420 und Soergel/*Krause* § 823 Anhang II Rn. 56 nehmen diese Vorschrift zum Ausgangspunkt, um in der Anwendung von § 278 BGB einen Wertungswiderspruch zu sehen. § 831 BGB ist aber mittlerweile durch Rechtsfortbildung außer Kraft gesetzt; s. u. Rn. 560 f.

49 BGH, NJW-RR 1989, 394, 395.

50 S. u. Rn. 561 f.

51 BGH, NJW 1992, 1039, 1040 f.

hältnis zu dem angerichteten Schaden steht. Besondere Bedeutung hat der ungeschriebene Rechtfertigungsgrund der Einwilligung des Verletzten erlangt. Nach Ansicht der Rechtsprechung schließt erst er die Haftung eines Arztes aus, der einen Eingriff in Körper oder Gesundheit seines Patienten vornimmt.[52] Diese Lösung stößt nicht wegen ihrer praktischen Konsequenzen und auch weniger deshalb auf Bedenken, weil die Heilbehandlung so vermeintlich inkriminiert wird. Sie ist aber systemwidrig, weil sie auf dem obsoleten Konzept der Erfolgshaftung aufbaut und den bloßen Eingriff als Rechtsverletzung gelten lässt, während dieser doch gar nicht sorgfaltswidrig sein muss und im absoluten Regelfall in Erfüllung einer Sorgfaltspflicht gegenüber dem Patienten erfolgt. Diese gestattet zwar keine Eingriffe gegen den Willen des Patienten, schließt sie vielmher aus, auch wenn sie medizinisch geboten sind. Ist der Patient mit der Behandlung einverstanden, hat der Arzt, der sie *lege artis* vornimmt, aber keinerlei Sorgfaltspflicht verletzt. Allerdings fällt ihm der Nachweis der für eine wirksame Einwilligung erforderlichen Aufklärung erheblich leichter als dem Patienten der Beweis eines Aufklärungsfehlers; diesem Umstand kann man jedoch auch ohne Verortung der Einwilligung beim Merkmal der Rechtswidrigkeit schlicht durch eine Umkehrung der Beweislast aus tatsächlichen Gründen Rechnung tragen.[53] Eliminiert man den pflichtgemäßen Heileingriff daher aus dem Kreis der erst durch Einwilligung des Geschädigten zu rechtfertigenden Rechtsverletzungen, bleiben hierfür nicht mehr viele Anwendungsfälle übrig, zumal die bloße Selbstgefährdung des Geschädigten nur im Rahmen der Rücksicht auf sein Mitverschulden eine Rolle spielt[54].

Nimmt der Schädiger zu Unrecht an, sein Verhalten sei durch einen Rechtferti- **533**
gungsgrund gedeckt, schließt dies nicht die Rechtswidrigkeit seiner Tat aus, kann aber ebenso wie ein anderer Tatsachen- oder Rechtsirrtum den durch die Pflichtverletzung indizierten Vorwurf des **Verschuldens** beseitigen.[55] Dabei lässt eine Fehlvorstellung über die Pflicht- oder Rechtswidrigkeit der Tat in aller Regel seinen Vorsatz entfallen; der Haftung wegen Fahrlässigkeit entgeht er freilich nur in dem seltenen Ausnahmefall, dass der Irrtum unvermeidlich war.[56] Im Übrigen kann sich der Schädiger zur Beseitigung des Schuldvorwurfs noch gemäß § 827 BGB darauf berufen, dass er die Tat in einem seine freie Willensbestimmung ausschließenden Zustand krankhafter Störung der Geistestätigkeit begangen hat. Im Fall einer Berauschung durch Alkohol oder andere Drogen kann er der Haftung für Fahrlässigkeit so aber nur entgehen, wenn er ohne eigenes Verschulden in den Rauschzustand geraten ist[57].[58] Ist die Steuerungsfähigkeit des Schädigers durch die Störung seiner Geistes-

[52] BGH, NJW 2006, 2108.

[53] Richtig *Larenz/Canaris*, Schuldrecht BT 2, S. 384.

[54] BGH, NJW-RR 2006, 813, 814 f.

[55] BGH, NJW-RR 2007, 310, 311.

[56] Vgl. *Harke*, Allgemeines Schuldrecht, Rn. 182.

[57] Voraussetzung ist natürlich, dass die Rauschtat pflicht- und rechtswidrig ist und ohne den Rausch ohne Weiteres zum Schadensersatz verpflichtet hätte; vgl. MünchKomm/*Wagner* § 827 BGB Rn. 11.

[58] Die Bestimmung des § 827 S. 2 BGB macht die im Strafrecht gebräuchliche und auch bei der Deliktshaftung denkbare Figur der *actio libera in causa* (vgl. BGH, NJW 1989, 1612, 1613)

tätigkeit nicht aufgehoben, sondern nur eingeschränkt, bleibt er für den Schaden in vollem Umfang und nicht etwa nur in Höhe einer Quote verantwortlich.

534 Für eine Alles-oder-nichts-Lösung hat sich der Gesetzgeber auch bei der Haftung **Minderjähriger** entschieden, die nach § 828 Abs. 1 BGB bis zum siebten Lebensjahr gar nicht, danach gemäß Abs. 3 der Vorschrift voll haftbar sind, wenn sie bei Begehung der Tat die zur Erkenntnis ihrer Verantwortlichkeit erforderliche Einsicht haben.[59] Der BGH bezieht diese Einsichtsfähigkeit allein auf die Gefährlichkeit der Tat und sieht die Steuerungsfähigkeit des kindlichen oder jugendlichen Täters als eine hiervon getrennte Frage seiner Fahrlässigkeit an, für die wie sonst auch kein individueller, sondern der allgemeine Maßstab gilt, nach dem alle Täter gleichen Alters beurteilt werden.[60] Diese objektive Abgrenzung ist anders als bei der Beurteilung des Verhaltens eines erwachsenen Täters fehl am Platz und zwingt zuweilen zu der Anerkennung eines außergesetzlichen Entschuldigungsgrundes, wenn ein Kind oder Jugendlicher individuell nicht die seines Entwicklungsstandes entsprechende Verstandesreife hat[61]. Einfacher und gesetzesnäher ist es, § 828 Abs. 3 BGB auch auf die Steuerungsfähigkeit des Minderjährigen zu beziehen, die man durchaus als Teil seiner Einsichtsfähigkeit ansehen kann.[62] Auch wenn der Schädiger danach für seine Tat verantwortlich ist, scheidet seine Haftung gemäß § 828 Abs. 2 BGB doch aus, wenn er hierbei noch nicht zehn Jahre alt gewesen ist, nicht vorsätzlich gehandelt hat und der Schaden durch einen Unfall mit einem Kraftfahrzeug oder einer Schienenbahn entstanden ist. Dieses Haftungsprivileg, das außer der eigenen Schadensersatzpflicht auch und vor allem die Zurechnung von Mitverschulden gemäß § 254 BGB ausschließt, dient der Rücksicht auf die Überforderung von Kindern durch die Gefahren des motorisierten Verkehrs. Es kann daher nicht zur Anwendung kommen, wenn wie etwa bei der Beschädigung parkender Fahrzeuge durch ein Kind keine verkehrsbezogene Schädigungssituation vorliegt.[63]

535 Über den Mangel des Verschuldens gemäß §§ 827 f. BGB hilft in Ausnahmefällen § 829 BGB hinweg. Er schreibt die Schadloshaltung des Geschädigten durch

---

weitgehend entbehrlich. Sie begründet eine Verantwortlichkeit, wenn dem Schädiger außer dem Verschulden bei der Einnahme der Drogen auch noch Vorsatz zur Begehung der Rauschtat oder die fahrlässige Verkennung der Gefahr ihrer Begehung vorgeworfen werden kann. Relevanz hat dies für die zivilrechtliche Deliktshaftung nur dann, wenn die Haftung für Fahrlässigkeit ausgeschlossen ist, der Täter sich aber vorsätzlich und mit Vorsatz zur Begehung der Tat berauscht hat.

59 Anders als die unbeschränkte Verpflichtung von Kindern durch Rechtsgeschäft (vgl. BVerfG, NJW 1986, 1859 ff.), der jetzt § 1629a BGB wehrt, ist die unbegrenzte deliktische Haftung von Kindern und Jugendlichen nicht verfassungswidrig, zumal dem Schädiger ja die Möglichkeit einer Restschuldbefreiung durch Insolvenzverfahren offensteht; vgl. MünchKomm/*Wagner* § 828 BGB Rn. 15 f., Staudinger/*Oechsler* (2009) § 827 Rn. 9.

60 BGH, NJW 2005, 354, 355 f.

61 Vgl. BGH, NJW 1963, 1609, 1610.

62 Für einen subjektiven Maßstab bei der Anwendung von § 828 Abs. 3 BGB auch Soergel/*Spickhoff* § 828 Rn. 15; für eine Ausrichtung auf die konkrete Gefahr Staudinger/*Oechsler* (2009) § 828 Rn. 27 ff.

63 BGH, NJW 2005, 354, 355; 2008, 147 f. Die Beweislast für die Voraussetzungen dieser teleologischen Reduktion trägt allerdings der Geschädigte; vgl. BGH, NJW 2009, 3231, 3232.

den schuldlosen Schädiger vor, soweit sie der **Billigkeit** entspricht und dem Schädiger nicht die Mittel zum angemessenen eigenen und dem von ihm kraft Gesetzes geschuldeten Unterhalt anderer entzogen werden. Billig ist die Entschädigung, wie sich schon dem gesetzlichen Hinweis auf die „Verhältnisse der Beteiligten" entnehmen lässt, in erster Linie, wenn der Schädiger dem Geschädigten in wirtschaftlicher Hinsicht derart überlegen ist, dass er den Schaden leichter als dieser absorbieren kann. Die ihm deshalb auferlegte Haftung hat distributiven Charakter, unterscheidet sich aber gerade hierdurch von der Gefährdungshaftung,[64] die an ein riskantes Verhalten anknüpft, das dem Schädiger anders als bei § 829 BGB normalerweise zurechenbar ist.[65] Genießt der Schädiger den Schutz einer Haftpflichtversicherung, bejaht die Rechtsprechung eine Billigkeitshaftung aus diesem Grund nur im Fall einer Pflichtversicherung, die auf den Schutz des Geschädigten ausgerichtet ist. Anders soll es sich bei einer freiwilligen Versicherung verhalten, die nur über die Höhe der Haftung entscheiden könne, weil sie den Schädiger vor seiner Haftung schützen und sie nicht begründen solle.[66] Diese Differenzierung ist unrichtig; denn die mit der Beitragsleistung des Schädigers erkaufte Versicherung darf nicht anders behandelt werden als ein von ihm aufgebautes Barvermögen, mit dem der Schädiger sich gewissermaßen eigenversichert;[67] und der Versicherungsschutz existiert als Bestandteil des Schädigervermögens schon vor dem Eintritt des Versicherungsfalls, so dass dessen Begründung durch eine Haftung nach § 829 BGB nicht etwa erst die Vermögenslage schafft, die ihr selbst die Grundlage gibt[68]. Die Rücksicht auf eine freiwillige Haftpflichtversicherung entspricht zudem dem Zweck der Bestimmung, den Schaden demjenigen zuzuweisen, der ihn am leichtesten tragen kann.[69] Diesem Verteilungsziel entsprechend muss zulasten des Geschädigten freilich auch eine von diesem abgeschlossene Schadensversicherung ins Gewicht fallen;[70] und die „natürliche Schuld"[71] des schuldunfähigen Schädigers kann nicht zur Begründung seiner Billigkeitshaftung, sondern allenfalls als Korrektiv dienen, in-

---

64 Anders *Larenz/Canaris*, Schuldrecht BT 2, S. 653, die eine gewisse Nähe zu ihr erkennen. Kritisch zum Vergleich mit der Gefährdungshaftung auch MünchKomm/*Wagner* § 829 BGB Rn. 1, Soergel/*Spickhoff* § 829 Rn. 2 und Staudinger/*Oechsler* (2009) § 829 Rn. 16.

65 Vgl. *Harke*, Allgemeines Schuldrecht, Rn. 267.

66 BGH, NJW 1995, 452, 453 f. Auch bei der Höhe der Haftung will die private Haftpflichtversicherung dagegen Staudinger/*Oechsler* (2009) § 829 Rn. 51 f. unberücksichtigt lassen.

67 *E. Lorenz*, Einfluß der Haftpflichtversicherung auf die Billigkeitshaftung nach § 829 BGB, in: Beuthien u. a. (Hg.), Festschrift für Medicus, Köln u. a. 1999, S. 353, 362 f., MünchKomm/*Wagner* § 829 BGB Rn. 20 (vgl. auch *Kötz/Wagner*, Deliktsrecht, Rn. 358).

68 Es liegt also entgegen Bamberger/Roth/*Spindler* § 829 Rn. 8 gerade kein Zirkelschluss vor.

69 *E. Lorenz* (Fn. 306), S. 363 ff., MünchKomm/*Wagner* § 829 BGB Rn. 20. Vorsichtiger Soergel/*Spickhoff* § 829 Rn. 20 und Erman/*Schiemann* § 823 Rn. 5.

70 Anders MünchKomm/*Wagner* § 829 BGB Rn. 22, der sie nur zugunsten des nicht haftpflichtversicherten Schädigers berücksichtigen will; die Schadensversicherung vermehrt jedoch in gleicher Weise das Vermögen des Geschädigten wie die Haftpflichtversicherung das des Schädigers. Anders verhält es sich mit der Sozialversicherung und der Versicherung durch Entgeltfortzahlung des Arbeitgebers (s. o. Rn. 284 ff.), die nicht dazu dienen, das Vermögen des Versicherten oder Arbeitnehmers zu steigern, sondern ihn (im öffentlichen Interesse) vor dem Verlust seiner Lebensstellung bewahren sollen.

71 Für ihre Berücksichtigung BGH, NJW 1969, 1762.

dem sie die Haftung des wirtschaftlich überlegenen Schädigers wegen des geringen Gewichts seines Fehlverhaltens ausschließt. Dass dieses objektiv pflichtwidrig sein muss,[72] ergibt sich schon daraus, dass § 829 BGB an den Haftungstatbestand des § 823 BGB anknüpft und nur eine Ausnahme für das infolge mangelnder Schuldfähigkeit fehlende Verschulden des Schädigers macht. Wegen ihres distributiven Charakters bleibt die Billigkeitshaftung nach § 829 BGB auf das Deliktsrecht beschränkt und lässt sich nicht auf das Vertragsrecht übertragen. Sie kommt aber durchaus zum Zuge, wenn eine mit der deliktischen Schadensersatzpflicht konkurrierende Vertragshaftung an den von § 276 Abs. 1 S. 2 BGB in Bezug genommenen §§ 827 f. BGB scheitert.[73]

cc) Tätermehrheit

536 Konnte ein Geschädigter, der zum Opfer mehrerer Schädiger geworden war, nach römischem Recht die Bußzahlung noch kumulativ, also von allen Schädigern jeweils in voller Höhe und ohne Rücksicht auf die Leistung der anderen, verlangen, haften sie nach der Entpönalisierung des Haftungsrechts[74] heute nur noch als Gesamtschuldner. Auch dies setzt nach § 840 Abs. 1 BGB aber voraus, dass die Schädiger jeweils einzeln für den gesamten Schaden verantwortlich sind. Lässt sich ein Anteil ausmachen, zu dem ein Schädiger den Nachteil des Geschädigten allein verursacht hat, ist er ihm auch nur zu diesem Anteil verpflichtet. Eine gemeinsame Verantwortlichkeit für den ganzen Schaden, der die Gesamtschuldnerschaft begründet, entsteht nur durch seine volle Zurechnung an alle beteiligten Schädiger. Sie können ihre Delikte unabhängig voneinander als **Nebentäter** in der Weise begangen haben, dass ihnen der Schaden trotz der Mitwirkung des jeweils anderen deshalb voll zurechenbar ist, weil die von ihnen verletzte Sorgfaltspflicht auch dem Schutz vor der Schädigung durch Dritte dient. Sie können aber auch, ohne dass sich ihrem Verhalten, für sich genommen, der gesamte Schaden zuordnen ließe, deshalb für ihn haftbar sein, weil sie als **Mittäter** gehandelt haben oder sich an der Tat eines anderen beteiligt haben.[75] Der Grund für die Zurechnung des vollen Schadens ist auch in diesem Fall anders als im Strafrecht nicht etwa präventiver Natur und darin zu suchen, dass die Tatbegehung in Arbeitsteilung oder durch einen anderen eine erhöhte Gefährlichkeit aufweist und der Mittäter oder **Teilnehmer** nicht von der Einschaltung anderer profitieren dürfen[76]. Statt dessen lässt sich die Gesamtschuld von Mittätern oder Teilnehmern ohne Weiteres wie bei Nebentätern auf die verletzte Sorgfaltspflicht zurückführen, die im Fall einer arbeitsteiligen Tatbegehung auch vor den Folgen des Handelns der anderen Täter oder Teilnehmer

[72] Und nicht etwa nur „hypothetisch“, wie MünchKomm/*Wagner* § 829 BGB Rn. 7, Soergel/*Spickhoff* § 829 Rn. 9 meinen.

[73] MünchKomm/*Wagner* § 829 BGB Rn. 6, Soergel/*Spickhoff* § 829 Rn. 6.

[74] Vgl. *Harke*, Allgemeines Schuldrecht, Rn. 269 f.

[75] Für eine Ausdehnung der Deliktshaftung auf mittelbare Handlungsstörer, die auch einem Abwehranspruch nach § 1004 BGB ausgesetzt sind, tritt *Ahrens*, Störerhaftung als Beteiligungsform im Deliktsrecht, in: Heldrich u. a. (Hg.), Festschrift für Canaris, München 2007, Bd. 1, S. 3, 6 ff. ein.

[76] So aber MünchKomm/*Wagner* § 830 BGB Rn. 5 f.

schützt. Im Unterschied zum Strafrecht, nach dessen Kriterien sich grundsätzlich auch die Bestimmung von Täterschaft und Teilnahme richtet, ist bei der Deliktshaftung zudem eine Unterscheidung zwischen beiden Begehungsformen entbehrlich, weil § 830 Abs. 2 BGB die Beteiligung der in Abs. 1 S. 1 der Vorschrift geregelten Mittäterschaft gleichstellt.[77] Da dies unterschiedslos für Anstiftung und Beihilfe gilt, ist auch eine Differenzierung zwischen diesen beiden Beteiligungsformen und insbesondere die bei der Anstiftung erforderliche Feststellung ihrer Kausalität für die Haupttat entbehrlich; denn Beihilfe liegt schon bei einer bloß psychischen Förderung der Haupttat vor,[78] die hierfür nicht ursächlich geworden sein muss[79]. Wie im Strafrecht ist eine Beteiligung aber nur bei Vorsatztaten, nicht auch bei Fahrlässigkeitsdelikten denkbar, die nur in Nebentäterschaft begangen werden können.[80]

§ 830 Abs. 1 S. 2 BGB erweitert den Kreis der in Gesamtschuldnerschaft haften- 537
den Täter auf den Fall einer Ungewissheit über den Anteil oder die Urheberschaft mehrerer möglicher Schädiger.[81] Damit sich diese nicht dadurch entlasten können, dass sie auf die denkbare Alleinverursachung des Schadens durch den anderen verweisen,[82] haften sie wie Mittäter gemeinsam in vollem Umfang. Entgegen der Ansicht des BGH normiert § 830 Abs. 1 S. 2 BGB aber keine eigene Anspruchsgrundlage,[83] deren Voraussetzung die Unaufklärbarkeit des Kausalverlaufs ist. Vielmehr reduziert die Bestimmung nur die Beweisanforderungen an den Geschädigten, der seiner Darlegungs- und Beweislast schon Genüge tut, wenn er sich auf die Ungewissheit von Urheberschaft oder Anteil der Schädiger beruft. Diesen steht dann zu ihrer Entlastung noch der Nachweis offen, dass sie für den Schaden überhaupt nicht oder nur zu einem geringen Anteil verantwortlich sind.[84] Die Beweiserleichterung für den Geschädigten kommt aber von vornherein nur in Betracht, wenn das anspruchsbegründende Verhalten der **Alternativtäter** feststeht, der Geschädigte also dargetan hat, dass alle Täter pflichtwidrig gehandelt haben und ihr Verhalten zur Verursachung des vollen Schadens geeignet[85] war.[86] Darüber hinaus muss der Geschädigte nachweisen, dass mindestens einer der Täter in vollem Umfang für den

---

[77] BGH, NJW 1998, 377, 381 f.; 2004, 3423, 3425

[78] BGH, NJW 1998, 377, 382; 2004, 3423, 3425.

[79] MünchKomm/*Wagner* § 830 BGB Rn. 18, Soergel/*Spickhoff* § 827 Rn. 8. Anders Staudinger/*Eberl-Borges* (2007) § 830 Rn. 43 und AnwK/*Katzenmeier* § 830 Rn. 9.

[80] Staudinger/*Eberl-Borges* (2007) § 830 Rn. 46.

[81] Eine entsprechende Bestimmung enthält auch der Entwurf eines Gemeinsamen Referenzrahmens; vgl. Art. VI. – 4:103 DCFR.

[82] So präzisieren die gewöhnlich aus der Sicht des Geschädigten formulierte *ratio* der Vorschrift richtig *Larenz/Canaris*, Schuldrecht BT 2, S. 578, die hieraus allerdings zu Unrecht auf eine Quotenhaftung des Schädigers bei möglicher Eigenverursachung durch den Geschädigten schließen; hiergegen zu Recht Bamberger/Roth/*Spindler* § 830 Rn. 18.

[83] Vgl. BGH, NJW 1979, 544.

[84] *Larenz/Canaris*, Schuldrecht BT 2, S. 572, MünchKomm/*Wagner* § 830 BGB Rn. 30 f., 48, Soergel/*Spickhoff* § 830 Rn. 16.

[85] BGH, NJW 1996, 3205, 3207; 2006, 2399.

[86] Für das Erfordernis einer konkreten Eignung oder hohen Wahrscheinlichkeit der Schadensverursachung *Larenz/Canaris*, Schuldrecht BT 2, S. 574 ff.

Schaden verantwortlich und nur seine Identität ungeklärt ist[87].[88] Lässt sich nicht ausschließen, dass der Geschädigte den Schaden insgesamt selbst verursacht hat, kommt ihm die Beweiserleichterung des § 830 Abs. 1 S. 2 BGB nicht zugute, weil es an der hierfür erforderlichen Gewissheit fehlt, dass der Geschädigte überhaupt einen Schadensersatzanspruch hat.[89] Entsprechendes gilt, wenn die Möglichkeit besteht, dass ein Dritttäter für den Schaden zur Gänze haftbar ist,[90] weil dann nicht gewährleistet ist, dass der Geschädigte zumindest einen aus der Gruppe der Alternativtäter voll in Anspruch nehmen kann. Ist schließlich die Identität des voll haftenden Schädigers nicht offen, weil feststeht, dass einer aus der Gruppe der Täter den Schaden insgesamt zu ersetzen hat, und lediglich ungewiss ist, ob dies auch für den oder die anderen als Täter gilt, greift das Privileg ebenfalls nicht ein.[91] Denn es soll nur dem Risiko wehren, dass sich die Schädiger allesamt entlasten können, indem ein Alternativtäter auf den anderen verweist.

538 Nimmt man die gesetzlichen Voraussetzungen der Beweiserleichterung ernst, besteht kein Anlass, darüber hinaus mit der älteren Rechtsprechung[92] eine Beteiligung der Alternativtäter an einem örtlich und zeitlich einheitlichen Vorgang zu fordern.[93]

---

[87] BGH, NJW 2001, 2538, 2539.

[88] Hieran scheitert die Anwendung von § 830 Abs. 1 S. 2 BGB in den Fällen von Massenschäden, bei denen den alternativen Tätern eine Mehrheit von Opfern gegenübersteht und offen ist, welcher Täter welches Opfer geschädigt hat. Unter diesen Umständen einen Analogieschluss zu ziehen bedeutete, den einzelnen Schädiger als Gesamtschuldner für Schäden einstehen zu lassen, die er zu einem Teil sicher nicht verursacht haben kann. Denkbar ist daher nur eine anteilige Haftung nach dem Maß der Wahrscheinlichkeit, dass er das individuelle Opfer geschädigt hat. Diese liegt jedoch jenseits dessen, was eine Analogie zu § 830 BGB zu leisten imstande ist; vgl. *Bodewig*, Probleme alternativer Kausalität bei Massenschäden, AcP 185 (1985) 505, 525 ff. und MünchKomm/*Wagner* § 830 Rn. 41, der für eine Anteilshaftung auf der Grundlage von § 287 ZPO eintritt. Anders *J. Hager*, Die Kausalität bei Massenschäden, in: Heldrich u. a. (Hg.), Festschrift für Canaris, München 2007, Bd. 1, S. 403, 412 ff., der die Begründung einer Marktanteilshaftung unter Anwendung von § 830 Abs. 1 S. 2 BGB für möglich hält, wenn die Ansprüche der Opfer in einer Hand gebündelt werden, was durch den Regress der gesetzlichen Krankenversicherung gemäß § 116 SGB X ohnehin häufig vorkommt. Weitergehend *Mehring*, Beteiligung und Rechtswidrigkeit bei § 830 I 2 BGB, Berlin 2003, S. 89 ff. der einen Anspruch des einzelnen Geschädigten befürwortet, welcher in zweifacher Hinsicht gequotelt ist, nämlich einerseits nach dem Anteil, den der Geschädigte an der Verursachung des Gesamtschadens haben kann, andererseits nach dem Verhältnis, in dem der Schaden des einzelnen zu dem Gesamtschaden aller Opfer steht.

[89] BGH, NJW 1973, 993, 994. Anders Soergel/*Krause* § 830 Rn. 22.

[90] MünchKomm/*Wagner* § 830 BGB Rn. 43.

[91] BGH, NJW 1979, 544, 545; 1996, 3205, 3207 f. Anders Soergel/*Spickhoff* § 830 Rn. 25.

[92] Vgl. BGH, NJW 1987, 2810, 2812 (hier schon offen gelassen).

[93] Richtig *Brambring*, Mittäter, Nebentäter, Beteiligte und die Verteilung des Schadens bei Mitverschulden des Geschädigten, Berlin 1973, S. 90 ff., MünchKomm/*Wagner* § 830 BGB Rn. 52, Staudinger/*Eberl-Borges* (2007) § 830 Rn. 103, AnwK/*Katzenmeier* § 830 Rn. 15 und PWW/*Schaub* § 826 Rn. 8. Dagegen halten *Larenz/Canaris*, Schuldrecht BT 2, S. 573 f. das Bemühen der Rechtsprechung um eine Eingrenzung des Tatbestands von § 830 Abs. 1 S. 2 BGB im Ansatz für berechtigt und wollen ihm durch das Kriterium einer hohen Wahrscheinlichkeit der Schadensverursachung Rechnung tragen.

Diese tatsächliche Nähe des Täterverhaltens ist zwar die Regel, wenn sich die Urheberschaft oder der Anteil der einzelnen Täter nicht klären lässt; ihr Fehlen darf aber nicht die Beweisposition des Geschädigten berühren, der vor einer abstrakt beschriebenen Gefahr und keiner konkreten Handlungssituation geschützt werden soll. Ist das dem Geschädigten zugestandene Beweisprivileg eigentlich auch auf die Kausalität beschränkt, erstreckt es sich ausnahmsweise auf die Pflichtwidrigkeit des Täterverhaltens, wenn dieses in tatsächlicher Hinsicht so mit der Ursächlichkeit zusammenfällt, dass mit deren Nachweis auch derjenige des Sorgfaltspflichtverstoßes dargetan ist.[94]

c) Die einzelnen absoluten Rechte

aa) Persönlichkeitsrechte

Von den Rechtsgütern, deren Verletzung den Geschädigten in Person und Persön- 539
lichkeit berührt, nennt § 823 Abs. 1 BGB als Schutzobjekte der deliktischen Haftung nur die körperlichen: das Leben, die Gesundheit, die körperliche Integrität und Freiheit. Ihr Schutz erfolgt freilich nicht losgelöst vom **allgemeinen Persönlichkeitsrecht**, das im Deliktsrecht zwar ungenannt bleibt, nach Art. 1 Abs. 1, 2 Abs. 1 GG jedoch Verfassungsrang hat. Es ist einerseits selbst absolutes Recht im Sinne von § 823 Abs. 1 BGB[95] und schützt als solches sowohl das immaterielle Interesse an der persönlichen Ehre[96] als auch die vermögenswerten Interessen, die der Einzelne an der Darstellung seiner Person hat.[97] Andererseits strahlt es auf das Verständnis der Deliktshaftung für die Verletzung der im BGB aufgeführten körperlichen Güter aus. Dementsprechend kann eine Körperverletzung auch dann vorliegen, wenn der Schädiger wie etwa bei der Beschädigung eingelagerten Spermas in Körperteile eingegriffen hat, die vom Körper getrennt waren. Zwar gehören sie nicht mehr im naturalistischen Sinne zum Körper des Opfers; sie dienen jedoch seiner körperlichen Selbstbestimmung.[98] Ist diese beeinträchtigt, kommt es für die Annahme von Körper- oder Gesundheitsverletzung nicht darauf an, ob die schadensträchtige Einwirkung schon vor der Geburt des Opfers erfolgte, sofern sie sich nur auswirkt, nachdem der Geschädigte geboren und damit gemäß § 1 BGB rechtsfähig geworden ist.[99]

Während die Verletzung des Körpers einen direkten Eingriff in diesen voraus- 540
setzt, kommt die **Gesundheitsverletzung** ohne diesen aus und ist stets gegeben, wenn eine vom Schädiger hervorgerufene Krankheit im medizinischen Sinne vor-

---

[94] MünchKomm/*Wagner* § 830 BGB Rn. 49.

[95] Vgl. *Harke*, Allgemeines Schuldrecht, Rn. 331 f.

[96] So macht es den besonderen Haftungstatbestand der Bestimmung zu einer sexuellen Handlung in § 825 BGB überflüssig. Dieser wurde bislang nicht aus dem Gesetz getilgt, sondern nur geschlechtsneutral umformuliert, weil auch das allgemeine Persönlichkeitsrecht noch keinen Eingang in den Text des BGB gefunden hat und die Streichung einer Vorschrift über den Schutz der sexuellen Selbstbestimmung in der politischen Diskussion unerwünscht ist.

[97] BGH, NJW 2007, 684, 685.

[98] BGH, NJW 1994, 127, 128. Für die Annahme einer bloßen Verletzung des allgemeinen Persönlichkeitsrechts dagegen MünchKomm/*Wagner* § 823 BGB Rn. 69.

[99] BGH, NJW 1972, 1126 f.

liegt.[100] Wird sie körperlich übertragen, reicht schon die bloße Infektion, ohne dass die Krankheit zum Ausbruch gekommen oder auch nur fühlbar sein müsste.[101] Ist die Krankheit psychischer Natur, muss sie pathologisch fassbar[102] und auch nach der Verkehrsauffassung als Gesundheitsverletzung zu betrachten[103] sein, weil andernfalls jede Form von Missstimmung zum Auslöser einer Deliktshaftung werden könnte.[104] Die Rechtsprechung überspannt die Anforderungen an die Feststellung einer Gesundheitsverletzung freilich bei Weitem, wenn sie im Fall der Tötung eines Menschen verlangt, dass die Reaktion der Angehörigen das Maß übersteigen müsse, das mit dem Verlust eines Menschen üblicherweise verbunden ist.[105] Auch wenn es sich in diesem Rahmen hält, kann die Trauer der Angehörigen pathologisch erkennbar sein; und sie gehört auch nach der Verkehrsauffassung keineswegs mehr zu den Beeinträchtigungen, die man sich ohne Weiteres gefallen lassen muss.[106] Beharrt der BGH gleichwohl darauf, dass nur außergewöhnlich große Trauer eine Gesundheitsverletzung darstellt, steht dahinter unausgesprochen das Dogma von der Entschädigungslosigkeit des Todes[107]. Im Gesetz wiederfinden lässt es sich spätestens seit der Verallgemeinerung des Rechts auf Entschädigung für immateriellen Nachteil in § 253 Abs. 2 BGB nicht mehr. Und auch die gebräuchliche Phrase, menschliches Leben entziehe sich der Bewertung, taugt nicht zu seiner Rechtfertigung; denn bei der Entschädigung für erlittene Trauer geht es nicht um die Schätzung des verlorenen Menschenlebens, sondern um die Bewertung des den Angehörigen bereiteten immateriellen Nachteils, der in dem selbst empfundenen Verlust des getöteten Menschens besteht.[108] Dieser lässt sich so schwer und so leicht einschätzen wie jeder andere immaterielle Nachteil, der das Wohlbefinden einer Person betrifft.[109]

---

[100] MünchKomm/*Wagner* § 823 BGB Rn. 73.

[101] BGH, NJW 1991, 1948, 1949; 2005, 2614, 2615.

[102] BGH, NJW 2006, 3268, 3270.

[103] BGH, NJW 1971, 1883, 1884.

[104] Dieses Risiko nimmt der Entwurf eines Gemeinsamen Referenzrahmens in Kauf, indem er den Ersatz des immateriellen Nachteils der Angehörigen des Opfers nur davon abhängig macht, dass zwischen dem Opfer und dem Angehörigen im Zeitpunkt der Verletzung eine besonders enge Beziehung bestand; vgl. Art. VI. – 2:202 Abs. 1 DCFR.

[105] BGH, NJW 1971, 1883, 1884; 1989, 2317, 2318.

[106] Richtig *Larenz/Canaris*, Schuldrecht BT 2, S. 382, die das Erfordernis einer ärztlichen Behandlung für die Annahme der Gesundheitsbeschädigung des Angehörigen eines Opfers genügen lassen. Gegen die Haltung der Rechtsprechung auch Soergel/*Spickhoff* § 823 Rn. 45.

[107] Vgl. BGH, NJW 1998, 2471, 2473.

[108] Richtig MünchKomm/*Wagner* § 844 BGB Rn. 4.

[109] Die Bestimmungen des Deliktsrechts über den Ersatz materieller Schäden aus Personenverletzung bringen keine Änderung gegenüber dem allgemeinen Regime der §§ 249 ff. BGB (vgl. MünchKomm/*Wagner* §§ 842 f. BGB Rn. 2 f., 8): Auch ohne § 842 BGB stünde fest, dass die Haftung wegen Verletzung einer Person sich auf den Schaden erstreckt, den der Geschädigte durch die Reduktion seiner Erwerbsfähigkeit und die damit verbundene Behinderung seiner Karriere erleidet. Und es ist auch ohne § 843 Abs. 1 bis 3 BGB klar, dass die Schadensersatzleistung durch Zahlung einer Geldrente oder in Gestalt einer Kapitalleistung erfolgen kann. Dagegen stellt § 843 Abs. 4 BGB die Unabhängigkeit des Schadensersatzrechts von einem Unterhaltsanspruch des Geschädigten gegen einen Dritten fest und verleiht damit einem allgemeinen Rechtsgedanken für die Bewältigung des Vorteilsausgleichs Ausdruck; vgl. *Harke*, Allgemeines Schuldrecht, Rn. 310 f.

Kein Argument gegen die Sanktion der Tötung durch ein Schmerzensgeld für die Angehörigen[110] bietet die Bestimmung des § 844 BGB, mit der lediglich für den Ersatz des materiellen Schadens der Angehörigen gesorgt wird. Im Gegensatz zu ihrem immateriellen Nachteil können sie diesen nämlich nicht nach allgemeinen Regeln ersetzt verlangen: Da der Geschädigte selbst nicht für seine Beerdigung aufzukommen hat und mit seinem Tod seiner Unterhaltspflicht ledig wird, gereichen ihm selbst weder die Kosten seiner Beerdigung noch der Ausfall der Unterhaltsverpflichtung zum Nachteil. Geschädigt sind allein die zur Beerdigung Verpflichteten und die Unterhaltsberechtigten, die jedoch ihrerseits nach § 823 Abs. 1 BGB keinen Anspruch haben, weil ihnen insoweit ein reiner Vermögensschaden entstanden ist. § 844 BGB gestattet ihnen daher gewissermaßen in **Überleitung** des **Ersatzrechts** des Getöteten die Verfolgung dieses Schadens gegen den Schädiger;[111] und § 846 BGB beschränkt ihr Ersatzrecht konsequent in dem Maße, in dem sich der Geschädigte selbst nach § 254 BGB den Einwand des Mitverschuldens hätte entgegenhalten lassen müssen. Anspruchsberechtigt sind im Fall der Beerdigungskosten gemäß § 844 Abs. 1 BGB die hierzu nach § 1968 BGB vorrangig verpflichten Erben sowie die nach § 1615 Abs. 2 BGB subsidiär haftenden Unterhaltsschuldner, die vom Schädiger den Ersatz des Aufwands für eine den Verhältnissen des Getöteten angemessene und würdige Bestattung verlangen können[112].[113] Im Fall des entgangenen Unterhalts sind gemäß § 844 Abs. 2 BGB diejenigen zum Schadensersatz berechtigt, die von dem Geschädigten nach Gesetz Unterhalt hätten verlangen können und dieses Recht durch seine Tötung verloren haben. 541

Eine **gesetzliche Unterhaltspflicht**, die durch den Tod des Verpflichteten erlischt, besteht unter Verwandten aufsteigender Linie (§ 1615 Abs. 1 BGB), Ehegatten vor und nach ihrer Trennung (§§ 1360a Abs. 3, 1361 Abs. 4 S. 4 BGB), nach ihrer Scheidung dagegen nur insoweit, als sich das Unterhaltsrecht mit dem Tod des Verpflichteten auf den Pflichtteil beschränkt, den der Berechtigte bei Fortbestand der Ehe hätte verlangen können (§ 1586b BGB). Eine vertraglich begründete Unterhaltspflicht reicht für die Begründung eines Unterhaltsanspruchs gegen den Schädiger dagegen ebenso wenig wie eine vor allem im Rahmen nichtehelicher Lebensgemeinschaft vorkommende faktische Unterhaltsgewährung,[114] die mangels korrespondierender Verpflichtung jederzeit abgebrochen werden kann und sich daher schon der schadensrechtlichen Bewertung entzieht[115]. Ist die Unterhaltspflicht 542

[110] Richtig *Kötz/Wagner*, Deliktsrecht, Rn. 137.

[111] Ebenso der Entwurf eines Gemeinsamen Referenzrahmens; vgl. Art. VI. – 2:202 Abs. 2 DCFR.

[112] BGH, NJW 1989, 2317, 2318.

[113] Nicht dagegen den Aufwand für die Grabpflege; vgl. BGH, NJW 1973, 2103, 2104.

[114] Anders ist dies nach dem schweizerischen OR (Art. 45 Abs. 3), das den Schadensersatzanspruch an die Stellung des Geschädigten als Versorger knüpft, wohingegen das österreichische ABGB (§ 1327) ebenso wie das BGB und vor ihm schon das ALR (§§ 98 ff. I 6) eine gesetzliche Unterhaltspflicht verlangt. Im Entwurf eines Gemeinsamen Referenzrahmens findet sich die gesetzliche Unterhaltspflicht neben einer finanziellen Unterstützung, die auch freiwillig gewährt werden kann; vgl. Art. VI. – 2:202 Abs. 2 Buchst. c DCFR.

[115] MünchKomm/*Wagner* § 844 BGB Rn. 28. Anders Staudinger/*Röthel* § 844 Rn. 34, die die Entscheidung über die Ausdehnung des Anwendungsbereichs von § 844 Abs. 2 BGB aber dem Gesetzgeber vorbehalten sieht.

gesetzlich, ist zudem irrelevant, ob der Getötete tatsächlich mehr oder weniger Unterhalt als rechtlich geboten geleistet hat.[116] Das die gesetzliche Unterhaltspflicht auslösende Verwandtschaftsverhältnis oder die Ehe müssen, wie schon der Wortlaut von § 844 Abs. 2 BGB ergibt, bereits zur Zeit der Verletzung bestanden haben; ansonsten könnten sie erst nachträglich zur Schaffung einer Unterhaltspflicht des Schädigers begründet werden.[117] Die übrigen Voraussetzungen des Unterhaltsanspruchs, also Bedürftigkeit des Berechtigten und Leistungsfähigkeit des Verpflichteten, müssen dagegen weder bei der Verletzung noch beim Tod des Geschädigten vorliegen und bestimmen nur darüber, für welchen Zeitraum der Unterhaltsberechtigte den Schädiger in Anspruch nehmen kann. Hat der Getötete seine Unterhaltspflicht als Ehegatte gemäß § 1360 S. 2 BGB durch Führung des gemeinsamen Haushalts erbracht, kann der überlebende Ehegatte vom Schädiger Ersatz der hierfür erforderlichen Kosten verlangen, soweit die Haushaltsführung dem Getöteten einvernehmlich übertragen und dies auch nicht unangemessen war.[118] Die auf diesen Fall eigentlich gemünzte Vorschrift des § 845 BGB, die an die frühere gesetzliche Verpflichtung eines Ehegatten zur Haushaltsführung (§ 1356 Abs. 2 BGB a. F.) anknüpfte, hat nach der Neuregelung des Rechts der Ehewirkungen nur noch Bedeutung für die Tötung eines im Haushalt der Eltern lebenden Kinds. Da dieses nach wie vor gemäß § 1619 BGB kraft Gesetzes zur Dienstleistung in „Hauswesen und Geschäft" der Eltern verpflichtet ist, können sie, auch wenn sie ihm gegenüber nicht unterhaltsberechtigt sind, gemäß § 845 BGB Ersatz für die entgangenen Dienste verlangen, sofern das Kind seine Arbeitskraft noch nicht erwerbsmäßig einsetzt[119].

bb) Eigentum und ähnliche Rechte

543 Neben der Personenbeschädigung führt § 823 Abs. 1 BGB auch die **Eigentumsverletzung** auf, deren Sanktion die Keimzelle der Deliktshaftung ist[120]. Sie kann sowohl rechtlich durch die Entziehung oder Beeinträchtigung des Eigentumsrechts infolge einer wirksamen Veräußerung oder Belastung der Sache als auch durch körperliche Einwirkung erfolgen. Geschieht dies, indem die Substanz der Sache zerstört oder angegriffen wird, liegt ohne Weiteres eine Eigentumsverletzung vor. Schwieriger zu beurteilen sind dagegen die Fälle, in denen die Substanz der Sache unangetastet bleibt, der Eigentümer aber faktisch an ihrer Nutzung gehindert ist. Ohne Probleme lässt sich eine Eigentumsverletzung hier nur dann bejahen, wenn die Sache unbrauchbar gemacht wird, indem ihre bestimmungsgemäße Nutzung auf Dauer vereitelt wird,[121] oder sie dem Eigentümer ohne dessen Willen vollständig entzogen, insbesondere gestohlen, wird. Anders verhält es sich, wenn der Eigentümer zwar im Besitz der Sache bleibt, mit ihr aber wegen eines äußeren, vom Schädiger geschaffenen Hindernisses nicht mehr nach seinen Vorstellungen verfahren

---

[116] BGH, NJW 2006, 2327, 2329.
[117] BGH, NJW 1996, 1674.
[118] BGH, NJW 1988, 1783.
[119] Diese Einschränkung macht BGH, NJW 1998, 307, 308.
[120] S. o. Rn. 524.
[121] BGH, NJW 1994, 517, 518.

kann, insbesondere weil sein Fahrzeug eingesperrt oder ihm der weitere Weg versperrt wird. Zwar kann auch die bloße Beeinträchtigung der Bewegungsmöglichkeit eine unzulässige Verkürzung der Eigentümerbefugnisse und damit eine Eigentumsverletzung darstellen. Die Rechtsprechung verneint jedoch eine Haftung nach § 823 Abs. 1 BGB, wenn die Nutzbarkeit nur vorübergehend durch die Sperrung einer Strecke eingeschränkt wird.[122] Besser ist es, wenn man sich statt an der Intensität der Beeinträchtigung daran orientiert, ob die Nutzungsbeschränkung die Sache gezielt oder nur zufällig trifft[123] und nicht das Maß der Verkehrsstörungen überschreitet, mit denen der Eigentümer ohnehin rechnen muss.[124] Für die Annahme einer Eigentumsverletzung bedarf es dann einer sorgfaltswidrigen Maßnahme, die sich entweder ausschließlich gegen die Sache des Geschädigten richtet oder die außergewöhnlich und von ihm nicht einzukalkulieren ist.[125]

Besondere **Rechtsfolgen** zeitigt die Eigentumsverletzung, deren Sanktion nach 544
§ 823 Abs. 1 BGB bei Beschädigung durch einen redlichen, unberechtigten Besitzer gemäß § 993 Abs. 1 BGB durch die speziellen Regeln des Eigentümer-Besitzer-Verhältnisses verdrängt wird, nach Maßgabe der §§ 848 ff. BGB: Wer dem Eigentümer eine Sache entzogen und deshalb zu ihrer Rückgabe verpflichtet ist, haftet gemäß § 848 BGB für jede zufällige Verschlechterung oder Zerstörung der Sache, es sei denn, der hierfür verantwortliche Umstand hätte sie auch ohne die Sachentziehung getroffen. Zwar ergibt sich die Schadensersatzpflicht unter diesen Umständen schon nach allgemeinem Schadensersatzrecht. § 848 BGB ist gleichwohl nicht überflüssig,[126] weil er dem Geschädigten die Darlegungs- und Beweislast für die Kausalität von Entziehung und Schaden abnimmt und dem Schädiger auferlegt, der dartun muss, dass der Zufall die Sache auch ohne sein Delikt getroffen hätte[127]. Damit steht der deliktsrechtlich verantwortliche Schädiger von vornherein so, als sei er in Schuldnerverzug geraten und nach § 287 S. 2 BGB mit der Zufallshaftung belastet. Ist die Verpflichtung des Schädigers wegen Unmöglichkeit oder Unverhältnis-

---

[122] BGH, NJW 2004, 356, 358; NJW-RR 2005 673, 674.

[123] Anders *Larenz/Canaris*, Schuldrecht BT 2, S. 388, die zwischen der Benutzung eines Wegs und der Sperrung sämtlicher Wege unterscheiden wollen, zu der es jedoch auch im Rahmen des gewöhnlichen Verkehrs kommen kann. Ähnlich wie *Larenz/Canaris Kötz/Wagner*, Deliktsrecht, Rn. 146 und Bamberger/Roth/*Spindler* § 823 Rn. 54, die danach differenzieren wollen, ob die Nutzungsmöglichkeit ausgeschlossen oder nur eingeschränkt ist.

[124] Ähnlich MünchKomm/*Wagner* § 823 BGB Rn. 123, für den es allerdings darauf ankommt, ob durch die Behinderung eine Vielzahl von Fahrzeugen betroffen ist (vgl. auch *Kötz/Wagner*, Deliktsrecht, Rn. 146).

[125] Viel enger *Picker*, Deliktsrechtlicher Eigentumsschutz bei Störungen der Sach-Umwelt-Beziehungen, JZ 2010, 541, 548 ff., der, von den Wertungen des Nachbarrechts abgesehen, nur positive Eingriffe in die Sachsubstanz und nicht auch die nur negativ im Vorteilsentzug wirkenden Störungen seiner Umweltbeziehungen durch § 823 Abs. 1 BGB geschützt sieht. Für PWW/*Schaub* § 823 Rn. 53 soll es auf die Verletzung einer Verkehrspflicht ankommen, die jedoch nach richtiger Ansicht stets Voraussetzung der Haftung nach § 823 Abs. 1 BGB ist (s. o. Rn. 524) und nichts dafür ausgibt, ob eine relevante Eigentumsbeeinträchtigung vorliegt.

[126] So aber MünchKomm/*Wagner* § 848 BGB Rn. 2, Erman/*Schiemann* § 848 Rn. 1, AnwK/*Katzenmeier* § 848 Rn. 1. Dagegen Staudinger/*Vieweg* § 848 Rn. 3.

[127] Richtig Soergel/*Krause* § 848 Rn. 1.

mäßigkeit der Naturalrestitution nach § 251 BGB auf Wertersatz gerichtet, ist die geschuldete Summe gemäß § 849 BGB von dem Moment an zu verzinsen, der für ihre Bestimmung maßgebend ist. Da auch diese Regelung dazu dient, den Deliktstäter wie einen in Verzug geratenen Schuldner zu behandeln, richtet sich die Verzinsung entgegen der Ansicht der Rechtsprechung[128] nicht nach dem gesetzlichen Zinssatz, den § 246 BGB auf 4 % pro Jahr festsetzt, sondern nach dem Verzugszinssatz,[129] der gemäß § 288 Abs. 1 BGB fünf Prozentpunkte über dem Basiszinssatz beträgt. Leistet der Schädiger Ersatz für die Entziehung oder Beschädigung einer beweglichen Sache an denjenigen, der im Zeitpunkt der Verletzungshandlung ihr Besitzer war, wirkt der hierdurch begründete Rechtsschein ähnlich wie zugunsten eines gutgläubigen Erwerbers (§ 932 BGB): Nach § 851 BGB wird der Schädiger von seiner Ersatzpflicht gegenüber dem Eigentümer auch dann frei, wenn dieser nicht mit dem Besitzer identisch ist, der Schädiger dies bei der Ersatzleistung aber weder weiß noch nur infolge von grober Fahrlässigkeit verkennt. Nach ihrem Rechtsgedanken ist diese Vorschrift auch auf die Fälle auszudehnen, in denen die Verpflichtung zum Schadensersatz statt durch Leistung durch Rechtsgeschäft erlischt und die für die Abtretung geltende Bestimmung des § 407 BGB eingreifen würde.[130] Ist der Schadensersatzanspruch des Geschädigten nach den allgemeinen Bestimmungen der §§ 195 ff. BGB verjährt, kann er gemäß § 852 BGB noch innerhalb von zehn Jahren nach der Entstehung des Anspruchs, längstens binnen 30 Jahren nach dem schadensauslösenden Ereignis, vom Schädiger die Herausgabe eines durch die unerlaubte Handlung Erlangten nach den Vorschriften über die ungerechtfertigte Bereicherung verlangen. Dieser Anspruch soll mit dem verjährten Schadensersatzrecht identisch und, verglichen mit diesem, ein Minus sein.[131] Er kann im Einzelfall freilich auch über ihn hinausgehen und hat dann dieselbe Funktion wie der allgemeine Anspruch auf Gewinnabschöpfung, der mit der deliktischen Schadensersatzpflicht einhergeht[132]. Die Verweisung auf das Bereicherungsrecht unterstellt ihn diesem nur in Ansehung der Rechtsfolgen und bedeutet nicht, dass auch einer der Bereicherungstatbestände verwirklicht sein müsste.[133]

545 Dem Vorbild des Eigentums folgend, gehören zu den absoluten Rechten auch vergleichbare Immaterialgüterrechte, deren Schutz allerdings inzwischen durchgängig spezialgesetzlich geregelt ist. Dasselbe gilt für **beschränkte dingliche Rechte**, sei es, dass sie als Dienstbarkeit zur Nutzung der Sache berechtigen, sei es, dass sie als Pfandrechte ihrem Inhaber deren Verwertung gestatten. Verletzt werden können sie in gleicher Weise wie das Eigentum, indem sie selbst durch Veräußerung der Sache an einen gutgläubigen Erwerber entzogen oder belastet werden oder ein Eingriff in die Sache erfolgt, der neben dem Eigentum auch ihre Verwirklichung beeinträch-

[128] Vgl. BGH, NJW 2008, 1084.
[129] Richtig MünchKomm/*Wagner* § 849 BGB Rn. 5. Anders Soergel/*Krause* § 849 Rn. 2, der den Schutzzweck des § 288 BGB auf die Refinanzierungskosten des Gläubigers begrenzt sieht, die jedoch auch einem deliktisch Geschädigten entstehen können.
[130] Richtig MünchKomm/*Wagner* § 851 BGB Rn. 5, Soergel/*Krause* § 851 Rn. 3.
[131] BGH, NZI 2007, 740, 741.
[132] Hierzu *Harke*, Allgemeines Schuldrecht, Rn. 352.
[133] BGH, NJW 1995, 2788, 2790.

tigt[134]. Dasselbe gilt für Anwartschaftsrechte, die gleichsam als Pfandrecht den Anspruch des Käufers auf Übereignung der Kaufsache sichern[135]. Die Konkurrenz mit dem Schadensersatzanspruch des Eigentümers ist, sofern der Schädiger ihm gegenüber nicht schon nach § 851 BGB frei wird, sowohl bei beschränkten dinglichen als auch bei Anwartschaftsrechten durch eine analoge Anwendung von § 1281 BGB zu bewältigen, der für das Pfandrecht an Rechten eine gemeinsame Zuständigkeit des Vollrechts- und des Inhabers des beschränkten Rechts vorschreibt.[136] Auf diese Bestimmung ist auch zurückzugreifen, wenn das Schadensersatzrecht des Eigentümers mit dem eines berechtigten **Besitzers** zusammentrifft, der durch die Schutzrechte der §§ 861 f. BGB ebenfalls mit der Befugnis zur Ausschließung anderer Personen ausgestattet und daher auch als Träger eines absoluten Rechts anzusehen ist[137].[138] Für sich in Anspruch nehmen können dies schließlich auch die Inhaber von **Aneignungsrechten**, wie sie insbesondere in Form von Bergwerkseigentum, Fischerei- oder Jagdrecht bestehen; denn ihre Ausübung mündet in dem originären Erwerb von Sacheigentum und verdient deshalb schon den diesem zukommenden Schutz.[139]

cc) Weitere absolute Rechte?

Erstreckt man den Anwendungsbereich von § 823 Abs. 1 BGB über die eigentumsähnlichen Rechte hinaus auf andere Positionen, läuft man Gefahr, den Zweck der **546**
Vorschrift zu konterkarieren, der darin besteht, ein Schadensersatzrecht für reine Vermögensschäden auszuschließen. Dies gilt insbesondere für die Figur des **eingerichteten** und **ausgeübten Gewerbebetriebs**, den die Rechtsprechung als absolutes Recht im Sinne von § 823 Abs. 1 BGB ansieht, aber nur dann geschützt sehen will, wenn er durch einen betriebsbezogenen Eingriff beeinträchtigt wird, der sich gegen den Betrieb als solchen richtet[140].[141] Zwar ist mit dieser Einschränkung gewährleistet, dass nicht jede Verletzung eines zum Betrieb gehörenden Rechts oder einer hier tätigen Person einen Schadensersatzanspruch des so mittelbar betroffenen Betriebsinhabers zeitigt.[142] Dennoch hebt die generelle Anerkennung des eingerichteten und ausgeübten Gewerbebetriebs als absolutes Recht die Entscheidung gegen

---

[134] BGH, NJW 2001, 971, 972 f.

[135] S. o. Rn. 39 f.

[136] *Medicus/Lorenz*, Schuldrecht BT, Rn. 1299, MünchKomm/*Wagner* § 823 BGB Rn. 150, Bamberger/Roth/*Spindler* § 823 Rn. 81.

[137] BGH, NJW 1998, 377, 380, NJW-RR 2005, 673, 674 f. Anders *Larenz/Canaris*, Schuldrecht BT 2, S. 396, 440, die nur das obligatorische Recht zum Besitz als absolutes Recht und zudem das Verbot der Eigenmacht in § 858 BGB als ein nach § 823 Abs. 2 BGB haftungsbewehrtes Schutzgesetz gelten lassen wollen. Dies entspricht auch der Ansicht von BGH, NJW 2009, 2530, 2531.

[138] Ausdrücklich erwähnt ist die Verletzung des berechtigten Besitzes als ersatzverpflichtender Umstand im Entwurf eines Gemeinsamen Referenzrahmens; vgl. Art. VI. – 2:206 Abs. 1 DCFR.

[139] BGH, NJW-RR 2004, 100, 101 f.; 2007, 1319, 1320.

[140] BGH, NJW 2003, 1040, 1041, NJW-RR 2005, 673, 675.

[141] Ausdrücklich geregelt ist die Haftung für die Beeinträchtigung der Berufsausübung im Entwurf eines Gemeinsamen Referenzrahmens; vgl. Art. VI. – 2:208 Abs. 1 DCFR.

[142] BGH, NJW 2003, 1040, 1041.

die Ersatzfähigkeit reiner Vermögensschäden auf.[143] Taugt ein Gewerbetrieb zum Gegenstand von Rechtsgeschäften, begründet er ebenso wenig wie freiberufliche Unternehmen oder *non-profit*-Organisationen[144] oder eine erst noch im Vorbereitungsstadium steckende unternehmerische Tätigkeit[145] eine eigentumsähnliche Ausschließungsbefugnis,[146] die seinem Inhaber erst durch die einzelnen zum Betrieb gehörenden Rechte erwächst.

547 Denkbar ist ein Deliktsschutz für Unternehmen daher allenfalls insoweit, als diese das Ziel von Angriffen sind, die, wenn sie gegen eine natürliche Person gerichtet wären, eine Verletzung des allgemeinen Persönlichkeitsrechts darstellten.[147] Es gibt keinen Grund, die **Geschäftsehre** eines Unternehmens deliktsrechtlich schlechter zu behandeln als das Persönlichkeitsrecht des Betroffenen,[148] wenngleich sich der hier durch ein Schmerzensgeld sanktionierte immaterielle Nachteil nicht einstellen kann, die Anerkennung des Gewerbebetriebs also in erster Linie der Begründung eines Abwehrrechts als Vorwirkung des Schadensersatzanspruchs[149] dient. Auch mit dieser beschränkten Funktion ist die Figur des Rechts am Unternehmen insoweit entbehrlich, als der Tatbestand der Kreditgefährdung gemäß § 824 BGB eingreift:[150] Er schützt natürliche Personen und Unternehmen gleichermaßen, indem er eine Schadensersatzpflicht für die vorsätzliche oder fahrlässige Behauptung oder Verbreitung von unwahren Tatsachenbehauptungen anordnet, die geeignet sind, den Kredit eines anderen zu gefährden oder andere Nachteile für seinen Erwerb oder Fortkommen zu bewirken. Eine Haftung wegen Eingriffs in das Recht am Unternehmen kann daneben nur insoweit begründet sein, als er in Form einer nicht von der Meinungsfreiheit gedeckten Meinungsäußerung geschieht oder § 824 BGB deshalb nicht eingreift, weil er wegen seiner Ausrichtung auf Kredit und Erwerb nur die Beziehung des Geschädigten zu seinen potentiellen Geschäftspartnern abdeckt[151]. Sind von der unwahren Tatsachenbehauptung nicht diese, sondern andere

---

[143] Kritisch zu dieser Rechtsfigur auch MünchKomm/*Wagner* § 823 BGB Rn. 189 ff. Regelrecht ablehnend *Larenz/Canaris*, Schuldrecht BT 2, S. 560 ff. Für ihre Anerkennung als Produkt der Rechtsfortbildung dagegen Bamberger/Roth/*Spindler* § 823 Rn. 104 und PWW/*Schaub* § 823 Rn. 80.

[144] Auf sie muss der dem Gewerbebetrieb zugestandene Deliktsschutz konsequenterweise erweitert werden; vgl. MünchKomm/*Wagner* § 823 BGB Rn. 192, Bamberger/Roth/*Spindler* § 823 Rn. 107.

[145] Für ihre Einbeziehung Soergel/*Beater* § 823 Anhang V Rn. 30 f.

[146] Richtig *Larenz/Canaris*, Schuldrecht BT 2, S. 544 f.

[147] So im Ansatz ähnlich und im Grundsatz richtig *Fikentscher/Heinemann*, Schuldrecht, Rn. 1572 ff., die hiermit jedoch viel zu viele Fälle bewältigen wollen. Gegen das Konzept von *Fikentscher/Heinemann* wenden sich eigens *Larenz/Canaris*, Schuldrecht BT 2, S. 546, 562 f.

[148] Zu diesem Ergebnis gelangt man auch, wenn man dem von Erman/*Schiemann* § 823 Rn. 51 f. gewiesenen Weg folgt und den eingerichteten und ausgeübten Gewerbebetrieb nicht als sonstiges Recht im Sinne von § 823 Abs. 1 BGB begreift, sondern zum Gegenstand eines Analogieschlusses aus dieser Vorschrift macht.

[149] Vgl. *Harke*, Allgemeines Schuldrecht, Rn. 21.

[150] BGH, NJW 1992, 1312.

[151] BGH, NJW 1984, 1607, 1608 f.; kritisch hierzu MünchKomm/*Wagner* § 824 BGB Rn. 37, Soergel/*Beater* § 824 Rn. 29.

Beziehungen des Geschädigten zu seiner Umwelt betroffen, kann sich ein geschädigtes Unternehmen ihrer nur nach § 823 Abs. 1 BGB erwehren, indem es sich auf das Recht am eingerichteten und ausgeübten Gewerbebetrieb beruft.[152]

Lässt sich die Figur des eingerichteten und ausgeübten Gewerbebetriebs noch in Grenzen als Parallelerscheinung zum allgemeinen Persönlichkeitsrecht rechtfertigen, ist die durch den Zweck von § 823 Abs. 1 BGB gesetzte Grenze zum Ersatz reiner Vermögensschäden zweifellos überschritten, wenn man als absolutes Recht auch die schuldrechtliche **Forderung** gelten lassen will. Zwar geschieht dies nicht mit dem Ziel, den Anspruch gegen den Schuldner zusätzlich mit Deliktsschutz zu versehen. Schon die Anerkennung eines im Verhältnis zu Dritten wirkenden Rechts an der Forderung[153] bewirkt jedoch, dass ein Gegenstand, der bloßes Vermögen und gerade kein Herrschaftsrecht ist,[154] in den Deliktsschutz einbezogen wird.[155] Dasselbe gilt für den **Arbeitsplatz**, der nur eine Chiffre für die Rechte und Pflichten des Arbeitnehmers gegenüber dem Arbeitgeber ist und ebenfalls keine Ausschlussbefugnis gegenüber Dritten vermittelt.[156] Diese fehlt schließlich auch bei der **Verbandsmitgliedschaft**, in der lediglich eine Fülle von Mitwirkungsrechten zusammengefasst ist,[157] die keinen Außenbezug haben außer dem, dass die Mitgliedschaft zuweilen ebenso übertragbar ist wie eine Forderung. Entgegen der Ansicht der Rechtsprechung[158] kann ein Verbandsmitglied erst recht keinen Deliktsschutz gegenüber dem Verband beanspruchen, mit dem es ein bloß relatives Recht verbindet,[159] das sich außer durch inhaltliche Komplexität nicht von dem eines Forderungsgläubigers gegen seinen Schuldner unterscheidet. 548

Denkbar ist die Anerkennung als absolutes Recht dagegen bei **familienrechtlichen** Positionen, insbesondere bei der elterlichen Sorge, die nach § 1632 Abs. 1 BGB ja mit einem Anspruch auf Herausgabe des Kindes einhergeht und durch § 823 Abs. 1 BGB durch ein Recht auf Ersatz der Kosten bewehrt wird, die dem Berech- 549

[152] BGH, NJW 1984, 1607, 1609 f.

[153] So etwa *Becker*, Schutz von Forderungen durch das Deliktsrecht, AcP 196 (1996) 439, 470 ff., *Larenz/Canaris*, Schuldrecht BT 2, S. 397, MünchKomm/*Wagner* § 823 BGB Rn. 161, Soergel/*Spickhoff* § 823 Rn. 88. Generell für die Ausdehnung des Deliktsschutzes auf relative Rechte *Löwisch*, Der Deliktsschutz relativer Rechte, Berlin 1970, S. 109 ff.

[154] Richtig *Hammen*, Die Forderung – ein „sonstiges Recht" nach § 823 Abs. 1 BGB?, AcP 199 (1999) 591, 597 ff. Entgegen *Picker*, Der deliktische Schutz der Forderung als Beispiel für das Zusammenspiel von Rechtszuweisung und Rechtsschutz, in: Heldrich u. a. (Hg.), Festschrift für Canaris, München 2007, Bd. 1, S. 1001, 1019 ff. vermag dieser Mangel auch nicht dadurch wettgemacht zu werden, dass der Inhaber einer Forderung nach § 816 Abs. 2 BGB gegen die Gefahr ihrer Einziehung durch einen Nichtberechtigten geschützt ist.

[155] Gegen eine Haftung nach § 823 Abs. 1 BGB wegen Beeinträchtigung einer persönlichen Forderung daher zu Recht auch *Fikentscher/Heinemann*, Schuldrecht, Rn. 1558, 1570, *Medicus/Lorenz*, Schuldrecht BT, Rn. 1305, Erman/*Schiemann* § 823 Rn. 36, Bamberger/Roth/*Spindler* § 823 Rn. 98.

[156] Richtig BAG, NJW 1999, 164, 165 (in einem *obiter dictum*). Anders *Löwisch* (Fn. 153), S. 196 ff.

[157] MünchKomm/*Wagner* § 823 BGB Rn. 172.

[158] Vgl. BGH, NJW 1990, 2877, 2878.

[159] Richtig MünchKomm/*Wagner* § 823 BGB Rn. 173, Bamberger/Roth/*Spindler* § 823 Rn. 103.

tigten durch die Rückführung eines ihm entzogenen Kindes entstehen. Unterliegt der Herausgabeanspruch in seiner Ausübung der Rücksicht auf das Kindeswohl, darf nichts anderes für einen ergänzenden Deliktsanspruch gelten, der an das Herausgaberecht anknüpft.[160] Noch stärkeren Einschränkungen unterliegt der deliktsrechtliche Schutz der Ehe, die als persönliche Verbindung im Familienrecht abschließend geregelt, deliktsrechtlich nicht geschützt und damit auch nicht durch einen Ehebruch in haftungsrelevanter Weise zu verletzen ist.[161] Zum Anknüpfungspunkt für eine deliktische Haftung und das ihr vorgelagerte Abwehrrecht wird die Ehe nur insofern, als sich ein Ehegatte gegen die Anwesenheit eines Dritten wehren kann, der als Partner des anderen Ehegatten in den räumlich-gegenständlichen Bereich der Ehegemeinschaft eindringt.[162] Da es hier weniger um die Ehe als um die Achtung vor der Person des Ehegatten geht, lässt sich das Schadensersatz- und Abwehrrecht freilich einfacher und besser aus einer Verletzung des allgemeinen Persönlichkeitsrechts der Ehegatten[163] und, sofern sie betroffen sind, auch der ehelichen Kinder, herleiten.

2. Schutz vor Arglist

550 Bezieht sich der Vorwurf von Vorsatz oder Fahrlässigkeit bei der Haftung für die Verletzung absoluter Rechtsgüter allein hierauf und nicht auf den Schaden, kennzeichnet die Haftung für vorsätzliche sittenwidrige Schädigung nach § 826 BGB,[164] dass der Vorsatz des Schädigers auch die aus seinem Verhalten folgenden Nachteile für den Geschädigten umfasst. Zwar muss die Herbeiführung des Schadens nicht in seiner Absicht liegen, sondern es reicht sein bedingter Vorsatz.[165] Und der Schädiger muss den Schaden auch nicht in seinen Einzelheiten, vielmehr nur nach Art und Richtung überblicken[166] und nicht genau wissen, welche und wie viele Personen betroffen sind[167]. Mit diesen Einschränkungen muss er, um in vollem Umfang nach § 826 BGB haftbar zu sein, jedoch die gesamten Schadensfolgen erkennen[168] und nicht etwa nur einen unmittelbaren Nachteil, an den sich ihm verborgen gebliebene Folgeschäden anschließen. Sind die Anforderungen, die der subjektive Haftungstatbestand stellt, damit sehr hoch, fällt die objektive Zuordnung eines Verhaltens zum deliktsrechtlich relevanten Bereich leichter als im Rahmen von § 823 Abs. 1

---

[160] BGH, NJW 1990, 2060, 2061.

[161] BGH, NJW 1990, 706, 706 f.

[162] BGH, NJW 1990, 706, 708. Kritisch zu dieser Formel, in die die Rechtsprechung die Absage an eine deliktsrechtliche Sanktion des Ehebruchs einkleidet, insbesondere *Jayme*, Die Familie im Recht der unerlaubten Handlungen, Frankfurt a. M./Berlin 1971, S. 265 ff., Soergel/*Spickhoff* § 823 Rn. 106, Erman/*Schiemann* § 823 Rn. 45.

[163] Richtig *Brüggemeier*, Deliktsrecht, Rn. 258, MünchKomm/*Wagner* § 823 BGB Rn. 169.

[164] Die hiermit einhergehende Einrede gegen eine vom Schädiger arglistig erworbene Forderung übersteht gemäß § 853 BGB die Verjährung des korrespondierenden Schadensersatzrechts in gleicher Weise wie die Bereicherungseinrede die Verjährung des Kondiktionsanspruchs (§ 821 BGB).

[165] BGH, NJW 2004, 3706, 3710.

[166] BGH, NJW 2004, 3706, 3710.

[167] BGH, NJW 2004, 2971, 2973.

[168] BGH, NZI 2008, 242, 243.

BGB:[169] Das Merkmal der **Sittenwidrigkeit** ist nicht etwa mit der Rechtsprechung in dem Sinne einer gesteigerten Rechtswidrigkeit[170] so zu verstehen, dass dem Schädiger nur der Verstoß gegen besonders hervorgehobene Sorgfaltspflichten zur Last fällt.[171] Statt dessen wird, da der Täter ja den Schaden des Opfers einkalkuliert haben muss, jedes hierauf bezogene Verhalten sanktioniert, sofern es nur als anstößig erscheint.[172] Ebenso wie die von § 138 Abs. 1 BGB mit der Nichtigkeitsfolge versehene Sittenwidrigkeit eines Vertrags einen geringeren Unwert als das gesetzliche Verbot gemäß § 134 BGB darstellt, muss auch das sittenwidrige Verhalten im Sinne von § 826 BGB nicht das Gewicht einer Sorgfaltspflichtverletzung haben, die die Haftung nach § 823 Abs. 1 BGB auslöst. Es reicht, dass sich der Schädiger in einer Weise verhalten hat, die von den beteiligten Verkehrskreisen als illoyal und ungehörig empfunden wird[173].[174]

Dass der **Maßstab** für die Haftung damit **flexibel** und anfällig für eine allge- **551**
meine Veränderung des Anstandsgefühls, insbesondere eine Senkung der Verhaltensanforderungen, ist, liegt in der Natur der Sache und ist unvermeidlich, wenn man statt der verkehrserforderlichen Sorgfalt, deren Bemessung letztlich dem Richter obliegt, die guten Sitten entscheiden lässt. Die Gefahr, dass vorsätzliche Schädigungen wegen der Verrohung des betroffenen Milieus völlig sanktionslos bleiben, besteht aber gerade dann nicht, wenn man die Wahrung der guten Sitten als verschärften Verhaltensstandard begreift, der die deliktische Haftung im Fall des Vorsatzes über den Anwendungsbereich von § 823 Abs. 1 BGB hinaus erstreckt. Nur in diesem Fall kann man auch zu dem gemeinhin akzeptierten Ergebnis gelangen, dass die Verleitung eines anderen zum Bruch des Vertrags mit einem Dritten diesem ge-

---

[169] Ähnlich Staudinger/*Oechsler* (2009) § 826 Rn. 35, der durch § 826 BGB eine Haftung für die Verletzung von Verhaltenspflichten begründet sieht, die noch nicht hinreichend erprobt sind, um Verkehrssicherungspflichten darzustellen, und *Brüggemeier*, Deliktsrecht, Rn. 839 ff., der in § 826 BGB ein Instrument zur Verhaltenssteuerung über gesellschaftliche Moral erkennt und ihm vor allem die Funktion zuweist, gesetzlich noch nicht erfasstes sozialwidriges Verhalten zu sanktionieren. Eine solche Dynamisierungs- oder Rezeptionsfunktion erkennen auch *Deutsch/Ahrens*, Deliktsrecht, Rn. 301, Soergel/*Hönn* § 826 Rn. 3, Erman/*Schiemann* § 826 Rn. 2, Bamberger/Roth/*Spindler* § 826 Rn. 1 und PWW/*Schaub* § 826 Rn. 2.

[170] Vgl. BGH, NJW 2003, 1934, 1935; 2004, 446, 447, wonach die Haftung gemäß § 826 BGB auf eng begrenzte Ausnahmefälle beschränkt ist.

[171] So aber *Larenz/Canaris*, Schuldrecht BT 2, S. 451, *Looschelders*, Schuldrecht BT, Rn. 1292, MünchKomm/*Wagner* § 826 BGB Rn. 20, Soergel/*Hönn* § 826 Rn. 7, 11, 14. Anders Staudinger/*Oechsler* (2009) § 826 Rn. 51.

[172] Viel enger ist die einschlägige Regelung im Entwurf eines Gemeinsamen Referenzrahmens, die sich auf die arglistige Täuschung und die Verleitung zum Vertragsbruch beschränkt; vgl. Art. VI. – 2:211 DCFR.

[173] BGH, NJW-RR 1989, 1255, 1257.

[174] Beschränkt man sich auf diese Kreise, entfällt auch das von *Larenz/Canaris*, Schuldrecht BT 2, S. 450, und MünchKomm/*Wagner* § 826 BGB Rn. 9 (vgl. auch *Kötz/Wagner*, Deliktsrecht, Rn. 254 ff.) hervorgehobene Problem, dass sich zu vielen Fragen keine allgemeine Meinung der Bevölkerung feststellen lässt, weshalb *Larenz/Canaris* auf rechtliche Wertungen zurückgreifen wollen und *Wagner* solche Verhaltensstandards für relevant hält, die ihre Grundlage in Gesetz, Vertrag oder professioneller Pflichtenordnung haben.

genüber haftbar macht; denn der Täter unterliegt grundsätzlich keiner Rechtspflicht zum Schutz der Vertragsbeziehungen des Dritten, mit dem ihn noch nicht einmal ein geschäftlicher Kontakt verbinden muss, sondern allein der Verhaltensanforderung, sich nicht unanständig gegenüber seinem Konkurrenten zu gebärden.[175]

552 Dem Risiko, dass wegen des **Vorsatzerfordernisses** gerade der gewissenlose Täter verschont bleibt, der sich über die Beurteilung seines Verhaltens keine oder kaum Gedanken macht, wehrt nicht erst eine Erweiterung des Vorsatzbegriffs auf Leichtfertigkeit, wie ihn die Rechtsprechung vornimmt.[176] Statt dessen ist es schon durch die richtige Verortung des Verschuldenselements ausgeschlossen, die bei § 826 BGB nicht anders als bei der Haftung nach § 823 Abs. 1 BGB erfolgt: Erkennt man im Vorsatz des Täters einen Bestandteil des Unrechtstatbestands, versteht sich von selbst, dass er nur die objektiven Umstände einschließen muss, aus denen sich der Vorwurf der Sittenwidrigkeit ergibt; und ihre fehlerhafte Bewertung durch den Täter kann nur bei der Frage eine Rolle spielen, ob sein Verschulden im eigentlichen Sinne infolge eines unvermeidlichen Verbotsirrtums ausgeschlossen ist.[177]

553 Eine regelrechte Einschränkung erleidet das Vorsatzerfordernis lediglich in dem von § 839a BGB geregelten Spezialfall, dass ein vom Gericht ernannter **Sachverständiger** vorsätzlich oder grob fahrlässig ein unrichtiges Gutachten erstattet, das infolge einer darauf beruhenden gerichtlichen Entscheidung[178] einen Schaden bei einem der Verfahrensbeteiligten hervorruft. Dieser Nachteil ist ein reiner Vermögensschaden und der Sachverständige weder mit dem Gericht noch mit den Parteien durch eine vertragliche Beziehung oder einen Geschäftskontakt verbunden, der die vertragliche oder vertragsähnliche Haftung auslösen könnte. Bei der Schadensersatzpflicht nach § 839a BGB handelt es sich daher um eine Erweiterung der Haftung für vorsätzliche sittenwidrige Schädigung, die den Sachverständigen ansonsten allein träfe und seine Schadensersatzpflicht von seinem bedingten Vorsatz abhängig machte. Die Ausdehnung der Haftung auf den Fall der groben Fahrlässigkeit soll verhindern, dass ein leichtfertiges Verhalten des Sachverständigen sanktionslos bleibt, obwohl es einem der Verfahrensbeteiligten zum Schaden gereicht. Diese Gefahr besteht auch, wenn das Verfahren statt durch eine gerichtliche Entscheidung durch Prozessvergleich endet, hat den Gesetzgeber[179] aber zu Recht nicht dazu bewogen, diese Konstellation in § 839a BGB mit aufzunehmen, weil Zweck des Vergleichs ja gerade die Beendigung der im Rechtsstreit ausgetragenen Auseinandersetzung ist.[180] Kommt es dagegen zu einer gerichtlichen Entscheidung, trifft die

---

[175] BGH, NJW 1994, 127, 128.

[176] BGH, NJW 2004, 3706, 3710. Gegen diese Tendenz zur Ausdehnung des Vorsatzbegriffs auf grobe Fahrlässigkeit auch *Larenz/Canaris*, Schuldrecht BT 2, S. 454 f.

[177] MünchKomm/*Wagner* § 826 BGB Rn. 27 f., Staudinger/*Oechsler* (2009) § 826 Rn. 62 ff.

[178] Hierzu zählt auch der Zuschlagsbeschluss bei der Zwangsversteigerung eines Grundstücks; vgl. BGH, NJW 2006, 1733, 1734.

[179] Vgl. die Begründung des zweiten Schadensrechtsänderungsgesetzes, BT-Drucks. 14/7752, S. 28.

[180] Eine Haftung des vorsätzlich handelnden Sachverständigen nach § 826 BGB ist dagegen nicht ausgeschlossen. Anders MünchKomm/*Wagner* § 839a BGB Rn. 5 im Anschluss an die Auffassung des Gesetzgebers; vgl. die Begründung des zweiten Schadensrechtsänderungsgesetzes, BT-Drucks. 14/7752, S. 28.

verschärfte Haftung in Analogie zu § 839a BGB auch einen Zeugen,[181] der sich in dieser Rolle ebenfalls ohne Vertragsverhältnis zum Gericht oder zu den Parteien befindet und sich ihrer auch schwerer entziehen kann als ein Sachverständiger, dem die Ablehnung eines Gutachtenauftrags zumeist schon von vornherein nachgesehen wird.

3. Schutz vor Gesetzesverletzung

Hat der deutsche Gesetzgeber die Deliktshaftung für Fahrlässigkeit in Abkehr von **554**
der Generalklausel naturrechtlichen Musters auch an die Verletzung eines absoluten Rechts geknüpft, hat er doch zugleich eine Öffnungsklausel geschaffen,[182] mit der sich eine Haftung auch für reine Vermögensschäden schaffen lässt: § 823 Abs. 2 BGB verpflichtet denjenigen zum Schadensersatz, der gegen ein zum Schutz des Geschädigten bestimmtes Gesetz verstoßen hat, und grenzt diese Haftung nur insofern ein, als der Schädiger, wenn das Gesetz auch ohne Verschulden verletzt ist, mindestens fahrlässig gehandelt haben muss. Diese Bestimmung kommt vor allem beim Verstoß gegen Strafgesetze zum Zuge, ist aber keineswegs hierauf beschränkt.[183] Sie gilt vielmehr für alle Gesetze und Verordnungen auf dem Gebiet des Privat- und des öffentlichen Rechts,[184] mit denen nicht ausschließlich öffentliche Interessen verfolgt werden, sondern auch **Individualschutz** bezweckt ist.[185] Um eine Haftung nach § 823 Abs. 2 BGB auszulösen, muss sich dieser Schutz freilich sowohl in personeller als auch in sachlicher Hinsicht auf den Geschädigten und sein beeinträchtigtes Interesse erstrecken und zudem gegen die Art der Tathandlung gerichtet sein, die dem Schädiger zum Vorwurf gereicht:[186] Fällt der Geschädigte unter den Schutz der Norm, muss noch hinzukommen, dass auch das Interesse, in dem er verletzt ist, gerade vor dem Verhalten des Schädigers geschützt werden soll.[187]

---

181 Richtig MünchKomm/*Wagner* § 839a BGB Rn. 12, AnwK/*Huber* § 839a Rn. 50.

182 Vgl. *Canaris*, Schutzgesetze – Verkehrspflichten – Schutzpflichten, in: Canaris/Diederichsen (Hg.), Festschrift für Larenz, München 1983, S. 27, 49, *Spickhoff*, Gesetzesverstoß und Haftung, Köln u. a. 1998, S. 60 f. (vgl. auch Soergel/*Spickhoff* § 823 Rn. 181)

183 Dass Strafgesetze den Kern der Haftung ausmachen und auch für den Umgang mit anderen Schutzgesetzen prägend sind, meint *Canaris* (Fn. 182), S. 58 ff. (vgl. auch *Larenz/Canaris*, Schuldrecht BT 2, S. 438). Gegen diese „Strafrechtsakzessorietät" zu Recht MünchKomm/*Wagner* § 823 BGB Rn. 330, Soergel/*Spickhoff* § 823 Rn. 199, Bamberger/Roth/*Spindler* § 823 Rn. 157.

184 Nicht hierzu gehören die Unfallverhütungsvorschriften der Berufsgenossenschaften; vgl. BGH, NJW 1968, 641, 642; anders *Marburger* (Fn. 29), S. 477 ff., *Brüggemeier*, Deliktsrecht, Rn. 817 f., *Medicus/Lorenz*, Schuldrecht BT, Rn. 1326, MünchKomm/*Wagner* § 823 BGB Rn. 334. Da ihnen jedoch Indizwirkung für die Bestimmung der Sorgfaltspflicht im Rahmen der Haftung nach § 823 Abs. 1 BGB zukommt, begründet ihre Verletzung in aller Regel eine Schadensersatzpflicht nach dieser Vorschrift (s. o. Rn. 528).

185 BGH, NJW 2005, 2923, 2924; 2006, 2110, 2112.

186 Dass die Antwort auf die Frage nach diesem sogenannten modalen Schutzbereich nicht völlig von der auf die Frage nach dem persönlichen Schutzbereich zu trennen ist, macht *Spickhoff* (Fn. 182), S. 249 f. allerdings zu Recht geltend (vgl. auch Soergel/*Spickhoff* § 823 Rn. 220).

187 BGH, NJW-RR 2006, 965.

Dementsprechend kann jemand, der als Verkehrsteilnehmer den Schutz der Bestimmungen des Straßenverkehrsrechts genießt, nicht gemäß § 823 Abs. 2 BGB den Ersatz seines beispielsweise durch eine Blockade entstandenen Vermögensschadens begehren, wenn Schutzobjekt der einschlägigen Vorschrift nur die körperliche Integrität der Verkehrsteilnehmer und ihr Ziel die Vermeidung von Verkehrsunfällen ist.[188]

555 Ist das Schutzgesetz schon durch die bloße Gefährdung einer anderen Person verletzt, muss über das nach § 823 Abs. 2 S. 2 BGB unabdingbare Verschulden hinaus auch die Kausalität zum Schaden dargetan und nicht etwa schon aufgrund der Gefährdung unterstellt werden.[189] Ist das Schutzgesetz im Einzelfall durch einen wirksamen **Verwaltungsakt** umgesetzt, bedeutet dessen Missachtung durch den Schädiger eine Verletzung der zugrunde liegenden Norm,[190] und zwar auch dann, wenn sich der Verwaltungsakt aus der Sicht des Zivilgerichts als rechtswidrig darstellt[191]. Zwar ist die Entscheidung der Behörde, für sich genommen, keineswegs bindend. Hat sie durch bestandskräftigen Verwaltungsakt gehandelt, wirkt dieser aber nach dem einschlägigen Verfahrensrecht (§§ 43 f. VwVfG) rechtsgestaltend[192] und stellt die öffentlich-rechtlich verbindliche Konkretisierung des Gesetzes dar, die nicht durch eine abweichende Beurteilung der Haftung konterkariert werden darf.[193]

556 Hat § 823 Abs. 2 BGB auch das **Potential** zur Ableitung einer Haftung für fahrlässig verursachte reine Vermögensschäden, bleibt dieses doch weitgehend **ungenutzt**, weil dieselbe Einstellung, die die Verfasser des BGB von 1900 zur Begrenzung der Deliktshaftung auf die Verletzung absoluter Rechtsgüter bewogen hat, auch spätere Gesetzgeber vom Erlass weitergehender Schutzgesetze abgehalten hat. Dies gilt insbesondere für das Strafrecht, in dem der Vermögensschutz im Wesentlichen auf die klassischen Delikte des Betrugs (§ 263 StGB) und der Untreue (§ 266 StGB) beschränkt bleibt, so dass die hieran geknüpfte Haftung in aller Regel auch nicht über die Verpflichtung hinausgeht, die schon rein zivilrechtlich wegen vorsätzlicher sittenwidriger Schädigung gemäß § 826 BGB begründet ist. Dass diese und der Rechtsgedanke von § 823 Abs. 1 BGB die Haftung wegen Schutzgesetzverletzung steuern, liegt aber nicht nur am Gesetzgeber, sondern zudem daran, dass sich die Rechtsprechung hiervon auch bei der Entscheidung über die Frage leiten lässt, ob eine Vorschrift Individualschutz bezweckt. Um den Schutzgesetzcharakter zu bejahen, verlangt sie, dass die Voraussetzungen der Gesetzesverletzung mit de-

---

[188] BGH, NJW 2004, 356, 357 f.

[189] BGH, NJW 1988, 1383, 1384.

[190] BGH, NJW 1993, 1580; 2005, 2923, 2924.

[191] BGH, NJW 1993, 1580, 1581. Anders MünchKomm/*Wagner* § 823 BGB Rn. 345, Bamberger/Roth/*Spindler* § 823 Rn. 154.

[192] Daher kann man die Bindung an einen Verwaltungsakt auch nicht mit MünchKomm/*Wagner* § 823 BGB Rn. 345 dadurch *ad absurdum* führen, dass man aus ihr auf die Bindung des Gerichts an die Untätigkeit der Behörde schließt.

[193] Für eine Restriktion auf diejenigen Folgen eines rechtswidrigen Verwaltungsakts, auf die der hierdurch in seinem Vertrauen Geschützte wirklich gebaut hat, *Spickhoff* (Fn. 182), S. 85 f. (vgl. auch Soergel/*Spickhoff* § 823 Rn. 189).

nen von § 823 Abs. 1 und § 826 BGB vergleichbar sind und dass sich die Schadensersatzpflicht wegen Schutzgesetzverletzung im haftungsrechtlichen Gesamtsystem als tragbar erweist.[194] Dies betrifft insbesondere Verhaltensvorgaben für Organe und Angestellte, bei denen bisher die eigentliche Sprengkraft von § 823 Abs. 2 BGB liegt.[195] Bei unbefangener Betrachtung lassen sie sich ohne Weiteres zum Anknüpfungspunkt einer persönlichen Haftung machen, die jedoch der Grundentscheidung widersprechen würde, das Vermögen im Rahmen von Vertragsbeziehungen oder geschäftlichen Kontakten bloß durch eine Haftung des jeweiligen Unternehmens oder Geschäftsherrn nach § 278 BGB zu schützen, während Angestellte und Organe unmittelbar nur ausnahmsweise bei Inanspruchnahme besonderen Vertrauens gemäß § 311 Abs. 3 BGB und im Übrigen allein nach §§ 823 Abs. 1 und 826 BGB haftbar sind.[196] Eine Durchbrechung dieser Regel ist dem Gesetzgeber durchaus möglich, kann aber nicht ohne seine ausdrückliche Anordnung angenommen werden; denn dem Gesetzgeber ist ansonsten die Tendenz zur Wahrung des zivilrechtlichen Haftungssystems zu unterstellen[197].

---

[194] BGH, NJW 1995, 1801, 1803; 2008, 1734, 1736; 2010, 3651, 3652. Kritisch hierzu vor allem *Spickhoff* (Fn. 182), S. 125 ff., der eine Haftung nach § 823 Abs. 2 BGB nur dann verneinen will, wenn sich das Schutzgesetz in jeder Hinsicht als abschließend darstellt und so auch seine Ergänzung durch eine deliktische Haftung ausschließt (vgl. auch Soergel/ *Spickhoff* § 823 Rn. 199 ff.).

[195] Vgl. etwa BGH, NJW 2005, 2703, 2704; 2010, 3651, 3652.

[196] BGH, NJW 2008, 1734, 1735 f.

[197] BGH, NJW 2006, 2110, 2112; 2008, 1734, 1736.

§ 12 Haftung für Gefährdung und vermutete Pflichtwidrigkeit

1. Haftung für zu beaufsichtigende Personen

a) Pflicht zur Aufsicht über Schuldunfähige

557 Wer wegen Minderjährigkeit oder Störung seiner Geistestätigkeit nach §§ 827 f. BGB von der Deliktshaftung ausgenommen ist, untersteht häufig der Sorge durch einen anderen, Kinder der Sorge ihrer Eltern oder ihres Vormunds, in ihrer Geistestätigkeit Beschränkte der Sorge ihres Betreuers. Zu den Aufgaben des Sorgeberechtigten gehört es auch zu verhindern, dass sein Schützling keinen Dritten schädigt. Dient er damit zunächst einmal dem Interesse des Schützlings, versieht das Deliktsrecht die Sorgepflicht mit einer Drittwirkung, indem § 832 Abs. 1 BGB denjenigen, der kraft Gesetzes zur Aufsicht über einen Minderjährigen oder Betreuungsbedürftigen verpflichtet ist, im Fall einer von diesem verübten widerrechtlichen Schädigung für haftbar erklärt, wenn er nicht nachweisen kann, dass er seiner Aufsichtspflicht genügt hat oder der Schaden auch bei gehöriger Beaufsichtigung entstanden wäre. Da Anknüpfungspunkt der Einstandspflicht nicht etwa die Gefährlichkeit des Minderjährigen oder Betreuungsbedürftigen, sondern der eigene Sorgfaltsverstoß des Aufsichtspflichtigen ist, kann man hier weder von einer Gefährdungshaftung noch auch nur davon sprechen, dass die Haftung des Aufsichtspflichtigen ihr ähnlich ist[1]. Die gesetzliche Vermutung des Pflichtverstoßes[2] beruht darauf, dass die Tat des Betreuungsbedürftigen wahrscheinlich macht, dass der Aufsichtspflichtige seiner auch Dritten gegenüber begründeten Sorgepflicht nicht nachgekommen ist. Zudem verfügt der Geschädigte im Normalfall auch nicht über hinreichende Kenntnisse, um dem Aufsichtspflichtigen einen Pflichtverstoß nachzuweisen. Dieses Privileg gilt folglich auch nur für geschädigte Dritte und nicht etwa auch für den Betreuungsbedürftigen selbst, der den zu seiner Sorge Verpflichteten deliktsrechtlich nur nach § 823 BGB in Anspruch nehmen kann.[3] Damit der Aufsichtspflichtige einem Dritten haftbar ist, muss der Betreuungsbedürftige, ohne sich auf einen Rechtfertigungsgrund berufen zu können, den Unrechtstatbestand der §§ 823 oder 826 BGB verwirklicht haben. Im Fall der Haftung wegen Verletzung eines absoluten Rechts ist also Voraussetzung, dass er sich den Vorwurf eines Sorgfaltspflichtverstoßes gefallen lassen muss.[4] Neben dem kraft Gesetzes zur Aufsicht Verpflichteten ist nach § 832 Abs. 2 BGB auch derjenige haftbar, der sie vertraglich übernimmt, wobei es entgegen der Ansicht der Rechtsprechung[5] und wie bei der Delegation deliktsrechtlicher Sorgfaltspflichten im Allgemeinen[6] nicht auf die Wirksamkeit des

---

1 So aber MünchKomm/*Wagner* § 832 BGB Rn. 3 f., der freilich den Zurechnungsgrund der Gefährdungshaftung doch nicht gelten lassen will.

2 Und nicht etwa nur des Verschuldens; vgl. *Larenz/Canaris*, Schuldrecht BT 2, S. 485.

3 BGH, NJW 1996, 53.

4 Es bedarf daher gar nicht erst der von MünchKomm/*Wagner* § 832 BGB Rn. 22 vorgeschlagenen teleologischen Reduktion auf den Fall einer Pflichtverletzung durch den Schuldunfähigen, weil auch dieser eine solche ohne Weiteres begehen kann.

5 BGH, NJW 1996, 53, 54.

6 S. o. Rn. 531.

Vertrags, sondern auf die tatsächliche Übernahme der Betreuung ankommt.[7] Das Maß der Aufsicht richtet sich nach den persönlichen Eigenschaften des Betreuungsbedürftigen. Bei der Entscheidung, wie ein Kind zu ordnungsgemäßem Verhalten zu erziehen und von der Schädigung Dritter abzuhalten ist, steht den Eltern ein pädagogischer Beurteilungsspielraum zu, der auch bei der Einschätzung ihrer Schadensersatzpflicht zu beachten ist.[8] Hat sich im Verhalten des Kindes eine Gefahr verwirklicht, die nicht kindestypisch ist, sondern die auch von jedem voll schuldfähigen Täter ausgehen könnte, haften die Eltern nicht nach § 832 BGB, sondern allenfalls gemäß § 823 BGB und deshalb, weil der Geschädigte nachweisen kann, dass im Einzelfall eine Sorgfaltspflicht zur Abschirmung einer besonderen Gefahr bestand, die für die Eltern erkennbar war.[9] Ist der Betreuungsbedürftige neben dem Aufsichtspflichtigen haftbar, hat er nach § 840 Abs. 2 BGB den Schaden im Innenverhältnis allein zu tragen, wenn seine Haftung regulär, beim Minderjährigen also gemäß § 828 Abs. 3 BGB wegen hinreichender Einsichtsfähigkeit begründet ist; trifft ihn dagegen bloß die Billigkeitshaftung nach § 829 BGB, ist der Aufsichtspflichtige ihm gegenüber allein verpflichtet.

b) Pflicht zur Aufsicht über Verrichtungsgehilfen

Sind die Sorgfaltspflichten, aus deren Verletzung die Deliktshaftung entspringt, **558**
auch, für sich genommen, nicht übertragbar und daher kein tauglicher Anknüpfungspunkt für eine Gehilfenhaftung gemäß § 278 BGB,[10] schließt dies doch nicht aus, dass ein Arbeitgeber für seine Arbeitnehmer einzustehen hat, wenn diese in Erfüllung der ihnen zugewiesenen Aufgaben einen anderen schädigen. Und diese Haftung kann, da sie an das von der Tätigkeit für den Arbeitgeber ausgehende Risiko anknüpft, durchaus ebenso strikt sein wie die Einstandspflicht für Erfüllungsgehilfen und nur an Pflichtverletzung und Verschulden des Arbeitnehmers anknüpfen. Der Gesetzgeber des BGB von 1900 hat sich freilich ebenso wie der des schweizerischen OR (Art. 55) anders entschieden und in § 831 Abs. 1 keine unbedingte, sondern eine Haftung des Arbeitgebers für eigene Pflichtverletzung statuiert, die jedoch vermutet wird:[11] Hat ein von ihm eingesetzter Arbeitnehmer, den das Gesetz hier Verrichtungsgehilfe nennt,[12] einen der Unrechtstatbestände der §§ 823 ff. BGB verwirklicht und so widerrechtlich einen Schaden angerichtet, ist der Arbeitgeber hierfür verantwortlich, wenn es ihm nicht gelingt, den Nachweis zu führen, dass er den Verrichtungsgehilfen sorgfältig ausgewählt und überwacht hat.[13]

---

[7] Richtig MünchKomm/*Wagner* § 832 BGB Rn. 20, Soergel/*Krause* § 832 Rn. 14. Anders Staudinger/*Belling* (2007) § 832 Rn. 32 ff., AnwK/*Katzenmeier* § 832 Rn. 8.

[8] BGH, NJW 1990, 2553, 2554; 2009, 1952, 1953.

[9] Richtig *Schoof*, Die Aufsichtspflicht der Eltern über ihre Kinder im Sinne des § 832 Abs. 1 BGB, Frankfurt a. M. 1999, S. 142.

[10] S. o. Rn. 531.

[11] Und nicht etwa nur das Verschulden; vgl. *Larenz/Canaris*, Schuldrecht BT 2, S. 475.

[12] Zur Identität von Arbeitnehmer und Verrichtungsgehilfen MünchKomm/*Wagner* § 831 BGB Rn. 14, Soergel/*Krause* § 831 Rn. 19 ff.; vgl. auch BGH, NJW 2009, 1740, 1741.

[13] Dagegen ist § 831 Abs. 2 BGB ohne eigenständigen Regelungsgehalt, weil er den Fall der Übernahme durch einen Selbständigen betrifft und nur vorsieht, was schon die Dogmatik zur

559 Ausgehend von der verfehlten Vorstellung des Erfolgsunrechts[14] versteht die Rechtsprechung diese Bestimmung im Fall des § 823 Abs. 1 BGB so, dass dem Verrichtungsgehilfen noch nicht einmal eine Pflichtverletzung, sondern allein die Herbeiführung des schädlichen Erfolgs vorzuwerfen sein muss.[15] Da auf diese Weise auch Verhalten sanktioniert würde, das, wenn es das des Arbeitgebers selbst wäre, mangels Pflichtverstoßes überhaupt keine Haftung auslöste, sieht sich die Rechtsprechung freilich gezwungen, einen Rechtfertigungsgrund des „verkehrsrichtigen Verhaltens" anzuerkennen, der die Haftung ausschließt, wenn dem Verrichtungsgehilfen kein Sorgfaltsverstoß zur Last gelegt werden kann;[16] oder sie schließt eine Haftung unter Berufung auf den Schutzzweck der Norm aus[17]. Einfacher und dogmatisch stringent ist es, hier ebenso wie bei der direkten Haftung gemäß § 823 Abs. 1 BGB vom **Verhaltensunrecht** auszugehen und den Tatbestand der Rechtsverletzung nur in dem Fall zu bejahen, dass der Verrichtungsgehilfe selbst gegen eine Sorgfaltspflicht verstoßen hat.[18] Nur dann liegt ein der Schutzgesetzverletzung gemäß § 823 Abs. 2 BGB oder der arglistigen Schädigung nach § 826 BGB vergleichbarer Anknüpfungspunkt für die Einstandspflicht des Arbeitgebers vor, der die Unterstellung seiner Pflichtwidrigkeit und seines Verschuldens trägt. Auf die Wirksamkeit des Arbeitsvertrags kann es dabei nicht ankommen; ebenso wie bei der Haftung nach § 278 BGB[19] genügt, dass sich der Gehilfe tatsächlich der Weisung des Arbeitgebers unterordnet. Die Schädigung muss freilich in einem **inneren Zusammenhang** mit der übertragenen Tätigkeit stehen und sich nicht nur aus einer Rechtsverletzung ergeben, die der Dritte auch ohne sie hätte verüben können;[20] denn nur wenn sie Ausfluss der für den Arbeitgeber verrichteten Tätigkeit ist, besteht Anlass, ihm den Entlastungsbeweis sorgfältiger Auswahl und Überwachung aufzubürden. Dieser ist bezogen auf den Moment der schädigenden Handlung zu führen, so dass er nur dann gelingt, wenn der Arbeitgeber nachweisen kann, dass der Verrichtungsgehilfe auch zu diesem Zeitpunkt nach laufender Kontrolle noch derart zuverlässig erschien, dass man ihn mit der schadensträchtigen Handlung betrauen durfte.[21] Für den Ausgleich zwischen Arbeitgeber und direkt haftendem Arbeitnehmer untereinander gilt § 840 Abs. 2 BGB, der den Schaden allein dem Arbeitnehmer zuweist, aber durch die Grundsätze über die Beschränkung der Arbeitnehmerhaftung[22] weitgehend außer Kraft gesetzt ist.

Übertragung deliktsrechtlicher Sorgfaltspflichten (s. o. Rn. 531) ausgibt, nämlich dass der Übernehmer so steht wie der Primärpflichtige.

[14] S. o. Rn. 524.

[15] BGH, NJW 1996, 3205, 3207.

[16] BGH, NJW 1957, 785, 786.

[17] BGH, NJW 1996, 3205, 3207.

[18] Richtig MünchKomm/*Wagner* § 831 BGB Rn. 31. Ebenso wenig überzeugend wie der BGH dagegen *Medicus/Lorenz*, Schuldrecht BT, Rn. 1255, die durch den mangelnden Sorgfaltspflichtverstoß die Vermutung des Zusammenhangs zwischen fehlerhafter Auswahl und Schaden widerlegt sehen.

[19] Vgl. *Harke*, Allgemeines Schuldrecht, Rn. 243.

[20] BGH, NJW-RR 1989, 723, 725.

[21] BGH, NJW 2003, 288, 290.

[22] S. o. Rn. 289 ff.

c) Organisationsverschulden und Ausdehnung der Organhaftung

Die Rechtsprechung hat das vom Gesetzgeber mit § 831 BGB verfolgte Ziel zunächst sehr ernst genommen und sogar eine dezentralisierte Entlastung des Arbeitgebers zugelassen, indem sie schon den Nachweis sorgfältiger Auswahl und Überwachung auf der Ebene der leitenden Angestellten unterhalb der Geschäftsführung genügen ließ.[23] Später hat sie die umgekehrte Richtung eingeschlagen und den Entlastungsbeweis erheblich erschwert. Sie fordert von einem Unternehmen nun, die Überwachung der Arbeitnehmer jemandem zu übertragen, für den die unbedingte Organhaftung gemäß § 31 BGB eingreift.[24] Ist ein Unternehmen nicht auf diese Weise strukturiert, haftet es für seine mangelhafte Organisation, ohne dass es noch auf die Frage der sorgfältigen Auswahl und Überwachung des Arbeitnehmers ankommt, von dem die Schädigung ausgeht.[25] Mit der Anerkennung einer Organisationsobliegenheit, die nicht Rechtspflicht gegenüber Dritten, sondern gleichsam Zurechnungsregel ist,[26] wird nicht nur der dezentralisierte Entlastungsbeweis wieder ausgehebelt. Die Einstandspflicht für das Fehlverhalten von Arbeitnehmern ist vielmehr im Ergebnis von einer Verantwortlichkeit für vermutete Pflichtwidrigkeit zu einer strikten Haftung mutiert. Diese lässt jedoch einerseits eine Lücke, andererseits schafft sie einen Widerspruch: Die Lücke besteht darin, dass das Konzept des **Organisationsverschuldens** bei einem Unternehmen versagt, das nicht von einem Verband, sondern von einer natürlichen Person betrieben wird und daher nicht der Organhaftung nach § 31 BGB unterfällt, obwohl in diesem Fall kein geringeres Organisations- und Überwachungsbedürfnis als beim Verband besteht. Der Widerspruch ergibt sich daraus, dass die von der Rechtsprechung kreierte Organisationspflicht schwerer wiegen soll als die vom Gesetz geforderte Pflicht zu sorgfältiger Auswahl und Überwachung des schädigenden Gehilfen: Ist er tatsächlich gehörig ausgewählt und überwacht worden, soll es dem Arbeitgeber entgegen § 831 BGB gleichwohl verwehrt sein, den Entlastungsbeweis zu führen, weil er Auswahl oder Überwachung einer falschen Person übertragen hat. Statt für das schadensträchtige Fehlverhalten des Gehilfen soll er also für die Verletzung einer Pflicht haften, die mit dem Schaden in keinem Ursachenzusammenhang steht. **560**

Will man die Fehlentscheidung des Gesetzgebers von 1900 korrigieren, darf man dies nicht versteckt durch Erfindung einer Organisationspflicht tun, sondern muss offen aussprechen, dass und warum dem Gesetz keine Folge zu leisten ist.[27] **561**

---

23 BGH, NJW 1952, 418 f.

24 BGH, NJW-RR 1996, 8678, 868.

25 Kritisch hierzu etwa *Fikentscher/Heinemann*, Schuldrecht, Rn. 1598.

26 Richtig *Spindler*, Unternehmensorganisationspflichten, Köln u. a. 2001, S. 760 ff., der geltend macht, dass bei Annahme einer Rechtspflicht zur Organisation auch eine solche zur Deckung von Haftungsschäden bestehen müsste, die jedoch jenseits ausdrücklicher gesetzlicher Bestimmungen für bestimmte Arten der Gefährdungshaftung nicht existiert. Dass die Organisationspflicht nicht an sich, sondern nur in Ausrichtung auf die durch sie gewährleistete Erfüllung der jeweiligen Sorgfaltspflicht besteht, stellt auch *Brüggemeier*, Deliktsrecht, Rn. 128 heraus.

27 Umgekehrt, nämlich für eine Einschränkung der Haftung wegen einer Organisationspflichtverletzung durch das Verschuldensprinzip *Matusche-Beckmann*, Das Organisationsverschulden, Tübingen 2001, S. 121 ff.

Versagt man ihm im Fall der deliktischen Gehilfenhaftung den Respekt, kann man dies mit ähnlicher Begründung wie bei der Haftung für *culpa in contrahendo* tun, die im BGB von 1900 eigentlich nicht vorgesehen war, sich aber dann weit vor ihrer Kodifikation im Jahre 2002 doch so durchgesetzt hat, dass das Gesetz bald überholt war. Gerechtfertigt war diese Rechtsfortbildung deshalb, weil das Gesetz von vornherein einen Widerspruch enthielt, indem es die Haftung für einfache Pflichtverletzungen unter Vertragsparteien eröffnete, obwohl es keinen plausiblen Grund gab, vorvertragliches Fehlverhalten hiervon auszunehmen.[28] Ein vergleichbarer Widerspruch besteht auch bei der deliktischen Haftung für Gehilfen: § 31 BGB, der die unbedingte **Organhaftung** eines Vereins für die Mitglieder seines Vorstands und andere verfassungsmäßig berufene Vertreter statuiert, löst eine **Kette** von **Analogieschlüssen** aus, die in ein § 831 BGB verdrängendes Prinzip münden. § 31 BGB ist nicht nur auf Vereine, sondern auf alle Verbände bis hin zur Gesellschaft bürgerlichen Rechts[29] anzuwenden; und er ist nach Ansicht der Rechtsprechung außer auf Vertreter im eigentlichen Sinne auf alle Repräsentanten auszudehnen, die selbständig und eigenverantwortlich eine bestimmte Aufgabe oder Funktion für den Verband wahrnehmen[30]. Diese Erweiterung des Anwendungsbereichs der Vorschrift, die auf dem Gedanken einer Vertretung im Delikt beruht,[31] ist durchaus konsequent, weil sich schon die im Gesetz vorgesehene Haftung für einen verfassungsmäßig berufenen Vertreter nicht mehr mit dem nur auf den Vereinsvorstand passenden Argument begründen lässt, der Verband müsse für diejenigen Personen einstehen, die ihn erst so handlungsfähig machen wie eine natürliche Person. Nur wenn man dies für die Grundlage der Organhaftung hielte, wäre sie auch durchaus verträglich mit der von § 831 Abs. 1 BGB vorgesehenen Möglichkeit einer Entlastung beim Fehlverhalten eines Arbeitnehmers. Schließt man dagegen richtigerweise von der Haftung für einen verfassungsmäßig berufenen Vertreter auf die Haftung für alle Repräsentanten, weil sich das Unternehmen nicht durch Zurückhaltung bei der Bestellung von Vertretern der Haftung entziehen können soll, kommt man nicht umhin, auch eine unbedingte Einstandspflicht für alle Arbeitnehmer anzunehmen.[32] Denn es ist nicht einzusehen, warum unselbständige Arbeitnehmer, die gewissermaßen nur der verlängerte Arm der selbständig handelnden Arbeitnehmer sind, anderen Schaden zufügen können sollen, ohne dass der Arbeitgeber hierfür unbedingt einzustehen hätte. Ist ein Verband für das Verhalten seiner unselbständigen Arbeitnehmer unbedingt haftbar, darf aber nichts anderes gelten, wenn die Verbandsstruktur fehlt und der Arbeitnehmer, dessen Verhalten den Schaden auslöst, seine Anweisung unmittelbar von dem Arbeitgeber erhält, der das Unternehmen als natürliche Person führt. § 31 BGB erweist sich damit als eine Norm, deren Rechtsgedanken dem des § 831

---

28 Vgl. *Harke*, Allgemeines Schuldrecht, Rn. 281 ff.

29 S. o. Rn. 473.

30 BGH, NJW 1998, 1854, 1856.

31 *Martinek*, Repräsentantenhaftung, Berlin 1979, S. 222 ff.

32 Anders *Kleindieck*, Deliktshaftung und juristische Person, Tübingen 1997, S. 357 ff., der zwar den Analogieschluss aus § 31 BGB im Fall der Repräsentanten des Arbeitgebers unterstützt, eine weitere Ausdehnung der unbedingten Einstandspflicht des Arbeitgebers aber für gesetzeswidrig hält.

BGB zuwiderläuft, so dass das Gesetz inkohärent und ähnlich wie früher bei der *culpa in contrahendo* im Wege der Rechtsfortbildung zu korrigieren ist.[33]

Das Ergebnis ist eine dem Vorbild des *Code civil* (Art. 1384)[34] folgende **unbedingte Haftung** für **Arbeitnehmer** nach § 823 Abs. 1 BGB, bei der dem Arbeitgeber die Entlastung durch den Nachweis sorgfältiger Auswahl und Überwachung von vornherein versperrt ist.[35] Ebenso wie bei § 831 BGB[36] kommt es auch hier nicht auf die Wirksamkeit des Arbeitsvertrags, sondern nur auf die tatsächliche Unterordnung unter die Weisungen des Arbeitgebers an; und die Haftung greift wiederum bloß dann ein, wenn die Rechtsverletzung in einem inneren Zusammenhang mit der übertragenen Tätigkeit steht: Denn nur wenn gerade die Tätigkeit des Arbeitnehmers für den Arbeitgeber das Risiko einer Verletzung des Geschädigten erhöht hat, hat sich im Schaden auch das spezifische Risiko verwirklicht, das es rechtfertigt, dem Arbeitgeber die Gefährdungshaftung für seine Gehilfen aufzuerlegen. Dies schließt aber keineswegs die Haftung des Arbeitgebers für vorsätzliche Taten des Arbeitnehmers zulasten des Geschädigten aus, sofern diese gerade durch die Tätigkeit ermöglicht wurde, zu der der Arbeitnehmer bestellt worden ist.[37] Hätte es zu der Schädigung dagegen auch kommen können, ohne dass der Arbeitnehmer für den Arbeitgeber tätig geworden ist, besteht kein Grund für eine Zurechnung des Verhaltens des Arbeitnehmers. 562

2. Haftung für Tiere und Sachen

a) Tierhalter- und Tieraufseherhaftung

Noch größer als die Gefahr, die mit der Beschäftigung von Arbeitnehmern einhergeht, ist das Risiko, das von Tieren ausgeht. Ebenso wie Menschen sind sie unbeherrschbar, anders als diese aber auch nicht vernunftbegabt und daher zwar zu trainieren, aber nie zu überzeugen. Dementsprechend unterwirft das BGB in §§ 833 f. einen Tierhalter einer regelrechten Gefährdungshaftung für die von einem Tier[38] ausgehende Verletzung eines Menschen oder die Beschädigung einer Sache. Diese 563

---

[33] Zu demselben Resultat will *Brüggemeier*, Deliktsrecht, Rn. 130 ff., 512 durch eine Analogie zu § 278 BGB kommen, die jedoch zu weit geht, weil sie auch die selbständige Übernahme der Erfüllung einer Sorgfaltspflicht abdeckt, die jedoch nicht mehr dem Modus der Begründung deliktsrechtlicher Pflichten entspricht; s. o. Rn. 531.

[34] Diesem Beispiel folgt auch der Entwurf eines Gemeinsamen Referenzrahmens; vgl. Art. VI. – 3:201 DCFR.

[35] Zumindest *de lege ferenda* bevorzugt sie auch MünchKomm/*Wagner* § 823 BGB Rn. 390.

[36] Neben einer strikten Gehilfenhaftung erkennt *Brüggemeier*, Deliktsrecht, Rn. 887 ff. einen Anwendungsbereich für diese Vorschrift noch bei der Haftung für angestellte Träger eines freien Berufs.

[37] Ebenso für § 831 BGB *Larenz/Canaris*, Schuldrecht BT 2, S. 480, *Kötz/Wagner*, Deliktsrecht, Rn. 283, Bamberger/Roth/*Spindler* § 831 Rn. 21 und AnwK/*Katzenmeier* § 831 Rn. 28. Anders *Fikentscher/Heinemann*, Schuldrecht, Rn. 1671, Staudinger/*Belling* (2007) § 831 Rn. 83 und Soergel/*Krause* § 831 Rn. 33, der nur typische Abirrungen des Gehilfen erfasst sieht.

[38] Unter diesen Begriff fällt nicht ein bloßer Mikroorganismus; vgl. Staudinger/*Eberl-Borges* (2007) § 833 Rn. 10 ff.

ist allerdings durch die Eröffnung eines **Entlastungsbeweises** für denjenigen durchbrochen, der ein **Nutztier** hält und es mit der im Verkehr erforderlichen Sorgfalt beaufsichtigt hat oder nachweisen kann, dass der Schaden auch bei Anwendung dieser Sorgfalt entstanden wäre, die Pflichtverletzung also nicht kausal für den Schaden geworden ist. Geschaffen wurde diese Ausnahme erst nach Inkrafttreten des BGB von 1900 unter Rücksicht auf die Wünsche der tierhaltenden Unternehmen, die üblicherweise nicht für die Haftpflicht aus Tierschaden versichert waren. Da einerseits die Bedeutung der Tierhaltung für die Industrie deutlich abgenommen hat, andererseits die Versicherung gegen die hieraus erwachsenden Risiken ohne Weiteres möglich und gängig geworden ist, entbehrt der Entlastungsbeweis für Nutztierhalter, wie der BGH schon vor geraumer Zeit festgestellt hat,[39] heute eines vernünftigen Sinns.[40] Anders als die vergleichbare Bestimmung zur Schädigung durch Arbeitnehmer (§ 831 BGB) kann er mangels innergesetzlichen Widerspruchs aber leider nicht vernachlässigt werden. Kommt es deshalb darauf an, ob ein Tier Nutz- oder Luxustier ist, kommt es bei doppelfunktionalen Tieren auf die hauptsächliche Zweckbestimmung[41] und nicht etwa darauf an, in welcher Weise das Tier in dem Moment seines schädlichen Verhaltens genutzt wurde. Denn das Privileg des Entlastungsbeweises knüpft nicht an einen Unterschied im Gefährdungspotential der Nutzung, sondern an die Bedeutung des Tieres für die wirtschaftliche Existenz seines Halters an.

564 **Halter** eines Tieres ist nicht notwendig sein Eigentümer,[42] sondern wer für die Kosten seiner Unterhaltung aufkommt und das wirtschaftliche Risiko seines Verlustes trägt.[43] Kommt ihm das Tier vorübergehend abhanden, verliert er seine Stellung als Halter nicht, solange sich nicht eine andere Person hierzu aufschwingt[44]. Veräußert er das Tier, wechselt die Haltereigenschaft in der Regel noch nicht mit Abschluss des schuldrechtlichen Vertrags, aber auch nicht erst mit dem Eigentumserwerb, sondern mit der Übergabe.[45] Schaltet der Halter einen selbständigen Tieraufseher, also insbesondere eine Hirten, Mieter[46] oder den Besitzer einer Tierpension, ein,[47] beschränkt sich seine eigene Sorgfaltspflicht, deren Einhaltung ihm bei einem Nutztier die Entlastung ermöglicht, auf die Auswahl und Überwachung des Aufsehers. Dieser haftet selbst gemäß § 834 BGB auch im Fall der Beaufsichtigung eines Luxustiers nur dann, wenn ihm der Nachweis der Einhaltung der im Verkehr erforderlichen Sorgfalt misslingt. Anders als beim Tierhalter ist diese Ein-

---

[39] BGH, NJW 1986, 2501, 2502.

[40] Eine durchgängig objektive Haftung sieht daher auch der Entwurf eines Gemeinsamen Referenzrahmens vor; vgl. Art. VI. – 3:203 DCFR.

[41] BGH, NJW-RR 2005, 1183.

[42] BGH, NJW-RR 1990, 987.

[43] BGH, NJW-RR 1988, 655, 656.

[44] MünchKomm/*Wagner* § 833 BGB Rn. 24.

[45] MünchKomm/*Wagner* § 833 BGB Rn. 26.

[46] BGH, NJW 1987, 949, 950.

[47] Entscheidend ist hier wie sonst auch (s. o. Rn. 531) die tatsächliche Übernahme der Pflicht und nicht, ob der zugrunde liegende Vertrag wirksam ist; vgl. MünchKomm/*Wagner* § 834 BGB Rn. 5.

schränkung, die die Haftung des **Tieraufsehers** zur bloßen Verschuldenshaftung macht, durchaus sinnvoll, weil die Gefahr, die von dem Tier ausgeht, schon dem Halter zugewiesen ist.

Sowohl die Gefährdungshaftung des Tierhalters als auch die Einstandspflicht **565** für vermutetes Verschulden des Tieraufsehers greifen aber nur dann ein, wenn sich in dem Schaden die spezifische **Tiergefahr** verwirklicht hat.[48] Diese liegt entgegen der Ansicht der Rechtsprechung[49] nicht in der Unbeherrschbarkeit des Tieres, die auch Menschen kennzeichnet, sondern in seiner Unvernunft,[50] so dass sich die typische Gefährlichkeit eines Tieres auch verwirklicht, wenn es in blindem Gehorsam den Weisungen eines Menschen gehorcht.[51] Nicht mehr der Tiergefahr zuordnen lässt sich dagegen der Fall, dass es den Schaden durch die Übertragung von Krankheiten herbeiführt,[52] weil sich das Tier auch in dieser Hinsicht nicht von einem Menschen unterscheidet. Ist der Nutzer des Tieres selbst zu Schaden gekommen, ist die Haftung des Tierhalters in aller Regel nicht von vornherein wegen einer bewussten Risikoübernahme durch den Nutzer ausgeschlossen, sondern nur unter dem Gesichtspunkt des Mitverschuldens gemäß § 254 BGB zu beschränken.[53] Trifft die Haftung des Tierhalters oder Tieraufsehers mit der eines Dritten zusammen, die aus nachgewiesenem und nicht nur vermutetem Verschulden folgt, ist nach § 840 Abs. 3 BGB im Innenverhältnis der Dritte allein verpflichtet.

b) Haftung für Grundstücke und Gebäude

Ausschließlich als Haftung für vermutetes Verschulden ist im BGB die Einstands- **566** pflicht für die Verletzung von Menschen oder Beschädigung von Sachen ausgestaltet, die durch den Einsturz eines Gebäudes oder Werks[54] oder die Ablösung seiner Teile[55] erfolgt und auf einen Mangel der Errichtung oder Unterhaltung des Gebäudes zurückgeht.[56] § 836 BGB unterwirft in diesem Fall den aktuellen und früheren

---

48 BGH, NJW-RR 2006, 813, 814.

49 Vgl. BGH, NJW-RR 2006, 813, 814.

50 Diese ist natürlich nur relevant, weil sich das Tier anders als Sachen selbständig verhalten kann. Hierin liegt aber entgegen Staudinger/*Eberl-Borges* (2007) § 833 Rn. 40 f. und Soergel/*Krause* § 833 Rn. 6 noch nicht die eigentliche Gefahr.

51 Richtig *Larenz/Canaris*, Schuldrecht BT 2, S. 616, *Deutsch/Ahrens*, Deliktsrecht, Rn. 536, AnwK/*Katzenmeier* § 833 Rn. 8 und im Ergebnis auch *Brüggemeier*, Deliktsrecht, Rn. 942. Gegen das Kriterium der Unbeherrschbarkeit auch Erman/*Schiemann* § 833 Rn. 4.

52 Anders Erman/*Schiemann* § 833 Rn. 4, der die Tiergefahr nur dann nicht verwirklicht sieht, wenn das Tier keinerlei eigene Energie aufwendet.

53 Für eine auf die Analogie zu § 8 Nr. 2 StVG gestützte generelle Ausnahme des Reiters eines Pferdes von der Ersatzberechtigung dagegen MünchKomm/*Wagner* § 833 BGB Rn. 20.

54 Diese müssen mit dem Grundstück nicht verbunden sein, sondern können hierauf auch aus eigener Schwerkraft beruhen, dürfen aber keine bloßen Haufen sein; vgl. MünchKomm/*Wagner* § 836 BGB Rn. 8, Staudinger/*Belling* (2007) § 836 Rn. 18.

55 Hierunter fällt auch ein Wasseraustritt; vgl. BGH, NJW 2003, 2377, 2379.

56 Viel weiter ist die entsprechende Bestimmung im Entwurf eines Gemeinsamen Referenzrahmens, die jeden Schaden abdeckt, der auf den unsicheren Zustand des Grundstücks oder Gebäudes zurückgeht; vgl. Art. VI. – 3:202 DCFR.

Grundstückseigenbesitzer, § 837 BGB einen hiervon verschiedenen Eigenbesitzer eines Werks und § 838 BGB denjenigen, der wie etwa ein Mieter[57] tatsächlich[58] die Unterhaltung von Gebäude oder Werk übernommen hat, einer Haftung, die jeweils durch den Nachweis der Einhaltung der im Verkehr erforderlichen Sorgfalt abgewendet werden kann. Auslöser für die gesetzliche **Vermutung** von **Pflichtverletzung** und Verschulden ist, dass der Fehler des Gebäudes oder Werks dem Herrschaftsbereich des Eigentümers oder Unerhaltspflichtigen entstammt und wahrscheinlich macht, dass dieser seiner Sorgfaltspflicht nicht nachgekommen ist. Obwohl der Mangel in der Errichtung oder Unterhaltung des Gebäudes oder Werks dennoch eigentlich vom Geschädigten nachzuweisen ist, begründen zu seinen Gunsten schon der bloße Einsturz oder die Ablösung des Teils den Anscheinsbeweis, dass ein Fehler des Gebäudes oder Werks vorhanden und für den Einsturz oder die Ablösung ursächlich war.[59] Erschüttert werden kann dieser Anscheinsbeweis durch den Nachweis einer äußeren Einwirkung, der die Ursächlichkeit des Gebäudemangels in Frage stellt.

567 Der Anwendungsbereich der §§ 836 ff. BGB ist entgegen der Ansicht der Rechtsprechung[60] nicht auf kinetisch wirkende Kräfte beschränkt, sondern erstreckt sich auch auf Fälle, in denen der Einsturz oder die Ablösung dazu geführt haben, dass ein anderer oder der Geschädigte ausgewichen ist und so den Schaden verursacht hat.[61] Eine **Analogie** zu §§ 836 ff. BGB bei der Beschädigung durch bewegliche Sachen kommt wegen der Sonderrolle, die Gebäude im Deliktsrecht seit jeher spielen,[62] nicht in Betracht.[63] Sie ist aber auch kaum nötig, weil sich die mit ihrer Hilfe erzielten Ergebnisse im Regelfall schon durch die bei einer Haftung nach § 823 Abs. 1 BGB anerkannten Beweisregeln[64] erzielen lassen: Kommt jemand infolge der Ablösung des Teils einer beweglichen Sache oder eines vergleichbaren Ereignisses zu Schaden, ist wie bei der Gebäudehaftung der Anscheinsbeweis für den mangelhaften Zustand der Sache geführt und so zugleich dargetan, dass der für den Schaden verantwortliche objektive Fehler seine Ursache in dem Organisations- und Herrschaftsbereich des Eigentümers oder Unterhaltspflichtigen hat. Daher trifft diese nun auch die Beweislast dafür, dass sie keine Sorgfaltspflichtverletzung begangen haben. Der Unterschied zur Haftung aus §§ 836 ff. BGB reduziert sich damit auf die Frage des Verschuldens, der jedoch deshalb kaum Bedeutung zukommt, weil der

---

57 BGH, NJW-RR 1990, 1423, 1424.

58 MünchKomm/*Wagner* § 838 BGB Rn. 5, Staudinger/*Belling* (2007) § 836 Rn. 4.

59 BGH, NJW 1999, 2593, 2594; NJW-RR 2006, 1098, 1099.

60 Vgl. BGH, NJW-RR 1990, 1500, 1501.

61 MünchKomm/*Wagner* § 836 BGB Rn. 18, Staudinger/*Belling* (2007) § 836 Rn. 37. Anders *Petershagen*, Die Gebäudehaftung, Berlin 2000, S. 157 ff., der die Beschränkung auf eine bewegend wirkende Kraft zumindest bei der unmittelbaren Schädigung durch Gebäude- oder Werkteile für sinnvoll hält.

62 Vgl. *Harke*, Allgemeines Schuldrecht Rn. 265.

63 Anders MünchKomm/*Wagner* § 836 BGB Rn. 5; offen BGH, NJW-RR 2006, 1098, 1099. Gegen die von Staudinger/*Belling* (2007) § 836 Rn. 12 befürwortete Analogie zu § 836 BGB im Fall einer Beschädigung durch Gebäude, die nicht durch deren Einsturz oder die Ablösung von Teilen verursacht wird, Soergel/*Krause* § 836 Rn. 16.

64 S. o. Rn. 531.

Schädiger nur im Ausnahmefall wegen seiner Schuldunfähigkeit oder eines unvermeidbaren Irrtums entlastet ist.

c) Haftung für Produkte

Auf der Grenze zwischen Gefährdungshaftung und der Einstandspflicht für vermutete Pflichtverletzung liegt die spezialgesetzliche Haftung für fehlerhafte bewegliche Sachen nach dem ProdHaftG. Seine Bestimmungen beruhen auf der Produkthaftungsrichtlinie (1985/374/EWG), die ihrerseits nach einer Vollharmonisierung der Produkthaftung in den Mitgliedsstaaten strebt[65].[66] Die so vereinheitlichte Haftung besteht in einer **Kombination** aus **Gefährdungshaftung** und **Vermutung** eines **Pflichtverstoßes**, die sich einer klaren Zuordnung widersetzt:[67] Zwar ist der Hersteller eines Produkts, dessen Fehler zur Verletzung eines Menschen oder einer Sachbeschädigung geführt hat, nach § 1 Abs. 1 ProdHaftG scheinbar schon aufgrund dieser bloßen Kausalität von Produktmangel und Schaden haftbar; ihm ist jedoch nach Abs. 2 Nr. 4, 5 der Vorschrift die Entlastung durch den Nachweis eröffnet, dass das Produkt, obwohl objektiv fehlerhaft, zwingenden Rechtsvorschriften gemäß oder der Fehler in dem Moment, in dem das Produkt in den Verkehr gebracht wurde, nach dem Stand von Wissenschaft und Technik nicht erkennbar war.[68] In beiden Fällen kann dem Hersteller nicht der Vorwurf einer Sorgfaltspflichtverletzung gemacht werden, so dass auch seine Haftung nach § 823 Abs. 1 BGB ausgeschlossen wäre. Der Vorteil, den die Verpflichtung nach dem ProdHaftG bringt, beschränkt sich hier darauf, dass das Verschulden im eigentlichen Sinne keine Rolle spielt, der Produzent also auch nicht durch die kaum je vorliegende Schuldunfähigkeit oder einen unvermeidlichen Irrtum entlastet wird.[69] Dies gilt nach dem Wortlaut des ProdHaftG nicht nur im Fall eines Konstruktions- oder Instruktionsfehlers, die im mangelhaften Entwurf des Produkts[70] oder der ungenügenden Unterrichtung seines Verwenders über den bestimmungsgemäßen Gebrauch oder einen naheliegenden Fehlgebrauch[71] bestehen und jeweils die gesamte Produktreihe betreffen. 568

[65] EuGH, NJW 2006, 1409, 1410 f.

[66] Die wichtigsten Bestimmungen der Richtlinie haben Eingang in den Entwurf eines Gemeinsamen Referenzrahmens gefunden; vgl. Art. VI. – 3:204 DCFR.

[67] Richtig MünchKomm/*Wagner* vor § 1 ProdHaftG Rn. 16 ff. (vgl. auch *Kötz/Wagner*, Deliktsrecht, Rn. 615), Staudinger/*Oechsler* (2009) vor § 1 ProdHaftG Rn. 33 ff., Soergel/*Krause* § 1 ProdHaftG Rn. 5. Anders *Larenz/Canaris*, Schuldrecht BT 2, S. 645 und *Looschelders*, Schuldrecht BT, Rn. 1479, die im ProdHaftG die Grundlage für eine Gefährdungshaftung sehen.

[68] Berechtigte Kritik übt hieran *Looschelders*, Neuere Entwicklungen des Produkthaftungsrechts, JR 2003, 309, 310, der durch die Entlastungsmöglichkeit des Herstellers den Gleichlauf von Chancen und Risiken der Produktentwicklung gestört sieht und für eine Sozialisierung von Entwicklungsrisiken über die Haftpflichtversicherung des Schädigers plädiert.

[69] Eine echte Gefährdungshaftung wäre dagegen begründet, wenn Deutschland von dem Vorbehalt in Art. 15 Gebrauch gemacht und den Einwand mangelnder Erkennbarkeit des Fehlers nicht zugelassen hätte.

[70] BGH, NJW 2009, 2952, 2953.

[71] BGH, NJW 2009, 2952, 2954.

Auch bei einem Fabrikationsfehler, der bei der Herstellung des einzelnen Produkts vorgekommen ist und nur dieses selbst infiziert, kann der Hersteller durchaus für sich in Anspruch nehmen, dass der Fehler nach dem Stand von Wissenschaft und Technik, nämlich durch die gebotene Qualitätskontrolle beim Ausgang der Produkte, nicht zu erkennen war. Obwohl dies auch nach dem Wortlaut der einschlägigen Parallelbestimmung in Art. 7 Buchst. e der Richtlinie gilt, hat die deutsche Rechtsprechung die Entlastung durch den Nachweis mangelnder Erkennbarkeit des Mangels auf Konstruktions- und Instruktionsfehler beschränkt,[72] weil dem Hersteller mit ihr nur die Haftung für Entwicklungsrisiken abgenommen werden soll.[73] Dies ergibt sich indirekt aus dem nur bei Fabrikationsfehlern denkbaren Nachweis einer Fehlerfreiheit des Produkts im Moment seiner Inverkehrgabe, den § 1 Abs. 2 Nr. 2 ProdHaftG in Anknüpfung an Art. 7 Buchst. b der Richtlinie dem Hersteller zu seiner Entlastung eröffnet. Neben dem Beweis einer hinreichenden Qualitätskontrolle könnte er allenfalls insofern sinnvoll sein, als er nicht die volle richterliche Gewissheit, sondern nur verlangt, dass man nach den Umständen auszugehen hat, dass das Produkt bei seiner Inverkehrgabe fehlerfrei war. Näher liegt freilich, in § 1 Abs. 2 Nr. 2 ProdHaftG eine abschließende Regelung für die Entlastung bei einem Fabrikationsfehler zu sehen. Entschließt man sich deshalb zu einer teleologischen Reduktion der Entlastungsmöglichkeit nach § 1 Abs. 2 Nr. 5 ProdHaftG, so ist die Einstandspflicht des Herstellers für Fabrikationsfehler allerdings eine Gefährdungshaftung, für die es nicht darauf ankommt, ob dem Haftpflichtigen ein Sorgfaltspflichtverstoß zur Last gelegt werden kann oder nicht.[74]

569 Dasselbe gilt für die sich aus Art. 3 der Richtlinie und § 4 ProdHaftG ergebende Haftung anderer Glieder der Absatzkette. Dies sind der sogenannte **Quasi-Hersteller**, der sich durch Anbringen seines Namens, seiner Marke oder eines anderen Kennzeichens als Hersteller ausgibt, ohne es wirklich zu sein (Abs. 1 S. 2),[75] ferner der **Importeur** in den europäischen Wirtschaftsraum (Abs. 2) und schließlich ein **Lieferant**, dem es nicht gelingt, dem Geschädigten innerhalb eines Monats seinen Lieferanten oder den Hersteller oder Importeur zu benennen (Abs. 3).[76] Sind diese Personen neben dem Hersteller ebenfalls nach § 1 ProdHaftG haftbar, bedeutet dies, dass sie für einen fremden Sorgfaltspflichtverstoß einzustehen haben, ohne dass dieser ihnen nach den Grundsätzen über die Gehilfenhaftung[77] zuzurechnen wäre.[78] Rechtfertigen lässt sich die strikte Einstandspflicht des Quasi-Herstellers aus der

---

[72] BGH, NJW 2009, 2952, 2955.

[73] BGH, NJW 1995, 2162, 2163.

[74] MünchKomm/*Wagner* vor § 1 ProdHaftG Rn. 17, Staudinger/*Oechsler* (2009) vor § 1 ProdHaftG Rn. 37.

[75] Er haftet auch dann, wenn sich der wirkliche Hersteller ermitteln lässt; vgl. MünchKomm/*Wagner* § 4 ProdHaftG Rn. 21, Staudinger/*Oechsler* (2009) § 4 ProdHaftG Rn. 57, Soergel/*Krause* § 4 ProdHaftG Rn. 4.

[76] Dagegen kann sich der Hersteller eines Teilprodukts oder Grundstoffs, der nach § 4 Abs. 1 S. 1 ProdHaftG ebenfalls als Hersteller gilt, gemäß § 1 Abs. 3 ProdHaftG durch den Nachweis entlasten, dass der Fehler des Endprodukts durch dessen Herstellung oder eine fehlerhafte Anleitung durch den Hersteller erfolgte.

[77] S. o. Rn. 558 ff.

[78] MünchKomm/*Wagner* vor § 1 ProdHaftG Rn. 18.

Anmaßung einer herstellergleichen Position,[79] die mit der Übernahme des entsprechenden Risikos einhergeht. Beim Importeur und Lieferant kommt dagegen die besondere Funktion des § 4 ProdHaftG zum Tragen, dem Geschädigten den Weg zu dem Hersteller des fehlerhaften Produkts oder zumindest zu einem Haftungssubjekt innerhalb des europäischen Wirtschaftsraums zu bahnen.[80] Für einen solchen Sonderzweck ist im Rahmen der allgemeinen Deliktshaftung kein Platz, so dass diese als umfassende Einstandspflicht für Konstruktions-, Instruktions- und Fabrikationsfehler auf den Hersteller beschränkt bleibt, während andere Glieder der Absatzkette wie Importeure und Großhändler grundsätzlich nur die Pflicht trifft, keine neuen Gefahrenquellen zu schaffen.[81] Ein Verstoß gegen die allgemeine Instruktionspflicht kann ihnen daher in aller Regel nur dann zur Last gelegt werden, wenn sie selbst die Bedienungsanleitung verfasst haben;[82] und eine Haftung für Konstruktions- und Fabrikationsfehler nach § 823 Abs. 1 BGB kann sich gewöhnlich nur daraus ergeben, dass sie bei dem Import eines Produktes in den europäischen Wirtschaftsraum keine Stichproben vorgenommen haben[83].

Geht die Einstandspflicht nach dem ProdHaftG schon in der entscheidenden Frage des Pflichtverstoßes nur bei Fabrikationsfehlern und für Quasi-Hersteller, Importeure und Lieferanten über § 823 Abs. 1 BGB hinaus, steht sie ihr in vielerlei Hinsicht gleich. Dies gilt insbesondere für die **Definition** des **Fehlers**. § 3 ProdHaftG beschreibt ihn als ein nach den berechtigten Erwartungen des Rechtsverkehrs zu bestimmendes Sicherheitsdefizit und damit einen Tatbestand, der, wenn er vorliegt, zugleich die Haftung nach § 823 Abs. 1 BGB zu begründen vermag.[84] Auch im Rahmen der allgemeinen Deliktshaftung kommt es nämlich auf den Adressatenkreis für das Produkt an, zu dem freilich, wenn es keine ausschließlich für die Verwendung durch Fachpersonal hergestellte Ware ist, außer seinen Abnehmern auch unbeteiligte Dritte gehören, deren Schutz die Sicherheitsanforderungen dienen.[85] Sowohl für die allgemeine als auch die Haftung nach dem ProdHaftG gilt ferner, dass Gefahren, die sich gerade aus der Eigenart des Produkts ergeben, keine Fehler darstellen[86] und dass das zu erwartende Sicherheitsniveau, zumindest ab einem stets vorauszusetzenden Basisstandard, von dem Produktpreis abhängt[87], in dem sich ja gerade die Erwartungen des Rechtsverkehrs widerspiegeln. Keine Abweichung gegenüber der allgemeinen Deliktshaftung bedeutet es außerdem, dass sich der Hersteller gemäß § 1 Abs. 2 Nr. 1 ProdHaftG dadurch entlasten kann, dass er das Produkt nicht in den Verkehr gebracht hat. Denn ohne Verkehrseröffnung **570**

[79] Staudinger/*Oechsler* (2009) § 4 ProdHaftG Rn. 54.

[80] Im Fall des Quasi-Herstellers, der stets auch neben dem wirklichen Hersteller verpflichtet ist, kommt ein Schutz vor dessen Insolvenz hinzu; vgl. BGH, NJW 2005, 2695, 2696.

[81] BGH, NJW 1980, 1219, 1220; 1994, 517, 519.

[82] BGH, NJW 1995, 2905, 2907 f.

[83] BGH, NJW 2006, 1589, 1591.

[84] BGH, NJW 2009, 2952, 2953.

[85] BGH, NJW 2009, 1669, 1670.

[86] MünchKomm/*Wagner* § 3 ProdHaftG Rn. 15, Staudinger/*Oechsler* (2009) § 3 ProdHaftG Rn. 90.

[87] MünchKomm/*Wagner* § 3 ProdHaftG Rn. 24, Staudinger/*Oechsler* (2009) § 3 ProdHaftG Rn. 85 ff.

kommt auch keine Haftung für Produktsicherheit nach § 823 Abs. 1 BGB in Betracht; und von einer **Inverkehrgabe** im Sinne von § 1 Abs. 2 Nr. 1 ProdHaftG ist nicht erst dann auszugehen, wenn das Produkt die Sphäre des Herstellers verlässt,[88] sondern schon dann, wenn der Prozess der Herstellung beendet ist,[89] so dass es ausreicht, wenn der Geschädigte noch im Bereich des Produzenten bestimmungsgemäß mit ihm in Kontakt kommt. Mit den Regeln des allgemeinen Deliktsrechts stimmen die Vorschriften des ProdHaftG schließlich insoweit überein, als sie die Gesamtschuldnerschaft von mehreren Schädigern (§ 5), den Inhalt des Schadensersatzanspruchs bei Körper- oder Gesundheitsverletzung (§ 7 Abs. 1, §§ 8 f.), seine Ergänzung um ein Recht der Unterhaltspflichtigen bei Tötung (§ 7 Abs. 2) und die Anrechnung von Mitverschulden des Geschädigten (§ 6) betreffen. Besser als nach allgemeinem Deliktsrecht steht der Geschädigte allein durch das Verbot haftungsausschließender oder -beschränkender Vereinbarungen (§ 14) und, indem ihm der sonst erforderliche Nachweis abgenommen ist, dass der Fehler des Produkts schon im Moment seiner Inverkehrgabe vorhanden gewesen ist;[90] hier verlangt § 1 Abs. 2 Nr. 2 ProdHaftG umgekehrt vom Hersteller zu seiner Entlastung den Beweis, dass er die hohe Wahrscheinlichkeit dartut, dass der Fehler erst später entstanden ist.

571 Zum Nachteil des Geschädigten weicht das ProdHaftG insofern vom allgemeinen Deliktsrecht ab, als sich der Hersteller nach § 1 Abs. 2 Nr. 3 ProdHaftG dadurch entlasten kann, dass er nachweist, die Produktion oder den Vertrieb weder zu wirtschaftlichem Zweck noch im Rahmen seiner beruflichen Tätigkeit durchgeführt zu haben. Gravierender und rechtspolitisch kaum zu rechtfertigen ist die Einschränkung, gemäß Art. 9 der Richtlinie und § 1 Abs. 1 S. 2 ProdHaftG, wonach nur die Beschädigung von Sachen erfasst ist, wenn diese gewöhnlich für den **privaten Geoder Verbrauch** bestimmt und hierzu von dem Geschädigten auch hauptsächlich verwendet worden sind. So bleiben Unternehmer in ihrem Sacherhaltungsinteresse weitgehend vom Schutzbereich des ProdHaftG ausgenommen, obwohl sie sich gegen die aus mangelnder Produktsicherheit ergebenden Risiken im Verhältnis zum Hersteller nicht besser absichern können als Private.[91] Gerade diese trifft es wiederum, dass die Haftung gemäß § 11 ProdHaftG um einen **Selbstbehalt** von € 500 gekürzt wird, der anders als die von § 10 ProdHaftG angeordnete globale Haftungsbeschränkung auf € 85 Millionen die Rechtsverfolgung im Einzelfall meist unergiebig macht. Sowohl Private als auch Unternehmer sind zudem nachteilig dadurch betroffen, dass nach § 1 Abs. 1 S. 2 ProdHaftG nur solche Sachschäden haftbar

88 EuGH, NJW 2001, 2781, 2782.

89 EuGH, NJW 2006, 825, 826.

90 Dieser Nachweis wird nur entbehrlich, wenn feststeht, dass der Hersteller gegen seine Dokumentationspflicht verstoßen hat, indem er es unterlassen hat, die Befunde der durchgeführten Qualitätssicherungsmaßnahmen zu sichern; vgl. BGH, NJW 1988, 2611, 2613; 1993, 528, 529. Kritisch hierzu *Knoche*, Die produktbezogene Befundsicherungspflicht – ein Irrweg, in: S. Lorenz u. a. (Hg.), Festschrift für Heldrich, München 2005, S. 247, 251 ff., der die Anforderungen, die durch die Befundsicherungspflicht an den Hersteller gestellt werden, für unerfüllbar und ihn deshalb einer verdeckten verschuldensunabhängigen Haftung ausgesetzt sieht.

91 Richtig MünchKomm/*Wagner* § 1 ProdHaftG Rn. 14.

machen, die außerhalb des Produkts an einer anderen Sache entstanden sind; dagegen ist die allgemeine Deliktshaftung auch für „weiterfressende" Mängel an derselben Sache eröffnet[92].[93] Im Übrigen bleibt die Einstandspflicht nach dem ProdHaftG vor allem insoweit hinter der allgemeinen Deliktshaftung zurück, als der Hersteller oder Alleinvertriebshändler eines Produkts auch dafür einzustehen hat, dass er das **Produkt** nicht hinreichend **beobachtet** und vor Gefahren warnt, die bei seiner Inverkehrgabe noch nicht erkennbar wurden.[94] Auch nach dieser trifft ihn nämlich die durch einen Schadensersatzanspruch gemäß § 823 Abs. 1 BGB bewehrte Sorgfaltspflicht, Produktrisiken im Rahmen des Zumutbaren abzuschirmen. In ihrer Intensität hängt sie wie andere Sorgfaltspflichten von der Wahrscheinlichkeit des Schadensfalls und dem Ausmaß des im Ernstfall zu erwartenden Schadens ab und kann so weit reichen, dass das Produkt aus dem Verkehr gezogen werden muss[95].[96] Schließlich bleibt die Haftung nach dem ProdHaftG auch insofern hinter dem allgemeinen Deliktsrecht zurück, als die dreijährige Verjährung entgegen der Regel des § 199 BGB wegen der Vorgaben in Art. 10 der Richtlinie nach § 12 ProdHaftG nicht nur bei grob, sondern schon bei leicht fahrlässiger Unkenntnis des Geschädigten von seinem Ersatzanspruch einsetzt, und dies obendrein sofort und nicht erst am Jahresende. Zudem erlischt der Schadensersatzanspruch nach dem ProdHaftG gemäß dessen § 13, wenn zehn Jahre ab der Inverkehrgabe des Produkts verstrichen sind.

Im Ergebnis strenger, aber noch weniger eine Gefährdungshaftung ist die Haftung eines pharmazeutischen Unternehmers, der in Deutschland ein der Zulassungspflicht unterliegendes oder hiervon ausnahmsweise befreites **Arzneimittel** in den Verkehr gebracht und so den Tod oder die Körper- oder Gesundheitsverletzung eines Menschen verursacht hat. Zugunsten des Geschädigten wirkt hier in erster Linie und an entscheidender Stelle die in § 84 Abs. 2 S. 1 AMG angebrachte Vermutung der Kausalität, die schon durch die Eignung des Arzneimittels zur Verursachung des Schadens begründet ist.[97] Zu Lasten des Geschädigten geht es dagegen, dass der pharmazeutische Unternehmer nach § 84 Abs. 1 S. 2 AMG, und zwar ohne Beweislastumkehr, nur dann haftbar ist, wenn das Arzneimittel schädliche Wirkungen hat, die medizinisch nicht vertretbar sind, oder mit einer nicht dem Stand der medizinischen Wissenschaft entsprechenden Unterrichtung für den Anwender versehen wurde. Ist das eine oder das andere der Fall, liegt auch stets eine im Rahmen der allgemeinen Deliktshaftung relevante Sorgfaltspflichtverletzung vor,[98] so dass dem 572

[92] S. o. Rn. 83.

[93] Dass sich die hierzu entwickelten Grundsätze nicht auf das ProdHaftG übertragen lassen, nehmen MünchKomm/*Wagner* § 1 ProdHaftG Rn. 10, Soergel/*Krause* § 1 ProdHaftG Rn. 4 zu Recht an. Differenzieren will dagegen Staudinger/*Oechsler* (2009) § 1 ProdHaftG Rn. 19 ff.

[94] Anders MünchKomm/*Wagner* § 823 BGB Rn. 654.

[95] BGH, NJW 2009, 1080, 1081.

[96] Zu den Möglichkeiten einer Konkretisierung dieses Gebots eingehend *Bodewig*, Der Rückruf fehlerhafter Produkte, Tübingen 1999, S. 205 ff.

[97] Hierzu BGH, NJW 2008, 2994 f.

[98] Immerhin eine Nähe hierzu erkennen *Medicus/Lorenz*, Schuldrecht BT, Rn. 1389. Für die Annahme einer Gefährdungshaftung dagegen *Looschelders*, Schuldrecht, BT, Rn. 1276.

Geschädigten nur die Auseinandersetzung über das ohnehin kaum je relevante Verschulden im eigentlichen Sinn erspart bleibt.[99] Zudem unterliegt die Haftung des pharmazeutischen Unternehmers nach § 88 AMG nicht nur einer globalen Grenze von € 120 Millionen für alle Schadensfälle, sondern auch einer summenmäßigen Beschränkung auf € 600.000 (bei einer Rente von € 36.000 pro Jahr) im Einzelfall. Die übrigen Bestimmungen des AMG über die Gesamtschuldnerschaft mehrerer Schädiger (§ 93), den Inhalt des Schadensersatzanspruchs bei Körper- oder Gesundheitsverletzung (§§ 87, 89), seine Ergänzung um ein Recht der Unterhaltspflichtigen bei Tötung (§ 86) und die Anrechnung von Mitverschulden des Geschädigten (§ 85) sowie die Unabdingbarkeit der Haftung (§ 92) entsprechen weitgehend denen des ProdHaftG.

3. Haftung für Betrieb

a) Haftung des Gastwirts

573 Ebenso alt wie die Erleichterungen bei der Haftung für Tiere und Gebäude[100] ist die strikte Haftung von Gastwirten gegenüber denjenigen, die sie zur Beherbergung aufnehmen. In Rom entwickelt,[101] ist sie früh Gegenstand der europäischen Rechtsvereinheitlichung und schon durch ein Übereinkommen des Europarates von 1962 in Form eines Mindeststandards harmonisiert worden. Die auf dieser Grundlage neugefassten Bestimmungen der §§ 701 ff. BGB sehen eine objektive Haftung des gewerbsmäßig tätigen Gastwirts für den Verlust, die Zerstörung oder die Beschädigung von Sachen vor, die ein in seinem Betrieb aufgenommener Gast eingebracht hat. Ziel dieser Einstandspflicht ist es, dem Geschädigten das Risiko abzunehmen, das sich für seine Sachen aus der Unterbringung in dem Beherbergungsbetrieb ergibt, und es dem Gastwirt aufzubürden, der für diese Gefahrenquelle zuständig ist. Dabei kommt es weniger auf den ständigen Wechsel der Gäste, Besucher und des Hotelpersonals[102] als vielmehr darauf an, dass die Sachen des Gastes in einem Beherbergungsbetrieb **leichter** dem **Zugriff** fremder Personen unterliegen, als dies sonst der Fall ist:[103] Das von ihm bezogene Zimmer kann nicht nur von dem Gast, sondern auch von dem Gastwirt und seinem Personal geöffnet und es kann, wenn es offen steht, von anderen Gästen und Besuchern betreten werden, die sich ihrerseits regelmäßig in großer Zahl in dem Beherbergungsbetrieb aufhalten und im Gegensatz zum Hotelpersonal für den Geschädigten auch kaum ausfindig zu machen sind[104]. Zwar ist das Gepäck eines Reisenden auch an anderen Orten einer erhöhten Gefahr ausgesetzt; hier trägt er es jedoch bei sich und kann darauf Acht geben, wo-

---

99 Die amtliche Überschrift von § 84 AMG: „Gefährdungshaftung", ist daher bestenfalls irreführend, eher falsch.

100 Vgl. zu deren Vorläufern und Entwicklung *Harke*, Allgemeines Schuldrecht, Rn. 265 f.

101 Hierzu *Honsell/Mayer-Maly/Selb*, Römisches Recht, S. 329, *Zimmermann*, Law of Obligations, S. 514 ff.

102 Dies hält BGH, NJW 1974, 1818, 1820 für relevant.

103 Richtig Staudinger/*Werner* (2006) vor § 701 Rn. 4.

104 Der daraus folgenden Beweisnot abzuhelfen, hält MünchKomm/*Henssler* § 701 BGB Rn. 1 für den Hauptzweck der strikten Gastwirtshaftung.

hingegen er das ihm zugewiesene Zimmer in einem Beherbergungsbetrieb gerade zum Schlafen benutzt oder verlässt, ohne das Gepäck stets mitzunehmen. Das durch die Aufnahme in dem Betrieb erheblich gesteigerte Risiko von Entwendung oder Beschädigung macht das Gesetz zum Anknüpfungspunkt einer Gefährdungshaftung des Gastwirts,[105] der das Risiko zwar seinerseits nicht ausschließen, durch sorgfältiges eigenes Verhalten und die Ausbildung seines Personals aber reduzieren kann.

Geht es um die Gefahren, die sich für einen Gast aus der Beherbergung ergeben, 574
kann die strikte Haftung des Gastwirts nur dann eingreifen, wenn der Gast gerade **zur Beherbergung aufgenommen** ist oder aufgenommen werden soll. Zwar kommt dies nicht in der Grundregel des § 701 Abs. 1 BGB, wohl aber in Abs. 2 der Vorschrift zum Ausdruck, der als eingebracht die Sachen gelten lässt, die der zur Beherbergung aufgenommene Gast in die Gastwirtschaft gebracht, dem Gastwirt oder seinen hierzu als bestellt anzusehenden Leuten andernorts zur Obhut überlassen oder an einen von ihnen bestimmten Platz gebracht hat. Ist der Gast noch nicht oder schon wieder nicht mehr zur Beherbergung aufgenommen, reicht die bloße Verbringung der Sachen in die Gastwirtschaft ebenso wenig aus wie die Ablieferung an einem von dem Gastwirt oder seinen Leuten bestimmten Ort; vielmehr müssen diese die Sachen unmittelbar in Obhut nehmen. Der Begriff der Leute ist ebenso wie bei der für den Frachtvertrag geltenden Vorschrift des § 428 HGB[106] zu verstehen,[107] weicht aber heute nicht mehr von dem des Erfüllungsgehilfen nach § 278 BGB ab, der auf die gesetzliche Gefährdungshaftung des Gastwirts jedoch nicht anwendbar ist. Da diese nicht von der Wirksamkeit des Beherbergungsvertrags abhängig ist, sondern an das Faktum der Sacheinbringung anknüpft,[108] ist sie auch gegenüber Dritten begründet, deren Sachen der Gast eingebracht hat.[109] Dagegen trifft sie nicht etwa einen Reiseveranstalter, der dem Reisenden grundsätzlich nur bei Abschluss eines gültigen Reisevertrags für Reisemängel einzustehen hat.[110] Ausgeschlossen ist sie im Regelfall auch bei der Überlassung einer Ferienwohnung, allerdings nicht etwa, weil diese allein in einer Raumüberlassung besteht und primär dem Mietrecht unterfällt,[111] sondern deshalb, weil die Ferienwohnung eben nicht einem für den Mieter unübersehbaren Kreis von Personen zugänglich ist. Da dies aber auf ein Krankenhaus, Rehabilitations- oder Pflegeheim zutrifft, fallen diese entgegen der Ansicht des Reichsgerichts[112] durchaus in den Anwendungsbereich der Gastwirtshaftung. Zwar steht in diesen Fällen der Heilzweck und nicht die Unterbringung des Patienten im Vordergrund. Dies betrifft jedoch nur den Vertrag, auf

[105] Anders MünchKomm/*Henssler* § 701 BGB Rn. 4, der der Deutung als Gefährdungshaftung eine Erklärung als Risikozurechnung gegenüberstellt, weil sich im Schaden keine spezifische Betriebsgefahr verwirklichen müsse. Eben diese ist aber beim Verlust oder der Beschädigung von Sachen wirksam, wenn sie in dem Betrieb vorkommen.

[106] S. o. Rn. 125.

[107] MünchKomm/*Henssler* § 701 BGB Rn. 23.

[108] BGH, NJW 1974, 1818, 1820.

[109] Anders Staudinger/*Werner* (2006) vor § 701 Rn. 21.

[110] MünchKomm/*Henssler* § 701 BGB Rn. 10.

[111] So aber MünchKomm/*Henssler* § 701 BGB Rn. 13, Staudinger/*Werner* (2006) § 701 Rn. 8.

[112] RGZ 112, 58 f.

den es jedoch gerade nicht ankommt. Statt dessen zählt die reale Aufnahme in einen für den Gast gefährlichen Betrieb, von dem im Fall des Krankenhaus- oder Pflegeaufenthalts zumindest dann keine geringeren, sondern sogar größere Risiken ausgehen, wenn die Zimmer, wie dies regelmäßig der Fall ist, nicht abgeschlossen sind.

575 Von der strikten Gastwirtshaftung von vornherein **ausgenommen** sind nach § 701 Abs. 4 BGB Fahrzeuge und die darin befindlichen Sachen sowie Tiere. Die Ersatzpflicht ist im Übrigen nach Abs. 3 der Vorschrift ausgeschlossen, wenn der Gastwirt dartun kann, dass der Verlust oder die Beschädigung der Sachen auf höherer Gewalt, also auf einem von außen auf seinen Betrieb einwirkenden, unabwendbaren Ereignis, oder auf der Beschaffenheit der Sache beruht oder von dem Gast selbst, seinem Begleiter oder einer von ihm aufgenommen Person verursacht worden ist. Daneben greift natürlich auch der Einwand des Mitverschuldens gemäß § 254 BGB ein,[113] der auch durch die fehlende Warnung des Gastwirts vor der Gefahr eines besonders großen Schadens begründet sein kann. Die von § 702 Abs. 1 BGB statuierte Haftungshöchstgrenze entspricht dem Hundertfachen des Tagespreises der Beherbergung, darf aber den Betrag von € 600 nicht unter- und im Allgemeinen € 3.500, bei Geld, Wertpapieren und anderen Kostbarkeiten sogar die Summe von € 800 nicht überschreiten. Gerechtfertigt ist diese Einschränkung durch die in Abs. 3 der Vorschrift vorgesehene Pflicht des Gastwirts, Wertsachen regelrecht in Verwahrung zu nehmen, sofern sie nicht, gemessen an dem Standard der Gastwirtschaft, übermäßig kostbar oder gefährlich sind. Für in Verwahrung genommene Sachen ist die Haftung gemäß § 702 Abs. 2 BGB ebenso unbeschränkt wie in dem Fall, dass den Gastwirt oder seine Leute ein Verschulden trifft. Unter diesen Umständen wird der Anspruch entgegen der Regel des § 703 BGB auch nicht dadurch verwirkt, dass er dem Gastwirt nicht unverzüglich nach Erlangung der Kenntnis von dem Verlust oder der Beschädigung angezeigt wird. Im Vorhinein ausgeschlossen werden kann die Haftung nach § 702a BGB nur, soweit sie die Haftungshöchstgrenze übersteigt und weder den Gastwirt noch seine Leute grobes Verschulden zur Last fällt und er die Übernahme von Wertsachen zur Verwahrung auch nicht zu Unrecht abgelehnt hat.

576 Im Gegenzug zu seiner gesetzlichen Gefährdungshaftung gesteht § 704 BGB dem Gastwirt ein **Pfandrecht** an den eingebrachten Sachen zu, das sich allerdings anders als die Haftung nur auf die Dinge erstreckt, die dem Gast gehören. Diese Beschränkung ist deshalb angebracht, weil der Kreis der Forderungen, die durch das Pfandrecht gesichert sind, auf solche beschränkt ist, die durch die Gewährung der Wohnung oder die Befriedigung der Bedürfnisse des Gastes entstanden sind.[114] Diese Forderungen müssen freilich nicht vertraglicher Natur sein, sondern können auch im Anspruch auf Herausgabe einer rechtsgrundlosen Bereicherung bestehen, weil das Pfandrecht ebenso wie die Gefährdungshaftung des Gastwirts nicht an den Bestand eines Beherbergungsvertrags, sondern an das Faktum der Sacheinbringung anknüpft.[115]

---

113 BGH, NJW 1960, 1199, 1200.

114 Dass hierin keine Ungereimtheit liegt, meint auch MünchKomm/*Henssler* § 704 BGB Rn. 4.

115 MünchKomm/*Henssler* § 704 BGB Rn. 3.

b) Haftung für Fahrzeuge

Weitaus bedeutender als die überkommene Haftung des Gastwirts ist heute die Gefährdungshaftung für Fahrzeuge, denen ein erhebliches Unfallpotential eignet, durch das Leben, Körper und Gesundheit von Menschen und Sachen bedroht sind. Die hierfür seit dem 19. Jahrhundert herausgebildeten Tatbestände der Gefährdungshaftung sind der Preis dafür, dass Fahrzeuge überhaupt unterhalten und so Gefahrenquellen für andere Personen und Sachen geschaffen werden dürfen.[116] Sie knüpfen an den **Betrieb** der Fahrzeuge in dem Sinne an, dass diese am Verkehr teilnehmen und so zur Gefahr für Menschen und Sachen werden.[117] Damit der Unfall mit einem Kraft-, Schienen-, Schwebe- oder Luftfahrzeug die von §§ 7 Abs. 1 StVG, 1 Abs. 1 HaftPflG, 33 Abs. 1 LufVG angeordnete Haftung für die Verletzung eines Menschen oder die Beschädigung einer Sache auslöst,[118] muss es weder in Bewegung oder auch nur fahrtüchtig sein[119] noch körperlich auf den Geschädigten oder seine Sache einwirken[120]. Vielmehr reicht aus, dass der Schadensablauf durch das Fahrzeug beeinflusst worden ist und durch die von ihm ausgehende Gefahr mitgeprägt worden ist.[121] Dies gilt insbesondere in dem Fall, dass der Schaden entstanden ist, weil das Fahrzeug, und sei es im ruhenden Zustand, ein Hindernis war und deshalb eine gebotene oder objektiv unnötige Ausweich- oder Abwehrreaktion des Geschädigten oder eines Dritten provoziert hat, durch die er zu Schaden gekommen ist.[122] Der Betrieb eines Fahrzeugs endet erst dann, wenn es außerhalb des öffentlichen Verkehrsbereichs abgestellt oder als reine Arbeitsmaschine eingesetzt[123] wird. Wird es im öffentlichen Verkehrsraum geparkt, kann eine Haftung seines Halters nicht etwa mangels Betriebs, sondern nur deshalb ausscheiden, weil sich dessen Gefahr nicht in dem Schadensereignis ausgewirkt hat, indem das Fahrzeug andere Verkehrsteilnehmer in keiner Weise, also auch nicht in ihrer Sicht, behindert hat.[124] Ebenso wie die Tierhaftung gemäß § 833 BGB trifft die Einstandspflicht für Fahrzeuge jeweils den Betriebsunternehmer oder **Halter**, also denjenigen, der die tatsächliche Gewalt über das Fahrzeug ausübt, die hiermit verbundenen Lasten trägt und damit der eigentlich Verantwortliche für den Einsatz des Fahrzeugs im Verkehr ist[125]. Dies ist 577

---

[116] BGH, NJW 2005, 2081, 2082, NJW-RR 2008, 764, 765.

[117] Dieser aus dem Schutzzweck der Gefährdungshaftung entwickelte, sogenannte verkehrstechnische Betriebsbegriff hat den früher vertretenen maschinentechnischen abgelöst, nach dem es auf den Betrieb durch Motorkraft ankam; vgl. BGH, NJW 1959, 627 f.

[118] Dagegen sieht der Entwurf eines Gemeinsamen Referenzrahmens nur eine Haftung für Kraftfahrzeuge vor; vgl. Art. VI. – 3:205 DCFR.

[119] BGH, NJW 1996, 2023.

[120] Deshalb ist es auch überaus fragwürdig, dass von der Haftung für Kraftfahrzeuge nach § 8 Nr. 1 StVG zur Privilegierung der Landwirtschaft Fahrzeuge ausgenommen sind, die nicht mehr als 20 km/h zurücklegen, aber deshalb ja nicht weniger am Verkehr teilnehmen und hier eine nicht unerhebliche Gefahr darstellen; vgl. *Medicus/Lorenz*, Schuldrecht BT, Rn. 1370.

[121] BGH, NJW 2005, 2081; 2010, 3713, 3714.

[122] BGH, NJW 2005, 2081, 2082.

[123] BGH, NJW 1975, 1886, 1887.

[124] Vgl. BGH, NJW 2005, 354, 356.

[125] BGH, NJW 2007, 3210 f.

regelmäßig, aber nicht zwingend der Eigentümer. Es kann auch ein Leasingnehmer[126] oder ein Mieter sein, wenn er das Fahrzeug nicht nur kurzfristig übernimmt.[127]

578 Eine Grenze findet die Haftung für Schienen-, Schwebe- und Kraftfahrzeuge gemäß §§ 7 Abs. 2 StVG und 1 Abs. 2 HaftpflichtG in der **höheren Gewalt**. Sie muss in doppelter Hinsicht von außen kommen: Zum einen darf sie nicht dem Betrieb des Fahrzeugs im technischen Sinne inhärent sein, also in seinem Versagen oder der Dysfunktion seiner Einrichtungen bestehen; zum anderen darf sie, da es ja um die mit der Teilnahme am Verkehr verbundenen Gefahren geht, auch nicht dem Verkehr eigen, also kein Ereignis sein, das im Rahmen des Verkehrs, wenn auch nicht häufig, so doch zuweilen vorkommt und mit dem man zu rechnen hat. Nicht erforderlich für die Annahme höherer Gewalt ist dagegen hier wie dort, dass sich das Ereignis oder seine Konsequenzen bei Aufwendung der gebotenen Sorgfalt ausschließen lassen; denn die Halterhaftung knüpft eben nicht an einen erhöhten Sorgfaltsmaßstab, sondern an die bloße Gefahr an, die der Betrieb des Fahrzeugs für Menschen und Sachen bedeutet. Bei einem Luftfahrzeug ist diese Gefahr so hoch, dass seinem Halter sogar die Berufung auf den Eintritt höherer Gewalt abgeschnitten ist. Entlasten kann er sich nach § 33 Abs. 2 LuftVG freilich ebenso wie gemäß § 7 Abs. 3 StVG der Halter eines Kraftfahrzeugs dadurch, dass er nachweist, dass das Fahrzeug von einem Dritten im Rahmen einer ohne sein Wissen und Willen durchgeführten **Schwarzfahrt** gesteuert wurde und dass er weder diese Fremdnutzung verschuldet noch den Nutzer angestellt oder ihm das Fahrzeug überlassen hat.

579 Weitere Einschränkungen der Fahrzeughaftung betreffen die in dem Fahrzeug **beförderten Personen** oder **Sachen**: Nach §§ 8 Nr. 3 StVG, 1 Abs. 3 Nr. 2 HaftPflG löst die Beschädigung von Sachen, die mit einer Schienen- oder Schwebebahn oder einem Kraftfahrzeug transportiert werden, keine Ersatzpflicht aus, sofern sie nicht von einem Fahrgast mit sich geführt werden. Nach § 33 Abs. 1 S. 2 LuftVG sind von der Unfallhaftung des Halters eines Luftfahrzeugs schon die hiermit beförderten Personen ausgenommen, für deren Verletzung die Bestimmungen über den Beförderungsvertrag gelten[128]. Bei Kraftfahrzeugen werden deren Insassen dagegen von der Halterhaftung erfasst, die jedoch nach § 8 Nr. 2 StVG den Fahrer ausspart, der neben dem Halter seinerseits gemäß § 18 StVG für sein vermutetes Verschulden haftbar ist, wenn er nicht nachweisen kann, dass der Unfall auf keiner Pflichtverletzung beruht. Schließlich unterliegt die Gefährdungshaftung einer summenmäßigen Begrenzung, die bei Schienen-, Schwebe- und Luftfahrzeugen nach §§ 9 f. HaftPflG, 37 LuftVG für eine Verletzung einzelner Geschädigter bei € 600.000 (oder € 36.000 jährliche Rente) und bei Luftfahrzeugen für alle Schäden zusammen in Abhängigkeit von der Höchstabflugmasse des Luftfahrzeugs festgesetzt ist, während bei Schienen- und Schwebefahrzeugen nur eine Gesamtgrenze bei Sachschäden in Höhe von € 300.000 festgesetzt ist, die zugleich das Höchstmaß

[126] BGH, NJW 2007, 3210, 3211.
[127] BGH, NJW 1990, 900, 902.
[128] S. o. Rn. 133.

der Haftung gegenüber einem Geschädigten beschreibt. Bei Kraftfahrzeugen besteht gemäß § 12 StVG nur eine Gesamtgrenze von € 5 Millionen für die Verletzung von Menschen und in Höhe von € 1 Million für die Sachbeschädigung, wenn sie durch dasselbe Ereignis geschehen ist. Weitergehende Ansprüche, insbesondere solche nach § 823 Abs. 1 BGB, sind jeweils nicht ausgeschlossen (§§ 16 StVG, 12 HaftPflG, 42 LuftVG).

Im Übrigen unterliegt die Gefährdungshaftung für Fahrzeuge den für unerlaubte Handlung geltenden oder diesen nachgebildeten Regelungen über den Inhalt des Schadensersatzanspruchs bei Körper- oder Gesundheitsverletzung (§§ 10 Abs. 1, 11, 13 StVG, 5 Abs. 1, 6, 8 HaftPflG, 35 Abs. 1, 36, 38 LuftVG), seine Ergänzung um ein Recht der Unterhaltspflichtigen bei Tötung (§ 10 Abs. 2 StVG, 5 Abs. 2 HaftPflG, 35 Abs. 2 LuftVG) und die Anrechnung von Mitverschulden des Geschädigten (§ 9 StVG, 4 HaftPflG, 34 LuftVG). Bei der Verursachung eines Unfalls durch mehrere Kraftfahrzeuge kommt es zu der von § 254 BGB vorgeschriebenen Zuordnung von Verursachungsanteilen (§§ 17 Abs. 1 StVG, 13 Abs. 1 HaftPflG, 41 Abs. 1 LuftVG), wobei eine Verpflichtung des Halters eines Kraft-, Schienen- oder Schwebefahrzeugs nach §§ 17 Abs. 3 StVG, 13 Abs. 3 HaftPflG ausgeschlossen ist, wenn der Unfall nicht auf einem technischen Fehler des Fahrzeugs oder der Bahnanlage beruhte und für ihn unabwendbar war, weil sowohl der Fahrer als auch der Halter ihn bei Einhaltung jeder nach den Umständen gebotenen Sorgfalt nicht hätten vermeiden können und er auch nicht auf einen Fehler in der Beschaffenheit des Fahrzeugs zurückging. Gibt es mehrere mögliche Alternativschädiger, greift § 830 Abs. 1 S. 2 BGB ein, wenn von ihren Fahrzeugen jeweils nicht nur eine abstrakte, sondern eine konkrete Gefahr für das Opfer ausging.[129] Während die Verjährung mit derjenigen, die bei der Haftung für unerlaubte Handlungen gilt, synchronisiert ist (§§ 14 StVG, 11 HaftPflG, 39 LuftVG), gilt bei Kraft- und Luftfahrzeugen gemäß §§ 15, 40 StVG, 40 LuftVG ein besondere Verwirkungsregelung, wonach der Geschädigte seine Rechte verliert, wenn er sie, ohne sich vom Vorwurf des Verschuldens entlasten zu können, bei Kraftfahrzeugen nicht innerhalb von zwei, bei Luftfahrzeugen nicht binnen drei Monaten anzeigt, nachdem er von dem Schaden und der Person des Ersatzpflichtigen erfahren hat. 580

c) *Haftung für Anlagen*

Dem Muster der Haftung für den Betrieb von Fahrzeugen folgt die Gefährdungshaftung für gefahrträchtige Anlagen. Am stärksten verallgemeinert ist sie im UmweltHG, dessen §§ 1 und 2 den Inhaber einer bestehenden, erst noch in Betrieb zu nehmenden oder bereits stillgelegten Anlage zum Ersatz des Schadens verpflichten, den eine von der Anlage ausgehende **Umwelteinwirkung** durch die Verletzung eines Menschen oder die Beschädigung einer Sache verursacht hat. Der Kreis der Anlagen, für die gehaftet wird, ist freilich nicht abstrakt durch ihre Umweltgefährlichkeit, sondern konkret durch eine detaillierte Aufzählung im Gesetzesanhang bestimmt, der Anlagen zur Wärmeerzeugung, des Bergbaus, der Energie-, Stein-, 581

[129] *Eberl-Borges*, § 830 BGB und die Gefährdungshaftung, AcP 196 (1996) 491, 515 ff. (vgl. auch Staudinger/*Eberl-Borges* (2007) § 830 Rn. 89.)

Glas- Keramik- und Baustoffproduktion, zur Metall-, chemischen und Kunststoffindustrie, der Holz- und Nahrungsmittelproduktion und der Abfallentsorgung aufführt.[130] Eine hiervon ausgehende Emission verpflichtet zum Ersatz wegen der Verletzung von Menschen bis hin zur Grenze der höheren Gewalt (§ 4 UmweltHG), bei Sachschäden dagegen nur in dem vom Nachbarrecht (§ 906 BGB) gezogenen Rahmen, also wenn die relevante Umwelteinwirkung weder unwesentlich noch ortsüblich ist. Praktisch wichtiger als der Verzicht auf das Erfordernis einer Pflichtverletzung[131] ist die Vermutung der Kausalität, die nach § 6 Abs. 1 UmweltHG schon dann eingreift, wenn die Anlage nach den Umständen geeignet ist, den entstandenen Schaden zu verursachen. Widerlegt werden kann sie im Fall einer möglichen Schädigung durch mehrere Anlagen freilich gemäß § 7 UmweltHG schon durch den Nachweis, dass ein konkreter[132] anderer Umstand als Schadensauslöser in Betracht kommt,[133] und im Übrigen nach § 6 Abs. 2 UmweltHG bereits durch den Nachweis, dass die Betriebspflichten eingehalten worden sind und auch keine Störung des Betriebs vorlag. Ist die Vermutung der Ursächlichkeit wegen der Schwierigkeit ihrer Feststellung für den Erfolg des Anspruchstellers entscheidend, bedeutet der Ausschluss der Vermutung durch den Nachweis eines ordnungsgemäßen Betriebs, dass die Haftung des Anlagenbetreibers insoweit zumindest faktisch eher eine solche für vermutete Pflichtverletzung und nur im Fall der Betriebsstörung eine echte Gefährdungshaftung[134] ist. Hinzu kommt nach § 15 UmweltHG eine summenmäßige Haftungsbeschränkung auf den Betrag von € 85 Millionen für Menschenverletzungen und eine Summe in gleicher Höhe für Sachschäden pro Schadensereignis.

582 Zwar ohne summenmäßige Gesamtgrenze, aber auf den Betrag von € 600.000 pro Person und vor allem dem Grunde nach stärker beschränkt ist die Haftung für **Energieträger**, also Leitungs- oder Abgabeanlagen für Strom, Gase, Dämpfe und Flüssigkeiten, die § 2 HaftPflG normiert und den Regeln der Einstandspflicht für Schienen- und Schwebefahrzeuge unterstellt. Begründet ist diese Haftung sowohl durch die Wirkungen der Stoffe als auch durch das bloße Vorhandensein der Anlage. Sie ist aber von vornherein nicht mit einer besonderen Kausalitätsvermutung versehen, die sich nur aus allgemeinen Regeln ergeben kann, und außer durch höhere Gewalt auch schon dadurch begrenzt, dass der Inhaber der Anlage nachweist,

---

[130] Dagegen enthält der Entwurf eines Gemeinsamen Referenzrahmens eine Generalklausel für die Haftung des Inhabers einer Substanz oder Anlage; vgl. Art. VI. – 2:206 Abs. 1 DCFR.

[131] Sie ist nach dem Entwurf eines Gemeinsamen Referenzrahmens erforderlich, der dem Inhaber einer Substanz oder Anlage die Entlastung durch den Nachweis der Einhaltung einschlägiger gesetzlicher Regelungen gestattet; vgl. Art. VI. – 3:206 Abs. 5 DCFR.

[132] Vgl. BGH, NJW 1997, 2748, 2750.

[133] Aber nicht etwa durch den bloßen Nachweis, dass eine andere Anlage den Schaden hätte verursachen können; vgl. *Larenz/Canaris*, Schuldrecht BT 2, S. 639, Soergel/*Krause* § 7 UmweltHG Rn. 2. Anders Staudinger/*Kohler* (2010) § 7 UmweltHG Rn. 3, der den Verweis auf eine andere Anlage dann genügen lässt, wenn eine Kumulation oder Synergie der schädlichen Wirkung ausgeschlossen ist.

[134] Sie erkennt aber Staudinger/*Kohler* (2010) § 1 UmweltHG Rn. 1 ff., § 6 UmweltHG Rn. 32, der jedoch einräumt, dass die Wirkung der Beweiserleichterungen gering ist, und in der Privilegierung des Normalbetriebs einen Widerspruch zum Konzept der Gefährdungshaftung erkennt.

dass diese in ordnungsgemäßem Zustand war, also den anerkannten Regeln der Technik gehorchte und unversehrt war. Trifft dies nicht zu, bedeutete ihr Betrieb eine Sorgfaltspflichtverletzung, für die, vom raren, ja fast undenkbaren Ausnahmefall mangelnden Verschuldens im eigentlichen Sinne abgesehen, schon die Haftung nach § 823 Abs. 1 BGB begründet ist. § 2 HaftpflichtG begründet demnach keine Gefährdungshaftung,[135] sondern eine Einstandspflicht für vermutete Pflichtverletzung, die so kaum über die allgemeine Deliktshaftung hinausgeht.

Deutlich strenger fällt die **Bergschadenshaftung** aus, die nach §§ 114 ff. **583** BBergG den Betreiber eines Bergbaubetriebs und den Träger der zugrundeliegenden Bergbauberechtigung ohne Gesamtgrenze, aber bis zur Höhe von € 600.000 gegenüber einer verletzten Person und bis zum gemeinen Wert einer Sache gegenüber deren Eigentümer trifft. Die Bergschadenspflichtigen trifft eine regelrechte Gefährdungshaftung.[136] Sie können sich nicht durch den Nachweis der Einhaltung anerkannter Regeln der Technik entlasten und sehen sich gemäß § 120 Abs. 1 S. 1 BBergG sogar der gesetzlichen Vermutung eines von ihnen zu verantwortenden Bergschadens ausgesetzt, wenn im Einwirkungsbereich eines Bergbaubetriebs durch Veränderungen der Erdoberfläche ein Schaden auftritt, der ein Bergschaden sein könnte.

Insoweit nicht verschärft, ansonsten aber noch rigider ist die Einstandspflicht für **584** die nachteilige **Veränderung** der **Wasserbeschaffenheit** gemäß § 89 WHG. Zwar ist sie nicht durch eine gesetzliche Vermutung verstärkt, greift im Fall der Einleitung eines Stoffs jedoch unbedingt, beim Betrieb einer Anlage, aus dem er ohne das Ziel der Einleitung entweicht, dann ein, wenn keine höhere Gewalt vorlag. Zudem ist die wasserrechtliche Haftung nicht auf die Verletzung von Menschen oder die Beschädigung von Sachen, ja noch nicht einmal auf die Verletzung eines absoluten Rechtsguts begrenzt, sondern greift bei jedem aus der Veränderung der Wasserbeschaffenheit herrührenden Schaden ein,[137] und kennt zudem keine Haftungshöchstgrenze. Für diese Sonderbehandlung der Gewässerverunreinigung gegenüber anderen Emissionen gibt es ebenso wenig einen sachlichen Grund[138] wie für die Ungleichbehandlung von Umweltschäden nach dem UmweltHaftG und dem HaftpflichtG. Ihre asymmetrische Behandlung demonstriert nur eindrucksvoll die Schwäche einer dem Enumerationsprinzip folgenden und nicht auf einer Generalklausel gebauten Gefährdungshaftung.[139]

Gerechtfertigt ist ein Sonderregime der strikten Haftung allenfalls bei den völlig **585** unkalkulierbaren Risiken, die sich aus der Nutzung von Kernenergie und Gentechnik ergeben. Im Fall der Schädigung durch **Kernenergie** unterliegt einer unbedingten Einstandspflicht jedoch nur der Inhaber einer Kernanlage, dessen Haftung sich

---

[135] Anders Staudinger/*Kohler* (2010) § 2 HaftpflichtG Rn. 1.

[136] Staudinger/*Kohler* (2010) §§ 114 ff. BBergG Rn. 2.

[137] Staudinger/*Kohler* (2010) § 89 WHG Rn. 2.

[138] Anders *Larenz/Canaris*, Schuldrecht BT 2, S. 632, die die scharfe Haftung nach dem WHG mit Ausnahme der fehlenden Haftungshöchstgrenze aus der Eigenart des Wassers als allgemein zugängliches Ent- und Versorgungsmedium erklären. Insofern unterscheidet es sich jedoch nicht von der Luft.

[139] Vgl. *Harke*, Allgemeines Schuldrecht, Rn. 268.

gemäß der in § 25 Abs. 1 AtomG angebrachten Verweisung nach den Bestimmungen der aktuellen Fassung des Pariser Übereinkommens über die Haftung auf dem Gebiet der Kernenergie vom 29. Juli 1960 richtet. Dessen Art. 9 schließt die Haftung des Inhabers zwar immerhin in dem Fall aus, dass das schadensauslösende Ereignis unmittelbar auf Handlungen eines bewaffneten Konflikts, auf Feindseligkeiten, einen Bürgerkrieg oder Aufstand zurückgeht. Nach § 25 Abs. 3, 31 Abs. 1 S. 2 AtomG ist diese Entlastungsmöglichkeit jedoch zumindest für den reinen Inlandsfall auf die Wirkung einer summenmäßigen Haftungsbeschränkung begrenzt. Dagegen steht die Haftung für andere nukleare Schäden, die nicht in den Anwendungsbereich des Pariser Abkommens fällt, gemäß § 26 AtomG schon von vornherein unter dem Vorbehalt, dass der Besitzer des schadensträchtigen Stoffs nicht nachweist, dass das Schadensereignis weder auf der Beschaffenheit noch auf dem Versagen der Schutzeinrichtungen beruht und auch bei jeder nach den Umständen gebotenen Sorgfalt nicht hätte vermieden werden können. Durch diese Einschränkung, die derjenigen für die Halterhaftung für Kraftfahrzeuge bei einer Schädigermehrheit (§§ 17 Abs. 3 StVG, 13 Abs. 3 HaftPflG) ähnelt, ist die Einstandspflicht für das „kleine" Atomrisiko jenseits von Kernanlagen nahezu auf eine Haftung für vermutete Pflichtverletzung gestutzt.[140] Dies ist dem Risikopotential der Kernenergie auch bei Fehlen einer summenmäßigen Haftungsbeschränkung völlig unangemessen und bleibt auch hinter der Haftung des Betreibers einer **gentechnischen Anlage** zurück, die eine echte Gefährdungshaftung ist[141]. Nach § 32 Abs. 1 GenTG gilt sie, wenn auch gemäß § 33 GenTG nur im Rahmen von € 85 Millionen pro Schadensereignis, so doch unbedingt für den Schaden aus einer auf gentechnische Arbeiten zurückzuführenden Menschenverletzung oder Sachbeschädigung; und der Anlagenbetreiber muss sich nach § 34 GenTG sogar die Vermutung eines Kausalzusammenhangs zwischen dem Schaden und den gentechnischen Arbeiten gefallen lassen, wenn feststeht, dass der Schaden durch einen gentechnisch veränderten Organismus verursacht worden ist, für den der Betreiber auch nicht wahrscheinlich machen kann, dass er auf einer anderen Eigenschaft des Organismus beruht.

586 Die Haftung nach UmweltHG, BBergG AtomG und GenTG entspricht in ihrem Inhalt der für unerlaubte Handlungen nach dem BGB (§§ 12 Abs. 1, 13 f. UmweltHG, 117 Abs. 1 BBergG, 28 Abs. 1, 29, 30 AtomG, 32 Abs. 4 S. 1, Abs. 5 f. GenTG), die sie nicht verdrängt (§§ 18 Abs. 1 UmweltHG, 121 BBergG, 26 Abs. 7 AtomG, 32 Abs. 3 GenTG). Eine Besonderheit gilt für den Übergang von der Naturalrestitution zum Geldersatz. Die hier einschlägige Bestimmung des § 251 Abs. 2 BGB modifizieren § 16 Abs. 1 UmweltHG und § 32 Abs. 7 S. 1 GenTG, indem sie für den Fall einer vom Geschädigten beseitigten Natur- und Landschaftsschädigung anordnen, dass die hierdurch bedingten Aufwendungen noch nicht deshalb als unverhältnismäßig gelten, weil sie den Wert der beschädigten Sache erheblich übersteigen. Im Fall der Tötung eines Menschen schließt die Haftung nach dem Vorbild von § 844 Abs. 2 BGB auch einen Anspruch der Unterhaltspflichtigen ein (§§ 12

---

[140] Von einer modifizierten Gefährdungshaftung spricht dagegen Staudinger/*Kohler* (2010) §§ 25 ff. AtomG Rn. 52.

[141] Staudinger/*Kohler* (2010) § 32 GenTG Rn. 1.

Abs. 2 UmweltHG, 28 Abs. 2 AtomG, 32 Abs. 4 S. 3 GenTG) und unterliegt dem Einwand des Mitverschuldens (§§ 11 UmweltHG, 118 BBergG, 27 AtomG, 32 Abs. 3 GenTG). Die hierfür erforderliche Abwägung der Verursachungsbeiträge entscheidet ebenso wie bei der Fahrzeughalterhaftung auch über die Verteilung des Schadens unter mehreren Haftpflichtigen, die im Außenverhältnis zu einem geschädigten Dritten als Gesamtschuldner einzustehen haben (§§ 115 Abs. 2 BBergG, 33 AtomG, 32 Abs. 2 GenTG). Die Verjährung der Einstandspflicht nach UmweltHG und GenTG entspricht der für die Deliktshaftung nach BGB (§§ 17 UmweltHG, 117 Abs. 2 BBergG, 32 Abs. 8 GenTG); die Verjährung der Einstandspflicht nach dem AtomG unterliegt einer besonderen Regelung, die mit dem Pariser Übereinkommen verknüpft ist (§ 32 AtomG).

Verzeichnis der zitierten Vorschriften

Ausländische Gesetzbücher

Allgemeines Bürgerliches Gesetzbuch (ABGB)

Code civil

Sachregister

9783642206481